데일 카네기 3부작

원전 완역판

How to Win Friends & Influence People

인간관계론 · 자기관리론 · 성공대화론

데일 카네기 3부작 원전 완역판 고급양장본

인간관계론 · 자기관리론 · 성공대화론

1판 1쇄 펴냄 2020년 5월 8일

지은이	데일 카네기
옮긴이	바른번역
펴낸이	하진석
펴낸곳	코너스톤
주소	서울시 마포구 독막로 독막로3길 51
전화	02-518-3919
ISBN	979-11-90669-16-0 13320

데일 카네기 3부작
원전 완역판

How to Win Friends & Influence People

인간관계론 · 자기관리론 · 성공대화론

코너스톤
Cornerstone

시대의 변화를 이겨낸
고전 중의 고전

　모든 것이 워낙 빨리 변화하는 요즘은 불과 한두 해 전의 상품이나 기술, 노하우 등도 시대에 뒤떨어진 퇴물이 되기 십상이다. 이러한 시대상에 맞춰 성공의 방법, 대화의 기술, 인맥을 잘 형성할 수 있는 비법을 가르쳐준다는 책들 역시 하루가 멀다 하고 쏟아져나오고 있는 실정이다. 하지만 그럼에도 불구하고 약 60년 전 세상을 뜬 데일 카네기의 저서들은 아직도 많은 사람들의 사랑을 받으며, 스테디셀러 목록에 굳건히 자리를 잡고 있다. 데일 카네기가 왕성하게 활동하던 시기는 벌써 한 세기가 다 되어가는 오래전인데도 말이다. 그의 조언이 시대를 뛰어넘어 계속 사랑받는 이유는 무엇일까?

　아무리 시간이 흐르고 사회가 변한다 하더라도 인간의 기본적이고 핵심적인 자질은 변하지 않는다. 카네기가 쓴 책들은 학계의 연구자들이 쓴 책처럼 과학적 방법론에 따른 이론 전개나 학문적 성과를 주 내용으로 하고 있지는 않다. 그보다는 카네기 자신이 오랫동안 직장인, 경영자, 주부 등 많은 성인들에게 효과적인 커뮤니케이션 방법과 인간관계를 개선하는 방법을 가르쳐오면서 직접 경험으로 체득한 효과적인 기술에 대해 이야기하고 있다. 따라서 연역적이라기보다는 귀납적이고, 이론적이라기보다는 실증적이라는 특색 때문에 책을 읽는 독자들이 보다 쉽게 공감하게 된다.

　카네기가 주목하고 연구한 수많은 사람 가운데는 유명 인사도 있지만, 널리 알려지진 않았더라도 자기 방면에서 성공을 거두며 행복하게 살아가는 사람도 많다. 카네기가 여러 책에서 자주 언급할 정도로 존경하던 인물은 링컨 대통령이다. 링컨 대통령은 부유한 가문 출신도 아니고, 외모가 좋았던 것도 아니었으며, 훌륭한 교육을 받은 것은 더더욱 아니었다. 상류 사회 출신이 아닌지라 도움을 받을 별다른 인맥도 없었다. 대통령이 된 다음에도 많이 배우고 많이 가진 사람들로부터 무시당하기 일쑤였고, 원치 않은 결혼으로 인해 가정생활도 불행했다. 하지만 링컨은 여러 가지 불리한 점을 오히려 성공을 위한 원동력으로 삼았으며, 힘으로 밀어붙일 수 없는 약한 처지였기 때문에 매사에 정치력을 발휘할 수 있었다.

　링컨 이외에도 카네기는 1세기 전 세계 각지에서 성공을 일구어낸 여러 유명 인사들에 관해 조사했다. 그러고는 그들이 성공을 일구어낼 수 있었던 작은 차이가 무엇인지에 집중했다. 카네기 스쿨을 통해 수많은 수강생들의 삶을 개선시키면서, 그들이 변화해간 드라마틱한 사례들 역시 책에 수록해놓았다.

고전이란 오랜 시간에 걸쳐 많은 사람들에게 널리 읽히면서 검증된 작품을 말한다. 고전은 시대의 변화를 이기며, 변치 않는 가치를 가진다. 아무리 시대가 급변한다 하더라도 인간사에는 변치 않는 가치, 불변의 원칙이 있기 마련이다. 그런 면에서 인간과 인간 사이의 관계에 집중한 데일 카네기의 저서들은 고전의 반열에 오른 것이 아닌가 생각된다.

수많은 고전들은 계속해서 새로 번역되곤 한다. 사실 시대적 차이 때문에 고전의 번역은 현대 저작물에 비해 녹록치 않다. 하지만 새로이 번역될 때마다 현대의 독자들이 빠르고 정확하게 이해할 수 있도록 대부분 개선되어간다. 데일 카네기의 책 역시 이미 여러 차례 번역되어 우리나라에 소개된 바 있지만, 당시의 시대상을 제대로 이해하지 못한 관계로 어이없는 오역이 심심치 않게 발견되곤 했다. 물론 이 번역본 역시 아무런 흠 없이 완벽하다고 할 수는 없겠지만, 가독성을 높이면서 카네기의 저술 원본이 가진 분위기와 메시지를 변색시키는 일이 없도록 최대한 노력했다.

성공을 향한 자신만의 길을 찾는 가장 쉽고 효과적인 방법은 자신의 멘토를 찾고 그의 삶을 들여다보는 것이다. 카네기는 자신이 가장 존경하는 링컨은 물론이고, 우리 주변, 아니 1세기 전에 행복하고 성공한 삶을 살다 간 많은 사람들의 사례와 그들의 성공 노하우를 우리에게 전해주고 있다. 이 책을 번역하며 수많은 사람들의 삶을 변화시킨 그의 조언을 간접적으로나마 전해 들을 수 있었던 것은 나로서도 큰 행운이었다.

역자들을 대표하며
바른번역 김명철

· 자기관리론 ·

· 성공대화론 ·

4 기억력 향상시키기 — 867

How to Win Friend & Influence People

인간관계론 · 자기관리론 · 성공대화론

나는 이 책을 왜,
어떻게 쓰게 되었나

20세기 들어 지난 35년 동안 미국의 출판사들은 20만 종이 넘는 책을 펴냈다. 그중 대부분은 판매가 형편없었고, 적자를 면치 못한 책들도 상당했다. 얼마나 많은 책들이 그런 신세일까? 세계 최대 규모의 출판사 가운데 한 곳의 사장이 내게 고백하기를, 그의 회사는 출판업을 한 지 75년이나 되었지만 여전히 출간하는 책 8권 중 7권은 손해를 본다고 한다. 그렇다면 나는 왜 무모하게 또 한 권의 책을 썼을까? 그리고 당신이 이 책을 읽어야 하는 이유는 무엇일까? 두 가지 질문 모두 반드시 짚고 넘어가야 할 중요한 문제라 나는 이에 답하고자 한다.

나는 1912년부터 뉴욕의 기업가들과 전문직 종사자들을 위한 교육과정을 시작했다. 처음에는 대중 연설 프로그램만 진행했다. 그 과정은 성인들이 비즈니스 상담을 하거나 대중 앞에서 이야기할 때 더 명확하고 효과적이며 침착하게 자신의 생각을 표현할 수 있도록 실제 체험을 통해 훈련하는 수업이었다. 하지만 시간이 지나면서 나는 이들에게 효과적으로 말하는 방법뿐만 아니라, 업무적 혹은 개인적 만남에서 타인과 좋은 관계를 맺는 기술이 필요함을 알게 되었다.

다른 한편으로는 나 역시 그런 훈련이 필요했다는 사실을 차츰 깨닫게 되었다. 지난 세월을 돌이켜보면 내게 인간관계에 대한 이해와 수완이 얼마나 부족했는지 소스라치게 놀라곤 한다. 20년 전에 내 손에 이런 책이 쥐어졌더라면 얼마나 좋았을까! 값을 매길 수 없이 귀한 선물이 되었을 것이다.

사람들을 상대하는 것은 당신이 겪어야 하는 가장 큰 문제일 것이다. 특히 사업을 한다면 더더욱 그럴 것이다. 당신이 주부, 건축가 혹은 엔지니어라도 사정은 다르지 않다. 몇 년 전 카네기 교육진흥재단의 지원으로 이루어진 연구는 아주 중요하고 의미 있는 사실을 밝혀냈다. 이 사실은 나중에 카네기 기술연구소에서 진행한 추가 연구에 의해 뒷받침되기도 했다. 이 연구에 따르면 심지어 엔지니어링 같은 기술 분야에서도 사람들의 기술적 지식이 경제적 성공에 기여하는 바는 약 15퍼센트에 불과하고, 나머지 85퍼센트는 성격과 통솔력 같은 인간관계 기술에 달려 있다고 한다.

수년 동안 나는 필라델피아 엔지니어 클럽과 미국 전기기술자협회의 뉴욕 지부에서 강연을 했다. 지금까지 내 교육과정을 들은 기술자들은 1500명이 넘는다. 그토록 많은 사람들이 내 강좌를 찾은 이유는 엔지니어링 분야의 전문 지식을 가장 많이 가진 사람이 반드시 돈을 제일 많이 버는 것은 아니라는 사실을 수년간의 관찰과 경험을 통해 알고 있기 때문이다. 예를 들면 누구나 그리 많지 않은 돈으로 엔지니어, 회계사, 건축가 혹은 다른 전문직 종사자를 고용할 수 있다. 하지만 기술적인 지식과 더불어 자신의 생각을 잘 표현하고, 리더십이 있으며, 다른 이들의 열정을 불러일으킬 수 있는 사람은 많은 보수를 받는다.

존 D. 록펠러는 왕성하게 활동하던 시절에 이렇게 말했다. "사람을 상대하는 능력은 설탕이나 커피처럼 돈으로 살 수 있는 상품이다. 그리고 나는 태양 아래 그 어떤 것보다도 그 능력에 높은 가격을 지불할 것이다."

그렇다면 세상의 모든 대학들이 태양 아래 가장 값비싼 이 능력을 키워주는 강의를 이미 하고 있을 거라는 생각이 들지 않는가? 하지만 내가 소식에 어두워서인지 몰라도 성인들을 위한 그런 실용적이고 상식적인 강의를 하는 곳이 있다는 말은 지금 이 글을 쓰고 있는 순간까지도 들어본 적이 없다.

시카고 대학과 YMCA 대학연맹은 성인들이 무엇을 배우고 싶어 하는지 알아보는 설문조사를 실시했다. 그 조사에는 2만

5000달러의 돈과 2년의 시간이 소요되었다. 조사는 마지막으로 코네티컷 주 메리덴 시에서 진행되었다. 메리덴이 전형적인 미국의 도시라고 생각했기 때문이다. 메리덴의 모든 성인들을 대상으로 면담을 한 뒤 다음과 같은 156개 항목의 설문을 진행했다. "직업은 무엇입니까? 학력은 어떻게 됩니까? 여가 시간에는 무엇을 합니까? 소득이 얼마나 됩니까? 취미가 무엇입니까? 당신의 목표는 무엇입니까? 당신이 겪고 있는 문제는 무엇입니까? 가장 공부하고 싶은 주제는 무엇입니까?"

설문조사 결과 성인들의 가장 큰 관심사는 건강이며, 그다음 관심사는 사람이라는 것이 밝혀졌다. 다른 사람을 이해하고 잘 어울리려면 어떻게 해야 하는지, 다른 사람들이 자신을 좋아하게 만드는 방법은 무엇인지, 어떻게 다른 사람들을 설득할 수 있는지 등에 관심이 많았다.

그래서 조사위원회는 메리덴의 성인들을 위해 그런 교육과정을 만들기로 했다. 그러고는 주제에 적합한 실용적인 교재를 찾아보았지만 단 한 권도 찾지 못했다. 결국 그들은 성인교육 분야의 세계적인 권위자를 찾아가 이 사람들이 필요로 하는 책을 알고 있는지 물었다. "아니요." 그는 대답했다. "그 사람들이 무엇을 원하는지 압니다만, 그들이 필요로 하는 책은 아직 나온 적이 없습니다."

나는 그의 말이 사실이라는 것을 경험으로 알고 있었다. 나도 인간관계에 대한 실용적인 지침서를 몇 년간이나 찾고 있었는데, 그런 책은 없었기 때문이다. 결국 나는 내 강의에 사용할 용도로 직접 책을 쓰기로 했다. 이 책이 바로 그 결과물이다. 당신도 이 책이 마음에 들기 바란다.

이 책을 준비하는 과정에서 나는 신문 칼럼부터 잡지 기사, 가정법원 기록, 고대 철학자와 근대 심리학자들의 글까지 인간관계에 관해 찾을 수 있는 모든 자료를 읽었다. 또 숙달된 조사원을 고용해서 1년 반 동안 여러 도서관에서 내가 놓친 두꺼운 심리학 서적들과 수많은 전기, 잡지 기사들을 찾아서 읽었으며, 모든 시대의 위대한 리더들이 어떻게 사람들을 대했는지도 알아보았다. 나는 율리우스 카이사르부터 토머스 에디슨에 이르기까지 훌륭한 리더들의 인생 이야기를 전부 읽었다. 시어도어 루스벨트의 전기만 해도 100권 이상 읽은 것으로 기억한다.

우리는 사람들이 친구를 사귀고 다른 사람에게 영향을 끼치기 위해 사용했던, 옛날부터 현재까지의 모든 실용적인 방법을 알아내기 위해서 시간과 돈을 아끼지 않았다. 나는 수많은 성공한 사람들을 개인적으로 인터뷰하고(그중에는 마르코니와 에디슨 같은 세계적인 발명가들, 프랭클린 D. 루스벨트와 제임스 팔리 같은 정치 지도자들, 오웬 D. 영과 같은 뛰어난 기업가들과 클라크 게이블, 메리 픽포드 같은 영화배우들,

마틴 존슨 같은 모험가들도 있었다), 그들의 대인관계 기술을 알아내기 위해 노력했다.

이 모든 자료들을 바탕으로 나는 짧은 강연을 준비했다. 그 강연의 제목은 '어떻게 친구를 만들고 사람들에게 영향을 미칠 것인가'였다. 처음에는 짧게 시작했지만, 얼마 안 가 한 시간 반짜리 강연으로 확대되었다. 수년째 나는 뉴욕에 있는 카네기 연구소에서 성인들을 대상으로 이 강연을 하고 있다.

강연을 마친 후 나는 수강생들에게 배운 내용을 사업적, 사회적 교제를 할 때 실제로 해보고, 다음 수업 시간에 그 경험과 결과에 대해 이야기해달라고 요청했다. 얼마나 흥미로운 과제인가! 자기계발에 목말라 있던 사람들은 새로운 종류의 실험, 그것도 성인을 위한 최초이자 유일한 대인관계 실험에 참여한다는 사실에 매료되었다. 이 책은 보통의 다른 책들처럼 쓰인 게 아니다. 수천 명의 성인들을 대상으로 한 실험과 경험을 통해 마치 아이가 성장하듯 자라났다.

몇 년 전 우리는 딱 엽서만 한 크기의 카드에 인간관계 규칙들을 인쇄해 강의를 시작했다. 다음 학기에는 더 큰 카드에 인쇄했고, 매번 크기나 범위가 늘어나 그다음에는 책자, 그다음에는 책자 여러 권을 인쇄했다. 그리고 15년 동안의 실험과 조사 내용이 담긴 이 책이 나오게 되었다.

이 책에 쓰인 원칙들은 이론이나 짐작만으로 나온 게 아니다. 이 원칙들은 마법과 같은 효과가 있다. 믿기 어렵겠지만 나는 이 원칙들을 삶에 적용해 말 그대로 혁신을 일으킨 사람들을 많이 보았다.

내 강좌를 들은 사람 중에 314명의 직원을 둔 한 남성이 있었다. 몇 년 동안 그는 직원들을 끝없이 닦달하고 무작정 비난했다. 친절이나 감사, 격려의 말은 그에겐 낯설었다. 하지만 이 책에 나온 원칙들을 배우고 난 뒤 그는 인생철학을 바꾸었다. 이후 그의 회사는 이전에 볼 수 없었던 충성심, 열정, 팀워크로 불타오르고 있다. 314명의 적이 314명의 친구로 바뀌었다. 그는 수업 시간에 자랑스럽게 이야기했다. "예전에는 내가 지나가도 아무도 내게 인사하지 않았습니다. 직원들은 내가 오는 걸 보면 오히려 시선을 피했습니다. 하지만 이제 그들은 모두 내 친구가 되었고, 심지어 수위까지도 내 이름을 친근하게 부른답니다."

지금 그의 회사는 예전보다 더 많은 이익을 내고 있으며, 그는 더 많은 여가 시간을 즐기고 있다. 그리고 무엇보다 그는 사업과 가정에서 훨씬 더 큰 행복을 얻었다.

수많은 세일즈맨들이 이 원칙들을 활용함으로써 실적이 대폭 향상되었다. 많은 세일즈맨들이 이전에는 설득하는 데 실패했던 거래처들을 새로운 고객으로 만들었다. 임원급 인사들은 더 큰 권한과 더 많은 연봉을 받게 되었다. 한 임원은 이 원칙들을 활용한 결과 연봉이 큰 폭으로 올랐다고 알려주었다.

필라델피아 가스 웍스 컴퍼니의 한 임원은 성격이 사납고 직원들을 잘 이끌지 못한다는 이유로 65세의 나이에 직급이 강등될 처지에 있었다. 하지만 이 책에 나온 훈련을 통해 위기를 모면한 것은 물론, 승진도 하고 연봉도 더 많이 받게 되었다.

강의 마지막 날, 연회에 함께 참석한 배우자들은 자기 남편이나 부인이 이 교육을 받기 시작한 이후로 가정이 더 행복해졌다고 말하곤 한다.

수강생들은 자기가 성취한 새로운 결과를 보고 매우 놀라는 경우가 많다. 그건 마치 마법과도 같다. 어떤 수강생들은 너무 열광한 나머지, 수업하려면 48시간이나 남았는데도 미처 기다리지 못하고 일요일에 우리 집으로 전화를 걸어 결과를 알려주기까지 했다.

어떤 사람은 이 원칙들에 대한 강연에 너무 감명을 받아 수업이 끝난 후에도 다른 수강생들과 밤늦게까지 남아서 토론을 계속했다. 결국 새벽 3시가 되어서야 모두들 집으로 돌아갔다. 하지만 그는 그동안 자신의 실수를 깨닫고 큰 충격을 받았으며, 자기 앞에 펼쳐질 새롭고 풍요로운 세상에 대한 전망으로 가슴이 벅차 잠을 이룰 수가 없었다. 그는 그날 밤도, 그다음 날도,

그다음 날 밤에도 잠들지 못했다.

　그는 어떤 사람이었을까? 새로운 이론이라면 무엇이든 신나게 떠들 준비가 된 순진하고 경험이 부족한 사람이었을까? 아니다. 오히려 그 반대였다. 그는 3개 국어에 능통하고, 유럽에 있는 대학을 두 군데나 졸업한 박학다식한 미술품 딜러이자 유명한 사교가였다.

　이 서문을 쓰는 동안 나는 호엔촐레른 왕가 시절 대대로 군인 집안이었던 독일의 어느 명문 귀족으로부터 편지를 받았다. 대서양을 횡단하는 배 위에서 쓴 그의 편지는 이 원칙들을 적용한 경험에 대한 것이었는데, 거의 종교적인 열정에 가까울 정도로 흥분한 듯한 분위기가 느껴졌다.

　또 하버드대를 졸업하고, 커다란 카펫 공장을 소유하고 있는 부유한 노년의 뉴요커도 있었다. 그는 14주간의 훈련을 통해 배웠던 인간관계 기술이 대학에서 4년 동안 배운 교육보다 훨씬 많다고 단언했다. 터무니없는 이야기라고 생각하는가? 웃긴 소리 같은가? 너무 허황된 소리로 들리는가? 물론 어떻게 생각하든 그건 당신 자유다. 나는 단지 보수적이고 매우 성공한 어느 하버드대 졸업생이 1933년 2월 23일 목요일 저녁, 뉴욕의 예일대 클럽에서 600명의 청중들 앞에서 한 말을 아무런 설명도 덧붙이지 않고 전달했을 뿐이다.

하버드대 교수인 윌리엄 제임스는 말했다. "우리가 가진 잠재력에 비춰볼 때, 우리는 지금 절반만 깨어 있다. 우리는 신체적, 정신적 자원의 일부만을 사용하고 있다. 따라서 일반적으로 개개인의 인간은 자신의 한계에 한참 못 미치는 삶을 살고 있다. 인간에게는 으레 사용되지 못하고 있는 많은 능력이 있다."

당신이 '으레 사용하지 못하고 있는' 그 능력들! 이 책의 유일한 목적은 당신이 현재 사용하지 못한 채 잠자고 있는 그 자산들을 발견하고 발전시켜 이익을 얻을 수 있도록 당신을 돕는 것이다. 프린스턴 대학 총장을 지냈던 존 G. 히벤 박사는 말했다. "교육이란 살아가면서 마주치게 되는 다양한 상황에 대처하는 능력을 키워주는 것이다."

만약 당신이 이 책의 3장까지 읽었는데도 살아가면서 생기는 여러 상황들에 대처하는 능력이 조금도 나아지지 않았다면, 나는 이 책이 적어도 당신에게는 완전한 실패작이라고 생각한다. 허버트 스펜서가 말했듯이 '교육의 위대한 목적은 지식이 아닌 행동'이기 때문이다. 그리고 이 책은 행동하기 위한 책이다.

—데일 카네기

이 책으로 최대의 효과를
얻기 위한 8가지 제안

1. 이 책으로부터 최대의 효과를 얻고자 한다면 반드시 지켜야 하는 조건이 하나 있는데, 이 조건은 그 어떤 규칙이나 기술보다 훨씬 더 중요하다. 이 기본적인 조건을 지키지 못한다면 수많은 학습 규칙들은 아무런 소용이 없다. 하지만 당신에게 그 중요한 자질이 있다면, 이 책으로 최대의 효과를 얻기 위한 제안들을 굳이 읽지 않아도 기적을 일으킬 수 있다. 과연 그 마법 같은 조건은 무엇일까? 바로 배우고자 하는 강렬한 욕구와 사람을 상대하는 능력을 향상시키고자 하는 굳은 결심이다.

어떻게 하면 그런 의욕을 높일 수 있을까? 이 원칙들이 당신에게 얼마나 중요한지를 끊임없이 상기하면 된다. 이 원칙들로 인해 당신이 더 풍요롭고 풍성하고 행복하며 보람찬 인생을 사는 모습을 머릿속으로 그려보라. 그리고 스스로에게 반복해서 말하라. "나의 인기, 나의 행복, 나의 가치는 내가 사람들을 대하는 능력에 달려 있다."

2. 처음에는 큰 그림을 보기 위해 각 장을 빠르게 읽어라. 어쩌면 당신은 서둘러 다음 장으로 넘어가고 싶은 유혹을 느끼기도 할 것이다. 하지만 그저 재미로 읽는 게 아니라면 그냥 넘어가지 마라. 인간관계 기술을 발전시키기 위해 이 책을 읽는다면, 그 장의 처음으로 돌아가서 다시 한 번 꼼꼼히 읽어라. 장기적으로 볼 때 그렇게 해야 결국 시간도 절약하고 좋은 결과도 얻을 수 있다.

3. 읽는 도중에 수시로 멈춘 다음 읽고 있는 내용에 대해서 생각하라. 각각의 제안을 언제 어떻게 활용할 수 있을지 스스로에게 질문하라.

4. 손에 색연필, 연필, 펜, 매직펜 또는 형광펜을 들고 책을 읽어라. 활용할 수 있을 것 같은 규칙을 보면 옆에 표시를 해두어라. 만약 아주 중요한 규칙이라면 처음부터 끝까지 밑줄을 긋거나, 형광펜으로 칠하거나, 별 네 개로 표시를 하라. 책에 밑줄을 긋고 표시하면서 읽으면 책이 더 흥미로워지고, 나중에 빠른 속도로 복습하기도 쉬워진다.

5. 나는 대형 보험 회사 소장으로 15년간 일했던 한 여성을 알고 있다. 그녀는 매달 회사에서 발행되는 모든 보험 계약서를 읽었다. 그렇다. 그녀는 매달, 매년마다 똑같은 내용의 수많은 계약서를 읽고 또 읽었다. 왜 그랬을까? 그녀는 경험을 통해 이 방법이 계약 조항들을 명확하게 기억하는 유일한 방법임을 알았기 때문이다. 나는 예전에 2년여에 걸쳐 대중 연설에 관한 책을 썼지만, 아직도 그 책에 무슨 내용을 썼는지 기억하기 위해 때때로 그 책을 다시 읽어야 한다. 우리가 무언가를 얼마나 빨리 잊어버리는지는 정말 놀라울 정도다.

그러므로 당신이 이 책을 통해서 실제적이고 지속적인 효과를 얻고 싶다면, 이 책을 한번 훑어보는 것만으로 충분하다고 생각하지 마라. 정독을 한 다음에도 매달 몇 시간씩 시간을 내어 그 내용을 복습해야 한다. 이 책을 매일 당신 책상 위에 놓아두어라. 그리고 자주 책을 뒤적여보라. 우리의 앞날은 아직 발전할 가능성이 많다는 것을 끊임없이 자신에게 상기시켜라. 이 책에 나오는 원칙들을 습관으로 만들기 위해서는 계속해서 열심히 복습하고 활용해야만 한다는 점을 기억하라. 다른 방법은 없다.

6. 버나드 쇼는 이런 말을 한 적이 있다. "만약 당신이 어떤

사람에게 뭔가를 가르친다면 그는 절대 배우지 못할 것이다."

맞는 얘기다. 배움은 능동적인 과정이다. 우리는 행동하면서 배운다. 따라서 당신이 이 책에 나온 원칙들을 완전히 익히고자 한다면 그 원칙들을 실행에 옮겨라. 기회가 있을 때마다 원칙들을 활용하라. 그러지 않으면 금방 잊어버리고 만다. 사용한 지식만이 머리에 남는다.

당신은 아마 이 원칙들을 일상생활에서 매번 적용하기는 어렵다고 느낄지 모른다. 이 책을 쓴 나 역시 이 내용들을 일상에서 적용하는 것이 어려울 때가 종종 있기에 그 어려움을 잘 알고 있다. 예를 들어 기분이 나쁠 때는 다른 사람의 관점을 이해하려고 노력하기보다는 비난하고 저주하기 십상이다. 칭찬하기보다는 트집을 잡기가 쉽다. 다른 사람이 무엇을 원하는지보다는 자기가 무엇을 원하는지에 대해 자연스럽게 이야기하게 된다.

따라서 이 책을 읽을 때는 단지 지식을 얻으려는 게 아니라 새로운 습관을 형성하기 위한 것임을 명심하라. 그렇다. 당신은 삶의 새로운 방식을 시도하는 것이다. 그러기 위해서는 시간과 인내심, 그리고 매일의 연습이 필요하다.

이 책을 인간관계에 관한 기본 안내서로 삼아 자주 참고하라. 아이를 다루거나 배우자를 내가 생각하는 방향으로 설득하거나 짜증 내는 손님을 만족시켜야 하는 상황처럼 어떤 특정한 문제가 생겼을 때마다 이전에 자연스레 몸에 밴 행동이나 충동적인 행동을 멈춰라. 그런 행동은 잘못된 것이다. 대신 이 책을 펴고 표시해둔 문장들을 다시 살펴보라. 그리고 새로운 방법들을 시도해본 다음 마법 같은 일이 벌어지는 광경을 지켜보라.

7. 당신이 어떤 원칙이든 어기는 모습을 들킬 때마다 배우자나 자녀, 혹은 직장 동료에게 10센트나 1달러씩 주어라. 이 원칙들을 익히는 것을 즐거운 게임으로 만들어라.

8. 월스트리트에 있는 한 대형 은행의 은행장이 수업 시간에 자기계발을 위해 자신이 사용했던 아주 효과적인 방법을 발표한 적이 있다. 그는 정규교육을 받지 못했지만 미국에서 매우 영향력 있는 금융인 가운데 한 명이 되었는데, 성공할 수 있었던 가장 큰 이유는 자신이 직접 만든 방법을 끊임없이 적용했기 때문이라고 털어놓았다. 내가 기억하고 있는 수준에서 그나마 정확하게 그의 말을 옮기면 다음과 같다.

"수년 동안 나는 매일 그날 있었던 사람들과의 만남을 빠짐없이 수첩에 기록해왔습니다. 우리 가족들은 내가 매주 토요일 저녁마다 스스로를 돌아보고 평가하고 반성하는 시간을 가진다는 걸 알고 있습니다. 그래서 토요일 저녁에는 내가 참석해

야 하는 약속은 절대 잡지 않았습니다. 저녁 식사 후에 나는 혼
자 자리를 뜬 다음 수첩을 펴고 그 주에 있었던 모든 상담과 토
론, 회의들에 대해 생각했습니다. 그리고 스스로에게 이런 질문
을 했습니다.

'내가 그때 어떤 실수를 했지?'

'내가 잘한 것은 무엇이고, 어떻게 하면 더 잘할 수 있었을까?'

'나는 그 경험으로부터 무엇을 배웠나?'

이런 식으로 매주 자기반성을 하고 나면 가끔 기분이 상하기
도 했습니다. 내가 저지른 실수에 깜짝 놀랄 때도 많았습니다.
물론 시간이 지나면서 실수는 점점 줄어들었고, 나 자신을 칭찬
해주고 싶었던 적도 많아졌습니다. 해가 지날수록 이런 자기분
석과 자기교육 시스템은 다른 어떤 시도보다 내게 많은 도움이
되었습니다. 결단력을 키워 의사 결정을 하는 데 도움이 되었
고, 사람을 만나는 데도 커다란 도움이 되었습니다. 나는 이 방
법을 여러분에게 진심으로 추천합니다."

이 책에 소개된 원칙들을 실생활에 적용할 때도 이와 비슷한
방식대로 검토해보는 건 어떨까? 그렇게 하면 두 가지 성과를
얻을 수 있다. 첫째, 아주 흥미롭고 귀중한 교육과정을 배우고
있음을 알게 될 것이다. 둘째, 사람을 만나고 상대하는 능력이
크게 향상될 것이다.

이 책으로 최대의 효과를 얻기 위한
8가지 제안

1. 인간관계의 원칙들을 알고 싶다는 강렬한 욕구를 마음속에 품어라.

2. 다음 장으로 넘어가기 전에 각 장을 두 번씩 읽어라.

3. 읽는 도중에 수시로 멈춰 각각의 원칙들을 어떻게 적용할 수 있을지 스스로에게 질문하라.

4. 중요한 원칙에 밑줄을 그어라.

5. 이 책을 매달 다시 읽어라.

6. 기회가 될 때마다 이 원칙들을 적용하라. 이 책을 당신의 일상적인 문제 해결의 안내서로 삼아라.

7. 원칙을 어길 때마다 친구에게 10센트나 1달러를 줘라. 배우는 과정을 활기 넘치는 게임으로 만들어라.

8. 스스로 잘하고 있는지 매주 확인하라. 어떤 실수를 했고, 어떻게 개선했으며, 미래를 위해 어떤 교훈을 얻었는지 스스로에게 물어보라.

1

사람을 다루는
기본 테크닉

How to

win friends

&

influence

people

꿀을 얻으려면
벌집을 발로 차지 마라

1931년 5월 7일, 뉴욕에서 전에 없이 세상을 떠들썩하게 했던 범인 검거 작전이 절정에 달했다. 몇 주간의 수색 끝에 일명 '쌍권총 크로울리'가 웨스트엔드 가에 있는 자기 애인의 아파트에 숨어 있다 발각되어 체포되기 직전이었다. 그는 술도 마시지 않고 담배도 안 피우는 사람이었지만, 총으로 사람을 죽인 살인자였다.

150명의 경찰과 형사들이 그의 은신처인 아파트 꼭대기 층을 포위했다. 그들은 지붕에 구멍을 뚫고 최루가스를 살포해 '경찰 살해범' 크로울리가 밖으로 나오도록 유인했다. 또한 주변에 있는 건물에 기관총을 설치했는데, 뉴욕에서도 꽤 부유했던 그 동네는 한 시간 넘게 날카로운 권총 소리와 따다닥 하는 기관총 소리로 시끄러웠다. 크로울리는 두툼한 소파 뒤에 숨어 경찰을 향해 쉴 새 없이 총을 쏴댔다. 시민 1만여 명이 잔뜩 긴장한 채 이 싸움을 지켜보았다. 지금까지 뉴욕의 길거리에서는 결코 볼 수 없는 광경이었다.

크로울리가 체포됐을 때 경찰국장 E. P. 멀루니는 이 쌍권총 악당이야말로 뉴욕 역사상 가장 위험한 범죄자라고 공표했다. 그는 이렇게 말했다. "이자는 닥치는 대로 살인을 저지르는 놈입니다."

하지만 쌍권총 크로울리도 스스로를 그렇게 생각했을까? 경찰이 그의 아파트로 총을 쏴대는 와중에 그가 '관계자 여러분께'라며 쓴 편지를 보면 이를 알 수 있다. 그가 편지를 쓸 때 상처에서 흐른 피가 종이에 검붉은 자국을 남겼다. 편지에서 크로울리는 이렇게 말했다. "내 코트 안쪽에는 지쳤지만 착한 심장이, 누구에게도 해를 끼치지 않을 심장이 있다."

이 일이 있기 직전에 크로울리는 롱아일랜드의 도로에서 차를 세우고 여자 친구와 진한 애정 행각을 벌이고 있었다. 그때 갑자기 경찰관 한 명이 차로 다가와 말했다. "면허증 좀 보여주십시오."

크로울리는 아무 말 없이 총을 꺼내 경찰에게 총알 세례를 퍼부었다. 경찰이 죽어 쓰러지자, 크로울리는 차에서 나와 경찰의 권총을 집어 들고는 시체에 다시 한 발을 더 쐈다. 그가 바로 "내 코트 안쪽에는 지쳤지만 착한 심장이, 누구에게도 해를 끼치지 않을 심장이 있다"라고 말한 그 사람이다.

크로울리는 전기의자 사형을 선고받았다. 그가 싱싱 교도소의 사형수 감방에 도착했을 때 "내가 사람을 죽인 대가를 받는구나"라고 말했을까? 아니, 그는 이렇게 말했다. "나는 정당방

위를 했을 뿐인데, 어떻게 이럴 수가 있지?"

이 이야기의 핵심은 이것이다. 쌍권총 크로울리는 자신이 잘못한 게 전혀 없다고 생각했다. 범죄자 중 이런 사고방식을 가진 사람이 드물다고 생각하는가? 만약 그렇게 생각한다면 이 말을 들어보라.

"나는 사람들에게 소소한 기쁨을 주고, 사람들이 즐거운 시간을 보낼 수 있도록 도와주면서 내 한창때를 보냈다. 하지만 내게 돌아온 것은 박해와 쫓기는 생활뿐이었다."

이는 알 카포네가 한 말이다. 그렇다. 미국에서 가장 악명 높은 공공의 적이자 시카고를 주름잡았던 가장 위협적인 조직의 두목이었던 자가 한 말이다. 그는 자신이 잘못했다고 생각하지 않았다. 오히려 자신이 인정받지 못하고 이해받지 못하는 사회의 후원자라고 여겼다.

더치 슐츠 역시 뉴어크에서 갱단에게 총을 맞고 쓰러지기 전까지 알 카포네와 비슷한 생각을 했다. 뉴욕의 가장 악명 높은 악당 중 한 명인 더치 슐츠는 신문 인터뷰에서 자신은 사회의 후원자라고 말했다. 그리고 실제로 그렇게 믿었다.

나는 뉴욕의 악명 높은 싱싱 교도소에서 수년간 소장으로 있었던 루이스 로스와 이 주제에 관한 흥미로운 편지를 주고받았는데, 그는 이렇게 말했다. "싱싱 교도소에 있는 범죄자들 중에 자신을 나쁜 사람이라고 여기는 이는 거의 없습니다. 그들도 당신이나 나와 마찬가지로 그저 인간일 뿐입니다. 그래서 합리화하고 변명을 합니다. 왜 금고를 털거나 방아쇠를 당겨야 했는지 그들은 해명할 수 있습니다. 대부분은 얼핏 논리적으로 보이는 혹은 비논리적인 이유를 대면서 자신의 반사회적인 행동을 스스로에게도 정당화하려고 애쓰고, 그래서 자신들이 절대 수감되지 말았어야 한다고 강력하게 주장합니다."

알 카포네, '쌍권총' 크로울리, 더치 슐츠, 그리고 교도소에 수감 중인 흉악한 범죄자들은 어떤 경우에도 자신의 잘못을 인정하지 않는다. 그들은 그렇다 하더라도 당신이나 내 주변에 있는 사람들은 과연 어떨까?

자신의 이름을 딴 백화점을 설립한 존 워너메이커는 이렇게 고백했다. "남을 비난하는 것이 어리석은 짓임을 나는 30년 전에 깨달았다. 신께서 지적인 능력을 공평하게 나누어주지 않았다고 불평하는 대신, 나는 내 자신의 한계를 극복하는 데 많은 노력을 기울였다."

워너메이커는 이 교훈을 일찍 깨달은 사람이다. 하지만 나는 30년 이상이나 이 세상을 헤매고 살아온 뒤에야 '사람들은 자신의 잘못이 아무리 명백해도 100번 중 99번은 절대 자신의 잘못을 인정하지 않는다'라는 사실을 깨닫게 되었다.

비난은 안 하느니만 못하다. 비난을 하면 상대는 방어 태세를 취하고 스스로를 정당화하기 때문이다. 또 비난은 위험하다. 상대의 소중한 자존심을 다치게 하고, 자존감에 상처를 줘서 분노를 일으키기 때문이다.

독일 군대는 불만스런 일이 생기더라도 병사들이 곧바로 불평하거나 비판하는 것을 금하고 있다. 우선 하룻밤 자면서 열을 식혀야 한다. 즉각적으로 불만을 제기하는 병사는 처벌 받는다. 군대가 아닌 일상에서도 비슷한 규제가 있어야 한다고 생각한다. 사사건건 나무라는 부모, 끊임없이 불평하는 아내, 잔소리하는 고용주 등 남의 결점을 들춰내는 데 몰두하는 사람 모두에게 적용하면 좋을 것이다.

역사를 살펴보면 비난이 얼마나 헛된지를 보여주는 예시가 가득하다. 한 예로 시어도어 루스벨트와 윌리엄 하워드 태프트 대통령의 논쟁을 들 수 있다. 이 논쟁으로 인해 공화당이 분열되었고, 그 결과 민주당의 우드로 윌슨이 대통령에 당선됨으로써 제1차 세계대전에 참전하게 되는 등 세계 역사의 흐름은 크게 바뀌었다.

당시의 논쟁을 간략히 되새겨보자. 1908년 시어도어 루스벨트는 대통령직에서 물러나면서 대통령으로 당선된 태프트를 지지했고, 사자 사냥을 하러 아프리카로 떠났다. 하지만 아프리카에서 돌아올 무렵, 그는 보수적인 행보를 걷고 있는 태프트를 맹렬히 비난했다. 그리고 차기 대통령 후보 지명권을 확보하기 위해 진보적인 정당인 불 무스(Bull moose, 수사슴. 혁신당의 별명―옮긴이)당을 창당했는데, 그러면서 공화당은 거의 붕괴 수준에 이르렀다.

이후 벌어진 선거에서 태프트와 미국 공화당은 버몬트 주와 유타 주, 두 개의 주 외에서는 지지를 받지 못했다. 공화당이 창당된 이래 가장 처참한 패배였다.

루스벨트는 참패의 원인이 태프트라고 비난했다. 그렇다면 태프트 대통령도 자책했을까? 물론 아니다. 태프트는 눈물을 글썽거리며 말했다. "내가 처한 상황에서는 그게 최선이었다."

비난받을 사람은 누구인가? 루스벨트인가, 태프트인가? 솔직히 알 수도 없고, 누구라 하더라도 상관없다. 내가 말하고자 하는 것은 루스벨트가 그렇게 비난을 했어도 태프트가 자신의 잘못을 스스로 인정하도록 만들 수 없었다는 사실이다. 비난은 태프트가 자신을 정당화하려 애쓰고 눈물을 글썽이며 "내가 처한 상황에서는 그게 최선이었다"라는 말만 반복하게 만들었을 뿐이었다.

또 다른 사례로 티포트 돔 유전 스캔들을 살펴보자. 1920년대 초반, 이 사건으로 언론은 쉴 틈 없이 시끄러웠고, 온 나라는 발칵 뒤집혔다. 세상 사람들이 기억하는 한, 미국 역사상 이처럼 엄청난 사건은 거의 없었다고 해도 과언이 아니다. 사건의 전말은 이러하다.

하딩 내각의 내무 장관이었던 앨버트 B. 폴은 미 해군용으로 엘크 힐과 티포트 돔 지역에 확보해놓은 정부 소유의 유전 지대를 임대하는 권한을 갖게 되었다. 폴 내무 장관이 경쟁 입찰을 허용했을까? 전혀 그렇지 않았다. 그는 입찰 과정도 없이 큰 이권이 달린 이 계약을 그의 친구인 에드워드 L. 도헤니에게 아주 유리한 조건으로 넘겨주었다.

그럼 도헤니는 어떻게 했을까? 그는 폴 내무 장관에게 10만 달러를 (그의 표현에 따르면) '빌려'주었다. 그러자 폴 내무 장관은 근처의 유정에서 석유를 채굴하고 있던 군소업자들이 엘크 힐

유전에서 나오는 기름을 약화시키고 있다며 해병대를 동원해 이들을 몰아내도록 했다. 결국 총칼의 위협에 쫓겨난 군소 석유 채굴업자들이 법정으로 달려갔고, 티포트 돔 스캔들은 세상에 알려지게 되었다.

이 사건은 비리의 정도가 너무 커서 온 국민들이 분노했다. 결국 하딩 정부는 몰락했고, 공화당은 난파 직전의 상황에 처했으며, 앨버트 폴은 감옥에 가게 되었다.

폴은 공직 사회에서 유례가 없을 만큼 맹렬한 비난을 받았다. 그렇다면 그는 과연 뉘우쳤을까? 절대 그렇지 않다! 몇 년 뒤 허버트 후버는 하딩 대통령이 죽은 이유가 친구의 배신으로 인한 정신적 불안과 걱정 때문이었다고 공개 연설에서 말했다. 그 말을 들은 폴의 부인은 주먹을 불끈 쥐고 의자에서 벌떡 일어나 흐느끼며 소리를 질렀다. "뭐! 폴이 하딩을 배신했다고? 아니야! 내 남편은 아무도 배신한 적 없어. 남편은 이 집을 금덩이로 가득 채워준다고 해도 나쁜 짓을 하지 않을 사람이야. 배신당하고 도살장에 끌려가 처벌을 받은 건 바로 그이라고."

바로 이런 게 인간의 본성이다. 잘못을 저질러놓고도 자신을 제외한 모든 사람들을 비난한다. 우리 모두가 그렇다. 그러므로 우리가 훗날 누군가를 비난하고 싶어질 때, 알 카포네와 '쌍권총' 크로울리, 그리고 앨버트 폴을 기억하자.

비난은 통신용 비둘기와 같아 언제나 원래 있던 곳으로 돌아온다. 우리가 비난하고 바로잡으려는 사람은 아마 스스로를 정당화하고, 대신 우리를 비난할 것이다. 아니면 온화한 태프트처럼 이렇게 말할 것이다. "내가 처한 상황에서는 그게 최선이었다."

1865년 4월 15일 토요일 아침, 에이브러햄 링컨은 존 윌크스 부스에게 저격당한 뒤 포드 극장 바로 맞은편에 있는 싸구려 하숙집의 문간방에서 죽음을 맞고 있었다. 링컨의 긴 몸은 그에게는 너무 짧은, 푹 꺼진 침대에 가로질러 비스듬하게 눕혀 있었다. 로사 보뇌르의 유명한 그림 〈말 시장〉의 싸구려 복제품이 침대 위에 걸려 있고, 낡은 가스등의 노란 불빛이 희미하게 흔들리고 있었다.

링컨의 임종을 지켜보면서 국방 장관 스탠턴은 이렇게 말했다. "이 세상에서 인간의 마음을 가장 잘 움직인 사람이 여기 누워 있다."

사람들의 마음을 움직이는 데 뛰어났던 링컨의 비결은 무엇이었을까? 나는 10여 년 동안 링컨의 삶을 연구했고,《데일 카네기의 링컨 이야기》라는 제목의 책을 쓰고 수정하는 데 꼬박 3년을 바쳤다. 그렇기에 링컨의 성격과 가정생활을 그 누구보다도 자세하고 철저하게 연구했다고 믿고 있다. 그중에서도 나는 링컨이 사람들을 대하는 방법에 특별한 관심을 기울였다.

링컨도 내키는 대로 비난을 했을까? 사실 그렇다. 인디애나 주의 피전 크리크 밸리에서 젊은 시절을 보낸 링컨은 남을 비난했을 뿐 아니라 다른 사람을 조롱하는 편지와 시를 써서 사람들의 눈에 잘 띄는 길거리에 뿌리고 다녔다. 그 편지 때문에 누군가는 평생 동안 링컨에 대해 반감을 가질 정도였다.

링컨은 일리노이 주 스프링필드에서 개업 변호사가 되고 나서도 반대파 인사들에 대한 비판을 신문에 기고하곤 했는데, 한번은 도가 지나쳐서 큰 말썽을 일으켰다.

1842년 가을, 그는 제임스 쉴즈라는 이름의 자만심이 강하고 호전적인 정치가를 조롱했다. 링컨은 〈스프링필드 저널〉에 익명의 편지를 실어 그를 놀렸다. 마을 사람들은 웃음을 터뜨렸고, 예민하고 자존심이 강한 쉴즈는 화가 머리끝까지 났다. 그는 누가 그 편지를 썼는지 알아내고는 곧장 말을 타고 링컨을 찾아가 결투를 신청했다. 링컨은 싸우고 싶지 않았다. 그는 결투에 반대했지만, 명예를 지키면서 그 상황에서 빠져나올 방법은 없었다.

그에게 무기 선택권이 주어졌다. 그는 팔이 길었으므로 기병이 사용하는 날이 넓은 칼을 택했고, 웨스트포인트 사관학교 졸업생에게 칼싸움을 배웠다. 그리고 약속한 날, 그와 쉴즈는 미시시피 강의 모래사장에서 만났다. 그들은 죽을 때까지 싸울 각오가 되어 있었지만, 막판에 그들의 입회인들이 끼어들어 결투는 중지되었다.

이 사건은 링컨의 인생에서 가장 충격적인 일이었다. 그 일로 그는 사람을 대하는 기술에 관한 아주 귀중한 교훈을 배웠다. 두 번 다시 그는 남을 모욕하는 편지를 쓰지 않았다. 다시는 누군가를 조롱하지도 않았다. 그리고 그때 이후로는 그 어떤 이유로도 남을 절대 비난하지 않았다.

시간이 흘러 미국 남북전쟁 때 링컨은 포토맥 부대의 지휘자로 계속해서 새 장군들을 임명해야 했다. 매클레런, 포프, 번사이드, 후커, 미드 등 새로 임명된 장군들이 번번이 참패하는 바람에 링컨은 매우 힘든 상황이었다. 북부의 사람들이 무능한 장군들을 거칠게 비난했다. 하지만 링컨은 "아무도 미워하지 말고, 모두를 사랑하라"라며 침묵했다. 그가 좋아하는 인용구 중 하나는 "비판을 받지 아니하려거든 비판하지 말라"였다.

그리고 자신의 부인과 다른 이들이 남부 사람들에 대해 나쁘게 말할 때면 링컨은 이렇게 말했다. "그들을 비난하지 마시오. 우리도 그런 처지에 있었다면 그들처럼 행동했을지 모르는 일이오."

사실 링컨에게는 누군가를 비난할 만한 일들이 많았다. 다음 일화를 한번 보자.

1863년 7월 1일에 시작한 게티즈버그 전투는 3일간이나 계속되었다. 7월 4일 밤, 리 장군은 남쪽으로 후퇴하기 시작했고, 그 무렵 폭우를 동반한 먹구름이 전국을 뒤덮고 있었다. 패배한 부대를 이끌고 리 장군은 포토맥 강에 다다랐다. 그런데 강은 이미 물이 불어나 도저히 건널 수 없을 정도였고, 뒤에는 기세가 오른 북군이 바짝 추격해오고 있었다. 리 장군은 궁지에 몰려 도망칠 수 없었으며, 링컨은 그런 상황을 알고 있었다. 그 상황은 리 장군의 군대를 포로로 붙잡고 즉시 전쟁을 끝낼 수 있는 하늘이 준 황금 같은 기회였다. 희망에 부푼 링컨은 미드 장군에게 작전 회의를 하느라 지체하지 말고 즉시 공격하라고 명령했다. 링컨은 자신의 명령을 전보로 보내고, 즉시 실행할 것을 요구하는 특별 전령도 보냈다.

그런데 미드 장군은 어떻게 했을까? 그는 링컨의 명령과는 정반대로 행동했다. 미드 장군은 링컨의 명령을 정면으로 어기고 작전 회의를 열었다. 그러고는 망설였다. 미드 장군은 전보로 온갖 변명을 보내며 시간을 지체하면서 노골적으로 공격을 거부했다. 마침내 강물이 빠지자, 리 장군은 군대를 이끌고 강을 건너 달아나 버렸다.

링컨은 격노해 아들 로버트에게 울분을 토했다. "어떻게 이럴 수 있단 말이냐. 제기랄! 이게 도대체 무슨 일이야. 그들이 우리의 손아귀 안에 있었는데, 손을 뻗기만 하면 잡을 수 있었는데, 내 말이나 어떤 행동도 군대를 움직이게 할 수 없었다니. 그런 상황에서는 어떤 장군이라도 리의 부대를 무찌를 수 있었을 거야. 내가 그곳에 있었다면 직접 잡을 수 있었을 거라고."

몹시도 실망한 링컨은 자리에 앉아 미드 장군에게 편지를 썼다. 그 당시의 링컨은 표현이 극도로 신중하고 억제되어 있었다는 것을 기억하길 바란다. 1863년에 링컨이 쓴 다음의 편지는 그가 할 수 있는 가장 혹독한 비난이나 마찬가지였다.

친애하는 미드 장군

장군은 리 장군과 그의 부대를 놓친 것이 얼마나 중대하고 큰 불행인지 제대로 모르고 있는 것 같소. 그는 궁지에 몰려 있었고, 그동안 승리한 기세를 몰아 조금만 더 밀어붙여 그를 잡았더라면 전쟁은 끝났을 것이오. 하지만 이제는 전쟁이 얼마나 더 계속될지 알 수 없게 되었소. 장군이 지난 월요일에 유리한 상황에서 리 장군을 잡을 수 있었음에도 공격하지 못했는데, 강의 남쪽으로 지금의 3분의 2도 안 되는 적은 병력만으로 어떻게 공격을 하겠소? 그런 기대는 말도 안 되고, 난 이제 장군이 어떤 성과를 낼지 기대하지도 않소. 그대는 황금 같은 기회를 날려버렸고, 나는 그 때문에 헤아릴 수 없이 괴롭소.

이 편지를 읽고 미드 장군은 어떻게 했을 거라고 생각하는가? 미드 장군은 편지를 전혀 보지 못했다. 링컨이 그 편지를 보내지 않았기 때문이다. 그 편지는 링컨이 죽은 뒤 서류함 속에서 발견되었다. 이건 추측일 뿐이지만, 그 편지를 쓴 뒤 링컨은 창밖을 내다보며 스스로에게 이렇게 말했을 것이다.

"잠깐. 너무 성급하게 굴지 말자. 내가 여기 조용한 백악관에 앉아서 미드 장군에게 공격 명령을 내리는 건 아주 쉬운 일이야. 하지만 내가 게티즈버그에 있었다면, 그래서 지난주 내내 미드 장군처럼 많은 피를 보았다면, 또 다치고 죽어가는 병사들의 절규와 비명 소리를 직접 들었다면, 아마 나 역시 선뜻 공격 명령을 내리지 못했을지 몰라. 내가 미드 장군처럼 소심한 성격이었다면 아마 그와 똑같이 행동했겠지. 어쨌거나 이미 지나간 일이야. 내가 이 편지를 보내면 내 기분은 나아지겠지. 하지만 미드 장군은 자신을 정당화하려고 애쓸 테고, 결국 나를 비난하겠지. 그러면 악감정이 생기고, 지휘관으로서 그의 우수한 능력도 손상되고, 어쩌면 군에서 물러나게 될 수도 있어."

이런 생각으로 링컨은 결국 편지를 보내지 않았다. 날카로운 비난과 질책은 대부분 아무 소용이 없다는 것을 쓰라린 경험을 통해 알고 있었기 때문이다.

시어도어 루스벨트는 대통령 시절에 복잡한 문제가 생기면 상체를 뒤로 기대고 백악관 책상 위에 걸린 링컨의 커다란 초상화를 올려다보며 스스로에게 이렇게 물었다고 한다. "링컨이 내 입장이었다면 어떻게 했을까? 그는 이 문제를 어떻게 해결했을까?"

다음에 우리가 누군가를 비난하고 싶어지면, 주머니에서 5달러짜리 지폐를 꺼내 지폐에 있는 링컨의 얼굴을 보고 스스로에게 물어보자. "링컨이라면 이 문제를 어떻게 해결했을까?"

당신은 남을 바꾸고 개선시키고 싶은가? 좋다! 괜찮다. 나도 찬성이다. 하지만 당신 자신부터 바꾸기 시작하는 건 어떨까? 순전히 이기적인 관점에서 보더라도 다른 사람을 바꾸려고 노력하는 것보다 자기 자신부터 바뀌는 것이 훨씬 이득이고, 당연히 훨씬 덜 위험하다.

브라우닝은 "사람은 자기 자신과의 싸움을 시작할 때 비로소 가치 있는 사람이 된다"라고 말했다. 자신을 완성하는 데는 오랜 시간이 걸린다. 설령 남을 비난하고 싶더라도 모든 것은 자신을 완성한 다음의 일이라는 것을 명심해야 한다.

공자도 말했다. "네 집 앞이 지저분한데, 이웃의 지붕에 눈이 쌓였다고 불평하지 마라."

젊은 시절에 나는 철없이 사람들에게 깊은 인상을 남기고 싶어 했다. 그래서 작가 리처드 하딩 데이비스에게 바보 같은 편지를 쓴 적이 있다. 당시 그는 미국 문학계의 떠오르는 작가였다. 나는 작가들을 소개하는 잡지 기사를 쓰고 있던 터라 데이비스에게 그의 작업 방법에 대해 말해달라고 요청했다.

그런데 그 편지를 쓰기 몇 주 전, 나는 누군가로부터 편지 한 통을 받은 적이 있었다. 그 편지 끝에는 이런 글귀가 있었다. '비서에게 받아쓰게 하고 읽어보지는 않음.' 나는 그 문구가 인상적이었다. 그 사람이 꽤나 바쁘고 중요한 인물이라는 느낌이 들었다. 그래서 전혀 바쁘지 않은데도 데이비스에게 똑같은 인상을 남기고 싶어 같은 문구를 써서 마무리했다. '비서에게 받아쓰게 하고 읽어보지는 않음.'

데이비스는 애써 내 편지에 답장하지 않았다. 대신 내가 보낸 편지 위에 이렇게 휘갈겨 써서 다시 돌려보냈다. '당신의 무례함은 따를 자가 없소이다.'

맞다! 그건 내 실수였고, 그런 비난을 받아 마땅했다. 하지만 나도 인간이라 그 편지를 받고 분개했다. 어찌나 분한 마음이 깊었는지 10년 후 데이비스가 죽었다는 기사를 읽었을 때, 부끄럽지만 내 머릿속에 가장 먼저 떠오른 것은 그가 내게 주었던 상처였다.

수십 년 동안, 아니 죽을 때까지 남의 가슴에 맺힐 분노를 불러일으키고 싶다면, 비난이 얼마나 정당한지 개의치 말고 신랄하게 비난을 퍼부어라. 하지만 사람을 대할 때는 그들이 결코 이성적 동물이 아니라는 사실을 명심하자. 상대는 감정적 동물이고, 편견으로 가득 차 있으며, 자부심과 허영심으로 움직이는 존재다.

또한 비난은 위험한 불씨다. 비난은 자존심이라는 화약고에 폭발을 일으켜, 때로는 수명을 단축시키기도 한다. 예를 들어 레너드 우드 장군은 군대를 이끌고 프랑스로 출정하는 것을 거부했는데, 수많은 사람들의 비난을 받았다. 그로 인한 자존심의 상처는 그의 죽음을 앞당겼던 것으로 보인다.

그리고 영국 문학을 풍요롭게 만든 훌륭한 소설가 토머스 하디는 혹평 때문에 영원히 펜을 놓았다. 또 영국 시인 토머스 채터턴은 혹평을 받고 자살하고 말았다.

젊은 시절 요령이 없었던 벤저민 프랭클린은 훗날 뛰어난 외교적 수완을 배우고 사람들을 능숙히 다루게 되면서 프랑스 주재 미국 대사가 되었다. 그 성공의 비밀은 무엇일까? 프랭클린은 이렇게 말했다. "나는 누군가의 나쁜 점은 말하지 않습니다. 대신 내가 아는 좋은 점은 전부 다 말합니다."

어리석은 사람은 대부분 비판하고, 비난하고, 불평한다. 하지만 이해하고 용서하려면 인격과 자제력이 필요하다. 칼라일은 이렇게 말했다. "위인은 사람을 다루는 태도에서 그 위대함이 드러난다."

다른 사람을 비난하는 대신에 그를 이해하려고 노력해보자. 그가 왜 그런 행동을 하는지 그의 입장에서 생각해보자. 그런 행동이 비난보다 훨씬 더 유익하고 흥미로우며, 동정심과 인내, 그리고 친절을 싹트게 한다. "이해하면 모든 것을 용서할 수 있다."

존슨 박사는 이렇게 말했다. "신은 인간이 죽기 전까지는 심판하지 않는다."

그런데 우리는 왜 남을 심판하려 하는가?

사람을 다루는 기본 테크닉 1

사람들에 대한 비판, 비난, 불평을 삼가라.

사람을 다루는 비결

누군가에게 어떤 일을 하도록 만드는 방법은 이 세상에 단 하나뿐이다. 그 방법이 무엇인지 혹시 생각해본 적 있는가? 그렇다. 단 한 가지 방법뿐이다. 그 방법은 바로 그 사람이 그 일을 하고 싶게 만드는 것이다.

기억하라. 다른 방법은 없다.

물론 당신이 어떤 사람의 옆구리에 총을 들이대고 손목시계를 빼앗을 수는 있다. 직원들을 해고하겠다며 겁을 줘서 적어도 당신이 보는 앞에서는 직원들이 협조하도록 만들 수 있다. 회초리를 들거나 화를 냄으로써 아이가 당신이 원하는 일을 하도록 만들 수 있다. 하지만 이런 강제적인 방법들은 꼭 원치 않는 반발을 불러일으킨다.

사람을 움직이려면 상대가 원하는 것을 해주는 것이 유일한 방법이다.

당신이 원하는 것은 무엇인가?

정신분석학자인 지그문트 프로이트는 사람들의 모든 행동은 성적인 욕망과 위대해지고 싶은 욕망, 이 두 가지 동기에서 일어난다고 말했다.

미국에서 가장 영향력 있는 철학자 중 한 명인 존 듀이는 이 말을 조금 다르게 표현했다. 듀이 박사는 인간의 본성 중에 가장 강한 충동은 '중요한 사람이 되고자 하는 욕망(to desire to be important)'이라고 했다. '중요한 사람이 되고자 하는 욕망'이라는 말을 잘 기억해야 한다. 이 책에서 여러 번 접하게 될 것이기 때문이다.

당신은 무엇을 원하는가? 당신이 무엇보다 간절히 바라고 갈망하는 것은 그리 많지 않다. 대부분의 사람들이 정말로 원하는 욕구에는 다음과 같은 것들이 있다.

1. 건강과 장수
2. 음식
3. 잠
4. 돈과 돈으로 살 수 있는 것들
5. 내세의 삶
6. 성적 만족
7. 자녀들의 행복
8. 자신이 중요한 사람이라는 느낌

이상의 욕구들은 대부분 충족될 수 있지만 한 가지 예외가 있다. 음식이나 잠에 대한 욕구만큼이나 강하고 절실하지만 좀처럼 충족되지 않는 욕구가 있다는 말이다. 프로이트는 이를 '위대해지려는 욕망'이라고 불렀고, 듀이의 표현으로는 '중요한 사람이 되고자 하는 욕망'과 같은 것이다.

링컨은 언젠가 "모든 사람은 칭찬받고 싶어 한다"라는 구절로 시작되는 편지를 쓴 적이 있었다. 윌리엄 제임스는 "인간 본성에서 가장 기본적인 원리는 인정받고 싶어 하는 갈망이다"라고 말했다. 그가 인정받기를 바라는 '소망' 혹은 '욕구' '바람'이라는 정도로 표현하지 않았다는 것에 주목하기 바란다. 그는 인정받기를 바라는 '갈망'이라고 표현했다.

이것이야말로 결코 참을 수 없는, 그리고 절대 사라지지 않는 타는 듯한 갈증이다. 이러한 타인의 갈증을 제대로 충족시켜줄 수 있는 사람은 아주 드물다. 하지만 그런 사람들이야말로 다른 사람을 마음대로 움직일 수 있으며, 심지어 장의사조차도 그의 죽음을 슬퍼할 것이다.

중요한 존재가 되고자 하는 욕구는 인간과 동물을 구분해주는 가장 중요한 차이 중 하나다. 어렸을 때 나는 미주리 주 외곽에 있는 농장에서 자랐다. 그때 아버지는 좋은 품종의 두록저지 종의 돼지와 혈통 있는 헤리퍼드 종의 소를 키웠다. 우리는 중서부 지역 각지의 시골 행사와 가축 쇼에 우리 돼지들과 소를 참가시켜 최우수 점수를 받기도 했다. 아버지는 그때 1등상으로 받은 파란 리본들을 하얀 모슬린 천에 핀으로 꽂아놓고 친구들이나 손님들이 집으로 올 때면 그 긴 모슬린 천을 꺼내 자랑하곤 했다. 파란색 리본들을 보여주는 동안 아버지는 한쪽 끝을 잡고 나는 다른 쪽 끝을 잡고 있었다.

돼지들은 자기들이 받은 파란색 리본에 관심이 없었지만 아버지는 달랐다. 아버지는 그 상들 때문에 자신이 중요한 사람이 된 것 같은 기분이 들었을 것이다.

만약 우리 선조들에게 중요한 사람이 되고자 하는 간절한 욕구가 없었다면 문명은 불가능했을지 모른다. 그런 욕구가 없었다면 우리는 동물과 다를 바 없었을 것이다.

중요한 사람이 되고자 하는 이 욕망 때문에 무지하고 가난에 시달렸던 식료품점 점원은 집안 잡동사니를 보관하는 통 밑바닥에서 발견한 법률 서적을 공부하게 되었다. 아마도 당신은 이 식료품점 점원의 이야기를 들은 적이 있을 것이다. 그의 이름은 링컨이었다.

찰스 디킨슨이 불멸의 소설을 쓰게 만든 것도 중요한 사람이 되고자 하는 이 욕망 때문이었다. 19세기 영국의 건축가 크리스토퍼 랜 경이 위대한 석조 건축물을 만들고, 록펠러가 죽을 때까지 쓰고도 남을 만큼의 어마어마한 돈을 벌게 만든 것도 이 욕망이었다. 또한 당신의 마을에서 가장 부유한 가족이 필요 이상의 큰 저택을 짓는 것도, 사람들이 최신 유행의 옷을 입고, 새 차를 몰고, 똑똑한 자식들에 대해서 이야기하는 것도 모두 이 욕망 때문이다.

많은 젊은이들이 이 욕망 때문에 갱단에 가입하고 범죄 활동에 가담한다. 뉴욕 주의 경찰국장을 지냈던 E. P. 멀루니에 따르면, 어린 범죄자는 보통 자존심으로 가득 차 있기 때문에 체포된 후에 자신을 영웅처럼 보도한 소름끼치는 신문을 가장 먼저 달라고 한다는 것이다. 그들은 유명 스포츠 선수, 영화나 TV 스타, 정치인들의 사진과 함께 실려 있는 자신의 사진을 보고 흐뭇해하면서, 앞으로 있을 유쾌하지 않은 수감 생활 따위는 먼 세상의 일처럼 생각한다.

당신이 어떤 경우에 자신의 존재 가치를 느끼는지 말해준다면, 나는 당신이 어떤 사람인지 알 수 있다. 그것이 당신이란 사람을 결정하는 것이며, 당신을 이해하는 데 가장 중요한 것이다. 예를 들어 존 록펠러는 자신이 본 적도 없고, 또 볼 일도 없는 수백만 명의 가난한 사람들을 위해 중국 북경에 현대식 병원을 세우는 데 돈을 기부하면서 자신의 존재 가치를 느꼈다.

반면 딜린저는 노상강도, 은행털이범, 그리고 살인자가 되어 자신의 존재 가치를 느꼈다. FBI 요원이 추격하고 있을 때, 그는 미네소타의 농가로 쳐들어가서 "내가 딜린저다!"라고 외쳤다. 그는 자신이 공공의 적 1호(FBI의 흉악범 리스트에 오른 범죄자—옮긴이)라는 사실이 자랑스러웠던 것이다. 그는 "당신들을 해칠 생각은 없어. 하지만 내가 딜린저란 말이야!"라고 자랑스레 말했다.

그렇다. 딜린저와 록펠러 사이의 가장 중요한 차이는 자신의 존재 가치를 어디에서 느꼈느냐 하는 점이다.

유명한 사람들조차 자신의 존재 가치를 느끼고 싶어 했던 재미있는 예들이 역사 곳곳에 가득하다. 조지 워싱턴조차 '미합 중국 대통령 각하'라고 불리길 원했고, 콜럼버스는 '해군 제독 겸 인도 총독'이라는 칭호를 탐냈다. 제정 러시아 시대의 왕후이자 여제인 예카테리나 2세는 '황제 폐하께'라고 쓰여 있지 않은 편지는 뜯어보지도 않았다. 또한 영부인 시절의 링컨 여사는 백악관에서 당시 미 연방 육군 총사령관이었던 그랜트 장군 부인에게 "감히 내가 앉으라고 말하기도 전에 앉다니!"라고 사나운 암호랑이처럼 으르렁거린 적이 있다.

1928년 버드 제독이 남극 탐험에 나설 때 미국의 백만장자들은 빙하 산맥에 자신들의 이름을 붙여준다는 말에 자금을 지원해주었고, 빅토르 위고는 자신의 이름을 따서 '파리'라는 도시 이름을 바꾸어보려는 야심을 품기도 했다. 위대한 작가 셰익스피어조차도 자기 가문이 사용할 수 있는 문장(紋章)을 획득함으로써 자신의 이름에 영광을 더하려 했다.

다른 사람들의 동정과 관심을 끌어서 중요한 사람이 된 듯한 기분을 느끼려고 기꺼이 스스로 환자가 되는 사람도 있다. 예를 들어 매킨리 부인은 당시 미국의 대통령이었던 남편이 중요한 국정을 소홀히 하면서까지 자신을 위해 몇 시간씩 침대 옆에 누워 팔베개를 해주고 잠을 재워줄 것을 강요했다. 또 그녀는 자신이 치과 치료를 다 받을 때까지 남편이 자기 옆에 있도록 하는 등 관심받고 싶은 자신의 강렬한 욕구를 충족시켰다. 어느 날 자신의 남편이 당시 국무 장관이었던 존 헤이와의 약속 때문에 그녀를 치과에 혼자 남겨두고 가자 큰 소동을 일으키기도 했다.

소설가인 메리 로버츠 라인하트는 똑똑하고 활달했던 젊은 여성이 인정받는 기분을 느끼고 싶어 환자가 된 사연을 이야기해준 적이 있었다.

"어느 날 이 여성에게 문제가 생겼어요. 아마도 나이 문제였 겠죠. 혼기를 놓치는 바람에 앞으로 외롭게 지내야 할 날들이 많았고, 그녀가 기대할 만한 것은 거의 없었어요. 그녀는 자리에 누워버렸고, 어머니는 그녀를 돌봐 주느라 먹을 것을 들고 10년 동안 3층 계단을 오르락내리락했어요. 그러던 어느 날, 그녀의 어머니가 간병에 지쳐 쓰러지더니 그만 돌아가시고 말았어요. 몇 주 동안 그녀는 슬픔에 잠겨 있다가, 결국 침대에서 일어나 전과 다름없는 생활을 시작했다고 해요."

전문가들의 의견에 따르면, 사람들은 냉정한 현실에서 자신의 존재 가치가 거부당하면 망상의 세계에서라도 인정받기 위해 실제로 미칠 수도 있다고 한다. 미국에서는 모든 질병을 다 합한 숫자보다 더 많은 사람이 정신병으로 고통받고 있다.

이러한 망상의 원인은 무엇일까? 아무도 이런 포괄적인 질문에 간단히 대답하긴 어렵지만, 우리는 매독 같은 특정 질병이 뇌세포를 망가뜨려 망상에 이르게 한다는 사실을 알고 있다. 결국 모든 정신 질환의 절반 정도는 뇌 조직 장애, 알코올, 약물, 그리고 외상과 같은 물리적 원인에서 비롯된다. 하지만 오싹하게도 미친 사람들의 나머지 절반은 그들의 뇌세포에 아무런 이상이 없다. 사후에 부검을 통해 뇌 조직을 최고 성능의 현미경으로 관찰해봐도 이들의 뇌 조직은 건강한 것으로 나타났다.

그렇다면 이 사람들은 무엇 때문에 미쳤을까?

나는 가장 유명한 정신병원 중 한 곳의 원장에게 이에 대해 물어보았다. 그 분야에서 최고의 영예와 학위를 받은 그 의사는 나에게 사람들이 왜 미치는지 자신도 모르겠다고 말했다. 아무도 확실하게 알지는 못하지만, 미친 사람들 중 대다수는 현실 세계에서 얻을 수 없었던 자신의 존재 가치를 망상 속에서 찾았다고 말했다. 그러고 난 후 그는 나에게 다음과 같은 이야기를 들려주었다.

"현재 제 환자 중에 결혼 생활에 실패한 환자가 있습니다. 그녀는 사랑, 성적 만족, 아이들, 그리고 사회적 특권을 원했지만 실제 삶에서는 모든 희망이 날아가 버렸죠. 남편은 그녀를 사랑하지 않았어요. 심지어 같이 밥 먹는 것조차 거부하고, 위층에 있는 남편의 방에 식사를 가져오라고 시키기까지 했어요. 그녀는 아이들도 없었고, 사회적 지위도 없었습니다. 결국 그녀는 미쳐버렸고, 자신의 상상 속에서 남편과 이혼하고 자신의 결혼 전 이름을 다시 사용했죠. 현재 그녀는 자신이 영국 귀족과 결혼했다고 믿고, 자신을 레이디 스미스로 불러달라고 주장하고 있습니다.

그리고 자신이 매일 밤마다 새 아기를 낳았다고 상상합니다. 제가 방문할 때마다 그녀는 '의사 선생님, 제가 어젯밤 아기를 낳았어요'라고 말합니다."

실제 인생에서는 그녀의 꿈을 실은 배가 현실이라는 날카로운 바위에 부딪혀 산산조각 나버렸지만, 따뜻하고 환상적인 망상의 섬에서는 그녀의 꿈을 실은 범선들이 돛대 사이로 들려오는 바람의 노래에 돛을 휘날리며 순항하고 있다.

"비극적이라고요? 글쎄요, 잘 모르겠어요. 혹여 제가 그녀의 정신 상태를 원래대로 돌려놓을 수 있을 정도로 뛰어난 능력이 있다 해도 저는 그렇게 하지 않겠어요. 그녀는 지금이 훨씬 더 행복하니까요."

자신이 중요한 사람이라는 느낌을 너무도 갈망한 나머지 정신이상이 되는 사람이 있을 정도라면, 사람들을 솔직하게 칭찬하면 어떤 기적을 이룰 수 있을지 상상해보라.

찰스 슈왑은 소득세도 없고 주급으로 잘 받으면 50달러를 받던 시절에 미국 기업 역사상 최초로 연봉 100만 달러 이상을 받았던 사람이다. 그는 서른아홉 살밖에 되지 않았던 1921년에 철강 왕 앤드류 카네기에 의해 채용되어 US스틸의 초대 사장이 되었다(후에 슈왑은 US스틸을 떠나 위기에 처한 베들레헴스틸을 인수한 뒤, 그 회사를 미국에서 가장 수익을 많이 내는 기업 중의 하나로 부활시켰다).

왜 앤드류 카네기는 찰스 슈왑에게 연봉 100만 달러, 즉 하루에 3000달러 이상의 급여를 지급했을까? 과연 무슨 이유였을까? 슈왑이 천재였기 때문에? 아니다. 그가 다른 사람보다 철강 생산에 대해 더 많이 알고 있었기 때문에? 그것도 아니다. 찰스 슈왑은 자기 밑의 직원들이 자신보다 철강 생산에 대해 더 잘 안다고 내게 말했다.

슈왑은 자신이 그렇게 많은 급여를 받았던 이유는 사람을 다루는 능력이 있었기 때문이라고 말한다. 나는 그에게 사람들을 어떻게 다루는지 물어보았다. 그리고 여기에 그 비밀을 그의 표현대로 옮겨놓고자 한다. 그 비밀은 영원히 변하지 않을 동판에 새겨 넣어 미국의 모든 가정, 학교, 가게, 사무실에 걸어놓아야 할 것이다. 아이들은 라틴어 동사의 활용이나 브라질의 연 강수량을 외우며 시간을 낭비하는 대신 이 말을 기억해야 할 것이다. 이 비결을 제대로 지키고 활용한다면 우리의 인생은 통째로 변화할 것이기 때문이다. 그는 이렇게 말했다.

"나의 능력은 직원들 안의 열정을 깨워주는 것이라고 생각합니다. 사람들이야말로 제가 가진 가장 훌륭한 자산이고, 그들이 가진 최고의 능력을 계발시켜주는 것은 칭찬과 격려입니다. 상급자로부터 비난을 받는 것만큼 의욕을 해치는 것도 없습니다. 저는 단 한 번도 누구를 비난한 적이 없습니다. 격려가 사람을 일하게 만든다고 저는 믿습니다. 그렇기 때문에 저는 항상 칭찬하려 하고, 단점 찾아내기를 싫어합니다. 만약 누군가가 한 일이 마음에 들면, 저는 열렬히 찬성해주고 칭찬을 아끼지 않습니다."

슈왑은 실제로 그렇게 했다. 하지만 보통 사람들은 어떻게 할까? 정확히 반대로 한다. 그들은 하나라도 마음에 들지 않으면 자신의 하급자에게 소리를 지르고, 마음에 들면 아무런 말도 하지 않는다. 슈왑은 이렇게 말했다.

"저는 평생 세계 여러 나라의 훌륭한 사람들을 많이 만나며 넓은 유대 관계를 맺고 있습니다. 하지만 지금껏 아무리 대단하고 높은 지위에 있는 사람이라 하더라도 인정받기보다 비판을 받을 때 일을 더 잘하거나 더 열심히 노력하는 사람을 본 적이 없습니다."

사실 앤드류 카네기가 큰 성공을 할 수 있었던 비결이 바로 여기에 있었다. 카네기는 공석에서나 사석에서 그의 동료들에 대한 칭찬을 아끼지 않았다. 카네기는 자신의 묘비에서조차 동료들을 칭찬했다. 그는 자신의 묘비명에 이렇게 썼다.

"자기 자신보다 더 현명한 사람들과 잘 지내는 법을 알았던 사람, 이곳에 잠들다."

진심으로 칭찬하는 것은 존 D. 록펠러가 사람들을 다루는 데 성공한 비결이기도 했다. 한번은 그의 파트너 중 한 명이었던 에드워드 T. 베드포드가 남미 지역에 잘못 투자해 회사에 100만 달러의 손해를 끼쳤다. 록펠러가 베드포드를 비난해도 아무도 이의를 제기할 수 없는 상황이었지만, 록펠러는 그가 최선을 다했다는 걸 알았기에 그 일을 덮어주었다. 대신 자신이 투자한 돈 60퍼센트를 베드포드가 회수한 것을 칭찬해주었다. 록펠러는 이렇게 말했다. "정말 훌륭하군. 우리가 항상 신처럼 잘할 수는 없는 거지."

플로렌즈 지그펠드는 눈부신 브로드웨이를 만든 가장 훌륭한 제작자 중 한 사람이었다. 그는 '평범한 소녀를 스타로 만드는' 뛰어난 능력으로 명성을 얻었다. 아무도 다시 쳐다볼 것 같지 않은 평범한 소녀를 뽑아 무대 위에서 신비롭고, 유혹적이며, 화려한 미의 화신으로 탈바꿈시켰다. 지그펠드는 칭찬과 자신감의 가치를 알았기 때문에 여배우들은 그의 관심과 배려만으로도 스스로를 아름답다고 느끼게 되었다. 그는 30달러에 불과하던 코러스 걸의 주급을 175달러로 올려주었다. 그리고 개막 첫날 밤 배우들에게 축하 전보를 보냈고, 쇼에 참여한 모든 코러스 걸에게 값비싼 장미꽃을 선사했다.

나는 한때 단식 유행에 휩쓸려 6일 밤낮을 먹지 않았던 적이 있다. 별로 힘들지는 않았다. 둘째 날 저녁보다 여섯째 날 저녁에 오히려 배가 덜 고팠다. 우리는 자신의 가족이나 직원들에게 6일 동안 먹을 것을 아무것도 주지 않으면 심한 죄책감에 시달린다. 그런데도 그들이 음식만큼 갈망하는 따뜻한 칭찬을 6일이나 6주, 때로는 6년 동안이나 해주지 않는다.

〈비엔나에서의 재회〉라는 영화에서 주인공을 맡았던 당대 최고의 배우 알프레드 런트는 이렇게 말했다. "나에게 가장 필요한 것은, 내가 중요한 사람이라는 생각이 들도록 만들어주는 격려의 말이다."

우리는 아이들이나 친구들, 그리고 직원들의 육체에 영양분을 주지만 그들의 자부심은 얼마나 채워주고 있는가? 우리는 그들에게 에너지를 공급해주기 위해 구운 쇠고기와 감자를 주지만, 그들의 기억 속에서 몇 년 동안 샛별처럼 빛날 따뜻한 칭찬의 말을 해주지는 않는다.

여기까지 읽은 당신은 지금쯤 이렇게 말하고 있을지도 모른다. "이런 뻔한 이야기나 하다니. 결국 아첨을 하란 말 아니야? 나도 해봤는데 별 소용이 없더라고. 적어도 똑똑한 사람에게는 말이야."

　물론 아부는 어느 정도 분별력이 있는 사람들에게 별 효과가 없다. 왜냐하면 아부는 얄팍하고, 이기적이고, 진정성이 없기 때문이다. 효과가 없는 게 당연하고, 또 실제로 대개 실패한다. 하지만 어떤 사람들은 칭찬을 너무나 원하고 갈망하기 때문에 굶주린 사람이 풀이든 지렁이든 가리지 않고 아무것이나 삼켜버리듯 무조건 좋아하는 사람이 있는 것도 사실이다.

　예를 들어보자. 결혼 전적이 화려한 엠디바니 형제가 그렇게 인기가 있었던 이유는 무엇이었을까? 소위 '왕자들'이라고 불렸던 이들은 어떻게 두 명의 미인과 유명 여배우들, 세계적인 성악 가수, 그리고 유명한 저가 상품 체인점을 가진 백만장자 바버라 허튼 같은 여자들과 결혼할 수 있었을까? 도대체 이유가 뭘까? 그들은 어떻게 했던 것일까? 유명한 여성 기자 아델라 로저스 세인트 존이 쓴 〈리버티〉지의 기사에는 이렇게 나와 있다.

　"엠디바니 형제가 여자들에게 매력을 끄는 이유가 무엇인지는 오랫동안 많은 사람들에게 수수께끼였다. 위대한 예술가이자 사교계에 정통하고, 남자들을 잘 이해하는 여성인 폴라 네그리는 언젠가 이렇게 말했다. '그들은 내가 아는 남자들 가운데 아부하는 기술을 가장 잘 이해하고 있더군요. 아부하는 기술은 요즘처럼 현실적이고 유머가 넘치는 시대에는 거의 사라진 기술이지요. 제가 보기에는 그게 여자들이 엠디바니에게 끌리는 매력임이 확실해요.'"

심지어 빅토리아 여왕조차도 아부에 약했다. 당시 총리였던 벤저민 디즈레일리도 여왕을 대할 때면 과장하며 아부를 했다고 고백했다. 그의 표현을 빌리자면 "칭찬으로 도배를 해줬지요"라고 말했다. 하지만 디즈레일리는 거대한 대영제국을 이끌었던 총리 중에 가장 기품 있고 능숙하며 노련한 사람이었다. 그는 자기 방식을 활용하는 데 천재였다. 그에게 효과적이었던 방법이 꼭 당신이나 나에게도 효과적이란 법은 없다. 멀리 보면 아부는 당신에게 이익보다 해를 더 많이 끼치게 될 것이다. 아부는 위조화폐처럼 가짜고, 다른 사람에게 건넸을 경우 결국 그로 인해 피해를 입게 될 것이다.

그럼 칭찬과 아부의 차이점은 무엇일까? 간단하다. 칭찬은 진정성이 있고, 아부는 그렇지 않다. 칭찬은 마음에서 나오고, 아부는 입에서 나온다. 칭찬은 이기적이지 않고, 아부는 이기적이다. 칭찬은 어디서나 존중받는 것이고, 아부는 어디서나 지탄받는 것이다.

나는 최근에 멕시코시티의 차풀테펙 왕궁에서 멕시코의 영웅인 알바로 오브레곤 장군의 흉상을 보았다. 그 흉상에는 오브레곤 장군의 철학이 담긴 글귀가 새겨져 있었다. "당신을 공격하는 적들을 두려워 마라. 당신에게 아부하는 벗들을 두려워하라."

아니다! 아니다! 아니다! 나는 아부를 하라는 것이 아니다! 오히려 그 반대다. 삶의 새로운 방식에 대해서 얘기를 하고 있는 것이다. 다시 한 번 말하지만, 나는 삶의 새로운 방식에 대해서 얘기하고 있다.

국왕 조지 5세는 버킹엄 궁전에 있는 자신의 서재 벽면에 여섯 개의 격언을 걸어두었다. 그중 하나는 이것이다. "싸구려 칭찬을 하는 법도, 받는 법도 배우지 마라." 아부는 바로 싸구려 칭찬이다. 언젠가 나는 아부를 제대로 정의한 글귀를 읽은 적이 있다. "아부란 상대의 자기평가와 일치하는 말을 해주는 것이다."

미국의 사상가 랠프 왈도 에머슨은 이렇게 말했다. "당신이 무슨 말을 하든지 간에 그 말이 곧 당신의 모습이다."

만약 아부가 능사라면 누구나 아부를 따라 할 것이며, 누구나 인간관계의 전문가가 될 것이다.

특별히 생각해야 할 문제가 있지 않다면, 우리는 시간의 95퍼센트가량을 자신에 대해 생각하는 데 사용한다. 당장 자신에 대해 생각하는 것을 멈추고 다른 사람들의 장점에 대해 생각해보자. 그러면 입에서 아부가 나오는 순간 스스로 거짓임을 바로 알아차릴 수 있기 때문에 싸구려 아부는 더 이상 하지 않게 될 것이다.

에머슨은 이렇게 말했다. "내가 만나는 사람은 누구나 어떤 면에서 나의 스승이다. 나는 그들로부터 깨달음을 얻는다."

에머슨처럼 대단한 사상가가 이렇다면, 우리에게는 훨씬 더 당연한 진실이 아닐까? 자신의 장점이나 자신이 원하는 것에 대한 생각을 멈추고, 다른 사람의 장점을 생각해내려고 노력해보자. 그리고 아부는 잊자. 솔직하고 진심 어린 칭찬을 해주

자. "진심으로 찬성해주고 칭찬을 아끼지 말자." 그러면 사람들은 당신이 했던 말을 소중한 보물처럼 여겨서, 비록 당신은 기억하지 못한다 해도 당신이 해주었던 칭찬과 격려의 말들을 두고두고 되뇔 것이다.

사람을 다루는 기본 테크닉 2

솔직하고 진심 어린 칭찬을 하라.

상대방의 관점에서 보지 못하면
혼자 외로운 길을 갈 것이다

나는 여름이면 메인 주에 낚시를 하러 간다. 개인적으로 나는 딸기크림을 정말 좋아하지만, 물고기들은 특이하게도 지렁이를 더 좋아한다. 그래서 낚시를 가면 내가 좋아하는 것을 생각하지 않고 물고기들이 좋아하는 것을 생각한다. 내가 좋아하는 딸기크림을 미끼로 쓰는 대신, 물고기 앞에 지렁이나 메뚜기 미끼를 흔들어 보이며 이렇게 말한다. "이거 먹고 싶지 않니?"

그런데 왜 우리는 사람을 낚을 때 이와 똑같은 상식을 사용하지 않을까?

제1차 세계대전 기간 중에 대영제국의 총리를 지낸 로이드 조지는 바로 이런 방법을 사용했다. 어떤 사람이 조지에게 전쟁을 이끈 다른 지도자들(윌슨, 올랜도, 클레망소)은 사람들의 기억 속에서 사라졌는데, 어떻게 조지는 지금까지 권력을 유지하고 있는지 물었다. 그는 자신이 여전히 최고의 위치에 있다면, 자신이 물고기에 맞는 미끼를 사용하는 법을 배웠다는 단 하나의 이유 때문이라고 대답했다.

왜 우리는 자신이 원하는 것만 이야기할까? 정말 유치하고 우스꽝스럽게도 당신은 자신이 원하는 것에만 관심을 갖는다. 영원히 그럴 것이다. 하지만 다른 사람은 어느 누구도 당신이 원하는 것에 관심이 없다. 이 사실은 영원히 변하지 않는 진리다. 모든 사람이 다 똑같다. 우리는 오직 자신이 원하는 것에만 관심이 있다.

그러므로 이 세상에서 다른 사람에게 영향을 줄 수 있는 단한 가지 방법은 상대가 원하는 것을 이야기하고, 그것을 얻는 방법을 그 사람에게 보여주는 것이다. 내일부터 누군가에게 무엇을 시키고 싶다면 이 사실을 꼭 기억하라. 만약 아이들이 담배를 피우지 않게 하려면, 설교를 하거나 당신이 원하는 것만 말해서는 안 된다. 담배를 피우게 되면 농구팀에 못 들어간다거나 달리기 경기에서 우승하지 못할 거라고 이야기하라.

이는 당신이 아이들을 다루든 송아지나 침팬지를 다루든 간에 유용한 방법이다. 어느 날 랠프 왈도 에머슨과 그의 아들이 송아지 한 마리를 우리에 넣으려고 애쓰고 있었다. 그런데 그들은 모두 오직 자신들이 원하는 것만 생각하는 실수를 저지르고 있었다. 에머슨은 송아지를 밀고, 그의 아들은 잡아당겼다. 하지만 송아지도 에머슨과 그의 아들이 하는 일과 똑같이 하고 있었다. 송아지도 자기가 원하는 것만 생각하고 있었다. 즉 다리에 힘을 주고 풀밭을 떠나지 않으려고 완강하게 버티고 있었던 것이다. 이때 아일랜드에서 온 가정부가 그들이 이러지도

저러지도 못하는 상황을 보았다. 그녀는 에머슨처럼 에세이나 책을 쓸 줄은 몰랐지만, 최소한 그 상황에서는 에머슨보다 더 지혜롭게 행동했다. 그녀는 송아지가 원하는 것을 생각했다. 그러더니 자신의 엄지손가락을 송아지에게 물려 손가락을 빨게 해주면서 송아지를 우리로 데리고 갔다.

당신이 이 세상에 태어나서 어떤 일을 한 이유는 당신이 그 일을 원했기 때문이다. 적십자사에 100달러를 기부했을 때는 어떠한가? 역시 마찬가지다. 적십자에 100달러를 기부한 이유는 당신 스스로 도움을 주고 싶었기 때문이다. 아름답고, 이타적이며, 숭고한 일을 당신이 원했기 때문이다. '너희가 내 형제 중에 지극히 작은 자 하나에게 한 것이 곧 내게 한 것이니라.' (마태복음 25장 40절)

만약 선행하는 마음보다 100달러가 아깝다는 생각이 더 크다면 당신은 기부를 하지 않았을 것이다. 어쩌면 거절하는 것을 부끄러워했거나 부탁 때문에 어쩔 수 없이 기부했을 수도 있다. 하지만 그런 경우에도 한 가지는 분명하다. 당신이 기부 행위를 한 것은 무엇인가를 원했기 때문이다.

해리 A. 오버스트리트는 《인간 행동에 영향을 미치는 법》이라는 책에서 이렇게 말했다.

"인간의 행동은 우리가 원하는 근본적인 욕구에서 비롯된다. 그리고 기업, 가정, 학교, 정계 등 어느 분야에서든 누군가를 설득하려는 사람에게 해줄 수 있는 최선의 조언은 이것이다. 우선 상대방의 마음속에 간절한 욕구를 불러일으켜라. 이 일을 할 수 있는 사람은 온 세상을 얻을 것이고, 그렇지 못한 사람은 혼자 외로운 길을 가야 할 것이다."

스코틀랜드 출신의 가난한 청년이었던 앤드류 카네기는 시간당 2센트를 받는 일부터 시작해 마침내 3억 6500만 달러를 기부할 정도로 거부가 되었다. 그는 일찍이 다른 사람에게 영향을 주려면 상대가 원하는 것을 말해야 한다는 사실을 깨달았다. 그는 학교를 4년밖에 다니지 못했지만 사람을 다루는 방법을 이미 알고 있었다.

또 다른 예를 보자. 카네기의 형수는 두 아들 때문에 걱정이 매우 많았다. 예일대에 다니는 두 아들은 자신의 일 때문에 바빠서 집에 도통 편지를 쓰지 않았고, 어머니가 걱정 어린 편지를 보내도 답장을 하는 법이 없었다. 그 모습을 본 카네기는 자신이라면 답장을 받을 수 있다고 장담했다. 더구나 답장을 보내란 소리를 굳이 하지 않아도 답장을 받을 수 있다며 100달러 내기를 하자고 제안했다. 누군가 그의 내기에 응하자, 카네기는 별로 중요하지 않은 잡담을 적은 뒤 조카들에게 편지를 보냈다. 그리고 추신에 두 사람에게 각각 5달러를 동봉한다고 썼다. 하지만 돈을 실제로 넣지는 않았다.

그러자 곧바로 답장이 왔다. '보고 싶은 앤드류 삼촌에게'란 문장으로 시작하는 그들의 편지 내용은 얘기하지 않아도 알 수 있을 것이다.

내일 당장 당신은 누군가에게 무엇을 하라고 설득해야 할지도 모른다. 그러면 상대방에게 말하기 전에 잠시 멈춰서 스스로에게 물어보자. "어떻게 하면 상대가 그 일을 하고 싶도록 만들 수 있을까?"

이 질문 덕분에 당신은 상대를 만나 당신이 원하는 것에 대해서만 열심히 이야기하다가 결국 아무런 소득도 얻지 못하고 끝나는 상황을 피할 수 있을 것이다.

나는 매 시즌마다 강의를 위해 20일 동안 뉴욕의 한 호텔 연회장을 빌린다. 그런데 첫 번째 시즌이 시작될 무렵, 호텔 측으로부터 갑자기 임대료를 거의 세 배나 올리겠다는 통보를 받은 적이 있었다. 이 소식을 들었을 때는 이미 표를 인쇄해 배포했고, 모든 공고가 나간 뒤였다.

당연히 나는 인상분을 지불하고 싶지 않았지만, 호텔에 내 요구 사항을 말하는 게 무슨 소용이 있겠는가? 호텔은 오직 자신들이 원하는 것에만 관심이 있을 것이다. 그래서 나는 이틀 후 호텔 매니저를 만나러 갔다.

"당신의 편지를 받고 좀 충격을 받았습니다. 하지만 당신을 비난하지는 않겠습니다. 내가 당신 입장이었어도 그와 비슷한 편지를 썼을 겁니다. 호텔 매니저의 임무는 최대한 많은 이익을 올리는 것이고, 그렇지 않으면 해고될 테니까요. 이제 임대료를 올릴 경우 당신이 얻게 될 이익과 손해를 종이 위에 적어봅시다."

그리고 종이를 꺼내 가운데에 줄을 긋고 한쪽에는 '이익', 다른 한쪽에는 '손해'라고 썼다. 나는 '이익'이라는 제목 아래에 '연회장 비었음'이라고 쓰고 이렇게 말했다.

"연회장이 비었으니 당신은 댄스파티나 친목 모임을 열고자 하는 사람들에게 연회장을 자유롭게 임대할 수 있게 되었습니다. 이 점은 이익입니다. 강좌보다는 많은 돈을 낼 테니 큰 이익이죠. 따라서 만약 시즌 동안 내가 20일씩 대연회장을 차지하고 있으면 당신은 상당히 높은 이익을 올릴 수 있는 거래를 잃게 되는 겁니다.

그렇다면 이제 손해를 생각해봅시다. 첫째, 나로 인해 발생하는 수입이 늘어나는 대신 줄어들 겁니다. 아니, 나는 당신이 요구하는 임대료를 지불할 생각이 없으니 이익이 완전히 없어지는 셈이죠. 할 수 없이 나는 다른 장소에서 이 강좌를 해야 합니다. 손해는 또 있어요. 이 강좌 때문에 수많은 지식인과 교양인들이 이 호텔로 몰려옵니다. 그 부분이 당신에게는 훌륭한 광고 아닌가요? 당신이 신문에 광고를 내기 위해 5000달러를 투자한다고 해도, 내가 이 강좌로 그 사람들을 모이게 하는 만큼 많은 사람들을 호텔로 불러들일 수는 없을 겁니다. 호텔로서는 매우 가치 있는 일 아닌가요?"

계속 이야기하는 중에 나는 '손해'라는 제목 아래 두 가지 사항을 기록했다. 그리고 매니저에게 종이를 건네며 말했다. "앞으로 당신이 얻을 이익과 손해를 잘 생각해보신 후에 최종 결정을 제게 알려주시기 바랍니다."

다음 날 나는 편지 한 통을 받았다. 편지에는 임대료를 300퍼센트가 아니라 50퍼센트만 올리겠다고 쓰여 있었다. 내가 원하는 것은 한마디도 안 하고 임대료를 깎았다는 사실을 기억하

라. 나는 계속 상대가 원하는 것과 그것을 어떻게 얻을 것인지에 관해 이야기했다.

반대로 내가 사람들이 흔히 했을 법한 행동을 했다고 상상해보자. 호텔 매니저의 사무실에 쳐들어가 이런 말을 했다고 가정해보자. "표도 인쇄해 모두 팔렸고 최종 공지도 나갔는데, 임대료를 300퍼센트나 인상한다니 도대체 무슨 말이오? 300퍼센트 인상이라니요! 바보 같은 소리죠. 말도 안 됩니다. 난 돈을 낼 수 없소!"

그러고 나면 다음엔 어떤 일이 벌어질까? 대화가 거칠어지고 언성이 높아져서 결국 심한 말이 오갈 것이다. 이런 식의 논쟁이 어떻게 끝날지는 당신도 잘 알 것이다. 내가 그 매니저가 틀렸다는 것을 증명했다고 하더라도, 그는 자신의 자존심 때문에 물러나거나 양보하기는 쉽지 않았을 것이다.

여기 인간관계의 섬세한 기술에 대한 최선의 조언이 있다. 헨리 포드가 한 말이다. "만약 성공의 비결이 존재한다면, 그 비결은 상대방의 관점을 이해하고 자신의 관점뿐 아니라 상대방의 관점으로 상황을 바라보는 능력이다."

매우 훌륭한 말이므로 다시 반복하겠다. "만약 성공의 비결이 존재한다면, 그 비결은 상대방의 관점을 이해하고 자신의 관점뿐 아니라 상대방의 관점으로 상황을 바라보는 능력이다."

이 말은 누구나 한번에 핵심을 파악할 수 있는 매우 단순하고 명확한 충고지만, 세상 사람 열 명 중 아홉 명은 열 번 중 아홉 번 이 진리를 무시해버린다.

사례를 원하는가? 내일 아침 당신의 책상 위에 놓여 있을 편지들을 살펴보라. 대부분은 상식이나 다름없는 이 중대한 원칙을 어기고 있음을 알 수 있을 것이다. 전국적으로 지사를 두고 있는 어느 광고 회사에서 라디오 광고 책임자로 일하고 있는 사람의 편지를 보자. 그는 전국의 지방 라디오 방송국 책임자들에게 이런 편지를 보냈다(각 구절마다 예상되는 상대의 반응을 괄호 안에 넣었다).

○○ 국장 귀하

당사는 라디오 광고대행사로 선두자리를 유지하기 위해 노력하고 있습니다.

(당신 회사가 뭘 원하는지 누가 관심이나 있나? 나는 내 문제만으로도 걱정이 가득하다고. 은행이 우리 집 대출금을 빨리 갚으라고 난리고, 접시꽃은 벌레 때문에 죽어가고, 어제는 주식시장이 폭락했어. 오늘 아침 8시 15분에 오는 차를 놓쳤고, 어젯밤 존스의 댄스파티에 초대받지 못했지. 의사는 나한테 고혈압, 신경통에 비듬이 있다고 말했어. 그리고 무슨 일이 벌어졌더라? 오늘 아침 걱정스러운 마음으로 출근해 메일을 열어봤더니 어떤 애송이가 자기 회사가 원하는 것들을 혼자서 잔뜩 지껄이고 있네. 흥! 본인이 쓴 편지가 어떤 인상을 주는지 안다면 광고계를 떠나 양모용 세제나 만드는 게 훨씬 나을 거야.)

당사는 전국에 걸쳐 광범위한 광고주 고객 네트워크를 보유하고 있습니다. 지역 광고 시간대 집계에서도 매년 최고의 자리를 놓치지 않고 있습니다.

(당신네 회사가 크고 돈 많고 최고다, 그건가? 그런데 그게 어떻다는 거야? 당신 회사가 제너럴모터스, 제너럴일렉트릭, 미 육군 사령부를 합친 만큼 크다고 해도 전혀 상관없거든. 당신이 미련한 빌새만큼만 생각이 있었다면, 내가 관심이 있는 건 당신 회사가 얼마나 대단한지가 아니라 내가 얼마나 대단한 사람인지라는 걸 눈치챘을 텐데 말이야. 당신의 그런 엄청난 성공 스토리를 듣고 있으면 내가 한없이 작고 쓸모없는 인물이라는 느낌이 들어.)

당사는 광고주들에게 라디오 방송편성에 관한 최신 정보를 제공하기를 원합니다.

(우리는 원합니다! 우리는 원합니다! 당신은 완전히 바보군. 당신이 뭘 원하든, 무솔리니가 뭘 원하든 난 관심 없어. 내가 흥미 있어 하는 것은 오직 내가 바라는 것뿐이야. 그런데 당신의 엉터리 같은 편지에는 그에 대해선 전혀 언급이 없군.)

따라서 귀사의 특별 관리 대상에 당사를 포함시켜주십시오. 그 정보는 당사가 주간 편성표와 함께, 광고대행사가 광고 시간을 예약하는 데 유용하게 사용될 것입니다.

(특별 관리 대상이라니, 참 뻔뻔하군! 당신이 회사 자랑만 하는 통에 나는 한없이 쓸모없는 존재처럼 느껴졌다고. 당신 회사를 특별 관리 대상에 올려달라면서 '부탁합니다'라는 정중한 말 한마디조차 안 하다니.)

신속한 답장과 더불어 귀사의 최신 방송 정보를 함께 보내주시면 양사 간에 많은 도움이 될 것이라 믿습니다.

(정말 바보군. 가을 낙엽처럼 어디에나 널려 있는 싸구려 용지에 인쇄해 보
내고는 대출금과 접시꽃, 고혈압 때문에 걱정하고 있는 내게 자기 편지를 잘
받았다고 신속하게 답장을 쓰라니, 참 뻔뻔해. 내가 당신 못지않게 바쁜 사
람이라는 사실을, 적어도 그렇게 생각하고 싶다는 사실을 모른다는 거야?
그리고 누가 나한테 명령할 엄청난 권한을 당신한테 주었지? 양사 간에 많
은 도움이 될 거라고? 이제야 내 입장에 관심을 보이는군. 그래도 여전히 내
게 어떤 이익이 될지 뚜렷하게 얘기하지는 못하고 있어.)

라디오 광고국장

존 ○○ 올림

추신: 관심 있어 하실 것 같아 〈블랭크빌 저널〉 사본을 같이 동봉합
니다. 필요하시면 방송에 활용하시기 바랍니다.

(추신에서야 나한테 도움이 될 만한 이야기를 하는군. 왜 처음부터 말하지
않았지? 결국 아무 소용도 없지만 말이야. 이런 이상한 짓이나 하는 광고장
이들은 갑상선에 이상이 있을 거야. 당신에게 필요한 건 최신 방송 정보가
아니라 당신의 갑상선에 부을 요오드 1리터야.)

평생을 광고업계에 종사하면서 물건을 사라고 설득하는 전
문가라는 사람이 이 정도라면, 정육점 주인, 빵집 주인, 또는 자
동차 수리공에게는 과연 무엇을 기대할 수 있을까?

여기 어떤 대형 화물 터미널 소장이 우리 강좌에 참가했던
에드워드 버밀렌에게 쓴 편지를 보자. 이 편지는 수신인에게

어떤 영향을 주었을까? 먼저 편지를 소개하고 그의 이야기를 전하겠다.

뉴욕 시 브루클린 프론트 가 28번지
A. 제레가즈 선즈 주식 회사

수신: 에드워드 버밀렌 귀하
귀사의 전체 화물 물량 가운데 대부분이 오후 늦게 도착해 우리 회사의 사외 발송 업무가 원활하게 진행되지 못했습니다. 이 때문에 업무 정체, 직원의 연장 근무, 하역 지연, 그리고 어떤 경우에는 화물 운송의 지연 사태가 발생하고 있습니다. 11월 10일 우리는 귀사로부터 510개에 이르는 대량의 화물을 인수했는데, 화물이 이곳에 도착한 시간은 오후 4시 20분이었습니다. 늦은 시간에 화물을 접수해 발생하는 피해를 막기 위해 귀사에 협조를 요청드립니다. 이번에 접수했던 것처럼 많은 물량을 배송하려면 트럭의 도착 시간을 앞당겨주시거나 오전 중에 일부 화물을 먼저 보내주시면 어떨까요? 그렇게 해주신다면 귀사의 화물을 신속하게 하역하고, 접수한 당일 발송할 수 있기 때문에 귀사에 이익이 될 것입니다.

J. B. 감독 올림

이 편지를 받고 A. 제레가즈 선즈 사의 영업부장인 버밀렌은 다음과 같은 편지를 내게 보내왔다.

"이 편지는 원래 생각했던 것과는 완전히 반대 결과를 가져왔습니다. 처음부터 우리에게는 전혀 관심이 없는 터미널 측의 문제를 말했죠. 우리 불편은 생각하지도 않고 우리에게 협조를 요청한 다음, 마지막 문단에 가서야 우리가 협조한다면 화물을 신속하게 처리하겠으며 접수 당일 발송하겠다고 이야기했습니다. 즉 우리가 가장 관심 있는 문제는 마지막에 이야기했기 때문에 협조하고자 하는 마음보다는 반감만 불러일으켰습니다."

우리가 이 편지를 수정해서 개선시킬 수 없을지 생각해보자. 자신의 문제를 이야기하느라 시간을 낭비하지 말자. 헨리 포드가 조언했듯 상대방의 입장을 이해하고 당신의 관점은 물론 상대방의 관점으로 상황을 바라보자. 여기 다시 편지를 고쳐 써보았다. 비록 최선은 아닐지라도 개선되지 않았는가?

뉴욕 시 브루클린 프론트 가 28번지
A. 제레가즈 선즈 주식 회사

친애하는 에드워드 버밀렌 씨
지난 14년 동안 저희 회사의 훌륭한 고객으로 변함없는 성원을 보내주셔서 감사합니다. 저희는 성원에 보답하고자 언제나 신속하고 효율적인 서비스를 제공하기 위해 노력하고 있습니다. 하지만 유감스럽게도 지난 11월 10일의 경우처럼 귀사의 대량 화물을 배송하는 트럭이 오후 늦게 도착하면 신속하고 효율적인 서비스를 제공하기 어렵습니다. 왜냐하면 귀사 이외에도 오후 늦게 화물을 배송하는 고객사가 많기 때문입니다. 그렇게 되면 업무가 원활히 이루어지지 못하고, 트럭이 부득이하게 부두에서 꼼짝하지 못하는 상황이 생겨 귀사의 화물 운송이 지연되기도 합니다. 좋지 않은 일이지요. 하지만 이런 사태를 예방할 수 있는 방법이 있습니다. 만약 화물이 오전에 도착하면 저희가 신속하게 하역할 수 있습니다. 그러면 귀사의 화물을 바로 처리하고 저희 회사 직원들도 일찍 퇴근하여, 귀사에서 만든 맛있는 마카로니와 국수로 만든 저녁 식사를 먹을 수 있을 것입니다.

이 제안을 불평이나 귀사의 운영 방침에 대한 간섭으로 여기지 않으셨으면 합니다. 이 편지는 전적으로 귀사에게 더 효율적인 서비스를 제공하려는 의도에서 작성되었습니다.

귀사의 화물이 도착하는 시간과 관계없이 귀사에 언제나 신속한 서비스를 제공하기 위해 우리가 할 수 있는 모든 일을 기꺼이 하겠습니다.

시간 내어 읽어주셔서 감사합니다. 바쁘실 테니 답장은 하지 않으셔도 무방합니다.

J. B. 감독 올림

오늘도 수천 명의 세일즈맨들이 피곤에 찌들고, 낙담하며, 적절한 보상도 받지 못한 채 거리를 헤매고 있다. 왜 그럴까? 그들은 언제나 자기가 원하는 것만 생각하고 있기 때문이다. 그들은 당신이나 내가 아무것도 사고 싶지 않다는 사실을 깨닫지 못한다. 만일 우리가 무언가 사고 싶다면 알아서 밖으로 나가서 사면 그만이다. 우리의 영원한 관심사는 자기 자신의 문제를 해결하는 것이다. 그리고 그들의 서비스나 상품이 우리의 문제를 해결하는 데 도움이 된다는 사실을 입증하기만 한다면 세일즈맨들은 굳이 우리에게 판매하려고 애쓸 필요가 없다. 고객은 억지로 구입하기보다는 자기가 스스로 구매하고 있다는 느낌을 원한다.

그런데도 고객 관점에서 상황을 보지 못하고 평생 고생만 하는 세일즈맨들이 많다. 예를 들어보자. 나는 수년간 뉴욕 중심부에 있는 소규모 개인 주택단지인 포레스트 힐즈에 살았다. 어느 날 바삐 역으로 가던 중, 그 지역에서 오랫동안 일해온 부동산 중개업자를 우연히 만났다. 그는 포레스트 힐즈의 집들에 대해 잘 알고 있었다. 그래서 나는 그 중개업자에게 우리 집 벽이 안에 철망을 넣어 지은 것인지 아니면 속이 빈 타일인지를 물어보았다. 중개업자는 자기도 잘 모른다면서 포레스트 힐즈 조경협회에 전화하면 알 수 있다고 말했는데, 나도 그 정도는 알고 있었다.

다음 날 아침, 나는 그 중개업자의 편지를 한 통 받았다. 내가 원하는 정보가 담겨 있었을까? 그는 전화 한 통만 걸면 1분 안에 그 정보를 알아낼 수 있었다. 하지만 그렇게 하지 않았다. 대신 편지에 전화를 걸면 정보를 얻을 수 있다는 말만 되풀이하는 한편, 내 보험 관리를 자기에게 맡겨달라고 부탁했다. 나를 돕는 일에는 관심이 없었고, 오직 자기 일에만 관심이 있었던 것이다.

나는 그에게 바쉬 영이 쓴 《나누는 삶》, 《나누는 행운》이라는 책을 선물했다. 그가 그 책들을 읽고 그 안에 있는 내용대로 실천한다면, 내게 보험을 들게 하는 것보다 수천 배는 더 많은 이익을 얻게 될 것이다.

전문 직업인들도 똑같은 실수를 저지른다. 몇 년 전 나는 필라델피아에서 유명한 이비인후과 의사에게 진료를 받으러 간 적이 있었다. 그는 내 입 안을 살펴보기도 전에 내 직업이 무엇이냐고 물었다. 내 편도선 상태에는 관심이 없고, 내 수입에만 관심이 있었다. 그의 주된 관심은 나를 어떻게 도와줄 것인가가 아니라 내게서 얼마나 뜯어낼 수 있는가 하는 것이었다. 그 결과 그는 한 푼도 벌지 못했다. 나는 그의 인간성을 혐오하며 병원 문을 박차고 나와버렸다.

세상은 탐욕스럽고 이기적인 사람으로 가득 차 있다. 따라서 이타적으로 다른 사람에게 봉사하려고 노력하는 몇 안 되는 사람에게는 엄청난 이익이 따른다. 경쟁자도 거의 없다. 유명한 변호사이자 위대한 미국의 사업가인 오웬 D. 영은 이렇게 말했다. "다른 사람의 입장에서 생각하고, 그들의 사고방식을 이해하는 사람은 미래를 걱정할 필요가 없다."

당신이 이 책을 읽고 얻을 수 있는 장점 가운데 굳이 딱 한 가지를 고르라면, 다른 사람들의 시각에서 생각하고 그들의 관점에서 보려는 태도를 꼽을 수 있다. 그리고 그러한 태도는 분명 당신의 경력을 성공적으로 만들어나가는 토대가 될 것이다.

대부분의 사람들은 대학에 가서 고대 로마 최고의 시인이었던 베르길리우스의 시를 읽고, 어려운 미적분학을 배우면서도 정작 자신의 마음이 어떻게 움직이는지는 깨닫지 못한다. 언젠가 나는 캐리어 사에 입사 예정인 대학 졸업생들에게 '효과적인 말하기'에 관한 강의를 한 적이 있다. 이 회사는 뉴저지 주의 뉴어크에서 에어컨을 생산하는 대기업이다. 한 수강생이 휴식 시간에 농구를 하자고 사람들을 설득하면서 이렇게 말했다.

"저랑 같이 농구 하러 가지 않을래요? 저는 농구 경기 하는 것을 좋아합니다. 그런데 최근 몇 차례 체육관을 둘러봤지만 농구 경기를 할 만큼 사람이 많지 않더군요. 며칠 전에는 밤에 두세 사람이 공을 던지며 놀다가 눈에 멍이 들었습니다. 내일 밤에 몇 명 나와주었으면 좋겠어요. 저는 정말 농구를 하고 싶거든요."

그는 당신이 원하는 것을 말했는가? 당신은 아무도 가지 않는 체육관엔 가고 싶지 않을 것이다. 안 그런가? 당신은 그가 원하는 것에 전혀 관심이 없다. 어느 누구도 눈에 멍이 들기를 원하지 않는다. 그가 운동을 하면서 당신이 원하는 것을 얻을 방법을 보여줄 수 있었을까? 물론 가능하다. 활력이 생긴다, 식욕이 왕성해진다, 머리가 맑아진다, 재미있다, 승부를 즐긴다, 농구를 한다 등을 제시할 수 있다.

오버스트리트 교수의 현명한 충고를 다시 생각해보자. "우선 상대방의 마음속에 간절한 욕구를 불러일으켜라. 이 일을 할 수 있는 사람은 온 세상을 얻을 것이고, 그렇지 못한 사람은 혼자 외로운 길을 가야 할 것이다."

내 교육 프로그램에 참여했던 어떤 사람은 어린 아들 때문에 고민이었다. 아들은 저체중인데다 제대로 먹으려 하지 않았다.

부모는 흔히 볼 수 있는 방법을 택했다. 아이를 꾸짖고 잔소리를 했다. "엄마는 네가 이것저것을 먹었으면 좋겠다." "아빠는 네가 건강하게 자랐으면 좋겠구나."

아이가 부모의 간청을 들어주었을까? 아주 조금은 그랬을 것이다.

상식적인 사람이라면 세 살짜리 어린아이가 서른 살인 아빠의 생각을 이해하고 따를 거라고 기대하지 않는다. 하지만 아빠는 기대했다. 어처구니없는 일이었다. 아빠는 한참 후에서야 그 사실을 깨닫고 혼자 이렇게 중얼거렸다. "아들이 원하는 게 뭘까? 어떻게 하면 내가 원하는 것과 아이가 원하는 것을 연결시킬 수 있을까?"

아이가 원하는 것을 생각하자 문제를 해결하기가 쉬워졌다. 아들은 브루클린의 집 앞의 길에서 세발자전거를 타고 왔다 갔다 하는 것을 좋아했다. 그런데 그 근처에는 골목대장인 심술궂은 소년이 살고 있었고, 아들보다 덩치가 더 컸던 그 아이는 가끔 아들의 세발자전거를 빼앗아 타곤 했다. 당연히 어린 아들은 소리를 지르며 엄마에게 달려갔고, 그러면 엄마가 나와서 그 덩치 큰 아이에게서 세발자전거를 빼앗아 아들을 다시 태우는 일이 다반사였다.

아들이 원하는 것은 무엇일까? 셜록 홈즈가 아니더라도 이 질문에 쉽게 답할 수 있을 것이다. 아들의 자존심, 분노, 중요한 사람이 되고 싶은 열망과 같은 내면의 강렬한 모든 감정들이 복수를 하라고, 그 심술쟁이에게 한 방 먹이라고 아들을 자극했다. 그래서 아빠는 엄마가 주는 음식을 먹기만 하면 언젠가 덩치 큰 그 아이를 실컷 혼내줄 수 있다고 말했다. 반드시 그럴 수 있다는 아빠의 약속 덕분에 편식 문제는 사라졌다. 아이는 툭하면 자기를 창피하게 했던 심술쟁이에게 덤빌 수 있을 만큼 자라려면 시금치, 피클, 자반고등어 등 무엇이든 마다하지 않고 먹었을 것이다.

그 문제를 해결한 다음 아빠는 다른 문제를 해결하는 데도 도전했다. 어린 아들은 자면서 오줌을 싸는 자랑스럽지 못한 버릇이 있었다. 아이는 할머니와 한 침대에서 잤는데, 아침이면 할머니가 일어나서 침대를 만지며 이렇게 말했다. "조니. 네가 지난밤에 한 일을 보렴." 그러면 아이는 이렇게 답했다. "아니에요. 제가 안 그랬어요. 할머니가 그랬어요."

꾸짖고, 엉덩이를 때리고, 창피를 주고, 다신 그러지 말라고 반복해서 이야기했지만 어떤 방법도 소용없었다. 그래서 부모는 '어떻게 하면 아이가 침대에 오줌을 싸지 않도록 할 수 있을까?'에 대해 고민했다.

아들이 원하는 것은 무엇이었을까? 첫째, 아이는 할머니처럼 나이트가운이 아니라 아빠처럼 파자마를 입고 싶었다. 손자의 한밤중 실수에 지친 할머니는 아이가 습관을 고칠 수 있다면 기꺼이 파자마를 사주겠다고 말했다. 둘째, 아이는 자신의 침대를 원했다. 할머니는 반대하지 않았다. 소년의 엄마는 브루클린의 한 백화점으로 아들을 데리고 가서 매장 아가씨에게 눈을 찡긋하며 말했다. "여기 이 어린 신사가 쇼핑을 하고 싶으

시대요."

점원은 "젊은 신사분, 무엇을 도와드릴까요?"라는 말로 아이가 중요한 사람이라고 느끼도록 해주었다. 아이는 5~6센티미터 정도 뒤꿈치를 들고는 이렇게 말했다. "내 침대를 갖고 싶어요." 엄마는 자기 마음에 드는 침대를 점원이 아들에게 보여주자 눈을 찡긋해보였다. 엄마의 뜻을 알아차린 점원은 소년에게 그 침대를 사라고 설득했다. 다음 날 침대가 배달되었다. 그리고 그날 저녁, 아빠가 퇴근했을 때 소년은 소리치며 현관까지 달려 나갔다. "아빠! 아빠! 위층으로 올라가서 내가 고른 침대 좀 보세요!"

아빠는 "이제 자면서 오줌 싸지 않겠네. 그렇지?"라고 말을 건넸다. 아들은 "아, 그럼요! 그럼요! 이 침대를 적시지 않을 거예요"라며 다시 한 번 약속했다. 소년의 자존심이 걸린 문제였다. 그 침대는 자신이 직접 고른 것이었다. 그리고 어른처럼 파자마도 입고 있었다. 그는 어른처럼 행동하고 싶었다. 그리고 실제 그렇게 했다.

내 강의에 참석한 또 다른 아빠인 엔지니어 K. T. 더치만은 세 살 된 딸이 아침 식사를 하지 않으려 한다고 걱정했다. 부모들이 흔히 그러듯 꾸중도 하고, 간청도 하고, 달래도 보았지만 아무 소용이 없었다. 그래서 부모는 스스로에게 물었다. 어떻게 해야 딸아이가 아침 식사를 먹고 싶어 하게 할 수 있을까?

딸은 엄마 흉내를 내서 어른이 된 것 같은 기분을 느끼고 싶어 했다. 그래서 어느 날 아침, 엄마는 딸을 부엌에 데리고 가서 아침 식사를 준비하게 했다. 그리고 아이의 기분이 최고조에 달했을 때 아빠가 부엌에 나타났다. 그러자 시리얼을 젓던 딸은 "아빠, 보세요. 오늘 아침은 제가 시리얼을 만들고 있어요"라고 소리쳤다.

그날 아무도 시키지 않았는데 아이는 시리얼을 두 그릇이나 먹었다. 아침 식사에 관심을 갖게 되었기 때문이다. 아이는 자기가 중요한 사람이라는 느낌을 받았다. 아침 음식을 준비하는 데서 자신을 표현할 수 있는 방법을 발견한 것이다.

윌리엄 윈터는 이런 말을 한 적이 있다. "자기표현의 욕구는 인간의 중요한 욕구 중 하나다." 이런 심리를 사업상 거래에 적용하지 못할 이유가 없지 않은가? 기발한 아이디어가 있을 때 다른 사람에게 그건 자신의 아이디어라고 강조하기보다는, 그들이 그 아이디어를 요리하고 휘젓도록 기회를 주면 어떨까? 그러면 그들은 자신의 아이디어라고 여기고 좋아할 것이다. 그리고 아마도 두 그릇을 먹을 수도 있다.

명심하라. "우선 상대방의 마음속에 간절한 욕구를 불러일으켜라. 이 일을 할 수 있는 사람은 온 세상을 얻을 것이고, 그렇지 못한 사람은 혼자 외로운 길을 가야 할 것이다."

사람을 다루는 기본 테크닉 3

상대방의 마음속에 간절한 욕구를 불러일으켜라.

사람을 다루는
3가지 기본 테크닉

1. 사람들에 대한 비판, 비난, 불평을 삼가라.

2. 솔직하고 진심 어린 칭찬을 하라.

3. 상대방의 마음속에 간절한 욕구를 불러일으켜라.

2

사람의 호감을 얻는
6가지 방법

How to

win friends

&

influence

people

어디서나 환영받는 사람이
되는 비결

친구를 사귀는 방법을 알고 싶어 이 책을 읽고 있는가? 그렇다면 이 세상에서 친구를 가장 잘 사귀는 사람의 기술을 배우면 어떨까? 과연 그는 누구일까? 당신은 내일 길에서 그를 만나게 될지도 모른다. 당신이 3미터 내로 접근하면 그는 꼬리를 흔들기 시작한다. 멈춰 서서 쓰다듬으면 좋아서 펄쩍펄쩍 뛰면서 얼마나 당신을 좋아하는지 표현할 것이다. 그리고 당신은 그의 이런 애정 표현이 부동산을 팔고 싶다거나 당신과 결혼하고 싶어서 그러는 게 아니라는 걸 알고 있다.

생존을 위해 일할 필요가 없는 유일한 동물이 개라는 사실을 생각해본 적 있는가? 닭은 달걀을 낳아야 하고, 젖소는 우유를 생산해야 하며, 카나리아는 노래를 불러야 한다. 하지만 개는 사람에게 오직 사랑만 주며 살아간다.

내가 다섯 살 때, 아버지는 50센트를 주고 노란 강아지를 사왔다. 그 강아지는 내 유년 시절의 행복이요, 기쁨이었다. 매일 오후 4시 반쯤이면 강아지는 앞마당에 앉아 예쁜 눈으로 거리를 지켜보고 있었다. 그러다가 내 목소리가 들리거나 도시락통을 휘두르는 내 모습이 보이기만 하면 숨도 쉬지 않고 총알같이 언덕을 달려와 나를 반기며 펄쩍펄쩍 뛰어오르고 너무나 기뻐 짖어대곤 했다.

내 강아지 티피는 5년간 변함없는 내 단짝 친구였다. 그리고 아직도 잊을 수 없는 비극적인 그날 밤, 티피는 내게서 몇 발짝 떨어지지 않은 곳에서 벼락을 맞고 죽었다. 티피의 죽음은 내 어린 시절의 비극이었다.

티피는 심리학에 관한 책을 읽은 적이 없다. 그럴 필요도 없었다. 티피는 다른 사람에게 진심으로 관심을 가지면, 다른 사람의 관심을 끌려고 2년 동안 노력한 것보다 더 많은 친구를 두 달 안에 사귈 수 있다는 사실을 본능적으로 알고 있었다.

이 부분을 반복해 살펴보자. 다른 사람에게 진심으로 관심을 가지면, 다른 사람의 관심을 끌려고 2년 동안 노력한 것보다 더 많은 친구를 두 달 안에 사귈 수 있다.

하지만 누구나 알고 있듯이, 평생 다른 사람의 관심을 받기 위해 노력하는 어리석은 실수를 하는 사람들이 있다. 물론 효과가 있을 리 없다. 사람들은 당신이나 내게 관심이 없다. 그들은 아침에도, 점심에도, 저녁에도 자기 자신에게만 관심이 있을 뿐이다.

뉴욕 전화 회사에서는 전화 통화에서 가장 많이 사용하는 단어가 무엇인지 알아보는 연구를 진행했다. 아마 눈치챘겠지만 인칭대명사 '나(I)'였다. 이 단어는 500건의 통화에서 3900번이나 사용되었다. '나'. '나'. '나'. '나'.

당신은 여럿이서 함께 찍은 단체 사진을 볼 때 누구의 얼굴을 가장 먼저 찾는가? 만일 다른 사람이 당신에게 관심 있다고 생각한다면 다음 질문에 답해보라. 오늘 밤 당신이 죽는다면 장례식에 몇 명이나 올 것 같은가?

당신이 먼저 다른 사람에게 관심을 갖지 않는데, 그 사람이 당신에게 관심을 가져야 할 이유가 무엇인가? 연필을 들고 아래에 답을 적어보라.

(   )

다른 사람의 관심을 받기 위해 깊은 인상을 남길 생각만 한다면, 절대 진정한 친구를 사귈 수 없을 것이다. 친구, 진정한 친구는 그런 식으로 생기지 않는다.

나폴레옹은 그런 식으로 다른 사람의 관심을 얻으려고 했다. 눈을 감기 전 그는 황후 조세핀에게 이렇게 말했다. "조세핀, 나는 이 세상 그 누구보다도 운이 좋은 사람이었다고 생각하오. 하지만 지금 이 순간 세상에서 내가 믿을 수 있는 사람은 당신밖에 없소." 그런데 역사학자들은 나폴레옹이 조세핀을 믿었는지에 대해서도 의문을 가지고 있다.

유명한 오스트리아의 심리학자 알프레드 아들러는 《우리에게 인생이란 무엇인가》라는 책에서 이렇게 말했다. "다른 사람에게 관심이 없는 사람이야말로 인생에서 가장 큰 어려움을 겪고, 다른 사람들에게 가장 큰 상처를 주는 사람이다. 인간이 겪는 모든 실패는 이런 유형의 사람들로부터 발생한다."

다른 심리학 전문 서적 수십 권을 통틀어도 이보다 더 중요한 말을 발견하기는 쉽지 않다. 아들러의 문장은 너무나 심오한 의미를 가지고 있기 때문에 다시 한 번 반복하려 한다.

"다른 사람에게 관심이 없는 사람이야말로 인생에서 가장 큰 어려움을 겪고, 다른 사람들에게 가장 큰 상처를 주는 사람이다. 인간이 겪는 모든 실패는 이런 유형의 사람들로부터 발생한다."

나는 뉴욕 대학에서 단편소설 창작 강의를 들은 적이 있는데, 한번은 꽤 유명한 잡지의 편집장이 강의를 하러 왔다. 그는 편집실로 매일 밀려들어 오는 수십 편의 소설 중에 아무거나 골라 몇 문단만 읽어봐도 그 작가가 사람들에 대한 애정이 있는지 아닌지를 알 수 있다고 했다. 그러고는 이렇게 말했다. "작가가 사람들에 대해 애정을 갖고 있지 않으면 사람들도 그의 소설을 좋아하지 않아요."

이 완고한 편집장은 소설 창작 강의 중에 수업을 두 번이나 멈추고는 설교를 늘어놓는 것 같아 미안하다면서 이렇게 말했다. "내가 지금 하고 있는 이야기는 목사들이 설교 시간에 하는 이야기와 똑같아요. 하지만 이걸 반드시 기억해야 돼요. 성공적인 소설가가 되고 싶다면 사람들에게 관심을 가져야만 합니다." 이것이 소설을 쓸 때 맞는 말이라면, 사람을 다룰 때는 더

더욱 맞는 말이다.

나는 마술사들 가운데 최고로 인정받는 하워드 서스턴이 마지막 브로드웨이 공연을 하는 날 저녁, 그의 분장실에서 시간을 보냈다. 그는 40년간 여러 차례 전 세계를 여행하며 환상적인 무대를 만들어내 관객들을 현혹시키고, 숨이 막힐 정도로 놀라운 장면을 연출했다. 6000만 명 이상이 그의 쇼 입장권을 샀으며, 그는 200만 달러 가까이 수익을 남겼다.

나는 서스턴에게 성공의 비밀을 알려달라고 말했다. 그는 어릴 때 가출해 떠돌이 일꾼으로 살았다. 기차 화물칸을 타고 다니며 건초 더미에서 자고, 집집마다 음식을 구걸하며, 화물차에서 선로 표지판을 보며 글을 배웠다. 그래서 그의 성공은 학교 교육과는 아무 상관이 없었다.

그에게 마술에 대한 뛰어난 지식이 있었던 걸까? 아니다. 그는 이 세상에 마술에 대한 책이 수백 권 있을 뿐 아니라, 자기만큼 마술을 잘 아는 사람도 수십 명에 달한다고 했다. 하지만 그는 다른 사람이 가지지 못한 두 가지 능력을 갖고 있었다.

첫째, 그는 무대에서 스스로를 드러내는 능력이 있었다. 그는 쇼맨십이 탁월했다. 둘째, 그는 인간의 본성을 잘 알고 있었다. 모든 행동이나 몸짓, 목소리의 억양, 심지어 눈썹을 치켜 올리는 것 하나까지도 사전에 신중하게 연습했고, 행동을 초 단위로 계획했다.

그러나 이 두 가지 능력에 더해 서스턴은 다른 사람에게 진정한 관심을 갖고 있었다. 그의 말에 따르면, 많은 마술사가 관객을 보고 이렇게 혼잣말을 한다고 한다. "저기 또 어수룩한 놈들이 우글우글하군. 전부 시골뜨기들이야. 문제없이 속일 수 있겠어." 그러나 서스턴은 완전히 달랐다. 그는 무대에 오를 때마다 이렇게 말한다고 한다. "이 사람들이 나를 보러 와줘서 너무나 고마워. 이 사람들 덕분에 나는 편안하게 살 수 있는 거야. 내가 할 수 있는 최고의 것을 보여주겠어."

그는 무대에 오르기 전에 몇 번이고 이렇게 되뇐다고 했다. "나는 관객을 사랑한다. 나는 관객을 사랑한다." 우스꽝스럽다고? 말도 안 된다고? 마음대로 생각해도 좋다. 나는 단지 역대 최고의 유명 마술사 중 한 명의 비법을 그대로 전할 뿐이다.

슈만 하인크 부인도 비슷한 이야기를 해주었다. 그녀는 배고픔과 슬픔에 아이들과 동반 자살을 하려고 했을 정도로 비극적인 삶을 살았다. 그럼에도 불구하고 그녀는 노래를 계속했고, 마침내 청중에게 감동을 선사하는 최고의 바그너 가수가 되었다. 그녀 또한 자신에게 성공의 비결이 있다면, 그 비결은 사람들에 대한 깊은 관심이라고 말했다.

시어도어 루스벨트의 놀라운 인기 비결 중 하나도 마찬가지였다. 심지어 하인들도 그를 사랑했다. 루스벨트의 집사였던 제임스 E. 아모스는 《언제 어디서나 영웅, 시어도어 루스벨트》라는 책에서 다음과 같은 일화를 들려주고 있다.

"제 아내는 대통령에게 메추라기에 대해 여쭤본 적이 있습니다. 대통령은 메추라기를 한번도 보지 못한 제 아내에게 자세히 설명해주셨습니다. 그로부터 시간이 지난 어느 날, 우리가 살던 오두막으로 전화가 왔습니다(아모스와 그의 아내는 오이스터 베이에 있는 대통령 관저 내의 오두막에 살고 있었다). 아내가 전화를 받았는데, 대통령이 직접 전화하셨답니다. 우리 집 창밖에 메추라기가 있으니 내다보면 볼 수 있을 거라고 말해주셨다는군요. 대통령은 그렇게 세심하게 관심을 가져주는 분이셨습니다. 우리 오두막을 지나가실 때마다 우리가 보이지 않아도 '안녕, 애니?' '안녕, 제임스?' 하며 인사하는 소리가 들리곤 했습니다. 지날 때마다 이렇게 친근하게 인사를 건네시는 겁니다."

어찌 고용인들이 이런 사람을 좋아하지 않을 수 있을까? 어떤 사람이 그를 좋아하지 않을 수 있겠는가? 루스벨트는 하워드 태프트 대통령 재임 시절 백악관에 들렀는데, 때마침 대통령 부부가 자리에 없었다. 그는 예전에 자기를 모시던 백악관 고용인 모두에게, 심지어 설거지를 하는 하녀에게도 이름을 부르며 인사했다. 평범한 시민들에 대한 그의 정직한 사랑이 드러나는 대목이다. 루스벨트 대통령과 하워드 대통령의 군사 보좌관이었던 아치 버트는 당시의 일을 다음과 같이 기록했다.

"루스벨트 전 대통령은 주방 하녀인 앨리스를 보고 아직도 옥수수 빵을 만드느냐고 물었다. 앨리스는 하인들을 위해서라면 가끔 만들지만, 모시는 분들은 드시지 않는다고 대답했다. 루스벨트는 굵은 목소리로 '입맛들이 형편없군. 다음에 대통령을 만나면 직접 말해줘야겠어'라고 했다. 앨리스는 옥수수 빵한 조각을 대접했고, 그는 빵을 먹으며 사무실로 걸어가던 도중 정원사와 일꾼들에게도 인사를 건넸다.

루스벨트는 재임 기간에 그랬던 것처럼 그들의 이름을 불러주었다. 백악관에서 40년간 수석 안내인으로 근무한 아이크 후버는 눈물을 글썽이며 말했다. '최근 2년 동안에 유일하게 행복한 날이었습니다. 100달러를 준다고 해도 그날과 바꿀 사람은 아무도 없을 겁니다.'"

찰스 W. 엘리엇 박사를 역사상 가장 성공한 대학 총장으로 만든 것도 다른 사람의 문제에 대한 깊은 관심이었다. 그는 남북전쟁이 끝난 지 4년째 되던 1869년부터 제1차 세계대전이 일어나기 5년 전인 1909년까지 하버드대 총장을 지냈다. 그가 어떤 방식을 사용했는지 예를 한번 살펴보자. 언젠가 L. R. G. 크랜던이란 신입생이 학자금 50달러를 대출받기 위해 총장실을 찾아온 적이 있었다. 대출은 승인되었다. 크랜던의 말을 전하면 다음과 같다.

"저는 진심으로 감사하다는 말씀을 드리고 나서 일어서려 했습니다. 그런데 총장님이 '잠깐 앉아보게'라고 하시더군요. 그러더니 놀랍게도 이런 말씀을 해주셨습니다. '자네가 혼자 자취한다고 들었네. 끼니를 잘 챙겨 먹는다면 그것도 나쁜 일은 아니지. 나도 대학 다닐 때 자취를 했다네. 혹시 송아지 고기를 요리해본 적 있나? 충분히 숙성된 고기를 사다가 제대로 요리를 하면 최고의 요리가 될 거야. 하나도 버릴 게 없거든. 내가 요리하던 방법을 가르쳐주지.' 그러더니 총장님은 고기를 잘 골라야 한다, 국물을 졸여서 젤리가 될 정도로 천천히 요리해야 한다, 고기를 잘게 자르려면 어떻게 해라, 누를 때는 냄비 안에 작은 냄비를 넣고 눌러라, 그리고 식혀서 먹어라 등등의 얘기를 해주셨습니다."

나는 누군가에게 진심으로 관심을 가진다면, 그의 관심과 시간, 협력을 얻어낼 수 있다는 사실을 개인적인 경험을 통해서 깨달았다. 심지어 그가 엄청난 유명 인사라 하더라도 말이다. 실제로 이런 일이 있었다.

몇 년 전에 나는 브루클린 예술과학재단에서 문학 창작 수업을 맡은 적이 있었다. 나와 학생들은 캐서린 노리스, 패니 허스트, 아이다 타벨, 앨버트 페이슨 터훈, 루퍼트 휴즈 등 많은 유명 작가들이 수업에 와서 그들의 경험을 들려주길 원했다. 그래서 우리는 그들의 작품을 존경하며, 조언을 듣고 성공의 비결을 배우고 싶다는 서신을 그들에게 보냈다.

150명의 학생들이 편지마다 서명했다. 우리는 그들이 바빠서 강의를 준비하기 힘들다는 점을 알고 있다고 했다. 그래서 작가들이 자기 자신이나 또는 자신의 작업 방식에 대해 대답할 수 있는 질문 목록을 같이 보냈다. 작가들은 이 점을 마음에 들어 했다. 누가 좋아하지 않겠는가? 이렇게 해서 그들은 멀리 브루클린까지 와서 직접 강의에 응해주었다.

같은 방법으로 시어도어 루스벨트 대통령 아래서 재무 장관을 지낸 레슬리 M. 쇼, 태프트 대통령 시절 법무 장관이던 조지 W. 위커샴, 윌리엄 제닝스 브라이언, 프랭클린 D. 루스벨트를 비롯한 여러 유명 인사들을 설득해 내 교육과정에 초청해 강연을 하도록 했다.

공장 노동자든, 사무직 직원이든, 왕좌에 앉아 있는 왕이든 누구나 자신을 존경해주는 사람을 좋아한다. 독일 황제 빌헬름의 예를 들어보자. 제1차 세계대전이 끝나면서 그는 이 세상에서 가장 경멸받는 인물이었을 것이다. 그가 목숨을 보존하려고 네덜란드로 망명했을 때 조국마저 그에게 등을 돌렸다. 그에 대한 증오가 너무나 강렬해서, 그의 팔다리를 갈가리 찢어놓거나 화형을 시켜야 마땅하다고 생각하는 사람이 수백만이었다.

산불처럼 분노가 치솟는 가운데 한 어린 소년이 친절과 존경이 가득한, 단순하지만 진심이 담긴 편지를 황제에게 보냈다. 이 소년은 다른 사람이 뭐라고 생각하든, 그는 빌헬름을 언제나 황제로서 사랑할 거라고 했다. 황제는 이 편지에 깊이 감동받아 소년을 자신의 집에 초대했다. 소년은 엄마와 함께 방문했고, 황제는 후에 소년의 엄마와 결혼했다. 이 소년은 어떻게 친구를 사귀고 사람들에게 영향력을 미칠 것인지에 관한 책을 읽을 필요가 없었다. 소년은 본능적으로 그 방법을 알고 있었다.

친구를 만들고 싶다면 다른 사람을 위해 뭔가를 해주려고 노력하자. 이를 위해서는 시간과 노력, 이타심과 배려가 필요하다. 윈저 공이 영국의 왕세자였을 때, 그는 남아메리카를 돌아볼 기회가 있었다. 그는 출발하기 몇 달 전부터 스페인어를 공부해서 스페인어로 연설했고, 그 이후 남아메리카 사람들은 그를 좋아하게 되었다.

나는 친구들의 생일을 알아내기 위해 수년간 노력했다. 어떻게 했을까? 나는 점성학에 관해 아는 바가 거의 없지만, 생일이 성격이나 기질과 관련이 있다는 걸 믿느냐고 친구들에게 물어보았다. 그리고 생일을 말해달라고 했다. 만약 친구가 11월 24일이라고 말하면 마음속으로 '11월 24일, 11월 24일' 하고 되뇌었다. 그러다가 친구가 한눈파는 사이에 이름과 생일을 적어두었다가 나중에 생일 기록장에 옮겨 적었다. 그리고 매년 초, 이 생일을 달력에 표시해두기 때문에 생일이 다가오면 금방 알 수 있었다. 친구의 생일이 다가오면 나는 편지나 전보를 보냈다. 이 작전은 대성공이었다! 내가 생일을 기억해준 유일한 사람인 경우도 많았다.

친구를 만들고 싶다면 활기차고 적극적인 태도로 사람을 맞이하라. 전화를 받을 때도 같은 심리를 활용할 수 있다. "여보세요"라는 한마디에 상대의 전화를 받았다는 사실이 얼마나 기쁜지 드러나도록 하자. 뉴욕 전화 회사는 교환원들이 "번호를 말씀해주세요"라는 말을 할 때, 마치 "안녕하세요. 전화 주셔서 감사합니다"라는 어감을 느낄 수 있도록 훈련시키고 있다. 이처럼 많은 기업들이 전화 상담원에게 모든 고객을 관심과 열정이 느껴지는 목소리 톤으로 대하도록 교육시킨다. 그러면 전화한 사람은 그 회사가 자신에게 관심을 가진다고 느끼게 된다. 내일 전화를 받을 때는 이 사실을 기억하자.

뉴욕 시에 있는 대형 은행에서 일하는 찰스 R. 월터스는 특정 기업에 대한 비밀 보고서를 준비하라는 업무를 지시받았다. 그가 알기로 그 당시 이런 긴급하게 필요한 정보를 가지고 있는 사람은 딱 한 사람뿐이었다. 월터스가 사장실로 안내되었을 때, 비서가 문틈으로 머리를 들이밀더니 사장에게 그날은 우표가 없다고 이야기했다.

"열두 살 된 아들을 위해서 우표를 모으고 있습니다." 사장은 월터스에게 설명했다. 월터스는 찾아온 용건을 설명한 다음 몇 가지 질문을 했다. 사장은 애매하고 일반적이고 모호한 태도로 일관했다. 그는 이야기하고 싶어 하지 않았고, 어떤 수를 써도 말문을 열지 않을 것 같았다. 인터뷰는 짧고 성과도 없었다. 후에 월터스는 내 강좌에서 이렇게 이야기했다.

"솔직히 말하면 어떻게 해야 할지 모르겠더라고요. 그런데 사장의 비서가 한 이야기가 문득 떠오르더군요. 우표, 열두 살 난 아들… 그리고 우리 은행의 해외 부서에서도 우표를 수집한다는 사실이 떠올랐죠. 세계 7대양을 건너 서로 다른 대륙에서 쏟아져 들어오는 우편물, 거기서 떼어낸 우표 말이에요. 그다음 날 오후에 다시 방문해서 아들에게 줄 우표를 가져왔다는 말을 전해달라고 했어요. 사장이 날 반갑게 맞아주었냐고요? 당연하죠. 대선에 출마한 후보라도 그보다 더 열정적으로 악수하지는 못할걸요. 그는 미소를 띠며 무엇이든 해주려 하더군요. 우표를 소중한 보물이라도 다루듯 만지며 거듭 말했죠. '우리 아들 조지가 정말 좋아하겠는걸. 이것 좀 봐요! 이건 정말 보물이에요.'

우리는 우표 이야기를 하고, 그의 아들 사진도 함께 보면서 30분 정도를 보냈습니다. 이후 그는 한 시간 이상을 나와 함께하면서 내가 원하는 정보를 모두 줬어요. 심지어 내가 그렇게 해달라고 말한 것도 아니었는데 말이에요. 그는 자기가 알고 있는 걸 전부 말해주고, 부하 직원들까지 불러 물어보기도 했지요. 동료들한테 전화하기도 했고요. 심지어 나에게 사실들, 수치, 다양한 기록과 보고서를 넘겨주었어요. 언론계 용어로 말하자면 제대로 특종을 잡은 셈이죠."

또 다른 예를 보자. 필라델피아의 C. M. 크나플 주니어는 대형 체인점에 연료를 공급하기 위해 수년 동안 애를 썼다. 하지만 그 회사는 계속해서 타 지역 공급처로부터 연료를 구입했고, 보란 듯이 크나플의 사무실 바로 앞 도로로 운반해가곤 했다. 내 교육 프로그램을 수강하던 크나플은 어느 날 저녁, 다른 수강생들 앞에서 대형 체인점에 대한 분노를 쏟아내며 국가적인 재앙이라며 낙인찍어 말했다. 그러면서도 그는 왜 자신이 대형 체인점에 연료를 공급하지 못하는지 모르고 있었다.

나는 그에게 다른 전략을 제안했다. 간단히 말하자면 이렇다. 우리는 수강생들끼리 '대형 체인점의 성장이 국가적으로 이득보다는 손해가 크다'라는 주제로 토론을 벌이기로 했다.

크나플은 내 제안에 따라 반대 측에 섰다. 그는 대형 체인점을 옹호하는 편에 서기로 했고, 그가 그렇게 싫어하던 대형 체인점의 임원에게 직접 찾아가서 말했다. "나는 연료를 구매해달라고 여기 온 게 아닙니다. 부탁을 하나 하러 왔습니다." 그는 토론에 대해서 설명했다. "내가 원하는 사실을 당신만큼 잘 아는 사람이 없어서 도움을 청하러 온 겁니다. 이번 토론에서 꼭 이기고 싶습니다. 어떤 도움이라도 주신다면 정말 감사하겠습니다.”

나머지 이야기는 크나플에게 직접 듣도록 하자.

“저는 정확히 1분만 시간을 내달라고 했어요. 그가 저를 만나준 것도 그런 조건 때문이었습니다. 제 사정을 이야기하자, 그는 의자를 가리키며 앉으라고 하더니 정확히 1시간 47분 동안 이야기를 했습니다. 그는 대형 체인점에 대한 책을 쓴 또 다른 임원을 불렀어요. 또 전국대형체인점협회에 연락해서 이 주제에 대한 토론 기록을 저에게 보내라고 했습니다. 그는 체인점이 사람들에게 진정한 서비스를 제공한다고 생각하고 있었어요. 자신이 수백 개 지역사회에 기여하고 있다는 걸 자랑스러워했고요. 이야기를 하는 동안 그의 눈은 반짝였고, 고백하건대 제가 전혀 생각해보지 못했던 부분에 대해 알게 해주었습니다. 그는 제 정신과 태도를 완전히 바꾸어놓았죠.

제가 자리에서 일어설 때쯤 그는 문까지 배웅하면서 제 어깨에 손을 올리더니 토론을 잘 마치면 다시 찾아와 잘해냈는지 말해달라고 하더군요. 그러고는 마지막으로 이렇게 말했습니다. ‘나중에 봄이 되면 다시 찾아와요. 연료를 구매하게 될지도 모르겠습니다.’

그건 저에게 기적과 같은 일이었습니다. 제가 제안을 하지도 않았는데 그가 먼저 연료를 사고 싶다고 했거든요. 지난 10년 동안 나와 내 상품에 대해 그가 관심을 갖게 하려고 노력했던들, 두 시간 동안 그와 그가 가진 문제에 진심으로 관심을 보인 것보다 더 큰 진전을 이끌어낼 수는 없었을 겁니다.”

크나플은 새로운 진실을 발견한 것이 아니다. 오래전, 즉 예수가 태어나기 100여 년 전에 유명한 고대 로마의 시인 푸블릴리우스 시루스는 이렇게 말했다. "우리는 다른 사람이 우리에게 관심을 가질 때 그들에게 관심을 가지게 된다."

그러므로 다른 사람들의 호감을 사고 싶다면, 다음과 같이 해보라.

사람의 호감을 얻는 방법 1

다른 사람들에게 진정으로 관심을 가져라.

다른 사람에게 더 관심을 받고 싶고 인간관계에서 더 뛰어난 기술을 갖고 싶다면, 헨리 C. 링크 박사의 책《종교로의 귀환》를 읽어보라. 제목에 겁먹지 마라. 이 책은 그저 그런 종교 서적이 아니다. 링크 박사는 성격에 문제가 있는 3000명 이상의 사람들과 상담을 해온 아주 유명한 심리학자다. 박사는 책 제목을 '성격을 개선하는 방법'이라고 해도 좋았을 것이라고 내게 말했다. 주제가 그렇기 때문이다. 이 책은 흥미로우면서도 깨우침을 준다. 이 책을 읽고 그의 제안대로 한다면, 당신이 사람을 다루는 기술은 틀림없이 나아질 것이다.

좋은 인상을 주는
아주 간단한 방법

최근에 나는 뉴욕에서 열린 한 디너파티에 초대받았다. 손님 중에는 꽤 많은 재산을 물려받은 한 상속녀가 있었는데, 그녀는 모든 사람들에게 좋은 인상을 남기고 싶어 했다. 그녀는 상당한 돈을 낭비하며 모피코트와 다이아몬드, 진주 등으로 온몸을 휘감고 있었다. 하지만 정작 얼굴은 전혀 신경을 쓰지 않은 것 같았다. 그녀의 얼굴은 심술과 이기심으로 번들거렸다. 그녀는 모두가 알고 있는 중요한 사실을 혼자만 모르고 있었는데, 그건 바로 한 사람의 얼굴에 드러난 표정이 그가 걸친 옷보다 훨씬 더 중요하다는 사실이다(우스갯소리지만, 이 말을 잘 기억했다가 당신의 부인이 모피코트를 사달라고 할 때 써먹을 수도 있다).

찰스 슈왑은 자신의 미소가 100만 달러의 가치가 있다고 내게 말한 적이 있다. 아마도 그는 이 중요한 사실을 이해하고 있었을 것이다. 그의 성격과 매력, 다른 사람의 호감을 얻는 능력 덕분에 슈왑은 놀라운 성공을 거둘 수 있었기 때문이다. 특히 그의 성격 중에서도 가장 호감 가는 부분은 매력적인 미소였다.

언젠가 인기 가수 겸 배우인 모리스 슈발리에와 만난 적이 있었는데, 솔직히 좀 실망했다. 침울하고 뚱한 그의 모습은 평소 기대했던 모습과 너무도 달랐기 때문이다. 하지만 그가 미소를 짓자 모든 것이 달라졌다. 마치 구름이 걷히고 햇살이 비추는 것 같았다. 그 미소가 없었더라면, 그는 아버지나 다른 형제들처럼 파리에서 가구 만드는 신세를 면하지 못했을 것이다.

백 마디 말보다 행동이 훨씬 더 강력하다. 그리고 미소는 '나는 당신이 좋습니다. 당신을 보면 행복합니다. 당신을 만나서 기쁩니다'와 같은 표현이다.

이것이 바로 강아지가 사람에게 그토록 사랑받는 이유다. 개는 사람을 보면 정말 좋아서 어쩔 줄 몰라 한다. 그래서 그런 개들을 보면 우리도 저절로 기분이 좋아진다.

가식적인 미소? 그걸로는 안 된다. 아무도 속지 않는다. 우리 모두 가식이라는 것을 알고 불쾌해한다. 나는 진짜 웃음, 훈훈한 미소, 진심에서 우러나는 웃음, 그리고 시장에서 값을 좋게 받을 수 있는 종류의 미소에 관해 얘기하고 있다.

뉴욕의 대형 백화점에서 근무하는 한 인사 담당자가 내게 말하기를, 뚱한 표정의 철학 박사보다는 비록 초등학교도 못 나온 판매 여사원이라도 아름다운 미소를 지녔다면 그녀를 채용하겠다고 했다.

미국 내 최대의 고무 제조 회사 회장은 자신의 경험상 어떤 분야든지 즐기지 못하면 성공하기가 어렵다고 말했다. 그 분야의 선구자인 그는 성실함만이 원하는 것을 거머쥘 수 있는 유일한 열쇠라는 오래된 격언을 그다지 신뢰하지 않았다. 그는 이렇게 말했다. "내가 성공한 사람들을 쭉 지켜봐 왔는데, 그들이 성공한 이유는 사업하는 것 자체를 굉장히 즐겼기 때문이에요. 나중에 즐겁게 하던 것들이 점점 일이 되어버리자 그들도 변하더군요. 그러면 사업은 성장이 둔화되기 시작하고, 모든 즐거움을 잃어버리고 나면 결국엔 실패하더군요."

다른 사람들이 당신을 만나서 좋은 시간을 보내기를 원한다면, 당신도 사람들을 만나면서 좋은 시간을 보내야 한다.

나는 수천 명의 기업가들에게 일주일 동안 매일 누군가에게 미소를 지은 후, 그 결과가 어땠는지 수업 시간에 함께 공유하게 한 적이 있었다. 어떤 일들이 있었을까? 우선 뉴욕에서 주식 브로커로 일하는 윌리엄 B. 스타인하트의 편지를 보자. 그의 경우가 딱히 별난 사례는 아니다. 오히려 수백 가지의 경우를 대표하는 전형적 사례다. 스타인하트는 이렇게 적었다.

"아내와 결혼한 지 18년이 지났습니다. 그리고 그 긴 시간 동안 저는 아침에 일어나서 출근하기 전까지 아내에게 웃어 보이거나 길게 말한 적이 거의 없었습니다. 저는 브로드웨이 최악의 불평꾼 중 하나였죠.

웃음에 관한 제 경험을 이야기해달라는 당신의 요청에, 저는 일주일 동안 한번 도전해보자고 생각했습니다. 그래서 다음 날 아침, 머리를 빗으면서 거울에 비친 우울한 표정의 제 자신에게 말했죠. '빌, 오늘부터는 아내와 멀어지게 한 그 찡그린 표정을 지워버리는 거다. 이제부터 웃는 거야. 바로 지금 당장 시작하는 거야.' 저는 그날 아침 식탁에 앉으면서 아내에게 '좋은 아침이야, 자기'라고 미소 지으며 인사했습니다.

당신은 제 아내가 놀랄 수도 있을 거라고 귀띔했었죠? 음, 그런데 제 아내의 반응을 과소평가하신 겁니다. 아내가 너무나 당황하더군요. 충격을 받은 거죠. 저는 아내에게 언젠가 오늘 아침 같은 상황이 일상이 되는 날이 올 거라고 말하고는, 매일 아침마다 웃으며 인사를 계속했어요.

이렇게 변화된 제 태도 덕분에 지난 두 달간 우리 집은 작년보다 훨씬 더 행복해졌습니다. 이제 출근할 때 아파트 엘리베이터를 작동하는 사람에게도 '좋은 아침입니다'라고 웃으며 인사합니다. 수위 아저씨에게도 미소로 인사하죠. 지하철 매표소 직원에게 잔돈을 거슬러 받을 때도 웃습니다. 증권거래소에 있을 때도 최근에야 제가 웃는 것을 보게 된 사람들에게 미소를 지어 보입니다.

저는 곧 모두가 저를 보며 웃어준다는 것을 알게 되었습니다. 그리고 저에게 불평불만을 토로하는 사람들을 밝게 대하고, 그들의 불만 사항을 들으며 미소를 지으면 문제를 훨씬 쉽게 조정할 수 있다는 것도 알았습니다. 웃음이 돈을 벌어다 준다는 걸 깨달았어요. 그것도 매일, 아주 많은 돈을요.

저는 다른 중개인과 사무실을 같이 사용합니다. 그 중개인의 사무직원 중 하나는 호감형의 젊은 친구인데, 최근에 제가 변한 걸 보고는 무척 들떠 있습니다. 얼마 전에는 인간관계에 대한 저의 새로운 철학에 대해 그와 이야기를 나눴습니다. 그러자 그가 고백하기를, 처음에 제가 자기 회사와 같은 사무실을 쓰기로 했을 때 그는 제가 아주 끔찍한 불평꾼이라고 생각했다고 하더군요. 그런데 얼마 전부터 생각이 바뀌었다고 했습니다. 제가 웃을 때 굉장히 인간미 있어 보인다고 하더군요.

저는 제 안에서 일어나는 비난의 마음도 없애버렸습니다. 이제는 비난하기보다는 감사하고 또 칭찬합니다. 제가 원하는 것을 말하기보다 다른 사람의 관점에서 보려고 노력합니다. 이런 것들이 정말이지 제 인생을 완전히 바꿔놓았습니다. 저는 이전과는 완전히 달라졌습니다. 훨씬 더 행복해지고, 친구들도 더 많아졌습니다. 살아가는 데 중요한 건 바로 그거잖아요."

이 편지를 쓴 사람은 뉴욕 증권시장에서 주식을 거래하는, 세상 물정에 밝은 주식 중개인이라는 점에 주목하기 바란다. 주식 중개업은 100명 중 99명은 실패하는 어려운 직업에 속한다.

지금은 웃을 기분이 아니라고? 그럴 땐 어떻게 할 것인가? 두 가지 방법이 있다. 첫째, 억지로라도 웃는 것이다. 혼자 있을 때 휘파람을 불거나 노래를 흥얼거려보라. 둘째, 마치 당신이 이미 행복한 사람인 것처럼 행동하라. 그러면 정말로 기분이 좋아진다. 이에 대해 하버드대 교수인 윌리엄 제임스는 이렇게 말했다.

"행동은 감정의 결과물처럼 보이지만, 실제로 행동과 감정은 함께 일어난다. 의지로 직접 제어할 수 있는 행동을 통제함으로써, 의지의 영향을 받지 않는 감정을 간접적으로 통제할 수 있다. 따라서 기분이 별로일 때, 주체적이고 자발적으로 기분을 전환하는 방법은 바로 앉아서 이미 기분이 좋은 것처럼 말하고 행동하는 것이다."

세상 모든 사람들이 행복을 추구한다. 그리고 행복을 찾는 확실한 방법이 한 가지 있다. 바로 당신의 생각을 조절하는 것이다. 행복은 외부의 조건에 의해 결정되지 않는다. 행복은 내면의 조건에 달려 있다.

그것은 당신이 무엇을 갖고 있는지, 당신이 누구인지, 당신이 어디에 있는지, 또는 당신이 행복해지거나 불행해지려고 무엇을 하는지에 관한 것이 아니다. 바로 당신이 어떻게 생각하는지에 달렸다. 예를 들어 두 사람이 같은 공간에서 같은 일을 하고 있다고 하자. 두 사람은 동일한 부와 명예를 지니고 있지만, 한 사람은 불행해 보이는데 다른 사람은 행복하다. 왜일까? 바로 내면의 태도가 다르기 때문이다. 나는 살인적인 열대 지역의 더위 속에서 구식 농기구로 농사를 짓는 가난한 소작농에게서 행복한 얼굴을 많이 보았는데, 그 수는 뉴욕이나 시카고, LA의 시원한 사무 환경의 사람들보다 결코 적지 않았다.

셰익스피어는 말했다. "좋고 나쁨이란 존재하지 않는다. 다만 생각이 그렇게 만들 뿐이다."

에이브러햄 링컨은 "대부분의 사람들은 자기가 행복하기로 마음먹은 만큼 행복하다"라고 말했다. 그의 말이 맞다.

나는 뉴욕의 롱아일랜드 기차역의 계단을 오르면서 이 진리를 증명하는 아주 생생한 장면을 목격했다. 바로 내 코앞에서

30~40명의 지체 장애아들이 지팡이와 목발에 몸을 의지하고 힘겹게 계단을 오르고 있었다. 심지어 한 아이는 업혀 올라가야 했다. 그런데도 아이들의 웃음소리와 즐거운 분위기에 나는 무척 놀랐다. 내가 느낀 바를 아이들을 인솔하는 사람에게 말하자, 그는 이렇게 대답했다. "맞습니다. 아이들은 평생 불구로 살아야 한다는 걸 깨달으면 처음에는 충격을 받습니다. 하지만 일단 충격을 극복하면 보통 자신의 운명을 받아들이고 평범한 또래 아이들만큼 똑같이 행복해지죠."

나는 아이들에게 경의를 표하고 싶었다. 그 아이들은 내게 결코 잊지 못할 큰 가르침을 주었다.

언젠가 나는 영화배우 메리 픽포드와 만나 함께 시간을 보낸 적이 있었다. 그녀는 당시 더글러스 페어뱅크스와 이혼을 준비하는 중이었다. 사람들은 그녀가 슬픔에 젖어 불행한 나날을 보낼 것이라고 생각했다. 하지만 그녀는 내가 만나본 그 누구보다 차분하고 당당해 보였다. 심지어 행복한 모습까지 보였다. 그 비밀은 무엇일까? 그녀는 자신이 쓴 35페이지짜리 책에 그 비밀을 털어놓았다. 도서관에 가면 그녀가 쓴 《왜 신을 찾지 않는가》라는 책을 찾아보기 바란다.

세인트루이스 카디널스의 3루수였던 프랭클린 베트거는 미국에서 가장 성공한 보험 판매원으로 변신했다. 그는 웃는 사람이 항상 환영받는다는 사실을 오래전에 깨달았다고 내게 말했다. 그래서 다른 사람의 사무실을 방문할 때면 항상 문 앞에 잠깐 멈춰 서서 감사해야 할 많은 사실들을 떠올리며 진심 어린 웃음을 크게 지은 다음, 웃음이 사라지기 전에 사무실 문을 열고 들어갔다. 이런 간단한 방법이 보험 판매에서 큰 성공을 거두는 데 많은 도움이 되었다고 그는 생각하고 있다.

수필가이자 발행인인 앨버트 허바드의 사려 깊은 조언을 잘 읽어두길 바란다. 하지만 읽기만 하고 실제 삶에서 실천하지 않는다면 당신에게 아무 도움도 되지 않는다는 것도 명심하라.

"문밖에 나설 때마다 턱을 당기고, 고개를 들고, 숨을 크게 들이마셔라. 햇살을 만끽하고, 미소로 친구들을 환대하고, 매번 진심을 담아 악수하라. 오해받는 것을 두려워하지 말고, 적에 대해 생각하느라 시간을 낭비하지 마라. 항상 자기가 하고 싶은 일에 대해 생각하라. 그리고 망설이지 말고 목표를 향해 전진하라. 당신이 하고 싶은 멋지고 빛나는 일을 마음에 새겨라. 그러면 마치 끊임없이 흐르는 조류 속에서 산호가 꼭 필요한 영양소를 얻듯이, 하루하루 흘러가는 시간 속에서 이루고자 하는 바를 실현하기 위해 자신도 모르게 꼭 필요한 기회를 움켜쥔 모습을 발견할 수 있을 것이다. 당신이 되고자 하는 능력 있고 성실하고 쓸모 있는 사람을 마음속에 그리면, 그 생각이 매 시간마다 당신을 특별한 사람으로 변화시킬 것이다. 모든 것이 마음먹기에 달렸다. 항상 용기, 정직, 그리고 밝은 기운과 같은 올바른 태도를 지녀라. 올바른 생각이 곧 새로운 창조다. 간절히 바라면 이루어지고, 진심을 담은 기도는 응답을 받는다. 우리의 마음은 단단해질 것이다. 턱을 당기고 고개를 들라. 우리는 내면에 무한한 가능성을 지닌 사람들이다."

고대 중국인들은 세상 물정에 밝고 현명한 사람들이었다. 그래서 중국 격언 중에는 우리가 항상 새겨들어야 할 말들이 많다. 예를 들면 이런 것이다. "웃을 줄 모르는 사람은 장사하면 안 된다."

장사 이야기가 나와서 말인데, 몇 년 전에 뉴욕의 어느 백화점은 크리스마스 성수기에 매장 직원들이 압박에 시달린다는 사실을 알게 되면서 다음과 같은 따뜻한 철학을 담은 광고를 내보냈다.

크리스마스에 만나는 미소의 가치

미소에 값이 매겨진 것은 아니지만, 그보다 더 큰 가치를 줍니다. 미소는 주는 사람도, 받는 사람도 마음을 부유하게 합니다. 아주 짧은 순간이지만 그 미소에 대한 기억이 평생 가기도 합니다. 아무리 부유한 사람이라도 미소 없이는 살아갈 수 없으며, 아무리 가난한 사람이라도 웃음이 많으면 누구보다 풍요롭게 살아갈 수 있습니다. 웃음은 가정에는 행복을, 직장에서는 선의를 가져다주며, 친구끼리 통하는 사인이기도 합니다. 웃음은 지친 사람들에게는 휴식이고, 낙심한 사람들에게는 희망이자, 슬픔에 빠진 사람들에게 한줄기 빛이며, 문제를 해결하는 최고의 자연 해독제입니다. 하지만 웃음은 사고 팔 수도, 구걸할 수도, 빌리거나 훔칠 수도 없습니다. 왜냐하면 웃음은 베풀었을 때 비로소 누군가에게 의미를 갖기 때문입니다. 크리스마스 성수기 막바지, 일부 우리 매장 직원이 너무 지쳐 당신에게 웃어 보일 힘도 없을 때 한번쯤 당신의 미소를 나눠주지 않으시겠습니까? 더 이상 줄 수 있는 게 아무것도 없는 사람만큼 미소가 필요한 사람은 없을 테니까요!

그러므로 다른 사람의 호감을 사고 싶다면, 다음과 같이 해보라.

사람의 호감을 얻는 방법 2

웃어라.

상대의 이름을 기억하지 못하면
문제가 생긴다

    1898년, 뉴욕의 로클랜드 카운티에서 비극적인 사건이 벌어졌다. 한 아이의 장례식이 있는 날이라 이웃들은 장례식에 가려고 준비 중이었다. 짐 팔리는 마구간에서 말을 데려오려고 밖으로 나갔다. 땅에는 눈이 쌓여 있었고, 공기는 차가웠다. 말은 한동안 움직이지 않은 상태였다. 말을 물통으로 끌고 가던 그때 말이 갑자기 날뛰기 시작했고, 뒷발로 짐 팔리를 걷어차 결국 그는 죽고 말았다. 그래서 스토니 포인트 마을은 졸지에 두 사람의 장례식을 치르게 되었다.

    짐 팔리가 죽으면서 미망인과 세 아들에게 남은 것은 보험금 몇백 달러가 전부였다.

    아버지의 이름을 물려받은 열 살짜리 큰아들 짐은 벽돌 공장에서 일했다. 그는 모래를 날라 틀에 뜨고 이리저리 돌려가며 햇빛에 말려 벽돌을 만들었다. 짐은 제대로 된 교육을 받을 기회가 전혀 없었다. 하지만 그는 친절한 성품으로 사람들에게 호감을 주는 타고난 재주 덕분에 나중에 정치에 입문했고, 시간이 갈수록 사람들의 이름을 외우는 신기한 능력을 발휘하기 시작했다.

그는 고등학교 문턱에도 가본 적이 없었다. 하지만 마흔여섯 살이 되기 전에 네 개 대학에서 명예박사 학위를 받았고, 민주당 전국 위원회 의장과 미국 우정공사 총재를 지냈다.

한번은 내가 짐 팔리를 인터뷰하며 그의 성공 비결이 무엇인지 물었더니, 그는 "열심히 일하는 거요"라고 대답했다. 나는 "농담하지 마세요"라고 대꾸했다. 그러자 그는 자신의 성공 비결이 무엇이라고 생각하는지 나에게 물었다. "당신이 1만 명 넘는 사람들을 이름을 다 외우고 있다고 알고 있어요."

내 대답에 그는 이렇게 말했다. "아닙니다. 틀렸어요. 5만 명 정도는 이름을 기억할 수 있습니다."

정말이다! 1932년 당시 미 대통령 후보였던 프랭클린 루스벨트가 백악관에 입성할 수 있었던 것은 짐 팔리의 이런 능력이 도움이 되었다.

짐 팔리는 석고 회사의 영업 사원으로 일하는 동안, 그리고 스토니 포인트에서 서기관으로 일하는 동안 사람들의 이름을 암기하는 체계를 만들었다.

처음에는 굉장히 간단했다. 새로운 사람을 만날 때마다 그는 상대방의 이름과 가족 관계, 사업, 정치 성향 등의 몇몇 특징을 알아냈다. 그는 그 사실들을 마음속에 큰 그림으로 구성했다. 그런 다음 다음번에 그 사람을 만났을 때는, 심지어 1년도 더 지났다 하더라도 자연스럽게 악수하면서 가족들의 안부를 묻고 뒷마당에 핀 접시꽃들은 어떤지에 대해 물을 수 있었다. 그의 지지자가 생기는 게 당연했다!

루스벨트의 선거 캠프가 활동을 시작하기 몇 달 전부터 짐 팔리는 서부 및 북서부에 위치한 각 주로 매일 수백 통이 넘는 편지를 썼다. 그리고 기차, 자동차, 오토바이, 배를 타면서 19일 동안 20개 주를 돌며 약 2만 킬로미터를 돌았다. 짐은 마을에 들러 사람들과 점심이나 아침, 혹은 차나 저녁 식사를 함께하고, 그들과 '진심 어린 대화'를 했다. 그러고는 또 새로운 곳을 찾아 떠났다.

동부에 돌아오자마자, 짐은 방문했던 모든 마을별로 한 사람씩을 골라 편지를 보내 자기가 그 마을에서 만났던 사람들의 명단을 부탁했다. 그렇게 수집한 최종 목록에는 수천 개의 이름이 들어 있었다. 짐은 명단에 있는 사람들에게 개인적인 안부 편지를 보내며 그들을 은근히 치켜세워 주었다. 짐의 모든 편지는 항상 '친애하는 빌' 또는 '친애하는 제인'처럼 받는 사람의 이름으로 시작해서 '짐으로부터'라는 서명으로 마무리되었다.

일찍이 짐 팔리는 평범한 사람들이 세상의 다른 모든 이름보다 자기 자신의 이름에 더 큰 관심을 갖고 있다는 것을 깨달았다. 이름을 부름으로써 미묘하지만 매우 효과적으로 상대방을 칭찬하고 있다는 것을 기억하라. 하지만 이름을 잊어버리거나 틀리면, 그로 인해 명백하게 불리한 위치에 처한다.

일전에 나는 파리에서 대중 연설 강의를 개설하며 그곳에 살고 있는 모든 미국인들에게 편지를 보냈다. 그런데 영어에 서투른 프랑스인 타자수가 이름을 치면서 꽤 많은 실수를 저질렀다. 결국 파리에 소재한 대형 미국 은행에서 일하는 한 매니저로부터 자신의 이름을 어떻게 틀릴 수 있느냐는 엄중한 항의를 받기도 했다.

앤드류 카네기의 성공 비결은 무엇이었던가? 카네기는 철강왕으로 불렸다. 하지만 그 자신은 철강 생산과정에 대해 아는 것이 별로 없었다. 대신 카네기는 자기보다 철강에 대해 훨씬 잘 알고 있는 사람들을 고용했다.

그는 사람을 어떻게 다뤄야 하는지 알았고, 덕분에 부를 쌓을 수 있었다. 어렸을 때부터 그는 단체 생활과 리더십에서 천재적인 재능을 보였다. 카네기가 열 살이 되었을 때, 그 역시 사람을 이름으로 부르는 것이 얼마나 중요한지를 깨달았다. 그래서 다른 사람의 도움을 받으려 할 때는 이를 활용했다.

이런 일이 있었다. 스코틀랜드에서 살던 소년 시절에 그는 토끼 한 마리를 잡았는데, 그게 하필 어미 토끼였다. 그런데 얼마 지나지 않아 그는 새끼 토끼가 가득한 토끼집까지 찾아냈다. 하지만 새끼들에게 먹일 게 없었다. 그때 기발한 생각이 떠올랐다. 그는 주변 친구들에게 토끼들을 먹일 클로버 잎과 민들레 풀을 충분히 뜯어오면 새끼 토끼에게 가져온 사람의 이름을 붙여주겠다고 말했다. 그의 계획은 마법처럼 먹혀들었고, 카네기는 그 일을 결코 잊지 않았다.

몇 년이 흐른 뒤, 그는 똑같은 법칙을 사업 수완으로 발휘해 수백만 달러를 벌어들였다. 그는 펜실베이니아 철도 회사에 강철 레일을 납품하고 싶었다. 당시 펜실베이니아 철도 회장은 J. 에드가 톰슨이었다. 그래서 카네기는 피츠버그에 거대한 철공소를 세우고, '에드가 톰슨 철강 회사'라고 이름을 붙였다.

수수께끼를 하나 내겠다. 한번 맞혀보라. 펜실베이니아 철도 회사에서 강철 레일이 필요할 때 에드가 톰슨은 어느 회사에서 그 레일을 살까? 바로 앞 백화점에라도 갔을까? 아니다. 틀렸다. 다시 한 번 잘 생각해보면 답은 뻔하다.

카네기와 조지 풀먼이 침대 열차 사업에서 우열을 다투고 있을 때, 철강 왕은 또 한 번 토끼의 교훈을 떠올렸다.

카네기가 운영하던 센트럴 철도 회사는 풀먼의 회사와 경쟁하고 있었다. 두 회사 모두 유니온 퍼시픽 철도의 침대 열차 사업권을 따내기 위해 경쟁적으로 가격과 마진을 낮추고 있었다. 카네기와 풀먼 모두 뉴욕에서 열린 유니온 퍼시픽 이사회에 참석했다. 세인트 니콜라스 호텔에서 풀먼을 만난 카네기가 말했다. "안녕하십니까, 풀먼 씨. 우리 서로 바보짓을 하고 있는 것 같지 않습니까?"

"무슨 뜻이오?" 풀먼이 물었다.

그러자 카네기는 그동안 마음속으로 구상해왔던 이야기를 꺼냈다. 두 기업의 관심사를 합쳐보자는 것이었다. 그는 서로 경쟁하는 것보다 함께 일했을 때 얻게 될 상호 이득에 대해 열변을 토했다. 풀먼은 주의 깊게 들었지만 완전히 확신하진 못했다. 마침내 풀먼이 물었다. "그럼 새로운 회사의 이름은 뭘로할 겁니까?" 카네기는 망설이지 않고 대답했다. "그야 말할 것도 없이 '풀먼 호화 열차 회사'죠."

풀먼의 표정이 밝아지더니 이렇게 말했다. "제 방으로 오시죠. 얘기를 좀 더 해봅시다." 이때 두 사람이 나눈 대화는 산업계의 역사를 새로 바꾸었다.

친구나 사업 동료의 이름을 기억하고 존중하는 것은 앤드류카네기 리더십의 비결 중 하나다. 그는 많은 공장 직원들의 이름을 기억한다는 데 자부심을 느꼈고, 그가 책임자로 일했던기간 동안 한번도 파업으로 철공소가 멈춘 적이 없다는 사실을자랑으로 여겼다.

한편 폴란드의 피아니스트 파데레프스키는 열다섯 차례나미국 순회공연을 했는데, 전국 각지를 돌 때마다 침대 열차를이용했다. 그리고 연주 후에 열차를 이용할 때면 항상 같은 요리사가 야식을 준비해주곤 했다. 파데레프스키는 풀먼 열차의흑인 요리사를 항상 '카퍼 씨'라고 부르면서 그가 중요한 인물이라는 생각을 갖게 만들었다. 그는 그 요리사를 미국에서 흔히 부르듯이 편하게 '조지'라고 부르지 않고 항상 유럽의 격식대로 불렀다. 카퍼 역시 그렇게 불리는 것을 좋아했다.

사람들은 자기 이름을 매우 자랑스럽게 생각하기 때문에 어떻게든 이름을 후대에 남기려고 애쓴다. 심지어 당시 최고의쇼로 이름을 날렸던 완고한 성격의 P. T. 바넘도 아들이 없어자신의 이름을 물려주지 못하는 것을 안타까워했다. 결국 그는 외손자인 C. H. 실리에게 만약 이름을 '바넘' 실리로 바꾸면 2만 5000달러를 주겠다고 제안할 정도였다.

수세기에 걸쳐 귀족과 거상들은 화가, 음악가, 작가들을 지원하고 자신의 이름으로 그들의 작품을 헌정하도록 했다.

오늘날 도서관과 박물관의 소장 목록을 채우는 이들 또한 자신의 이름이 사라져버리는 것을 견딜 수 없어 하는 사람들이다. 뉴욕 공립 도서관은 애스터와 레녹스 소장 목록을 보유하고 있다. 메트로폴리탄 박물관은 벤저민 앨트먼과 J. P. 모건을 불후의 이름으로 남기고 있다. 그리고 거의 모든 성당들이 기부자의 이름을 새긴 스테인드글라스로 장식되어 있다. 대부분의 대학 캠퍼스 건물들도 건물 설립 기금을 지원한 기부자들의 이름을 기록한다.

대부분의 사람들이 이름을 기억하지 못하는 것은 단순히 사람들이 이름에 집중해서 반복하고, 이를 기억하기 위해 필요한 시간과 노력을 들이지 않기 때문이다. 사람들은 그저 너무 바쁘다는 평계만 댄다.

하지만 아무리 바쁜 사람이라도 루스벨트 대통령보다 더 바쁜 사람은 없었을 것이다. 그는 시간을 들여 이름을 외우려고 애썼고, 심지어 그가 만난 정비공의 이름까지 기억했다.

한번은 이런 일이 있었다. 크라이슬러 사는 하반신 마비로 일반 차량을 이용하지 못하는 루스벨트 대통령을 위해 특별 차량을 제작했다. W. F. 체임벌린과 정비사가 특수 제작된 차량을 백악관까지 전달했다. 나는 지금 체임벌린이 그날 자신의 경험에 대해 적은 편지를 갖고 있다.

"저는 그날 루스벨트 대통령에게 특수 장치가 장착된 차를 어떻게 다루는지 가르쳐드렸지만, 대통령은 저에게 사람을 어떻게 다루는지에 대해 많은 가르침을 주셨습니다.

제가 백악관에 들렀을 때 대통령은 정말로 기뻐하며 반가워하셨습니다. 제 이름을 직접 부르시면서 저를 편안하게 대해주셨고, 특히 제가 대통령에게 설명하며 시연하는 것들에 열정적으로 관심을 보이는 모습이 정말 인상적이었습니다. 그 자동차는 모든 기능이 손으로 조작 가능하도록 특수 제작되었습니다. 사람들이 차를 구경하려고 몰려들었고 대통령이 말씀하셨죠. '정말 멋집니다. 그냥 버튼 하나만 누르면 차가 굴러가는군요. 힘들이지 않고도 운전할 수 있으니 엄청나다고 생각합니다. 이게 어떻게 가능한지 모르겠습니다. 어떻게 작동하는지 내부를 좀 자세히 보고 싶군요.'

루스벨트 대통령의 친구와 동료분들이 차량에 감탄하자, 그는 그들 앞에서 이렇게 말했습니다. '체임벌린 씨, 당신이 이 차를 제작하기 위해 애쓴 시간과 공로에 진심으로 감사드립니다. 이건 정말이지 대단한 일입니다.' 대통령은 방한기와 특수 제작된 후방 거울, 시계, 특수 조명, 덮개, 운전석의 위치, 그의 이니셜이 새겨진 여행 가방이 실려 있는 트렁크에도 감탄했습니다. 그러니까 대통령은 제가 신경 쓴 모든 것들을 세심하게 살펴보신 거죠. 그는 영부인과 노동부 장관인 프랜시스 퍼킨스, 그리고 대통령 비서에게도 다양한 장치들을 세심하게 설명하려고 애쓰셨습니다. 심지어 나이 든 백악관 짐꾼에게까지 말을 걸어서 그 대화에 끌어들였어요. '조지, 이 여행 가방은 특별히 조심스럽게 다뤄야 할 걸세'라고요.

운전 시범이 끝나자, 대통령은 저에게 '좋아요, 체임벌린 씨. 제가 연방준비제도이사회를 30분이나 기다리게 했군요. 이제는 일하러 가야 할 것 같습니다'라고 말했습니다.

저는 그날 정비공을 함께 데려갔습니다. 도착했을 때 대통령에게 그 친구도 소개했죠. 그 친구는 대통령과 직접 대화를 나누지는 않았고, 대통령도 그의 이름을 딱 한 번 들었을 뿐입니다. 그 친구는 워낙 쑥스러움이 많은 편이라 주로 뒤쪽에 머물러 있었죠. 하지만 대통령은 자리를 뜨기 전에 그 정비공 친구에게 다가가 이름을 부르며 악수하고, 워싱턴까지 와줘서 고맙다고 인사했어요. 형식적인 감사인사가 아니었죠. 진심 어린 말이었어요. 저는 그걸 느낄 수 있었습니다.

뉴욕으로 돌아온 지 며칠 지나지 않아 저는 루스벨트 대통령의 사인이 담긴 사진을 받았습니다. 거기에는 저의 도움에 다시 한 번 감사하다는 표현이 적혀 있었습니다. 대통령이 도대체 언제 그 메모까지 적을 시간이 있었는지 도저히 모르겠습니다."

프랭클린 루스벨트 대통령은 호감을 얻는 가장 간단하고 가장 강력하면서도 중요한 방법은 상대방의 이름을 불러 그가 중요한 사람이라고 느끼도록 하는 것이라는 사실을 알고 있었다. 하지만 이를 실천하는 사람이 얼마나 되겠는가?

새로운 사람을 소개받을 때면 우리는 잠깐 동안 대화를 나누지만, 헤어질 때쯤이면 벌써 상대방의 이름을 기억하지 못하는 경우가 태반이다.

정치인들이 가장 처음 배우는 것이 바로 이것이다. "유권자의 이름을 기억하는 것이 바로 정치력이다. 그것을 잊어버리는 순간 정치적으로 잊히게 된다."

이름을 기억하는 능력은 정치에서만큼이나 비즈니스와 사회생활에서도 중요하다.

프랑스 황제이자 나폴레옹 대제의 조카였던 나폴레옹 3세는 왕으로서 수행할 임무가 바쁜데도 불구하고, 자신이 만난 모든 사람의 이름을 기억한다는 것을 자랑스럽게 여겼다.

그의 비결은 무엇이었을까? 아주 간단하다. 만약 이름을 정확하게 듣지 못하면 그는 "정말 죄송합니다만, 이름을 정확히 듣지 못했습니다"라고 말했다. 그리고 흔하지 않은 이름을 들었을 때는 "이름 철자가 어떻게 됩니까?" 하고 물었다. 대화하는 동안 나폴레옹 3세는 상대방의 이름을 노력해서 여러 번 반복하고, 이름과 그 사람의 특징, 표현, 그리고 인상을 연결하기 위해 애썼다. 만약 상대방이 중요한 사람이라면 나폴레옹은 좀 더 공을 들였다. 혼자 있을 때 그는 종이에 이름을 적고, 이름을 바라보면서 집중했고, 이를 머릿속에 새긴 후에는 종이를 찢어버렸다. 이런 방법으로 그는 이름의 청각적인 느낌뿐 아니라 시각적인 인상까지도 얻을 수 있었다.

이 모든 과정에는 시간이 필요하다. 하지만 에머슨은 이렇게 말한다. "좋은 습관은 작은 희생으로 만들어진다."

그러므로 다른 사람의 호감을 사고 싶다면, 다음과 같이 해 보라.

사람의 호감을 얻는 방법 3

한 사람의 이름은 그에게 어떤 언어보다도
가장 달콤하고 중요한 단어임을 명심하라.

대화를 잘하는 사람이 되는 방법

언젠가 나는 브리지 파티에 초대를 받은 적이 있다. 평소 나는 카드놀이를 하지 않는데, 그곳에는 나처럼 카드놀이를 하지 않는 여성이 한 명 더 있었다. 그 여성은 로웰 토머스가 라디오 방송으로 자리를 옮기기 전, 내가 한때 그의 매니저였다는 사실을 알고 있었다. 당시 나는 그가 맡고 있던 여행 프로그램의 준비를 돕느라 유럽을 많이 여행했다. 그녀는 나에게 이렇게 말했다. "카네기 씨, 당신이 가보셨던 멋진 곳들의 풍광에 대해 얘기 좀 해주세요."

함께 소파에 자리를 잡고 앉자, 그녀는 남편과 함께 아프리카 여행을 떠났다가 최근에 돌아왔다는 얘기를 꺼냈다. "아프리카라고요?" 내가 놀라 말했다. "와우! 저는 늘 아프리카에 가보고 싶었지만, 딱 한 번 알제리에서 24시간 머문 게 전부거든요. 정말로 그 맹수들의 나라에 가본 거예요? 그래요? 운이 좋으시군요. 부러워요. 아프리카 얘기 좀 해주세요."

그녀는 45분 동안이나 아프리카 이야기를 계속했다. 내가 유럽의 어디를 가보았고, 무엇을 보았는지에 대해서는 다시 묻지 않았다. 그녀는 내 여행 이야기를 듣고 싶었던 게 아니다. 그녀가 원한 것은 자신의 이야기를 흥미롭게 들어주는 사람이었고, 자랑스럽게 자신이 가본 곳에 대해 얘기할 수 있으면 그만이었다. 그녀가 특이한 건가? 그렇지 않다. 많은 사람들이 그렇다.

뉴욕의 어느 출판업자가 마련한 저녁 만찬에서 나는 저명한 식물학자를 만난 적이 있다. 전에 식물학자와 얘기해본 적이 없는 나는 그에게 매료되었다. 그가 이국적인 식물들, 그리고 새로운 형태의 식물과 실내 정원을 개발하는 실험에 대해 이야기하는 동안 나는 말 그대로 완전히 빠져들었다. 그는 사소하게 생각했던 감자 하나에도 얼마나 놀라운 사실들이 숨어 있는지 알려주었다. 나는 작은 실내 정원을 가꾸고 있었는데, 그는 그 정원과 관련된 문제를 해결할 방법을 알려줄 정도로 친절했다.

이미 말했다시피 우리는 저녁 만찬에서 만났다. 분명 더 많은 손님들이 있었지만, 나는 사교의 원칙에 어긋나게 다른 사람들은 무시한 채 식물학자와만 몇 시간을 이야기했다.

자정이 되자 나는 모두에게 작별 인사를 하고 자리에서 일어섰다. 그러자 식물학자는 파티 주최자에게 몸을 돌려 나에 대한 과찬을 늘어놓았다. 그의 말에 따르면, 나는 '대단히 활기를 주는' 사람이었다. 그는 이런저런 이야기를 하더니 마지막엔 내가 '가장 흥미로운 이야기꾼'이라고까지 말했다. 가장 흥미로운 이야기꾼이라고? 나는 거의 아무 말도 안 했는데 어째서 그럴까? 펭귄의 몸 구조만큼이나 식물에 대해서는 아는 바가 없던 나는 주제를 바꾸지 않는 한, 무슨 말을 하고 싶어도 할 수 있는 얘기가 없었다. 단지 열심히 듣기만 했다. 진정으로 흥미로웠기 때문에 듣기만 했을 뿐이었다. 그리고 그 식물학자도 그걸 느꼈다. 그런 나의 태도가 그를 기쁘게 했던 것이다.

이런 식의 경청은 우리가 누군가에게 해줄 수 있는 최고의 찬사 중 하나다. 잭 우드포드는 《사랑의 이방인》에서 "완전히 집중하는 태도에 숨겨진 은근한 아부를 마다할 사람은 없다"라고 썼다. 나는 그의 말을 집중해 듣는 수준에서 더 나아갔다. 나는 '진심으로 그의 말에 수긍하고, 칭찬을 아끼지 않았다.'

나는 그에게 대단히 즐겁고 유익했다고 말했고, 실제로도 그랬다. 그가 가진 지식이 나에게도 있었으면 좋겠다고 말했는데, 그 또한 진심이었다. 그와 함께 들에 나가보고 싶다고 말했고, 정말 그랬다. 꼭 다시 만나자고 말했고, 진짜 다시 만났다.

그렇게 나는 단지 잘 들어주고, 그가 이야기하도록 북돋웠을 뿐인데, 그는 나를 훌륭한 이야기꾼이라고 생각했다.

성공적인 비즈니스 대화의 비밀이나 비결은 무엇일까? 찰스 W. 엘리엇 전 하버드대 총장은 이렇게 말했다. "성공적인 비즈니스 대화의 비결 같은 건 없다. 당신에게 말하고 있는 그 사람에게만 오로지 집중하는 것이 가장 중요하다. 상대방을 기분 좋게 하는 데 그만 한 방법은 없다."

너무 당연한 이야기이지 않은가? 하버드대에서 4년간 공부하지 않아도 이 정도는 충분히 알 수 있다. 그런데도 가게의 주인들은 비싼 공간을 빌리고, 상품을 한 푼이라도 싸게 공급받으려 하고, 진열창을 매력적으로 꾸미고, 광고에 수천 달러를 쏟아 부으면서도 정작 고객의 말을 중간에 자르고, 반박하고, 불쾌하게 만들어 손님을 내쫓아 버리는 직원, 즉 잘 듣는 사람이 되기 위한 기본 자질조차 없는 직원을 고용한다.

내가 진행하는 강연에서 자신의 경험을 털어놓은 J. C. 우튼의 예를 들어보자. 그는 뉴저지 주 뉴어크의 번화가 백화점에서 양복을 샀다. 집에 와서 보니 양복이 기대 이하였다. 양복에서 물이 빠져서 와이셔츠 깃에 얼룩이 생기기도 했다.

양복을 들고 다시 백화점으로 가서 물건을 판 직원에게 사정을 얘기했다. 내가 '얘기했다'라고 했던가? 아니다. 정확히 말하자면 얘기하려고 시도했다. 하지만 그러지 못했다. 직원이 그의 말을 막고 이렇게 대꾸했다.

"이 양복을 수천 벌 팔았지만 그런 불만은 받아본 적이 없습니다." 그의 말투는 말의 내용보다 더 좋지 못했다. 그 직원의 도전적인 말투에는 이런 뜻이 담겨 있었다. '거짓말하지 마세요. 나를 호락호락하게 보는 것 같은데 생각대로 되지 않을 겁니다.'

그와 실랑이를 벌이고 있는데 다른 직원이 끼어들었다. "진한 색 양복은 모두 처음에는 물이 조금 빠집니다. 그건 어쩔 수가 없습니다. 그 가격대에서는요. 염색 문제입니다."

"그쯤 되니까 저도 부글부글 끓더군요." 우튼이 말했다.

"첫 번째 직원은 제 정직성을 의심하더니, 두 번째 직원은 제가 싸구려를 샀다고 말하는 게 아니겠습니까? 화가 치밀어 올랐습니다. 양복을 집어던지며 한바탕 욕을 해주려는 찰나, 마침 백화점 지배인이 근처를 지나갔습니다. 역시 지배인은 지배인이더군요. 그 지배인 덕분에 제 태도는 완전히 바뀌었습니다. 그는 화가 잔뜩 난 소비자를 만족스런 고객으로 바꾸어놓았습니다. 어떻게 했냐고요? 세 가지입니다.

첫째, 내가 하는 얘기를 처음부터 끝까지 잠자코 들어주었습니다. 둘째, 내가 말을 마친 뒤 직원이 자신의 생각을 늘어놓자 내 입장에서 그들과 얘기했습니다. 와이셔츠에 얼룩이 진 것은 그 양복 때문이라고 했을 뿐 아니라, 그 백화점에서는 충분히 만족스런 물건만 팔아야 한다고 주장했습니다. 셋째, 그는 양복에 그런 결함이 있는 줄 몰랐다는 것을 인정하고는 간단명료하게 이렇게 말했습니다. '양복은 어떻게 하시겠습니까? 원하시는 대로 해드리겠습니다.'

조금 전만 하더라도 엉터리 양복은 필요 없으니 가져가라고 소리칠 생각이었으나, 그때는 이렇게만 대답하고 말았습니다. '조언만 해주세요. 이런 현상이 일시적인 건지 알고 싶고요, 어떻게 하면 좋아지는지 알려주세요.'

그는 내게 일주일만 더 지켜보는 게 어떻겠느냐고 하면서 이렇게 약속했습니다. '그때도 좋아지지 않으면 가져오세요. 다른 것으로 바꿔드리겠습니다. 불편을 끼쳐드려 죄송합니다.'

나는 만족하며 백화점을 나왔습니다. 일주일이 지나자 양복이 괜찮아지더군요. 그리고 그 백화점에 대한 내 신뢰는 완전히 회복되었습니다."

그 지배인이 그 백화점의 사장이 되었다 해도 그리 놀랄 일은 아니다. 반면 그 직원들은 아마도 평생 직원으로 머물 것이다. 아니, 고객을 대하지 않아도 되는 포장 부서로 전출돼 영원히 그 부서에서 일하게 되었을지도 모른다.

트집 잡기 좋아하는 사람이 격분해 독사처럼 위협하고 독을 내뿜더라도 묵묵히 말을 들어주는 사람은 인내심을 가지고 침묵을 지킨다. 그런 사람 앞에서는 습관적으로 남을 비난하고 사소한 것조차 걸고넘어지는 아주 극단적인 사람도 종종 부드러워지고 누그러지게 마련이다.

예를 하나 들어보자. 뉴욕 전화 회사는 몇 해 전 아주 악랄한 고객을 상대할 일이 있었다. 고객 서비스 담당자에게 욕설을 퍼붓고, 고래고래 소리를 지르고, 전화기를 박살내버리겠다고 위협하기까지 했다. 그 고객은 고지된 전화 요금이 잘못됐다며 납부를 거부했다. 신문에 투고를 하고, 공공서비스위원회에 숱하게 민원도 넣었으며, 전화 회사를 상대로 여러 건의 소송도 제기했다.

결국 회사는 사내에서 가장 능력 있는 '분쟁 해결사'를 보내이 말썽쟁이 고객을 만나보도록 했다. 이 '분쟁 해결사'는 성미 고약한 고객을 만나 그가 신나서 자신의 얘기를 늘어놓도록 하고 듣기만 했다. 이따금 "맞습니다"라고 맞장구를 치며 그의 억울한 심정에 공감을 표했다.

"그 고객은 거의 세 시간 동안 언성 높여 이야기했고, 저는 들었지요." 그 '분쟁 해결사'는 내가 주최한 어느 강연에서 자신의 경험을 들려주었다.

"그 후 다시 찾아가 그의 얘기를 더 들어줬어요. 그렇게 네 번을 만났고, 네 번째 만나고 헤어지기 전 저는 그가 조직한 한 단체의 창립 회원이 되었습니다. 그는 그 단체 이름을 '전화 가입자 보호협회'라고 지었어요. 저는 여전히 그 단체 회원이고, 지금까지 그 단체 회원은 그분과 저 단둘인 걸로 알고 있습니다. 그와 만나 이야기를 나누는 동안 저는 그가 하는 모든 얘기를 듣고 공감해주었습니다. 그전까지 전화 상담원과 그런 식으로 얘기를 나눠본 적이 없었던 그는 우호적으로까지 변했어요. 저는 처음 그를 만나러 갔을 때도, 두 번째, 세 번째 방문 때도 용건을 말하지 않았습니다. 하지만 네 번째 만나러 갔을 때, 그가 밀린 요금을 말끔히 납부하면서 문제가 완전히 해결됐죠. 뿐만 아니라 그는 유례없이 자발적으로 공공서비스위원회에 제기했던 민원을 취하했습니다."

문제의 그 고객은 자신을 가혹한 착취로부터 공공의 권리를 지키는 신성한 운동가로 생각했을 게 틀림없다. 하지만 그가 진짜로 원했던 것은 중요한 사람으로 대접받는 기분이었다. 처음에는 트집을 잡고 불평함으로써 그런 기분을 느꼈다. 그러나 전화 회사 직원을 만나 중요한 사람인 것처럼 대접받자, 상상으로 만들어낸 불만들이 허공으로 사라져버린 것이다.

몇 년 전의 일이다. 어느 날 아침, 한 성난 고객이 줄리안 F. 데트머의 사무실에 들이닥쳤다. 데트머는 세계 최대의 양모 공급 기업이 된 데트머 양모 회사의 창립자다.

"우리 회사에 갚아야 할 돈이 좀 있는 사람이었어요." 데트머가 내게 설명했다.

"그 사람은 그 사실을 인정하지 않았지만, 우리는 그가 틀렸다는 걸 알고 있었어요. 그래서 우리 회사의 신용 부서는 계속해서 그에게 대금을 지불하라고 요구했습니다. 그런 식으로 담당 부서로부터 편지를 여러 통 받고 난 후, 그는 가방을 싸서 시카고까지 온 겁니다. 제 방에 쳐들어와서는 그 돈을 지불하지 않을 뿐만 아니라 앞으로 우리 회사의 물건을 단 한 푼어치도 구매하지 않겠다고 통보했어요.

저는 그가 하려는 말을 참고 들었어요. 끼어들고 싶은 충동을 느꼈지만 좋은 방법이 아니라는 걸 알기에 그가 하고 싶은 말을 다 하게 내버려 뒀어요. 그가 감정을 가라앉히고 뭔가 받아들일 것 같은 기색을 보이자, 제가 조용히 말했죠. '그 말씀을 하려고 시카고까지 와주셔서 감사합니다. 중요한 사실을 알려주셨으니 제가 큰 도움을 받았습니다. 저희 신용 담당 부서에서 고객님을 성가시게 했다면 다른 우수 고객들도 불편을 겪었을 테고, 그러면 아주 좋지 않은 일이죠. 저를 믿으십시오. 고객님이 하신 말씀보다 더 많은 말씀을 달게 듣겠습니다.'

제가 한 말은 그가 기대했던 게 전혀 아니었어요. 이런저런 불만을 얘기하려고 시카고까지 왔는데, 제가 다투기는커녕 도리어 고맙다고 하니 약간 실망한 것 같았어요. 저는 그에게 미납금을 장부에서 지워버릴 테니 잊어버리라고 했습니다. 당신은 아주 사려 깊은 사람이고 챙겨야 할 계좌도 하나밖에 없지만, 우리 직원들이 관리해야 할 계좌는 수천 개나 되니 우리가 틀렸을 가능성이 높지 않겠냐고 하면서요.

저는 그의 심정을 충분히 이해하고, 내가 그였더라도 똑같은 감정을 느꼈을 거라고 말했습니다. 우리와 더는 거래를 하지 않겠다고 했으니 다른 양모 회사를 소개해주기까지 했죠.

전에는 그가 시카고에 오면 늘 함께 점심을 먹곤 했던 터라 그날도 제가 점심을 같이 먹자고 제안했어요. 그는 마지못해 그러겠다고 했지만, 점심을 먹고 사무실로 돌아와서는 전보다 훨씬 많은 주문을 했습니다.

그는 한결 기분이 풀어져서 돌아갔습니다. 그리고 적어도 우리 회사가 공정한 만큼 자신도 공정해지겠다는 생각으로 계산서들을 다시 살펴보더니 빠뜨린 계산서를 하나 발견했습니다. 그는 사과와 함께 대금을 보내주었습니다.

나중에 그의 아내가 사내아이를 낳자, 그는 아들의 중간 이름을 데트머라고 지었습니다. 이후 세상을 뜰 때까지 그는 22년 동안 좋은 친구이자 좋은 고객으로 지냈습니다."

오래전의 일이다. 네덜란드에서 이민 온 한 가난한 소년이 가족의 생계를 돕기 위해 방과 후에 빵집 유리창을 닦고 있었다. 집이 너무 가난했던 터라 그는 매일 바구니를 들고 거리로 나가 석탄을 실은 마차에서 떨어진 석탄 부스러기들을 주워 모았다. 이름이 에드워드 보크인 이 소년은 평생 학교라고는 6년밖에 다니지 않았지만, 훗날 미국 언론사상 가장 성공적인 잡지 편집장 중 한 명이 되었다. 어떻게 그럴 수 있었을까? 말하자면 길다. 하지만 그가 어떻게 시작했는지는 간단하게 얘기할 수 있다. 그는 이 책에서 지금 언급한 원칙들을 이용해 첫걸음을 내딛었다.

그는 열세 살에 학교를 그만두고 웨스턴 유니온 전신 회사의 사환이 되었다. 하지만 배움에 대한 꿈은 한시도 포기하지 않았다. 그래서 스스로 공부하기 시작했다. 차비를 아끼고 점심을 굶어 어느 정도 돈이 모이면 미국 위인들의 전기를 구입했다.

그는 유명인들이 살아온 이야기를 읽은 후, 그들에게 직접 편지를 써서 그들의 어린 시절에 대해 좀 더 알려달라고 요청했다. 그는 남의 말을 잘 들어주는 사람이었다. 유명인들이 자신에 대해 더 이야기할 수 있도록 만들었던 것이다. 당시 대통령에 출마한 제너럴 제임스 A. 가필드에게는 어릴 적 운하에서 배를 끄는 소년이었다는 게 사실인지 물었고, 답장을 받았다. 또한 그랜트 장군에게는 어느 전투에 대해 물었고, 장군은 직접 지도를 그려 보내주었다. 그러면서 열네 살 소년을 저녁 식사에 초대해 함께 이야기를 나누기도 했다.

머지않아 이 웨스턴 유니온 사환은 랠프 왈도 에머슨, 올리버 웬델 홈즈, 롱펠로우, 에이브러햄 링컨 부인, 루이자 메이 올컷, 셔먼 장군, 제퍼슨 데이비스 등과 같이 미국에서 유명한 상당수의 사람들과 교류하게 되었다. 그는 이처럼 특별한 인물들과 교류했을 뿐만 아니라 휴가를 받으면 곧장 그들의 집을 방문해 환대를 받았다. 이런 경험이 그에게는 엄청난 자신감을 심어주었다. 이 유명인들은 소년에게 미래의 삶을 만들어가는 비전과 꿈을 심어주었던 것이다. 그리고 이 모든 것은, 거듭 반복하지만, 우리가 여기서 다루고 있는 원칙들을 적용한 덕분에 가능했던 일이다. 수백 명의 유명 인사들을 인터뷰한 언론인 아이작 F. 마커슨은 상대방의 말을 주의 깊게 듣지 않아 호감을 남기지 못하는 사람들이 많다고 단언한다.

"사람들은 다음에 무슨 말을 해야 할지 신경 쓰느라 제대로 듣지 못합니다. 유명 인사들은 말 잘하는 사람보다 경청하는 사람을 선호한다고 입을 모읍니다. 하지만 듣는 능력은 다른 어떤 훌륭한 재능보다 흔치 않은 것 같습니다."

중요 인사들만이 잘 들어주는 사람을 원하는 게 아니다. 일반인들도 마찬가지다. 언젠가 〈리더스 다이제스트〉에는 이런 글이 실렸다. "많은 사람들이 자기의 말을 들어줄 사람이 필요할 때 의사를 찾는다."

남북전쟁으로 힘든 시기를 보내는 동안 링컨 대통령은 일리노이 주 스프링필드에 사는 오랜 친구에게 편지를 써서 워싱턴으로 와달라고 청했다. 그는 함께 논의하고 싶은 문제가 있다고 말했다. 옛 친구가 백악관에 도착하자, 링컨 대통령은 친구에게 몇 시간에 걸쳐 노예해방 선언의 타당성에 대해 이야기했다. 그는 노예해방에 관한 찬반 논리들을 설명하고, 노예를 해방시키지 않는다고 그를 비난하거나 노예를 해방시킬까 두렵다고 그를 비난하는 편지와 신문 기사들도 읽어주었다. 몇 시간에 걸쳐 이야기를 끝낸 링컨은 악수를 나누고 작별 인사를 한 뒤, 친구의 의견은 묻지도 않고 그를 일리노이로 돌려보냈다. 모든 얘기를 링컨 혼자 했고, 그렇게 하고 나니 생각이 분명하게 정리되는 듯했다. "그는 이야기를 하고 난 뒤 한결 편안해진 것 같았다"라고 그의 옛 친구는 말했다. 링컨은 조언이 필요했던 게 아니라 속마음을 털어놓을 수 있는 편안한 사람을 원했던 것이다. 곤경에 처할 때 우리가 원하는 게 바로 이것이다. 짜증이 난 고객, 불만 가득한 직원, 또는 상처받은 친구가 원하는 것도 이것이다.

사람들이 당신을 피하고 뒤에서 비웃고 심지어 경멸하게 만들고 싶다면, 여기 방법이 있다. 오랫동안 누구의 말도 듣지 마라. 쉼 없이 자기 얘기만 하라. 다른 사람이 얘기하는 동안 뭔가 떠오르면 말이 끝날 때까지 기다리지 말고 중간에 끼어들어라. 혹시 주위에 그런 사람이 있는가? 안타깝게도 내 주위에는 있다. 더 놀라운 사실은 그들 중 몇몇은 유명 인사라는 점이다. 그들은 자아에 도취되고, 자신만이 중요하다는 생각에 빠져 지겨울 정도로 말이 많은 사람들이다.

자기 얘기만 하는 사람은 자신밖에 생각할 줄 모른다. 오랫동안 컬럼비아 대학 총장을 지낸 니콜라스 머레이 버틀러 박사는 이렇게 말했다. "자신만 생각하는 사람은 아무리 많은 가르침을 받았다 하더라도 절망스러울 정도로 교육이 안 된 상태라 할 수 있다."

그러므로 대화를 잘하는 사람이 되고 싶다면 먼저 집중해 듣는 사람이 되어라. 찰스 노덤 리 여사는 이렇게 말했다. "관심을 끌려면 먼저 관심을 가져야 한다." 흥미로운 사람이 되려면 먼저 상대방에게 흥미를 보여라. 다른 사람이 대답하고 싶어 할 만한 질문을 하라. 그들이 자기 자신과 자신이 이룬 성취에 대해 이야기하도록 격려하라.

당신이 이야기하고 있는 상대는 당신이나 당신 문제보다는 자기 자신과 자신이 원하는 것, 그리고 자기 문제에 훨씬 더 관심이 많다는 사실을 기억하라. 어떤 사람에게는 자신의 치통이 100만 명의 목숨을 앗아간 중국의 기아보다 훨씬 더 다급한 문제다. 어떤 사람에게는 자신의 목에 난 종기 하나가 아프리카에서 발생한 40여 차례의 지진보다 더 신경 쓰인다. 앞으로 대화를 시작할 때는 이 점을 꼭 기억하라.

그러므로 다른 사람들의 호감을 사고 싶다면, 다음 방법과 같이 해보라!

사람의 호감을 얻는 방법 4

잘 들어라. 상대방이 자기 얘기를 할 수 있도록 격려하라.

사람들의 관심을 끄는 방법

시어도어 루스벨트와 이야기를 나눠본 사람이면 누구나 그의 폭넓고 다양한 지식에 놀란다. 가말리엘 브래포드가 쓴 글에 따르면 "카우보이, 사나운 말을 잘 타는 사람, 뉴욕의 정치인, 외교관 등 상대방이 누구든 간에 루스벨트는 무슨 말을 해야 할지 알고 있었다"라고 한다. 어떻게 그게 가능했을까? 답은 간단하다. 누가 찾아오기로 한 전날 밤이면 루스벨트는 상대방이 특별히 관심 있어 할 거라고 생각되는 주제에 관해 밤새 책을 읽었다.

왜냐하면 모든 지도자들처럼 루스벨트 역시 상대방의 마음을 얻는 가장 쉬운 방법은, 그들이 가장 중요하게 생각하는 것에 대해 이야기하는 것임을 알고 있었기 때문이다.

작가이자 예일대 문학 교수인 다정다감한 성격의 윌리엄 라이언 펠프스는 어린 나이에 이 교훈을 깨달았다. 《인간의 본성》이라는 책에서 그는 이렇게 썼다.

"여덟 살 때 후서토닉 강 인근의 스트랫퍼드에 있는 리비 린 슬리 아주머니 댁에서 주말을 보낸 적이 있다. 어느 날 저녁 무렵에 중년의 사내가 찾아와 아주머니와 점잖게 이야기를 나눈 뒤 나에게 관심을 보였다. 그때 나는 배라면 사족을 못 썼는데, 그 사내는 내게 아주 재미있게 배 이야기를 해주었다. 그가 떠난 후 나는 신이 나서 그에 대해 말했다. 정말 멋진 아저씨라고 칭찬을 아끼지 않았다. 아주머니는 그가 뉴욕에서 변호사로 활동하고 있으며, 배와는 아무런 관련이 없고, 배에는 조금도 관심이 없는 사람이라고 일러주었다.

'그럼 왜 내내 배 이야기만 했을까요?'

'그는 신사라서 그렇단다. 그는 네가 배를 좋아하는 모습을 보고 네가 재미있어하고 즐거워할 만한 얘기를 한 거지. 네게 맞춰준 거야.'"

펠프스는 "아주머니의 말을 잊어본 적이 없다"라고 덧붙였다.

이 장을 쓰고 있는 지금 내 앞에는 열심히 보이스카우트 활동을 하는 에드워드 L. 칼리프가 보낸 편지가 놓여 있다. 편지의 내용은 이렇다.

"어느 날 도움을 받아야 할 일이 생겼어요. 유럽에서 열리는 큰 보이스카우트 대회가 다가오고 있었고, 저는 미국 최대 기업 중 한 곳의 회장이 우리 학생들 중 한 명의 여행 경비를 후원해주면 좋겠다고 생각했습니다.

운 좋게도 그 회장을 만나러 가기 직전, 그가 100만 달러짜리 수표를 발행한 적이 있는데 효력이 취소되고 나서 수표를 액자에 넣어두었다는 이야기를 들었습니다. 그의 사무실에 들어가자마자 제가 첫 번째로 한 일은 그 수표를 보여달라고 부탁한 것이었습니다. 100만 달러짜리 수표라니! 저는 그에게 그렇게 큰 수표를 발행하는 분이 있는 줄 몰랐다며, 학생들에게 내가 정말로 100만 달러 수표를 봤다고 얘기해주고 싶다고 말했습니다. 그는 기쁜 마음으로 수표를 보여주었죠. 저는 감탄하며 어떻게 100만 달러 수표를 발행하게 됐는지 얘기해달라고 청했습니다.”

당신은 칼리프가 보이스카우트나 유럽에서 열리는 보이스카우트 대회, 혹은 그가 원하는 것으로 이야기를 시작하지 않았다는 사실을 알 수 있다. 그렇지 않은가? 그는 다른 사람의 관심사에 초점을 두고 이야기를 했다. 그 결과는 이렇다.

“이내 그 회장님이 물었습니다. ‘아, 그런데 저를 만나러 오신 이유가 뭐죠?’ 그래서 제가 용건을 말했죠. 아주 놀랍게도 그는 제 부탁보다 훨씬 많은 걸 도와주었어요. 저는 단 한 명의 경비를 부탁했는데, 그는 다섯 명의 학생과 제 경비까지 지원해주고, 1000달러짜리 신용장을 주면서 우리에게 유럽에 7주간 머무르라고 했습니다. 또한 유럽 지사장들에게 우리를 챙겨주라고 당부하는 편지를 쓰고, 자신이 직접 파리에 와서 도시 관광을 시켜주기까지 했지요. 그 뒤로 그는 가정 형편이 어려운 학생들에게 일자리를 제공하고, 지금도 우리 단체에서 활동하고 있습니다.

제가 만약 그가 무엇에 관심 있는지 모르고, 초반에 분위기를 돋우지 못했더라면 그에게 다가가는 게 열 배는 더 어려웠을 거라고 생각해요."

이런 방법이 사업상으로도 효과적인 기술일까? 과연 그럴까? 뉴욕의 제빵 회사 뒤버노이 앤 선즈의 헨리 G. 뒤버노이의 사례를 보자.

뒤버노이는 뉴욕의 한 호텔에 빵을 납품하려고 노력하고 있었다. 4년에 걸쳐 매주 지배인을 찾아갔으며, 지배인이 참석하는 사교 모임에도 나갔다. 납품을 성사시키기 위해 호텔방을 빌려 지내기까지 했다. 하지만 실패했다. 뒤버노이는 이렇게 말했다.

"인간관계에 대해 공부한 뒤 전략을 바꾸기로 마음먹었습니다. 지배인이 관심을 갖고 열의를 보이는 일이 무엇인지 찾기로 했죠.

그가 '호텔 그리터스 오브 아메리카'라고 불리는 호텔 경영자 모임에 속해 있다는 사실을 알았어요. 단순히 소속된 정도가 아니라 열정적으로 참여하다가 그 모임의 회장 겸 세계 그리터스 협회 회장까지 맡았더군요. 모임이 어디서 열리든 그는 항상 참석했어요.

그래서 다음 날 그를 만났을 때 저는 그 모임에 대해 이야기를 꺼냈어요. 그가 어떤 반응을 보였는지 아세요? 제게 30분에 걸쳐 모임 이야기를 하는데, 열의에 찬 목소리가 떨리기까지 했어요. 그가 모임을 취미로 하는 게 아니라 인생의 열정을 쏟아 붓고 있다는 걸 분명히 알 수 있었죠. 그의 사무실을 떠나기 전, 그의 권유로 저는 그 모임의 유료 회원이 되었답니다.

그러는 동안 저는 빵에 대해서는 아무 얘기도 안 했어요. 그런데도 며칠 후 호텔 직원이 전화해서 빵 견본과 가격표를 갖고 와달라고 하더군요. 제가 찾아갔을 때 그 직원은 '당신이 그분에게 어떻게 했는지 모르겠지만 당신에게 완전히 푹 빠졌더군요'라고 말했습니다.

생각해보세요. 4년 동안이나 사업을 따내려고 작업했다고요. 만약 제가 끝내 그의 관심사와 그가 이야기하고 싶어 하는 걸 찾기 위해 노력하지 않았더라면 아직도 그의 주위를 맴돌고만 있겠죠."

그러므로 다른 사람의 호감을 사고 싶다면, 다음과 같이 해보라.

사람의 호감을 얻는 방법 5

상대방의 관심사에 관해 이야기하라.

단숨에 상대방의 호감을 얻는 방법

나는 뉴욕 8번가와 33번가가 만나는 곳에 있는 우체국에서 편지를 부치려고 줄을 서서 기다리고 있었다. 그런데 앞에서 일하고 있는 우체국 직원은 우편물 무게를 달고, 우표를 팔고, 잔돈을 거슬러주고, 영수증을 끊어주는 등 수년째 반복하고 있는 단조로운 업무에 싫증이 난 듯 보였다. 그래서 생각했다. '저 직원이 나를 좋아하도록 만들어보자. 저 사람이 나를 좋아하게 하려면 내가 아니라 저 사람이 듣기 좋은 말을 해야 해. 그렇다면 저 사람에게 내가 진심으로 칭찬할 만한 게 뭐가 있을까?'

이런 질문은 때때로, 특히 상대가 낯선 사람일 때 답하기 어려운데, 이 직원의 경우에는 쉬웠다. 누구나 부러워할 만한 그만의 특징이 금세 눈에 띄었기 때문이다.

그 직원이 내 우편물의 무게를 잴 때 나는 진심으로 말했다. "제 머리카락이 당신 머리카락처럼 풍성하면 얼마나 좋을까요."

그는 고개를 들고 나를 쳐다보더니 약간 놀란 표정을 지었지

만, 이내 미소를 지었다. "예전만은 못해요." 그가 겸손하게 말
했다. 그의 머리카락이 비록 예전만은 못할지라도 여전히 훌륭
하다고 나는 힘주어 말했다. 그는 굉장히 흡족해했다. 우리는
즐겁게 가벼운 대화를 계속 나누었는데, 그가 내게 마지막으로
한 말은 "많은 사람들이 제 머리카락을 부러워하지요"였다.

확신하건대 그 직원은 하늘에 둥실 떠 있는 기분으로 점심을
먹으러 나갔을 것이다. 그날 밤 집에 돌아가서는 아내에게 이
일에 대해 말했을 것이다. 그리고 거울에 비친 자신의 모습을
보며 약간은 우쭐해했을 것이다. "내 머리카락이 진짜 멋지긴
하지."

내가 언젠가 사람들 앞에서 이 얘기를 하자, 어떤 한 사람이
물었다. "그 사람에게서 뭘 얻고자 한 거죠?"

내가 그에게서 무엇을 얻어내려고 했냐고? 내가 그에게서
무엇을 얻어내려고 했다니!

우리가 비열할 정도로 이기적이어서 다른 사람으로부터 뭔
가 얻는 게 없이는 행복한 기운을 나눠줄 수도, 진솔하게 상대
방을 인정해줄 수도 없다면, 좁쌀만큼 작은 마음으로는 실패하
게 되는 건 지극히 당연한 일이다. 그렇다. 나는 그 사내로부터
무엇인가를 얻어내려고 했다. 값으로 매길 수 없는 어떤 것이
었다. 그리고 그것을 얻었다. 나는 그가 내게 어떤 보답을 할 수
없음에도 그를 위해 뭔가 했다는 느낌을 받았다. 그 느낌은 그
사건이 일어나고 한참이 지난 지금까지도 기억에서 떠다니며
노래하는 듯하다.

사람들의 행동에는 가장 중요한 법칙이 하나 있다. 그 법칙을 잘 지키면 곤경에 빠지지 않는다. 정말로 그 법칙을 잘 지키기만 하면 우리는 수많은 친구와 영원한 행복을 얻을 수 있다. 그러나 그 법칙을 깨는 순간 끝없는 곤경에 빠지고 만다.

그 법칙은 언제나 다른 사람을 중요한 사람으로 느끼도록 하는 것이다. 이미 언급한 바 있지만, 존 듀이는 "중요한 사람이 되고 싶은 바람은 인간이 타고난 가장 큰 욕구"라고 말했다. 그리고 윌리엄 제임스는 "인간 본성의 가장 깊은 곳에는 자신의 가치를 인정받고자 하는 갈망이 있다"라고 말했다. 앞서 지적한 바와 같이 사람은 이 욕구 때문에 동물과 구별된다. 인류 문명을 가능하게 한 것도 바로 이 욕구다.

철학자들은 수천 년 동안 인간관계의 법칙에 대해 추측해왔으며, 그 많은 추측으로부터 단 하나의 교훈을 얻을 수 있었다. 그 교훈은 전혀 새롭지 않다. 역사만큼이나 오래되었다. 이미 3000년 전에 페르시아의 조로아스터교는 추종자들에게 이 교훈을 가르쳤다. 공자는 2500년 전에 중국에서 이에 대해 설교했다. 도교를 창시한 노자는 한나라 계곡에서 제자들에게 이를 가르쳤다. 부처는 예수보다 500년 앞서 갠지스 강둑에서 이에 대해 설교했다. 힌두교 경전은 부처보다 1000년 앞서 이것을 가르쳤다. 예수는 1900년 전에 고대의 유대 돌산 사이에서 이 가르침을 전했다. 예수는 이것을 아마도 전 세계에서 가장 중요한 규칙이라 할 수 있는 하나의 생각으로 정리했다. "남에게 대접을 받고자 하는 대로 너희도 남을 대접하라."

당신은 당신의 진정한 가치를 인정받고 싶어 한다. 당신을 둘러싼 작은 세상에서 중요한 사람이라고 느끼고 싶어 한다. 가벼운 거짓 칭찬 대신 진솔한 인정을 받고 싶어 한다. 찰스 슈왑이 표현했듯이 친구와 동료들이 "진심이라고 인정해주고 아낌없이 칭찬해주기를" 원한다. 우리 모두는 그러길 원한다. 그러니 이제 이 황금률을 지켜 다른 사람이 우리에게 해주길 바라는 대로 다른 사람을 대하자. 언제? 어디서? 그에 대한 대답은 '언제나' 그리고 '어디서나'다.

예를 들어보자. 나는 라디오 시티 빌딩을 방문해서 안내 직원에게 헨리 서베인의 사무실이 어디냐고 물어본 적이 있다. 유니폼을 단정하게 입고 있던 그 직원은 자신의 안내 방식에 자부심을 느끼고 있었다. 그가 간단명료하게 대답했다. "헨리 서베인. (잠시 멈추었다가) 18층. (잠시 멈추었다가) 1816호입니다."

나는 서둘러 엘리베이터로 가다 말고 다시 돌아와서 그에게 말했다. "당신의 답변 방식이 너무 훌륭해서 칭찬해드리고 싶군요. 아주 분명하고 명확했습니다. 안내 방식으로서는 최고의 경지라 생각합니다. 흔치 않은 일이죠."

그는 내 말에 아주 기뻐했다. 그러고는 자신이 왜 답변 중에 한 번씩 쉬면서 간격을 주어 말하는지 설명해주었다. 나의 몇 마디 칭찬이 그의 어깨를 으쓱하게 만들었던 것이다. 18층으로 서둘러 올라가면서 나는 그날 오후에 인류의 행복 총량을 약간이나마 늘린 듯한 느낌이 들었다.

프랑스 대사가 되거나 무슨 그럴듯한 위원회 의장이 되어야만 이 존중의 철학을 발휘할 수 있는 건 아니다. 당신은 매일 이런 마술을 부리며 살 수 있다.

예를 들어 감자튀김을 주문했는데, 식당 여종업원이 으깬 감자를 가지고 왔다면 "수고스러우시겠지만 감자튀김으로 좀 바꿔주실래요"라고 말해보자. 식당 여종업원은 아마 "전혀 수고스럽지 않습니다"라고 하면서 기꺼이 음식을 바꿔줄 것이다. 왜냐하면 우리가 그녀를 존중해주었기 때문이다.

"곤란하게 해드려 죄송합니다" "죄송하지만 ~ 좀 해주시겠어요?" "부탁인데요" "죄송합니다만" "감사합니다" 같은 간단한 표현과 작은 공손함은 단조로운 일상에 윤활유 역할을 해줄 뿐만 아니라 바른 교육을 받았다는 걸 보여준다.

다른 예를 들어보자. 홀 케인은 《크리스천》, 《재판관》, 《맨 섬의 사람들》 등을 쓴 베스트셀러 작가다. 수백만 명의 독자들이 그의 작품을 읽었다. 그는 대장장이의 아들이었다. 평생 8년밖에 학교교육을 못 받았지만, 죽을 때는 동시대의 다른 누구보다 부유한 문학가였다.

그의 이야기는 이렇다. 홀 케인은 소네트와 발라드류를 좋아해서 단테 가브리엘 로제티의 시를 모조리 다 읽었다. 심지어 로제티에게 그의 예술적 성과를 칭송하는 글을 써서 보내기도 했다. 물론 로제티는 기뻐했다. 아마도 '내 능력을 이렇게 수준 높게 평가하는 젊은이라면 매우 똑똑할 거야'라고 생각했을 것이다. 그래서 이 대장장이 아들을 런던으로 초대해 자신의 비서 자리를 제안했다. 이 일이 홀 케인의 인생에 전환점이 되었다. 로제티의 비서로 일하면서 그는 당대의 유명 문인들을 두루 만났다. 그들의 조언을 들으며 성장하고, 그들의 격려에 영감을 얻은 홀 케인은 역사의 한 페이지를 장식할 작가의 길로 들어섰다.

맨 섬에 있는 그의 집 그리바 캐슬은 전 세계의 관광객들이 찾아오는 명소가 되었고, 그는 수백만 달러에 달하는 부동산 자산을 남겼다. 하지만 그가 만약 유명 인사를 향한 자신의 존경을 표현하는 글을 쓰지 않았더라면, 그저 가난하고 전혀 알려지지 않은 사람으로 생을 마감했을지 누가 알겠는가? 상대방의 진가를 진심으로 인정해줄 때 이토록 대단한 힘이 발휘된다.

로제티는 자신을 중요한 사람으로 생각했다. 전혀 이상한 일이 아니다. 거의 모든 사람이 자기 자신을 중요하게, 그것도 아주 중요하게 생각한다. 그건 국가들의 경우도 마찬가지다.

당신은 자신이 일본인보다 우월하다고 생각하는가? 하지만 일본인들은 자신들이 서양인보다 우월하다고 생각한다. 예를 들어 보수적인 일본 사람들은 일본 숙녀가 백인 남성과 춤추는 것을 보면 크게 화를 낸다.

당신이 인도에 사는 힌두교도보다 우월하다고 생각하는가? 그렇게 생각하는 것은 자유지만, 수백만 명의 힌두교도들은 자신들이 당신보다 월등히 우월하다고 생각하기 때문에 당신이 먹는 음식조차 이교도의 그림자가 드리워져 있다고 생각해 가까이하지 않을 것이다.

당신은 자신이 에스키모보다 우월하다고 생각하는가? 다시 말하지만 그렇게 생각하는 건 당신의 자유다. 그러나 에스키모가 당신을 어떻게 생각하는지 알고 싶지 않은가? 에스키모는 그들 가운데 일도 하지 않고 되는 대로 사는 게으름뱅이를 '백인'이라고 부른다. 이 말은 에스키모들 사이에서는 가장 경멸적인 욕이다. 모든 국가는 자기 나라가 다른 나라보다 우월하다고 생각한다. 여기에서 애국심과 전쟁이 일어난다.

당신이 만나는 거의 모든 사람들은 분명 어떤 점에서 자신이 당신보다 더 뛰어나다고 생각하고 있다. 따라서 그들의 마음을 사로잡는 가장 확실한 방법은 당신이 그들의 중요성을 인식하고 있음을 은연중에 느끼게 하고, 또 그렇다고 인정하는 것이다.

에머슨이 한 다음의 말을 기억하라. "내가 만나는 사람은 누구나 나보다 뛰어난 면이 있다. 따라서 나는 그 누구에게서든 배울 수 있다."

안타까운 점은 자부심을 느낄 만한 장점이 거의 없는 이들이 오히려 불쾌할 정도로 우쭐대며 종종 소란을 피운다는 사실이다. 셰익스피어는 이렇게 표현했다. "인간이여, 오만한 인간이여, 짧은 인생 얻어 살면서 잘난 척 거들먹거리는 꼴이라니, 하늘의 천사도 눈물을 참을 길 없구나."

내 수업을 수강하는 비즈니스맨들이 어떻게 이 원칙을 적용해 놀라운 결과를 얻었는지 세 가지 사례를 들려주려 한다. 코네티컷 주의 한 변호사의 사례다. 당사자가 친척들을 배려해 실명을 쓰지 않길 원했으므로 'R'이라고 칭하기로 하겠다.

강좌를 수강한 지 얼마 되지 않아 R은 아내와 함께 아내의 친척들을 만나기 위해 롱아일랜드로 가게 되었다. 아내는 나이 많은 숙모와 얘기를 나누려며 R을 남겨두고 다른 친척들을 만나러 갔다. 그는 얼마 후 존중의 원리를 적용하는 방법에 대해 발표를 해야 했던 터라, 친척 노부인과 이야기를 나누면서 귀중한 경험을 얻을 수 있으리라 생각했다. 그래서 그는 진심으로 존경할 만한 게 뭐가 있을까 집 안을 둘러보았다.

"이 집은 1890년 즈음에 지어진 것 같은데요. 그렇지 않나요?" 그가 물었다.

"그렇다네." 그녀가 답했다. "정확히 1890년에 이 집을 지었지."

"이 집을 보니 제가 태어났던 집이 떠오르네요. 정말 아름답습니다. 잘 지어졌고 또 공간도 널찍하고요. 아시겠지만 요새는 이렇게 집을 짓지 않잖아요."

"그렇지. 요즘 젊은 사람들은 아름다운 집에 대해 신경도 안 쓰거든. 작은 아파트면 그만이라 생각하고, 자동차를 타고 쏘다니기 바쁘지. 이 집은 꿈에 그리던 집이라네."

그녀가 떨리는 목소리로 다정하게 말했다. "이 집은 사랑으로 지어졌다네. 남편과 나는 수년을 고대한 끝에 이 집을 지을 수 있었어. 건축가도 없이 우리가 모든 걸 계획했지."

그녀는 집을 구경시켜주었고, 그는 페이즐리 숄, 오래된 영국 찻잔 세트, 웨지우드 도자기, 프랑스 산 침대와 의자, 이탈리아 그림, 그리고 한때 프랑스 대저택에 걸려 있던 비단 등 그녀가 여행하며 직접 고르고 평생 간직해온 아름다운 보물들에 대해 진심으로 경의를 표했다. 집을 다 구경시켜주고 나자, 그녀는 그를 차고로 데리고 갔다. 차고에는 완전 새것이나 다름없는 패커드 자동차 한 대가 블록 위에 올려져 있었다.

"남편은 죽기 얼마 전에 내게 이 차를 사줬다네." 그녀가 부드럽게 말했다. "남편이 죽고 나서 한 번도 이 차를 타본 적이 없어. 자네는 훌륭한 것들을 알아보는 사람이니, 나는 이 차를 자네에게 주었으면 해."

"아닙니다, 숙모님." 그가 말했다. "당황스럽네요. 정말 감사합니다만, 제가 이 차를 받을 수는 없습니다. 따지고 보면 전 이 집안사람도 아닌걸요. 전 새 차가 있고, 저 패커드 자동차를 갖고 싶어 하는 친척들이 많잖아요."

그녀가 소리쳤다. "친척들이라고! 그래, 저 차를 갖고 싶어 내가 죽기를 기다리는 친척들은 있지. 하지만 그들이 저 차를 갖지는 못할 거라네."

"친척들에게 주고 싶지 않다면 손쉽게 자동차 중고상에게 팔 수도 있을 텐데요."

"저 차를 판다고?" 그녀가 울부짖었다. "내가 저 차를 팔 것 같은가? 얼굴도 모르는 낯선 사람이 저 차, 남편이 내게 사준 저 차를 타고 이곳저곳 다니는 걸 견딜 수 있을 것 같나? 저 차를 파는 건 꿈에도 생각해본 적이 없다네. 저 차를 자네에게 주고 싶네. 자네는 아름다운 것들을 제대로 알아보니까."

그는 차를 받지 않으려고 했지만, 그녀의 감정을 상하게 할 수는 없었다.

페이즐리 숄, 프랑스 고가구, 그리고 그녀의 추억들과 함께 큰 집에 홀로 남겨진 이 노부인은 작은 관심과 인정을 애타게 그리워하고 있었다. 그녀는 한때 젊고 아름다웠고, 사랑으로 따뜻한 집을 지었으며, 그 집을 아름답게 꾸미려고 전 유럽에서 물건들을 사 모으기도 했다. 이제 노년의 고독한 외로움 속에서 그녀는 약간의 인간적인 따뜻함, 진솔한 공감을 원했지만 아무에게서도 얻을 수 없었다. 그러다 마침내 그에게서 그런 온정과 공감을 느끼자, 사막에서 오아시스를 만난 듯 자신이 아끼는 패커드 자동차를 선물로 주는 것 말고는 고마운 마음을 제대로 표현할 수 없었던 것이다.

또 다른 사례는 뉴욕 주 라이에서 루이스 앤드 발렌타인의 책임자이자 묘목업자 겸 조경업자인 도널드 M. 맥마흔의 이야기다.

"'친구를 사귀고 사람들의 마음을 움직이는 법'에 관한 강의를 들은 지 얼마 되지 않아 저는 유명 법률가의 부동산 부지를 조경하고 있었습니다. 주인이 한 무리의 철쭉과 진달래를 어디에 심으면 좋을지 알려주러 나왔습니다. 제가 말했죠.

'판사님, 훌륭한 취미가 있으시네요. 아름다운 개들을 키우시다니 존경스럽습니다. 메디슨 스퀘어 가든에서 열리는 애견 쇼에서 매년 최고의 영예를 받으실 만하네요.'

이 자그마한 감탄과 인정이 가져온 효과는 놀라웠습니다. 판사가 제게 말했어요.

'그렇습니다. 개를 키우는 건 정말 재미있습니다. 제 개들을

한번 보시겠어요?'

그는 약 한 시간에 걸쳐 내게 개와 대회에 나가 받은 상들을 보여주었습니다. 심지어 개들의 족보를 가지고 나와서는 개의 뛰어난 외모와 지능이 혈통 때문임을 설명했습니다. 그러더니 저를 돌아보며 물었습니다.

'어린아이가 있습니까?'

'네, 아들이 하나 있지요.'

'아들이 강아지를 좋아하나요?'

'그렇습니다. 좋아 죽으려고 하죠.'

'잘됐군요. 아드님에게 한 마리를 드리지요.'

그는 강아지에게 먹이 주는 방법에 대해 설명해주기 시작했습니다. 그러다 잠시 멈추더니 '말로만 하면 잊어버리기 쉬우니 적어드리죠' 하고는 집 안으로 들어가 혈통표와 먹이 주는 방법을 직접 적어주었습니다. 그리고 내가 단지 그의 취미와 업적에 진심으로 존경을 표했다는 이유로 수백 달러 상당의 강아지 한 마리를 주고, 그의 귀중한 시간을 1시간 15분이나 할애해주었습니다."

코닥 사의 조지 이스트먼은 영화를 탄생시킨 투명 필름을 발명해 1억 달러의 재산을 모으고, 전 세계에서 가장 유명한 사업가 중 한 사람이 되었다. 그러나 이러한 위대한 업적에도 불구하고 그는 당신과 나처럼 작은 공감을 원했다. 예를 들어 이스트먼이 로체스터에 이스트먼 음악학교와 킬번 홀을 짓고 있을 무렵, 뉴욕의 슈퍼리어 의자 회사의 사장인 제임스 애덤슨은 이 건물들에 들어갈 극장식 의자를 공급하고 싶어 했다. 애덤슨은 건축가에게 전화를 걸어 로체스터에서 이스트먼과 만날 약속을 잡았다.

애덤슨이 도착했을 때 건축가가 말했다. "이 계약을 성사시키고 싶어 한다는 걸 잘 알고 있습니다만, 5분 이상 그의 시간을 뺏으면 가망성이 거의 없다고 봐야 합니다. 그는 엄격한 원칙주의자고, 아주 바쁜 사람이거든요. 그러니 하고 싶은 이야기를 빨리 끝내고 나오세요."

애덤슨은 그렇게 하겠다고 마음먹었다. 사무실 안으로 안내를 받고 들어섰을 때, 이스트먼은 책상에서 한 더미의 서류들을 검토하고 있었다. 그가 들어가자 고개를 든 이스트먼은 안경을 벗고 건축가와 애덤슨을 향해 걸어오며 말했다.

"안녕하세요, 여러분. 어떤 일로 오셨습니까?"

건축가가 두 사람을 서로 소개시키고 나자 애덤슨이 말했다.

"이스트먼 씨, 기다리는 동안 사무실을 둘러보면서 감탄하고 있었습니다. 이런 사무실에서 일하면 얼마나 좋을까 하고 생각하면서요. 저는 인테리어 및 목제품 관련 사업 분야에서 일하고 있지만, 제 평생에 이렇게 아름다운 사무실은 난생 처음입니다."

이스트먼이 대답했다.

"내가 거의 잊고 지내던 사실을 떠올리게 해주시는군요. 사무실이 참 아름답죠? 처음 지었을 때 이 사무실을 무척이나 좋아했습니다. 그러나 이제는 이 사무실에 올 때마다 쏟아지는 많은 일들 때문에 마음이 바빠 이런저런 모습이 눈에 들어오지 않는답니다."

애덤슨은 한쪽으로 걸어가 손으로 패널을 문지르며 말했다.

"이건 영국산 떡갈나무네요. 그렇지 않나요? 이탈리아 산 떡갈나무하고는 감촉과 질감이 조금 다르죠."

"그렇습니다. 수입한 영국산 떡갈나무입니다. 목재품을 전문적으로 다루는 제 친구가 저를 위해 골라주었습니다."

그리고 이스트먼은 사무실을 구경시켜주며 자신이 설계하고 일부는 직접 만들기도 한 사무실의 전체적인 균형감, 색깔의 조화, 손으로 직접 새긴 조각, 그 밖의 다른 효과들에 대해 설명해주었다.

사무실을 돌아다니며 목공품들을 감상하다가 그들은 창문 앞에 멈춰 섰다. 이스트먼은 로체스터 대학교, 종합병원, 동종요법 치료 시설, 노숙인 쉼터, 어린이 병원 등 자기가 다른 사람들을 돕기 위해 만들고 있는 시설들을 겸손한 마음으로 조용히 손으로 가리켰다. 애덤슨은 어려운 사람들의 짐을 덜어주기 위해 자신의 부를 사용하는 이스트먼의 이상적인 태도에 진심으로 경의를 표했다. 곧 이어 이스트먼은 유리 상자를 열어 어느 영국인으로부터 구입한 자신의 첫 카메라를 꺼내 보여주었다.

애덤슨은 처음 사업을 시작했을 때의 어려움에 대해 물어보았다. 그러자 이스트먼은 보험 회사에서 서기로 일할 때 과부가 된 어머니가 어떻게 하숙집을 꾸려나갔는지, 그리고 그 당시 가난에 대해 자신이 느꼈던 감정을 진솔하게 이야기해주었다. 가난의 공포가 그를 밤낮으로 괴롭혔고, 그는 어머니가 일하지 않아도 될 만큼 돈을 많이 벌기로 결심했다고 했다. 애덤슨은 더 많은 질문을 했고, 이스트먼이 사진 건판으로 실험할 때의 이야기를 해줄 때는 그 이야기에 푹 빠져 경청했다. 이스트먼은 하루 종일 한 실험실에서 일하고, 화학 물질이 반응하는 사이 쪽잠을 자면서 밤새워 실험하기도 했으며, 때로는 사흘 동안 내리 같은 옷을 입고 지낸 적도 있다고 했다.

애덤슨이 5분 이상 얘기하지 말라는 충고를 들으며 이스트먼의 사무실에 들어갔던 때가 10시 15분이었다. 하지만 한 시간이 지나고 두 시간이 지나도 그들의 얘기는 끝날 줄을 몰랐다. 마침내 이스트먼은 애덤슨을 돌아보며 말했다. "지난번 일본에 갔을 때 의자를 하나 샀어요. 집으로 가지고 와서 햇볕을 쬘 수 있는 현관에 두었는데, 햇볕에 의자 페인트칠이 벗겨졌더군요. 그래서 시내에 가서 페인트를 사서 직접 의자에 페인트칠을 했습니다. 제가 어떻게 의자에 페인트칠을 했는지 한번 보실래요? 좋습니다. 저희 집으로 가서 함께 식사를 한 뒤 보여드리죠."

점심을 먹고 나서 이스트먼은 애덤슨에게 일본에서 산 의자를 보여주었다. 몇 달러 정도밖에 되지 않는 것이었지만, 백만장자인 이스트먼은 자신이 직접 페인트칠을 했기 때문에 그 의자들을 자랑스러워했다.

극장식 의자의 납품 물량은 9만 달러어치에 달했다. 제임스 애덤슨과 그의 경쟁자들 중 누가 계약을 했을 거라고 생각하는

가? 이 이야기가 시작됐을 때부터 이스트먼이 죽을 때까지 그와 제임스 애덤슨은 절친한 친구로 지냈다.

칭찬이라는 마법의 돌을 어디서부터 사용하는 게 좋을까? 가정에서부터 시작하면 어떨까? 나는 가정만큼 칭찬이 필요하면서도 부족한 곳이 없다고 생각한다. 당신의 아내에게도 분명 장점이 있을 것이다. 적어도 결혼할 당시에는 있다고 생각하지 않았는가? 그런데 아내의 매력을 마지막으로 칭찬했던 게 언제였는가? 얼마나 오래전인가?

몇 년 전 나는 뉴브런즈윅에 있는 미라미치 강 상류에서 낚시를 한 적이 있다. 당시 나는 캐나다의 깊은 숲 속에서 혼자 고립되어 있었다. 읽을 거라곤 그 지역의 신문뿐이었다. 광고까지 포함해 그 신문을 처음부터 끝까지 다 읽었는데, 신문에는 도로시 딕스의 글도 실려 있었다. 그녀의 글이 너무 감명 깊어서 나는 그 글을 오려내 아직도 보관하고 있다. 사람들이 보통 신부에게만 이런저런 충고를 하는 것에 그녀는 이골이 났다며, 이제는 신랑들을 모아놓고 다음과 같은 충고를 해주어야 한다고 주장했다.

"블라니 스톤(Blarney Stone, 이곳에 키스하면 아부를 잘하게 된다는 전설이 있다.—옮긴이)에 입을 맞추기 전에는 결혼하지 마라. 결혼 전에 여성을 칭찬하는 것은 선택이다. 하지만 결혼 후에는 필수이며, 자신의 안녕을 위해서도 필요하다. 결혼 생활은 솔직함이 머무는 곳이 아니라 사교술이 필요한 전쟁터다.

매일매일 편안하게 지내고 싶다면, 아내의 살림살이에 불만

을 표시하거나 엄마와 비교해서 말하지 마라. 그와는 반대로
아내가 얼마나 살림을 잘하는지 항상 칭찬하고, 비너스의 아름
다움과 미네르바의 지혜와 메리 앤의 명랑함을 한몸에 갖춘,
둘도 없는 여자라고 자랑하고 다녀라. 고기가 좀 질기고 빵이
좀 타더라도 불평하지 마라. 다만 평소의 완벽한 기준에 좀 못
미친다고만 말하라. 그러면 아내는 당신의 기대에 부응하기 위
해 부엌에서 혼신의 힘을 다할 것이다."

그렇다고 너무 갑자기 시작하지 마라. 아내가 의심할 것이다.

하지만 오늘 밤, 아니면 내일 밤에 아내에게 꽃다발이나 사
탕 바구니를 선물하라. '그래야지' 하고 생각만 하지 말고 꼭
실천하기 바란다. 거기에 미소와 멋진 사랑의 말도 함께 전하
라. 많은 부부들이 이렇게 한다면, 지금처럼 여섯 쌍 중 한 쌍이
이혼하는 불행은 막을 수 있지 않을까?

여자가 당신을 사랑하게 만들고 싶은가? 비결을 말해주겠
다. 효과는 뛰어나다. 이는 내 생각이 아니라 도로시 딕스의 아
이디어다. 언젠가 그녀는 무려 스물세 명의 여자를 유혹해 재
산을 가로챈 유명한 카사노바와 인터뷰한 적이 있었다(참고로 그
인터뷰는 감옥에서 진행되었다). 여자들의 마음을 빼앗은 비결을 묻자,
그는 딱히 기술이랄 것도 없다고 답했다. 단지 여자에게 그녀
자신에 관해 말해주는 게 전부였다고 한다.

이는 남자에게도 마찬가지로 통하는 기술이다. "남자에게
그 자신에 관해 말해주어라." 대영제국을 다스렸던 가장 영리
한 사람이었던 디즈레일리는 이렇게 말했다. "사람들에게 그

들 자신에 관해 이야기해보라. 그러면 몇 시간이고 듣고 있을 것이다."

그러므로 다른 사람의 호감을 사고 싶다면, 다음의 방법을 써보라.

사람의 호감을 얻는 방법 6

상대방이 스스로 중요한 사람이라고 느끼도록 진심으로 노력하라.

1. 다른 사람들에게 진정으로 관심을 가져라.

2. 웃어라.

3. 한 사람의 이름은 그에게 어떤 언어보다도 가장 달콤하고 중요한 단어임을 명심하라.

4. 잘 들어라. 상대방이 자기 얘기를 할 수 있도록 격려하라.

5. 상대방의 관심사에 관해 이야기하라.

6. 상대방이 스스로 중요한 사람이라고 느끼도록 진심으로 노력하라.

3

상대방을 설득하는
12가지 방법

How to

win friends

&

influence

people

논쟁으로는 결코 이길 수 없다

제1차 세계대전 직후 어느 날 밤, 나는 런던에서 매우 귀중한 교훈을 얻었다. 당시 나는 로스 스미스 경의 매니저였다. 호주 출신의 로스 경은 전쟁 중에 팔레스타인에서 이름을 떨쳤던 유명한 조종사였고, 전쟁이 끝나자마자 지구의 절반을 30일 만에 비행해 사람들을 놀라게 했다. 당시만 해도 그런 시도가 없었기에 커다란 반향을 일으켰다. 호주 정부는 그에게 5만 달러를 상으로 주었고, 영국 왕실은 작위를 수여했다. 그는 한동안 대영제국에서 가장 많이 회자되는 인물이었다.

어느 날 밤, 나는 로스 경을 위해 열린 만찬에 참석했다. 저녁 식사를 하는 동안 내 옆에 앉은 남자가 "일을 도모하는 것은 인간이지만, 일을 결정하는 것은 신이다"라는 인용구를 곁들여 재미난 이야기를 들려주었다.

그 이야기를 한 사람은 자신이 인용한 말이 성경에 나온다고 했다. 나는 그가 틀렸다는 것을 분명히 알고 있었고, 그 사실에는 의심의 여지가 없었다. 그래서 인정받고 싶고 좀 우쭐거리고 싶기도 해서 그 사실을 지적하고야 말았다. 하지만 그는 주장을 굽히지 않았다. "셰익스피어라고요? 그럴 리가 없어요! 말도 안 되는 소립니다! 그 말은 성경에 나온 말이에요!" 그는 정말 그렇게 알고 있었던 것이다.

그 사람은 내 오른편에 앉아 있었고, 왼편에는 내 오랜 친구인 프랭크 가몬드가 앉아 있었다. 가몬드는 수년간 셰익스피어를 연구해왔기에 그 이야기를 했던 사람과 나는 가몬드에게 질문을 하기로 했다. 가몬드는 이야기를 듣더니 식탁 밑으로 내 다리를 툭 치며 말했다. "데일, 네가 틀렸어. 저 신사분이 맞았다네. 그건 성경에서 나온 말이야."

그날 밤 집으로 돌아오는 길에 나는 가몬드에게 말했다. "프랭크, 자네는 그 인용구가 셰익스피어 작품에 나온다는 거 알고 있었지 않나?"

"물론이네." 그가 대답했다. "《햄릿》 5장 2막에 나오는 말이지. 하지만 친구, 우리는 로스 경을 축하하는 자리에 초대된 손님일세. 그 남자가 틀렸다는 걸 사람들에게 알려서 뭐하겠나? 그는 자네의 의견을 묻지 않았고 원하지도 않았어. 왜 그와 논쟁하려고 하나? 논쟁은 항상 피하는 게 좋다네."

그 말은 나를 깨우쳐준 잊을 수 없는 교훈이 되었다. 나는 그 사람을 불편하게 했을 뿐만 아니라 내 친구를 곤란한 상황에 처하게 했던 것이다. 내가 따지고 들지 않았다면 훨씬 좋았을 뻔했다.

나는 습관적으로 논쟁을 하려 드는 사람이었기 때문에 그건 내게 정말 필요한 교훈이었다. 어린 시절에 나는 세상 모든 것에 대해 형과 논쟁을 벌였다. 대학에 가서는 논리학과 토론에 관해 공부했고, 토론 대회에도 많이 나갔다. 나는 미주리 주 출신이다. 흔히 미주리 주 사람들은 증거를 보여주어야만 믿는다고 얘기하는데, 내가 바로 그랬다. 후에 나는 뉴욕에서 논쟁과 토론하는 법에 대해 가르쳤다. 부끄러운 얘기지만, 한때 나는 그 주제로 책을 쓰려고도 했다.

그 후로 나는 수천 가지 논쟁을 보았고, 들었으며, 직접 참여하기도 했다. 그 모든 것을 종합해본 결과, 논쟁에서 이길 수 있는 방법은 이 세상에서 단 한 가지밖에 없다는 결론에 이르렀다. 바로 논쟁을 피하는 것이다. 마치 방울뱀이나 지진을 피하듯이 논쟁은 피해야 한다.

열 번 중 아홉 번은 논쟁에 참여한 사람 모두가 그 이전보다 더 단호하게 자신의 의견이 절대적으로 옳다고 생각하는 것으로 끝난다.

당신은 논쟁에서 이길 수 없다. 왜냐하면 당신이 지면 그냥 진 것이고, 이긴다 해도 진 것이다. 왜 그럴까? 당신이 상대방 주장의 모든 허점을 지적하고, 상대방이 제정신이 아니라는 것을 증명해냈다고 하자. 그래서 어떻단 말인가? 당신은 편안한 기분이겠지만 상대방은 어떻겠는가? 당신은 상대방이 열등감을 느끼게 했고, 상대의 자존심에 상처를 입혔다. 상대방은 당신의 승리에 분개할 것이다.

그리고 자신의 의견에 확신을 갖고 있던 사람은 패배하더라도 여전히 같은 의견을 고수한다.

펜 상호생명보험사는 보험 판매 사원들에게 "논쟁하지 마라"라는 명확한 기준을 제시해 지키게 하고 있다. 판매 활동의 중심은 논쟁이 아니다. 논쟁과는 거리가 멀어도 한참 멀다. 사람의 마음은 논쟁으로는 바뀌지 않기 때문이다.

예를 들어 몇 년 전에 내 수업을 들은 사람 가운데 패트릭 J. 오헤어라는 사람이 있었다. 그는 정규교육을 얼마 받지 못했지만 논쟁하는 것을 매우 좋아했다! 그는 한때 운전기사로 일하다가 트럭을 판매하는 일로 직업을 바꾸었다. 하지만 그다지 잘나가지 못하던 차에 내 강좌를 들으러 왔다. 몇 가지 질문을 통해 그가 거래하는 사람들과 끊임없이 싸우고 적대감을 불러일으켰음을 알 수 있었다.

만일 어떤 고객이 그가 판매하는 트럭을 조금이라도 흠잡으면 오헤어는 몹시 화를 내면서 고객의 멱살을 잡기도 했다. 오헤어는 논쟁에서 수도 없이 이겼다. 나중에 그는 이렇게 말했다. "저는 고객의 사무실에서 나오면서 자주 이런 생각을 했습니다. '상대도 안 되면서 까불고 있어.' 물론 아무것도 팔지는 못했죠."

내가 처음 해결해야 할 문제는 오헤어에게 말하는 방식을 가르치는 게 아니었다. 내가 당장 해야 할 일은 그가 말을 삼가고 논쟁을 피하도록 훈련시키는 것이었다.

그랬던 그가 후에는 뉴욕의 화이트 모터 컴퍼니의 스타 세일즈맨 중 한 명이 되었다. 그가 어떻게 스타 세일즈맨이 되었을까? 여기 오헤어의 말 속에 답이 있다.

"지금은 고객의 사무실로 들어갔을 때 고객이 '어디에서 오셨다고요? 화이트 트럭이요? 그 회사 자동차 괜찮은 거 하나도 없어요. 거저 준다 해도 안 받을 겁니다. 차라리 후즈잇 트럭을 사겠어요'라고 말하면 저는 이렇게 대답합니다. '후즈잇 트럭 훌륭하죠. 만일 후즈잇을 사신다면 결코 후회하지 않을 것입니다. 후즈잇은 좋은 회사에서 만들고, 좋은 사람들이 판매하고 있습니다.'

그럼 고객은 놀라서 말을 잇지 못하죠. 더 이상 논쟁의 여지가 없으니까요. 만일 그가 후즈잇이 최고의 상품이라고 말한다면 저는 물론 그렇다고 맞장구칠 것이고, 그 사람은 말을 멈출 수밖에 없죠. '최고의 상품'이라는 데 제가 동의한 순간 그는 더 이상 할 말이 없게 되는 거죠. 그러고 나면 후즈잇에 관한 주제에서 벗어나게 되고, 화이트 트럭의 장점을 말하기 시작합니다.

예전에는 누가 그런 식으로 말하면 얼굴이 붉어져서는 불같이 화를 내며 후즈잇을 비판하기 시작했고, 제가 논쟁할수록 제 가망 고객은 경쟁사의 편이 됩니다. 논쟁이 계속될수록 경쟁사의 상품을 구매하도록 더 부추기는 꼴이 되었죠.

지금 돌이켜보면 제가 그런 식으로 행동해서 도대체 뭘 팔 수 있었을까 하는 생각이 들어요. 저는 제 인생에서 수년 동안을 논쟁으로 낭비했어요. 이제는 입을 닫고 살기로 했죠. 그게 오히려 득이 됩니다."

지혜로운 벤저민 프랭클린은 늘 이렇게 말했다.

"논쟁하고, 괴롭히고, 반박하다 보면 승리할 때도 있다. 하지만 상대방의 진심을 결코 얻을 수 없기 때문에 공허한 승리일 뿐이다."

이제 스스로 결정하라. 어느 쪽을 택할 것인가? 이론적이고 겉으로 드러난 승리를 이룰 것인가, 아니면 상대방의 진심 어린 동의를 얻을 것인가? 둘 다 얻을 수는 없다.

언젠가 〈보스턴 트랜스크립트〉지에 다음과 같은 상당히 의미심장한 문구가 실린 적이 있었다.

죽을 때까지 자기가 옳다고 주장한
윌리엄 제이가 여기에 묻히다.
한평생 그는 옳았다. 절대로 옳았다.
하지만 이제 그는 잘못을 인정하듯 침묵으로 일관한다.

논쟁할 때 당신은 옳은 쪽, 완벽히 옳은 쪽일 수 있다. 하지만 논쟁으로는 상대방의 마음을 변화시키지 못하므로 당신이 옳건 그르건 아무 소용이 없다.

우드로 윌슨 대통령 재임 시절 재무 장관을 지낸 윌리엄 G. 맥아두는 정치 생활을 하면서 '무식한 사람과는 논쟁을 해서 이길 수 없다'라는 사실을 깨달았다고 말한 적이 있다. 그는 '무식한 사람'이라고 조심스럽게 표현했지만, 사실 내 경험으로는

IQ와 상관없이 세상 어떤 사람도 논쟁으로는 이길 수 없다.

예를 들어보자. 세무사인 프레드릭 S. 파슨스는 세무 조사관과 한 시간 동안이나 논쟁을 하고 있었다. 9000달러의 돈이 걸린 문제였다. 그는 이 건이 실제로는 악성 부채여서 결코 회수할 수 없기 때문에 세금이 부과되어서는 안 된다고 주장했다. 그러자 세무 조사관은 이렇게 대꾸했다. "악성 부채라니요. 그럴 리가요! 세금이 부과되어야 합니다." 파슨스는 강좌에 나와 그 이야기를 들려주었다.

"그 세무 조사관은 굉장히 냉정하고, 오만하며, 완고했어요. 내가 이유를 설명하고 사실을 있는 그대로 말했지만 다 쓸데없었죠. 우리가 논쟁할수록 그는 더 완고해지더군요. 그래서 저는 논쟁을 피하고, 주제를 바꿔서 그를 칭찬해야겠다고 결심했어요.

저는 이렇게 말했습니다. '당신이 결정해야 할 진짜 중요하고 어려운 문제들에 비하면 이건 굉장히 사소한 문제라고 생각합니다. 전 혼자서 조세에 관해 공부했지만 그저 책을 보고 지식을 얻는 정도였죠. 당신은 직접 경험을 통해 알고 있지만요. 가끔 저도 그런 일을 하고 싶다는 생각을 합니다. 그러면 더 많은 걸 배울 수 있을 텐데 말이죠.' 저는 진심으로 이야기를 했습니다.

그러자 세무 조사관은 상체를 젖히고 의자에 등을 기대며 편히 앉더니, 자신이 적발해낸 기발한 사기꾼에 관한 일화를 포함해 자신의 업무에 대해 긴 시간 동안 이야기를 했습니다.

그의 어투는 점차 친근하게 변했고, 마침내 자신의 자녀들에 관해서까지 말했죠. 자리에서 일어날 때쯤 그는 제 문제를 더 많이 고려해보고, 오래지 않아 자신의 결정을 알려주겠다고 했습니다. 그러고는 3일 뒤, 제 사무실로 전화를 해서 세금 환급 문제는 정확하게 제가 신고한 그대로 인정해주겠다고 알려주었습니다."

이 세무 조사관에 관한 이야기는 사람들의 가장 흔한 약점에 대해 보여준다. 그는 인정받기를 원했다. 그리고 파슨스가 그와 논쟁할수록 인정받고 싶다는 욕구로 인해 자신의 주장과 권위를 더 내세울 수밖에 없었다. 하지만 곧 그가 인정받게 되자 논쟁은 끝났으며, 그는 자존심을 세울 수 있었다. 그러자 공감할 수 있는 친절한 사람이 되었던 것이다.

나폴레옹의 집사장인 콩스탕은 나폴레옹의 부인 조세핀과 가끔 당구 경기를 했다.《나폴레옹의 사생활 회고록》1권 73쪽에서 콩스탕은 이렇게 적고 있다. "내가 당구를 더 잘 쳤지만, 나는 항상 황후에게 승리를 양보했다. 그러면 황후는 무척 기뻐했다."

콩스탕으로부터 중요한 교훈을 배우자. 혹시 사소한 논쟁이 벌어진다면 고객, 연인, 배우자가 이길 수 있게 하자.

부처는 이렇게 말했다. "증오는 결코 증오를 끝낼 수 없고, 자비만이 증오를 끝낼 수 있다." 마찬가지로 오해는 논쟁이 아니라 재치, 사교, 위로, 다른 사람의 관점에서 보려고 할 때 풀릴 수 있다.

링컨은 언젠가 한 젊은 군인이 동료들과 격렬한 논쟁을 하는 것을 질책하며 이렇게 말했다. "스스로 최선을 다하려는 사람은 사사로운 논쟁에 시간을 허비하지 않는다네. 논쟁에 몰두하면 자신의 기분을 망치고 통제력을 잃게 됨은 물론, 더 심각하게는 성과를 낼 수 없게 되지. 서로 비슷하게 옳다면 자네가 양보하게나. 설령 자네가 옳고 상대방이 옳지 않다고 해도 사소한 문제라면 자네가 양보하게. 내 길이 옳다고 우기다가 개에게 물리느니 길을 비켜주는 편이 낫지 않겠나. 그 개를 죽인다고 해서 물린 상처가 낫지는 않을 테니 말일세."

그러므로 상대방을 설득하기 위한 제1원칙은 다음과 같다.

상대방을 설득하는 방법 1

논쟁에서 이기는 방법은 논쟁을 피하는 것뿐이다.

적을 만드는 확실한 방법과
이를 피하는 방법

시어도어 루스벨트 미국 전 대통령은 자신이 옳다고 생각하는 부분이 75퍼센트 정도면 자신이 기대하는 최고치에 도달한 것으로 여긴다고 말했다. 20세기에 가장 성공한 사람 중 한 사람이 그 정도 수치를 희망한다면 당신과 나는 어느 정도가 되어야 할까?

당신이 옳다고 확신할 수 있는 경우가 55퍼센트만 되더라도 세계 금융 시장의 중심가인 월스트리트에 가서 하루에 100만 달러를 벌어들일 수 있을 것이다. 그러나 당신의 생각 중에 스스로 옳다고 확신할 수 있는 생각이 55퍼센트도 안 된다면 어떻게 다른 사람에게 틀렸다고 말할 수 있겠는가?

당신은 상대방에게 표정, 말투, 몸짓만으로도 말로 하는 것만큼이나 '당신이 틀렸다'라는 의미를 전달할 수 있다. 그리고 상대방에게 '당신이 틀렸다'라고 말하면 상대방이 과연 동의하겠는가?

결코 그렇지 않다. 당신이 상대방의 지성, 판단력, 자부심, 자존심에 직격탄을 날렸기 때문이다. 그럴 경우 상대방은 되받아치고 싶을 뿐 결코 생각을 바꾸지는 않는다. 당신이 플라톤에서 임마누엘 칸트까지 들먹이며 온갖 논리를 들이대더라도 상대방은 의견을 바꾸지 않는다. 당신이 상대방의 감정을 상하게 했기 때문이다.

절대로 "당신에게 이런저런 것들을 증명해보이겠다"라는 말로 시작하지 마라. 그건 최악이다. 그것은 "내가 당신보다 잘났으니 내가 말하는 몇 가지를 들어보고 생각을 바꾸게나"라고 말하는 것과 같다.

그것은 도전이다. 바로 대립을 만들어 당신이 말을 시작하기도 전에 상대방은 당신과 싸우고 싶어질 것이다. 사실 분위기가 우호적이어도 사람들의 생각을 바꾸기란 쉽지 않다. 그런데 왜 더 어렵게 만드는가? 왜 당신에게 불리한 일을 자초하는가? 당신이 무엇이든 증명하려면 아무도 알지 못하게 하라. 교묘하고 기술적으로 그 누구도 당신이 증명하려 한다는 사실을 알지 못하게 하라.

영국의 시인이자 비평가인 알렉산더 포프는 이렇게 말했다. "가르치지 않은 듯이 가르치고, 모르는 것은 이미 알던 것이라고 느끼도록 알려줘라."

체스터필드 경은 아들에게 이렇게 훈계했다. "할 수 있다면 다른 사람보다 현명한 사람이 되어라. 그러나 내가 더 현명하다고 말하지는 마라." 소크라테스는 아테네에서 제자들에게 반복해서 말했다. "내가 아는 것은 오직 한 가지, 내가 아무것도 알지 못한다는 것뿐이다." 나는 소크라테스보다 현명해지기를 바랄 수 없으므로 다른 사람에게 틀렸다고 말하지 않게 되었다. 그리고 그게 오히려 득이 된다는 걸 알게 되었다. 만약 누군가 당신이 생각하기에 틀린 말, 아니 심지어 확실히 틀렸음을 당신이 알고 있다 하더라도 이렇게 이야기를 시작하는 게 더 좋다. "그런데 잠깐만요. 제 생각은 좀 다르긴 한데 제가 틀릴 수도 있습니다. 자주 그러거든요. 만일 제가 틀렸다면 바로 잡아주세요. 우선 사실부터 살펴봅시다."

"내가 틀릴 수도 있다. 자주 틀린다. 사실을 살펴보자." 이런 말에는 놀라운 마력이 있다.

이 세상 어떤 사람도 당신이 "내가 틀릴 수도 있다. 사실을 살펴보자"라고 말하는데 반대할 수는 없을 것이다.

과학자들의 방식이 바로 그렇다. 나는 언젠가 스테픈슨이라는 과학자와 이야기를 나눈 적이 있다. 그는 고기와 물만으로 6년간 버티기도 하면서 11년 이상 북극 지방에서 활동한 유명한 과학자이자 탐험가였다. 그가 진행하고 있던 실험에 대해 설명을 들은 나는 그걸로 무엇을 증명하려고 하느냐고 물어보았다. 그때 그는 내가 결코 잊지 못할 대답을 했다. "과학자는 뭔가를 증명하려고 하지 않습니다. 다만 사실이 드러나도록 도울 뿐이죠."

당신도 과학자들의 이런 사고를 닮고 싶지 않은가? 아무도 막지 않는다. 당신 스스로 막고 있을 뿐이다.

당신이 틀릴지도 모른다는 사실을 인정하면 절대 곤란한 일을 겪지는 않을 것이다. 그러면 모든 논쟁은 그칠 것이고, 상대방은 당신이 그런 것처럼 넓은 마음과 열린 자세를 가지고 공정하게 판단하려 할 것이다. 그런 태도를 갖게 되면 상대방 역시 자신이 틀릴 수 있다는 사실을 인정하게 될 것이다.

만약 상대가 확실히 틀렸다는 것을 알기에 직설적으로 이를 지적한다면 어떤 일이 생길까? 예를 들어보자. S는 뉴욕에서 일하는 젊은 변호사로, 미국 대법원에서 매우 중요한 사건(루스트가르텐 대 플리트 사 사건)의 변론을 맡았다. 상당한 돈이 걸렸고, 법률상 쟁점이 되었던 중요한 사건이었다. 공판 중에 대법원 판사가 그에게 물었다. "해사법(바다에서 일어나는 모든 사적 법률 관계를 규정한 법규—옮긴이)의 법정 기한이 6년이죠?"

S는 잠시 멈춰 판사를 바라보다 직설적으로 말했다. "재판장님, 해사법에는 법정 기한이 없습니다." S는 강좌에 나와 자신의 경험담을 이야기해주었다.

"법정이 한순간 조용해지더군요. 법정 안 온도가 갑자기 0도로 떨어진 것 같았습니다. 제가 옳고 판사가 틀렸기 때문에 저는 그렇게 말했을 뿐입니다. 판사가 제게 호의적이었을까요? 아닙니다. 저는 아직도 제가 법적으로 옳았다고 생각합니다. 그리고 그 어느 때보다도 더 말을 잘했습니다. 하지만 설득하지는 못했죠. 저는 훌륭한 교육을 받은 유명한 사람에게 '당신이 틀렸다'라고 지적하는 엄청난 실수를 한 것입니다."

논리적인 사람은 거의 없다. 대부분의 사람들은 편견과 선입견을 가지고 있다. 이미 가지고 있던 질투, 의심, 공포, 자만심 등이 대다수 사람들의 눈을 가리고 있다. 그리고 대다수의 사람들은 종교, 헤어스타일, 공산주의, 선호하는 영화배우 따위에 대한 생각을 바꾸려 하지 않는다. 따라서 만약 당신이 다른 사람에게 틀렸다고 지적하고 싶은 마음이 들면, 매일 아침 식사하기 전에 아래 글을 읽기 바란다. 제임스 하비 로빈슨 교수가 쓴 《정신의 형성》에 나오는 내용이다.

"우리는 가끔 별다른 저항이나 감정의 동요 없이 생각을 바꿀 때도 있다. 하지만 다른 사람에게서 틀렸다는 말을 들으면 그 비난에 분개하고 마음을 닫아버린다. 우리는 신념을 형성하는 과정에서 믿을 수 없을 만큼 무신경하면서도, 누군가가 우리의 신념을 강탈하려 하면 그 신념에 지나치게 집착하게 된다. 확실히 신념 자체보다 우리에게 소중한 것은 공격받은 자존심이다.

'내 것'이라는 간단한 개념은 인간 행동에서 가장 중요한 것으로, 이를 잘 헤아리는 것이 지혜의 출발점이다. '내' 저녁밥, '내' 강아지, '내' 집, '내' 부모, '내' 나라, '내' 하나님 등 어떤 경우에도 모두 같은 힘을 갖는다. 우리는 시계가 잘못되었거나 차가 너저분하다는 지적에 화를 내기도 하지만, 화성 운하에 대한 생각, '에픽테투스'를 발음하는 방법, 살리신의 약효, 사르곤 1세가 살던 시대에 관한 지식이 틀렸다는 지적을 당해도 화를 낸다.

우리는 습관적으로 사실이라고 받아들인 것을 계속 믿으려

하고, 그 사실이 의심받으면 화를 내면서 어떻게든 그 사실을 지키려고 모든 방법을 동원해 변명하려 한다. 그 결과 흔히 말하는 추론이라는 것은 대부분 우리가 이미 믿고 있는 대로 계속 믿기 위한 논리를 찾는 과정일 뿐이라고 할 수 있다."

예전에 나는 집에 커튼을 설치하느라 인테리어 업자를 고용한 적이 있었다. 그런데 계산서를 보고는 너무 놀랐다. 며칠 뒤 친구 한 명이 들렀다가 커튼을 보았다. 가격 이야기가 나왔고, 그녀는 마치 승리한 듯 외쳤다. "얼마라고요? 끔찍하군요. 아무래도 바가지 쓴 것 같은데요?"

사실일까? 그렇다. 그녀의 말은 사실이었지만, 자신의 판단을 뒤집는 또 다른 사실을 듣고 싶어 할 사람은 거의 없다. 나도 사람이라 방어하기 시작했다. 나는 결과적으로 가장 싼 것을 선택하는 걸 최선이라 생각할 수도 있지만, 할인 품목 코너에서나 있을 법한 가격으로는 좋은 품질을 얻을 수 없으며 예술적인 취향을 만족시킬 수도 없다고 주장했다.

다음 날 다른 친구가 방문해서 커튼에 대해 흡족할 정도로 칭찬하며 자기도 집에 그 커튼처럼 아름다운 작품을 걸고 싶다고 했다. 내 반응은 완전히 달랐다. "음, 사실대로 말하면 너무 비싸서 사지 말았어야 했어. 돈을 너무 많이 썼거든. 주문하고 후회했다니까."

자신이 틀렸을 때 우리는 스스로 잘못을 인정해야 한다. 만약 상대가 부드럽고 재치 있게 기분을 잘 맞춰주면 우리는 잘못을 인정할지도 모른다. 심지어 자신의 솔직하고 관대한 태도를 자랑스러워하기도 한다. 그러나 불쾌한 사실을 지적하고 받아들이길 강요당하면 잘못을 인정하지 않는다.

미국 남북전쟁 시절, 유명한 편집장이던 호러스 그릴리는 당시 링컨 대통령의 정책을 격렬하게 반대했다. 그는 논쟁과 조롱과 욕설이 가득한 캠페인을 벌이면 링컨이 자신의 의견에 동의하게 될 거라고 믿었다. 그는 이 씁쓸한 캠페인을 오랜 기간 진행했다. 사실 그는 링컨 대통령이 존 윌크스 부스에게 암살당하던 날에도 그에게 잔인하고 씁쓸하며 신랄한 비난이 담긴 편지를 썼다. 그러나 그릴리의 신랄한 비판이 링컨의 마음을 돌렸을까? 전혀 그렇지 않다. 조롱과 욕설로는 결코 상대방의 마음을 돌릴 수 없다.

당신이 사람을 대하는 일과 자신을 관리하고 인격을 향상하는 일에 관해 훌륭한 가르침을 얻고 싶다면 벤저민 프랭클린의 자서전을 읽어보라. 지금껏 나온 가장 매력적인 인생 이야기이며, 미국 역사상 가장 훌륭한 고전 문학 중 하나다. 프랭클린은 자서전에서 자신이 어떻게 논쟁을 벌이는 잘못된 버릇을 고쳤고, 미국 역사상 가장 재능 있고 정중하며 외교적인 사람이 되었는지 고백한다.

프랭클린은 젊은 시절 실수를 잘 저지르는 편이었다. 어느 날 퀘이커교도인 옛 친구가 찾아와 그에게 정곡을 찌르는 이야기를 했다.

"벤, 자넨 참 구제불능이군. 자네는 의견이 다르면 아무에게나 안 좋은 말을 하고 있어. 너무 공격적이어서 자네 말을 좋아하는 사람이 아무도 없다네. 친구들은 자네가 주변에 없는 걸 더 좋아해. 아무도 자네에게 말을 걸고 싶어 하지 않는다네. 사실 서로 불편해지고 어려워질 말을 굳이 할 사람은 없지 않나. 결국 자네는 지금 알고 있는 얄팍한 지식 외에는 더 이상 발전할 수 없을 거야."

내가 알고 있는 벤저민 프랭클린의 장점 중 하나는 따끔한 충고를 바로 받아들인다는 것이다. 그는 친구의 말이 사실이라고 깨달을 만큼 그릇이 크고 지혜로웠으며, 그 충고를 받아들이지 못하면 인생에서 실패하고 사회적으로 소외될지 모른다고 생각했다. 그래서 그는 완전히 변했다. 자신의 버릇없고 독선적인 방식을 고치기 시작했던 것이다. 그는 다음과 같이 말했다.

"나는 남의 의견을 정면에서 반박하거나 나의 의견을 단정적으로 주장하지 않기로 했습니다. 심지어 말을 할 때 '확실히' '의심할 여지없이'처럼 강하게 주장하는 표현을 사용하는 대신에 '내 생각에' '내가 알기로는' 혹은 '이렇게 생각합니다' '제가 지금 보기에는 이렇습니다'라는 식으로 말하기로 했습니다. 그리고 예전 같으면 누군가 잘못된 주장을 할 때 신랄하게 잘못을 지적하거나 그의 제안이 엉터리라는 걸 그 자리에서 당장 밝혔겠지만, 더 이상 그런 태도를 취하지 않았습니다.

머지않아 나는 그런 태도 변화가 많은 이익이 된다는 걸 깨달았습니다. 우선 다른 이들과 하는 대화가 더 즐거워졌습니다. 내가 겸손하게 주장을 펴자, 상대는 더 쉽게 받아들이고 덜 반박했습니다. 그리고 내가 틀린 경우에는 비난을 조금만 받았고, 내가 옳은 경우에는 상대가 더 쉽게 자신의 실수를 인정하고 내 의견을 따르게 할 수 있었습니다.

이런 식으로 나는 먼저 타고난 성향을 억누르려 노력했고, 나중에는 이게 너무 편하고 익숙해져서 아예 습관이 되어버렸습니다. 아마도 최근 50년 동안 누구도 나한테서 독단적인 표현을 듣지 못했을 겁니다.

나는 내 진실된 마음 다음으로 이런 습관을 갖게 되었다는 것을 진심으로 감사하게 생각합니다. 내가 새로운 제도나 낡은 제도의 대안을 제시하면 시민들로부터 많은 지지를 얻고, 의원이 되었을 때 공공 의회에서도 큰 영향력을 발휘할 수 있게 되었기 때문입니다. 나는 원래 문법 지식도 거의 없었고, 말이 유창하지도 못했으며, 단어 선택을 망설이는 아주 부족한 연설가였습니다. 하지만 새로 얻은 습관 덕분에 내 주장을 사람들에게 잘 전달할 수 있게 되었습니다."

벤저민 프랭클린이 실천한 방법을 사업에 어떻게 적용할 수 있을까? 두 가지 예를 들어보자.

뉴욕에 사는 F. J. 마호니는 정유 회사에 특수 장비를 공급하는 일을 하고 있다. 어느 날 그는 롱아일랜드에 있는 주요 고객으로부터 주문을 받았다. 설계도를 제출하고 승인을 받은 뒤 장비 제작에 들어갔다. 그런데 그때 문제가 생겼다. 고객이 친구들과 그 문제를 상의했는데, 그가 중요한 실수를 하고 있다고 친구들이 경고했다는 것이다. 여기는 너무 넓고, 저긴 너무

좁고, 여기저기는 뭐가 잘못됐다는 식으로, 결국 모든 게 다 잘못되었다는 지적이 쏟아졌다. 그는 친구들의 지적에 화가 나서 마호니에게 전화를 걸어 이미 제작에 들어간 장비를 인수하지 않겠다고 통보했다. 마호니는 후에 이렇게 얘기했다.

"설계도를 아주 정밀하게 검토한 결과, 우리가 옳다는 확신이 들었습니다. 그리고 고객과 그 친구들이 잘 모르면서 이런저런 지적을 하고 있다는 것도 알게 되었습니다. 하지만 직접적으로 얘기하면 좋지 않은 결과가 생길 수 있다는 생각이 들었습니다. 나는 롱아일랜드에 있는 고객을 직접 찾아갔습니다. 그의 사무실로 들어가자, 고객은 벌떡 일어나서 내게로 오더니 기관총처럼 말을 쏟아내기 시작했습니다. 너무도 흥분한 나머지 말을 하며 주먹을 휘두르기까지 했습니다. 나와 내 장비에 대해 비난을 하고 나서 이렇게 말을 끝냈습니다. '자, 이제 어떻게 할 거요?'

나는 어떤 요청이든 다 들어주겠다며 침착하게 대답했습니다. '장비 대금을 내실 분은 고객님이시니 원하시는 대로 하세요. 하지만 누군가는 책임을 져야 합니다. 고객님께서 옳다고 생각하신다면 우리에게 설계도를 주십시오. 이미 2000달러가 투입되긴 했지만, 그 돈은 우리가 떠안겠습니다. 고객님을 위해 2000달러의 손실을 우리가 감당하겠습니다. 그러나 고객님께서 주장하는 대로 제작을 할 경우, 책임은 고객님께서 져야 한다는 점을 알려드리겠습니다. 우리는 여전히 우리 설계가 맞다고 생각합니다. 따라서 만약 우리 설계대로 제작을 한다면

모든 책임은 우리가 지겠습니다.'

이쯤 되자 그는 진정되었습니다. 그러고는 결국 이렇게 얘기했습니다. '좋습니다. 그럼 당신 설계대로 진행하십시오. 하지만 일이 잘못되면 알아서 책임지셔야 합니다.'

결국 장비 제작은 성공적으로 끝났고, 그는 같은 시즌에 비슷한 주문을 두 개나 더 하겠다고 약속했습니다.

그 사람이 나를 모욕하고, 내 눈앞에서 주먹을 휘두르며, 내가 일을 제대로 알지도 못한다고 말했을 때, 반박하면서 그와 다투고 싶은 마음이 들어 엄청난 자제력을 발휘해야 했습니다. 참느라고 많이 힘들었지만, 결국 보람이 있었습니다. 만약 내가 상대의 잘못을 지적하면서 논쟁을 시작했더라면 법정 소송으로 이어졌을지도 모릅니다. 그리고 서로 감정이 상해서 금전적 손실이 생기는 건 물론 중요한 고객도 잃게 되었을 겁니다. 그렇습니다. 남의 잘못을 지적하는 건 득이 되지 않는다고 저는 확신합니다."

다른 예를 하나 더 들어보자. 지금 소개하는 사례는 수많은 사람들이 겪는 아주 흔한 일이라는 걸 기억하기 바란다. R. V. 크로울리는 뉴욕에 있는 목재 회사에서 판매원으로 일한다. 그는 깐깐한 목재 검사관들에게 그들이 틀렸다는 것을 수년간 말해왔다고 한다. 그리고 논쟁에서 이기기도 했다. 하지만 아무 도움도 되지 않았다. 크로울리가 말했다. "이 검사관들은 야구 심판 같아요. 한번 결정하면 절대 번복하지 않죠."

크로울리는 자신이 이긴 논쟁 때문에 자기 회사가 수천 달러

손해를 입었다는 사실을 깨달았다. 그래서 강좌을 들으면서 영업 방침을 바꾸고 논쟁을 하지 않기로 결심했다. 결과가 어땠을까? 그가 강좌에서 같은 수강생들에게 한 이야기를 들어보자.

"어느 날 아침 사무실로 전화가 왔어요. 전화를 건 거래처 직원은 화나고 짜증난 목소리로 우리 회사에서 보낸 차량 한 대 분량의 목재가 모두 만족스럽지 않다고 말했어요. 그래서 하역을 중단했으니 그 회사 마당에 쌓여 있는 목재를 지금 당장 회수해가라고 통보했습니다. 목재의 4분의 1 정도를 차에서 내린 상태에서 그쪽 목재 검사관이 목재 중 55퍼센트가 등급 아래라고 판정했다더군요. 그 결과 상대 회사는 목재 인수를 거절했던 것입니다.

저는 곧바로 그 회사로 출발했습니다. 그리고 이 상황을 잘 해결할 수 있는 방법이 무엇인지 고민하기 시작했습니다. 보통 이런 상황에서 예전의 저였다면 목재 등급 규칙을 들이밀면서 제가 목재 검사관으로 일할 때의 경험과 지식을 바탕으로 상대 검사관에게 목재 등급을 더 올려서 판정해야 한다고 설득하려 했을 것입니다. 또 상대 검사관이 조사할 때 목재 등급 규칙을 잘못 해석했음을 지적하려 했을 것입니다. 하지만 저는 이 강좌에서 배운 원리들을 적용하기로 했습니다.

현장에 도착해보니 구매 담당자와 목재 검사관이 나와 한판 논쟁을 벌이려고 단단히 준비하고 있음을 알 수 있었습니다. 저는 목재를 내리던 차로 가서 목재 상태를 볼 수 있도록 계속 내려달라고 했습니다. 저는 목재 검사관에게 하던 대로 부적합 목재를 골라달라고 했고, 좋은 목재는 따로 쌓아달라고 했습니다.

그 작업을 지켜보니 그 검사관이 너무 엄격하고, 목재 등급 규칙을 잘못 해석했다는 확신이 들기 시작했습니다. 그 목재는 백송이었는데, 그 검사관은 단단한 목재에 대해서만 철저히 배웠을 뿐 백송에 대해서는 능숙하지 않고 경험도 별로 없어 보였습니다. 백송은 제가 아주 잘 아는 목재였습니다. 그렇다고 제가 그 검사관이 목재를 검사하는 방식에 이의를 제기했을까요? 전혀 하지 않았습니다. 그저 계속 지켜보다가 이 목재가 왜 부적합한지 한 번씩 질문하기 시작했습니다. 나는 판정이 잘못되었다는 내색을 전혀 하지 않았습니다. 단지 다음에 이 회사에 목재를 제대로 공급하기 위한 질문일 뿐이라고 강조했습니다.

아주 친근하고 협조적으로 질문했고, 그들의 기준에 적합하지 않은 목재를 가려내는 것은 정당하다고 계속 이야기했습니다. 그러자 검사관의 마음이 풀어지고, 긴장되었던 관계도 점점 눈 녹듯이 사라졌습니다. 그러면서 제가 조심스럽게 가끔 몇 마디 던지자, 검사관도 자신이 부적합 판정을 내린 목재가 실제로는 기준에 맞을 수도 있겠다는 생각을 하기 시작하는 듯했습니다. 그리고 자신들의 요구에 부합하는 목재는 더 비싼 등급의 목재일 거라는 생각도 하기 시작하는 듯했습니다. 아무튼 저는 그 점을 부각시키면서도 그가 눈치채지 못하도록 주의했습니다.

이윽고 그의 태도가 조금씩 변했습니다. 그는 결국 자신이 백송에 대한 지식이 별로 없다는 점을 인정하고, 저에게 차에서 내린 목재들에 대해 묻기 시작했습니다. 저는 왜 그런 목재가 그 등급에 속했는지 설명했지만, 만약 그 목재가 그들이 생각하는 용도에 적당하지 않으면 무작정 인수해달라고 할 생각은 없음을 누누이 강조했습니다. 결국 그 검사관은 자신이 부적합 판정을 내릴 때마다 느끼던 의구심의 이유를 깨달았습니다. 더 높은 등급의 목재를 주문했어야 했는데, 그러지 않았던 자신들의 실수를 깨달은 것이죠.

결국 그 검사관은 제가 떠난 후 목재를 전부 다시 검사했고, 마침내 실어갔던 목재를 다 사기로 했습니다. 그리고 우리는 대금을 전부 받을 수 있었습니다. 그 사건에서 약간의 재치와 다른 사람이 틀렸다고 말하지 않기로 한 결정 덕분에 우리 회사는 상당한 비용을 절약할 수 있었고, 돈으로 바꿀 수 없는 좋은 관계도 맺을 수 있게 되었습니다."

사실 내가 이 장에서 말한 내용 가운데 새로운 것은 없다. 이미 2000년 전에 예수는 이렇게 말했다. "너를 고발하는 자와 함께 길에 있을 때에 급히 사화하라."(마태복음 5장 25절)

달리 얘기하면 고객, 배우자, 그리고 당신을 반대하는 사람과 논쟁하지 말라는 뜻이다. 상대가 틀렸다고 말하거나 상대의 화를 돋우지 말고 약간의 수완을 발휘하자.

기원전 22세기에 이집트의 왕 아크토이는 아들에게 중요한 가르침을 주었다. 4000년 전 어느 날 오후, 늙은 아크토이 왕은 술을 마시며 이렇게 말했다. "외교적인 수완을 발휘해라. 원하는 것을 얻는 데 도움이 될 것이다." 지금 시대에도 매우 필요한 조언이 아닐 수 없다.

그러므로 상대를 설득하고 싶다면, 다음과 같이 해보라.

상대방을 설득하는 방법 2

다른 사람의 의견을 존중하라.
상대가 틀렸다고 절대 말하지 마라.

틀렸다면 솔직히 인정하라

우리 집에서 1분쯤 걸어가면 원시림이 넓게 펼쳐진다. 그곳에는 봄이면 블랙베리 꽃이 하얗게 만개하고, 다람쥐가 둥지를 틀어 새끼를 키우며, 쥐꼬리망초는 어린아이 키만큼이나 자란다. 누구의 손도 닿지 않은 이 원시림의 이름은 포레스트 파크로, 콜럼버스가 미 대륙을 발견했을 당시와 비교해보면 그리 달라지지 않았을 것이다.

나는 보스턴 종의 조그마한 불도그인 렉스와 이 포레스트 파크에서 산책을 하곤 했다. 렉스는 사람을 잘 따르고 유순하다. 또 공원에서 산책할 때, 나는 사람들과 마주치는 일이 거의 없었기에 렉스에게 목줄이나 입마개를 하지 않고 데리고 다녔다.

어느 날 우리는 공원에서 권위를 꽤나 내세우고 싶어 하는 기마경찰과 마주쳤다. "입마개나 끈도 없이 개를 공원에 풀어 놓으면 어떻게 합니까?" 그는 나를 나무랐다. "위법인 걸 모른 단 말입니까?"

"아, 물론 알고 있습니다." 나는 부드럽게 대답했다. "하지만 이 녀석이 여기서 무슨 해를 끼칠 것 같진 않은데요."

"해를 끼칠 것 같지 않다니! 해를 끼칠 것 같지 않다고! 법은 당신이 뭐라고 생각하든 눈곱만큼도 신경 안 씁니다. 당신 개가 다람쥐를 죽이거나 아이를 물어뜯을 수도 있습니다. 자, 이번에는 봐주지만, 여기서 이 개가 입마개나 끈도 없이 돌아다니는 게 다시 한 번 눈에 띄면 당신은 판사하고 얘기해야 할 겁니다."

나는 순순히 그렇게 하기로 약속했다. 그리고 나는 몇 번은 약속을 지켰다. 하지만 렉스는 입마개를 좋아하지 않았으며, 그건 나도 마땅치 않았다. 그래서 나는 기회를 봐서 렉스를 자유롭게 풀어놓았다. 한동안은 모든 게 좋았다. 그러다가 곤경에 처하고 말았다. 어느 날 오후에 렉스와 나는 언덕마루를 넘어 달리기 경주를 하다가 당황스럽게도 암갈색 말을 탄 그 경찰과 다시 딱 마주쳤다. 렉스는 내 앞에 있다가 그 경찰을 향해 달려가고 있었다.

나는 대가를 치러야 했다. 그건 부인할 수 없는 사실이었다. 그래서 나는 기마경찰이 이야기하기 전에 먼저 나서기로 했다. 선수를 친 것이다. 내가 말했다.

"경찰관님, 당신한테 딱 걸리고 말았군요. 제가 잘못했습니다. 현행범이 되어버렸으니 변명의 여지가 없습니다. 입마개 없이 개를 데리고 나오면 벌금을 물리겠다고 지난주에 당신이 경고를 했는데 말이죠."

"음." 경찰은 부드러운 어조로 대답했다. "주변에 아무도 없을 때는 이 녀석처럼 작은 개가 뛰어다니도록 내버려 두고 싶은 유혹이 들겠죠."

"물론 유혹이야 들죠." 나는 대답했다. "하지만 그건 위법 행위입니다."

"어, 이 녀석처럼 작은 개는 아무도 해치지 않을 겁니다." 경찰은 반박했다.

"아니요. 대신에 이 녀석은 다람쥐를 죽일 수 있습니다." 내가 말했다.

"음, 글쎄, 내 생각엔 선생께서 이 문제를 너무 심각하게 여기시는 것 같군요." 그가 말했다. "이렇게 하시죠. 제 눈에 띄지 않는 언덕 너머에서 개가 뛰어다니도록 하세요. 그러면 문제 삼지 않겠습니다."

그 경찰도 인간인지라 자신의 위신을 세우고 싶었다. 그래서 내가 자책을 하자, 그가 자존감을 높일 수 있는 유일한 방법은 자비를 보여주는 관대한 태도를 취하는 것임을 깨달았다. 반면 내가 나 자신을 옹호하려 했다면 어떻게 되었을까? 경찰관과 다퉈본 적이 있는 사람은 충분히 예상할 수 있을 것이다.

나는 경찰관에 맞서는 대신에 그가 절대로 옳고 나는 절대로 틀렸다고 인정했다. 그것도 빨리, 공개적으로, 진심으로 말이다. 내가 그의 편을 들고 그는 내 편을 들어줌으로써 이 일은 원만히 마무리되었다. 체스터필드 경이라 할지라도 불과 일주일 전에 나에게 법을 집행하겠다고 으름장을 놓았던 이 기마경찰만큼 자비로울 수는 없었을 것이다. 만약 우리가 어쨌거나 비판을 받을 것을 알고 있다면, 그 상대를 앞질러서 우리가 스스로 비판해버리는 게 훨씬 낫지 않을까? 상대방의 입에서 나오는 비난을 견디기보다는 자기비판을 듣는 게 훨씬 속 편한 일 아닐까?

상대가 생각하거나, 말하고 싶거나, 말하려 하는 나의 비판할 만한 사실을 모두 스스로 말해보자. 그것도 그 사람이 말할 기회가 되기 전에 말이다. 그러면 기마경찰이 나와 렉스를 용서했던 것처럼, 상대방이 자비로우면서 너그럽게 용서해주며 당신의 잘못을 줄여줄 가능성이 매우 높다.

상업 화가인 페르디난드 E. 워렌은 까다롭고 잔소리가 심한 그림 구매자의 환심을 사기 위해 이 기술을 이용하곤 했다. 그의 이야기를 들어보자.

"광고용, 인쇄용 그림은 세심하고 정확하게 그리는 게 중요합니다. 그런데 어떤 편집자들은 의뢰한 즉시 그림이 완성되기를 바라죠. 이 경우 아주 사소한 실수는 발생하기 마련입니다. 제가 아는 사람 중에 작은 실수를 끄집어내는 걸 즐거워하는 미술 편집자가 한 명 있습니다. 저는 종종 속이 뒤틀린 채 그의 사무실을 나왔는데, 그건 비판을 받았기 때문이 아니라 그가 비판하는 방식 때문이었습니다.

얼마 전 저는 그 편집자에게 급하게 처리한 작품을 전달했는데, 그는 전화로 당장 사무실로 오라고 하더군요. 뭔가 실수가 있다고 말이죠. 편집자 사무실로 들어서면서 제가 예상했던 딱 그대로의 상황이 벌어지고 있음을 알 수 있었습니다. 그는 붉으락푸르락하는 한편 비난할 기회가 생겨 고소하다는 듯 저를 바라보았습니다. 왜 작업을 이렇게 했고 저렇게 했는지 저를 다그치며 물었죠. 제가 강좌에서 배운 대로 자기비판을 적용할 기회가 온 거죠. 그래서 이렇게 말했습니다. '당신 말이 사실이라면 제가 실수를 저지른 거고, 그 실수에 대해서는 변명의 여지가 없습니다. 당신과 오랫동안 작업해왔으니 그런 실수를 하지 말았어야 하는데 말이죠. 제 자신이 부끄럽군요.'

그러자 그는 즉각 저를 옹호하기 시작하더군요. '그래요. 당신이 실수한 게 맞지만 어쨌든 간에 심각한 실수는 아닙니다. 이건 그냥….'

저는 그의 말을 막고 이렇게 이야기했습니다. '어떤 실수든 간에 비용도 들고 골치 아프기 마련이죠.'

그가 중간에 제 말을 자르려 했지만 저는 그냥 두지 않았습니다. 굉장한 시간이었죠. 제 평생 처음으로 제가 스스로를 비판하고 있었어요. 게다가 저는 그 일이 마음에 들더군요.

저는 말을 이어갔습니다. '제가 좀 더 주의를 기울여야 했어요. 당신은 제게 일거리도 많이 주셨고 정말 고마운 분이신데. 이 그림은 전부 다시 그리겠습니다.'

'아니, 아니!' 편집자는 이의를 제기하더군요. '당신을 그렇게 곤란하게 만들려는 게 아닙니다.' 그는 제 작품을 칭찬하면서 약간만 수정하길 원했고, 회사 측에 별 손해를 끼치지 않을 거라고 절 안심시켰습니다. 어쨌든 사소한 실수에 불과해서 우려할 것도 없다는 거죠.

제가 진심으로 스스로를 비판하자, 그는 시비 걸 생각을 몽

땅 상실해버린 겁니다. 결국 저를 데리고 나가 점심까지 사주었죠. 게다가 헤어지기 전에 작업 비용과 더불어 또 다른 일거리까지 주더군요."

바보라도 자신의 실수에 대해 변명할 수 있고, 또 대부분이 그렇게 한다. 하지만 자기 잘못을 인정하는 일이야말로 그를 남들보다 돋보이게 하고 고귀한 존재처럼 느끼게 해준다. 예를 들어 역사상에 기록된 로버트 E. 리 사령관의 가장 멋진 행적은 게티즈버그 전투에서 피켓 장군의 돌격 작전이 실패했을 때, 그 책임을 자신에게, 전적으로 자신에게 있다고 나선 모습이었다.

'피켓의 돌격' 작전은 의심할 여지없이 서구 역사상 가장 화려하고 인상적인 공격 작전이었다. 조지 E. 피켓 장군 자체가 멋진 사람이었다. 길게 늘어뜨려 묶은 적갈색 머리는 어깨에 닿을 정도였고, 나폴레옹이 이탈리아 원정 때 그랬던 것처럼 그 또한 전쟁터에 머무르면서 열정적인 구애의 편지를 거의 매일 썼다. 비극적인 7월 어느 오후, 피켓 장군이 모자를 오른쪽으로 비스듬히 기울여 쓰고는 북부군의 전열을 향해 위풍당당한 모습으로 말을 타고 나아가자 그의 충성스런 군대가 환호성을 울렸다. 그들은 깃발을 휘날리며 햇빛에 반짝거리는 총검을 들고, 카리스마 넘치는 모습으로 대열을 진두지휘하는 장군의 뒤를 따랐다. 놀랍고도 멋진 광경이었다. 그 광경을 본 북군 진영은 술렁거렸다.

피켓의 군대는 거침없는 행보로 과수원과 옥수수 밭을 지나고, 목장을 가로질러 계곡을 건너 앞으로 나아갔다. 적들의 계속된 포격으로 대열에 치명적인 구멍이 생겼지만, 군대는 불굴의 의지로 무너지지 않고 계속 진군했다.

그런데 갑자기 세미테리 리지의 석벽 뒤에 숨어 있던 북군이 튀어나와 피켓 장군의 군사들에게 일제 사격을 가했다. 협곡은 온통 불길에 휩싸였고, 시체로 뒤덮였으며, 활활 타오르는 화산처럼 보였다. 단 몇 분 만에 피켓 연대의 지휘관들은 단 한 명만 빼고 모두 전사했으며, 5000명의 병력 중 5분의 4가 몰살당했다.

루이스 A. 아미스테드 장군은 남아 있는 병사들을 이끌고 최후 돌격을 나섰다. 그는 돌벽 위로 올라가서는 칼끝에 모자를 꽂아 흔들며 소리쳤다. "칼로 무찌르자, 돌격 앞으로!"

병사들은 그의 명령에 따랐다. 벽을 뛰어넘어 적들을 총검으로 찌르고, 소총 개머리판으로 머리통을 부수었으며, 세미테리 리지 위에 남군의 깃발을 꽂았다. 그러나 깃발이 휘날릴 수 있었던 것은 아주 잠깐이었다. 이 짧은 순간이 남부 연합군에게는 최고의 순간이었다.

피켓의 돌격 작전은 멋지고 영웅적이었지만, 종말의 시작을 알리는 사건이었다. 리 장군은 실패했고, 더 이상 북부군을 무찌를 수 없다는 걸 그도 알고 있었다. 남부군의 운명은 결정되었다.

리 장군은 너무나 큰 슬픔과 충격에 휩싸인 나머지, 당시 남부 연방의 수장이었던 제퍼슨 데이비스에게 사의를 표명하고 '보다 젊고 유능한 자'를 임명해달라고 요청했다. 리 장군이 피켓의 돌격 작전이 실패한 책임을 다른 사람에게 전가하려고만 했다면, 아마 수십 가지의 변명거리를 찾을 수 있었을 것이다. 리 장군 휘하 부대 지휘관들 중에는 그의 기대와 달리 임무를 제대로 수행하지 못한 이들도 있었다. 기병대는 제때 도착하지 않았고, 포병 공격을 지원해주지도 못했다. 모든 일들이 제대로 돌아가지 않았다.

하지만 고결한 인품의 리 장군은 다른 사람에게 책임을 돌리지 않았다. 패배하여 만신창이가 된 피켓의 군대가 남부군 진영으로 간신히 돌아왔을 때, 리 장군은 혼자서 말을 타고 나와 그들을 맞으며 장엄하다고 할 정도로 자책했다.

"이 모든 것이 내 잘못이다. 내가, 그리고 오직 나만이 이 전투에 패한 것이다." 역사상 이처럼 자신의 책임을 인정할 용기와 성품을 가진 장군은 거의 없었다.

엘버트 허바드는 온 나라를 떠들썩하게 할 정도로 아주 독창적인 작가로, 그의 문장은 너무 신랄해서 격렬한 거부반응을 일으키기도 했다. 하지만 허바드는 사람들을 다루는 기술이 워낙 뛰어나 적이었던 사람을 친구로 바꾸어놓곤 했다.

예를 들어 화가 난 한 독자가 자신은 그의 글에 동의할 수 없다며 편지를 보냈다. 그를 비난하는 편지를 받고 허바드는 이렇게 답장을 써서 보냈다.

곰곰이 생각해보면 저도 제 생각에 완전히 동의할 수는 없습니다. 어제 썼던 글들을 전부 오늘 공감할 수 있는 건 아닙니다. 당신이 이 주제에 대해 어떻게 생각하는지 알고 싶습니다. 다음에 이 근처에 오실 때 꼭 들러주세요. 시간이 얼마나 걸리든 이 문제에 대해 끝까지 토론해봅시다. 멀리서나마 당신과 악수하고 싶습니다.

당신의 충실한 친구로부터

이렇게 이야기하는데 당신이라면 더 이상 뭐라 말할 수 있겠는가?

우리의 의견이 옳다면 사람들을 부드럽고 재치 있게 우리가 생각하는 방식으로 유도하자. 하지만 우리가 틀렸을 때는 스스로의 잘못을 빨리, 그리고 진심으로 인정하자. 그렇게 하면 놀라운 결과를 얻어낼 뿐만 아니라, 믿기지 않겠지만 상황에 따라서는 스스로를 옹호하는 것보다 훨씬 더 유쾌하다. 다음의 오랜 격언을 떠올려 보라.

"싸움으로는 결코 충분히 얻어낼 수 없지만, 양보하면 기대했던 그 이상을 얻어낼 수 있다."

그러므로 상대를 설득하고 싶다면, 다음과 같이 해보라.

상대방을 설득하는 방법 3

잘못했으면 빨리, 그리고 진심으로 잘못을 인정하라.

상대를 이해시키는
가장 빠른 방법

화가 났을 때 남에게 싫은 소리를 퍼붓고 나면 화가 풀리고 기분이 좋아진다. 그렇다면 상대는 어떨까? 당신처럼 속이 시원해질까? 공격적인 말투와 적대적인 태도를 보이면 상대방이 당신에게 쉽게 동의할까?

우드로 윌슨은 다음과 같이 말했다. "만약 당신이 주먹을 불끈 쥔 채 다가온다면, 나도 분명 당신처럼 주먹을 재빨리 움켜질 것입니다. 반면 나에게 와서 '앉아서 같이 상의 좀 합시다. 우리 의견이 서로 다르다면 왜 다른지, 그리고 뭐가 정말 문제인지 알아봅시다'라고 말한다면, 우리는 서로 의견 차이가 크지 않으니 인내심을 갖고 합의하면 의견 일치를 볼 수 있다고 생각할 것입니다."

우드로 윌슨이 한 이 말의 진가를 존 D. 록펠러 2세만큼 알아본 이도 없었다. 1915년 당시 록펠러는 콜로라도 주에서 가장 증오의 대상이 되었던 사람이다. 미국 산업 역사상 가장 잔혹했던 파업으로 인해 지난 2년 동안 그 도시는 끔찍한 충격에 휩싸인 상태였다. 성난 광부들이 록펠러가 경영했던 콜로라도 채광 회사에 임금을 올려달라고 요구했다. 건물이 파괴되고, 군대가 출동했다. 유혈이 낭자했고, 파업자들은 총에 맞았으며, 광부들의 몸은 총알로 벌집이 되었다.

미움이 들끓는 그런 분위기에서 록펠러는 자신의 방식대로 파업 노동자들을 설득하고자 했다. 그리고 성공했다. 어떻게 가능했을까?

지금부터 살펴보기로 하자. 파업자들과 친해지기 위해 몇 주 동안 노력한 뒤 록펠러는 파업자 대표 위원들에게 연설을 했다. 그 연설 전체가 하나의 걸작품이었다. 그는 연설로 놀라울 만한 결과를 얻어냈다. 록펠러를 둘러싼 위협적이고 거센 증오의 물결이 가라앉았으며, 심지어 그의 추종자들도 많이 생겼다. 그 우호적인 연설 때문에 파업자들은 그동안 벌였던 임금 인상에 대한 투쟁을 멈추고 일터로 돌아갔다.

이 놀라운 연설의 서문이 아래에 있다. 이 연설이 얼마나 멋지게 우호의 분위기를 이끌어가는지 잘 살펴보자. 록펠러는 얼마 전까지만 하더라도 사과나무에 그의 목을 매달고 싶어 하던 사람들 앞에서 연설했다는 사실을 명심하자. 그럼에도 그는 마치 의료 봉사단 앞에서 연설을 하는 듯 온화하고 다정하게 연설했다. 그의 연설은 '제가 여기 있는 것이 자랑스럽습니다' '여러분들의 가정을 방문하고' '여러분의 아내분들과 아이들을 만나면서' '우리는 이방인이 아닌 상호 우호적인 생각과

공통의 이해관계를 가진 친구로서 여기에 마주하고 있습니다'
'여러분의 호의로 저는 이 자리에 있습니다'와 같은 문구로 가
득 차 있다. 록펠러는 다음과 같이 연설을 시작했다.

"오늘은 제 생애 기억될 만한 날입니다. 이 위대한 회사의 직
원 대표, 관리자, 임원들을 처음으로 모두 한자리에서 만나는
행운의 날이기 때문입니다. 이 자리에 서게 되어 매우 영광이
며, 제 평생 이 모임을 잊지 못할 것입니다.

모임이 2주 전에 열렸더라면 저는 몇 사람만을 알아볼 수 있
을 뿐, 여러분 대부분에게는 이방인으로 이 자리에 서 있어야
만 했을 것입니다. 지난주에 저는 서쪽 탄광 지대의 모든 작업
장을 방문해 부재중인 분을 제외한 모든 근로자 대표들과 개인
적으로 이야기를 나누었습니다. 또 여러분들의 가정을 방문해
아내분들과 아이들을 만나보았습니다. 이제 우리는 이방인이
아니라 친구로서 여기 모였습니다. 이런 상호 우호의 분위기
속에서 저는 여러분들과 우리의 공통 관심사에 대해 토론할 기
회를 얻게 되어 매우 기쁩니다.

이 모임은 회사 임원들과 근로자 대표들 간의 모임입니다.
그런데 임원도 근로자도 아닌 제가 감히 여기 있을 수 있는 것
은 여러분의 호의 덕분입니다. 저는 여러분들과 긴밀히 연관되
어 있다고 느끼는데, 어떤 의미에서 저는 주주와 임원 양쪽을
모두 대표하기 때문입니다."

이 정도면 적을 친구로 만드는 기술을 보여주는 대표적인 사
례 아니겠는가? 록펠러가 다른 방식을 취했다고 가정해보자.

파업 노동자들과 다투고, 그들의 면전에서 험악한 말을 했다고 생각해보자. 그들이 틀렸다는 어투와 암시를 내비친다고 가정해보자. 온갖 논리를 동원해 그들의 오류를 증명했다고 가정해보자. 무슨 일이 일어났을까? 분노와 미움이 커지고, 더 심한 폭동이 일어났을 것이다.

어떤 이가 당신에 대한 불화와 나쁜 감정으로 가득 차 있을 때는 그 어떤 종교적 교리로도 그를 설득할 수 없다. 야단치는 부모, 지배하려 드는 상사와 남편, 잔소리하는 부인은 사람들이 자기 생각을 바꾸려 하지 않는다는 사실을 깨달아야 한다. 그들을 당신이나 나에게 동의하도록 강요하거나 그렇게 몰고 갈 수는 없다. 간혹 동의를 유도할 수도 있다. 하지만 이는 정말로 부드럽고 친절한 태도를 취한다는 조건하에서 가능하다.

사실 100년 전에 링컨은 이 점을 언급했다. 그는 이렇게 말했다.

"'한 방울의 꿀이 한 통의 담즙보다 더 많은 파리를 잡는다'라는 오래되고 진실한 격언이 있습니다. 사람도 마찬가지입니다. 상대를 당신 편으로 설득하고자 한다면, 당신이 그의 진정한 친구라고 상대가 먼저 확신할 수 있도록 해야 합니다. 그것이 그 사람의 마음을 사로잡는 꿀 한 방울이고, 당신이 어떤 말을 해도 그를 확실하게 설득할 수 있는 방법입니다."

기업가들은 파업자들을 우호적으로 대하는 게 득이 된다는 사실을 깨달았다. 예를 들어 화이트 모터 컴퍼니 공장에서 2500명의 근로자들이 임금 인상과 유니언 숍 형태의 노조를 요구하며 파업을 벌였다. 하지만 그 회사 대표였던 로버트 F. 블랙은 그들을 책망하거나 비난하지 않았고, 공산주의자라고 매도하지도 않았다. 오히려 파업 근로자들을 칭찬했다. 그는 '파업자들이 평화롭게 파업에 돌입한 사실'을 칭찬하는 광고를 〈클리블랜드〉지에 실었다. 파업 근로자들이 할 일이 없어 지루해하는 것을 알아챈 블랙은 야구방망이와 글러브를 사다 주고 공터에서 야구를 할 수 있도록 배려했다. 볼링을 좋아하는 사람들에게는 볼링장을 빌려주기도 했다.

흔히 친절은 친절을 부른다. 결국 블랙의 친절은 그에게도 친절로 되돌아왔다. 파업 근로자들은 빗자루, 삽, 쓰레기 카트를 빌려 공장 주변을 돌며 성냥, 종이, 담배꽁초를 줍기 시작했다. 생각해보라. 임금 인상과 노조 인정을 위해 투쟁하면서 공장 주변을 깨끗이 청소하는 파업자들을. 그런 일은 미국의 노동운동 역사상 처음 있는 일이었다. 그렇게 파업은 적대감이나 원한으로 이어지지 않았고, 일주일 만에 타협안을 도출하며 종료되었다.

하나님 같은 모습에 여호와처럼 이야기하는 대니얼 웹스터는 가장 성공한 법정 변호사 중 한 명이었다. 하지만 그는 자신의 가장 설득력 있는 변론을 다음과 같은 우호적인 표현으로 시작하곤 했다. "배심원들께서는 이런 점을 고려해주시기 바랍니다." "이것은 아마도 고려할 가치가 있다고 생각합니다." "여러분들이 이러한 사실을 간과하지 않으시리라 저는 믿습니다." "인간 본성에 새겨진 지식에 힘입어 여러분들은 이 사실들에 담긴 의미를 쉽게 파악할 수 있을 것입니다." 그는 밀어붙이지 않았다. 강압적인 방법을 쓰지도 않았다. 자신의 의견을 다른 이에게 강요하려고도 하지 않았다. 웹스터는 부드러운 어조로 침착하고 우호적인 변론 방식을 사용했으며, 이런 점이 그의 명성에 도움이 되었다.

당신은 파업을 수습하거나 배심원들에게 변론을 해야 하는 경우가 거의 없겠지만, 집세를 깎아야 할 일은 있을 것이다. 이때도 우호적인 접근 방식이 효과가 있을까? 한번 살펴보자.

엔지니어인 O. L. 스트라우브는 집세를 깎고 싶었다. 그는 주인이 매정한 사람이라는 것을 알고 있었다. 그는 우리 강좌에 와서 동료 수강생들 앞에서 다음과 같이 발표했다.

"저는 집주인에게 편지를 썼습니다. 임대 기간이 끝나면 방을 비울 거라고 알렸죠. 사실은 이사를 가고 싶지 않았어요. 집세를 좀 깎을 수 있으면 더 머물고 싶었습니다. 하지만 별 가망은 없어 보였습니다. 다른 거주자들도 시도했지만 실패했죠. 모두가 주인과 협상하기는 너무 어렵다고 말하더군요. 저는 혼자서 이렇게 말했습니다. '나는 사람을 어떻게 다루어야 하는지에 대한 강좌를 듣고 있으니, 배운 것을 집주인에게 시도해보자. 그리고 효과가 있는지 지켜보자.'

제가 보낸 편지를 받고 집주인이 비서를 데리고 저를 찾아왔습니다. 문에서 그를 다정히 반겼죠. 저는 호의와 진심을 담아 말했습니다. 집세가 얼마나 높은지 먼저 이야기하지 않았습니다. 오히려 이 아파트에 얼마나 만족하는지에 대해 이야기하기 시작했죠. 정말이었어요. '진심으로 칭찬하고 칭찬을 아끼지 않았습니다.' 그가 건물을 관리하는 방식을 칭찬하고, 내년에도 계속 머물고 싶지만 집세를 지불할 능력이 없다고 얘기했습니다.

그는 지금껏 그렇게 호의적으로 말한 입주자를 만나본 적이 없음에 틀림없었습니다. 어떻게 대해야 할지 모르더군요.

이윽고 주인은 자신이 겪고 있는 문제를 말하기 시작했어요. 불평을 해대는 세입자들 말입니다. 한 명은 그에게 편지를 열네 통이나 썼는데, 그중에는 모욕적인 내용들도 더러 있었습니다. 또 어떤 이는 위층의 코 고는 소리를 멈추게 하지 않으면 계약을 파기한다고 협박했어요. '당신처럼 만족하는 세입자가 있다는 게 너무나 다행이네요'라며 말하더군요. 그리고 나서 제가 요청하지도 않았는데도 주인은 집세를 좀 깎아주더라고요. 저는 좀 더 깎길 원했기에 제가 지불할 수 있는 금액을 밝혔고, 주인은 어떤 반론도 없이 바로 동의했지요.

주인은 자리에서 일어날 때 저를 돌아보며 물었습니다. '제가 실내 인테리어를 추가로 좀 해드릴까요?'

만약 제가 다른 거주자들이 했던 방식으로 집세를 깎으려 했다면, 저 역시 그들과 똑같이 실패했을 겁니다. 집세를 낮출 수 있었던 건, 친절하고 동정심을 이끌어내고 감사할 줄 아는 방식 때문이었지요."

또 다른 예를 보자. 이번에는 여성의 경우다. 롱아일랜드 해변에 있는 가든 시티에 사는 도로시 데이 부인은 사교계의 유명 인사다. 그녀의 이야기를 들어보자.

"최근에 저는 친한 친구들 몇 명을 불러 작은 오찬 모임을 가졌습니다. 저에게 중요한 행사였습니다. 그래서 모든 일이 매끄럽게 진행될 수 있도록 신경을 썼습니다. 이런 일에는 보통 수석 웨이터인 에밀이 저를 도와주었습니다. 하지만 이번에 그는 저를 실망시켰습니다. 행사는 완전히 실패했습니다. 에밀은 나타나지도 않았고, 달랑 웨이터 한 명만 보내 손님들을 시중들게 했습니다. 더구나 그 웨이터는 일류 서비스를 전혀 모르는 신참이었습니다. 가장 먼저 챙겨야 할 주빈을 가장 나중에 챙기더군요. 한번은 그 손님의 큰 접시에 조그만 샐러리 하나만 달랑 서빙하기도 했습니다. 고기는 질기고, 감자는 기름 범벅이었죠. 아주 끔찍했습니다. 민망함을 감추느라 애쓰며 미소를 지었지만, 속으로는 이런 생각을 하고 있었습니다. '에밀, 어디 두고 보자. 속이 후련해지도록 닦달해주겠어.'

이 일이 있었던 것은 수요일이었습니다. 그다음 날 저녁에 저는 인간관계 강의를 들었습니다. 강의를 들으면서 저는 에밀을 혼내봐야 아무 소용이 없을 거라는 생각이 들었습니다. 그를 화나게 하고 반감만 가지게 할 뿐이겠죠. 그리고 앞으로 저를 도울 생각이 싹 사라져버릴 테고요. 저는 그와 입장을 바꿔서 생각해보았습니다. 그가 재료를 사온 것도, 요리를 한 것도 아니었습니다. 그리고 웨이터 가운데 좀 뒤떨어지는 사람이 있는 건 그도 어쩔 수 없는 일이겠죠. 제가 화를 내는 게 너무 지나친 건 아닌가, 너무 성급한 건 아닌가 하는 생각을 했습니다.

그래서 그를 비난하는 대신에 우호적인 방식으로 말을 꺼내야겠다고 결심했습니다.

우선 칭찬부터 해야겠다고 생각했습니다. 이런 시도는 멋지게 들어맞았습니다. 그다음 날 에밀을 만났습니다. 그는 화난 표정으로 자신을 방어하기 위한 태세를 갖추고 있었습니다. 제가 얘기했습니다. '이봐요, 에밀, 내가 모임을 할 때 당신이 도와주면 얼마나 든든한지 몰라요. 당신은 뉴욕 최고의 수석 웨이터잖아요. 물론 재료를 사거나 요리를 한 게 당신이 아니라는 건 충분히 알고 있어요. 아마 지난 수요일의 일은 당신도 어쩔 수 없는 상황이었을 거예요.'

에밀의 얼굴에 구름이 걷히고 그가 미소를 지으며 이렇게 말했습니다. '정말 그랬습니다, 부인. 문제는 요리사였지 제 잘못이 아니었습니다.'

그래서 제가 이렇게 얘기했습니다. '다른 모임을 계획 중인데 당신 조언이 필요해요. 그 요리사를 계속 써도 괜찮을까요?'

'오, 물론입니다, 부인. 다시는 그런 일이 없을 겁니다.'

그다음 주에 저는 다시 오찬 모임을 열었습니다. 에밀과 함께 메뉴를 정했죠. 저는 그에게 팁을 절반만 주고 다시는 지난 실수에 대해 얘기하지 않았습니다.

우리가 도착했을 때 식탁은 수십 송이의 붉은 장미로 장식되어 있었습니다. 에밀은 계속 곁에서 시중을 들어주었고요. 메리 여왕을 위한 자리였더라도 그보다 더 잘할 수는 없을 정도였답니다. 음식은 아주 맛있고 따뜻했습니다. 서비스도 완벽했습니다. 메인 요리가 나올 때는 한 명이 아니라 네 명의 웨이터가 서빙해주었습니다. 요리 위에 마지막으로 민트를 뿌릴 때는 에밀이 직접 해주었습니다.

모임을 마치고 떠나면서 그날의 주빈이 제게 물었습니다. '저 수석 웨이터에게 마술이라도 거셨나요? 이런 훌륭한 서비스와 정성은 지금껏 본 적이 없습니다.'

그녀의 말이 맞았습니다. 우호적인 태도와 진심 어린 감사라는 마법을 사용했으니까요."

오래전 내가 미주리 주 서북부 지역에서 맨발로 숲을 지나 시골 학교를 다니던 시절에 햇빛과 바람에 대한 우화를 읽은 적이 있다. 그들은 누가 더 강한지를 두고 다퉜다. 바람이 말했다. "내가 강하다는 것을 증명하지. 저기 코트를 입고 가는 늙은이를 봐. 내가 너보다 코트를 더 빨리 벗게 할 수 있다고 장담하지." 그래서 햇빛은 구름 뒤에 숨고, 바람은 태풍이 될 때까지 계속 불었다. 하지만 바람이 세질수록 노인은 코트를 더 세게 여몄다.

결국 바람이 흥분을 가라앉히고 포기하자, 햇빛이 구름 뒤에서 나와 노인을 향해 친절하게 미소 지었다. 그제야 노인은 이마를 닦아내며 코트를 벗었다. 그러면서 햇빛은 바람에게 친절함과 호의가 분노와 강압보다 항상 강하다고 말했다.

아주 멀리 떨어져 있어 내 생전에 한 번이라도 가볼 수 있으리라곤 감히 상상도 해보지 못한 보스턴은 역사적으로 유명한 교육과 문화의 중심지였다. 내가 이 우화를 읽던 어린 시절, 보스턴에서는 이 우화에 담긴 진리가 실제로 펼쳐지고 있었다. 신기하게도 그 이야기의 주인공이자 의사인 B박사는 그로부터 30년이 지난 후에 내 강좌의 수강생이 되어 당시의 이야기를 들려주었다.

당시 보스턴의 신문들은 낙태 전문가라든가 돌팔이 의사들이 내는 허위 의료 광고가 넘쳐나고 있었다. 이들은 사람들에게 병을 치료해준다고 하면서, 실제로는 '남성성의 상실'이라는 이야기를 들먹이며 순진한 사람들을 겁먹게 한 다음 등쳐먹는 경우가 많았다. 그들의 치료라는 것은 사실 피해자들에게 끊임없이 겁을 주는 것일 뿐 실제 치료는 전혀 없었다. 소위 낙태 전문가라는 사람들이 일으키는 사망 사고도 끊이지 않았다. 하지만 처벌되는 경우는 많지 않았고, 대부분 벌금을 약간 물거나 정치적 영향력을 행사해 풀려나곤 했다.

상황이 너무 안 좋아지자, 보스턴의 양식 있는 사람들이 이대로 두고 볼 수는 없다며 들고 일어섰다. 성직자들은 설교를 통해 이런 신문 광고를 비난하고, 그런 광고가 더 이상 실리지 않도록 하나님께 기도했다. 시민 단체, 기업인들, 여성 단체, 교회, 청년 단체 등이 모두 과장된 허위 의료 광고를 비난하며 퇴치 운동에 나섰지만 성과가 없었다. 주 의회에서도 이런 불건전한 광고를 불법화하려는 치열한 논쟁을 벌였지만, 번번이 뇌물과 정치적 압력에 의해 무산되고 말았다.

당시 B박사는 독실한 보스턴 기독교인 공동체인 모범시민위원회 위원장을 맡고 있었다. 그곳에서도 여러모로 노력을 기울여보았지만 성과는 없었다. 그런 의료 범죄 행위에 맞서 싸우기에는 희망이 없어 보였다.

그러던 어느 날 저녁, B박사는 분명 예전에 누구도 해본 적 없는 일을 시도해보았다. 친절, 공감, 칭찬이란 방법을 시도했던 것이다. 그는 신문사가 스스로 그런 광고를 내지 않도록 하기 위해 노력했다.

그는 〈보스턴 헤럴드〉 편집장에게 편지를 보내 자신이 얼마나 그 신문을 좋아하는지 이야기했다. 자신은 항상 그 신문을 읽는데, 뉴스의 소재가 늘 깨끗하고 선정적이지 않으며, 사설도 훌륭하다고 칭찬했다. 온 가족이 함께 읽는 좋은 신문이라고도 말했다. 자신의 생각으로는 뉴잉글랜드 주에서 가장 좋은 신문일 뿐 아니라 미국 전체로 보더라도 일류에 속하는 신문임에 틀림없다고 칭찬했다. 그는 계속해서 이렇게 썼다.

"그런데 어린 딸을 둔 내 친구가 이렇게 말하더군요. 어느 날 저녁에 딸이 신문에 난 낙태 광고를 큰 소리로 읽더니, 그 광고에 나오는 문구들이 무슨 뜻인지 물어보더랍니다. 제 친구는 당황해서 어떻게 대답해줘야 할지 모르겠더랍니다. 귀사의 신문은 보스턴의 상류 가정에는 거의 다 배달됩니다. 그런데 제 친구 집에서 이런 일이 벌어졌다면, 그 밖에 수많은 다른 가정에서도 이런 일이 일어나지 않는다는 보장이 있을까요? 만일 편집장님께도 어린 딸이 있다면, 따님이 그런 광고를 보도록 놔두시겠습니까? 그리고 만약 따님이 그런 광고를 읽으며 무슨 뜻인지 물어보면 뭐라고 말씀하시겠습니까?

이처럼 훌륭하고 모든 면에서 거의 완벽한 귀사의 신문이 이런 오점이 있다니 유감입니다. 아빠들은 이제 딸이 신문을 들고 오는 것조차 두려워하고 있습니다. 수천의 독자들이 저처럼 생각하고 있지 않을까요?"

그러자 이틀 후 〈보스턴 헤럴드〉 편집장이 B박사에게 편지를 보내왔다. 박사는 그 편지를 수십 년간 서류함에 넣어 고이 보관해오다가 최근 내 강좌에 참여하면서 내게 주었다. 지금 내 앞에 그 편지가 놓여 있다. 그 편지는 1904년 10월 13일에 보낸 것으로 적혀 있다.

B박사님께

지난 11일에 신문사 편집장 앞으로 보내주신 편지에 대해 진심으로 감사드립니다. 그 편지는 제가 편집장이 된 이후로 계속 고민해오던 조치를 취하는 데 결정적인 역할을 했습니다. 〈보스턴 헤럴드〉는 다음 주 월요일부터 혐오스런 내용의 광고를 가능한 한 모두 싣지 않기로 결정했습니다. 과대 의료 광고나 낙태 관련 광고, 또는 이와 유사한 광고는 완전히 없애기로 했으며, 당장 추방하기 어려운 다른 의료 광고들은 절대 불쾌감을 주는 일이 없도록 감독하겠습니다.

이런 조치를 취하는 데 도움을 주신 박사님께 다시 한 번 감사드리며 이만 줄이겠습니다.

W. E. 하스켈 편집장 드림

수많은 우화를 지어낸 이솝은 기원전 600년경 그리스의 크로이소스 왕 시절의 궁정 노예였다. 하지만 그가 인간의 본질에 대해 가르쳤던 진리들은 2500년 전 아테네에서만큼이나 지금의 보스턴과 버밍엄에서도 통용된다. 햇빛은 바람보다 더 빨리 코트를 벗길 수 있었다. 친절하게 대하고 우호적으로 접근하며 감사해하는 것이 세상의 그 어떤 거센 파도와 폭풍보다 사람들의 생각을 더 쉽게 변화시킬 수 있다.

링컨이 한 말을 생각하자. "한 방울의 꿀이 한 통의 담즙보다 더 많은 파리를 잡는다."

그러므로 상대를 설득하고 싶다면, 다음과 같이 해보라.

상대방을 설득하는 방법 4

우호적으로 시작하라.

소크라테스의 비밀

다른 사람들과 대화할 때 반대 의견을 먼저 말하지 마라. 당신과 상대방의 견해가 일치하는 부분을 먼저 언급하고 또 강조하라. 되도록이면 당신과 상대방이 같은 결론에 이르기 위해 노력하는 중이며, 단지 결론에 이르는 방법만이 다를 뿐이라는 사실을 거듭 강조하라.

또 상대방이 처음부터 '네, 맞아요'라고 말하도록 유도하라. 가급적 상대방으로부터 '아니요'라는 대답이 나오지 않게 하라. 오버스트리트 교수는 자신의 책《인간 행동에 영향을 미치는 법》에서 이렇게 말하고 있다.

"'아니요'라는 대답은 가장 극복하기 힘든 장애물이다. '아니요'라고 말하고 나면 자존심 때문에 자신이 뱉은 말을 끝까지 지키려 하게 된다. 어쩌면 '아니요'라고 한 말을 뒤늦게 후회할 수도 있다. 그렇다 하더라도 자존심이 허락하지 않기 때문에 한번 말하고 나면 반드시 자신의 입장을 고수하려 들게 된다.

따라서 상대방이 긍정적인 방향으로 대화를 시작하게 만드는 것이 매우 중요하다.

말을 잘하는 사람은 처음부터 '네'라는 대답을 여러 차례 얻어낸다. 그렇게 해서 듣는 사람의 심리를 긍정적인 방향으로 바꿔놓는다. 이는 당구공이 움직이는 모습과 유사하다. 당구공을 어느 한 방향으로 쳐보라. 구르는 공의 방향을 바꾸려면 많은 힘이 필요하고, 반대 방향으로 보내려면 훨씬 더 많은 힘이 든다.

여기서 볼 수 있는 심리적 패턴은 아주 분명하다. 어떤 사람이 진심으로 '아니요'라고 말할 때는 단지 '아니요'라는 단어 자체를 말하는 것보다 더 많은 일을 하게 된다. 신체의 분비선이나 신경 또는 근육이 모두 함께 온몸으로 거부반응을 일으킨다. 보통 이런 반응은 순식간에 일어나지만, 가끔 신체적 거부반응이나 거부하려는 태도가 눈에 띄기도 한다. 간단히 말해 몸 전체의 신경 및 근육 시스템이 거부하려는 자세를 취하게 되는 것이다. 반대로 '네'라고 말하면 그 어떤 거부반응도 일어나지 않는다. 진심으로 마음을 열고 스스럼없이 받아들이는 자세를 취하게 되는 것이다. 그러므로 대화가 시작되는 순간부터 '네'라는 대답을 더 많이 끌어낼수록 최종적으로 제안하려는 내용에 대해 상대의 관심을 끌 수 있는 가능성도 높아진다.

'네'라는 반응을 끌어내는 기술은 매우 간단하다. 그런데도 왜 모두 이를 외면하는지! 사람들은 처음부터 상대방의 의견에 반대해야만 자신의 존재감을 드러낼 수 있다고 생각하는 듯

하다. 진보적인 사람이 보수적인 사람들과 토론을 하면 순식간에 상대를 화나게 하고 만다. 그런데 그렇게 해서 얻는 게 무엇이란 말인가? 만약 상대를 화나게 만드는 것 자체가 즐거움이라면 그럴 수도 있다. 하지만 상대를 설득하고자 하는 경우라면 그는 심리적으로 무지하다는 것을 드러낼 뿐이다. 상대가 학생이나 고객, 자녀, 남편 또는 아내든 상관없이 상대로부터 '아니요'라는 답변을 이끌어내고 나면, 곤두서 있는 부정적인 태도를 긍정적으로 돌리는 데 천사의 지혜와 인내심이 필요하다."

뉴욕의 그리니치 저축은행에서 일하는 제임스 에버슨은 바로 이 '네, 맞아요' 기술을 이용해 자칫 잃을 뻔했던 잠재 고객을 붙잡을 수 있었다. 에버슨은 이렇게 이야기했다.

"남성 한 분이 계좌를 개설하려고 오셨습니다. 전 그분께 작성해야 할 기본 서식을 건네 드렸죠. 그분은 일부 질문에는 선뜻 답했지만, 몇 가지 다른 질문에 대해서는 답변을 단호히 거절했습니다.

제가 인간관계를 공부하기 전이었다면 아마 이 고객님께 '저희 은행에 정보를 제공해주시지 않으면 계좌를 개설해드릴 수 없습니다'라고 말했을 겁니다. 과거에 제가 이렇게 행동했다는 사실이 참 부끄럽네요.

물론 그런 식으로 최후통첩을 하고 나면 우쭐해지곤 했습니다. 우리 쪽에 주도권이 있다는 사실을 알려주며 은행의 규칙과 규정을 무시할 수 없다는 걸 통보했죠. 하지만 그런 태도는 확실히 우리 은행을 이용하려고 찾아온 고객이 환영받거나 제대로 대접받고 있다는 느낌을 주지 못했습니다.

전 그날 아침 상대방에게 예의를 갖춰 대하기로 했습니다. 은행이 요구하는 게 아니라 고객이 원하는 것에 대해 말하기로 했죠. 그리고 무엇보다 고객님께 처음부터 '네, 맞아요'라는 답변을 얻어내기로 결심했습니다. 그래서 그분의 말에 동의했습니다. 그 고객이 답변하지 않은 정보는 절대적으로 필요한 건 아니라고 말씀드렸죠. 그러고는 덧붙여 말했습니다. '하지만 만약 고객님께서 사망하시고 난 뒤에도 이 은행에 예금이 남아 있다고 생각해보세요. 법적 절차에 따라 상속자에게 돈이 전달되기를 원하시겠죠?' 그러자 '네, 그렇죠'라고 그 고객이 대답했습니다. 전 계속 말을 이어갔습니다. '그렇다면 상속자의 성함을 알려주시는 게 좋지 않을까요? 사망 시 실수나 지체 없이 고객님이 원하시는 대로 상속을 처리할 수 있게 말입니다.' 그분은 또다시 '네'라고 대답했습니다.

그 젊은 남성 고객은 은행이 아니라 본인을 위해 정보를 요구했다는 사실을 알게 되자 태도가 한결 누그러졌습니다. 은행을 나가기 전에 그는 모든 정보를 알려주었습니다. 뿐만 아니라 저의 제안을 받아들여 어머니를 수혜자로 지정한 신탁 계좌를 하나 개설하고, 어머니에 대한 질문에도 기꺼이 모두 답해주었습니다.

제가 처음부터 그 고객에게 '네, 맞아요'라는 대답을 얻어내고 나자, 그분은 문제 삼던 일을 잊어버리고 제가 제안한 모든 사항에 선뜻 응해주었습니다."

웨스팅하우스 일렉트릭 사의 영업 사원인 조셉 앨리슨의 사례도 있다. 그의 말을 들어보자.

"제가 담당하고 있던 지역에 우리 회사가 거래를 맺고 싶어 하는 고객이 한 분 있었습니다. 제 전임자는 10년간 그 고객을 상대로 영업을 했지만 아무것도 팔지 못했습니다. 제가 그 지역을 담당하고 나서도 3년 동안 꾸준히 영업을 했지만 아무런 주문도 받지 못했습니다. 방문을 시작하고 판매 권유를 한 지 13년이 지나서야 마침내 모터 몇 대를 팔 수 있었습니다. 그리고 첫 납품한 모터의 성능이 제대로 입증만 된다면 수백 대는 더 팔 수 있을 거라고 예상했습니다. 제 기대는 그랬습니다.

왜냐고요? 전 우리 회사 제품에 자신이 있었기 때문입니다. 그래서 첫 납품 후 3주 뒤에 방문하면서 매우 들떠 있었습니다. 그런데 저를 대하던 기술 책임자는 충격적인 의사를 전했습니다. '앨리슨 씨, 더는 당신 회사의 모터를 구매할 수가 없소.'

'왜 그런 결정을 내리신 거죠?' 전 놀라서 물었습니다. '왜죠?'

'당신네 모터는 너무 뜨겁소. 손을 댈 수가 없어요.'

저는 언쟁을 해봤자 좋을 게 없다고 생각했습니다. 예전에 충분히 오랫동안 그런 식으로 해봤기 때문이죠. 그래서 저는 '네, 맞아요'라는 대답을 얻어내야겠다고 생각했습니다. '그렇다면 제 말씀도 한번 들어보세요. 저도 스미스 씨의 의견에

100퍼센트 동의합니다. 구매하신 모터에 과열이 발생했다면 더 이상 그 제품은 구매하시면 안 됩니다. 미국전기공업협회에서 제시한 과열 기준치를 넘는 제품을 구매해서는 안 되죠. 그렇죠?'

그는 그렇다고 동의했습니다. 저는 첫 번째 '네'라는 대답을 얻은 셈이죠. '전기공업협회의 규정에 따르면, 모터의 적정 온도는 실내 온도보다 40도 이상 뜨거워지면 안 된다고 되어 있습니다. 그렇죠?'

'그렇소.' 그는 또 동의했습니다. '맞는 말이오. 하지만 당신 회사 제품은 훨씬 뜨겁다니까요.'

저는 그와 논쟁을 벌이지 않고 단지 묻기만 했습니다. '여기 공장의 온도가 얼마나 되죠?' 그러자 그가 '음, 24도 정도 될 거요'라고 답하더군요.

'그렇다면 공장 온도인 24도에 40도를 더하면 총 64도가 되는군요. 64도나 되는 뜨거운 물이 나오는 수도꼭지 아래에 손을 대고 있으면 데이지 않을까요?' 또다시 그는 그렇다고 답할 수밖에 없었습니다.

그래서 저는 '그러면 모터에 손을 대지 않는 게 나을 것 같습니다'라고 제안했습니다. 그러자 그는 '음, 듣고 보니 당신 말이 맞군요'라며 인정했습니다. 우리는 한동안 대화를 계속 나눴습니다. 그러고 나서 그는 비서를 시켜 다음 달에 3만 5000달러 정도의 제품을 주문하게 했습니다.

수년 동안 수천 달러의 거래를 셀 수 없이 놓치고 나서야 마침내 저는 언쟁을 벌이는 게 전혀 도움이 안 된다는 걸 깨달았습니다. 또한 상대방의 관점에서 바라보고 상대방에게 '네, 맞아요'라는 대답을 얻어내는 것이 훨씬 더 이득이고 흥미롭다는 사실도 알게 되었습니다."

'아테네의 잔소리꾼'인 소크라테스는 세계 역사상 가장 위대한 철학자 중 한 사람이다. 그는 역사를 통틀어 오로지 몇 안 되는 사람만이 할 수 있었던 일을 해냈다. 소크라테스는 인간의 사고방식을 통째로 바꿨다. 소크라테스는 운명한 지 2300년이 지난 지금도 여전히 논쟁이 끊이지 않는, 이 세상에 큰 영향을 미친 최고의 현인으로 칭송받고 있다.

그의 방법은 무엇이었을까? 소크라테스가 남들에게 틀렸다고 말했던가? 소크라테스는 결코 그러지 않았다.

그는 훨씬 노련하게 대처했다. 지금은 '소크라테스 문답법'이라 불리는 그의 기술은 전부 '네, 맞아요'라는 답변을 얻어내는 게 기본이다. 소크라테스는 상대가 동의할 수밖에 없는 질문을 던졌다. 그리고 상대방이 충분히 동의할 때까지 계속해서 동의를 구했다. 소크라테스는 상대방이 결국 자신도 모르게 자기가 결사반대하던 결론을 받아들일 때까지 끊임없이 질문했다.

누군가에게 잘못을 지적하고 싶은 충동을 느낄 때면 소크라테스가 남긴 노장의 지혜를 기억하라. 그리고 '네, 맞아요'라는 대답을 끌어낼 수 있는 질문을 공손하게 건네라.

중국에는 동양의 오래된 지혜를 담고 있는 속담이 있다. "사뿐히 걷는 사람이 멀리 간다." 교양 있는 중국인들은 5000년 넘게 인간의 본성을 연구해오면서 수많은 통찰력을 얻었다. "사뿐히 걷는 사람이 멀리 간다"라는 이 격언도 그러하다.

　그러므로 상대를 설득하고 싶다면, 다음과 같이 해보라.

상대방을 설득하는 방법 5

상대방으로부터 '네, 맞아요'라는 대답을 빨리 이끌어내라.

불평불만을 해소하는 안전밸브

상대방을 설득하려 애쓰는 사람들은 대부분 지나치게 자기 말만 하는 경우가 많다. 상대방이 스스로 나서서 말하게 하라. 상대방은 자신의 일이나 문제에 대해 당신보다 훨씬 더 잘 알고 있다. 그러므로 상대방에게 물어보라. 당신에게 이야기를 털어놓게 하라.

만약 당신이 상대방과 의견이 맞지 않는다면, 말하는 도중에 끼어들고 싶은 충동을 느낄 수도 있다. 그럴지라도 끼어들지 마라. 그런 행동은 위험하다. 상대방이 꺼내고 싶어 안달이 난 이야기들을 다 끝내지 못하는 한, 그는 당신의 말을 들으려 하지 않을 것이다. 그러니 마음을 열고 끈기 있게 귀를 기울여라. 진지한 태도로 말이다. 상대방이 충분히 자신의 생각을 말할 수 있도록 도와라.

비즈니스에서도 이런 방법이 도움이 될까? 한번 살펴보도록 하자. 여기 이 방법을 쓸 수밖에 없었던 한 영업 사원의 이야기가 있다.

미국 최대 자동차 생산 기업 중 한 곳에서 1년 동안 쓸 자동차 내장재 시트 원단의 구매 협상을 진행하고 있었다. 주요 생산 업체 세 곳에서 견본을 제작했다. 자동차 회사의 경영진들은 각 생산 업체의 사장들에게 견본을 모두 검토한 뒤, 정해진 날짜에 계약 체결을 위한 최종 협의를 하게 될 것이라고 알렸다. 그중 한 생산 업체의 담당자인 G. B. R.도 협의를 하기 위해 그 지역에 도착했는데, 당시 그는 심각한 후두염을 앓고 있었다. 카네기 강좌에서 그는 당시의 일을 이렇게 얘기했다.

"경영진들과의 회의에서 제 차례가 되었을 때였습니다. 당시 저는 목소리가 나오지 않았습니다. 속삭이는 것조차 힘들었죠. 안내를 받고 회의실로 들어서자 섬유 기술자, 구매 관리자, 영업 이사, 사장이 있더군요. 저는 일어나 자리에서 일어나 말을 하려고 애썼지만, 쉰 소리를 내는 것 말고는 아무 말도 할 수 없었습니다.

모두 테이블에 둘러앉아 있었고, 할 수 없이 저는 메모지에 '여러분, 저는 지금 목이 쉬어서 말을 할 수가 없습니다'라고 적어 보여주었습니다.

그러자 '그럼 내가 대신 말하지'라며 그 회사 사장이 나섰습니다. 사장은 저희 회사의 견본을 꺼내 보더니 장점을 칭찬했습니다. 이어 저희 회사 상품의 장단점에 대한 열띤 토론이 이루어졌습니다. 사장은 저를 대신해 말한 뒤 토론이 진행되는 동안 제가 해야 할 일들을 모두 도맡아주었고, 제가 한 일이라고는 미소를 짓거나 고개를 끄덕이며 몇몇 동작을 취하는 게 전부였습니다.

이런 식의 특별한 회의를 한 결과, 저는 지금까지 성사시킨 계약 중 최대 규모인 총 160만 달러에 해당하는 약 46미터 이상의 내장재 원단 공급 계약을 체결하게 되었습니다.

저는 계약 조건에 대해 그들과 전부 다른 생각을 가지고 있었기 때문에 만약 당시 목이 쉬지 않았다면 계약을 놓쳤을 겁니다. 우연히 저는 가끔은 상대방이 말하도록 하는 게 얼마나 큰 이득이 되는지 알게 되었습니다."

필라델피아 전기 회사에 근무하는 조셉 S. 웨브도 같은 사실을 깨달았다. 그가 네덜란드 출신 농부들이 사는 펜실베이니아의 부유한 농장 지역에 시설을 점검하러 갔을 때의 일이다.

"왜 저 사람들은 전기를 쓰지 않죠?" 잘 단장된 농가 앞을 지나면서 웨브가 지역 담당자에게 물었다.

"저 사람들은 구두쇠라서 저들에게는 아무것도 팔 수가 없습니다." 지역 담당자가 혐오스럽다는 듯이 말했다. "우리 회사로서는 골칫덩어리들이죠. 전기를 공급하기 위해 노력해봤지만 소용이 없었어요."

그 말이 사실이었을지도 모른다. 하지만 웨브는 다시 한 번 시도해보려고 한 농가의 문을 두드렸다. 문이 조금 열리더니 나이 지긋한 드러켄브로드 부인이 밖을 내다보았다. 그 뒤 이야기는 웨브에게 직접 들어보자.

"제가 전기 회사에서 나온 것을 확인하더니 면전에서 문을 닫아버리더군요. 다시 노크를 하자 부인은 다시 문을 열었습니다. 그러더니 이번에는 우리와 우리 회사에 대해 나쁜 말을 쏟아놓기 시작했습니다.

'드러켄브로드 부인, 귀찮게 해드려서 죄송합니다. 하지만 저희는 전기를 팔러 온 게 아닙니다. 단지 달걀을 조금 사러 왔을 뿐입니다.'

그러자 그녀는 문을 좀 더 열더니 우리를 미심쩍은 눈으로 살펴보았습니다.

'보니까 좋은 도미니크 종 닭을 키우고 계시더군요. 신선한 달걀을 한 꾸러미 사고 싶습니다.'

이번에는 문이 좀 더 열렸습니다. '우리 닭이 도미니크 종인지 어떻게 아셨어요?' 부인이 궁금한 듯 제게 물었습니다.

'저도 닭을 키우고 있습니다. 그런데 이렇게 좋은 도미니크 종 닭들은 처음 봅니다'라고 제가 대답했습니다.

'그럼 왜 댁네 달걀을 쓰지 않는 거죠?' 아직도 뭔가 의심스럽다는 듯이 부인이 물어보았습니다.

'저희 집 닭은 레그혼 종이어서 달걀이 희거든요. 직접 요리도 하실 테니 잘 아시겠지만, 케이크를 만들 때는 흰 달걀이 갈색 달걀에 비할 수가 없죠. 저희 집사람은 케이크를 잘 만들기로 자부하는 사람이라서요.'

이쯤 되니 드러켄브로드 부인은 훨씬 우호적인 태도로 현관 밖으로 나와 있었습니다. 그사이에도 제 눈은 부지런히 여기저기 살피다가 농장에 아주 훌륭한 양계 시설이 있다는 걸 발견했습니다. 저는 계속해서 이렇게 말했습니다.

'사실 남편께서 기르시는 소보다 부인께서 기르시는 닭에서 수입이 더 많이 나올 거란 생각이 듭니다. 그렇죠?'

빙고! 그 말은 부인의 마음에 쏙 드는 말이었습니다. 부인은 그 이야기에 관해 말을 하고 싶었지만, 그녀의 완고한 남편은 이를 인정하지 않으려 했던 모양입니다.

부인은 우리를 닭장으로 안내해주었습니다. 여기저기 둘러보던 와중에 부인이 직접 고안한 조그만 장치들이 보이기에 저는 후하게 평가하고 진심으로 칭찬해주었습니다. 괜찮은 사료와 사육 온도에 대해서 제가 조언을 하기도 하고, 몇 가지는 부인에게 물어보기도 했습니다. 부인과 저는 서로의 경험을 나누며 기분 좋은 대화를 나누었습니다.

이윽고 부인은 이웃들 중에 닭장에 전등을 설치해 달걀 수확량을 올린 사람이 있다고 말했습니다. 그러면서 자신도 그렇게 하면 수입이 늘어나게 될지 솔직한 저의 의견을 듣고 싶다고 했습니다.

2주 후, 드러켄브로드 부인의 도미니크 종 암탉들은 환한 전등불 밑에서 모이를 쪼아 먹게 되었습니다. 물론 전기를 넣어 달라는 주문을 제가 받은 거죠. 그녀는 더 많은 달걀을 수확하게 되었고, 모두가 만족스러웠습니다. 결국 모든 사람에게 이득이 되었습니다.

이 이야기의 핵심은 바로 이겁니다. 만약 그 부인이 스스로 먼저 대화를 이어나가게 만들지 못했다면, 저는 그 펜실베이니아에 있는 네덜란드 출신 농부네 집에 전기를 팔 수 없었을 것입니다!

뭔가를 팔기 어려운 사람에게는 그들이 사도록 만들어야 합니다."

언젠가 뉴욕의 어느 신문 경제면에 특별한 능력과 경험을 지닌 사람을 찾는다는 구인 광고가 크게 실린 적이 있었다. 광고를 본 찰스 T. 쿠벨리스는 광고에 기재된 사서함으로 답신을 보냈다.

며칠 후 그는 우편으로 면접을 보러 오라는 안내문을 받았다. 면접을 보러 가기 전, 쿠벨리스는 월스트리트를 돌아다니며 회사 창립자에 관한 가능한 많은 정보를 수집했다. 면접에서 그는 "훌륭한 업적을 지닌 이 회사에서 일하게 된다면 무척 영광일 것입니다. 저는 사장님께서 28년 전에 달랑 사무실 한 칸에서 속기사 한 명을 두고 사업을 시작하신 걸로 알고 있습니다. 그게 사실입니까?"라고 물었다.

성공한 사람들은 으레 사업 초기의 어려운 시절을 떠올리기를 좋아한다. 그 사람도 예외는 아니었다. 사장은 사업 아이디어와 450달러만 가지고 어떻게 일을 시작했는지에 대해 한참이나 얘기했다. 일요일과 공휴일은 물론 하루에 12~16시간씩 일하며 어떻게 좌절과 비웃음을 견디고 이겨냈는지, 결국 온갖 역경을 극복하고 이제는 월스트리트의 최고 중역들이 정보를 얻고 자문을 구하러 자신을 찾아온다는 자랑도 늘어놓았다. 그는 이 같은 업적을 자랑스러워했다.

그는 마땅히 자랑스러워할 만했고, 이야기를 하면서 무척 즐거워했다. 마침내 그는 쿠벨리스에게 경력을 간단히 물어보고는 부사장을 불러 "이 사람이 우리가 찾는 사람일세"라고 말했다.

쿠벨리스는 고용주의 업적을 알아보는 수고를 아끼지 않았다. 그는 상대방과 그 사람의 문제에 관심을 가졌다. 그는 상대방이 모든 걸 얘기할 수 있도록 노력했고, 호감 가는 좋은 인상을 심어주었다.

주변의 친구조차도 당신의 자랑을 듣기보다 자신의 성공담을 말하고 싶어 하기 마련이다.

프랑스의 철학자 라 로슈푸코도 이렇게 말했다. "적을 만들고 싶다면 당신의 친구를 능가하라. 하지만 친구를 얻으려면 친구가 당신을 능가하게 두어라."

어째서 이 이야기가 맞는 말일까? 그 까닭은 친구가 우리보다 잘났다고 여길 때 자신이 중요한 존재인 듯한 느낌을 받지만, 우리가 친구보다 잘나거나 앞서게 되면 그 친구는 열등감이나 시기심을 느끼게 되기 때문이다.

독일에는 이런 속담이 있다. "Die reinste Freude ist die Schadenfreude." 번역하자면 "우리가 질투하는 사람들의 불행이 우리에게는 가장 큰 즐거움이다" 혹은 "다른 사람이 곤경에 빠졌을 때 우리는 가장 큰 기쁨을 느낀다" 정도가 될 것이다.

그렇다. 당신의 친구들 중에서도 당신이 잘나갈 때보다는 어려움에 처했을 때 더 만족스러워하는 사람이 분명 있을 것이다.

그러므로 당신이 이룬 것을 드러내지 말아야 한다. 겸손해야 한다. 이 말은 언제나 유용하다. 어빈 코브는 이를 잘 지켰다. 언젠가 법정에 증인으로 나선 코브에게 변호사가 이렇게 물은 적이 있었다.

"코브 씨, 제가 알기로 당신은 미국에서 가장 유명한 작가 중 한 분입니다. 그렇죠?" 그러자 코브는 이렇게 대답했다. "분에 넘치게 운이 좋았을 뿐입니다."

누구든 겸손해야 한다. 당신이나 나나 따지고 보면 100년 후에는 죽어서 사람들의 기억에서 완전히 사라지고 없을 대단치 않은 존재들이다. 짧은 인생을 살면서 그리 대단치도 않은 자신의 업적을 자랑함으로써 다른 사람들을 불편하게 만들 필요는 없다. 대신 다른 사람이 말을 하게 독려하자. 생각해보면 남들에게 뽐낼 만한 것도 별로 없다.

우리와 백치의 차이가 뭔지 아는가? 그리 큰 차이도 아니다. 우리의 갑상선 안에 들어 있는, 5센트 동전 하나면 살 수 있는 요오드의 차이일 뿐이다. 만약 의사가 우리의 목에 있는 갑상선을 열고 소량의 요오드만 제거하면 우리는 백치가 되고 만다. 길거리 약국에서 5센트만 주면 살 수 있는 요오드가 정신적으로 병에 걸린 사람과 우리의 차이점이다. 5센트어치 요오드일 뿐이다! 그들 앞에서 우리가 그리 우쭐할 것도 없지 않은가?

그러므로 상대를 설득하고 싶다면, 다음과 같이 해보라.

상대방을 설득하는 방법 6

나보다 상대가 더 많이 얘기하게 하라.

협력을 이끌어내는 방법

당신은 남이 알려준 아이디어보다 스스로 생각해낸 아이디어가 더 믿음이 가지 않는가? 만일 그렇다면 다른 사람에게 당신의 의견을 강요하는 것은 잘못된 판단이 아닐까? 당신은 몇 가지 제안만 하고 상대방이 결론을 내리도록 하는 게 더 현명하지 않을까?

예를 들어보자. 카네기 강좌 수강생 중에 필라델피아에 사는 자동차 대리점의 영업 관리자 아돌프 젤츠라는 사람이 있었다. 그는 의욕도 없고, 준비도 제대로 안 하는 자동차 판매원들에게 열정을 불어넣어야겠다는 생각을 하게 되었다. 젤츠는 영업 회의를 소집해 영업 사원들에게 자기한테 바라는 게 무엇인지 정확히 알려달라고 말했다. 그는 영업 사원들의 의견을 칠판에 적었다. 그리고 말했다. "여러분이 바라는 것들을 모두 들어드리겠습니다. 이제 제가 여러분에게 무엇을 기대해도 되는지 말씀해주시기 바랍니다."

순식간에 답변들이 쏟아져나왔다. 충성, 정직, 적극적인 자세, 낙관적 사고, 팀워크, 하루 8시간 열정적으로 일하는 자세 등의 답변이 나왔고, 어느 영업 사원은 하루 14시간 근무를 자청하기까지 했다. 회의는 직원들에게 새로운 용기와 의욕을 북돋으며 끝이 났다. 이후 매출은 놀랍도록 많이 늘었다며 젤츠가 알려주었다.

"직원들이 저와 일종의 신뢰의 거래를 한 셈이죠." 젤츠가 말했다. "제가 제 역할을 다하는 한, 그들도 자신들의 역할을 다하겠다고 다짐했습니다. 영업 사원들의 요구와 바람을 들어주는 일이 그들에게 꼭 필요한 자극이었던 셈이죠."

무언가를 억지로 사거나 명령받는 것을 좋아하는 사람은 아무도 없다. 우리는 자기 마음대로 물건을 사거나 자신의 생각대로 행동하기를 더 좋아한다. 우리는 우리의 요구, 바람, 생각에 대해 상대방이 묻기를 바란다.

유진 웨슨의 경우를 보자. 그는 셀 수 없이 많은 돈을 대가로 치르고 나서야 이 사실을 알게 되었다. 웨슨은 스타일리스트나 직물 제조업자에게 디자인 도안을 파는 일을 했다. 그는 3년 동안 일주일에 한 번씩 뉴욕의 유명한 스타일리스트를 만나러 갔다. "제 고객이 저를 만나지 않겠다고 하지는 않습니다. 하지만 제 도안을 사지도 않습니다. 항상 제 도안을 세심히 관찰한 후 '웨슨 씨, 오늘도 안 되겠네요'라고 말하죠."

150번의 실패 끝에 웨슨은 자신이 너무 틀에 박힌 생각에 사로잡혀 있었다는 생각이 들었다. 그는 새로운 아이디어를 개발하고 다시 의욕적으로 일하기 위해 일주일에 하루 저녁은 사람을 다루는 방법을 공부하기로 마음먹었다.

얼마 안 가 웨슨은 새로운 접근 방식을 시도해보고 싶었다. 그래서 미완성 스케치 대여섯 점을 옆구리에 끼고 고객의 회사로 찾아갔다. "죄송하지만 부탁할 게 있습니다. 여기 미완성 도안이 있습니다. 이 도안을 어떻게 완성해야 당신에게 도움이 될지 조언을 부탁드립니다"라고 웨슨은 말했다.

그 고객은 아무 말 없이 한동안 스케치를 바라보았다. 그러더니 마침내 "며칠 동안 여기 놔두세요. 그리고 며칠 후에 다시 봅시다"라고 말했다.

사흘 후 웨슨은 다시 그 고객을 방문해 그의 의견을 들었고, 그 도안을 다시 가져가 그 고객이 말한 대로 완성시켰다. 결과는 어땠을까? 물론 모두 채택되었다.

그 일이 있은 후 9개월이 지난 지금까지 그 고객은 자신의 아이디어를 바탕으로 한 스케치 수십 장을 구매했고, 웨슨은 6000달러 넘게 벌었다. 웨슨은 이렇게 얘기했다. "이제 저는 지난 수년간 왜 그 고객에게 도안을 팔지 못했는지 알게 되었습니다. 제 입장에서 생각한 것을 그 사람에게 사라고 강요했기 때문이었습니다. 이제는 정반대로 그에게 생각을 알려달라고 요청합니다. 지금 그 고객은 자신이 디자인을 만들고 있다고 생각하고 있습니다. 그리고 실제로 그가 만들고 있습니다. 이제 저는 그에게 판매하지 않습니다. 그가 구매합니다."

시어도어 루스벨트는 뉴욕 주지사 시절 뛰어난 재주를 발휘했다. 정치 지도자들과 좋은 관계를 유지하면서도 그들이 거세게 반대하는 개혁을 밀고 나가는 수완을 발휘했던 것이다. 그가 했던 방법은 이렇다. 중요한 보직에 사람을 뽑아야 할 경우 정치 지도자들의 추천을 받았다. 후에 루스벨트는 이에 관해 이렇게 얘기했다.

"처음에는 자기 정당에서 '챙겨줘야 할 필요가 있는' 별 볼일 없는 정치꾼들을 추천하곤 합니다. 그러면 저는 유권자들이 용납하지 않을 테니 그들을 임명하는 건 좋은 정치가 아니라고 말합니다.

그러면 그다음에는 자신에게 그다지 유리하지도 불리하지도 않은, 자기 당에서 한자리 정도 하고 있는 사람을 추천합니다. 그러면 저는 그 사람이 유권자의 기대에 미치지 못하니, 그 자리에 좀 더 어울리는 사람을 찾아줄 수 없느냐고 다시 부탁합니다.

세 번째로 추천되는 사람은 거의 괜찮은 정도이긴 하지만, 아직 충분치 못한 경우가 많습니다.

그러면 저는 고맙다고 말하면서 한 번 더 추천을 요청하고, 결국 네 번째는 괜찮은 사람이 추천됩니다. 이렇게 추천된 사람은 제가 직접 선택했을 만한 사람들입니다. 저는 추천한 사람들에게 도와줘서 고맙다고 하면서 그 사람을 임명합니다. 그리고 그 임명에 대해 그 사람들이 책임감을 느끼도록 합니다. 그리고 그들의 추천을 받아들였으므로 이제는 그들이 나를 기쁘게 해줄 차례라고 말하곤 합니다."

그리고 그들은 보답을 했다. 루스벨트의 개혁 법안이었던 공무원 법이나 프랜차이즈 과세 법률을 지지함으로써 루스벨트의 기대에 부응했다.

기억할 것은 루스벨트가 남의 의견을 듣기 위해 많은 노력을 했고, 또 그들의 조언을 존중했다는 사실이다. 중요한 자리에 사람을 임명할 때 루스벨트는 정치 지도자들로 하여금 자신들이 후보를 추천했으며, 선출 기준 역시 자신들의 것이었다고 느끼도록 만들었다.

롱아일랜드에 있는 중고차 중개상이 스코틀랜드 부부에게 중고차를 판매할 때도 역시 같은 방법을 사용했다. 이 중개상은 그 부부에게 중고차를 수도 없이 많이 보여주었다. 하지만 그들은 어느 자동차도 마음에 들어 하지 않았다. 이 차는 어울리지 않고, 저 차는 상태가 안 좋고 하는 식이었다. 그리고 가격이 맞지 않는 게 늘 문제였다. 그들은 중고차의 가격이 자신들의 판단보다 늘 높게 매겨져 있다고 생각했다. 카네기 강좌를 수강하던 그 중개상은 이런 상황에서는 어떻게 하는 게 좋겠냐고 도움을 청했다.

우리는 그 부부에게 차를 팔려고 하지 말고 그 부부가 차를 사게 만들라고 답했다. 그들에게 어떤 차를 사라고 하지 말고, 그들이 어떤 차를 사겠다고 말하게 만들라는 것이다. 즉 자신의 생각이라고 느끼게 만들어야 한다고 했다.

중개상이 생각하기에도 일리가 있는 말이었다. 그래서 며칠후 자신의 차를 팔고 싶어 하는 고객이 오자, 중개상은 이 방법을 사용하기로 했다. 중개상이 보기에 이번 차는 스코틀랜드 부부가 좋아할 만한 차였다. 그래서 중개상은 스코틀랜드 부부에게 전화를 걸어 잠깐 시간을 내서 조언을 해달라고 했다.

부부가 오자 중개상은 이렇게 말했다. "손님께서는 차를 꼼꼼하게 살피고 또 차의 가격을 매길 줄 아시니까, 이 차를 타보시고 제가 얼마쯤에 이 차를 사면 좋을지 가르쳐주시지 않겠습니까?" 그 부부는 자신들의 의견이 존중되고 있고, 또 능력을 인정받고 있는 상황이라 여기며 크게 웃음을 지어 보이면서 좋아했다. 그들은 차를 끌고 나가서 자메이카에서 포레스트 힐즈까지 퀸스 거리를 돌아오더니 이렇게 말했다. "이 차는 300달러에 사두시면 적당할 것 같군요."

"그럼 제가 300달러에 이 차를 확보하면 그 가격에 손님께서 사실 의향이 있으신가요?" 물론 그들은 사겠다고 했다. 300달러는 그들이 매긴 가격이었다. 그리고 거래는 바로 성사되었다.

또 다른 예도 있다. 어느 엑스레이 제조업자가 브루클린에 있는 가장 큰 병원 중 한 곳에 자신의 제품을 팔면서 같은 심리를 이용했다. 이 병원은 증축을 마치고 미국에서 가장 좋은 엑스레이 부서와 장비를 갖추려 하고 있었다. 방사선과 담당자였던 L박사는 자기 회사 장비의 장점을 늘어놓는 영업 사원들에게 시달리고 있었다.

하지만 이 제조업자는 더 노련했다. 그는 다른 영업 사원들보다 사람의 심리를 다루는 법을 더 잘 알고 있었다. 그는 아래와 같은 편지를 L박사에게 보냈다.

"저희 공장은 최근 신기종 엑스레이 장비를 완성했습니다. 첫 제품이 이제 막 저희 사무실에 도착했습니다. 이 제품은 아직 완벽하지 않습니다. 저희도 그 점을 잘 알고 있기 때문에 성능을 더 향상시키고 싶습니다. 그래서 박사님께서 시간을 내서 장비를 살펴보시고 어떻게 개선해야 업무에 더 도움이 될지 알려주신다면 정말 감사하겠습니다. 박사님께서 얼마나 바쁘신지 알기에 시간을 정해주시면 언제든지 차를 보내드리겠습니다."

직접 카네기 강좌에 온 L박사는 당시의 일에 대해 이렇게 얘기했다.

"편지를 받고 놀랐습니다. 놀랍기도 하고 기분이 좋기도 했죠. 지금까지 제 조언을 요청한 엑스레이 제조업자는 없었습니다. 그 요청을 받고 나니 제가 정말 중요한 사람이 된 것같이 느껴졌습니다. 그 주에는 저녁 스케줄이 꽉 차 있었지만, 장비를 살펴보기 위해 약속을 하나 취소했습니다. 그 장비를 알면 알수록 장비가 마음에 들었습니다.

그 회사의 누구도 저에게 장비를 팔려고 하지 않았습니다. 하지만 저는 병원을 위해서 장비를 구입해야겠다는 생각이 들었습니다. 장비의 뛰어난 성능이 마음에 들어 결국 장비를 구입했고 설치했습니다."

에드워드 M. 하우스 장군은 우드로 윌슨이 대통령에 재임하고 있을 때 국내 및 국제 문제에 막강한 영향력을 행사했다. 윌슨 대통령은 자신의 각료들보다도 하우스 장군의 권고나 조언을 은근히 더 신뢰했다. 대통령에게 영향력을 미치기 위해 장군이 사용한 방법은 무엇이었을까?

다행히도 하우스 장군은 그 비밀을 아서 호든 스미스에게 밝혔고, 스미스가 〈더 새터데이 이브닝 포스트〉에 장군의 말을 인용함으로써 우리는 그 비밀을 알게 되었다.

"윌슨 대통령을 알게 된 후 그의 생각을 바꾸는 최상의 방법은 대통령이 관심을 갖도록 만드는 게 아니라 그 스스로 생각해낸 것처럼 만들어서 무심결에 어떤 생각을 주입시키는 것이라는 사실을 깨달았습니다. 처음 이 방법은 우연히 효력이 드러났죠. 저는 백악관에서 대통령을 만나 어떤 정책을 주장했는데, 대통령은 허가하지 않을 것처럼 보였죠. 며칠 후 저녁 식사를 함께했는데, 대통령이 제 제안을 자신의 생각인 것처럼 자랑하는 걸 듣고 몹시 놀랐습니다."

하우스가 대통령의 말을 가로막고 "그건 당신 생각이 아닙니다. 그건 제 아이디어에요"라고 말했을까? 절대 아니다. 하우스는 그렇게 하지 않았다. 그는 훨씬 노련해서 누가 생각해냈느냐 하는 데는 신경 쓰지 않았다. 단지 결과를 원했다. 그래서 그 아이디어가 자신의 생각이라고 대통령이 느끼도록 놔두었다. 하우스 장군은 거기에서 한 발 더 나아가 대중들도 그 아이디어가 윌슨 대통령이 생각해낸 거라고 믿게 만들었다.

우리가 만나는 모든 사람들은 윌슨 대통령과 같은 사람임을 기억해야 한다. 그러므로 하우스 장군의 기술을 사용해보자. 캐나다의 뉴브런즈윅에서 온 한 남자가 이 기술을 나에게 적용했다. 그걸 기회로 나는 그 회사의 충성 고객이 되었다. 당시 나는 뉴브런즈윅에서 낚시와 카누를 할 계획이었고, 정보를 얻기 위해 여행 안내소에 편지를 썼다. 그러면서 내 이름과 주소가 DM 리스트에 포함되었다. 이후 나는 캠프 운영자와 여행 가이드로부터 너무나 많은 양의 편지와 책자, 그리고 체험 후기가 담긴 안내장을 받게 되었다. 나는 도대체 어떤 것을 골라야 할지 몰랐다. 그런데 그중 한 캠프 사장은 지혜로웠다. 그는 자신이 운영하는 캠프에 머물렀던 뉴요커들의 이름과 전화번호를 내게 보내 그들에게 전화해서 그 캠프가 어떠했는지 직접 물어보라고 했다.

놀랍게도 보내준 리스트에서 내가 아는 사람을 발견했다. 나는 그에게 전화해서 캠프가 어땠는지 알아보았고, 결국 그 캠프에 연락해 희망 예약 날짜를 알려주었다. 다른 사람들은 자신들의 서비스를 파는 데만 정신이 팔려 있었지만, 단 한 사람은 내게 스스로 알아보도록 했던 것이다. 그리고 그 캠프 사장이 이겼다.

2500년 전, 중국 현자인 노자는 오늘날 이 책을 읽는 사람들도 명심해야 할 명언을 남겼다.

"강과 바다가 산골짜기 시냇물의 존경을 받는 이유는 시냇물 아래에서 잔잔히 흐르기 때문이다. 그렇게 하여 강과 바다가 그 많은 시냇물을 아우를 수 있었던 것이다. 그러므로 어떤 현자가 사람들 위에 있기를 원한다면 자신을 그들 아래 두어야 하며, 사람들 앞에 서기를 원한다면 자신을 사람들 뒤에 두어야 한다. 그러면 그가 위에 있어도 사람들이 그의 무게를 느끼지 않으며, 그가 앞에 있어도 무례하다고 생각하지 않는다."

그러므로 상대를 설득하고 싶다면, 다음과 같이 해보라.

상대방을 설득하는 방법 7

상대가 스스로 생각해냈다고 느끼게 하라.

기적의 공식

남들이 완전히 틀릴 수도 있다. 하지만 그들은 자신이 틀렸다고 생각하지 않는다. 그런 그들을 비난하지 마라. 바보들이나 그렇게 한다. 그들을 이해하려고 하라. 현명하고 참을성 있는 특별한 사람만이 그렇게 할 수 있다.

다른 사람이 그렇게 생각하고 행동하는 데는 이유가 있다. 이유를 밝혀내라. 그의 행동이나 성격에 그 실마리가 있다. 솔직하게 그의 입장이 되어보라. '내가 그의 입장이었다면 어떻게 느꼈고 어떻게 행동했을까?'라고 스스로에게 물어보라. 그러면 화를 낼 필요가 없어지고 낭비되는 시간을 아낄 수 있다. '원인을 알고 나면 마음에 들지 않던 결과도 이해하게 되기' 때문이다. 게다가 인간관계의 기술도 크게 향상된다.

케네스 M. 구드는 자신의 책 《사람을 황금처럼 빛나게 하는 방법》에서 '잠깐 멈추라'라고 말한다.

"잠시 동안 멈춰 서서 당신이 정말 중요하게 생각하는 자신의 일과 덜 중요하게 생각하는 다른 사람의 일을 비교해보라. 그러면 다른 사람들이 나와 똑같이 느낀다는 것을 깨닫게 된다. 그러면 링컨과 루스벨트처럼 당신도 인간관계의 기본을 이해하게 된다. 즉 인간관계에서 성공하느냐 실패하느냐는 다른 사람의 입장에 서서 그 사람에게 얼마나 공감할 수 있는가에 달려 있다."

나는 집 근처의 공원에서 걷거나 자전거 타는 것을 좋아한다. 고대 갈리아의 드루이드교 신자처럼 떡갈나무를 너무 소중히 여기기 때문에 매년 어린 나무와 관목이 부주의한 화재로 인해 사라지는 것을 보면 마음이 괴롭다. 담배꽁초로 인해 화재가 나는 게 아니다. 대부분은 아이들에 의해 화재가 발생한다. 그들은 대자연을 만끽하기 위해 공원에 모여 나무 아래에서 불을 피우고 소시지나 계란을 요리하다 일을 그르친다. 가끔은 큰불을 진화하기 위해 소방차를 불러야 할 만큼 사납게 번지기도 한다.

공원에서 화기를 사용하는 사람은 벌금과 구속에 처해질 수 있다는 표지판이 공원 한쪽에 세워져 있다. 하지만 한적한 곳에서 정작 불을 낸 사람들은 그 표지판을 거의 보지 못한다. 기마경찰이 공원을 지키곤 있지만, 그 임무에 충실한 편이 아니라 화재는 매년 계속되었다. 한번은 내가 경찰에게 달려가서 공원에 불이 빠르게 번지고 있으니 즉시 소방서에 알리라고 말했다. 그런데 그는 자기 관할 구역이 아니기 때문에 알 바 아니라며 태연하게 대답하는 게 아닌가! 나는 다급하게 자전거를 몰아 화재 현장으로 달려가서 마치 공공재산 보호 위원처럼 행동했다.

불행하게도 처음에 나는 다른 사람의 입장에서 이 일을 생각해보지 않았다. 나무 아래 커지는 불꽃을 보고 너무 화가 났고, 올바른 일을 해야겠다는 생각에 사로잡혀 그른 행동을 하고 말았다. 나는 자전거를 타고 소년들에게 다가가 여기서 불을 피우면 감옥에 간다고 경고했고, 권위적인 목소리로 불을 끄라고 명령했다. 그리고 그들이 불을 끄지 않으면 경찰을 불러 체포시키겠다고 위협했다. 나는 타인의 시각에서 생각하기보다는 그저 내 감정을 표현하는 데 급급했다.

결과는 어떠했을까? 그들은 불만이 가득한 얼굴로 마지못해 내 말을 따랐다. 내가 언덕을 내려가고 나서 그들은 아마 다시 불을 지폈을 것이고, 온 공원에 불을 확 지르고 싶었을지도 모른다.

몇 년이 지난 후 나는 인간관계에 대해 더 잘 알게 되었고, 좀 더 요령이 생겼으며, 타인의 입장에서 사물을 보는 법을 알게 되었다. 이후 아이들에게 명령하기보다는 불이 번지는 쪽으로 달려가 이렇게 말하기 시작했다.

"즐거운 시간 보내고 있니? 저녁 식사로 뭘 요리할 생각이야? 나도 어렸을 때 불 피우기를 좋아했고, 실은 지금도 그래. 그런데 공원에서 불을 피우는 건 아주 위험해. 물론 너희가 어떤 피해도 줄 생각이 없다는 걸 알아. 하지만 조심스럽지 않은 아이들도 있거든. 그 아이들이 여기 와서 너희들이 불 피우는 걸 보고 따라 했다가 불을 다 안 끄고 집에 돌아가면, 건조한 잎사귀로 불이 번져서 나무를 다 태워버릴 수도 있어. 우리가 조심하지 않으면 여기 있는 나무들 모두 타버릴 거야. 어쩌면 너희들도 불을 피웠기 때문에 감옥에 갈 수도 있단다. 너희들에게 명령하거나 즐거운 시간을 방해하고 싶지는 않아. 그래도 불 근처에 있는 낙엽들은 지금 바로 치우는 게 좋겠구나. 그리고 떠나기 전에 불에다가 흙을, 많은 흙을 덮고 가줘. 그리고 다음에 불을 지필 때는 모래가 있는 언덕 위에서 하면 좋겠어. 거기서는 놀아도 문제가 없으니까. 고맙다, 얘들아. 그럼, 안녕!"

이렇게 말하면 얼마나 다른가? 아이들은 이 말을 듣고 협조하고 싶어 했다. 볼멘 표정이나 심술도 없었다. 명령에 복종하도록 강요하지 않아도 된다. 나는 그들의 체면을 살려주었다. 그들의 입장이 되어 상황을 해결했기 때문에 그들도 기분 좋았고, 나도 그랬다.

앞으로 누군가에게 불을 끄라고 하거나, 우리 제품을 사라고 하거나, 또는 자선단체에 기부하라고 하기 전에 잠시 멈춰 눈을 감고 타인의 시각으로 모든 상황을 생각해보는 건 어떨까? '왜 다른 사람들이 이렇게 하기를 원하는가?' 이렇게 생각하면 시간이 좀 더 드는 건 사실이다. 하지만 적을 만들지 않으면서도 좋은 결과를 얻을 수 있다. 물론 갈등도, 수고도 덜 수 있다.

하버드 비즈니스 스쿨의 돈험 학장은 다음과 같이 말했다. "다른 사람과 면담을 하러 갈 때는 내가 무슨 말을 할 것이며, 상대방이 어떻게 대답할 것인지를 생각합니다. 이를 통해 상대방의 관심과 동기가 파악되지 않는 경우에는 그의 사무실로 바로 들어가지 않고 두 시간 정도 사무실 앞에서 서성입니다."

이 말은 매우 중요하므로 강조하기 위해 다시 한 번 쓰고 반복해보겠다. "다른 사람과 면담을 하러 갈 때는 내가 무슨 말을 할 것이며, 상대방이 어떻게 대답할 것인지를 생각합니다. 이를 통해 상대방의 관심과 동기가 파악되지 않는 경우에는 그의 사무실로 바로 들어가지 않고 두 시간 정도 사무실 앞에서 서성입니다."

이 책을 읽고 '타인의 시각에서 생각하고 자기 자신은 물론 상대의 관점에서 사물을 보려고 노력하려는 자세'만이라도 갖출 수 있어도 앞으로 당신이 발전하는 데 훌륭한 밑거름이 될 것이다.

그러므로 상대의 기분을 상하게 하거나 원한을 사지 않으면서 상대를 변화시키고 싶다면, 다음과 같이 해보라.

상대방을 설득하는 방법 8

상대방의 관점에서 사물을 보려고 진심으로 노력하라.

모든 사람이 원하는 것

말싸움을 멈추게 하고, 반감을 날려버리고, 호의를 불러일으키며, 상대가 귀 기울이도록 해주는 마법 같은 말이 있다. 알고 싶지 않은가?

바로 이것이다. "그렇게 생각하시는 게 당연합니다. 제가 당신이었어도 분명 그렇게 생각했을 겁니다."

이렇게 말하면 상대가 아무리 고약한 사람이라도 누그러질 것이다. 당신이 상대방의 입장이라면 당신 또한 그와 같은 심정일 게 분명하기 때문에 이 말에는 진심이 담겨 있다.

갱단의 두목이었던 알 카포네의 예를 들어보자. 만일 당신이 알 카포네와 똑같은 몸과 마음과 기질을 가지고 있다고 가정하자. 그리고 그와 같은 환경에서 같은 경험들을 해왔다고 생각해보자. 그렇다면 당신은 정확히 그와 같아지고, 그와 동일한 상황에 놓이게 될 것이다. 알 카포네를 그답게 하는 것은 다름 아닌 이 요인들이기 때문이다. 가령 우리가 방울뱀이 아닌 유일한 이유는 우리의 부모가 방울뱀이 아니기 때문이다. 당신이 소에게 입 맞추거나 뱀을 신성하게 여기지 않는 이유는 당신이 인도의 브라마푸트라 강가에 사는 힌두교 가정에서 태어나지 않았기 때문이다.

당신이 잘나서 현재의 모습이 된 게 아니다. 그리고 우리에게 화내고, 말도 안 통하고, 고집불통인 사람도 그렇게 된 데는 다 이유가 있다. 그러므로 그들을 불쌍히 여기고 동정하는 마음을 가져야 한다. 그들의 마음을 이해해야 한다. 존 B. 가프는 주정뱅이가 거리에서 비틀거리는 모습을 보며 이렇게 말했다. "하나님의 은혜가 없었더라면 나도 저렇게 되었을 거야."

당신이 만나는 사람 가운데 네 명 중 세 명은 공감에 굶주리고 목마른 사람들이다. 따라서 그들에게 공감해준다면 그들은 당신을 사랑하게 될 것이다.

나는 예전에 《작은 아씨들》의 작가인 루이자 메이 올컷에 관한 방송에 출연한 적이 있었다. 분명히 나는 그녀가 매사추세츠 주의 콩코드라는 마을에서 살면서 불후의 명작들을 써왔다는 사실을 알고 있었다. 하지만 나는 무심코 뉴햄프셔 주에 있는 그녀의 집을 방문했다고 말해버렸다. 내가 만약 뉴햄프셔라고 한 번만 말했더라면 용서받았을지도 모른다. 하지만 안타깝게도 두 번이나 잘못 말하는 바람에 수많은 편지와 전보, 벌떼처럼 쏟아대는 따가운 메시지가 쇄도했다. 많은 사람들이 화를 냈는데, 모욕적인 말을 서슴지 않은 사람들도 있었다.

매사추세츠 주의 콩코드에서 계속 살다가 당시에는 필라델피아에서 살고 있다는 어느 여성은 내게 몹시 화를 냈다. 아마 내가 올컷을 뉴기니의 식인종이라고 욕했어도 그렇게 화내지는 않았을 것이다. 그 편지를 읽었을 때 나는 혼잣말로 이렇게 중얼거렸다. "하나님, 제가 이런 여성과 결혼하지 않게 해주셔서 감사합니다." 나는 그녀에게 편지를 써서 비록 지명을 잘못 말한 것은 내 실수지만, 당신은 예절을 지키지 않은 더 큰 실수를 했다고 말해주고 싶었다. 이 말은 첫마디에 불과했으리라. 그러고 나서 본격적으로 그녀와 시비를 가리고 싶었다. 하지만 그러지 않았다. 내 자신을 억눌렀다. 바보라면 그럴 수 있고, 바보들 대부분은 정말로 그렇게 행동하곤 한다.

하지만 나는 바보보다는 더 나은 사람이 되고 싶었다. 그래서 그녀의 반감을 돌려 친분을 쌓아보리라 마음먹었다. 그것은 도전이었고, 내겐 일종의 게임이었다. 나는 내 자신에게 말했다. "어찌 됐든 간에 내가 그녀였다면 나도 아마 그녀처럼 느꼈을 거야."

그래서 나는 그녀의 눈높이에서 공감하기로 결심했다. 이후에 내가 필라델피아에 가게 되었을 때, 그녀에게 전화를 걸었다. 대화는 이런 식으로 이어졌다.

나: 안녕하세요, 부인. 몇 주 전에 보내주신 편지는 잘 받았습니다. 감사드리고 싶어서 전화드렸습니다.

부인: (날카롭지만 교양 있고 예의 바른 목소리로) 전화하신 분은 누구시죠?

나: 잘 모르실 겁니다. 저는 데일 카네기라고 합니다. 몇 주 전 일요일에 제가 방송에서 루이자 메이 올컷에 대해 말했던 방송을 들으셨을 텐데, 제가 그만 올컷이 뉴햄프셔 주 콩코드에 살았다고 어처구니없는 실수를 저질렀습니다. 정말 말도 안 되는 실수라서 사과를 드리고 싶군요. 기꺼이 시간 내어 제게 편지를 써주신 점도 감사드리고요.

부인: 카네기 씨, 그런 편지를 보내 죄송합니다. 제가 잠시 이성을 잃었습니다. 사과드립니다.

나: 아니요, 아닙니다. 사과할 사람은 부인이 아니라 접니다. 초등학생이라도 다 알 만한 사실을 제가 실수했습니다. 그 다음 주 일요일에 방송에서 사과했습니다만, 지금 개인적으로 부인께 사과드리고 싶습니다.

부인: 저는 매사추세츠 주 콩코드 출신입니다. 우리 가족은 지난 200년간 매사추세츠 주에서는 이름난 집안이었고, 저도 제 고향을 아주 자랑스러워합니다. 그래서 카네기 씨께서 올컷이 뉴햄프셔 주에 살았다고 말씀하시는 걸 듣고 마음이 상했습니다. 그렇다 하더라도 제가 보낸 편지는 정말이지 부끄럽습니다.

나: 제가 부인보다 열 배는 더 마음고생을 했다는 점을 말씀드리지 않을 수 없군요. 제 말실수가 매사추세츠 주에 누가 되지는 않을 겁니다. 다만 제 자신에게 상처가 됐을 뿐입니다. 부인처럼 지위가 있고 교양 있는 사람치고 라디오에 나온 사람한테 시간을 내서 편지 쓰는 게 쉬운 일은 아

니었을 겁니다. 앞으로 제가 또 실수하더라도 잘 지도해주시기 바랍니다.

부인: 제 비판을 이렇게 받아주시니 저도 마음이 한결 편해졌답니다. 정말 좋은 분이신 것 같군요. 앞으로 기회가 있으면 만나뵐 수 있기를 바랍니다.

그렇게 내가 사과하고 상대의 입장에서 동정심을 보이자, 그녀도 사과와 함께 내 입장을 이해해주었다. 그리고 나는 내 감정을 조절했다는 만족감과 함께 모욕을 받고도 호의를 보여주었다는 성취감도 얻었다. 그녀에게 강에나 빠져버리라고 욕하기보다 나에게 호감을 갖게끔 만들었다는 사실도 더없이 보람 있고 즐거웠다.

백악관의 주인이 된 사람이라면 누구나 매일 곤란한 인간관계에 부딪히게 된다. 태프트 대통령도 예외는 아니었다. 그는 수많은 일을 겪으면서 상대의 반감을 누그러뜨리는 데 공감이 얼마나 큰 힘을 발휘하는지 알게 되었다. 태프트 대통령은 자신의 저서 《공직자의 윤리》에서 자기 욕심을 채우지 못해 실망한 나머지, 화가 난 어느 부인과의 일화에서 상대방의 화를 어떻게 누그러뜨렸는지 보여준다.

"워싱턴에서 정치적으로 제법 영향력을 갖고 있는 어떤 이의 부인이 자기 아들을 보직에 앉히려고 6주 이상이나 계속 찾아왔습니다. 이 부인은 상원과 하원 의원들을 자기편으로 만들어 자기 아들을 계속 추천하도록 압력을 넣었죠. 하지만 그 직책을 수행하려면 전문적인 자격이 필요해서 주무부서의 추천에 따라 다른 사람을 임명했습니다. 그러고 나서 그 부인으로부터 편지를 받았습니다. 내용인즉 제가 조금만 도와주면 좋았을 텐데 그러지 않아서 아주 배은망덕하다고 탓하더군요. 그 부인은 제가 각별히 신경 쓰고 있던 법안에 자기가 속한 주의 의원들을 동원해 지지표를 몰아주었는데, 고작 이런 식으로 갚을 수 있냐며 따졌습니다.

이런 편지를 받으면 적절치도 않을 뿐만 아니라 무례한 행동이라 여겨져서 본때를 보여주고 싶어집니다. 그리고 곧장 답장을 씁니다.

하지만 현명한 사람이라면 편지를 책상 서랍에 넣어두고는 잠가둘 겁니다. 그런 서신은 이틀 정도 늦게 보내도 큰 문제가 되지 않기 때문이죠. 그런데 이틀쯤 지난 후에 꺼내 보면 보내고 싶은 마음은 어느덧 사라지곤 합니다. 저는 그런 식으로 대처했습니다. 그러고 나서 최대한 예의를 갖춰 '그 상황에서 어머니로서 느낄 수 있는 실망감을 이해하지만, 그 직책은 단순히 제 호감만으로는 섣불리 임명할 수 없을 정도로 전문 자격을 요구하는지라 주무부서 책임자의 추천을 따라야 했다'라는 내용의 편지를 썼습니다. 또 아들은 지금 맡고 있는 지위에서도 부인의 기대를 충분히 만족시켜줄 것이라고 말해주었습니다. 부인은 화가 누그러져 그런 편지를 보내 미안하다고 연락해왔습니다.

하지만 제가 임명한 사람은 빨리 승인이 나지 않았고, 그사이 이전 편지와 필체가 같지만 남편이라고 하는 사람에게서 편지가 왔습니다. 부인이 이 일로 실망이 크던 차에 신경쇠약에 걸려 몸져눕더니 심각한 위암에 걸렸다는 내용이었습니다. 애초 임명했던 사람 대신 자기 아들을 지명하면 아내의 병세가 호전되지 않겠냐고 부탁했죠. 이번에는 남편에게 편지를 써서 부인에게 내려진 진단이 정확하지 않기를 바라며, 아내의 중환으로 상심이 큰 남편의 처지는 이해하지만 이미 내려진 임명을 철회할 수는 없다고 써야 했습니다. 결국 제가 지명했던 사람은 승인되었고, 편지를 받은 이틀 후에 백악관에서 음악회를 열게 되었습니다. 그 음악회에서 저와 제 부인에게 제일 먼저 인사를 건넨 사람은 얼마 전까지만 해도 임종 직전에 있다던 그 부인과 남편이었습니다."

솔 휴로크는 아마 미국 음악계 최고의 공연기획자일 것이다. 거의 반세기 동안 그는 샬랴핀, 이사도라 던컨, 파블로바 같은 세계적인 예술가들과 일했다. 휴로크는 자신이 개성 강한 유명인들을 대하면서 배운 가장 큰 교훈들 중 하나는 공감하고, 또 공감하며, 그리고 그들의 이상한 행동에도 더욱 공감해주는 것이었다며 내게 말했다.

휴로크는 대도시의 까다로운 관객들마저 전율케 할 정도로 대단한 베이스 가수였던 표도르 샬랴핀을 3년간 관리했다. 하지만 샬랴핀은 늘 고민거리였다. 철부지 아이처럼 굴기 일쑤였기 때문이다. 휴로크의 표현을 빌자면 '샬랴핀은 하는 일마다 골칫덩이 같은 친구'였다.

예를 들면 공연이 잡힌 날 점심때쯤 휴로크에게 전화를 걸어 "솔, 기분이 최악이군요. 햄버거를 날로 삼킨 것마냥 목 상태가 좋지 않아요. 오늘 밤 노래하기는 힘들겠어요"라고 말하는 식이었다. 휴로크는 샬랴핀과 다투었을까? 그렇지 않다. 휴로크는 공연의 흥행을 책임지는 사람으로서 예술가를 그런 식으로 다루면 안 된다는 걸 알고 있었다. 그래서 휴로크는 샬랴핀에 십분 공감하는 심정으로 그가 묵고 있는 호텔로 달려갔다. "정말 안됐군요"라며 휴로크는 아쉬운 마음을 표했다. "정말 아쉽군요. 이런 상태라면 당연히 노래를 불러선 안 됩니다. 일정을 바로 취소할게요. 2000달러 정도 손해 보겠지만, 그런 상태로 노래를 부르다 명성이 떨어지는 것보단 낫죠."

그러면 샬랴핀은 한숨을 내쉬며 이렇게 말한다. "나중에 다시 한 번 들러주면 좋겠군요. 5시쯤 와서 그때 제 상태가 어떤지 좀 봐주세요."

5시에 휴로크는 다시 호텔로 가 동정심을 표했다. 역시나 일정을 취소하자고 주장하자, 샬랴핀은 또 한숨을 내쉬며 말했다. "좀 더 있다가 한 번 더 와줄래요? 그때는 더 좋아질지도 모르니까."

7시 30분이 되자 이 대가수는 휴로크가 무대 위로 올라가 자기가 심한 감기에 걸려 목 상태가 좋지 않다고 말해준다는 전제하에 공연을 하기로 했다. 샬랴핀을 무대 위에 세우려면 이 방법밖에 없기 때문에 휴로크는 거짓말을 했고, 샬랴핀은 무대에 올랐다.

아서 I. 게이츠 박사는 《교육 심리학》이라는 자신의 명저에서 이렇게 말한다.

"인간은 보편적으로 동정심을 받고 싶어 갈망한다. 아이들은 동정을 받으려고 상처를 내거나 자해하기까지 한다. 어른도 같은 목적으로 상처를 보여주고 사고나 병, 특히 수술에 대해서는 매우 상세히 설명한다. 현실의 일이든 가상의 일이든 불행한 처지에 대한 '자기연민'은 누구에게나 어느 정도는 있다."

그러므로 상대를 설득하고 싶다면, 다음과 같이 해보라.

상대방을 설득하는 방법 9

상대의 생각과 욕구에 공감하라.

모든 사람이 좋아하는 호소법

나는 유명한 악당인 제시 제임스의 출신지인 미주리 주 외곽 시골에서 자랐다. 언젠가 미주리 주 커니에 있는 그의 농장을 가보았는데, 당시 농장에는 제임스의 아들이 살고 있었다. 그의 아내는 제임스가 열차를 강탈하거나 은행을 털고 나서 돈을 이웃 농부들에게 나눠주며 빚을 갚도록 했던 이야기를 들려주었다.

제시 제임스는 다음 세대로 이어지는 더치 슐츠나 쌍권총 크로울리, 알 카포네, 그리고 여타 조직범죄의 우두머리들처럼 자신을 이상주의자로 생각했던 모양이다. 사실 사람들은 누구나 자신을 높이 평가하며, 훌륭하고, 이기심 없는 사람으로 생각하곤 한다.

미국의 대은행가이자 미술품 수집가로 유명한 J. P. 모건은 자신의 경험을 이야기하면서 인간의 행위에는 두 가지 이유가 있다고 말했다. 하나는 듣기 좋은 이유이고, 다른 하나는 진짜 이유다.

사람들이 어떤 행동을 하는 데는 진짜 이유가 있다. 이 사실은 특별히 강조할 필요도 없다. 하지만 사람은 본디 이상주의적인 경향이 있어서 좋게 포장된 동기로 둘러대고 싶어 한다. 따라서 다른 사람의 마음을 바꾸고 싶다면 보다 고상한 동기에 호소하면 된다.

너무 이상적이라 비즈니스에 적용하기 어려울까? 펜실베이니아 주 글레놀던에 있는 파렐 미첼 사의 해밀턴 J. 파렐의 사례를 들어보자. 파렐은 세를 놓는데, 세입자 중 한 명이 이사를 하겠다고 우기며 투덜거렸다. 세입자의 계약 기간은 아직 4개월이나 남았는데도 남은 기간에 상관없이 바로 집을 비우겠다고 통보해온 것이다. 파렐은 카네기 강좌에 와서 자신의 이야기를 들려주었다.

"이 사람들은 1년 중 비용이 가장 많이 드는 겨울 내내 우리 아파트에 살았습니다. 가을이 될 때까지는 아파트에 세를 놓기가 어렵다는 걸 알고 있었죠. 임대 수입이 사라질 게 뻔해서 화가 났어요. 평소 같았으면 그 세입자에게 가서 임대 계약을 다시 확인해보라고 했겠죠. 그래도 이사 가겠다면 남은 계약 기간의 집세를 당장 내야 하고, 나 역시 그 돈을 다 받아낼 거라고 말했을 겁니다. 하지만 분을 못 참고 한바탕 소란을 피우기보다 다른 수를 써야겠다고 생각했습니다. 이렇게 말이죠.

'선생 말씀은 잘 들었습니다. 하지만 여전히 선생이 이사한다는 게 믿겨지지 않네요. 몇 년간 임대업을 하다 보니 사람 보는 눈이 생겼는데, 첫눈에 봐도 선생은 약속을 지키는 분이라고 믿었습니다. 사실 저는 이 점에 대해서는 내기를 해도 좋을 정도로 확신하고 있습니다.

제안을 하나 드리지요. 결정을 며칠만 미루고 다시 생각해주십시오. 다음 달 첫날 집세 마감 전에 한 번만 더 찾아와 주십시오. 그때도 꼭 이사를 하시겠다면 그 결정을 받아들이기로 하겠습니다. 이사를 보장해드리고 저는 제 판단이 틀린 걸 인정하는 수밖에요. 하지만 저는 여전히 선생이 약속을 지키는 분이고, 계약대로 하실 거라고 믿고 있습니다. 그럼에도 모든 일이 결국 사람이 하는 거라 원하는 대로 되지 않을 수도 있고, 어쨌거나 각자 내린 선택에는 책임을 져야겠죠.'

다음 달이 되자, 그 세입자는 집세를 직접 전해주러 왔습니다. 그들 부부는 이 문제를 두고 상의한 끝에 계속 살기로 결정했다고 합니다. 떳떳하게 살려면 계약을 지킬 수밖에 없다고 결론을 내린 겁니다."

고인이 된 노스클리프 경은 자기가 공개하고 싶지 않았던 사진이 신문에 실린 것을 보고는 신문사 편집장에게 편지를 썼다. 하지만 "내 마음에 들지 않으니 그 사진을 더 이상 싣지 말아주십시오"라고 말했을까? 그렇지 않다. 그는 보다 고상한 동기에 호소했다. 그는 모든 사람들이 어머니를 향해 품는 존경과 사랑의 감정에 호소했다. "부디 제 사진을 더 이상 싣지 말아주셨으면 합니다. 제 어머니께서 싫어하신답니다."

존 D. 록펠러 2세도 자녀들의 사진이 신문에 실리지 않게 하려고 고상한 동기에 호소했다. 그는 "우리 아이들의 사진이 실리지 않았으면 합니다"라고 말하지 않았다. 그는 아이들이 다치지 않기를 바라는 이 세상 모든 부모들의 욕구에 호소했다. 그는 이렇게 말했다. "왜 그런지 여러분도 잘 알지 않습니까? 여러분 중에 자녀를 두신 분도 있으리라 생각합니다. 어린아이들이 세상에 너무 많이 알려진다면 좋을 리 없지 않겠습니까?"

사이러스 H. K. 커티스는 메인 주의 가난한 집안 출신으로, 〈새터데이 이브닝 포스트〉와 〈레이디스 홈 저널〉을 창간해 갑부가 되었다. 백만장자가 되는 화려한 이력을 쌓기 시작할 초창기 시절, 그는 다른 잡지사만큼 원고료를 지불할 형편이 되지 못했다. 그래서 고상한 동기에 호소하기로 했다. 예를 들어 《작은 아씨들》이라는 불멸의 역작을 쓴 루이자 메이 올컷이 절정의 명성을 누릴 당시에 그녀에게 원고를 써달라는 청탁에 성공했다. 그는 100달러짜리 수표를 주는 대신 그녀가 가장 선호하던 자선단체에 기부하겠노라고 제안했던 것이다.

이쯤 되면 회의주의자들은 이렇게 말할지도 모른다. "노스클리프나 록펠러, 또는 감상에 젖은 소설가들한테는 통할지도 몰라. 하지만 밀린 돈을 내지 않으려는 집요한 사람들한테도 통하는지 보고 싶군." 그럴 수도 있다. 모든 상황에 들어맞거나 모든 사람들에게 통하는 방법은 없다. 만약 지금의 결과에 만족한다면 바꿀 필요가 없다. 하지만 만족하지 못한다면 시도해볼 만하지 않은가?

아무튼 전에 카네기 강좌를 수강했던 제임스 L. 토머스의 실제 경험담을 들어보기 바란다.

어느 자동차 회사의 고객 여섯 명이 수리비를 내지 않으려고 했다. 이들 중 수리비 전체를 거부하는 사람은 없었지만, 각자 어느 한 항목의 비용이 잘못 산출되었다고 주장했다. 각각의 서비스가 발생할 때마다 고객들은 모두 서명을 했기 때문에 회사 측은 잘못된 게 없다고 생각했다. 하지만 그것이 첫 번째 실수였다.

회사 측의 채권 회수 담당 직원은 미수금을 받으려고 아래의 절차를 밟았다. 과연 이들이 성공했을 것 같은가?

1. 직원들은 고객을 한 명씩 방문해 오래전에 기한이 지난 미수금을 받으러 왔다고 퉁명스럽게 말했다.
2. 직원들은 회사의 청구가 아주 정확하기 때문에 고객이 틀렸다는 점을 명확하게 말했다.
3. 직원들은 은연중에 자동차에 관해서는 회사가 고객보다 더 잘 알고 있다고 말했다. 그러니 논쟁의 여지가 없다고 설명했다.
4. 그 결과 시비가 벌어졌다.

이중 어느 하나라도 고객의 마음을 돌리고 돈을 받아내는 데 도움이 되었을까? 답은 독자도 잘 알 것이라 생각한다.

상황이 이쯤 되자 수금 관리자는 법률 소송을 준비하려 했는데, 마침 부장이 이 사실을 알게 되었다. 부장은 미수금 고객들을 조사하고 나서 그들 모두 평소에는 제때 수리비를 내던 사람들이란 사실을 알아냈다. 그는 수금 방법에 큰 문제가 있다고 생각했다. 그래서 제임스 L. 토머스를 불러 이 문제를 해결하도록 지시했다.

여기 토머스의 말을 빌려 그가 취한 조치들을 소개한다.

"1. 저 역시 장기 미수금을 받기 위해서 고객들을 각각 방문했습니다. 하지만 미수금에 대해 말하지 않았습니다. 저는 회사가 했던 일, 또는 하려다가 실패한 일들에 대해 알아보기 위해 방문했다고 설명했습니다.

2. 저는 고객의 이야기를 다 들을 때까지 어떤 판단도 내리지 않겠다는 점을 분명히 했습니다. 고객들에게 회사가 절대적으로 옳다고 주장하는 게 아니라고 말했습니다.

3. 저는 단지 고객님의 차에 대해서만 관심이 있으며, 고객이 자신의 차에 대해서는 누구보다도 잘 알고 있기에 그 주제에 대해서는 최고의 권위자라고 말했습니다.

4. 저는 고객이 말하도록 하고는 모든 관심과 주의를 기울여 그의 이야기를 들어주었습니다. 그것이 고객이 원하고 기대하는 것이었습니다.

5. 마침내 고객이 냉정을 찾자 저는 모든 것을 그의 공정한 판단에 맡겼습니다. 저는 고상한 동기에 호소하며 이렇게 말했습니다.

'먼저 저 역시 이 일이 매우 잘못 처리되어왔음을 느끼고 있다는 점을 알아주셨으면 좋겠습니다. 고객님은 저희 직원들 중 한 명 때문에 그간 불편을 겪고, 성가시고, 짜증이 나셨던 것으로 알고 있습니다. 그에 유감을 표하고, 회사를 대표해 사과드립니다. 이곳에서 고객님의 이야기를 듣다 보니 고객님의 공정함과 인내심에 감동하지 않을 수 없었습니다. 이처럼 공정하고 인내심이 있는 분이시기 때문에 고객님께 한 가지 부탁을 드리려 합니다. 그 부탁은 다른 누구보다도 고객님께서 잘하실 수 있는 일이고, 다른 누구보다도 고객님께서 잘 알고 있는 일이기 때문입니다. 여기 고객님의 청구서가 있습니다. 고객님께서 저희 회사 사장이라고 생각하고 이 청구서를 직접 정정해주셨으면 좋겠습니다. 어떻게 하시든지 그대로 따르겠습니다.'

그 고객들이 청구서를 수정했을까요? 물론 그렇게 했습니다. 그리고 꽤나 즐거워했습니다. 청구서 금액은 150달러에서 400달러까지 다양했지만, 고객들이 모두 자신들에게 유리하게만 고쳤을까요? 그렇습니다. 한 사람은 그렇게 했습니다! 그들 중 한 사람은 논란이 된 금액에 대해 한 푼도 내지 않았습니다. 하지만 다른 다섯 명은 회사에 최고의 이익을 돌려주었습니다! 그리고 이 모든 과정에서 가장 재미있는 부분은 우리가 이들 여섯 명의 고객들 모두에게 2년 안에 새로운 차를 팔았다는 사실입니다.

저는 경험을 통해 배웠습니다. 고객에 대해 어떠한 정보도 없을 때 고객이 진실되고 정직하고 사실 그대로이며, 그들이 옳다고 확신이 들면 기꺼이 요금을 지불할 사람들이라고 전제하는 것만이 상황을 진전시킬 수 있는 탄탄한 기초가 됩니다. 이걸 다르게 표현하자면, 아니 더 명확히 말하자면 사람들은 정직하지만 그들에게 부과된 짐을 덜어내기를 원한다고 전제하는 겁니다. 이 규칙에 예외는 비교적 적은 편입니다. 그리고 저는 행여 속이려 하는 사람들도, 당신이 그들을 정직하고 올곧으며 공정하다고 여긴다는 사실을 느끼게 해준다면 대부분 호의적으로 반응할 거라고 확신합니다."

그러므로 상대를 설득하고 싶다면, 다음과 같이 해보라.

상대방을 설득하는 방법 10

상대의 고상한 동기에 호소하라.

영화와 TV에서 사용하는 방법

수년 전 〈필라델피아 이브닝 불리틴〉지는 악의적인 소문에 시달리고 있었다. 신문에 광고만 너무 많고 뉴스는 적어서 더 이상 독자들을 끌어들이기 힘들다는 소문이 광고주들에게 퍼지고 있었다. 발 빠르게 대응해 그 소문을 잠재울 필요가 있었다.

하지만 어떻게 해야 할까? 그들은 이렇게 했다.

그 신문사는 보통 하루에 발간되는 모든 종류의 읽을거리들을 발췌, 분리해 책으로 출간했고 《원 데이》라고 이름 붙였다. 신문사는 하드커버 책에 버금가는 307쪽 분량의 그 책을 2달러가 아닌 2센트에 팔았다.

책을 출간함으로써 그 신문사가 방대한 양의 재미있는 읽을거리를 제공한다는 사실을 더 강조할 수 있었다. 수치나 단순한 설명의 기사를 내는 것보다 더 생생하고 흥미롭고 인상적으로 사실을 전달할 수 있었다.

케네스 구드와 젠 카우프만이 쓴 《비즈니스에서의 쇼맨십》이라는 책에는 연출을 통해 매출을 늘린 여러 가지 생생한 사례가 소개되어 있다. 예를 들어 자사의 냉장고가 얼마나 조용한지를 극적으로 보여주기 위해 고객의 귀에 성냥 긋는 소리를 들려주었던 일렉트로룩스 사 이야기, 1.95달러짜리 모자에 명배우 앤 소던의 자필 서명을 넣음으로써 유명인을 활용한 사례가 된 시어스 로벅 사의 카탈로그, 움직이는 쇼윈도 진열 상품들이 멈추면 고객들의 관심도가 80퍼센트나 줄어든다는 사실을 알아낸 조지 웰바움 이야기, 5년 전 1000달러였던 주식 리스트 두 개를 보여줌으로써 유가증권을 판매한 퍼시 화이트닝 이야기, 미키마우스가 백과사전에 오르게 된 사연과 장난감에 미키마우스의 이름을 붙여서 망해가던 회사가 되살아난 이야기, 창문을 더글러스 항공기의 실제 조종간처럼 만들어 고객들을 창가에 앉도록 유도한 이스턴 항공 이야기, 자사 제품과 경쟁사 제품이 벌이는 가상의 복싱 경기를 방송해 세일즈맨들의 사기를 북돋아주었던 해리 알렉산더 이야기, 진열된 캔디에 우연히 스포트라이트를 비추었더니 매상이 두 배나 늘어났던 이야기, 자사의 자동차가 얼마나 튼튼한지 보여주기 위해서 차 위에 코끼리를 올려놓았던 크라이슬러 사 이야기 등이 실려 있다.

뉴욕 대학의 리처드 보든과 앨빈 뷔스는 1만 5000건의 세일즈 상담을 분석했다. 그들은 《논쟁에서 이기는 방법》이라는 책을 썼고, 같은 주제로 '판매의 여섯 가지 원칙'이라는 강의를 했다. 이후에 책 내용을 담은 영화도 만들어져 수백 개 대기업의 영업 사원들 앞에서 상영되었다. 그들은 자신들이 밝혀낸 원칙들을 설명했을 뿐 아니라, 그 원칙들이 실제로 어떻게 구현되는지 보여주기도 했다. 관객들을 앞에 놓고 논쟁을 벌여 판매를 하는 좋은 방법과 나쁜 방법을 보여주는 식이었다.

지금은 연출의 시대다. 사실을 단순히 말로 표현하는 것만으로는 부족하다. 생생하고 흥미롭고 극적으로 표현해야 한다. 사람들의 이목을 끌고 즐겁게 하는 기술, 즉 쇼맨십을 발휘해야 한다. 영화도 그렇게 하고 있고, TV도 그렇게 한다. 주목받기 원한다면 그렇게 해야만 한다.

쇼윈도 디스플레이 전문가들은 연출의 힘을 잘 알고 있다. 예를 들어 새로운 쥐약을 개발한 어느 회사는 판매자들에게 살아 있는 쥐 두 마리를 쇼윈도에 전시해 보여주었다. 쥐들을 보여준 그 주의 매출은 평소보다 다섯 배 증가했다.

〈아메리칸 위클리〉의 제임스 B. 보인튼은 장문의 시장 보고서를 브리핑해야 했다. 그의 회사는 콜드크림 시장을 선도하는 제품에 대해 방대한 조사를 막 끝낸 상태였다. 해당 시장의 경쟁 상황에 대해 당장이라도 자료를 필요로 하는 고객은 광고계에서 가장 큰 거물이었다. 하지만 보인튼의 첫 번째 시도는 시작도 하기 전에 실패할 뻔했다. 보인튼의 말을 들어보자.

"처음 방문했을 때 저는 조사 방법을 얘기하느라 의미 없는 대화로 빠져버렸습니다. 고객은 고객대로, 저는 저대로 논쟁을 했죠. 그는 제가 틀렸다고 했고, 저는 제가 옳다는 걸 증명하려 했죠. 결국 제 주장이 받아들여지긴 했지만, 상담 시간이 다 끝나버렸고 저는 아무런 성과도 올리지 못했습니다.

두 번째 방문 때는 데이터나 숫자들이 가득한 표에 연연하지 않고 제가 조사한 사실을 극적으로 연출했습니다. 사무실에 들어서니 그는 전화 통화로 분주했습니다. 그가 통화하는 동안 저는 가방에서 그가 알고 있는 경쟁 회사의 콜드크림 제품 32개를 모두 책상 위에 꺼내 놓았습니다. 저는 시장 조사 결과를 항목별로 기입한 꼬리표를 각 병마다 붙였습니다. 그 꼬리표에는 간략하고 극적으로 해당 상품에 대한 정보가 적혀 있었습니다. 어떻게 됐을까요? 논쟁은 없었습니다. 기존과 다른 신선한 방식이었으니까요. 그는 콜드크림 병을 하나씩 들어 꼬리표에 있는 내용을 읽었습니다. 그러면서 편안한 대화가 오갔습니다.

그는 추가로 질문을 하면서 매우 흥미로워했습니다. 원래 제게 허락된 시간은 10분이었지만, 10분, 20분, 40분, 한 시간이 지나도 우리는 대화를 계속하고 있었습니다. 사실 예전에 설명했던 내용과 별로 다른 건 없었습니다. 하지만 이번에는 극적인 표현과 쇼맨십을 사용했고, 결과는 지난번과 전혀 달랐습니다."

그러므로 상대를 설득하고 싶다면, 다음과 같이 해보라.

상대방을 설득하는 방법 11

당신의 생각을 극적으로 연출하라.

어떤 방법도 통하지 않을 때는
이렇게 하라

　찰스 슈왑이 경영하는 공장 중에 생산량을 채우지 못하는 공
장이 있었다. 슈왑은 공장장에게 "당신처럼 유능한 관리자가
할당된 생산량을 채우지 못하다니 어찌된 일입니까?"라고 물
었다.

　공장장은 이렇게 대답했다. "저도 모르겠습니다. 사람들을
구슬리기도 하고, 밀어붙여 보기도 하고, 혼내보기도 하고, 해
고시키겠다고 위협도 해보았습니다만 통하지 않습니다. 사람
들이 일을 하려고 하질 않습니다."

　이 대화를 나눌 때는 야간 근무조가 오기 바로 전, 그러니까
주간 근무가 끝날 즈음이었다. 찰스 슈왑은 공장장에게 분필
하나를 가져다 달라고 하면서 가까이 있는 직원에게 이렇게 물
었다.

　"오늘 몇 번이나 주물을 부었나요?"

　"여섯 번입니다."

슈왑은 아무 말도 하지 않고 분필로 바닥에 '6'이라고 크게 적어놓고 나가버렸다. 나중에 야간 교대조가 와서 '6'이라고 쓰인 것을 보고 무슨 뜻인지 물었다.

"오늘 사장님이 오셨는데 주물을 몇 번 부었냐고 물어보시기에 여섯 번이라고 대답했어. 그 말을 듣더니 사장님이 바닥에 쓰신 거야"라고 사람들이 말했다.

다음 날 아침 슈왑이 다시 공장을 방문했다. 야간 교대조가 '6'이라고 쓴 숫자를 지우고 크게 '7'이라고 바꿔놓았다. 그러자 주간 교대 조가 아침에 출근했을 때 바닥에 분필로 크게 '7'이라고 쓰인 것을 보았다. 야간 교대조는 그들이 주간 교대조보다 낫다고 생각하지 않았겠는가? 그러자 주간 교대조도 야간 교대조에게 뭔가를 보여줘야겠다고 생각했다. 주간 교대조는 열심히 일했고, 저녁이 되어 업무를 마칠 때쯤에는 뽐내기라도 하듯이 '10'이라는 숫자를 크게 남겼다. 이렇게 일은 계속 진행되었다.

생산량이 한참 뒤처져 있던 공장은 얼마 안 되어 같은 단지에 있는 다른 공장들보다 더 많은 실적을 올리게 되었다.

이유가 무엇이었을까? 찰스 슈왑의 말을 빌자면 다음과 같다. "일이 되게 하려면 경쟁심을 자극해야 합니다. 돈을 버는 데 급급한 치사한 경쟁심이 아니라 남보다 앞서고 싶다는 경쟁심 말입니다."

남보다 더 잘하려는 욕구, 도전, 어려움을 극복하려는 의지 등은 사람들에게 호소하는 확실한 방법이다.

도전 정신이 아니었다면 시어도어 루스벨트도 미국의 대통령이 되지 못했을 것이다. 러프 라이더 연대를 모집해 스페인과의 전쟁에 참여했던 루스벨트는 쿠바에서 돌아온 직후 뉴욕주지사가 되었다. 반대파는 루스벨트가 법률상 뉴욕 주의 거주민이라는 요건을 충족하지 못한다는 사실을 발견했고, 위협을 느낀 루스벨트는 자리에서 물러나고 싶어 했다. 그러자 당시 뉴욕 주 상원 의원이었던 토머스 콜리어 플래트가 그에게 도전 의욕을 불러일으켰다. 그는 시어도어 루스벨트를 찾아가 쩌렁쩌렁한 목소리로 다음과 같이 호통을 쳤다.

"스페인전의 영웅이 겁쟁이가 되었단 말인가?"

루스벨트는 계속 맞서 싸웠고, 그 뒷이야기는 역사가 보여주는 대로다. 도전 정신이 그의 인생을 바꿨을 뿐만 아니라 그의 조국인 미국의 미래에도 큰 영향을 미쳤다.

찰스 슈왑은 도전이 가진 엄청난 힘을 알고 있었다. 플랫 상원 의원도 그랬고, 알 스미스도 그랬다. 알 스미스는 뉴욕의 주지사 시절 이런 도전에 직면했다. 데블스 아일랜드 서쪽에 위치한, 그 당시 가장 악명 높았던 형무소인 싱싱 교도소에는 교도소장이 없었다. 부정부패와 온갖 추한 소문이 교도소 안팎에 넘쳐나고 있었다. 스미스 주지사가 생각하기에는 싱싱 교도소를 관리할 강력한 인물이 필요했다. 누구를 보낼 것인가? 스미스는 뉴 햄프턴의 루이스 E. 로스를 불렀다.

"자네가 싱싱 교도소를 맡아보는 게 어떻겠나?" 스미스는 루이스 앞에서 기분 좋게 말했다. "경험이 많은 사람이 필요한 자리네."

루이스는 난처했다. 그는 싱싱 교도소의 문제를 알고 있었다. 그곳은 변덕스럽고 기괴한 정치 놀음에 좌지우지되는 자리였다. 교도소장은 매번 바뀌었다. 심지어 임기가 3주에 불과했던 교도소장도 있었다. 그는 경력을 고려하지 않을 수 없었다. 위험을 감당할 가치가 있는 자리인지 고민했다.

그렇게 망설이는 루이스를 본 스미스는 몸을 뒤로 젖혀 의자에 기대고는 미소를 지으며 말했다. "젊은이, 겁먹는다고 해서 자네에게 뭐라 하지는 않겠네. 그 자리는 대단히 힘든 자리네. 그 자리에서 버티려면 큰 인물이어야겠지."

그렇게 스미스는 도전적인 말을 던졌다. 루이스는 '큰' 인물이 필요한 자리에 도전한다는 게 마음에 들었다. 그래서 그 직책을 받아들였고, 당대 가장 유명한 교도소장이 되었다. 그가 직접 쓴 《싱싱 교도소에서 보낸 2만 년》이라는 책은 수십만 권이나 팔렸다. 그는 방송에도 출연했으며, 교도소 생활에 대한 그의 이야기에 영감을 얻은 영화가 10여 편 제작되기도 했다. 그는 수감자들을 인간적으로 대우해주면서 교도소 개혁이라는 기적을 일으켰다.

유명한 파이어스톤 타이어 앤드 러버 컴퍼니를 창립한 하비 S. 파이어스톤은 이렇게 말했다. "돈만 준다고 인재를 불러들이고 또 유지할 수는 없습니다. 경쟁과 도전을 부추기는 게임 같은 요소가 있어야 합니다."

성공하는 사람은 누구나 게임을 즐긴다. 자신이 가치 있으며 탁월하고 이길 수 있음을 입증하는 기회이기 때문에 사람들은 도보 경주, 고함지르기 대회, 파이 먹기 대회 등에 참가한다. 더 잘하고 싶은 욕구, 존재감을 확인하고 싶은 욕구야말로 중요한 동기다.

그러므로 다른 사람, 그중에서도 용기 있는 사람, 열정이 넘치는 사람을 설득하고 싶다면, 다음과 같이 해보라.

상대방을 설득하는 방법 12

도전 의욕을 불러일으켜라.

상대방을 설득하는
12가지 방법

1. 논쟁에서 이기는 방법은 논쟁을 피하는 것뿐이다.

2. 다른 사람의 의견을 존중하라. 상대가 틀렸다고 절대 말하지 마라.

3. 잘못했으면 빨리, 그리고 진심으로 잘못을 인정하라.

4. 우호적으로 시작하라.

5. 상대방으로부터 '네, 맞아요'라는 대답을 빨리 이끌어내라.

6. 나보다 상대가 더 많이 얘기하게 하라.

7. 상대가 스스로 생각해냈다고 느끼게 하라.

8. 상대방의 관점에서 사물을 보려고 진심으로 노력하라.

9. 상대의 생각과 욕구에 공감하라.

10. 상대의 고상한 동기에 호소하라.

11. 당신의 생각을 극적으로 연출하라.

12. 도전 의욕을 불러일으켜라.

4

반감이나 반발 없이
상대를 변화시키는 9가지 방법

How to

win friends

&

influence

people

칭찬과 감사의 말로 시작하라

캘빈 쿨리지 대통령 시절에 내 친구 중 한 명이 백악관에 손님으로 일주일간 머문 적이 있었다. 그 친구는 쿨리지 대통령이 개인 집무실로 들어가며 비서에게 하는 말을 듣게 되었다. "오늘 옷이 참 예쁘군. 당신은 정말 매력적인 아가씨야."

평소 과묵한 쿨리지 대통령이 비서에게 했던 가장 과한 칭찬이었을 것이다. 그런 경우가 너무 드물어서 전혀 예상치 못했던 비서는 당황해서 얼굴을 붉혔다. 그러자 쿨리지 대통령이 말했다. "자, 너무 우쭐해하진 말게. 그냥 기분 좋으라고 한 말이니까. 이제부터는 글을 받아쓸 때 구두점 표기에 좀 더 신경써 주면 좋겠네."

쿨리지의 방법은 속이 너무 뻔히 드러나 보이는 게 사실이다. 하지만 인간 심리에 대한 그의 이해만큼은 훌륭했다. 누구든 좋은 점을 먼저 칭찬받고 나면 불쾌한 말은 좀 더 쉽게 받아들인다.

이발사는 손님을 면도해주기 전에 비누 거품부터 칠한다. 바로 이게 매킨리가 1896년 대통령에 출마했을 당시 사용했던 방법이다. 그 당시 공화당의 어느 열혈 당원이 선거 연설문을 작성해왔는데, 그는 자신의 연설문이 키케로와 패트릭 헨리, 그리고 다니엘 웹스터가 쓴 것을 모두 합친 것보다도 낫다고 생각했다. 너무 기쁜 나머지 그는 불멸의 연설문을 매킨리에게 큰 소리로 읽어주었다.

연설문은 나름 훌륭한 부분도 있었지만, 어쨌든 그대로 쓰기에는 적당치 않았다. 비난의 화살이 쏟아질 게 뻔했다. 하지만 그는 상대의 감정을 상하게 하고 싶지 않았다. 한편으로는 그의 훌륭한 열정을 망쳐서도 안 되지만, 다른 한편으로는 안 된다고 말해야만 하는 입장이 되었다. 그럼 매킨리가 얼마나 노련하게 그 상황을 처리했는지 살펴보자. 그는 이렇게 말했다.

"자네 연설문은 아주 훌륭해. 정말 감동적이네. 누구도 이보다 더 좋은 연설문을 쓸 수는 없을 걸세. 내용도 아주 적절한 부분이 많군. 하지만 이번 대선과 같은 특별한 상황에서는 적당할지 의문이군. 개인의 관점에서는 흠잡을 데 없이 맞는 말이겠지만, 나는 당의 관점에서 그 효과를 고려해야 한다고 생각하네. 돌아가서 내가 지적한 부분을 연설문에 반영해서 한 부 보내주게나."

그는 매킨리의 요청대로 했다. 매킨리는 그의 두 번째 연설문을 검토하고 그가 원고를 다시 고쳐 쓸 수 있도록 도와주었다. 그리하여 매킨리는 선거운동 중에 매우 영향력 있는 연설을 할 수 있었다.

다음으로 살펴볼 글은 에이브러햄 링컨이 쓴 편지 중에서 두 번째로 유명한 편지다(그의 가장 유명한 편지는 빅스비 부인에게 쓴 것이다. 그는 다섯 아들을 전쟁에서 잃은 그 부인에게 애도를 표했다). 링컨은 이 편지를 5분 만에 써 내려간 것으로 보인다. 그런데도 1926년 경매에 붙여졌을 때 이 편지는 1만 2000달러에 팔렸으며, 이 금액은 링컨이 반세기 동안 힘들게 일해서 모았던 돈보다 더 많았다.

남북전쟁에서 북군이 가장 힘든 시기에 쓴 이 편지는 1863년 4월 26일에 조셉 후커 장군에게 보낸 편지다. 당시 18개월 동안 링컨이 임명한 장군들이 지휘한 북군은 패배에 패배를 거듭하고 있었다. 아무런 성과도 없이 인명 피해만 늘어나고 있을 뿐이었다.

사람들은 침통해했다. 수천 명의 군인이 탈영했고, 심지어 링컨이 소속된 공화당 상원 의원들까지 링컨의 퇴진을 요구하기에 이르렀다. 당시 링컨은 이렇게 말했다. "우리는 지금 파멸 직전에 있습니다. 신마저도 우리를 버린 것 같습니다. 한 줄기 희망의 빛도 보이지 않습니다." 편지는 이처럼 깊은 슬픔과 혼란으로 가득한 시기에 쓰였다.

여기서 이 편지를 인용하는 이유는 국가의 운명이 장군 한 사람의 손에 좌우될 수도 있던 그때, 다루기 힘든 장군을 바꾸기 위해 링컨이 어떻게 했는지 잘 보여주기 때문이다. 이

편지는 링컨이 대통령이 된 후 쓴 편지 가운데 가장 비판적인
편지다. 하지만 여기에서도 링컨은 후커 장군의 중대한 과오를
지적하기 전에 먼저 그를 칭찬했음을 주목하라.

후커 장군은 분명 중대한 잘못을 저질렀지만, 링컨은 이를
지적하지 않았다. 링컨은 보다 신중하게 외교적 수완을 발휘해
서 이렇게 표현했다. "장군에게 만족스럽지 못한 점이 몇 가지
있습니다." 정말 재치 있고 사교적이지 않은가! 링컨이 후커
장군에게 쓴 편지는 다음과 같다.

> 나는 포토맥 부대의 지휘관으로 장군을 임명했습니다. 물론 충분
> 한 자격이 있다고 여겼기에 그렇게 했습니다. 하지만 장군에게
> 만족스럽지 못한 점이 몇 가지 있다는 것을 알아주었으면 좋겠습
> 니다.
> 나는 장군이 용감하고 능력 있는 군인이라 믿고 있고, 그 점을 높이
> 삽니다. 또한 장군이 정치와 군인 본연의 임무를 구분하고 있다고
> 믿고 있으며, 그런 면에서 장군은 올바르게 처신하고 있다고 생각
> 합니다. 장군은 자신감을 갖고 있으며, 이는 군인에게 반드시 필요
> 한 조건은 아닐지 몰라도 아주 소중한 자질입니다.
> 장군은 야심을 갖고 있습니다. 이는 정도를 넘지 않는 한, 해가 되
> 기보다는 도움이 됩니다. 하지만 장군이 번사이드 장군의 지휘를
> 받는 동안에 너무 야심에만 사로잡혀 명령에 불복종함으로써 혁혁
> 한 전공을 쌓은 영예로운 동료 장군과 국가에 큰 잘못을 저질렀습
> 니다.

나는 장군이 군대나 국가에 독재자가 필요하다고 최근에 말했음을 전해 들어 알고 있습니다. 장군이 그 말을 했기 때문에 내가 장군을 지휘관으로 임명한 게 아니라, 그런 말을 했음에도 불구하고 지휘관으로 임명한 것입니다. 성공을 거둔 장군들만이 자신을 독재자라 칭할 수 있습니다. 내가 지금 장군에게 요구하는 것은 군사적 성공입니다. 그러면 나는 장군의 독재도 감수할 생각이 있습니다. 정부는 최선을 다해 장군을 지원할 것입니다. 지금껏 그렇게 해왔고, 앞으로도 모든 지휘관들에게 그렇게 할 것입니다. 장군은 병사들 사이에서 지휘관을 비판하고, 지휘관을 불신하는 풍조가 군대 내에 퍼지도록 만들었습니다. 이제 그 결과가 장군에게 되돌아오는 건 아닌지 상당히 걱정됩니다. 나는 최선을 다해 그러한 사태를 막을 수 있도록 장군을 도울 것입니다.

행여 나폴레옹이 다시 살아난다고 해도 그런 분위기가 만연한 군대를 이끌고는 좋은 결과를 거둘 수 없을 것입니다. 그러니 이제는 경솔한 언동을 삼가시기 바랍니다. 경솔하지 않도록 하되, 전심전력을 다해 힘차게 전진하여 우리에게 승리를 안겨주시기 바랍니다.

당신은 쿨리지도, 맥킨리도, 링컨도 아니다. 따라서 이러한 전략이 일상적인 비즈니스 관계에도 적용될 수 있을지 궁금할 것이다. 과연 어떠할지 한번 살펴보자. 필라델피아에 있는 와크 컴퍼니의 직원인 W. P. 고의 경우를 살펴보자.

와크 컴퍼니는 지정된 날짜까지 필라델피아에 대형 사무용

건물을 짓는다는 건설 계약을 맺었다. 모든 일이 순조롭게 진행되어 건물이 거의 완공될 무렵, 갑자기 건물 외관의 청동 장식을 맡은 하청 업자가 일정에 맞춰 납품할 수 없다고 통보해왔다. 이럴 수가! 건물 완공이 미뤄지다니! 어마어마한 위약금과 큰 손실까지! 단지 그 하청 업자 때문에!

수차례나 장거리 전화를 하며 다투었고, 대화는 과열되었다. 하지만 모두 헛수고였다. 결국 고는 하청 업체와 담판을 벌이기 위해 뉴욕으로 파견되었다.

"브루클린에 사장님과 같은 이름을 가진 사람이 사장님 한 분뿐이라는 걸 알고 계신가요?" 서로의 소개가 끝나자 고는 하청 업체의 사장에게 물어보았다. "아니요. 전혀 몰랐습니다." 사장은 놀라며 대답했다.

"오늘 아침에 기차에서 내려서 이곳 주소를 찾으려고 전화번호부를 보았는데, 브루클린 전화부에 등록된 사람들 중 사장님 말고 같은 이름을 가진 분은 없었습니다."

"전혀 몰랐던 사실입니다." 사장이 대답했다. 그는 솔깃해서 전화번호부를 뒤져보았다. "글쎄, 흔치 않은 이름이긴 하죠." 하면서 으스대듯 말했다. "우리 집안은 약 200년 전에 네덜란드에서 뉴욕으로 건너와 정착했습니다." 그리고 그는 자신의 가족과 조상에 관해 잠시 이야기했다. 사장이 이야기를 마치자, 고는 그동안 방문했던 비슷한 공장과 비교해 공장 규모가 상당히 크다며 칭찬했다. "이곳은 제가 본 청동 공장 중에 가장 깨끗하고 잘 정돈되어 있군요."

사장이 대답했다. "평생을 고생하면서 일군 사업입니다. 꽤 자랑스럽긴 합니다. 공장 주변 좀 둘러보시겠습니까?"

공장을 둘러보면서 고는 공장의 제작 방식을 칭찬하면서, 어떤 점에서, 그리고 왜 이 공장이 다른 경쟁업체에 비해 뛰어난지를 말했다. 고가 일부 생소해 보이는 기계에 대해 칭찬하자, 사장은 자신이 직접 고안한 거라며 자랑했다. 그는 꽤 긴 시간 동안 그 기계들이 어떻게 작동하는지, 그리고 얼마나 멋진 작품을 만들어내는지 보여주었다. 사장은 자신을 방문한 손님에게 점심을 대접하겠다고 고집했다. 자, 지금까지 고가 공장을 방문한 진짜 의도에 대해서는 한마디도 하지 않았다는 것을 잘 기억하길 바란다.

점심 식사 후에 사장이 말했다. "자, 이제 본론으로 들어가 봅시다. 당신이 왜 이곳에 왔는지 너무도 잘 알고 있습니다. 사실 우리가 만나서 이렇게 즐거울 거라고는 기대하지 않았습니다. 설령 다른 주문들이 지연되더라도 귀사에서 주문하신 물건은 제 시간에 제작해서 보내겠다고 약속드릴 테니, 이제 그만 필라델피아로 돌아가셔도 됩니다."

고는 어떤 요구도 하지 않았지만 자신이 원했던 것을 모두 얻었다. 물건은 제때에 도착했고, 건물은 계약서에 명시된 날짜에 완공되었다. 만일 고가 그런 경우에 흔히 하듯이 화부터 내면서 비난하는 방법을 선택했더라면 이런 결과를 얻을 수 있었을까?

그러므로 반감이나 반발을 사지 않으면서 다른 사람을 변화시키고자 한다면, 다음과 같이 해보라.

반감이나 반발 없이 상대를 변화시키는 방법 1

칭찬과 솔직한 감사의 말로 시작하라.

원망받지 않고 비판하는 방법

어느 날 정오 무렵, 자신의 제철 공장 중 한 곳을 지나던 찰스 슈왑은 직원 몇 명이 담배를 피우고 있는 것을 보게 되었다. 그 직원들 바로 위에는 '금연' 표시가 있었다. 슈왑이 그 표시를 가리키면서 이렇게 말했을까? "이거 안 보이나?" 슈왑은 그러지 않았다. 그는 직원들에게 다가가 시가 한 대씩을 건네주면서 이렇게 말했다. "젊은 친구들, 밖에 나가서 피워주면 고맙겠네."

직원들은 자신들이 규칙을 어겼다는 사실을 슈왑이 알고 있다는 걸 눈치챘다. 규칙을 어긴 걸 알면서도 그에 대해서는 한 마디도 하지 않고, 오히려 자신들에게 작은 선물을 주면서 존중하는 태도로 대해주었기 때문에 그들은 슈왑을 존경했다. 당신이라면 이런 사람을 어떻게 싫어할 수 있겠는가?

존 워너메이커 역시 이와 똑같은 방법을 사용했다. 그는 필라델피아에 있는 자신의 백화점을 매일같이 둘러보았다. 그러던 중 한번은 고객 한 명이 계산대에서 계산을 기다리고 있는 걸 보게 되었다. 그 고객에게 신경 쓰는 사람은 단 한 명도 없었다. 직원들은 다들 어디 있지? 아, 그들은 저쪽 계산대 반대편에서 자기들끼리 모여서 웃고 떠드느라 정신이 없었다. 워너 메이커는 한마디도 하지 않았다. 조용히 계산대로 가서 직접 계산을 처리한 뒤, 직원들에게 건네주며 포장하라고 지시하고는 자리를 떠났다.

1887년 3월 8일에 뛰어난 설교가인 헨리 워드 비처가 세상을 떠났다. 그 주 일요일에 라이먼 애버트는 비처의 사망으로 고요해진 연단에서 설교해달라는 초대를 받았다. 그는 최선을 다해 설교 내용을 쓰고 또 쓰면서 마치 소설가 플로베르처럼 세심하게 주의를 기울여 내용을 다듬었다. 그런 다음 설교문을 아내에게 읽어주었다. 글로 작성한 연설문이 흔히 그렇듯 그의 설교문도 딱딱하고 형편없었다.

만약 부인이 판단력이 좀 부족했다면 이렇게 말했을 것이다. "여보, 도저히 못 들어주겠어요. 그 연설문으로는 정말 안 될 것 같아요. 그렇게 설교했다가는 사람들이 모두 졸고 말 거예요. 백과사전을 읽는 것같이 들리거든요. 지금껏 수년을 설교해왔으면 더 잘해야 되는 거잖아요. 제발 좀 자연스럽게 말하는 것처럼 해보세요. 그런 식으로 딱딱하게 읽었다가는 창피만 당할 게 뻔해요."

정말 그의 부인이 그렇게 말했다면 어떤 일이 일어났을지 당신도 예상할 수 있을 것이다. 그의 부인도 역시 이를 알고 있었다. 그래서 부인은 〈노스 아메리칸 리뷰〉에 실린다면 좋을 법한 글이라고만 이야기했다. 달리 말하자면 부인은 한편으로는 칭찬하는 동시에 다른 한편으로는 연설문으로는 딱딱하고 부족하다는 것을 간접적으로 이야기한 것이다. 라이먼은 그 뜻을 알아차렸다. 그는 아주 열심히 준비했던 원고를 찢어버리고 노트 없이 강단에 섰다.

그러므로 반감이나 반발을 사지 않으면서 다른 사람을 변화시키고자 한다면, 다음과 같이 해보라.

반감이나 반발 없이 상대를 변화시키는 방법 2

상대의 잘못을 간접적으로 알려주어라.

자신의 잘못을 먼저 이야기하라

오래전 조카인 조세핀 카네기가 내 비서로 일하겠다며 뉴욕으로 왔다. 당시 열아홉 살이던 조카는 3년 전에 고등학교를 졸업했지만, 업무 경험이 거의 없었다. 훗날 조세핀은 수에즈 서쪽에서 유능한 비서가 되었지만, 처음에는 나아질 수 있을지 걱정스러울 정도였다.

내가 조카를 혼내야겠다고 생각한 어느 날, 나는 스스로에게 말했다. '잠깐만, 데일 카네기. 네 나이는 조세핀의 두 배고, 업무 경험은 몇만 배나 더 많아. 네 수준도 보통이긴 하지만, 어떻게 조세핀에게 네가 가진 정도의 시야와 판단력과 추진력을 바랄 수 있겠어? 그리고 잠깐 데일, 너는 열아홉에 뭘 했지? 네가 저질렀던 터무니없는 실수와 어리석은 잘못을 떠올려 봐. 숱한 잘못을 저지르던 그때를 기억해보란 말이야.'

이처럼 솔직하고 공정하게 살펴보고 난 뒤에 나는 조세핀의 평균 업무 점수가 내가 열아홉 살이던 때보다 훨씬 높다는 결론을 내렸다. 고백하기 부끄럽지만, 그런 조세핀에게 충분한 칭찬을 해주지 못했음을 깨달았다.

그 후로 나는 조세핀의 실수를 지적하고자 할 때는 이렇게 말을 시작하곤 했다. "조세핀, 여기 실수한 게 있구나. 하지만 예전에 내가 저질렀던 실수에 비하면 아무것도 아니란 걸 하나님은 알고 계실 거다. 사람은 날 때부터 완벽할 순 없어. 판단력은 경험을 통해 얻어지는 것이고, 너는 네 나이 때의 나보다는 잘하는 편이야. 그만큼 나는 어리석고 바보 같은 짓을 많이 해서 네가 아니라 어느 누구라도 나무랄 처지가 못 된단다. 하지만 네가 이런 식으로 했다면 훨씬 더 좋지 않았겠니?"

야단치는 사람이 자신도 전혀 완벽하지 않다며 겸손하게 먼저 인정하면, 실수를 지적받는 사람이 받아들이기 훨씬 수월해진다.

베른하르트 폰 뷜로는 1909년에 이런 방식이 필요하다는 걸 확실히 배웠다. 폰 뷜로는 당시 독일의 수상이었고, 국왕은 빌헬름 2세였다. 거만하고 오만한 태도로 악명이 높은 독일 제국의 마지막 황제이며, 사나운 맹수와 같은 육군과 해군을 보유하고 있던 것으로 유명한 그 빌헬름 2세다.

그런데 놀라운 일이 벌어졌다. 황제가 있을 수 없는 실수를 저질렀다. 황제의 어떤 발언으로 인해 유럽 대륙이 뒤흔들렸고, 전 세계 곳곳에서 아우성이 들리기 시작했다. 이처럼 사태가 돌이킬 수 없게 된 것은 황제가 대중 앞에서 한 아둔하고 독선적이며 말도 안 되는 발표 때문이었다. 그는 영국을 방문하던 중에 어처구니없는 발언을 하면서 일간신문인 〈데일리 텔레그래프〉에 실으라고까지 했다. 예를 들어 황제는 자신이 영국에 우호적인 유일한 독일인이고, 일본의 위협에 대항해 해군을 창설하고 있다고 선언했다. 또 영국이 러시아와 프랑스에 굴욕을 당하고 있을 때 혼자서 영국을 구해냈으며, 영국의 로버츠 경이 남아프리카의 보어인을 무찌른 것도 자신이 세운 작전 계획 덕분이었다는 등 여러 터무니없는 발언을 했다.

100년간 지속된 평화로운 시기에 유럽의 왕이 그런 놀라운 말을 직접 한 적은 이전에 한 번도 없었다. 유럽 대륙은 벌집통을 쑤셔놓은 듯 들끓었다. 영국은 격분했고, 독일 정치인도 경악했다. 그리고 이러한 소동의 한가운데서 황제는 전전긍긍하며 독일 제국의 수상인 폰 뷜로에게 책임을 떠넘겼다. 그렇다. 황제는 폰 뷜로가 이 모든 책임은 황제에게 잘못 조언한 자신의 잘못이라고 발표하기를 바랐다.

폰 뷜로는 항변했다. "하지만 폐하, 그건 정말 말도 안 되는 이야기입니다. 독일이나 영국의 어느 누가 감히 제가 군주께 그런 말로 충고할 수 있다고 상상이나 하겠습니까."

폰 뷜로는 이 말을 하자마자 자기가 엄청난 실수를 했다는 것을 깨달았다. 황제는 폭발했다. "자네는 내가 어리석어서 자네라면 절대 저지르지 않을 실수나 하고 다니는 바보로 보는 건가!"

폰 뷜로는 그를 비난하기 전에 찬사를 보냈어야 한다는 걸 알고 있었다. 하지만 너무 늦었다. 결국 차선책을 찾아야 했다.

그는 비난한 다음에 찬사를 보냈다. 그리고 그 일은 흔히 그렇듯 놀라운 결과를 불러왔다.

폰 뷜로는 아주 공손하게 말했다.

"저는 그런 제안을 하기엔 부족합니다. 황제께서는 해군 등 군사적인 지식만이 아니라 자연과학의 모든 면에 걸쳐 여러모로 저를 능가하십니다. 저는 황제께서 기압계나 무선전신, 엑스선을 설명하실 때 감탄하며 경청할 뿐입니다. 저는 부끄럽게도 자연과학에 무지하고, 화학이나 물리학 개념도 모르며, 간단한 자연현상도 잘 설명하지 못합니다. 하지만 그 대신 약간의 역사적 지식이나 정치학, 특히 외교적 측면에서 유용한 지식이 조금 있을 뿐입니다."

황제는 활짝 웃었다. 폰 뷜로는 빌헬름에게 찬사를 보내며 그를 치켜세우고 자신을 낮추었던 것이다. 황제는 이후 모든 것을 용서했다. 그는 흥분된 어조로 말했다.

"짐이 항상 말하지 않았던가! 우리는 하늘이 짝지어준 인연이야. 서로 곁에 함께 있어야 하니 앞으로 떨어지지 말자고!"

황제는 폰 뷜로와 몇 번이고 악수했다. 그리고 그날 저녁 황제는 매우 들떠서 주먹을 쥐고 소리쳤다. "누구든 나에게 폰 뷜로에 대한 안 좋은 말을 하면 얼굴에 주먹을 날려버릴 테다."

폰 뷜로는 더 늦기 전에 화를 피했지만, 영리한 외교관인 그도 한 가지 실수를 저질렀다. 그는 황제가 아둔해서 보호자가 필요한 사람이라는 암시를 풍기기 이전에, 자신의 부족한 점과 황제의 뛰어난 점을 먼저 말했어야 했다.

자신은 낮추고 상대를 칭찬하는 말 몇 마디만으로도 거만하고 모멸감을 느낀 황제도 충실한 친구로 바꿀 수 있다면, 겸손과 칭찬이 우리의 일상생활에서 얼마나 대단한 일을 해낼지 생각해보라. 제대로 사용한다면 겸손과 칭찬은 커다란 기적을 일으킬 수 있다.

　그러므로 반감이나 반발을 사지 않으면서 다른 사람을 변화시키고자 한다면, 다음과 같이 해보라.

반감이나 반발 없이 상대를 변화시키는 방법 3

상대를 비판하기 전에 자신의 잘못을 먼저 이야기하라.

명령받고 싶은 사람은 아무도 없다

언젠가 나는 미국 전기작가들의 대모라 할 수 있는 아이다 타벨 여사와 식사를 한 적이 있었다. 나는 그녀에게 이 책을 쓰고 있다고 말했다. 우리는 인간관계에 관한 중요한 주제에 대해 대화를 시작했고, 그녀는 이와 관련된 경험을 들려주었다.

그녀는 오웬 D. 영의 자서전을 쓰느라 영과 3년 동안이나 같은 사무실을 썼던 사람을 인터뷰한 적이 있다고 말했다. 그 남자는 그동안 영이 다른 사람에게 직접적으로 지시하는 것을 듣지 못했다고 했다.

영은 항상 지시하지 않고 제안을 했다. 예를 들어 그는 "이것 또는 저것을 해라" 아니면 "이것 또는 저것을 하지 마세요"라고 하지 않았다. 그는 "이렇게 생각해볼 수도 있지 않을까요?" 또는 "이렇게 할 생각이에요?"라고 했다. 그는 편지를 구술한 다음에도 "어떻게 생각해요?"라고 자주 말했다. 또 비서가 쓴 서류를 훑어보고는 "이런 방식으로 문구를 쓰는 게 더 나을 것 같아요"라는 식으로 말했다. 그는 항상 사람들에게 스스로 할 수 있는 기회를 주었고, 비서에게 무엇을 하라고 절대 지시하지 않았다. 상대가 알아서 하고, 또 실수를 통해 스스로 배우도록 했다.

그런 방식은 사람들이 실수를 빠르게 수정해나가도록 만들었다. 그리고 사람들의 자존심을 지켜주고, 그들 모두가 스스로 중요한 사람이라는 생각이 들도록 해주었다. 또한 반발 없이 협력하려는 마음을 북돋아주었다.

그러므로 반감이나 반발을 사지 않으면서 다른 사람을 변화시키고자 한다면, 다음과 같이 해보라.

반감이나 반발 없이 상대를 변화시키는 방법 4

직접적으로 명령하지 말고 요청하라.

다른 사람의 체면을 세워줘라

수년 전 제너럴일렉트릭 사는 찰스 스타인메츠를 부서장 자리에서 물러나게 해야 하는 까다로운 문제에 부딪혔다. 스타인메츠는 전기 부문에서는 뛰어난 천재였지만, 회계 부문을 이끌기에는 문제가 많았다. 회사는 그의 기분을 상하게 할까 걱정했다. 그는 꼭 필요한 사람이었지만, 대단히 예민한 사람이기도 했다. 그래서 회사는 'GE 기술고문'이라는 새로운 자리를 만들어 그를 임명했다. 그리고 그가 맡았던 부서장 자리는 다른 사람이 맡도록 했다. 스타인메츠는 전혀 기분이 상하지 않았다.

제너럴일렉트릭 사의 임원들도 안도했다. 회사는 그의 체면을 세워줌으로써 큰 소란 없이 회사 내의 가장 괴팍한 인물의 인사 문제를 해결한 것이다.

체면을 세워주는 것! 얼마나 중요한 문제인가! 하지만 이에 대해 오랫동안 깊게 생각하는 사람은 얼마나 되는가? 우리는 자기만의 방식을 고집하며 상대의 결점을 찾고, 문제시하고, 다른 사람 앞에서 아이들이나 종업원을 나무라고, 심지어 다른 사람의 자존심에 상처를 주기도 하면서 그 사람의 감정을 함부로 다룬다. 반면 잠깐의 생각이나 사려 깊은 몇 마디의 말이나 상대의 행동에 대한 진정한 이해는 마음의 상처를 감싸준다.

앞으로 종업원을 해고하거나 질책해야 할 불편한 상황에 직면하면 이를 기억하도록 하자. 지금부터 공인회계사인 마셜 A. 그레인저가 내게 쓴 편지를 인용해 소개해보겠다.

"해고당하는 일이야 말할 필요도 없겠지만, 직원을 해고하는 일도 괴로운 일입니다. 우리 사업은 계절의 영향을 매우 많이 받습니다. 그래서 우리는 소득세 신고 기간이 끝난 후에는 많은 사람을 내보내야 합니다.

회계 쪽에서 흔히 하는 표현으로 '누구도 도끼 휘두르기를 좋아하지 않는다'라는 말이 있습니다. 따라서 가급적 빨리 처리하는 게 관례여서 일반적으로 다음과 같은 방식으로 합니다. '앉으세요, 스미스 씨. 시즌이 끝났으니 이제 당신께 맡길 업무가 더 이상 없는 것 같습니다. 물론 당신을 바쁜 시즌에만 고용하는 조건으로 채용했던 건 알고 계시리라 생각합니다 등등…'

이런 말을 들으면 사람들은 실망감과 함께 모멸감을 느낍니다. 대부분 평생을 회계 관련 업무에 몸담은 사람들입니다. 그리고 이렇게 쉽게 자신을 해고하는 회사에 특별한 애정은 없습니다.

최근에 저는 임시직 인력을 내보낼 때 좀 더 지혜롭고 사려 깊은 방법을 써야겠다고 결심했습니다. 그래서 면담을 하기 전에 그가 겨울 동안 해온 일을 잘 살펴본 뒤 이렇게 말했습니다.

'스미스 씨, 그동안 일을 참 잘 해주셨습니다. 지난번 뉴욕에 출장 갔을 때 맡으셨던 업무는 꽤 어려운 일이었습니다. 그런데도 그렇게 훌륭하게 임무를 완수해주셔서 진심으로 고맙게 생각하고 있습니다. 워낙 능력이 있으신 분이니 어디에서 일하시든 잘하실 수 있으리라 생각합니다. 우리는 스미스 씨의 능력을 믿고 있으며, 언제나 응원하고 있음을 잊지 말아주십시오.'

그 효과가 어땠냐고요? 사람들은 비록 직장을 떠나야 했지만, 예전보다 훨씬 더 편안한 마음으로 떠났습니다. 버림받았다는 느낌도 갖지 않았습니다. 그들은 만약 우리가 맡길 일이 있었다면 자신을 계속 고용했을 거라는 사실을 알고 있습니다. 그리고 그들이 필요로 할 때면 그들은 애정을 가지고 다시 합류할 것입니다."

이미 고인이 된 드와이트 머로는 툭하면 다투는 사람들을 화해시키는 비상한 재주를 갖고 있었다. 도대체 그는 어떻게 했을까? 머로는 양쪽 편의 정당하고 옳은 부분을 세심하게 찾아내어 이를 칭찬하고 강조하며 은밀히 드러나게 만들었다. 그리고 어떻게 해결되더라도 어느 한쪽이 틀렸다는 결론으로 마무리되지 않도록 했다.

이처럼 상대방의 체면을 살려주는 것은 모든 중재자들이 중요시 여기는 일이다. 진짜 위대한 사람은 자신의 개인적인 승리에 도취한 나머지 어리석게 행동하지 않는다. 예를 들어보자.

1922년, 수백 년에 걸친 극한 대립 끝에 터키인들은 자기네 영토에서 그리스인들을 완전히 몰아내기로 결정했다. 무스타파 케말은 병사들에게 나폴레옹처럼 위대한 포부를 담은 연설을 했다. "여러분들의 목표는 지중해다." 이 연설과 함께 현대사에서 가장 치열한 전쟁이 일어났다. 승리한 쪽은 터키였다. 그리스의 두 장군, 트리코피스와 디오니스가 항복하기 위해 케말이 있는 곳으로 가는 동안 터키 사람들은 패배한 적에게 끝없는 저주를 퍼부어댔다.

하지만 케말은 승리자처럼 행동하지 않았다. "앉으세요, 신사분들." 케말이 그들의 손을 잡으며 말했다. "피곤하실 겁니다." 그런 다음 전쟁에 관해 이런저런 이야기를 나누고 나서, 그는 상대가 패배를 너무 심각하게 받아들이지 않도록 배려했다. 그는 군인 대 군인으로 이렇게 말했다. "전쟁이란 게 마치 게임처럼 때로는 더 뛰어난 사람이 지는 경우도 있습니다."

승리의 환희 속에서도 케말은 다음과 같은 중요한 원칙을 잊지 않고 있었다.

반감이나 반발 없이 상대를 변화시키는 방법 5

다른 사람의 체면을 세워줘라.

사람들을 성공으로 이끄는 방법

피터 바로우는 나의 오랜 친구다. 그는 동물 쇼를 하면서 평생을 서커스단과 곡마단을 따라 떠돌아 다녔다. 나는 피터가 새로운 개를 훈련시키는 광경을 보는 것을 아주 좋아했다. 피터는 개가 약간이라도 진전을 보이면, 개를 쓰다듬으며 칭찬해 주고 고기를 주어 개가 더 잘할 수 있도록 유도했다. 이것은 전혀 새로울 게 없는 방법이다. 수세기 동안 동물 조련사들이 해 온 방법이다.

나는 문득 개를 훈련시킬 때 하는 것과 같은 상식적인 방법을 우리는 왜 사람을 변화시키고자 할 때는 사용하지 않는지 궁금해졌다. 왜 우리는 채찍 대신 당근을 사용하지 않을까? 왜 우리는 비난 대신 칭찬을 사용하지 않을까? 아주 작은 발전이라도 칭찬을 해보자. 칭찬은 다른 사람이 계속해서 발전할 수 있도록 힘을 북돋아준다.

루이스 E. 로스 교도소장은 범죄를 저질러놓고도 가책을 느끼지 못하는 싱싱 교도소의 수감자들조차도 사소한 발전에 칭찬을 해주면 변화가 생긴다는 사실을 발견했다. 이 책을 쓰는 도중에 나는 루이스 소장으로부터 편지를 받았다. 편지에는 다음과 같은 구절이 있었다.

"재소자들의 노력에 대해 적절하게 칭찬하는 게 그들의 잘못을 나무라고 벌주는 것보다 협조를 이끌어내기 더 수월하다는 것을 알게 되었습니다. 또한 그들이 결국 사회에 다시 적응하는 것을 돕는 데도 훨씬 나은 결과를 가져온다는 사실도 발견했습니다."

나는 교도소에 갇혀본 적이 없다. 적어도 현재까지는 그렇다. 하지만 내 삶을 되돌아보면 몇 마디 칭찬의 말이 나의 미래를 송두리째 바꿔놓았던 때가 있음을 알 수 있다. 당신의 인생에도 그런 경우가 있지 않은가? 역사에는 칭찬이 마법 같은 기적을 일으키는 놀라운 이야기들로 가득 차 있다.

예를 들어 아주 오래전 나폴리에 있는 한 공장에서 일하고 있던 열 살 된 소년은 가수가 되기를 간절히 원했다. 하지만 그의 첫 번째 선생은 그를 좌절하게 만들었다. 그 선생은 소년에게 이렇게 말했다. "너는 가수가 될 수 없어. 네 목소리는 가수가 되기엔 좋지 않아. 마치 덧문을 흔드는 바람 소리 같아."

하지만 가난한 소작농이었던 그의 어머니는 그를 품에 안고 '너는 노래를 부를 수 있고 이미 발전을 보이고 있다'라며 칭찬해주었다. 그리고 아들의 음악 레슨비를 모으기 위해 신발도 없이 맨발로 다니기도 했다. 그 가난한 소작농인 어머니의 칭찬과 격려는 소년의 인생을 완전히 바꾸어놓았다. 그 소년이 바로 당대에 가장 위대하고 유명한 오페라 가수인 엔리코 카루소다.

19세기 초 런던에 살고 있던 한 젊은이는 작가가 되고 싶었다. 하지만 모든 것이 그의 길을 막아선 듯 보였다. 그는 학교를 고작 4년밖에 다니지 못했다. 그의 아버지는 빚을 갚지 못해 감옥에 있었고, 그는 자주 굶주림에 시달렸다. 결국 그 젊은이는 쥐가 우글거리는 창고에서 검정색 구두약 통에 라벨을 붙이는 일을 하게 되었다. 그리고 밤에는 런던의 빈민가 출신의 두 소년과 함께 음침한 다락방에서 잠을 잤다.

그는 자신의 글재주에 자신이 없었다. 그래서 다른 사람의 비웃음을 사지 않으려고 한밤중에 아무도 모르게 자신의 원고를 출판사에 보냈다. 하지만 매번 거절당했다. 그러던 어느 날, 그의 원고가 받아들여지는 믿기지 않는 일이 생겼다. 비록 원고료는 한 푼도 받지 못했지만, 그는 편집장이 자기를 칭찬해준 것에 감격했다. 편집장으로부터 인정을 받은 것이었다. 그는 너무 기쁜 나머지 두 볼에 눈물이 흘러내리는 것도 잊은 채 거리 여기저기를 뛰어다녔다.

출판된 한 편의 이야기를 통해 그는 칭찬과 인정을 받았고, 인생이 송두리째 바뀌었다. 만약 그런 격려가 없었다면 그는 아마도 한평생을 쥐가 우글거리는 공장에서 보냈을 것이다. 당신은 그 소년의 이름을 들어보았을 것이다. 그의 이름은 찰스 디킨스다.

영국에 살고 있던 또 다른 소년은 직물 가게의 점원으로 살아가고 있었다. 그는 새벽 5시에 일어나 가게를 청소하고, 하루 14시간을 고되게 일했다. 일이 너무 힘들고 단순해서 소년은 그 일이 너무 싫었다. 2년 후 어느 날 아침, 소년은 더 이상 그 일을 견딜 수 없어 아침 식사도 거른 채 24킬로미터를 걸어 가정부로 일하고 있는 어머니를 찾아갔다.

소년은 제정신이 아니었다. 그는 눈물을 흘리며 어머니에게 애원했다. 앞으로도 그 가게에서 계속 일해야 한다면 죽어버리겠다고 말했다. 그러고 나서 예전 학교 선생님에게 길고 애처로운 편지를 썼다. 자신은 비탄에 빠져 있고 더 이상 살고 싶지 않다는 내용이었다. 선생님은 소년을 우선 칭찬한 뒤, 그가 아주 똑똑하기 때문에 더 나은 일에 어울린다며 학교에서 일할 수 있는 자리를 마련해주었다.

그때의 칭찬 한마디가 소년의 미래를 바꾸었고, 영국 문학사에 길이 남을 유산을 쓸 수 있게 만들었다. 그 소년은 셀 수 없이 많은 베스트셀러 책을 썼고, 많은 돈을 벌었다. 당신은 아마도 그의 이름을 들어보았을 것이다. 그 소년이 바로《타임머신》의 작가 H. G. 웰스였다.

1922년 캘리포니아 주 변두리에서 아내를 부양하며 힘든 시절을 보내던 한 남자가 있었다. 그는 일요일에 교회 성가대에서 노래를 했고, 간혹 결혼식장에서 〈내게 약속해주오〉라는 노래를 불러 5달러씩 벌기도 했다. 집안 형편이 너무나 어려웠기 때문에 시내에서 살 수 없었던 그는 포도 농장에 있는 낡은 오두막에 겨우 12달러 50센트짜리 세를 들어 살고 있었다. 하지만 그렇게 싼 월세도 돈이 없어 열 달째 밀려 있었다. 그는 포도 농장에서 포도 따는 일을 하면서 밀린 월세를 조금씩 갚아나갔다. 후에 그 남자는 포도 말고는 먹을 게 없었던 시절이 있었노라고 내게 말했다. 너무 의기소침해진 그는 가수의 꿈을 접고 생계를 위해 트럭 파는 일을 하려고 했다. 그때 루퍼트 휴즈가 그를 칭찬할 일이 있었다. 휴즈는 이렇게 말했다. "자네는 훌륭한 가수가 될 소질이 있네. 뉴욕으로 가서 공부해보게."

그 젊은이는 최근 나에게 그 작은 칭찬 몇 마디와 약간의 격려가 자신의 인생을 바꾸어놓았다고 말했다. 그 말을 듣고 그는 2500달러를 빌려 동부로 떠났기 때문이다. 그가 바로 미국 서부 출신의 전설적인 바리톤 로렌스 티베트다.

사람을 변화시키는 것은 가능하다. 만약 당신이나 내가 상대에게 영감을 불어넣어 그들의 숨은 재능을 깨달을 수 있도록 격려한다면, 우리는 그 사람의 인생을 크게 변화시킬 수 있다. 단순히 변화시키는 것을 넘어 그야말로 완전히 탈바꿈시킬 수도 있다.

이 말이 과장으로 들리는가? 그러면 미국이 배출한 가장 유명한 심리학자이자 철학자 중 한 명인 윌리엄 제임스의 말을 들어보자.

"우리가 가진 잠재력에 비추어볼 때 우리는 지금 절반만 깨어 있다. 우리는 신체적, 정신적 자원의 일부만을 사용하고 있을 뿐이다. 따라서 일반적으로 인간 개개인은 자신의 한계에 한참 못 미치는 삶을 살고 있다. 인간에게는 으레 사용되지 못하고 있는 다양한 종류의 능력이 있다."

그렇다. 지금 이 책을 읽고 있는 당신도 충분히 활용하지 못하고 있는 다양한 종류의 능력을 가지고 있다. 그리고 아마도 당신이 충분히 사용하지 못하고 있는 이러한 능력들 가운데 하나는 다른 사람들이 잠재 능력을 깨달을 수 있도록 격려하고 칭찬하는 아주 특별한 능력일 것이다.

그러므로 반감이나 반발을 사지 않으면서 다른 사람을 변화시키고자 한다면, 다음과 같이 해보라.

반감이나 반발 없이 상대를 변화시키는 방법 6

아주 작은 발전이라도 칭찬하라.
발전이 있을 때마다 칭찬하라.
"진심으로 인정하고 아낌없이 칭찬하라."

개에게도 좋게 말해주어라

뉴욕 스카스데일에 살고 있는 내 친구 어니스트 겐트 부인은 최근에 하녀를 한 명 고용하기로 했다. 면담을 통해 지원자들 중에서 한 명을 뽑은 뒤 월요일부터 출근하라고 했다. 그리고 그사이에 하녀가 전에 일하던 집에 전화를 걸어 그녀에 대해 물어보았다. 그런데 평판이 그리 좋지 않았다. 월요일에 그녀가 일하러 오자, 부인은 이렇게 말했다.

"넬리, 네가 전에 일하던 집에 전화를 해보았단다. 그 집 안주인은 네가 정직하고 믿을 만하며, 요리도 잘하고, 아이들도 잘 돌본다고 하더구나. 그런데 네가 깔끔하지 못하고, 집안 청소를 잘하지 못한다는 말도 했단다. 나는 그녀가 거짓말을 했다고 생각한단다. 누가 보더라도 넌 복장이 단정하잖니. 네가 옷 입는 것과 마찬가지로 집도 깨끗하게 정돈할 거라고 믿는다. 너랑 나는 사이좋게 지낼 수 있을 거 같구나."

그리고 실제로 그들은 사이좋게 지냈다. 넬리에 대한 좋은 평가는 그녀가 지켜야 할 기준이 되었다. 그리고 넬리는 그 기준에 맞춰 행동했다. 집 안은 항상 깨끗하고 잘 정돈되었다. 넬리는 젠트 부인의 기대를 저버리지 않기 위해서 정해진 일과 시간이 끝난 후에도 집 안을 털고 닦고 하는 노력을 게을리하지 않았다.

볼드윈 로코모티브 웍스 사의 사장인 새뮤얼 보클레인은 이렇게 말했다. "사람들은 대부분 자신이 존경하는 사람이 자기에게 있는 어떤 능력을 높이 평가할 경우, 그가 이끄는 대로 쉽게 움직인다."

간단히 말해서 상대의 어떤 부분을 개선하고 싶으면, 그 부분이 이미 상대의 뛰어난 점 가운데 하나인 것처럼 행동해야 한다. 셰익스피어는 이렇게 말했다. "내가 가지고 있지 않은 미덕은 이미 갖고 있는 것처럼 행동하라." 그러므로 상대의 어떤 장점을 개발해주고 싶다면, 상대가 그런 장점을 갖고 있다고 생각하면서 공개적으로 말하는 게 좋다. 상대에게 그가 갖고 싶을 만한 괜찮은 평판을 주어라. 그러면 그는 당신을 실망시키지 않기 위해서라도 열심히 노력하게 될 것이다.

조제트 르블랑은 자신의 저서 《추억, 마테를링크와 함께한 삶》에서 어느 보잘것없는 벨기에 출신의 미천한 여자애가 고귀한 신데렐라로 변하는 놀라운 이야기를 했다. 그녀는 이렇게 썼다.

"이웃 호텔에서 온 하녀가 내 식사를 가져왔다. 그녀는 주방 보조로 일을 시작했기 때문에 '접시닦이 마리'라고 불리고 있었다. 그녀는 사팔뜨기에 휜 다리, 그리고 가련한 몸과 정신을 가진, 한마디로 못난이였다.

어느 날 그녀가 거칠어진 손으로 내 마카로니 접시를 들고 서 있을 때, 나는 마리에게 이렇게 말했다. '너는 네 안에 어떤 보물이 있는지 모르고 있구나.'

감정을 숨기는 데 익숙해 있던 마리는 행여나 일이 잘못되기라도 할까 봐 한동안 꼼짝도 못하고 있었다. 잠시 후 그녀는 접시를 테이블 위에 올려놓더니 한숨을 쉬며 솔직하게 말했다.

'부인, 그런 생각은 이제껏 한 번도 해보지 못했습니다.' 그녀는 내 말을 의심하지 않았고, 의문을 제기하지도 않았다. 부엌으로 돌아가 내가 한 말을 몇 번이고 되뇌었다. 그녀의 믿음은 너무나 확고해서 더 이상 누구도 그녀를 놀릴 수 없었다. 그날 이후로 나는 그녀를 눈여겨보았다.

가장 신기한 변화는 보잘것없던 마리 자신에게서 일어났다. 자기 안에 감춰진 보물이 있다는 믿음을 갖게 되자, 그녀는 얼굴과 몸을 아주 조심스레 가꾸기 시작했다. 시간이 지나면서 소녀 특유의 젊음이 피어나고 못생긴 외모도 조금씩 나아졌다.

두 달 후 그녀는 주방장 조카와 곧 결혼할 예정이라고 내게 말했다. '저는 숙녀가 될 거예요.' 그녀는 이렇게 말하며 나에게 감사를 표했다. 몇 마디의 말이 그녀의 인생 전체를 바꾸어놓았던 것이다."

조제트 르블랑은 '접시닦이 마리'에게 갖고 싶은 평판을 주었고, 그 평판은 그녀의 삶을 완전히 바꾸어놓았다.

헨리 클레이 리스너가 프랑스에 주둔 중이던 미 보병부대 병사들의 태도를 개선하고자 했을 때도 똑같은 방법을 사용했다. 미국에서 가장 유명한 장군 제임스 G. 하보드가 한번은 리스너에게 프랑스에 주둔 중인 200만의 미군 보병들이 이제껏 자신이 보거나 아니면 책에서 읽은 군인들 중에서 가장 깨끗하며 이상적이라고 생각한다고 말했다.

　과장된 칭찬이었을까? 그럴지도 모른다. 하지만 리스너가 그 말을 듣고 어떻게 했는지 살펴보자. 그는 이렇게 쓰고 있다.

　"나는 장군이 한 이야기를 기회가 있을 때마다 병사들에게 말해주었습니다. 그 말에 대해 한 번도 의심하지 않았습니다. 설령 사실이 아니라 하더라도 하보드 장군이 그렇게 생각한다는 것을 아는 것만으로도 병사들이 그 평판에 맞추고자 노력할 것임을 알고 있었기 때문입니다."

　옛말에 "개에게 나쁜 낙인을 찍는 것은 그 개를 목매다는 것이나 마찬가지다"라는 말이 있다. 그렇다면 좋은 평판을 해주고 어떤 일이 벌어지는지 지켜보면 어떨까?

　부자이건 가난한 사람이건, 거지이건 도둑이건, 대부분의 사람들은 자신이 정직하다는 평판이 나면 그 평판대로 살려고 노력한다.

　싱싱 교도소 소장으로 죄수들에 대해 누구보다 잘 아는 로스는 이렇게 말한다. "악당을 다뤄야만 하는 상황에서 그들을 이길 수 있는 유일한 방법은 그들을 존경할 만한 사람처럼 대해주는 것뿐이다. 상대가 그런 대우를 받을 만하다고 여겨라. 그렇게 대해주면 자신을 믿어준다는 것에 상대도 기분이 좋아져서 그런 대우에 어울리게 행동하려 한다."

이 말은 너무도 옳고 중요한 말이기 때문에 한 번 더 적어보겠다. "악당을 다뤄야만 하는 상황에서 그들을 이길 수 있는 유일한 방법은 그들을 존경할 만한 사람처럼 대해주는 것뿐이다. 상대가 그런 대우를 받을 만하다고 여겨라. 그렇게 대해주면 자신을 믿어준다는 것에 상대도 기분이 좋아져서 그런 대우에 어울리게 행동하려 한다."

그러므로 반감이나 반발을 사지 않으면서 다른 사람을 변화시키고자 한다면, 다음과 같이 해보라.

반감이나 반발 없이 상대를 변화시키는 방법 7

상대방이 갖고 싶어 하는 좋은 평판을 주어라.

상대의 결점을 고치기 쉬운 것처럼
느끼도록 하라

얼마 전 마흔이 다 된 내 친구는 독신 생활을 접고 약혼을 했는데, 약혼녀의 설득으로 늦은 나이에 댄스 교습을 받게 되었다. 그 친구가 그때의 이야기를 해주었다.

"내가 댄스 교습을 받아야 한다는 건 누구나 알 만한 일이었지. 내 춤은 처음 춤을 배우던 20년 전과 비교해 나아진 게 하나도 없었거든. 내 첫 번째 선생은 아마 내게 진실을 말했을 거야. 선생은 내 춤이 엉망이기 때문에 모든 것을 잊고 처음부터 다시 시작해야 한다고 말씀하셨지. 하지만 그 말을 듣자 나는 춤을 배우고 싶은 마음이 사라졌어. 배울 의욕이 사라지더군. 그래서 댄스 교습을 그만두었어.

그다음에 만난 선생은 거짓말을 했을지도 모르지만, 난 그게 좋았어. 선생은 별일 아니라는 듯이 내 춤이 조금 구식이긴 하지만 기본은 잘되어 있으니, 몇 가지 새로운 스텝을 배우는 건 별로 어렵지 않을 거라고 말해주었어. 첫 번째 선생은 잘못을 지적해서 내 의욕을 꺾어놓았지만, 새로운 선생은 그와 정반대였지. 내가 잘한 건 계속 칭찬해주고 실수는 가볍게 넘어가 주셨어. '리듬감을 타고났네요' '정말 타고난 춤꾼이시네요'라며 내 의욕을 북돋아주었어. 지금 상식적으로 생각해봐도 난 언제나 삼류 댄서였고, 앞으로도 계속 그럴 거야. 하지만 내 마음 깊은 곳에는 여전히 그 선생의 말이 사실일 수도 있다는 생각이 있지 않나 싶어. 분명한 건 내가 수강료를 내니까 선생이 그런 말을 했겠지만, 그게 뭐 대수겠어?

어쨌거나 난 리듬감을 타고났다는 얘기를 듣기 전보다는 이제 춤을 더 잘 추게 되었다고 생각해. 새로운 선생의 칭찬이 내게 용기를 북돋아주었지. 나에게 희망을 주고 더 분발하도록 만들어주었어."

당신이 자녀나 배우자나 직원에게 '어리석다' '멍청하다' '재능이 없다' '엉망으로 한다'라고 말한다면, 그들이 개선하기 위해 노력하려는 의욕을 모조리 꺾어놓게 된다. 하지만 그와 반대의 방법을 사용해보라. 격려를 아끼지 마라. 쉽게 할 수 있는 일이라고 말해주어라. 상대가 그 일을 할 수 있는 능력이 있음을 당신이 믿고 있다고 알려주어라. 상대에게 감춰진 재능이 있음을 깨닫게 하라. 그러면 그는 더 나아지기 위해 밤낮을 가리지 않고 노력할 것이다.

인간관계의 대가, 로웰 토머스도 이 기술을 사용한다. 그는 상대를 칭찬하고, 자신감을 심어주며, 믿음을 갖게 한다. 예를 들어보자. 토머스 부부와 함께 보낸 토요일 저녁에 그는 내게 따뜻한 화로 앞에 앉아 편안하게 브리지 게임을 하자고 했다. 브리지 게임을? 오, 아니, 안 해. 난 브리지 게임을 하지 않아. 난 그 게임에 대해 전혀 모른다고. 그 게임은 언제나 내게 영원한 수수께끼 자체란 말이야. 못 해! 못 한다고! 내겐 불가능해!

그러자 로웰이 이렇게 말했다. "한번 해보게, 데일. 이 게임은 별거 아닐세. 기억력과 판단력이 필요하다는 것만 빼면 브리지 게임은 어렵지 않거든. 그런데 자네는 기억력에 관한 책도 썼잖은가. 브리지 게임은 자네에게 땅 짚고 헤엄치기일 걸세. 자네한테 딱 맞는 게임이란 말일세."

이윽고 내가 무엇을 하고 있는지 깨달았을 때는 나는 이미 생전 처음으로 브리지 게임을 하고 있었다. 그럴 수 있었던 데는 내가 그 게임에 타고난 재능이 있다는 말을 듣기도 했거니와 게임이 쉬워 보였기 때문이기도 하다.

브리지 게임에 대해 말하고 있자니 일리 컬버트슨이 떠오른다. 그가 브리지 게임에 대해 쓴 책들은 12개 언어로 번역되었으며, 수백만 부가 팔렸다. 하지만 그가 내게 말하길, 한 젊은 여인이 자신에게 게임에 대한 재능이 있다는 믿음을 불어넣어주지 않았더라면 자신이 그 게임을 직업으로 삼는 일은 없었을 거라고 했다.

1922년 컬버트슨은 미국에 도착했다. 그는 철학과 사회학을 가르치는 직업을 얻으려고 노력했지만 구할 수 없었다. 그래서 석탄 판매업을 해보았지만 실패했고, 커피도 팔아보았지만 역시 실패했다.

그는 브리지 게임을 몇 번 해보긴 했지만, 당시에는 자신이 언젠가 그 게임을 가르치게 될 거라고는 전혀 생각지 못했다. 그는 게임에 서툴렀을 뿐만 아니라 게임을 같이하기에는 매우 어려운 고집쟁이였다. 그는 너무 많은 질문을 했을 뿐만 아니라, 경기가 끝난 후에도 하도 캐묻는 바람에 아무도 그와 게임을 하려 들지 않았다.

그러던 어느 날, 그는 조세핀 딜런이라는 예쁜 브리지 게임 교사를 만나 사랑에 빠졌고, 그녀와 결혼했다. 조세핀은 그가 카드 게임을 세세하게 분석하는 것을 보고는, 그가 브리지 게임에 천재적인 소질이 있음을 확신시켜주었다. 컬버트슨에 따르면, 그가 브리지를 직업으로 선택하게 된 이유는 그녀의 격려, 단지 격려 몇 마디 때문이었다고 한다.

그러므로 반감이나 반발을 사지 않으면서 다른 사람을 변화시키고자 한다면, 다음과 같이 해보라.

반감이나 반발 없이 상대를 변화시키는 방법 8

격려하라. 상대에게 고쳐주고 싶은 잘못이 보이면 그 잘못이 고치기 쉬운 것으로 느껴지게 하라.
상대가 했으면 하는 것이 하기 쉬운 것처럼 보이도록 하라.

내가 원하는 바를
상대가 기꺼이 돕도록 만드는 방법

1915년 미국은 난처한 입장에 처해 있었다. 1년이 넘도록 유럽 국가들 간에 일찍이 그 유례를 찾아볼 수 없는 대학살이 진행되고 있었기 때문이다. 평화가 찾아올 수 있을까? 그 누구도 알 수 없었다. 하지만 우드로 윌슨은 평화를 회복하기 위해 노력하기로 결심했다. 그는 자신을 대신하는 평화 사절단을 유럽의 전쟁 당사국 지도자들에게 보내 협의하기로 했다.

'평화 옹호론자, 브라이언'으로 알려진 윌리엄 제닝스 브라이언 국무 장관이 그 임무를 맡고 싶어 했다. 그는 그 일을 통해 위대한 업적을 세워 자신의 이름을 영원히 남길 수 있는 기회로 삼고 싶어 했다. 하지만 윌슨 대통령은 브라이언이 아닌, 자신의 가까운 친구이자 고문인 에드워드 하우스 대령에게 그 일을 맡겼다. 그리하여 하우스 대령은 브라이언의 기분이 상하지 않게 이 반갑지 않은 소식을 전해야 하는 곤란한 임무도 맡게 되었다. 하우스 대령은 자신의 일기에 이렇게 적고 있다.

"브라이언은 내가 평화 사절단으로 유럽에 가게 되었다는 소식을 듣고 매우 실망했다. 그는 자신이 그 일을 하기 위해 계획을 세워왔다고 말했다.

나는 그에게 대통령은 누구든 이 일을 공식적으로 수행하는 것은 현명하지 못한 방법이며, 만일 국무 장관이 가게 된다면 너무 많은 관심이 쏠릴 것이고, 사람들은 왜 그가 왔는지 이상하게 여길 것이라고 말해주었다."

당신은 이 말이 의미하는 바를 알 수 있는가? 하우스는 사실상 브라이언이 이 임무를 맡기에는 지나치게 중요한 인물이라고 이야기함으로써 브라이언의 기분을 상하지 않게 하면서 소식을 전할 수 있었다.

노련하고 경험이 많은 하우스 대령은 인간관계의 중요한 원칙 가운데 하나를 따른 것이다. '당신이 제안하는 일을 상대가 기꺼이 하게 만들어라.'

우드로 윌슨 대통령이 윌리엄 깁스 맥아두를 각료로 입각시킬 때도 이 원칙을 지켰다. 각료로 임명하는 것은 윌슨이 누군가에게 줄 수 있는 최고의 영예지만, 그는 그럴 때도 상대가 인정받고 있다는 느낌을 더욱 많이 느낄 수 있도록 만들었다. 맥아두의 입을 통해 그 이야기를 들어보자. "윌슨 대통령은 자신이 내각을 구성하고 있는데, 내가 재무 장관을 맡아주면 정말 기쁘겠다고 말했습니다. 그런 영광스런 제안을 하면서도 그는 내가 호의를 베풀고 있는 것 같은 기분이 들게 만드는 재주를 갖고 있었습니다."

불행히도 윌슨 대통령은 항상 그런 방법을 사용하지는 않았다. 만일 그가 항상 그런 방법을 사용했더라면 역사가 바뀌었을지도 모른다. 예를 들어 미국이 국제연합에 가입하려고 할 때 상원과 공화당이 기쁘게 느낄 수 있도록 만들어주지 않았다. 윌슨은 국제연맹을 구성하기 위해 평화 회담을 하러 가면서 엘리후 루트, 찰스 에반스 휴즈 또는 헨리 캐보트 로지와 같은 쟁쟁한 공화당 지도자들을 데려가지 않았다. 대신 자기 당에서 이름이 알려지지 않은 의원들을 데리고 갔다. 그는 공화당원을 무시했고, 국제연맹 가입이 그와 공화당의 생각이라 여겨지는 것이 싫었으며, 공화당이 관여하도록 놔두고 싶지 않았다. 이렇게 인간관계를 형편없이 처리한 결과 윌슨은 결국 실각하게 되고, 건강이 나빠지면서 수명도 짧아졌으며, 이로 인해 미국은 국제연맹에 가입하지 못하게 됨으로써 세계 역사도 달라졌다.

유명한 출판사 더블데이 페이지는 '당신이 제안하는 일을 상대가 기꺼이 하게 만들어라'라는 규칙을 언제나 충실히 지켰다. 이 출판사가 어찌나 이 규칙을 잘 사용했던지, 오 헨리는 다른 출판사가 자신의 소설을 출판하겠다고 통보할 때보다 더블데이 페이지 사가 자신의 가치를 인정해주면서도 정중하게 출판을 거절할 때 오히려 더 기분이 좋아진다고 말할 정도였다.

내가 아는 사람 중에 시간이 없어서 강연 초청을 많이 거절해야만 하는 이가 있다. 거절할 수밖에 없는 초청 중에는 친구들이 부탁한 것도 있고, 신세를 진 사람들이 부탁한 것도 있었다. 하지만 그는 거절을 하더라도 상대가 만족할 수 있도록 노련하게 처리했다. 그는 어떻게 그럴 수 있었을까? 이런저런 사정이 있어서라고 단지 얘기만 하는 방식은 아니다. 절대로 아니었다. 초청에 대한 감사의 의미와 초청을 받아들일 수 없는 자신의 상황에 대한 유감의 뜻을 표한 뒤, 그는 자신을 대신할 만한 다른 강연자를 추천했다. 다시 말해 그는 상대가 거절당했다고 기분 나빠할 틈을 주지 않고, 순식간에 상대의 생각을 자기를 대신할 수 있는 다른 강연자에게로 돌려놓은 것이다.

"제 친구 중에 〈브루클린 이글〉에서 편집장을 맡고 있는 이가 있는데, 그 친구에게 강연을 부탁해보면 어떨까요? 아니면 가이 히콕은 어떠신지요? 그는 유럽 특파원으로 파리에서 15년간 근무한 경험이 있기 때문에 화제가 아주 풍부하답니다. 아니면 리빙스턴 롱펠로는 어떠신가요? 그는 인도에서 사냥에 관한 훌륭한 영화를 제작한 경험이 있답니다."

뉴욕의 가장 큰 인쇄 회사 가운데 하나인 J. A. 원트 오가니제이션을 운영하고 있는 J. A. 원트에게는 고민거리가 하나 있었다. 한 기계공의 태도를 바로잡아주어야 하는데, 그가 반발하지 않도록 하고 싶었다. 그 기계공은 타자기를 비롯해 밤낮으로 쉴 새 없이 돌아가는 수십 대의 기계를 관리하고 있었다. 그런데 작업이 너무 많다거나, 근무시간이 너무 길다거나, 조수를 붙여달라는 등 늘 불만을 늘어놓고 있었다.

원트는 조수를 붙여주지도 않고, 작업 시간이나 작업량을 줄이지 않으면서도 그 기계공이 만족하도록 하는 데 성공했다.

어떻게 했을까? 그는 기계공에게 개인 사무실을 내주었다. 방문에는 그의 이름이 적혀 있었고, 그 옆에는 '서비스 부문 매니저'라는 그의 직함도 붙어 있었다.

그는 이제 누구나 불러서 명령을 내릴 수 있는 수리공이 아니었다. 그는 서비스 부분의 매니저였다. 권위도 생기고 인정도 받으니 자신이 중요한 존재가 된 느낌도 들었다. 그 이후 그는 불평하지 않고 만족하면서 일하게 되었다.

유치한가? 그럴지도 모른다. 하지만 나폴레옹이 레지옹 도뇌르 훈장을 만들어 1500명의 군인들에게 수여하고, 18명의 장군에게 '프랑스 대원수'라는 직위를 하사하며, 자신의 군대를 '대육군'이라고 불렀을 때도 사람들은 유치하다고 했다. 역전의 용사들에게 유치하게 '장난감'이나 줄 수 있느냐고 비판하자, 나폴레옹은 이렇게 대답했다. "장난감으로 지배당하는 게 인간이다."

이처럼 직위와 권위를 부여하는 방식은 나폴레옹에게 유용한 수단이 되었고, 이는 당신에게도 유용할 것이다. 예를 들어 뉴욕 스카이데일에 사는 내 친구 겐트 부인은 잔디밭을 마구 뛰어다니며 잔디를 망가뜨리는 아이들로 골치를 썩은 적이 있었다. 그녀는 야단을 치고 달래도 보았지만 소용이 없었다. 그래서 아이들 중에 대장 노릇을 하는 아이에게 직위를 주고 권위를 느낄 수 있도록 했다. 그녀는 그 아이에게 '탐정'이라는 칭호를 주고, 아이들이 잔디밭에 들어가지 못하도록 하는 일을 맡겼다. 그러자 문제는 깨끗이 해결되었다. 그녀의 '탐정'이 뒤뜰에 모닥불을 피워 쇠꼬챙이를 빨갛게 달구고는 어떤 녀석이든 잔디밭에 들어가기만 하면 뜨거운 맛을 보여주겠다고 겁을 준 것이다.

이것이 인간의 본성이다.

그러므로 반감이나 반발을 사지 않으면서 다른 사람을 변화시키고자 한다면, 다음과 같이 해보라.

반감이나 반발 없이 상대를 변화시키는 방법 9

당신이 제안하는 일을 상대가 기꺼이 하게 만들어라.

반감이나 반발 없이
상대를 변화시키는 9가지 방법

1. 칭찬과 솔직한 감사의 말로 시작하라.

2. 상대의 잘못을 간접적으로 알려주어라.

3. 상대를 비판하기 전에 자신의 잘못을 먼저 이야기하라.

4. 직접적으로 명령하지 말고 요청하라.

5. 다른 사람의 체면을 세워줘라.

6. 아주 작은 발전이라도 칭찬하라. 발전이 있을 때마다 칭찬
   하라. 진심으로 인정하고 아낌없이 칭찬하라.

7. 상대방이 갖고 싶어 하는 좋은 평판을 주어라.

8. 격려하라. 상대에게 고쳐주고 싶은 잘못이 보이면 그 잘못
   이 고치기 쉬운 것으로 느껴지게 하라. 상대가 했으면 하는
   것이 하기 쉬운 것처럼 보이도록 하라.

9. 당신이 제안하는 일을 상대가 기꺼이 하게 만들어라.

5

기적을 일으킨
편지들

How to

win friends

&

influence

people

기적을 일으킨
편지들

당신이 지금 어떤 생각을 하고 있는지 나도 잘 안다. 아마 혼 잣말로 이렇게 말하고 있을 것이다. "기적을 일으킨 편지들이 라니! 웃기는군. 마치 만병통치약 광고 같군."

사실 그렇게 생각하더라도 무리는 아니다. 나 역시 15년 전 에 이런 책을 봤다면 그렇게 생각했을 것이다. 너무 회의적인 태도인가? 나는 쉽사리 믿지 않는 사람들을 좋아한다. 나는 미 주리 주에서 태어나 스무 살까지 그곳에서 자랐다. 당신도 잘 알다시피, 미주리 주의 별명은 '의심 많은 주(Show Me State)'다. 그래서 나도 의심하면서 쉽게 믿지 않는 사람들을 좋아한다. 인류 사상이 진보할 수 있었던 것은 예수의 부활을 쉽게 믿지 않았던 사도 도마처럼 묻고, 의심하고, 도전하는 사람들이 있었 기 때문이다.

솔직하게 얘기해보자. '기적을 일으킨 편지들'이란 제목이 정확한 것일까?

아니다. 솔직히 말해 이런 제목은 정확하지 않다.

이 제목은 사실을 의도적으로 겸손하게 표현한 것이다. 이번 장에서 소개하는 몇몇 편지는 두 배의 기적이라고 평가해야 할 정도의 결과를 거두었다. 이런 평가는 누가 했을까? 예전에 존 스맨빌 사의 판촉 활동 매니저였다가 지금은 콜게이트 파몰리브 피트 사의 홍보 매니저이면서 전미 광고주협회 이사장직을 맡고 있는, 미국에서 가장 유명한 판촉 활동 전문가인 켄 R. 다이크가 했다.

다이크는 정보 수집을 위해 딜러들에게 편지를 보내면 응답률이 5 내지 8퍼센트를 넘는 경우가 거의 없다고 한다. 만약 응답률이 15퍼센트가 되면 정말 대단한 것이고, 20퍼센트가 되면 거의 기적으로 봐도 된다고 말했다.

하지만 이 책에 소개한 다이크의 편지는 응답률이 42.5퍼센트에 달했다고 한다. 달리 말하자면 그 편지는 응답률에서 두 배의 기적을 거둔 셈이다. 그저 웃어넘길 만한 일이 아니다. 그리고 이런 결과는 장난이나 요행이나 우연히 생긴 것이 아니었다. 다른 수십 통의 편지에서도 비슷한 결과가 나왔다.

그는 어떻게 이런 놀라운 결과를 만들어낼 수 있었을까? 켄 다이크는 이렇게 설명한다. "편지의 응답률이 이토록 놀랍게 올라간 것은 제가 '효과적인 화술과 인간관계'라는 카네기 코스를 수강한 덕분입니다. 코스에 참가하고 난 뒤, 저는 전에 사용하던 접근 방식이 옳지 않다는 사실을 깨달았습니다. 그래서 이 책에서 가르치고 있는 원칙들을 적용해보기로 마음먹었지요. 그랬더니 정보를 요청하는 제 편지에 대한 응답률이 다섯 배에서 여덟 배까지 올라갔습니다."

여기에 그 편지가 있다. 편지는 약간의 호의를 베풀어달라는 부탁을 함으로써 상대를 기쁘게 만들고 있다. 부탁은 상대를 중요하게 여긴다는 느낌을 갖게 한다.

편지에 대한 내 소감은 괄호 안에 적어두었다.

존 ○○ 귀하

다소 어려움에 처한 저를 귀하께서 도와주실 수 있는지 여쭙고자 이렇게 편지를 보냅니다.

(어떤 상황인지 생각해보자. 애리조나 주에 있는 목재 딜러가 존스맨빌 사의 임원으로부터 이런 편지를 받았다고 해보자. 그런데 편지 첫 줄에 뉴욕의 잘 나가는 임원이 자신에게 어려움을 해결할 수 있도록 도와달라고 한다. 애리조나 주의 딜러는 이렇게 생각할 것이다. '음, 뉴욕에 있는 이 친구가 뭔가 난처한 상황에 처해 있다면 사람을 제대로 찾아왔군. 나는 너그러운 사람이고 사람들을 자주 도와주곤 하니 말이야. 어디, 무슨 문제인가 보자고!')

지난해 저는 지붕 보수공사 매출 증대를 위해 딜러 여러분들이 가장 절실히 바라던 것, 즉 본사에서 비용을 부담해 연중 끊임없이 DM을 발송하도록 회사를 설득하는 데 성공했습니다.

(애리조나 주의 딜러는 아마 이렇게 생각할 것이다. '당연히 자기들이 부담해야지. 이익의 대부분을 자기들이 가져가잖아. 나는 임대료 내기도 버거운

데 본사는 수백만 달러를 버니까 말이야. 근데 이 친구는 무슨 어려움에 빠졌다는 거야?')

최근 저는 DM 계획에 참여했던 1600명의 딜러들에게 설문지를 발송했으며, 수백 통의 답변을 받았습니다. 기꺼이 협조해주신 딜러 여러분들께 감사의 말씀을 드리며, 보내주신 답변은 유용하게 사용하겠습니다.

이런 협조에 힘입어 우리는 딜러 여러분들이 더욱 좋아하실 새로운 DM 계획을 준비하기로 했습니다.

그런데 오늘 아침 사장님께서는 전년도 계획 시행 결과 보고서에 대해 논의하시면서, DM발송이 실제로 매출과 연결되는 비율이 얼마나 되느냐고 물으셨습니다. 사장으로서 당연한 질문이었습니다. 저는 이 질문에 답하기 위해 딜러 여러분의 도움을 청하고자 합니다.

('이 질문에 답하기 위해 딜러 여러분의 도움을 청하고자 합니다'라는 표현은 괜찮다. 뉴욕의 거물이 속내를 털어놓음으로써, 그가 솔직하고도 진지하게 애리조나 주에 있는 존스맨빌 사의 거래 상대방을 인정하고 있다는 뜻이다. 그리고 켄 다이크가 자기 회사가 얼마나 중요한지 얘기하는데 시간을 낭비하고 있지 않다는 점에 주목해야 한다. 대신 그는 자신이 상대에게 얼마나 의지하고 있는가를 바로 얘기하고 있다. 켄 다이크는 상대방의 도움 없이는 회사 사장에게 제출할 보고서를 작성하지 못한다는 사실을 인정하고 있다. 애리조나 주에 있는 딜러도 인간인지라 이런 식의 어투를 당연히 좋아한다.)

도움을 요청하는 부분은 다음과 같습니다. (1) 지난해 발송된 DM이 어느 정도나 실제로 지붕 공사 혹은 지붕 보수공사로 연결되었는지, (2) (작업에 투여한 비용 대비) 예상 매출액이 얼마나 되는지, 가능하면 센트까지 정확하게 계산해 동봉한 엽서에 적어 보내주시기 바랍니다.

보내주신 정보는 유용하게 사용할 것이며, 친절하게 도움 주신 점에 미리 매우 감사드립니다

—판촉 담당 매니저, 켄 다이크

(마지막 문단에서 그가 얼마나 자신을 낮추면서 상대를 높이고 있는지 주목하기 바란다. 그가 '매우 감사' '친절' '도움' 등의 말을 얼마나 잘 사용하는지도 주목하기 바란다.)

단순한 편지다. 그렇지 않은가? 하지만 이 편지는 상대에게 약간의 부탁을 함으로써 상대방을 중요하게 생각하고 있다는 느낌을 주어 '기적'을 만들어냈다.

이런 심리 활용법은 당신이 석면으로 된 지붕 재료를 팔고 있건, 멋진 차를 타고 유럽을 여행하고 있건 어느 경우에나 효과를 발휘한다.

예를 들어보자. 나는 같은 고향 출신 작가인 호머 크로이와 프랑스 내륙 지방을 자동차로 여행하다가 길을 잃었다. 구형 모델인 T형 포드를 길가에 세우고, 근처 농부들에게 가까운 마을로 가려면 어디로 가야 하느냐고 물어보았다.

질문의 효과는 엄청났다. 나막신을 신고 있던 농부들은 미국

사람이면 다 부자인 줄 알고 있었던 것 같다. 게다가 그 지역에서는 자동차를 보는 것도 아주 드문 일이었다. 자동차를 타고 프랑스 여행을 하는 미국인들이라니! 분명 우리가 백만장자로 보였을 것이다. 어쩌면 헨리 포드의 사촌쯤 되는 사람들일 거라고 생각했을지도 모르겠다. 그런데 그런 우리가 모르는 것을 그들은 알고 있었다. 우리가 그들보다 돈은 많았지만, 가까운 마을로 가는 길을 찾기 위해서는 그들에게 다가가 모자를 벗고 공손하게 물어봐야 했던 것이다. 그런 행동만으로도 그들은 자신들이 의미 있는 존재가 된 듯한 느낌을 받았다. 그들은 모두가 한꺼번에 입을 열어 말하기 시작했다. 그중 한 사람이 기회를 놓칠세라 얼른 나서서 다른 모든 사람의 입을 다물게 했다. 길을 가르쳐주는 뿌듯함을 혼자만 즐기고 싶었던 것이다.

당신도 한번 해보기 바란다. 다음번에 낯선 도시에 가게 되면 경제적으로나 사회적 지위 면에서 당신보다 낮은 사람에게 이렇게 물어보라. "제가 조금 어려움을 겪고 있는데 도움을 주실 수 있으신가요? 이러저러한 곳에 가려면 어떻게 해야 하는지 가르쳐주시겠습니까?"

벤저민 프랭클린도 이런 방법을 써서 자신을 신랄하게 비판하던 적을 평생의 친구로 만들었다. 젊은 시절 프랭클린은 저축해두었던 돈을 모두 조그만 인쇄 회사에 투자하고 있었다. 이후 그는 필라델피아 의회 서기로 선출되었는데, 모든 공문서 인쇄를 관장하는 자리였다. 그 일은 수입이 좋아서 그는 자리를 유지하고 싶어 했지만, 곧 커다란 위협이 닥쳤다. 돈 많은 거물급 의원 한 명이 그를 몹시 싫어했던 것이다. 단순히 싫어한 정도가 아니라 공공연하게 그를 비난하고 다녔다.

위험해도 아주 위험한 상황이었다. 그래서 프랭클린은 그 의원이 자기를 좋아하게 만들어야겠다고 마음먹었다.

하지만 어떻게 할 것인가? 그것이 문제였다. 적에게 호의를 베풀면 될까? 아니다. 그렇게 하면 상대의 의심을 살 뿐 아니라 상대가 비웃을지도 모를 일이었다.

프랭클린은 현명하고 노련해서 그런 초보적인 함정에 빠지지 않았다. 오히려 그는 정반대로 행동했다. 적에게 호의를 베풀어달라고 요청했던 것이다.

프랭클린은 돈을 좀 꿔달라는 식의 부탁은 하지 않았다. 그런 부탁은 절대 통하지 않는다! 그는 상대를 기쁘게 하는 부탁, 즉 상대의 허영심을 채워주고, 상대의 존재를 인정하며, 자신이 상대의 지식과 업적을 존경하고 있음을 은연중에 드러내는 부탁을 했다.

프랭클린은 이에 대해 다음과 같이 이야기했다.

"그의 장서 가운데 대단히 귀하고 진기한 책이 있다는 얘기를 듣고, 나는 그 책을 꼭 한번 보고 싶으니 며칠간만 빌려달라고 요청하는 편지를 보냈다.

그는 즉시 책을 보내왔고, 나는 그 책을 일주일 정도 갖고 있다가 그의 호의에 정말 감사한다는 편지와 함께 돌려보냈다.

의회에서 그를 다시 만났을 때 그는 내게 아주 정중하게 말을 건넸다(그때까지 그가 내게 말을 건넨 적은 한 번도 없었다). 그리고 그 이후로 내 부탁은 언제나 기꺼이 들어주었고, 그렇게 해서 우리는 가까운 친구가 되었다. 우리의 우정은 그가 죽을 때까지 지속되었다."

벤저민 프랭클린이 세상을 떠난 지 이제 150여 년이 지났지만, 상대에게 호의를 요청함으로써 상대의 마음을 사로잡던 심리 활용법은 지금도 여전히 유용하다.

예를 들어 내 강좌를 수강한 앨버트 B. 암젤이라는 사람은 이 방법을 사용해 큰 성공을 거두었다. 배관 및 난방 장치 세일즈맨인 암젤은 브루클린에 있는 한 배관업자를 고객으로 만들기 위해 수년간 노력했다. 그 배관업자는 사업 규모가 매우 컸고, 신용도도 매우 좋았다. 하지만 암젤은 그와 거래를 시작조차 하지 못했다. 그 배관업자는 거칠고 심술궂어서 대하기 힘든 사람 가운데 한 명이었다. 암젤이 그의 사무실에 들어설 때마다 그는 책상 뒤에 앉아 시가를 비스듬히 문 채 이렇게 소리쳤다. "오늘은 아무것도 안 사요. 서로 시간 낭비하지 맙시다. 자, 자, 어서 나가시오!"

그러던 어느 날 암젤은 새로운 방법을 시도했다. 그 결과 암젤은 그와 거래를 시작하게 되었고, 친구 사이가 되면서 주문도 많이 받게 되었다.

암젤의 회사는 롱아일랜드의 퀸스 빌리지에 새로 지점을 내기 위한 계획을 세우고 있었다. 그곳은 그 배관업자가 잘 알고 있고, 또 사업도 많이 하고 있는 지역이었다. 그래서 배관업자를 다시 방문했을 때 암젤은 이렇게 말했다. "사장님, 오늘은 무엇을 팔려고 온 게 아닙니다. 괜찮으시면 부탁을 하나 드릴까 해서 들렀습니다. 잠시 시간 좀 내주실 수 있겠습니까?"

"음… 좋습니다." 배관업자가 시가를 옮겨 물며 대답했다. "무슨 일입니까? 말해보시오."

"저희 회사가 이번에 퀸스 빌리지에 새로 지점을 열 계획인데, 그 지역은 사장님께서 누구보다도 잘 아는 지역 아닙니까? 그래서 어떻게 생각하시는지 여쭤보러 왔습니다. 그쪽에 지점을 새로 내는 게 잘하는 일일까요?"

새로운 상황이었다! 수년간 이 배관업자는 세일즈맨에게 나가라고 소리치며 내쫓는 데서 자신의 존재감을 느꼈다.

하지만 이번에는 세일즈맨이 조언을 요청했다. 그것도 중요한 문제를 어떻게 해야 할지 자신에게 묻고 있는 것이다.

"앉아보시오." 그는 의자를 잡아당기며 말했다. 이후 그는 한 시간에 걸쳐 퀸스 빌리지의 배관 관련 시장에 관해 장단점을 세세히 설명해주었다. 그는 지점을 새로 여는 데 찬성했을 뿐아니라 상품 구매에서부터 재고를 정리하는 방법, 그리고 사업을 시작할 때의 주의점 등 자기가 아는 내용을 총동원해 각 과정마다 필요한 행동 방침을 조언해주었다. 그는 배관 자재를 도매로 공급하는 회사를 상대로 장사 방법을 가르쳐주면서 자신의 존재감을 느낀 것이다. 마침내 그는 개인적 영역까지 화제를 넓혔다. 그렇게 점점 친해지더니 그는 결국 암젤에게 자신의 내밀한 집안 문제와 부부 사이의 다툼에 대해서까지 말하게 되었다.

"그날 저녁 저는 첫 번째 장비 주문서를 주머니에 넣고 그 사무실에서 나왔을 뿐 아니라, 사업상 친구와 단단한 우정의 초석도 깔아놓게 되었습니다." 암젤이 말했다. "전에는 소리를 지르며 나를 내쫓던 그 사람과 이제는 골프를 같이 치는 사이가 되었습니다. 그가 든든한 친구로 변한 건, 내가 그 친구에게 자신이 인정받고 있다는 느낌이 들게 하는 부탁을 했기 때문이었습니다."

켄 다이크의 편지를 한 통 더 살펴보면서 그가 '부탁하기' 심리 활용법을 얼마나 잘 사용하고 있는지 알아보기로 하자.

수년 전 그는 사업가, 거래 업체, 건축업자들에게 정보를 알려달라는 편지를 보내도 회신을 거의 받지 못해 속을 썩이고 있었다.

당시 건축가나 엔지니어들에게 편지를 보내 회신을 받는 경우는 1퍼센트를 좀처럼 넘지 못했다. 2퍼센트면 우수한 편이었고, 3퍼센트면 대단히 뛰어난 경우였다. 그럼 10퍼센트라면? 10퍼센트라면 기적이라고 할 만했다.

하지만 아래 소개하는 편지에 대한 회신은 50퍼센트에 달했다. 기적의 다섯 배나 되는 결과다. 그리고 그것도 간단한 회신이 아니었다. 우호적인 조언과 협력의 의사가 가득한 2~3페이지 분량의 장문 편지들이었다.

그 편지의 내용은 아래와 같다. 사용된 심리 활용법이라든가, 심지어 사용된 어법도 앞에서 소개한 편지와 비슷함을 알 수 있다.

편지를 읽으면서 행간의 의미를 파악하고 편지를 받은 사람의 심정을 헤아려보기 바란다. 이 편지가 왜 기적의 다섯 배나 되는 결과를 거둘 수 있었는지 생각해보라.

○○ 씨 귀하

다소 어려움에 처한 저를 귀하께서 도와주실 수 있는지 여쭙고자 이렇게 편지를 보냅니다.

1년 전쯤 저는 건축가들이 우리 회사에 가장 절실히 바라는 것, 즉 가옥을 수리하거나 리모델링하는 데 사용되는 우리 회사의 모든 건축 자재와 부품을 볼 수 있는 카탈로그를 제공해야 한다고 회사를 설득했습니다.

첨부하는 자료는 그 결과로 나온 카탈로그이며, 이런 종류로는 처음인 것으로 알고 있습니다.

하지만 이제 재고가 거의 떨어져가고 있어서 이런 사실을 사장님께 보고했더니, (어떤 사장님이든 이렇게 말씀하시겠지만) 카탈로그가 원래 계획했던 제 역할을 다했다는 충분한 증거를 제시하면 새로 제작에 들어가도 좋다고 말씀하셨습니다.

따라서 저는 귀하의 도움이 필요하게 되어, 실례를 무릅쓰고 귀하와 더불어 전국 각처에 있는 49개 업체분들께 배심원이 되어달라는 요청을 드리고자 합니다.

귀하의 수고를 덜어드리기 위해 이 편지 뒤에 간단한 질문지를 첨부했습니다. 답을 표시해주시고, 혹시 하고 싶은 말씀이 있으시면 덧붙여 적으신 다음 동봉하는 회신용 봉투에 넣어 보내주시면, 제 개인적으로도 대단히 감사하게 생각하겠습니다.

굳이 말씀드리지 않더라도 회신을 꼭 하셔야 하는 것은 아님을 알고 계시리라 생각합니다만, 카탈로그가 여기에서 중지돼야 할지 아니면 여러분의 경험과 조언을 바탕으로 개선되어 계속 제작되어야 할지 여러분의 판단에 맡기고자 합니다.

어떤 경우이든 귀하의 협조에 매우 감사드리며, 이만 줄이겠습니다. 감사합니다!

켄 R. 다이크
판촉 활동 매니저

다시 한 번 당부의 말을 해야겠다. 내 경험으로 볼 때, 이 편지를 읽고 여기에 사용된 심리 활용법을 기계적으로 적용하려는 사람들이 있을 것이다. 그들은 진실하고 사실적인 칭찬이 아니라 아첨과 사탕발림으로 상대의 자존심을 세워주려 할 것이다. 하지만 그런 방법은 통하지 않는다.

물론 사람들은 누구나 칭찬과 인정을 받고 싶어 하고, 또 이를 위해서라면 어떤 일이든 마다하지 않으려 한다. 하지만 누구도 사탕발림이나 아첨은 원하지 않는다.

거듭 말하지만, 이 책에서 알려주는 원칙들은 가슴에서 우러나올 때에만 진정으로 효과가 있다. 나는 잔재주를 알려주려는 것이 아니다. 나는 새로운 방식의 삶에 대해 말하고 있다.

6

행복한 가정을 만드는
7가지 비결

How to

win friends

&

influence

people

결혼을 무덤으로 만드는
가장 빠른 방법

75년 전, 나폴레옹 보나파르트의 조카인 프랑스의 나폴레옹 3세는 마리 유지니와 사랑에 빠졌다. 그리고 테바의 백작이자 세상에서 가장 아름다운 여인이었던 그녀와 결혼했다. 황제의 조언자들은 그녀가 스페인의 이름 없는 백작의 딸일 뿐이라는 사실을 지적했다. 그러자 나폴레옹은 이렇게 대답했다. "그래서 어떻단 말인가?" 그녀가 보여주는 위엄, 그녀의 젊음, 그녀의 매력, 그녀의 아름다움이 그에게 천상의 행복을 맛보게 해주었다. 황제는 권위를 담은 발표를 통해 모든 사람의 반대를 물리쳤다. 그는 이렇게 선언했다. "나는 내가 모르는 여인이 아니라 내가 사랑하고 존경하는 여인을 선택했노라."

나폴레옹 3세 부부는 건강, 부, 권력, 명예, 미모, 사랑, 존경 등 완벽한 로맨스를 만드는 데 필요한 모든 요소를 갖추고 있었다. 결혼이라는 불꽃이 만들어내는 신성한 불빛이 전례 없이 환하게 비치고 있었다. 하지만 얼마 가지 못해 그 신성한 불빛이 흔들리고, 타오르던 불꽃도 사그라지더니 재가 되어 사라지고 말았다. 나폴레옹 3세는 유지니를 황후로 만들 수 있었지만, 프랑스 황제의 그 어떤 능력이나 사랑, 위엄으로도 그녀의 잔소리는 막을 수 없었다.

질투에 눈이 멀고 의심에서 헤어나오지 못하던 유지니는 황제의 명령도 쉽게 여기고, 황제의 프라이버시도 존중하지 않았다. 그녀는 황제가 국정을 보는 동안에도 집무실에 불쑥 들어갔고, 중요한 회의를 방해하기도 했다. 다른 여자와 놀아날 것을 두려워해 황제를 절대로 혼자 두는 법이 없었다.

언니에게 자주 찾아가 남편의 험담을 하고, 불평을 하고, 울고불고, 협박을 하기도 했다. 황제의 서재로 쳐들어가서는 온갖 잔소리를 하고 모욕을 주기도 했다. 호화로운 궁전을 수없이 갖고 있었지만, 나폴레옹 3세가 마음 놓고 쉴 수 있는 곳은 한군데도 없었다.

이 모든 행동으로 유지니가 얻은 것은 무엇이었을까?

그 답은 E. A. 라인하르트의 명저 《나폴레옹과 유지니: 제국의 희비극》에서 찾아볼 수 있다. "그리하여 나폴레옹은 밤이면 부드러운 모자를 깊숙이 눌러 써서 얼굴을 가린 다음, 작은 문을 통해 밖으로 몰래 빠져나오곤 했다. 그러고는 가까운 친구와 함께 자신을 기다리고 있는 어여쁜 여인에게 실제로 가기도 하고, 때로는 오래전 모습을 유지하고 있는 도시의 이곳저곳을 걷다가 동화 속에서나 봄직한 거리를 지나가며, 유지니가 잔소리를 하지 않았더라면 훨씬 더 좋을 것이라는 상념에 빠지곤 했다."

유지니가 잔소리를 한 결과는 바로 이런 것이었다. 그녀가 프랑스의 권좌에 앉았던 것도 사실이었고, 그녀가 세상에서 가장 아름다운 여인이었던 것도 사실이었다. 하지만 권세나 아름다움이 있어도 잔소리라는 치명적 결함 때문에 그녀는 사랑을 살아 있게 만들지 못했다. 유지니는 오래전 욥이 했던 것처럼 소리 높여 이렇게 울부짖었을지도 모른다. "내가 두려워하는 그것이 내게 임하고 내가 무서워하는 그것이 내 몸에 미쳤구나."(욥기 3장 25절) 과연 이런 일들이 그녀에게 닥쳐온 것일까? 아니면 그녀 스스로 초래한 결과일까? 그 가련한 여인은 질투와 잔소리를 통해 그런 결과를 자초했던 것이다.

사랑을 파괴하기 위해 지옥의 모든 악마가 만들어낸 가장 확실하고 악독한 수단이 바로 잔소리다. 잔소리는 실패하는 경우가 없다. 마치 킹코브라에게 물린 것처럼 잔소리는 언제나 파괴하고 소멸시킨다.

레오 톨스토이 백작의 부인은 이 사실을 너무 늦게 깨달았다. 그녀는 죽기 전 딸들에게 이렇게 고백했다. "너희 아버지를 죽게 만든 사람은 바로 나란다." 딸들은 아무런 대답도 하지 않고 울기만 했다. 그들은 어머니의 말이 사실임을 알고 있었다. 어머니가 끝도 없이 불평하고, 비난하고, 잔소리하는 바람에 아버지가 돌아가셨다는 것을 알고 있었다.

불화만 없었더라면 톨스토이 백작 부부는 행복했을 것이다. 톨스토이는 인류 역사상 최고의 소설가 중 한 명이었기 때문이다. 톨스토이가 쓴 두 편의 걸작 《전쟁과 평화》와 《안나 카레니나》는 인류의 문학적 보물로서 영원히 빛을 발할 것이다.

톨스토이는 너무 유명해서 추종자들이 밤낮으로 따라다니면서 그가 내뱉는 한마디 한마디를 모두 받아 적었다. 심지어 "이제 자러 가야 할 것 같군" 하는 일상적인 이야기조차 받아 적을 정도였다. 그리고 러시아 정부는 그가 쓴 문장들을 모조리 인쇄하고 있는데, 그의 글을 엮은 책만 해도 100권이 넘을 것이다.

명예와 더불어 톨스토이 부부에게는 부와 사회적 지위, 많은 자녀가 있었다. 그만큼 축복받은 결혼도 없었다. 처음에는 이런 행복이 지속되기에는 너무 완벽하고, 너무 강렬한 것처럼 보였다. 그래서 두 사람은 무릎을 꿇고 자신들의 이 같은 행복이 깨지지 않게 해달라고 전능하신 신께 기도를 올릴 정도였다.

그러다가 놀라운 일이 일어났다. 톨스토이가 조금씩 변했던 것이다. 그는 전혀 다른 사람이 되었다. 자신이 쓴 위대한 책에 대해 부끄러워하면서, 그 후로는 평화를 주장하는 선전문 쓰는 일과 전쟁과 굶주림을 몰아내는 일에 온 생애를 바치게 되었다.

젊은 시절에는 생각 가능한 모든 종류의 죄(심지어 살인까지)를 저질렀노라고 고백했던 사람이 이제는 글자 그대로 예수의 가르침을 따르고자 했다. 그는 자신의 모든 땅을 나눠주고 가난한 삶을 살았다. 그는 나무를 베고, 들판에 나가 건초 더미를 쌓는 일을 했다. 신발을 직접 만들어 신고, 자신의 방을 직접 치우고, 나무로 된 식기를 사용하며, 원수도 사랑하려고 노력했다.

레오 톨스토이의 삶은 비극이었으며, 비극의 원인은 결혼이었다. 그의 아내는 사치를 좋아했지만, 그는 사치를 경멸했다. 그녀는 명성과 사회적 갈채를 좋아했지만, 그는 이를 하찮게 여기고 아무런 의미도 찾지 못했다. 그녀는 돈과 부를 원했지만, 그는 부와 개인 재산을 죄라고 여겼다.

그가 자신의 책에 대한 인세를 받지 않고 누구나 자유롭게 출판할 수 있도록 하겠다고 하자, 그녀는 수년간 잔소리하고 야단치고 비명을 질러댔다. 그녀는 그 책들이 벌어주는 돈을 원했다.

그녀는 남편이 자신의 뜻에 반대하면 히스테리에 빠져서 입에 아편 병을 물고 마룻바닥을 구르면서 죽어버리겠다, 우물에 뛰어들겠다고 협박했다.

그들의 삶에서는 다음과 같은 장면도 있었는데, 나는 이 장면이야말로 역사상 가장 슬픈 장면 중 하나가 아닐까 생각한다. 앞서 말했듯이 결혼 초기에 그들은 너무도 행복했지만, 48년이 지나자 그는 아내를 쳐다보는 것조차 싫어졌다. 때때로 저녁이면 이 상심하고 애정에 굶주린 늙은 아내가 그의 발치에 무릎을 꿇고 앉아, 50년 전 남편이 자신에 대한 사랑을 멋지게 표현했던 문장들을 소리 내 읽어달라고 부탁하곤 했다. 그래서 이제는 사라져버린 그 아름답고 행복했던 시절에 대해 톨스토이가 읊조리면 부부는 함께 눈시울을 적셨다. 오래전 그들이 꿈꾸던 아름다운 사랑과 현실의 삶은 달라도 너무 달랐던 것이다.

결국 82세가 되었을 때, 톨스토이는 가정불화를 더 이상 견디지 못하고 1910년 10월 어느 눈 내리는 밤에 아내로부터 도망쳤다. 자신이 어디로 가는지도 모른 채 차가운 어둠 속으로 향했다.

11일 후 그는 어느 기차역에서 폐렴으로 죽었다. 그의 마지막 유언은 자신이 있는 곳에 아내가 오지 못하도록 하라는 것이었다. 톨스토이 부인이 잔소리하고 불평하고 히스테리를 부린 결과는 이런 것이었다.

잔소리를 할 만하니까 했을 거라고 생각하는 독자들도 있을 것이다. 물론 그럴 수도 있다. 하지만 그런 지적은 초점을 벗어난다. 문제는 잔소리를 해서 문제가 해결되었느냐, 아니면 문제가 극단적으로 악화되었느냐 하는 것이다.

"내가 제정신이 아니었다는 생각이 많이 드는구나." 후에 톨스토이 부인은 후회했지만 이미 너무 늦은 뒤였다.

에이브러햄 링컨의 생애를 비참하게 만든 것 역시 결혼이었다. 암살이 아니라 결혼이라는 사실에 주목하자. 부스가 저격했을 때, 링컨은 자신이 총에 맞았다는 사실조차 깨닫지 못했다. 하지만 그는 23년간 하루도 빠짐없이 그의 동료 변호사 헌든의 표현대로 '불운한 부부 관계'로 인해 신음했다. '불운한 부부 관계?' 이것도 완곡한 표현이라 할 수 있다. 링컨 부인은 거의 25년 동안이나 끊임없이 잔소리를 퍼부어 남편을 괴롭혔다.

그녀는 항상 불평하고 남편을 비난했다. 남편의 모든 것이 마음에 들지 않았다. 그의 등은 구부정했고, 걸음걸이도 이상해서 인디언처럼 발을 껑충대며 걸었다. 그녀는 그의 걸음걸이에 생기가 없고, 움직임에 우아함이 없다고 불평했다. 그녀는 그의 걸음걸이를 흉내 내며, 자신이 마담 렌텔이 운영하는 렉싱턴의 기숙학교에서 배운 것처럼 발 앞쪽 끝을 먼저 디디며 걸으라고 바가지를 긁었다.

그녀는 머리 양 끝으로 솟아 있는 그의 커다란 귀도 마음에 들지 않았다. 심지어는 코가 비뚤어졌다, 아랫입술이 튀어나왔다, 폐병 환자처럼 보인다, 손발이 너무 크다, 머리는 너무 작다고 불평하기도 했다.

에이브러햄 링컨과 부인 메리 토드 링컨은 교육, 환경, 기질, 취미, 사고방식 등 모든 면에서 서로 달랐다. 그들은 늘 서로에게 짜증이 났다.

동시대에 링컨에 관한 최고의 권위자로 인정받았던 앨버트 J. 베버리지 상원 의원은 이렇게 적었다. "링컨 부인의 크고 날카로운 목소리는 길 건너편까지 들릴 정도였다. 근처에 사는 사람들은 누구나 쉴 새 없이 화를 터뜨리는 그녀의 목소리를 들을 수 있었다. 그녀가 말로만 끝나지 않고 폭력을 휘두른 경우도 많다는 것은 의심의 여지가 없는 사실이다."

한 가지 예를 살펴보자. 결혼한 지 얼마 되지 않았을 때, 링컨 부부는 제이콥 얼리 여사의 집에 살게 되었다. 여사는 의사였던 남편이 죽은 뒤 하숙을 운영하고 있었다.

어느 날 아침, 링컨 부부가 아침 식사를 하는 도중에 링컨이 아내의 화를 돋우는 어떤 행동을 했다. 그게 어떤 행동이었는지는 알려지지 않았다. 그런데 화가 난 링컨 부인은 뜨거운 커피를 남편의 얼굴에 끼얹었다. 더군다나 그 자리에는 다른 하숙생들도 있었다.

링컨은 아무 말 없이 모욕을 당한 채 앉아 있었고, 침묵 속에서 얼리 여사가 젖은 수건을 가져다 그의 얼굴과 옷을 닦아주었다.

링컨 부인이 보여주었던 질투가 얼마나 어처구니없고, 지독하고, 믿을 수 없는 정도였는지, 그녀가 사람들 앞에서 벌였던 슬프고도 볼썽사나운 장면들에 대해 75년이 지난 지금 읽어봐도 놀라 자빠질 지경이다. 그녀는 끝내 정신이상이 되고 말았다. 그녀에게 조금이라도 호의적인 언급을 하라면, 그녀가 정신이상 초기 단계였기 때문이었을 거라는 추측뿐이다.

그녀가 퍼부었던 잔소리와 비난, 호통이 링컨을 조금이라도 변화시켰을까? 한 가지 면에서는 그렇다고 할 수 있다. 그녀에 대한 링컨의 태도를 달라지게 했다. 그녀의 잔소리는 링컨이 자신의 불행한 결혼에 대해 후회하고, 될 수 있으면 아내와 마주치지 않도록 만들었다.

스프링필드에는 변호사가 11명 있었는데, 그들 모두가 그 지역에서 먹고 살 수는 없었다. 그래서 그들은 말 안장에 짐을 싣고 데이비드 데이비스 판사가 재판을 하는 곳마다 따라다니며 법정에 서곤 했다. 그들은 이런 식으로 제8순회법정이 열리는 시골 마을이면 전국 어디서나 일을 잡을 수 있었다.

그런데 다른 변호사들은 일요일이면 스프링필드에 있는 집으로 돌아와 가족과 함께 주말을 보냈지만, 링컨은 그렇게 하지 않았다. 그는 집으로 돌아가기를 두려워했다. 그는 봄철 3개월과 가을철 3개월 동안 순회법정을 따라 각지를 돌아다니면서 스프링필드 근처에는 절대 가지 않았다.

링컨 영부인이나 유지니 황후, 톨스토이 부인이 잔소리를 해서 얻은 결과는 이런 것이었다. 그들은 단지 자신의 인생을 비극으로 만들었을 뿐이다. 또한 자신들이 가장 아끼는 것들을 파괴했다.

뉴욕 시 가정법원에서 11년간 수천 건의 처자(妻子) 유기 사례를 다뤘던 베시 햄버거에 따르면, 남편들이 집을 나가는 가장 큰 이유는 아내의 잔소리 때문이라고 한다. 〈보스턴 포스트〉지는 이를 다음과 같이 표현했다. "이 세상 아내들은 잔소리라는 삽으로 결혼이라는 무덤을 조금씩 파고 있다."

그러므로 가정을 행복하게 만들고 싶다면, 첫 번째 규칙은 다음과 같다.

행복한 가정을 만드는 비결 1

절대 잔소리하지 마라.

상대를 바꾸려 하지 마라

"살아가면서 바보 같은 짓을 많이 저지르겠지만, 결코 사랑 때문에 결혼하지는 않겠다." 영국의 재상 디즈레일리가 한 말이다.

그리고 그는 그렇게 했다. 그는 서른다섯이 될 때까지 독신으로 지내다가 자신보다 열다섯 살이나 많은 미망인에게 청혼했다. 50년의 세월을 살아온 그녀의 머리카락은 희끗희끗해지고 있었다. 그녀를 사랑해서일까? 아니다. 그녀도 그가 자신을 사랑하지 않는다는 것을 알고 있었다. 그가 돈 때문에 결혼하려 한다는 사실을 그녀도 알고 있었다! 그래서 그녀는 딱 한 가지 조건을 내걸었다. 그가 어떤 사람인지 알 수 있도록 1년만 시간을 달라는 것이었다. 그리고 약속된 시간이 지났을 때, 그녀는 그와 결혼했다.

너무 세속적이고 계산적이다. 그렇지 않은가? 하지만 역설적이게도 수많은 불화와 싸움으로 얼룩져 있는 결혼의 역사에서 디즈레일리의 결혼은 가장 빛나는 성공 사례 가운데 하나다.

디즈레일리가 선택한 부유한 미망인은 젊지 않았고, 아름답지도 않았으며, 똑똑하지도 않았다. 그런 것과는 거리가 멀었다. 그녀가 문학과 역사에 대해 무식함을 드러내는 바람에 사람들이 웃음을 터뜨리는 경우도 많았다. 예를 들면 그리스 시대가 먼저인지 로마 시대가 먼저인지도 몰랐다. 옷을 고르는 취향은 기이했고, 집 안 가구를 고르는 취향도 독특했다. 하지만 결혼 생활을 하는 데 가장 중요한 부분에서는 그야말로 천재적이었다. 그것은 바로 남자를 다루는 기술이었다.

그녀는 지적인 면에서 디즈레일리와 대적하려 들지 않았다. 남편이 똑똑한 귀족 부인들과 오후 내내 고상한 대화를 주고받느라 지치고 기진맥진해서 집에 들어오면, 메리 앤은 가벼운 잡담으로 그가 편히 쉴 수 있도록 해주었다. 집은 그가 정신적 긴장을 풀고 아내의 따뜻한 애정을 느끼며 편히 쉴 수 있는 곳이었다. 시간이 흐를수록 그런 기쁨은 더해갔다. 나이 들어가는 아내와 함께 집에서 보내는 시간들이 그의 삶에서 가장 행복한 순간이었다. 그녀는 그를 도와주는 협력자였고, 비밀을 털어놓을 수 있는 믿음직한 친구였으며 조언자였다. 매일 저녁 그는 집으로 가면 하원에서 있었던 일을 아내에게 털어놓았다. 그리고 가장 중요하게도 그가 어떤 일을 맡건 메리 앤은 그가 실패하리라고는 전혀 생각하지 않았다.

30년이라는 세월 동안 메리 앤은 오로지 그만을 위해 살았다. 그녀는 자신의 재산조차도 남편을 편히 살게 해줄 수 있다는 이유로 가치를 느꼈다. 그 대가로 그녀는 디즈레일리의 우상이 되었다. 그는 아내가 죽은 후 백작이 되었지만, 그는 자신의 아내도 자신과 같은 작위를 받을 수 있게 해달라고 빅토리아 여왕에게 간청했다. 그리하여 그가 백작이 되던 해인 1868년 그녀 역시 비콘스필드 백작 부인으로 봉해졌다.

그녀가 사람들에게 아무리 바보처럼 보이고 산만하게 보이더라도, 그는 절대 그녀를 비난하지 않았다. 그녀를 나무라는 말은 한마디도 꺼내지 않았다. 누구든지 감히 그녀를 조롱하려 하면 그는 넘치는 충성심으로 그녀를 옹호하고 나섰다.

메리 앤은 완벽하지 않았지만 30년 동안 남편을 말로 지치게 하는 법이 없었고, 남편을 칭찬하고 존경했다. 그 결과는 무엇이었을까? 디즈레일리는 이렇게 말했다. "우리가 결혼한 30년간 나는 한 번도 권태로웠던 적이 없다(그럼에도 불구하고 역사에 대한 지식이 부족하다는 이유만으로 메리 앤이 멍청했을 거라고 말하는 사람이 있다는 사실이 놀라울 뿐이다)."

디즈레일리도 아내 메리 앤이 자신의 삶에서 가장 중요하다는 사실을 사람들에게 숨기지 않았다. 그 결과는 어땠을까? 메리 앤은 친구들에게 늘 이렇게 말했다. "남편이 잘해줘서 내 인생은 행복의 연속이야."

그들 사이에는 서로 주고받는 농담이 있었다. "내가 돈만 보고 당신과 결혼했다는 거 알지?" 디즈레일리가 이렇게 얘기하면, 메리 앤은 미소를 지으며 이렇게 대답했다. "물론이죠. 하지만 다시 결혼하게 된다면 그땐 사랑 때문에 저랑 결혼하실 거죠?" 그러면 그도 그렇다고 대답했다.

메리 앤은 결코 완벽하지 않았다. 하지만 디즈레일리는 그녀를 자신의 모습 그대로 놔두는 현명함이 있었다.

헨리 제임스는 이렇게 말했다. "다른 사람과 관계를 맺을 때 우선 알아야 할 것은, 상대의 독특한 행복 추구 방식에 간섭하지 말아야 한다는 사실이다. 상대가 나의 행복 추구 방식을 억지로 간섭하려 하지 않는다면 나 또한 그렇게 해야 한다."

이 말은 중요하므로 다시 한 번 반복해보겠다. "다른 사람과 관계를 맺을 때 우선 알아야 할 것은, 상대의 독특한 행복 추구 방식에 간섭하지 말아야 한다는 사실이다. 상대가 나의 행복 추구 방식을 억지로 간섭하려 하지 않는다면 나 또한 그렇게 해야 한다."

릴랜드 포스터 우드는 자신의 책《가족으로 함께 성장하기》에서 이렇게 말했다. "자신에게 맞는 사람을 고른다고 해서 성공적인 결혼 생활을 할 수 있는 건 아니다. 자신도 상대에게 맞는 사람이 돼야 한다."

그러므로 행복한 가정을 꾸미고 싶다면, 두 번째 규칙은 다음과 같다.

행복한 가정을 만드는 비결 2

상대를 바꾸려 하지 마라.

이혼 법정으로 가는 지름길

　디즈레일리의 가장 강력한 정적은 글래드스턴이었다. 두 사람은 영국 정계에서 사사건건 충돌했지만, 그들에게는 한 가지 공통점이 있었다. 두 사람 다 가정에서는 더할 나위 없는 행복을 누렸다는 점이다.

　윌리엄 글래드스턴과 그의 아내 캐서린은 59년이라는 긴 세월 동안 서로에게 충실하며 함께 살았다. 나는 가끔 영국 총리 중에서도 가장 위엄 있는 글래드스턴이 아내의 손을 잡고 벽난로 부근에서 빙빙 돌며 아래와 같은 노래를 부르는 모습을 그려보곤 한다.

　　덥석 부리 남편과 말괄량이 아내,
　　우리는 좋을 때나 나쁠 때나 함께 헤쳐간다네.

　글래드스턴은 정적에게는 무서운 사람이었지만 집에서는

비판적이지 않았다. 아침을 먹으러 내려갔는데 집안 식구들이 여전히 자고 있으면, 그는 자기 방식으로 점잖게 대처했다. 그는 알 수 없는 노래를 소리 높여 부르면서 영국에서 가장 바쁜 사람이 혼자 식탁에 앉아 가족들을 기다리고 있음을 알렸다. 수완이 있고 사려 깊은 그는 집에서는 남을 비난하지 않도록 스스로 자제했다.

러시아의 예카테리나 여제도 그랬다. 그녀는 인류 역사상 가장 큰 제국 중 하나를 다스렸으며, 그녀가 생사여탈권을 쥐고 있던 국민의 수만 해도 수백만 명 이상이었다. 정치적으로 잔인한 폭군이었던 여제는 필요 없는 전쟁을 일으키거나 수많은 정적을 총살시키기도 했다. 하지만 요리사가 고기를 태웠을 때는 아무 말도 하지 않았다. 미소를 지으며 너그럽게 고기를 먹었는데, 이런 참을성은 미국의 대다수 남편들이 배울 만한 점이다.

가정불화의 원인을 연구하는 미국 최고의 권위자 도로시 딕스는 전체 결혼의 50퍼센트 이상이 실패라고 단언한다. 그녀는 수많은 로맨틱한 꿈이 이혼이라는 암초에 부서지는 이유 중 하나는 상대의 가슴에 상처를 주는, 아무 쓸모도 없는 비난 때문이라고 말한다.

부모들은 종종 자녀들을 비난하고 싶은 유혹에 빠지곤 한다. 내가 "그러지 마라"라고 말할 거라고 예상하겠지만, 아니다. 나는 단지 이렇게 말할 것이다. "아이들을 비난하기 전에 미국 저널리즘의 고전 중 하나인 '아빠가 잊었구나'를 읽어보라." 이 글은 원래 〈피플스 홈 저널〉에 사설로 실렸는데, 작가의 허락을 받고 〈리더스 다이제스트〉지에 실렸던 요약본을 여기에 다시 싣는다.

'아빠가 잊었구나'는 어느 순간 북받쳐 오른 진실한 감정을 담은 글로서, 독자들의 심금을 울리며 지금도 꾸준히 사랑받고 있는 글 중 하나다. 저자 W. 리빙스턴 라니드는 이렇게 말했다. "처음 글이 실린 이후로 '아빠가 잊었구나'는 전국 수백 개의 잡지와 사보, 신문에 거듭 실렸습니다. 많은 외국어로도 번역되었습니다. 저는 학교, 교회, 강연장에서 이 글을 읽고 싶어 하는 수천 명의 독자들에게 개인적으로 허락해주었습니다. 또 수많은 행사와 프로그램에 방송되었습니다. 특이하게도 대학 정기 간행물과 고등학교 잡지에도 실렸습니다. 때로는 짧은 글이 신기하게도 '가슴에 꽂힐' 때가 있습니다. 이 글이 바로 그랬던 것 같습니다."

아빠가 잊었구나
—W. 리빙스턴 라니드

아들아, 들어보렴. 나는 네가 잠들어 있는 동안 이야기하고 있단다. 네 조그만 손은 네 뺨을 받치고 있고, 금발의 곱슬머리 몇 가닥은 촉촉하게 젖은 이마에 붙어 있구나. 나는 혼자 네 방에 살며시 들어왔단다. 좀 전에 서재에서 글을 읽는데, 갑자기 숨이 막힐 듯한 후회스런 감정이 밀려왔단다. 그래서 미안한 마음으로 네 곁으로 왔단다.

이런 생각들이 떠오르는구나, 아들아. 내가 너한테 까다롭게 굴었던 것 같다. 네가 학교에 가려고 옷을 입고 있을 때, 제대로 세수하지도 않고 수건으로 얼굴을 한번 쓱 문지르고 말았다고 널 야단쳤지. 네가 신발을 깨끗이 닦지 않았다고 심하게 꾸짖기도 했어. 네가 물건들을 바닥에 던졌을 때는 화가 나서 소리를 지르기도 했지.

아침 식사 때도 잘못을 지적했어. 음식을 흘렸다고, 씹지도 않고 삼켜버린다고, 식탁 위에 팔꿈치를 올려놨다고, 빵에 버터를 너무 많이 발랐다고 말이다. 너는 놀러 나가고 나는 기차를 타러 갈 때, 뒤돌아 손을 흔들며 "아빠, 잘 다녀오세요!" 하고 외치는 너를 향해 나는 인상을 쓰며 "어깨 똑바로 펴!"라고 대답했지.

저녁에도 똑같은 일을 한 것 같구나. 집 근처에 다다랐을 때, 나는 무릎을 꿇고 앉아 구슬치기 하는 너를 봤단다. 네 양말에 구멍이 나 있더구나. 나는 너를 앞세워 집으로 걸어가면서 네 친구들 앞에서 너에게 창피를 주고 말았구나. 무릎까지 오는 양말이 얼마나 비싼지 아느냐고. 좀 더 조심하라고.

그 후 아빠가 서재에서 글을 읽고 있을 때, 네가 상처받은 눈빛으로 소심하게 다가온 거 기억하니? 도대체 누가 방해하나 짜증이 나서 서류 너머로 흘겨보았을 때, 너는 문가에서 망설이고 있었지. 나는 "왜?" 하며 쏘아붙였지.

넌 아무 말 없이 뛰어 들어와서 내 목을 와락 끌어안으며 내게 입맞춤을 했지. 나를 안아주는 네 팔에서 신이 네 마음속에 꽃 피운 애정을 느낄 수 있었어. 그러고 나서 너는 후다닥 계단을 올라가

버렸지.

아들아, 네가 올라간 직후 아빠는 무시무시한 두려움이 몰려오는 바람에 서류를 그만 떨어뜨릴 정도였단다. 내가 왜 이런 나쁜 습관을 갖게 되었을까? 항상 잘못한 일은 없는지 찾아 혼내는 습관, 그게 네가 어린아이라는 이유로 내가 내린 보상이었다니! 내가 널 사랑하지 않기 때문에 그런 건 아니란다. 다만 아직은 어린 너에게 내가 너무 많은 것을 기대했던 거야. 나는 어른의 잣대로 너를 재고 있었던 거지.

너에게는 착하고 바르고 진실한 성품들이 많이 있단다. 조그만 네몸 안에 언덕 너머로 밝아오는 새벽만큼이나 넓은 마음이 들어 있다는 게 느껴졌단다. 네가 갑작스럽게 나에게 달려와 잘 자라고 입맞춤을 해주고 간 것만 봐도 알 수 있단다. 오늘 밤 너보다 더 중요한 일은 없단다, 아들아. 나는 어두운 네 침대 맡에서 무릎을 꿇고 있다. 부끄럽구나!

이건 아주 작은 속죄란다. 네가 깨어 있을 때 이런 이야기를 해도 넌 이해하지 못할 거란 걸 안다. 하지만 내일 아빠는 진정한 아빠가 되어주마! 너와 친구가 되고, 네가 괴로울 때 함께 괴로워하고, 네가 웃을 때 함께 웃을게. 짜증스러운 말이 나오려 하면 꾹 참고 말하지 않으마. 마치 주문처럼 계속 되뇔 거야. "아직은 어린아이일 뿐이야. 어린아이!"

아빠는 너를 어른으로 보고 있었던 것 같구나. 하지만 아들아, 이렇게 작은 침대에서 피곤한 듯 웅크리며 자고 있는 너를 보니 네가 아직도 어린아이라는 걸 다시 느끼게 되는구나. 네가 엄마 어깨에 머리를 기대고 엄마의 품에 안겨 있던 게 바로 엊그제 일인데, 내가 너무 많이, 너무 많이 요구했구나.

그러므로 행복한 가정을 꾸리고 싶다면, 세 번째 규칙은 다음과 같다.

행복한 가정을 만드는 비결 3

비난하지 마라.

모든 사람을 행복하게 만드는
빠른 비법

로스앤젤레스 가족 관계 연구소의 소장인 폴 포피노는 이렇게 말한다. "아내를 찾고 있는 대부분의 남성들은 기업 임원을 찾고 있는 게 아닙니다. 자신들의 자만심을 채워주고, 우월감을 느끼게 해줄 의사가 있으며, 또 그럴 만한 매력이 있는 여자를 찾습니다. 사무실 매니저로 일하는 여성은 점심 식사 초대를 받으면 이렇게 행동할 겁니다. 그녀는 아마도 자신이 대학에서 배운 '현대 철학의 흐름'이라는, 이미 몇 번 써먹어 낡아빠진 메뉴를 접시에 담아 내놓고는 자기 밥값은 자기가 내겠다고 말하겠지요. 그 결과 그녀는 그 이후 혼자 식사를 하게 됩니다.

이와는 반대로 대학을 나오지 못한 타이피스트는 점심 식사에 초대받으면, 자신을 에스코트하는 사람만 열심히 바라보면서 '당신에 대해 더 얘기해주세요'라고 말합니다. 이후 그는 다른 동료들에게 이렇게 말합니다. '그녀는 빼어난 미인은 아니지만, 전에 만나보지 못한 즐거운 대화 상대라네.'"

남자들은 여자들이 잘 차려입고 예쁘게 보이려고 하는 노력을 칭찬하고, 감사의 표현을 해야 한다. 남자들은 여자들이 의상에 얼마나 진지하게 관심을 갖는지 잘 모를뿐더러 알았더라도 곧 잊어버린다. 예를 들어 남자와 여자가 다른 남자와 여자를 길에서 만나는 경우 여자는 상대 남자를 쳐다보는 경우가 드물다. 하지만 상대 여자가 얼마나 잘 차려입었는지는 살핀다.

몇 년 전 우리 할머니는 98세로 하늘나라로 가셨다. 돌아가시기 얼마 전, 나는 30여 년 전에 찍은 할머니 사진을 보여드린 적이 있다. 눈이 안 좋으셨던 할머니는 사진을 잘 볼 수 없었다. 그래서 유일하게 한 질문이 "내가 무슨 옷을 입고 있었니?"였다. 생각해보라! 이제 침대에 누워 임종을 얼마 남기지 않은 나이 든 할머니가, 100년 가까운 세월의 흔적을 고스란히 몸에 지닌 채, 정신이 가물가물해 자신의 딸도 알아볼 수 없는 상태에서 30여 년 전에 자신이 어떤 옷을 입고 있었는지에 대해 관심을 갖다니! 할머니가 그 질문을 할 때 나는 할머니의 침대 곁에 있었는데, 그때의 인상은 앞으로도 영원히 잊히지 않을 것이다.

이 글을 읽는 남성 독자들은 자신이 5년 전에 어떤 옷을 입고 있었는지 기억하지 못하며, 기억하고 싶은 마음도 없을 것이다. 하지만 여자들이라면 그렇지 않다. 우리 미국 남성들은 그 점을 깨달아야 한다. 프랑스의 상류층 남자들은 어릴 때부터 자신이 만나는 여성의 옷과 모자를 칭찬하도록, 그것도 한 번이 아니라 저녁 내내 칭찬하도록 교육받는다. 5000만 명이나 되는 프랑스 남자들이 틀렸다고 할 수는 없지 않겠나!

내가 수집한 이야기 중에 실제 이야기는 아니지만, 진리를 담고 있는 우스갯소리가 있어 소개하고자 한다. 어떤 농부의 아내가 고된 하루 일을 끝내고 돌아온 남편에게 저녁 식사로 산더미만 한 건초 묶음을 내왔다. 남편이 화를 내며 미쳤냐고 소리 지르자 그녀는 이렇게 대답했다. "이런, 당신이 알아차릴 줄은 미처 몰랐네요. 지난 20년간 꼬박꼬박 요리를 해왔는데, 그간 당신이 건초를 먹고 있는지 맛있는 요리를 먹고 있는지 말하는 소리를 한 번도 들어본 적이 없었거든요."

모스크바와 상트페테르부르크에서 아쉬움을 모른 채 방자하게 살아온 러시아의 귀족들은 이런 면에서는 괜찮은 매너를 갖고 있었다. 제정러시아 상류층 사람들은 훌륭한 요리를 즐기고 나면 요리사를 식탁으로 불러내 요리에 대해 칭찬하는 관습이 있었다.

왜 당신의 아내에게는 이런 배려를 하지 않는가? 만약 아내가 맛있게 구운 닭고기 요리를 준비한다면, 아내에게 맛있다는 말을 건네라. 당신이 건초를 먹고 있지 않아 다행으로 생각한다고 말하라. 아니면 금주법 시대에 사교계 스타였던 텍사스 기넌이 늘 하던 것처럼 아내에게 '열렬한 박수'라도 보내기 바란다.

그리고 칭찬할 때는 아내가 당신에게 행복을 주는 소중한 존재라는 사실을 주저하지 말고 표현해야 한다. 앞서 살펴보았듯이 영국 역사상 최고의 정치가인 디즈레일리도 '아내가 얼마나 고마운' 사람인지 세상에 드러내는 것을 부끄러워하지 않았다.

어느 날 잡지를 보다가 다음과 같은 이야기를 읽게 되었다. 20세기 초 미국 최고의 유명 연예인인 에디 캔터와의 인터뷰 기사에 나오는 이야기다.

"나는 이 세상 누구보다 아내로부터 도움을 받았습니다. 아내는 내가 어렸을 때 가장 가까운 친구였고, 내가 바르게 살도록 도와주었습니다. 결혼하고 나서는 동전 한 닢까지 아끼고, 모은 돈을 굴리고 굴려서 나에게 상당한 재산을 만들어주었습니다. 사랑스런 아이들도 다섯이나 키워냈습니다. 제게 언제나 너무나 멋진 가정을 만들어주었습니다. 제가 만일 조금이라도 이룩한 게 있다면 그건 전부 아내 덕입니다."

할리우드는 런던의 로이드 보험사마저 보험을 하지 않을 만큼 결혼 생활이 위태로운 곳이다. 하지만 거기에서도 눈에 띄게 행복한 생활을 하는 부부들이 있는데, 워너 백스터 부부도 그중 하나다. 위니프레드 브리슨이라는 이름으로 영화계에서 활약하던 백스터 부인은 결혼과 동시에 화려했던 배우 생활을 접었다.

하지만 그녀의 희생이 그들의 행복을 가로막을 수는 없었다. 워너 백스터는 이렇게 말한다. "아내는 화려한 무대에서 관객의 갈채를 받지 못하는 것을 아쉬워했습니다. 대신 저는 제가 갈채를 보내고 있다는 사실을 아내가 알 수 있도록 노력했습니다. 아내가 남편에게서 행복을 발견할 때는, 남편이 자신에게 고마워하고 있고 헌신하고 있다고 느낄 때 아닐까요? 남편 역시 그런 감사와 헌신이 진심일 때 행복해지는 거죠."

바로 이것이다. 그러므로 행복한 가정을 꾸리고 싶다면, 가장 중요한 규칙 가운데 하나인 네 번째 규칙은 다음과 같다.

행복한 가정을 만드는 비결 4

진심으로 칭찬하라.

작은 관심을 표현하라

꽃은 오랜 옛날부터 사랑의 언어라고 여겨져왔다. 꽃은 특히 제철이라면 비싸지 않고, 길모퉁이 꽃 가게에서는 종종 할인해서 팔기도 한다. 그런데도 보통의 남편들은 아내에게 수선화 한 다발 사다 주는 법이 없다. 이런 사실만 보자면 꽃이 난초처럼 비싸거나, 구름 덮인 알프스의 절벽에서 피어나는 에델바이스만큼이나 구하기 힘든 것처럼 생각될 정도다.

왜 아내가 병원에 입원해야만 꽃을 사다 주는가? 왜 오늘 밤 당장 아내에게 장미 몇 송이라도 사다 주지 않는가? 실험 정신을 발휘해 한번 해보라. 그리고 무슨 일이 일어나는지 한번 지켜보라.

조지 M. 코언은 '브로드웨이에 선 사나이'라는 별명에 걸맞게 매우 바빴다. 하지만 그는 어머니가 돌아가실 때까지 매일 하루에 두 번씩 전화했다. 전화할 때마다 뭔가 깜짝 놀랄 만한 소식을 전했을 것 같은가? 아니, 그렇지 않다. 작은 관심이란 바로 이런 것이다. 사랑하는 여인에게 당신을 늘 생각하고 있고, 기쁘게 만들어주고 싶고, 그녀의 행복과 안녕이 자신에게 매우 소중하며, 그녀를 항상 마음속 깊이 간직하고 있다는 마음을 표현하는 것이다.

여자들은 생일이나 기념일에 상당한 의미를 부여한다. 왜 그런지는 영원히 여성들만의 비밀로 남을 것이다. 보통의 남자들은 중요한 날을 기억하지 않더라도 그럭저럭 살아갈 수 있다. 하지만 잊어서는 안 될 날도 있다. 예를 들면 1492년(콜럼버스가 미 대륙을 발견한 해―옮긴이), 1776년(미국이 독립선언을 한 해―옮긴이), 그리고 아내의 생일과 결혼기념일이다. 설령 앞의 두 날은 잊더라도, 뒤의 두 날짜는 절대 잊어서는 안 된다.

시카고에서 4만 건의 이혼 분쟁을 다루고 2000쌍의 조정에 성공한 조셉 새버스 판사는 이렇게 말한다. "가정불화의 원인은 대부분 사소한 일이다. 아침에 남편이 출근할 때 아내가 손을 흔들어 배웅해주는 간단한 일만으로도 이혼을 피할 수 있는 경우가 얼마든지 있다."

로버트 브라우닝은 아내 엘리자베스 베럿 브라우닝과 이상적인 결혼 생활을 했는데, 그는 아무리 바쁘더라도 작은 칭찬이나 관심으로 끊임없이 애정을 북돋우는 것을 게을리하지 않았다. 그가 병든 아내를 얼마나 극진하게 배려했던지 아내는 자기 언니에게 보내는 편지에 이렇게 쓰기도 했다. "요즘 나는 정말 남편의 말처럼 진짜 천사가 아닐까 하는 생각이 들기 시작했어."

이처럼 일상적인 작은 관심의 가치를 제대로 이해하지 못하는 남자들이 너무 많다. 게이너 매덕스는 〈픽토리얼 리뷰〉에 실린 글에서 이렇게 말했다. "미국 가정은 좋지 못한 새로운 습관을 도입할 필요가 있다. 예를 들어 침대에서 아침 식사를 하는 것은 많은 아내들이 즐기고 싶어 하는 귀여운 기분풀이라 하겠다. 아내들에게 침대에서의 아침 식사는 남자들이 멋진 술집에 가는 것과 비슷한 역할을 한다."

결혼이란 결국 사소한 일들의 연속이다. 사소한 것의 가치를 무시하는 부부는 행복해지기 어렵다. 여류 시인 에드나 세인트 빈센트 밀레이는 언젠가 이에 관해 함축적인 시의 한 구절로 이렇게 표현했다.

나의 고통은 사랑 때문이 아니라,
사랑이 사소한 일들로 가버렸기 때문이다.

이 구절은 기억해둘 만하다. 부부 10쌍 중 한 쌍꼴로 이혼하며, 네바다 주의 리노에서는 토요일까지 이혼 소송이 연이어 진행된다. 여기서 이혼하는 부부 중 얼마나 많은 부부가 실제로 비극적인 큰 사건 때문에 이혼한다고 생각하는가? 장담컨대 정말 얼마 안 될 것이다. 만일 당신이 며칠간 그 법정에 앉아 불행한 부부들의 증언을 들어볼 수 있다면, 정말 사랑이 '사소한 일로 가버렸다'라는 사실을 알 수 있을 것이다.

지금 주머니칼을 가져다가 다음의 구절을 오려내 모자 안쪽에 붙여둬라. 아니면 거울에 붙여놓고 매일 아침 면도할 때마다 읽어보라.

"나는 이 길을 한 번만 지나갈 수 있다. 그러므로 내가 다른 사람에게 선행을 베풀거나 친절을 보여줄 수 있는 작은 기회라도 생긴다면, 지금 바로 해야 한다. 미루거나 소홀히 해서는 안 된다. 이 길을 다시는 지나갈 수 없기 때문이다."

그러므로 행복한 가정을 꾸리고 싶다면, 다섯 번째 규칙은 다음과 같다.

행복한 가정을 만드는 비결 5

작은 관심을 표현하라.

행복하고 싶다면
이 점을 소홀히 하지 마라

월터 담로쉬는 미국 최고의 연설가이자 대통령 후보로 나서기도 했던 제임스 G. 블레인의 딸과 결혼했다. 여러 해 전, 스코틀랜드에 있는 앤드류 카네기의 집에서 만난 두 사람은 오래도록 행복하게 살았다. 비결은 무엇이었을까?

담로쉬 부인은 이렇게 말한다. "배우자를 신중하게 선택하는 것 다음으로 중요한 것은 결혼 후 예의를 지키는 태도라고 생각합니다. 젊은 아내들이 다른 사람에게 하는 것처럼 남편에게도 정중하게 대한다면 얼마나 좋을까요? 어떤 남자든 바가지만 긁는 아내는 피하려 할 것입니다."

무례함은 사랑을 집어삼키는 암이다. 누구나 이를 알고 있지만, 대다수 사람들이 가까운 사람보다 모르는 사람에게 더 예의 바르게 행동한다는 것은 참으로 안타까운 일이다.

우리는 낯선 사람의 말을 가로막고 "세상에, 그런 낡아빠진 얘기를 다시 할 생각인가요?"라고 말하지는 않는다. 다른 친구의 편지를 허락도 없이 뜯어본다든가, 사적인 비밀을 훔쳐본다든가 하는 일도 좀처럼 하지 않는다. 이런 사소한 잘못을 저질러 기분 나쁘게 만드는 대상은 언제나 가장 가깝고 소중한 우리 가족이다.

다시 한 번 도로시 딕스의 말을 들어보자. "사실 우리에게 비열하고 모욕적이고 상처를 주는 말을 하는 사람은 결국 가족들이라는 것은 놀랍지만 분명한 사실이다."

헨리 클레이 리스너는 이렇게 말한다. "예의란, 부서진 문에 주목하기보다는 문 너머 마당에 있는 꽃에 관심을 갖는 마음씀씀이다."

결혼 생활에서 예의는 자동차의 윤활유와도 같다.

사랑받는 소설 《아침 식사 테이블의 독재자》의 저자로 유명한 올리버 웬델 홈스는 실제 자신의 집에서는 결코 독재자가 아니었다. 오히려 가족들에 대한 배려가 상당해 슬프거나 기운이 없을 때도 다른 가족들에게 그런 기분을 숨기기 위해 애쓸 정도였다. 그의 말에 따르면, 다른 가족들에게 자신의 감정을 전염시키지 않고 혼자서 견뎌내기란 힘든 일이었다고 한다.

올리버 웬델 홈스와는 달리 대다수의 사람들은 어떻게 하고 있는가? 회사에서 뭔가 안 좋은 일이 있었다고 하자. 실적이 부진하거나 상사로부터 질책을 받았다. 머리는 깨질 듯 아파오고, 5시 15분에 출발하는 통근 버스마저 놓쳤다. 그럴 경우 대부분 집에 돌아오자마자 가족들에게 분풀이를 하기 시작한다.

네덜란드에서는 집에 들어가기 전에 신발을 벗어 현관 밖에 놓고 들어간다. 네덜란드 사람들의 풍습으로부터 교훈을 얻자. 밖에서 생긴 고민은 집에 들어가기 전에 벗어놓고 들어가자.

윌리엄 제임스가 쓴 〈인간의 무지에 관하여〉라는 글이 있다. 가까운 도서관에 찾아 가서 읽어볼 만한 가치가 있는 글이다. 윌리엄 제임스는 이렇게 썼다. "이 담론에서 다루고자 하는 것은 우리가 타인이나 다른 존재의 감정을 상하게 하면서도 깨닫지 못하는 인간의 무지다."

고객이나 업무상 만나는 사람들에게는 감히 심한 말을 하지 않는 많은 남자들이 아내에게는 아무렇지도 않게 거친 말을 한다. 하지만 그들의 개인적 행복을 위해서는 업무보다는 결혼이 훨씬 더 중요하고, 훨씬 더 필요하다.

행복한 결혼 생활을 하는 평범한 남자가 독신으로 사는 천재보다 훨씬 더 행복하다. 러시아의 위대한 소설가 이반 투르게네프는 문명사회라면 어디서나 칭송받았다. 그럼에도 불구하고 그는 이렇게 말했다. "저녁 식사를 준비하고 나를 기다려주는 여인이 어딘가 있다면, 나는 내 모든 재능과 모든 책을 포기해도 아깝지 않을 것이다."

아무튼 오늘날 행복한 결혼 생활을 할 가능성은 어느 정도일까? 도로시 딕스는 절반 이상이 실패한다고 생각한다. 하지만 폴 포피노 박사의 생각은 다르다. 그는 이렇게 말한다. "결혼에서 성공할 가능성은 다른 어떤 사업에서 성공할 가능성보다 높다. 채소 가게를 시작하는 사람들 중 70퍼센트가 실패하지만, 결혼한 남녀의 70퍼센트는 성공한다."

도로시 딕스는 이 모든 논란을 이렇게 정리했다.

"결혼과 비교해보았을 때, 탄생은 단순한 에피소드에 불과하고 죽음도 사소한 사건일 뿐이다.

남자들이 왜 사업이나 일에서 성공하기 위해 노력하는 것만큼 가정을 지속하기 위해서는 노력하지 않는지 여자들은 이해하지 못한다.

아내를 만족시키고 평안하고 행복한 가정을 갖는 것이 100만 달러를 버는 것보다 남자에게 더 중요한 일이지만, 100명의 남편 중 단 한 명도 성공적인 결혼 생활을 위해 진지하게 고민하거나 진심으로 노력하지 않는다. 그는 자신의 인생에서 가장 중요한 일을 그저 운에 맡기고는 운에 따라 살아간다. 강압적인 방법 대신 부드러운 방법을 쓰기만 하면 모든 일이 술술 풀릴 텐데도, 왜 남편들은 하나같이 자신들을 부드럽게 대하지 않는지 아내들은 이해할 수 없다.

남편들은 자신이 아내의 기분을 조금만 맞춰주기만 하면, 아내가 군소리 없이 어떤 일이든 해주리라는 것을 알고 있다. 남편들은 아내에게 살림을 정말 잘한다, 내조를 정말 잘한다와 같은 사소한 칭찬만 건네도, 아내가 정성껏 자신을 대하리라는 것을 안다. 아내가 작년에 산 옷을 입었을 때 너무 멋지고 예뻐 보인다는 말을 하기만 하면, 아내가 파리에서 온 최신 유행의 옷도 거들떠보지 않으리라는 것을 남자들은 다 안다. 아내의 눈가에 입을 맞추기만 하면 아내는 모든 일을 눈감아주고, 아내의 입술에 가볍게 입술을 대기만 해도 입을 꼭 다물고 아무런 잔소리도 하지 않으리라는 것을 안다.

모든 아내들은 자신의 남편이 이를 알고 있음을 알고 있다. 왜냐하면 자신에게 어떻게 해야 통하는지 자신이 직접 완벽한 도면을 제공해주었기 때문이다. 그렇기 때문에 남편이 아내의 기분을 약간 맞춰주며 아내의 바람대로 해주는 대신에, 아내와 다투고 나서 그 대가로 차가운 식사를 하고 아내에게 옷이며 차며 보석을 사주느라 돈을 낭비하는 모습을 보면, 아내는 화가 나기도 하고 넌더리가 나기도 한다."

그러므로 행복한 가정을 꾸리고 싶다면, 여섯 번째 규칙은 다음과 같다.

행복한 가정을 만드는 비결 6

정중하게 대하라.

결혼에서의 성 문제에 대해
무지해서는 안 된다

　사회위생연구소의 총책임자인 캐서린 B. 데이비스 박사는 언젠가 기혼 여성 1000명을 대상으로 한 조사에서 은밀한 문제에 관한 솔직한 대답을 요구하는 조사를 한 적이 있다. 결과는 놀라웠다. 평균적인 미국 성인의 성적 불만족에 대해 믿을 수 없을 만큼 충격적인 사실이 드러났다. 기혼 여성 1000명으로부터 받은 답변을 검토한 데이비스 박사는 미국에서 일어나는 이혼의 중요한 사유 중 하나는 성생활의 부조화라고 단언했다.

　G. V. 해밀턴 박사의 연구도 이러한 발견을 뒷받침하고 있다. 해밀턴 박사는 4년에 걸쳐 남성과 여성 각각 100명을 대상으로 결혼 생활에 대한 조사를 실시했다. 박사는 조사 대상 남녀 개개인에게 결혼 생활에 관한 약 400개에 달하는 질문을 하고, 그들의 문제에 대해 상세히 검토했다. 총 4년에 걸친 상세한 연구였다. 이 조사는 사회학적으로 상당한 의의를 지닌 것으로 인정되었기 때문에 유명인들로부터 후원을 받을 수 있

었다. 그 결과로 나온 것이 G. V. 해밀턴 박사와 케네스 맥고완의 공동 저서인《결혼 생활의 문제》다.

그렇다면 결혼 생활의 문제는 과연 무엇일까? 해밀턴 박사는 이렇게 말한다. "성적 부조화는 흔히 가정불화의 주요한 원인이다. 그럼에도 이를 부정하는 견해는 편견이 심하고 신중하지 못한 판단이라고 할 수밖에 없다. 어찌 됐든 성생활 자체가 만족스럽다면, 다른 이유로 불화가 생기더라도 크게 문제가 되지 않는 경우가 많다."

가정생활에 관한 미국 최고의 권위자로 인정받고 있는 로스앤젤레스 가족 관계 연구소의 소장인 폴 포피노 박사는 수천 건의 결혼에 대해 조사했다. 그에 따르면 결혼 생활의 실패에는 대략 네 가지의 원인이 있는데, 그가 꼽은 순서를 그대로 따라 소개하면 다음과 같다.

1. 성적 부조화
2. 여가 활용에 관한 의견 불일치
3. 경제적 곤란
4. 심신의 이상

성 문제를 가장 먼저 꼽았고, 특이하게도 경제적 어려움은 세 번째로 꼽았음을 주목하기 바란다.

이혼 문제 전문가라면 누구나 결혼 생활에는 조화로운 성생활이 절대적으로 필요하다는 데 동의한다. 예를 들어 수천 건의 이혼 소송을 처리한 경험이 있는 신시내티 가정법원의 호프먼 박사는 이렇게 단언했다. "이혼의 10건 중 한 건은 성적 불만에서 비롯된다."

저명한 심리학자 존 B. 왓슨은 이렇게 말한다. "누구나 인정하듯이, 성은 인생에서 가장 중요한 주제다. 성은 분명히 남자와 여자의 행복을 침몰시키는 가장 중요한 원인이다." 그리고 나는 내 강좌에 참여했던 의사들이 사실 이와 똑같은 말을 하는 것을 많이 보았다. 그렇다면 이처럼 책과 교육이 넘치는 20세기에 들어서도 가장 원초적이면서도 자연스런 본능에 대해 무지하기 때문에 결혼 생활이 무너지고 인생이 좌초한다는 게 참 불쌍한 일 아닐까?

올리버 M. 버터필드 박사는 18년간 감리교 교단에서 목사로 재직한 후, 뉴욕 시 가정 상담 서비스 사무소에서 일하기 위해 교단을 떠났다. 그는 아마 생존한 사람 중 가장 많이 주례를 선 사람일 것이다. 그는 이렇게 말한다.

"목사로서 재직한 지 얼마 되지 않아 저는 결혼하러 오는 많은 젊은이들이 사랑도 있고 선의도 있지만, 결혼에서의 성 문제에 대해서는 무지하다는 걸 깨달았습니다."

결혼에서의 성 문제에 대해 무지하다니!

뒤이은 그의 말은 다음과 같다. "결혼해서 서로 맞춰 산다는 것이 얼마나 어려운 일인지 감안한다면, 이런 문제를 운에 맡기고서도 이혼율이 16퍼센트밖에 안 된다는 사실이 오히려 놀랍습니다. 사실 결혼한 상태라기보다는 단지 아직 이혼하지 않은 상태인 부부가 셀 수 없이 많습니다. 그들은 일종의 연옥(죽은 사람의 영혼이 천국에 들어가기 전에 남은 죄를 씻기 위해 불로써 단련받는 곳—옮긴이)에 살고 있는 셈이죠."

버터필드 박사는 이렇게 말했다. "행복한 결혼은 운으로 되는 법이 없다. 정교하고 신중하게 계획해야 한다는 점에서 행복한 결혼은 훌륭한 건축물과 같다."

버터필드 박사는 결혼하는 커플들이 장래 계획에 대해 자신과 솔직하게 의견을 나누면, 이런 계획에 도움을 받을 수 있다고 오래전부터 주장해왔다. 이렇게 의견을 나눈 결과, 그는 결혼을 앞둔 젊은이들이 "결혼에서의 성 문제에 대해 무지하다"라고 결론짓게 되었다.

그는 이렇게 말했다. "성은 결혼 생활에서 만족시켜야 하는 여러 가지 요소 중 하나지만, 이 관계가 제대로 이루어지지 않으면 다른 모든 것이 제대로 되지 않는다."

그렇다면 이 관계가 제대로 이루어지게 하려면 어떻게 해야 할까?

버터필드 박사는 계속해서 이렇게 말한다. "감정적으로 입을 다물고 있지 말고, 객관적이고도 초연하게 결혼 생활의 태도와 행동에 관해 이야기 나누는 능력을 길러야 한다. 이런 능력을 배양하는 데는 양식과 가치관을 갖춘 책을 읽는 것보다 더 나은 방법은 없다. 나는 늘 내가 쓴 《결혼과 성적 조화》라는 책과 더불어 괜찮은 책 서너 권을 나누어준다."

성에 관한 것을 책으로 배운다는 게 이상한가? 몇 년 전 컬럼비아 대학은 미국 사회위생협회와 공동으로 교육계 전문가들을 초청해서 대학생의 성과 결혼 문제에 관해 토론을 벌였다. 이 토론에서 폴 포피노 박사는 이렇게 말했다. "이혼은 감소 추세에 있습니다. 그 이유 중 하나는 사람들이 성과 결혼에 관해 괜찮은 책들을 더 많이 읽고 있기 때문입니다."

그러므로 행복한 가정을 꾸리고 싶다면, 일곱 번째 규칙은 다음과 같다.

행복한 가정을 만드는 비결 7

결혼 생활의 성 문제에 관해 좋은 책들을 읽어라.

행복한 가정을 만드는
7가지 비결

1. 잔소리하지 마라.

2. 상대를 바꾸려 하지 마라.

3. 비난하지 마라.

4. 진심으로 칭찬하라.

5. 작은 관심을 표현하라.

6. 정중하게 대하라.

7. 결혼 생활의 성 문제에 관해 좋은 책들을 읽어라.

howto stop worring & start Living

나는 이 책을 왜, 어떻게 쓰게 되었나

35년 전에 나는 뉴욕에서 가장 불행한 젊은이 중 한 명이었다. 당시 나는 생계를 위해 트럭을 판매했다. 하지만 나는 트럭이 어떻게 움직이는지 몰랐고, 또 알고 싶지도 않았다. 나는 내 일이 경멸스러웠다. 싸구려 가구에다 바퀴벌레가 우글거리는 웨스트 56번가에 사는 것도 너무 싫었다. 벽에 여러 개의 넥타이를 걸어두었는데, 아침에 넥타이를 집으려고 손을 뻗으면 바퀴벌레들이 사방으로 도망치던 모습이 아직도 기억난다. 똑같이 바퀴벌레가 우글거릴 게 분명한 더러운 싸구려 식당에서 식사를 해야 한다는 사실도 경멸스러웠다.

매일 밤마다 실망, 걱정, 비통, 반발심으로 인해 생겨난 두통을 느끼며 외로운 내 방으로 돌아왔다. 대학 시절 품었던 내 꿈들이 악몽으로 변한 현실을 보며 나는 반발심을 갖게 되었다. 뭐 이런 인생이 다 있담? 이게 과연 내가 그렇게 원하던 가슴

뛰는 모험인가? 과연 이게 내 인생의 전부일까? 내가 경멸하는 일을 하고, 바퀴벌레와 동거하며, 싸구려 음식을 먹고, 미래에 대한 희망도 없는…. 나는 책을 읽으면서 대학 시절에 꿈꾸던 책도 쓸 수 있는 여유가 있었으면 하고 간절히 바랐다.

내가 그토록 싫어하던 일을 그만두더라도 잃을 건 없고 얻을 것만 있으리라는 생각이 들었다. 나는 돈을 많이 벌기보다는 활기 넘치는 인생을 살고 싶었다. 간단히 말해 나는 루비콘 강 (갈리아의 장관이었던 카이사르가 폼페이우스와의 전쟁을 시작하기 전 군대를 이끌고 루비콘 강을 건너며 "주사위는 던져졌다"라는 유명한 말을 남겨 이후 중대한 사건을 내리기 전 결단을 내리는 행동을 비유하는 말로 종종 '루비콘 강을 건너다'라고 쓰인다―옮긴이), 즉 이제 막 인생을 시작하는 젊은이라면 누구나 마주하게 되는 결단의 순간에 도달한 것이었다. 그래서 나는 결정했고, 그 결정은 나의 미래를 완전히 바꾸어놓았다. 그 결정으로 인해 지난 35년간 내가 꿈꾸던 그 어떤 지상낙원에서보다 훨씬 더 행복하고 보람 있는 삶을 살았다. 나의 결정은 이런 것이었다.

'싫어하는 일은 그만두자. 그리고 미주리 주 워렌스버그에 있는 주립 교육대학에서 4년간 교육학을 전공했으니 성인들을 가르치는 야간 과정을 만들어서 돈을 벌자. 쉬는 날에는 책을 읽고, 강의를 준비하며, 장편이나 단편소설을 쓰자. 나는 생계를 위해

글을 쓰는 동시에 글을 쓰는 삶을 살기를 원하지 않았던가.'

그럼 야간에 성인들에게 무엇을 가르칠까? 과거를 돌아보며 대학에서 배운 교육을 평가해보니, 대중 연설에 관한 훈련과 경험이 대학에서 배운 것을 모두 합친 것보다 사회생활이나 개인 생활을 하는 데 현실적으로 훨씬 더 가치가 있음을 알게 되었다. 왜? 대중 연설을 통해 나는 소극성과 자신감 부족을 극복하고 사람들을 대하는 용기와 확신이 생겼기 때문이다. 또한 리더십은 용감하게 나서서 자기 생각을 말할 수 있어야 길러질 수 있다는 사실을 분명히 깨달았다.

나는 컬럼비아 대학과 뉴욕 대학의 야간 공개강좌에서 대중 연설을 강의하고 싶어 지원했지만 거절당했다.

당시에는 실망스러웠지만, 지금 생각해보면 두 대학에서 거절당한 게 얼마나 다행인지 신께 감사할 정도다. 덕분에 나는 YMCA 야간학교에서 강의를 시작하게 되었는데, 그곳에서는 단기간 내에 구체적인 결과를 내야 했다. 이는 또 얼마나 큰 도전인가! 성인들이 야간학교에 오는 이유는 학점을 따거나 남에게 보여줄 간판을 따기 위해서가 아니었다. 그들이 그곳을 찾는 이유는 단 하나, 자신들의 문제를 해결하기 위해서였다. 그들은 업무상 모임에서 긴장하지 않고 두 다리로 똑바로 서서 자기의 의견을 제대로 말하고 싶어 했다. 세일즈맨들은 한참

동안 주변을 서성거리며 용기를 내지 않고도 까다로운 고객의 사무실 문을 열고 들어갈 수 있기를 원했다. 그들은 안정과 자신감을 얻고자 했다. 또 사업적으로 성공해 가족을 위해 더 많은 돈을 벌고 싶어 했다. 그들은 수업료를 분할해서 지급하고 있었으므로 만약 원하는 결과를 얻지 못하면 더 이상 돈을 내지 않아도 되었다. 그럴 경우 고정 급여가 아닌 수익금의 일부를 배분받기로 했던 나는 생계에 타격을 입을 수 있었다.

당시 나는 악조건 속에서 강의를 한다고 생각했지만, 지금 생각해보면 돈 주고도 살 수 없는 값진 훈련을 받았다고 생각한다. 나는 학생들에게 동기를 부여하고, 그들이 스스로 문제를 해결하도록 도와야 했다. 또한 매시간 그들에게 영감을 불어넣어 그들이 계속 수업에 나오고 싶도록 만들어야 했다.

흥분되는 도전이었고, 나는 그 일을 좋아했다. 수강생들이 그토록 빨리 자신감을 갖게 되고, 승진하며 보수를 더 받게 되는 모습을 보며 나도 깜짝 놀랐다. 내 강좌는 예상보다 훨씬 큰 성공을 거듭했다. 세 번째 시즌이 지날 무렵이 되자, '하루저녁에 5달러씩 일정액을 지급해달라'라는 내 요구를 거절했던 YMCA가 이익 배분 방식으로 하루에 30달러씩이나 지급해주었다. 처음에는 대중 연설 강의만 진행했다. 하지만 시간이 지나면서 사람들에게는 친구를 만들고 사람들을 설득하는 능력도 필요하다는 사실을 알게 되었다. 인간관계에 관한 적당한 교재를 찾아보았지만 찾을 수가 없어서 내가 직접 쓰기로 결심했다. 내가 쓰긴 했지만, 그 책은 보통의 다른 책과는 다르다. 수천 명의 성인을 대상으로 한 실험과 경험을 통해 진화하듯 자라났다. 나는 그 책에 《인간관계론》이라는 제목을 달았다.

나는 애초에 그 책을 수업용 교재로만 사용할 생각으로 쓴 데다, 이전에 썼던 네 권의 책들이 별로 팔리지 않았기 때문에 그 책이 그렇게 많이 팔릴 줄은 전혀 예상하지 못했다. 아마도 현존하는 작가들 가운데 나만큼 많이 놀란 사람도 별로 없을 것이다.

몇 해가 지나면서 나는 성인들의 또 다른 큰 문제 중 하나가 '걱정'이라는 사실을 알게 되었다. 내 강좌를 듣는 사람들은 대부분 경영인, 영업 사원, 기술자, 회계사 등 비즈니스맨들이었는데, 그들은 업무와 직종에 상관없이 모두들 걱정거리를 갖고 있었다! 수강생 중에는 직장 여성이나 주부 등 여성들도 있었지만, 그들 역시 걱정거리가 있었다. 당연히 나는 걱정을 어떻게 극복할 것인지에 대한 교재가 필요했다. 그래서 다시 한 번 그 주제에 관한 교재를 찾아보기 시작했다. 나는 5번가와 42번가가 만나는 곳에 있는 뉴욕 최대의 공공 도서관에 가보았다. 하지만 놀랍게도 제목에 '걱정(Worry)'이라는 단어가 들어간 책은 22권밖에 없었다. 또 한 가지 특이한 사실은 제목에 '벌레 (Worms)'라는 단어가 들어간 책은 189권이나 되었다. 걱정에 관한 책보다 벌레에 관한 책이 거의 9배나 많다니! 놀랍지 않은가?

걱정은 인류가 처한 가장 큰 문제들 중 하나이기 때문에 미국의 모든 고등학교와 대학교에 당연히 '걱정을 없애는 방법'과 관련된 교육과정이 있을 거라고 생각되지 않는가?

하지만 내가 아는 한 미국에 그런 강좌가 개설된 대학은 한 군데도 없다. 데이비드 시베리가 《성공적으로 걱정하는 법》이란 책에서 다음과 같이 말한 것도 놀랍지 않다. "우리는 어른이 되면서 아무런 준비도 하지 못한 상태에서 책벌레에게 발레를 추게 만들 정도의 압박을 받는다."

그 결과는 어떤가? 병원 침대의 반 이상을 신경이나 감정과 관련된 문제로 입원한 이들이 차지하고 있다. 나는 뉴욕 공립도서관의 책장에 꽂혀 있던 그 22권의 책을 훑어보았다. 게다가 걱정과 관련해 구할 수 있는 책은 모조리 구입했다. 하지만 교재로 사용할 만한 책은 한 권도 찾을 수 없었다. 그래서 직접 책을 쓰기로 결심했다.

그리하여 7년 전부터 이 책을 쓰기 위한 준비를 시작했다. 어떻게 했을까? 모든 시대에 걸쳐 철학자들이 걱정에 관해 언급한 구절들을 찾아 읽었다. 또 공자에서 처칠에 이르기까지 수백 명의 전기를 읽었다. 게다가 잭 뎀프시, 오마르 브래들리 장군, 마크 클라크 장군, 헨리 포드, 엘리너 루스벨트, 도로시 딕스 등 각 분야의 저명한 인사들과 면담도 했다. 하지만 그것은 시작에 불과했다.

나는 면담이나 독서보다 훨씬 더 중요한 일도 했다. 5년간 성인을 대상으로 하는 강좌에서 걱정 극복을 위한 연구를 진행했다. 내가 아는 한 이런 종류의 실험은 세계 최초이자 유일했다. 실험은 이렇게 진행되었다. 나는 학생들에게 걱정을 없애기 위해 지켜야 할 몇 가지 규칙을 제시하고, 실제 생활에 적용해보도록 한 뒤 그 결과를 다음 수업 시간에 이야기하도록 했다. 어떤 사람들은 걱정을 없애기 위해서 자신이 과거에 사용했던 방법들을 발표하기도 했다.

그 결과 나는 이 세상 누구보다도 사람들이 걱정을 극복한 이야기를 가장 많이 들어본 사람이 되었다고 생각한다. 게다가 우편을 통해 날아온 '나는 어떻게 걱정을 극복했는가'라는 주제의 글을 수백 개나 읽었다. 미국과 캐나다의 219개 도시에서 진행되고 있는 강좌에서 우수하다고 선정된 이야기들이다. 그러므로 이 책은 상아탑에서 나온 게 아니다. 걱정을 어떻게 극복할 수 있는가에 대한 학문적인 강론도 아니다. 대신 나는 수천 명의 성인들이 어떻게 걱정을 극복했는지에 관한 빠르고 간결하게 기록된 보고서를 쓰고자 노력했다. 한 가지 확실한 것은 이 책은 구체적이라는 사실이다. 이 책을 통해 당신은 생생한 이야기를 들을 수 있을 것이다.

다행히 이 책에는 누군지 모를 가상의 인물이나 익명의 '메리'나 '존'에 대한 이야기는 없다. 아주 드문 몇몇 사례를 제외하고는 실제 이름과 동네가 나온다. 이 책에 실린 이야기들은 실제 사례이고, 증명할 수 있는 실제 인물이 존재한다.

프랑스의 철학자 발레리는 "과학은 성공한 처방의 집대성이다"라고 말했다. 이 책이 바로 그렇다. 우리의 삶에서 걱정을 없애는 데 성공적이고 오랜 기간의 경험으로 보증된 처방들을 모아두었다. 하지만 주의해야 할 점이 있다.

당신은 이 책에서 새로운 것은 하나도 보지 못할 것이다. 다만 널리 적용되고 있지 않은 처방들을 많이 보게 될 것이다. 걱정을 없애기 위해 필요한 것은 뭔가 새로운 게 아니다. 우리는 이미 완벽할 만큼 충분히 많은 것을 알고 있다. 우리는 황금률과 산상수훈(山上垂訓)에 대해 이미 알고 있다. 문제는 알지 못하는 것이 아니라 실천하지 못하는 것이다.

이 책의 목적은 오랜 시간을 거쳐 내려온 수많은 기본적인 진리들을 실제 사례를 통해 다시 이야기하면서 케케묵은 느낌을 없애고 오늘날의 현실에 맞게 재해석해 제시하는 것이다. 그러고 나서 당신의 정강이를 걷어차면서 실제 생활에 적용하도록 하는 것이다.

당신이 이 책을 집어 든 것은 이 책이 만들어진 과정을 알기 위해서는 아닐 것이다. 필요한 것은 해결 방법이다. 그러므로 이제 시작해보자. 먼저 이 책을 40쪽까지만 읽어보기 바란다. 그래도 당신이 걱정을 멈추고 삶을 즐길 새로운 힘과 영감을 얻지 못한다면, 이 책을 휴지통에 버려도 좋다. 그런 사람에게는 이 책이 아무런 쓸모가 없기 때문이다.

—데일 카네기

1

걱정에 대해 알아야 할
기본적인 사실

How to

stop

worrying

&

start living

오늘에 충실하라

1871년 봄, 한 청년이 책을 보다가 자신의 미래에 커다란 영향을 미치게 될 21개 단어로 된 한 구절을 읽었다. 몬트리올 종합병원 의대생인 그는 졸업 시험을 통과할 수 있을지, 무엇을 해야 할지, 어디로 가야 할지, 어떻게 실력을 키워야 할지, 어떻게 생활비를 벌어야 할지 걱정하고 있었다.

이 젊은 의대생이 1871년에 읽은 21개 단어는 그가 당대의 가장 유명한 의사가 되는 데 기여했다. 그는 세계적으로 유명한 존스홉킨스 의대를 설립했다. 그리고 대영제국에서 의사에게 부여하는 가장 영예로운 직위인 옥스퍼드 의대의 흠정 강좌 담당 교수로 임명되었으며, 영국 왕실로부터 기사 작위를 받았다. 그가 세상을 떠났을 때, 그의 일대기는 총 1466페이지에 달하는 두꺼운 두 권의 책으로 편찬되었다.

그는 바로 윌리엄 오슬러 경이다. 그가 1871년 봄에 읽고 걱정에 얽매이지 않는 삶을 살 수 있도록 해준 문장은 토마스 칼라일의 다음 문구였다.

"우리가 해야 할 주된 일은 멀리 있는 희미한 것을 바라보는 게 아니라, 당장 눈앞에 명확히 보이는 것을 실천하는 것이다 (Our main business is not to see what lies dimly at a distance, but to do what lies clearly at hand)."

42년 후 교정에 튤립이 만발하던 어느 봄날 저녁에 윌리엄 오슬러 경은 예일대 학생들을 대상으로 강연을 했다. 그는 학생들에게 자신처럼 4개 대학에서 교수직을 맡고 있으며 대중적으로 인기 있는 책을 쓴 사람은 '특별한 능력의 뇌'를 지녔을 거라고 생각하지만, 사실은 그렇지 않다고 단언했다. 그는 자신의 친한 친구들은 그의 뇌가 '지극히 평범하다'라는 사실을 잘 알고 있다고 말했다.

그렇다면 그가 성공할 수 있었던 비결은 무엇일까? 그는 '오늘에 충실하게' 사는 것이 답이라고 말했다. 도대체 무슨 의미일까? 예일대에서 연설을 하기 몇 달 전, 오슬러 경은 대서양을 건너려고 대형 정기선에 탄 적이 있었다. 당시에 그는 선장이 교량 위에 서서 버튼을 하나 누르자, 기계장치가 철컹철컹 소리를 내더니 배를 구획별로 차단해 배에 물이 들어오는 것을 막는 장면을 보게 되었다. 오슬러 박사는 예일대 학생들에게 말했다.

"지금 여러분 한 명 한 명은 대형 여객선보다도 훨씬 우수한 유기체이고 더 먼 여행을 해야 합니다. 저는 여러분에게 '오늘만의 구획'을 만들고 차단벽을 쳐서 오늘에 충실하게 사는 것이 안전하게 항해할 수 있는 가장 확실한 방법임을 강조하고 자 합니다. 교량 위에 올라가서 거대한 차단벽이 제대로 작동하는지 살펴보십시오. 여러분 인생의 각 단계마다 버튼을 누르고 철문이 과거, 그러니까 죽어버린 지난날들을 차단하는 소리를 들으십시오. 또 다른 버튼을 눌러 아직 오지 않은 내일인 미래에도 차단벽을 치십시오. 그러고 나면 여러분의 오늘은 안전할 것입니다! (…) 과거를 차단하십시오! 죽은 과거는 죽은 채 묻어두세요. (…) 어리석은 자들을 잿빛 죽음으로 이끌 과거를 막아버리세요. 어제의 짐에 내일의 짐까지 더해서 오늘 지고 간다면 아무리 강한 사람도 비틀거리게 됩니다. 과거를 차단한 만큼 미래도 철저히 차단하십시오. (…) 오늘이 미래입니다. (…) 내일이란 없습니다. 인류 구원의 날은 지금입니다. 체력 낭비, 정신적 고뇌, 신경과민성 근심들은 미래를 불안해하는 사람을 따라다닙니다. (…) 닫으십시오. 선수에서 선미까지 차단벽을 쳐서 '오늘에 충실하게' 사는 습관을 기르도록 하십시오."

오슬러 박사는 진심으로 내일을 위해 어떤 노력도 하지 말라고 말한 것일까? 아니다. 절대 그렇지 않다. 그는 강연을 계속하면서 내일을 준비할 수 있는 가장 좋은 방법이란 우리가 가진 모든 지성과 열정을 오늘 해야 할 일에 집중하는 것이라고 말했다. 그것만이 미래를 준비할 수 있는 유일한 방법이다.

오슬러 경은 예일대 학생들에게 주기도문에 나오는 것처럼 "오늘 우리에게 일용할 양식을 주옵시고"라는 마음으로 하루를 시작하라고 권했다.

주기도문에서는 오늘의 양식만을 구한다는 걸 기억하자. 어제 먹어야 했던 부실했던 양식에 대해 불평하지 않는다. "오, 신이시여, 최근에 양식이 거의 바닥을 보이고 있습니다. 그리고 다시 가뭄이 올지도 모르는데, 다음 가을에 먹을 양식을 어떻게 구할 수 있겠습니까? 혹 제가 직장을 잃는다면, 오, 신이시여, 그때는 또 어떻게 양식을 구할 수 있을까요?"라고 말하지 않는다.

그렇다. 주기도문은 우리에게 단지 오늘의 양식만을 구하라고 가르친다. 오늘의 양식만이 당신이 먹을 수 있는 유일한 양식이다.

수년 전, 무일푼의 철학자가 생계에 어려움을 겪고 있던 메마른 지역을 배회하고 있었다. 어느 날 군중이 그를 둘러싸며 언덕에 모여들었고, 그는 아마도 누구나 한번쯤 들어보았을 가장 많이 인용되는 문장을 읊었다. "그러므로 내일을 위하여 생각하지 마라. 내일 일은 내일 생각할 것이요, 그날의 괴로움은 그날로 충분하니라."

많은 이들이 예수의 말씀 중 "그러므로 내일을 위하여 생각하지 마라(Take no thought for the tomorrow)"라는 말을 받아들이지 못했다. 그 말씀을 단지 실현할 수 없는 이상적인 충고로 여겼고, 일종의 동양적 신비주의로 치부해버렸다. 그들은 "내일을 생각해야만 해. 내 가족을 위해 보험을 들어야 해. 노후를 위해 돈을 저축해야 해. 성공하려면 계획을 세우고 준비해야 해"라고 말한다.

그렇다! 물론 그래야 한다. 예수의 이 말씀이 번역된 300년 전 제임스 왕정 시대에는 이 구절에 사용된 단어들의 의미가 오늘날과는 달랐다. 300년 전에 '생각(Thought)'이라는 단어는 흔히 '염려(Anxiety)'를 의미했다. 최근 번역된 《성경》에서는 "내일 일을 위하여 염려하지 말라(Have no anxiety for the tomorrow)"라고 보다 정확하게 예수의 말씀을 옮기고 있다.

내일을 고려해야 하는 게 당연하고, 주의 깊게 생각하고 계획하며 준비해야 한다. 하지만 불안해하지는 마라.

제2차 세계대전 당시 미국 지휘관들은 내일을 계획했지만 걱정하며 시간을 보낼 만큼 여유롭지 못했다. 미 해군을 지휘했던 사령관 어니스트 J. 킹 제독은 이렇게 말했다. "나는 최고의 부대를 투입하고 우리가 가진 최상의 물자를 보급했으며, 그들에게 가장 적절한 임무를 부여했습니다. 내가 할 수 있는 일은 그게 전부였습니다."

해군 사령관 킹은 계속해서 말했다. "배가 이미 침몰했다면 나는 끌어올릴 수 없습니다. 지금 침몰 중이라도 멈추지 못합니다. 저는 과거에 대해 안달하느니 내일을 돌보는 데 시간을 쓰겠습니다. 게다가 과거의 문제에 발목 잡혀 있으면 오래 버티지 못합니다."

전시든 아니든 간에 현명한 사고와 어리석은 사고 사이에는 중요한 차이가 있다. 현명한 사고는 원인과 결과를 따져 논리적이고 발전적인 계획을 이끌어내는 반면, 어리석은 사고는 긴장 상태와 신경쇠약에 이르게 한다.

최근에 나는 운 좋게도 세계에서 가장 유명한 신문 중 하나인 〈뉴욕타임스〉의 발행인 아서 헤이스 설즈버거를 인터뷰했다. 설즈버거는 제2차 세계대전이 유럽을 휩쓸었을 때, 큰 충격과 미래에 대한 두려움 때문에 거의 잠을 이루지 못할 정도였다고 말했다. 그는 종종 한밤중에 침대에서 나와 캔버스와 그림물감을 들고 거울을 쳐다보며 자화상을 그렸다. 그는 그림을 그릴 줄 몰랐지만, 걱정을 떨쳐내기 위해 무작정 그렸다. 설즈버거는 찬송가(새찬송가 379장)에 나오는 다섯 단어, '한 걸음씩 늘 인도하소서(One step enough for me)'를 자신의 좌우명으로 삼고 나서야 걱정을 떨쳐버리고 안식을 찾을 수 있었다고 말했다.

내 갈 길 멀고 밤은 깊은데
내 가는 길 다 알지 못하나
한 걸음씩 늘 인도하소서.

비슷한 시기에 유럽 어딘가에서 군 복무 중인 청년이 이와 같은 교훈을 배우는 중이었다. 그는 메릴랜드 주 볼티모어 시 늘럼 가 5716번지에 사는 테드 벤저미노라는 청년으로, 평소 너무 걱정하는 통에 극심한 전쟁 피로증을 앓고 있었다. 테드 벤저미노는 이렇게 썼다.

"걱정과 근심에서 비롯된 내 병은 1945년 4월에 의사들이 '급성 횡행결장'이라고 부르는 극심한 고통을 수반하는 상태로까지 발전했다. 당시 전쟁이 끝나지 않았더라면 신체적으로 완전히 무너졌을 게 분명했다.

나는 완전히 지쳐 있었다. 나는 보병 94사단 소속 유해 발굴단 소속 하사관이었다. 내 임무는 모든 전사자, 행방불명자, 부상자들의 이력을 등록하고 관리하는 것이었다. 또한 치열한 전투 중이어서 약식으로 매장할 수밖에 없었던 연합군과 적군 양측의 시신을 발굴하는 업무도 지원하고 있었다. 전사자들의 개인 소지품들을 거둬 그 물건들을 소중하게 간직할 만한 부모나 친척에게 보내는 일도 했다. 나는 터무니없거나 중대한 실수를 저지르지 않을까 하는 두려움 때문에 끊임없이 걱정에 시달렸다. 이 모든 일을 끝까지 잘해낼 수 있을지도 걱정스러웠다. 그리고 한 번도 보지 못한 내 유일한 자식인 16개월 된 아들을 살아서 품에 안아볼 수 있을지도 걱정했다. 너무 많은 걱정과 피로로 몸무게는 15킬로그램이나 줄어들었다. 나는 거의 제정신이 아닐 정도로 극도로 예민한 상태였다. 나는 내 손을 내려다보았다. 양손은 뼈와 가죽밖에 남아 있지 않았다. 신체적으로 폐인이 된 채 집으로 돌아갈 생각에 겁이 났다. 나는 절망에 휩싸였고 아이처럼 흐느껴 울었다. 너무 큰 좌절감에 혼자 있을 때마다 눈물이 솟구쳤다. 벌지 전투가 시작된 직후에는 다시는 정상적인 사람으로 돌아갈 수 없을 거라는 생각에 거의 자포자기 상태로 자주 울음을 터뜨렸다.

결국 나는 육군 의무실에 입원하게 되었다. 그때 한 군의관이 해준 조언은 내 인생을 완전히 바꾸어놓았다. 그는 내 몸을 꼼꼼히 진찰하고 난 뒤, 내 병은 정신적인 원인에 있다고 말했다. '테드, 자네의 인생을 모래시계와 같다고 생각해보게나. 모래시계 위쪽에는 수천 개의 모래알들이 있지. 그 모래알들은 모래시계 중간의 가느다란 틈을 천천히, 그리고 일정하게 통과한다네. 자네나 내가 모래시계를 부수지 않는 한, 이 가느다란 틈으로는 한 번에 모래알 하나밖에 지나가지 못하지. 자네와 나뿐 아니라 다른 모든 사람들도 이 모래시계와 같다네. 아침에 하루를 시작할 때, 우리는 수백 가지의 일을 그날 처리해야만 할 것처럼 생각하지. 하지만 우리가 그 일들을 모래알들이 모래시계의 좁은 틈을 통과하듯이 한 번에 하나씩, 하루에 걸쳐 천천히 차분하게 처리하지 않으면 스스로 자신의 육체와 정신을 망치게 된다네.'

군의관이 이 말을 해준 그날 이후로 나는 계속해서 그 철학을 지켜왔다. '한 번에 모래알 하나, 한 번에 하나씩.' 그 조언은 전쟁 동안 신체적으로나 정신적으로 나를 지켜주었고, 또한 현 직장에서 업무를 하는 데도 도움이 되었다. 나는 볼티모어에 있는 커머셜 크레디트 컴퍼니에서 재고 관리를 담당하고 있다. 전쟁 때와 마찬가지로 여러 가지 일을 한번에 처리해야 했는데, 그때와 마찬가지로 그 모든 일을 처리하기에는 시간이 부족한 상황이 발생했다. 우리에게는 일손이 부족했다. 새 양식들, 새로운 재고 배정, 주소 변경, 사무소 개점과 폐점 등 처리해야 할 일들이 너무 많았다. 나는 긴장하고 예민해지는 대신 그 군의관이 해주었던 말을 떠올렸다. '한 번에 모래알 하나, 한

번에 하나씩.' 이 말을 계속 반복함으로써 나는 보다 효율적으로 업무를 처리해나갔고, 전쟁터에서 나를 거의 파멸로 몰고 갔던 당황스럽고 혼란스러운 감정에 사로잡히지 않고 일을 해냈다."

현재 우리의 생활 방식에 관한 언급 중에서 가장 오싹한 말은 누적된 과거와 두려운 미래에 대한 부담 때문에 신경과민과 정신 질환에 걸린 환자들이 병원 침상의 절반을 차지하게 될 거라는 이야기다. 하지만 그런 사람들의 대다수가 "내일 일을 염려하지 마라"라는 예수의 말씀을, 또는 "하루를 일생처럼 살라"라는 윌리엄 오슬러의 말을 새겨듣기만 했더라도 행복하고 보람찬 인생을 살면서 거리를 활보할 것이다.

당신과 나는 지금 이 순간, 지금까지 누적되어온 무한한 과거와 시간의 마지막 부분이 될 미래라는 두 개의 영원이 만나는 자리에 서 있다. 우리는 두 개의 영원 어느 쪽에서도 살 수 없다. 단 1초라도 말이다. 만일 그렇게 하려고 하면 우리의 몸과 마음은 파괴될 것이다. 그러니 우리가 살 수 있는 유일한 시간을 사는 것으로, 지금부터 잠들 때까지 사는 데 만족하기로 하자. 로버트 루이스 스티븐슨은 이렇게 말했다. "자신의 짐이 아무리 무겁더라도 해질녘까지는 누구나 견딜 수 있다. 아무리 힘들더라도 하루 동안이라면 누구나 일할 수 있다. 해가 질 때까지라면 누구나 달콤하게, 참을성 있게, 사랑스럽게, 순수하게 살 수 있다. 그리고 이게 삶이 실제로 의미하는 전부다."

그렇다. 그게 삶에서 우리가 할 수 있는 전부다. 미시간 주 새기노 시 코트 가 815번지에 사는 E. K. 실즈 부인은 잠자리에 들 때까지만 행복한 마음으로 사는 법을 배우기 전에는 자살 직전까지 치달을 만큼 절망에 빠져 있었다. 부인은 자신의 이야기를 내게 들려주었다.

"1937년에 남편을 잃었습니다. 저는 매우 우울했고, 거기다 거의 무일푼이었습니다. 예전에 일했던 캔자스 시에 있는 로치 파울러 컴퍼니의 사장인 리언 로치 씨에게 편지를 보냈더니 다시 일을 시작할 수 있게 해주었습니다. 예전에 저는 시골과 도시 지역 교육위원회에 책을 팔아 생활비를 벌었거든요. 2년 전 남편이 병을 앓기 시작할 때 차를 팔았는데, 중고차를 다시 사기로 했습니다. 있는 돈을 모두 긁어모아 자동차 계약금을 치른 다음 다시 책을 팔러 나가기 시작했습니다.

차를 다시 몰고 나가면 우울증이 조금은 줄어들지 않을까 생각했는데, 혼자 운전하고 식사하는 건 견디기 힘들었습니다. 어떤 지역에서는 실적이 좋지 못했고, 벌이가 적은 만큼 자동차 할부금도 갚기 어려웠습니다.

1938년 봄, 미주리 주 베르사유 시에서 일하고 있을 때였어요. 학교들은 재정 상태가 좋지 않았고 길은 험했습니다. 어찌나 외롭고 의욕이 없던지 한번은 자살까지도 생각했습니다. 내게 성공은 불가능해 보였습니다. 살아야 할 이유가 없었죠. 매일 아침마다 일어나서 삶을 마주하는 게 두려웠어요. 차 할부금을 갚을 수 있을까, 방세는 낼 수 있을까, 먹을 건 살 수 있을까 모든 게 두렵기만 했어요. 건강은 나빠지고 있었고, 병원비를 낼 돈이 없어서 겁이 났어요. 제가 자살하지 않았던 건 순전히 여동생이 너무 슬퍼할까 봐, 그리고 제 장례식 비용을 지불할 돈이 없었기 때문이었지요.

그 무렵에 저는 어떤 글을 하나 읽게 되었는데, 덕분에 마음을 추스르고 계속 살아갈 수 있는 용기를 얻었습니다. 저는 그 글 중에서 특히 제게 용기를 준 한 문장을 보고 느꼈던 고마움을 절대 잊지 못할 거예요. 그 문장은 '현자에게는 매일매일이 새로운 삶이다'였습니다. 저는 그 문장을 타이프로 쳐서 운전하면서 매 순간 볼 수 있도록 차 앞 유리창에 붙여두었습니다. 한 번에 단 하루를 사는 건 그리 어려운 일이 아니라는 걸 깨달았어요. 저는 지나간 날들을 잊는 법과 다가올 날들에 대해 걱정하지 않는 법을 배웠어요. 매일 아침 스스로에게 이렇게 되뇌었죠. '오늘은 새로운 삶이다.'

그러자 외로움과 가난에 대한 두려움을 극복해낼 수 있었습니다. 지금 저는 행복하고, 그런대로 성공도 했으며, 삶에 대한 열정과 애정으로 충만합니다. 이제는 살아가면서 어떤 일이 생기더라도 절대 다시는 두려워하지 않을 거예요. 미래를 두려워하지 않아도 된다는 걸 아니까요. 지금은 '현자에게는 매일매일이 새로운 삶이다', 그러니까 한 번에 하루를 살아가면 된다는 사실을 아니까요."

다음과 같은 시를 누가 썼을지 생각해보라.

행복하도다, 홀로 행복하도다.

오늘을 자신의 것이라고 말할 수 있는 사람.

확신에 차서 이렇게 말할 수 있는 사람.

"내일이여, 네가 아무리 악독해도, 나는 오늘을 살리니."

요즘 지은 시처럼 들리지 않는가? 사실 이 문장은 기원전 30년 로마의 시인 호라티우스가 쓴 글이다.

인간 본성에 대해 내가 아는 가장 비극적인 사실 중의 하나는, 우리 모두가 현재를 살기보다 미래를 위해 현재를 미루는 경향이 있다는 것이다. 우리 모두는 오늘 창밖으로 피어나고 있는 장미들을 보며 즐거워하는 대신 지평선 너머에 있을지도 모르는 마법의 장미 정원을 꿈꾼다. 우리는 왜 이토록 애처로운 바보인 걸까?

캐나다의 유머 소설가이자 경제학자인 스티븐 리콕은 이렇게 말했다.

"얼마나 이상한지, 보잘것없는 인생의 진척이란. 아이들은 '내가 소년이 되면'이라고 말한다. 그러나 그렇게 되고 나면 어떨 것 같은가? 소년이 되고 나면 '내가 성인이 되면'이라고 말하고, 그다음 성인이 되면 '내가 결혼하게 되면'이라고 말한다. 그러나 결혼하고 나면 그 후엔? 이 생각은 '내가 은퇴할 때가 되면'까지 이어진다. 그런 다음 은퇴 시기가 다가오면 그제야 찬바람만 휭하니 지나가는 허허벌판 같은 자신의 허망한 인생을 돌아본다. 이미 모든 걸 놓쳐버리고 인생이 지나가 버린 후다. 삶이란 현재를, 즉 매일매일 매시간의 단위로 살아가는 것이라는 사실을 우리는 너무 늦게 배운다."

디트로이트 시에 살았던 에드워드 에반스는 걱정으로 거의 자살 직전까지 가서야 삶이 "현재를, 즉 매일매일 매시간의 단위로 살아가는 것"이라는 사실을 깨달았다. 가난하게 자란 에드워드 에반스는 신문팔이로 처음 돈을 벌기 시작했고, 다음엔 마트 점원으로 일했다. 먹여 살려야 하는 부양가족이 7명이나 되었던 에반스는 후에 도서관 보조 사서로 취업했다. 급여는 작았지만 그만둘 용기가 없었다. 8년이 지나서야 그는 자기 사업을 시작할 용기를 낼 수 있었다. 대출받은 초기 투자금 55달러로 시작한 사업은 1년에 2만 달러의 수익을 냈다. 그러나 그 후 극심한 경기 침체가 닥쳤다. 에반스는 큰 금액을 빌린 친구의 보증을 섰는데, 그 친구가 그만 파산하고 말았다.

엎친 데 덮친 격으로 자신의 자산을 모두 맡겨두었던 은행이 파산했다. 그는 전 재산을 잃었을 뿐 아니라 1만 6000달러에 달하는 부채를 짊어져야 했다. 에반스는 극심한 스트레스에 시달렸다.

"저는 잘 수도 먹을 수도 없었습니다. 원인도 모른 채 앓기 시작했지요. 걱정하고 또 걱정했습니다. 걱정 말고는 할 수 있는 게 아무것도 없었습니다. 그게 제 병의 원인이었죠. 하루는 길을 걸어가고 있었는데, 현기증이 났고 보도에 쓰러졌습니다. 더 이상 걸을 수가 없었죠. 그래서 입원을 했는데, 몸에 종기가 나기 시작했습니다. 근심과 걱정으로 인한 심적 고통이 침대에 눕자 몸 밖으로 표출된 게 그 종기들이었어요. 하루하루 건강은 악화되기만 했습니다. 결국 의사는 앞으로 살날이 2주밖에 남지 않았다고 말하더군요. 충격이었습니다.

저는 유언장를 작성했고 침대에 누워 죽음을 기다렸지요. 더 이상 몸부림치는 것도, 걱정하는 것도 소용이 없었습니다. 모든 걸 포기하고 나자 몸이 이완되면서 잠에 빠져들었습니다. 저는 몇 주 동안 계속해서 2시간 이상을 자본 적이 없었는데, 외려 죽음이 가까이 다가왔다고 하니 아기처럼 잘 수 있었습니다. 그러자 저를 기진맥진하게 만들었던 피로감이 사라지기 시작했습니다. 입맛이 돌아왔고 몸무게도 늘었지요.

몇 주 후, 저는 목발을 짚고 걸을 수 있게 되었습니다. 그리고 6주 후에는 다시 일을 시작할 수 있었지요. 그전에는 연 2만 달러를 벌었지만, 그때는 주급 30달러짜리 일도 즐거웠습니다. 자동차를 선적할 때 자동차 바퀴 뒤에 놓는 블록을 판매하는 일이었죠. 그동안 저는 교훈을 얻었습니다. 더 이상 나 자신을 걱정하지 말자, 과거에 어떤 일이 있었는지에 대해 후회하지도, 미래를 두려워하지도 말자. 저는 제 시간과 능력, 그리고 열정을 모두 그 블록을 파는 데 바쳤습니다."

에드워드 에반스는 빠르게 재기에 성공했다. 몇 년 만에 그는 회사의 대표가 되었다. 그가 설립한 에반스 프로덕트 컴퍼니는 수년 전에 뉴욕 증권거래소에 상장되었다. 에반스가 사망하던 1945년 당시 그는 미국에서 가장 혁신적인 사업가 중 한 명이었다. 당신이 비행기로 그린란드를 가게 된다면 그의 이름을 딴 에반스 비행장에 내릴지도 모른다.

이야기의 요점은 이렇다. 만일 에드워드 에반스가 걱정만 하는 것이 얼마나 어리석은 일인지 깨닫지 못했다면, 즉 하루하루를 충실하게 사는 법을 깨닫지 못했다면 그는 일에서든 일상에서든 결코 성공하지 못했을 것이다.

《거울 나라의 앨리스》에 나오는 화이트 퀸은 이렇게 말했다. "보통 내일의 잼도 있고, 어제의 잼도 있지만, 오늘을 위한 잼은 결코 없단다." 우리들 대부분도 이와 같다. 지금 당장 빵 위에 오늘의 잼을 바르는 대신 어제 발랐던 잼을 생각하고, 내일 바를 잼을 걱정한다.

심지어 프랑스의 위대한 철학자 몽테뉴도 이런 실수를 저질렀다. 그는 이렇게 말했다. "내 삶은 대부분 일어나지 않은 끔찍한 불운으로 가득했다." 내 삶도 그렇고 당신의 삶도 마찬가지다.

단테는 이렇게 말했다. "오늘이 결코 다시 올 수 없음을 기억하라." 인생은 놀라운 속도로 지나간다. 우리는 초속 30킬로미터의 속도로 우주를 질주하고 있다. 오늘은 우리의 가장 소중한 재산이다. 또한 우리의 유일하고 확실한 자산이다.

기원전 5세기경 그리스의 철학자 헤라클레이토스는 자신의 제자들에게 "변화의 법칙을 제외하고 모든 것은 변한다"라고 말했다. 또한 그는 "너희들은 절대 같은 강물에 두 번 발을 담글 수 없다"라고 말했다. 강은 매순간 변하고, 그 강에 발을 담그는 사람도 마찬가지다. 인생은 끊임없이 변한다. 확실한 건 오늘뿐이다. 누구나 끊임없는 변화와 불확실성에 둘러싸여 있으면서도, 왜 예측 불가능한 미래의 문제를 해결하려 애쓰느라 오늘을 사는 아름다움을 망치는가?

옛 로마에서는 이를 한마디로 정리했다. 실은 두 단어로 되어 있다. 카르페 디엠(Carpe diem). "오늘을 즐겨라." 또는 "현재를 잡아라." 그렇다. 현재를 잡아라. 그리고 최대한 즐겨라.

로웰 토마스의 인생관 역시 그랬다. 최근에 나는 그의 농장에서 주말을 보낸 적이 있다. 그때 나는 그가《성경》의 〈시편〉 118편에 나오는 한 구절을 액자에 담아 자주 볼 수 있도록 자신의 방송 스튜디오 벽에 걸어둔 것을 보았다.

이 날은 여호와께서 정하신 것이라,
이 날에 우리가 즐거워하고 기뻐하리로다.

존 러스킨은 '오늘'이라는 단어가 새겨진 평범한 돌 하나를 자신의 책상 위에 올려놓았다. 나는 책상 위에 돌을 올려놓진 않았지만, 매일 아침 면도할 때마다 볼 수 있게 거울에 시 한 구절을 붙여두었다. 윌리엄 오슬러 경이 항상 자신의 책상에 놓아두던 시로, 유명한 인도 극작가 칼리다사가 쓴 시였다.

새벽에 바치는 인사

오늘에 주목하라!
오늘이 삶이다. 삶 중의 삶.

오늘이라는 짧은 삶의 과정 안에

당신 존재의 진리와 현실이 모두 놓여 있다.

성장으로 얻는 더없는 행복이

행동으로 받는 은혜가

성취로 얻는 영광이

어제는 하나의 꿈이고

내일은 그저 환상일 뿐

만족스러운 오늘은 어제를 행복한 꿈처럼

모든 내일을 희망이 있는 환상으로 만든다.

그러니 오늘에 주목하라!

그것이 새벽에 바치는 인사.

　그러므로 걱정에 대해 우선 알아야 할 사실은 이것이다. 당신이 삶에서 걱정을 떨쳐내고 싶다면, 윌리엄 오슬러 경이 했던 대로 하라.

걱정에 대해 알아야 할 기본적인 사실 1

과거와 미래를 철문으로 차단하고 오늘에 충실하게 살라.

스스로에게 다음과 같은 질문을 하고 답을 적어보라.

1. 미래에 대한 걱정 때문에 현재를 사는 것을 미루거나 '지
   평선 너머 어딘가에 있는 마법의 장미 정원'과 같은 것을
   갈망하는 경향이 있지 않은가?

2. 과거에 일어난, 이미 다 끝나버린 일들을 후회하느라 현재
   를 또다시 후회할 과거로 만드는 일은 없는가?

3. 아침에 일어나면서 24시간을 최대한 활용하기 위해 '오늘
   을 잡겠다'라는 결심을 하는가?

4. '오늘에 충실하게 생활'함으로써 더 나은 삶을 얻게 될까?

5. 언제부터 이렇게 시작할 것인가? 다음 주? 내일? 오늘?

걱정스런 상황을 해결하는
마법의 주문

이 책을 더 읽지 않고도 지금 바로 걱정스러운 상황을 해결하는 데 적용할 수 있는 빠르고 확실한 방법을 알고 싶은가?

그렇다면 냉방 산업을 개척했던 뛰어난 기술자이며, 지금은 뉴욕 주 시러큐스 시에서 세계적으로 유명한 캐리어 사를 운영하는 윌리스 H. 캐리어가 제안한 방법을 들려주겠다. 이 방법은 내가 들어본 걱정을 해소하는 가장 탁월한 방법 가운데 하나로, 뉴욕에 있는 엔지니어스 클럽에서 점심을 먹으면서 캐리어로부터 직접 들은 비법이다. 캐리어는 다음과 같이 말했다.

"젊은 시절에 뉴욕 주 버펄로에 있는 버펄로 단조 회사에서 일했던 적이 있습니다. 미주리 주 크리스탈에 있는 수백만 달러가 투입된 피츠버그 판유리 회사의 공장에 가스 정화 장비를 설치하라는 업무가 저한테 주어졌지요. 설치 목적은 가스에서 나오는 불순물을 제거해서 엔진의 마모 없이 불을 지필 수 있도록 하는 것이었습니다. 이 가스 정화 방식은 새로 도입된 방법이었습니다. 이전에 다른 조건하에서 딱 한 번 시도된 적이 있을 뿐이었지요. 그래서 미주리 주 크리스탈에서 작업하던 중 예기치 않은 장애들이 발생했습니다. 어느 정도 작동을 하긴 했지만 우리가 예상했던 만큼 충분하게 작동하지 않는 것이었습니다.

실패했다는 사실에 저는 망연자실했습니다. 마치 머리를 한 대 얻어맞은 듯한 기분이었죠. 뱃속이 뒤틀리고 뒤집히기 시작했습니다. 한동안 너무 걱정이 돼서 잠을 잘 수가 없었어요.

그러다가 걱정은 어떤 결론도 내주지 않는다는 상식적인 생각이 떠올랐습니다. 그래서 걱정하지 않고 문제를 다루는 방법을 생각해냈습니다. 굉장히 효과적이었어요. 저는 지금까지 30년 넘게 이 걱정 대처 기술을 사용해오고 있습니다.

간단합니다. 누구라도 사용할 수 있어요. 방법은 3단계로 되어 있습니다.

1단계. 저는 상황을 대담하고 공정하게 분석했고, 실패한 결과 일어날 수 있는 가장 최악의 상황이 무엇인지 생각했습니다. 누구도 저를 감옥에 보내거나 총으로 쏴 죽이지는 않을 거라는 것이었죠. 그건 확실했습니다. 물론 제가 직장을 잃거나, 제 고용주가 장비를 제거하고 투자금인 2만 달러를 잃을 수는 있었습니다.

2단계. 일어날 수 있는 최악의 상황을 고려한 후 필요하다면 그걸 받아들여야 한다는 걸 인정했습니다. 이번 실패로 제 경력에는 흠이 생길 테고 직장을 잃을지도 모른다고 생각했죠.

하지만 직장은 곧 다시 찾아보면 됩니다. 상황은 더 나빠질 수도 있었습니다. 그리고 고용주들 입장에서 보더라도 새로운 가스 정화 기법을 실험하고 있는 중이라는 걸 알고 있었기에 2만 달러는 실험 투자 비용이라고 생각하면 되었습니다. 실험에 대한 연구 비용으로 처리해도 되죠.

가능한 최악의 상황을 고려하고 필요하다면 스스로 이를 받아들여야 한다고 인정하자 상황은 극적으로 전환되었습니다. 그 즉시 긴장이 풀렸고, 며칠 동안 경험하지 못했던 평온함을 느꼈습니다.

3단계. 그 이후로는 마음속으로 예상했던 최악의 상황을 전제로 차분하게 현재의 상황을 조금이나마 개선하는 데 시간과 노력을 기울였습니다. 저는 지체 없이 2만 달러의 손실을 줄일 수 있는 방법을 찾기 위해 최선을 다했습니다. 몇 번의 테스트를 거쳐 우리가 5000달러를 더 들여서 추가로 장비를 설치하면 문제가 해결될 수 있다는 걸 알아냈습니다. 우리는 그렇게 했고, 회사는 2만 달러를 날리는 대신 1만 5000달러를 벌어들일 수 있었습니다.

계속 걱정만 하고 있었더라면 절대 해낼 수 없는 일이었습니다. 걱정의 가장 나쁜 속성 가운데 하나는 집중력을 흩뜨리는 것이기 때문입니다. 걱정에 휩싸여 있을 때는 마음만 오락가락하고 어떤 결정도 내릴 수 없게 됩니다. 하지만 스스로를 최악의 상황에 직면시키고 이를 제대로 수용한다면, 모든 막연한 가정들이 제거되고 눈앞에 닥친 문제에 집중할 수 있게 됩니다.

제가 경험했던 이 일은 오래전에 일어난 일입니다. 그런데 효과가 너무 좋아서 그 이후로 항상 이 방법을 사용하고 있습니다. 그 결과 제 삶에는 거의 아무런 걱정도 없습니다."

심리적으로 볼 때, 윌리스 H. 캐리어의 비법은 왜 그렇게 중요하고 유용한 것일까? 우리가 걱정에 눈이 멀어 어둠 속을 헤매고 있을 때 빠져나올 수 있도록 해주기 때문이다. 이 방법은 우리가 대지에 두 발을 단단히 딛고 제대로 설 수 있도록 해준다. 그러면 우리는 어디에 서 있는지 알게 된다. 발밑에 단단한 땅이 없다면 도대체 어떻게 문제를 헤쳐나갈 생각을 하겠는가?

응용심리학의 선구자인 윌리엄 제임스 교수는 38년 전에 세상을 떠났다. 하지만 만약 제임스 교수가 지금 살아 있고 최악의 상황에서 벗어나는 캐리어의 비법을 듣는다면 열렬히 지지할 것이다. 그걸 어떻게 아냐고? 제임스 교수는 제자들에게 이렇게 말했기 때문이다. "있는 그대로 받아들여라. (…) 있는 그대로 받아들여라. (…) 일어난 일을 받아들이는 것은 불운을 극복하는 첫 번째 단계다."

린위탕의 저서로 널리 읽히고 있는 《생활의 발견》에서도 같은 생각이 나타나 있다. 이 중국 철학자는 "진정한 마음의 평화는 최악의 상황을 받아들이는 것에서부터 시작된다. 심리학적으로 이는 에너지 방출을 의미한다"라고 말했다.

정확히 그렇다! 심리학적으로 이는 새로운 에너지의 방출이다! 우리가 최악의 상황을 받아들이는 순간, 우리는 더 이상 잃을 것이 없다. 그리고 이는 자동적으로 우리가 얻을 것밖에 없는 상황임을 의미한다. 캐리어는 이렇게 말했다. "최악의 상황을 직시하자 바로 긴장이 풀렸고, 며칠 동안 느껴보지 못했던 평온함을 느꼈습니다. 그 이후에서야 제대로 사고(思考)를 할 수 있게 되었습니다."

맞는 말이다. 그렇지 않은가? 하지만 수백만의 사람들은 최악의 상황을 받아들이고 개선시켜 그 상황에서 할 수 있는 것을 찾으려 하지 않는다. 그러다 보니 극심한 불안 속에서 삶을 파괴하고 만다. 그들은 자신들의 운명을 다시 쌓으려고 노력하는 대신 쓰디쓴 '경험과의 격렬한 투쟁'에 빠져들면서 우울증이라는 음울한 집착의 희생자로 막을 내린다.

다른 사람들이 캐리어의 비법을 받아들여 자신의 문제에 어떻게 적용했는지 알고 싶은가? 그렇다면 여기 내 강좌의 수강생이었던 뉴욕에 사는 석유 판매상에 관한 사례가 있다. 그 수강생은 이렇게 말했다.

"저는 협박을 받고 있었습니다. 그런 일은 영화에서나 일어나지 실제로 저한테 일어날 거라고 생각지도 못했는데, 실제로 제가 협박을 받고 있었어요! 사건의 전말은 이렇습니다. 저는 몇 대의 배달 트럭과 기사들을 둔 정유 회사의 사장이었습니다. 당시는 물가관리국 규제가 엄격하던 시절이라 우리는 고객에게 배달할 수 있는 석유의 양을 할당받고 있었습니다. 그런데 저는 모르고 있었지만, 기사들 중 몇몇이 고정 고객들에게 석유를 정량보다 모자라게 배달하고는 남은 기름을 자기들 고객에게 몰래 팔고 있었던 모양입니다.

이런 불법 거래를 처음 눈치챈 건 어느 날 한 정부 조사관이라는 사람이 저를 찾아왔을 때였습니다. 그는 저에게 불법을 눈감아주겠다며 대가를 요구했습니다. 조사관은 우리 배달 기사들이 저지른 비리를 증명할 서류를 가지고 있었고, 제가 돈을 내놓지 않으면 경찰청에 증거를 넘기겠다고 협박했습니다.

물론 저는 최소한 개인적으로는 걱정할 게 없다는 걸 알고 있었습니다. 하지만 회사가 직원들의 행위에 책임이 있다는 규정도 알고 있었지요. 게다가 만일 법정 소송까지 가게 되고 기사화된다면, 나쁜 평판 때문에 사업이 타격을 입을 거라는 생각도 들었습니다. 저는 24년 전에 아버지가 시작하신 그 사업을 자랑스럽게 생각하고 있었습니다.

너무 걱정되었고 괴로웠습니다! 3일 밤낮을 먹지도 자지도 못했습니다. 저는 그저 미친 듯이 같은 생각만 계속 반복하고 있었지요. 5000달러를 줘야 할까, 아니면 그자에게 꺼지고 알아서 하라고 해야 할까? 어느 쪽으로든 마음을 정하려고 해도 악몽 같았어요.

그러던 어느 일요일 밤, 저는 우연히 대중 연설에 관한 카네기 강좌에 참석했다가 《걱정을 멈추는 법》이라는 소책자를 보게 되었습니다. 그 책을 읽다가 윌리스 캐리어의 이야기를 보게 되었지요. 거기에는 '최악의 상황을 직시하라'라는 말이 있었습니다. 그래서 제 스스로에게 물어보았습니다. '내가 돈을 주지 않겠다고 해서 그 협박범이 경찰청에 기록을 넘겼을 때

발생할 수 있는 최악의 상황은 뭘까?'

최악의 상황은 사업이 망하는 것이었습니다. 제가 감옥에 갈 리는 없었습니다. 일어날 수 있는 상황은 평판이 나빠져 망할 것이라는 게 전부였죠.

그러고 나자 이런 생각이 들었습니다. '좋아, 사업은 망했어. 마음으로 받아들이자. 다음은 뭐지?' 그러고는 계속해서 생각 했습니다.

'그래, 사업이 망한다고 해도 직업을 구할 수 있을 거야.' 그 것도 나쁘지 않았습니다. 저는 석유에 대해 많이 알고 있었고, 저를 고용하길 원하는 회사가 몇 군데 정도는 있을 거라고 생 각했죠. 기분이 나아지기 시작했습니다. 3일 밤낮으로 시달렸 던 공포가 조금씩 걷히기 시작했어요. 감정은 가라앉았습니다. 그러자 놀랍게도 생각을 할 수 있게 되었습니다.

최악의 상황을 개선하는 3단계에 이를 만큼 충분히 머리가 맑아졌습니다. 해결책들을 생각하기 시작하자 완전히 새로운 시각이 저절로 드러났습니다. 내가 변호사에게 모든 상황을 말 하면, 변호사는 내가 생각지 못했던 방법을 찾아낼지 모른다는 생각이 떠올랐습니다. 진작 이런 생각을 떠올리지 못했다는 게 바보같이 들린다는 걸 알지만, 저는 그동안 생각은 전혀 하지 못하고 그저 걱정에만 빠져 있었던 거죠! 바로 다음 날 아침에 일어나자마자 변호사를 만나러 가기로 마음먹고는 침대에 누 워 바로 곯아떨어졌어요!

어떻게 됐냐고요? 다음 날 변호사는 제게 지방 검사를 만나러 가서 사실대로 말하라고 말해주었습니다. 그래서 그대로 했습니다. 제 얘기를 다 들은 지방 검사는 제가 깜짝 놀랄 만한 얘기를 해주었습니다. 이런 공갈 협박 사건이 몇 달에 걸쳐 일어나고 있었고, '정부 조사관'을 사칭하는 자를 현재 경찰에서 수배 중이라고요. 지난 3일 밤낮을 이 전문 사기꾼에게 5000달러를 건네줄지 말지를 고민하며 괴롭게 보내고 나서 이 말을 들으니 어찌나 안심이 되던지요!

이 경험으로 저는 영원히 잊지 못할 교훈을 얻었습니다. 지금은 문제가 생겨 걱정하지 않을 수 없는 다급한 문제들을 직면할 때마다 '윌리스 캐리어 비법'을 적용합니다."

캐리어가 미주리 주 크리스탈에서 어려운 문제로 고민하고 있던 바로 같은 시기에 네브래스카 주 브로큰 보우에서는 한 남자가 유언장을 작성 중이었다. 얼 해니라는 남자였는데, 십이지장 궤양을 앓고 있었다. 유명한 십이지장 전문의를 포함해 세 명의 의사가 해니의 병을 '불치병'으로 진단했다. 그들은 해니에게 먹지 말아야 할 것들을 이것저것 알려주었고, 절대 안정을 취해야 하니 안달하거나 걱정하지 말라고 했다. 의사들은 또 해니에게 유언장을 작성하라고도 했다!

궤양으로 인해 해니는 안정적이고 보수도 높은 직장을 그만두었다. 그는 죽음을 기다리는 것 말고는 할 일이 없었다.

그 무렵 해니는 매우 값진 결정을 내렸다. 해니는 이렇게 말했다. "살날이 얼마 남지 않았으니 남은 시간을 잘 보내고 싶었습니다. 저는 항상 죽기 전에 세계 일주를 하고 싶었어요. 제가 그 일을 하려고 한다면 바로 지금 해야만 했죠." 그래서 해니는 여객선 표를 끊었다.

의사들은 어이없어했다. 그들은 해니에게 "경고하지만 이 여행을 간다면 당신은 바다에 수장될 겁니다"라고 말했다.

해니는 이렇게 대답했다. "아니요. 그렇지 않을 겁니다. 저는 네브래스카 주 브로큰 보우에 있는 가족 묘지에 묻히겠다고 친인척들과 약속했습니다. 그래서 관을 사서 여행할 때 가지고 갈 겁니다."

해니는 실제로 관을 구매했고, 배에 실은 다음 자기가 사망하게 되면 여객선이 고향으로 돌아올 때까지 냉동고에 시신을 보관해달라고 정기선 회사와 계약을 맺었다. 그는 페르시아의 시인 오마르 하이얌이 지은 다음과 같은 시구에 나오는 기분을 맛보며 여행을 떠났다.

아, 아직 남은 시간에 최선을 다하라,
우리 또한 흙으로 돌아가리니
흙에서 흙으로, 흙 아래 누워
와인도 없고, 노래도 없고, 가수도 없고, 그리고 끝도 없이!

하지만 해니는 '와인도 없는' 여행을 하지는 않았다. 그가 내게 쓴 편지에는 "저는 여행 중 하이볼도 마셨고 기다란 시가도 피웠습니다"라고 쓰여 있다. 그 편지가 지금 내 앞에 놓여 있다. "저는 제 죽음을 앞당길지도 모르는 특이한 현지 음식들을 포함해 모든 종류의 음식들을 먹어보았습니다. 지난 몇 년간보다 훨씬 즐거운 시간을 보내고 있습니다! 저는 당장 죽을지도 모르는 폭풍과 태풍도 거쳤는데, 전에는 마냥 공포에만 사로잡혀 있었다면 이제는 그 모든 모험들이 흥미롭기까지 했습니다.

저는 배 안에서 게임도 즐기고 노래도 부르고, 거의 밤을 새워가며 새로운 친구들도 사귀었습니다. 여행 중 중국과 인도에 도착해 그곳의 빈곤과 굶주림도 눈으로 확인했습니다. 그에 비하면 제가 고향으로 돌아가서 맞닥뜨려야 하는 사업상의 문제들이나 걱정거리들은 아무것도 아니라는 걸 깨달았습니다. 저는 더 이상 어떤 어리석은 걱정도 하지 않았고 기분이 좋아졌습니다. 제가 미국으로 돌아왔을 땐 몸무게가 40킬로그램이나 불어 있었습니다. 전 제가 궤양을 앓고 있다는 사실조차 거의 잊고 있었습니다. 제 생애에 이보다 좋은 적은 없었습니다. 저는 돌아오자마자 관을 장의사에게 되팔았고 다시 일을 시작했습니다. 그 후로 하루도 아픈 적이 없었습니다."

얼 해니는 자신도 모르게 캐리어가 근심을 다루기 위해 사용한 방법과 똑같은 방법을 사용한 것 같다고 내게 말했다.

"첫째, 저는 스스로에게 이렇게 물어보았습니다. '일어날 수 있는 최악의 상황은 무엇인가?' 그 대답은 죽음이었습니다.

둘째, 저는 죽음을 받아들일 마음의 준비를 했습니다. 그렇게 하지 않을 방법이 없었죠. 선택의 여지가 없었으니까요. 의사들조차 가망이 없다고 진단한 상황이었습니다.

셋째, 저에게 남은 짧은 시간을 최대한 즐기는 것으로 상황을 낮게 만들려고 노력했습니다. 만약 배에 오르고서도 계속 걱정만 하고 있었다면, 여행에서 돌아오는 길에 저는 틀림없이 관 속에 누워 있었을 겁니다. 하지만 저는 마음을 편히 하고 모든 걸 잊었습니다. 그러자 마음의 평화로 인해 솟구친 에너지가 제 생명을 구해주었습니다."

그러므로 두 번째 규칙은 이것이다. 만약 걱정거리가 있다면 윌리스 캐리어의 비법 3단계를 적용해보자.

걱정에 대해 알아야 할 기본적인 사실 2

1. "일어날 수 있는 최악의 상황은 무엇인가?"
   하고 스스로에게 물어보라.

2. 만약 해야만 한다면 최악의 상황을 받아들일 각오를 하라.

3. 차분히 최악의 상황을 개선하기 위해 노력하라.

걱정이 우리에게 미치는 영향

'걱정에 대처하는 법'을 모르는 비즈니스맨은 오래 살지 못한다.
—알렉시 카렐 박사

얼마 전 저녁때의 일이다. 이웃에 사는 어떤 사람이 우리 집 현관 벨을 누르더니 나와 우리 가족에게 천연두 예방접종을 받으라고 권했다. 그는 뉴욕 전역에서 현관 벨을 울려대는 수천 명의 자원봉사자들 중 한 명에 불과했다. 겁이 난 사람들은 예방접종을 받으려고 몇 시간이나 줄을 섰다. 병원뿐 아니라 소방서와 경찰서, 그리고 큰 공장에도 예방접종소가 설치되었다. 2000여 명이 넘는 의사와 간호사들이 밀려드는 사람들에게 예방접종을 하기 위해 밤낮 없이 분주히 일했다. 이런 모든 소동의 원인은 무엇이었을까? 뉴욕 800만 인구 중 8명이 천연두에 걸렸고, 그중 2명이 사망했기 때문이다. 약 800만 명의 인구 중 단 2명.

지금 나는 37년 이상 뉴욕에 살고 있다. 하지만 천연두보다 피해 규모가 1만 배는 더 큰 정서적 질병인 걱정을 경고하려고 벨을 눌렀던 사람은 아직까지 한 명도 없었다.

현관 벨을 울린 어느 누구도 내게 현재 미국에 사는 사람 10명 중 1명이 걱정과 심리적 갈등으로 인한 신경쇠약에 걸리게 될 것이라고 경고해주지 않았다. 그래서 당신에게 경고해주려고 이 장을 쓰고 있다. 노벨 의학상 수상자인 알렉시 카렐 박사는 "걱정에 대처하는 법을 모르는 비즈니스맨은 오래 살지 못한다"라고 했다. 주부, 수의사, 벽돌공도 마찬가지다.

몇 년 전 나는 산타페 철도 회사의 의료 간부 중 한 명인 O. F. 고버 박사와 함께 차로 텍사스와 뉴멕시코를 돌며 휴가를 함께 보냈다. 고버 박사의 정확한 직함은 '걸프 콜로라도 앤드 산타페 병원연합 내과장'이었다. 우리는 걱정의 영향에 대해서 얘기를 나누게 되었는데, 박사는 이렇게 말했다. "내과에 오는 환자 70퍼센트는 걱정과 두려움만 없애면 자연스레 낫습니다. 그들의 병이 상상이라고 말하는 게 아닙니다. 그들은 욱신거리는 치통만큼이나 아픈 게 사실이며, 때로는 100배쯤 더 심하기도 합니다. 이런 질병으로는 신경성 소화불량, 일부 위궤양, 심장병, 불면증, 일부 두통과 특정 종류의 마비 등을 들 수 있습니다."

고버 박사는 계속해서 말했다. "이 증상들은 실제로 발생합니다. 제가 12년 동안 위궤양을 앓았기 때문에 분명히 말씀드릴 수 있습니다.

두려움은 걱정을 낳습니다. 걱정은 우리를 긴장시키고 초조하게 해서 위 신경에 영향을 주고, 실제로 위산을 비정상으로 바꾸어 자주 위궤양을 유발합니다."

《신경성 위장 질환》이라는 책을 쓴 조셉 F. 몬태규 박사도 같은 말을 한다. "위궤양은 '우리가 먹는 것' 때문이 아니라 '우리를 먹고 있는 것' 때문에 생깁니다."

메이오 클리닉의 W. C. 앨버레즈 박사는 이렇게 말했다. "궤양은 정신적 스트레스의 강약에 따라 갑자기 심해지기도 하고 진정되기도 합니다."

메이오 클리닉에서 위장 질환을 치료받은 환자 1만 5000명을 조사한 결과가 앨버레즈 박사의 말을 뒷받침해준다. 위장 질환을 앓는 5명 중 4명은 어떠한 신체적 원인도 없었다. 대개 위장병과 위궤양의 원인은 두려움, 걱정, 증오, 극도의 이기심, 현실 세계의 부적응 등이었다. 위궤양으로 사망에 이를 수도 있다. 〈라이프〉지에 따르면, 위궤양은 현대의 치명적 질병 목록에서 10위에 올라 있는 질병이다.

최근에 나는 메이오 클리닉의 해럴드 C. 하베인 박사와 편지를 주고받았다. 박사는 미국 내·외과전문의협회 연례 회의에서 평균 연령 44.3세인 176명의 기업 임원들을 대상으로 한 연구 논문을 발표했다. 발표에 따르면, 이 임원들 중 3분의 1을 조금 넘는 사람들이 심장병, 소화기 계통의 궤양, 고혈압 등 긴장감 높은 생활에서 잘 발생하는 세 가지 만성 질환 중 하나로 고통받고 있었다. 생각해보라! 기업의 임원들 중 3분의 1이

45세가 되기도 전에 심장병, 궤양, 고혈압 등으로 몸을 망치고 있다. 성공의 대가가 너무 엄청나지 않은가! 게다가 사실 그들은 성공한 것도 아니다.

사업이 잘되게 하기 위해 위궤양이나 심장 질환과 같은 대가를 치르고 있다면 그 사람은 과연 성공한 사람일까? 만약 그 사람이 전 세계를 얻고 건강을 잃는다면 무슨 소용이 있겠는가? 설사 온 세상을 얻는다 하더라도 그는 한 번에 한 침대에서만 잘 수 있고 하루에 세 끼밖에 못 먹는다. 막노동꾼도 그렇게 할 수 있다. 아니, 오히려 그들은 막강한 권력을 가진 임원보다 더 잘 자고 음식도 더 맛있게 먹을 것이다. 솔직히 나는 철도 회사나 담배 회사를 경영하느라 45세에 건강을 망치느니 차라리 밴조나 퉁기며 앨라배마에서 소작인으로 사는 삶을 택하겠다.

담배 이야기가 나온 김에 언급하자면, 최근 세계에서 가장 잘 알려진 담배 제조업자는 가볍게 휴식을 취하려고 캐나다 숲으로 갔다가 심장마비로 사망하고 말았다. 수백만 달러를 모아 놓고 61세에 갑자기 죽어버린 것이다. 그는 아마 '몇 년분의 생명'을 소위 말하는 '사업상의 성공'과 맞바꾸었을 것이다.

내가 보기에 수백만 달러의 자산가였던 이 담배 제조업자는 돈 한 푼 없이 미주리 농부로 89세에 돌아가신 우리 아버지의 반만큼도 성공한 인생을 살지 못했다.

유명한 메이오 형제에 의하면, 그들 병원(1883년 윌리엄 W. 메이오에 의해 설립. 메이오 클리닉은 존스홉킨스 병원과 함께 미국의 양대 병원으로 꼽힌다—옮긴이) 침대에는 반 이상이 신경 질환 환자들로 가득하다고 한다. 하지만 사후에 이들의 신경을 고성능 현미경으로 검사해보면 대부분 미국의 권투 선수인 잭 뎀프시만큼이나 건강했다. 그들의 신경 질환은 신체적 원인이 아니라 허무, 좌절, 불안, 걱정, 두려움, 패배감, 절망 같은 심리적 원인으로 인해 발생했다. 플라톤은 "외과 의사들이 저지르는 가장 큰 실수는 마음은 그냥 둔 채 몸만 치료하려 하는 것이다. 그러나 몸과 마음은 하나며 분리하여 치료할 수 없다"라고 했다.

이 위대한 진실을 의학계가 인지하기까지 2300년이나 걸렸다. 우리는 이제야 몸과 마음을 모두 다루는 정신신체의학이라 불리는 새로운 의학을 연구하기 시작했다. 그럴 때도 되었다. 의학은 수백만 명을 무덤으로 휩쓸어갔던 천연두, 콜레라, 황열병, 그 밖에 신체적 원인으로 발생한 끔찍한 질병들을 대개 극복했다. 하지만 병균이 아니라 걱정, 두려움, 증오, 좌절, 절망 같은 마음에 의해 심신이 파괴되는 데는 대책이 없었다. 이러한 마음의 질병으로 인한 희생자들은 세계 도처에서 엄청난 속도로 늘어나고 있다.

의사들이 추정한 바에 따르면, 현재 생존 중인 미국인 20명 가운데 1명은 정신병을 치료하는 기관에 입원하고 인생의 일부를 그곳에서 보내게 될 것이라고 한다. 제2차 세계대전 때 소집된 미국 젊은이 6명 중 1명은 정신적인 질병이나 결함으로 입대를 거부당했다.

정신이상은 왜 일어나는가? 모든 원인을 알지는 못한다. 하지만 많은 경우 두려움과 걱정이 유발 요인일 가능성이 높다.

혹독한 현실 세계에 적응하지 못하고 불안과 근심에 시달리는 사람은 주변과 단절한 채 스스로가 만든 꿈의 세계로 도망쳐버림으로써 걱정거리에서 벗어난다.

지금 내 책상 위에는 에드워드 포돌스키 박사가 쓴 《걱정을 멈추고 회복하라》라는 책이 있다. 이 책의 차례를 살펴보면 아래와 같다.

걱정이 심장에 미치는 영향
고혈압은 걱정을 먹고산다
걱정으로 류머티즘도 생길 수 있다
위를 위해 걱정을 줄여라
걱정하면 왜 감기에 걸리는가
걱정과 갑상선
걱정하는 당뇨병 환자

걱정에 대해 말해주는 또 다른 책은 '정신의학계의 메이오 형제'라고 불리는 칼 메닝거 박사가 쓴 《내 안의 적》이다. 메닝거의 책은 파괴적인 감정이 당신을 지배하도록 내버려 두면 어떤 일이 일어나는지를 흥미롭게 풀어 쓰고 있다. 자신을 해치는 일을 멈추고 싶다면 이 책을 사서 읽어라. 그리고 친구에게 줘라. 가격은 4달러인데 당신이 인생에서 할 수 있는 최고의 투자 중 하나가 될 것이다.

걱정은 아무리 단단한 사람도 병들게 한다. 남북전쟁 당시 북부군의 그랜트 장군은 전쟁이 끝나갈 무렵 이 사실을 깨달았다. 이야기는 다음과 같다. 그랜트 장군은 9개월 동안 리치몬드를 포위하고 있었다. 그러다 보니 남부군 리 장군의 군대는 헐벗고 굶주려 패잔병이나 다름없었다. 군대 대부분이 삽시간에 탈영했고, 남은 군인들은 막사에 모여 소리치고 울부짖으면서 구원을 바라며 기도를 했다. 끝이 가까워졌다. 리 장군의 군인들은 리치몬드의 면화와 담배 저장고에 불을 지르고 무기고를 불태웠다. 어두운 밤하늘에 불길이 솟아오르자, 그들은 밤을 틈타 도시를 빠져나갔다. 그랜트 장군은 맹렬한 추격에 나서 후방과 양 측면에서 남부 연합군을 공격했고, 셰리든 장군의 기병대는 앞에서 그들을 막고 철로를 끊어 보급로를 차단했다.

그랜트 장군은 극심한 두통으로 의식이 희미해져서 군대 뒤로 처져 농가에 머물렀다. 회고록에서 장군은 이렇게 말했다. "나는 겨자를 푼 뜨거운 물에 발을 담그고 손목과 목뒤에 겨자 반죽을 얹은 채 아침쯤에는 낫기를 바라며 밤을 보냈다."

그런데 다음 날 아침 병은 씻은 듯이 바로 나았다. 장군을 치료한 것은 겨자 반죽이 아니라 리 장군의 항복 문서를 가져온 기병이었다. 그랜트 장군은 이렇게 적고 있다. "문서를 가져온 장교가 도착했을 때 나는 아직 두통에 시달리고 있었다. 그러나 문서 내용을 보는 순간 말끔히 나았다." 그랜트 장군을 병나게 한 것은 장군의 걱정, 긴장과 같은 감정이었다. 장군의 감정이 자신감, 성취, 승리감으로 바뀌자 병은 순식간에 씻은 듯

나왔다.

그로부터 70년이 지난 후, 프랭클린 루스벨트 내각의 재무 장관이었던 헨리 모건도 걱정으로 병이 나면 현기증이 생길 수도 있다는 사실을 알게 되었다. 모건 장관은 밀 가격을 끌어올리기 위해 대통령이 하루에 440만 부셸(곡식의 계량 단위―옮긴이)을 사들이기로 결정한 것을 두고 크게 걱정했다. 그는 일기에 이렇게 적었다. "그 일이 진행되는 동안 말 그대로 현기증이 났다. 나는 점심 식사 후에 집으로 가서 두 시간 동안 침대에 누워 있었다."

걱정이 사람들에게 미치는 영향을 알아보려고 도서관이나 의사를 찾아갈 필요는 없다. 이 책을 쓰고 있는 우리 집 창밖을 바라보기만 해도 충분하다. 한 블록 내에서도 걱정하느라 신경 쇠약에 걸린 사람, 걱정으로 당뇨병을 얻은 사람 등을 볼 수 있다. 주가가 떨어지면 혈액과 소변 내의 당 수치가 올라간다.

프랑스의 유명한 사상가 몽테뉴가 고향인 보르도의 시장으로 선출되었을 때 시민들에게 이렇게 말했다. "저는 여러분의 일을 기꺼이 제 손으로 가져올 준비가 되어 있습니다. 하지만 제 간과 폐로는 가져오지 않을 것입니다."

반면 내 이웃은 주식시장의 일을 자신의 핏속으로 가져와 거의 죽을 뻔했다.

걱정은 류머티즘과 관절염을 발병시켜 당신이 휠체어 신세를 지게 할 수도 있다. 관절염에 관한 한 권위자로 널리 알려진 코넬 의과대학의 러셀 L. 세실 박사는 관절염을 일으키는 주요 상황을 다음의 네 가지로 정리했다.

1. 결혼 생활의 파탄
2. 경제적 재난과 비탄
3. 외로움과 걱정
4. 오랫동안 품은 분노

　물론 이 네 가지 감정적인 상황들이 관절염의 유일한 원인이라는 말은 아니다. 다양한 원인에 의해 발생하는 다양한 종류의 관절염이 있다. 그러나 다시 말하지만 관절염을 일으키기 가장 쉬운 상황은 러셀 박사가 말해준 네 가지다. 예를 들어 내 친구 한 명은 불경기에 경제적으로 아주 나빠져 가스가 차단되고 은행에 집까지 압류당하게 되었다. 그러자 친구의 아내는 갑자기 류머티즘에 걸려 고통을 받게 되었고, 약물과 식이요법을 해도 낫지 않다가 그들의 경제 상황이 개선되자 증세도 호전되었다.

　걱정은 심지어 충치도 유발할 수 있다. 윌리엄 맥고니글 박사는 미국치과협회 강연에서 "걱정, 두려움, 불안 같은 불쾌한 감정은 체내의 칼슘 균형을 무너뜨려 치아를 부식시킬 수 있다"라고 했다. 박사는 갑작스럽게 건강이 안 좋아진 아내를 걱정하기 전에는 완벽한 치아를 자랑했던 어느 환자에 대해 이야기했다. 아내가 병원에 입원해 있던 3주 동안 그 환자는 충치가 9개나 생겼는데, 걱정이 원인이었다.

급성 과활동성 갑상선을 앓는 환자를 본 적 있는가? 나는 본 적이 있는데, 그들은 몸을 하도 심하게 떨어서 반쯤 초주검이 된 사람처럼 보인다. 그리고 실제로 거의 죽어가고 있기도 하다. 체내 기관의 기능을 조절해주는 갑상선의 상태가 나빠져 제 기능을 못하게 돼버린 것이다. 이 때문에 심장은 빨리 뛰게 되고, 모든 통풍구가 활짝 열린 용광로처럼 온몸이 전력을 다해 부글부글 끓어오른다. 그럴 때 수술이나 의료 처치로 치료하지 않으면 환자는 '스스로를 소진시켜' 죽게 될 것이다.

얼마 전 나는 이 병을 앓는 친구와 함께 필라델피아에 갔다. 38년 동안 이런 종류의 만성 질환을 치료해오고 있는 유명한 전문의를 만나기 위해서였다. 병원 대기실 벽에는 모든 환자들이 볼 수 있도록 조언이 새겨진 커다란 나무판이 걸려 있었다. 그 조언이 무엇이었는지 짐작이 가는가? 바로 이것이다. 나는 기다리는 동안 가지고 있던 봉투 뒷면에 그 문구를 베껴 적었다.

휴식과 오락

최고의 휴식은
건강한 종교, 잠, 음악, 웃음이다.
신앙을 가지고 숙면을 취하라.
좋은 음악을 듣고 인생의 유쾌한 면을 보라.
그러면 건강과 행복이 당신 것이 되리라.

의사가 내 친구를 보고 맨 처음 한 질문은 "어떤 감정적인 원인으로 이렇게 됐습니까?"였다. 그러고는 만약 내 친구가 걱정을 멈추지 않으면 심장병, 위궤양, 당뇨 같은 다른 골치 아픈 병에 걸릴 수도 있다고 경고했다. "이 모든 질병들은 아주 가까운 사촌지간입니다." 그 저명한 의사가 말했다. 확실히 그 병들은 모두 걱정과 가까운 사촌지간으로 걱정이 유발하는 질병들이다!

내가 메를 오베론을 인터뷰했을 때의 일이다. 그녀는 영화배우로서 자신의 중요한 자산인 아름다운 외모가 걱정으로 망가질 수 있다는 걸 알기에 걱정하지 않기로 했다고 말했다.

"처음 영화계로 들어가려 했을 때는 걱정도 되고 겁이 났어요. 저는 그때 막 인도에서 왔고, 런던에서 일을 구하고 싶었지만 아는 사람이 아무도 없었어요. 제작자들도 몇 명 만나봤지만, 아무도 절 고용해주지 않았고 돈도 바닥나기 시작했죠. 2주 동안 크래커와 물만 먹고 살았어요. 걱정도 되고 배도 고팠어요. 저는 혼잣말을 중얼거렸습니다. '넌 바보야. 영원히 영화계로 못 들어갈지도 몰라. 생각해봐. 너는 경험도 없고 연기도 해본 적 없잖아? 반반한 얼굴 말고는 내세울 게 뭐가 있니?'

저는 거울 가까이 다가갔습니다. 거울 속을 들여다보고 나서야 걱정이 내 외모에 무슨 짓을 하고 있는지 알게 되었죠. 걱정으로 얼굴에는 주름이 생겼고 찌푸린 표정을 하고 있었죠. 그래서 나 자신에게 말했어요. '당장 멈춰! 걱정하면 안 돼! 네가 내세울 수 있는 건 외모뿐이야. 걱정은 외모를 망친다고!'"

걱정만큼 여자를 빨리 늙고 심술궂어 보이게 하며 외모를 망치는 건 없다. 걱정을 하면 표정이 굳어진다. 또 턱을 꽉 다물다 보면 얼굴에 주름이 생긴다. 우거지상이 되고, 머리카락이 희어지고, 심하면 빠지기도 한다. 피부도 망가져 온갖 종류의 발진이나 뾰루지, 여드름이 생기기도 한다.

오늘날 미국인의 사망 원인 1위는 심장병이다. 제2차 세계 대전 동안 군인 100만 명 중 3분의 1이 전투에서 사망한 반면, 같은 기간 동안 미국 시민 중 심장병으로 사망한 사람은 200만 명이나 된다. 그리고 그중 100만 명은 걱정과 높은 긴장감 때문에 발생한 심장병이 원인이었다. 그렇다. 알렉시 카렐 박사가 "걱정에 대처하는 법을 모르는 비즈니스맨은 오래 살지 못한다"라고 말한 주된 이유 중 하나가 심장병이다.

남부 흑인들과 중국인들은 어떤 일이든 태평하게 받아들이기 때문에 걱정으로 인한 심장병에 걸리는 경우가 드물다. 반면 의사들이 심장병으로 죽는 경우는 농장에서 일하는 일꾼들의 경우보다 20배나 많다. 의사들은 긴장감 높은 생활을 하고 그에 대한 대가를 치르는 것이다.

윌리엄 제임스는 이렇게 말했다. "신은 우리 죄를 용서해주실지 모르지만, 신경 체계는 결코 그렇지 않다."

믿기 힘든 놀라운 사실이 하나 있다. 매년 미국에서는 가장 흔한 다섯 가지 전염병으로 인한 사망자보다 자살로 생을 마감하는 이들이 더 많다.

이유가 무엇일까? 그 원인은 대부분 '걱정' 때문이다.

옛날 중국에서는 잔인한 군주가 포로를 고문할 때 포로의 팔다리를 묶고는 밤낮으로 끊임없이 물방울이 한 방울씩 똑똑 떨어지는 물 자루를 머리 위에 매달아 두었다. 이마에 계속해서 떨어지는 물방울은 마침내 망치로 때리는 소리처럼 들려서 사람을 미치게 한다. 이와 똑같은 고문 방법이 스페인의 종교재판과 히틀러 치하 독일의 강제수용소에서도 사용되었다.

걱정은 계속해서 떨어지는 물방울과 같다. 그리고 계속해서 떨어지는 '걱정이라는 물방울'은 종종 사람을 미치게도 하고 자살하게도 한다.

미주리 주의 시골 청년이었던 나는 유명한 기독교 전도사인 빌리 선데이가 다음 세상의 지옥 불에 대해 말하는 걸 듣고는 무서워 죽는 줄 알았다. 하지만 그는 바로 지금 현실에서 걱정거리를 안고 있는 사람들이 받을 수 있는 육체적 고통이라는 지옥의 불길에 대해서는 한 번도 언급한 적이 없다. 예를 들어 만약 당신이 만성 걱정병 환자라면 언젠가는 인간이 여태껏 겪어온 통증 중 가장 극심한 통증인 '협심증'으로 고통받게 될 수도 있다.

단언컨대 협심증에 걸리면 고통으로 비명을 지르게 될 것이다. 당신의 비명 소리에 비하면 단테의 지옥에서 들려오는 소리는 〈장난감 나라의 아기들〉에 나오는 우스운 비명 정도로밖에 생각되지 않을 것이다. 그때 당신은 자기 스스로에게 이렇게 말할 것이다. "오, 신이시여! 이 병만 낫게 해주신다면 다시는 어떤 것에 대해서도 걱정하지 않겠습니다." 내 말이 과장이라고 생각한다면 당신의 주치의에게 물어보라.

당신은 삶을 사랑하는가? 건강하게 오래 살고 싶은가? 그렇다면 방법이 있다. 다시 알렉시 카렐의 말을 인용하겠다. 카렐은 이렇게 말했다. "현대 도시의 떠들썩함 한가운데서도 내적 평화를 유지할 수 있는 사람은 신경 질환으로부터 안전하다."

당신은 도시의 떠들썩함 가운데서도 내적 평화를 유지할 수 있는가? 당신이 보통 사람이라면 대답은 '그렇다'다. 명백하게 그렇다. 우리는 대부분 생각보다 강하다. 우리는 지금까지 계발된 적이 없는 내적 자원을 이미 가지고 있다. 헨리 D. 소로는 자신이 쓴 불멸의 책 《월든》에서 이렇게 말했다.

"누가 뭐라고 해도 인간이 자신의 삶을 향상시키기 위해 의식적으로 노력하는 능력을 지녔다는 사실만큼 나를 격려하는 건 없다. 만약 사람이 꿈을 향해 확신을 갖고 전진하고, 자기가 바라는 삶을 살기 위해 노력한다면 언젠가는 뜻하지 않은 성공을 맞게 될 것이다."

당연히 이 책의 많은 독자들은 올가 K. 자비만큼 놀라운 의지력과 내적인 능력을 가지고 있다. 그녀는 가장 비극적인 상황에서도 걱정을 쫓아버릴 수 있다는 사실을 발견했다. 우리가 이 책에서 이야기하고 있는 오래된 진리를 적용한다면 당신과 나도 분명히 그렇게 할 수 있다고 생각한다. 나에게 보낸 편지에서 올가는 이렇게 말했다.

"8년 6개월 전쯤에 저는 사망 선고를 받았습니다. 암이라는 느리고도 고통스러운 죽음을 맞게 될 거라는 선고였지요. 지역 최고의 의사인 메이오 형제도 같은 진단을 내렸습니다. 저는 막다른 골목에 몰려 있었고, 죽음이 입을 벌리고 있었습니다! 저는 젊었어요. 죽고 싶지 않았죠! 자포자기 심정으로 켈로그에 있는 제 주치의에게 전화를 걸어 마음속의 절망을 털어놓았습니다. 잠시 듣고 있더니 주치의는 저를 꾸짖었어요. '그러지 말아요, 올가. 싸워보지도 않겠다는 겁니까? 그렇게 울고만 있으면 분명 죽겠죠. 최악의 상황이 닥친 건 맞습니다. 자! 이제 사실을 직시하세요! 걱정은 멈추고요! 그리고 해야 할 일을 하세요!' 주치의의 말을 듣고 저는 그 자리에서 맹세했어요. 얼마나 진지했던지 손톱이 살을 파고들고 등줄기에 한기가 지나갔어요. '걱정하지 않겠어! 울지도 않을 거야! 내가 신경 써야 할건 이기는 거야! 나는 살 거야!'

저처럼 라듐을 처방할 수 없을 정도로 많이 진행된 암에는 30일 동안 하루에 10분 30초 정도 방사선 치료를 받는 게 일반적이었어요. 그런데 저는 49일 동안 하루에 14분 30초씩 방사선 치료를 받았어요. 뼈가 메마른 황무지 위의 바위처럼 야윈 몸 밖으로 툭 튀어나오고 발은 납덩이같았지만, 저는 걱정하지 않았어요! 한 번도 울지 않았습니다! 저는 미소를 지었어요! 그래요, 사실은 억지로라도 웃었어요.

저는 웃기만 하면 암이 치료될 수 있다고 믿는 바보는 아니에요. 대신에 유쾌한 마음가짐을 하면 몸이 병과 싸우는 데 도움을 준다는 걸 믿었어요. 아무튼 저는 암이 기적적으로 치료되는 경험을 했어요. 지난 몇 년 동안은 그 어느 때보다 더 건강했고, 이 모든 것이 매캐프리 박사님이 말해주신 그 도전적이고 용기 있는 말들 덕분이었어요. '사실을 직시하라! 걱정을 멈춰라! 그리고 할 일을 하라!'"

알렉시 카렐 박사의 말을 다시 한 번 반복하면서 이번 장을 마치려 한다. "걱정에 대처하는 법을 모르는 비즈니스맨은 오래 살지 못한다."

예언자 모하메드를 광적으로 추종하는 자들은 종종 코란 문구를 가슴에 문신으로 새겼다. 나는 이 책을 읽는 모든 독자들의 가슴에 이 말을 새겨주고 싶다. "걱정에 대처하는 법을 모르는 비즈니스맨은 오래 살지 못한다."

당신 얘기 같은가?

그럴 수도 있다.

걱정에 대해 알아야 할 기본적인 사실 3

걱정에 대처하는 법을 모르는 비즈니스맨은 오래 살지 못한다.

걱정에 대해 알아야 할
3가지 기본적인 사실

1. 걱정을 피하려면 윌리엄 오슬러 경이 말한 대로 해보자. '오늘에 충실한 삶'을 살라. 미래의 일로 조바심 내지 말라. 매일 잠자리에 들 때까지의 삶에 충실하라.

2. 다음번에 대문자 T로 시작하는 큰 문제(Trouble)가 당신에게 총구를 겨누며 막다른 골목으로 몰아넣으면, 윌리스 H. 캐리어 박사의 3단계 비법을 사용해보라.

   1) 스스로에게 물어보라. "내가 문제를 해결할 수 없을 때 일어날 수 있는 최악의 상황은 무엇인가?"

   2) 필요하다면 최악의 상황도 받아들일 수 있도록 준비하라.

   3) 침착하게 당신이 이미 마음속으로 받아들이기로 한 그 최악의 상황을 개선하기 위해 노력하라.

3. 걱정을 할 경우 얼마나 큰 건강상의 대가를 치러야 하는지를 기억하라. "걱정에 대처하는 법을 모르는 비즈니스맨은 오래 살지 못한다."

2

격정을 분석하는
기본 테크닉

How to

stop

worrying

&

start living

걱정거리를 분석하고
해결하는 방법

나에게는 6명의 충직한 하인이 있다(나는 모든 것을 그들로부터 배웠다). 그들의 이름은 무엇을, 왜, 언제, 어떻게, 어디서, 누가다.

—러디어드 키플링

앞장의 〈걱정스런 상황을 해결하는 마법의 주문〉에서 설명한 윌리스 H. 캐리어의 마법의 공식이 모든 걱정거리를 해결할 수 있을까? 물론 그렇지는 않다. 그러면 어떻게 해야 할까? 문제 분석의 3단계를 익혀서 다양한 종류의 걱정에 대처하는 법을 알고 있어야 한다.

1단계　사실을 확인하라.
2단계　사실을 분석하라.
3단계　결론을 내리고, 그 결론에 따라 행동하라.

너무 뻔한 이야기라고? 그렇다. 아리스토텔레스도 이 방법을 가르쳤고 활용했다. 우리를 괴롭히고 또 밤이나 낮이나 지옥으로 만든 문제들을 해결하고 싶다면 당신이나 나도 이 방법을 사용해야 한다.

1단계 '사실을 확인하는' 것이다. 사실 확인이 왜 중요할까? 사실을 제대로 알지 못하면 우리에게 닥친 문제를 지혜롭게 해결하려는 시도조차 불가능하기 때문이다. 사실을 알지 못한 상태에서 할 수 있는 일이라고는 조바심을 내며 발을 동동 구르는 것뿐이다. 내 생각이냐고? 아니다. 컬럼비아 대학에서 22년간 학장을 지낸 허버트 E. 호크스의 생각이다. 호크스는 22만 명에 이르는 학생들이 걱정을 해결할 수 있도록 도움을 주었다. 그런 그가 내게 말하길 "걱정의 가장 큰 원인은 혼란"이라고 했다. 호크스는 이렇게 말했다. "세상의 걱정 가운데 절반은 어떤 결정을 내려야 할지 충분히 이해하지도 못한 채 결정을 내리려 하기 때문에 생긴 것입니다. 예를 들어 다음 주 화요일 3시에 생길 문제가 있다면, 저는 다음 주 화요일이 올 때까지 결정을 내리려는 어떤 시도도 하지 않습니다. 그때까지 그 문제와 관련된 사실들을 이해하는 데 집중하고 걱정하지 않습니다. 제게 닥친 문제 때문에 전전긍긍하지 않습니다. 잠을 설치는 법도 없습니다. 단지 사실들을 확인하는 데만 집중합니다. 그렇게 다음 주 화요일이 될 때까지 사실들을 다 확인하면 문제는 대부분 저절로 해결됩니다."

나는 그게 걱정을 완전히 떨쳐냈음을 의미하는지 호크스 학장에게 물어보았다. "그렇습니다." 학장이 대답했다. "솔직히 제 삶에서 걱정은 거의 사라졌다고 말할 수 있습니다." 그가 계속해서 말했다. "시간을 들여 편견 없이 객관적인 시각으로 사실을 확인하고 나면, 걱정들은 대개 이해라는 빛을 받아 증발해버리기 마련입니다."

그의 말을 다시 곱씹어보자. "시간을 들여 편견 없이 객관적인 시각으로 사실을 확인하고 나면, 걱정들은 대개 이해라는 빛을 받아 증발해버리기 마련입니다."

하지만 우리들 대부분은 어떻게 하고 있는가? 에디슨이 생각이라는 노동을 피할 수 있는 방법은 없다고 진지하게 말했듯이 오로지 생각에만 전념한다. 사실 확인에 신경 쓰더라도 기존의 생각을 뒷받침해주는 사실들만 사냥개처럼 찾으며 다른 사실들은 무시해버린다! 우리는 오로지 우리의 행동을 정당화시켜줄 사실들, 우리가 바라는 생각과 잘 들어맞고 기존에 갖고 있던 편견을 정당화시켜주는 사실들만 원한다!

앙드레 모루아의 표현대로 "우리의 개인적 욕망과 부합하는 것은 모두 진실해 보인다. 그렇지 않은 것은 모두 우리를 화나게 한다."

이렇듯 우리는 사실을 제대로 확인하지도 않은 채 문제에 대한 해답을 구하느라 힘겨워한다. 정말 놀랍지 않은가? 예를 들어 2 더하기 2가 5라고 믿으면서 초급 수학문제를 풀려고 하면 이와 똑같은 문제가 생기지 않겠는가? 하지만 세상에는 2 더하기 2가 5라고, 아니 때로는 500이라고 우기면서 자신과 다른 사람들의 인생을 지옥으로 만드는 사람들이 많다.

우리는 어떻게 해야 할까? 감정을 사고로부터 분리해야 한다. 그리고 호크스 학장의 말대로 편견 없이 객관적인 시각으로 사실을 확인해야 한다.

걱정하고 있을 때는 그렇게 하기 어렵다. 걱정할 때는 감정이 앞서기 때문이다. 하지만 문제로부터 한 발짝 비켜서서 사실을 편견 없이 객관적으로 보는 데 도움이 될 만한 두 가지 방법이 있다.

1. 사실 확인을 하고자 할 때, 나는 내 자신을 위해서가 아니라 다른 누군가를 위해 정보를 수집하는 척한다. 그렇게 하면 증거에 대해 냉정하고 편견 없는 시각을 갖는 데 도움이 된다.

2. 걱정되는 문제와 관련된 사실을 수집할 때는, 때때로 나와 반대되는 입장을 변론하는 변호사처럼 행동한다. 달리 말하면 내 자신에 반하는 사실들, 즉 내 바람에 어긋나는 모든 사실, 내가 마주하고 싶지 않은 모든 사실들을 모으려고 노력한다.

그런 다음 내 입장과 반대되는 입장을 둘 다 적어본다. 그러면 흔히 진실은 양쪽 극단의 중간 어딘가에 있음을 발견하게 된다.

내가 말하려는 요점이 그것이다. 당신도, 나도, 아이슈타인도, 미국 연방 대법관도 사실을 제대로 확인하지 않고 어떤 문제에 대해 현명한 결정을 내릴 수는 없다. 토머스 에디슨은 이를 잘 알고 있었다. 그가 세상을 떠날 때까지 문제 해결을 위해 관련 사실들을 기록한 공책은 무려 2500권에 달했다.

그러므로 문제를 해결하기 위한 1단계 규칙은 바로 이것이다. '사실을 확인하라.' 호크스 학장의 조언대로, 편견 없이 모든 사실을 모으기 전까지는 닥친 문제를 해결하려는 시도조차 하지 마라.

그런데 세상의 모든 사실을 모은다 하더라도 이를 분석하고 해석하기 전에는 도움이 되지 않는다. 내가 값비싼 경험을 통해 알게 된 바로는 사실들을 적어보면 분석하기가 훨씬 쉬워진다. 단순히 사실들을 종이에 적어 문제를 명확하게 진술하기만 해도 현명한 결정을 내리는 데 큰 도움이 된다. 찰스 케터링의 말대로이다. "문제를 명확하게 진술하면 절반은 해결된 것이나 마찬가지다."

이 말이 현실에서 어떻게 효과를 발휘하는지 알려주겠다. 중국 속담에 백문이 불여일견(百聞而不如一見)이라는 말도 있으니, 이를 실제 행동으로 옮긴 사람의 예를 살펴보자.

내가 수년 전부터 알고 지내던 갈렌 리치필드라는 사람의 이야기다. 그는 미국 동부 지역에서 가장 성공한 사업가 가운데 한 사람이다. 리치필드는 일본이 상하이를 침공하던 1942년에 중국에 있었다. 그는 언젠가 우리 집에 방문했을 때 다음과 같은 이야기를 들려주었다.

"일본 놈들이 진주만을 공격하고 얼마 안 되어 상하이로 밀고 들어왔습니다. 저는 당시 아시아생명보험 상하이 지사장이었습니다. 일본군이 우리 회사에 해군 장성을 '청산인'으로 보내 우리 지사의 자산을 청산할 테니 협조하라는 명령을 내렸습니다. 그 상황에서 저는 선택의 여지가 없었습니다. 일본군에게 협조하거나 아니면 파국을 맞을 수밖에 없었는데, 그 파국이란 의심의 여지없이 죽음을 의미했습니다.

저는 하는 수 없이 일본군이 시키는 대로 하는 척했습니다. 하지만 일본군에게 자산 목록을 넘길 때 75만 달러 상당의 유가증권 한 묶음을 누락시켰습니다. 그 유가증권들은 우리 회사 홍콩 지사의 증권으로, 상하이 지사의 자산이 아니었기 때문입니다. 그래도 혹시 일본 놈들이 제가 한 일을 알아채면 끓는 물에 넣어 죽이지는 않을까 걱정이 되었습니다. 아니나 다를까 놈들이 결국 알아냈습니다.

놈들이 사실을 알아챘을 때 저는 사무실에 없었고, 회계 담당 부서장이 있었습니다. 부서장이 말하길, 일본군 장성은 책상을 탕탕 치며 불같이 화를 내고 제게 욕을 퍼부었다고 합니다. 나를 도둑놈, 반역자라고 불렀다는군요! 제가 일본군에게 맞선 사람이 되었던 겁니다! 그게 뭘 의미하는지 알 수 있었습니다. 저는 곧 브리지하우스에 처박힐 게 분명했습니다!

브리지하우스! 일본의 게슈타포들이 운영하는 고문실입니다! 제가 아는 사람 중에는 그곳에 끌려가느니 차라리 죽겠다며 스스로 목숨을 끊은 사람도 있고, 브리지하우스에서 열흘간 심문과 고문을 받다가 죽은 친구도 있었습니다. 그런데 이제 제가 그 브리지하우스에 끌려가게 될 처지가 된 겁니다!

제가 어떻게 했냐고요? 그 소식을 들은 건 일요일 오후였습니다. 저는 두려움에 벌벌 떨어야 하는 게 당연합니다. 만약 제 나름대로의 문제 대처 방식이 없었더라면 실제로 그랬을 게 틀림없습니다. 저는 오랫동안 걱정스러운 일이 생기면 늘 타자기 앞에 앉아서 다음과 같은 두 가지 질문을 치고, 그 질문에 대한 대답을 쳐보았습니다.

1. 지금 걱정하는 것은 무엇인가?
2. 그에 대해 내가 할 수 있는 일은 무엇인가?

전에는 이 두 가지 질문들을 써보지 않고 답을 생각했습니다. 하지만 몇 년 전부터는 그러지 않았습니다. 질문과 그에 대한 답을 쓰고 나면 생각이 명료해진다는 것을 알 수 있었기 때문입니다.

그래서 일요일 오후에 바로 상하이 YMCA에 있는 제 방으로 가서 타자기를 꺼냈습니다. 그리고 이렇게 써보았습니다.

1. 지금 걱정하는 것은 무엇인가?
   내일 아침 브리지하우스로 끌려갈까 두렵다.

2. 그에 대해 내가 할 수 있는 일은 무엇인가?
   나는 몇 시간 동안 자리에 앉아 내가 할 수 있는 네 가지 대응 방법과 각각의 대응이 초래할 수 있는 결과를 적어보았습니다.

첫째, 일본군 장성에게 설명한다. 하지만 그자는 영어를 하지 못한다. 통역사를 통해 설명을 하다 보면 그자의 성질을 다시 돋을 수 있다. 그러면 일본군 장성은 잔인한 사람이니까 나를 죽일 수도 있고, 왈가왈부하지 않고 그냥 나를 브리지하우스에 처넣을지도 모른다.

둘째, 도망친다. 불가능하다. 일본군들은 항상 나를 감시하고 있다. YMCA에 있는 내 방에 들어가고 나갈 때도 허락을 받아야 한다. 내가 도망치려고 하면 붙잡혀 총살당할 것이다.

셋째, 여기 내 방에서 머물며 사무실 근처에도 가지 않는다. 그러면 일본군 장성이 나를 의심해서 군인들을 보내 변명의 기회도 주지 않고 브리지하우스에 처넣어 버릴 수 있다.

넷째, 월요일 아침에 평소처럼 사무실로 출근한다. 그러면 일본군 장성이 너무 바빠서 내가 한 일을 잊어버릴 수도 있다. 생각이 난다 해도 어느 정도 화가 가라앉아 나를 괴롭히지 않을 수도 있다. 그렇게 되면 모든 문제가 해결된다. 나를 괴롭힌다 하더라도 나에게는 설명할 수 있는 기회가 생긴다. 그러므로 월요일 아침에 평소처럼 사무실로 출근해서 아무 일도 없다는 듯 행동하면 브리지하우스를 피할 수 있는 두 가지 가능성이 생긴다.

이 모든 생각 끝에 네 번째 계획대로 월요일 아침에 평소처럼 사무실로 출근하기로 결정하고 나자 마음이 아주 편안해졌습니다.

다음 날 아침 제가 사무실에 갔을 때 일본군 장성은 입에 담배를 물고 앉아 있었습니다. 예전처럼 저를 노려보았지만, 아무 말도 하지 않았습니다. 6주 뒤 일본군 장성은 다행히도 도쿄로 돌아갔고, 제 걱정은 끝났습니다.

앞서 말한 것처럼 일요일 오후에 자리에 앉아 제가 할 수 있는 여러 조치들과 그에 따른 예상 결과들을 적어보고 침착하게 판단한 덕분에 저는 목숨을 구했다고 할 수 있습니다. 그렇게 하지 않았더라면 우왕좌왕 망설이다가 충동적으로 잘못된 행동을 했을 겁니다. 내게 닥친 문제에 대해 생각해보지 않고 결정을 내렸다면, 일요일 오후 내내 걱정하느라 미칠 지경이었을 겁니다. 그날 밤에도 잠을 자지 못했겠죠. 그렇게 피곤하고 근심에 찬 얼굴로 월요일 아침에 사무실에 갔다면, 그 일본군 장성은 자연스럽지 못한 제 모습을 보고 수상하다 생각해 어떤 조치를 취했을지도 모릅니다.

이런 방식으로 결정을 내리는 것은 매우 중요합니다. 이는 수차례 경험을 통해 증명되었습니다. 확고한 결론에 도달하지 못해 다람쥐 쳇바퀴 돌 듯 미친 듯이 제자리를 맴도는 걸 멈추지 못한다면, 신경쇠약에 걸리고 지옥 같은 삶을 살게 됩니다.

명쾌하고 분명한 결정을 내리면 걱정의 50퍼센트는 사라집니다. 그리고 그 결정을 실행에 옮기기 시작하면 다시 40퍼센트의 걱정도 사라집니다.

따라서 다음과 같은 네 단계의 조치를 취하기만 하면 걱정의 90퍼센트는 사라지게 됩니다.

1. 내가 걱정하고 있는 것을 정확하게 적는다.
2. 내가 할 수 있는 것들을 적는다.
3. 무엇을 할지 결정한다.
4. 결정을 즉시 실행에 옮긴다.”

갈렌 리치필드는 현재 뉴욕 존 스트리트에 있는 스타파크 앤드 프리먼 사의 동아시아 지역 담당 임원으로 있으며, 대형 보험 및 금융 관련 업무를 맡고 있다. 앞서 말한 바와 같이 리치필드는 오늘날 아시아에서 활동하는 가장 성공한 미국인 사업가 가운데 한 명이다. 그는 자신이 이룬 성공의 대부분은 이런 식으로 걱정을 분석하고 정면으로 대응한 방법 덕분이라고 내게 고백했다.

리치필드의 방법이 이토록 뛰어난 이유는 무엇일까? 효율적이고 구체적이며 문제의 핵심에 곧장 접근하기 때문이다. 이에 덧붙여 세 번째 규칙이자 필수적인 규칙으로 ‘해결하기 위해 행동하라’라는 규칙을 갖고 있다는 점에서 그의 방법은 뛰어나다. 행동하지 않으면 그 어떤 조사나 분석도 정력 낭비일 뿐 아무 소용이 없다.

윌리엄 제임스는 이렇게 말했다. "일단 결정하고 실행할 일만 남았다면 결과에 대한 모든 책임과 관심은 남김없이 잊어버려라(여기서 윌리엄 제임스는 관심(Care)이라는 단어를 걱정(Anxiety)이라는 단어와 동의어로 사용했다)." 제임스의 말은 일단 사실을 토대로 신중하게 결정을 했으면 행동으로 옮기라는 뜻이다. 다시 생각하려고 멈추지 마라. 머뭇거리며 걱정하거나 결정의 절차를 다시 밟기 시작해서는 안 된다. 자기불신으로 자신에 대한 믿음을 잃으면 또 다른 걱정거리가 생겨난다. 자꾸 뒤를 돌아보지 마라.

언젠가 나는 오클라호마에서 가장 유명한 석유 사업가 중 한 명인 웨이트 필립스에게 어떻게 결정을 실행에 옮기느냐고 물어보았다. 필립스는 이렇게 대답했다. "자신에게 닥친 문제에 대해 지나치게 생각하면 혼란스럽고 걱정에 휩싸이게 됩니다. 더 이상의 조사나 생각이 해로운 순간이 있습니다. 결정하고 나면 뒤돌아보지 말고 행동해야 하는 순간이 있습니다."

지금 당신이 가진 걱정을 해결하기 위해 갈렌 리치필드의 방법을 사용하는 게 어떻겠는가? 질문의 아래에 당신의 생각을 적어보기 바란다.

질문 1. 내가 걱정하는 것은 무엇인가?

질문 2. 내가 할 수 있는 일은 무엇인가?

질문 3. 나는 앞으로 이렇게 하겠다.

질문 4. 언제부터 시작할 것인가?

업무상 걱정을
절반으로 줄이는 방법

만약 당신이 비즈니스맨이라면 웃을지 모르겠다. "이 장 제목 참 웃기는군. 나도 직장 생활을 한 지 19년 정도 되어 세상 물정은 알 만큼 알고 있다고. 그런데 그런 나한테 업무상의 걱정을 절반으로 줄여주겠다니 어처구니가 없군."

분명 맞는 말이다. 몇 년 전에 내가 이 장의 제목을 봤다면 똑같이 생각했을 것이다. 이 제목은 많은 것을 약속하고 있지만, 약속만큼 값싼 것도 없으니 무슨 약속인들 못 하겠는가.

솔직하게 말해서 내가 당신의 업무상 걱정을 반으로 줄여주지 못할 수도 있다. 최종적으로 그렇게 할 수 있는 사람은 자기 자신 이외에는 없기 때문이다. 하지만 나는 다른 사람들이 어떻게 걱정을 줄였는지 당신에게 소개할 수 있고, 나머지는 당신의 몫이다!

이 책의 앞부분에서 나는 세계적으로 유명한 알렉시 카렐 박사의 말을 인용한 바 있다. "걱정에 대처할 줄 모르는 비즈니스맨은 오래 살지 못한다."

걱정이 이 정도로 심각한 문제라면 내가 당신의 걱정을 10퍼센트만 줄여주어도 만족스럽지 않을까? 그렇다고? 그럼 좋다! 지금부터 어느 경영 간부의 이야기를 들려주겠다. 그는 걱정의 50퍼센트가 아니라 문제를 해결하기 위해 회의시간을 75퍼센트나 줄였다.

게다가 내가 소개하는 이야기는 '무명씨'나 '오하이오에 거주하는 어떤 사람'이라는 식으로 지칭해 확인할 수 없는 모호한 이야기가 아니다. 리언 심킨이라는 실존 인물의 사례다. 그는 미국 최대의 출판사 가운데 하나인 사이먼앤슈스터의 공동 소유주이자 총 책임자다. 이 출판사는 뉴욕 주 뉴욕 가 20번지 록펠러 센터에 있다. 리언 심킨은 자신의 경험을 이렇게 이야기했다.

"15년 동안 제 업무 시간의 절반은 문제를 해결하기 위해 회의를 하는 시간이었습니다. 이렇게 해야 할까, 저렇게 해야 할까, 아니면 아무것도 하지 말아야 할까? 우리는 신경을 곤두세우고 의자에 앉아 머리를 쥐어짜거나 왔다 갔다 했습니다. 논쟁과 결론 나지 않는 이야기들이 계속되었고, 밤이 되면 완전히 녹초가 되곤 했죠. 남은 인생도 이런 식으로 계속 일할 수밖에 없다는 생각을 했습니다. 15년 동안 저는 그렇게 일해왔고, 더 나은 방법이 있다고는 생각하지 못했으니까요. 만약 누군가 제게 그런 걱정만 하는 회의를 하느라 소비하는 시간의 4분의 3, 그리고 그런 회의로 인한 심적인 부담 역시 4분의 3을 줄일 수 있다고 말했다면, 저는 그를 세상 물정 모르는 비현실적인 낙천주의자라고 생각했을 겁니다. 하지만 저는 그렇게 할 수 있는 방법을 찾아냈습니다. 그리고 지금까지 8년째 그 방법을 사용하고 있습니다. 그 방법을 사용하면서부터 업무 효율성이 높아졌을 뿐 아니라, 개인적으로도 훨씬 더 건강하고 행복해졌습니다.

마치 마술을 부리는 것처럼 들릴지 모르지만, 모든 마술이 그렇듯이 방법을 알고 나면 무척 쉽고 단순하다는 것을 알 수 있습니다.

그 비밀은 다음과 같습니다. 첫째, 저는 15년 동안 해오던 회의 방식을 당장 때려치웠습니다. 문제가 생긴 직원이 구체적으로 문제에 대해 설명하고 마지막에 '이제 어떻게 할까요?'라고 묻는 방식 말입니다. 둘째, 새로운 규칙을 만들었습니다. 누구든 제게 문제를 제시하고 싶은 사람은 먼저 다음과 같은 네 가지 질문에 대해 생각하고 답을 적어오도록 했습니다.

질문 1. 무엇이 문제인가?
(예전에는 다들 실제 문제가 무엇인지 정확히 알지 못한 채 걱정스런 회의를 하며 한두 시간씩 허비했습니다. 또한 문제가 무엇인지 구체적으로 적어놓지도 않고 열을 내며 토론을 하곤 했습니다.)

질문 2. 문제의 원인은 무엇인가?
(예전에는 문제의 근원을 분명히 확인하려는 노력도 없이 걱정스러운 회

의를 하며 시간을 허비했습니다. 이렇게 일했던 과거를 되돌아보면 간담이 서늘합니다.)

질문 3. 문제를 해결하기 위해 가능한 방법은 무엇인가?

(예전에는 회의에 참석한 사람이 한 가지 해결 방안을 제시하면 다른 사람이 반박하곤 했습니다. 감정이 격화되곤 했죠. 종종 주제에서 벗어나기도 했는데, 문제를 해결하기 위해 우리가 할 수 있는 다양한 방법들을 적어두는 사람은 아무도 없었습니다.)

질문 4. 당신은 어떤 방안을 제안하겠는가?

(예전에는 사람들이 회의에 들어오면서도 해결책에 대해 충분히 생각해보고 '제가 추천하는 해결책은 이것입니다'라고 기록해서 들어오는 법이 없었습니다. 나는 문제가 발생한 상황에 대해 오랫동안 걱정만 하다가 들어오는 사람들과 회의를 하곤 했습니다.)

이제는 회사에서 자신의 문제를 들고 찾아오는 사람은 거의 없습니다. 왜냐고요? 앞의 네 가지 질문에 대답하기 위해서는 우선 모든 사실을 확인해야 하고, 또 문제에 대해 철저히 생각해봐야 한다는 것을 알게 되었기 때문입니다. 그렇게 하고 나면 네 번 가운데 세 번은 상의하러 올 필요가 없다는 것을 깨닫게 됩니다. 마치 전기 토스터에서 식빵이 튀어 오르듯 적절한 해결책이 저절로 생각났기 때문입니다. 심지어 상의가 필요한 경우에도 토론하느라 허비하는 시간이 전에 비해 3분의 1로 줄어들었습니다. 합리적인 결론에 도달하기 위해 정돈되고 논리적인 과정을 거치기 때문입니다.

이제 사이먼앤슈스터의 회의실에서는 잘못된 문제에 대해 걱정하며 이야기하느라 소모되는 시간은 훨씬 줄어들고, 대신 문제를 해결하기 위한 행동은 훨씬 더 많아졌습니다."

미국 최고의 보험 판매원 중 한 명인 내 친구 프랭크 베트거는 이와 비슷한 방법을 썼더니 업무상의 문제가 줄었을 뿐 아니라 수입도 두 배로 늘었다고 내게 이야기해주었다. 그는 이렇게 말했다.

"몇 년 전 내가 보험을 판매하기 시작했을 때는 일에 대한 열정과 애정이 가득했어. 그러다 어떤 사건이 발생했지. 나는 너무나 낙담해서 내 일을 경멸했고 일을 그만두려고 했어. 만약 어느 토요일 아침에 그 생각이 떠오르지 않았다면 나는 그만두었을 거야. 그날 나는 앉아서 내가 걱정하는 이유의 근원이 무엇인지 확인해봐야겠다는 생각을 했어.

1. 나는 먼저 스스로에게 물었어. '도대체 문제가 뭐지?' 문제는 내가 고객들을 엄청나게 많이 방문하지만, 수입은 그만큼 많지 않다는 거였지. 잠재 고객을 찾아내는 건 잘하는데, 실제 계약으로 이어지는 경우는 많지 않았지. 고객들은 이렇게 말하곤 했어. '음, 생각해보겠습니다, 베트거 씨. 다음에 다시 한 번 들러주세요.' 그런 식으로 계속 방문을 반복하느라 시간을 소모하는 게 나를 우울하게 만들었어.

2. 나는 또 스스로에게 이렇게 물었어. '가능한 해결 방안은 무엇인가?' 하지만 이 질문에 대답하기 위해서는 사실들을 조사해봐야 했어. 그래서 지난 12개월간의 기록들을 꺼내 숫자를 살펴보았지.

  그 결과 깜짝 놀랄 만한 사실을 발견했어! 수첩 기록들을 보니 내가 성공한 계약의 70퍼센트는 첫 번째 방문에서 성사되었다네! 그리고 23퍼센트는 두 번째 방문 만에 성사되었더군! 세 번, 네 번, 다섯 번 이상 방문하느라 시간을 소모하고 기진맥진한 끝에 성사된 계약은 다 합해도 오로지 7퍼센트밖에 되지 않았어. 달리 말하면 나는 전체 판매 실적의 고작 7퍼센트밖에 되지 않는 일에 업무 시간의 절반을 허비하고 있었던 거지!

3. 해답은 무엇인가? 해답은 분명했지. 나는 두 번 이상 방문하는 것을 당장 그만두고 나머지 시간을 새로운 잠재 고객을 개발하는 데 사용했어. 그 결과는 믿기 어려울 정도였어. 불과 얼마 되지 않아서 1회 방문당 수익이 2.80달러에서 4.27달러로 늘어났다네."

이미 말한 바와 같이 베트거는 현재 미국에서 가장 유명한 생명보험 판매사 중 한 명이다. 베트거는 필라델피아 주에 있는 피델리티 뮤추얼에서 일하고 있으며, 한 해 100만 달러 이상의 보험 계약을 하고 있다. 하지만 그도 거의 포기할 뻔한 순간이 있었다. 하지만 베트거는 문제를 분석함으로써 성공을 향해 나아갈 수 있었다.

당신의 업무상 문제에 다음의 질문을 적용할 수 있겠는가? 다시 한 번 내가 희망적이라고 생각하는 도전에 대해 말하자면, 이 질문은 당신의 걱정을 절반으로 줄여줄 수 있다. 그 질문은 다음과 같다.

1. 무엇이 문제인가?
2. 문제의 원인은 무엇인가?
3. 문제를 해결하기 위해 가능한 모든 방법은 무엇인가?
4. 당신은 어떤 방안을 제안하겠는가?

걱정을 분석하는
기본테크닉

1. 사실을 확인하라. 컬럼비아 대학의 호크스 학장의 말을 기억하라. "세상의 걱정 가운데 절반은 어떤 결정을 내려야 할지 충분히 이해하지도 못한 채 결정을 내리려 하기 때문에 생겨난다."

2. 모든 사실들을 신중하게 검토한 후 결정을 내려라.

3. 신중하게 결론을 내린 후에는 행동하라! 결정을 실행하기 위해 열심히 노력하고 그 결과에 대한 모든 걱정은 떨쳐 버려라.

4. 당신 혹은 당신의 동료가 어떤 문제에 대해 걱정한다면 다음의 질문들에 답해보라.

   1) 무엇이 문제인가?

   2) 문제의 원인은 무엇인가?

   3) 문제 해결을 위해 가능한 모든 방법은 무엇인가?

   4) 최선의 해결책은 무엇인가?

3

걱정하는 습관을
없애는 방법

How to

stop

worrying

&

start living

머릿속에서 걱정을 몰아내는 법

나는 매리언 J. 더글러스가 내 수업을 듣던 몇 년 전 그날 밤을 절대 잊지 못한다(그가 개인적인 사정으로 이름을 밝히지 말라고 요청해서 익명으로 대신한다). 지금부터 평생교육 강좌가 시작되기 전 더글러스가 들려준 진짜 이야기를 들려주겠다. 그는 집안에 두 번씩이나 들이닥친 비극에 대해 털어놓았다. 첫 번째 비극은 눈에 넣어도 안 아픈 다섯 살짜리 딸을 잃은 것이었다. 그와 그의 아내는 상실의 아픔을 견디지 못할 거라고 생각했다. 하지만 얼마 지나지 않아 두 번째 비극이 그들을 찾아왔다. 그는 "10개월 만에 다시 얻은 예쁜 딸도 5일 후에 저희 곁을 떠났습니다"라고 말했다.

더글러스는 두 딸과의 이별 후 견딜 수 없이 고통스러웠다. 그는 이렇게 말했다. "아이들이 세상에 없다는 사실을 받아들일 수 없었습니다. 잠을 잘 수도, 식사를 할 수도, 제대로 휴식을 취할 수도 없었습니다. 혼란스럽고 세상을 살아갈 자신도 없었습니다." 마침내 더글러스는 의사를 찾아갔는데, 한 의사는 수면제를 처방했고, 어떤 의사는 여행을 다녀오라고 권유했다. 둘 다 시도해봤지만 어떤 처방도 소용이 없었다. 그는 이런 말도 했다. "제 몸이 덫에 붙잡혀 점점 조여오는 것 같았습니다." 당신이 슬픔에 잠겨 무력해진 경험이 있다면 비탄에 빠진 사람이 겪는 불안과 긴장감을 이해할 것이다.

"하지만 감사하게도 제게는 네 살 난 아들이 남아 있었습니다. 그 아이 덕분에 문제를 해결할 방법을 찾았습니다. 어느 날 오후, 한껏 풀이 죽어 있던 제게 아들이 다가와서 '아빠, 보트 좀 만들어주세요' 하며 졸랐어요. 저는 보트를 만들 기분이 아니었습니다. 솔직히 말하면 아무것도 하고 싶지 않았죠. 하지만 어린 녀석이 어찌나 고집을 피우던지 결국 두 손 두 발 다 들었습니다.

장난감 보트를 만드는 데 꼬박 세 시간이나 걸렸습니다. 다 만들었을 때쯤, 저는 보트를 만드는 세 시간이 처음으로 편안함과 마음의 평온을 맛본 시간이라는 걸 깨달았습니다. 그 사실을 깨닫자, 저는 무력감에서 빠져나왔고 분별력도 약간 생겼습니다. 그제야 저는 사람이 계획과 사고력을 요하는 일에 몰두하면 걱정할 틈이 없다는 사실을 알게 되었습니다. 보트를 만드는 순간에는 어떤 걱정도 할 수 없었기 때문에 저는 계속 바쁘게 할 일을 찾기로 결심했습니다.

다음 날 밤, 집 안 구석구석을 오가면서 해야 할 일의 목록을 작성했습니다. 책장, 계단, 바람막이 창, 블라인드, 문손잡이, 자물쇠, 물이 줄줄 새는 수도꼭지 등등 수리할 데가 수십 군데가 넘더군요. 놀랍게도 저는 2주 동안 손봐야 할 일을 242가지나 찾아냈습니다.

지난 2년간 목록에 적힌 일을 거의 다 했습니다. 그리고 무기력해졌던 일상을 다시 활기차게 보낼 수 있게 되었습니다. 매주 이틀 밤은 뉴욕에 가서 평생교육 강좌를 들었습니다. 시민 단체 활동에도 참여했으며, 현재는 학교 교육위원회 회장을 맡고 있습니다. 이 밖에도 수십 개의 회의에 참석합니다. 적십자나 다른 활동들을 위한 기금 모금에도 동참하고 있습니다. 요즘은 너무 바빠서 걱정할 틈이 없습니다."

걱정할 시간이 없다! 전쟁이 한창일 무렵 윈스턴 처칠이 하루 18시간을 일하면서 했던 말이다. 처칠은 전쟁을 이끌고 있다는 책임감이 너무 커서 근심이 많지 않느냐는 질문에 "너무 바빠서 걱정할 시간도 없소!"라고 답했다.

찰스 케터링도 자동차의 자동 점화 장치를 발명할 무렵 비슷한 곤경에 빠졌다. 케터링은 최근 은퇴 직전까지 세계적으로 유명한 GM연구소를 이끌었던 GM 부사장이었다. 하지만 그때만 해도 살림이 넉넉지 않아 건초를 쌓아두는 헛간을 실험실로 써야 했다. 먹을거리도 아내가 피아노 레슨으로 번 돈으로 사야 할 정도였다. 나중에는 보험사로부터 생명보험을 담보로 500달러를 대출받기까지 했다. 그의 아내에게 그 당시 걱정스럽지 않았냐고 묻자 그녀는 이렇게 말했다. "물론 걱정했죠. 너무 걱정되어 잠도 못 이뤘지만, 남편은 연구에 몰두하느라 걱정할 새가 없는 것 같았어요."

유명한 과학자인 파스퇴르도 "도서관이나 실험실에 가면 마음이 평온해진다"라고 말한 적이 있다. 왜 도서관이나 실험실에 가면 그런 마음이 드는 걸까? 그 이유는 도서관이나 연구실에서는 업무에 몰입하다 보니 자기 자신에 대해 걱정할 틈이 없기 때문이다. 연구자들이 신경쇠약에 시달린다는 말은 들어보지 못했다. 그들에게는 그런 사치를 부릴 여유가 없는 것이다.

어째서 단지 계속 바쁘게 지내는 것만으로 걱정과 불안이 사라질까? 아마도 심리학자들이 밝힌 아주 본질적인 법칙 때문일 것이다. 그 법칙이란, 아무리 명석한 사람도 정해진 시간 동안 두 가지 이상의 생각을 동시에 할 수 없다는 것이다. 믿어지지 않는가? 그렇다면 실험을 한번 해보자.

지금 몸을 뒤로 기대고 눈을 감은 뒤, 자유의 여신상과 내일 아침 일정에 대해 동시에 떠올린다고 가정해보자(자, 당신도 당장 시도해보라!).

당신은 두 가지 생각을 번갈아가면서 할 수는 있지만, 절대 동시에 할 수 없다는 걸 깨달았을 것이다. 감정도 그렇다. 신나는 일을 하면서 활기 넘치고, 열정적인 동시에 걱정에 사로잡히는 것은 불가능하다. 어떤 종류의 감정을 느낄 때 다른 종류의 감정을 동시에 느낄 수는 없다. 군의관들이 전쟁 통에 기적을 행할 수 있었던 것도 이러한 단순한 발견 덕택이었다.

군의관들은 전쟁을 치른 후 생긴 정신적 외상으로 인해 '신경증 환자'로 불렸던 군인들에게 '쉴 틈을 갖지 말라'라는 처방을 내렸다고 한다. 그들은 아침에 눈뜨는 순간부터 낚시, 사냥,

야구 경기, 골프, 출사, 정원 관리, 댄스 동호회 등 주로 야외 활동을 하며 하루를 보냈다. 덕분에 끔찍한 경험을 곱씹을 시간이 없었다. '작업 치료'란 군의관들이 약 대신 일을 처방하면서 사용한 용어다. 새로운 개념이 아니다. 기원전 5세기부터 그리스의 의사들은 이미 작업 치료를 옹호하고 있었다.

벤저민 프랭클린이 펜실베이니아 주 의원으로 활동할 시절, 퀘이커 교도들도 필라델피아에서 작업 치료를 사용하고 있었다. 1774년 어떤 사람이 퀘이커 교도들이 운영하는 요양원을 방문했을 때, 정신병을 앓고 있던 환자들이 바쁘게 리넨 섬유를 짜고 있는 광경을 보고 충격을 받았다고 한다. 불쌍하고 불운한 환자들이 착취당하고 있다고 생각한 그는 환자들이 간단한 일을 시작하면서부터 증상이 많이 완화되었다는 설명을 듣고 나서야 오해를 풀었다.

정신과 의사라면 누구나 바쁘게 일하는 것이 정신 질환에는 가장 효과가 좋은 마취제 가운데 하나라고 주장할 것이다. 헨리 W. 롱펠로도 아내가 세상을 떠나자 그 사실을 절실히 깨달았다. 어느 날 그의 아내는 촛불로 봉랍을 녹이다 옷에 불이 붙었다. 롱펠로는 아내의 비명 소리를 듣고 구하려고 달려갔지만, 아내는 끝내 화상으로 사망했다. 롱펠로는 끔찍한 경험에 대한 기억이 자꾸 떠올라 거의 제정신이 아니었다. 하지만 다행히도 롱펠로에게는 그의 보살핌이 필요한 세 명의 어린 자식들이 있었다. 슬픔에 잠긴 상황에서도 그는 아이들에게 아버지이자 어머니의 역할을 충실히 했다. 아이들과 산책을 나가거나 이야기를 들려주거나 놀아주었다. 또한 아이들의 우정을 다룬 〈아이들의 시간〉이라는 시를 썼으며, 단테의 시를 번역하기도 했다. 롱펠로는 이 모든 일들을 하느라 너무 바빠 그간의 고통을 완전히 잊고 마음의 평온도 되찾았다. 시인 테니슨은 가장 친한 친구인 아서 할람이 세상을 떠나자 "일에 몰두하지 않으면 절망에 빠져 피폐해질 것 같네"라고 말했다.

대부분의 사람들은 열심히 하루 일과에 몰두한다. 하지만 일이 끝난 후에 찾아오는 빈 시간들은 위험하다. 우리가 자유롭게 여가를 즐기고 가장 행복을 느낄 바로 그 시간에 걱정거리도 우울한 악마처럼 우리를 찾아온다. 이 시점에서 우리는 하루하루 잘 살고 있는 건지, 틀에 박힌 삶은 아니었는지, 오늘 상사가 한 말의 '속뜻'은 무엇이었는지, 점점 쓸모없는 인간이 되는 건 아닌지 생각하기 시작한다.

바쁜 일이 없으면 우리의 머릿속은 진공상태에 가까워진다. 물리학을 배운 학생이라면 '자연은 진공상태를 거부한다'라는 사실을 알고 있을 것이다. 당신과 내가 경험할 진공상태는 백열전구의 내부에 비유할 수 있다. 그 전구를 깨보면 이론으로 배운 것처럼 빈 공간에 공기가 자연스럽게 채워진다.

자연은 텅 빈 정신도 금세 채운다. 무엇으로 채우겠는가? 물론 감정으로 채울 것이다. 그 이유는 무엇일까? 걱정, 두려움, 증오, 질투, 시기와 같은 감정은 정글의 원시적인 힘과 역동적인 에너지에 이끌려 생기기 때문이다. 그런 감정의 힘은 파괴적이라 우리 마음속의 평온하고 온순한 생각과 감정을 모두 몰아낸다.

컬럼비아 대학에서 교육학을 가르치고 있는 제임스 L. 머셀 교수는 다음과 같이 말했다.

"걱정은 당신이 일에 몰입할 때보다는 하루 일과를 마쳤을 때 찾아옵니다. 당신은 닥치는 대로 상상하고, 말도 안 되는 모든 종류의 가능성을 떠올리면서 아주 작은 실수들도 확대해석할 것입니다. 당신의 정신은 짐도 싣지 않은 채 돌아가는 자동차와 같습니다. 이 자동차는 베어링이 타거나 산산조각이 날 정도로 위협적으로 달립니다. 걱정을 덜 하고 싶다면 건설적인 일에 온전히 몰입하는 게 좋습니다."

하지만 이런 사실을 깨닫고 실행에 옮기기 위해서 대학교수가 될 필요는 없다. 전쟁이 한창일 무렵 나는 '걱정을 없애려면 건설적인 일에 완전히 몰두해야 한다'라는 사실을 깨달았다는 시카고 출신의 주부를 만났다. 내가 그녀와 그녀의 남편을 만난 것은 뉴욕에서 미주리 주 농장으로 가는 열차의 식당 칸에서였다(사례를 얘기할 때 나는 이름이나 사는 곳 등 진실성을 담보해주는 구체적인 사실을 제시하려고 하는데, 유감스럽게도 이 부부의 이름과 세부적인 정보는 알아두지 못했다).

이 부부는 내게 자기 아들이 진주만 사건이 터진 직후 군대에 갔다며 이야기를 시작했다. 그녀는 하나뿐인 아들이 어디서 복무하는지, 안전한지, 아니면 작전에 투입되어 다치거나 목숨을 잃은 건 아닌지 걱정하느라 건강이 엉망이 되었다고 했다.

내가 그녀에게 걱정을 어떻게 극복했는지 묻자, 그녀는 "쉴 틈 없이 일했어요"라고 대답했다. 처음에는 가정부도 내보내고 모든 집안일을 혼자서 다 하면서 바쁘게 지내려 애썼다고 했다.

하지만 별 도움이 되지 않았다고 한다. 그녀는 이렇게 말했다. "문제는 제가 집안일을 생각 없이 기계적으로 하고 있었다는 거예요. 집안일을 하면서도 걱정은 걱정대로 하고 있었던 거죠. 그러던 어느 날, 침대를 정리하고 설거지를 하다가 문득 매시간 정신적으로 그리고 육체적으로 바빠질 수 있는 새로운 일이 필요하다는 걸 깨달았습니다. 그래서 대형 백화점의 영업 사원으로 일하기로 했습니다.

그게 도움이 됐어요. 저는 손님들이 우르르 몰려들어 가격, 크기, 색상에 대해 묻는 통에 정신없이 일했습니다. 지금 하는 업무 외에는 잠시도 딴생각할 여유가 없었습니다. 퇴근 후에는 쑤신 발을 푸느라 아무 생각도 들지 않았어요. 저녁을 먹자마자 침대에 누웠고 금세 잠이 들었어요. 걱정할 시간적 여유도 없었죠."

그녀는 존 쿠퍼 포이스가 자신의 책《불쾌한 일을 잊는 기술》에서 언급한 "주어진 일에 몰입하면 안정감, 심오한 내면의 평온함, 일종의 행복한 마비 상태가 찾아온다"라는 말을 직접 경험을 통해 깨달았다.

일에 몰입하면 안정감과 평온함을 찾을 수 있다니 얼마나 다행인가! 최근에 세계적인 여류 탐험가 오사 존슨은 자신이 어떻게 근심과 슬픔에서 해방되었는지 이야기했다. 당신도 그녀의 실화가 담긴《나는 모험과 결혼했다》라는 책을 읽어본 적이 있을 것이다. 여자라면 누구나 모험과 같은 결혼을 하게 되겠지만, 오사 존슨은 말 그대로 모험과 결혼했다.

열여섯 살이 되던 해에 그녀는 마틴 존슨과 결혼한 뒤, 캔자스 주 차누테를 떠나 보르네오의 야생 정글로 들어갔다. 그곳에서 부부는 25년간 아시아와 아프리카 대륙의 사라져가는 야생동물들을 촬영하며 전 세계를 누볐다. 9년 전 미국으로 돌아온 이들은 자신들이 찍은 유명한 영상을 보여주며 순회강연을 하고 있었다. 그런데 이동 중 태평양 연안을 향하던 덴버 발 비행기가 산으로 곤두박질쳤고, 그 와중에 남편이 목숨을 잃었다. 의사들은 오사가 절대 침대에서 일어나지 못할 거라고 했다. 하지만 그건 오사를 잘 모르고 하는 소리였다. 3개월 후 오사는 휠체어를 탄 채로 강의를 이어나갔다. 실제로 그녀는 휠체어를 타고도 그 시기에만 100명이 넘는 관중 앞에서 강의를 했다. 내가 어떻게 그럴 수 있었는지 물었을 때 그녀는 "슬픔을 느끼거나 걱정할 시간을 만들고 싶지 않았어요"라고 답했다.

오사 존슨은 일찍이 100년 전에 살았던 시인 테니슨이 말한 대로 "일에 몰두하지 않으면 절망에 빠져 피폐해진다"라는 이치를 깨달은 것이다.

버드 제독은 5개월 동안 완전히 고립되어 지낼 때 이러한 이치를 깨달았다. 그는 자연이 숨겨놓은 가장 오래된 비밀이자 미국과 유럽을 합쳐놓은 것보다 더 큰 미지의 대륙을 덮고 있는 거대한 만년설에 묻혀 혼자 지냈다. 근처에는 어떤 생명체도 존재하지 않았다. 추위가 너무 심해 바람이 불면 숨을 쉴 때마다 귓가를 스쳐간 바람이 입김을 얼리고 결정(結晶)이 되는 소리가 들리는 듯했다. 버드 제독은 《홀로》라는 책에서 혼란스럽고 정신이 피폐해지는 어둠 속에서 보낸 5개월에 관해 들려준다. 낮도 밤처럼 어두웠기 때문에 그는 제정신을 유지하기 위해 끊임없이 바쁘게 움직였다고 했다.

제독은 이렇게 말했다. "늦은 밤 소등하기 전에 다음 날 해야 할 일들을 정리했습니다. 비상 터널을 만드는 데 한 시간, 쌓인 눈을 고르는 데 30분, 드럼통을 정리하는 데 한 시간, 식료품 저장 터널의 벽에 선반을 만드는 데 한 시간, 썰매의 부러진 다리를 고치는 데 두 시간을 배정하는 식이었습니다.

이런 식으로 시간을 나누는 건 굉장한 효과가 있었습니다. 제 자신을 스스로 통제하고 있다는 특별한 느낌을 가질 수 있었거든요. 그런 노력이나 그 비슷한 시도를 하지 않았다면 하루하루를 목적의식 없이 보냈을 겁니다. 목적이 없는 삶은 무의미한 나날이 되고 말죠. 그런 삶은 결국 파국을 맞기 마련입니다."

마지막 구절에 주목해보자. "목적이 없는 삶은 무의미한 나날이 되고 말죠. 그런 삶은 결국 파국을 맞기 마련입니다."

만약 우리에게 걱정거리가 생긴다면 평소 해오던 일이 치료제가 될 수 있다는 걸 잊지 말자. 이런 주장을 한 사람은 하버드대 임상의학 교수를 지낸 리처드 C. 캐벗 박사로, 이 분야의 최고 권위자다. 박사는 자신이 쓴 《사람은 무엇으로 사는가》에서 이렇게 말했다. "의사로 일하면서 의심, 망설임, 동요, 두려움으로 정신이 마비될 정도의 고통을 겪던 사람들이 일을 통해 낫는 것을 볼 때마다 정말 행복했습니다. 일을 통해 얻는 용기는 에머슨이 주창했던 주체성과 흡사합니다."

우리가 바쁘게 일하지 않고 주저앉아 걱정만 한다면, 찰스 다원이 '위버 기버'라고 불렀던 것이 잔뜩 불어날 것이다. 이런 '위버 기버'들은 옛날 얘기에 나오는 '그렘린', 즉 우리를 공허하게 만들고 행동력과 의지력을 파괴하는 작은 악마와 같다.

나는 조바심을 낼 시간조차 없이 바쁘게 살면서 '위버 기버'를 이겨낸 뉴욕의 사업가를 만난 적이 있다. 그의 이름은 트렘퍼 롱맨이며, 월 스트리트 트럼프 빌딩에 사무실을 두고 있었다. 롱맨은 내 평생교육 강좌를 수강하던 학생이었다. 그런데 걱정을 극복한 경험담이 무척 흥미로워서 수업이 끝난 후 식사를 함께하자고 제안했다. 우리는 자정이 넘도록 긴 대화를 나누었다. 그는 이렇게 말했다.

"18년 전 저는 걱정이 너무 많아서 불면증에 시달렸습니다. 긴장, 짜증, 초조함으로 밤새 잠을 이루지 못할 정도였죠. 이러다 신경쇠약이 오겠구나 싶더군요.

제게는 걱정할 만한 일이 있었습니다. 저는 뉴욕 브로드웨이에 위치한 크라운 식품 회사에서 자금 담당으로 일하고 있었습니다. 우리 회사는 딸기를 약 4리터 용량의 통에 담아 공급하는 데 50만 달러를 투자해둔 상황이었습니다. 과거 20년 동안 우리는 이런 방식으로 아이스크림 회사에 딸기를 공급해왔습니다. 그런데 내셔널 데어리나 보든스 같은 대형 아이스크림 업체들이 생산량을 늘리고 원가와 제조 시간을 줄이기 위해 약 160리터 용량의 큰 통으로 딸기를 공급받기를 원했습니다. 결국 우리 회사는 판매를 중단하게 되었죠.

우리에게는 50만 달러를 투자하고도 판매할 수 없는 딸기뿐 아니라 앞으로 12개월 동안 100만 달러 이상 구입해야 할 딸기 계약도 남아 있었습니다. 이미 은행에서 대출받은 35만 달러를 갚을 수도 없었습니다. 누가 봐도 걱정될 만한 상황이었습니다.

저는 곧장 캘리포니아의 왓슨빌에 있는 우리 회사 공장을 찾아갔고, 공장장에게 상황이 바뀌어서 사정이 어려워졌다고 설명했습니다. 그런데 믿지 않더군요. 오히려 뉴욕 본사가 판매 능력이 형편없다며 비난하기만 했습니다.

며칠간의 노력 끝에 저는 결국 공장장을 설득해서 딸기 포장을 중단시켰고, 샌프란시스코에 있는 딸기 시장으로 공급 통로를 바꿀 수 있었습니다. 문제가 거의 해결되었으니 걱정을 그만해야 했습니다. 그런데 그러지 못했습니다. 걱정도 습관이더군요. 이미 저는 그 습관에 길들여져 있었습니다.

뉴욕으로 돌아오자 걱정은 다시 시작됐습니다. 이탈리아에서 구매하는 체리, 하와이에서 구매하는 파인애플 등 모든 것이 걱정되기 시작했습니다. 저는 항상 긴장했고, 초조함으로 밤을 새는 날도 많았습니다. 그러다 보니 전에 말한 것처럼 신경쇠약에 걸리는 것도 시간문제였지요.

절망감에 빠져 있던 저는 불면증을 치료하고 걱정을 덜어줄 새로운 방법을 찾기로 했습니다. 그건 바로 바쁘게 일하는 거였죠. 제 능력을 십분 발휘해 문제를 해결하느라 걱정할 시간이 없었습니다. 하루에 7시간씩 일했던 제가 15~16시간씩 일하기 시작했습니다. 매일 아침 8시에 출근해서 밤 12시가 다 되도록 사무실에 남아 일하곤 했습니다. 새로운 업무들을 더 많이 하게 되니, 자정이 되어 집에 도착하면 침대에 눕자마자 잠이 들었습니다.

3개월 정도 이런 스케줄로 계속 생활했습니다. 그리고 걱정하는 습관을 고친 다음에는 다시 정상적인 7~8시간 근무 체제로 돌아왔습니다. 벌써 18년 전 일입니다. 그 이후로 불면증이나 걱정으로 고통을 받은 적은 없습니다."

조지 버나드 쇼의 말이 옳았다. 그는 "당신이 비참해지는 방법은 행복한지 아닌지 신경 쓸 여유를 갖는 것이다"라고 말했다. 그러므로 그런 생각을 할 여유조차 없도록 바쁘게 지내라! 스스로 할 일을 찾아라! 당신의 피는 순환하고, 정신은 활기를 되찾을 것이다. 머지않아 당신의 몸 안에 삶에 대한 긍정적 에너지가 빠르게 차올라 마음속의 걱정을 모두 몰아낼 것이다. 바쁘게 생활하라. 그리고 그 생활을 유지하라. 세상에서 가장 저렴하고 동시에 가장 효과가 좋은 처방이 아닐까?

걱정하는 습관을 없애려면 다음과 같은 방법을 따르라.

걱정하는 습관을 없애는 방법 1

바쁘게 움직여라! 걱정에 사로잡힌 사람이
절망의 늪에 빠지지 않으려면 일에 몰두해야 한다.

사소한 일로 낙담하지 마라

내가 평생 잊지 못할 극적인 이야기가 있다. 뉴저지 주 메이플우드에 사는 로버트 무어가 해준 이야기다. 그는 다음과 같이 이야기를 시작했다.

"1945년 3월, 저는 제 인생에서 가장 큰 교훈을 얻었습니다. 그것도 인도차이나 해안의 수심 80미터에서 말입니다. 저를 포함한 88명의 선원은 바야 핵잠수함 S. S. 318호를 타고 가던 중이었습니다. 때마침 레이더에 일본 측 소형 호위함의 움직임이 포착되었습니다. 동이 트기 시작했기 때문에 수중 공격 태세를 갖췄습니다. 잠망경으로 보니 호위 구축함, 유조선, 기뢰 부설함도 눈에 들어왔습니다. 우리 측에서 호위 구축함을 향해 어뢰 세 발을 쏘았지만 빗나갔습니다. 어뢰에 이상이 생긴 것 같았습니다. 호위 구축함은 우리 측의 움직임을 눈치채지 못했는지 계속 항해하고 있었죠. 우리가 마지막 배인 기뢰 부설함을 공격할 준비를 하고 있는데, 갑자기 기뢰 부설함이 방향을 틀어 우리 쪽으로 곧장 다가오는 게 아니겠습니까. 일본군 비행기가 수심 18미터에 있던 우리 잠수함을 발견하고 기뢰 부설함에 무전을 보낸 것이었습니다. 우리는 탐지되는 걸 피하기 위해 수심 45미터까지 내려가 수중 폭뢰에 대비해 준비했습니다. 해치에는 추가로 잠금 장치를 하고, 잠수함에서 발생하는 모든 소리를 제거하기 위해 환풍기, 냉각기 등 모든 전동 장치의 작동을 중단했습니다.

3분쯤 지났을 때, 지옥 같은 상황이 벌어졌습니다. 주변에서 수중 폭뢰 여섯 발이 터지면서 우리 잠수함은 해저 84미터 깊이까지 밀려 내려갔습니다. 우리는 모두 두려움에 떨었습니다. 수심 300미터 이내에서 공격을 받으면 위험하고, 수심 150미터 이내에서 공격을 받으면 거의 치명적인데, 우리는 150미터의 절반 정도밖에 되지 않는 수심에서 공격당하고 있었습니다. 안전도 측면에서 보면 간신히 무릎 정도일 뿐인 깊이에서 공격받고 있었던 겁니다. 15시간 동안 일본 측 기뢰 부설함은 계속 폭탄을 투하했습니다.

폭뢰가 잠수함 반경 5미터 이내에서 터진다면 그 충격으로 잠수함에 구멍이 생깁니다. 이런 폭뢰 수십 발이 우리 잠수함으로부터 15미터 이내에서 터졌습니다. 승무원들에게는 '시큐어', 즉 각자의 침상에 조용히 누워서 침착하게 대기하라는 명령이 하달되어 있었습니다. 저는 너무 무서워서 숨조차 제대로 쉬기 힘들었습니다. '이렇게 죽는구나.' 저는 몇 번이고 중얼거렸습니다. '이렇게 죽다니. 정말 이렇게 죽는 건가.' 환풍기와 냉각기를 꺼둔 상태여서 잠수함 내의 온도는 섭씨 40도 가까이 되었지만, 두려움에 떨던 저는 스웨터와 안에 털을 댄 재킷까지 껴입었습니다. 그런데도 여전히 추위에 떨었고, 치아가 마주치며 딱딱 소리가 났습니다. 온몸이 차갑고 축축한 땀에 절어 있었습니다. 그런데 15시간 동안 계속되던 공격이 갑자기 멈췄습니다. 분명 일본 기뢰 부설함이 갖고 있던 폭뢰를 다 소진하고 돌아간 게 분명했습니다. 그 15시간은 마치 1500만 년처럼 느껴졌습니다. 이제껏 살아온 삶이 주마등처럼 스쳐 지나갔습니다.

지난날 내가 저지른 나쁜 행동, 쓸데없는 걱정거리가 떠올랐습니다. 저는 해군이 되기 전 은행에서 일했는데, 근무시간은 긴 데 비해 연봉도 낮고 승진할 가능성도 희박해서 걱정이 많았습니다. 집을 마련하거나, 새 차를 장만하거나, 아내에게 좋은 옷 한 벌 사줄 수 없는 것도 항상 고민이었습니다. 매번 잔소리하고 소리만 지르는 상사가 얼마나 끔찍했는지 모릅니다. 화가 나서 툴툴대며 집에 돌아오면 또 사소한 일로 아내와 다퉜습니다. 자동차 사고로 이마에 생긴 끔찍한 흉터를 보는 것도 힘들었습니다.

몇 년 전만 해도 이런 걱정들이 얼마나 컸던지! 하지만 폭탄이 터지고 죽음의 문턱에 다다르니 그런 것들이 얼마나 쓸데없는 걱정들로 느껴졌는지 모릅니다. 저는 그 순간 다시 삶이 허락된다면, 절대로 다시는 그런 일 따위로 걱정하지 않겠다고 맹세했습니다. 절대! 무슨 일이 있어도! 잠수함에서 보낸 고통스러운 15시간 동안 저는 시러큐스 대학에서 4년 동안 책을 통해 배운 것보다 더 많은 삶의 지혜를 배웠습니다."

우리는 종종 큰 어려움은 잘 헤쳐가면서 목덜미에 난 종기와 같이 아주 사소한 일로 낙담하곤 한다. 예를 들어 작가 새뮤얼 피프스는《일기》에 해리 베인 경이 런던에서 참수당하는 광경을 상세히 기록해두었다. 해리 경은 처형대에 올라가면서 사형 집행인에게 살려달라고 요청한 게 아니라 목에 난 종기는 피해달라고 부탁했다고 한다.

버드 제독도 지독하게 춥고 어두운 극지방의 밤을 보내면서 동료들이 큰일보다는 '목에 난 종기' 같은 사소한 일에 더 호들갑을 떤다는 사실을 깨달았다. 그들은 위험, 고난, 영하 80도에 육박하는 추위도 불평하지 않고 견뎌냈다. 하지만 내가 아는 사람 중에는 다른 사람이 자기 자리에 물건을 놔두었다며 말을 걸지 않는 사람도 있고, 삼키기 전에 28번은 씹어야 하는 플레처주의자(미국의 영양식품 연구가인 플레처가 음식을 충분히 씹어서 먹을 것을 제창한 식사법을 따르는 사람들—옮긴이)가 없는 식당에서만 밥을 먹는 사람도 있다. 버드 제독은 "남극 기지에선 훈련된 사람도 아주 사소한 일에는 격렬하게 반응한다"라고 말했다.

당신도 어쩌면 이런 말을 보탤지 모른다. 부부들도 '사소한 일'로 격렬하게 다투다가 결혼 생활을 '세상에서 가장 고달픈 일'로 만들어버린다.

이는 권위자들도 인정하는 사실이다. 4만여 건의 이혼 사건을 중재해온 시카고 법원의 조지프 새바스 판사는 "불행한 결혼은 사소한 말다툼에서 시작된다"라고 지적했다. 뉴욕 카운티의 프랭크 S. 호건 지방 검사도 이렇게 말한다.

"형법 재판에서 다루는 사건의 절반은 사소한 이유로 발생합니다. 술집에서의 허세, 가족 간의 언쟁, 모욕적인 언사나 폄하하는 어휘의 사용, 무례한 행동과 같은 사소한 원인이 폭행과 살인으로 이어집니다. 처음부터 작정하고 잔혹하고 중대한 잘못을 저지르는 경우는 극히 드물다는 뜻입니다. 삶을 고달프게 만드는 것은 바로 우리의 자존감에 상처를 입거나 수치심을 느끼거나 허영심이 비난을 받기 때문입니다."

엘리너 루스벨트 여사는 결혼 후 고용한 첫 요리사의 요리 솜씨가 형편없어서 "며칠 동안 고민을 했다"라고 한다. 루스벨트 여사는 "하지만 지금 그런 일이 생긴다면 별일 아니란 듯이 웃어넘길 거예요"라고 말한다. 그렇다. 그게 바로 성숙한 감정 표현이다. 절대 군주였던 예카테리나 2세도 담당 요리사가 요리를 망쳤을 때 웃어넘겼다고 한다.

어느 날 나는 시카고에 있는 친구 집에서 저녁 식사를 하게 되었다. 내 친구는 고기를 썰던 중 실수를 했다. 나는 그 사실을 눈치채지 못했고, 설사 알아챘다 하더라도 별 신경을 쓰지 않았을 것이다. 하지만 친구의 아내가 남편의 실수를 발견하고는 모두가 보는 앞에서 몹시 화를 냈다. 그녀는 "여보, 지금 뭐하는 거예요! 밥도 하나 제대로 못 먹어요?"라고 소리쳤다.

그러고는 우리에게 "우리 남편이 이렇게 매번 실수를 해요. 그런데 고치려고 노력도 안 하는 것 같아요"라고 말했다. 어쩌면 내 친구가 노력을 하지 않았을지도 모르겠다. 하지만 나는 그런 부인을 20년 동안이나 견뎌온 친구를 칭찬하고 싶다. 솔직히 나 같으면 그렇게 꾸지람을 들으면서 북경오리에 상어지느러미로 식사를 하느니 차라리 마음 편하게 머스터드소스를 바른 핫도그를 먹는 쪽을 택하겠다.

그 일이 있은 지 얼마 후, 아내와 나는 저녁 식사에 친구들을 초대했다. 손님들이 도착하기 직전 아내는 세팅한 냅킨 중 세 장이 식탁보와 어울리지 않는다는 사실을 발견했다.

아내는 나중에 이렇게 얘기했다. "곧장 요리사에게 달려가서 알아보니 이미 그 냅킨 세 장을 세탁소에 맡겼다더군요. 손님들은 문 앞에 와서 서 있었어요. 냅킨을 바꿀 시간적 여유도 없었죠. 울고 싶은 심정이었어요. 제가 떠올린 생각은 '왜 이런 어이없는 실수로 저녁 시간 전체를 망쳐야 하지? 도대체 왜 상황을 그렇게 만들려고 하는 거야?' 하는 것이었어요. 저는 그냥 식사 시간을 즐기기로 했어요. 제 친구들이 저를 신경질적이고 괴팍한 주부보다는 조금 어설픈 주부로 생각하는 편이 낫잖아요. 어쨌든 식사하는 동안 아무도 그 냅킨이 이상하다는 걸 눈치채지 못했어요!"

유명한 법률 격언에 이런 말이 있다. "법률은 사소한 일을 돌보지 않는다." 걱정하는 사람도 이래야 한다. 마음에 평화를 얻고 싶다면 걱정을 멈춰야 한다.

사소한 일로 오랫동안 고통받지 않으려면 새롭고 즐거운 관점을 갖게 된 것처럼 가장해야 한다. 《그들은 파리로 갔다》 등 여러 권의 책을 쓴 내 친구 호머 크로이는 그 방법에 대해 아주 놀라운 예를 제시한다. 크로이는 책을 쓰고 있을 때 자기가 살고 있던 뉴욕의 집에서 라디에이터가 달가닥거리는 소리가 들리면 미친 듯이 화가 났다. 김이 지글지글 소리를 내면 크로이도 화가 나서 부글부글 끓었다. 크로이는 이렇게 말했다.

"친구들과 함께 캠프를 간 적이 있습니다. 활활 타오르는 불꽃 속에서 가지들이 탁탁하며 소리를 내더군요. 그런데 문득 그 소리가 라디에이터에서 나던 소리와 참 비슷하다는 생각이 들었습니다. 그런데 이 소리는 듣기 좋은데 왜 그 소리는 싫었던 걸까요? 저는 집으로 돌아오면서 '불꽃 속에서 나뭇가지가 내는 소리는 기분 좋다. 라디에이터에서 나는 소리도 나쁘지 않다. 소음이라고 생각하지 않고 자야겠다'라고 중얼거렸습니다. 그랬더니 정말로 아무 문제없이 잠을 잤습니다. 며칠간 라디에이터가 신경 쓰인 건 사실이었지만, 곧 완전히 잊어버렸습니다.

사소한 걱정거리를 대할 때도 마찬가지입니다. 우리는 사소한 걱정을 좋아하지 않으면서도 그 중요성을 너무 과장해서 생각하기 때문에 속을 끓이게 됩니다."

앙드레 모루아는 〈디스 위크〉라는 잡지에서 이렇게 말했다. "디즈레일리(영국의 정치가이자 소설가—옮긴이)는 '삶은 사소한 것에 신경 쓰기에 너무 짧다'라고 했습니다. 이 말은 제가 고통스러운 순간을 헤쳐나가는 데 많은 도움이 되었습니다. 우리는 종종 무시하고 잊어도 될 만한 사소한 일로 화를 냅니다. 우리는 이 땅에서 겨우 몇십 년을 살면서, 무엇과도 바꿀 수 없는 소중한 시간을 얼마 후면 우리 모두에게 잊힐 불평거리로 툴툴대면서 소비해버립니다. 그래서는 안 됩니다. 이제는 가치 있는 행동과 감정, 원대한 생각, 진실한 애정과 중대한 일에 전념해야 합니다.

삶은 사소한 일로 낭비하기에는 너무 짧기 때문입니다."

러디어드 키플링처럼 걸출한 인물도 때론 "삶이 사소한 일로 낭비하기에는 너무 짧다"라는 사실을 망각한다. 그 결과가 궁금한가? 키플링은 처남과 버몬트 주 역사상 가장 유명한 법정 싸움을 하게 된다. 이 전쟁은 너무 유명해져서 《러디어드 키플링의 버몬트 혈투》라는 책으로 출간되었다.

키플링은 버몬트 주에 살던 캐롤라인 발레스티어와 결혼 후, 버몬트 브래틀버로에 예쁜 집을 짓고 그곳에서 여생을 보낼 계획이었다. 그의 처남인 비티 발레스티어는 키플링과 둘도 없는 친구로 지냈다. 둘은 일도, 취미 생활도 함께하는 사이였다.

키플링은 처남에게서 땅 몇 마지기를 샀다. 다만 계절이 돌아올 때마다 그 땅에서 남는 건초를 처남이 베어가도 좋다는 단서가 달려 있었다. 어느 날 처남은 키플링이 이 건초지에 화원을 만들었다는 사실을 알게 되었다. 처남은 피가 부글부글 끓고 화가 나 길길이 뛰었다. 키플링도 이에 맞서 불같이 화를 냈다. 버몬트 주의 그린 산맥 너머로 어두운 기운이 흐르고 있었다!

며칠 후 키플링이 자전거를 타고 가던 중, 처남이 여러 마리의 말이 끄는 짐마차를 길가로 갑자기 몰고 들어오는 바람에 자전거에서 떨어지게 된다. 그러자 "당신 주위 사람들이 이성을 잃고 당신을 비난해도 당신만이라도 정신을 똑바로 차리고 있는다면"이라고 했던 키플링이 이성을 잃고 처남을 구속시키겠다며 떠들썩한 재판을 받게 한 것이다. 대도시에서 온 기자들이 마을로 몰려들었다. 뉴스는 순식간에 퍼져나갔다. 문제는 조금도 해결되지 않았다. 이 싸움으로 인해 키플링과 부인은 여생을 브래틀버로에서 보내려던 계획을 포기해야 했다. 이 모든 근심과 쓰라림이 사소한 건초 더미 때문에 생긴 것이라니!

페리클레스도 2400년 전 다음과 같이 말했다. "자, 여러분, 우리는 사소한 일로 너무 오랫동안 괴로워합니다." 우리는 정말로 그렇게 살고 있다.

다음은 해리 에머슨 포스딕 박사가 숲의 거인이 겨루는 힘겨운 싸움에 관해 말해준 아주 흥미로운 이야기다.

콜로라도 주 롱스피크의 산비탈에는 거대한 나무의 잔해가 있다. 동식물 연구가들의 말에 따르면, 이 나무는 400년 가까이 그곳에 서 있었다고 한다. 콜럼버스가 산살바도르에 도착했을 때 묘목이었고, 순례자들이 플리머스에 정착할 때쯤 반 정도 자라 있었다. 오랜 시간을 거치면서 번개가 14번이나 쳤고, 눈사태와 천둥도 셀 수 없이 겪었지만 모두 이겨내고 살아남았다. 하지만 결국 딱정벌레의 공격을 받아 무너졌다. 벌레들은 나무껍질을 타고 올라가 나무를 모두 갉아먹었고, 작지만 끊임없이 공격하자 나무는 점차 내부의 힘을 잃어갔던 것이다. 숲 속에 사는 이 대단한 거인은 나이가 들어 약해지거나, 번개나 폭풍의 공격으로 손상된 게 아니라 아주 작아서 사람이 엄지와 검지만으로 눌러 부술 수도 있는 딱정벌레 때문에 쓰러진 것이다.

우리 모두 숲 속의 거인과 같지 않은가? 이따금 겪는 폭풍, 산사태, 번개의 공격도 이겨내면서, 손가락 두 개로 눌러 부술 수 있을 만큼 작은 딱정벌레에게 정신이 갉아 먹히도록 내버려 두지는 않는가?

몇 년 전 나는 와이오밍 주 고속도로 관리자인 찰스 세이프 레드와 그의 친구들 몇 명과 함께 와이오밍 주에 있는 티턴 국립공원을 여행했다. 우리는 공원에 있는 존 록펠러의 부지를 방문할 예정이었다. 하지만 내가 타고 있던 차가 길을 잘못 들어 헤매는 바람에 다른 차들이 들어간 지 한 시간이 지나서야 부지 입구에 도착했다. 세이프레드가 열쇠를 갖고 있었기 때문에 그는 덥고 모기가 들끓는 숲 속에서 한 시간 내내 우리를 기다렸다. 모기떼는 성인군자도 제정신을 못 차리게 만들 정도로 우글거렸다. 하지만 모기떼도 세이프레드를 어쩌지는 못했다. 그는 우리를 기다리는 동안 사시나무 가지를 꺾어 피리를 만들었다. 우리가 도착했을 때 그는 모기떼를 저주하고 있었을까? 세이프레드는 피리를 불고 있었다. 나는 사소한 것은 무시할 줄 알았던 한 사람을 기억하기 위한 기념품으로 그 피리를 간직하고 있다.

걱정하는 습관이 당신을 삼키기 전에 걱정하는 습관을 버리고 싶다면, 다음의 방법을 따르라.

걱정하는 습관을 없애는 방법 2

무시하고 잊어버려도 될 사소한 일로 화내지 마라.
'인생은 사소한 일로 낭비하기엔 너무 짧다'라는 걸 잊지 마라.

걱정을 이기는 법칙

나는 어렸을 때 미주리 농장에서 자랐다. 어느 날 어머니를 도와 체리 씨를 빼고 있다가 느닷없이 울기 시작했다. 어머니가 물었다.

"데일, 왜 우는 거니?"

나는 울면서 말했다.

"내가 산 채로 땅속에 파묻힐까 봐 너무 무서워요!"

그 당시 나는 걱정이 아주 많았다. 폭풍우가 몰아치면 벼락에 맞아 죽을까 봐 걱정했다. 살림살이가 어려워지면 먹을 게 없어 굶어 죽을까 봐 무서웠다. 내가 죽어서 지옥에 갈까 봐 걱정했다. 형 샘이 내 큰 귀를 자르겠다고 위협하면 정말 무서웠다. 여자아이들 앞에서 인사하려고 모자를 살짝 올려 아는 척하면 여자아이들이 나를 보고 비웃을 것만 같았다. 나와 흔쾌히 결혼해줄 여자가 없을 것 같았다. 결혼하게 되더라도 결혼 직후 아내에게 무슨 말을 해야 할지 걱정스러웠다. 아마 우리는 어느 시골 교회에서 결혼식을 올리고 마차에 올라 농장으로 돌아오게 될 것이다. 농장으로 돌아오는 내내 도대체 아내에게 어떤 이야기를 해야 하지? 어떤 말? 어떤 이야기? 또 나는 쟁기 뒤를 따라 밭을 갈면서 이런 중요한 문제들을 곰곰이 생각하기도 했다.

시간이 흐르면서 나는 내가 걱정하는 문제의 99퍼센트는 절대 일어나지 않을 일이라는 것을 깨달았다.

이미 말한 것처럼 나는 한때 벼락에 맞아 죽을까 봐 걱정했다. 하지만 미국안전연구소에 의하면, 벼락에 맞을 확률은 35만 분의 1 정도에 불과하다고 한다. 산 채로 묻힐 거라는 걱정은 더욱 터무니없었다. 산 채로 묻힐 확률은 1000만 분의 1도 되지 않을 것이다. 하지만 한때 나는 이런 공포로 울었다. 8명 중 1명이 암으로 죽는다. 만약 내가 걱정할 일이 있다면, 벼락에 맞아 죽거나 산 채로 묻히는 것보다는 암으로 죽을까 봐 걱정해야 한다.

어린 시절이나 사춘기에는 이렇게 터무니없는 걱정을 할 만하다. 하지만 대다수 성인들도 터무니없는 걱정을 한다. 실제로 걱정할 만한 타당한 이유가 있더라도 평균의 법칙을 기억한다면 걱정의 대부분을 당장 없앨 수 있다.

세상에서 가장 유명한 보험 회사인 런던의 로이즈 보험사는 좀처럼 일어나지 않을 일을 걱정하는 사람들의 성향을 이용해 수많은 고객을 확보했다. 로이즈는 사람들이 우려하는 재난이 결코 일어나지 않는다고 장담하며 내기를 건다. 하지만 이것을 내기라고 말하지 않는다. 보험이라고 불렀다. 하지만 그것은 평균의 법칙에 근거한 진정한 내기다. 이 대단한 보험 회사는 200년 동안 건재했고, 인간의 본성이 변하지 않는 한 평균의 법칙에 의하면 거의 일어나지도 않을 재난과 관련된 온갖 종류의 보험을 팔면서 앞으로 50세기는 더 건재할 것이다.

평균의 법칙을 살펴본다면 이 법칙에서 드러난 사실에 매우 놀랄 것이다. 가령 앞으로 5년 안에 게티즈버그 전투 같은 피비린내 나는 전투에 참여해야 한다면, 나는 아마 너무 두려워서 가입할 수 있는 생명보험은 모조리 들으려 하고, 유언장을 작성하고, 현재의 모든 삶을 정리하려 할 것이다. 나는 아마도 이렇게 생각할 것이다. '그 전투에서 살아 돌아올 수 없을 거야. 내게 얼마 남지 않은 시간을 정리해야 해.'

하지만 평균의 법칙에 의하면, 평화로운 시기라도 50세에서 55세 사이를 무사히 살아남는 것은 게티즈버그 전투에서 살아남는 것만큼 어렵고 위험하다. 다시 말하면, 평화로운 시기에 50세에서 55세 사이 인구의 1000명당 사망자 수는 게티즈버그 전투에 참가한 16만 3000명 군인의 1000명당 사망자 수와 똑같다.

나는 캐나다 로키 산맥의 보 호(湖) 근처에 있는 제임스 심슨의 '넘티가 로지'라고 불리는 오두막에서 이 책의 상당 부분을 썼다. 어느 여름날 거기 머무를 때 샌프란시스코 퍼시픽 가 2298번지에 사는 허버트 H. 샐린저 부부를 만났다. 나는 안정적이고 차분한 샐린저 부인에게 걱정이 전혀 없는 것 같은 인상을 받았다. 어느 날 저녁, 벽난로 앞에서 나는 부인에게 걱정 때문에 고민해본 적이 있는지 물었다. "고민해본 적이 있냐고 요?" 부인은 이어서 다음과 같은 이야기를 들려주었다.

"걱정 때문에 제 인생이 완전히 엉망이 되었던 걸요. 걱정을 극복하는 법을 배우기 전까지 저는 11년 동안 생지옥 속에서 살았답니다. 전 짜증이 심하고 성미가 불같았어요. 심한 불안 감 속에서 살았고요. 저는 매주 샌머테이오에 있는 집에서 샌 프란시스코까지 버스를 타고 쇼핑하러 갔어요. 하지만 쇼핑하 는 중에도 걱정으로 안절부절못했죠.

'혹시 내가 다리미 코드를 뽑아놓지 않았으면 어떡하지? 불 이 났을지도 몰라. 가정부는 뛰쳐나가고 아이들만 집에 남아 있을 거야. 아니면 밖에서 자전거를 타고 놀다가 차에 치여 죽 었을지도 몰라.' 너무나 걱정한 나머지 식은땀이 흘렀고, 모든 게 제대로 되어 있는지 확인하기 위해 쇼핑 도중 집으로 달려 가야 했어요. 당연히 첫 번째 결혼 생활은 엉망으로 끝났죠.

변호사인 두 번째 남편은 어떤 것에도 걱정하는 법이 없고, 조용하고 분석적인 사람이었어요. 제가 불안해하고 신경이 날 카로워지면 이렇게 말했죠.

'자, 진정하고 이렇게 생각해봐요. 이게 정말 당신이 걱정할 만한 일일까요? 그 일이 실제로 일어날지 평균의 법칙으로 따 져봅시다.'

한번은 우리가 뉴멕시코 주 앨버커키에서 칼스배드 동굴 국립 공원을 향해 비포장도로를 달리던 중 엄청난 폭우를 만났어요.

자동차는 계속 미끄러졌죠. 통제할 수 없었어요. 저는 우리가 도로 옆 배수로로 빠져버릴지도 모른다고 생각했어요. 하지만 남편은 계속해서 저에게 이렇게 말했어요.

'난 아주 천천히 운전하고 있어요. 별일 없을 거예요. 혹시 차가 배수로에 빠지더라도 평균의 법칙에 의하면 우리는 다치지 않을 거요.' 나는 남편의 침착함과 믿음직한 모습에 평정심을 찾을 수 있었어요.

또 어느 여름에 캐나다 로키 산맥의 투캥 계곡으로 캠핑을 떠난 적이 있었습니다. 우리가 해발 2100미터 즈음에서 야영할 때 폭풍우가 몰아쳐서 텐트를 갈가리 찢을 것만 같았어요. 텐트는 나무둥치에 묶여 있었죠. 바깥쪽 텐트는 심하게 흔들리고 바람에 펄럭거렸어요. 저는 텐트가 언제 바람에 날아가 버릴지 모른다고 생각했어요. 정말 무서웠어요! 그때도 남편은 제게 계속 말했어요.

'여보, 우린 지금 브루스터스 사 가이드와 함께 여행하고 있잖아요. 브루스터스 직원들은 이런 상황에 어떻게 해야 하는지 잘 알고 있을 거요. 이들은 60년이나 이 산에서 텐트를 쳤어요. 이 텐트는 몇 년 동안 바로 이 자리에 설치되었을 거요. 텐트는 아직 날아가지 않았고, 평균의 법칙에 따라 오늘 밤에도 날아가진 않을 거요. 혹시 날아간다 하더라도 다른 텐트로 피신하면 돼요. 그러니 진정해요.'

그래서 전 안심하고 푹 잘 수 있었어요.

몇 해 전에는 유행성 소아마비가 캘리포니아를 휩쓸었어

요. 예전 같았다면 완전히 히스테리 상태가 되었을 거예요. 하지만 남편은 제가 침착하게 행동하도록 설득했죠. 우리가 할 수 있는 모든 예방 조치를 취했어요. 아이들이 학교나 극장처럼 사람들이 많이 모이는 곳에 못 가게 했죠. 보건당국에 문의해본 결과, 그때까지 가장 심하게 유행성 소아마비가 돌았을 때도 캘리포니아 주 전체 아이들 중 그 병에 걸린 아이들은 1835명에 그쳤다는 사실을 알게 되었습니다. 보통은 200명이나 300명 정도 병에 걸렸고요. 그래도 그 수치는 여전히 저를 불안하게 했어요. 하지만 평균의 법칙에 의하면, 어떤 한 아이가 병에 걸릴 확률은 아주 희박했어요.

'평균의 법칙에 의하면 그 일은 일어나지 않을 것이다.' 이 한 문장이 제 걱정의 90퍼센트를 없애주었습니다. 덕분에 지난 20년간 제 삶은 기대했던 것보다 훨씬 아름답고 평화로웠답니다."

미국 역사에서 인디언을 물리친 전사로 가장 위대한 인물인 조지 크룩 장군은 《자서전》에서 "인디언들의 거의 모든 걱정과 불행은 현실이 아니라 그들의 상상력에서 비롯된다"라고 말했다.

지난 수십 년을 되돌아보면 내 걱정 역시 마찬가지였다. 뉴욕 시 프랭클린 가 204번지에서 제임스 그랜트 유통 회사를 운영하는 짐 A. 그랜트는 자신도 그런 경험을 했다고 말했다. 그랜트는 플로리다 산 오렌지와 자몽을 한 번에 기차 10칸에서 15칸 분량으로 주문한다. 그러고는 온갖 불안한 생각을 떠올리며 자신을 스스로 괴롭혔다고 말했다. 기차 사고가 나면 어쩌지? 그래서 내 과일이 온 동네를 굴러다니면 어쩌지? 기차가 지나갈 때 다리가 무너지면 어쩌지? 물론 과일은 보험에 가입되어 있었다. 하지만 그랜트는 제시간에 과일을 배달하지 못할까 봐 걱정했고, 그래서 고객을 잃을까 봐 두려웠다. 그는 너무 걱정한 나머지 위궤양이 생긴 것 같아 의사를 찾아갔다. 의사는 그랜트가 지나치게 예민한 것 외에는 아무 이상이 없다고 말했다.

"그제야 정신이 번쩍 들었습니다." 그랜트가 말을 이었다. "그리고 스스로 질문하고 대답해보았습니다. '자자, 짐 그랜트, 지난 수년 동안 과일을 몇 칸이나 운송했지?' 대답은 이랬습니다. '대략 2만 5000칸.' 전 다시 저에게 물었습니다. '그중에서 몇 칸이 사고가 났지? 아마 5칸일 거야.' 저는 이렇게 되물었습니다. '2만 5000칸 중 겨우 5칸이라고? 이게 무엇을 의미할까? 바로 5000대 1의 확률이야. 다시 말해서 내 경험을 토대로 한 평균의 법칙에 의하면 5000칸 중 1칸만 사고가 났다는 거야. 도대체 내가 이토록 걱정할 이유가 뭐지?'

이번에는 이렇게 자문해보았습니다. '다리가 무너지는 사고가 생길 수도 있다! 하지만 이런 사고로 과일 차량을 잃은 적이 있었던가? 한 번도 없었다. 한 번도 무너지지 않은 다리와 5000분의 1 확률로 발생하는 열차 탈선 사고 때문에 위궤양을 의심할 만큼 걱정하다니 얼마나 어리석은가?'"

그랜트는 다음과 같이 말을 끝냈다. "이런 관점으로 문제를 보게 되자 제가 정말 바보같이 느껴지더라고요. 저는 즉시 모든 걱정을 평균의 법칙으로 해결했습니다. 물론 그 이후로 위궤양이 생긴 적도 없었습니다!"

앨 스미스가 뉴욕 주지사로 활동할 당시, 나는 그가 정치적 공격에 이렇게 대응하는 것을 여러 번 보았다. "타당한 근거가 있는지 검토해봅시다. (…) 타당한 근거가 있는지 검토해봅시다." 이어서 스미스는 수긍할 만한 결과를 제시했다. 이제 우리가 걱정할 일이 있다면 현명한 앨 스미스의 조언을 따르자. 우리를 괴롭히는 불안에 타당한 근거가 있는지 검토해보고 있다면 그게 무엇인지 살펴보자. 프레더릭 J. 말슈테트가 무덤 같은 참호에 누워 있을 때 이런 방법으로 불안을 이겨냈다. 뉴욕에서 진행된 성인 강좌에서 우리에게 털어놓은 그의 이야기를 들어보자.

"1944년 6월 초, 저는 오마하 시 해변 근처의 참호 속에 누워 있었습니다. 999 통신 중대 소속으로 우리는 노르망디에서 참호전에 투입되었습니다. 땅속에 파놓은 직사각형의 참호를 보자 이런 생각이 들었습니다. '이건 꼭 무덤 같구나.' 거기서 누워 자려고 할 때는 정말 무덤 속에 있는 것 같았습니다. '아마 여기가 내 무덤이 되겠지.' 이런 생각을 지울 수 없었어요. 오후 11시경 독일군 비행기가 폭격을 시작하자, 저는 두려워서 완전히 얼어붙었습니다. 처음 2~3일 밤은 전혀 잠을 잘 수 없었지요. 나흘, 닷새째 밤이 되자 신경쇠약에 걸리기 직전이었어요. 이대로 있다가는 미쳐버릴 것 같았죠. 그래서 저는

5일이 지났지만 나뿐 아니라 우리 소대원 모두 살아 있다는 사실에 주목했습니다. 오직 두 명만 부상당했을 뿐이었는데, 그것도 독일군 폭격이 아니라 우리 군 고사포에서 발사된 유탄으로 인해 다쳤습니다. 저는 무엇이든 건설적인 일을 하면서 걱정하는 걸 멈추려고 했습니다. 그래서 포탄 방어용으로 참호를 덮을 두꺼운 나무 지붕을 만들었죠. 우리 부대는 어마어마하게 넓은 지역에 흩어져 있었습니다. 이렇게 깊고 좁은 참호에서 내가 죽는 것은 이곳을 정통으로 공격받을 때뿐이며, 그럴 가능성은 1만 분의 1도 되지 않으리라 생각했죠. 이렇게 생각을 바꾸자, 며칠 후 폭격 속에서도 잠을 잘 수 있었습니다."

미 해군은 병사들의 사기를 높이기 위해 통계를 이용한 평균의 법칙을 이용했다. 해군에 복무했던 한 퇴역 군인은 자신과 동료들이 고옥탄 유조선에 배치되었을 당시의 일을 들려주었다. 고옥탄에 탄 이들은 모두 두려움으로 경직되었다. 만약 고옥탄 가솔린을 실은 유조선이 어뢰로 공격을 받으면 배가 폭발해 모두 날아가 버릴 것이다. 그러나 미 해군의 의견은 달랐다. 그들은 정확한 통계 수치를 병사들에게 보여주었다. 어뢰를 맞은 100척 중 60척은 여전히 물에 떠 있었고, 40척은 가라앉았으며, 그중 5척만이 10분 이내에 침몰했다는 것이다. 이는 배를 탈출할 시간이 충분하고 사상자가 극히 적으리라는 걸 의미했다. 이 수치가 사기를 높이는 데 도움이 되었을까?

"평균의 법칙을 알게 되자 제가 느꼈던 공포는 싹 사라졌습니다."

이 이야기를 전해준 클라이드 W. 마스(미네소타 주 세인트폴 월넛 가 1969번지에 거주)가 말했다. "모든 병사가 안도했습니다. 우리에 게 탈출할 기회가 있었고, 평균의 법칙에 의하면 거의 죽지 않 을 테니까요."

걱정이 당신을 쓰러뜨리기 전에 걱정하는 습관을 없애는 세 번째 방법은 다음과 같다.

걱정하는 습관을 없애는 방법 3

"걱정할 만한 타당한 근거가 있는지 검토해보라."

스스로에게 이렇게 물어보자.
"평균의 법칙에 의하면 지금 걱정하는 일이
실제로 일어날 가능성이 얼마나 될까?"

피할 수 없다면 받아들여라

어린 시절, 내가 낡고 버려진 통나무집 다락방에서 친구들과 놀 때의 일이었다. 다락방을 내려오면서 나는 창문턱에 발을 디뎠다가 뛰어내렸다. 그때 집게손가락에 끼고 있던 반지가 뛰어내리는 순간 못에 걸려 손가락이 잘려버렸다.

나는 비명을 질렀다. 정말 무서웠다. 내가 죽을지도 모른다고 생각했다. 하지만 손가락을 치료한 이후부터 나는 내 손가락에 대해 단 한순간도 신경 쓰지 않았다. 걱정해봤자 무슨 소용이 있겠는가? (…) 나는 이 사실을 받아들였다.

지금은 내 왼손에 손가락이 네 개밖에 없다는 사실을 거의 잊고 지낸다.

몇 년 전 뉴욕 시내에 있는 한 건물의 화물 엘리베이터에서 어떤 남자를 보았다. 왼손이 잘려 있었다. 그에게 왼손이 없어서 많이 불편한지 물었다. 남자가 대답했다.

"아니요, 전혀요. 내 왼손이 없는지조차 몰라요. 제가 아직 결혼을 안 했거든요. 그래서 바늘에 실 꽂을 때나 왼손이 없어서 좀 불편하죠."

우리가 상황에 얼마나 빨리 적응하고 쉽게 잊는지 놀라울 따름이다.

네덜란드 암스테르담에 있는 대성당 유적에는 플랑드르 어로 적힌 이런 문구가 있다. "이것이 진실이다. 결코 달라지지 않는다."

인생을 살다 보면 피할 수 없는 현실을 만나게 된다. 그것은 결코 달라지지 않는다. 하지만 우리는 선택할 수 있다. 현실을 받아들이고 순응할 수도 있고, 현실을 부정하다가 결국은 신경 쇠약으로 우리 삶을 망칠 수도 있다.

개인적으로 내가 가장 존경하는 철학가인 윌리엄 제임스는 다음과 같이 현명한 조언을 한 바 있다. "현실을 기꺼이 받아들여라. 이미 일어난 사실을 받아들이는 것이 불행을 극복하는 첫걸음이다."

오리건 주의 포틀랜드 북동부 49번가 2840번지에 거주하는 엘리자베스 콘리는 고통스러운 경험을 통해 이 사실을 깨달았다. 나는 최근에 그녀에게 편지를 받았다.

"북아프리카에서 우리 군이 승리해 온 미국이 이를 축하하던 바로 그날, 저는 국방부에서 한 통의 전보를 받았습니다. 내가 가장 사랑하는 조카가 전투 중에 실종되었다고 하더군요. 며칠 후 또 다른 전보가 도착했는데, 조카가 죽었다고 알려왔습니다.

저는 큰 슬픔에 빠졌습니다. 그 일이 있기 전까지 제 삶은 아주 행복했습니다. 저는 좋아하는 일을 하고 있었고, 조카의 뒷바라지를 해왔습니다. 조카는 제게 누구보다 씩씩하고 늠름한 아들 같았죠. 조카에게 모든 것을 아낌없이 다 주어도 하나도 아깝지 않을 정도였죠! (…) 그런데 그 전보가 온 겁니다. 세상이 무너져 내렸어요. 살아갈 이유가 없었죠. 일에 신경 쓰지 않게 되었고 친구들도 등한시했어요. 모든 것을 내버려 두었어요. 고통스럽고 화가 났죠. 왜 내가 가장 사랑하는 조카를 데려간 거야? 왜 하필 착한 우리 아이인 거지? 왜 우리 아이가 죽어야만 하느냐고? 전 도저히 그 사실을 받아들일 수 없었어요. 저는 감당할 수 없을 만큼 비탄에 빠져 일을 관두고 어디론가 숨어버리고 싶었어요.

모든 것을 관두려고 책상을 정리하다가 몇 년 전에 어머니가 돌아가셨을 때 조카가 저에게 쓴 편지를 발견했습니다. 편지에는 이렇게 쓰여 있었습니다. '물론 우리는 할머니가 보고 싶을 거예요. 특히 이모가 더 그리우시겠죠. 하지만 이모는 잘 이겨내실 거예요. 이모는 강하니까요. 전 이모가 가르쳐주신 걸 절대 잊지 않을 거예요. 내가 어디에 있든 우리가 얼마나 멀리 떨어져 있든 이모가 제게 가르쳐준 것, 웃는 법과 무슨 일이든 남자답게 헤쳐나가는 법을 항상 기억할 거예요.'

저는 그 편지를 읽고 또 읽었어요. 마치 조카가 제 옆에서 직접 이렇게 말하는 것 같았어요.

'이모가 제게 가르쳐주셨잖아요? 무슨 일이 생겨도 이겨내실 수 있어요. 활짝 웃고 힘차게 나아가세요.'

저는 다시 제 일터로 돌아갔습니다. 슬퍼하는 것도, 조카가 죽었다는 사실을 인정하지 않는 것도 그만두기로 했습니다. 계속

제 자신에게 말했어요. '모두 끝난 일이다. 현실은 바꿀 수 없다. 하지만 조카가 나에게 바라는 것처럼 나는 이겨낼 수 있어.'

저는 제 일에 온 정신과 힘을 쏟아부었습니다. 누군가의 아들인 군인들에게 편지도 보냈습니다. 새로운 취미와 친구를 찾기 위해 저녁 시간에 진행하는 성인 강좌에도 등록했습니다. 그러자 믿기지 않는 변화가 찾아왔습니다. 더 이상 과거의 일로 슬퍼하지 않게 되었어요. 제 조카가 저에게 바랐던 것처럼 저는 하루하루를 즐겁게 살아가고 있습니다. 제 삶에 평화가 찾아왔습니다. 제 운명을 받아들였습니다. 지금 저는 그 어느 때보다 충만하고 완전한 삶을 살고 있습니다."

엘리자베스 콘리는 우리가 조만간 배우게 될 교훈을 배웠다. 즉 우리는 피할 수 없다면 받아들이고 순응해야 한다. "이것이 진실이다. 결코 달라지지 않는다." 물론 쉽게 배울 수 있는 교훈은 아니다. 한 나라의 왕이라도 이 사실을 피해갈 수 없다. 조지 5세는 버킹엄 궁전에 있는 자기 서재에 다음과 같은 말을 벽에 걸어두었다. "무엇이 불가능한지, 무엇이 되돌릴 수 없는 일인지 유념하라."

쇼펜하우어는 이렇게 말했다. "받아들이는 것은 인생의 여정을 준비하는 데 가장 중요하다."

분명 상황만으로 우리가 행복해지거나 불행해지는 것은 아니다. 우리 기분을 결정하는 상황에서 우리가 어떻게 반응하느냐가 중요하다. 예수는 천국이 우리 안에 있다고 했다. 그 말은 지옥 역시 우리 안에 있다는 뜻이다.

우리는 재난과 비극을 인내하고 극복할 수 있다. 불가능하다고 생각할 수도 있지만 의외로 우리에게는 강한 능력이 있다. 우리는 우리가 생각하는 것보다 훨씬 강인하다.

지금은 고인이 된 부스 타킹턴은 생전에 항상 이렇게 말했다. "나는 인생에서 어떤 일이 일어나더라도 모두 받아들일 수 있지만, 단 하나 실명(失明)은 받아들이지 못했습니다. 그것만은 절대 견딜 수 없어요."

타킹턴이 60대였을 때 하루는 바닥에 놓인 카펫을 얼핏 보았는데, 색이 흐릿하고 무늬가 안 보였다. 그는 전문의를 찾아갔다. 그리고 비극적인 사실을 알게 되었다. 시력을 잃어가고 있었던 것이다. 한쪽 눈은 거의 실명이었고, 다른 눈도 점점 나빠지고 있었다. 가장 두려워했던 일이 자신에게 닥쳤다.

타킹턴은 이 '최악의 불행'에 대해 어떻게 반응했을까? '그렇구나. 이제 내 인생은 끝이구나'라고 느꼈을까? 그렇지 않다. 놀랍게도 그는 아주 쾌활했다. 심지어 유머 감각을 보여주었다. 당시 타킹턴은 눈앞에 떠다니며 시야를 가로막는 점 때문에 매우 불편을 겪고 있었다. 하지만 점 중에 제일 큰 게 나타나면 그는 이렇게 말하곤 했다. "안녕하세요! 할아버지 또 오셨군요. 이 화창한 아침에 어디 가시는 길인가요?"

운명이 우리의 정신을 망칠 수 있을까? 그렇지 않다. 시력을 완전히 잃게 될 무렵 타킹턴은 이렇게 말했다. "인간이 어떤 것이라도 받아들일 수 있는 것처럼 시력을 잃게 된다는 사실도 내가 감당할 수 있다는 것을 알았습니다. 모든 감각을 잃는다 해도 우리는 마음의 감각을 통해 살아갈 수 있습니다. 우리가 알든 모르든 우리의 감각은 마음속에 있기 때문입니다."

시력을 되찾으려는 노력으로 타킹턴은 1년에 12번 넘게 수술을 했다. 부분 마취만 해서 말이다! 타킹턴이 이런 상황을 불평했을까? 그는 그래야만 한다는 것을 알고 있었다. 달리 방법이 없다는 걸 잘 알았고, 고통을 줄이는 유일한 방법은 솔직하게 받아들이는 것뿐임을 알았다. 타킹턴은 1인용 병실을 이용하지 않고 고통을 겪는 다른 사람들과 함께 지낼 수 있는 병실을 이용했다. 그리고 다른 이들을 위로했다. 의식이 멀쩡한 상태에서 진행된 눈 수술에 관해 말할 때면 자신이 얼마나 행운아인지 떠올렸다. "정말 훌륭해요! 과학 기술이 발전해서 인간의 눈처럼 연약한 부분도 수술할 수 있다니 정말 대단해요!"

보통 사람이라면 수술을 12번이나 해야 하고 실명을 견뎌야 하는 상황이라면 아마 신경쇠약에 걸릴 것이다. 그러나 타킹턴은 말했다. "더 행복한 경험을 준다 해도 이것과 바꾸지 않을 겁니다."

이 일은 타킹턴에게 받아들이는 법을 가르쳐주었다. 인생에서 그가 견뎌내지 못할 시련은 없음을 가르쳐주었다. 존 밀턴이 말했던 것처럼 "실명이 되어 불행한 게 아니라 실명을 견딜 수 없어서 불행하다"라는 사실을 가르쳐주었다.

뉴잉글랜드의 유명한 페미니스트 마거릿 풀러는 언젠가 자신의 신조를 이렇게 밝혔다. "나는 온 우주를 받아들인다!"

영국의 평론가 토머스 칼라일은 그 말을 듣고 코웃음을 쳤다.

"신에게 맹세하고 어디 한번 해보시지!"

그렇다. 어찌할 수 없는 것은 신에게 맹세코 그냥 받아들여야 한다. 불평하고 거부하면서 자신의 고통만 키운다고 해서 현실은 바뀌지 않는다. 하지만 우리는 우리 자신을 바꿀 수 있다. 나도 알고 있다. 직접 경험했다.

나는 한때 나에게 닥친 어쩔 수 없는 상황을 받아들이기를 거부했다. 어리석게도 온갖 비난을 퍼부으며 그 사실을 거부했다. 밤에는 불면증에 시달렸다. 달갑지 않은 온갖 증상이 나타났다. 그렇게 1년 동안 나 자신을 고문한 끝에 처음부터 알고 있었지만 받아들이지 못했던 '내가 상황을 바꿀 수 없다는 사실'을 받아들여야 했다.

그때 나는 월터 휘트먼의 시를 읊어야 했다.

밤과 폭풍과 굶주림,
비웃음과 우연, 좌절을 마주하라.
나무가 그리하듯
동물이 그리하듯.

나는 12년 동안 소 떼를 치며 보낸 적이 있다. 하지만 초원에 비가 부족하다고 해서, 혹은 진눈깨비나 추위로 인해, 혹은 수소가 어린 암소에게만 관심을 가진다고 해서 암소가 열을 낸 적은 한 번도 보지 못했다. 동물들은 밤, 폭풍, 굶주림을 조용히 견딘다. 신경쇠약이나 위궤양에 걸리는 법이 없고 미치지도 않는다.

그렇다면 우리에게 닥친 모든 역경에 그저 순응해야 할까? 절대 그렇지 않다! 그것은 체념일 뿐이다. 상황을 바꿀 수 있다면 싸워야 한다! 하지만 정상적인 분별력으로 볼 때, 그 일이 결코 달라지지 않는다면 앞뒤 보지 말고 내가 가지지 못한 것을 애타게 찾지도 말자.

컬럼비아 대학의 학장을 지낸 딘 호크스는 〈엄마 거위 모음곡〉이라는 동요의 일부를 자신의 좌우명으로 삼았다.

하늘 아래 모든 병에는
약이 있기도 하고, 없기도 하다.
있다면 열심히 찾아라.
없다면 신경 쓰지 마라.

이 책을 쓰면서 나는 성공한 미국 사업가들을 인터뷰했다. 그들은 피할 수 없다면 기꺼이 받아들인 다음 걱정에서 완전히 자유로웠는데, 나는 그런 그들에게 깊이 감명받았다. 만약 그렇게 하지 않았다면 그들은 긴장감으로 무너졌을 것이다. 그들의 이야기를 들어보자.

전국 체인점 페니 스토어의 창립자인 J. C. 페니는 이렇게 말했다. "내가 가진 동전 한 푼까지 모조리 잃는다 해도 저는 걱정하지 않습니다. 걱정한다고 해결되는 것은 아무것도 없기 때문입니다. 내가 할 수 있는 최선을 다하고 결과는 신에게 맡깁니다."

헨리 포드 역시 같은 말을 했다. "내가 어찌할 수 없다면 일이 흘러가는 대로 내버려 둡니다."

크라이슬러 사의 회장인 K. T. 켈러는 걱정하지 않는 법을 이렇게 설명했다. "어려운 상황에 부딪혔을 때 내가 할 수 있는 게 있다면 합니다. 그렇지 않다면 그냥 잊어버립니다. 저는 미래의 일을 걱정하지 않습니다. 앞으로 무슨 일이 일어날지 아무도 알지 못하기 때문입니다. 미래에 영향을 주는 요인은 아주 많습니다! 그것을 이해하거나 무엇인지 말할 수 있는 사람은 아무도 없습니다. 그러니 왜 걱정을 하겠습니까?"

켈러 회장이 철학자 같다고 한다면 그는 쑥스러워할지 모르겠다. 그는 성공한 기업인이지만, 켈러 회장의 생각은 19세기 전 로마의 에픽테토스 철학자가 했던 말과 일치한다. 에픽테토스는 로마인을 이렇게 가르쳤다. "행복에 이르는 길은 단 하나다. 우리의 힘을 넘어서는 일은 걱정하지 않는 것이다."

'신이 내린 배우'라고 불리는 사라 베르나르는 피할 수 없는 것을 받아들이는 법을 잘 아는 인물로 단연 돋보이는 여성이다. 그녀는 반세기 동안 네 개의 대륙을 통틀어 가장 유명하고 사랑받는 연극 무대의 여왕이었다. 그녀는 71세 때 대서양을 항해하던 중에 폭풍우를 만나 갑판에서 떨어져 다리를 심하게 다쳤다. 다리의 정맥 혈관에 염증이 생겨서 다리가 자꾸만 오그라들었다. 통증이 너무 심해 의사는 다리를 잘라야 한다고 판단했다. 의사는 사라가 이 사실을 알면 화를 잔뜩 낼 것 같아 '신이 내린 배우'에게 말하기가 두려웠다. 분명 그녀의 히스테리가 폭발할 거라고 여겼다. 그러나 예상은 완전히 빗나갔다. 사라는 의사를 잠시 보더니 조용히 말했다. "잘라야만 한다면 잘라야죠." 그것은 어쩔 수 없는 일이었다.

이동 침대에 누워 수술실로 옮겨질 때 그녀의 아들은 울며 서 있었다. 사라는 손을 흔들며 밝게 말했다. "기다리렴. 금방 돌아올게."

수술실에 들어가기 전에 사라는 연극의 한 장면을 읊었다. 누군가가 그녀에게 그렇게 하면 스스로 용기를 내는 데 도움이 되는지 물었다. 사라가 말했다. "아니에요. 의사와 간호사를 격려하기 위해서랍니다. 그들이 훨씬 긴장했을 테니까요."

수술에서 회복된 후 사라 베르나르는 7년이나 더 전 세계를 돌며 관객의 마음을 사로잡았다.

엘시 매코믹은 〈리더스 다이제스트〉 칼럼에 다음과 같이 썼다. "피할 수 없는 것과 맞서기를 그만둔다면 삶을 더욱 풍요롭게 만들어줄 힘을 되찾게 될 것입니다."

피할 수 없는 일에 맞서 싸우면서 동시에 새로운 삶을 만들 만큼 넘치는 감정과 활력을 지닌 사람은 없다. 이것 아니면 저것을 선택해야 한다. 삶이 주는 눈보라 폭풍우를 유연하게 받아들이거나, 아니면 거기에 버티다가 부러지거나 둘 중 하나를 선택해야 한다.

미주리에서 농장을 경영할 때 봤던 일이다. 나는 농장에 20그루 정도의 나무를 심었다. 나무는 놀랄 만큼 빠르게 자랐다. 어느 날 눈보라 폭풍우가 몰아쳐 나뭇가지마다 두꺼운 눈과 얼음이 뒤덮였다. 나무는 유연하게 휠 줄 모르고 뻣뻣이 버티다가 부러졌다. 이 나무들은 북쪽 숲의 지혜를 알지 못했다. 캐나다 상록수 숲을 여행할 때 나는 전나무나 소나무가 눈과 얼음으로 부러지는 것을 한 번도 보지 못했다. 상록수 숲은 가지를 굽히는 법, 피할 수 없는 것을 받아들이는 법을 알고 있었다.

유술(유도의 모태가 된 일본의 옛 무술—옮긴이) 사범들은 제자들에게 "버드나무처럼 휘어라. 참나무처럼 버티지 마라"라고 가르친다.

자동차 타이어가 어떻게 그 거친 길을 달릴 수 있을까? 처음에 제조업자는 충격을 버틸 수 있는 타이어를 만들었다. 그 타이어는 곧 갈가리 찢어졌다. 이번에는 충격을 흡수하는 타이어를 만들었다. 이번 타이어는 '잘 버텼다.' 우리도 충격을 흡수하면서 인생의 굴곡을 따라 흔들리며 나아가는 법을 배운다면 더욱 오랫동안 순조로운 여행을 즐길 수 있을 것이다.

충격을 흡수하지 않고 버틴다면 무슨 일이 벌어질까? 버드나무처럼 휘지 않고 참나무처럼 버틴다면 우리는 어떻게 될까? 대답은 간단하다. 우리 정신은 갈등과 충돌로 가득할 것이다. 걱정하고 긴장하고 스스로 혹사하며 노이로제 상태가 될 것이다.

더 나아가 냉혹한 현실 세계를 거부하고, 우리가 만들어낸 꿈의 세계로 도망간다면 결국 제정신을 잃게 될 것이다.

전쟁 당시 겁에 질린 수백만 군인들 역시 피할 수 없다는 사실을 받아들이거나 아니면 압박감에 무너지거나 했다. 윌리엄 H. 캐설리어스(뉴욕 주 글렌데일 67번가 7126번지 거주)의 경우를 살펴보자. 내가 뉴욕에서 진행한 성인교육 강좌에서 발표해 상을 받은 이야기다.

"해안 경비대에 입대하고 얼마 안 되어 저는 대서양에서 가장 위험한 지역에 배치되었습니다. 폭발물 감독관으로 임명되었죠. 생각해보세요. 비스킷 판매원이었던 제가 폭발물 감독관이 되었습니다! 수천 톤의 TNT 위에 서 있다니 생각만 해도 뼛속까지 오싹해집니다. 이틀 동안 교육을 받았는데 오히려 두려움만 커졌습니다. 첫 번째 임무는 지금도 잊을 수 없습니다. 캄캄하고 춥고 안개가 자욱한 그날, 뉴저지 주 베이언에 있는 캐번 곶의 오픈형 부두에서 제 첫 임무가 시작되었습니다.

저는 선박 5구역에 배치되었습니다. 다섯 명의 인부와 함께 내려가 작업을 했습니다. 인부들은 무거운 짐을 나를 만큼 튼튼했지만 폭발물에 관해서는 전혀 몰랐습니다. 그들은 우리 배 한 척은 거뜬히 날려버릴 수 있는 TNT를 1톤씩 등에 지고 날랐습니다. 그리고 이 초대형 폭탄을 밧줄 두 개를 이용해 아래로 내렸습니다. 저는 제 자신에게 계속 말했습니다. 밧줄 하나라도 미끄러지거나 끊어진다면! 안 돼! 정말 무서웠습니다. 저는 벌벌 떨고 있었지요. 입은 바짝바짝 타들어 갔고, 무릎은 후들거렸으며, 심장이 쿵쾅거렸죠. 하지만 달아날 수 없었습니다. 그러면 탈영이 될 테니까요. 저뿐 아니라 부모님에게도 수치스러운 일이 되겠죠. 탈영으로 저격당할지도 모릅니다. 저는 도망칠 수 없었습니다. 자리를 지켜야 했죠. 저는 인부들이 무성의하게 초대형 폭탄을 나르는 모습을 계속 지켜보았습니다. 배는 지금 당장이라도 폭발할 것 같았습니다. 이렇게 등골이 오싹한 공포가 한두 시간 흐른 후, 저는 점차 정신을 차리기 시작했습니다. 그리고 제 자신에게 말했습니다. '자자, 그래! 내가 폭발로 죽을 수도 있다. 그래서 어쩌자고! 뭐가 다른 거야! 그렇게 죽는 게 훨씬 간단하잖아. 암으로 죽는 것보다 낫지. 바보같이 굴지 마. 어차피 언젠가는 죽어. 난 꼭 이 일을 해야 해. 아니면 저격당하겠지. 그러니 이 일을 기꺼이 받아들이는 거야.'

이렇게 여러 시간 동안 스스로 되새기자 마음이 편안해지기 시작했습니다. 피할 수 없는 상황을 받아들이도록 나를 계속 설득한 결과 걱정과 두려움을 극복했습니다.

여기서 배운 교훈은 절대 잊지 않을 겁니다. 어쩔 수 없는 상황이 닥쳤을 때, 그래서 자꾸 걱정될 때마다 저는 어깨를 한번 으쓱하곤 말합니다. '잊어버려.' 저처럼 비스킷 판매원에게도 분명 효과가 있는 방법입니다."

만세! 우리의 비스킷 판매원에게 큰 박수를 보내주자.

십자가에 못 박힌 예수 이외에 역사상 가장 유명한 최후의 장면으로 소크라테스의 죽음을 들 수 있다. 지금부터 1만 년이 지나도 인류는 문학 사상 가장 감동적이고 아름다운 플라톤의 묘사를 읽고 간직할 것이다. 나이 든 맨발의 소크라테스를 질투하고 시기한 아테네의 몇몇 사람들은 혐의를 날조해 소크라테스에게 사형을 선고했다. 소크라테스에게 우호적인 간수는 독이 든 컵을 가져다주며 말했다. "어쩔 수 없는 것이라면 덤덤히 받으십시오." 소크라테스는 독배를 들었다. 그는 평온하게 죽음을 받아들였다.

"어쩔 수 없는 것이라면 덤덤히 받으십시오." 이 말이 등장한 건 기원전 399년의 일이다. 하지만 걱정으로 가득한 오늘날 그 어느 때보다 더 절실히 필요한 말이다. "어쩔 수 없는 것이라면 덤덤히 받으십시오."

지난 8년 동안 나는 걱정을 없애는 법에 관련된 책이나 기사라면 모조리 찾아 읽었다. 모든 책이 공통으로 조언하는 가장 좋은 방법을 알고 싶은가? 욕실 거울에 붙여놓고 얼굴을 씻을 때마다 걱정도 함께 씻어버릴 수 있는 그 문장은 이러하다. 돈으로는 살 수 없는 이 기도문은 뉴욕 브로드웨이 120번가에 있는 유니온 신학대학의 라인홀트 니부어 교수가 쓴 것이다.

> 신은 나에게
> 내가 어쩔 수 없는 것을 받아들이는 평정심을,
> 변화시킬 수 있는 것을 바꾸는 용기를,
> 그리고 이 둘을 분별할 수 있는 지혜를 주셨다.

걱정이 당신을 쓰러뜨리기 전에 걱정하는 습관을 없애는 네 번째 방법은 다음과 같다.

걱정하는 습관을 없애는 방법 4

피할 수 없다면 받아들여라.

당신의 걱정을 '손절매'하라

주식 매매로 돈을 많이 버는 방법을 알고 싶은가? 방법을 알고 싶은 사람은 수백만 명도 넘을 것이다. 그리고 만일 내가 그 답을 알고 있다면 내 책은 엄청난 가격에 팔릴 것이다. 하지만 일부 성공한 주식 중개인들이 사용하는 방법 중에 참고할 만한 것이 있다. 이 사례는 뉴욕 동부 42번가 17번지에 사무실을 두고 투자 상담사로 일하는 찰스 로버츠에게서 들은 이야기다. 그는 이렇게 말했다.

"저는 원래 텍사스 출신으로 제 친구가 주식시장에 투자해 보라며 준 2만 달러를 들고 뉴욕으로 오게 되었습니다. 그동안 주식시장을 좀 안다고 자부했지만 동전 한 푼까지 모두 잃었습니다. 사실 상당한 이익을 본 거래도 더러 있었지만 결국엔 전부 다 잃었죠.

제 돈을 잃는 건 그리 신경 쓰이지 않았지만, 친구들의 돈을 잃은 건 비록 제 친구들이 감당할 수 있는 수준이라고 해도 기분이 언짢았습니다. 우리의 모험이 아주 불행하게 결론이 나서 친구들을 다시 보기가 두려웠지만, 놀랍게도 친구들은 그 일을 오락거리 정도로 여긴데다 구제 불능이라고 할 정도로 낙천주의자들이었습니다.

나중에서야 제가 주먹구구식으로 투자해놓고 운에 맡기거나 타인의 말만 믿고 있었다는 사실을 알게 되었습니다. H. I. 필립스가 말했듯 저는 '귀로 주식 투자를 했던' 셈이었습니다.

저는 실수를 되새겨보면서 주식시장으로 돌아가기 전에 성공의 비결을 알아내리라 마음먹었습니다. 그래서 그 비결을 찾기 위해 가장 성공적인 증권 투자자 가운데 한 명인 버튼 S. 카슬즈를 수소문해 알게 되었습니다. 그는 매년 주식 투자에 성공을 거둔 인물로 명성이 자자했는데, 그런 경력은 단지 기회나 행운에 따른 결과가 아님을 알았기 때문에 저는 그에게 상당히 많은 것을 배울 수 있으리라 확신했습니다.

카슬즈는 제가 이전에 어떻게 거래했는지 몇 가지 물어본 다음, 주식 거래에서 제가 알아야 할 가장 중요한 원칙을 말해주었습니다. 그가 말했습니다. '나는 모든 주식시장 계약 건마다 손절매 주문을 해놓는다네. 한 주당 50달러에 주식을 매입했다면 45달러로 손절매 주문을 걸어놓지. 그러면 그 주식이 5포인트 이하로 떨어질 때 자동으로 팔리기 때문에 손실은 5포인트로 제한되거든.' 노련한 스승은 계속 말을 이었습니다.

'일단 괜찮은 매매가 이루어지면 거기서 평균 10포인트, 25포인트 또는 50포인트까지 수익이 날 거야. 따라서 손실을

5포인트로 제한하면 거래 기간 중 절반 이상이 잘못되더라도 충분히 돈을 벌지 않겠나?'

저는 그 원칙을 바로 받아들여 그때 이후로 계속 사용했습니다. 덕분에 저와 제 고객은 큰 손실을 피할 수 있었습니다.

그 후로 주식시장뿐만 아니라 다른 방면으로도 손실을 줄이는 원칙을 사용할 수 있음을 깨달았습니다. 어떤 난처한 일이 닥치거나 무척 화가 날 때도 저는 손절매 주문을 하기 시작했는데 마법처럼 효과가 있었습니다.

예를 들면 저는 어떤 친구와 종종 점심을 함께하는데, 그 친구는 약속 시간에 맞춰 오지 않는 경우가 많았습니다. 한번은 점심시간 30분이 지나도록 나타나지 않아 저를 애태웠죠. 결국 저는 걱정을 손절매하는 주문을 하겠다고 그에게 통보했습니다. 저는 이렇게 말했죠. '빌, 자네를 기다리는 데 정확히 10분만 할애하겠다고 손절매 주문을 넣었네. 자네가 10분 이상 늦게 도착한다면 우리의 점심 약속은 이미 흘러간 강물이라 생각하게. 다시 말해 나는 가버릴 거네.'"

아쉬워라! 내가 오래전에 이 방법을 알았더라면 얼마나 좋았을까? 나의 조급함, 노여움, 자기합리화의 욕구, 후회, 그 밖의 온갖 정신적, 감정적 부담감을 손절매할 생각을 예전부터 했더라면 얼마나 좋았을까! 나는 왜 마음의 평화를 망칠 정도로 위협적인 각 상황들을 부풀리느라 지혜롭게 행동하지 못했을까? 어째서 내 자신에게 '데일 카네기, 여기 봐. 이 상황이 정말 야단법석을 떨 정도로 가치 있는 건가? 더 이상은 안 돼' 하고 스스로에게 물어보지 않았을까? 왜 그러지 않았을까?

하지만 적어도 한 번은 현명하게 처신한 적이 있었다. 그때는 내 인생의 위기라고 할 수 있을 정도로 심각한 상황이었다. 수년간 고생하고 장래 계획을 세우며 미래를 꿈꾸던 일이 한 줄기 가느다란 연기처럼 사라져버리는 모습을 우두커니 서서 지켜봐야 했다. 그 내막은 다음과 같다.

나는 30대 초반에 평생 소설을 쓰기로 결심했고, 제2의 프랭크 노리스나 잭 런던, 또는 토머스 하디 같은 사람이 되고 싶었다. 얼마나 진지했는지 2년을 유럽에서 보내면서 본격적으로 소설을 쓰기 시작했는데, 당시는 제1차 세계대전 직후인지라 미국에서 돈을 마구 찍어내는 바람에 돈을 많이 가져가지 않아도 충분히 지낼 수 있었다. 그곳에서 2년을 보내면서 나는 일생의 역작을 썼다. 그리고 제목을 《눈보라》라고 붙였다.

제목은 어울렸다. 책 제목에 걸맞게 출판사의 반응은 다코타 평원의 눈보라만큼 싸늘했기 때문이다. 내 책의 출간 업무를 맡아주기로 했던 에이전트는 내가 특별한 능력이나 타고난 재능이 없으며 상상력도 없기 때문에 내 책은 읽을 만한 가치가 없다고 말했다. 나는 그 말을 듣자 심장이 멎는 것 같았다. 멍한 상태로 사무실을 나왔다. 그가 방망이를 휘둘러 내 머리를 쳤다고 해도 그렇게까지 놀라지는 않았을 것이다. 나는 굳어버렸다. 나는 인생의 갈림길에 섰고 엄청난 결정을 해야 했다. 어떻게 해야 하지? 어느 방향으로 가야 할까? 몇 주가 지나서야 멍한 상태에서 겨우 빠져나올 수 있었다. 그 당시에는 "걱정을 손절매하라"라는 말을 들어본 적이 없었다. 하지만 지금 와서 돌이켜보니 내가 바로 그렇게 했다는 걸 알 수 있었다. 소설 쓰던 일은 그 자체로 값진 경험이었기 때문에 땀 흘리며 보낸 지난 2년을 더 생각하지 않기로 하고 앞으로 나아갔다. 나는 성인들을 가르치고 반을 꾸리던 원래의 내 일로 돌아가 남는 시간에 전기와 지금 당신이 읽고 있는 것과 같은 논픽션을 썼다.

그런 결정을 내가 지금 기쁘게 생각하고 있을까? 기쁜 정도일까? 나는 그때를 돌이켜 생각할 때마다 완전히 신이 나서 거리에서 춤이라도 추고 싶은 기분이 든다! 솔직히 말하면 그때 이후로 내가 제2의 토머스 하디가 아니라는 사실에 단 하루도, 아니 단 한 시간도 슬퍼한 적이 없다.

100년 전 어느 날 밤, 가면올빼미가 월든 호숫가 숲에서 끽끽대고 있을 때, 헨리 소로는 집에서 만든 잉크에 자신이 키우던 거위의 깃털을 담가 일기를 썼다. "어떤 일에 드는 비용은 짧게든 길게든 그 일과 교환해야 하는 인생의 양이다." 달리 말하면 어떤 일에 대해 과하게 우리의 인생을 지불하는 사람은 어리석은 사람이라는 뜻이다.

하지만 길버트와 설리번은 그렇게 어리석었다. 그들은 쾌활하게 말하고 명랑한 음악을 창작할 줄 알았지만, 그들 자신은 비참할 정도로 유쾌하게 사는 방법을 몰랐다. 그들은 〈인내심〉, 〈군함 피너포어〉, 〈미카도〉 등 사랑스런 희가극을 만들어 세상을 기쁘게 해줬지만, 자신들의 감정을 조절하지는 못했다. 그들이 수년간 다투며 자신들의 삶을 고단하게 만들었던 것은 고작 카펫 하나 정도의 가치에 지나지 않았다! 설리번은 자신들이 산 극장을 위해 새로운 카펫을 주문했다. 그러자 길버트가 영수증을 보고 벌컥 화를 냈다. 그들은 법정 분쟁까지 했고, 다시는 서로 말을 하지 않았다. 새로 창작할 때는 설리반이 곡을 써서 길버트에게 우편으로 보냈다. 그러면 길버트는 가사를 써서 다시 설리번에게 우편으로 보냈다. 함께 연극의 막을 올려야 했지만 서로 무대 반대쪽에 서서 다른 방향으로 인사했고, 결국 서로를 보지 않았다. 그들은 링컨과는 달리 자신의 분노를 손절매하는 현명함이 없었다.

남북전쟁이 한창이던 어느 날, 링컨의 친구들이 그의 비열한 적을 신랄하게 비난하자 링컨이 이렇게 말했다. "자네들이 갖고 있는 개인적인 분노가 내 분노보다 더 큰 것 같군. 어쩌면 내가 가진 분노가 너무 작을지도 모르겠네. 하지만 나는 그게 결코 도움이 된다고는 생각하지 않네. 싸우는 데 인생의 절반을 낭비해도 좋을 정도로 시간이 많은 사람은 없다네. 누구든 나에 대한 공격을 멈춘다면, 나는 그 사람과의 지난 일은 절대 기억하지 않는다네."

내가 에디스 숙모라고 부르는 나이 든 우리 숙모도 링컨이 보여주었던 이런 용서의 정신을 가졌더라면 얼마나 좋았을까. 에디스 숙모와 프랭크 삼촌은 땅이 척박하고 물도 부족했으며 잡초투성이의 농장에 살고 있었는데, 이 농장을 담보로 융자까지 받고 있었다. 5센트짜리 동전 하나라도 아끼려면 힘겹게 살아야 했지만, 에디스 숙모는 허전한 보금자리를 화사하게 꾸며

줄 커튼이나 다른 물건들을 사길 좋아했다. 그래서 숙모는 미주리 주 메리빌에 있는 댄 에버솔의 포목점에서 그런 자그마한 사치품들을 외상으로 샀다. 프랭크 삼촌은 빚이 걱정이었다. 자신은 농부인데 외상 영수증이 쌓여가는 것을 보자 두려웠고, 아내가 더 이상 외상으로 물건을 사지 못하게 해달라고 댄 에버솔에게 몰래 말했다. 숙모는 이 말을 듣고 너무 화가 나서 거의 50년이나 지난 지금까지도 화를 풀지 못하고 있다. 나는 숙모가 그 이야기를 한 번에 그치지 않고 여러 번 말하는 것을 들었다. 내가 마지막으로 숙모를 봤을 때 숙모는 70대 후반이었다. 그때 내가 숙모에게 말했다.

"에디스 숙모, 프랭크 삼촌이 숙모를 창피하게 만든 건 잘못하셨어요. 하지만 거의 50년도 넘은 이야기를 계속 불평하는 건 실제로 삼촌이 잘못한 것보다 솔직히 너무 심하다고 생각하지 않으세요?"

아마도 나는 벽에 대고 말한 것 같다. 에디스 숙모는 자신이 키워온 쓰라린 추억을 회상하고 원망하느라 몹시 비싼 대가를 치렀다. 마음의 평화를 대가로 치른 셈이다.

벤저민 프랭클린은 일곱 살 무렵, 70년이나 기억하게 될 실수를 했다. 호루라기에 푹 빠진 일곱 살 사내아이였던 그는 너무 신이 나서 장난감 가게로 갔고, 계산대에다 가진 동전을 모두 올려놓으며 가격도 묻지 않고 호루라기를 달라고 했다. 그리고 70년이 흐른 뒤 프랭클린은 친구에게 보내는 편지에 이렇게 썼다. "그 뒤에 나는 집에 와서 온 집 안을 돌아다니며 호루라기를 불어댔지. 호루라기가 있어서 얼마나 기뻤는지!" 하지만 형과 누나가 실제 호루라기 값보다 훨씬 더 많은 돈을 냈다는 사실을 알게 되었고, 깔깔깔 웃으며 놀려댔다. 그러자 프랭클린은 친구에게 이렇게 썼다. "나는 속상해서 울었다네."

오랜 세월이 흐르고 프랭클린이 프랑스 대사가 되어 세계적으로 유명한 인물이 되었을 때도 그는 자신이 호루라기 값을 너무 많이 내서 '호루라기로 얻을 수 있는 기쁨보다 원통함이 더 컸던' 사실을 여전히 기억하고 있었다.

하지만 프랭클린이 얻은 교훈에 비하면 저렴한 대가를 치른 셈이었다. 그는 이렇게 말했다. "내가 자라면서 세상으로 나와 사람들의 행동을 관찰하며 생각해보니, 나는 실제 호루라기 값보다 너무 많이 준 사람들을 많이 만나게 되었습니다. 다시 말하면 인간이 겪는 가장 큰 불행은, 그 일의 가치를 잘못 평가해 호루라기 값을 너무 많이 지불해 생겼음을 알게 되었습니다."

길버트와 설리번은 호루라기 값을 너무 많이 치렀다. 에디스 숙모도 마찬가지였고, 많은 경우를 생각해보면 나 역시 마찬가지였다. 그리고 전 세계적으로 유명한 두 편의 소설《전쟁과 평화》,《안나 카레니나》를 쓴 불멸의 레오 톨스토이도 마찬가지였다.《브리태니커 백과사전》에 따르면, 레오 톨스토이는 자신의 인생에서 마지막 20년 동안은 "전 세계에서 분명 가장 존경받는 사람이었을 것"이라고 한다. 톨스토이가 죽기 전 1890년에서 1910년까지 20년 동안 끊임없이 찬사가 이어졌고, 추종자들은 그의 얼굴이라도 한번 보려고, 목소리라도 한번 들으려고, 심지어 옷 가장자리라도 스쳐보려고 집으로 찾아갔다. 톨스토이가 말한 문장은 모두 다 공책에 옮겨졌으며, 마치 '신성한 지침서'처럼 여겨졌다. 하지만 일반적인 삶의 관점에서 보면, 70대의 톨스토이는 일곱 살 적 프랭클린보다 훨씬 더 분별력이 부족했다! 아니, 전혀 분별력이 없었다.

이 말의 의미는 다음과 같다. 톨스토이는 아주 많이 아끼며 사랑한 소녀와 결혼했다. 사실 부부는 아주 행복해서 천국같이 완전하고 황홀한 세상에서 계속 함께 살게 해달라고 신에게 무릎 꿇고 기도했다. 하지만 톨스토이가 결혼한 여자는 천성적으로 질투가 많았다. 그녀는 소작농처럼 변장해서 톨스토이의 행동을 감시하고, 심지어 숲 속까지 따라다녔다. 두 사람은 크게 다투었다. 그녀는 더 질투가 심해졌고, 심지어 자식까지 질투해서 자기 딸의 사진을 총으로 쏴 구멍을 내기도 했다. 한번은 바닥에 엎드려 아편 병을 입술에 대고 자살하겠다며 협박하기도 해서 이 광경을 본 아이들이 방구석에 웅크리고 앉아 공포에 질려 비명을 지르기도 했다.

그래서 톨스토이는 어떻게 했을까? 그가 살림살이를 뒤집어엎고 가구를 부쉈다고 해도 충분히 그럴 만했으니 나는 그를 비난하지 않겠다. 하지만 톨스토이는 훨씬 더 심한 짓을 했다. 자기만의 일기장을 가지고 있었던 것이다! 그렇다. 일기장에 아내에 대해 온갖 험담을 적었다! 그 일기장이 바로 그의 '호루라기'였던 것이다! 톨스토이는 후세 사람들이 자신에게 잘못이 있는 게 아니라 아내에게 있다고 생각하고 아내를 탓할 거라고 확신했다. 이 행동에 대해 아내는 어떻게 반응했을까? 저런, 그녀는 일기장을 한 장씩 찢어 태워버렸다. 반대로 남편을 악당으로 만드는 자신만의 일기를 쓰기 시작했다.《누구의 잘못인가》라는 제목으로 소설을 써서 남편을 집안의 미치광이로 묘사하고, 자신은 순교자로 그렸다.

무엇을 위해서 그 모든 일이 일어났을까? 왜 두 사람은 하나밖에 없는 집을 톨스토이의 묘사처럼 '정신병원'으로 만들었을까? 분명 그럴 만한 이유는 많았다. 하지만 그중 하나는 우리에게 강한 인상을 심어주려는 강렬한 욕구 때문이었다. 그렇다. 우리가 바로 누구의 잘못인지 판단할 후대의 사람들이다. 그럼 우리는 잘못한 사람을 찾아서 이미 저승에 있을 그 사람을 비난해야 할까? 아니다. 우리는 우리 자신의 문제를 너무 걱정하느라 톨스토이 걱정까지 하면서 낭비할 시간이 없다. 이 비참한 두 사람이 호루라기로 지불한 값은 얼마인지! 단지 두 사람 중 어느 누구라도 "그만"이라고 말할 생각을 못했기 때문에 진정으로 지옥 같은 곳에서 자그마치 50년을 살았다. 둘 중 어느 누구라도 "이 문제에 대해서 지금 당장 손절매합시다. 우리 삶을 낭비하고 있잖소. 이만하면 됐다고 말합시다!"라고 할 가치를 충분히 깨닫지 못한 것이다.

그렇다. 진정한 마음의 평화를 누리기 위한 위대한 비밀은 가치를 제대로 아는 것이라고 나는 믿는다. 그래서 우리가 일종의 개인적인 황금률을 개발한다면 우리가 하는 걱정의 절반 정도는 즉시 없앨 수 있다고 확신한다.

그러므로 걱정이 우리를 쓰러뜨리기 전에 걱정하는 습관을 없애는 다섯 번째 방법은 다음과 같다.

걱정하는 습관을 없애는 방법 5

살아가면서 이미 저지른 잘못으로 인해 더 큰 잘못을 저지르고 싶은 생각이 들 때마다 잠깐 멈추고 스스로에게 다음의 세 가지 질문을 던져보라.

1. 내가 걱정하고 있는 문제는 나에게 얼마나 가치 있는 일인가?

2. 이 걱정에 대해 어느 지점에서 '손절매' 주문을 넣고 잊어버릴까?

3. 이 호루라기를 위해 정확히 얼마의 값을 치러야 할까?
   원래 값어치보다 이미 훨씬 더 많은 돈을 지불한 것은 아닌가?

톱밥을 톱질하려 들지 마라

이 문장을 쓰는 지금 나는 창밖으로 정원에 있는 공룡 발자국 화석을 보고 있다. 이탄암과 돌로 된 지층 속에 묻혀 있던 발자국이다. 예일대 피바디 박물관에서 구입한 것인데, 1억 8000만 년 전에 만들어진 것이라는 박물관장의 편지도 함께 받았다. 다운증후군 환자라고 해도 저 발자국을 바꿔보겠다고 1억 8000만 년 전으로 거슬러 올라가겠다는 허튼 망상은 하지 않을 것이다. 마찬가지로 180초 전에 일어난 일을 바꿀 수가 없다고 걱정하는 것도 어리석은 일이다. 하지만 우리 중 대다수는 분명히 이런 행동을 하고 있다. 우리는 180초 전에 일어난 일을 바꾸기 위해 무언가를 하고 있을지 모른다. 하지만 분명히 말하건대, 우리는 그때 일어난 일을 절대 바꿀 수 없다.

과거가 건설적일 수 있는 유일한 방법은 과거의 실수를 차분히 분석하고, 거기서 교훈을 얻은 다음 잊어버리는 것이다.

나는 이 사실을 잘 알고 있다. 하지만 과연 나에게 이 사실을 실천할 용기와 분별력이 있었을까? 이 질문에 답하기 위해 수년 전에 겪었던 엄청난 경험에 대해 말해야겠다. 나는 30만 달러 이상을 흘리고 다니는 바람에 조그만 이익도 남기지 못한 경험이 있다. 상황은 이렇다. 나는 큰 규모로 성인교육 분야의 사업을 시작했고, 다양한 도시에 지점을 열었으며, 간접비와 광고비에 돈을 아낌없이 투자했다. 하지만 나는 강의를 하느라 너무 바빠서 재정을 돌볼 시간도, 의지도 없었다. 너무 순진했던 나는 지출을 주의 깊게 살펴볼 유능한 관리자가 필요하다는 사실조차 깨닫지 못했다.

1년이 지난 후 나는 마침내 정신이 번쩍 들 정도의 놀라운 사실을 알게 되었다. 엄청난 매출에도 불구하고 순수익이 전혀 없다는 사실이었다. 이 사실을 안 뒤부터 나는 두 가지 일을 해야 했다. 첫째, 흑인 과학자인 조지 워싱턴 카버가 평생 저축한 4만 달러를 은행 파산으로 잃게 되었을 때 했던 일을 나도 해야 했다. 누군가 그에게 은행이 파산했다는 소식을 들었느냐고 묻자, 카버는 "네, 들었습니다"라고 대답한 뒤 전과 다름없이 가르치던 일을 계속했다. 카버는 은행 파산으로 인한 손실을 마음속에서 완전히 지워버리고 다시는 언급하지 않았다.

둘째, 내 실수를 분석하고 실수를 통해 배우는 것이었다. 하지만 솔직히 말해 나는 이 두 가지 중 어떤 일도 하지 않았다. 대신 걱정의 소용돌이 속으로 휘말려 들어가 몇 개월을 멍하니 보냈다. 잠도 못 자고 체중도 줄었다. 이 엄청난 실수를 돌아보고 교훈을 얻는 대신, 전과 똑같이 살면서 비교적 작지만 똑같은 실수를 반복했다.

자신의 어리석음을 인정하기는 곤혹스럽다. 하지만 나는 '20명에게 해야 하는 것을 가르치는 것보다 가르친 내용대로 실천하는 20명 중의 한 사람이 되기가 더 어렵다'라는 것을 오래전에 깨달았다.

나도 뉴욕에서 조지 워싱턴 고등학교를 다니면서 앨런 손더스(뉴욕 브롱크스 우디크레스트 가 939번지)를 가르쳤던 브랜드와인 선생님 같은 사람에게 배울 기회가 있었다면 얼마나 좋았을까!

손더스는 위생 과목을 담당하던 폴 브랜드와인 선생님이 이제까지 자기가 배웠던 것 중에서 가장 귀중한 교훈을 가르쳐주었다고 말했다. 그는 이렇게 말했다. "저는 당시 10대에 불과했지만, 걱정을 달고 사는 사람이었습니다. 제가 실수한 기억을 다시 꺼내어 휘젓고 조바심을 내곤 했죠. 저는 시험지를 제출할 때가 되면 밤늦게까지 잠을 자지 못했고, 제가 겪지도 않은 두려움 때문에 손톱을 물어뜯곤 했습니다. 저는 언제나 제가 한 일을 돌이켜보며 살았고, '다르게 하고 싶었는데…' 하고 바랐습니다. 그러고는 계속 '더 잘할 수 있었는데…' 하고 속으로 중얼거렸습니다.

그러던 어느 날 우리 반 학생들이 과학 실험실에 모두 모였는데, 브랜드와인 선생님이 눈에 잘 띄도록 책상 가장자리에 우유병을 놓아두었습니다. 우리는 모두 우유를 뚫어져라 쳐다보며 자리에 앉았고, 위생 수업에서 우유로 뭘 할지 궁금해했습니다. 그런데 갑자기 브랜드와인 선생님이 일어나시더니 우유병을 싱크대에 처넣고는 쨍그랑하며 깨뜨리시더니 이렇게 외쳤습니다. '쏟아진 우유 때문에 울지 마라!'

그러고 나서 선생님은 우리 모두에게 싱크대로 와서 산산조각 난 상황을 보라고 했습니다. 그러고는 이렇게 말했습니다. '잘 봐두거라. 너희들이 평생 이 수업을 기억하기 바란다. 너희들이 보다시피 우유는 배수구로 내려가서 이제 없다. 머리카락 뭉치든 세상의 어떤 것이든 일단 배수구로 내려가면 다시 끌어올릴 수 없지. 조금만 생각해보고 사고를 방지하려 했다면 우유를 쏟지 않았을 수도 있다. 하지만 지금은 너무 늦었지. 우리가 할 수 있는 일이라곤 손실로 처리하고 잊어버린 다음, 계속해서 다음 일을 하는 것뿐이란다.'"

손더스는 내게 이렇게 말했다. "탄탄하게 공부했던 기하학과 라틴어를 지금은 다 잊어버렸지만, 당시 잠깐 봤을 뿐인 그 일은 오래도록 기억에 남았습니다. 사실 4년 동안 고등학교에 다니면서 배운 그 어떤 지식보다도 그 시범에서 실제 생활에 대해 더 중요한 교훈을 배웠습니다. 그 시범은 내게 할 수 있다면 우유를 흘리지 않도록 해야 하지만, 일단 엎질렀다면 배수구로 다 흘러갔기 때문에 완전히 잊어버리라는 걸 가르쳐주었습니다."

어떤 독자들은 "우유를 엎지르고 나서 울지 마라" 같은 너무나 진부한 격언에 코웃음을 칠 것이다. 나도 이 말이 진부하고 평범하며 특별할 게 없다는 것을 잘 알고 있다. 당신이 이 말을 수천 번이나 들어봤다는 것도 알지만, 이 진부한 격언이야말로 모든 시대에 통하는 지혜의 정수라는 것도 알고 있다. 인류가 혹독하게 경험한 결과 이런 격언이 나왔고, 수없이 많은 세대를 거쳐 지금까지 전해져 내려왔다. 역대 위대한 학자들이 걱정을 주제로 쓴 모든 글을 여러분이 읽어본다 해도 "다리에 도착하기도 전에 미리 건널 걱정은 하지 마라" 또는 "우유를 엎지르고 나서 울지 마라" 같은 진부한 격언보다 더 기본적이면서도 심오한 말을 찾지는 못할 것이다. 이 두 격언을 적용시켜보는 대신 콧방귀나 뀐다면 이 책은 전혀 필요 없을 것이다. 사실 오래된 격언대로 산다면 거의 완벽한 삶을 살아가겠지만, 실제로 적용하지 않고 단지 알기만 한다면 격언의 힘을 빌릴 수는 없다. 따라서 이 책의 목적은 새로운 것을 말하는 게 아니라 당신이 이미 알고 있는 것을 상기시키고 정강이를 차서 실제 삶에 적용할 수 있도록 동기를 부여하는 것이다.

나는 지금은 작고한 프레드 풀러 셰드 같은 사람을 항상 존경해왔다. 그는 오랫동안 진실로 통하는 이야기를 새로운 방식으로 생생하게 표현하는 재능이 있었다. 〈필라델피아 불리틴〉의 편집장이던 셰드는 어느 날 대학 졸업반 학생들에게 이런 질문을 던졌다. "얼마나 많은 나무를 톱질해보셨습니까? 손들어보세요." 대부분이 손을 들자 셰드가 다시 질문했다. "얼마나 많은 톱밥을 톱질해보셨습니까?" 그러자 한 명도 손을 들지 않았다.

"당연히 톱밥을 톱질할 수 없죠!" 셰드가 소리쳤다. "이미 톱질된 것이니까요! 과거도 마찬가지입니다. 이미 지나간 일, 이미 한 일을 걱정하기 시작한다면 단지 톱밥을 톱질하려는 것과 똑같습니다."

야구의 거장 코니 맥이 81세가 되었을 때, 나는 그에게 진 경기에 대해 걱정해본 적이 있는지 물었다. "물론이죠. 하지만 오래전에 그런 어리석은 짓을 그만두었습니다. 그래 봐야 전혀 도움이 안 된다는 걸 깨달았기 때문이죠. 이미 흘러가 버린 냇물로 물레방아를 돌릴 수는 없지 않겠어요?"

그렇다. 이미 흘러가 버린 냇물로는 물레방아를 돌릴 수 없고, 어떤 곡물도 갈 수 없다. 하지만 얼굴에 있는 주름을 더 만들거나 배에 궤양을 만들어 자극할 수는 있다.

지난 추수감사절에 나는 잭 뎀프시와 저녁을 함께 먹었다. 그는 칠면조 요리에 크랜베리 소스를 발라 먹으면서 자신이 헤비급 챔피언십 경기에서 터니에게 패한 싸움에 대해 언급했다. 그때의 패배는 자존심에 큰 충격을 주었다고 그는 말했다. "경기 중간쯤 갑자기 제가 너무 늙어버렸다는 생각이 들었습니다. 10라운드 후반부에 저는 여전히 두 발로 설 수 있었지만 그게 제가 할 수 있는 전부였습니다. 제 얼굴은 맞아서 부어올랐고, 찢어졌으며, 눈은 거의 감겨 있었습니다. 시합 후 심판이 터니의 손을 들어 승리했음을 발표하는 걸 봤습니다. 더 이상 전 세계 챔피언이 아니었습니다. 저는 링에서 내려와 관중 사이를 뚫고 탈의실로 돌아갔습니다. 제가 지나갈 때 어떤 사람들은 제 손을 잡으려 했고, 어떤 사람들은 눈물을 머금었습니다.

1년 뒤에 저는 터니와 다시 경기했지만 소용없었습니다. 저는 완전히 패배했습니다. 이 모든 것을 걱정하지 않기란 어려웠지만 저는 제 자신에게 말했습니다. '나는 더 이상 과거 속에 살거나 엎질러진 우유를 두고 울지 않겠어. 이런 일은 한 방 쳐서 날려버리면 돼. 이런 일로는 절대 쓰러지지 않을 거야.'

그리고 뎀프시는 정확히 그렇게 했다. 어떻게 했을까? 계속해서 자기 스스로에게 '나는 과거에 대해 걱정하지 않을 것이다'라고 다짐했을까? 아니다. 그렇게 하면 과거에 대해 계속 생각하고 걱정하게 될 뿐이다. 뎀프시는 과거를 받아들였고, 패배를 인정했으며, 앞으로 할 일에 더 집중했다. 그는 브로드웨이에서는 잭 뎀프시 레스토랑을, 57번가에서는 그레이트 노던 호텔을 운영했다. 그리고 권투 시합을 개최하고 복싱 전시회를 열었다. 뎀프시는 자신이 맡은 일을 해내느라 너무 바빠서 과거에 대해 걱정할 시간도 없었고, 걱정에 빠져들지도 않았다. "저는 챔피언이었을 때보다 지난 10년간 더 좋은 시간을 보냈습니다." 뎀프시가 말했다.

나는 역사와 전기를 읽거나 노력하는 사람들을 관찰하면서, 그 유능한 사람들이 걱정이나 비극을 떨쳐버리고 아주 행복하게 살아가는 모습을 보며 놀라고 또 영감을 받는다.

전에 싱싱 교도소를 방문한 적이 있는데, 수감자들이 밖에 있는 보통 사람들처럼 행복해 보여서 아주 놀랐다. 그래서 싱싱 교도소의 교도소장인 루이스 E. 로스에게 물어보았다. 그랬더니 그의 말로는, 처음에 범죄자들이 싱싱 교도소에 도착하면 대개 분노하고 억울해한다고 한다. 하지만 몇 달 지나고 나면 생각이 있는 대다수 죄수들은 자신의 불운한 과거를 떨쳐내고 차분하게 교도소 생활을 받아들이며 정착하는 데 최선을 다한다고 했다. 교도소장 로스는 싱싱 교도소의 수감자 중 한 명이 정원사였는데, 교도소 담장 안에서 야채나 꽃을 키우며 노래를 불렀다는 이야기를 들려주었다.

싱싱 교도소 안에서 꽃을 재배하며 노래하던 그 수감자는 우리보다 더 분별력 있는 사람이었다. 그는 다음과 같은 내용을 알고 있었던 것이다.

> 손가락이 쓰네. 그리고 영장도.
> 다시 움직여가니 너의 경건함과 지혜도
> 그 손을 다시 불러 반 줄도 지우게 하지 못하고,
> 너의 모든 눈물로도 한 단어조차 지우지 못하네.

그러므로 왜 눈물을 낭비해야 하겠는가? 우리는 어리석은 실수로 죄를 지은 적이 있고, 옳지 않은 일을 할 때도 있다! 그래서 어쩌겠는가? 그렇지 않은 사람이 있을까? 나폴레옹조차도 자신이 이끈 중요한 전투에서 3분의 1 정도는 패했다. 아마 우리의 승률이 나폴레옹보다 나쁘지는 않을 것이다. 누가 알겠는가?

어쨌든 왕이 거느린 모든 말과 군사들을 동원하더라도 과거의 한순간도 되돌릴 수 없다. 그러니 여섯 번째 규칙을 기억하자.

걱정하는 습관을 없애는 방법 6

톱밥을 톱질하려 들지 마라.

걱정이 당신을 무너뜨리기 전에
걱정하는 습관을 없애는 방법

1. 계속 바쁘게 지내면서 머릿속에서 밀려드는 걱정을 몰아 내라. 충분히 행동해야 '꼬리에 꼬리를 무는 걱정'을 가장 잘 끊어낼 수 있다.

2. 사소한 것에 과잉반응을 하지 마라. 그저 조그만 개미에 불 과한 사소한 일들이 당신의 행복을 망치게 놔두지 마라.

3. 걱정을 없애기 위해 평균의 법칙을 사용하라. 자신에게 물 어보라. "이 일이 조금이라도 일어날 확률은 얼마인가?"

4. 피할 수 없다면 받아들여라. 우리 힘으로 어찌할 수 없는 상황이라면 스스로에게 이렇게 말하라. "이것이 진실이 다. 결코 달라지지 않는다."

5. 당신의 걱정을 손절매하라. 걱정할 가치가 있는지, 얼마나 많이 걱정해야 하는지 결정하고 더 이상 생각하지 마라.

6. 과거는 무덤 속에 두어라. 톱밥을 톱질하려 하지 마라.

4

평안과 행복을 가져다주는
정신 자세를 기르는 7가지 방법

How to

stop

worrying

&

start living

인생을 변화시키는 여덟 단어

몇 년 전, 한 라디오 프로그램에서 이런 질문을 받은 적이 있다. "인생을 살아오면서 깨달은 가장 큰 교훈은 무엇인가요?"

답은 쉬웠다. 내가 지금까지 얻은 가르침 중 생각의 중요성이야말로 단연코 가장 필수적인 교훈이었다. 만약 내가 당신의 생각을 읽을 수 있다면 나는 당신이 누구인지 알 수 있을 것이다. 우리의 생각은 우리가 누구인지를 결정짓는다. 우리의 정신 자세는 우리의 운명을 결정하는 X인자다. "온종일 생각하는 모든 것, 그것이 바로 그 사람이다"라고 랠프 에머슨은 말했다. 이것 외에 달리 무엇이 될 수 있겠는가?

이제 나는 모든 의심을 넘어서 확신을 가지고 우리가 해결해야 할 가장 큰 문제며 거의 유일한 문제는 올바른 생각을 선택하는 것이라는 사실을 알고 있다. 만약 그렇게 할 수 있다면 우리는 모든 문제를 해결할 수 있는 탄탄대로 위에 서게 되는 것이다. 로마제국을 통치했던 위대한 철학자 마르쿠스 아우렐리우스는 이 사실을 여덟 단어로 정의했다. 당신의 운명을 결정 지을 수도 있는 그 여덟 단어는 이것이다. "우리의 생각이 우리의 삶을 만든다(Our life is what our thoughts make it)."

그렇다. 우리가 행복한 생각을 한다면 행복해지는 것이다. 비참한 생각을 하면 비참해지는 것이고, 두려운 생각을 하면 두려워지는 것이다. 몸이 아프다는 생각을 하면 아마 병이 날 것이고, 실패를 생각하면 분명 실패할 것이다. 자기 연민에 빠져 있다면 모든 사람들이 당신을 피하려 할 것이다. 노먼 빈센트 필은 이렇게 말했다. "당신은 당신이 생각하는 당신이 아니다. 당신의 생각, 그게 당신이다(You are not what you think you are; but what you think, you are)."

내가 모든 문제에 대해 습관적으로 지나치게 낙천적인 자세를 옹호하고 있다고 생각하는가? 그렇지 않다. 안타깝게도 인생은 그 정도로 호락호락하지 않다. 하지만 부정적인 자세보다는 긍정적인 자세를 갖는 것을 지지한다. 다시 말해 우리는 직면한 문제에 신경을 써야 하지만 걱정할 필요는 없다는 말이다. 신경 쓰는 것과 걱정하는 것의 차이는 무엇일까? 구체적으로 설명해 보겠다. 나는 매번 뉴욕의 꽉 막힌 길을 건널 때마다 지금 하고 있는 일에 신경을 쓰지만 걱정을 하지는 않는다. 신경을 쓴다는 것은 문제점이 무엇인지 깨닫고, 침착하게 앞으로 나아가 문제를 마주하는 것을 의미한다. 그리고 걱정한다는 것은 아무 소용 없는 원을 마냥 그리며 제자리를 빙빙 도는 것을 말한다.

어떤 이는 심각한 문제에 신경을 쓰면서도 여전히 턱을 치켜

들고 단추 구멍에 카네이션을 꽂은 채 걸을 수 있다. 나는 로웰 토머스가 그렇게 행동하는 걸 보았다. 언젠가 나는 로웰 토머스의 유명한 기록영화(제1차 세계대전에 참전했던 엘런비 로렌스에 관한 영화—옮긴이)를 상영하는 자리에서 영광스럽게도 그와 가까워질 수 있는 기회가 생겼다. 토머스와 그의 조수들은 여섯 군데 전쟁터에서 전쟁 사진을 촬영했고, 특히 T. E. 로렌스와 그가 이끄는 아라비아 군대의 사진 기록, 그리고 팔레스타인에서 정복 활동을 벌이던 앨런비에 관한 영상 기록을 가지고 돌아왔다. 토머스는 '팔레스타인의 앨런비와 아라비아의 로렌스'라고 이름 붙인 사진을 함께 보여주는 강연을 열어 런던은 물론 전 세계에서 선풍적인 인기를 끌었다. 위험천만한 모험담을 들려주고 사진을 보여주는 이 강연이 코번트 가든 왕립 오페라 극장에서 계속되는 바람에 결국 런던의 오페라 시즌이 6주나 연기되어버렸다. 런던에서 놀라운 성공을 거둔 후 로웰 토머스는 수많은 나라들을 돌며 성공적인 강연을 이어갔다. 이후 그는 인도와 아프가니스탄에서의 삶에 대한 기록영화를 준비하면서 2년을 보냈다. 하지만 믿기지 않을 정도로 수많은 불운이 닥치면서 불가능할 것 같았던 일이 벌어졌다. 토머스가 런던에서 빈털터리가 되어버린 것이다. 그 시기에 나는 그와 함께 있었다.

우리는 저렴한 식당에서 싼 음식을 먹어야 했던 걸로 기억한다. 그마저도 유명한 스코틀랜드 출신의 예술가 제임스 맥베이에게 돈을 빌리지 않았다면 먹지 못했을 것이다. 여기서부터가 이야기의 핵심이다.

로웰 토머스는 엄청난 빚을 지고 크게 낙심하던 그때에도 그 문제에 신경을 썼지 걱정을 하지는 않았다. 자신이 패배감에 젖어버린다면 채권자를 포함한 모두에게 쓸모없는 인간으로 비춰질 거란 걸 알고 있었다. 그래서 로웰은 매일 아침마다 하루를 시작하기 전에 꽃 한 송이를 사서 단추 구멍에 끼우고는 고개를 들고 활기찬 걸음으로 몸을 좌우로 흔들며 옥스퍼드 거리를 활보했다. 그는 긍정적이고 용기를 주는 생각을 하면서 패배감 앞에서 무너지지 않았다. 토머스에게 실패는 충분히 예상한 일이었고, 정상에 오르기를 원한다면 각오해야만 하는 필요한 훈련이었다.

우리의 정신 자세는 물리적인 힘에서조차 믿기 힘든 효과를 낸다. 영국의 유명한 심리학자 J. A. 해드필드는 《힘의 심리학》이라는 자신의 책에서 이 사실에 대한 아주 좋은 예를 언급한다. "나는 정신적인 부분이 물리적인 힘에 작용하는 영향을 알아보는 실험을 하기 위해 세 명의 남성에게 참가 요청을 했다." 해드필드는 그들에게 악력 측정기를 온 힘을 다해 쥐라고 말했다. 그는 이 실험을 세 가지 다른 상황에서 시행했다.

일반적으로 깨어 있는 상황에서 세 명의 남성에게 실험을 시행한 결과 평균 악력은 46킬로그램이었다. 그런 다음 해드필드가 그 세 명의 남성들에게 그들이 매우 약하다고 최면을 건 후 실험을 했더니 기존의 악력에 3분의 1 수준도 안 되는 고작 13킬로그램의 악력이 나왔다(이들 중 한 명은 수상 기록이 있는 권투 선수였고, 그는 약하다는 최면에 걸렸을 때 자신의 팔이 '아기 팔처럼 작게 느껴진다'

라고 말했다).

그다음으로 해드필드는 세 명의 남성에게 그들은 매우 강하고 평균 64킬로그램의 악력이 나올 거라는 최면을 건 후 세 번째 실험을 진행했다. 그 결과 힘이 강하다는 긍정적인 생각이 그들의 마음을 지배했고, 자신들의 실제 힘보다 거의 다섯 배 증가한 힘을 냈다. 우리의 정신 자세는 이처럼 믿기지 않을 정도의 힘을 갖고 있다.

생각이 가진 마법 같은 힘에 대한 실례를 보여주기 위해 미국 역사 속의 놀라운 이야기를 하려 한다. 이 이야기로 책을 쓸 수도 있겠지만 그 내용을 요약해보자면 이렇다. 남북전쟁이 끝난 직후의 어느 싸늘한 10월 밤, 세상을 떠도는 방랑자보다 나아 보일 게 없는, 집 없고 가진 것 없는 한 여인이 매사추세츠주 에임즈베리에 살고 있는 퇴역 해군 대령의 아내 웹스터 부인의 집 문을 두드렸다.

문을 연 웹스터 부인은 '뼈와 살가죽만 남아 45킬로그램도 채 안 될 것 같아' 금방이라도 쓰러질 것 같은 작은 생명체를 보았다. 글로버 부인이라는 이 낯선 여인은 밤낮으로 자신을 괴롭히는 문제를 생각하고 해결책을 마련하기 위해 머물 곳을 찾고 있다고 설명했다.

"여기서 지내는 게 어때요? 이 큰 집에서 나 혼자 지내고 있어요." 웹스터 부인이 대답했다.

웹스터 부인의 막내 사위 빌 엘리스가 뉴욕에서 휴가차 방문하지 않았다면 글로버 부인은 웹스터 부인과 계속 함께 살았을

지도 모른다. 사위가 글로버 부인을 발견하고는 "이 집에서 부랑자와 함께 있을 수 없어!"라고 소리치며 갈 곳 없는 그녀를 문밖으로 내쫓았다. 폭우가 쏟아지고 있었다. 글로버 부인은 빗속에서 몸을 떨며 얼마간 서 있다가 또다시 거처를 찾아 길을 걷기 시작했다.

이제부터 이 이야기의 정말 놀라운 부분이 시작된다. 빌 엘리스가 집 밖으로 내쫓았던 그 부랑자는 이 세상의 다른 어떤 여성보다도 더 인류의 사고에 큰 영향력을 끼칠 운명이었다. 그녀는 '크리스천 사이언스'의 창시자로, 현재 수많은 헌신적인 신도들에게 메리 베이커 에디로 알려진 인물이다.

그런데도 지금까지 그녀의 병과 슬픔, 비극 말고는 알려진 사생활이 거의 없다. 그녀의 첫 번째 남편은 결혼 후 바로 세상을 떠났다. 두 번째 남편은 그녀를 버리고 유부녀와 눈이 맞아 함께 달아났다가 이후 빈민 시설에서 생을 마감했다. 에디 부인에게는 아들이 하나 있었는데, 가난과 질병, 시기 때문에 결국 네 살 된 아들을 포기해야만 했다. 결국 아들을 찾을 길이 모두 사라져버렸고 31년 동안 다시는 아들을 볼 수 없게 되었다.

자신의 병든 몸 때문에 에디 부인은 스스로 '정신 치유의 과학'이라고 칭하는 분야에 수년 동안 관심을 갖고 있었다. 하지만 그녀 인생의 극적인 전환은 매사추세츠 주의 린에서 일어났다. 몹시 추운 어느 날, 에디 부인은 시내를 걷다가 빙판길에서 넘어져 의식을 잃게 되었다. 척추를 다치면서 온몸에 경련이 일어났다. 의사조차도 그녀가 죽을 거라고 생각했다. 설사 살아나는 기적이 일어난다 해도 다시는 걷지 못할 거라고 단언했다.

침대에 누워 죽음을 기다리면서 메리 베이커 에디는 《성경》을 펼쳤고, 그녀의 주장에 따르면 성령의 인도로 〈마태복음〉에 나오는 다음 구절을 읽게 되었다고 한다. "침상에 누운 중풍병자를 사람들이 데리고 오거늘 예수께서 (…) 중풍병자에게 이르시되 작은 자야 안심하라. 네 죄 사함을 받았느니라. (…) 일어나 네 침상을 가지고 집으로 가라 하시니 그가 일어나 집으로 돌아가거늘."(마태복음 9장 2절~7절)

"그 경험은 나에게 스스로 잘 사는 방법과 다른 이들 역시 잘 살게 하는 방법을 발견하는 중요한 계기가 되었습니다. 모든 일의 원인은 마음에서 비롯되며, 결과는 정신적 현상이라는 과학적인 확신이 섰습니다"라고 에디 부인은 말했다.

메리 베이커 에디는 이런 방식으로 신흥 종교의 창시자이자 대여사제가 되었다. 크리스천 사이언스는 여성이 세운 유일한 종교 신앙으로 전 세계로 전파되었다.

지금쯤 되면 아마도 이런 생각이 들 것이다. '카네기 이 사람, 크리스천 사이언스를 믿으라고 말하고 있군.' 그건 아니다. 당신은 틀렸다. 나는 크리스천 사이언스 신자가 아니다. 하지만 나는 세월이 흐를수록 생각이 가진 굉장한 힘을 더 깊이 믿게 된다. 35년간 성인들을 가르치면서 사람들이 생각을 바꾼다면 걱정, 두려움, 다양한 질병을 몰아낼 수 있고, 자신들의 삶을 바꿀 수도 있다는 것을 알게 되었다. 나는 안다! 안다!! 안다!!! 이런 믿기 힘든 변화를 나는 수없이 목격했다. 이제는 너무 자주 목격해서 더 이상 이런 변화들이 궁금하지 않을 정도다.

한 예로 이런 변화가 미네소타 주의 세인트폴 웨스트 아이다 호 가 1469번지에 살고 있는, 내 강좌를 수강하던 프랭크 웨일리라는 사람에게도 나타났다. 웨일리는 신경쇠약을 앓고 있었다. 무엇이 그 병의 원인이었을까? 바로 걱정이다. 프랭크 웨일리는 내게 이렇게 말했다.

"저는 모든 걸 걱정했습니다. 너무 말라서 걱정, 머리가 빠진다는 생각에 걱정, 결혼 자금을 모으지 못할까 봐 걱정, 좋은 아버지가 되지 못할 거라는 생각에 걱정, 결혼하고 싶은 여자를 놓칠까 봐 걱정, 잘 살고 있지 못하다는 생각에 걱정. 다른 사람들이 보는 제 인상도 걱정이었습니다. 위궤양이 있는 것 같아 그것도 염려가 되었습니다. 더 이상 일을 할 수가 없어서 직장을 그만둬야 했습니다. 마치 제 자신이 제 안에 불안과 긴장을 잔뜩 쌓아놓아 안전밸브 따위는 없는 보일러가 된 것만 같았습니다. 압력을 견딜 수 없어서 어딘가는 터질 듯했는데, 결국 그렇게 되었습니다. 만약에 신경쇠약에 걸려본 적이 없다면 하나님에게 절대 걸리지 않게 해달라고 기도하십시오. 어떤 신체의 아픔도 고통이 가득한 마음의 극심한 통증보다 심하지는 않으니까요.

신경쇠약이 너무 심해서 가족에게조차 말할 수가 없었습니다. 제 생각을 통제할 수 없었죠. 두려움으로 가득 차 있었고, 조그마한 소리에도 소스라치게 놀라곤 했습니다. 모두를 피하게 되었고, 분명한 이유가 전혀 없는데도 울음을 터뜨리곤 했습니다.

하루하루가 고통의 연속이었습니다. 모든 사람에게, 심지어

신에게조차 버림받은 기분이었습니다. 강으로 뛰어내려 모든 걸 끝내고 싶었습니다.

저는 대신 주변 환경이 변하면 도움이 될 거라는 희망을 품고 플로리다로 여행을 떠나기로 결심했습니다. 기차에 올라서자 아버지께서 편지를 건네며 플로리다에 도착할 때까지 열어보지 말라고 당부하셨습니다. 여행객들이 가장 많이 찾아오는 시기에 플로리다에 도착했습니다. 호텔에 묵을 수 없었기에 차고에 딸려 있는 방 하나를 빌렸습니다. 마이애미에서 출발하는 비정기 화물선에서 일자리를 구하려 해봤지만 운이 없었습니다. 그래서 대부분의 시간을 해변에서 보냈습니다. 저는 집에 있을 때보다 플로리다에서 더 비참했습니다. 그때서야 아버지가 뭐라고 쓰셨는지 보려고 편지를 열어보았습니다. 편지에는 이렇게 쓰여 있었습니다.

'아들아, 집에서 2400킬로미터나 멀리 떨어져 있지만 크게 달라진 건 느끼지 못하고 있겠지. 그렇지? 그러리란 걸 아버지는 알고 있었단다. 네 모든 문제의 원인을 그곳으로 함께 데려갔기 때문이지. 그리고 그 모든 문제의 원인은 바로 네 자신이란다. 네 몸과 정신은 아무 문제가 없단다. 너를 거칠게 내동댕이치는 이 상황들은 네가 마주친 것들이 아니라 네 스스로 생각해낸 것들이란다. 사람은 마음먹는 대로 된다. 아들아, 이걸 깨달았을 때 너는 치유될 것이니 그때 집으로 돌아오거라.'

아버지의 편지를 읽고 나니 화가 났습니다. 저는 아버지의 따뜻한 위로를 기대했지만 훈계뿐이었습니다. 너무 화가 나서 편지를 읽고는 절대 바로 집으로 돌아가지 않겠다고 결심했습니다. 그날 밤 마이애미의 한 골목길을 걷다가 예배를 드리고 있던 교회에 발길이 닿았습니다. 갈 곳이 없었기에 저는 교회 안으로 들어가 설교를 들었습니다. '자신의 마음을 정복한 자는 도시를 정복한 자보다 강하다.' 하나님의 성스러운 집에 앉아 아버지가 편지에 적어주셨던 이야기를 듣고 있노라니 머릿속에 쌓여 있던 쓰레기들이 모두 쓸려 나가는 것 같았습니다. 살면서 처음으로 또렷하고 분별력 있게 생각할 수 있었습니다. 그러고는 제 자신이 얼마나 바보였는지 깨달았습니다. 온 세상과 모든 이를 변화시키길 바라는 제 모습에 충격을 받았습니다. 자신의 마음이라는 카메라 렌즈에 초점을 맞추는 것이야말로 유일하게 변화가 필요했던 부분이었던 겁니다.

다음 날 아침 짐을 싸서 집으로 돌아갔습니다. 일주일 뒤 직장으로 복귀했습니다. 4개월 후, 헤어질까 봐 전전긍긍했던 여자와 결혼하게 되었습니다. 지금 저희 부부는 다섯 명의 아이들을 키우며 행복한 가정을 꾸려가고 있습니다. 하나님은 물질적인 측면과 정신적인 측면 모두를 도와주셨습니다. 절망적이었던 시절에는 18명의 직원을 관리하는 작은 부서의 야간 감독으로 일했습니다. 지금은 상자 제조 공장의 관리자로서 450명이 넘는 직원들을 관리하고 있습니다. 삶이 훨씬 풍요로워지고 우호적으로 변했습니다. 이제 저는 삶의 진정한 가치에 감사하게 되었습니다. 모든 이의 삶에서 그렇듯 걱정이 생기는 그 순간, 저는 스스로에게 카메라 렌즈의 초점을 다시 맞추라고 말합니다. 그러고 나면 모든 게 괜찮아집니다.

우리의 마음과 몸을 다스리는 생각의 힘이 얼마나 큰지 어렵게 알아냈던 힘겨운 시절이 있어서 고맙다고 솔직히 말할 수 있습니다. 이제 저는 저에게 불리한 생각이 아닌 저를 위한 생각을 할 수 있게 되었습니다. 이제 저를 괴롭히던 모든 것들은 외부 환경이 아니라 바로 제가 그렇게 생각한 것이라는 아버지의 말씀이 옳다는 걸 알게 되었습니다. 그 사실을 깨닫자 곧 병이 나았습니다."

우리 마음의 평화와 기쁨은 우리가 어디에 있는지, 무엇을 가지고 있는지, 누구인지에 의해 좌우되는 게 아니라 우리의 정신 자세에 달려 있다는 것을 나는 굳게 믿는다. 외부 조건은 영향력이 거의 없다. 예를 들어 버지니아 주의 하퍼스 페리에 있던 연방 정부 무기고를 점거하고 노예제도 폐지 운동을 선동하다가 교수형에 처해졌던 존 브라운의 경우를 보자. 그는 자신의 관에 앉은 채 교수대로 실려 갔다. 그와 나란히 끌려가고 있던 죄수는 이 상황이 두렵고 걱정스러웠다. 하지만 존 브라운은 침착했다. 그는 버지니아 주의 블루리지 산맥을 바라보며 이렇게 감탄했다. "이 얼마나 아름다운 나라인가! 지금까지 이런 아름다운 풍경을 진심으로 바라볼 기회가 한 번도 없었다니."

또 다른 예로 남극을 탐험한 첫 영국인인 로버트 펠콘 스코트와 그의 동료들의 이야기가 있다. 이들이 탐험에서 돌아오는 길은 아마도 인간이 다녀온 그 어떤 여정보다 고통스러운 여정이었을 것이다. 식량도 연료도 모두 바닥났다. 11일간 밤낮으로 맹수처럼 으르렁거리며 휘몰아치는 사납고 매서운 눈보라에 극빙 꼭대기 부분이 잘려나가면서 더 이상 행군을 할 수 없게 되었다. 스코트와 그의 동료들은 자신들이 죽어가고 있다는 사실을 알고 있었고, 이런 비상사태를 대비해 아편을 어느 정도 가지고 왔다. 많은 양의 아편을 피웠다면 그들은 자리에 누워 다시는 깨어나지 않을 즐거운 꿈을 꿀 수 있었을 것이다. 하지만 그들은 아편을 피우지 않았고 '환호의 노래를 부르며' 죽어갔다. 8개월 후 수색대가 얼어붙은 그들의 몸속에서 작별 편지를 찾아내면서 이 사실이 알려지게 되었다.

그렇다. 용기와 침착이라는 새로운 생각을 마음속에 간직한다면 우리는 교수대로 실려 가는 관에 앉아 주변 풍경을 즐길 수 있을 것이고, 배고픔 속에서 얼어 죽어가는 그 순간에도 '환호의 노랫소리'가 텐트에 가득 울려 퍼질 것이다.

300년 전 존 밀턴은 눈이 멀고 나서 이 사실을 깨달았다.

> 마음은 자신만의 자리가 있으니
> 그 안에서 스스로 지옥을 천국으로,
> 천국을 지옥으로 만든다.

나폴레옹과 헬렌 켈러는 밀턴의 말을 입증하는 가장 적합한 예다. 나폴레옹은 인간들이 보통 갈망하는 영광, 힘, 부를 모두 가졌지만 자신의 유형지였던 세인트 헬레나 섬에서 이렇게 말했다. "내 생애 행복했던 날은 단 6일도 되지 않았다." 반면에 헬렌 켈러는 보지도 듣지도 말하지도 못했지만 인생을 이렇게 표현했다. "인생은 정말 아름답다."

반세기를 살면서 무엇인가를 배웠다면 그건 바로 '나 자신 말고는 이 세상 어떤 것도 내게 평화를 가져다줄 수 없다'라는 사실이다.

나는 랠프 에머슨의 《자기신뢰》에 쓴 구절을 그대로 옮겼을 뿐이다. "정치적 승리, 집값 상승, 건강 회복, 떨어져 지냈던 친구와의 재회 또는 다른 외부 요소가 정신을 단련시켜주고 마치 행복한 날들이 기다리고 있는 것처럼 보이게 한다. 믿지 마라. 그렇게 될 수 없다. 나 자신 말고는 이 세상 그 어떤 것도 내게 평화를 가져다줄 수 없다."

위대한 철학자 에픽테토스는 '몸속의 종양과 종기'를 제거하는 일보다 마음속에서 잘못된 생각을 몰아내는 일에 더 집중해야 한다고 경고했다.

에픽테토스가 1900년 전에 한 말이지만 현대 의학은 그의 주장을 뒷받침해준다. G. 캔비 로빈슨 박사는 존스홉킨스 병원에 입원한 다섯 명의 환자 중에서 네 명은 정서적 중압감과 스트레스에서 비롯된 질환을 앓고 있다고 말했다. 기질적 장애를 갖고 있는 환자들의 경우도 같은 이유로 발생하는 경우가 있다. 로빈슨 박사는 이렇게 말했다. "결국 이러한 질병들의 원인은 인생과 인생의 문제들에 대한 부적응에서 비롯된다."

프랑스의 위대한 철학자인 몽테뉴는 자신의 좌우명을 이렇게 밝혔다. "인간은 일어난 일보다는 그에 대한 자신의 해석 때문에 상처를 받는다." 그리고 일어나는 일에 대한 우리의 생각은 전적으로 우리에게 달려 있다.

내 말의 의미가 무엇일까? 골칫거리들로 인해 쓰러질 지경이고, 신경이란 신경은 다 곤두서서 날카로워져 있는 당신의 면전에다 대고, 의지를 갖고 노력하기만 하면 당신의 정신 자세를 바꿀 수 있다는 엄청난 주장을 하고 있는 것일까? 그렇다. 정확히 그걸 의도한 것이다. 그리고 그것만이 전부가 아니다. 이제 어떻게 정신 자세를 바꿀 수 있는지에 대해 보여주겠다. 어느 정도의 노력은 필요하겠지만 그 비결은 간단하다.

실용심리학에 관한 지식이 그 누구보다도 풍부했던 윌리엄 제임스는 다음과 같은 소견을 제시했다. "인간은 감정에 따라 행동하는 것 같아 보이지만, 실제로 행동과 감정은 상호적인 관계를 갖고 있다. 그리고 행동은 의지에 의해 조절이 가능한데, 행동을 통제하면 통제가 더 어려운 감정도 간접적으로 조절할 수 있게 된다."

다시 말해서 윌리엄 제임스는 마음을 변화시킴으로써 감정을 즉각적으로 변화시킬 수는 없지만 행동을 조절하는 것은 가능하다고 주장한다. 그리고 행동을 변화시켰을 때 감정은 저절로 바뀌게 된다는 것이다.

"그러므로 즐겁지 않을 때 의도적으로 기분을 전환시킬 수 있는 방법은 유쾌한 마음을 갖고 이미 유쾌한 것처럼 말하고 행동하는 것이다."

이런 단순한 속임수가 과연 효과가 있을까? 이 방법은 성형수술과 같은 효과가 있다. 시도해보라. 얼굴 가득 크고 환하게 진정한 미소를 짓고, 어깨를 활짝 펴고 숨을 깊이 들이마시고 노래를 불러보라. 노래를 못한다면 휘파람을 불어보라. 휘파람도 못 분다면 흥얼거려보아라. 곧 윌리엄 제임스가 한 말의 의미를 깨닫게 될 것이다. 신체적으로 굉장히 행복한 것처럼 행동하는 동안에 우울하고 침체되어 있기는 불가능하다.

이는 어느 누구에게도 기적을 가져다줄 수 있는 자연의 기본적인 진리 가운데 하나다. 이 비밀을 알았더라면 캘리포니아에 살고 있는 한 여성은 24시간 안에 자신의 모든 고통을 없애버릴 수 있었을 것이다(이름은 밝히지 않겠다). 안타깝게도 그녀는 나이가 많은 미망인이었다. 하지만 그녀는 행복한 것처럼 행동하려고 했을까? 그러지 않았다. 그녀에게 기분이 어떠냐고 물으면 그녀는 "오, 괜찮아요"라고 대답했다. 하지만 그녀의 표정과 불만스러운 목소리는 마치 이렇게 말하고 있는 듯했다. "오, 세상에! 당신은 제가 어떤 고생을 했는지 결코 모르실 거예요." 그녀는 자기 앞에서 행복해하는 당신을 비난하는 것처럼 보인다.

하지만 그녀는 다른 수많은 여성들보다 경제적으로 여유가 있었다. 그녀의 남편은 그녀에게 여생을 보내기에 충분한 보험금을 남겨주었고, 결혼한 자녀들은 그녀에게 살 곳을 마련해주었다. 하지만 나는 그녀가 미소 짓는 것을 거의 본 적이 없다. 그녀는 결혼한 딸의 집에서 몇 달씩 머무르면서도 세 명의 사위가 모두 인색하고 이기적이라고 불평했다. 그리고 '자신의 노년'을 위해서 돈은 쓰지 않으면서 딸들이 자신에게 선물을 주지 않는다고 불평했다. 그녀는 자신과 가족 모두에게 드리워진 어두운 그림자 같은 존재가 되었다!

그런데 꼭 그렇게 되어야만 했던 것일까? 참 안된 일이다. 변하려는 의지만 있다면 그녀는 스스로를 비참하고 고통스럽고 불행한 늙은 여자에서 가족에게 존경받고 사랑받는 어머니로 변화시킬 수 있다. 그녀가 변하기 위해 해야 할 일은 즐겁게 행동하는 것뿐이다. 불행하고 고통스러운 자신에만 초점을 맞추지 말고 다른 사람에게도 사랑을 나누어줄 수 있는 것처럼 행동해야 한다.

나는 인디애나 주 텔 시 11번가 1335번지에 살고 있는 H. J. 잉글러트라는 남자를 알고 있다. 그는 이러한 비결을 발견한 덕분에 지금까지 살아 있다. 10년 전 잉글러트는 성홍열을 앓았다가 회복되었지만, 또다시 신염이라는 신장병이 발병했다는 사실을 알게 되었다. 잉글러트는 돌팔이 의사까지 포함해 다양한 분야의 의사들을 모두 찾아갔지만 아무 소용이 없었다.

그러고 나서 바로 얼마 전부터는 다른 합병증까지 앓게 되었다. 혈압이 치솟았기 때문이다. 그는 의사를 찾아갔고, 최고 혈압이 214까지 올라간다는 말을 듣게 되었다. 의사는 병이 심각한데다 계속 악화되고 있으니 빨리 주변 정리를 하는 게 좋겠다고 충고했다. 그는 이렇게 말했다.

"집으로 돌아와서 보험금을 모두 지불했는지 확인하고, 신에게 내 잘못에 대해 용서를 구한 다음 우울한 생각에 잠겼습니다. 저는 주변의 모든 사람들을 불행하게 만들었습니다. 아내와 다른 가족들은 우울해졌고, 저 역시도 우울한 감정에 깊이 빠져들었습니다. 하지만 자기 연민에 빠져 있던 일주일이 지나고 스스로에게 이렇게 말했습니다. '바보처럼 굴고 있잖아! 아직 1년 안에 죽을 것도 아닌데 살아 있는 동안이라도 행복해지려고 노력하는 게 어때?'

어깨를 활짝 펴고 웃으며 평소처럼 행동하려 했습니다. 처음에는 노력이 필요했고, 즐겁고 유쾌하게 행동하도록 애써야 했지만, 그런 태도는 곧 제 가족은 물론 저에게도 도움이 되었습니다.

제가 가장 먼저 깨달은 점은 실제로 기분이 좋아지기 시작했다는 겁니다! 상황은 점점 좋아졌습니다. 그리고 이미 무덤 속에 있어야 할 때를 몇 달이나 넘긴 오늘도 저는 살아 있고 행복할 뿐만 아니라 혈압도 떨어졌습니다! 저는 한 가지 사실을 확실히 알게 되었습니다. 만약 죽어간다는 생각에만 빠져 있었다면 의사의 예측은 분명히 현실이 될 겁니다. 하지만 저는 오직 정신 자세를 변화시키면서 제 몸이 스스로 치유할 수 있는 기회를 주었습니다."

여기 질문이 하나 있다. 만약에 단지 즐겁게 행동하고 건강과 용기에 대한 긍정적인 생각을 하는 것만으로도 이 남자의 목숨을 구할 수 있다면 왜 사소한 우울증을 계속해서 견뎌야 하는 걸까? 단지 즐겁게 행동하는 것만으로 행복을 만들어낼 수 있다면 왜 자신과 주변의 모든 사람들을 불행하고 우울하게 만드는 걸까?

오래전 나는 내 인생에 오래도록 깊은 영향을 미치게 된 책을 한 권 읽었다. 제임스 레인 앨런의 《위대한 생각의 힘》이라는 책인데, 그 책에는 이런 구절이 나온다.

"우리가 사물과 타인에 대한 생각을 바꾼다면 사물과 타인들 역시 우리를 다르게 대할 것이다. (…) 빠르게 생각을 바꾸어보자. 그렇게 되면 물리적인 환경이 급격하게 변화하는 것에 놀라게 될 것이다. 사람들은 자신이 원하는 것을 끌어당기는 게 아니라 자신의 모습과 닮은 것들을 끌어당긴다. (…) 우리의 최후를 빚어내는 신은 우리 안에 있다. 바로 우리 자신이다. (…) 인간이 성취하는 모든 것은 자신의 생각이 직접적으로 영향을 미친 결과다. (…) 인간은 생각을 키워야만 발전하고 극복하고 성취할 수 있다. 이를 거부할 때 인간은 약하고 비참한 존재로 남아 있을 수밖에 없다."

〈창세기〉에 따르면 창조주는 인간에게 온 세상의 지배권을 주었다. 엄청난 선물이었다. 하지만 나는 이런 엄청난 특권에는 관심이 없다. 내가 원하는 건 내 생각을 스스로 지배하는 지배권과 두려움을 지배하는 지배권, 내 마음과 영혼을 지배하는 지배권이다. 그리고 내 행동을 통제하는 것만으로 내가 원할 때는 언제나 이 지배권을 확보할 수 있다는 사실을 나는 알고 있다. 행동을 통제하는 것이 다시 내 반응을 통제하기 때문이다.

그러니 윌리엄 제임스의 이 말을 기억하자. "내면의 자세를 두려움에서 투지로 바꾸는 간단한 변화만으로도 악이라 부르는 것들이 상쾌하고 기운이 돋는 선으로 바뀔 수 있다."

행복을 위해 맞서 싸우자! 즐겁고 건설적인 생각을 할 수 있게 해주는 하루의 계획을 실행하면서 행복해지려고 노력하자. 그런 계획을 하나 소개하겠다. 이 계획의 이름은 '오늘만큼은'이다. 이 계획이 커다란 깨우침을 준다고 생각된 나는 수백 부를 만들어 배포했다. 이 계획은 36년 전 시빌 F. 파트리지가 만든 것이다. 이 계획에 따라 살아가다 보면, 대부분의 걱정은 사라지고 프랑스 사람들이 말하는 'la joie de vivre', 즉 '삶의 기쁨'을 풍족하게 누릴 수 있을 것이다.

오늘만큼은

1. 오늘만큼은 행복할 것이다. "대부분의 사람들은 마음먹은 만큼 행복하다"라는 에이브러햄 링컨의 말은 사실이다. 행복은 내면에서 나오는 것이지 외부에서 오는 게 아니다.
2. 오늘만큼은 모든 것에 나를 맞추겠다. 내 기대에 맞추려고 하지 않고 가족과 일, 행운을 다가오는 그대로 받아들이고 나 스스로를 거기에 맞출 것이다.
3. 오늘만큼은 몸을 돌보겠다. 몸은 내 삶을 위한 완벽한 장비다. 그러니 운동하고 몸을 돌보고 영양을 섭취하면서 함부로 다루거나 방치하지 않도록 하겠다.
4. 오늘만큼은 내 마음을 단단히 단련하겠다. 뭔가 유용한 것을 배우겠다. 빈둥빈둥 시간만 보내지 않고 생각하고 집중하며 무언가를 읽어보겠다.
5. 오늘만큼은 세 가지 방법으로 내 영혼을 단련하겠다. 선의를 베풀고 티 내지 않겠다. 윌리엄 제임스가 제안했듯이 단련을 위해 하기 싫은 일을 최소한 두 가지는 하겠다.
6. 오늘만큼은 호감 있는 사람이 되겠다. 될 수 있는 한 멋있게 보이도

록 하고, 어울리게 옷을 입고, 조용히 말하고 예의바르게 행동하며, 칭찬에 관대해지겠다. 결코 비난하고 단점을 찾으려 들거나 다른 이를 통제하고 개선시키려 하지 않겠다.

7. 오늘만큼은 오늘 하루만 살도록 하겠다. 인생의 모든 문제에 한꺼번에 맞서려 하지 않겠다. 평생 동안 해야 한다면 질리게 될 일도 열두 시간 동안이라면 할 수 있지 않은가.

8. 오늘만큼은 계획을 세워보겠다. 매시간 할 일을 적어보겠다. 정확하게 따르지 않더라도 적어놓겠다. 계획은 서두름과 망설임이라는 성가신 두 가지를 없애준다.

9. 오늘만큼은 30분 동안 조용히 나 자신에게 집중하며 긴장을 풀겠다. 이 30분 동안 때로는 삶에 대한 좀 더 나은 관점을 갖기 위해 신을 생각하겠다.

10. 오늘만큼은 두려워하지 않겠다. 특히 행복해지기를, 아름다움을 즐기기를, 사랑하기를, 내가 사랑하고 나를 사랑하는 이들을 믿는 것을 두려워하지 않겠다.

만약 우리에게 평안과 행복을 가져다줄 정신 자세를 기르고 싶다면, 여기 첫 번째 규칙이 있다.

평안과 행복을 가져다주는 정신 자세를 기르는 방법 1

즐겁게 생각하고 행동하라. 그러면 기분이 좋아질 것이다.

앙갚음은 대가가 크다

수년 전 어느 날 밤, 나는 옐로스톤 공원을 구경하다가 다른 관광객들과 함께 울창한 소나무와 전나무 숲을 향해 있는 관람석에 앉았다. 우리는 숲 속 공포의 존재인 회색 곰을 보기 위해 기다리고 있었다. 잠시 뒤 회색 곰은 환하게 비친 빛을 향해 성큼성큼 걸어 나오더니 공원에 딸린 호텔 부엌에서 내다버린 쓰레기 더미를 집어삼키기 시작했다. 삼림 관리원인 마틴데일 대령은 말 위에 앉은 채 회색 곰에 관해 관광객들에게 설명해주었다. 대령은 회색 곰이 아마도 버팔로나 코디액 불곰 정도를 제외하고는 서구 세계의 그 어떤 동물도 이길 수 있다고 말했다.

하지만 나는 그날 밤 회색 곰이 숲에서 나와 환한 불빛을 받으며 자기와 함께 음식을 먹도록 허락한 동물이 유일하게 하나 있다는 것을 알게 되었다. 그 동물은 바로 스컹크였다. 회색 곰은 자신의 커다란 앞발을 한번 휘두르기만 해도 스컹크를 죽일 수 있다는 걸 알고 있었다. 하지만 왜 그러지 않았을까? 왜냐하면 회색 곰은 그러는 게 득이 되지 않는다는 걸 경험으로 알고 있었기 때문이다.

나도 그 사실을 알고 있었다. 어린 시절 미주리 주의 농장에서 자라면서 나는 관목들 사이에 덫을 놓아 네 발 달린 스컹크를 잡았고, 성인이 되어서는 뉴욕의 인도 위를 지나고 있는 두 발의 스컹크와 마주치기도 했다. 이 쓰라린 경험에 비추어보며 네 발이건 두 발이건 간에 어느 스컹크를 괴롭혀도 내게 이로울 건 없다는 사실을 깨달았다.

적을 증오하면 우리는 그들에게 우리를 지배할 힘을 주게 된다. 우리의 잠, 식욕, 혈압, 건강, 행복을 지배하도록 놔두는 것이 되어버린다.

적들이 우리를 얼마나 걱정하게 하고, 괴롭히며, 앙갚음을 하고 있는지 알기만 하면 그들은 기뻐서 춤을 출 것이다. 우리가 품은 증오는 적에게 상처를 주게 되는 게 아니라 우리 자신의 낮과 밤을 마치 지옥처럼 혼란스럽게 만든다.

다음과 같은 말을 한 사람은 누구일까? "이기적인 사람들이 당신을 이용하려고 하면 무시해버리고 똑같이 갚아주려고 하지 마라. 복수를 하려고 하면 상대보다 스스로에게 더 큰 상처를 입히게 될 것이다." 몽상적인 이상주의자가 했을 법한 말처럼 들린다. 하지만 그렇지 않다. 밀워키 경찰청에서 발행한 간행물에 실렸던 말이다.

복수를 하려고 하면 어떤 상처를 입게 될까? 여러 방식으로 상처를 받는다. 〈라이프〉지에 의하면, 당신의 건강마저도 해칠 수 있다. 〈라이프〉지에는 이런 내용이 실려 있다. "고혈압에 시달리는 사람들의 주된 성격적 특성은 원망이었다. 지속적으로 억울한 감정을 품게 되면 만성적인 고혈압과 심장 질환도 함께 생길 것이다."

예수가 "원수를 사랑하라"라고 말씀하신 것은 올바른 길에 대해서만 설교하신 게 아니다. 20세기 의학에 대해서도 알려주시고 있었다는 걸 알 수 있다. 예수가 "일곱 번씩 일흔 번을 용서하라"라고 말씀하신 것은 당신과 나에게 고혈압, 심장 질환, 위궤양, 그리고 다른 질병들을 예방하는 법을 알려주시기도 한 것이다.

내 친구 중 한 명이 최근에 심각한 심장마비를 겪었다. 그녀의 주치의는 내 친구를 침대에 눕게 하고는 어떤 일이 있어도 화를 내지 말라고 했다. 의사들은 심장이 약한 사람이 화를 내면 죽을 수도 있다는 걸 알고 있었다. 지금 내가 죽을 수 있다고 했는가? 몇 년 전 워싱턴 주의 스포캔에서 식당을 운영하는 사람이 화를 내다가 죽었다. 나는 지금 워싱턴 주 스포캔의 경찰청장인 제리 스워타웃이 보낸 편지를 들고 있는데 이렇게 쓰여 있다. "몇 년 전 우리 마을인 스포캔에서 카페를 운영하던 68세의 윌리엄 폴커버는 카페의 요리사가 커피를 주전자 채로 마시겠다고 고집 부리는 데 격렬히 분노하다가 사망했습니다." 카페 주인은 너무 분개한 나머지 권총을 들고 요리사를 쫓아다니기 시작했고, 권총을 들고 있는 상태에서 심장 발작으로 숨을 거두고 말았다. 검시관의 보고에 따르면 분노로 인해 심장 발작이 일어났다고 한다.

예수가 "원수를 사랑하라"라고 말씀하신 것은 우리의 외모를 가꾸라는 뜻이기도 했다. 내가 아는 여성 가운데는 얼굴에 주름이 가득하고, 분노와 원망으로 표정이 굳고 일그러진 사람이 있다. 당신이 알고 있는 여성 가운데도 그런 사람이 있을 것이다. 이 세상 어떤 미용술로도 용서, 친절, 사랑으로 가득한 마음이 주는 효과의 절반만큼에도 미치지 못할 것이다.

미움은 먹는 즐거움마저도 앗아간다. 성경에는 이런 구절이 있다. "채소를 먹으며 서로 사랑하는 것이 살진 소를 먹으며 서로 미워하는 것보다 나으니라." 적들을 향한 증오는 우리를 지치게 하고, 초조하게 만들며, 겉모습을 망치는 것은 물론, 심장병의 원인이 되어 건강을 해치고 수명을 줄인다. 만약 이런 사실을 적들이 안다면 기뻐하며 두 손을 비비고 있지 않겠는가?

적을 사랑할 수 없을지라도 최소한 스스로를 사랑해야 한다. 적이 우리의 행복, 건강, 겉모습을 좌지우지하지 못할 정도로 스스로를 많이 사랑하자. 셰익스피어는 이렇게 표현했다.

적의를 너무 불태우지 마라.
그것이 너를 먼저 불태울 테니.

'일곱 번씩 일흔 번까지라도' 원수를 용서하라고 하신 예수의 말씀은 사업상의 교훈이기도 하다. 지금 내 앞에는 스웨덴의 웁살라 프라데가탄 24번지에 사는 조지 로나에게서 받은 편지가 놓여 있다. 수년간 로나는 비엔나에서 변호사로 일했지만 제2차 세계대전 때 스웨덴으로 피신했다. 로나는 무일푼이었고 일거리가 절실히 필요했다. 여러 개 언어로 말하고 쓸 수 있었던 그는 무역 관련 회사에서 해외 연락 담당으로 일하고 싶었다. 대부분의 회사에서는 전쟁 때문에 그런 일자리가 없었지만, 혹시 필요하면 연락하겠다는 식으로 로나를 거절했다. 하지만 한 남자는 로나에게 이런 편지를 보내왔다. "당신은 내가 하는 사업에 대해 잘못 알고 있습니다. 당신은 틀린데다가 어리석습니다. 나는 연락 담당 직원 따위는 필요하지 않습니다. 내가 필요했다 하더라도 당신은 스웨덴어로 글을 능숙하게 쓰지 못하기 때문에 당신을 고용하지 않았을 거요. 당신의 지원서는 실수투성이오."

그 편지를 읽자 로나는 도널드 덕처럼 분통을 터뜨렸다. '나보고 스웨덴어로 글을 제대로 쓰지 못한다니, 이 사람 도대체 무슨 소리야? 이 남자가 쓴 편지야말로 실수투성이잖아!' 그래서 조지 로나는 상대가 분통을 터뜨릴 것으로 예상되는 내용의 편지를 썼다. 그러다가 어느 순간 잠시 멈추었다. 그는 스스로에게 물어보았다. '잠깐 기다려봐. 이 남자의 말이 틀렸다는 걸 어떻게 확신하지? 스웨덴어를 공부하기는 했지만 모국어가 아니기 때문에 나도 모르게 실수를 했을 수도 있어. 내가 실수를 한다면 일자리를 구하기 위해서는 더 열심히 공부해야 해. 이 남자는 의도치 않게 나에게 도움을 준 것일 수도 있어. 무례하게 편지를 썼다 하더라도 내가 그에게 빚을 졌다는 사실은 바

꾸지 않아. 그러니까 그에게 편지를 써서 감사하다고 인사를 해야겠어.'

그래서 로나는 신랄하게 썼던 편지를 찢어버리고 새로운 편지에 이렇게 썼다.

"연락 담당 직원이 필요하지 않음에도 불구하고 제게 답변을 해주셔서 감사합니다. 귀사가 하는 일에 대해서 잘못 생각했던 점은 죄송합니다. 제가 지원서를 보낸 이유는 그쪽 분야에 대해 알아보았을 때 귀사가 그 분야의 선두주자라고 소개를 받았기 때문입니다. 편지를 쓸 때 문법적인 실수를 했다는 사실을 몰랐습니다. 죄송하고 부끄럽습니다. 이제부터 스웨덴어를 더욱더 열심히 공부하고 실수를 고치려고 합니다. 제가 발전할 수 있도록 도움을 주셔서 감사합니다."

며칠 후 로나는 그 사람으로부터 만나고 싶다는 내용의 답변을 받았다. 로나는 그를 만나러 갔고 일자리도 구했다. 로나는 "상냥한 말이 화를 식힌다"라는 사실을 스스로 깨닫게 되었다.

우리는 성자처럼 적을 사랑하지는 못할 수도 있지만, 우리 자신의 건강과 행복을 위해 최소한 용서를 하고 잊어버리도록 하자. 그렇게 하는 것이 현명하다. 공자는 이렇게 말했다. "부당한 취급을 받거나 도둑질을 당하더라도 마음에 담아두고 계속 생각하지만 않는다면 아무것도 아니다." 언젠가 나는 아이젠하워 장군의 아들 존에게 아버지가 원망을 마음에 쌓아두시기도 하느냐고 물었다. 아들은 이렇게 대답했다. "아니요. 아버지는 좋아하지 않는 사람들에 대해 고민하느라 시간을 낭비하지 않습니다."

오래된 격언 중에 이런 말이 있다. "미련한 사람은 화를 내지 못하지만 현명한 사람은 화를 내지 않는다." 이 말은 뉴욕 시장을 지냈던 윌리엄 J. 게이너의 신조이기도 하다. 그는 황색신문들로부터 격렬한 비난을 받기도 했고, 미치광이에게 총을 맞아 죽을 뻔하기도 했다. 병원 침대에 누워 죽음과 맞서는 가운데서도 게이너는 이렇게 말했다. "매일 밤 나는 모든 것과 모든 사람을 용서합니다." 지나치게 이상적인가? 너무 달콤하고 낙관적인가?

그렇다면 《염세주의 연구》라는 책을 쓴 독일의 유명한 철학자 쇼펜하우어에게 조언을 구해보도록 하자. 그는 인생을 헛되고 고통스러운 모험이라고 생각했다. 쇼펜하우어가 가는 곳마다 우울함이 배어났다. 하지만 그토록 절망의 심연에 있던 쇼펜하우어조차 이렇게 외쳤다. "가능하다면 어느 누구에게도 적대감을 갖지 말아야 한다!"

버나드 바루크는 윌슨, 하딩, 쿨리지, 후버, 루스벨트, 트루먼 등 여섯 명의 대통령으로부터 신임받는 조언자였다. 나는 언젠가 그에게 적의 공격에 동요한 적이 있는지 물었다. 바루크는 이렇게 대답했다. "어느 누구도 나에게 굴욕감을 주거나 나를 동요시킬 수는 없습니다. 제가 그렇게 하도록 두지 않으니까요." 마찬가지로 우리가 그렇게 되도록 두지 않는 한, 어느 누구도 당신과 나에게 굴욕감을 주거나 동요시킬 수 없다.

나뭇가지와 돌멩이로 내 뼈를 부러뜨릴 수는 있지만
말로는 결코 나에게 상처를 줄 수 없다.

긴 세월 동안 인류는 예수와 같이 적에게 어떠한 악의도 품지 않는 인물들을 숭배해왔다. 나는 가끔 캐나다 재스퍼 국립공원에 가서 서양에서 가장 아름답다고 손꼽히는 에디스 카벨 산을 바라보곤 한다. 그 산의 이름은 1915년 10월 12일, 독일군에게 총살당해 성녀처럼 죽어간 영국의 간호사 에디스 카벨을 기리기 위해 지어진 것이다. 그녀의 죄는 무엇이었을까? 카벨은 벨기에에 있는 자택에서 부상을 입은 프랑스와 영국의 군인들을 숨겨주고 먹여주며 간호해주었고, 네덜란드로 탈출할 수 있도록 도와주었다. 10월의 어느 아침, 영국인 목사가 임종 미사를 위해 브뤼셀의 군 수용소에 수감되어 있던 그녀의 감방에 들어서자, 에디스 카벨은 사후에 길이 기억될 만한 말을 한다. "애국심만으로는 충분하지 않다는 걸 알고 있습니다. 저는 어느 누구도 증오하거나 원망하지 않으려 합니다."

카벨이 사형되고 4년 후, 그녀의 시신은 영국으로 옮겨졌고 웨스트민스터 사원에 묻혔다. 오늘날 영국에서는 불멸의 존재 중 하나가 된 그녀의 화강암 상이 런던의 국립 초상화 전시실의 맞은편에 서 있다. "애국심만으로는 충분하지 않다는 걸 알고 있습니다. 저는 어느 누구도 증오하거나 원망하지 않으려 합니다."

적을 용서하고 잊기 위한 확실한 방법 중 하나는 우리 자신과는 비교도 할 수 없을 만큼 대단한 목적을 이루는 데 집중하는 것이다. 그럴 경우 우리 자신이 이루고자 하는 목적에만 집중하게 되어 다른 사람들의 모욕과 적의가 문제되지 않을 것이다. 예를 들어 1918년에 미시시피 주의 어느 전나무 숲에서 일어날 뻔했던 매우 극적인 사건에 대해 이야기해보도록 하겠다. 사형! 흑인 교사이자 목사였던 로렌스 존스는 사형을 당하기 직전이었다. 몇 년 전 나는 로렌스 존스가 세운 파이니우즈 컨트리 스쿨을 방문해 학생들과 이야기를 나누었다. 지금은 전국적으로 알려진 학교지만, 지금 이야기하려는 사형 사건은 한참 전의 일이다.

그 사건은 제1차 세계대전이 한창이라 사람들이 감정적으로 긴장되어 있던 시기에 일어났다. 미시시피 주의 중심부에 독일군이 흑인들을 선동해 반란을 일으키도록 부추긴다는 소문이 퍼졌다. 사형당하기 직전에 놓인 로렌스 존스는 이미 말했다시피 흑인이었고, 반란을 부추긴 죄로 고소되었다. 백인 남성들로 이루어진 한 무리가 교회를 지나가다가 로렌스 존스가 신자들에게 설교하는 것을 들었다. 그는 "인생은 전투입니다. 우리 흑인들은 갑옷을 입어야 살아남고 성공하기 위해 싸워야 합니다"라고 말하고 있었다.

'싸움!' '갑옷!' 이런 말만으로도 충분했다! 흥분한 젊은 백인 무리는 한밤에 서둘러 사람들을 불러 모아서는 교회로 돌아가 목사를 밧줄로 묶은 채로 약 1.5킬로미터 떨어진 곳까지 끌고 갔다. 그러고는 땔감 더미 위에 세운 다음, 성냥에 불을 붙여 교수형과 동시에 화형에 처하려 했다. 그때 누군가가 외쳤다. "이자가 타 죽기 전에 할 말이 있는지 봅시다! 말해봐라! 말해봐라!" 땔감 위에 서서 목에 밧줄을 감은 채로 로렌스 존스는 자신의 인생과 대의에 대해 얘기했다.

그는 1907년 아이오와 대학을 졸업했다. 훌륭한 인품과 학식, 그리고 음악적 재능을 갖춘 존스는 학생들과 교수들 모두에게 인기가 많았다. 졸업과 동시에 그는 자신을 크게 키워주겠다는 호텔 경영자의 제안도 거절하고, 그의 음악 교육을 후원해주겠다는 부유한 남성의 제의도 거절했다. 왜? 존스는 한 가지 비전을 이루고자 하는 열망이 강렬했기 때문이다. 부커 T. 워싱턴의 생애에 관한 책을 읽은 존스는 가난하고 문맹인 흑인들을 교육시키는 데 평생을 바치겠다고 마음먹었다. 그래서 존스는 남부에서도 가장 뒤처진 미시시피 주의 잭슨이라는 곳에서 남쪽으로 40킬로미터 떨어진 장소로 갔다. 자신의 시계를 담보로 1달러 65센트를 받은 그는 나무의 그루터기를 책상으로 사용하기로 하고 숲 속에 학교를 열었다. 존스는 자신을 화형시키려고 하는 분노한 백인 무리에게 교육을 받아본 적 없는 남자와 여자아이들을 가르치고, 그 아이들이 훌륭한 농부, 정비공, 요리사, 가정부가 될 수 있도록 훈련시키면서 겪은 어려움에 대해 들려주었다. 존스는 파이니 우즈 컨트리 스쿨을 지어 교육을 계속할 수 있도록 땅, 목재, 돼지, 소, 금전을 제공해준 백인 남성들에 대해서도 이야기했다.

존스가 이야기를 마치자, 사람들이 존스에게 자신을 끌고 와서 목을 매달고 화형시키려던 사람들을 증오하지 않겠냐고 물었다. 그러자 그는 자기 자신보다는 훨씬 위대한 대의를 이루는 데 바쁘기 때문에 미워할 겨를이 없다고 대답했다. "나는 싸우고 후회할 겨를이 없습니다. 그리고 어느 누구도 내가 그들을 미워할 만큼 나를 비천하게 만들지 못합니다."

존스가 자신을 위해서가 아닌 그가 달성하고자 하는 대의를 위해 진심 어린 마음으로 이야기하고 설득력 있게 애원하자, 백인 남성 무리는 수그러들기 시작했다. 드디어 무리 중에 있던 한 남북전쟁 참전 용사가 입을 열었다. "나는 이 친구가 사실을 말하고 있다고 생각하네. 나는 이 친구가 말한 백인도 알고 있네. 이 친구는 훌륭한 일을 하고 있어. 우리가 실수를 했군. 우리는 이 친구를 사형시키는 대신 도와줘야 하네." 그 퇴역 군인은 자신의 모자를 사람들에게 돌렸고, 파이니 우즈 컨트리 스쿨의 설립자인 그를 교수형시키기 위해 모였던 이들은 52달러 40센트를 모아 존스에게 기증했다.

1900년 전에 에픽테토스는 뿌린 대로 거두며, 운명은 거의 언제나 우리가 지은 잘못의 대가를 치르게 한다고 지적했다. 그는 이렇게 말했다. "길게 보면 모든 인간은 자신이 지은 죄에 대한 대가를 치르게 됩니다." 이 사실을 기억하는 사람은 어느 누구에게도 화를 내지 않고, 원망하지 않으며, 욕하지 않고, 탓하지 않고, 공격하지 않고, 미워하지 않을 것이다.

미국 역사상 링컨만큼 비난과 미움을 받고 배신을 당한 사람도 없을 것이다. 그럼에도 링컨 전기의 고전이 된 헌든의 책을 보면 링컨은 이렇게 묘사되어 있다. "링컨은 자신의 좋고 싫은 감정에 따라 그 어느 누구도 판단하지 않았다. 링컨이 공격을 당했다면 그러한 행위는 그의 적과 마찬가지로 어느 누구도 할 수 있다는 것을 링컨은 알고 있었다. 어느 누군가가 링컨을 비방하거나 학대했더라도, 그가 정부 관료로서 어느 자리의 최적임자라면 링컨은 자신의 친구에게 그 자리를 주는 마음으로 그 자를 그 자리에 앉혔다. 링컨은 자신의 적이거나 싫어하는 사람이라는 이유로 누군가를 물러나게 한 적이 한 번도 없었다."

링컨은 자신이 고위직에 임명한 사람들, 예를 들어 매클렐런, 시어드, 스탠턴, 체이스로부터 비난받고 모욕을 당했다. 링컨의 법률 파트너였던 헌든에 의하면, 그럼에도 불구하고 링컨은 "어떤 일을 했다고 칭송받거나, 그 사람이 한 어떤 일, 혹은 하지 않은 어떤 일 때문에 비난을 받아서는 안 된다"라고 믿었다고 한다. 왜냐하면 '우리 모두는 조건, 상황, 환경, 교육, 습관, 유전의 산물이며, 이런 것들이 우리의 현재와 미래를 결정하기 때문'이다.

링컨의 생각이 옳은 것 같다. 당신과 내가 우리들의 적과 동일한 신체적, 정신적, 정서적 특성들을 물려받았고, 같은 경험을 했다면 그들과 똑같이 행동했을 것이다. 다르게 행동하기는 어렵다. 수(Sioux) 족 인디언들이 기도하는 것처럼 관대한 마음을 가져보자. "오, 위대하신 신이여. 제가 다른 사람의 입장이 되어보기 전에는 그 사람을 판단하거나 비난하지 않도록 해주소서." 그러므로 우리는 적을 증오하는 대신 그들을 불쌍히 여기고 우리가 그들의 모습처럼 되지 않은 것에 감사하자. 적들에게 비난과 저주를 퍼붓는 대신 그들을 이해하고, 동정하고, 도움을 주고, 용서하고, 그들을 위해 기도하자.

나는 매일 밤《성경》을 읽거나 성경 구절을 외운 후 무릎을 꿇고 '가족 기도'를 드리는 가정에서 자랐다. 미주리 주의 한 외딴 농가에서 아버지가 예수의 가르침을 외우는 소리가 아직도 들리는 듯하다. "원수를 사랑하고, 나를 저주한 이들을 축복하고, 나를 미워하는 이들에게 선하게 대하며, 악의를 갖고 나를 이용하고 박해한 이들을 위해 기도하라."

아버지는 예수의 말씀에 따라 살려고 노력하셨고, 이 세상의 많은 우두머리들과 왕들이 종종 찾으려고 했으나 실패한 내면의 평안을 예수의 말씀에서 찾았다.

평화와 행복을 가져다주는 정신 자세를 기르고 싶다면, 다음의 규칙을 기억하자.

평안과 행복을 가져다주는 정신 자세를 기르는 방법 2

적에게 앙갚음하려 하지 마라. 적에게 앙갚음하려 들면 적보다는 내 자신이 상처를 더 많이 받게 된다. 아이젠하워 장군이 그랬듯이 좋아하지 않는 사람들에 대해 고민하느라 1분도 낭비하지 말자.

감사할 줄 모르는 사람들 때문에
기분 상하지 않는 방법

최근에 나는 텍사스에서 사업가를 한 명 만났는데, 그는 화가 잔뜩 나 있었다. 그를 만나면 15분 내에 그가 화난 이유를 듣게 될 것이라고 누군가 말해주었는데, 정말 그랬다. 그 사업가를 화나게 만든 사건은 11개월 전의 일이었다. 하지만 지금도 그는 그때의 화를 가라앉히지 못하고 있었다. 그 사업가는 그 일 말고는 다른 어떤 것도 얘기할 수 없었다. 당시 그는 크리스마스 보너스로 종업원 34명에게 약 300달러씩 총 1만 달러를 주었는데, 아무도 고맙다는 인사를 하지 않았다고 한다. 그는 화가 나서 이렇게 투덜거렸다. "그들에게 한 푼이라도 줬다는 사실이 후회스럽습니다!"

"화난 사람은 항상 독으로 가득 차 있다"라고 공자는 말했다. 그 사업가는 너무나 독으로 가득 차 있어서 솔직히 불쌍해 보일 정도였다. 사업가의 나이는 약 60세였다. 오늘날 생명보험사들은 평균적으로 80세에서 자기 현재 나이를 뺀 것의 3분의 2쯤 더 살 것으로 계산한다. 그러므로 그는 기껏해야 14년 내지 15년 정도 더 살 수 있을 것이다. 하지만 그 사업가는 이미 지나간 일 때문에 화내고 속상해하면서 얼마 남지 않은 인생 가운데 거의 1년을 낭비했으니, 불쌍하지 않을 수 없었다.

그 사업가는 분노하고 신세를 한탄하면서 지내는 대신, 왜 자신이 감사의 표현을 듣지 못했는지 스스로에게 물어봤어야 했다. 어쩌면 그는 직원들에게 봉급은 조금 주면서 일은 과하게 시켰는지도 모른다. 어쩌면 직원들은 자신들이 받은 크리스마스 보너스를 선물이 아니라 당연히 받아야 할 대가라고 여겼는지도 모른다. 어쩌면 그가 너무 깐깐하고 가까이하기 어려운 사람이라 누구도 감히 고맙다는 인사를 하지 못했을지도 모른다. 어쩌면 어차피 세금으로 내야 했을 돈을 보너스로 받았다고 생각할지도 모른다.

다른 한편으로는 그 직원들이 이기적이고, 천박하고, 경우 없는 사람들일 수도 있다. 이런 이유, 저런 이유가 있을 수도 있다. 당신과 마찬가지로 나 역시 자세한 내막은 알지 못한다. 하지만 사무엘 존슨 박사가 했던 말은 알고 있다. "감사는 숭고한 수양의 열매다. 교양이 없는 사람에게는 감사라는 열매가 맺히지 않는다."

이것이 내가 말하고자 하는 요점이다. 그 사업가는 감사를 기대하는, 인간적이면서도 괴로운 실수를 범했다. 그는 인간의 본성을 몰랐던 것이다.

만일 당신이 사람의 목숨을 구해주면 그 사람이 감사해할 것 같은가? 아마 기대할 것이다. 판사가 되기 전에 형사 사건 전문 변호사로 활약하던 새뮤얼 라이보비츠는 전기의자에서 죽음을 맞을 뻔한 78명의 목숨을 구해주었다. 당신 생각에는 그들 중 몇 명이나 그를 찾아가 감사의 표시를 했을 것 같은 가? 아니면 크리스마스 카드라도 보낸 사람은 몇 명이나 될 것 같은가? 그렇다. 아무도 없었다.

어느 날 오후, 예수는 10명의 나병 환자를 치료해주었다. 그럼 그 환자들 중 몇 명이나 예수를 찾아가 감사하다고 말했 을까? 단 한 명뿐이었다. 〈누가복음〉을 보라. 예수가 사도들을 돌아보며 "나머지 아홉은 어디에 있느냐?"라고 묻고 있다. 하 지만 그때 이미 그들은 모두 도망가고 없었다. 감사의 말 한마 디 없이 사라진 것이다. 당신에게 묻겠다. 나 혹은 당신이, 아 니면 이 텍사스의 사업가가 작은 친절을 베풀었다고 해서 예 수가 받은 감사보다 더 큰 감사를 기대할 이유가 있는가?

하물며 돈 문제인데! 돈이 관련된 경우에는 더욱 가망이 없 다. 예전에 찰스 슈왑은 은행의 펀드 자금을 빼돌려 주식시장 에서 투기했던 한 은행원을 구해준 이야기를 내게 들려주었 다. 그는 그 은행원이 감옥에 가지 않도록 돈을 대신 갚아주 었다. 그 은행원이 고마워했을까? 물론이다. 아주 잠깐 동안 은. 이후 그 은행원은 슈왑에게 적의를 품고 그를 비방하고 다녔다. 자신이 감옥에 가는 것을 막아준 바로 그 사람을!

만약 당신이 친척에게 100만 달러를 준다면 그 사람이 당 신에게 고마워할 거라고 기대하는가? 앤드류 카네기가 그랬다. 하지만 만약 앤드류 카네기가 무덤에서 돌아왔다면, 그 친척이 자신을 비난하는 것을 보고 깜짝 놀랐을 것이다. 왜 비난하느냐고? 그의 표현을 빌리자면, 앤드류가 자선단체에는 3억 6500만 달러씩이나 기부하면서 자신에게는 그야말로 '기껏 100만 달러만' 떼어주고 말았기 때문이란다.

이런 게 인간이다. 인간의 본성은 언제나 그렇다. 그리고 당신이 살아 있는 동안에는 절대로 바뀌지 않을 것이다. 그렇다면 받아들여야 하지 않겠는가? 로마제국을 통치한 황제들 가운데 가장 현명하다고 꼽히는 마르쿠스 아우렐리우스처럼 인간의 본성에 대해 현실적으로 생각해야 하지 않을까? 그는 자신의 일기에 이렇게 썼다. "나는 오늘 지나치게 말이 많은 사람들을 만날 것이다. 이기적이고 자기중심적이고 고마워할 줄 모르는 인간들. 하지만 나는 놀라거나 마음 상하지 않을 것이다. 그런 사람들이 없는 세상은 상상할 수도 없기 때문이다."

옳은 말이다. 그렇지 않은가? 만약 당신과 내가 고마워할 줄 모르는 사람들에 대해 불평하고 다닌다면 잘못은 어디에 있는 것일까? 인간 본성일까, 아니면 인간 본성에 대해 무지한 우리들일까? 남들이 감사해하기를 기대하지 말자. 그러면 어쩌다 감사의 표현을 받을 경우 너무나 즐겁고 반가울 것이다. 그리고 감사의 표현을 받지 못하더라도 마음 상하는 일은 없을 것이다.

이게 내가 이번 장에서 말하고자 하는 핵심이다. 감사함을 잊어버리는 것이 인간의 본성이다. 그러므로 다른 사람이 감사하기를 바라며 살아간다면 자신의 마음을 아프게 하기 십상이다.

내가 알고 지내는 뉴욕의 어떤 여성은 항상 외롭다고 불평을 늘어놓는다. 그녀의 친척들은 그녀를 가까이하려 하지 않는데 그럴 만도 하다. 그녀를 찾아가면 조카들이 어렸을 때 자기가 얼마나 잘해주었는지에 대해 몇 시간씩 이야기한다. 그 애들이 홍역, 볼거리, 백일해에 걸렸을 때 간호해준 이야기, 수년간 그 아이들을 먹이고 재워준 이야기, 조카 중 한 명에게는 경영 대학원에 진학하는 데 보탬을 준 이야기, 다른 한 아이는 결혼할 때까지 데리고 살았다는 이야기 등을 늘어놓는다.

그럼 조카들이 그녀를 찾아왔을까? 물론 의무감에서 가끔은 온다. 하지만 그들은 방문하기를 꺼려했다. 몇 시간 동안 앉아서 잔소리 아닌 잔소리를 듣고 있어야 하기 때문이다. 그녀가 격하게 쏟아내는 불평들, 자신의 신세를 한탄하는 한숨 소리를 끝도 없이 듣고 있어야 한다는 걸 알기 때문이다. 조카들이 억지로라도 방문하도록 그녀가 야단치고 호통치고 괴롭혀도 조카들이 잘 오지 않으면 그녀는 비장의 무기를 사용하기도 한다. 바로 심장 발작이었다.

진짜 심장 발작일까? 물론 그렇다. 그녀는 '신경 과민성 심장'을 갖고 있으며 심계항진을 앓고 있다는 진단을 받았다. 하지만 의사들은 자신들이 해줄 수 있는 게 아무것도 없다고 했다. 그녀의 병은 감정에서 생겨난 것이기 때문이다.

이 여성이 진짜로 원하는 것은 사랑과 관심이다. 하지만 그녀는 그것을 '감사'라고 부른다. 그러나 그녀는 감사나 사랑을 얻지 못할 것이다. 그녀 자신이 감사나 사랑을 당연히 받아야 한다고 생각하기 때문이다.

그녀처럼 감사할 줄 모르는 사람, 또는 외로움과 무관심 때문에 고통받는 사람들이 많다. 그들은 사랑받기를 원한다. 하지만 이 세상에서 사랑받기를 기대할 수 있는 유일한 방법은 사랑을 요구하기를 멈추고 아무런 대가 없이 사랑을 주는 것이다.

너무도 비현실적이고 이상적으로 들리는가? 그렇지 않다. 이건 상식적인 이야기다. 우리가 원하는 행복을 얻기 위한 가장 좋은 방법이다. 바로 내 가족 중에도 그런 경우가 있었기에 나는 확실히 알고 있다. 우리 부모님은 남을 돕는 즐거움 때문에 베풀고 살았다. 우리는 가난했고 항상 빚에 쪼들리며 살았다. 하지만 가난한 살림에도 아버지와 어머니는 어떻게든 돈을 마련해 해마다 고아원에 보냈다. 아이오와 주 카운실 블러프스에 있는 '크리스천 홈'이라는 곳이었다. 아버지와 어머니가 그곳을 찾아간 적은 없다. 아마도 편지 말고는 우리 부모님에게 고맙다는 인사를 한 사람은 없었을 것이다. 하지만 부모님은 감사의 표현을 기대하지 않고 그저 어린아이들을 돕는다는 기쁨으로 훌륭한 보상을 받았다.

내가 커서 집을 떠난 후, 매년 크리스마스에 아버지와 어머니 앞으로 돈을 보내면서 당신들을 위해 소박한 사치라도 누리시라고 권했다. 하지만 부모님은 좀처럼 그렇게 하지 않으셨다. 크리스마스를 앞두고 집에 가보면, 아버지께서는 동네에 미망인 홀로 많은 아이들을 키우고 있는 집에 음식과 연료를 사주었다는 얘기를 들려주었다. 그런 선물을 함으로써 부모님이 얻은 기쁨이란 어떤 보답도 기대하지 않는, 베푸는 기쁨이었다!

나는 아버지가 아리스토텔레스가 언급한 이상적인 인간, 가장 행복할 가치가 있는 사람이 아닌가 생각한다. 아리스토텔레스는 이렇게 말했다. "이상적인 사람은 다른 사람들에게 호의를 베풀어 기쁨을 얻는다. 하지만 그는 다른 사람들이 자신에게 호의를 베푸는 것을 부끄럽게 여긴다. 친절을 베푸는 것은 우월함의 상징이지만 친절을 받는 것은 열등함의 상징이기 때문이다."

이번 장에서 말하고자 하는 두 번째 핵심은 이것이다. 행복을 원한다면 다른 사람이 감사의 인사를 하고 안 하는 것에 대해서는 신경 쓰지 마라. 그리고 베푸는 데서 얻는 내적 기쁨을 위해서 베풀어라.

지난 수천 년 동안 부모들은 한결같이 자식들이 고마워할 줄 모른다고 서운해하며 울분을 토했다. 셰익스피어의 비극 《리어왕》의 주인공인 리어왕도 이렇게 소리친다. "감사할 줄 모르는 아이를 갖는다는 것은 뱀의 이빨보다 날카롭구나!"

하지만 어른들이 그렇게 훈련시키지 않으면 아이들이 감사의 표현을 하지 않는 것은 잡초가 자라나는 것처럼 자연스러운 일이다. 감사란 장미와 같아서 거름을 주고, 물을 주고, 가꾸며, 사랑하고, 보호해야 피어난다.

우리 아이들이 감사할 줄 모른다면 누구의 책임일까? 그건 아마도 우리 자신의 책임일 것이다. 다른 사람에게 감사하라고 자기 아이들에게 가르치지 않으면서 어떻게 부모에게 감사하기를 기대할 수 있겠는가?

내가 알고 있는 시카고의 한 남자는 자신의 의붓아들들이 감사할 줄 모르는 아이들이라고 불평해도 될 만큼 충분한 이유가 있었다. 그는 상자 공장에서 뼈 빠지게 일하면서도 일주일에 40달러 이상 벌지 못했다. 그는 한 미망인과 결혼했는데, 그녀는 그에게 돈을 빌려오게 해서 자신의 두 아들을 대학에 보냈다. 일주일에 40달러를 받으면서도 그는 식료품비, 집세, 연료비, 옷값을 모두 충당하는데다 대출받은 돈도 갚아나가야 했다. 그는 마치 중국 출신의 막노동 일꾼들처럼 고되게 일하면서도 불평 한번 하는 일 없이 4년을 보냈다.

그렇다면 고맙다는 인사를 받았을까? 아니었다. 그의 아내는 그런 수고를 당연한 것으로 받아들였다. 아들들도 마찬가지였다. 의붓아버지에게 빚을 졌다고 생각하지 않았고, 심지어 감사해야 한다는 생각조차 하지 않았다! 여기서 비난받아야 할 사람은 누구일까? 두 아들? 물론 아이들에게도 잘못은 있다. 하지만 어머니에게 더 큰 잘못이 있다. 그녀는 사회생활을 시작하는 자기 자식들에게 '채무 의식'이라는 부담을 지우고 싶어 하지 않았다. 그러다 보니 자기 아이들에게 "아버지는 너희들을 대학까지 공부시켜주신 천사 같은 분이다!"라고 말하지 않았다. 도리어 그녀는 이런 태도를 보였다. "아버지라면 최소한 이 정도는 해줘야지."

그녀는 자기 아들들을 아낀다고 생각했겠지만, 실제로는 아이들에게 세상이 그들을 돌볼 의무가 있다는 위험한 생각을 갖게 만들어 사회로 진출시킨 것이다. 왜 위험하냐면, 그 아들 중 한 명이 고용주에게서 자기 말로는 돈을 '빌리려고' 하다가 감옥에 가는 일이 일어났기 때문이다.

우리는 명심해야 한다. 자녀들은 우리가 교육시키는 대로 성장한다. 미니애폴리스 주 웨스트 미네하하 파크웨이 144번지에 사는 내 이모인 비올라 알렉산더의 경우를 예로 들어보겠다. 이모는 아이들이 고마워하지 않는다고 불평할 이유가 전혀 없는 여성이 어떤 사람인지를 확실히 보여준다. 내가 어렸을 때 비올라 이모는 자신의 어머니, 그러니까 내 외할머니를 자신의 집으로 모시고 가서 정성껏 돌봐 드렸다. 그리고 시어머니도 집으로 모셔서 똑같이 해드렸다. 나는 아직도 눈을 감으면 연세 지긋한 두 노인분들이 비올라 이모 집 벽난로 앞에 앉아 계시는 모습이 눈에 선하다. 비올라 이모는 그분들을 '골칫거리'로 생각했을까? 가끔은 그랬을 것이다. 하지만 이모의 태도에서는 그런 느낌을 전혀 찾을 수 없었다. 이모는 두 어머니를 사랑하고 소중히 여겼으며, 그분들이 자신의 집에 있듯 편안한 마음을 가질 수 있도록 해드렸다. 게

다가 이모에게는 자식이 여섯이나 있었다. 그럼에도 자신이 특별히 대단한 일을 하고 있다고 생각하지 않았고, 다른 사람으로부터 칭찬받을 생각도 하지 않았다. 이모에게는 그저 자연스럽고 옳은 일이었으며, 스스로 원하는 일이었을 뿐이다.

지금 비올라 이모는 어떻게 지내실까? 이모부를 잃고 혼자되신 지 20년이 지난 지금, 이모의 다섯 아이들은 모두 장성해 가정을 꾸리고 있다. 그런데 자식들이 모두 이모를 자기가 모시겠다고 성화다! 이모의 자식들은 모두 이모를 좋아한다. 감사하는 마음 때문일까? 전혀 그렇지 않다! 그것은 순전히 사랑이다. 아이들은 어린 시절 내내 온정과 넘치는 친절을 느끼면서 살았다. 이제 상황이 바뀌었으니 자신들이 받은 사랑을 돌려주려는 게 그리 놀라운 일이겠는가?

그러므로 고마움을 아는 아이로 키우려면 우리가 먼저 다른 사람에게 감사할 줄 아는 사람이 되어야 한다. 그리고 '아이들은 귀가 밝다'라는 사실을 명심하고 말을 가려서 해야 한다. 예를 들어 다른 누군가의 친절을 깎아내리고 싶은 마음이 생기더라도 주변에 아이들이 있다면 멈춰야 한다. "사촌 수가 크리스마스 선물이라고 보내온 이 행주 좀 봐. 행주를 직접 만들었어. 하여간 돈을 한 푼도 안 썼네!" 절대 이런 식으로 얘기해서는 안 된다. 대신 이런 식으로 얘기하도록 하자. "사촌 수가 크리스마스 선물로 보내온 이 행주 좀 봐. 이거 만드느라 얼마나 고생했을까? 참 좋은 사람이잖니? 당장 고맙다는 편지를 써서 보내야겠구나." 그러면 아이들은 자신도 모르게 감사하고 칭찬하는 습관을 익히게 된다.

감사할 줄 모르는 사람들 때문에 화가 나거나 속이 상하고 싶지 않다면, 다음을 기억하라.

평안과 행복을 가져다주는 정신 자세를 기르는 방법 3

1. 은혜를 모른다고 화내지 말고 그런 기대를 아예 하지 마라.
   예수가 하루에 나병 환자 10명을 고쳐주었는데 감사하다고
   말한 사람은 고작 한 명뿐이었음을 기억하자. 왜 우리는
   예수가 받은 감사보다 더 큰 감사를 받으려 기대하는가?

2. 행복을 찾는 유일한 길은 감사받을 기대를 하는 게 아니라
   베푸는 즐거움 때문에 베푸는 데 있다.

3. 감사는 '교육된다'라는 특성이 있다. 따라서 고마워할 줄 아는
   아이로 키우려면 아이들에게 감사하는 법을 가르쳐야 한다.

100만 달러를 준다면
지금 가진 것을 포기하겠는가

　나는 해럴드 애벗과 수년간 알고 지냈다. 미주리 주 웹 시
사우스 매디슨 가 820번지에 사는 그는 내 강좌의 매니저다.
어느 날 애벗은 캔자스시티에서 나를 만나 미주리 주 벨튼에
있는 내 농장까지 차로 데려다주었다. 가는 동안에 내가 그에
게 어떻게 걱정을 그만둘 수 있었냐고 묻자, 애벗은 절대 잊
지 못할 감동적인 이야기를 해주었다.

　"전 원래 걱정이 많았습니다. 하지만 1934년 어느 봄날, 웹
시의 웨스트 도허티 거리를 걷다가 제 모든 걱정을 날려버
린 한 장면을 보았습니다. 그 일이 일어난 건 전부 해서 10초
밖에 되지 않았지만, 그 10초 동안 저는 세상을 살아가는 법
에 대해 이전의 10년 동안보다 더 많이 알게 되었습니다. 2년
동안 저는 웹 시에서 식료품점을 운영했습니다. 그러면서 모
아둔 돈을 모두 잃었을 뿐만 아니라 7년 동안 갚아야 할 빚도
생겼습니다. 식료품점은 그전 주 토요일에 문을 닫았고, 저는

캔자스시티로 일자리를 구하러 갈 돈을 빌리기 위해 머천츠 앤드 마이너스 은행에 가는 길이었습니다.

저는 자신감과 의욕을 모두 상실한 채 패배자처럼 걸었습니다. 그렇게 거리를 따라 걷다가 갑자기 다리가 없는 어떤 남자를 보게 되었습니다. 남자는 롤러스케이트 바퀴를 단 작은 나무 판자에 앉아서 양손에 쥔 나무막대로 땅을 밀면서 길을 따라 나아가고 있었습니다. 그가 막 길을 건너서 인도로 올라오려고 몸을 약간 들어 올릴 때 저는 그를 보았습니다. 작은 나무판자를 기울이다가 그는 저와 눈이 마주쳤습니다. 그가 활짝 웃으며 저에게 인사했습니다. '안녕하세요, 상쾌한 아침이죠. 그렇지 않나요?' 그는 힘차게 말했습니다. 그를 보며 서 있자니 내가 얼마나 가진 게 많은지 깨닫게 되었습니다. 나는 두 다리가 있고 걸을 수 있죠. 자기 연민에 빠졌던 게 부끄러웠습니다. 다리가 없는 그도 저렇게 행복하고 쾌활하고 자신만만하다면, 다리도 있는 나는 틀림없이 그렇게 될 수 있다는 생각이 들었습니다. 마음이 홀가분해지는 것 같았습니다. 저는 은행에서 100만 달러만 빌릴 작정이었지만, 이제 200만 달러를 빌릴 용기가 생겼습니다. 캔자스시티에 일자리를 알아보러 갈 거라고 말하려 했지만, 이제 캔자스시티에 가서 일자리를 구할 예정이라고 당당히 말할 수 있었습니다. 저는 대출을 받았고 일자리를 구했습니다.

요즘 저는 화장실 거울에 이 말을 붙여놓고 매일 아침 면도할 때마다 봅니다.

나는 신발이 없어서 우울했다.

발이 없는 한 남자를 길에서 만나기 전까지는.″

언젠가 나는 에디 리킨베커에게 태평양에서 방향을 잃고 21일 동안 일행과 구명보트에서 표류하는 절망적인 상황에서 배운 가장 큰 교훈은 무엇이었냐고 물은 적이 있다. 그는 이렇게 말했다. "그 경험으로 저는 만약 목마르면 마실 수 있는 신선한 물과 배고프면 먹을 수 있는 식량이 있다면, 절대 아무것도 불평해서는 안 된다는 교훈을 얻었습니다."

〈타임〉지에 과달카날 전투에서 부상당한 한 병장에 대한 기사가 실린 적이 있다. 목에 포탄 파편을 맞은 그 병장은 일곱 번이나 수혈을 받았다. 그는 공책에 질문을 적어 의사에게 질문했다. "제가 살 수 있나요?" 의사가 대답했다. "네." 병장은 다시 질문을 적었다. "말을 할 수 있게 될까요?" 이번에도 그렇다는 대답을 들었다. 그러자 그는 또 다른 말을 적었다. "그러면 도대체 제가 뭘 걱정하는 거죠?"

당장 걱정을 그만두고 자신에게 이렇게 물어보라. "내가 대체 뭘 걱정하는 거지?" 아마도 걱정하던 일이 그다지 중요하지 않다는 것을 알게 될 것이다.

우리가 살아가면서 겪는 일의 약 90퍼센트는 좋은 일이고, 약 10퍼센트는 나쁜 일이다. 행복해지고 싶다면 90퍼센트의 좋은 일에 집중하고, 나머지 10퍼센트의 나쁜 일은 무시해야 한다. 스스로 걱정스럽고 고통스럽고 위궤양에 걸리기를 바란다면, 10퍼센트의 나쁜 일에 집중하고 90퍼센트의 정말 멋진 일을 무시하면 된다.

"생각하라. 그리고 감사하라(Think and Thank)"라는 말은 영국의 크롬웰 시대풍의 교회에 많이 새겨져 있다. 우리 마음속에도 '생각하라. 그리고 감사하라'라는 말을 새겨두어야 한다. 감사해야 할 일을 모두 생각하고, 우리가 가진 풍요로움과 은혜로움을 신에게 감사하자.

《걸리버 여행기》의 작가 조나단 스위프트는 영국 문학계 사람들 중에서 가장 심한 비관주의자였다. 그는 자신이 태어난 것을 몹시 유감스럽게 생각해서 생일에는 검은 옷을 입고 단식을 했다. 하지만 그런 절망 속에서도 이 대단한 비관주의자는 쾌활함과 행복감이라는 매우 건강한 에너지를 찬양했다. 스위프트는 이렇게 말했다. "이 세상 최고의 유능한 의사는 좋은 식습관 의사, 평온함 의사, 그리고 웃음 의사입니다."

알리바바의 전설적인 보물보다 훨씬 더 값어치 있는 우리의 엄청난 선물에 관심을 갖는다면, 당신과 나는 매일, 매 시각 '웃음 의사'를 공짜로 만날 수 있을 것이다. 두 눈을 100만 달러에 팔겠는가? 두 다리를 무엇과 바꾸겠는가? 두 손은 어떤가? 청력은? 자녀들은? 가족은? 당신이 가진 자산을 모두 합쳐보면, 록펠러 가문, 포드 가문, 모건 가문에서 모은 금을 모두 합친 돈을 줘도 당신이 가진 것과 바꿀 수 없음을 알게 될 것이다.

하지만 우리가 이 모든 것을 감사하는가? 결코 그렇지 않다. 쇼펜하우어는 이렇게 말했다. "우리는 우리에게 있는 것은 잘 생각하지 않지만 우리에게 없는 것은 항상 생각한다." 그렇다. '우리에게 있는 것은 잘 생각하지 않지만 우리에게 없는 것은 항상 생각하는' 것이 이 세상에서 가장 큰 비극이다. 역사상 그 어떤 전쟁이나 재난도 이것만큼 커다란 재앙을 초래하지는 못할 것이다.

존 파머는 그런 생각 때문에 '성격 좋은 사람에서 불평 많은 늙은이'로 변했고, 그의 가정도 거의 망가질 뻔했다. 나는 이 이야기를 파머에게 직접 들었다.

파머는 뉴저지 주 패터슨 19번가 30번지에 산다. 그가 말했다. "군대에서 돌아오자마자 저는 사업을 시작해 밤낮으로 열심히 일했습니다. 일은 순조로웠습니다. 그러다 문제가 생기기 시작했습니다. 부품과 원자재를 구할 수가 없었습니다. 저는 사업을 포기해야만 하는 상황이 올까 봐 두려웠습니다. 걱정을 너무 많이 한 나머지, 저는 성격 좋은 사람에서 불평 많은 늙은이로 변했습니다. 지금은 하마터면 내 행복을 잃을 뻔했다는 사실을 잘 알지만, 당시에는 제가 매우 심술궂고 짜증스러워졌다는 걸 몰랐습니다. 그러던 어느 날 직원으로 일하는 장애가 있는 한 젊은 재향군인이 이렇게 말했습니다. '사장님, 부끄러운 줄 아십시오. 사장님은 마치 이 세상에서 사장님만 힘든 것처럼 행동하시네요. 공장을 잠시 닫아야 되는 상황이 됐다고 칩시다. 그게 어떻다는 겁니까? 일이 잘 풀리면 다시 시작하면 됩니다. 사장님에게는 감사할 일이 많습니다. 그런데 항상 화만 내시네요. 정말이지 저는 제 자신이 사장님이었으면

하고 얼마나 바라는데요. 저를 보세요. 저는 팔도 하나뿐이고, 얼굴의 반은 총에 맞아 날아갔지만 불평하지 않습니다. 화내고 불평하는 것을 그만두지 않으면 사업뿐만 아니라 건강과 가정, 친구들도 모두 잃게 될 겁니다!'

그 말로 인해 저는 불평을 그만두었습니다. 그 직원의 한마디로 제가 얼마나 운 좋은 사람인지 알게 되었습니다. 저는 다시 예전의 나를 찾겠다고 결심했고 그렇게 되었습니다."

내 친구 루실 블레이크는 부족한 것을 걱정하는 대신 가지고 있는 것에 대해 만족하는 법을 배웠다. 그런 그녀도 그전에는 나쁜 일이 일어날까 봐 마음 졸여야 했다. 루실과 나는 수년 전 컬럼비아 언론 대학원에서 단편소설을 쓰는 공부를 할 때 만났다. 블레이크는 9년 전 엄청난 충격을 받았다. 당시 그녀는 애리조나 주 투손에 살고 있었다. 그녀가 나에게 이야기한 내용을 여기 옮겨놓겠다.

"나는 애리조나 대학에서 오르간을 공부하고, 동네에서 언어 교정소를 운영하는데다 내가 지내던 데저트 윌로 목장에서는 음악 감상 수업을 하며 눈코 뜰 새 없이 바쁘게 지냈어. 파티에 가고 춤추고 밤하늘 아래서 말 타는 걸 좋아했지. 그러던 어느 날 아침 내가 쓰러졌어. 심장 때문에! '1년 동안은 침대에 누워서 절대 안정을 취해야 합니다'라고 의사가 말하더군. 내가 언제 다시 건강을 회복할 거라는 말도 없이 말이야.

1년 동안 입원하라니! 환자 신세가 될 뿐 아니라 어쩌면 죽을지도 모른다니! 나는 정말 무서웠어. 왜 나한테 이런 일이 생기지? 내가 무슨 잘못을 했기에? 나는 울고 또 울었어. 너무 괴롭고 힘들었지. 하지만 나는 의사가 충고한 대로 입원을 했어. 이웃에 사는 루돌프 씨라는 예술가 한 분이 이렇게 말했어. '지금은 침대에 드러누워 1년을 보내는 게 엄청난 비극이라고 생각하겠지만, 그렇지 않을 거예요. 오히려 생각을 정리하고 당신 스스로를 알아갈 시간이 생긴 거예요. 앞으로 몇 달 동안 당신은 정신적으로 지금보다 더 많이 성장할 거예요.'

나는 차분해졌고, 새로운 가치를 찾기 위해 노력했어. 영감을 주는 책들도 읽었어. 어느 날 나는 라디오 논평가가 이렇게 말하는 걸 들었어. '당신은 오직 당신 의식 속에 있는 것만 표현할 수 있습니다.' 나는 예전에 이런 말을 많이 들어보았지만, 이번에는 그 말이 내 마음속에 들어와 자리를 잡았어. 나는 삶의 신조로 삼고 싶은, 기쁘고 행복하고 건강한 생각만 하기로 결심했지. 아침에 일어나자마자 감사해야 할 일들을 찾아보았어. 아프지 않은 것, 사랑스러운 어린 딸, 볼 수 있다는 것, 들을 수 있다는 것, 라디오에서 나오는 아름다운 음악, 책 읽을 시간, 맛있는 음식, 좋은 친구들. 나는 매우 즐거웠고, 손님이 너무 많이 찾아오는 바람에 의사가 한 번에 한 사람만, 그것도 특정 시간에만 사람들을 만나야 한다는 팻말을 걸기까지 했어.

그 후로 9년이 지났고, 이제 나는 풍족하고 활발한 삶을 살고 있어. 이제는 내가 침대에서 보낸 그때를 진심으로 감사해. 내가 애리조나에서 보낸 시간 가운데 가장 귀중하고 행복했던 해였어. 그때 이후 나는 매일 아침마다 감사해야 할 일을 헤아려

보고 있어. 그 습관은 내 가장 귀중한 자산이야. 내가 죽을지도 모른다는 걱정을 하고 나서야 진정으로 삶을 배웠다는 사실을 깨닫고 나니 많이 부끄러웠어."

내 친애하는 벗, 루실 블레이크는 아마 모르고 있겠지만, 그녀가 깨달은 건 200년 전에 새뮤얼 존슨 박사가 깨달은 바로 그 교훈이다. 존슨 박사는 이렇게 말했다. "모든 사건의 가장 긍정적인 면을 보려는 습관은 1년에 수천 파운드를 받는 것보다 더 값지다."

이 말을 한 사람은 자타가 공인하는 낙관주의자가 아니다. 그는 불안, 가난, 굶주림을 20년이나 겪어오다 마침내 당대의 가장 뛰어난 저술가이자 전 세대를 통틀어 가장 화술에 능한 사람으로 거듭난 사람이다.

로건 피어설 스미스는 엄청난 지혜를 몇 마디 말로 압축해서 이렇게 말했다. "살면서 목표로 삼아야 할 두 가지가 있습니다. 첫째는 원하는 것을 얻는 것이고, 그다음에는 그것을 즐기는 것입니다. 가장 현명한 사람만이 두 번째 목표에 성공합니다."

어떻게 하면 부엌에서 설거지하는 것조차도 신나는 경험이 될 수 있는지 알고 싶은가? 그렇다면 보르그힐드 달이 지은 책 중에서 엄청난 용기를 주고 당신을 격려해줄《나는 보기를 원했다》라는 책을 읽어보라. 50년 동안 사실상 시각장애인의 삶을 살았던 한 여성은 자신의 책에 이렇게 적었다. "내 눈은 한쪽만 보였다. 그리고 보이는 눈도 진한 흉터로 덮여서 눈 왼쪽 부분의 작은 틈으로만 볼 수 있었다. 책을 보려면 얼굴 가까이 대고 최대한 왼쪽을 보려고 안간힘을 써야만 읽을 수 있었다."

하지만 그녀는 동정받거나 '다르다'라고 여겨지기를 거부했다. 어렸을 때 그녀는 다른 아이들과 사방치기를 하고 싶었지만 바닥에 그은 줄을 볼 수 없었다. 그래서 다른 아이들이 집에 간 뒤 운동장에 엎드려서 눈을 바닥의 줄 가까이 대고 기어 다녔다. 그녀는 자신과 친구들이 놀았던 운동장의 모든 부분을 기억하고 곧 놀이에 능숙해졌다. 그녀는 집에서 큰 글씨로 쓰인 책을 속눈썹이 책장에 닿을 정도로 가까이 대고 읽었다. 그녀는 두 개의 학위를 취득했는데, 미네소타 대학에서 문학사 학위를, 컬럼비아 대학에서 문학 석사 학위를 받았다.

그녀는 미네소타 주 트윈밸리의 작은 마을에서 교단에 서기 시작했고, 후에 사우스다코타 주의 수폴스에 있는 아우구스타나 대학에서 언론학 및 문학 교수가 되었다. 그녀는 여학생 클럽에서 강의하거나 라디오에서 책이나 작가들에 대해 강연하기도 하며, 그곳에서 학생들을 13년 동안 가르쳤다. 그녀는 이렇게 적었다. "마음 한구석에는 완전히 실명하는 것에 대한 두려움이 웅크리고 있었다. 이를 극복하기 위해서 나는 살면서 유쾌하고 거의 들뜨기까지 한 태도를 취했다."

그러던 1943년, 그녀가 52세가 되던 해에 기적 같은 일이 일어났다. 그녀는 유명한 메이오 클리닉에서 수술을 받았고, 이제 예전보다 40배나 더 잘 보게 되었다.

새롭고 신나고 사랑스러움으로 가득한 세계가 그녀 앞에 펼쳐졌다. 그녀는 이제 부엌에서 설거지하는 일조차도 아주 신났다. 그녀는 이렇게 기록했다. "나는 설거지통에 있는 하얗고 폭신한 거품을 가지고 놀기 시작했다. 거품 속으로 손을 집어넣고 작은 비눗방울 하나를 집어내었다. 그걸 빛에 비추니 작은 무지개처럼 멋진 색깔이 펼쳐졌다."

부엌 개수대 위의 창밖을 내다보면 그녀는 '함박눈 속에서 날고 있는 참새의 파닥거리는 검회색 날개'를 볼 수 있었다.

그녀는 비눗방울과 참새를 보며 그런 황홀감을 느꼈고, 이렇게 적으며 책을 마쳤다. "'하나님이시여' 하고 나는 속삭인다. '하늘에 계신 우리 아버지, 감사합니다. 감사합니다.'"

당신이 설거지를 할 수 있고, 비눗방울 속의 무지개와 눈 속에서 날아다니는 참새를 볼 수 있어서 신께 감사한다고 생각해보라.

당신과 나는 부끄러워해야 한다. 우리는 평생 아름다운 낙원에 살고 있었지만, 그것을 보기에는 너무 눈이 멀어 있었고 즐기기에는 너무 배가 불러 있었다.

걱정을 멈추고 인생을 활기차게 살고 싶다면, 다음 방법을 기억하라.

평안과 행복을 가져다주는 정신 자세를 기르는 방법 4

문제점 말고 고마운 일들을 헤아려보라!

진정한 자신을 찾아 자기답게 살아라

나는 노스캐롤라이나 주 마운트 에어리에 사는 에디스 올레드 여사에게서 편지 한 통을 받았다. 그녀는 편지에 이렇게 적었다.

"어렸을 때 나는 심하게 예민하고 수줍음이 많았어요. 항상 과체중이었던데다가 볼살 때문에 실제보다 더 뚱뚱해 보이기까지 했죠. 우리 어머니는 보수적인 분이어서 예뻐 보이게 옷을 입는 것은 바보 같은 짓이라고 생각하셨어요. 그래서 언제나 '헐렁한 옷은 입더라도 달라붙는 옷은 안 된다'라고 말씀하셨고, 그 말대로 내게 옷을 입히셨어요. 나는 한 번도 파티에 가거나 재미있게 논 적이 없었고, 학교에 가서는 다른 아이들이 밖에서 놀 때 심지어 운동을 할 때도 끼지 못했어요. 병적으로 부끄러움이 많았죠. 내가 다른 사람들과 '다르며' 전혀 환영받지 못하는 사람이라고 생각했어요.

성인이 되고 나서 학교 선배와 결혼도 했지만 나는 변하지 않았어요. 시댁 사람들은 침착하고 자신감이 넘쳤어요. 나 역시 그랬어야 했지만 전혀 그럴 수 없었죠. 그들을 본받으려고 최선을 다했지만 그럴 수 없었어요. 그들이 내게서 자신감을 끄집어내려고 할 때마다 나는 더 움츠러들 뿐이었죠. 나는 불안하고 짜증스러워졌습니다. 친구들을 모두 피했어요. 너무 안좋아져서 초인종 소리조차 무서워하곤 했다니까요! 나는 실패자였어요. 나는 그걸 알고 있었고, 남편이 알아챌까 봐 걱정했어요. 그래서 사람들과 함께 있을 때면 쾌활해지려고 했고, 과장되게 행동하곤 했어요. 스스로도 과장되게 행동한다는 걸 알고, 나중에는 며칠 동안 비참해지곤 했습니다. 결국 너무 불행해져서 살아야 할 이유를 잃어버렸어요. 나는 자살에 대해 생각하기 시작했어요."

이 불행한 여인의 삶을 바꾼 건 무슨 일이었을까? 그저 우연한 말 한마디였다! 올레드 여사는 계속해서 이렇게 적었다.

"우연히 나온 말 한마디가 내 삶을 통째로 바꿔놓았어요. 어느 날 시어머니께서 어떻게 당신의 아이들을 키우셨는지 이야기하시다가 이렇게 말씀하셨습니다. '무슨 일이 생기든지 나는 항상 아이들에게 자기답게 살라고 강조했단다.' (…) '자기답게' (…) 그말 때문이었습니다! 나는 나에게 맞지 않는 모습을 억지로 맞추려고 하다가 이 모든 불행을 자초했다는 걸 깨달았습니다.

나는 하룻밤 사이에 변했습니다! 나답게 살기 시작했습니다. 나만의 성격을 연구하려고 노력했습니다. 내가 어떤 사람이었는지 알아내려고 노력했습니다. 내 강점을 연구했습니다. 최대한 다양한 색상과 스타일을 배우고, 나답다고 느끼는 대로 옷을 입었습니다. 친구를 사귀려고 먼저 다가갔어요. 한 기관에 등록했는데(처음에는 작은 곳부터) 프로그램에 참여하면서 겁이 나고 당황스럽기도 했어요. 하지만 발표를 할 때마다 조금씩 용기가 생겼습니다. 오랜 시간이 걸리긴 했지만 지금은 기대 이상으로 행복해요. 아이들을 키우면서 나는 쓰라린 경험을 통해 얻은 교훈을 아이들에게 항상 말해줍니다. '무슨 일이 생기든지 항상 너답게 살아라!'"

제임스 고든 길키 박사는 기꺼이 자기답게 사는 이 문제가 '역사가 흘러온 만큼 오래전'부터 있어왔으며, '인간의 삶만큼 보편적'이라고 말한다. 많은 신경증과 정신병, 콤플렉스의 이면에는 자기답게 살지 않으려고 하는 자세가 숨어 있으며, 그게 근본적인 원인이다. 아이의 양육을 주제로 13권의 책을 썼고, 신문에 수천 건의 기사를 쓴 안젤로 패트리는 이렇게 말했다. "정신적으로나 육체적으로 자신이 아닌 다른 누군가가 되려고 갈망하는 사람만큼 비참한 사람은 없다."

자신이 아닌 무언가가 되기를 갈망하는 경향은 특히 할리우드에 만연해 있다. 할리우드의 유명한 감독인 샘 우드는 젊은 연기자 지망생들 때문에 가장 골치가 아팠던 건, 그들이 그들답도록 하는 문제 때문이라고 말한다. 그들은 모두 제2의 라나 터너 혹은 제3의 클라크 게이블이 되기를 원한다. 샘 우드는 그들에게 계속해서 말한다. "그런 모습은 이미 대중에게 너무 익숙해. 이제 그들은 다른 걸 원한다고."

〈굿바이 미스터 칩스〉나 〈누구를 위하여 종은 울리나〉와 같은 영화들을 만들기 전에 샘 우드는 여러 해 동안 부동산업에 종사하면서 자신의 영업 능력을 발휘했다. 그는 사업 세계에서도 영화계에서와 같은 원칙이 적용된다고 말한다. 어디에서나 다른 사람을 서툴게 흉내 내는 것으로는 아무것도 얻지 못한다. 앵무새가 되어서는 안 된다. 샘 우드는 이렇게 말한다. "다른 사람인 척하는 사람들은 가능한 한 빨리 그만두는 게 가장 좋다는 걸 나는 경험으로 알았습니다."

나는 최근에 소코니 배큐엄 석유 회사의 채용 담당자인 폴 W. 보인턴에게 구직자들이 하는 가장 큰 실수가 무엇이냐고 물었다. 면접을 6만 명 이상 보았고 《일자리를 얻는 6가지 방법》이라는 책도 썼으니 그는 이 질문에 정확히 대답해줄 것이다. 그는 이렇게 대답했다. "구직자들이 하는 가장 큰 실수는 자기 자신답게 행동하지 않는 것입니다. 툭 터놓고 완전히 솔직하게 얘기하는 대신 그들은 흔히 상대가 원한다고 생각하는 답변을 하려고 합니다." 그래봤자 소용이 없다. 아무도 가짜를 원하지는 않기 때문이다. 아무도 가짜 돈을 원하지 않는다.

한 시내 전차 안내원은 실수를 통해 이 교훈을 얻었다. 그녀는 가수가 되고 싶었지만, 얼굴이 약점이었다. 입이 크고 뻐드렁니가 있었다. 뉴저지에 있는 나이트클럽에서 처음으로 대중 앞에서 노래했을 때 그녀는 윗입술로 치아를 가리려고 했다. '멋지게' 행동하려고 했던 것이다. 결과는 어땠을까? 그녀는 우스꽝스러웠고 실패했다.

하지만 그 나이트클럽에서 그녀의 노래를 듣고 재능이 있다고 생각한 한 남자가 있었다. 남자는 직설적으로 말했다. "이봐, 아가씨. 당신 공연을 봤는데 당신이 뭘 숨기려고 하는지 알아요. 치아가 부끄러운 거죠." 그녀가 당황했지만 남자는 계속해서 말했다. "그게 어때서요? 뻐드렁니가 있는 게 무슨 죄라도 된답니까? 숨기려고 하지 마세요! 입을 크게 벌리면 청중은 당신이 부끄러워하지 않는 모습을 보고 당신을 좋아할 거예요. 게다가 당신이 숨기려는 그 치아가 행운을 가져다줄 수도 있어요!"

캐스 데일리는 남자의 조언을 받아들이고 치아를 신경 쓰지 않았다. 그때부터 그녀는 오직 청중만 생각했다. 그녀는 입을 크게 벌리고 열정적이고 즐겁게 노래해서 영화와 라디오에서 인기 스타가 되었다. 이제는 다른 희극배우들이 그녀를 따라 하려고 한다!

그 유명한 윌리엄 제임스는 보통 사람들이 잠재 능력의 오직 10퍼센트만 계발한다고 말하면서, 자신이 어떤 능력이 있는지 잘 모르는 사람들이 있다고 했다. 그는 이렇게 적었다. "우리가 당연히 써야 하는 능력에 비하면 우리는 오직 반만 깨어 있는 상태다. 우리는 체력과 정신력의 아주 적은 부분만 사용한다. 대략적으로 말하자면, 그렇기 때문에 개개인의 인간은 자신의 한계에 훨씬 못 미치는 인생을 살아가고 있다. 사람에게는 다양한 능력이 있지만 습관상 활용하지 못하고 있다."

당신과 나는 그런 능력이 있고, 다른 사람들과 같지 않으니 다른 걱정은 하지 말자. 당신은 이 세상에서 새로운 존재다. 태초부터 당신과 똑같은 사람은 아무도 없었고, 아무리 시간이 흘러도 없을 것이다. 유전학에 따르면, 우리는 아버지 염색체 24개와 어머니 염색체 24개로 이루어진 결과물이다. 이 48개의 염색체에 당신이 물려받는 유전적 특질을 결정하는 모든 것이 들어 있다. 암란 샤인펠트는 각각의 염색체에는 "대략 스무개에서 수백 개 정도의 유전자가 들어 있는데, 어떤 경우에는 유전자 하나가 개인의 삶 전체를 바꿔놓을 수도 있다"라고 말했다. 정말 우리는 '굉장하고 훌륭하게' 만들어졌다.

당신의 어머니와 아버지가 만나서 관계를 가진 후에도 정확히 당신이라는 사람이 태어날 확률은 300조 분의 1밖에 되지 않는다! 다시 말해서 만약 당신에게 형제자매가 300조 명이 있다고 해도 그들은 모두 당신과 다를 것이다. 이게 다 추측이냐고? 아니다. 과학적인 사실이다. 이 부분에 대해 더 알고 싶다면 공공 도서관에 가서 암란 샤인펠트의《당신과 유전(You and Heredity)》을 빌려 보라.

자신답게 살자는 이 주제에 대해 깊이 공감하기 때문에 나는 자신 있게 이야기할 수 있다. 나도 다 알고 하는 얘기다. 이를 깨닫게 해준 쓰라리고 값비싼 경험을 이야기해보겠다. 미주리주의 시골에서 뉴욕으로 처음 왔을 때 나는 미국 공연 예술 아카데미에 등록했다. 나는 배우가 되기를 간절히 꿈꿨다. 나에게는 내가 생각해도 기막힐 정도로 쉽게 성공할 수 있는 아이디어가 있었다. 너무 간단하고 실패할 걱정도 없어서 수천 명이나 되는 패기 넘치는 사람들이 대체 왜 이 방법을 찾아내지 못했는지 이해가 가지 않았다. 그 생각은 이랬다. 나는 존 드루와 월터 햄던, 오티스 스키너처럼 그 무렵 유명한 배우들이 어떻게 성공했는지를 연구할 것이다. 그런 다음 그들 각각의 가장 좋은 점을 본떠서 화려하고 찬란한 조합이 되도록 나 자신을 만드는 것이다. 얼마나 바보 같고 당치도 않은 소리인가! 나는 나답게 행동해야 하며 절대 다른 누군가가 될 수 없다는 걸 이 시골뜨기의 둔해빠진 머리로 깨닫기 전까지, 나는 다른 사람들을 흉내 내면서 수년을 낭비해야 했다.

그 괴로운 경험으로 나는 잊지 못할 교훈을 얻었어야 했다. 하지만 그렇지 않았다. 나는 교훈을 배우지 못했다. 나는 너무 멍청했다. 그 경험을 처음부터 다시 해야 했다. 몇 년 후 나는 기업가들을 위한 대중 연설에 관한 책을 쓰기 시작했는데, 이전에 쓰인 적 없던 가장 좋은 책이 되기를 바랐다. 그 책을 쓰면서 나는 예전과 똑같이 바보 같은 생각을 했다. 다른 작가들의 생각을 많이 빌려와서 한 권의 책에 다 쓰면 그 책은 모든 것을 담게 될 것이다. 그래서 나는 대중 연설과 관련된 책을 아주 많이 빌려와서 그들의 생각을 내 원고에 합치는 데 1년을 보냈다. 하지만 결국 이번에도 내가 바보짓을 했다는 게 분명해졌다. 내가 쓴 글은 다른 사람들의 생각으로 뒤죽박죽이 되었고, 너무 인위적이고 따분해서 어떤 비즈니스맨도 그 책을 찬찬히 살펴볼 것 같지 않았다. 그래서 나는 1년 동안 작업한 결과물을 쓰레기통에 집어넣고 처음부터 다시 시작했다.

당시 나는 속으로 이렇게 다짐했다. '나는 데일 카네기가 되어야 해, 실수와 한계를 모두 짊어지고. 절대 다른 누군가가 될수는 없어.' 그래서 나는 다른 사람들의 특징을 모으는 걸 그만두고, 팔을 걷어붙인 다음 애초에 내가 해야 했던 일을 시작했다. 나는 화술을 가르치는 사람이자 강연자로서 내가 경험하고 관찰하고 확신하게 된 것을 토대로 대중 연설에 관한 교재를 써 내려갔다. 월터 롤리 선생님이 얻었다는 교훈을 나도 (바라건대 영원히) 깨닫게 되었다(진흙 위에 자신의 코트를 펼쳐 여왕이 지나가도록 했던 월터 경을 말하는 게 아니다. 1904년에 옥스퍼드에서 영문학 교수로 계시던 월터 롤리 선생님을 말하는 것이다). 선생님은 이렇게 말씀하셨다. "나는 셰익스피어나 쓸 만한 책을 쓰지는 못하지만, 나다운 책은 쓸수 있지."

자기답게 살아라. 어빙 베를린이 조지 거슈인에게 했던 현명한 조언대로 행동하라. 베를린과 거슈인이 처음 만났을 때, 베를린은 유명했지만 거슈인은 틴 팬 앨리에서 주급 35달러를 받으며 힘겹게 일하는 풋내기 작곡가에 불과했다. 거슈인의 능력에 감동받은 베를린은 거슈인에게 당시 받는 보수의 3배를 줄 테니 자신의 음악 조수로 일하지 않겠냐고 제안했다. 그러면서 이렇게 조언했다. "하지만 그 일을 맡지는 말게. 만약 그일을 한다면 자네는 제2의 베를린이 될 수는 있겠지. 하지만 자네다운 색깔을 고집한다면 언젠가는 제1의 거슈인이 되어있을 걸세." 거슈인은 그 조언을 주의 깊게 들었고, 서서히 당대 미국에서 가장 뛰어난 작곡가로 변신해나갔다.

찰리 채플린, 윌 로저스, 메리 마가렛 맥브라이드, 진 오트리

등 수많은 사람들이 내가 이 장에서 강조하고자 하는 바로 그 교훈을 배워야 했다. 그들은 딱 나처럼 힘들게 교훈을 얻었다.

찰리 채플린이 처음 영화를 만들기 시작했을 때, 영화감독은 채플린에게 당시 인기 있던 독일 희극배우를 따라 하라고 요구했다. 채플린은 자기 자신을 연기하기 전에는 성공하지 못했다. 밥 호프도 재치 있는 말을 하며 자기답게 행동하기 전까지는 수년 동안 노래하고 춤추며 공연했지만 아무런 성과를 얻지 못했다. 윌 로저스는 수년 동안 보드빌 공연에서 아무 말도 하지 않고 밧줄만 빙빙 돌렸다. 그러다 자신의 독특한 유머 감각을 발견하고는 밧줄 묘기에 이야기를 곁들이기 시작했는데, 그 전까지는 별 소득을 얻지 못했다.

메리 마가렛 맥브라이드가 처음 방송에 출연했을 때, 그녀는 아일랜드 희극배우를 따라 하려고 하다가 실패했다. 하지만 그녀가 미주리 주에서 온 평범한 시골 소녀로서 자신만의 모습을 보여주려고 노력하자, 그녀는 뉴욕에서 가장 인기 있는 라디오 스타가 되었다.

진 오트리가 자신의 텍사스 억양을 없애고 도시 남자들처럼 옷을 입고서 자기는 뉴욕 출신이라고 말하고 다닐 때, 사람들은 그의 뒤에서 웃었다. 하지만 밴조를 퉁기며 카우보이 발라드를 부르기 시작하자, 오트리는 세계에서 가장 유명한 카우보이로 영화와 라디오에서 우뚝 서게 되었다.

당신은 이 세상에 없던 새로운 사람이다. 그 점을 기뻐하라. 자연이 당신에게 준 선물을 최대한 활용하라. 최종적으로 보면 모든 예술은 자서전이나 마찬가지다. 당신만이 당신의 노래를 할 수 있다. 당신만이 당신의 그림을 그릴 수 있다. 분명히 당신의 경험과 환경과 유전적인 요인이 합쳐져서 지금의 당신이 되었다.

좋든 싫든 당신은 당신만의 작은 정원을 일구어야 한다. 좋든 싫든 당신은 인생의 오케스트라에서 당신만의 작은 악기를 연주해야 한다.

랠프 에머슨은 자신의 책 《자기신뢰》에서 이렇게 말했다. "모든 사람은 교육을 받다 보면 질투는 무지한 것이고, 모방은 자폭이나 마찬가지고, 좋든 싫든 자기를 자신의 일부분으로 받아들여야 하며, 드넓은 우주에 좋은 것들이 가득하지만 자신에게 주어진 땅 한 귀퉁이를 일구는 노력을 하지 않으면 영양가 있는 옥수수 알맹이 하나도 얻지 못한다는 확신을 얻게 되는 날이 온다. 자신 안에 있는 능력은 자연에는 없던 것이다. 그러므로 오직 자신만이 무엇을 할 수 있는지 알 수 있으며, 그조차도 시도해보지 않으면 알지 못한다."

에머슨은 이렇게 말했지만, 더글러스 맬럭이라는 시인은 이렇게 말했다.

산 정상의 소나무가 될 수 없다면
계곡의 덤불이 되어라.
단, 시냇가에서 가장 멋진 덤불이 되어라.
나무가 될 수 없다면 덤불이 되어라.

덤불이 될 수 없다면 작은 풀 한 포기가 되어라.
그래서 큰 도로를 좀 더 즐겁게 만들어라.
머스키가 될 수 없다면 농어가 되어라.
단, 호수에서 가장 생기 넘치는 농어가 되어라!

우리 모두 다 선장이 될 수는 없으니 선원도 되어야 한다.
우리 모두가 할 일이 있다.
중요한 일과 덜 중요한 일이 있다.
그리고 꼭 해야 하는 일은 가까이에 있다.

큰 도로가 될 수 없다면 오솔길이 되어라.
태양이 될 수 없다면 별이 되어라.
이기고 지는 건 크기에 달린 게 아니다.
무엇이 되든 최고가 되어라!

걱정을 멀리하고 우리에게 평화와 자유를 줄 정신 자세를 갖추고 싶다면, 다음의 방법을 기억하라.

평안과 행복을 가져다주는 정신 자세를 기르는 방법 5

남을 흉내 내지 마라.
진정한 자신의 모습을 찾아 자기답게 살아라.

레몬을 갖고 있다면
그걸로 레모네이드를 만들어라

이 책을 쓰던 어느 날, 나는 시카고 대학에 들러 로버트 메이너드 허친스 총장에게 어떻게 하면 걱정하지 않을 수 있는지 물었다. 허친스 총장은 이렇게 대답했다. "시어스 로벅 사의 회장 줄리어스 로즌월드가 이런 충고를 해준 적이 있습니다. '레몬을 갖고 있다면 그걸로 레모네이드를 만들어라.' 나는 항상 그 충고를 따르려고 노력합니다."

위대한 교육자는 걱정하지 않기 위해 이런 방법을 쓴다. 하지만 바보들은 정확히 반대로 한다. 만약 인생을 살다가 레몬처럼 하찮은 결과가 생기면, 그는 포기하며 이렇게 말한다. "나는 패배했어. 이건 운명이야. 기회가 없어." 그러고는 세상을 욕하며 자기 연민에 빠진다. 하지만 현명한 사람은 레몬을 받게 되면 이렇게 말한다. "이번 불운으로부터 내가 배울 수 있는 교훈은 뭘까? 어떻게 상황을 개선시킬 수 있을까? 어떻게 이 레몬을 레모네이드로 바꿀 수 있을까?"

위대한 심리학자인 알프레드 아들러는 사람들의 잠재된 힘에 대해 평생에 걸쳐 연구한 결과, 인간의 가장 경이로운 특성 중 하나는 "불리한 점을 긍정적인 것으로 바꾸는 힘"이라고 단언했다.

정확히 이 말대로 행동한 여성에 관한 재미있고 교훈적인 이야기가 하나 있다. 여성의 이름은 셀마 톰슨이고, 뉴욕 시의 모닝사이드 100번지에서 살고 있다. 그녀는 자신의 경험을 이렇게 이야기해주었다.

"제 남편은 전쟁 동안 뉴멕시코의 모하비 사막 근처에 있는 육군 신병 훈련소에서 근무하고 있었어요. 저는 남편과 같이 지내기 위해 그곳으로 이사를 했어요. 하지만 저는 그곳을 싫어했어요. 혐오할 정도였죠. 그렇게까지 불행한 적은 한 번도 없었어요. 제 남편은 모하비 사막에서 작전을 수행하라는 명령을 받았고, 저는 혼자 조그만 판잣집에 남았어요. 선인장 그늘에서도 50도에 달하는 열기는 참을 수가 없었어요. 멕시코인이나 인디언들을 빼고 사람이라곤 그림자도 보이지 않았고, 그들은 영어도 하지 못했어요. 바람은 쉴 새 없이 불었고, 제가 먹은 음식과 들이마신 공기는 모래로 가득했어요! 모래, 모래, 모래!

너무나 비참하고 외로워서 저는 부모님께 편지를 보냈어요. 이제 그만 포기하고 집으로 돌아가겠다는 내용이었어요. 단 1분도 더 견딜 수 없다고 말했죠. 차라리 감옥에 가겠다고 했어요! 아버지는 답장을 보냈는데, 단 두 줄밖에 없었어요. 그 두 줄은 제 인생을 완전히 바꿔놓았고, 앞으로도 영원히 제 기억 속에 자리 잡고 있을 거예요.

두 사람이 감옥의 창살을 통해 밖을 보고 있었다.
한 사람은 진흙을, 다른 이는 별을.

저는 이 두 줄을 읽고 또 읽었어요. 제 자신이 부끄러워졌어
요. 저는 지금 상황에서 좋은 점을 찾아낼 수 있을 거라고 마음
을 다잡았어요. 별을 찾으려 했죠. 저는 원주민 친구들을 사귀
었고, 그들의 반응은 놀라웠어요. 제가 그들의 천 짜기 기술과
도자기에 관심을 보이자, 그들은 관광객들에게 팔기를 거절했
던, 자신들이 가장 좋아하는 작품들을 제게 선물로 주었어요.
저는 선인장과 실난초, 그리고 조슈아 나무의 매혹적인 생김새
에 관심이 생겼어요. 다람쥐처럼 생긴 프레리 도그에 대해 배
웠고, 사막의 노을을 기다렸으며, 수백만 년 전에 바다의 바닥
이었던 사막 모래에 남겨진 조개껍데기를 찾아 다녔어요.

저를 그렇게 변화시킨 건 무엇이었냐고요? 모하비 사막은
변하지 않았어요. 인디언들도 변하지 않았어요. 제가 변했을
뿐입니다. 저는 마음의 태도를 바꿨어요. 그렇게 해서 저는 비
참했던 경험을 제 인생에서 가장 흥미로운 모험으로 완전히 바
꿨어요. 저는 제가 발견한 새로운 세상으로부터 자극을 받았고
흥분했어요. 저는 너무나 신이 나서 그 경험에 관해 책을 썼어
요.《빛나는 성벽》이라는 제목의 소설이었죠. 저는 제 자신이
만들어낸 감옥 너머를 바라보았고, 별을 찾았습니다."

셀마 톰슨, 그녀는 예수가 태어나기 500년 전에 그리스인들이 가르쳐준 "가장 좋은 것은 아주 어려운 것이다"라는 오래된 진리를 발견한 것이다.

해리 에머슨 포스딕은 20세기에 와서 그 말을 다시 언급했다. "행복은 보통 기쁜 일보다는 승리하는 데서 비롯된다." 그렇다. 승리는 레몬을 레모네이드로 바꾸는 성취감과 환희에서 오는 것이다.

한번은 플로리다에서 독이 든 레몬조차 레모네이드로 바꾼 행복한 농부를 방문한 적이 있다. 그가 처음으로 자신의 농장을 마련했을 때 그는 실망했다. 땅이 너무나 형편없어서 과일을 재배하거나 돼지를 기를 수도 없었다. 그 땅에는 스크럽 참나무와 방울뱀 외에는 그 어떤 것도 잘 자라지 않았다. 그때 그에게 기발한 생각이 떠올랐다. 방울뱀들을 최대한 활용해서 자신의 골칫거리를 재산으로 바꿀 수 있을 것 같았다. 놀랍게도 그는 방울뱀 고기로 통조림을 만들기 시작했다. 몇 년 전 그를 찾아갔을 때, 나는 그의 방울뱀 농장을 보러 1년에 2만 명이나 되는 관광객이 몰려온다는 것을 알게 되었다. 사업은 번창하고 있었다. 방울뱀들의 송곳니에서 나온 독은 해독제를 만드는 실험실로 보내졌다. 방울뱀 가죽은 여성들의 신발과 핸드백으로 만들어지기 위해 엄청난 가격에 팔리고 있었다. 캔에 담긴 방울뱀 고기는 전 세계 고객들에게 팔려나갔다. 나는 '플로리다 주 방울뱀 마을'로 지명을 바꾼 그 마을의 우체국에 가서 농장에서 산 그림엽서를 부쳤다. 그 지명은 독이 든 레몬을 달콤한 레모네이드로 바꾸어낸 사람을 기념하기 위해 붙인 이름이었다.

미국 전역으로 자주 여행을 다니면서 나는 '부정적인 점을 좋은 점으로 바꾸는 힘'을 실제로 보여준 많은 사람들을 만나는 특권을 누렸다.

《신에게 맞선 12명》을 쓴 윌리엄 볼리도는 이렇게 표현했다. "인생에서 가장 중요한 것은 당신이 얻은 것을 활용하는 게 아니다. 그건 바보들이나 하는 짓이다. 정말 중요한 것은 당신의 패배로부터 이득을 취하는 것이다. 그러려면 현명해야 한다. 분별 있는 사람과 바보는 바로 여기에서 차이가 난다."

이 말은 볼리도가 열차 사고로 한쪽 다리를 잃은 후 한 말이다. 하지만 나는 양쪽 다리를 잃고서도 불리한 점을 좋은 점으로 바꾼 사람을 알고 있다. 그의 이름은 벤 포트슨이다. 나는 그를 조지아 주 애틀랜타에 있는 호텔의 엘리베이터 안에서 만났다. 엘리베이터에 타면서 나는 두 다리가 없는 쾌활한 인상의 남자가 엘리베이터 구석에 휠체어를 타고 앉아 있는 것을 알아챘다. 그가 내리려는 층에서 엘리베이터가 멈추자, 그는 휠체어를 더 잘 움직일 수 있도록 한 발짝 움직여달라고 내게 상냥하게 요청했다. "귀찮게 해서 정말 미안합니다" 하고 말하는 그의 얼굴에는 마음을 따뜻하게 해주는 미소가 빛났다. 엘리베이터에서 내려 방에 들어와서도 나는 그 유쾌한 장애인 말고는 아무것도 생각할 수가 없었다. 그래서 수소문 끝에 그를 찾아가서 내게 자신의 이야기를 해줄 수 있는지 물어보았다. 그는 미소를 지으며 말했다.

"1929년에 벌어진 일입니다. 저는 마당에 있는 콩밭에 지지대로 사용할 히코리 나뭇가지를 꺾으러 나갔어요. 제 차에 나뭇가지들을 싣고 집으로 출발했죠. 그런데 갑자기 나뭇가지 하나가 떨어지더니, 급커브를 하던 바로 그 순간에 차 밑으로 들어와 운전을 방해했어요. 차가 제방 쪽으로 돌진하면서 몸은 차에게 튕겨져 나갔습니다. 그 사고로 저는 척추를 다쳤습니다. 다리는 마비됐고요. 그때 저는 스물네 살이었고, 그 이후 다시는 걷지 못했습니다."

스물네 살에 남은 삶을 휠체어에서 보내야 한다는 선고를 받다니! 그런 일을 어떻게 그리 용감하게 견딜 수 있었는지 물었더니 그는 이렇게 대답했다. "저는 그렇게 잘 견디지 못했어요." 그는 화를 내며 누구의 말도 들으려 하지 않았다고 했다. 그는 자신의 운명에 대해 울분을 토했다. 그러나 세월이 흐르면서 그는 그렇게 저항해봤자 더 비통할 뿐이라는 걸 깨달았다. 그는 이렇게 말했다. "저는 마침내 다른 사람들이 저를 배려해주고 친절을 베풀어주고 있다는 사실을 깨닫게 되었어요. 그래서 적어도 저도 그들에게 친절하고 예의 바르게 대하려 하고 있습니다."

나는 그에게 오랜 시간이 지난 지금도 여전히 그 사고가 끔찍한 불운이었다고 느끼는지 물어보았다. 그러자 그는 즉시 이렇게 대답했다. "아니요. 저는 이제 그 일이 일어난 게 거의 고맙기까지 할 정도입니다."

그는 충격과 원망을 극복한 후 다른 세상에서 살기 시작했다고 말했다. 좋은 문학 작품들을 읽기 시작하며 문학에 대한 애정을 키웠다. 그가 말하길, 14년간 적어도 1400여 권의 책을 읽었으며, 그 책들은 그에게 새로운 시야를 열어주었고, 그의 삶을 생각보다 더욱 풍요롭게 만들어주었다. 그는 좋은 음악을 듣기 시작했고, 최근에는 과거에 그를 지루하게 했던 위대한 교향곡들에 매혹되어 있다고도 했다. 그러나 그의 가장 큰 변화는 자신이 생각할 시간을 가졌다는 점이었다.

벤은 이렇게 말했다. "제 인생에서 처음으로 저는 이 세상을 바라보며 진정한 가치관을 가질 수 있게 되었어요. 저는 이전에 제가 그토록 갈망했던 것들의 대부분이 전혀 그럴 가치가 없음을 깨닫기 시작했어요."

벤은 독서를 시작하고 나서 정치에 관심이 생겼고, 공공적인 문제에 대해 연구하고 휠체어에서 연설을 하기도 했다! 또 여러 사람들을 알게 됐으며, 많은 사람들도 그를 알게 되었다. 벤 포트슨은 지금도 휠체어를 타고 다니지만, 조지아 주의 국무장관이 되었다!

최근 35년간 나는 뉴욕 시에서 성인교육 강의를 진행했으며, 많은 성인들이 대학에 가지 않은 걸 대단히 후회한다는 사실을 알게 되었다. 그들은 대학 교육을 받지 않은 게 매우 불리하다고 생각하는 듯 보였다. 나는 고등학교밖에 나오지 않고서도 성공한 수천 명의 사람들을 알기 때문에 그게 반드시 맞는 말은 아니라는 것을 알고 있다. 그래서 나는 학생들에게 내가 아는 사람 중에서 초등학교조차 마치지 못한 한 사람의 이야기를 자주 들려준다. 그는 정말이지 가난한 집에서 자라났다. 그의 아버지가 세상을 떠났을 때, 장례식에 쓸 관을 사기 위해 아버지의 친구들이 돈을 조금씩 거둬야만 했다. 아버지가 돌아가시고 나서 그의 어머니는 우산 공장에서 하루에 10시간을 일했으며, 일을 마친 후에는 일감을 집으로 가져와 밤 11시까지 일했다.

이런 환경에서 자란 그 소년은 자기가 다니던 교회의 아마추어 연극 동호회에 참가하게 되었다. 무대에 서는 데서 희열을 느낀 그는 대중 연설을 하기로 마음먹었다. 이 결심은 그를 정치로 이끌었다. 서른이 되었을 때 그는 뉴욕 주의 의원으로 선출되었다. 그러나 그런 책임을 떠맡기에는 아직 준비가 되어 있지 않았다. 사실 그는 그 자리에서 도대체 무엇을 해야 하는지 전혀 알지 못했다고 내게 솔직하게 말했다. 그는 입법 여부에 관한 투표를 해야 하는 길고 복잡한 법안에 대해 공부했지만, 그가 걱정한 대로 그 법안들은 촉토 족 인디언의 언어로 쓰인 것만큼이나 어려웠다.

그는 한 번도 숲에 들어가 본 적이 없는데도 숲에 관련된 위원회의 회원이 된 것마냥 걱정되고 당황스러웠다. 은행 계좌를 만들어본 적도 없었던 그가 주 의회의 금융위원회 회원이 되었기 때문이다. 그는 자신이 어머니 앞에서 패배를 받아들이는 것이 부끄럽지 않았다면 너무 낙담해서 의원직을 사임했을 거라고 말했다. 그는 자포자기한 상태로 하루에 16시간씩 공부하며 '무지'라는 자신의 레몬을 '지식'이라는 레모네이드로 바뛰놓았다. 그렇게 함으로써 그는 지방 정치가에서 국가적인 인물로 바뀌었으며, 그의 눈부신 활약에 〈뉴욕타임스〉는 "뉴욕에서 가장 사랑받는 시민"이라는 호칭을 붙여주었다. 이는 바로 앨 스미스에 관한 이야기다.

10년 후 앨 스미스는 정치와 관련된 자기교육 프로그램을 시작했으며, 뉴욕 최고의 권위자가 되었다. 스미스는 4회 연속 뉴욕 주의 주지사로 선출됐으며, 이 기록은 그 누구도 달성한 적이 없었다. 1928년 앨 스미스는 민주당의 대통령 후보가 되었다. 초등학교 이상 다닌 적이 없는 이 남자에게 컬럼비아와 하버드 등 최고의 대학 6곳이 명예 학위를 수여했다. 앨 스미스는 자신이 불리한 점을 좋은 점으로 바꾸기 위해 하루 16시간을 공부하지 않았다면 이런 일은 결코 일어나지 않았을 것이라고 말했다.

우수한 사람이 되기 위한 니체의 비결은 "역경을 견딜 뿐 아니라 역경을 사랑하라"라는 것이었다. 나는 위업을 이룬 사람들의 인생에 대해 연구할수록, 놀라울 만큼 많은 사람들이 불리한 조건에 자극을 받아 엄청난 노력을 했고 그만 한 보상을 바라며 시작했기 때문에 성공했다는 걸 깨닫게 되었다. 윌리엄 제임스가 말했듯이 "우리의 결점은 예상치 못하게 우리를 돕는다."

그렇다. 밀턴은 장님이었기 때문에 더욱 훌륭한 시를 쓸 수 있었고, 베토벤은 귀가 멀었기 때문에 더 나은 음악을 작곡할 수 있었을 가능성이 크다.

헬렌 켈러의 뛰어난 업적은 그녀가 앞이 보이지 않는데다 귀까지 들리지 않았기 때문에 가능했고, 그래서 그만큼 감동적일 것이다.

만약 차이코프스키가 절망에 빠지지 않았거나 끔찍한 결혼 생활 때문에 자살할 정도로 내몰리지 않았다면, 삶이 형편없지 않았다면 불멸의 교향곡인 〈비창〉을 절대 작곡할 수 없었을 것이다.

만약 도스토예프스키와 톨스토이가 고통스럽게 살지 않았다면, 그들은 아마 절대로 불멸의 소설을 쓰지 못했을 것이다.

지구상에서 생명의 개념을 바꾼 어떤 사람은 이렇게 썼다. "만약 내가 이렇게 많이 아프지 않았더라면, 나는 내가 성취한 많은 일을 해낼 수 없었을 것이다." 이는 결점이 예상치 못하게도 자신을 도왔다는 찰스 다윈의 고백이었다.

다윈이 영국에서 태어나던 바로 그날, 또 다른 아기가 켄터키 숲의 통나무집에서 태어났다. 이 아이 또한 자신이 가진 결점으로부터 도움을 받았다. 그의 이름은 에이브러햄 링컨이다. 링컨이 만약 귀족 집안에서 자라고 하버드대에서 법학 학위를 받았으며 행복한 결혼 생활을 누렸다면, 그가 게티즈버그에서 남긴 잊히지 않는 명언뿐만 아니라 "그 누구에게도 악의를 품지 말고 모든 이를 사랑하라"라고 시작하는, 링컨이 두 번째 대통령 취임식에서 낭송했으며 지도자들이 남긴 말들 중 가장 아름답고 숭고한 시를 마음속 깊은 곳에서 발견하지 못했을 것이다.

해리 에머슨 포스딕은 자신의 저서 《통찰력》에서 이렇게 말한다. "스칸디나비아 인들의 말 중에서 누군가에게는 인생의 구호로서 유용하게 쓰일 만한 말이 있다. '북쪽 바람이 바이킹을 만들었다.' 안전하고 즐거운 삶, 어려운 일 없이 술술 풀리는 편안함이 사람들을 기분 좋게 혹은 행복하게 만든다는 생각은 어디서 시작된 걸까? 오히려 자기 자신에 대해 연민을 느끼는 사람은 방석에 편안하게 누워 있어도 스스로 연민에 빠지지만, 역사상 높은 명성과 행복을 갖게 되는 사람들은 상황이 좋거나 나쁘거나 자신들의 어깨에 오른 개인적 책임을 감당하는 사람들이었다. 그러므로 북쪽 바람은 계속해서 바이킹을 만들고 있다."

우리가 너무나 낙담해서 레몬을 레모네이드로 바꿀 수 있다는 희망이 없다고 가정하더라도, 우리가 왜 도전해야만 하는지, 우리가 무엇이든지 얻을 수 있지만 왜 잃을 것은 없는지에 대한 이유가 두 가지 있다.

첫 번째 이유는 우리도 성공할 수 있기 때문이다.

두 번째 이유는 성공하지 못하더라도 부정적인 점을 긍정적인 것으로 바꾸려는 작은 시도만으로도 우리는 뒤보다 앞을 보게 되기 때문이다. 이는 부정적인 생각을 긍정적인 생각으로 바꿀 것이며, 긍정적인 에너지를 만들며, 우리를 바쁘게 만들어 우리가 과거의 것과 영원히 지나간 것에 대해 후회할 시간이나 여유가 없도록 할 것이다.

세계적으로 유명한 바이올리니스트인 올레 불이 파리에서 공연을 하던 중 갑자기 바이올린의 현 하나가 끊어지는 사고가 발생했다. 하지만 불은 세 개의 현으로 손쉽게 곡을 마쳤다. 해리 에머슨 포스딕은 이렇게 말한다. "네 개의 현 중 하나가 끊어지고 세 개로 마무리하는 것, 그것이 인생이다."

이것은 단순히 인생이 아니다. 인생 이상의 것이다. 승리한 인생인 것이다!

만일 내가 그럴 수만 있다면, 나는 윌리엄 볼리도의 말을 영원히 사라지지 않을 동판에 새겨 이 땅의 모든 학교에 걸어놓을 것이다.

인생에서 가장 중요한 것은 당신이 얻은 것을 활용하는 게 아니다. 그건 바보들이나 하는 짓이다. 정말 중요한 것은 당신이 잃은 것에서 이득을 보는 것이다. 그러기 위해서는 현명해야 하고, 현명한 사람과 미련한 사람은 바로 여기에서 차이가 난다.

그러므로 우리에게 평화와 행복을 가져다줄 정신 자세를 갖추고 싶다면, 다음을 기억하라.

평안과 행복을 가져다주는 정신 자세를 기르는 방법 6

운명이 우리에게 레몬을 가져다준다면,
레모네이드를 만들기 위해 노력하라.

14일 안에 우울증을 극복하는 법

    나는 이 책을 쓰기 시작하면서 '내가 근심을 없앤 방법'에 관해 실제로 많은 도움이 되고 감명을 주는 이야기를 쓴 사람에게 200달러의 상금을 주기로 했다. 이 대회에 참가한 심판 세 명은 이스턴 항공의 사장인 에디 리켄배커, 링컨 메모리얼 대학의 총장인 스튜워트 W. 맥클레런드 박사, 그리고 라디오 뉴스 분석가인 H. V. 칼텐본이었다. 이 심판들은 두 개의 뛰어난 이야기 사이에서 1등을 고르지 못하고 있었다. 그래서 상금을 반으로 나누었다. 공동으로 1등을 수상한 미주리 주 스프링필드 커머셜 스트리트 1067번지에 살고 있는 버튼(미주리 휘저 자동차 판매사에 근무)의 이야기는 다음과 같다.

    "나는 아홉 살 때 어머니를 잃었고, 열두 살 때 아버지를 잃었습니다. 아버지는 사고로 돌아가셨지만, 어머니는 19년 전 집을 나가신 뒤 그 후로 만난 적이 없습니다. 어머니가 데려간 두 누이 역시 그 후로 본 적이 없습니다. 어머니는 집을 나간 후 7년이 지날 때까지 제게 편지 한 통 보내지 않았습니다. 아버지는 어머니가 떠나고 3년이 지난 즈음 사고로 돌아가셨죠. 아버지는 동업자와 함께 미주리에 있는 작은 도시에 카페를 하나 장만했습니다. 그런데 아버지가 출장을 가고 없는 사이, 그 동업자는 현금을 받고 카페를 팔아버리고는 도주했습니다. 아버지의 친구가 그 사실을 아버지에게 전하며 빨리 집으로 돌아오라고 했고, 아버지는 서두르다가 캔자스 주 살리나스에서 교통사고로 돌아가셨습니다. 고모들은 가난하고 노쇠한데다 세 자녀를 키우고 있었기에 저와 제 동생을 키워줄 사람은 아무도 없었습니다. 우리는 고아라고 불리거나 고아 취급을 받는 게 두려웠고, 그 두려움은 곧 현실이 되었습니다.

나는 잠시나마 마을에 있는 가난한 가족과 살게 되었습니다. 하지만 그 집의 가장이 직업을 잃자 더 이상 저를 보살펴줄 수 없게 되었습니다. 그러던 중 마을에서 17킬로미터 정도 떨어진 농장에 사는 로프틴 아저씨 부부가 저를 데려가 같이 살 수 있게 해주었습니다. 로프틴 아저씨는 일흔 살 정도 되었고, 대상포진을 앓고 있었습니다. 아저씨는 제가 거짓말을 하지 않고, 훔치지 않으며, 말을 잘 들으면 같이 살 수 있다고 했습니다. 그 세 가지 규칙은 제게 성경 말씀이었습니다. 저는 그 규칙들을 철저히 지키며 살았죠.

저는 학교도 다니게 되었습니다. 그런데 학교에 간 첫 주에 집에 돌아와 어린아이마냥 울기만 했습니다. 같은 학교에 다니는 아이들이 저를 못살게 굴며 제 코가 크다고 놀려댔습니다. 그리고 저를 '고아 놈'이라고 불렀습니다. 저는 마음이 상해 그들과 싸우고 싶었습니다. 하지만 로프틴 아저씨는 제게 항상 '남아서 싸우는 것보다 그 상황에서 걸어 나가는 사람이 더 훌륭한 거란다'라고 일러주었습니다. 절대 남과 싸우지 않던 저는 어느 날 학교 뒤뜰에서 닭 비료를 제 얼굴에 던진 아이와 싸웠습니다. 저는 그 애를 패주고는 몇 명의 친구를 사귀게 되었습니다. 그들은 그 아이가 맞아도 싸다고 했습니다.

저는 로프틴 아주머니가 사준 모자를 자랑스럽게 여기고 있었습니다. 그런데 어느 날 덩치가 큰 여자아이들이 그 모자를 빼앗아 물을 가득 채워 망가뜨렸습니다. 그중 한 아이는 모자에 물을 채워 내 우둔한 머리를 적셔야 뇌가 팝콘처럼 튀어나오는 걸 막을 수 있다고 했습니다.

학교에서는 절대 울지 않았지만 집에 돌아온 저는 엉엉 울었습니다. 그러던 어느 날 로프틴 아주머니가 제게 한마디를 해주었는데, 그로 인해 제 모든 문제와 고민은 사라졌고 적들은 친구로 변하게 되었습니다. '랠프야, 네가 그들에게 관심을 주고 그들을 위해주는 모습을 보여주면 그 애들은 너를 괴롭히거나 고아 놈이라고 부르지 않을 거야.' 저는 그 조언을 새겨들었습니다. 열심히 공부했고 반에서 일등이 되었죠. 하지만 저는 시기의 대상이 되지 않았어요. 친구들을 적극 도와주었기 때문입니다.

저는 남자애들이 주제문이나 에세이를 작성하는 것을 도와줬습니다. 심지어 토론을 다 써준 적도 있습니다. 한 아이는 제가 자기를 도와주는 걸 부모님께 알리고 싶지 않다고 했어요. 그래서 그 아이는 엄마에게 주머니쥐 사냥을 간다고 말하곤 했습니다. 그러고는 로프틴 아저씨네 농장에 와서 데려온 개들을 헛간에 묶어놓은 다음 저에게 과외를 받았습니다. 어떤 친구에게는 독후감을 써주었고, 며칠에 걸쳐 여자애에게 수학을 가르쳐주기도 했습니다.

그러던 중 마을에 죽음이 닥쳤습니다. 두 명의 나이 많은 농부가 죽었고, 어떤 집 남편은 부인을 버리고 도망을 가버렸습니다. 저는 근처 네 가정에서 유일한 남자가 되었습니다. 과부가 된 이들을 저는 2년 동안이나 도왔습니다. 학교에서 집으로 오는 길에 그들의 농장에 들러서 장작을 패주고, 소젖을 짜주고, 가축에게 물과 사료를 주었습니다. 저는 더 이상 저주가 아닌 축복의 존재가 되었습니다. 저는 모두에게 친구로 거듭났죠. 그들은 제가 해군에서 돌아왔을 때 진심으로 반겨주었습니다. 제가 집에 온 첫날 200명이 넘는 농부들이 찾아와주었습니다. 어떤 이는 120킬로미터나 되는 먼 곳에서부터 달려와 진심으로 저를 염려해주었습니다. 남을 도와주느라 바쁘기도 했고 행복하기도 했기 때문에 걱정이라곤 거의 없었습니다. 그리고 지난 13년간 한 번도 고아 놈이라는 소리를 들어본 적이 없습니다."

버튼 씨에게 박수를! 그는 친구 만드는 법을 알고 있다. 또한 근심을 없애고 인생을 즐기는 법도 알고 있다.

워싱턴 시애틀의 프랭크 루프 박사도 그랬다. 박사는 23년간 관절염을 앓아왔다. 하지만 〈시애틀 스타〉지의 스튜어트 휘트하우스가 내게 보낸 편지에는 이렇게 적혀 있었다. "루프 박사를 여러 번 인터뷰하면서 그보다 더 이타적이거나 삶에서 많은 것을 발견해낸 사람은 본 적이 없습니다."

어떻게 누워서 지내는 사람이 삶에서 많은 것을 누리고 발견할 수 있었을까? 두 개의 힌트를 주겠다. 루프 박사가 불평불만하며 지냈을까? 아니다. 자기 연민에 빠져서 모두의 관심을 받으며 자신에게 맞춰달라고 요구했을까? 아니다. 그것도 아니다. 루프 박사는 영국 왕세자의 좌우명인 "Ich dien", 즉 "섬기겠습니다"를 자신의 좌우명으로 삼아 이 모든 것을 이룰 수 있었다. 박사는 다른 장애를 가진 이들의 이름과 주소를 모아 기쁨과 격려가 가득한 편지를 써서 보냈다. 또한 장애를 앓는 이들이 서로에게 편지를 써주는 클럽을 만들었다. 그리고 마침내 '병상 환자 모임'이라는 전국 단체를 만들기에 이른다. 루프 박사는 침대에 누워서 1년에 약 1400통의 편지를 쓰며, 아파서 집 밖에 나가기 힘든 이들에게 라디오와 책을 사주었다.

루프 박사와 다른 이들과의 가장 큰 차이는 무엇이었을까? 오로지 하나다. 루프 박사는 내면에 목적과 사명의 빛을 품고 있었다. 박사는 조지 버나드 쇼가 말했듯 "세상이 자신을 행복하게 해주는 데 소홀하다고 불평하는 자기중심적인 불쾌감과 불만 덩어리"가 아니라 자신보다 훨씬 고귀하고 중요한 존재에 의해 스스로가 쓰인다고 생각하고 그걸 즐기고 있었다.

여기 위대한 정신과 의사가 놀라운 문장을 쓴 글이 있다. 이 문장은 알프레드 아들러가 쓴 것이다. 우울증이 있는 환자들에게 아들러는 이렇게 말하곤 했다. "당신이 이 처방을 따르면 14일 안에 치유될 수 있습니다. 매일 누군가를 어떻게 즐겁게 해줄 수 있는지 생각해보세요."

이 아이디어는 너무나도 기발해서 아들러 박사가 쓴《우리에게 인생이란 무엇인가》라는 훌륭한 책에서 일부를 인용함으로써 이해를 돕고자 한다.

"우울감은 타인으로부터 관심, 동정과 지지를 받기 위해 장기간 이어지는 분노와 비난에서 오며, 환자는 스스로의 죄책감에 낙심한다. 우울증을 겪는 환자들의 첫 기억은 대략 이러하다. '내가 소파에 눕고 싶었는데 내 형제가 먼저 누워 있었죠. 내가 많이 울어대자 형제가 자리를 떴습니다.' 이러한 환자들은 스스로에게 복수를 하기 위해 자살을 택한다. 그리고 의사의 첫 치료는 환자들에게 자살을 피하는 이유를 만들어주는 것이다. 나 역시 환자들에게 긴장감을 풀어주기 위한 치료의 첫 번째 규칙으로 '당신이 싫어하는 것은 절대 하지 말라'라고 말한다. 이것은 굉장히 소소한 제안인 것처럼 보인다. 하지만 우울증 환자가 자신이 원하는 것을 모두 할 수 있다면 누구를 비난하겠는가? 복수해야 할 일이 뭐가 있겠는가?

'당신이 영화관을 가고 싶거나, 휴가를 떠나고 싶다면 그렇게 하세요. 가던 길에 갑자기 가기 싫다면 멈추세요.' 이것은 누구에게도 최상의 상황이다. 우월감을 얻기 위해 애쓰는 환자에게는 만족감을 준다. 환자는 마치 신처럼 원하는 것은 뭐든지 할 수 있다. 하지만 환자의 생활 태도에 쉽게 들어맞지는 않는다. 환자는 남들을 지배하고 비난하고 싶어 하는데, 만약 남들이 그에게 동의한다면 그들을 위압할 필요가 없다. 이 규칙은 큰 안심을 주기 때문에 내가 맡고 있는 환자 중에 자살을 택한 이는 한 명도 없었다.

대개 환자들은 이렇게 대답한다. '저는 하고 싶은 게 없어요.' 나는 이 말을 하도 많이 들어서 이에 대한 답이 준비되어 있다. '그렇다면 당신이 하고 싶지 않은 것을 하지 마세요.' 그러면 '저는 하루 종일 침대에 있고 싶어요'라고 하는 이가 있다. 나는 그렇게 하라고 한다. 그러면 그는 더 이상 그렇게 하고 싶어 하지 않는다. 내가 그를 막는다면 그는 전쟁을 시작할 것이다. 나는 항상 그들에게 동의해준다.

이것이 하나의 처방이다. 또 다른 제안은 환자들의 생활 방식을 직접적으로 건드린다. 나는 이렇게 이른다. '당신이 이 처방을 따르면 14일 안에 나을 수 있습니다. 매일 어떻게 누군가를 즐겁게 할 수 있는지 생각해보세요.' 이게 환자들에게 어떤 의미인지 생각해보라. 우울증 환자들은 자신이 어떻게 남을 걱정시킬까에 대한 생각으로 가득하다. 답은 매우 흥미롭다. 몇몇은 '그건 굉장히 쉽다. 난 태어나서 내내 그렇게 해왔다'라고 말한다. 그들은 그렇게 해본 적이 없다. 나는 환자들에게 다시 생각해보라고 한다. 환자들은 다시 생각해보지 않는다. 나는 그들에게 이렇게 말한다. '잠들지 못하는 그 시간 동안 누군가를 행복하게 해줄까 생각한다면 당신의 건강에 큰 도움이 될 것입니다.' 다음 날 환자들에게 묻는다. '제가 제안한 것에 대해 생각해보셨나요?' 대답은 이렇다. '어젯밤 침대에 눕자마자 잠이 들었습니다.' 물론 환자들을 대할 때는 겸손하고 친절하게 어떠한 우월감도 없이 대해야 한다.

어떤 환자들은 이렇게 대답한다. '저는 못 하겠어요. 너무 걱정이 돼요.' 그러면 나는 그런 환자들에게 이렇게 말한다. '그만 걱정하세요. 대신 다른 이들에 대해 생각해보세요.' 나는 그들의 흥미를 타인에게 돌리려 한다. 많은 이들이 이렇게 말한다. '어떻게 남을 행복하게 해줘요? 남들은 나한테 전혀 베풀지 않아요.' 나는 이렇게 답한다. '당신의 건강을 생각하셔야 해요. 다른 이들은 나중에 고통을 받겠죠.' 환자가 '선생님이 말한 것에 대해 생각해보았습니다'라고 하는 경우는 극히 드물다. 나는 환자들이 주변에 대해 더 많은 관심을 갖도록 하는 데 모든 노력을 기울이고 있다. 나는 이 병의 진짜 원인이 협력의 부재라는 것을 알고 있고, 환자 역시 그 사실을 볼 수 있기를 원한다. 환자들이 다른 이들과 동등하게 협력 관계를 맺을 수 있을 때 그 환자는 치료된다. (…) 종교가 사람들에게 강조하는 가장 중요한 과제는 언제나 '네 이웃을 사랑하라'였다. (…) 타인에게 관심을 갖지 않는 개인은 살면서 큰 어려움에 빠지고 남에게도 큰 피해를 입히는 사람이다. 인간의 모든 실패는 이런 개인들로부터 생겨난다. (…) 우리가 인간에게 요구하는 모든 것, 우리가 인간에게 줄 수 있는 최고의 찬사는 '좋은 동료'

이고, '좋은 친구'이며, '사랑과 결혼의 진정한 동반자'다."

아들러 박사는 우리에게 매일 선행을 하라고 촉구한다. 선행이란 무엇인가? 예언자 모하마드는 말한다. "선행이란 타인의 얼굴에 웃음을 가져다주는 것이다."

매일 선행을 하는 것이 어떻게 선행을 행하는 자에게 놀라운 효과를 가져다주는 것일까? 선행은 두려움과 우울감을 일으키는 자기중심적 사고를 멈추게 하기 때문이다. 뉴욕 5번가 521번지에서 문 비서 학교를 운영하는 윌리엄 T. 문 부인은 선행으로 우울증을 치료하는 2주간의 과정을 보낼 필요가 없었다. 그녀는 고아 아이들을 어떻게 기쁘게 해줄 수 있을까 생각했고, 2주가 아니라 단 하루 만에 우울증을 날려버렸다. 문 여사가 전하는 얘기는 다음과 같다.

"5년 전 12월이었습니다. 저는 슬픔과 자기 연민에 빠져 있었죠. 몇 년간의 행복한 결혼 생활은 남편을 잃으면서 끝이 났습니다. 크리스마스가 가까워지면서 제 슬픔은 더욱 깊어졌습니다. 저는 태어나서 크리스마스를 혼자 보낸 적이 없었습니다. 그래서 크리스마스가 다가오는 게 끔찍했습니다. 친구들은 함께 크리스마스를 보내자며 저를 초대했지만, 저는 파티에 가고 싶은 마음이 없었습니다. 제가 파티 분위기를 망칠 거라는 걸 알고 있었기 때문이죠. 그래서 친구들의 초대를 거절했습니다. 크리스마스이브가 되고, 저는 점점 더 자기 연민에 빠졌습니다.

우리 모두가 감사할 게 많이 있듯, 저도 물론 많은 것들에 감사해야 했습니다. 크리스마스 하루 전, 저는 오후 3시에 자기 연민과 우울한 마음을 떨치려고 사무실을 나와 5번가를 배회했습니다. 길가에는 신나고 행복해 보이는 사람들이 가득했고, 그 모습을 보고 있자니 과거의 행복한 기억들이 떠올랐습니다.

저는 혼자서 텅 빈 외로운 아파트로 돌아갈 생각을 하니 견딜 수가 없었습니다. 무엇을 해야 할지 몰랐고, 눈물을 참을 수가 없었습니다. 한 시간 정도 무작정 걷다 보니 버스 터미널에 도착해 있었습니다. 모험을 하겠다며 남편과 목적지를 알 수 없는 버스를 무작정 탔던 일이 떠올라 처음 보이는 버스에 올라탔습니다. 허드슨 강을 건너고 좀 지나자 버스 안내자가 '마지막 정류장입니다'라고 알렸고, 저는 그곳에서 내렸습니다. 도시의 이름조차 몰랐지만, 매우 조용하고 평화로운 작은 도시였습니다. 집으로 가는 다음 버스를 기다리며 주거지 쪽으로 난 길을 걸었습니다. 교회를 지나다가 '고요한 밤'의 아름다운 선율을 듣고 안으로 들어갔습니다. 교회는 오르간 연주자 외에는 아무도 없었습니다. 저는 신도석에 눈에 띄지 않게 앉았습니다. 화려하게 장식된 크리스마스트리의 불빛은 달빛에 춤추는 별무리 같아 보였습니다. 길게 늘어지는 음악의 리듬과 아침부터 아무것도 먹지 않은 공복에 어지러워졌습니다. 게다가 몹시 지쳐 있던 저는 잠에 빠졌습니다.

잠에서 깨어났을 때 제가 어디에 있는지 알 수 없었습니다. 저는 공포에 질렸습니다. 그때 제 앞에는 크리스마스트리를 보러 들어온 게 분명한 작은 아이 둘이 서 있었습니다. 그중 여자아이가 저를 가리키며 '산타가 저분을 데려온 게 아닐까?'라고 말했습니다. 제가 잠에서 깨자 아이들은 깜짝 놀랐습니다. 저는 아이들에게 무서운 사람이 아님을 알려주었습니다. 아이들은 허름한 옷을 입고 있었습니다. 엄마, 아빠가 어디 있느냐 물으니 '우린 엄마, 아빠 없어요'라고 아이들은 말했습니다. 그 아이들은 나보다도 훨씬 더 불쌍한 어린 고아들이었습니다. 아이들을 보자 제 슬픔과 자기 연민이 부끄러워졌습니다. 저는 그 아이들에게 크리스마스트리를 보여주고는 슈퍼에 데려가 음료수를 같이 마시고 사탕과 선물을 조금 사주었습니다. 제 외로움은 마술처럼 사라졌습니다. 그 두 명의 고아는 제가 지난 몇 달간 맛볼 수 없던, 제 자신을 잊을 수 있는 진정한 행복을 주었습니다. 저는 아이들과 이야기하며 제가 얼마나 행복한지 깨닫게 되었습니다. 저는 어렸을 때 크리스마스 때마다 부모님과 함께 즐겁고 행복하게 지냈다는 사실을 신에게 감사드렸습니다. 그 두 명의 고아들은 제가 그들에게 준 것보다 훨씬 많은 것을 제게 주었습니다. 그 경험으로 저는 행복해지기 위해서는 타인을 행복하게 할 필요가 있다는 사실을 알게 되었습니다. 행복은 전염성이 있다는 사실도 알게 되었습니다. 우리는 베풀면 받을 수 있습니다. 저는 타인을 도와주고 사랑을 베풀며 근심과 슬픔, 자기 연민을 극복하고 새로운 사람이 되었습니다. 그리고 그 이후로 쭉 새로운 사람으로 살았습니다."

나는 자기중심적 생각을 잊어버리고 건강과 행복을 찾은 사람들의 이야기로 이 책을 가득 채울 수 있다. 미 해군에서 가장 유명한 여성 중 하나인 마가렛 테일러 예이츠의 이야기를 보자.

예이츠는 소설가지만, 그녀의 어떤 소설도 일본군이 진주만을 침공했을 때 그녀에게 일어난 실제 이야기만큼 흥미롭지는 않다. 예이츠 부인은 1년 넘게 심장병을 앓았다. 부인은 하루 24시간 중 22시간을 침대에서 보냈다. 부인이 가장 오래 산책하는 것은 햇볕을 쬐기 위해 정원으로 나가는 정도였다. 그때도 그녀는 가정부에 의지해야 했다. 부인은 그 당시 평생 그렇게 앓을 거라고 생각했다. 그녀는 내게 이렇게 이야기했다.

"나는 그날 일본인들이 진주만을 공격해 나를 안일주의에서 벗어나게 하지 않았다면 새로운 삶을 살 수 없었을 겁니다. 공격이 일어났을 때는 모든 게 혼돈이었죠. 폭탄 하나가 우리 집 근처로 떨어지는 바람에 저는 침대에서 튕겨져 나갔어요. 그때 군은 히컴 필드, 스코필드 막사, 그리고 카네오헤 공군 기지로 달려가서 군 가족인 부인들과 아이들을 공립학교로 대피시켰습니다. 그리고 적십자는 그들을 수용해줄 만한 곳이 있는지를 알아봐 주고 있었습니다. 적십자는 내 침대 옆에 전화기가 있는 것을 알고 내게 정보 교환소 역할을 부탁했습니다. 그래서 나는 군 가족들의 거처를 추적했고, 적십자는 모든 군인들이 내게 전화를 걸어 가족의 거처를 확인하도록 지시했습니다.

나는 곧 내 남편인 로버트 롤리 예이츠 사령관이 안전하다는 것을 알게 되었습니다. 나는 남편의 행방을 모르거나 미망인이 된 많은 이들을 위로했습니다. 2117명의 군인이 사망했고, 960명이 실종되었습니다.

처음에는 침대에서 전화를 받았습니다. 그러다 앉은 채로 받게 되었고, 결국 너무나도 바빠지고 정신이 없어서 아픔에 대해 잊어버린 채 테이블 옆에 앉았습니다. 나보다 더 불행한 이들을 도우면서 나는 스스로에 대해 잊어버린 것입니다. 그리고 그 뒤로는 8시간의 수면 시간을 제외하고는 침대로 돌아간 적이 없었습니다. 일본인들이 진주만을 습격하지 않았다면 나는 평생을 병상에서 보냈을 겁니다. 나는 침대가 편했고, 침대에 누워 있는 시간이 길어지면서 스스로 회복하려는 의지조차 잃어갔던 것입니다.

진주만 습격은 미국 역사상 가장 큰 비극 중의 하나지만, 내게는 세상에서 일어난 가장 좋은 일 중 하나였습니다. 그 끔찍한 위기는 내가 상상도 하지 못한 힘을 일깨워 줬습니다. 그 사건은 내 자신으로 향하는 관심을 타인을 향해 돌려주었습니다. 그 사건은 내게 크고 중요한 삶의 목적을 주었습니다. 나는 내 자신에 대해 생각하거나 돌볼 겨를이 더 이상 없었습니다."

정신과 의사에게 도움을 청하기 위해 달려가는 사람들의 3분의 1이 마가렛 예이츠처럼 남을 돕는 데 관심을 가진다면 스스로를 고칠 수 있을 것이다. 나만의 생각일까? 아니다. 칼 융이 한 말이기도 하다. 다른 이는 몰라도 칼 융은 알지 않는가? 융은 이렇게 말했다. "내 환자의 3분의 1은 어떠한 병명에도 속하지 않는다. 하지만 무의미함과 공허함으로 괴로워한다." 달리 말하면 그들은 남의 차를 얻어 타고 인생이란 길을 가려 한다. 그런데 끊임없이 지나가는 차 중에서 그들을 태워주는 차가 하나도 없다. 그래서 자신들의 작고 무의미하며 쓸모없는 삶을 한탄하며 정신과 의사를 찾아가는 것이다. 배를 놓친 그들은 스스로를 제외한 모두를 탓하며 세상이 자신들의 자아중심적인 욕구에 맞춰주길 기대하는 것이다.

당신은 어쩌면 이렇게 말할 수도 있다. "이 이야기들은 그다지 감동적이지 않아. 나도 크리스마스이브에 만난 몇 명의 고아를 보고 흥미를 가질 수 있어. 그리고 내가 진주만에 있었다면 마가렛 예이츠처럼 했을 거야. 하지만 나는 그렇지 못한 평범한 삶을 살고 있어. 나는 매일 지루한 직장에서 8시간씩 일을 하고, 내겐 어떤 드라마틱한 일도 일어나지 않아. 그런데 어떻게 내가 남을 도와주는 데 관심을 가질 수 있겠어? 왜 그래야 하지? 나한테 무슨 도움이 되지?"

충분히 나올 만한 질문이다. 거기에 대한 답을 해보겠다. 당신의 존재가 아무리 평범하다고 해도 당신은 매일 사람들을 만날 것이다. 당신은 그들을 어떻게 대하고 있는가? 그저 단순히 그들을 쳐다만 보지 않는가? 아니면 무엇이 그들의 감정을 자극하는지 알고 있는가? 아니면 1년에 몇백 마일을 걸어 다니며 당신의 문까지 편지를 배달하는 집배원에 대해서는 어떤가? 당신은 그가 어디에 살고 있는지, 그의 부인이나 아이 사진을 보여달라고 한 적이 있는가? 걷는 데 지치지는 않았는지 혹은 심심하지 않은지 물어본 적은 있는가?

식료품 배달원, 신문팔이, 코너에 있는 구두닦이는 어떤가? 그들은 수많은 어려움과 꿈과 개인적인 포부가 가득한 사람들이다. 그들 역시 타인과 나누고 싶어 한다. 하지만 당신은 그런 기회를 준 적이 있는가? 당신은 그들의 삶에 진정으로 관심을 보인 적이 있는가? 내가 말하는 것은 이러한 작은 것들이다. 당신에게 나이팅게일이 되거나 사회 운동가가 되어 세상을 바꾸라는 게 아니다. 당신 자신의 세상을 말하는 것이다. 당신은 내일 아침부터 만나게 되는 사람들에게 이런 일들을 실천할 수 있다.

당신에게 어떤 이득이 돌아오느냐고? 훨씬 큰 행복이 찾아온다! 더 큰 만족, 그리고 자신에 대한 자긍심이 돌아온다! 아리스토텔레스는 이러한 태도를 '계몽된 이기심'이라고 했다. 조로아스터는 이렇게 말했다. "남에게 선행을 베푸는 것은 의무가 아니다. 건강과 행복을 증대시키는 즐거움이다." 벤저민 프랭클린은 이를 간단히 정리해서 "타인을 위하는 일이 곧 자신을 위한 일이다"라고 했다.

뉴욕 심리상담센터의 헨리 C. 링크 소장은 이렇게 적었다. "현대 심리학의 가장 큰 발견은 자아실현이나 행복을 위해서는 자기희생이나 훈련이 필요하다는 사실을 과학적으로 증명한 것이라고 생각한다." 타인에 대한 생각은 스스로에 대해 걱정하는 것을 막아줄 뿐만 아니라 당신에게 친구를 만들어주고 즐거움을 줄 수 있다. 어떻게 그게 가능한가? 예일대의 윌리엄 라이온 펠프스 교수에게 그 방법에 대해 묻자 이렇게 이야기했다.

"나는 호텔이나 이발소, 가게에 갈 때면 만나는 사람들과 공감할 만한 이야기를 꼭 합니다. 나는 그들이 기계 속의 부품이 아니라 개별적인 사람으로 느낄 수 있는 말을 하려 노력합니다. 가게에서 나를 기다려주는 점원의 눈이나 헤어스타일이 얼마나 아름다운지 칭찬해줍니다. 이발사에게 매일 서서 일하는 게 힘들지 않느냐 묻기도 합니다. 그리고 어떻게 이발사가 되었는지, 얼마나 오래 일했는지, 지금까지 몇 명의 머리를 깎아주었는지 묻습니다. 사람들에게 관심을 가져주면 그들은 행복해하며 웃죠. 나는 내 물건들을 날라주는 짐꾼들과 자주 악수를 하는데, 그것만으로도 그 짐꾼은 새로운 기분으로 하루를 보낼 수 있습니다.

무척 더운 여름날, 나는 뉴 헤이븐 기차의 식당 칸에 가게 되었습니다. 사람이 가득한 차는 난로처럼 더웠고, 서비스는 매우 느렸습니다. 승무원이 내게 한참이 지나 메뉴를 건네줬을 때, 나는 '부엌에서 요리하는 사람들은 오늘 정말 고생이 많겠습니다'라고 말했습니다. 그러자 승무원은 불만을 토로하기 시작하더군요. 말투가 맹렬했습니다. '세상에! 사람들은 여기 와서 음식에 대해 불평을 많이 해요. 느린 서비스와 더위, 가격에 대해 불만을 토로하죠. 나는 지난 19년간 그들의 비난을 들어왔는데, 당신은 펄펄 끓는 부엌에서 일하는 요리사를 처음으로 걱정해준 사람입니다. 당신 같은 승객이 더 많길 바랍니다.'

승무원은 매우 놀랐습니다. 왜냐하면 내가 흑인 요리사들을 거대 철도 조직의 부품이 아닌 한 인간으로 대해주었기 때문이죠. 사람들이 원하는 것은 작은 관심입니다. 길을 가다 멋진 개를 데리고 걷는 사람을 만나면 나는 개의 아름다움에 대해 칭찬합니다. 그리고 어깨 너머로 뒤돌아보면 그 남자가 개를 예뻐해주는 모습을 볼 수 있죠. 나의 칭찬이 개를 다시 한 번 돋

보이게 한 것입니다.

한번은 영국에서 양치기를 만난 적이 있습니다. 나는 그의 크고 똑똑한 양치기견을 진심으로 칭찬해주었습니다. 나는 양치기에게 개를 어떻게 교육시켰는지 묻기도 했습니다. 잠시 후 뒤를 돌아보니 양치기가 자신의 어깨에 두 발을 올리고 있는 개를 어루만져 주고 있었습니다. 내가 양치기와 그 개에 작은 관심을 가져주자 양치기는 행복해했습니다. 그리고 그 결과 개도 행복해졌으며, 나 자신도 행복해졌습니다."

짐꾼과 악수를 하고, 뜨거운 부엌에서 일하는 요리사들을 격정하며, 개가 정말 멋있다고 말하는 사람이 불평불만을 하고 근심을 하며 정신과 의사의 도움이 필요한 모습을 상상할 수 있는가? 상상할 수 없을 것이라 짐작한다. 중국 속담에 이런 말이 있다. "장미를 주는 손에는 좋은 향이 조금씩 묻어 있다."

예일대의 빌리 펠프스 교수에게는 이 말을 설명할 필요가 없다. 교수는 그 말의 의미를 알고 있었고 그렇게 살아왔다.

당신이 남자라면 이 문단을 넘어가라. 흥미를 끌지 못할 테니까. 이 이야기는 근심이 많고 행복하지 못한 여자가 어떻게 여러 남자에게 프러포즈를 받았는지에 대한 이야기다. 그 당시 이 방법을 실천한 여성은 이제 할머니가 되었다. 몇 년 전 나는 그녀 부부의 집에 머물게 되었다. 그 당시 나는 그녀가 살고 있는 도시에서 강의를 하고 있었다. 다음 날 아침, 그녀는 뉴욕 센트럴까지 가는 기차에 나를 태워주기 위해 80킬로미터 떨어진 곳의 기차역까지 태워주었다. 우리는 친구 사귀는 법에 대해 이야기하고 있었고, 그녀는 내게 말했다. "카네기 씨, 저는 아무에게도, 심지어 남편에게도 말하지 않은 것을 당신에게 고백하려고 해요(참고로 이 이야기는 당신이 상상하는 것과 달리 그다지 흥미롭지 않을 것이다)." 그녀는 어려서 사교계에 잘 알려진 집안에서 자랐다고 한다. 그러고는 이렇게 말했다.

"제 어린 시절과 젊은 시절의 비극은 가난이었습니다. 저는 사교 모임에 오는 또래 여자아이들처럼 호화롭게 치장할 수 없었습니다. 고급 옷을 입어본 적도 없었고요. 제가 빨리 자라면서 옷은 금방 작아졌고, 그나마 철지난 옷들이 전부였습니다. 너무 창피하고 부끄러워 울면서 잠드는 날들이 많았죠. 저는 절박한 마음에 궁여지책으로 한 가지 아이디어를 생각해냈습니다. 저녁 모임에서 만나는 남자 파트너들에게 그 사람의 경험, 아이디어, 그리고 미래에 대한 계획을 끊임없이 알려달라고 하는 것이었습니다. 이유는 그들의 대답이 궁금해서가 아니라 제 옷에 관심을 갖지 않도록 하기 위해서였어요. 하지만 이상한 일들이 일어났습니다. 제가 그들과 이야기하고, 그들에 대해 알아가면서 진심으로 그들이 하는 말에 관심을 갖게 되었다는 겁니다. 이야기에 빠져들면서 저 역시 옷을 의식하지 않게 되었어요. 하지만 놀라운 건 이것입니다. 제가 이야기를 잘 들어주고 그들이 이야기하도록 격려하자, 그들은 행복해했고 저는 점차 우리 그룹에서 가장 인기 있는 여자가 되었습니다. 그중 세 명의 남성이 결혼을 하자고 프러포즈했습니다." 여성 독자는 꼭 참고하길 바란다.

이 이야기를 읽은 사람들 중에는 이런 말을 하는 사람이 있을지도 모르겠다. "남들에게 관심을 주고 어쩌고 하는 이 모든 얘기는 말도 안 되는 소리야! 종교적 헛소리지! 나한테는 해당되지 않아! 나는 돈을 지갑에 꼬박꼬박 챙겨 넣을 거야. 내가 가질 수 있는 건 몽땅 가질 거야. 당신의 헛소리는 집어치워!"

이게 당신의 주장이라면 존중해주겠다. 하지만 그렇다면 역사 이래 예수, 공자, 부처, 플라톤, 아리스토텔레스, 소크라테스, 성 프란체스코와 같은 위대한 철학자와 스승들의 말은 모두 틀린 셈이 된다. 어쨌거나 당신이 종교 지도자의 말을 비웃는다면 무신론자의 말을 들어보자. 당대에 유명한 학자 중 한 명이었던 케임브리지 대학의 A. E. 하우스만 교수의 이야기를 들어보자. 1936년 그는 케임브리지 대학에서 '시의 어원과 특징'에 관한 강의를 했다. 그 강의에서 하우스만 교수는 이렇게 말했다. "지금까지 논의된 가장 위대한 진실과 가장 중요한 도덕적 발견은 예수의 말씀이다. '자신만을 위해 살고자 하는 자는 죽을 것이요, 남을 위해 죽고자 하는 자는 살 것이다.'"

사실 우리는 이런 설교를 평생 동안 들었다. 하지만 하우스만은 무신론자에 비관론자였으며, 자살을 고민하던 사람이었다. 하지만 하우스만 교수 역시도 자신만을 위해 사는 사람은 인생에서 많은 것을 얻지 못할 것이라고 생각했다. 그런 사람은 불행할 것이다. 하지만 다른 사람을 위해 살아가며 자신을 잊은 자는 삶의 즐거움을 찾을 수 있을 것이다.

당신이 하우스만의 말에 별 감흥이 없다면, 20세기 미국의 저명한 무신론자인 시어도어 드라이저의 말을 들어보자. 드라이저는 모든 종교를 "멍청이가 알려주는 요란하고 찬란한 이야기로 아무런 의미가 없다"라고 표현했다. 하지만 드라이저는 예수가 가르쳤던 위대한 원칙 중 하나인 타인을 섬기라는 말에 대해서는 지지했다. "만약 인간이 자신의 생에서 즐거움을 찾으려고 한다면, 그는 자신만이 아닌 타인의 삶을 발전시킬 방법을 생각하고 계획해야 한다. 왜냐하면 스스로의 즐거움은 타인과의 관계로 생기는 즐거움에 달려 있기 때문이다."

또한 드라이저는 이렇게 일렀다. "우리가 타인의 삶을 발전시키려면 시간을 낭비하지 말아야 한다. 인생의 순간순간은 두 번 다시 돌아오지 않는다. 따라서 내가 베풀 수 있는 선행은 당장 해야 한다. 미루거나 소홀히 해서는 안 된다. 왜냐하면 같은 길을 두 번 다시 지나지 않을 것이기 때문이다."

그러므로 근심을 없애고 평화와 행복을 발전시키고 싶다면, 다음을 기억하라.

평안과 행복을 가져다주는 정신 자세를 기르는 방법 7

남에게 관심을 가짐으로써 스스로를 잊어라.
매일 누군가의 얼굴에 미소를 선물하라.

당신에게 평안과 행복을 가져다주는 정신 자세를 기르는 7가지 방법

1. 우리 마음을 평화, 용기, 건강 그리고 희망으로 채우자. "우리의 삶은 우리가 생각하는 것으로 만들어진다."

2. 원수에게 복수하려 하지 마라. 왜냐하면 당신의 원수들이 다치는 것보다 당신이 더 많이 다치게 될 것이기 때문이다. 아이젠하워 장군이 그랬듯 1분도 우리가 싫어하는 사람을 생각하는 데 허비하지 말자.

3-1. 은혜를 모르는 사람에 대해 서운해하지 말고 그게 당연하다고 생각하자. 예수가 고쳐준 10명의 나병 환자 중 오직 한 명만이 감사의 표현을 한 것을 기억하자. 왜 예수가 받은 감사보다 더 많은 것을 당신이 받아야 한다고 생각하는가?

3-2. 행복을 찾을 수 있는 유일한 방법은 고마움의 표현을 기대하지 말고 베푸는 즐거움을 누리는 것이다.

3-3. 감사하는 마음은 계발된 성격이라는 것을 기억하자. 우리 자녀가 감사하는 마음을 가질 것을 원한다면 감사하는 마음을 갖도록 훈련시켜야 한다.

4. 불행이 아닌 축복을 헤아리려라.

5. 다른 이를 흉내 내지 말자. 자기 스스로여야 한다. 자신의 본래 성격대로 행동하자. 질투는 무지며 흉내는 자살 행위다.

6. 운명이 우리에게 레몬을 준다면 그걸로 레모네이드를 만들어보자.

7. 타인에게 작은 행복을 만들어주면서 우리의 불행을 잊자. 타인에게 선행을 베풀 때 당신의 모습은 최고다.

5

걱정을
다스리는 방법

How to

stop

worrying

&

start living

부모님은 어떻게
걱정을 다스렸는가

전에 말했듯이 나는 미주리 주의 농장에서 나고 자랐다. 부모님은 당시 대부분의 농부들이 그렇듯 굉장히 가난했다. 어머니는 시골에서 교사로 일하셨고, 아버지는 한 달에 12달러를 버는 농장 노동자였다. 어머니는 내가 입을 옷가지뿐 아니라 옷을 빨래할 비누까지 직접 만드셨다.

우리 가족은 1년에 한 번 돼지 팔 때를 제외하면 현금도 거의 없었다. 농장에서 기른 버터와 달걀을 식료품점에서 밀가루, 설탕, 커피와 교환해야 했다. 내가 열두 살이었을 때는 1년에 50센트도 쓸 수 없었다. 7월 4일 독립기념일 행사에 갔을 때, 아버지가 마음대로 쓰라며 10센트를 주셨던 게 아직도 기억난다. 마치 인도 제국의 엄청난 부라도 가진 것처럼 느껴졌다.

나는 교실이 하나밖에 없는 시골 학교에 등교하려고 1.5킬로미터를 걸어 다녔다. 엄청나게 눈이 쌓여 온도계가 영하 28도의 추위에 부르르 떨릴 때도 걸어갔다. 열네 살 이전에는 고무 덧신은 물론 그냥 덧신도 가져본 적이 없었다. 내 발은 길고 긴 추운 겨울 내내 꽁꽁 언데다 축축하게 젖어 있었다. 어린아이였을 때는 겨울에 발이 젖지 않고 따뜻한 사람이 있다고는 생각지도 못할 정도였다.

부모님은 하루에 16시간씩 고되게 일하셨지만, 우리 가족은 언제나 빚을 갚느라 허덕였다. 그리고 힘든 일은 계속 생겼다. 내가 아주 어렸을 때 미주리의 102번 강에서 흘러넘친 홍수가 곡식과 목초지를 뒤덮어 전부 망가뜨리는 것을 본 기억도 있다. 홍수는 작물 수확의 7분의 6을 앗아가 버렸다. 또 해마다 돼지들은 콜레라에 걸려서 불에 태워야 했다. 지금도 눈을 감으면 돼지 살이 타면서 났던 톡 쏘는 악취가 풍기는 것 같다.

어느 해에는 홍수가 나지 않았다. 옥수수가 풍작이어서 우리는 소를 사서 직접 기른 옥수수를 먹여 살찌웠다. 하지만 차라리 홍수가 나는 게 좋았을 뻔했다. 그해에는 시카고 시장에서 소 값이 떨어져 소를 키우는 데 쓴 돈보다 고작 30달러밖에 더 벌지 못했다. 꼬박 1년을 일해서 30달러밖에 벌지 못하다니!

아무리 노력해도 손해만 날 뿐이었다. 아버지가 샀던 노새 새끼들도 아직 기억난다. 우리는 3년 동안 노새를 키우고 사람을 고용해 훈련을 시킨 뒤, 멤피스와 테네시 주로 가져갔다. 그리고 3년 동안 들인 돈보다 더 적은 돈으로 노새를 팔고 말았다.

우리는 10년 동안 녹초가 될 정도로 일했지만 무일푼에다 엄청난 빚더미에 앉았다. 농장 하나는 저당까지 잡혔다. 아무리 노력해도 대출금 이자조차 갚을 수 없었다. 대출해준 은행은 아버지를 괴롭히고, 욕하며, 농장을 빼앗아 버리겠다며 협박했다. 당시 아버지는 마흔일곱 살이었다. 30년 이상을 부지런히 일했지만 빚과 굴욕밖에 남은 게 없었다. 아버지는 그 상황을 견뎌낼 수가 없었다. 걱정 때문에 건강까지 나빠졌다. 음식조차 먹을 수 없었다. 하루 종일 밭에서 일하는데도 불구하고 식욕을 돋우는 약을 복용해야 했다. 아버지는 살도 빠졌다. 의사는 어머니더러 아버지가 반년 이내에 돌아가실지도 모른다고 말했다. 아버지는 너무 걱정이 많았던 나머지 더 이상 살고 싶지 않아 했다. 어머니는 내게 "너희 아버지가 말을 먹이고 소젖을 짜러 헛간에 갔는데 생각보다 빨리 돌아오지 않으면, 밧줄 끝에 매달려 덜렁거리는 시체를 발견할까 무서워하며 헛간으로 가곤 했다"라고 자주 말씀하셨다. 어느 날 아버지는 은행으로부터 농장 소유권을 가져가겠다는 협박을 받고 메리빌에서 집으로 돌아오던 중이었다. 102번 강을 가로지르는 다리 위에서 아버지는 말들을 세우고 짐마차에서 내려와 오래도록 물을 바라보았다. 아버지는 다리에서 뛰어내려 모든 것을 끝내야 할지 고민했다고 한다.

수년이 흐른 후에 아버지는 그때 뛰어내리지 않은 이유는 오직 하나, 하나님을 사랑하고 그의 율법을 지키면 모든 일이 잘 풀릴 거라는 어머니의 굳은 믿음 때문이었다고 이야기했다. 어머니가 옳았다. 결국은 모든 일이 잘 풀렸다. 아버지는 행복하게 42년을 더 사셨고, 1941년 89세의 나이로 돌아가셨다.

어머니는 힘겹고 고통스런 나날에도 불구하고 절대로 걱정하지 않으셨다. 기도로 모든 문제를 해결했기 때문이다. 어머니는 매일 밤 잠들기 전에 우리에게 《성경》 한 장을 읽어주셨다(부모님은 자주 다음과 같이 위로를 주는 예수의 말씀을 읽곤 하셨다). "내 아버지 집에 거할 곳이 많도다. (…) 내가 너희를 위하여 거처를 예비하러 가노니 (…) 나 있는 곳에 너희도 있게 하리라." 그런 다음 우리는 쓸쓸한 미주리 주의 농가 의자 앞에 무릎을 꿇고 앉아 하나님이 사랑과 가호를 내려주시길 기도했다.

윌리엄 제임스가 하버드대의 철학과 교수였을 당시 그는 이렇게 말했다. "당연한 말이지만 종교적 믿음이야말로 걱정을 치료하는 묘약이다."

그 사실을 깨닫기 위해 하버드까지 갈 필요는 없다. 어머니는 미주리의 농장에서도 그 사실을 알고 계셨다. 홍수도, 빚도, 자연재해도 어머니의 행복하고 영광스러운 믿음을 억누르지는 못했다. 나는 어머니가 일하시는 동안 불렀던 노래를 지금도 기억하고 있다.

평화, 평화, 평화로다.
하늘 위에서 내려오네.
그 사랑의 물결이
영원토록 내 영혼을 덮으소서.

어머니는 내가 종교와 관련된 일을 하며 일생을 보내기를 원했다. 나는 진지하게 선교사가 될 생각도 했다. 그러나 대학에 진학해 집을 떠났고, 시간이 흐르면서 점점 생각이 바뀌었다. 나는 생물학, 과학, 철학과 비교종교학을 공부했다. 《성경》이 기록된 과정에 관한 책도 읽었다. 그리고 《성경》에 나오는 얘기에 많은 의문을 가지게 되었고, 당시 시골 전도사가 가르쳤던 편협한 교리에도 의심을 품기 시작했다. 당시 나는 당황스러웠다. 마치 월트 휘트먼이 그랬던 것처럼 "기묘하고 돌연한 질문들이 몸 안을 휘젓는 것처럼 느껴졌다." 무엇을 믿어야 할지도 알 수 없었다. 삶의 목표도 잃어버렸다. 나는 기도를 멈추고 불가지론자가 되었다.

당시 나는 모든 생명체에게는 목표가 없다고 믿었다. 200만 년 전에 지구를 배회하던 공룡들과 마찬가지로 인류에게는 신성한 목적이 없다고 믿었다. 공룡들이 그랬던 것처럼 언젠가 인류도 썩어 없어지리라고 생각했다. 나는 과학을 배웠고, 태양은 천천히 식어가고 있으며, 온도가 10퍼센트만 떨어져도 지구상의 모든 생물이 멸종하리라는 사실을 알고 있었다. 나는 자비로운 신이 자신의 모습을 본떠 인간을 창조했다는 생각을 비웃었다. 수많은 항성들이 아무런 목적이 없는 힘에 의해 창조되어 어둡고 차가우며 생명력 없는 우주 속을 빙글빙글 돈다고 믿었다. 아니 어쩌면 만들어진 적조차 없었을지도 모른다. 어쩌면 시간과 우주가 언제나 존재한 것처럼 항성들도 영구히 그 자리에 있었던 걸지도 모른다.

이 모든 질문들에 대한 답을 지금의 나는 알고 있을까? 물론 아니다. 지금까지 우주의 신비, 생명의 신비를 해명한 사람은 아무도 없었다. 우리는 불가사의함에 둘러싸여 있다. 몸이 움직이는 원리는 엄청난 불가사의다. 집에 있는 전기도 금이 간 벽 사이에 핀 꽃도 불가사의다. 창밖으로 보이는 푸른 잔디 역시 불가사의다. GM연구소를 이끌던 천재 찰스 F. 케터링은 풀이 녹색을 띄는 이유를 밝혀내고자 안티오크 대학에 자비로 매년 3만 달러씩 지원금을 지불했다. 그는 풀이 햇빛, 물, 이산화탄소를 양분으로 바꾸는 원리를 알아내기만 하면 문명도 바꿀 수 있을 거라고 단언했다.

심지어 자동차 엔진이 작동하는 일조차도 엄청난 수수께끼다. GM연구소는 실린더의 불꽃이 폭발해 차를 달리게 하는 이유를 알아내기 위해 몇 년간의 시간과 수백만 달러를 투자했다. 그러나 그들은 여전히 해답을 찾지 못하고 있다.

신체, 전기, 가스 엔진의 수수께끼를 이해하지 못한다 해도 그 혜택을 누리지 못할 이유는 없다. 기도와 종교의 신비를 이해하지 못한다 하더라도 종교가 가져다주는 더 풍요롭고 행복한 삶을 누리는 것을 막지는 못한다. 마침내 나는 에스파냐의 시인이었던 산타야나의 지혜를 깨닫게 되었다. "사람은 인생을 이해하기 위해 사는 게 아니다. 인생을 살기 위해 살아간다."

나는 되돌아갔다. 아니, 다시 종교에 귀의했다고 말하려던 참이었지만 그렇게 말하면 정확하지 않다. 나는 새로운 개념의 종교로 나아갔다. 교회를 분열시키는 교리의 차이점에는 더 이상 아무 관심도 없다. 하지만 전기나 좋은 음식, 물이 미치는 영향처럼 종교가 내게 미치는 영향에는 엄청난 흥미를 느꼈다.

전기나 좋은 음식, 물은 나를 풍요롭고 더욱 행복한 삶으로 이끄는 데 도움을 준다. 하지만 종교는 그보다 더 많은 영향을 끼친다. 종교는 영적인 가치를 일깨워준다. 윌리엄 제임스가 말했듯이 종교 덕분에 "삶을 헤쳐나갈 열의, 더 나은 삶, 더 크고 더 풍요로우며 더 만족스러운 삶"을 누릴 수 있었다. 나는 종교를 통해 믿음, 희망, 용기를 얻었다. 불안감과 공포, 걱정은 사라졌다. 종교는 내 삶에 목표와 방향을 잡아주었다. 더 행복해졌으며, 더 활기찬 생활을 할 수 있게 되었다. 종교는 '인생이라는 모래바람 한가운데 놓인 평화로운 오아시스'를 스스로 창조할 수 있도록 도움을 주었다.

350여 년 전에 프랜시스 베이컨이 했던 말이 옳았다. "어설픈 철학은 인간을 무신론으로 이끌지만, 깊은 철학은 종교로 이끈다."

나는 사람들이 과학과 종교 간의 갈등에 대해 떠들던 날들을 기억한다. 하지만 그건 옛날이야기다. 요즘에는 최신 과학과 정신의학이 예수의 가르침을 가르치고 있다. 그 이유가 뭘까? 정신의학자들 역시 모든 질병 가운데 절반 이상을 일으키는 걱정, 불안, 긴장과 두려움은 기도와 강한 종교적 신념으로 쫓아낼 수 있다는 사실을 깨달았기 때문이다. 정신의학계의 대표주자 중 한 명인 A. A. 브릴 박사의 말처럼 정신의학자들도 알고 있다. "진정으로 종교적인 사람은 절대로 노이로제에 걸리지 않는다."

종교가 진실이 아니라면 삶은 의미가 없다. 비극적인 희극일 뿐이다.

나는 헨리 포드가 세상을 떠나기 몇 년 전에 포드를 인터뷰한 적이 있다. 포드를 대면하기 전에는 긴 시간에 걸쳐 세계에서 가장 위대한 사업을 일궈내고 운영해온 스트레스 가득한 남성을 떠올리고 있었다. 하지만 그가 78세를 바라보는 나이에 얼마나 온화하고 평화로운 사람인지를 보고는 깜짝 놀랐다. 걱정해본 일이 있냐고 묻자, 포드는 이렇게 답했다. "없습니다. 나는 하나님께서 모든 일을 다루고, 하나님은 내 충고 따위는 필요하지 않을 거라고 믿습니다. 하나님께서 책임지는 한 모든 일은 결국 다 잘되리라고 믿습니다. 그러니 걱정할 일이 뭐가 있겠습니까?"

오늘날에는 정신의학자들조차도 현대의 복음 전도사가 되어가고 있다. 그들이 우리에게 종교를 가지라는 이유는 내세에는 지옥에 가지 말라는 뜻이 아니다. 위궤양, 협심증, 신경쇠약, 정신이상과 같은 현세의 지옥을 피하라는 의미로 종교를 전파한 것이다. 심리학자와 정신의학자가 어떤 것을 가르치는지 실제 사례를 보고 싶다면 헨리 C. 링크 박사의 《종교로의 귀환》을 읽어보길 추천한다. 공공도서관에서 찾을 수 있을 것이다.

그렇다. 기독교는 고무적이고 건강한 활동이다. 예수는 이렇게 말씀하셨다. "내가 여기 온 것은 너희에게 생명을 얻게 하고 더 풍성하게 얻게 하려는 것이라."

예수는 당시 종교의 딱딱한 형식과 의미 없는 절차를 맹렬히 비난하고 공격했다. 그는 저항 세력이었다. 세상을 혼란에 빠뜨릴 법한 새로운 형태의 종교를 전파했고, 바로 그 사실 때문에 십자가에 못 박혔다. 예수는 종교가 인간을 위해 존재해야지 인간이 종교를 위해 존재해서는 안 된다고 가르쳤다. 인간을 위해 안식일이 만들어졌지 안식일을 위해 인간이 만들어진 건 아니라고도 말했다. 예수는 죄보다는 두려움에 대해 더 많이 이야기했다. 잘못된 두려움이란 몸과 마음을 병들게 하는 죄, 즉 행복하고 풍요로우며 대담한 삶을 살지 않는 것이었다. 스스로를 '즐거움의 학문을 연구하는 교수'로 소개했던 에머슨처럼 예수는 '즐거움의 학문'의 스승이었다. 예수는 제자들에게 "기뻐하고 즐거워하라"라고 지시했다.

예수는 종교에서 중요한 사항은 딱 두 가지라고 선언했다. 온 마음을 다해 하나님을 사랑하고, 이웃과 자신 역시 그만큼 사랑하라는 것이다. 이 두 가지를 실천하는 사람은 본인이 알든 모르든 종교적인 사람이다. 그 예로 오클라호마 주 털사 출신의 내 장인 헨리 프라이스를 들 수 있다. 그는 율법에 맞게 살려고 하고, 절대 심술궂거나 이기적이거나 부정직한 일을 저지르지 않는 사람이다. 하지만 그는 교회에 나가지 않으며 스스로를 불가지론자라고 여긴다. 하지만 절대 그렇지 않다! 대체 무엇이 인간을 기독교인으로 만드는가? 이 질문에는 에든버러 대학에서 가장 저명한 신학 교수인 존 베일리가 대답할 수 있다. 그는 이렇게 말했다. "인간을 기독교인으로 만드는 요소는 특정한 개념을 받아들이는 지적 능력도, 어떤 규칙을 지키는 순응성도 아닌 특정한 영혼을 가지고 특정한 삶에 참여하는 자세다."

만약 이 말이 진실이라면, 헨리 프라이스는 훌륭한 기독교인임에 틀림없다.

현대 심리학의 아버지인 윌리엄 제임스는 친구인 토머스 데이비슨 교수에게 보낸 편지에서 "하나님과 함께하지 않으면 점점 세상을 헤쳐나갈 수 없어진다"라고 썼다.

내 강의를 들은 사람들이 보낸 걱정에 관한 이야기 중에서 우승자를 결정하지 못해 결국 두 사람에게 상금을 나눠주었다는 이야기를 언급한 적 있다. 여기 공동 1위를 차지한 두 번째 일화를 소개한다. 힘들게 고생한 끝에 '하나님 없이는 헤쳐나갈 수 없다'라는 사실을 깨달은 한 여성의 잊을 수 없는 경험담이다.

실제 이름은 아니지만 이 여성을 메리 쿠쉬먼이라고 부르겠다. 그녀의 자식이나 손자가 지면에서 이 이야기를 발견하면 난처할 수도 있으므로 익명성을 보장하기로 동의했다. 하지만 이 여성은 실존 인물이다. 몇 달 전 그녀는 내 책상 옆에 있는 안락의자에 앉아 자신의 이야기를 들려주었다. 바로 이런 이야기다. 그녀는 말했다.

"불경기 동안 제 남편은 일주일에 18달러를 벌었어요. 남편이 자주 아팠기 때문에 그 돈조차 벌지 못할 때가 많았죠. 남편은 자잘한 사고도 많이 겪었고, 볼거리, 성홍열뿐 아니라 끊임없이 독감에 걸렸어요. 우리 손으로 직접 지었던 작은 집도 잃게 됐죠. 식료품점에는 50달러를 외상으로 진데다 먹여 살려야 할 아이들은 다섯이나 있었어요. 저는 이웃들의 옷가지를 세탁하고 다림질하며 돈을 벌었고, 구세군 상점에서 파는 구제 의류를 아이들 사이즈에 맞게 고쳐 입혔지요. 저는 하도 걱정을 해서 병이 났어요.

어느 날은 50달러를 빚진 식료품 주인이 열한 살짜리 아들에게 연필 몇 자루를 훔쳤다면서 추궁했다더군요. 아들은 그 이야기를 하면서 눈물을 흘렸어요. 제 아들은 정직하고 예민한 아이인데, 다른 사람들 앞에서 망신을 당한 거죠. 그 일로 저는 더 이상 참을 수 없는 한계에 다다랐어요. 우리가 견뎌야만 했던 고통을 전부 곱씹어봤지만 앞날에 희망이라곤 전혀 없더군요. 그때는 걱정 때문에 제 머리가 잠깐 이상해졌던 게 틀림없어요.

저는 세탁기를 끄고 다섯 살짜리 딸아이를 침실로 올려 보낸 다음, 종이와 헝겊으로 창문과 벽에 난 모든 틈을 막았어요. 딸아이가 물었습니다. '엄마, 뭐하는 거야?' 제가 대답했습니다. '외풍이 좀 느껴지는구나.' 그러고는 침실에 있는 가스난로를 틀었고…. 불은 붙이지 않았습니다. 딸아이가 말했어요. '이상해요, 엄마. 일어난 지 얼마 안 됐잖아요!' 하지만 저는 이렇게 말했습니다. '괜찮아. 엄마랑 잠시만 낮잠 자자.'

저는 눈을 감고 난로에서 가스가 새어 나오는 소리를 들었어요. 그 가스 냄새를 평생 잊지 못할 거예요…. 그런데 갑자기 음악이 들렸어요. 분명히 들었어요. 부엌에 있는 라디오를

끄는 걸 깜빡한 거죠. 이젠 신경 쓸 필요도 없었지만 음악은
계속 들렸어요. 라디오에서 오래된 찬송가가 들렸죠.

> 죄 짐 맡은 우리 구주,
> 어찌 좋은 친군지.
> 걱정, 근심, 무거운 짐 우리 주께 맡기세.
> 주께 고함 없는고로 복을 받지 못하네.
> 사람들이 어찌하여 아뢸 줄을 모를까.

그 찬송가를 듣는 순간 엄청난 실수를 저질렀다는 사실을
깨달았어요. 저는 이 끔찍한 싸움을 오직 홀로 헤쳐나가려고
했던 거예요. 모든 짐을 하나님께 맡기지 않았던 거죠…. 저는
벌떡 일어나서 가스를 끄고 문과 창문을 열었어요.

그날은 하루 종일 울면서 기도를 했어요. 구원을 바라며 기
도한 게 아니라 훌륭한 아이들 다섯 명이 건강하고 아무 문제
없이 튼튼하다는 하나님의 축복에 혼신의 힘을 다해 감사드
렸어요. 저는 다시는 하나님 앞에서 감사를 모르는 사람이 되
지 않겠다고 맹세했습니다. 그리고 이제껏 그 약속을 지켜오
고 있지요.

집을 잃고 한 달에 5달러를 받는 시골 학교로 이사를 가야
했을 때도 그 학교를 내려주신 하나님께 감사를 드렸습니다.
적어도 따뜻하고 건조하게 지낼 수 있는 지붕을 내려주심에
감사드렸어요. 상황이 더 나빠지지 않은 것에 감사드리며 하

나님께서 제 기도를 들어주셨다고 믿었죠. 이윽고 상황이 나아지기 시작했거든요. 물론 하루 만에 나아졌다는 소리는 아니에요. 하지만 불경기가 지나자 좀 더 많은 돈을 벌게 됐어요. 저는 큰 컨트리클럽의 물품 관리 직원으로 취직해 부업으로 스타킹을 팔았어요. 아들 하나는 대학에 가기 위해 농장에 자리를 얻어 밤낮으로 소 13마리의 우유를 짰어요. 지금 제 아이들은 무사히 자랐고, 결혼도 해서 저에게 착한 손자손녀 세 명을 안겨주었죠. 가스를 틀었던 그 끔찍한 날을 회상해보면, 제가 늦지 않게 '일어난' 사실에 하나님께 몇 번이고 감사드리게 됩니다. 제가 정말로 죽어버렸다면 놓쳤을 기쁨이 어찌나 많은지! 제가 버렸을 즐거운 나날들이 어찌나 많은지! 저는 자살하고 싶다는 사람의 이야기를 들을 때마다 '하지 마세요, 안 돼요!' 하고 외치고 싶어요. 우리가 겪는 가장 어두운 시기는 아주 잠깐이에요. 그리고 미래가 찾아오죠."

평균적으로 미국에서는 35분에 한 명씩 누군가가 자살을 시도한다. 평균적으로 120초에 한 명씩 누군가가 제정신을 잃는다. 사람들이 종교와 기도에서 비롯되는 위안과 평화를 찾았다면 (상당수는 광기의 비극임이 분명한) 자살을 막을 수 있었음이 틀림없다.

가장 저명한 정신학자 중 하나인 칼 융은 《현대인의 영혼 탐구》에서 이렇게 말한다. "지난 30년 동안 지구상의 모든 문명국가에서 각지의 사람들이 내게 상담을 받으러 왔다. 나는 수백 명의 환자를 치료했다. 인생의 제2기를 보내는, 다시 말해서 35세가 넘은 환자들 모두가 종교적으로 구원받지 못해 문제를 겪고 있었다. 그들은 모두 종교가 시대마다 그 신자들에게 베풀었던 무언가를 잃었기 때문에 병들었으며, 종교에 구원받지 못한 사람 중 진정으로 치유된 사람은 단 한 명도 없다고 말해도 과언이 아니다."

이 선언은 너무나도 중요하기 때문에 굵은 글씨로 다시 반복해서 적고 싶다. 칼 융 박사는 이렇게 말했다.

"지난 30년 동안 지구상의 모든 문명국가에서 각지의 사람들이 내게 상담을 받으러 왔다. 나는 수백 명의 환자를 치료했다. 인생의 제2기를 보내는, 다시 말해서 35세가 넘은 환자들 모두가 종교적으로 구원받지 못해 문제를 겪고 있었다. 그들은 모두 종교가 시대마다 그 신자들에게 베풀었던 무언가를 잃었기 때문에 병들었으며, 종교에 구원받지 못한 사람 중 진정으로 치유된 사람은 단 한 명도 없다고 말해도 과언이 아니다."

윌리엄 제임스도 비슷한 말을 했다. "신앙은 인간을 살아가게 하는 원동력 중 하나며, 신앙이 전적으로 부재한다면 인간은 무너질 것이다."

부처 이후 가장 위대한 인도의 지도자인 마하트마 간디 역시 기도가 지탱해주지 않았다면 무너졌을 것이다. 내가 어떻게 그 사실을 아냐고? 간디 스스로가 그렇게 말했다. "기도가 없었다면 나는 진작 미치광이가 되었을 것이다."

수천 명의 사람들이 비슷한 증언을 해준다. 이미 이야기했듯이 내 아버지 역시 어머니의 기도와 믿음이 없었다면 강에 몸을 던졌을 뻔했다. 정신병원에서 비명을 지르는 수천 명의 고통받는 영혼들 역시 전쟁터에서 홀로 싸우는 대신 더 위대한 힘에 기대었다면 구원받았을지도 모른다.

많은 사람들이 역경에 부딪히고 고통받고 나서야 신에게 절박하게 매달린다. "죽음 앞에서 신을 찾지 않는 자는 없다." 하지만 왜 절박해질 때까지 기다리기만 하는가? 왜 매일매일 새로운 힘을 얻으려 하지 않는가? 왜 일요일까지 기다리는가? 나는 수년간 주중 오후에 텅 빈 교회에 들르곤 했다. 영적인 문제를 생각할 틈조차 없을 만큼 바쁠 때면 나 스스로에게 이렇게 말한다. '기다려, 데일 카네기. 왜 이렇게 흥분해서 서두르는 거야? 잠깐 멈추고 멀리서 바라볼 필요가 있어.' 이런 때는 맨 처음 눈에 들어오는 교회에 들르곤 한다. 나는 개신교도지만 주중 오후마다 5번가에 있는 성 패트릭 성당에 빈번하게 드나들며, 30년 후면 내가 죽겠지만 세상 모든 교회가 가르치는 위대한 영적인 진리는 영원하다는 사실을 스스로에게 상기시킨다. 나는 눈을 감고 기도한다. 기도는 심신을 안정시키고, 관점을 분명히 해주며, 내 가치를 재평가하는 데 도움이 된다. 이 방법을 당신에게 추천해도 괜찮지 않을까?

6년 동안 이 책을 쓰면서 기도로 공포와 걱정을 다스린 수백 가지 방법과 구체적인 사례를 수집했다. 내 서류 캐비닛은 각종 사례들로 넘쳐날 정도다. 실망하고 낙담한 책 판매원 존 R.

앤서니의 사례를 한번 보자. 현재 앤서니는 텍사스 주 휴스턴의 작은 건물 사무실에서 변호사로 일하고 있다. 그가 나에게 들려준 이야기는 이렇다.

"22년 전 저는 개인적으로 운영하던 법률 사무소를 닫고 법률 서적 전문 출판사의 외판원으로 일하기로 했습니다. 제 주요 업무는 변호사들에게 없어서는 안 될 법률 서적을 파는 일이었죠.

저는 그 일에 능숙했고, 능력도 있었습니다. 교섭 기술도 완벽했으며, 고객이 이의를 제기했을 때 내놓을 설득력 있는 답변도 꿰고 있었죠. 고객을 방문하기 전에 고객의 변호사로서의 위치와 담당 업무, 정치관과 취미를 모두 외워 상담을 하면서 그 정보들을 활용했습니다. 그런데도 뭔가가 잘못됐어요. 도저히 주문을 따낼 수가 없었던 겁니다!

저는 점점 낙담했습니다. 매일매일 두 배, 네 배로 노력했지만, 여전히 경비를 지불할 정도의 실적을 올리지 못했습니다. 마음속에서 점점 두렵고 무서운 생각이 자라나기 시작했습니다. 사람들을 방문하기조차 겁이 났죠. 고객의 사무실로 들어가려고 하면 갑자기 너무 무서워져서 문밖 복도에서 왔다 갔다 하거나 건물 밖으로 나가 주위를 빙빙 돌아야 했습니다. 소중한 시간을 낭비한 후에야 겨우 제 의지력을 발휘할 수 있었습니다. 문을 열 용기가 났다고 억지로 믿으며, 고객이 없기를 바라면서 떨리는 손으로 손잡이를 돌렸습니다.

세일즈 매니저는 주문을 더 따내지 않으면 선금 지불도 할 수 없다고 위협했습니다. 집에서는 아내가 세 아이의 식비를 낼 돈이 필요하다며 간곡하게 부탁했지요. 저는 걱정에 사로잡혔습니다. 나날이 절박해졌고요. 무엇을 해야 좋을지 알 수가 없었습니다. 아까 이야기했듯 고향에서 운영하던 제 개인 법률 사무소는 문을 닫았고, 고객들도 이미 떠난 상태였습니다. 이젠 돈도 한 푼 없었습니다. 심지어 호텔 비용도 내지 못할 처지였습니다. 집으로 돌아갈 차표를 살 돈도 없었고, 차표가 있다 하더라도 실패자로서 집에 돌아갈 용기도 나지 않았습니다. 결국 다른 날과 비슷하게 불행한 하루를 보내고 지친 발걸음으로 호텔 방으로 돌아갔습니다. '오늘이 마지막이다' 하고 생각했죠. 스스로 구제할 길 없는 패자처럼 느껴졌습니다.

저는 비통하고 우울해져서 어찌할 바를 몰랐습니다. 죽든 말든 거의 신경도 쓰이지 않았죠. 태어난 게 유감스러울 지경이었습니다. 그날 저녁으로는 뜨거운 우유 한 잔밖에 마시지 못한데다 심지어 그 우유조차 제 예산 밖이었습니다. 저는 왜 절박한 심정이 되면 사람들이 창문을 열고 뛰어내리는지 알 것 같았습니다. 용기가 있었다면 저도 뛰어내렸을지 모릅니다. 저는 제 인생의 목적이 무엇인지 생각하기 시작했습니다. 알 수가 없었습니다. 알아내지도 못했습니다.

의지할 사람이 아무도 없었기에 하나님께 의지했습니다. 저는 기도를 시작했습니다. 전능하신 하나님이 제 주위로 점점 다가오는 깊고 어두운 절망이라는 황무지를 헤쳐나갈 빛을 주시길, 지혜를 주시길, 인도해주시길 간절히 애원했습니다. 책

주문을 따내고 아내와 아이들을 먹여 살릴 돈을 주시기를 하나님께 간청했습니다. 기도를 끝내고 눈을 뜨자, 고독한 호텔방의 화장대 위에 놓인 기드온 협회의 《성경》이 눈에 들어왔습니다. 저는 《성경》을 펼쳐 시대를 막론하고 외롭고 걱정에 사로잡히고 지친 수많은 사람들에게 영감을 주었던 예수님의 아름답고 영원한 약속의 말씀을 읽었습니다. 예수님이 제자들에게 걱정하지 않는 방법을 가르쳐주신 그 이야기들 말입니다.

> '목숨을 위하여 무엇을 먹을까 무엇을 마실까 몸을 위하여 무엇을 입을까 염려하지 말라. 목숨이 음식보다 중하지 아니하며 몸이 의복보다 중하지 아니하냐. 공중의 새를 보라. 심지도 않고 거두지도 않고 창고에 모아들이지도 아니하되 너희 하늘 아버지께서 기르시나니 너희는 이것들보다 귀하지 아니하냐. (…) 그런즉 너희는 먼저 그의 나라와 그의 의를 구하라. 그러면 이 모든 것을 너희에게 더하시리라.'

기도를 하며 이 구절을 읽는 순간 기적이 일어났습니다. 긴장되어 있던 신경이 서서히 풀리더군요. 제 불안감, 공포와 근심이 따뜻한 용기와 희망, 승리에 대한 믿음으로 바뀌었습니다.

숙박료를 지불할 돈이 없었는데도 저는 행복했습니다. 저는 침대로 가서 몇 년 만에 처음으로 아무런 근심도 없이 곤히 잠들었습니다.

다음 날 아침, 고객의 사무실 문이 열릴 때까지 얌전히 기다릴 수 없었습니다. 비가 내리고 춥지만 아름다운 그날 아침, 저는 첫 번째 고객의 사무실 앞으로 용기 내어 힘차게 다가갔습니다. 침착하고 흔들림 없는 손놀림으로 문손잡이를 꽉 잡아 돌렸습니다. 저는 고개를 들고 정중한 태도를 유지한 채 고객에게로 곧장 걸어갔습니다. 그리고 얼굴 가득 웃음을 지으며 이렇게 말했습니다. '스미스 씨, 좋은 아침입니다! 올 아메리칸 법률 서적에서 나온 존 R. 앤서니입니다.'

'아, 네. 그렇군요.' 그 사람 역시 웃음을 짓고 환영의 의미로 손을 내밀며 의자에서 일어났습니다. '만나서 반갑습니다. 앉으세요!'

그날 저는 하루 만에 몇 주간의 실적보다 더 많은 거래를 성사시켰습니다. 저녁에는 전승한 영웅처럼 위풍당당하게 호텔로 돌아왔지요! 새로 태어난 기분이었습니다. 승자로서 새로운 마음가짐을 갖게 되었으니 실제로도 새로 태어난 거였죠. 그날 저녁으로는 따뜻한 우유를 마시지 않았습니다. 절대 안 되죠! 저는 스테이크와 와인을 먹었습니다. 그날부터 제 실적은 상승세를 탔습니다.

저는 22년 전 텍사스 주의 애머릴로 가에 있던 좁은 호텔의 그 절박했던 밤에 새로 태어났습니다. 표면적인 상황은 실패를 겪었던 몇 주간과 다를 바가 없었지만, 내면에서는 엄청난 일이 일어났죠. 갑자기 하나님과의 관계를 깨달았던 겁니다. 단지 하나의 인간일 때는 쉽게 좌절하지만, 그 안에 하나님의 힘과 함께 살아가는 인간은 결코 패하지 않는다는 사실을요. 저는 알고 있습니다. 제 자신의 삶에서 실제로 일어난 일이거든요. '구하라 그리하면 너희에게 주실 것이요, 찾으라 그리하면 찾아낼 것이요, 문을 두드리라 그러면 너희에게 열릴 것이니.'"

일리노이 주 하이랜드 8번가 1421번지에 사는 L. G. 비어드 부인은 엄청난 비극을 맞이했을 때 무릎을 꿇고 이렇게 말하면 평화를 찾을 수 있다는 사실을 깨달았다고 한다. "오, 주여, 제 뜻이 아니라 당신의 뜻대로 하옵소서." 지금 내 앞에 놓여 있는 편지에 그녀는 이렇게 썼다.

"어느 날 저녁에 전화벨이 울렸습니다. 벨이 총 14번 울릴 때까지 전화를 받을 용기가 나지 않았어요. 병원에서 온 전화가 분명했기 때문에 겁이 났습니다. 아들이 죽어가고 있을까 봐 두려웠어요. 뇌수막염에 걸렸거든요. 아들은 페니실린을 맞았지만 그건 단지 체온을 오르락내리락하게 만들 뿐이었습니다. 의사 선생님은 병이 뇌까지 이동해서 뇌종양으로 발전해 사망하게 될지도 모른다고 걱정을 하시더군요. 저는 그 전화가 올까 봐 너무나도 두려워하고 있었어요. 전화는 병원에서 걸려온 게 맞았습니다. 의사는 저에게 당장 병원으로 와달라고 하더군요.

대기실에 앉아 있던 남편과 제가 겪었을 고통을 상상하실 수 있겠지요. 다른 사람들은 전부 아이를 안고 있었는데, 저희는 다시 아들을 껴안을 수나 있을지 걱정하며 앉아 있었습니다. 마침내 의사 선생님을 만나러 갔을 때, 저는 선생님의 표정을 보고 극심한 공포에 사로잡혔어요. 의사 선생님이 말하는 내용은 더 끔찍했어요. 제 아들이 살 수 있을 확률은 4분의 1이라고 하더군요. 혹시 아는 의사가 있다면 그 사람에게 연락해보라고 했죠.

돌아오는 길에 남편은 감정을 주체하지 못하고 무너져버렸어요. 주먹을 꽉 그러쥔 채로 핸들을 치며 말했죠. '여보, 난 우리 아들을 포기하지 못하겠어.' 남자가 우는 모습을 본 적 있으세요? 그다지 즐거운 경험은 아니지요. 우리는 차를 세우고 의논을 한 후 교회에 들러 '하나님께서 우리 아이를 돌봐 주신다면 우리 운명을 당신께 맡기겠습니다' 하며 기도했습니다. 저는 교회 의자에 무너지듯 주저앉아 뺨 아래로 눈물을 떨어뜨리며 기도했어요. '제 뜻이 아니라 주의 뜻대로 하옵소서.'

그 말을 입 밖으로 내뱉는 순간 마음이 한결 편안해졌습니다. 오랜 시간 느낄 수 없었던 평화로움이 찾아왔지요. 저는 집에 오는 내내 중얼거렸어요. '오, 주여, 제 뜻이 아니라 당신 뜻대로 하옵소서.'

일주일 내내 잠을 못 잤지만 그날만큼은 편안히 잠들 수 있었습니다. 며칠 뒤 의사 선생님은 우리 아들 보비가 고비를 넘겼다고 연락을 하셨습니다. 지금 보비는 네 살이 되었습니다. 이렇게 튼튼하고 건강한 아이를 내려주신 데 대해 하나님께 감사드립니다."

나는 여자나 어린아이, 전도사만 종교를 믿는다고 생각하는 남자들을 알고 있다. 그들은 자신이 인생에서 혼자 살아남을 수 있는 '남자다운 남자'라며 자랑스러워한다.

하지만 전 세계적으로 명성 높은 '남자다운 남자'들이 매일 기도한다는 사실을 알게 되면 그들은 얼마나 놀랄까? 예를 들어 '남자 중의 남자'인 잭 뎀프시는 내게 기도문을 읊조리기 전에는 절대 잠자리에 들지 않는다고 말했다. 하나님께 감사 드리기 전에는 절대 밥을 먹지 않는다고도 했다. 복싱 시합이 있어 훈련을 할 때도 매일 기도하며, 시합 시작을 알리는 종소리가 울리기 직전에도 항상 기도를 한다고 했다. 그는 이렇게 말했다. "기도는 용감하고 자신 있게 싸울 수 있도록 저를 도와줍니다."

'남자다운 남자' 코니 맥(메이저리그의 전설적인 야구 감독—옮긴이) 역시 기도를 하지 않고는 잠을 자지 못한다고 말했다. '사나이' 에디 리켄베커(제1차 세계대전 당시 미국의 탑 에이스 파일럿—옮긴이)도 기도를 함으로써 인생이 구원받았다고 믿는다. 그 역시 매일 기도를 한다.

'남자다운 남자'이자 제너럴모터스와 US스틸의 고위 임원을 지냈으며, 국무 장관을 역임했던 에드워드 R. 스테티니어스는 밤낮으로 지혜와 길을 내려주십사 기도한다고 말한 바 있다.

일류 기업가이자 '사나이 중의 사나이' J. P. 모건은 종종 월스트리트 입구에 있는 트리니티 교회에 토요일 오후마다 나가 무릎을 꿇고 기도하곤 했다.

'남자다운 남자' 아이젠하워 대통령은 영국군과 미군의 통수권을 차지하기 위해 영국으로 향할 때 오직 책 한 권만 가지고 비행기에 올랐다. 그 책은 바로《성경》이었다.

'남자다운 남자' 마크 클라크 장군이 내게 말하길, 자신은 전쟁 동안 매일 《성경》을 읽고 무릎을 꿇은 채 기도했다고 한다. 장제스 총통이 그랬고, '알 알라메인의 몬티' 몽고메리 장군 역시 같았다. 트라팔가 해전으로 유명한 넬슨 제독도 그랬으며, 워싱턴 장군, 로버트 리 장군, 스톤월 잭슨, 그 밖의 많은 위대한 전쟁 영웅들이 하나님을 믿었다.

이 '남자다운 남자'들은 윌리엄 제임스가 한 말에 담겨 있는 진리를 알고 있었다. "신과 나는 상호 관계가 있다. 우리를 하나님의 영향에 맡김으로써 우리의 가장 깊은 운명이 이뤄진다."

수많은 '남자다운 남자'들이 이 사실을 깨달았다. 현재 7200만 명의 미국인들이 교회를 다니고 있는데 사상 최대 숫자다. 앞에서 말했듯이 과학자들까지 종교에 의지하고 있으니 당연한 결과다. 《인간, 그 미지의 존재》의 저자이자 과학자로서는 최고의 영예인 노벨상을 수상한 알렉시 카렐 박사를 예로 들어보자. 카렐 박사는 〈리더스 다이제스트〉에 쓴 기사에서 이렇게 말한다.

"기도야말로 인간이 만들어낼 수 있는 가장 강력한 에너지의 형태다. 기도의 힘은 지구 중력만큼이나 실재하는 힘이다. 나는 의사로 일하면서 어떤 치료법에도 효과를 보지 못하고 실패했지만, 기도로 조용히 결실을 맺어 병과 우울증에서 벗어나는 사람들을 보았다. (…) 기도는 라듐과 같아서 어둠 속에서도 빛나는 자연 발생적인 에너지다. (…) 인간은 기도를 통해 스스로를 에너지의 끝없는 근원으로 올려 보냄으로써 자신이 갖고 있는 제한적인 에너지를 증폭시키려고 한다. 기도할 때 우리는 우리 자신을 우주를 움직이는 무한한 원동력에 연결시킨다. 우리는 그 원동력 중의 일부가 우리가 원하는 일에 할당되기를 기도한다. 간절한 기도만으로도 인간적 결함이 채워지며, 더욱 강력해지고 치유된 상태로 일어서게 된다. (…) 열렬한 기도로 하나님을 부를 때마다 심신은 더 나아진다. 누구나 잠시라도 기도한다면 반드시 좋은 결과를 얻을 것이다."

버드 제독은 "우리 자신을 우주를 움직이는 무한한 원동력에 연결시킨다"라는 뜻을 잘 알고 있었다. 제독의 인생에서 가장 괴로웠던 시련을 헤쳐 나올 수 있었던 능력이 바로 그것이다. 제독은 자서전 《홀로》에서 그런 이야기를 들려준다. 버드 제독은 1934년에 남극의 로스 얼음 장벽의 만년설 아래 파묻힌 오두막에서 다섯 달을 버텨냈다. 제독을 빼면 남위 78도 아래에서 생명체라곤 없었다. 눈보라가 포효하며 오두막 위를 때렸고, 추위는 영하 60도까지 곤두박질쳤다. 제독은 끝없이 이어지는 밤 속에서 도망칠 곳 없이 포위되어 있었다. 게다가 놀랍게도 난로에서 나오는 일산화탄소에 느리게 중독되어간다는 사실마저 알게 되었다! 제독이 무엇을 할 수 있었겠는가? 도움을 요청할 가장 가까운 장소는 200킬로미터 밖이었기 때문에 몇 달 동안은 접촉도 할 수 없었다. 난로와 환기 장치를 고쳐보려고 했지만 매연은 계속 새 나왔다. 매연 때문에 의식을 잃는 일도 잦았다. 제독은 의식불명의 상태로 바닥에 드러누웠다. 먹을 수도, 잠을 잘 수도 없었다. 너무 허약해져서 침대에서 일어나기도 어려워졌다. 다음 날 아침까지 살아 있지 못할까 봐 두렵기도 했다. 제독은 오두막에서 죽음을 맞이할 테고, 끊임없이 내리는 눈 아래에 자신의 시체가 묻힐 거라고 확신했다.

그럼 무엇이 제독의 목숨을 구했을까? 절망에 빠진 어느 날, 제독은 일기장을 들고 자신의 인생철학을 써보려고 했다. 제독은 이렇게 썼다. "인류는 우주 속에서 혼자가 아니다." 제독은 머리 위에 뜬 별을 생각했다. 규칙적으로 움직이는 별자리와 행성의 존재도 생각했다. 그러자 영원히 빛나는 태양이 언젠가는 남극의 불모지를 밝히기 위해 돌아올 것이라는 생각도 떠올랐다. 그래서 일기에 이렇게 썼다. "나는 혼자가 아니다."

리처드 버드 제독을 구한 것은 지구 끝자락의 얼음 구멍 속에서조차 자신이 혼자가 아니라는 깨달음이었다. "그 깨달음 덕분에 저는 고비를 이겨낼 수 있었습니다." 제독은 이렇게 덧붙인다. "내면의 자원이 한계까지 고갈되는 경험을 겪는 사람은 거의 없습니다. 우리 안에는 한 번도 써보지 않은 깊은 원기의 우물이 존재합니다." 버드 제독은 하나님께 몸을 맡김으로써 원기의 우물을 이용하는 방법을 배웠고, 내면의 자원을 이용할 수 있었다.

글렌 A. 아놀드 역시 일리노이 주의 옥수수 밭 한가운데 만

년설 아래에서 버드 제독이 깨우쳤던 교훈을 깨닫게 되었다. 일리노이 주 칠러코시에 있는 베이컨 빌딩에서 보험 중개인으로 일하는 아놀드는 걱정을 다스리는 방법에 대한 연설을 이렇게 시작했다.

"8년 전 저는 열쇠로 현관문을 잠그며, 이게 내 인생의 마지막 순간이라고 생각했습니다. 그다음 차에 올라 강 쪽을 향하기 시작했지요. 저는 실패자였습니다. 자살을 시도하기 한 달 전, 제가 알던 작은 세상이 머리 위로 무너져 내렸습니다. 제 전기 설비 사업이 실패했고, 집에서는 어머니가 죽음의 문턱 앞까지 가 있었습니다. 아내는 둘째를 임신했고요. 진료비는 산처럼 쌓여갔습니다. 새 사업 때문에 차며 가구며 가지고 있던 모든 물건들을 담보로 내놓은 상태였죠. 심지어 제 보험 증서에서 대출금도 뺐습니다. 그런데 전부 날아갔어요. 더 이상 견딜 수가 없었습니다. 그래서 비참하고 엉망진창인 상황을 끝내기 위해 차를 타고 강 쪽으로 향했던 겁니다.

저는 한적한 곳으로 몇 마일을 운전해서 도로를 벗어났습니다. 그리고 차에서 내려 땅바닥에 주저앉아 아이처럼 울었지요. 그러다 문득 걱정이라는 무시무시한 원 주위를 빙빙 도는 대신 건설적인 생각을 해보기로 했습니다. 지금 내 상황이 얼마나 나쁜가? 더 나빠질 수 있을까? 정말로 희망이라곤 없는 걸까? 상황을 낫게 만들려면 어떻게 해야 할까?

저는 그 자리에서 제 모든 문제를 하나님께 맡기기로 결정하고, 하나님의 뜻대로 행하실 것을 구했습니다. 저는 기도했습니다. 정말 열심히 기도했습니다. 제 생이 달린 것처럼 기도했습니다. 사실 아니라고 말할 수도 없지요. 그러자 이상한 일이 일어났습니다. 제 모든 문젯거리를 저보다 더 큰 힘에 넘기자마자 몇 달 동안 맛보지 못했던 마음속의 평화가 느껴졌습니다. 저는 거의 한 시간을 그 자리에서 울고 기도하며 앉아 있었던 것 같습니다. 그러고는 집으로 돌아와 마치 아이처럼 잠이 들었습니다.

다음 날 아침, 저는 자신감을 갖고 자리에서 일어났습니다. 하나님께 모든 것을 맡긴 이상 더 두려워할 게 없었지요. 그날 아침 저는 머리를 높이 치켜들고 지방 백화점으로 들어가 전기 설비 세일즈맨으로 일하고 싶다고 자신 있게 말했습니다. 합격할 거란 사실을 진작 알고 있었고, 정말로 직장을 얻었습니다. 전쟁 때문에 전기 설비 산업 전체가 망하기 전까지는 잘해냈죠. 그다음엔 위대하신 하나님의 능력 아래 생명보험 판매원으로 일했습니다. 그게 겨우 5년 전 일입니다. 지금은 빚을 전부 갚았고, 세 명의 영특한 아이와 함께 행복한 가정을 꾸리고 있습니다. 저는 지금 집이 있고, 새 차를 샀으며, 생명보험에 2만 5000달러를 보유하고 있습니다.

지금 와서 돌이켜보면 모든 것을 잃고 너무나 우울한 나머지 강으로 차를 달렸던 게 기쁘기까지 합니다. 그 비극 때문에 하나님께 의존하는 법을 배웠으니까요. 지금 저는 전에는 가능하리라고 상상조차 하지 못했던 안정과 자신감을 얻었습니다.”

종교는 어떻게 우리에게 평화와 불굴의 용기를 가져다줄까? 그 질문에는 윌리엄 제임스가 대답할 수 있겠다. 그는 이렇게 말한다. "파도가 사납게 몰아친다 해도 대양의 맨 밑바닥을 건드리지는 못한다. 더 방대하고 더 영원한 현실에 발을 붙인 인간은 개인의 운명으로 인한 사소한 우여곡절에 흔들리지 않는다. 진정으로 종교적인 인간은 결코 흔들리지 않으며 늘 평정을 유지하므로 미래에 닥칠 어떤 일에도 침착하게 준비되어 있다."

걱정되고 불안하다면 신을 믿어보지 않겠는가? 임마누엘 칸트의 말에 따라 "우리에게는 믿음이 필요하기 때문에 신앙을 받아들"이는 게 어떨까? '우주를 움직이는 무한한 원동력'에 우리 자신을 연결시켜보는 게 어떨까?

만약 당신이 태생적이든 교육에 의해서든 독실한 신자가 아닐지라도, 머리부터 발끝까지 신을 믿지 않는 사람이라 하더라도 기도는 생각보다 훨씬 많은 도움이 된다. 기도는 실용적이기 때문이다. 실용적이란 말은 무슨 뜻일까? 즉 기도는 신을 믿든 믿지 않든 인류 전체가 공유하는 세 가지 기본적인 심리적 욕구를 충족시켜준다는 의미다.

첫째, 기도는 우리가 겪는 문제가 무엇인지 정확히 말로 표현하도록 도와준다. 4장에서 봤듯이 문제는 애매모호한 상태로 남겨두면 절대로 해결할 수 없다. 어떤 면에서 기도는 우리가 가진 문제점을 종이에 적는 행위와 매우 비슷하다. 심지어 신께 해결책을 요청한다 하더라도 우선은 문제점을 말로 표현해야 한다.

둘째, 기도를 하면 부담을 홀로 지는 게 아니라 누군가와 나눈다는 느낌을 선사한다. 가장 무거운 짐, 가장 고통스러운 문제를 혼자 견딜 수 있는 사람은 거의 없다. 때때로 가장 가까운 가족이나 친구에게도 털어놓을 수 없는 개인적인 고민들도 있다. 그럴 때는 기도가 답이다. 어떤 정신과 의사에게 물어도 마음이 답답하고 긴장돼 고통스러울 때는 누군가에게 털어놓는 것도 좋은 치료가 될 수 있다고 말한다. 타인에게 털어놓지 못한다 해도 신에게는 언제나 고민을 털어놓을 수 있다.

셋째, 기도를 하면 실제로 행동하게 된다. 기도는 행동의 첫 걸음이다. 무엇인가가 이루어지게 해달라고 매일같이 기도하면서 그 기도의 덕을 보지 않으려는 사람이 과연 있을까? 세계적으로 유명한 과학자 알렉시 카렐은 이렇게 말했다. "기도는 개인이 만들어낼 수 있는 가장 강력한 형태의 에너지다." 그렇다면 그 에너지를 이용해보는 건 어떨까? 하나님이든 알라든 정령이든 상관없다. 신비로운 자연적 에너지가 우리를 돌봐 주는데 이름에 신경 쓰며 불평할 이유가 있을까?

당장 이 책을 덮고 침실에서 문을 닫고 무릎을 꿇은 채 속마음을 털어놓아도 좋다. 신앙심을 잃었다면 전능하신 하나님께 이렇게 말하며 새 신앙심을 간청하라. "오, 하나님, 더 이상 홀로 싸울 수 없나이다. 오직 당신이 저를 보살피고 사랑해주길 바라옵니다. 제 실수를 모두 용서해주십시오. 마음에서 악을 정화해주십시오. 평화와 고요와 건강과 원수까지 사랑하는 마음을 가질 수 있도록 길을 보여주십시오."

기도하는 방법을 모른다면 700년 전 성 프란체스코가 쓴 아름답고 경이로운 기도문을 반복해서 외워보자.

평화의 기도

주여, 저를 평화의 도구로 써주소서.
미움이 있는 곳에 사랑을,
증오가 있는 곳에 용서를,
의심이 있는 곳에 믿음을,
절망이 있는 곳에 희망을,
어둠이 있는 곳에 빛을,
슬픔이 있는 곳에 기쁨을 심게 하소서.
오, 주여, 제가 위로받기보다는 남을 위로하게 하소서.
이해받기보다는 이해하며,
사랑받기보다는 사랑하게 하소서.
우리는 줌으로써 받고,
용서함으로써 용서받고,
죽음으로써 영생을 누리기 때문입니다.

6

남의 비판을
걱정하지 않는 방법

How to

stop

worrying

&

start living

죽은 개를 발로 차는 사람은
아무도 없다

1929년 미국 교육계에 엄청난 파문을 일으킨 사건이 발생했다. 미국 전역의 학자들이 이 사건을 직접 눈으로 보기 위해 시카고로 몰려들었다.

그보다 몇 해 전, 로버트 허친스라는 이름의 청년이 웨이터, 벌목꾼, 가정교사, 빨랫줄 판매원으로 일하며 예일대를 졸업하게 되었다. 겨우 8년이 지난 지금, 그는 미국에서 네 번째로 부유한 대학인 시카고 대학의 총장으로 취임하려 하고 있었다. 그의 나이는? 놀랍게도 서른 살이었다! 선배 교육자들은 고개를 저었다. 비판은 마치 암석이 무너지듯 이 '천재 소년'에게 쏟아졌다. 허친스는 이래저래 너무 젊은데다 경험이 없었고, 그의 교육적 견해는 비현실적이었다. 신문들까지 비난에 동참했다.

허친스가 취임하던 날, 한 친구가 로버트 메이나드 허친스의 아버지에게 이렇게 말했다. "저는 오늘 아침에 아드님을 비난하는 신문 사설을 읽고 충격을 받았습니다."

허친스의 아버지는 이렇게 대답했다. "그래, 심하긴 하더군. 하지만 생각해보면 죽은 개를 발로 차는 사람은 아무도 없지 않나?"

맞는 이야기다. 그리고 더 중요한 사람일수록 그 사람을 걷어차면서 얻는 만족감은 더 커진다. 지금은 윈저 공이 된 에드워드 8세는 황태자이던 시절에 경험을 통해 이 사실을 뼈저리게 깨달았다. 당시 그는 미국의 아나폴리스에 있는 해군사관학교에 해당하는 영국 데번셔의 다트머스 대학에 다니고 있었다. 왕자의 나이는 열네 살밖에 되지 않았다.

어느 날 사관 중 한 명이 왕자가 울고 있는 것을 발견하고 무엇이 잘못됐는지 물었다. 왕자는 처음에는 대답하지 않으려고 했지만, 결국 다른 사관후보생들이 자신에게 발길질을 한다며 털어놓았다. 학장은 생도들을 소집한 후 왕자가 직접적으로 항의한 것은 아니지만 왕자가 왜 그런 거친 대접을 받는지 알고 싶다고 말했다.

한참을 헛기침을 하고 우물쭈물하던 사관후보생들이 결국 자백하기를, 나중에 왕실 해군 소속으로 사령관이나 대위가 되었을 때 자신들이 왕을 발로 찬 적이 있다고 말할 수 있길 바랐다는 것이다!

그러므로 당신이 걷어차이거나 비판을 받을 때, 대개는 당신을 찬 사람이 그런 행동을 통해 중요한 감정을 느낄 수 있기 때문임을 기억해야 한다. 다시 말해 당신이 무언가를 성취해냈거나 주목할 만한 가치가 있다는 것을 의미한다. 많은 사람들은 자기보다 교육을 더 받았거나 성공한 사람을 맹렬히 비난함으로써 잔인한 만족감을 얻는다.

예를 들어 이번 장을 쓰는 동안 나는 어떤 여성으로부터 구세군을 창설한 윌리엄 부스 장군을 비난하는 내용의 편지를 받았다. 나는 부스 장군을 칭찬하는 방송을 한 적이 있다. 그래서 이 여자는 나에게 편지를 보내 부스 장군이 가난한 사람들을 돕기 위해 모은 돈 800만 달러를 훔쳤다고 말한 것이다. 물론 이런 비난은 터무니없는 것이었다. 하지만 그녀는 진실을 알려고 하지 않았다. 그녀는 자신보다 더 높은 곳에 있는 누군가를 비방함으로써 얻는 천박한 만족감을 추구하고 있었다. 나는 이 매몰찬 편지를 휴지통에 던져버리고, 내가 그런 여자와 결혼하지 않았다는 사실에 대해 전능하신 하나님께 감사드렸다. 그녀의 편지는 내게 부스 장군에 대해서는 아무것도 알려주지 못했지만, 그녀에 대해서만큼은 많은 것을 알려주었다. 그에 대해 쇼펜하우어도 수년 전에 이렇게 말한 적 있다. "천박한 사람들은 위대한 사람의 단점이나 어리석음에서 큰 기쁨을 느낀다."

예일대의 총장을 천박하다고 생각하는 사람은 거의 없다. 하지만 예일대 전 총장인 티모시 드와이트는 미국 대통령 후보 출마자를 비난하는 데서 큰 기쁨을 느낀 것으로 보인다. 예일대 총장은 만약 이 남자가 대통령에 당선된다면 "우리는 아내와 딸들이 합법적 매춘의 희생양이 되어 눈 뜨고도 명예가 더럽혀지고, 허울은 그럴듯하지만 속으로는 타락하는 것을 보게 될 것이다. 결국 우리는 배려와 미덕을 잃어버린 채 신과 인간을 혐오하게 될 것이다"라고 경고했다.

말로만 듣기에는 마치 히틀러에 대한 비난 같지 않은가? 하지만 그렇지 않다. 이 말은 토머스 제퍼슨을 비난한 것이었다. 어떤 토머스 제퍼슨일까? 설마 미국 독립선언문을 썼고, 민주주의의 수호자라 불리는 불멸의 토머스 제퍼슨은 아니겠지? 그렇다. 정말로 그 토머스 제퍼슨이다.

미국인 가운데 '위선자' '사기꾼' '살인자보다 조금도 낫지 않은 자'로 비난받은 사람은 누구였을까? 한 신문의 만화에는 '그의 머리를 잘라내라'라고 글자가 새겨진 큰 단두대 위에 그의 모습이 그려져 있었다. 그가 말을 타고 길을 지나갈 때면 군중들은 그를 비웃고 '획획' 야유를 보냈다. 그는 과연 누구일까? 바로 조지 워싱턴이다.

하지만 이런 건 이미 오래전의 일이다. 아마도 그때 이후로 인간의 본성은 더 나아졌을지 모른다. 한번 살펴보자. 1909년 4월 6일, 개 썰매를 타고 북극에 도달해 전 세계를 깜짝 놀라게 하고 열광하게 한 탐험가 피어리 제독의 예를 들어보자(수 세기 동안 위험을 무릅쓴 용감한 자들이 북극 탐사에 도전했다가 건강을 해치거나 목숨을 잃었다).

피어리는 추위와 굶주림으로 거의 죽을 뻔했고, 발가락 중 여덟 개는 너무 심하게 얼어서 잘라내야 했다. 감당하지 못할 정도로 참혹한 재난이 이어지는 바람에 그는 정신이상이 되

는 게 아닐까 걱정하기도 했다. 워싱턴에 있던 그의 선임 해
군 장교들은 피어리가 언론의 큰 관심과 찬사를 받자 약이 올
랐다. 그래서 피어리가 과학 탐사를 위해 돈을 모으고 "북극
에서 빈둥거리며 놀고 있다"라는 이유로 그를 고발했다. 그
리고 그들은 그걸 사실이라고 믿었던 것 같다. 믿고 싶은 것
을 믿지 않기란 거의 불가능하기 때문이다. 피어리에게 창피
를 주고 방해하려는 그들의 의지가 얼마나 강했던지 매킨리
대통령이 직접 명령을 내리고서야 피어리는 북극 탐험을 계
속할 수 있었다.

　피어리가 만약 워싱턴의 해군 본부에서 사무직으로 일했다
면 이런 비난을 받았을까? 아니다. 아마도 이런 비난과 질투를
받을 만큼 중요한 사람이 되지 못했을 것이다.

　그랜트 장군은 피어리 제독보다 더 심한 경험을 했다.
1862년 그랜트 장군은 오후 한나절 만에 북부군에게 결정적
인 첫 승리를 안겨주었다. 그 승리로 인해 그랜트 장군은 밤사
이에 국가적인 영웅이 되었고, 유럽에까지 엄청난 영향을 미
쳤다. 메인 주에서부터 미시시피 강둑에 이르기까지 교회 종
이 울리고 모닥불이 활활 타올랐다. 하지만 이런 대승을 거둔
지 6주 만에 북부의 영웅이었던 그랜트 장군은 체포되었고, 군
대까지 빼앗겼다. 굴욕과 절망에 장군은 눈물을 흘렸다. 왜 미
국의 그랜트 장군은 승리의 흥분이 채 가시기도 전에 체포되
었을까? 주요한 이유는 그랜트 장군이 거만한 상관들의 질투
와 부러움을 샀기 때문이었다.

만약 부당한 비판에 대해 걱정이 된다면, 다음의 방법을 기억하라.

남의 비판을 걱정하지 않는 방법 1

부당한 비판은 대개 위장된 칭찬임을 기억하라.
죽은 개를 발로 차는 사람은 아무도 없다.

비판으로부터
상처받지 않는 방법

언젠가 '날카로운 눈'의 스메들리 버틀러 소장을 인터뷰한 적이 있었다. '지옥의 마귀' 버틀러 영감 말이다! 버틀러 소장을 기억하는가? 그는 미국 해병대를 지휘했던 사람 중 가장 화려하고 영웅 같은 삶을 산 장군이다.

버틀러 소장은 젊은 시절 유명해지기를 간절히 원했고, 모두에게 좋은 인상을 남기고 싶었다고 말했다. 그 당시에는 아주 작은 비판조차도 따갑고 쓰라렸다. 하지만 해병대에서의 30년이 장군의 목숨을 강인하게 만들어주었다고 고백했다. "나는 질책받고 모욕을 당하며 망나니, 뱀, 스컹크라고 비난받았습니다. 전문가들에게 저주를 받은 적도 있습니다. 신문에 인쇄되기도 부적합한, 영어로 할 수 있는 모든 욕의 조합을 들어본 적도 있습니다. 이게 나를 짜증나게 했을까요? 하! 누군가 나를 욕하는 게 들려도 이제는 누가 내 욕을 하는지 돌아보지도 않습니다."

나이 든 '날카로운 눈'의 버틀러 장군이 비판에 너무 무관심한 것일지도 모른다. 하지만 한 가지는 확실하다. 우리들 대부분은 사소한 험담이나 조롱도 너무 심각하게 받아들인다. 나는 몇 년 전에 〈뉴욕 선〉지의 기자가 나의 성인교육 강좌 설명회에 참석해 나와 내가 하는 일에 대해서 풍자했던 일을 기억한다. 그때 나는 약이 올랐을까? 나는 그 일을 개인적 모욕으로 받아들였다. 나는 〈뉴욕 선〉지의 운영위원회 의장인 길 호지스에게 전화를 걸어 조롱 대신 사실을 밝히는 기사를 쓰도록 하라고 따지듯이 말했다. 나는 그 잘못에 적당한 벌을 주기로 마음먹었던 것이다.

지금에 와서 나는 그 행동을 부끄럽게 생각한다. 나는 이제야 그 신문을 본 사람들 중 절반이 그 기사를 절대 보지 않았을 거라고 생각한다. 그리고 그 기사를 읽은 사람 중 절반은 그걸 악의 없는 흥미 위주의 기사로 받아들였을 것이다. 그 기사를 읽고 고소하다고 생각하던 사람 중 절반은 몇 주 만에 기사를 잊어버렸을 것이다.

나는 이제야 사람들이 당신이나 나에 대해 그다지 생각하지도 않고, 우리를 뭐라고 말하는지에 대해서도 그리 신경 쓰지 않음을 알게 되었다. 사람들은 아침을 먹기 전에도, 아침을 먹은 후에도, 그리고 자정을 넘기고 10분이 되어서도 자신만 생각한다. 당신이나 나의 죽음에 대한 뉴스보다도 자신의 가벼운 두통에 천배는 더 관심을 쏟는다.

만약 우리의 가장 친한 친구들이 여섯 명에 한 명꼴로 당신과 나에 대해 거짓말을 하거나, 조롱이나 배신을 하고 홀대하더라도 자기 연민에 빠져 허우적대서는 안 된다. 대신 이런 일들이 바로 예수에게 일어난 일임을 기억해야 한다. 예수와 가장 가까웠던 제자 12명 중 한 명이, 요즘 돈으로 19달러의 뇌물에 예수를 배신했다. 예수의 가장 가까운 제자 12명 중 또 다른 한 명은 예수가 곤경에 처했을 때 대놓고 예수를 저버리고, 심지어 예수를 모른다고 세 번이나 공표했으며, 자신이 말한 사실에 대해 맹세하기까지 했다. 여섯 명 중 한 명! 그것은 예수에게도 일어난 일이었다. 왜 우리는 예수보다 더 나은 확률을 기대하는가?

몇 년 전 나는 비록 사람들이 부당하게 나를 비난하지 못하게 할 수는 없지만, 그보다 훨씬 더 중요한 일을 할 수 있음을 알게 되었다. 부당한 비판들이 나를 흔들도록 내버려 둘지 말지를 결정할 수 있다는 것이다.

명확히 하자면 모든 비판을 무시하라는 뜻은 아니다. 오히려 그 반대다. 오직 부당한 비판만을 무시하라는 말이다. 나는 한때 프랭클린 루스벨트의 부인인 엘리너 루스벨트에게 알라만이 알고 있을 수많은 부당한 비판들을 어떻게 처리하는지 물었다. 그녀는 아마도 백악관에서 살았던 그 어떤 여성보다 열렬한 지지자와 격렬한 적을 많이 가지고 있던 여성일 것이다.

그녀는 어릴 적 거의 병적으로 부끄러움을 많이 타서 사람들이 자신을 두고 뭐라고 할지 두려워했다고 나에게 말했다. 그녀는 비판이 너무 두려워서 어느 날 고모, 그러니까 시어도어 루스벨트의 누나에게 조언을 구했다고 한다. 그녀는 이렇게 말했다. "고모, 저는 이렇게도 해보고 저렇게도 해보고 싶어요. 하지만 사람들이 뭐라고 할까 봐 두려워요."

시어도어 루스벨트의 누나는 엘리너의 눈을 바라보면서 말했다. "너 스스로가 옳다는 것을 마음속으로 알고 있는 한, 사람들이 뭐라고 말하는 지에 대해 절대 개의치 말아라." 엘리너 루스벨트는 그 짧은 조언이 몇 년 후 그녀가 백악관에 있던 시절에 정신적으로 든든한 힘이 되었다는 것을 알았다. 그녀는 모든 비판을 피할 수 있는 방법은 드레스덴에서 만든 도자기 인형처럼 선반에 가만히 있는 것뿐이라고 내게 말했다. "당신이 마음속으로 옳다고 믿는 일들을 하세요. 왜냐하면 당신은 어찌됐든 비판받을 테니까요. 당신은 해도 욕을 먹고, 안 해도 욕을 먹을 거예요." 이것이 그녀의 조언이다.

고인이 된 매슈 C. 브러시가 월 스트리트 40번지에 있는 아메리칸 인터내셔널 사의 회장일 때, 나는 브러시 회장에게 비판을 신경 쓰지 않는지에 대해 물은 적이 있다. 그때 그는 이렇게 말했다.

"그렇습니다. 젊었을 때는 매우 신경 썼죠. 우리 조직의 모든 직원이 저를 완벽하다고 생각하게 하고 싶었습니다. 만약에 직원들이 그렇게 생각하지 않으면 저는 매우 고심했습니다. 저는 저를 비판하는 첫 번째 사람조차도 기쁘게 해주려고 노력했습니다. 그런데 제가 그를 수습하기 위해서 한 일이 다른 사람을 화나게 만들었습니다. 그 사람을 해결하려고 다시 노력하면 또 다른 두세 사람들이 벌떼같이 들고 일어났습니다. 결국 제가 개인적 비난을 피하기 위해 화가 난 사람들을 진정시키거나 달래주려고 하면 할수록 적이 더 늘어난다는 걸 깨달았습니다. 그래서 결국은 다짐했습니다. '사람들 사이에서 돋보이려고 하면 오히려 비난을 받게 된다.' 이렇게 생각하는 게 익숙해지자 엄청난 도움이 되었습니다. 그 뒤부터 일단 최선을 다하고, 그 다음에는 낡은 우산이라도 써서 비난의 비가 제 목을 타고 흐르지 않도록 비를 피하자는 규칙을 세웠습니다."

딤스 테일러는 그보다 한 걸음 더 나아갔다. 테일러는 비난의 비가 자신의 목을 타고 흘러가게 내버려 두고 공개적으로 비난을 웃어넘겼다. 그는 일요일 오후 라디오를 통해 뉴욕 필하모닉 오케스트라의 공연을 들려주다가 중간 휴식 시간에 곡 해설을 덧붙이고 있었는데, 한 여자가 테일러를 "거짓말쟁이, 배신자, 뱀, 멍청이"라고 칭한 편지를 보냈다. 그는 자신의 책 《인간과 음악》에서 이렇게 말하고 있다. "나는 그녀가 그런 식의 해설을 좋아하지 않았나 하는 의심을 해본다." 그다음 주 방송에서 테일러는 라디오를 통해 수백 만 청취자들에게 그 편지를 읽어주었다. 그리고 며칠 뒤 같은 여성으로부터 또 다른 편지를 받았다. 테일러는 방송에서 이렇게 말했다. "그녀가 여전히 저에 대한 견해를 바꾸지 않은 편지를 보내왔네요. 저는 여전히 거짓말쟁이, 배신자, 뱀, 멍청이랍니다." 우리는 비판을 그런 식으로 받아들이는 사람을 존경하지 않을 수 없다. 우리는 그의 평정심과 흔들리지 않는 침착함, 그리고 유머 감각을 존경한다.

찰스 슈왑은 프린스턴 대학에서 학생들에게 연설하면서 자신은 자신의 제철소에서 일하던 늙은 독일인에게 가장 중요한 교훈을 배웠다고 고백했다. 그 독일 노인은 다른 제철소 동료들과 열띤 논쟁을 벌이게 되었는데, 동료들이 노인을 강에 던져버렸다. 슈왑은 이렇게 말했다. "그 노인이 사무실에 진흙과 물을 잔뜩 뒤집어쓰고 돌아왔기에 당신을 강에 던진 이들에게 뭐라고 했느냐고 물어보았더니, 그 노인은 '그저 웃었을 뿐이에요'라고 대답했습니다."

슈왑은 그 독일 노인의 '그냥 웃어라'라는 말을 자신의 좌우명으로 택했다고 말했다.

그 좌우명은 당신이 부당한 비판의 희생양이 되었을 때 특히 유용할 것이다. 반론을 제기하는 사람에게는 대답할 수 있지만, 만약 그가 '그냥 웃어버린다'면 당신은 그에게 어떤 말을 할 수 있겠는가?

링컨이 만약 자신을 맹렬히 비판하는 사람들에게 일일이 답하는 것이 바보 같은 일임을 깨닫지 못했다면, 링컨은 아마 남북전쟁 동안 그 긴장감을 견디지 못하고 무너지고 말았을 것이다. 링컨은 이렇게 말했다. "만약 내가 받는 공격에 대해 전부 답변하지 않더라도 적어도 읽어보기라도 하겠다고 애쓴다면, 다른 일은 모두 손에서 놓아야 했을 것이다. 내가 알고 있는 한, 나는 할 수 있는 최선을 다했고 마지막까지도 그렇게 할 것이다. 결국 내가 옳다는 결과가 나온다면 그때는 내게 뭐라고 비판했든 중요치 않다. 만약 내가 틀렸다는 결과가 나온다면 그때는 열 명의 천사가 내가 옳다고 말해줘도 전혀 도움이 되지 않는다."

당신이나 내가 부당한 비판을 받게 될 때는 다음의 방법을 기억하라.

남의 비판을 걱정하지 않는 방법 2

당신이 할 수 있는 최선을 다하라.

그다음에는 낡은 우산이라도 펴서 비난의 비가
당신의 목을 타고 흘러내리지 않게 하라.

내가 저지른 바보 같은 일들

　나는 'FTD'라고 표시해둔 개인 서류철 캐비닛을 가지고 있다. 'FTD'는 '내가 했던 바보 같은 일들(Fool Things I Have Done)'의 줄임말이다. 나는 내가 저질렀던 바보 같은 일들을 기록해 이 서류철 안에 넣어둔다. 때로는 비서에게 이 메모들을 받아 적게 하지만, 때로는 너무 개인적이거나 바보 같아서 받아쓰게 하기 부끄러워 내가 직접 쓰기도 한다.

　나는 15년 전 'FTD'에 넣었던 데일 카네기의 몇 가지 비판들을 아직도 기억하고 있다. 만약 내가 스스로에게 숨김없이 솔직했다면 아마도 내가 가진 이 파일 캐비닛은 'FTD' 메모들로 넘치고 있을 것이다. 나는 3000년 전 이스라엘의 사울 왕이 했던 말에 진심으로 공감한다. "나는 바보 같았으며 너무나 많은 실수를 저질렀다."

　'FTD' 파일을 꺼내 나 스스로에 대해 적은 비판들을 다시 읽고 있다 보면 내가 직면한 힘든 문제들을 해결하는 데 도움이 된다. 이것이 바로 데일 카네기의 경영법이다.

나는 내 문제들에 대해 다른 사람들을 탓하곤 했다. 하지만 나이가 들고 바라건대 점점 더 지혜로워지면서 내가 겪는 거의 모든 불운의 원인이 궁극적으로는 내게 있음을 알게 되었다. 많은 사람들이 이러한 사실을 나이가 들면서 깨닫게 된다. 세인트헬레나에 유배되어 있던 나폴레옹도 이렇게 말했다. "다른 사람이 아니라 나였다. 내 몰락의 원인은 다름 아닌 나에게 있었다. 나는 스스로에게 가장 큰 적이었으며, 내 처참한 운명의 원인이었다."

나는 자기평가와 자기 관리의 문제에 대해서는 예술적인 경지를 보여주던 어떤 사람에 대해 말하고 싶다. 그의 이름은 H. P. 하웰이다. 1944년 7월 31일, 뉴욕 앰배서더 호텔의 가게에서 그가 갑작스럽게 죽었다는 뉴스가 온 나라에 알려지자 월스트리트는 충격에 빠졌다. 왜냐하면 그는 월 스트리트 56번가에 있는 내셔널 뱅크 앤드 트러스트 컴퍼니 이사회의 회장이자 몇몇 큰 기업의 이사로서 미국 금융계를 대표하는 사람이었기 때문이다. 하웰은 정규교육을 거의 받지 못한 채 시골 잡화점의 사무원으로 시작했지만, 나중에 US스틸의 채권 담당 임원이 되었으며 계속 승승장구하는 중이었다. 내가 그에게 성공의 비결을 물었을 때 하웰은 이렇게 대답했다.

"몇 년 동안 저는 그날의 모든 약속이 적힌 약속 메모 노트를 가지고 다녔습니다. 우리 가족들은 토요일 저녁에는 저를 위해 어떤 일정도 잡지 않았어요. 제가 매주 토요일 저녁마다 한 주

동안 내가 한 일에 대한 자기반성과 검토, 평가를 하는 걸 알고 있었기 때문입니다. 저녁을 먹고 나면 저는 혼자 자리를 뜬 다음, 약속 메모 노트를 펴고 월요일 아침부터 있었던 모든 면담, 논의, 회의 등에 대해 다시 떠올렸습니다. 저는 스스로에게 '그때 내가 무슨 실수를 했지?' '내가 잘한 일은 무엇이고, 어떤 방식으로 실적을 올릴 수 있을까?' '내가 그 경험으로부터 배울 교훈은 무엇일까?'에 대해 물었습니다. 때로는 그런 검토에 기분이 나빠질 때도 있고, 내가 저지른 실수에 깜짝 놀라기도 했습니다. 물론 몇 해가 지나면서 이런 실수들은 줄어들었습니다. 해를 거듭하면서 이런 자기분석은 제가 했던 다른 어떤 시도보다 더 많은 도움이 되었습니다."

아마도 하웰은 그 발상을 벤저민 프랭클린에게서 배웠을 것이다. 다만 프랭클린은 토요일 저녁까지 기다리지 않았다. 그는 매일 밤 자기 자신에 대해 철저히 반성했다. 그는 열세 가지 심각한 실수를 했다는 걸 알았다. 그중 세 가지가 바로 시간을 낭비한 것, 하찮은 일에 마음 졸인 것, 사람들과 언쟁하고 반박한 것이다. 현명했던 프랭클린은 이런 문제점들을 극복하지 않는 이상 더 좋은 결과를 낼 수 없다는 것을 알았다. 그래서 일주일 동안 매일 하나씩 자신의 단점을 고치려고 노력했고, 자신과 단점 사이에서 벌어지는 매일의 난타전에서 누가 승리했는지 기록했다. 그다음 날에는 또 다른 나쁜 습관을 골라서 글러브를 끼고, 벨이 울리면 링으로 나와 나쁜 습관과 싸우곤 했다. 프랭클린은 매주 자신의 잘못과 싸우는 걸 2년 이상 계속했다.

프랭클린이 미국 역사상 가장 사랑받고 영향력 있는 사람이 된 것은 놀라운 일도 아니다!

엘버트 허바드는 "모든 사람들이 매일 적어도 5분은 지독한 바보가 된다. 지혜는 그 한도를 초과하지 않는 데 있다"라고 말했다.

그릇이 작은 사람은 아주 작은 비판에도 화를 내지만, 지혜로운 사람은 자신을 질책하고 책망하며 '길을 비키라며 다투는' 사람들에게서도 배우려 한다. 월트 휘트먼은 이렇게 말했다. "당신을 칭찬하고 배려하는 사람들, 그리고 당신을 위해 길을 비켜주는 사람들에게서만 교훈을 얻으려고 하는가? 당신을 거부하고 이기려 하거나 길을 비키라며 당신과 다투는 사람들에게서는 큰 교훈을 얻지 못하는가?"

당신이나 당신의 일에 대해서 적이 비판하는 것을 기다리는 대신, 그들보다 먼저 자기 자신을 비판하라. 자기 스스로 가장 가혹한 비평가가 되자. 적이 말할 기회를 잡기 전에 우리 스스로 모든 약점을 찾고 개선하자. 이게 바로 찰스 다윈의 방법이다. 사실 다윈은 15년 동안이나 자기 자신을 비판하면서 보냈는데, 이야기의 전말은 다음과 같다. 다윈은 불멸의 저서《종의 기원》의 원고를 완성했을 때, 창조에 관한 자신의 혁명적 이론이 발표되면 학계와 종교계가 뒤흔들릴 것임을 깨달았다. 그래서 스스로 자신의 비평가가 되어 자료를 검토하고, 자신의 추론을 검증하고, 결론을 비판하면서 15년을 보냈다.

누군가가 당신을 '지독한 바보'로 비난한다면 당신은 무엇을 할 수 있겠는가? 화를 내겠는가? 아니면 분개하겠는가? 링컨은 이렇게 했다. 한번은 링컨 내각의 국방 장관이었던 에드워드 M. 스탠턴이 링컨을 '지독한 바보'라고 부른 적이 있다. 스탠턴은 링컨이 자신의 일에 간섭해왔기 때문에 매우 화가 났다. 언젠가 링컨은 어떤 이기적인 정치가의 요구에 따라 연대를 이동시키라는 명령에 서명했다. 스탠턴은 링컨의 명령을 거부했을 뿐만 아니라 링컨이 그런 명령에 서명하다니 지독한 바보임에 틀림없다고 말했다. 어떤 일이 일어났을까? 스탠턴의 말을 전해들은 링컨은 조용히 대답했다. "만약 내가 지독한 바보라고 스탠턴이 말했다면, 나는 분명 바보다. 왜냐하면 그는 거의 항상 옳기 때문이다. 내가 가서 직접 확인해보겠다."

링컨은 스탠턴을 만나러 갔다. 스탠턴은 그 명령이 틀렸다고 링컨을 설득했고, 링컨은 명령을 철회했다. 진심이 담겨 있고 자신을 도와주기 위한 것이라면, 링컨은 기꺼이 비판을 받아들였다.

당신과 나 또한 네 번 중 세 번 이상 옳을 수 없기 때문에 그런 종류의 비판을 기꺼이 받아들여야 한다. 적어도 시어도어 루스벨트도 백악관에 있을 때 자신이 바랄 수 있는 것은 잘해야 이 정도까지라고 말했다. 현재 가장 심오한 사상가로 존경받는 아인슈타인도 자신이 내렸던 판단의 99퍼센트는 틀린 것이었다고 고백했다!

라로슈푸코는 이렇게 말했다. "적의 의견은 우리의 의견보다 더 진실에 가깝다."

나는 그 말이 몇 번이고 맞을 수 있음을 알고 있다. 하지만 누군가가 나를 비판하기 시작할 때, 만약 내가 신중하게 행동하지 않으면 나를 비판하는 사람이 말하려는 게 무엇인지 잠시도 생각해보지 않고 자동적으로 방어하게 된다. 그럴 때마다 나는 스스로에게 혐오감이 든다. 우리 모두는 비판 혹은 칭찬이 정당한 것인지 아닌지에 관계없이 비판에는 억울해하고, 칭찬은 덥석 받아들이는 경향이 있다. 우리는 논리적인 동물이 아니다. 우리는 감정적인 존재다. 우리의 논리는 깊고 어둡고 폭풍우가 몰아치는 감정의 바다 위에서 이리저리 휩쓸리는 카누와 같다. 우리 대부분은 지금의 자신을 아주 좋게 생각한다. 하지만 지금으로부터 40년 후에 우리는 아마도 오늘의 우리를 되돌아보며 비웃게 될 것이다.

누군가가 우리를 헐뜯는 소리를 듣는다면, 스스로 변호하려 들지 말자. 그렇게 행동하는 것은 어리석다. 독창적이고 겸손하면서도 멋지게 대처하자! 비판을 물리치고 박수를 얻기 위해 이렇게 말하자. "만약 날 비난하는 사람이 내 모든 단점을 알고 있다면, 이보다 더 심하게 날 헐뜯었을 테지."

앞 장에서 나는 당신이 부당한 비판을 받았을 때 무엇을 해야 할지에 대해 말했다. 하지만 여기서는 다른 방법에 대해 말하려 한다. 당신이 부당하게 비난받는다는 생각이 들어서 화가 치민다면 잠깐 멈추고 이렇게 생각해보는 건 어떨까? '잠깐만. 나는 완벽한 것과는 거리가 멀어. 만약 아인슈타인도 자신이

99퍼센트 정도는 틀렸다고 인정했다면, 나는 적어도 80퍼센트는 틀렸을 거야. 나는 아마도 이런 비판을 받을 만할지도 몰라. 만약 그렇다면 나는 이 비판을 감사하게 생각하고, 이를 통해 뭔가를 배우려고 노력해야지.'

펩소던트 컴퍼니의 사장이었던 찰스 럭맨은 밥 호프를 방송에 내보내기 위해 100만 달러의 돈을 썼다. 그는 프로그램을 칭찬하는 편지는 쳐다보지도 않았지만, 비난하는 편지만큼은 꼭 보기를 고집했다. 럭맨은 그 편지들에서 얻을 게 있을지도 모른다는 것을 알았다.

포드 사는 경영과 영업에서 무엇이 잘못되었는지를 알아내고 싶어서 최근에 직원들을 상대로 여론조사를 실시해 회사에 대한 비판을 청했다.

나는 서슴없이 비판을 요청하던 전직 비누 판매원을 알고 있다. 그가 처음으로 콜게이트 사의 비누를 판매하기 시작했을 때는 주문량이 너무 적었다. 그는 직장을 잃게 될까 봐 걱정되었다. 비누 품질이나 가격에는 문제가 없음을 알았기 때문에 그는 분명 자신에게 문제가 있을 거라고 판단했다. 비누를 단 하나도 팔지 못했을 때, 그는 무엇이 잘못되었는지 파악하기 위해 자신의 관할 구역을 돌아다녔다. 그가 너무 안일했을까? 열의가 부족했던 것일까? 때때로 그는 다시 상인에게 돌아가 이렇게 말했다. "저는 비누를 팔려고 다시 돌아온 게 아닙니다. 당신의 조언과 비판을 듣고 싶어서 돌아왔습니다. 혹시 제가 몇 분 전 당신에게 비누를 팔려고 할 때 뭔가 잘못한 게 있으면 말해주시겠습니까?"

이런 태도를 통해 그는 많은 친구를 사귀게 되었고, 값진 교훈도 얻게 되었다.

당신은 그 비누 판매원에게 어떤 일이 일어났는지 추측할 수 있겠는가? 오늘날 그는 전 세계에서 가장 큰 비누 제조사인 콜게이트 파몰리브 피트의 회장이 되었다. 그의 이름은 E. H. 리틀이다.

H. P. 하웰, 벤저민 프랭클린, E. H. 리틀이 했던 대로 할 수 있는 사람은 보통 사람은 아니다. 이제 아무도 보지 않을 때 거울을 한번 들여다보고 스스로에게 물어보라. 당신이 그러한 최고의 사람들에 속하는지!

비판을 걱정하지 않으려면 다음의 방법을 기억하라.

남의 비판을 걱정하지 않는 방법 3

우리가 했던 바보 같은 일들을 기록하고 스스로를 비판하자.

우리가 완벽하기를 바랄 수는 없으므로 E. H. 리틀이 했던 것처럼 편파적이지 않고 도움이 되는 건설적인 비판을 요청하자.

남의 비판을 걱정하지 않는
3가지 방법

1. 부당한 비판은 보통 위장된 칭찬이다. 대개 당신이 질투나 부러움을 일으켰다는 것을 의미한다. 죽은 개를 발로 차는 사람은 아무도 없음을 기억하라.

2. 당신이 할 수 있는 최선을 다하라. 그다음에는 당신의 낡은 우산이라도 펴서 비난의 비가 당신의 목을 타고 흘러내리지 않게 하라.

3. 우리가 했던 바보 같은 일들 기록하고 스스로를 비판하자. 우리가 완벽하기를 바랄 수는 없으므로 E. H. 리틀이 했던 것처럼 편파적이지 않고도움이 되는 건설적인 비판을 요청하자.

7

피로와 걱정을 막고
활력과 의욕을 높여줄
6가지 방법

How to

stop

worrying

&

start living

하루에 1시간 더 활동하는 방법

거정하지 않는 방법에 관한 책에서 왜 피로를 방지하는 방법에 관한 글을 쓰고 있을까? 피로는 종종 불안한 마음을 만든다. 그렇지 않다 하더라도 피곤하면 쉽게 불안해지기 때문이다. 어떤 의학도는 피로가 감기나 다른 많은 질병에 대한 저항력을 떨어뜨린다고 말하고, 어떤 심리학자는 피로가 두려운 마음과 불안한 마음을 이기지 못하게 한다고 말한다. 그러므로 피로가 쌓이는 걸 예방하는 것이 불안한 심리를 막는 데 도움이 된다.

'불안한 심리를 막는 것'이라는 말은 순화시킨 표현이다. 에드먼드 제이컵슨 박사는 더 강하게 표현하고 있다. 그는 《꾸준한 휴식》과 《휴식은 필수》라는 두 권의 책을 냈고, 시카고 대학 실험실의 임상심리학 책임자로서 휴식이라는 개념을 의료 실습의 한 방법으로 도입해 연구를 진행해왔다. 제이컵슨은 어떤 긴장이나 감정적 상태도 충분히 휴식을 취한 상황에서는 일어날 수 없다고 단언한다. "쉬고 나면 불안할 리도 없다"라는 표현도 있다.

그러므로 피로와 불안을 막기 위한 첫 번째 규칙은 피곤해지기 전에 자주, 미리 쉬는 것이다. 그게 왜 중요할까? 왜냐하면 피로는 놀라운 속도로 쌓이기 때문이다. 미 육군은 반복적인 실험을 통해 수년간 군사 훈련으로 단련된 젊은 남성도 매시간 가방을 내려놓고 10분씩 쉬고 나면 행군을 더 잘할 수 있고, 더 오래 할 수 있다는 것을 발견했다. 그래서 실제로 그런 식으로 행군하도록 지시한다.

심장도 군대만큼이나 현명하게 작동한다. 열차가 움직이기 위해 연료를 채우듯 심장은 하루도 빠짐없이 몸 구석구석을 돌며 살아 숨 쉴 만큼의 충분한 혈액을 공급한다. 심장은 마치 약 1미터 높이의 굴착 플랫폼 위로 20톤의 석탄을 퍼 올리듯 24시간 동안 매번 힘껏 에너지를 실어 나른다. 그렇게 50년, 70년, 아니 더 오래 살 수 있다면 90년까지도 이 어마어마한 양의 일을 해낸다. 심장은 어떻게 이 일을 버텨낼까? 하버드 의대의 월터 B. 캐넌 박사는 이렇게 설명한다. "사람들은 대부분 심장이 쉼 없이 일한다고 생각합니다. 그러나 사실 심장은 한 번 수축하고 난 뒤에는 일정하게 쉬는 시간이 있습니다. 심장이 평균적으로 1분에 70회 뛴다고 하면, 실제로 작동하는 것은 24시간 중 9시간입니다. 모두 합치면 심장은 하루에 15시간 동안 쉬고 있습니다."

제2차 세계대전 당시 60대 후반에서 70대 초반의 나이였던 윈스턴 처칠은 대영제국의 군사 작전을 지휘하면서 몇 년 동안이나 하루에 16시간씩 일했다. 경이로운 기록이다. 도대체 비결이 무엇일까? 처칠은 매일 아침 11시가 될 때까지는 침대에서 서류를 읽고, 명령을 하고, 전화를 하고, 중요한 회의를 주관했다. 점심을 먹고 난 뒤에는 한 번 더 침대로 가서 한 시간 동안 잠을 청했다. 저녁이 되면 8시 식사 시간이 되기 전에 한 번 더 침대로 가서 이번에는 두 시간을 잤다. 처칠은 피곤함을 치료하지 않았다. 그럴 필요도 없었다. 단지 예방만 했다. 자주 쉬었기 때문에 자정이 지나 오랜 시간까지 상쾌하고 건강한 상태로 계속 일할 수 있었던 것이다.

독창적인 존 D. 록펠러는 두 가지 놀랄 만한 기록을 남겼다. 그는 그때까지만 해도 세상 사람들이 가질 수 없었던 엄청난 부를 누렸고, 98세까지 살았다. 어떻게 그럴 수 있었을까? 물론 그 주된 이유는 장수할 수 있는 유전자를 물려받은 덕분이다. 또 다른 이유는 매일 정오에 30분씩 낮잠을 잤기 때문이다. 존은 사무실 소파에 드러눕곤 했는데, 그가 낮잠을 자는 동안에는 미국 대통령이 전화해도 통화할 수 없었다.

존이 쓴 유명한 책 《피로가 쌓이지 않는 법》에서 대니얼 W. 조슬린은 이렇게 말한다. "휴식은 아무것도 하지 않는 것을 의미하는 게 아니다. 휴식은 치료다." 아주 짧은 시간의 휴식도 치유력이 대단해서 단 5분의 낮잠은 피로를 미연에 방지하는 데 도움이 된다고 한다. 놀랍지 않은가!

야구계의 거장 코니 맥은 게임을 하기 전, 오후에 낮잠을 자지 않으면 9회 말엔 완전히 지쳐버린다고 한다. 하지만 단 5분만이라도 낮잠을 자면 피곤함도 잊은 채 더블헤더(야구에서 같은 두 팀이 하루 동안에 두 번 경기를 하는 것—옮긴이)까지 뛸 수 있었다.

엘리너 루스벨트는 백악관에 있는 12년간 어떻게 그렇게 무리한 일정을 소화할 수 있었는지 묻는 질문을 받았다. 그녀는 대중을 만나거나 연설을 하기 전에 종종 의자나 큰 소파에 앉아 눈을 감고 20분간 휴식을 취했다고 대답했다.

최근에는 메디슨 스퀘어 가든에서 있었던 세계 로데오 결승전에서 쇼를 연출했던 진 오트리를 그의 의상실에서 인터뷰했다. 나는 그 의상실에서 군용 침대를 발견했다. 오트리는 이렇게 말했다. "오후마다 거기에 드러누워서 공연 중간에 한 시간씩 낮잠을 잔답니다. 할리우드에서 촬영을 할 때는 큼직하고 편한 의자에서 자주 쉬면서 하루에 20~30분씩 낮잠을 잡니다. 그리고 나면 기운이 불끈불끈 생기죠."

에디슨은 자신이 원할 때마다 잠을 잤기 때문에 엄청난 활력과 지구력을 가지고 일할 수 있었다고 했다.

헨리 포드는 80세 생일을 맞이하기 직전에 인터뷰에 응해주었다. 나는 그가 하도 생기가 있고 좋아 보여서 깜짝 놀랐다. 비결을 물었더니 이렇게 말했다. "나는 앉을 수 있을 때 절대로 서 있지 않고, 누울 수 있을 때 절대로 앉아 있지 않습니다."

현대 교육의 아버지인 호레이스 만도 해를 거듭하는 동안 똑같이 했다. 안티오크 대학의 총장으로 있을 때 학생들을 면담하는 동안에는 소파에서 몸을 편하게 쭉 뻗고 있었다.

나는 할리우드 영화감독에게 이 방법을 시도해보라고 권했다. 그는 기적 같은 일이 일어났다고 고백했다. 그는 잭 처톡으로, 현재 할리우드에서 최고의 감독 중 하나로 손꼽힌다. 그가 몇 년 전 나를 찾아왔을 때는 MGM의 단편영화 파트를 맡고 있었다. 지칠 대로 지친 처톡은 강장약이며 비타민이며 약이며 모든 걸 다 먹어보았지만 어떤 것도 도움이 되지 않았다. 나는 처톡에게 일상의 휴가를 제안했다. 어떻게? 그의 사무실에서 작가들과 회의를 하는 동안에도 쭉 뻗고 누워서 마음을 편안히 가져보라는 것이었다.

2년 후 내가 처톡을 다시 만났을 때 그가 말했다. "제 개인 물리치료사 말로는 기적이 일어났다고 하더군요. 단편영화에 대한 구상을 할 때 긴장되고 뻣뻣한 자세로 의자에 꼿꼿이 앉아 있곤 했는데, 지금은 회의를 하는 동안에도 사무실 소파에 편하게 누워 있습니다. 제가 20대였을 때보다 훨씬 건강해진 느낌입니다. 하루에 두 시간 더 연장 근무를 해도 거의 지치질 않습니다."

이 모든 것이 당신에게도 적용될 수 있을까? 당신이 속기사라면 에디슨이나 샘 골드윈처럼 사무실에서 낮잠을 잘 수 없을 테고, 회계사라면 사장과 함께 회계 명세서에 대해 의논하는 동안에 소파에 편하게 누울 수는 없을 것이다. 하지만 작은 도시에 살면서 점심을 먹으러 집으로 간다면 점심 식사 후 10분 동안 낮잠을 잘 수 있을 것이다. 조지 C. 마셜 장군도 그러곤 했다. 마셜 장군은 전시에 미 육군을 진두지휘하느라 너무 바빠서 정오에는 쉬어야만 한다고 느꼈다. 당신이 50세를 넘겼고 너무 바빠서 그렇게 할 수 없다면, 즉시 닥치는 대로 모든 생명보험을 들어놓아야 할 것이다. 요즘 같아서는 장례식을 치르는 데 많은 돈이 필요하다. 그리고 당신의 젊은 아내는 당신이 들어둔 보험금을 타서 더 젊은 남자에게 시집가기를 원할 것이다!

낮 시간에 10분 동안 낮잠을 잘 수 없다면 적어도 저녁 식사 전에 한 시간 동안은 누워 있을 수 있을 것이다. 그건 음료 한 잔 값보다 싸고, 오랫동안 스트레칭을 하는 것보다 5467배는 더 효과가 있을 것이다. 5시나 6시 혹은 7시쯤에 한 시간만 잠을 자도 당신의 깨어 있는 일상이 길어질 것이다. 왜? 어떻게? 저녁 식사 전의 낮잠 한 시간이 밤잠 여섯 시간에 더해져 일곱 시간이 되면, 깨지 않고 잠을 잔 여덟 시간보다 훨씬 더 이롭기 때문이다.

육체노동자의 경우 더 많이 쉴수록 더 많이 일할 수 있다. 프레드릭 테일러는 베들레헴 제철 회사에서 기술 관리 엔지니어로 일하던 시절 이런 사실을 증명했다. 테일러는 노동자들이 매일 1인당 대략 12.5톤의 선철을 화물차에 실으며, 정오가 되면 완전히 지쳐버린다는 것을 알게 되었다.

그는 피로 요인을 과학적으로 분석한 뒤, 노동자들이 하루에 12.5톤이 아니라 47톤을 선적해야 한다는 새로운 기준을 발표했다. 테일러의 계산에 따르면, 노동자들은 현재보다 거의 네 배 더 일하면서도 지치지 않아야 했다. 하지만 그게 가능하다는 것을 어떻게 증명할 것인가!

테일러는 슈미트라는 사람을 지목해 스톱워치에 맞춰 일하도록 요구했다. 스톱워치를 들고 아래를 내려다보고 서 있는 사람이 지시를 하면 슈미트가 지시에 따랐다. "이제 선철을 들고 걸으세요. (…) 지금은 앉으세요. 쉬세요. (…) 지금은 걸으세요. (…) 지금은 쉬세요."

어떤 일이 일어났을까? 슈미트는 다른 사람이 겨우 12.5톤만 나르는 동안 47톤의 선철을 날랐다. 그리고 슈미트는 테일러가 베들레헴 철강에 있었던 3년 동안 이 작업 속도를 계속 유지했다. 슈미트는 피곤해지기 전에 쉬었기 때문에 그렇게 할 수 있었다. 한 시간 중 대략 26분을 일했고, 34분을 쉬었다. 슈미트는 일하는 것보다 더 많이 쉬었지만, 노동량은 다른 노동자들보다 거의 네 배 더 많았다. 이는 근거 없는 소문에 불과한 게 아니다. 프레드릭 윈슬로 테일러의 《과학적 관리 방법》이라는 책에서 확인할 수 있다.

다시 말하자면 군대가 그렇게 하듯 자주 휴식을 취하라. 심장이 그렇게 하듯 피곤해지기 전에 쉬어라. 그러면 깨어 있는 일상은 한 시간 더 길어질 것이다.

피로의 원인과 대처 방법

여기 놀랍고도 중요한 사실을 한 가지 말하겠다. 두뇌 활동만으로 당신은 지치지 않는다. 이 말은 터무니없는 소리처럼 들릴 것이다. 하지만 몇 년 전 과학자들은 인간의 뇌가 피로의 과학적 정의인 '근무 한계 범위'에 이르지 않으면서 얼마나 오래 일할 수 있는지를 알아내는 실험을 했는데, 놀랍게도 뇌 활동이 활발할 때는 뇌를 지나가는 혈액에서 전혀 피로 증상이 나타나지 않는다는 사실을 발견했다. 만약 일용직 노동자가 일하는 동안에 혈관에서 혈액을 뽑아 확인한다면, 피로독소와 피로물질이 가득한 것을 볼 수 있다. 하지만 만약 앨버트 아인슈타인 같은 사람의 뇌에서 피 한 방울을 뽑아 확인한다면, 하루 일과를 마칠 즈음에도 어떤 피로 독도 나타나지 않을 것이다.

뇌만 놓고 본다면, 일의 시작점부터 8시간 혹은 심지어 12시간 일한 후에도 '제대로 그리고 민첩하게' 활동한다. 뇌는 완전히 지칠 줄을 모른다. 그러면 무엇이 우리를 피곤하게 하는 걸까?

심리학자들은 우리가 느끼는 피곤한 증상의 대부분이 정신적이고 감정적인 태도에서 비롯된다고 밝혔다. 영국의 저명한 심리학자 중 한 사람인 J. A. 해드필드는《힘의 심리학》이라는 책에서 이렇게 말했다. "우리가 느끼는 피로의 훨씬 많은 부분이 정신적인 영역에서 비롯되며, 사실 전적으로 신체적인 영역에서 오는 피로는 드물다."

미국의 유명한 심리학자인 A. A. 브릴 박사는 이보다 더 극단적으로 표현하고 있다. "앉아서 일하는 건강한 상태의 사람들이 느끼는 피로 중 100퍼센트는 심리적 요인에 기인한다. 이는 곧 감정적인 요인에서 비롯된다는 것을 의미한다."

어떤 종류의 감정적인 요인들이 앉아서 근무하는 이들을 피곤하게 하는 걸까? 기쁨? 만족? 아니다! 그렇지 않다! 지루함, 분노, 인정받지 못한다는 기분, 무의미하다는 느낌, 서두름, 불안, 걱정과 같은 것들이 사무실 노동자들을 피곤하게 하고, 감기에 걸리기 쉽게 하며, 생산성을 줄이고, 신경성 두통으로 집에 가도록 만드는 감정적인 요인이다. 그렇다. 우리가 느끼는 이런 감정들이 몸속에서 신경성 불안을 유발해 우리는 피로해진다.

메트로폴리탄 생명보험사는 피로에 관한 안내문에서 이런 사실을 분명히 밝히고 있다. "열심히 일을 했다는 것만으로 잘 자고 푹 쉬고 나서도 좀처럼 풀리지 않는 피로는 생기지 않습니다. (…) 걱정, 긴장, 감정적인 당혹감이 피로를 유발하는 가장 큰 세 가지 요인입니다. 신체적, 정신적인 업무가 피로 요인처럼 보일 때도 보통 이 세 가지를 의심해봐야 합니다. 근육이 딱딱하다는 것은 근육에 경련이 일어난 것임을 기억하십시오. 편하게 쉬십시오. 중요한 순간을 위해 에너지를 아끼십시오."

지금 당장 하던 일을 멈추고 스스로 진단해보자. 이 글을 읽는 동안 책을 보고 찌푸리고 있는가? 미간을 찡그리고 있는가? 의자에 편하게 앉아 있는가? 혹은 어깨를 구부리고 있는가? 얼굴 근육은 긴장되어 있는가? 만약 온몸이 오래된 헝겊 인형처럼 축 늘어져 있거나 편안한 상태가 아니라면, 바로 이 순간 당신의 신경과 근육은 긴장하고 있는 것이다. 당신은 신경 불안과 신경과민을 만들어내고 있다!

그러면 왜 우리는 정신적인 업무를 하면서 이렇게 불필요한 긴장을 만들어낼까? 조슬린은 이렇게 말한다. "대부분의 사람들은 힘들어야 노력하고 있다는 느낌이 들고, 힘들지 않으면 일이 잘 안 되고 있다고 믿기 때문이다." 그래서 우리는 집중할 때면 인상을 찌푸리고 어깨를 구부정하게 한다. 노력하고 있다는 느낌을 갖기 위해서 우리는 모든 근육을 쓰지만, 그건 어떤 식으로든 전혀 도움이 되지 않는다.

여기 놀랍고도 비극적인 진실이 하나 있다. 돈을 낭비하는 것은 꿈에도 원치 않는 사람들이 자신들의 체력은 무분별하게 낭비하고 소모한다.

신경이 극도로 피곤한 상태를 해결하는 방법은 무엇일까? 첫 번째도 휴식, 두 번째도 휴식, 세 번째도 휴식이다! 일하면서도 휴식을 취하는 방법을 배워라!

그게 과연 쉬울까? 아니다. 아마도 평생의 습관을 바꾸어야 할 것이다. 하지만 당신의 인생을 송두리째 바꿀 수 있기 때문에 노력할 만한 가치가 있다. 윌리엄 제임스는 〈휴식의 찬송〉이라는 글에서 이렇게 말했다. "미국인의 과도한 긴장, 경련, 숨 막힘, 격렬함, 얼굴에 나타나는 고통의 감정들은 그 이상도 이하도 아닌, 그저 나쁜 습관일 뿐이다." 긴장은 습관이다. 휴식도 습관이다. 그리고 나쁜 습관은 고칠 수 있고, 좋은 습관은 만들어질 수 있다.

어떻게 긴장을 풀까? 마음에서부터 시작해야 할까, 아니면 신경에서부터 시작해야 할까? 이것도 저것도 아닐 것이다. 당신은 근육을 푸는 것부터 시작해야 한다.

한번 시도해보자. 어떻게 되는지 확인하기 위해서 눈에서부터 시작한다고 해보자. 이 글을 끝까지 읽은 후에 뒤로 기대어서 눈을 감고 당신의 눈에게 조용히 말해보자. "괜찮아. 좋아. 긴장하지 말고, 찡그리지 말고. 그래. 잘하고 있어." 이 말을 1분 동안 매우 느리게 되풀이해보자.

몇 분 뒤, 눈 근육이 그대로 따라 하는 것을 눈치채지 못했는가? 이런 조언들이 긴장을 없앤 것을 느끼지 못했는가? 글쎄, 믿기 어려울지도 모르겠지만 이미 1분 사이에 휴식을 취하는 방법의 주요 비결을 잠깐 경험해보았다. 똑같이 턱, 얼굴 근육, 목, 어깨, 전신에 적용해볼 수 있다. 하지만 무엇보다 가장 중요한 신체 기관은 눈이다. 시카고 대학의 에드먼드 제이컵슨 박사는 만약 눈의 근육을 완전히 풀 수 있다면 모든 근심을 잊어버릴 수 있다고 말했다. 신경성 불안을 푸는 데도 눈이 가장 중요하다. 그 이유는 몸이 사용하는 신경 에너지 전체의 4분의 1을 눈이 사용하기 때문이다. 시력이 아주 좋은 사람들이 눈의 피로를 더 많이 느끼는 이유도 바로 이 때문이다. 그들은 눈을 긴장시키고 있는 것이다.

유명한 소설가 비키 바움은 어렸을 때 어떤 노인을 만났는데, 그 노인에게서 이전에는 배운 적 없는 아주 중요한 교훈을 배웠다. 바움은 넘어지면서 무릎이 쓸리고 손목을 다쳤다. 한때 어릿광대였던 그 노인이 그녀를 일으켜 먼지를 털어주면서 이렇게 말했다. "네가 다친 이유는 긴장을 푸는 법을 몰라서란다. 오래되고 구겨진 양말처럼 축 늘어진 시늉을 해야 한단다. 내가 어떻게 하는지 보여줄 테니 이리 와보렴."

노인은 비키 바움과 다른 아이들에게 넘어지는 법, 몸을 뒤집는 법, 다시 일어나는 법을 가르쳐주었다. 그리고 계속 강조했다. "자신을 오래되고 구겨진 양말이라고 생각하렴. 그리고 반드시 꼭 긴장을 풀어야 한단다."

당신이 어디에 있든 짬짬이 쉴 수 있다. 단지 쉬려고만 해서는 안 된다. 휴식은 모든 긴장과 노력이 없어지는 상태다. 편하게 쉬어야 한다는 생각을 하자. '그래, 그래, 괜찮아. 휴식을 취하는 거야'라고 되새기면서 눈과 얼굴 근육을 풀어주는 것부터 시작하자. 얼굴 근육에서 나온 에너지를 몸 가운데로 흘려보내는 것을 느껴보자. 아기처럼 긴장이 없는 상태라고 생각해보자.

이 방법은 뛰어난 소프라노 갈리쿠르치가 하던 것이다. 헬렌 젭슨은 공연 전에 갈리쿠르치가 근육을 편안하게 하고 아래턱을 축 늘어뜨려서 실제로 턱이 처지도록 하고서는 앉아 있는 것을 보곤 했다고 말했다. 그렇게 함으로써 그녀는 무대에 오르기 전에 긴장하지 않도록 연습했다. 피로가 쌓이지 않도록 한 것이다.

여기에 휴식을 취하는 다섯 가지 방법이 있다.

1. 데이비드 해럴드 핑크가 쓴 책으로 이런 주제에 관해서는 최고의 권위를 자랑하는《불안과 긴장으로부터 해방되기》라는 책을 읽어보라.

2. 짬짬이 쉬어라. 몸을 오래된 양말처럼 축 늘어뜨려라. 나는 일할 때 낡은 밤색 양말을 책상 위에 두고서 축 늘어져 있어야 한다고 상기시킨다. 만약 양말이 없을 때는 고양이로 대신할 수도 있다. 화창한 날, 자고 있는 새끼 고양이를 들어 올려본 적 있는가? 만약 해보았다면 고양이의 머리와 꼬리가 젖은 신문처럼 축 늘어져 있는 것을 보았을 것이다. 심지어 인도에 있는 요가 수행원들도 마음을 안정시키는 법을 체득하고 싶다면 고양이를 공부하라고 했다. 나는 고양이가 한 번도 지쳐 있거나 신경쇠약에 걸렸거나 불면증, 걱정, 위궤양에 걸린 것을 본 적이 없다. 고양이가 쉬는 법을 보고 배운다면 아마도 이런 것들을 피할 수 있을 것이다.

3. 가능한 한 편안한 자세로 일해라. 몸에 있는 긴장은 어깨를 아프게 하고, 신경성 불안을 만들어낸다는 사실을 기억하라.

4. 하루에 4~5회 스스로를 점검하고 이렇게 물어보라. '원래 해야 하는 것보다 내가 일을 더 힘들게 하고 있나? 지금 하고 있는 일과 관련 없는 근육을 쓰고 있는가?' 이런 생각은 쉬는 습관을 만드는 데 도움이 될 것이다. 해럴드 박사는 이렇게 말했다. "심리학에 대해 잘 아는 사람들을 살펴보면, 2명 중 1명은 이를 습관화하고 있다."

5. 일을 끝내고 나면 스스로에게 이렇게 물어보라. '내가 어떻게 피곤해졌지? 피곤하다면 정신적인 업무 때문이 아니라 내가 일을 한 방법 때문이다.' 대니얼 W. 조슬린은 이렇게 말한다. "나는 하루를 마감할 때 내가 얼마나 피곤한가가 아니라 얼마나 피곤하지 않은가로 그날의 성과를 판단한다. 일과를 마쳤을 때 내가 특별히 피곤하거나 짜증이 나서 피로할 때는 그날 하루는 질적으로나 양적으로 비효율적인 하루였다고 판단한다." 만약 모든 비즈니스맨들이 이 같은 교훈을 안다면 고혈압으로 인한 사망률은 하루아침에 뚝 떨어질 것이다. 그리고 우리는 요양원과 정신병원을 피로와 걱정 때문에 망가진 사람들로 채우지 않아도 될 것이다.

가정주부가 피로를 방지하고
젊음을 유지하는 방법

작년 가을 어느 날, 한 동료가 세상에서 가장 특이한 모임에 참석하기 위해 비행기를 타고 보스턴으로 날아갔다. 의학 모임? 글쎄, 그렇긴 하다. 그 모임은 보스턴 진료소에서 일주일에 한 번 열리며, 모임에 참석하는 환자들은 모임 전에 정기적이고 철저한 건강 검진을 받는다. 하지만 실제로 이 의학 모임에서는 정신과적 문제를 치료한다. 비록 그 모임이 공식적으로는 '생각 조절 교실(Thought Control Class)'이라는 이름을 갖고 있고, 한때는 초창기 회원의 제안으로 '응용 심리학 교실'로 불리기도 했지만, 이 모임의 실제 역할은 걱정 때문에 몸이 아픈 사람들을 치료하는 것이다. 그리고 환자의 대부분은 가정주부들이었다.

걱정을 치료해주는 교실의 시초는 어떠했을까? 1930년 당시 윌리엄 오슬러 경의 제자로 수학 중이던 조셉 H. 프래트 박사는 보스턴 진료소를 찾는 많은 환자들이 신체적으로 문제가 없음에도 불구하고 실제 거의 모든 종류의 신체적 통증을 호소하는 상황을 목격했다. 한 여성은 '관절염'으로 손이 모두 굽어 전혀 쓸 수 없게 되었고, 또 다른 여성은 너무나 고통스러운 '위암' 증상 때문에 고통받고 있었다. 다른 이들도 허리 통증과 두통, 만성피로와 둔탁한 통증과 고통을 호소했다. 그들은 실제로 그 통증을 느끼고 있었다. 하지만 아무리 철저하게 검사했지만 이 여성들에게서 신체적인 문제점은 찾을 수 없었다. 기존의 의학적 상식에서 벗어나지 못한 의사들은 그러한 통증이 단지 마음에서 비롯되는 상상일 뿐이라고 말했다.

하지만 프래트 박사는 환자들에게 "그냥 집에 가서 다 잊어버리세요"라고 말하는 것으로는 아무 도움이 될 수 없다는 사실을 깨달았다. 그는 어떤 환자도 아프기를 원하지 않는다는 사실을 알고 있었다. 그런 한마디 말로 쉽게 사라지는 고통이라면 그들이 병원을 찾을 이유도 없었다. 그렇다면 프래트 박사는 그 여성들을 어떻게 치료했을까?

의학적인 효과를 의심하는 사람들의 회의적인 시선에도 불구하고 박사는 치료 교실을 시작했다. 그런데 치료 교실의 효과는 대단했다! 문을 연 지 18년이 지난 지금, 수천 명의 환자들이 참여했고 병을 이겨냈다. 어떤 환자들은 마치 교회에 나가는 것처럼 종교적인 태도로 수년째 참여하고 있다. 내 조수는 9년 동안 단 한 번도 치료 교실에 빠지지 않았던 어떤 환자와 이야기를 나누었다. 그 여성은 치료 교실에 참여할 때 자신이 유주신(신장이 생리적 이동 허용 범위를 넘어서 상하로 이동하는 병—옮긴이)과 심장 질환을 앓고 있다고 굳게 믿고 있었다. 너무 걱정하고 긴장한 탓에 가끔 아무것도 보이지 않는 때도 있었다.

하지만 지금 그녀는 자신감 넘치고 밝으며, 건강 상태도 매우 좋다. 외모는 마흔 살 정도로 보이는데, 놀랍게도 무릎에는 손자가 팔에 안겨 곤히 자고 있었다. 그녀는 이렇게 말했다. "옛날에는 집에 문제가 생기면 하도 걱정을 많이 해서 이렇게 걱정하느니 차라리 죽는 게 낫겠다고 생각했죠. 하지만 이 병원의 치료 교실에서 걱정이 아무런 도움이 안 된다는 걸 배웠어요. 그리고 걱정을 멈추는 법을 배웠죠. 지금 제 삶은 너무나 평온하답니다."

치료 교실의 담당 의사인 로즈 힐퍼딩 박사는 걱정을 줄이는 최고의 방법은 "믿을 수 있는 사람에게 고충을 털어놓는 것"이라고 밝혔다. 그러면서 이렇게 말했다. "우리는 그 방법을 '정화법'이라 부르는데, 환자가 이곳에 와서 본인의 힘든 점을 마음에서 털어낼 때까지 오랫동안 얘기하는 거죠. 혼자서 계속 걱정거리를 붙잡고 있으면 결국 신경이 곤두섭니다. 걱정이 있다면 다른 사람과 나눠야 합니다. 이 세상 어딘가에 내 이야기를 기꺼이 들어주고, 나를 이해해주는 사람이 있다는 사실을 느낄 수 있어야 합니다."

내 조수는 자신의 걱정거리를 다른 사람들에게 얘기함으로써 크게 호전된 여성을 직접 목격했다. 그 여성은 가정에 문제가 있었는데, 처음 얘기를 시작할 때는 매우 긴장해 몸이 움츠러든 상태였다. 하지만 찬찬히 얘기를 풀어나가면서 점차 평온해졌다. 대화가 끝날 때쯤에는 얼굴에 미소를 띠기까지 했다.

그 여성의 문제는 이미 다 해결되었던 것일까? 그렇지는 않다. 그렇게 쉬운 문제는 아니었다. 누군가에게 얘기를 하는 동안 얻은 사소한 충고와 인간적인 위로가 그녀를 변화시켰다. '말'을 통한 엄청난 치유력이 그녀를 변하게 만들었다.

정신분석은 일정 수준까지 말의 치료 능력에 바탕을 둔다. 프로이트의 이론이 인정받게 된 이후, 정신분석학자들은 환자들이 걱정을 다른 사람에게 이야기하는 것만으로도 내면의 고통으로부터 벗어날 수 있다는 사실을 알게 되었다. 왜 그런 것일까? 아마도 말을 하면서 스스로 자신의 문제점에 대해 좀 더 깊은 성찰을 하게 되고, 더 잘 이해하게 되기 때문일 것이다. 세상의 문제에 대해 답을 모두 알고 있는 사람은 없다. 하지만 '마음속에 있던 감정을 말로 내뱉어 버리거나 후련하게 털어버리면' 바로 편안한 기분이 든다는 것은 누구나 알고 있다.

감정적인 문제가 생기면 주변을 둘러보고 그 얘기를 털어놓을 만할 만한 상대를 찾아보는 건 어떨까? 그렇다고 눈에 띄는 아무한테나 떼쓰고 불평하면서 험한 모습을 보이라는 것은 아니다. 믿을 수 있는 사람을 정하고 그 사람과 약속을 잡아보자. 그 사람은 친척이나 의사, 변호사, 목사 혹은 신부일 수 있다. 그리고 그 사람에게 이렇게 이야기하라. "저에게는 당신의 조언이 필요합니다. 제게는 문제가 있는데, 제 말을 들어줄 사람이 필요합니다. 당신은 저에게 조언을 해줄 수 있습니다. 제가 스스로 볼 수 없는 문제를 당신이 찾아내 줄지도 모르니까요. 하지만 뭔가를 찾아내지 못하시더라도 그냥 앉아서 제 얘기를 들어만 주셔도 저에게는 큰 도움이 될 거예요."

하지만 만약 그런 이야기를 할 사람이 진정으로 한 명도 없다면, 보스턴 진료소와는 아무런 관계가 없지만 인명구조연맹이라는 단체를 추천하고자 한다. 인명구조연맹은 세계적으로도 가장 독특한 단체다. 본래는 예방 가능한 자살을 방지하려는 목적으로 설립되었지만, 시간이 흐르면서 불행하거나 감정적으로 도움이 필요한 사람들의 심리 문제를 상담해주면서 전담 영역을 넓혔다. 나는 인명구조연맹에 도움을 받기 위해 찾아오는 사람들과 상담하는 로나 B. 보넬과 몇 차례 이야기를 나누었다.

그녀는 이 책의 독자들로부터 상담 편지를 받는다면 기꺼이 답장하겠다고 밝혔다. 편지 내용은 비밀로 다루어질 것이다. 솔직히 더 큰 위로가 필요하다면 가능한 한 다른 사람에게 직접 얘기해보라고 조언하고 싶다. 하지만 그럴 수 없는 상황이라면 이 단체로 편지를 써보는 것도 나쁘지 않은 선택이다. 이 단체의 주소는 The Save-a-Life League, 505 Fifth Avenue, New York City, USA이다.

요약하면 보스턴 진료소에서 사용하는 주요 심리 치료법 중하나는 고민을 말로 털어놓기다. 하지만 그 외에도 가정주부들이 집에서 활용할 수 있는 몇 가지 방법이 있다.

1. 읽으면 '영감을 얻을 수 있는' 자신만의 공책이나 스크랩북을 한 권씩 만들어보라. 그 안에는 관심이 있거나 개인적으로 기분 좋게 해주는 모든 종류의 시나 짧은 기도문,

인용구를 붙여 넣는다. 그러고 나서 어느 비 오는 오후, 기분이 가라앉는다면 그 책에서 우울함을 없애는 치료법을 찾을 수 있을 것이다. 치료 교실을 찾는 많은 환자들은 수년간 자신만의 스크랩북을 만들어오고 있다. 그들은 그 책이 정신적인 '활력소'라고 말한다.

2. 다른 사람들의 단점에 지나치게 집착하지 마라. 절대로 당신의 남편은 완벽하지 않다. 만약 남편이 성인(聖人)이었다면 당신과 결혼하는 일 따위는 없지 않았겠는가? 매사에 호통치고 잔소리하는 성난 얼굴의 가정주부로 변해가는 자신의 모습을 발견한 한 여성은 어떤 질문을 하자 갑자기 정지 상태가 되었다. 그 질문은 바로 이것이다. "만약 남편이 죽으면 어떻게 할 건가요?" 생각만으로도 너무 충격을 받은 그녀는 즉시 남편의 좋은 점들을 적더니 결국 꽤나 긴 목록을 만들어냈다. 이 책의 독자들도 남편이 인색한 폭군처럼 느껴질 때 이 여성처럼 해보는 건 어떨까? 아마도 남편의 좋은 점들을 읽어 내려간 후에는 이 남자는 역시 내 남편감이 될 만한 사람이라고 다시 한 번 깨닫게 될 것이다.

3. 당신의 이웃들에게 관심을 가져보라. 같은 동네에서 함께 살아가는 사람들에게 친근하고 건강한 관심을 가져라. 자신이 너무나 '배타적'이어서 단 한 명의 친구도 없다고 느끼는 어떤 여성 환자가 있었다. 그녀에게 만나는 사람에 대해 얘기를 지어내 보라고 말했다. 그녀는 전차에서

만난 사람들의 성장 배경과 환경에 대한 이야기를 엮는 것부터 그 사람들이 어떻게 살아왔는지 상상해내려고 애썼다. 그러자 그녀는 어디에서든 다른 사람들과 이야기를 나누게 되었고, 지금은 고통을 극복해낸 행복하고 조심성 있으며 매력적인 사람으로 살고 있다.

4. 잠자리에 들기 전에 내일 해야 할 일들을 계획하라. 치료 교실을 진행하면서 많은 가정주부들이 끝없는 집안일과 잡무에 쫓기는 느낌을 받거나 피로움을 느낀다는 사실을 알아냈다. 주부들은 절대 그 모든 일을 다 끝낼 수 없다. 항상 시간에 쫓긴다. 이런 분주함과 걱정을 없애기 위해 주부들에게 매일 밤 다음 날의 계획표를 작성해보도록 제안했다. 그랬더니 어떤 일이 일어났을까? 계획표를 작성하자 주부들은 실제로 더 많은 일을 할 수 있었다. 피로는 줄고 자신감과 성취감은 커졌다. 그리고 휴식과 '멋 내는' 시간이 생겼다. 모든 여성은 몸단장을 하고 예뻐 보이는 데 하루 중 일정 시간을 할애해야 한다(내 개인적인 견해로 여성들은 자신이 예쁘다고 느낄 때 신경적으로 덜 예민하다).

5. 마지막으로 긴장과 피로를 피하라. 긴장을 풀고! 편안하게! 긴장과 피로만큼 늙어 보이게 하는 것은 없다. 화사함과 멋진 외모에 그만 한 타격은 없다. 내 조수는 보스턴 치료 교실에서 폴 E. 존슨 교수가 이미 앞 장에서 다루었던 긴장을 푸는 규칙들에 대한 강의를 할 때 한 시간 동안 참가했다. 다른 참가자들과 똑같이 긴장을 풀어주는

운동을 10분 정도 하고 있던 조수는 운동을 하고 나서는 의자에 똑바로 앉은 채 거의 잠이 들었다고 한다! 신체적으로 긴장을 푸는 게 왜 그렇게 중요하게 여겨지는 걸까? 바로 모든 의사들이 알고 있듯이 걱정 때문에 꼬여 있는 몸의 부분들을 풀어주면 사람들은 긴장을 풀 수밖에 없기 때문이다!

그렇다. 가정주부들은 긴장을 풀어야만 한다! 가정주부로서 한 가지 좋은 점이 있다면, 원할 때는 언제든지 누울 수 있다는 것이다. 그것도 거실 바닥에 누울 수 있다. 이상하게 들리겠지만, 충분히 딱딱한 바닥이 스프링이 든 침대보다 긴장을 풀기에 더 좋다. 바닥에 누우면 몸이 더 강한 힘을 받는다. 그게 척추에 더 이롭다.

그렇다면 집에서 할 수 있는 몇 가지 운동들을 살펴보자. 일주일 동안 이 운동을 해보고 달라진 표정과 기분을 살펴보기 바란다.

1. 피곤하다고 느낄 때마다 바닥에 등을 대고 반듯이 누워라. 최대한 길게 몸을 늘려라. 뒹굴고 싶다면 뒹굴어도 좋다. 하루에 두 번씩 이 운동을 하라.
2. 눈을 감아라. 존슨 박사가 조언한 대로 이렇게 말하는 것도 방법이다. "태양이 머리 위에서 빛나고 있다. 하늘은 파랗게 반짝인다. 자연은 고요하며 세상을 다스리고 있다.

자연의 후손인 나는 우주와 조화롭게 살아간다." 아니면 이보다 더 멋진 정적인 기도문을 외워보는 것도 좋다.

3. 만약 요리하는 도중이라거나 도저히 시간을 낼 수가 없어서 바닥에 눕기 어렵다면 의자에 앉아서 거의 똑같은 효과를 얻을 수 있다. 딱딱하고 등받이가 높은 의자가 긴장을 풀기에는 제격이다. 등을 세우고 고대 이집트 석상의 인물처럼 앉은 다음, 손바닥을 아래로 향하게 하여 허벅지 위에 편안히 놓는다.

4. 이제 천천히 발가락에 힘을 주고 다시 힘을 푼다. 다리 근육을 긴장시켰다가 다시 이완시킨다. 이런 동작을 신체 위쪽으로 계속해나가는데, 온몸의 근육을 사용해서 목 부위에 이를 때까지 계속한다. 그리고 머리가 축구공이라도 되는 것처럼 크게 돌린다. 그러면서 앞 장에서 설명한 바와 같이 근육들에게 이렇게 말한다. "긴장을 풀어라. 긴장을 풀어라."

5. 느리고 안정적으로 숨을 쉬어 신경을 가라앉혀라. 깊은 곳으로부터 심호흡하라. '규칙적인 호흡은 신경을 안정시키는 최고의 치료법이다'라는 인도의 요가 수행자들의 생각은 틀리지 않았다.

6. 얼굴에 생긴 주름살과 찡그릴 때 생기는 표정 주름을 생각해보고 매끈하게 펴라. 걱정할 때마다 미간과 입술 양 옆에 잡히는 주름살을 풀어주자. 하루에 두 번씩 하면 마사지를 받으러 갈 필요가 없어질지도 모른다. 아마도 주름은 흔적도 없이 사라질 것이다!

피로와 걱정을 예방해줄
직장에서의 4가지 습관

좋은 업무 습관 1
지금 처리해야 하는 업무와 관계있는 서류만 책상 위에 올려두어라

시카고 앤 노스웨스턴 철도의 사장인 롤란드 L. 윌리엄스는 말한다. "온갖 잡다한 업무에 관련된 서류들로 가득 쌓여 있는 책상보다는 지금 하고 있는 업무에 관한 서류만 놓여 있는 책상에서 더 쉽고 정확하게 일할 수 있다."

워싱턴에 있는 국회도서관을 방문하면 시인 알렉산더 포프가 남긴 문장을 천장화에서 발견할 수 있다.

"질서는 하늘의 제1법칙이다(Order is Heaven's first law)."

질서는 회사에서도 제1의 법칙이 되어야만 한다. 하지만 정말 그러한가? 그렇지 않다. 일반적으로 사무직 직원의 책상은 몇 주째 들여다보지 않는 서류들로 어수선하다. 뉴올리언스에 있는 한 신문 출판업자는 비서가 자신의 책상을 정리하고 나서야 2년간 잃어버린 줄 알았던 타자기를 찾았다고 내게 말한 적 있다!

아직 답장을 받지 못한 편지와 보고서와 메모들로 어지러운 책상을 쳐다보는 것만으로도 혼란, 긴장, 걱정이 생긴다. 그리고 그보다 더 나쁜 것은 바로 '산더미처럼 쌓인 일과 그 일을 처리할 시간이 없는 상태'다. 그런 상황을 되풀이해서 생각하다 보면, 그 걱정 때문에 긴장과 피로가 생길 뿐 아니라 고혈압과 심장 질환, 그리고 위염 증상까지 일으킬 수 있다.

미국 펜실베이니아 대학의 의과대학원 교수인 존 H. 스토크스 박사는 미국의학협회 전국 모임에서 〈기질적 질환의 합병증으로서의 기능적 신경증〉이라는 논문을 발표했다. 그 논문에서 스토크스 박사는 '환자의 심리에서 찾아야 할 것'이라는 제목으로 11개의 목록을 만들었다. 그 첫 번째가 '의무감 혹은 책임감'인데, 끝내야 하는 일이 연속적으로 계속 생길 때 환자가 느끼는 감정이라고 설명했다.

하지만 책상을 치우거나 결단을 내리는 것처럼 기본적인 조치들이 어떻게 '꼭 끝내야 하는 계속되는 업무'와 같은 의무감에서 오는 심리적 압박을 피하는 데 도움이 될까?

유명한 정신과 의사인 윌리엄 L. 새들러 박사는 단순한 방법으로 신경쇠약을 예방할 수 있었던 환자의 이야기를 들려준다. 그 환자는 시카고에 있는 큰 회사의 임원이었다. 새들러 박사의 상담실을 찾았을 때, 그 남성은 긴장되고 초조하며 걱정이 많은 상태였다. 이대로 가다가는 심각한 상황이 되리라는 걸 알고 있지만, 일을 그만둘 수는 없다고 했다. 그는 도움이 필요했다.

"그 남성이 나에게 자기 얘기를 하고 있는데, 전화기가 울렸죠. 병원에서 온 전화였는데, 상담 뒤로 미루지 않고 바로 시간을 좀 내어 결정을 해줬습니다. 저는 가능한 한 그 자리에서 문제를 해결합니다. 전화를 끊자마자 두 번째 전화벨이 울렸죠. 역시나 긴급한 일이었고, 또 시간을 내어 이야기했어요. 그다음으로는 한 동료가 심각한 상태의 환자에 대한 조언을 구하려고 제 상담실로 찾아왔더군요. 그 동료와 얘기를 마치고서야 상담실에 있던 그 남성에게로 몸을 돌려 기다리게 해서 죄송하다고 사과했습니다. 하지만 그 남성의 표정은 이미 밝아져 있었어요. 처음과는 완전히 다른 표정을 하고 있더군요."

"사과하지 않으셔도 됩니다, 선생님." 그 남성이 새들러 박사에게 말했다. "좀 전의 그 10분 동안 제 자신의 문제가 뭔지 깨달은 듯합니다. 저는 사무실로 돌아가 업무 습관을 바꾸려고 합니다. (…) 그런데 그전에 혹시 선생님의 책상을 좀 볼 수 있을까요?"

새들러 박사는 자신의 책상 서랍을 활짝 열었다. 문구류 빼고는 아무것도 없었다. 그 환자가 입을 열었다. "끝내지 못한 서류는 어디에 보관하세요?"

"다 끝냈지요!" 새들러가 대답했다.

"그리고 아직 회신하지 못한 편지는요?"

"모두 답장했습니다!" 새들러 박사가 그에게 말했다. "저는 절대로 답장하기 전에는 편지를 책상에 내려놓지 않는답니다. 편지를 읽고 나서 즉시 비서에게 답장을 받아 적도록 시키지요."

6주 후, 그 남성이 새들러 박사를 자신의 사무실로 초대했다.

그는 바뀌었고, 그의 책상도 변해 있었다. 그는 책상 서랍들을 열어 그 안에 밀린 서류들이 없다는 것을 보여주었다. 그 남성이 말했다. "6주 전에 저는 두 군데 사무실에서 세 개의 책상을 쓰고 있었죠. 그 책상들 모두 서류들이 눈처럼 뒤덮고 있었어요. 절대로 그 일을 다 끝낸 적이 없어요. 박사님을 만난 후 저는 수레를 가득 채울 만큼 많은 양의 보고서와 서류들을 치워버렸어요. 이제 저는 책상을 하나만 쓰고, 일이 생기면 바로 처리하기 때문에 못 끝낸 업무를 산더미처럼 쌓아놓고는 나 스스로를 초조하고 긴장하게 하거나 걱정하게 만들지 않습니다. 하지만 가장 놀라운 일은 제 건강이 완전히 회복됐다는 사실입니다. 제 건강에는 아무런 문제가 없습니다!"

미국 대법원장을 지낸 찰스 에번스 휴즈 판사는 이렇게 말했다. "너무 열심히 일해서 죽는 사람은 없다. 힘을 방탕하게 소진하거나 지나치게 걱정하다가 죽는다." 그렇다. 자신의 힘을 다 써버리고는 맡은 일을 절대로 다 해낼 수 없을 거라고 걱정하다가 죽는 것이다.

좋은 업무 습관 2
중요한 순서대로 일을 처리하라

전국적으로 지점을 갖고 있는 시티즈 서비스 컴퍼니의 설립자인 헨리 L. 도허티는 급여를 아무리 많이 준다 해도 직원들에게서 좀처럼 찾아보기 어려운 능력이 두 가지 있다고 말했다. 값을 매기기 어려울 정도로 중요한 그 두 가지 능력 중 첫 번째는 생각하는 능력, 그리고 두 번째는 중요한 순서대로 일할 줄 아는 능력이다.

찰스 럭맨은 평사원으로 입사해 12년 후에 펩소던트 사의 사장이 되었는데, 연봉으로 몇십만 달러를 받고 그 외적으로도 100만 달러를 벌어들였다. 이 청년은 자신이 성공할 수 있었던 이유로 헨리 L. 도허티가 말했던 거의 찾기 힘든 두 가지 능력을 계발한 덕분이라고 자신 있게 말한다. 찰스 럭맨은 이렇게 말했다. "제가 기억하는 한, 저는 평생 새벽 5시에 일어나는 사람입니다. 왜냐하면 하루 중 어느 때보다 그때 좋은 생각을 할 수 있거든요. 생각을 잘할 수 있기 때문에 하루의 계획을 세우고, 중요한 순서에 따라 일을 처리할 계획을 세웁니다."

미국에서 가장 성공한 보험 판매원인 프랭클린 베트거의 경우에는 하루의 계획을 세우기 위해 다음 날 아침 5시까지 기다리지 않는다. 그는 전날 밤 자신의 목표를 세운다. 즉 다음 날 판매할 보험의 개수를 정하는 것이다. 만약 목표를 달성하지 못하면 그만큼의 판매량을 다음 날에 더하고, 계속 그런 식으로 판매량을 늘려간다.

내 오랜 경험에 비춰 생각해보면 언제나 중요도에 따라서 일을 처리할 수는 없다. 하지만 우선순위를 정하는 계획을 세우고 일하는 편이 즉흥적으로 일하는 것보다는 상상도 할 수 없을 정도로 좋은 결과를 낸다.

만약 조지 버나드 쇼가 엄격하게 우선순위를 지켜야 한다는 규칙을 정하지 않았다면, 그는 작가가 되기는커녕 평생 은행

직원으로 남았을 것이다. 그의 글쓰기 계획에 따르면, 버나드 쇼는 하루에 다섯 페이지씩 글을 써야 했다. 계획을 세우고, 그 계획을 실천해나가는 완고한 의지가 있었기에 조지 버나드 쇼는 은행 직원으로 생을 마감하지 않을 수 있었다. 비록 9년 동안 그가 벌었던 돈이 30달러고 하루로 치면 고작 1페니 정도였지만, 그 계획이 있었기에 조지 버나드 쇼는 길고 힘들었던 9년 동안 하루도 쉬지 않고 하루에 다섯 페이지씩 계속해서 글을 쓸 수 있었다.

좋은 업무 습관 3

문제에 직면했을 때 결정에 필요한 사실들을 알고 있다면 바로 그 자리에서 해결하라. 결정을 미루지 마라

내 강좌 수강생이던 H. P. 하웰은 US스틸에서 이사로 재직하던 시절, 이사회에 참석하면 많은 안건들이 논의되지만 결론은 거의 나지 않고 질질 끌기만 했다고 말했다. 그 결과 이사회에 참석한 사람들은 다시 검토해야 할 보고서 뭉치를 집에 들고 가서 읽어야 했다.

마침내 하웰은 한 번에 한 가지 문제만 처리하고 결론을 내리자고 이사회를 설득했다. 이후 하웰의 의견대로 이사회가 진행되자 지연되는 일도, 미루는 일도 없었다. 결정이 내려지면 추가적으로 필요한 사항이 생길 수도 있었다. 해야 할 다른 일이 생기거나 없을 수도 있었다. 하지만 다른 문제로 넘어가기 전에 앞서 다룬 문제에 대한 결정은 내려졌다. 하웰의 말에 따르면, 그 결과는 놀랍고 유익했다. 회의 안건은 모두 처리되었다. 연중 행사표는 군더더기 없이 깔끔해졌다. 이사회에 참석하는 사람들은 더 이상 집으로 보고서 뭉치를 들고 갈 필요가 없었다. 미해결 문제에 대한 걱정도 사라졌다.

이 규칙은 US스틸의 이사회뿐 아니라 우리 모두에게 아주 좋은 규칙이다.

좋은 업무 습관 4
업무를 조직하고, 위임하고, 관리하는 법을 배워라

많은 직장인들이 자신이 맡은 일을 위임하는 방법을 배우지 못하고, 모든 일을 혼자서 하겠다고 고집하다가 결국 이러지도 저러지도 못하는 상황에 처하는 경우들이 발생하고 있다. 그 결과 업무의 세부적인 사항들에 파묻혀 어떻게 해야 할지 몰라 허둥댄다. 성급함과 걱정, 두려움, 긴장감에 사로잡힐 뿐이다. 책임을 위임하는 법을 배우는 것은 쉽지 않다. 나도 알고 있다. 나도 어려웠다. 지독히도 어려웠다. 적합하지 않은 사람에게 권한을 위임할 경우 어떤 재앙이 발생하는지도 경험으로 알고 있다. 하지만 권한을 위임하는 것이 어려운 만큼 임원이라면 염려, 긴장, 피로를 방지하기 위해서 그런 일도 할 수 있어야 한다.

큰 사업체를 일구고도 업무를 조직하고 위임하고 관리하는 법을 배우지 못한 이들은 대부분 50대나 60대 초반에 긴장과 염려로 인해 병에 걸려 세상을 떠난다. 정확한 예가 필요한가? 그렇다면 당신의 집에 있는 신문을 펼쳐 부고란을 살펴보라.

피로, 걱정, 화를 초래하는 지루함을
어떻게 막을 것인가

피로의 주요 원인 중 하나는 지루함이다. 이해를 돕기 위해 어느 동네에나 살고 있을 법한 앨리스라는 속기사의 이야기를 해보겠다. 어느 날 밤 앨리스는 완전히 지쳐서 집에 돌아왔다. 피곤한 듯 행동했고 실제로 피곤했다. 머리가 아프고 허리도 아팠다. 너무 지쳐서 저녁 식사도 안 하고 잠자리에 들고 싶었지만, 엄마가 권하는 바람에 겨우 식탁에 앉았다. 그때 전화벨이 울렸다. 남자 친구였다! 춤추러 가자는 제안이었다! 앨리스의 눈은 빛나기 시작했다. 기분이 한껏 좋아졌다. 2층으로 달려가 연한 회청색 드레스를 입고 외출한 앨리스는 새벽 3시까지 춤을 췄다. 그러나 집에 돌아왔을 때 앨리스는 전혀 지치지 않았다. 솔직히 말하자면 너무 기분이 들떠서 잠을 이룰 수 없었다.

바로 8시간 전 피곤해 보이고, 또 피곤한 듯 행동했던 앨리스는 정말 지쳤던 걸까? 물론 그녀는 지쳤다. 직장일이 지루하거나 혹은 인생이 따분해서 앨리스의 에너지는 고갈되어버렸다. 앨리스 같은 사람은 수없이 많다. 이 책을 읽고 있는 당신도 그 중 한 사람일지 모른다.

피로를 유발하는 데 신체적 활동보다 심리적 상태가 더 큰 영향을 미친다는 사실은 잘 알려져 있다. 몇 년 전에 조셉 E. 바맥 박사는 《심리학논집》에서 지루함이 어떻게 피곤을 유발하는지 보여주는 실험 보고서를 하나 발표했다. 바맥 박사는 한 그룹의 학생들에게 연속적으로 시험을 치르게 했는데, 이미 예상한 대로 학생들은 시험에 거의 흥미를 느끼지 못했다. 결과는? 학생들은 피곤과 졸음을 느꼈고, 두통과 눈의 피로를 호소했으며 짜증을 냈다. 배가 아픈 학생들도 있었다. 이 모든 현상이 '꾀병'이었을까? 아니었다. 실험에 참가한 학생들을 대상으로 신진대사 테스트를 실시했다. 테스트 결과 학생들이 지루함을 느끼면 실제로 혈압과 산소 소비량이 떨어졌고, 흥미나 즐거움을 느끼면 모든 신진대사가 활발해졌다.

사람들은 뭔가 재미있고 신나는 일을 할 때는 거의 피곤을 느끼지 못한다. 예를 들어 최근에 나는 캐나디안 로키산맥에 있는 루이즈 호수 근처로 휴가를 다녀왔다. 나는 코랄 크리크 강가 근처에서 송어 낚시를 하며 며칠을 보냈다. 나보다 키가 큰 덤불을 헤치고 나아가고, 통나무에 걸려 넘어지고, 쓰러진 고목과 씨름하기도 했는데, 그렇게 8시간을 보낸 뒤에도 나는 전혀 지치지 않았다. 왜 그랬던 것일까? 정말 즐겁고 신났기 때문이었다. 나는 얼룩무늬 송어를 여섯 마리나 잡아 커다란 성취감도 맛보았다. 그러나 낚시가 내게 따분한 일이었다면 내기분이 어땠을지 상상해보라. 나는 2100미터 고도에서 그렇게 힘든 일을 하다가 완전히 뻗어버렸을 것이다.

심지어 등산처럼 힘든 활동에서도 등산과 관련된 고된 활동보다 지루함 때문에 우리는 훨씬 더 지친다. 예를 들어 미니애폴리스 주에 있는 농공저축은행의 S. H. 킹맨 은행장은 이와 관련된 일화를 내게 들려주었다. 1943년 7월에 캐나다 정부는 캐나다 산악인 클럽에 왕실 친위대 소속 군인들의 등반 활동을 훈련해줄 가이드 몇 명을 지원해달라고 요청했다. 킹맨도 군인들을 안내할 가이드 중 하나로 뽑혔다. 킹맨은 나에게 자신을 포함해 42세에서 59세 사이에 이르는 가이드들이 어떻게 그 젊은 군인들을 데리고 빙하와 눈밭을 건너고, 밧줄에 의지한 채 작은 구멍에 발을 끼우면서 12미터의 가파른 높이의 절벽 위로 올라갔는지 말해주었다. 일행은 캐나디안 로키산맥에서 두 번째로 높은 마이클스 봉과 리틀 요호 계곡에 있는 이름 모를 여러 봉우리들을 올랐다. 튼튼하고 젊은 군인들조차 (힘들다고 소문난 6주짜리 코만도 특공 훈련도 막 마치고 돌아온 군인들이었다) 15시간에 걸쳐 등반한 뒤에는 완전히 탈진해버렸다.

코만도 특공 훈련에서 단련하지 못한 근육을 써서 피로가 엄습해온 것일까? 코만도 훈련을 겪어본 사람이라면 그런 바보 같은 질문에 콧방귀를 뀔 것이다! 군인들은 너무 지쳐 상당수가 먹지도 못하고 잠들어버렸다. 그럼 군인들보다 두세 배는 나이가 많은 가이드들도 탈진했을까? 가이드들도 지치긴 했지만 탈진할 정도로 지치지는 않았다. 가이드들은 저녁도 먹고 몇 시간 동안 그날 있었던 일에 대해 이야기도 나누었다. 등반 과정이 재미있었기 때문에 완전히 탈진할 정도로 지치지 않았던 것이다.

컬럼비아 대학의 에드워드 손다이크 박사는 피로에 대한 실험에서 참가자들에게 계속 흥미를 주면서 거의 일주일 동안 참가자들이 깨어 있도록 했다. 많은 연구 결과 손다이크 박사는 "지루함이야말로 실제 업무 능력을 감소시키는 유일한 원인이다"라고 보고했다.

정신노동자는 자기가 한 업무의 양 때문에 지치는 경우가 거의 없다. 오히려 제대로 못한 일 때문에 지친다. 예를 들어 지난주에 일이 제대로 안 된 날이 있었다면 그날을 떠올려 보라. 아무 회신도 없었다. 약속은 깨졌다. 여기저기에 문제가 발생했다. 그날 하루는 모든 게 엉망이었다. 뭐 하나 해놓은 일은 아무것도 없으면서 머리는 지끈거리고 완전히 탈진한 채로 집에 돌아왔다.

그다음 날에는 모든 업무가 순조로웠다. 그래서 전날보다 40배는 더 많은 일을 해냈다. 그러고도 퇴근할 때는 오히려 새하얀 치자나무 꽃처럼 상쾌한 기분으로 집에 돌아왔다. 누구든 이런 경험이 있을 것이다. 나 역시 이런 경험을 했다.

여기서 얻은 교훈은? 일 자체 때문이 아니라 걱정, 좌절, 화로 인해 때때로 피로해진다는 사실이다.

이 장을 쓰는 중간에 나는 제롬 컨의 재미있는 뮤지컬 코미디 〈쇼 보트〉의 재공연을 보러 갔다. 코튼 블라섬 호의 앤디 선장은 철학적 의미를 담은 짧은 노래에서 "운이 좋은 사람이란 즐기면서 할 수 있는 일이 있는 사람이다"라고 말한다. 그런 사람들은 운이 좋다. 활력과 행복감은 더 많이 느끼면서 걱정이나 피로는 덜 느끼기 때문이다. 재미를 느낄 수 있다면 활력도 더 커진다. 매력적인 애인과 16킬로미터를 걷는 것보다 계속 잔소리를 해대는 아내와 10블록을 걷는 게 훨씬 피곤할 수 있다.

그럼 어떻게 해야 할까? 지루함에 어떻게 대처해야 할까? 여기 오클라호마 주 털사에 있는 한 정유 회사에서 일하는 속기사가 지루함에 어떻게 대처했는지에 대한 이야기가 있다. 그녀는 매달 며칠 동안은 정유 임대 양식지에 숫자와 통계 자료를 집어넣는 정말 지루하기 짝이 없는 일을 했다. 이 업무가 너무 지겨웠기 때문에 그녀는 자기방어 차원에서 지루한 업무를 재미있는 일로 바꾸기로 결심했다. 어떻게 했을까? 그녀는 매일 혼자 자신과 시합을 벌였다. 매일 오전 자신이 채운 양식지 숫자를 센 다음, 오후에는 오전에 세운 기록보다 더 많이 하려고 노력했다. 그리고 그날 채운 양식지의 숫자를 모두 합한 후 다음 날에는 그 기록을 깨려고 했다. 그 결과 어떻게 되었을까? 그녀는 그 부서에서 다른 어떤 직원보다 이 지루한 작업을 가장 많이 해낸 사람이 되었다. 그래서 그녀는 무엇을 얻었을까? 칭찬? 감사의 인사? 승진? 월급 인상? 모두 아니다. 그녀는 지루함 때문에 생기는 피로를 막을 수 있었다. 스스로 벌인 시합은 정신적 자극제가 되었다. 지루한 작업을 재미있는 일로 바꾸려고 노력한 덕분에 그녀는 더 많은 활력과 열정, 그리고 여가 시간이 주는 행복을 누릴 수 있었다. 나는 바로 그 속기사의 남편이라 이 이야기가 사실임을 알고 있다.

여기 업무가 재미있다고 생각하고 일했을 경우 어떤 보상이 따르는지 깨달은 또 다른 속기사에 대한 이야기가 있다. 그녀는 자기 업무가 고역이었다. 그러나 이제는 더 이상 그렇지 않다. 그녀는 일리노이 주 엘머스트 사우스 케닐워스 가 473번지에 사는 밸리 G. 골든이라는 여성이다. 그녀가 나에게 써준 이야기를 여기에 그대로 옮긴다.

"우리 사무실에 있는 네 명의 속기사는 다른 직원들로부터 서류를 받아 작성해주는 일을 하고 있습니다. 가끔 업무가 몰려 혼잡해지기도 했지요. 그러던 어느 날 차장이 내가 작성한 긴 서류 하나를 다시 해야 한다고 주장했고, 저는 반발했어요. 저는 그 서류를 다시 타이핑할 필요 없이 수정하면 된다고 열심히 설명했지만, 차장은 다시 하지 않으면 업무를 대신할 다른 직원을 알아보겠다고 쏘아붙였어요. 저는 정말 화가 났어요! 하지만 서류를 다시 작성하기 시작하면서 지금 제가 하고 있는 일을 하고 싶어 하는 사람이 정말 많다는 사실이 퍼뜩 떠올랐어요. 게다가 바로 그 일을 하면서 저는 보수까지 받고 있다는 생각도 들었고요.

그러자 점점 기분이 좋아지기 시작했어요. 비록 제가 싫어하는 일이라고 하더라도 그 일을 정말 즐거운 일인 것처럼 생각하기로 마음먹었어요. 제가 정말 즐기면서 일하면 어느 정도는 그 일을 즐기면서 할 수 있고, 즐기면서 일하면 좀 더 빨리 업무를 처리할 수 있다는 중요한 사실도 깨달았어요. 그래서 이제는 연장 근무를 할 필요가 거의 없어졌지요. 이런 새로운 마음가짐 덕분에 저는 일 잘하는 사원이라는 평도 얻었습니다. 그러자 어느 부서장이 개인 비서가 필요하다며 제게 그 자리를 제안해주셨어요. 초과 업무를 시켜도 제가 흔쾌히 맡아줄 사람이라면서 말이죠. 이번 일은 마음가짐을 바꾸는 게 얼마나 큰 힘을 발휘하는지를 발견하게 해준 사건이었어요. 정말 믿기지 않는 일이 벌어졌습니다!"

아마 의식하면서 한 일은 아니었을 것이다. 하지만 골든은 '마치 …인 것처럼'이라는 유명한 철학을 실천하고 있었다. 윌리엄 제임스는 사람들이 '정말 용감한 것처럼' 행동하면 실제로 용감해지고, '정말 행복한 것처럼' 행동하면 진짜 행복해진다고 조언했다. 맡은 일을 '정말 재미있는 것처럼' 생각하면 일이 진짜 즐거워진다. 그렇게 되면 피로나 긴장, 걱정도 줄어들게 된다.

할런 A. 하워드는 몇 년 전에 자신의 인생을 송두리째 변화시키는 결정을 내렸다. 그는 친구들이 공을 차거나 여자애들에게 장난치는 동안 고등학교 급식실에서 접시와 조리대를 닦고 아이스크림을 그릇에 나누어 놓는 지루하기 짝이 없는 일을 해왔다. 그런데 하워드는 이 지루한 일을 재미있는 일로 바꿔보기로 결심했다. 하워드는 자기 일이 싫었지만 어차피 해야 하는 일이었기 때문에 아이스크림이 어떻게 만들어지는지, 어떤 원료로 만드는지, 왜 어떤 아이스크림은 다른 아이스크림보다 맛있는지에 대해 공부했다. 아이스크림과 관련된 화학을 공부하자, 고등학교 화학 과정 전문가가 되었다. 나중에는 정말 식품과 관련된 화학에 흥미가 생겨 매사추세츠 주립대학에 입학해서 '식품공학'을 전공했다. 뉴욕 코코아 거래소에서 대학생들을 대상으로 코코아와 초콜릿 활용에 대해 100달러를 상금으로 수여하는 논문 공모전을 열었는데, 누가 수상했는지 상상해보라. 그렇다. 할런 하워드였다.

하워드는 취직이 어렵게 되자 매사추세츠 주 암허스트 노스플레전트 가 750번지에 있는 자기 집 지하에 개인 연구소를 차렸다. 연구소를 차리고 얼마 지나지 않아 새 법이 통과되었다. 우유 제품 속에 들어 있는 박테리아 숫자를 반드시 파악해야 한다는 법이었다. 하워드는 곧바로 직원을 두 명 고용해서 암허스트에 있는 14개 우유 회사들의 제품에 들어 있는 박테리아 숫자를 셌다.

지금부터 25년 후 그는 어느 자리에 있게 될까? 현재 식품화학 회사를 운영하고 있는 사람들이라면 그때쯤 은퇴하거나 사망하고, 그 대신 진취성과 열정을 발휘하는 젊은이들이 그 자리를 차지하게 될 것이다. 지금부터 25년이 지나면 할런 A. 하워드는 그 분야를 이끄는 지도자 중 한 사람이 되어 있을 테고, 반면 하워드가 팔던 아이스크림을 사먹던 친구들 중에는 취직도 못 한 채 자기에게는 단 한 번도 기회가 오지 않았다고 정부를 비판하고 불평하면서 지내는 사람도 있을 것이다. 할런

A. 하워드 역시 따분한 일을 재미있게 만들어보자는 결심이 없었더라면 어떤 기회도 잡지 못했을 것이다.

몇 년 전에 공장 작업대에 서서 볼트를 만드는 재미없는 일에 지루함을 느끼던 젊은이가 또 하나 있었다. 그의 이름은 샘이었다. 샘은 일을 그만두고 싶었지만 다시 취직을 못 할까 봐 두려웠다. 따분하지만 일을 해야 했기 때문에 샘은 이 따분한 일을 재미있게 만들어보자고 결심했다. 그래서 옆에서 기계를 돌리는 동료와 시합을 벌이기 시작했다. 한 사람이 기계로 볼트의 거친 표면을 다듬으면 다른 한 사람은 적당한 지름으로 볼트의 크기를 줄였다. 가끔 서로 기계를 바꾸면서 누가 가장 좋은 볼트를 생산해내는지 시합했다. 샘의 작업 속도와 정확도에 감명을 받은 작업반장은 곧 샘에게 더 좋은 일을 맡겼다. 이는 계속 이어진 승진의 시작에 불과했다. 본명이 새뮤얼 보클레인인 샘은 30년이 지난 후 볼드윈 로코모티브 웍스의 사장이 되었다. 하지만 만약 그가 따분한 일을 재미있게 만들어보자는 결심을 하지 않았더라면 평생 기계공으로 살아야 했을 것이다.

유명한 라디오 뉴스 해설가인 H. V. 칼텐본은 재미없는 일을 어떻게 재미있는 일로 바꾸었는지에 대한 이야기를 나에게 들려주었다. 그는 스물두 살 때 가축 수송선을 타고 소에게 사료와 물을 주는 일을 하며 대서양을 건넜다. 영국에서 자전거로 여행한 후 파리에 도착했을 때는 배고픈 빈털터리였다. 칼텐본은 카메라를 전당포에 맡기고 받은 5달러로 〈뉴욕 헤럴드〉지

파리 판에 구직 광고를 냈다. 그리고 구식 입체경을 판매하는 일을 하게 되었다. 40세 이상의 독자라면 눈앞에 똑같은 사진을 두 장 놓고 보던 구식 입체경을 기억할 것이다. 입체경을 보고 있으면 신기한 일이 생긴다. 입체경에 있는 두 개의 렌즈가 사진 두 장을 3차원 효과가 있는 한 장의 사진으로 변형시킨다. 사람들이 먼 곳을 응시하면 신기하게 원근감이 생기는 것이다.

다시 이야기로 돌아가자면, 칼텐본은 프랑스어를 전혀 할 줄 모르면서 파리 시내의 집집마다 돌아다니면서 이 기계를 팔기 시작했다. 그는 첫해에 수수료로 5000달러를 벌었고, 그해 프랑스에서 가장 돈을 많이 번 영업 사원이 되었다. 칼텐본은 그 경험을 통해 하버드에서 1년 공부한 것만큼이나 성공하는 데 필요한 자질을 많이 계발할 수 있었다고 말했다. 자신감이었을까? 이후에는 프랑스 주부들에게 의회 기록도 팔아치울 수 있을 것 같은 기분이 들었다고 내게 말했다.

그 경험으로 인해 칼텐본은 프랑스인의 삶을 더 깊이 이해할 수 있었고, 이는 후에 라디오에서 유럽 관련 사건들을 해설하는 데 귀중한 자산이 되었다.

칼텐본은 프랑스어를 전혀 하지 못하면서도 어떻게 영업 전문가가 될 수 있었을까? 그는 프랑스인 사장에게 영업용 문구를 완벽한 프랑스어로 적어달라고 했다. 그리고 그 글을 외웠다. 그가 초인종을 울리고 주부가 나오면, 칼텐본은 형편없고 우스꽝스러운 프랑스어 억양으로 영업용 문구를 말하기 시작했다. 사진들을 보여주다가 프랑스 주부가 질문을 하면 어깨를 으쓱하고는 다음과 같이 말했다. "미국인… 미국인." 그때 모자를 벗어 모자 안쪽에 붙여놓은 완벽한 프랑스어로 적힌 영업용 문구 복사본을 가리켰다. 그러면 프랑스 주부는 웃음을 터트렸고, 칼텐본도 웃으면서 더 많은 사진을 보여주었다. 칼텐본은 이런 이야기를 들려주면서 물건을 판매하는 일은 정말 쉽지 않았다고 고백했다. 자기가 이 어려운 일을 헤쳐나갈 수 있었던 데는 일을 재미있게 만들어보겠다는 굳은 의지가 있었기 때문이라고 말했다. 그는 매일 아침 일하러 가기 전에 거울을 보면서 자신에게 격려의 말을 건넸다. "칼텐본, 먹고살려면 이 일을 해내야 해. 어차피 해야 하는 일이라면 이왕이면 즐겁게 일하는 게 어때? 초인종을 울리는 순간마다 내 자신이 조명을 받고 있는 배우라 생각하고 관객들이 나를 보고 있다고 상상해봐. 그러면 지금 하는 일이 무대 위만큼이나 재미있게 느껴질 거야. 이 일에 재미와 열정을 가져봐."

칼텐본은 매일 스스로에게 건넨 격려의 말 덕분에 맘에 들지도 않고 두려웠던 일을 즐겁고 큰 수입도 안겨주는 멋진 모험으로 탈바꿈시킬 수 있었다.

성공을 열망하는 미국의 젊은이들에게 들려주고 싶은 조언이 있는지 물어보자, 그는 이렇게 말했다. "네, 매일 아침 스스로를 격려해주세요. 사람들은 아침에 반수면 상태를 깨워주는 신체적 운동이 얼마나 중요한지에 대해서는 이야기를 많이 합니다. 그러나 우리에게는 행동할 수 있게 자극을 주는 영적인 혹은 정신적 운동이 더욱더 필요합니다. 매일 스스로에게 응원의 말을 건네보세요."

스스로에게 매일 응원의 말을 하는 것이 바보스럽거나 유치하고 미신처럼 생각되는가? 전혀 그렇지 않다. 오히려 이는 심리학의 핵심 요소다. "우리의 삶은 우리가 생각한 대로 된다." 이 말은 마르쿠스 아우렐리우스가 자신의 책《명상록》에 처음으로 썼던 1800년 전과 마찬가지로 오늘날에도 진실로 통한다.

매시간 자신에게 격려의 말을 건네면 용기와 기운이 생기고, 행복해지며, 마음이 평화로워진다. 감사해야 할 일에 대해 말하다 보면 즐거워지고, 노래라도 부르고 싶어진다.

흥미와 즐거움을 가지면 어떤 일이라도 재미있게 할 수 있다. 사장은 직원들이 업무에 흥미를 갖고 일해서 더 많은 돈을 벌기를 바란다. 하지만 사장이 바라는 것은 생각하지 말자. 흥미를 갖고 일하면 나에게 어떤 영향이 미치는지만 생각하라. 사람들은 깨어 있는 시간의 절반을 직장에서 보내기 때문에 일에서 즐거움을 느끼면 행복이 두 배가 될 것이고, 직장에서 행복하지 않다면 다른 어디에서도 행복할 수 없다는 사실을 명심하라. 그리고 일이 즐거워지면 걱정은 사라지고, 장기적으로는 승진도 하며, 월급이 인상될 수 있다는 사실도 기억하라. 설령 그렇게 안 된다 하더라도 업무로 인한 피로는 최소화하면서 여가 시간을 즐겁게 보낼 수 있다.

불면증에 대한 고민에서
벗어나는 방법

잠을 잘 못 자서 고민인가? 그렇다면 평생 단 한 번도 푹 자본 적이 없는 저명한 국제 변호사인 새뮤얼 운터마이어의 이야기가 흥미로울 것이다.

새뮤얼이 대학에 진학했을 때 그는 천식과 불면증에 대해 걱정하고 있었다. 그는 두 가지 가운데 어떤 병도 고칠 수 없자, 차선책으로 잠을 이루지 못하고 깨어 있는 시간을 오히려 장점으로 활용하기로 결심했다. 이리저리 뒤척이며 걱정 속에 무너지기보다는 차라리 일어나서 공부를 했다. 그 결과 어떻게 되었을까? 새뮤얼은 모든 과목에서 우수한 성적을 거두기 시작했고, 뉴욕 시립대학의 천재 중 하나가 되었다.

변호사가 되어서도 불면증은 지속되었다. 하지만 새뮤얼은 걱정하지 않았다. 그는 이렇게 말했다. "자연이 나를 돌봐 줄 거야." 자연은 정말 그의 말에 부응했다. 잠을 조금밖에 자지 못했지만 새뮤얼은 건강했고, 뉴욕 법조계에서 활동하는 그 어떤 젊은 변호사보다도 열심히 일했다. 새뮤얼은 다른 사람이 자는 동안에도 일할 수 있었기 때문에 오히려 더 많은 일을 했다.

불과 스물한 살의 나이에 새뮤얼은 7만 5000달러의 연봉을 받았고, 다른 젊은 변호사들은 그의 비법을 알아내기 위해서 법정으로 몰려들었다. 1931년에 그는 한 사건을 맡게 되었는데, 역사상 단일 사건으로서는 최고의 수임료인 100만 달러를 현금으로 바로 받았다.

그래도 여전히 불면증 때문에 밤이 늦도록 서류를 읽었고, 새벽 5시에는 일어나 문서를 작성하기 시작했다. 대부분 사람들이 일을 막 시작하는 시간이 될 때쯤이면 새뮤얼은 벌써 그날 해야 할 일의 절반을 마쳤다. 평생 푹 자본 적이 없었던 그는 81세까지 살았다. 새뮤얼이 불면증 때문에 좌절하거나 고민하면서 시간을 보냈다면 그의 삶은 망가졌을 것이다.

우리는 인생의 3분의 1을 잠자면서 보내지만 수면의 실체에 대해 정확히 아는 사람은 아무도 없다. 우리는 수면이 일종의 습관이자, 자연의 보살핌으로 몸이 원상 복구되는 휴식 상태라고 알고 있다. 하지만 개인별로 얼마나 많은 수면 시간이 필요한지는 우리도 알지 못한다. 잠을 꼭 자야 하는지 아닌지에 대해서도 모른다!

잠을 안 자도 된다니 공상이라고? 제1차 세계대전 당시 헝가리 군인이었던 폴 컨은 뇌의 전두엽에 관통상을 당했다. 그는 부상에서 회복됐지만 신기하게도 잠을 잘 수가 없었다. 의사들이 모든 종류의 진정제와 마취제, 심지어 최면술까지 동원하며 갖은 방법을 다 써봤지만, 폴 컨은 잠들지도 않았고 졸린 느낌도 없었다.

의사들은 그가 오래 살 수 없을 거라고 했다. 하지만 그 예상들은 모두 빗나갔다. 폴은 취직도 했고, 여러 해 동안 최고의 건강 상태를 유지하며 살았다. 폴 컨은 누워서 눈을 감고 휴식을 취했지만 전혀 잠을 자지는 않았다. 그의 사례는 수면에 대해 많은 사람들이 갖고 있던 생각을 뒤집어놓은 의학계의 미스터리였다.

다른 사람보다 훨씬 더 많이 자야 하는 사람들도 있다. 토스카니니는 하루에 5시간만 자면 됐지만, 캘빈 쿨리지는 그보다 두 배는 더 자야 했다. 쿨리지는 하루 24시간 중 11시간을 잤다. 다시 말해 토스카니니는 인생의 약 5분의 1을 자면서 보냈고, 쿨리지는 인생의 반을 거의 잠으로 보낸 셈이다.

사람들은 불면증 자체보다 불면증에 대한 걱정으로 더 고통받는다. 예를 들어 내 수강생 가운데 뉴저지 주 리지필드 파크 오버페크 가 173번지에 살고 있는 아이라 샌드너는 만성 불면증으로 거의 자살 직전까지 이르렀다. 그는 이렇게 말했다.

"미쳐가고 있다는 생각이 들었습니다. 문제는 제가 너무 잠을 잘 잔다는 데서 시작됐어요. 저는 아침에 알람이 꺼질 때까지도 못 일어났기 때문에 아침마다 회사에 지각을 했습니다. 사장님이 제시간에 출근하라고 경고했기 때문에 걱정되었습니다. 계속 늦잠을 자다가는 직장을 잃게 될지도 모른다고 생각했어요.

친구들에게 얘기했더니 잠들기 전에 알람시계에 집중해보라고 하더군요. 그때부터 째깍대는 빌어먹을 알람시계 소리가 저를 괴롭혔습니다. 결국 밤새 뒤척이다가 제대로 잠들지 못했죠! 아침이 되자 몸 상태가 나빠졌습니다. 피로와 걱정으로 몸이 안 좋아진 거죠. 이런 일이 8주나 계속되었습니다. 얼마나 엄청난 고문이었는지 말로 표현할 수 없을 정도입니다. 저는 확실히 미쳐가고 있다는 생각이 들었어요. 때로는 몇 시간이고 마루를 서성이기도 했고, 솔직히 창밖으로 뛰어내려 모든 걸 끝내고 싶다는 생각도 들었습니다!

그러다 결국은 평소에 잘 알던 의사를 찾아갔습니다. 의사는 '아이라, 난 도와줄 수가 없습니다. 본인이 만든 문제이기 때문에 다른 사람은 아무도 도와줄 수 없어요. 잠자리에 들었을 때 잠이 안 오더라도 불면에 대한 걱정은 모두 잊어버리세요. 그리고 스스로에게 이렇게 말해보세요. '잠이 들건 안 들건 나는 조금도 신경 쓰지 않아. 아침이 될 때까지 잠들지 못해도 괜찮아'라고 말이죠. 계속 두 눈을 감은 상태로 '걱정 없이 가만히 누워만 있어도 나는 휴식을 취하는 거야'라고 스스로에게 말해보세요.' 의사의 말대로 했더니 2주가 지나자 조금씩 잠이 오기 시작했습니다. 한 달이 안 되어 8시간을 자게 되었고, 예민해졌던 신경도 정상으로 돌아왔습니다."

아이라 샌드너를 정말 고통스럽게 만든 건 불면증이 아니라 불면증에 대한 걱정이었다.

시카고 대학의 나다니엘 클라이트만 박사는 그 누구보다도 수면에 대해 많이 연구했다. 수면에 관한 한 세계적인 전문가인 그는 불면증 때문에 죽었다는 사람이 있다는 이야기는 들어본 적이 없다고 단언한다. 정확히 말하면 사람들은 걱정을 하고 그로 인해 저항력이 약해지면 세균에 감염될 수도 있다. 하지만 사람들에게 타격을 주는 건 불면증 자체가 아니라 불면증에 대한 걱정이다.

또한 불면증을 걱정하는 사람들은 보통 자신들이 생각하는 것보다 더 많이 잔다고 클라이트만 박사는 말한다. "나는 지난밤 한숨도 못 잤어"라고 단언하는 사람이라도 자신도 모르게 몇 시간을 잤을 수 있다. 예를 들어 19세기의 저명한 사상가 중 하나인 허버트 스펜서는 하숙집에 살면서 자신의 불면증에 대한 이야기를 지겹도록 늘어놓던 노총각이었다. 소음을 막고 신경을 진정시키기 위해 귀에 '귀마개'를 꽂기도 했다. 가끔 잠들기 위해 아편을 사용하기도 했다. 어느 날 밤, 그는 옥스퍼드 대학의 세이스 교수와 한 호텔 방을 쓰게 되었다. 다음 날 아침, 스펜서는 밤새 한숨도 못 잤다고 확신하며 말했다. 하지만 사실은 정말 한숨도 못 잔 건 세이스 교수였다. 교수는 스펜서가 코를 고는 소리 때문에 밤새 잠을 이루지 못했다.

잠을 푹 자기 위한 첫 번째 필요조건은 안정감이다. 아침이 될 때까지 자신보다 위대한 어떤 힘이 돌봐 줄 것이라는 생각을 해야 한다. 그레이트 웨스트 라이딩 요양원의 토마스 히슬롭 박사는 영국의학협회에서 한 연설을 통해 이 점을 강조했다. "제가 다년간의 의료 경험을 통해 밝혀낸 바에 따르면, 수면을 가장 잘 유도해주는 방법 중 하나는 기도입니다. 이는 전적으로 의료인의 입장에서 말씀드리는 것입니다. 기도가 습관이 된 사람들에게는 기도를 하는 행위가 마음과 신경을 차분하게 달랠 수 있는 방법 가운데 가장 적절하고 자연스러운 방법이라고 봐야 합니다."

"하나님께 맡기고 내버려 두라."

자넷 맥도널드는 우울하고 걱정이 있어 잠들기 어려울 때는 항상 〈시편〉 23편에 나오는 다음 구절을 반복해서 읽으면서 '안정감'을 얻는다고 말한다. "여호와는 나의 목자시니 내게 부족함이 없으리로다. 그가 나를 푸른 풀밭에 누이시며 쉴 만한 물가로 인도하시는도다."

하지만 종교를 믿지 않으며 좀 더 강력한 방법이 필요한 사람이라면 물리적인 방법으로 몸을 이완시키는 법을 배워야 한다. 《불안과 긴장으로부터 해방되기》의 저자인 데이비드 해럴드 핑크 박사는 몸을 이완시키기 위해 몸에게 말을 걸어보라고 한다.

핑크 박사에 따르면 말은 최면 상태로 들어가는 열쇠로, 계속 잠을 이루지 못하는 건 자신이 불면 상태라는 최면에 빠지도록 스스로가 몸에게 말을 걸기 때문이라고 한다. 불면 상태에서 빠져나오려면 몸의 근육에게 '긴장을 풀고 편안하게 쉬어'라고 말을 걸면서 최면을 풀어야 한다.

우리는 근육이 긴장하고 있는 동안에는 마음과 신경이 풀리지 않는다는 사실을 이미 알고 있기 때문에, 잠을 자고 싶다면 근육부터 긴장을 풀어야 한다. 핑크 박사는 다리의 긴장을 완화시키려면 무릎 아래에 베개를 놓거나 팔 아래에 작은 베개를 놓기를 권장한다(이는 실제로 효과가 있다). 그리고 턱과 눈, 팔, 다리에게 말을 걸다 보면 어느 순간 언제 잠드는지도 모르게 잠에 빠져들게 된다. 나는 이미 이런 시도를 해봤기 때문에 그 효과를 알고 있다. 만약 당신이 수면 장애를 갖고 있다면 앞서 말한 핑크 박사의 책《불안과 긴장으로부터 해방되기》를 읽어보라. 생생한 읽을거리와 함께 불면증 치료법에 대해 알려주는 내가 아는 유일한 책이다.

불면증을 치료할 수 있는 가장 좋은 방법은 정원 가꾸기, 수영, 테니스, 골프, 스키 같은 활동을 하거나 아니면 단순히 육체적으로 피곤하게 만드는 것이다. 이는 시어도어 드라이저가 사용한 방법이다. 젊은 작가 시절, 드라이저는 불면증 때문에 고민하다가 뉴욕 센트럴 철도 회사에 보선공으로 취직했다. 못을 박고 자갈을 삽으로 푸면서 하루를 보내고 나면 너무 기진맥진해서 끼니조차 거르고 잠이 들었다.

너무 피곤하면 걷는 중이라도 잠에 빠져드는 게 자연의 법칙이다. 내가 열세 살 때 우리 아버지는 돼지들을 기차에 싣고 미주리 주 세인트 조로 간 일이 있었다. 무료 기차 승차권이 두 장 생겨서 아버지는 나를 데려가셨다. 나는 그때까지 한 번도 인구 4000명이 넘는 마을은 가본 적이 없었다. 인구 6만 명이 넘는 세인트 조에 도착하자 나는 흥분에 휩싸였다. 6층짜리 고층건물도 보고 전차도 보았다(정말 놀라움의 연속이었다). 내 평생 가장 흥분되고 놀라운 하루를 보낸 후 아버지와 나는 다시 미주리 주 레이븐우드로 돌아오는 기차를 탔다. 새벽 2시에 도착한 우리는 집까지 6.5킬로미터를 걸어가야 했다. 여기에 이 이야기의 요점이 있다. 나는 너무 지쳐서 걸으면서 잠도 자고 꿈도 꾸었다. 말을 타면서 잠이 든 적도 종종 있었다. 그래도 나는 이렇게 살아서 이야기를 하고 있다!

사람이 너무 지쳤을 때는 천둥이 치는 듯한 위험하고 아찔한 전쟁 중에도 잠을 잔다. 유명한 신경과 전문의인 포스터 케네디 박사는 1918년 영국야전군 제5사단이 후퇴할 때 군인들이 너무 지쳐서 그 자리에 쓰러져 거의 혼수상태로 잠이 드는 걸 목격했다. 군인들의 눈꺼풀을 손으로 올려보았지만 깨지 않았다. 케네디 박사는 잠든 군인들의 눈동자가 모두 일정하게 위로 말려 올라가 있다는 사실을 발견했다. 그는 이렇게 말했다. "그 후저는 잠이 안 올 때는 눈동자를 위로 말아 올리는 연습을 하곤했는데, 그러면 몇 초 지나서 하품이 나오고 졸리기 시작했습니다. 이는 제가 통제할 수 없는 자동 반사작용이었습니다."

잠을 안 자서 죽은 사람은 아직까지 없었고, 앞으로도 그럴 것이다. 자연의 법칙에 따라 사람은 자신의 의지와 상관없이 잠에 빠져든다. 음식이나 물 없이 버티는 편이 잠을 안 자는 것보다 더 오래 버틸 수 있을 것이다.

나는 자살에 대한 논의를 할 때면 헨리 C. 링크 박사가 《인간의 재발견》이라는 책에서 든 사례가 생각난다. 사이컬로지컬 사의 부사장인 링크 박사는 걱정이 많고 우울한 사람들을 많이 인터뷰했다. '두려움과 걱정 극복하기'라는 부분에서 그는 자살하고 싶어 했던 한 환자에 대해 이야기했다. 링크 박사는 언쟁을 해봤자 상황이 악화될 뿐이라고 생각했기 때문에 그 환자에게 이렇게 말했다. "굳이 자살을 하겠다면 좀 색다른 방법으로 할 수도 있어요. 죽을 때까지 동네를 뛰면서 도는 겁니다."

그 환자는 이 방법을 한 번이 아니라 여러 번 시도했고, 시도할 때마다 기분이 좋아졌다. 세 번째 밤이 되자, 링크 박사가 처음에 의도했던 대로 그는 육체적으로는 너무 지쳤지만 몸이 충분히 이완되어 세상모르고 잠들었다. 후에 그는 운동 클럽에 가입해서 경쟁을 즐기는 스포츠에 참가했다. 오래지 않아 그는 기분이 너무 좋아져서 영원히 살고 싶다는 마음이 들었다!

그러므로 불면증에 대한 고민을 없애려면 다음의 다섯 가지 규칙을 지켜라.

불면증에 대한 고민에서 벗어나는 5가지 방법

1. 잠들 수 없으면 새뮤얼 운터마이어가 했던 대로
   일어나 졸릴 때까지 일을 하거나 책을 읽어라.

2. 잠이 부족해서 죽은 사람은 아무도 없다는 사실을 기억하라.
   불면증에 대한 걱정은 불면 그 자체보다 나쁘다.

3. 자넷 맥도널드처럼 기도를 하거나 〈시편〉 23편을 반복해서 읽어라.

4. 몸을 이완시켜라.
   《불안과 긴장으로부터 해방되기》라는 책을 읽어보라.

5. 운동하라. 깨어 있지 못할 만큼 몸을 피곤하게 만들어라.

피로와 걱정을 막고
활력과 의욕을 높여줄 6가지 방법

1. 피로를 느끼기 전에 휴식을 취하라.

2. 긴장을 풀고 일하는 법을 배워라.

3. 주부라면 집에서 긴장을 풀고 휴식을 취함으로써 건강과 외모를 지켜라.

4. 다음의 네 가지 좋은 업무 습관을 활용하라.

   1) 당장 해야 하는 일과 관계된 자료만 남기고 나머지 서류는 책상에서 모두 치워라.

   2) 중요한 순서대로 일을 처리하라.

   3) 문제가 생겼을 때 결정을 내리는 데 필요한 사실을 알고 있다면 즉시 문제를 해결하라.

   4) 조직하고, 위임하고, 관리하는 법을 배워라.

5. 걱정과 피로를 막으려면 일에 열정을 쏟아라.

6. 잠이 부족해서 죽은 사람은 없다는 사실을 기억하라. 불면증 자체보다 불면증에 대한 걱정이 더 해롭다.

8

행복을 찾을 수 있는 일을 하며
성공하는 방법

How to

stop

worrying

&

start living

인생에서 가장 중요한 결정

(이번 장은 하고 싶은 일을 아직 찾지 못한 젊은이들을 위한 글이다.
만약 당신이 그런 상황이라면 이번 장이 남은 인생에 많은 도움을 줄 것이다.)

　만약 당신이 열여덟 살이 안 되었다면 머지않아 인생을 완전
히 바꿔놓을 수도 있는 두 가지 중요한 결정을 해야 하는 날이
올 것이다. 그 결정은 행복, 수입, 건강에 지대한 영향을 미치거
나 운명을 좌우할 수도 있다.
　그 두 가지의 엄청난 결정은 무엇일까?
　첫째, 어떻게 먹고살 것인가? 농부, 우체부, 화학자, 산림 감
시원, 속기사, 가축 중간상, 대학교수가 될 것인가? 아니면 거
리에서 햄버거를 팔 것인가?
　둘째, 자녀들에게 어떤 부모가 될 것인가?
　이 중요한 결정들은 도박일 경우가 적지 않다.《통찰력》의 저
자 해리 에머슨 포스딕은 자신의 책에서 이렇게 말했다. "누구

나 직업을 선택함에 있어서는 도박사다. 직업에 인생을 걸어야 한다."

직업을 정할 때 어떻게 위험 요인을 없앨 것인가? 이 책을 계속 읽어라. 최선을 다해 말해줄 것이다. 우선 가급적이면 자신이 즐겁게 할 수 있는 일을 찾도록 노력하라. 타이어 제조 회사인 B. F. 굿리치 사의 데이비드 M. 굿리치 회장에게 사업에서 성공하기 위한 첫 번째 요건이 무엇이냐고 물어보았더니 그는 이렇게 대답했다. "일하는 게 즐거워야 합니다. 일을 즐기면 오래 일해도 일처럼 여겨지지 않습니다. 재미있는 놀이처럼 느껴질 거예요."

에디슨이 바로 대표적인 인물이다. 에디슨은 학교 교육을 제대로 받지 못했지만, 신문 배달원에서 미국 산업계를 탈바꿈시킨 사람이 되었다. 그는 연구실에서 종종 먹고 자며 하루에 18시간을 일했다. 하지만 힘들어하지 않았다. "살면서 하루도 일을 하고 있다고 생각해본 적이 없었습니다. 모든 게 재미있었습니다." 그러니 에디슨이 성공한 것은 당연하다!

찰스 슈왑도 이와 비슷한 말을 한 적이 있었다. 그는 이렇게 말했다. "어떤 일에 끊임없는 열정을 가지고 있다면 그 사람은 그 일에서 성공할 수 있다."

하지만 무슨 일을 하고 싶은지조차 모른다면 어떻게 그 직업에 열정을 품을 수 있겠는가? 듀퐁 사에서 일할 때는 직원 수천 명을 고용했으며, 아메리칸 홈 프로덕츠 컴퍼니에서 노무 관리사로 일하고 있는 에드나 커는 내게 이렇게 말했다. "제가 가장 안타까워하는 것은 수많은 젊은이들이 정작 자기가 하고 싶은 일이 무엇인지 발견하지 못했다는 점입니다. 일의 즐거움은 모른 채 급여만 받아가는 사람이 제일 불쌍한 법이죠." 커는 대학을 졸업한 사람들조차 그녀에게 와서 이렇게 물었다고 했다. "저는 다트머스 대학에서 학사 학위를 받았습니다(혹은 코넬 대학에서 문학 석사 학위를 받았습니다). 제가 귀사에서 할 수 있는 일이 있을까요?" 그들은 자신이 잘하는 일이나 하고 싶은 일조차도 잘 모른다. 많은 사람들이 젊었을 때 자신만만하게 인생을 시작하며 장밋빛 인생을 꿈꾸다가 40대에 들어 절망으로, 심지어 신경쇠약에 걸리는 게 어찌 놀라운 일이겠는가? 사실 자신에게 딱 맞는 직업을 찾으면 건강에도 좋다. 존스홉킨스 병원에서 일하는 레이먼드 펄 박사는 몇몇 보험 회사와 함께 장수에 기여하는 요인을 찾아내는 연구를 했는데, 그는 '자신에게 딱 맞는 직업'을 최고로 꼽았다. 펄 박사는 토머스 칼라일과 마찬가지로 이렇게 말했다. "천직을 찾은 사람은 이미 행운아입니다. 더 이상의 축복은 과분하죠."

나는 최근에 소코니 배큐엄 석유 회사의 면접 감독관인 폴 W. 보인턴과 저녁 시간을 같이 보냈다. 25년 동안 그는 일자리를 찾는 7만 5000여 명을 인터뷰했으며, 《일자리를 얻는 6가지 방법》이라는 책을 출간했다. 나는 그에게 이렇게 물어보았다. "요즘 젊은이들이 일자리를 구하면서 가장 많이 하는 실수는 무엇입니까?" 그러자 보인턴은 이렇게 대답했다. "요즘 젊은이들은 자신이 무슨 직업을 갖고 싶어 하는지 모릅니다. 미래의 모든 행복과 평화가 직업에 달려 있는데도 몇 년 입으면 너덜너덜해지는 정장을 고르는 것보다 더 깊이 생각하지 않습니다. 그게 참 안타깝습니다."

그러면 어떻게 해야 할까? 좋은 직업을 갖기 위해서 무엇을 할 수 있을까? 직업 상담사라는 새로운 전문가의 도움을 받을 수도 있다. 이 직업은 상담사의 성격이나 능력에 따라 당신에게 도움이 될 수도 있고 손해가 될 수도 있다. 이 새로운 직업은 아직 완벽하지 않다. 테스트 모델 단계에도 이르지 못했다. 하지만 미래는 밝다. 어떻게 이 분야를 활용할 것인가? 직업과 관련된 가까운 지역 센터를 찾아 직업 적성검사를 하고 취업 상담을 받을 수 있다.

하지만 전문가가 해주는 조언은 단지 충고에 불과할 뿐이다. 결국은 당신이 결정해야만 한다. 상담사라고 절대 실수를 안 하는 건 아니다. 모두 같은 의견을 내는 것도 아니다. 가끔 상담사들도 터무니없는 실수를 한다. 예를 들어 한 직업 상담사는 내가 가르치는 아이들 중 한 아이에게 어휘가 풍부하다는 이유 하나만으로 작가가 되어야 한다고 충고했다. 정말 터무니없지 않은가! 작가가 되는 건 쉬운 일이 아니다. 글을 잘 쓰려면 자신의 생각과 감정을 독자에게 잘 전달해야 하는데, 그러기 위해서는 단어를 많이 알기보다 아이디어, 경험, 신념, 자극이 필요하다. 어휘가 풍부한 이 여자아이에게 작가라는 한 우물만 파라고 조언한 진로 상담사는 지금까지 행복으로 가득했던 속기사 지망생을 근심으로 가득한 작가 지망생으로 바꿔놓았다.

직업 상담 전문가들, 심지어 당신이나 나도 실수한다는 걸 강조하고 싶다. 여러 명의 상담사와 상담해본 후 그들의 조언을 상식에 비춰 판단하는 게 필요하다.

걱정거리를 다룬 책에서 이런 내용을 끼워 넣었다는 게 이상하다고 생각할지도 모르겠다. 하지만 사람들이 좌절하고 후회하며 속이 타는 이유 가운데 많은 부분이 자신이 싫어하는 직업 때문이라는 걸 알게 된다면 이 책에서 다루는 내용이 결코 이상하게 느껴지지 않을 것이다. 당신의 직장 상사나 이웃 혹은 아버지에게 물어보아라. 뛰어난 지성인 존 스튜어트 밀은 자신의 직업에 적응하지 못한 사람이 "사회의 가장 큰 손실 가운데 하나"라고 말했다. 그리고 이 세상에서 가장 불행한 사람은 매일 자기가 하는 일을 싫어하는 '자신의 직업에 적응하지 못한' 인물이다.

군대에서 '신경쇠약에 걸리는' 사람이 어떤 사람인지 아는가? 자리를 잘못 배정받은 사람이다. 전투에서 사망하거나 다친 사람이 아니라 일상 업무를 하다가 정신적으로 큰 타격을 받은 사람을 말한다. 정신의학계 최고의 권위자인 윌리엄 메닝거 박사는 전쟁이 한창이었을 당시에 신경정신병과 담당 의사였다. 그는 이렇게 말했다. "군대에서 군인을 선별해 능력에 맞는 자리에 배치하는 게 매우 중요하다는 걸 알게 되었다. 당면한 문제가 얼마나 중요한지 확실히 알고 있어야 한다. 직무에 관심 없고, 능력을 인정받지 못했기 때문에 자신의 능력이 쓸데없는 데 쓰였다고 믿으면 실제로 정신적인 타격을 입지 않았다 하더라도 언제든 그럴 가능성을 갖고 있음을 알게 되었다."

마찬가지로 기업에서도 사람들은 '능력 손실'을 경험한다. 일을 하기 싫어하는 사람들은 산업 현장에서도 손실을 입힌다. 필 존슨을 예로 들어 설명해보겠다. 필 존슨의 아버지는 세탁소 주인이었고, 아들이 점차 가업에 익숙해질 것이라 기대하며 가업을 물려주었다. 하지만 필은 세탁소 일을 싫어해서 해야 할 일에는 아예 손도 대지 않고 빈둥거리며 시간을 보냈다. 때로는 세탁소를 비우기도 했다. 아버지는 꿈도 야망도 없고 무기력한 아들을 두었다는 생각에 크게 실망했다.

하루는 필 존슨이 아버지에게 기계 공장에서 기계공으로 일하고 싶다고 말했다. 뭐라고? 밑바닥에서 다시 시작하겠다고? 아버지는 큰 충격을 받았다. 하지만 필은 마음이 가는 대로 자신의 길을 걸었다. 필은 기름에 찌든 옷을 입고 일했다. 세탁소 일을 하고 있을 때보다 더 열심히 일했다. 밤늦도록 일했고, 보잘것없는 직업을 사랑했다. 1944년 필의 아버지 필립 존슨이 세상을 떴을 때, 기계공학을 공부해 기계에 대해 배우고 기계를 만지며 시간을 보낸 필은 보잉 항공사의 사장이 되었고, 전쟁에서 승리하는 데 도움을 준 대형 폭격기를 만들었다. 필이 만약 세탁소에서 계속 일했더라면 아버지가 세상을 떠난 이후에 그 세탁소에서는 과연 무슨 일이 벌어졌을까? 추측하건대 자신을 혹사시키고 정신적으로 피폐해져 결국 세탁소 문을 닫고 말았을 것이다.

가족 간에 갈등이 생길지 모르겠지만, 그럼에도 나는 젊은이들에게 이런 조언을 해주고 싶다. 가족들이 원하기 때문에 사업이나 장사를 시작해야 한다고 생각하지 마라! 당신이 그 분야에서 일하고 싶은 게 아니라면 발을 들이지 마라! 물론 부모님의 말씀은 경청하라. 부모는 당신보다 더 오랜 세월을 살았다. 부모님들은 오랜 세월을 통해서만 얻을 수 있는 경험과 지혜를 갖고 있다. 하지만 최종적으로 결정해야 하는 사람은 바로 당신이다. 신나게 일할 사람도, 마지못해 일할 사람도 바로 당신이다.

이제 직업을 고르는 방법을 제안하겠다. 몇몇 제안은 주의해서 받아들여야 한다.

1. 전문 직업 상담사를 선택할 때는 다음의 다섯 가지 제안을 읽고 공부하라. 이 방법들은 저명한 직업 상담 전문가인 컬럼비아 대학의 해리 덱스터 킷슨 교수가 제안한 것들이다.

   1) 적성에 맞는 직업을 알려주는 마법의 시스템이 있다고 말하는 사람에게는 가지 마라. 이런 사람들 가운데는 관상쟁이, 점쟁이, 성격 분석가, 필체 전문가 등이 있다. 그들이 말하는 '시스템'은 엉터리다.
   2) 직업을 알려주는 검사를 해주겠다고 말하는 사람에게 가지 마라. 이런 사람들은 상담을 받는 사람의 건강 상태와 사회적, 경제적 환경이 어떠한지를 고려해야 한다는 규칙을 위반하는 사람들이다. 직업 상담사는 상담받는 사람이 선택 가능한 직업인가를 고려해서 조언해야 한다.

3) 직업에 관한 자료를 많이 갖고 있고, 상담할 때 이를 적절히 활용하는 직업 상담사를 찾아라.

4) 직업 상담을 제대로 받으려면 대개는 두 번 이상의 상담이 필요하다.

5) 절대 우편으로 직업 상담을 받지 마라.

2. 사람들이 엄청나게 몰려 인력이 넘치는 사업과 직업은 피하라! 돈을 벌 수 있는 방법은 수없이 많다. 그런데 젊은이들이 이 사실을 알고 있을까? 미래를 예견하는 수정구를 가진 힌두교 교주를 고용하지 않는 이상 알 수 없을 것이다. 어떤 학교에서는 남학생 중 60퍼센트가 다섯 종의 직업 내에서 자신의 직업을 선택했다. 여학생 중 80퍼센트 역시 같은 선택을 했다. 몇 가지 사업이나 직업이 포화 상태라는 건 그리 놀랄 일이 아니다. 게다가 영화, 언론, 방송, 법률 등 '세련되어 보이는 직업'에 뛰어드는 수많은 이들을 제치려 하다 보니 불안감, 걱정, 신경불안증이 생긴다는 사실 역시 놀랍지 않다. 이런 인기 직종에 기를 쓰고 들어가는 것은 조심해야 한다.

3. 생계를 꾸려나갈 가능성이 10퍼센트밖에 안 되는 활동은 피하라. 생명보험 판매원이 대표적인 예라 할 수 있다. 매년 많은 사람들, 특히 실업자들이 어떤 일이 일어날지 미리 알아보려고 노력하지도 않고 생명보험 판매에 나선다. 필라델피아 주에서 부동산 신탁 회사를 운영하고 있는 프랭크 L. 베트거는

그들에게 대강 어떤 일이 일어날지 말해주었다. 20년 동안 베트거는 미국에서 매우 잘나가는 보험 판매원으로 일했다. 생명보험을 판촉하기 시작한 사람 중 90퍼센트는 상심하고 좌절한 나머지 1년 안에 일을 그만둔다고 말했다. 남은 10퍼센트 중 1퍼센트가 보험의 90퍼센트를 팔며, 나머지 9퍼센트의 사람들은 겨우 10퍼센트만을 나누어 팔고 있을 것이다. 바꿔 말하면 당신이 생명보험을 판매하기 시작하면, 당신이 실패하고 1년 안에 그만둘 확률은 90퍼센트며, 1년에 1만 달러를 벌 확률은 10명 중 한 명도 되지 않는다는 것이다. 설사 그 일을 계속하더라도 겨우 먹고살 수 있는 수준 이상으로 벌 확률은 10퍼센트밖에 안 된다.

4. 평생 어떤 직업에 종사하겠다고 결심하기 전에 일주일만이라도 그 직업에 관한 모든 것을 알아내라(필요하다면 일주일이 아니라 한 달이 걸려도 괜찮다). 어떻게? 그 분야에서 10년에서 최대한 40년 동안 일한 사람들을 만나 이야기해보면 된다.

이런 만남은 당신의 미래에 엄청난 영향을 미칠 것이다. 나는 경험을 통해 이 사실을 알게 되었다. 내가 20대 초반이었을 때는 두 명의 선배에게 직업에 관한 조언을 구했다. 지금 그 시절을 떠올려 보니 그 두 번의 만남이 내 경력의 전환점이었던 것 같다. 사실 내가 그들을 만나지 않았더라면 지금 어떻게 살고 있을지 상상할 수조차 없다.

직업에 관한 조언을 구할 수 있는 이런 만남은 어떻게 할 수 있을까? 예를 들어 당신이 건축가가 되기 위해 공부하려고 고민 중이라고 해보자. 최종 결정을 내리기 전에 인근 도시나 당신이 살고 있는 도시에서 일하는 건축가를 만나는 데 얼마간의 시간을 써야 할 것이다. 전화번호부를 보면 그들의 이름과 주소를 알아낼 수 있다. 그들의 사무실에 전화를 걸어 약속을 하거나 아니면 약속을 하지 않고 곧장 찾아갈 수도 있다. 당신이 미리 약속을 정하고 싶다면 다음과 같은 내용을 적어 보내라.

부탁 하나만 드려도 될까요? 귀하의 조언을 구합니다. 저는 18세이고, 건축가가 되고 싶어 공부를 하려고 합니다. 하지만 최종적으로 결정하기 전에 귀하의 충고를 듣고 싶습니다. 만약 너무 바빠서 사무실에서 뵐 수 없다면, 댁에서 30분 정도의 시간을 할애해주신다면 대단히 감사하겠습니다.

제가 여쭤보고 싶은 질문 목록입니다.
a. 만약 다시 태어난다면 또다시 건축가가 되실 건가요?
b. 저를 만난 이후에 제가 건축가로서 성공할 수 있는 자질이 있는지 판단해주시기 바랍니다.
c. 건축가가 되길 원하는 사람은 많은가요?
d. 만약 제가 4년 동안 건축을 공부했다면 일자리를 얻는 게 어려울까요? 어떤 일을 먼저 하면 좋을까요?
e. 제가 남들과 능력이 비슷하다면 처음 5년 동안 급여는 어느 정도 될까요?

f. 건축가라는 직업의 장단점은 무엇인가요?

g. 만약 제가 당신의 아들이라면 건축가가 되라고 조언해주시겠습니까?

만약 '거물'을 혼자 만날 자신이 없고 망설여진다면, 이 조언을 따르면 도움이 될 것이다.

첫째, 같이 가줄 또래를 구하라. 서로에게 자신감을 불어넣어 줄 것이다. 만약 같이 가줄 친구를 구하지 못했다면 아버지에게 부탁하라.

둘째, 건축가에게 조언을 얻는다는 것은 그를 칭찬하는 의미라는 것을 기억하라. 당신이 그에게 조언을 구하면 그는 우쭐해질 것이다. 어른들은 젊은이들에게 조언하길 좋아한다는 걸 기억하라. 건축가는 당신의 요청에 기꺼이 응할 것이다. 약속 잡는 편지를 쓰는 게 부담스럽다면, 약속하지 않고 사무실로 찾아가 조언을 해주시면 대단히 감사하겠다고 말하라.

건축가 다섯 명에게 전화했는데 너무 바빠서 만날 시간이 없다고 했고(그럴 리가 없지만) 그 때문에 또 다른 건축가 다섯 명에게 전화를 걸었다고 가정해보자. 그중 몇 명은 당신을 만나줄 것이고, 맞지 않는 일로 세월을 보내며 한탄하고 있을지도 모를 당신에게 충분히 보상이 될 만한 매우 귀중한 조언을 해줄 것이다.

당신이 인생에서 가장 중요하고 지대한 영향을 미칠 결정 중 하나를 내리고 있다는 걸 기억하라. 그렇기 때문에 행동으로 옮기기 전에 정보를 수집할 시간을 충분히 가져라. 만약 그렇게 하지 않고 곧장 행동으로 옮겼다면 인생의 반을 후회하며 살게 될 것이다. 할 수만 있다면 당신에게 자투리 시간과 조언을 아끼지 않을 누군가를 찾아 나서라.

5. 당신이 한 가지 직업에만 적합하다는 잘못된 편견을 극복하라. 사람들은 여러 분야에서 성공할 수 있고, 또한 여러 분야에서 실패할 수 있다. 내 자신을 예로 들어보겠다. 내가 만약 다음과 같은 직업을 공부하고 준비했다면, 나는 꽤나 성공했을 것이고 그 직업을 즐겼을 거라고 믿는다. 내가 말하는 직업이란 시골의 신문 편집자, 교사, 산림 경비원, 과학 영농, 과수원, 광고, 판매원, 약사 같은 일을 말한다. 반면에 공학자, 회계사, 사서처럼 기계를 다루는 일이나 그 외에도 여러 가지 직업을 택했더라면 일을 즐기지도 못했을 것은 물론 실패했을 것이다.

9

금전적인 걱정을
줄이는 방법

How to

stop

worrying

&

start living

모든 걱정의 70퍼센트는…

만약 내가 사람들의 금전 문제를 해결해줄 수 있는 방법을 알고 있다면, 아마도 지금 여기서 책을 쓰지 않고 백악관에서 대통령 옆에 앉아 있을 것이다. 하지만 나는 한 가지는 확실히 할 수 있다. 이 주제에 관련된 매우 적절한 문구를 인용할 수도, 실질적인 제안을 해줄 수도, 당신에게 부가적인 내용을 안내해줄 책과 팸플릿을 어디에서 구입할 수 있는지를 알려줄 수도 있다.

〈레이디즈 홈 저널〉에서 실시한 조사에 따르면, 모든 걱정의 70퍼센트는 돈이다. 갤럽 여론조사의 창설자인 조지 갤럽의 말에 의하면, 대부분의 사람들은 수입이 단 10퍼센트라도 늘어난다면 더 이상 경제적인 걱정은 하지 않을 거라고 믿고 있다. 어느 정도 맞는 말이긴 하지만, 의외로 대부분의 경우에 그렇지 않다. 예를 들어 이 책을 쓰고 있을 때 나는 예산 전문가인 엘시 스테이플턴과 이야기를 나누었다. 그녀는 뉴욕 워너메이커 백화점과 짐벨스 백화점에서 수년간 재정 자문을 해주고 있는 여성이다. 또한 금전적인 문제를 겪고 있는 사람들을 도와주기 위해 개인 컨설턴트로 몇 년 동안 일하기도 했다. 뿐만 아니라 연봉 1000달러 이하부터 10만 달러 이상을 받는 사람까지 다양한 소득층의 사람들을 도와주었다. 그녀는 내게 이렇게 말했다.

"경제적인 문제로 고민하고 있는 대부분의 사람들은 수입이 증가한다고 문제가 해결되지 않습니다. 사실 수입이 증가한다는 건 소비가 늘어나고 골칫거리가 많아진다는 것 외에 아무런 도움이 안 된다는 사실을 수없이 봐왔습니다. 대부분의 사람들이 걱정하는 이유는 그들이 돈을 충분히 갖고 있지 않아서가 아니라 가지고 있는 돈을 어떻게 써야 하는지 모른다는 데 있습니다!"

당신은 마지막 말에 코웃음을 쳤을지도 모르겠다. 글쎄 한 번 더 코웃음을 치기 전에 스테이플턴이 모든 사람들에게 해당되는 사항이 아니라고 말한 사실을 기억하시기를. 그녀는 분명히 '대부분의 사람'이라고 말했다. 그녀가 당신을 지적한 것은 아니었다. 당신의 여동생, 사촌들, 당신이 떠올릴 수 있는 수십 명의 사람들에 대해 얘기한 것이다.

수많은 독자들은 말할 것이다. "이 카네기라는 작자가 내 고지서들을 한번 봐야 한다니까. 내 월급에 턱없이 부과된 대금 청구서들 말이야. 만약 내 고지서들을 보고 나면 그렇게 배부른 소리는 더 이상 못할걸?" 글쎄, 나도 나름대로 경제적인 문제가 있다. 나는 미주리의 옥수수 밭과 건초 농장에서 하루에 10시간씩 육체노동을 했다. 육체노동을 하고 난 이후의 아픈 고통에서 완전히 해방되는 것이 최고의 소망일 때까지 일했다. 나는 그 지독한 일을 하고도 한 시간에 1달러, 아니 50센트, 아니 10센트조차도 받지 못했다. 하루 10시간을 일하고 고작 5센트를 받았다.

나는 욕실이 없거나 물이 줄줄 새는 집에서 20년을 산다는 게 어떤 것인지 안다. 영하 15도 밑으로 내려가는 냉골 침실에서 웅크리고 자는 게 어떤 것인지 나는 안다. 단돈 5센트밖에 안 되는 교통비를 아끼기 위해 덕지덕지 기운 누더기 바지를 입고, 구멍 난 신발을 신은 채 수 마일을 걸어 다니는 게 어떤 것인지 나는 안다. 식당 메뉴판에서 가장 싼 음식을 주문해야 한다는 것과 세탁소에서 다림질할 돈이 없어서 바지를 매트리스 아래 잘 펼쳐놓고 자는 게 어떤 것인지 나는 안다.

하지만 나는 이런 생활을 하던 시절에도 자칫 그보다도 못할 경우를 대비해 수입에서 10센트짜리 동전 몇 개, 25센트 동전 몇 개라도 저축하려고 애썼다. 이런 경험을 한 결과, 만약 당신이나 내가 채무와 경제적인 걱정으로부터 자유로워지기를 바란다면 어떻게 해야 하는지를 깨달았다. 우리는 기업들이 하는 방식을 따라야 한다. 소비 계획을 세우고 계획에 따라 소비를 해야 한다. 하지만 대부분의 사람들은 그렇게 하지 않는다. 내 가까운 친구이자 이 책을 출판하는 회사(사이먼앤슈스터 출판사)의 이사회 회장인 레온 심스킨은 많은 사람들이 자신의 돈에 대해서 신기할 정도로 무지하다고 지적했다.

심스킨은 자신이 알고 있는 한 경리 사원에 관한 이야기를 해주었다. 그 사원은 회사 일은 숫자에 관한 한 마법사라 불릴 정도라고 한다. 하지만 자기 개인의 재무 상태를 관리하는 경우라면, 휴! 가령 그가 금요일 오후에 급여를 받는다고 하자. 그러면 그는 그날 길을 가다가 마음에 드는 오버코트를 발견하는 순간 충동구매를 한다. 집세나 전기세 외에도 금방 혹은 조만간 지불해야 할 어떤 지출 항목은 안중에도 없다. 아니, 당장 현금이 자신의 주머니에 있는 것도 아니다. 단지 머릿속에 오늘 저녁 입금될 급여 숫자만 있을 뿐이다. 하지만 그 역시 자신이 일하는 회사가 그런 식으로 무분별하게 사업을 운영하다가는 파산할 거라는 사실을 잘 알고 있다.

당신의 경제를 어떻게 관리해야 하는지에 대한 답이 여기 있다. 당신은 자신의 사업체를 운영하고 있는 오너다. 말 그대로 당신의 돈으로 하는 '당신만의 사업'을 운영하고 있는 것이다. 그렇다면 자금을 관리하는 원칙은 무엇이 있을까? 우리는 어떻게 예산을 짜고 계획해야 할까?

여기 열한 가지 규칙이 있다.

규칙 1
메모하는 습관을 들여라

아놀드 베넷이 50년 전에 런던에서 소설가 생활을 시작했을 때, 그는 가난에 쪼들렸다. 그래서 베넷은 6펜스로 무엇을 하는지 기록하기 시작했다. 돈이 어디로 새나가는지 궁금해서 그랬을까? 아니다. 그는 알고 있었다. 베넷은 그렇게 메모하는 것을 좋아해서 부자가 되고 세계적으로 유명해졌으며, 개인 요트를 살 정도가 된 이후에도 메모를 계속했다.

존 D. 록펠러 또한 장부를 기록하고 있었다. 그는 기도문을 읽고 침대에 오르기 전까지 자신의 돈이 정확히 얼마 있는지 알고 있었다. 그들처럼 우리도 노트에 메모하는 습관을 가져야 한다. 평생 동안? 아니다. 그렇게까지는 안 해도 된다. 예산 전문가들은 우리가 쓰고 있는 동전 한 닢이라도 정확하게 계산해야 한다고 충고한다. 적어도 첫 달, 가능하다면 석 달 동안만이라도. 이렇게 하면 우리가 가지고 있는 돈이 정확하게 어디에 쓰이고 있는지를 알 수 있고, 그래야 예산을 세울 수 있다.

오, 당신은 돈이 어디로 새고 있는지 잘 알고 있다고? 아마 그럴지도 모른다. 만약 그렇다면 당신은 1000분의 1에 속하는 사람인 것이다! 스테이플턴이 말하길, 사람들이 그녀에게 몇 시간 동안 여러 내용과 숫자를 이야기하고 그녀가 그들이 사용한 돈의 내역을 종이에 쓴 다음 보여주면 그 기록을 보고 깜짝 놀라는 경우가 많다고 한다. "제가 이렇게 돈을 쓰고 있다고요?" 사람들은 믿기 어려워한다. 당신도 그런 류의 사람인가? 그럴지도 모른다.

규칙 2

자신의 상황에 맞춰 예산을 세워라

만약 어느 두 가족이 같은 지역에서 같은 수의 자녀를 두고 똑같이 생긴 주택에서 나란히 살며 같은 액수의 급여를 받는다

하더라도 그들이 필요로 하는 예산은 철저히 다를 것이라고 스테이플턴은 말한다. 왜 그럴까? 사람들마다 다르기 때문이다. 예산은 매우 개인적이며 맞춤식이라고 그녀는 말한다.

예산을 세운다는 것은 인생의 모든 즐거움을 빼앗아 버려야 한다는 게 아니다. 그것은 물질적인 안정감을 느끼게 해주기 위한 것으로, 대개는 물질적인 안정감이 생겨야 감정적으로 안전하고 자유롭다고 느낀다. 스테이플턴은 이렇게 말한다. "예산을 잘 세워서 사는 사람들은 더 행복한 삶을 사는 사람들입니다."

하지만 어떻게 시작할 것인가? 앞에서 말한 것처럼 모든 지출에 대한 리스트를 만들어야만 한다. 금전적인 문제에 대해 기꺼이 무료로 상담해주고, 당신의 수입에 꼭 맞는 예산을 작성할 수 있도록 도와줄 가족 복지 단체들이 대다수의 도시에 2만 개 이상 있다. 그러니 찾아가면 쉽게 도움을 받을 수 있다.

규칙 3
현명하게 소비하는 법을 배워라

이 말은 당신이 가진 돈의 가치를 최고로 만드는 법을 배우라는 뜻이다. 큰 규모의 회사들은 모두 최상의 물품을 사들이는 전문적인 구매 관리자와 구매 에이전트를 두고 있다. 당신은 개인 부동산의 집사이자 경영자로서 왜 그렇게 하지 않는가?

그렇게 행동하는 데 도움이 될 몇 가지 조언을 소개하면 다음과 같다.

1. 워싱턴 D.C.에 있는 문서관리국에 편지를 써서, 구매자 및 소비자들을 위한 조언이 담긴 정부 발간 회보들을 보내달라고 요청하라. 대부분 자료들은 아주 적은 수수료만 내면 얻을 수 있다.
2. 농무부에서 발간하는 〈소비자 가이드〉를 참조하라. 1년에 50센트를 내면 한 달에 한 번 우편을 통해 받아볼 수 있다.
3. 현명한 소비 생활을 해나가기 위해 연간 6달러를 투자할 생각이 있다면, 〈컨슈머 리포트〉를 구독하라(이 잡지의 발행지 주소는 뉴욕 주 마운트버논 워싱턴 가 256번지다). 이 잡지는 상품 정보 잡지 분야의 브리태니커 백과사전이라 할 만하다. 낱권은 50센트며, 12월에 나오는 구매 가이드 종합판은 1.75달러다.

규칙 4
수입이 늘어난다고 걱정거리도 늘리지 마라

스테이플턴에 의하면, 예산과 관련해서 가장 상담하기 까다로운 대상은 연소득 5000달러인 가정이라고 한다. 왜 그런지 그녀에게 물어보았다. "왜냐하면 5000달러는 대부분의 미국인 가정들이 희망하는 연봉이거든요. 그들은 아마 누구라도 인정할 만큼 합리적이고 이성적으로 함께 달려왔을 것이고, 드디어 연봉 5000달러로 인상되는 순간 '도착했다!'라고 생각할 거예요. 그러면 그때부터 그들의 삶은 다채롭게 활동 영역을 넓혀가기 시작합니다. '이 정도 금액이면 아파트를 렌트하는 가격보다 훨씬 저렴할 테지'라는 생각으로 근교에 주택을 사고, 집에 걸맞은 가구를 들이고, 새 차를 사고 새 옷을 사 입고, 그 밖에 새로운 것을 잔뜩 사들임으로써 마침내 '적자'를 향해 달려가기 시작하는 거죠. 인상된 급여보다 더 많은 소비를 함으로써 사실상 그들은 이전보다 행복하지 않게 되죠."

이런 현상은 아주 자연스럽다. 우리 모두는 살면서 이전보다 더 많은 것을 갖고 싶어 하기 때문이다. 하지만 인생 여정을 길게 볼 때 어느 쪽이 더 행복할까? 다소 빡빡한 예산에서 자기 자신을 긴장시키는 쪽일까? 아니면 우편함 가득히 독촉장이 쌓이고 대문 앞에 채권자들이 서 있는 모습일까?

규칙 5
만일의 경우를 대비해 개인 신용도를 높여라

응급 상황에 처하거나 반드시 대출을 해야 하는 일이 생긴다면 생명보험, 채권, 예금 증서 등은 주머니에 들어 있는 현금이나 마찬가지다. 만약 당신이 대출을 하고 싶다면 보험 증권이 바로 현금으로 전환 가능한 예금의 성격인지 잘 확인해보길 바란다. '정기 보험'이라는 일부 보험은 주어진 기간에만 당신의 돈을 보호할 뿐 그 기간이 지나면 예금되는 것이 아니다. 이런 증권은 명백히 대출의 목적으로는 아무런 소용이 없다. 그러니 반드시 물어보라! 약관에 사인하기 전에 현금을 필요로 할 경우에 그 가치가 있는지 확인해두어라.

당신이 대출 가능한 보험도 없고 채권도 없지만, 집이나 차

또는 다른 종류의 담보물을 가지고 있다고 가정해보자. 이럴 경우 당신은 어디에서 필요한 돈을 빌릴 것인가? 무슨 일이 있어도 은행으로 가라! 이 땅의 모든 은행들은 엄격하게 규제받고 있다. 그들은 사회 내에서 평판을 유지하고 있으며, 부과할 수 있는 이자율이 법으로 고정되어 있으며, 당신과 매우 공정하게 거래한다. 그리고 당신이 금전적인 문제가 생겼을 때 의논하고 계획을 세우고 걱정과 채무를 해결할 수 있도록 도움을 주기도 한다. 반복하고 또 반복하지만 담보물이 있을 경우, 제발 은행으로 가시라!

하지만 담보물도 없고 재산도 없으며, 월급이나 급료 말고는 보증할 만한 어떤 것도 없는 수천만 명 중의 하나라고 가정해보자. 그렇다면 이 경고문을 명심하고 당신의 삶을 가치 있게 하라! 절대로, 절대로, 신문 광고에서 당신을 매혹시키는 '대부 업체'와 거래하지 마라. 러셀-세이지 소액대부업법이 아직 통과되지 않은 서부와 남부의 일부 주에서는 무허가 '고리대금업자'들이 여전히 활개를 치고 있다. 때로는 도덕적이고 정직하며 기준에 엄격한 회사들도 있다. 그런 회사들은 질병이나 응급 상황 등 급하게 돈을 써야 하는 사람들에게 서비스를 제공하고 있다. 하지만 은행보다 훨씬 높은 이자를 부과한다. 왜냐하면 위험 부담률이 훨씬 더 높고, 상환하는 데도 훨씬 더 많은 비용을 지출하기 때문이다. 그렇다 하더라도 대부 업체를 이용하기 전에 은행으로 가서 직원과 상담하라. 그리고 혹시 추천해줄 수 있는 믿을 만한 업체가 있는지 물어보라. 그렇지 않으면, 정말 그렇지 않으면, 당신에게 악몽을 보여주고 싶지는 않지만 실제로 이런 일도 일어날 수 있다.

미니애폴리스의 한 신문이 러셀 세이지 재단이 정한 규정 내에서 운영되는 것으로 추정되는 대부 업체에 대한 조사를 실시했다. 나는 그 조사단에서 일하고 있던 한 남자를 알고 있는데, 남자의 이름은 더글러스 러튼으로 지금은 잡지 〈유어 라이프〉에서 편집자로 일하고 있다. 러튼은 가난한 채무자들의 머리카락을 곤두세울 정도의 대출 오용 사례를 직접 목격했다. 단지 50달러를 대출받았는데 상환되기 전에는 300~400달러로 기하급수적으로 치솟았다. 월급은 액세서리에 불과했고, 종종 지불 능력이 안 될 경우 고리대금업자는 가구를 평가하는 감정단을 집으로 보내 집 안 물건들을 깨끗이 쓸어갔다! 소액의 대출금을 4~5년씩 갚고도 여전히 빚을 지고 있는 사람을 쉽게 볼 수 있었다. 특별한 경우라고? 러튼은 이렇게 전한다. "캠페인을 통해 이런 종류의 소송들이 대법원에 넘쳐났어요. 결국 판사들은 두 손 두 발을 다 들었고, 신문은 자체적으로 수백만 건에 달하는 소송을 다루는 중재국을 만들어야만 했어요."

어떻게 이런 일이 가능한가? 글쎄 그 답은 그 치솟은 금액 속에 온갖 종류의 숨은 부과금과 별도로 징수되는 '합법적인 요금'이 들어 있기 때문이다. 대부 업체와 거래할 때 기억해야 할 규칙이 여기에 있다. 만약 당신이 갚을 수 있다고 확신한다면 최대한 빨리 돈을 갚아야 한다. 그러면 이자는 상대적으로 혹은 합리적으로 낮아질 것이고, 그러면 당신은 공정하게 끝내게 된다. 하지만 당신이 계약을 연장해야 한다면 혹은 갱신을 유지하고 있다면 이자는 기하급수적으로 오를 것이다. 이런 부가적인 수수료의 경우 원금에 2000퍼센트나 부풀어지거나 은행보다 약 500배나 더 높게 부과된다고 러튼은 말한다.

만약 그렇게 하지 않을 경우, 악덕 사채업자의 먹잇감이 될 수 있다. 특히 소액 대부법이 갖춰져 있지 않은 캔자스, 몬태나, 노스다코타, 사우스다코타, 사우스캐롤라이나 주에서는 더욱 조심해야 한다. 앨라배마, 아칸소, 조지아, 미시시피, 노스캐롤라이나, 테네시, 텍사스, 와이오밍 주에서는 소액 대부법이 있지만 부분적으로나 전반적으로 실효성이 없으므로 주의해야 한다. 악덕 사채업자들은 컬럼비아 특별구에서도 활개치고 있다. 불법 대부업자들은 보통 은행 이자보다 40~50배나 많은 240퍼센트의 이자를 물린다. 그들은 조심성이 없는 사람들로부터 매년 1억 달러의 돈을 뜯어내고 있다! 그들은 채무자가 돈을 갚지 못하도록 만들고 있으며, 채무자들을 골탕 먹일 10여 가지 방법을 알고 있다.

규칙 6
질병, 화재, 긴급 상황에 대비하라

보험은 비교적 적은 금액으로 모든 종류의 사고, 재난, 그리고 일어날 수 있는 수많은 응급 상황에 대비할 수 있는 좋은 방법이다. 목욕탕에서 미끄러진 것에서부터 풍진에 이르기까지 모든 상황에 보험으로 대비하라는 것은 아니다. 다만 상당한 돈을 지출해야 하고, 그래서 돈에 대해 걱정거리를 만들 것으로 예상되는 주요 재난에 대비하라고 제안하는 것이다. 예를 들어 나는 작년에 열흘 동안 병원에 입원했던 여인을 알고 있는데, 그녀가 퇴원했을 때 보여준 정산서에는 정확히 8달러가 적혀 있었다! 이유는? 그녀가 의료보험에 가입해 있었기 때문이다.

규칙 7
생명보험금을 부인이 일시불로 받도록 계약하지 마라

만약 당신이 죽은 후에 당신의 가족에게 보험금이라도 남겨주고 싶어 보험을 들었다면, 부디 당신의 보험금을 일시불로 지급받도록 계약하지 마라.

목돈이 생긴 미망인에게 무슨 일이 생기냐고? 메이언 S. 에벌리 여사에게 그 대답을 들어보자. 그녀는 뉴욕 시 메디슨 가 488번지에 위치한 생명보험협회의 여성분과 위원장이다. 그녀는 여성 모임이 있는 곳이면 어디든지 달려가서 사망 보험금을 일시불로 받는 상품 대신 종신 소득형 상품으로 계약하는 것이 현명하다고 강연한다. 그녀는 나에게 말하기를, 2만 달러를 현금으로 받은 한 미망인이 자동차 액세서리 사업을 시작하겠다는 아들에게 빌려줬다고 한다. 사업은 실패했고, 그녀는 현재 매우 궁핍한 상태다. 또 다른 미망인은 "1년 내에 두 배로 확실히 뛰어오른다"라는 부동산 중개업자의 감언이설에 설득당해 보험금 대부분을 쓸모없는 땅에 투자했다. 3년 뒤에 그녀는 자신이 투자한 금액의 10분의 1에 그 부지를 팔아야만 했다. 남편을 잃은 또 다른 미망인은 1만 5000달러를 받은 지 채 12개월이 지나기도 전에 자녀들을 위해 '아동복지기금'에 도움을 요청할 수밖에 없는 신세가 되었다. 이와 비슷한 비극적인 사례는 수만 건도 댈 수 있다.

"여성들의 손에서 2만 5000달러의 평균수명은 7년이 채 되지 않는다." 이 발언은 〈뉴욕포스트〉의 경제부장으로 재직 중인 실비아 S. 포터가 〈레이디스 홈 저널〉에서 한 말이다. 몇 년 전에 〈새터데이 이브닝 포스트〉 사설에는 이런 글이 실렸다. "경영 교육을 받은 경험이 없거나, 은행원의 조언을 받지 않는 보통의 미망인들은 남편의 생명보험금에 가장 먼저 접근하는 능수능란한 세일즈맨의 말에 넘어가 무모한 투자를 하기 십상입니다. 웬만한 변호사나 금융 전문가라면 누구든지 교활한 사기꾼의 달콤한 사탕발림에 속아 검소한 가장이 평생 동안 모은 희생과 자제력의 산물을 하루아침에 약탈당한 케이스를 수십 건 이상 말할 수 있습니다."

만약 당신의 사후에 남게 될 부인과 아이들을 보호하고 싶다면 가장 현명한 재무가로 알려진 J. P. 모건으로부터 지혜를 배우는 게 어떨까 한다. 모건은 유언을 통해 16명의 주요한 상속인들에게 유산을 남겼는데, 그중 12명은 여자였다. 모건이 그 여인들에게 현금을 남겼을까? 아니다. 모건은 여인들이 평생 동안 매월 생활비를 받을 수 있게 보장한 신탁 기금을 남기고 떠났다.

자녀들에게 돈에 관해 책임 있는 자세를 갖도록 가르쳐라

나는 〈유어 라이프〉라는 잡지에서 읽은 기사 한 토막을 잊을 수가 없다. 글을 쓴 사람은 스텔라 웨스턴 터틀이었는데, 그녀의 어린 딸에게 어떻게 돈에 대한 책임감을 가르쳤는지를 소개하는 내용이었다. 터틀은 여분의 수표책을 은행에서 가져와서 아홉 살짜리 딸에게 주었다. 딸이 매주 용돈을 받을 때 아이는 엄마에게 그 돈을 예금하고, 엄마는 아이의 은행이 되어 아이의 돈을 맡아주는 식이었다. 그런 다음 아이가 1센트 혹은 2센트를 원할 때마다 터틀은 그 금액을 수표에 쓰게 하고, 잔액을 계속 관찰하게 했다. 그 어린 소녀는 펀드가 재미있을 뿐 아니라 돈을 관리하는 진짜 책임감을 배우기 시작했다.

정말 멋진 방법이다! 만약 당신에게 학교 다니는 아들이나 딸이 있고, 아이에게 돈을 관리하는 법을 가르치고 싶다면 이 방법을 고려해볼 것을 적극 추천한다.

만약을 대비해 여유 자금을 마련하라

만약 당신이 현명하게 예산을 세우고 계획에 따라 소비하는데도 매번 적자를 면치 못한다면 당신은 두 가지 방법 가운데 하나를 할 수 있다. 여전히 징징거리며 걱정하고 불평하거나, 혹은 약간의 여유 자금을 만드는 계획을 세우는 것이다. 어떻게? 글쎄. 뉴욕 시 잭슨 하이츠 83번가에 사는 넬리 스피어 부인이 한 일이 바로 이런 일이었다.

1932년 스피어 부인은 방 세 칸짜리 아파트에서 혼자 살고 있었다. 남편과는 사별했고, 두 자녀는 이미 결혼해 분가했다. 어느 날 가게에서 아이스크림을 먹고 있는데, 그 가게에서 팔고 있는 제과점 파이가 볼품없고 맛도 없어 보였다. 그녀는 주인에게 자신이 직접 만든 파이를 가져올 테니 살 의향이 있는지 물어보았다. 주인이 두 개를 주문했다. 스피어 부인은 내게 이렇게 말했다.

"저는 꽤 요리를 잘했음에도 불구하고 조지아 주에 살 땐 항상 하인을 두었고, 제 평생 한 번도 열 개 이상 파이를 구워본 적이 없었어요. 파이 두 개를 주문받은 저는 이웃에게 사과 파이 굽는 법을 물어보았습니다. 그 가게의 손님들은 제가 만든 첫 수제 파이인 사과 파이와 레몬 파이를 무척이나 좋아했습니다. 약국은 그다음 날 다섯 개를 주문하더군요. 그다음부터는 다른 매장과 간이식당에서 꾸준히 주문이 들어왔어요. 2년 동안 저는 1년에 파이를 5000개나 구웠답니다. 그 모든 일을 제 조그만 주방에서 해냈고, 파이에 들어가는 재료비를 제외한 순수익만 연간 1000달러를 벌어들였죠."

스피어 부인의 수제 파이는 수요가 너무 많아서 그녀는 더 이상 주방에서 일을 하지 못하고 가게를 열어야 했고, 두 명의 여직원을 고용해 파이와 케이크, 롤빵을 구울 정도였다. 전쟁 기간 동안에 사람들은 그녀의 수제 빵을 사기 위해 한 시간씩 이나 줄을 서서 기다렸다.

스피어 부인은 이렇게 말했다. "제 인생에서 그렇게 행복했던 적이 없었어요. 하루에 12시간에서 14시간을 가게에서 일했지만, 저는 그게 일로 느껴지지 않았기 때문에 피곤한 줄 몰랐어요. 그건 삶에 대한 모험이었어요. 사람들을 조금이나마 행복하게 만드는 데 제가 할 수 있는 일이 있었던 거죠. 너무 바빠서 외로워하거나 걱정할 시간도 없었어요. 어머니와 남편, 집을 잃고 나서 인생의 빈자리를 일이 채워주고 있었죠."

혹시 요리에 소질이 있는 다른 여인들도 그녀와 비슷한 방식으로 시간을 활용해 마을에서 돈을 벌 수 있을지 물어보자, 그녀는 대답했다. "예, 물론 그들도 할 수 있어요!"

오라 스나이더 여사도 같은 이야기를 들려줄 것이다. 그녀는 인구 규모가 3만 정도 되는 일리노이즈 주의 메이우드에 살고 있다. 스나이더 여사는 10센트 정도의 재료비로 자신의 주방에서 사업을 시작했다. 남편이 병으로 드러눕자 그녀는 돈을 벌어야만 했다. 하지만 어떻게? 경험도 없었다. 기술도 없었다. 자금도 없었다. 그녀는 평범한 가정주부일 뿐이었다. 그녀는 계란 흰자와 설탕으로 주방에서 사탕을 만들었다. 그런 다음 사탕을 들고 학교 근처에 나가 집으로 돌아가는 아이들에게 하나에 1페니를 받고 팔았다. 그녀는 아이들에게 이렇게 말했다. "내일은 동전을 조금 더 들고 오렴. 아줌마가 매일 집에서 직접 만든 캔디를 가지고 여기에 있을 거야." 첫 일주일 동안 그녀는 이윤을 냈을 뿐만 아니라 삶에서 새로운 재미도 느꼈다. 그녀는 자신과 아이들을 모두 행복하게 만들었다. 걱정 따위를 할 시간이 없었다.

일리노이 주 메이우드의 이 조용하고 작은 주부는 용기를 내어 소란스럽고 분주한 시카고에 자신의 수제 캔디 판매점을 내기로 결심했다. 그녀는 조심스럽게 거리에서 땅콩을 파는 이탈리아인에게 다가갔다. 그는 상관없다는 듯 어깨를 한번 으쓱했다. 그의 고객들이야 캔디가 아닌 땅콩을 원할 테니까. 그녀는 캔디 샘플을 그에게 주었다. 그는 정말 맛있게 먹더니 그녀의 캔디를 팔아주기 시작했다. 장사를 시작한 첫날부터 수익이 생기더니 수년 뒤 그녀는 시카고에 첫 가게를 열었다. 길이가 3미터도 채 안 되는 작은 가게에서 그녀는 밤에는 캔디를 만들고 낮에는 판매를 했다. 주방 화로에서 자신의 캔디 공장을 시작했던, 한때 소심했던 주부가 이제는 17개의 가게를 거느리게 되었으며, 그 중 15개는 시카고의 번화가인 시카고 루프에 위치해 있다.

내가 하고 싶은 말은 바로 이것이다. 뉴욕 주 잭슨하이츠에 사는 넬리 스피어나 일리노이 주 메이우드의 오라 스나이더는 금전적인 문제에 대해 걱정하기보다는 뭔가 긍정적인 일을 했다. 그들은 주방 스토브에서 돈을 벌 수 있는 지극히 작은 일부터 시작했다. 자본도, 임대비도, 광고도, 직원들의 급여도 필요 없었다. 이런 상황에서 한 여인이 자금 문제로 사업을 망치는 일은 거의 없다.

주위를 둘러보라. 아직 완성되지 않은 채 당신의 손길을 기다리고 있는 많은 가능성들이 있을 것이다. 예를 들어 당신이 유능한 요리사가 된다면, 당신의 주방에서 어린 소녀들을 위한 요리 클래스부터 시작해서 돈을 벌 수 있을 것이다.

여유 시간을 활용해 돈을 버는 방법은 여러 책에 소개되어 있다. 공립 도서관에 문의해보면 여성이든 남성이든 모두에게 기회가 널려 있다. 한 가지 경고할 일은 세일즈에 타고난 재능이 있는 사람이 아니라면 방문판매는 시도하지 말길 바란다. 대부분의 사람들은 방문판매를 싫어하고, 또 실패할 확률이 매우 높다.

규칙 10
절대로 도박은 하지 마라

경마 도박이나 슬롯머신으로 돈을 벌겠다는 사람들을 보면 놀랍다. 나는 슬롯머신을 늘어놓고 사업을 하는 한 사내를 알고 있는데, 그는 순진하게도 온통 부정하게 조작된 이 기계 덩어리를 이길 수 있다고 생각하는 어리석은 사람들을 경멸할 뿐이다.

나는 또한 미국에서 잘 알려진 출판사 사장도 한 명 알고 있다. 그 사장은 내 성인 강좌를 수강한 학생이었다. 그는 경마에 대한 자신의 지식을 이야기하며 경마로는 결코 돈을 벌 수 없다고 했다. 하지만 어리석은 사람들이 경마에 베팅하는 금액은 연간 60억 달러에 달하는 게 사실이고, 이 금액은 1910년 미국의 국가 채무 금액의 6배에 달하는 금액이다. 그 사장은 만약 정말 꼴도 보기 싫을 정도의 원수가 있어서 그를 망치고 싶다면 경마를 권하는 것보다 더 좋은 방법은 없을 거라고 말하기도 했다. 그에게 경마 정보지에 따라 경마를 하는 사람들이 이길 가능성은 얼마나 되는지 물었더니 "그렇게 베팅하다가는 패가망신하고 말 것"이라고 대답했다.

만약 우리가 도박을 하겠다고 결심했다면 적어도 똑똑해지자. 우리에게 얼마나 승산이 있는지에 대해서 알아보자. 어떻게? 브릿지와 포커의 권위자이자 일류 수학자이며, 전문 통계학자이고 보험 회계사인 오스왈드 자코비가 쓴 《얼마나 승산이 있는가》를 읽어보자. 이 책은 215페이지에 걸쳐 당신이 경마, 룰렛, 주사위 도박, 슬롯머신, 포커, 드로 포커, 스터드 포커, 콘트랙트 브리지, 경매 카드 게임, 주식 등을 했을 때 얼마나 승산이 있는지를 계산해놓았다. 그 밖의 다른 게임에도 과학적이고 수학적인 데이터를 제공한다. 이 책은 어떻게 하면 도박으로 돈을 벌 수 있는지 방법을 알려주겠다고 하지 않는다. 저자는 도박 천재가 아니다. 단지 일반적인 도박에서 당신이 이길 확률이 어느 정도인지를 보여준다. 그리고 그 확률을 보면 힘들게 번 돈을 경마나 카드, 주사위, 슬롯머신에 거는 가난하고 잘 속는 사람들이 정말 불쌍하게 생각될 것이다. 당신이 만약 거짓말을 늘어놓거나 포커를 하거나 경마를 하는 사람이라면 이 책은 책값의 100배 아니 1000배의 값어치를 할 것이다.

규칙 11
**경제 상황을 개선시킬 수 없다 하더라도 자신을 아끼고,
바꿀 수 없는 상황에 대해 불평하지 마라**

우리의 경제 상황을 개선하지 못한다 하더라도 우리의 정신

자세를 개선할 수는 있다. 다른 사람들도 저마다 경제적인 문제를 가지고 있다는 사실을 기억하자. 우리는 아마도 A씨를 따라잡을 수 없어 걱정하고 있다. 그러나 A씨도 분명히 걱정하고 있다. 왜냐하면 그도 B씨를 따라잡을 수 없다고 생각하기 때문에. 그리고 그들 모두 C씨를 따라잡을 수 없다고 생각하기 때문에 걱정할 것이다.

미국 역사상 유명한 사람들 중에도 경제적인 문제를 가진 사람들이 있었다. 링컨과 워싱턴 둘 다 대통령 선거운동을 하기 위해 돈을 빌려야만 했다.

만약 우리가 원하는 모든 것을 가질 수 없다 하더라도 우리의 일상에 독을 바르고 걱정과 분노로 우리의 생각을 멍들게 하지 말자. 우리 자신을 용서하자. 철학적인 사람이 되도록 노력하자. 로마의 위대한 철학자 중 한 명인 세네카는 이렇게 말했다. "만약 당신이 부족하다고 느끼는 점이 있다면, 설령 온 세상을 다 가진다 해도 비참할 것이다." 그리고 이것도 기억하자. 만약 우리가 온 세상을 소유하고 그 둘레를 울타리로 친다고 해도 누구나 하루에 세 끼를 먹고 한 번에 한 침대에서 잘 수 있을 뿐이다.

금전적인 문제에서
벗어나기 위한 11가지 방법

1. 메모하는 습관을 들여라.

2. 자신의 상황에 맞춰 예산을 세워라.

3. 현명하게 소비하는 법을 배워라.

4. 수입이 늘어난다고 걱정거리를 늘리지 마라.

5. 만일의 경우를 대비해 개인 신용도를 높여라.

6. 질병, 화재, 긴급 상황에 대비하라.

7. 생명보험금을 부인이 일시불로 받도록 계약하지 마라.

8. 자녀들에게 돈에 관해 책임 있는 자세를 갖도록 가르쳐라.

9. 만약을 대비해 여유 자금을 마련하라.

10. 절대로 도박은 하지 마라.

11. 경제 상황을 개선시킬 수 없다 하더라도 자신을 아끼고,
    바꿀 수 없는 상황에 불평하지 마라.

Public speaking & influencing men in business

인간관계론 · 자기관리론 · 성공대화론

1

용기와 자신감
계발하기

"용기는 남자의 최우선 자질이다."

— 다니엘 웹스터

"두려움의 눈으로 미래를 보는 것은 결코 안전하지 않다."

— E. H. 해리먼

"두려움과 상의하지 마라."

— 스톤월 잭슨의 좌우명

"가능하다는 생각을 품고 있으면, 아무리 어려운 일이라도 스스로를 격려하며 해낼 수 있다. 하지만 아무리 쉬운 일이라도 하지 못할 것이라 생각하면, 두더지가 파놓은 흙더미를 보고도 거대한 산으로 여길 것이다."

— 에밀리 쿠

용기와 자신감 계발하기

1912년에 내가 대중 강연에 관한 교육과정을 시작한 이후로 그 과정을 거쳐간 비즈니스맨은 1만 8000명이 넘는다. 나는 그들에게 강의를 수강하게 된 이유와 강의에서 얻고자 하는 게 무엇인지를 적어달라고 요청했다. 물론 표현 방식은 모두 달랐지만, 글에 담긴 가장 주요한 욕구와 대다수 사람들이 근본적으로 원하는 것은 놀라울 정도로 비슷했다. 수천 명의 사람들은 대략 이렇게 고백했다. "많은 사람들 앞에서 말해야 할 때 사람들의 시선을 받는 게 너무 두려워서 생각도 잘 안 나고, 집중할 수 없으며, 말하려고 했던 내용도 기억나지 않습니다. 남들 앞에 섰을 때도 자신감과 평정심을 갖고 생각하는 능력이 있었으면 좋겠습니다. 사업상 회의나 사적인 모임에서 사람들에게 제 생각을 논리적으로 정리해 분명하게 말할 수 있었으면 좋겠습니다."

구체적인 사례를 하나 살펴보자. 수년 전에 D. W. 젠트라는 한 신사가 필라델피아에서 내가 하는 대중 연설 강의를 듣게 되었다. 첫 강의 직후, 그는 점심 식사나 같이하자며 나를 제조업체 모임에 초대했다. 그는 제조업체를 소유한 사장이었고, 교회와 지역사회에서 리더로 활동하며 적극적으로 인생을 살아온 중년의 남자였다. 초대받은 날 함께 점심을 먹던 중, 그가 식탁 위로 몸을 굽히며 이렇게 말했다. "이런저런 모임에서 연설 좀 해달라고 여러 번 부탁받았는데 한 번도 할 수가 없었습니다. 안절부절못하는 바람에 머릿속이 백지처럼 텅 비어버려 평생 연설하는 걸 피해왔습니다. 그런데 이번에 대학 이사회 의장이 됐습니다. 그 모임에서는 회의를 진행해야 하니 무슨 말이라도 해야 하는데 말입니다…. 이렇게 늦은 나이에도 대중 연설에 대해 배울 수 있을까요?"

나는 이렇게 대답했다. "제 생각을 물으시는 건가요, 겐트 씨? 그건 전혀 고민할 문제가 아닙니다. 제가 알려드리는 몇 가지만 잘 따라 연습하시면 분명히 하실 수 있고, 그렇게 될 겁니다."

그는 내 말을 믿고 싶으면서도 한편으로는 내 말이 너무 희망적이고 낙관적이라고 생각하는 듯했다. 그가 말했다. "그냥 저를 격려해주려고 하시는 친절한 말씀 같군요."

그가 교육과정을 모두 마친 뒤 우리는 한동안 서로 연락을 하지 못했다. 나중에서야 제조업체 모임에서 다시 만나 함께 점심 식사를 하게 되었다. 처음 식사했을 때와 같은 식탁, 같은 자리에 앉았다. 나는 그에게 지난번 우리가 나눴던 대화 내용을 상기시키면서 그때 내가 너무 낙관적이었느냐고 물어보았다. 그는 주머니에서 붉은 표지의 수첩을 꺼내더니 자신이 연설하기로 예정되어 있는 강연 목록과 스케줄을 나에게 보여주었다. 그러고는 이렇게 고백했다. "이제 저는 연설할 수 있는 능력이 생겼고, 연설하는 기쁨도 느끼게 됐답니다. 연설을 통해 지역사회에 더 크게 기여할 수 있게 되었다는 사실이 제 인생에서 가장 뿌듯한 일입니다."

우리가 만나기 얼마 전, 워싱턴에서 군비 제한을 위한 국제회의가 열렸다. 로이드 조지 영국 총리가 그 회담에 참석할 예정이라는 사실을 알게 된 필라델피아 침례교회에서는 곧 열릴 예정인 자신들의 대규모 집회에 로이드 조지를 연설자로 초대하는 전보를 보냈다. 로이드 조지는 자신이 워싱턴에 가게 되면 그 초대를 받아들이겠다는 답신을 보내왔다. 그리고 영국 총리를 청중에게 소개할 사람으로는 그 많은 필라델피아 침례교도 중에서 겐트 씨가 뽑혔다고 했다.

그는 3년 전 똑같은 식탁에 앉아서 자신이 사람들 앞에서 한 번이라도 제대로 연설할 수 있을지 나에게 진지하게 물어보던 바로 그 사람이었다!

그의 연설 실력은 특이할 정도로 빨리 좋아진 것일까? 전혀 그렇지 않다. 비슷한 사례가 아주 많이 있었다. 한 가지만 더 구체적인 사례를 들어보겠다. 수년 전에 브루클린에 거주하는 어떤 의사가(여기서는 그를 커티스 박사라고 부르자) 플로리다에 있는 자이언츠 팀 훈련장 근처에서 겨울을 보냈다. 그는 열렬한 야구 팬이어서 자이언츠가 연습하는 걸 자주 보러 갔다. 그러다 그는 팀 사람들과 꽤 친해졌고 팀 축하연에 초대를 받았다.

커피와 견과류가 나온 뒤 몇몇 저명한 손님들에게 '한마디하라'라는 요청이 있었다. 그때 폭발이 일어나듯 갑작스럽고도 예상치 못하게 사회자가 이렇게 말하는 게 들렸다. "의사 선생님 한 분이 이 자리에 참석하셨습니다. 커티스 박사님께 야구 선수의 건강과 관련해서 한 말씀 부탁하겠습니다."

그는 준비되어 있었을까? 물론이다. 30년 가까운 세월 동안 위생학을 연구하고 의사로 일해왔으니 세상 누구보다도 준비가 잘되어 있었다. 그는 자기 자리에 앉아서 오른쪽 왼쪽 할 것 없이 옆에 앉은 사람에게 그 주제로 밤새도록 이야기할 수도 있었다. 하지만 똑같은 내용을 사람 수가 아무리 적을지라도 청중 앞에서 이야기하는 것은 전혀 다른 문제였다. 대중 앞에서 연설한다는 것은 그의 온몸을 마비시킬 만한 문제였다. 연설을 한다는 생각만으로 그의 심장박동 속도는 두 배로 빨라졌고, 불규칙해지기까지 했다. 평생 대중 연설을 해본 적이 없었으니, 그때까지 그의 머리를 채우고 있던 모든 생각이 빠르게 증발하기 시작했다.

어떻게 해야 하는 걸까? 청중들은 박수를 치고 있었다. 모두가 그를 쳐다보고 있었다. 그는 고개를 저었다. 하지만 고개를 젓자 박수 소리는 오히려 더 커졌고, 연설 요청은 더 늘어날 뿐이었다. "커티스 박사님! 연설! 연설!" 하는 외침이 점점 더 커졌고, 더 뚜렷해졌다.

너무나 괴로운 상황이었다. 일어나면 대여섯 문장도 꺼내지 못하고 주저앉을 거라는 사실을 알았다. 그래서 그는 일어난 다음 단 한마디도 하지 않은 채 그의 친구들에게 뒷모습을 보이며 조용히 연회장 밖으로 걸어 나갔다. 너무나 무안하고 창피한 순간이었다.

그가 브루클린으로 돌아와서 가장 먼저 한 일 가운데 하나는, 나의 대중 연설 강의에 등록한 것이라는 사실은 놀랄 일도 아니다. 얼굴이 시뻘개져서 아무 말도 못하게 되는 상황을 두 번 다시 겪고 싶지 않았던 것이다.

그는 상당히 성실해서 강사를 기쁘게 하는 부류의 수강생이었다. 연설할 수 있는 능력을 갖추기 위해 대충하려는 생각은 조금도 없었다. 연설 내용을 철저하게 준비했고, 의욕적으로 연습했으며, 강의에 단 한 번도 결석한 적이 없었다.

그와 비슷한 학생들이 언제나 그렇듯이, 그는 스스로도 놀랄 정도의 속도로 자신이 희망하던 경지를 넘어섰다. 강의를 몇 번 듣고 나자 긴장감은 줄어들었고, 자신감은 점점 더 늘어났다. 두 달이 지나자 그는 수강생 모임에서 가장 뛰어난 발표자가 되었다. 그리고 이제는 연설이 주는 느낌과 흥분, 연설로 얻게 되는 명성과 새 친구들을 너무 좋아하게 되었으며, 외부로부터 강연 요청도 받기 시작했다.

커티스 박사의 대중 연설을 듣고 공화당 뉴욕 시 선거위원회 위원 중 한 명이 그에게 뉴욕에서 공화당 선거 유세를 해달라고 부탁했다. 그 사람이 1년 전만 해도 청중이 두려워서 아무 말도 하지 못한 채 부끄럽고 당황한 모습으로 자리에서 일어나 연회장을 떠난 적이 있다는 사실을 알게 된다면, 그 정치인은 얼마나 놀랄까!

자신감과 용기를 갖고 여러 사람 앞에서 연설하는 동안 침착하고 명확하게 생각하는 능력은 대부분의 사람들이 생각하는 것의 10분의 1만큼도 어렵지 않다. 그 능력은 하나님의 섭리에 의해 선택된 소수의 사람들에게만 주어지는 재능이 아니다. 그 능력은 골프를 치는 것과 같다. 누구나 하고자 하는 의지만 충분하다면 자신이 갖고 있는 잠재된 능력을 계발할 수 있다.

청중 앞에 서 있을 때는 앉아 있을 때만큼 생각을 잘할 수 없는 무슨 타당한 이유라도 있다고 생각하는가? 모두들 알다시피 그래야 할 이유는 없다. 실제로는 청중 앞에 있을 때 생각을 더 잘해야 한다. 청중이 있다는 사실이 자극이 되고, 그로 인해 의욕이 생겨야 한다.

상당히 많은 연설가들이 청중이 있을 때 자극과 영감을 받고, 두뇌 작용이 더 뚜렷하고 날카로워진다고 말한다. 그런 순간에는 자기 안에 있는지도 몰랐던 생각과 사실과 아이디어가 헨리 워드 비처의 말처럼 "연기 날리듯 떠오르게" 된다. 그러면 사라지기 전에 팔을 뻗어서 잡기만 하면 된다. 이런 경험은 직접 해봐야 한다. 연습하고 인내한다면 당신도 할 수 있다. 즉 청중에 대한 두려움이 조금씩 사라지고, 자신감과 용기를 얻게 될 거란 사실만큼은 확신해도 좋다.

당신이 처한 상황이 유별나게 힘들다고 생각하지 마라. 나중에 가장 뛰어난 연설가로 한 시대를 풍미했던 사람들조차도 사회생활을 처음 시작했을 때는 눈앞을 가리는 두려움과 소심함 때문에 괴로워했다.

수많은 전투를 경험한 용사인 윌리엄 제닝스 브라이언도 처음에는 떨려서 무릎이 후들거릴 정도였다고 한다. 마크 트웨인도 처음으로 강의하기 위해 일어섰을 때는 입 안에 솜이 한가득 들어 있는 것 같았고, 맥박은 우승컵을 향해 뛰어가듯 빨라지는 것 같은 느낌이었다.

그랜트 장군은 남북전쟁 당시 빅스버그를 점령하면서 군대를 승리로 이끌었다. 하지만 대중 앞에서 연설을 하려고 하자, 마치 운동 실조증에 걸린 환자처럼 몸을 마음대로 움직일 수 없었다고 고백했다.

지금은 고인이 되었지만, 살아 있는 동안 프랑스에서 동시대인들 중 가장 권위 있는 정치 연설가였던 장 조레스는 프랑스 국민회의에서 1년 동안 아무 말도 하지 못한 채 앉아 있은 다음에야 첫 연설을 할 수 있을 정도의 용기를 갖게 되었다.

또한 로이드 조지는 이렇게 털어놓기도 했다. "처음으로 대중 연설을 하려 했을 때는 정말이지 고통스러울 정도였습니다. 혀가 입천장에 착 달라붙어 떨어지지 않더군요. 비유해서 말하는 게 아니라 진짜 말 그대로입니다. 처음에는 정말 한마디도 할 수가 없었습니다."

남북전쟁 때 잉글랜드에서 북군의 대의와 노예해방을 옹호했던 저명한 영국인 존 브라이트는 학교에 모인 시골 사람들 앞에서 처음으로 연설을 하게 되었다. 연설을 망칠까 봐 너무도 두려웠던 그는 같이 가던 동료에게 자기가 긴장해서 불안해하는 모습을 보일 때마다 박수를 쳐서 기운을 북돋아달라고 부탁했을 정도였다.

아일랜드의 위대한 지도자인 찰스 스튜어트 파넬 또한 대중연설을 시작하던 초창기에는 아주 많이 긴장했다. 그의 형의 말에 따르면, 그는 너무 긴장한 나머지 주먹을 불끈 쥐었는데 손톱이 살을 파고들어 손바닥에 피가 날 정도였다고 한다.

디즈레일리는 처음으로 하원 의원들 앞에 섰을 때 차라리 기병대를 이끌고 돌격하는 게 낫겠다고 생각했다. 하원에서 그가 했던 개회 연설은 끔찍할 정도로 완전 실패했다. 셰리든의 개회 연설도 마찬가지였다.

실제로 영국에서 유명한 연설가들은 대부분 첫 연설에서 형편없는 경우가 많았다. 그래서 영국 의회에서는 젊은 청년이 첫 연설을 성공적으로 마치는 사례를 불길한 징조로 여기는 분위기가 있다. 그러니 기운 내시라.

나는 오랫동안 정말 많은 연설가들의 발전 과정을 지켜보고 또 조금씩 도와주다 보니, 수강생들이 처음에 어느 정도 긴장하고 불안해하며 동요하는 모습을 보면 오히려 더 반가웠다.

업무 회의에서 20명 정도의 남녀를 앞에 두고 발표할지라도 어느 정도의 책임의식과 압박, 충격, 흥분을 느끼기 마련이다. 연설가는 경주마가 재갈을 꽉 물고 있듯이 긴장하고 있어야 한다. 2000년 전 불후의 인물 키케로가 말했듯이, 정말 가치 있는 대중 연설에는 긴장감이라는 특징이 있다.

연설가들은 라디오 방송에서 말할 때조차도 자주 긴장하곤 한다. 이런 증세를 보통 '마이크 공포증'이라고 한다. 찰리 채플린은 라디오 방송을 할 때 할 말을 전부 적어둔 대본을 갖고 있었다. 그는 물론 청중이 낯설지 않았다. 지난 1912년에는 '연주회장에서의 하룻밤'이라는 보드빌 스케치로 미국 전역을 돌며 순회공연을 했다. 그전에 영국에서는 정식 연극 무대에 출연하기도 했다. 하지만 방음벽이 있는 방에 들어가 마이크를 잡자, 그는 눈보라가 몰아치는 2월에 대서양을 횡단하는 사람과 같은 기분이 들었다.

유명한 영화배우이자 감독인 제임스 커크우드도 비슷한 일을 경험했다. 그는 강연 무대에서만큼은 스타였지만, 보이지도 않는 청중들을 향해 말한 다음 방송실을 나와서는 이마에 맺힌 땀을 닦아냈다. 그러고는 이렇게 털어놓았다. "브로드웨이에서 공연하는 첫날도 이보다 훨씬 쉬웠습니다."

어떤 이들은 연설을 아무리 자주 해도 연설 시작 전마다 이런 지나친 자의식을 느낀다고 한다. 하지만 연설하려고 일어난 후 몇 초만 지나면 그런 느낌은 없어진다.

링컨조차도 연설을 시작하면서 두려워한 적이 몇 차례 있었다. 그의 동료 변호사인 헌던은 이렇게 이야기한다. "링컨은 처음에는 아주 서툴러서 주변 환경에 적응하느라 정말 고생했던 것 같아요. 자신도 없었고, 지나치게 예민하다는 생각 때문에 점점 더 불편해졌죠. 저는 그 시기에 링컨을 자주 만나면서 위로해주었습니다. 연설을 시작할 때 링컨의 목소리는 피리 소리처럼 높아져서 별로였어요. 그만의 방식, 태도, 어둡고 누렇고 주름지고 건조한 얼굴, 특이한 자세, 자신 없는 행동, 이 모든 게 불리해 보였지만 잠깐 동안만 그랬던 거죠." 얼마 지나지 않아 링컨은 침착하고 따뜻하고 진지한 모습을 되찾았고, 그때부터 진정한 자기만의 연설을 시작했다.

당신도 이와 비슷한 경험을 하게 될 것이다. 대중 앞에서 연설을 잘하는 사람이 되려고 노력한다면, 그것도 신속하고 효율적으로 최대의 성과를 얻고 싶다면 다음의 네 가지 요소가 필수적이다.

첫째, 강하고 집요한 의욕을 갖고 시작하라

의욕은 당신이 생각하는 것보다 훨씬 중요하다. 강사가 당신의 생각과 마음을 들여다볼 수 있어서 의욕이 어느 정도인지 알아낼 수만 있다면, 당신이 얼마나 빨리 발전할 수 있을지 거의 정확히 예측할 수 있을 것이다. 의욕이 떨어지고 무기력하다면, 그 성과의 강도나 지속성도 그와 비슷할 것이다. 하지만 고양이가 생쥐를 쫓듯 끈질기게 에너지를 쏟고 목표를 향해 나아간다면, 이 세상에 그 어떤 것도 당신을 막지 못할 것이다.

그러므로 이 주제에 관해 자기 훈련에 열정을 쏟아라. 그 혜택들을 열거해보라. 대중 앞에서 더 설득력 있게 말할 수 있는 능력과 더 커진 자신감이 어떤 영향을 줄지 생각해보라. 금전적인 측면에서 영향을 미칠 수 있으며, 또 반드시 영향을 미치게 된다는 점을 명심하라. 그로 인해 친구가 달라지고, 자신의 영향력이 커지며, 리더십을 갖춘다는 것이 무엇을 의미하는지 생각해보라. 당신이 생각하거나 상상할 수 있는 다른 어떤 활동보다도 이를 통해 더 빨리 리더십을 갖추게 될 것이다.

천시 M. 드퓨는 이렇게 말했다. "누구나 갖출 수 있는 능력 가운데 다른 사람들의 마음에 들게 말할 수 있는 능력만큼 빨리 출세하고 인정받는 방법은 없다."

필립 D. 아머는 엄청난 부를 축적한 후에 이렇게 말했다. "위대한 자본가보다는 위대한 연설가가 되는 편을 택하겠습니다."

위대한 연설가가 되는 것은 교육을 받은 사람이라면 거의 모두가 열망하는 능력이다. 앤드류 카네기가 사망한 후, 서류 뭉치 속에서 그가 서른세 살 때 만든 인생 계획이 발견되었다. 당시에 그는 2년 후부터 매년 5만 달러씩 벌어들일 수 있을 정도로 회사를 키울 수 있을 것으로 기대하고 있었다. 그리고 서른다섯 살에 은퇴해서 옥스퍼드 대학에 진학해 제대로 공부하고, '대중 앞에서 연설하는 일에 특히 관심을 기울이기로' 마음먹고 있었다.

이렇듯 새로운 능력을 실행에 옮김으로써 느끼게 될 만족과 기쁨을 생각해보라. 나는 세계 여러 곳들을 여행했고 수없이 다양한 일들을 경험했지만, 완전하고도 오래도록 내면적인 충족감을 느끼고 싶다면 청중들 앞에 서서 그들이 당신의 주장을 좇아오게 하는 일만 한 것도 없다고 생각한다. 그러다 보면 당신은 자신이 강하다는 생각이 들 것이다. 자신의 능력을 더 자랑스러워하게 될 것이다. 당신은 보통 사람들과 구분되고, 그들보다 높이 평가받게 될 것이다. 그 일에는 신비로운 매력이 있고, 절대로 잊지 못할 황홀함도 있다. 한 연설가는 이렇게 털어놓았다. "연설을 시작하기 2분 전에는 연설을 하느니 차라리 매를 맞는 게 낫겠다 싶지만, 연설이 끝나기 2분 전이 되면 끝내느니 차라리 총을 맞는 게 낫겠다 싶어요."

그 모든 노력에도 불구하고 어떤 이들은 마음이 약해져서 중도에 포기한다. 하지만 당신은 대중 앞에서 연설한다는 것이 자신에게 어떤 의미인지를 계속 생각하면서 열정이 최고조가 되도록 해야 한다. 당신이 결국에는 성공할 수 있도록 열의를 갖고 이 과정을 시작해야 한다. 여기 이 글을 읽기 위해 일주일에 하룻밤을 따로 정해두어라. 앞으로 전진하는 일은 가능한 한 쉽게 하고, 되돌아가는 일은 가능한 한 어렵게 하라.

율리우스 카이사르가 자신의 군대를 이끌고 갈리아 지방에서 배를 타고 해협을 건너 지금의 영국 땅에 상륙했을 때, 전쟁에서 확실히 승리하기 위해 무엇을 했을까? 그는 영리하게도 병사들을 60미터 아래 파도가 몰아치는 바다가 내려다보이는 회백색 석회암 절벽 위에 세워놓은 다음, 그들이 타고 온 배가 전부 시뻘건 불길에 휩싸이는 걸 지켜보도록 했다. 적의 땅에서 대륙과의 마지막 연결 고리가 없어졌으니, 되돌아갈 최후의 수단이 다 타버렸으니 남은 건 전진하고 정복하는 일밖에 없었다. 그리고 그들은 정말 그 일을 해냈다.

이것이 바로 불후의 영웅 카이사르의 정신력이었다. 청중에 대한 어리석은 두려움을 없애버리려는 이 전쟁에서 당신도 그의 정신력을 본받으면 어떨까?

둘째, 무엇에 대해서 말할 것인지 철저하게 알고 있어야 한다

자신이 할 말을 깊이 생각해야 한다. 제대로 계획하지 못했거나 무슨 말을 해야 할지 잘 모른다면 청중들 앞에서 편안해질 수 없다. 이는 눈 먼 사람이 다른 눈 먼 사람을 안내하는 것과 같다. 이런 상황에 처한 연설가는 스스로를 돌아봐야 하고, 뉘우쳐야 하고, 자신이 소홀했음을 부끄러워해야 한다.

시어도어 루스벨트는 《자서전》에서 이렇게 썼다. "1881년 가을에 주 의회 의원으로 선출됐을 때, 의원들 중 내가 가장 젊다는 사실을 알게 되었다. 다른 젊은이들이나 경험이 부족한 의원들과 마찬가지로 연설은 혼자 배우기가 굉장히 힘들었다. 그러던 중 웰링턴 공작의 말을 자기도 모르게 쉬운 말로 바꿔 표현하는(웰링턴 공작도 틀림없이 다른 누군가의 말을 쉽게 바꿔 표현했겠지만) 어떤 고집 센 시골 영감님의 조언이 큰 도움이 되었다. 그는 '할 말이 있다는 게 확실해졌을 때, 그리고 말할 내용이 뭔지를 정확히 파악했을 때 연설하고 자리에 앉게'라고 조언했다."

이 '고집 센 시골 영감'은 루스벨트에게 긴장감을 극복하기 위한 또 하나의 조언을 해주었어야 했다. 이런 말을 덧붙였어야 했던 것이다. "청중 앞에 섰을 때 뭔가 할 일을 찾을 수 있다면, 가령 어떤 물건을 보여준다든지, 칠판에 단어를 쓴다든지, 지도 위에 한 지점을 가리킨다든지, 탁자를 옮긴다든지, 창문을 활짝 열어젖힌다든지, 책이나 종이뭉치의 자리를 바꾸는 등의 의도적인 행동을 할 수 있다면, 마음이 편안해지면서 부끄러움을 떨쳐버리는 데 도움이 될 거라네."

그런 행동을 하기 위한 구실을 찾기가 항상 쉬운 건 아니지만, 어쨌든 충고의 내용은 그러하다. 가능하다면 충고를 따르되 처음 몇 번만 따르도록 하라. 아기가 일단 걸음마를 배운 다음에는 의자를 붙잡을 일은 없다.

셋째, 자신 있게 행동하라

미국 출신의 가장 유명한 심리학자 중 한 명인 윌리엄 제임스 교수는 다음과 같이 썼다.

"행동이 감정을 따르는 것 같지만 사실 행동과 감정은 동시에 발생한다. 그래서 우리는 인간의 의지로 직접 제어할 수 있는 행동을 통제함으로써 의지의 영향을 받지 않는 감정을 간접적으로나마 통제할 수 있다.

따라서 좋은 기분이 사라졌을 때 스스로의 힘으로 기분을 좋게 하기 위해서는, 자세를 바로잡고 이미 기분이 좋아진 것처럼 말하고 행동하는 것이다. 그렇게 말하고 행동해도 기분이 좋아지지 않는다면, 그때만큼은 어떻게 해도 기분이 좋아질 수 없다.

그러므로 용감해지기 위해서는 용감한 사람처럼 행동하고, 그 목표를 위한 의지력을 최대한 발휘하라. 그러면 뜻하지 않은 용감함이 뜻하지 않은 두려움을 대신하게 될 가능성이 아주 높아질 것이다."

제임스 교수의 조언을 적용해보라. 청중을 마주할 때 용감해지기 위해서는 이미 용기가 있는 사람처럼 행동하라. 물론 준비가 되어 있지 않다면, 아무리 이런저런 행동을 다 해봐도 별 소용이 없을 것이다. 하지만 무슨 말을 해야 할지 알고 있다면, 씩씩하게 밖으로 나가서 크게 심호흡하라. 실제로는 청중과 처음 대면하기 전에 30초 동안 크게 심호흡을 하라. 산소 공급이 늘어나면서 기분이 좋아지고 용기가 생길 것이다. 위대한 테너인 장 드 레즈케는 호흡을 충분히 깊게 해서 '그 위에 앉을 수 있을 정도'가 되면 긴장감이 사라진다고 말했다.

중앙아프리카의 퓰라니 족 젊은이들은 성인이 되어 부인을 맞이하려면 채찍질당하는 의식을 거쳐야만 한다. 부족의 여인들이 북소리에 맞춰 노래하면, 허리까지 아무것도 걸치지 않은 지원자가 앞으로 걸어 나온다. 그러면 갑자기 한 남자가 무시무시한 채찍을 들고 그에게 다가가 악마처럼 지원자의 맨몸에 채찍질한다. 채찍으로 맞은 자리에는 자국이 남고, 때로는 피부가 찢겨져 피가 흐르기도 한다. 평생 지워지지 않는 상처가 만들어지는 것이다. 이런 고통을 당하는 동안 마을의 존경받는 원로는 그 지원자 가까이 앉아서 그가 움직이거나 조금이라도 고통스러운 모습을 보이는지 확인한다. 채찍질당하는 지원자가 이 시험을 무사히 통과하기 위해서는 고통을 견디면서 동시에 성스러운 노래도 불러야 한다.

어느 시대, 어느 지역에서나 사람들은 항상 용기를 동경해왔다. 그러므로 가슴속에서 심장이 아무리 쿵쾅거릴지라도 용감하게 큰 걸음으로 앞으로 나아가서 멈춘 다음, 이 상황을 정말 즐기고 있다는 듯 행동하라.

몸을 위로 쭉 뻗어서 키가 최대한 커 보이게 하고, 청중들의 눈을 똑바로 쳐다보고, 그들 하나하나가 당신에게 갚아야 할 돈이 있는 것처럼 자신 있게 이야기를 시작하라. 그들이 당신에게 빚을 졌다고 상상하라. 빚 갚을 날짜를 미뤄달라고 당신에게 간청하기 위해 모였다고 상상하라. 그렇게 하면 심리적으로 도움이 될 것이다.

불안하게 코트 단추를 채웠다 풀었다 하지 말고, 묵주나 목걸이를 갖고 장난치지 말고, 손으로 이것저것 만지작거리지도 마라. 불안한 행동을 꼭 해야만 한다면, 아무도 볼 수 없게 양손을 등 뒤에 놓고 손가락을 비틀거나 발가락을 꼼지락거려라.

일반적으로 연설자가 가구 뒤로 숨는 일은 좋지 않지만, 처음 몇 번 정도는 탁자나 의자 뒤에 서서 가구를 꽉 붙잡는다거나 손바닥 안에 동전을 넣어 꽉 쥐고 있으면 용기가 조금 생길 것이다.

시어도어 루스벨트는 특유의 용기와 독립심을 어떻게 발전시켰을까? 대담한 모험심을 타고난 것일까? 절대 그렇지 않다. 《자서전》에서 루스벨트는 다음과 같이 털어놓았다. "나는 어렸을 때부터 꽤나 병약하고 수줍음이 많아서, 청년 시절에도 처음엔 내 자신의 능력을 신뢰하지 못하고 불안해했다. 신체뿐만 아니라 영혼이나 정신도 힘들고 고통스럽게 연마해야만 했다."

다행히도 그는 어떻게 변화할 수 있었는지에 대해 다음처럼 설명했다. "어렸을 때 매리엇이 쓴 책에서 어떤 구절을 읽고 아주 깊은 감명을 받았다. 그 글에서 어떤 작은 영국 군함의 함장이 주인공에게 어떻게 하면 대담해질 수 있는지에 대해 설명해주고 있었다. 작전에 참가하게 되면 처음에는 누구나 겁을 먹게 된다. 그러면 스스로 마음을 굳게 다잡고 전혀 겁나지 않는 것처럼 의식적으로 행동해야 한다. 그런 태도를 오래 지속하고 나면 거짓된 행동이 현실로 바뀌게 된다. 두려움을 느낄 때, 두려움을 느끼지 않는 연습을 하는 것만으로도 정말로 두려움이 없어지게 되는 것이다(나는 매리엇의 말을 그대로 인용하지 않고, 내 표현 방식대로 바꾸어 표현하고 있다).

이것이 내가 실천에 옮긴 원리였다. 회색 곰에서부터 '사나운' 말과 총잡이까지 처음엔 두려워하는 대상의 종류가 엄청 다양했지만, 그 대상들을 두려워하지 않는 것처럼 행동함으로써 점차 두려움이 없어지게 되었다. 대부분의 사람들도 마음만 먹으면 나처럼 될 수 있다."

당신도 원한다면 루스벨트와 똑같은 경험을 할 수 있다. 마셜 포슈는 이렇게 말했다. "전쟁에서 가장 좋은 방어는 공격이다." 따라서 두려움에 맞서서 두려움을 공격하라. 기회가 있을 때마다 아주 대담한 마음으로 두려움을 만나고, 두려움과 싸우고, 두려움을 정복하라.

메시지를 결정하라. 그런 다음 자신이 메시지를 전달하도록 지시받은 웨스턴 유니언(미국의 전보 통신 회사—옮긴이) 배달부라 생각하라. 우리는 배달부에게는 거의 신경 쓰지 않는다. 우리가 원하는 것은 전보의 내용이다. 메시지가 가장 중요하다. 메시지를 염두에 둬라. 메시지를 마음속에 담아둬라. 메시지를 속속들이 파악하라. 메시지를 진지하게 여겨라. 그런 다음에 그 메시지를 말하고야 말겠다고 단단히 각오한 것처럼 연설하라. 그렇게 하면 곧 연설의 달인이 되고, 틀림없이 자기 자신의 주인이 될 것이다.

넷째, 연습하라! 연습하라! 연습하라!

여기서 강조해야 할 마지막 요소는 단연코 가장 중요하다. 지금까지 읽은 내용을 전부 다 잊어버릴지라도, 연설에서 자신감을 키우는 최초의 방법이자 최후의 방법이며 결코 실패하지 않는 방법은 실제로 연설을 해보는 것이라는 사실을 잊지 마라. 진정 모든 문제는 결국 단 하나의 핵심 사항, '연습하고, 연습하고, 또 연습하라'로 요약된다. 이것이야말로 '시네 쿠오 논(sine quo non)', 즉 '없어서는 안 될' 최고의 필수 조건이다.

루스벨트는 이렇게 경고했다. "어떤 초심자든 '사냥감 열병'을 느끼기 쉽다. '사냥감 열병'이란 강렬한 정신적 흥분 상태를 의미하는 것으로 소심함과는 완전히 다르다고 할 수 있다. 이 열병은 처음으로 사슴을 목격한 사냥꾼이나 처음으로 전투를 하게 된 병사와 마찬가지로 처음으로 많은 청중들에게 연설을 해야 하는 사람에게 발병할 수 있다. 그런 사람에게 필요한 건 용기가 아니라 마음의 조절, 즉 냉정이다. 냉정은 실제 연습을 통해서만 얻을 수 있다. 습관과 반복적인 자기 제어를 연습함으로써 자신의 마음을 완벽하게 조절할 수 있어야 한다. 이는 꾸준한 노력과 의지력을 실천한다는 의미로, 대체로 습관의 문제다. 누구든지 자기 안에 의지만 있다면, 의지력을 실천할 때마다 점점 더 강해질 것이다."

그러므로 인내심을 갖고 노력하라. 주중에 업무상의 일로 너무 바빠서 준비를 미처 못했다는 이유로 이번 주 교육에 참가하지 않겠다는 생각은 하지 마라. 준비했건 준비하지 못했건, 참가하라. 일단 교육과정에 참가해 강사나 같은 반 사람들 앞에 선 후, 그들이 당신을 위한 주제를 제시하도록 만들어라.

청중에 대한 두려움을 없애고 싶은가? 무엇이 청중에 대한 두려움을 유발하는지 함께 살펴보자.

로빈슨 교수는《정신의 형성》에서 이렇게 말한다. "두려움은 무지와 불확실성에서 유발된다." 다시 말해 두려움은 자신감이 부족해서 생기는 결과다.

그러면 자신감 부족은 왜 생기는가? 자신이 무엇을 제대로 할 수 있는지 모르는 것이 자신감 부족의 결과로 이어진다. 그리고 무엇을 할 수 있는지 모르는 이유는 경험이 부족해서다. 성공했던 경험이 자신의 경력에 쌓이게 되면, 눈부신 7월의 태양이 밤안개를 증발시키듯 두려움은 사라지게 될 것이다.

분명한 사실을 하나 말하자면, 수영을 배우기 위해서는 물속에 첨벙 뛰어드는 게 일반적인 방법이다. 당신은 이 책을 충분히 오랫동안 읽었다. 이제 책은 옆으로 밀어놓고 정말로 해야 할 일을 해보는 건 어떨까?

가급적이면 여러 가지 주제 중에서도 잘 아는 주제를 한 가지 골라서 3분짜리 연설을 만들어보라. 혼자서 여러 번 연설을 연습해보라. 그런 다음 자신의 능력이 닿는 데까지 최대한 노력하고, 가능하다면 연설을 들려주고자 했던 사람들이나 친구들 앞에서 직접 연설해보라.

용기와 자신감
계발하기

1. 수천 명의 사람들이 대중 연설 교육을 받고 싶은 이유와 그 교육을 통해 얻고 싶은 게 무엇인지를 써주었다. 거의 모든 이가 불안감을 떨쳐내고, 일어서서 자신이 생각한 바를 말하고, 사람들 수가 몇 명이든 그들 앞에서 자신 있게 연설하고 싶다고 했다.

2. 이런 능력을 갖추는 일은 어렵지 않다. 이 능력은 신의 뜻에 따라 몇 안 되는 사람들에게만 주어지는 타고난 재능이 아니다. 골프를 칠 줄 아는 능력과 마찬가지로, 하고자 하는 의욕만 충분하다면 누구든지 자신의 잠재된 능력을 발전시킬 수 있다.

3. 대부분의 뛰어난 연설가들은 한 사람과 대화할 때보다 여러 사람들을 마주했을 때 더 많은 생각을 하고 말도 잘한다. 사람이 많을수록 그들에게는 자극과 영감이 된다는 것이다. 이 책의 조언들을 충실히 따른다면 당신도 그런 경험을 하게 될 것이다.

4. 당신의 경우가 특별하다고 여기지 마라. 나중에 유명한 연설가가 된 많은 사람들도 사회생활 초기에는 지나친 자의식으로 괴로워했고, 청중에 대한 두려움으로 몸이 거의 마비될 뻔했다. 브라이언, 장 조레스, 로이드 조지, 찰스 스튜어트 파넬, 존 브라이트, 디즈레일리, 셰리던과 그 밖에 많은 사람들도 그런 경험을 했다.

5. 아무리 자주 연설하더라도 연설을 시작하기 직전만 되면 자의식을 지나치게 느낄 수도 있다. 하지만 일어선 다음 몇 초만 지나면 그런 느낌은 완전히 사라질 것이다.

6. 이 책에서 가능한 한 많은 것들을 신속하게 효율적으로 얻어내기 위해서는 다음 네 가지 사항을 실천하라.

1) 강하고 끈질긴 의욕을 갖고 시작하라. 당신이 배우고자 노력함으로써 받게 될 혜택들을 나열해보라. 그에 대한 열정을 불러일으켜라. 그 혜택이 당신에게 금전적으로나 사회적으로는 어떤 의미가 있는지, 늘어나는 영향력과 리더십과 관련해서는 어떤 의미가 있는지 생각해보라. 당신이 얼마나 빨리 발전할 수 있을지는 당신의 의욕이 얼마나 강한지에 달려 있다는 점을 기억하라.

2) 준비하라. 무엇에 대해서 말해야 할지 모른다면 자신감을 가질 수 없다.

3) 자신 있게 행동하라. 윌리엄 제임스 교수는 다음과 같이 조언한다. "용감해지기 위해서는 용기가 있는 것처럼 행동하고, 그 목표를 위한 의지력을 최대한 발휘하면 뜻하지 않은 용기가 뜻하지 않은 두려움을 대신할 가능성이 아주 커질 것이다." 시어도어 루스벨트는 그런 방식으로 회색 곰과 사나운 말과 총잡이에 대한 두려움을 물리쳤다고 고백했다. 당신도 이런 심리적 지식을 활용해 청중에 대한 두려움을 물리칠 수 있다.

4) 연습하라. 연습이야말로 가장 중요한 요소다. 두려움은 자신감 부족에서 나오는 결과이고, 자신감 부족은 무엇을 할 수 있는지 모르는 데서 나오는 결과이며, 무엇을 할 수 있을지 모르는 것은 경험 부족에서 비롯된다. 그러므로 성공했던 경험을 자신의 경력에 쌓아가면 두려움은 사라질 것이다.

2

자신감은
준비에서 나온다

"자신감을 얻을 수 있는 최고의 방법은 말하고자 하는 것에 대해 잘 준비해 실패의 가능성을 최대한 줄이는 것이다."

— 록우드 소프, 《퍼블릭 스피킹 투데이》

"'순간의 영감을 믿는다'라는 말은 유망한 사람들을 실패로 이끈 치명적인 구절이다. 영감을 얻을 수 있는 가장 확실한 방법은 준비다. 나는 용기와 능력이 있으면서도 노력이 부족해 실패하는 사람들을 많이 보았다. 연설 주제에 대해 잘 꿰고 있어야만 훌륭한 연설을 할 수 있다."

— 로이드 조지

"연설자는 청중 앞에 서기 전에 다음과 같은 편지를 친구에게 써야 한다. '나는 이런 주제에 관해 연설할 생각이며, 이런 점을 말하고 싶다.' 그리고 올바른 순서에 맞춰 말하려는 내용을 열거해야 한다. 만약 그 편지에 쓸 말이 없다면, 자신을 연설자로 초대한 곳에 할머니가 위독하셔서 참석하기 어렵다는 편지를 보내는 것이 낫다."

— 에드워드 에버렛 헤일 박사

자신감은 준비에서 나온다

나는 1912년부터 매년 약 6000개의 연설을 듣고 비평하는 일을 해왔다. 이는 직업으로 하는 일이지만 나 스스로 즐거워하는 일이기도 하다. 이 연설을 하는 사람들은 대학생이 아니라 직장에 다니거나 전문직에 종사하는 성인들이다. 이 경험을 통해 내가 가장 확실하게 느낀 점은 이런 것들이다. 먼저 연설을 시작하기 전에는 준비를 해야 한다. 즉 분명하고 명확하면서도 말하는 사람이 강한 인상을 받은 적이 있어서 말하지 않고는 견디지 못할 어떤 이야기를 갖추는 일이 절실히 필요하다. 당신은 자신의 머리와 가슴에 진짜 메시지가 있어서 그 메시지를 청중의 머리와 가슴에도 전달해주고 싶어 최선을 다하는 연설자에게 무의식중에 끌리지 않는가? 그것이 연설을 잘하는 비밀의 절반이다.

연설자의 머리와 가슴이 그런 상태가 되면 소위 이야기가 절로 만들어진다. 연설의 멍에는 쉽게 메워지고, 연설의 짐은 가

벼워질 것이다. 연설 준비만 잘해도 이미 연설의 10분의 9는
한 셈이다.

1장에서도 말했듯이 사람들이 이 교육을 받으려는 근본적인
이유는 자신감과 용기, 자기 신뢰를 얻기 위해서다. 하지만 사
람들이 저지르는 가장 결정적인 실수는 연설 준비를 소홀히 한
다는 것이다. 축축한 화약과 공포탄만 가지고, 혹은 탄약도 하
나 없이 전장에 나가면서 어떻게 보병대처럼 다가오는 두려움
과 기병대처럼 밀려오는 근심을 물리칠 수 있겠는가? 사정이
이러하니, 청중 앞에 섰을 때 마음 편하지 않다는 게 놀라운 일
은 아니다. 링컨이 대통령이었을 때 이런 말을 했다. "할 말이
없는데도 당황하지 않고 연설할 수 있을 날이 제게는 절대로
오지 않을 것입니다."

자신감을 원한다면 자신감을 키우는 데 필요한 일을 해야 하
지 않을까? 사도 요한은 말했다. "온전한 사랑이 두려움을 내
쫓는다." 완벽한 준비도 마찬가지다. 웹스터는 반쪽짜리 준비
를 하고 청중 앞에 나서는 것은 반쪽짜리 옷을 입고 나서는 것
과 마찬가지라고 말했다.

그렇다면 우리는 연설을 좀 더 꼼꼼히 준비하는 게 어떨까?
왜냐고? 어떤 사람들은 준비가 무엇인지, 그리고 준비를 잘하
려면 어떻게 해야 하는지 정확하게 이해하지 못하고, 또 어떤
사람들은 시간이 부족하다는 핑계를 댄다. 따라서 이번 장에서
는 이 문제를 더 자세히 다뤄보도록 하자.

연설을 준비하는 올바른 방법

준비란 무엇인가? 독서? 하나의 방편은 되겠지만 최선의 방법은 아니다. 독서가 도움이 되기도 하지만 '판에 박힌' 생각을 책에서 꺼내 제 생각인 양 말한다면, 전체적으로 무언가 부족한 연설이 될 것이다. 청중은 정확하게 무엇이 부족한지 알지 못할 수도 있지만, 연설하는 사람에게 마음을 열지는 않을 것이다.

예를 들어보겠다. 얼마 전 나는 뉴욕 시 여러 은행의 고위 간부들을 대상으로 한 연설 강좌를 진행했다. 그 강좌에 모인 사람들은 워낙 시간이 없다 보니 제대로 준비하지 못하고, 준비해야 한다는 생각 자체를 하지 못하는 일이 잦았다. 그들은 평생을 자신만의 사상을 가지고, 자신만의 신념을 지키며, 자신만의 독자적인 시각으로 사물을 보고, 자신만의 고유한 경험을 하며 살아왔다. 그런 식으로 그들은 연설에 쓸 소재를 축적하면서 40년을 보냈다. 하지만 그들 중 몇몇은 이를 잘 깨닫지 못했다. 그들은 '사각사각 소리를 내는 소나무와 솔송나무' 때문에 숲을 보지 못했다.

이 그룹은 금요일 오후 5시부터 7시 사이에 모였다. 어느 금요일, 시내의 은행에서 근무하는 한 남자분이(편의를 위해 그분을 잭슨이라고 하자) 4시 30분이 된 걸 깨달았다. '무슨 이야기를 하지?' 이런 생각을 하며 잭슨은 사무실을 나와 신문 가판대에서 〈포브스〉를 하나 사서 강의가 있는 연방준비은행으로 가는 지하철을 탔다. 그리고 〈포브스〉에 실린 '성공하기 위해 남은 시간은 10년뿐이다'라는 제목의 기사를 읽었다. 특별히 그 기사에 흥미가 있어서가 아니라, 자신에게 할당된 시간을 채우기 위해서는 주제와 상관없이 무언가에 대해 연설을 해야 했기에 그 글을 읽었다.

한 시간 후, 잭슨은 사람들 앞에 서서 자신이 읽은 기사 내용을 재미있고 설득력 있게 말하려고 애썼다.

피할 수 없는 그 결과는 어땠을까?

잭슨은 자신이 말하고자 했던 내용을 소화하지도 못했고, 완전히 이해하지도 못했다. 정확하게 표현해 '말하고자 했다'라는 게 맞다. 그는 하고자 했을 뿐이다. 연설에는 연설자가 전달하고자 하는 내용을 담은 진짜 메시지가 없었고, 그의 태도와 말투에서도 그런 점이 여실히 드러났다. 자신도 감동하지 않았는데 어떻게 청중이 더 감동하기를 기대할 수 있을까? 그는 계속 잡지 속의 기사만 언급하면서 저자가 한 이야기만 전했다. 잭슨이 한 연설에는 안타깝게도 〈포브스〉는 너무 많았고, 잭슨은 거의 없었다.

그래서 나는 그에게 대략 이런 식으로 말했다.

"잭슨 씨, 우리는 잘 알지도 못하는 그 글쓴이에게 관심이 없습니다. 그 사람은 여기 없잖아요. 우리는 당신과 당신의 생각이 궁금할 뿐입니다. 다른 사람이 하는 말이 아니라 당신이 어떤 생각을 하는지, 어떤 사람인지 말해주십시오. 잭슨 씨의 이야기를 좀 더 넣어보세요. 다음 주에도 같은 주제로 연설을 해보시는 게 어떻겠습니까? 그 기사를 다시 읽고, 잭슨 씨가 글쓴이의 의견에 동의하는지 하지 않는지를 생각해보시는 게 어떨까요? 동의하면 글쓴이의 견해를 깊이 생각해보고, 잭슨 씨의 경험에서 나온 의견으로 글쓴이의 견해를 설명해보십시오. 동의하지 않으면, 그렇다고 말하고 그 이유를 이야기해주세요. 이 기사를 당신이 연설을 시작하는 출발점으로만 삼으세요."

잭슨은 내 제안을 받아들여 그 기사를 다시 읽고 자신이 그의 의견에 전혀 동조하지 않는다는 결론을 내렸다. 그 뒤 그는 지하철에 앉아 시간을 때우는 방법으로 연설을 준비하지 않았다. 연설 내용이 혼자 자라게 두었다. 그 메시지는 그의 머릿속에서 태어난 아이와 같아서, 그의 진짜 아이들이 그러하듯이 발전하고 확장하고 성장했다. 잭슨의 딸들과 마찬가지로 머릿속의 아이도 의식하지 못하는 사이에 밤낮을 가리지 않고 자랐다. 신문 기사를 보다가 한 가지 생각이 떠올랐고, 친구와 그 주제로 토론하는 사이 불쑥 또 다른 생각이 들었다. 한 주 동안 틈틈이 주제에 관해 생각하면서 그의 생각은 점점 더 깊어지고, 쌓이고, 폭넓어지고, 두터워졌다.

다음 시간에 잭슨이 그 주제로 연설했을 때, 그는 자신만의 광산에서 캐낸 광석 내지는 자신만의 주조소에서 찍어낸 화폐라 할 만한 자신만의 뭔가를 가지고 있었다. 게다가 그는 그 기사의 필자와 의견이 달랐기 때문에 더 나은 연설을 할 수 있었다. 반대 의견만큼 사람을 일깨우는 자극제도 없기 때문이다. 불과 2주 간격으로 같은 사람이 같은 주제로 연설을 했는데, 두 가지 연설이 얼마나 놀랍게 대비되는가. 제대로 된 준비는 얼마나 어마어마한 차이를 만들어내는지!

어떻게 준비를 해야 하고, 어떻게 하면 안 되는지 또 다른 예를 살펴보자. 한 신사가 워싱턴 D. C.에서 열린 대중 연설 수업에 참여했다. 그를 우리는 플린이라고 부르기로 하자. 어느 날 오후, 플린은 미국의 수도를 예찬하는 내용의 연설을 했다. 플린은 어떤 신문사에서 발행한 홍보용 소책자에서 보이는 대로 연설 내용을 허둥지둥 긁어모았다. 연설 내용은 건조하고 일관성도 없는데다 정리되지 않은 듯했다. 그는 연설 주제에 대해 충분히 생각하지 않았다. 그 주제에 관한 열의도 없었다. 자신이 하는 말을 연설로 표현할 가치가 있다 싶을 정도로 깊이 있게 느끼지도 않았다. 플린의 연설은 평범하고, 아무런 감흥이 없었으며, 전혀 도움이 되지도 않았다.

연설에서 실패하지 않는 방법

2주 후, 공영 주차장에서 플린의 차가 도둑맞자 그의 마음은 극심하게 흔들렸다. 그는 바로 경찰서로 달려가 현상금까지 걸었지만 모두 허사였다. 경찰은 그런 범죄 상황에 일일이 대처하는 게 거의 불가능하다고 말했다. 하지만 불과 일주일 전만 해도 경찰은 손에 분필을 들고 거리를 돌아다니다 플린이 주차 시간을 15분 넘겼다는 이유로 딱지 뗄 시간은 있었다. 너무 바빠서 범인 잡을 시간이 없다는 이 '분필 경찰'의 말에 플린은 몹시 화가 났다. 그는 분개했다.

그에게는 이제 신문사에서 발행한 소책자에서 가져온 이야

깃거리가 아니라, 그의 삶과 경험에서 나온 따끈따끈한 이야깃
거리가 생겼다. 실재하는 한 남자의 감정과 신념을 일깨운, 그
의 본질을 건드린 어떤 일이 여기 있었다. 워싱턴을 찬양하는
연설을 할 때는 한 문장 한 문장을 힘들게 끄집어냈지만, 이번
에는 두 발로 서서 입을 열었을 뿐인데 경찰을 향한 비난이 활
화산처럼 용솟음쳤다. 이런 연설은 잘못될 수 없다. 거의 실패
하지 않는다. 생각에 경험까지 더해졌기 때문이다.

진정한 준비란

연설을 준비한다는 것이 나무랄 데 없는 문장을 몇 개 모아
서 외우거나 적어두는 걸 뜻할까? 아니다. 그럼 개인적으로도
잘 와 닿지 않는, 평상시 하던 몇 가지 생각을 짜 맞추라는 걸
뜻할까? 전혀 아니다. 연설을 준비한다는 것은 당신의 생각과
당신의 아이디어와 당신의 신념과 당신의 충동을 모두 모아두
라는 뜻이다. 그리고 당신은 그럴 만한 생각과 충동을 갖고 있
다. 당신의 생각과 충동은 깨어 있는 모든 순간에 존재한다. 심
지어 꿈에 나타나기도 한다. 당신의 존재는 온통 감정과 경험
으로 채워져 있다. 이런 것들은 해안가의 조약돌처럼 당신의
잠재의식 속에 두텁게 깔려 있다. 준비란 당신의 마음을 움직
이는 것을 생각하고, 곱씹고, 회상하고, 고르고, 다듬어서 당신
만의 모자이크로 무늬를 만들어내는 것을 의미한다. 그다지 어
렵게 느껴지지는 않을 것이다. 실제로도 어렵지 않다. 목적에
맞게 생각하고 집중하기만 하면 된다.

드와이트 L. 무디 목사는 종교사에 길이 남을 설교를 어떻게 준비했을까? 그는 그 질문에 이렇게 답했다.

"특별한 비결은 없습니다. 주제를 고르면 큰 봉투 겉면에 제목을 써놓습니다. 저에게는 그런 봉투가 많습니다. 글을 읽다가 내가 말하려는 주제와 맞는 글을 찾으면 해당 봉투에 넣고는 그냥 둡니다. 항상 공책을 가지고 다니다가 설교 중 설명에 도움이 되는 말을 들으면 적어서 그대로 봉투에 넣습니다. 아마 1년 이상은 그렇게 봉투를 채웠을 겁니다. 새 설교를 할 때는 그동안 모아온 것들을 전부 사용합니다. 봉투에 들어 있는 것과 제가 스스로 공부한 결과만 해도 소재는 충분합니다. 다만 설교 내용을 검토할 때마다 여기는 조금 빼고, 저기는 조금 붙이고 할 뿐입니다. 그렇게 하면 설교는 절대 진부해지지 않습니다."

예일대 브라운 학장의 현명한 충고

예일 신학대가 설립 100주년을 기념하던 해, 학장인 찰스 레이놀즈 브라운 박사가 '설교의 기술'을 주제로 연속 강연을 했다. 이 강좌는 뉴욕에 있는 맥밀란 출판사에서 같은 제목의 책으로 출판되기도 했다. 브라운 박사는 30여 년간 매주 혼자 연설을 준비하고, 다른 이들이 설교를 준비할 수 있도록 훈련시키는 일을 했다. 그러니 그는 〈시편〉 91편에 대해 설교해야 하는 성직자든, 노동조합에 대한 연설을 준비하는 신발 제조공이든 상관없이 누구에게나 적용되는 현명한 충고를 할 수 있는 사람이다. 그래서 실례를 무릅쓰고 브라운 박사의 말을 인용해 보겠다.

"여러분이 정한 주제와 내용에 대해 곰곰이 생각해보십시오. 그 주제와 내용이 무르익어 반응을 일으킬 때까지 생각해 보십시오. 주제와 내용 속에 들어 있는 자그마한 생명의 싹을 틔우고 성장시킨다면, 그로부터 엄청나게 많은 유익한 아이디어들을 얻어낼 수 있을 것입니다.

이런 과정은 오랫동안 할수록 더 낫습니다. 일요일을 위해 실제로 여러분이 마지막 준비를 해야 하는 토요일 오전까지 미뤄놓지 마십시오. 성직자가 한 가지 메시지를 설교하기 전까지 한 달, 혹은 여섯 달, 어쩌면 1년 동안 마음에 품으면, 그로부터 새로운 아이디어가 끊임없이 나오고 결국 풍부하게 성장하는 걸 느낄 수 있습니다. 그는 길을 걸을 때라든지 기차에서 눈이 너무 피로해 책을 읽을 수 없을 때 곰곰이 생각할 수 있습니다.

사실 생각은 밤에도 할 수 있습니다. 성직자가 교회 일이나 설교 내용을 습관적으로 잠자리까지 가져가는 건 좋지 않습니다. 설교단은 설교하기엔 멋진 곳이지만 잠자리 친구로는 좋지 않습니다. 그렇다고는 해도 저는 가끔 한밤중에 어떤 생각이 떠오르면 아침까지 기다렸다가는 잊어버릴까 봐 침대에서 나와 적어두곤 합니다.

여러분이 특정 주제로 설교를 하기 위해 소재를 모으느라 바쁠 때는 주제나 내용과 관련 있어 보이는 것은 모두 적어두십시오. 적어두기로 처음 결정했던 순간 보았던 그대로 적어두십시오. 관련된 생각이라면 지금 떠오르는 생각까지도 모두 다 기록하십시오.

여러분의 아이디어를 알아볼 수 있도록 그저 몇 단어로라도 아이디어를 전부 기록하고, 마치 살아 있는 동안 다시는 지금 보는 책을 볼 수 없을 것처럼 항상 더 많은 아이디어를 얻고자 마음을 다잡으십시오. 이는 여러분의 정신이 더 많은 것을 생산해내도록 하는 훈련 방법입니다. 이 방법으로 여러분의 지적 능력은 계속 참신하고 독자적이고 창조적인 상태를 유지할 것입니다.

다른 이의 도움 없이 스스로 혼자 생각해낸 아이디어들은 모두 적어두십시오. 여러분의 지적 확장을 위해서는 루비나 다이아몬드, 순금보다도 이 아이디어들이 훨씬 더 중요합니다. 종잇조각도 좋고, 오래된 편지 뒷면이나 찢어진 봉투 조각, 휴지 등 손에 잡히는 어디에든 적어두십시오. 깨끗하고 크고 좋은 종이에 쓰는 것보다 그게 훨씬 더 좋은 방법입니다. 단순히 절약에 관한 문제가 아니라 마구잡이로 쓴 조각들이 종합해서 정리하기에 더 편하다는 걸 알게 될 것입니다.

항상 깊이 생각하고 마음속에 떠오른 생각을 전부 적어두십시오. 이 과정은 서두를 필요가 없습니다. 이는 여러분이 관여할 수 있는 특권을 가진, 가장 중요한 정신적 활동 과정 중 하나입니다. 이 방법이야말로 여러분의 정신이 성장해 진정한 생산력을 발휘하게 해줍니다.

여러분이 가장 즐겁게 할 수 있고, 또 듣는 사람들의 인생에 실제로 가장 좋은 영향을 미치는 설교는 주로 여러분 자신의 내면에서 나온 설교라는 사실을 알게 될 것입니다. 그러한 설교는 여러분의 뼈 중의 뼈이고, 살 중의 살이며, 지적 노고의 산물이고, 창조적 에너지의 성과입니다. 다른 데서 가져와 마음대로 뜯어고치고 편집한 설교에서는 언제나 다른 사람이 먹었던, 재탕한 음식과도 같은 맛이 나기 마련입니다. 살아 움직여서 걷고 또 뛰어서 하나님을 찬양하며 교회로 들어가게 하는 설교, 사람들의 마음속으로 들어가서 그들을 독수리처럼 날아오르게 하고 자기 본분을 다하는 길을 가더라도 정신을 잃고 쓰러지지 않게 하는 설교, 이런 설교야말로 설교를 하는 사람의 활력으로부터 나오는 진정한 설교입니다."

링컨이 연설을 준비하는 방법

링컨은 어떻게 연설을 준비했을까? 다행히도 우리는 링컨의 방법을 알고 있다. 또 이 책을 읽다 보면 브라운 학장이 그의 강의에서 75년 전 링컨이 썼던 방법 중 몇 가지를 추천했다는 사실을 알 수 있다. 링컨의 유명한 연설 가운데 하나는 미래를 통찰하며 한 말이다. "'집안싸움으로 분열된 집은 오래갈 수 없다.' 저는 이 정부가 절반의 노예와 절반의 자유인인 채로는 영원히 지속될 수는 없다고 생각합니다." 링컨은 식사를 하던 중에, 길을 가던 중에, 외양간에 앉아 우유를 짜던 중 등 평소에 하던 일을 열심히 하는 중에도, 어린 아들과 함께 어깨에 낡은 회색 숄을 걸치고 팔에는 시장바구니를 끼고 매일 정육점과 슈퍼마켓에 가던 중에도 그 연설에 대해 깊이 생각했다. 어린 아들이 재잘대며 아빠에게 질문하다가 점점 짜증이 나서 아빠의 앙상한 손가락을 잡아당겨 보지만, 결국 아빠의 입을 여는 데는 실패하곤 했다. 링컨은 연설에 대한 생각에만 집중하느라 아들의 존재는 전혀 의식하지 못한 채 성큼성큼 걸어갔다.

이렇게 생각에 몰두하고 생각을 정리하는 중간중간 링컨은 갑자기 떠오른 구절이나 문장을 편지봉투나 종잇조각 등 가까이 있는 아무 데나 여기저기에 적어두었다. 그렇게 쓴 종이를 모자 속에 몰래 넣고 다니다가 자리에 앉아서 순서대로 정리하고, 내용 전체를 기록하고 수정해서 연설문과 출판물에 적절한 형태로 다듬었다.

1858년에 열린 합동 토론회에서 더글러스 상원 의원은 어디를 가든 같은 연설을 했지만, 링컨은 예전 연설을 반복하기보다는 매일 새로운 연설을 하는 게 더 수월해질 때까지 끊임없이 연구하고 숙고하고 반성했다. 링컨의 머릿속에서 그 주제는 계속해서 확대되고 있었다.

백악관에 들어가기 바로 직전, 링컨은 참고용으로 쓸 연설문 세 개와 헌법 복사본 한 부만 가지고 스프링필드에 있는 어느 가게 위에 있는 칙칙하고 먼지 자욱한 밀실로 들어갔다. 문을 잠근 후, 그는 그곳에서 누구의 침입이나 방해도 없이 취임 연설문을 작성했다.

링컨은 게티즈버그 연설문을 어떻게 만들었을까? 불행히도 그와 관련해 잘못된 소문이 떠돌고 있다. 하지만 실제 이야기는 정말 흥미롭다. 한번 살펴보자.

　게티즈버그 공동묘지를 관리하는 위원회는 공식 봉헌식을 하기로 하고, 에드워드 에버렛을 연설자로 초청했다. 그는 보스턴 교회의 목사, 하버드대 총장, 매사추세츠 주지사, 미국 상원 의원, 주영대사, 국무 장관을 지냈으며, 미국에서 가장 역량 있는 연설자로 평가받는 사람이었다. 처음에 봉헌식은 1863년 10월 23일에 하기로 예정되어 있었다. 에버렛은 현명하게도 시간이 너무 촉박해 연설을 충분히 준비하기는 불가능하다고 분명하게 말했다. 그러자 위원회는 에버렛에게 준비 시간을 주기 위해 봉헌식을 한 달 정도 뒤인 11월 19일로 연기했다. 준비 기간에 마지막 사흘 동안 에버렛은 게티즈버그에서 지내면서 전장도 살피고, 그곳에서 일어났던 일들을 숙지하며 지냈다. 그렇게 골똘히 생각하고 다시 생각해보는 건 대단히 훌륭한 준비 자세였다. 그 시간 덕분에 에버렛은 게티즈버그 전투를 생생하게 느끼게 되었다.

　모든 국회 의원과 대통령, 내각 관료들에게 초청장이 전송됐다. 그들 중 대부분이 거부했지만, 링컨이 참석하겠다고 하자 위원회는 깜짝 놀랐다. 대통령에게 연설을 부탁해야 하나? 위원회는 그럴 계획이 없었다. 반대 의견도 나왔다. 준비할 시간이 없다는 이유였다. 게다가 설령 시간이 있다 해도 과연 그럴 능력이 있을까? 사실 링컨은 노예제도에 대한 토론이나 쿠퍼 유니언 대학에서 뛰어난 연설을 보여주었지만, 그가 봉헌식 기념사를 하는 걸 들어본 이는 아무도 없었다. 봉헌식은 엄숙하고 장엄한 행사였다. 모험을 해서는 안 되는 일이었다. 대통령에게 연설을 부탁해야 하나? 위원회는 고민하고 또 고민했다. 하지만 그들이 미래를 내다볼 수 있었다면, 그래서 능력이 의심스러운 이 남자가 그 봉헌식에서 지금까지 그 어떤 사람이 했던 연설보다도 더 훌륭한 연설을 하리라는 것을 알았다면, 아마도 수천 번은 더 고민했을 것이다.

마침내 봉헌식 2주 전, 위원회는 링컨에게 '몇 가지 적절한 이야기'를 해달라고 뒤늦게 초청장을 보냈다. 위원회는 '몇 가지 적절한 이야기'라는 표현을 사용했다. 미국의 대통령에게 그렇게 썼다고 생각해보라!

링컨은 즉시 준비 작업에 들어갔다. 최고의 학자라는 에드워드 에버렛에게 편지를 써서 그가 하기로 한 연설문의 사본을 받았다. 그리고 하루 이틀 뒤 사진을 찍기 위해 사진관에 갈 일이 생긴 링컨은 에버렛의 원고를 가져가서 쉬는 시간 틈틈이 읽었다. 링컨은 이야기할 주제에 대해 여러 날 동안 생각했고, 백악관과 국방성 사이를 오갈 때도 생각하고, 국방성 가죽 소파에 몸을 뻗고 누워서 늦어지는 전신 보고를 기다리면서도 생각했다. 링컨은 커다란 종이 한 장에 초고를 대충 써서 그의 기다란 실크 모자 안쪽에 넣고 다녔다. 링컨은 연설에 대해 끊임없이 생각했고, 연설할 내용을 계속해서 구체화하고 있었다. 연설하기 전 일요일, 그는 자신이 신임하던 기자 노아 브룩스에게 말했다. "연설문을 제대로 쓴 건 아니라네. 어쨌든 끝낸 것도 아니고. 두세 번 정도 고쳐 썼는데, 맘에 들려면 한번 더 훑어봐야 할 것 같아."

링컨은 봉헌식 전날 밤 게티즈버그에 도착했다. 작은 마을은 사람들로 넘쳐났다. 평소 1300명이던 인구가 갑자기 늘어 1만 5000명이 된 것이다. 인도는 사람들로 꽉 막혀 지나다닐 수 없게 되었고, 남자고 여자고 먼지 나는 길거리로 다녔다. 밴드 여섯 팀이 공연을 하고 있었고, 사람들은 '존 브라운의 유해'를 노래하고 있었다. 사람들이 링컨이 머물던 윌즈 씨 집 앞으로 모여들었다. 그들은 창밖에서 사랑노래 부르듯 연설을 청했다. 링컨은 분명한 어조로 내일까지는 연설할 뜻이 없다고 짧게 답했다. 사실 그는 연설문을 '한번 더 훑어보면서' 늦은 저녁 시간을 보내고 있었다. 링컨은 옆집에 묵고 있는 수어드 국무 장관을 찾아가서 연설문을 소리 내어 읽고는 비평을 요구하기도 했다. 다음 날 아침 식사 후에도 링컨은 '한번 더 훑어보는' 작업을 계속했고, 그 작업은 행렬에 참석할 시간임을 알리는 노크 소리가 들릴 때까지 계속되었다. 대통령을 바로 뒤에서 수행하던 카 대령은 "행렬이 시작되자, 대통령은 말 위에 똑바로 앉아 육군 총사령관을 쳐다보았다. 하지만 행렬이 계속 앞으로 나아가자, 몸을 앞으로 숙이고 두 팔을 늘어뜨린 채 고개를 숙였다. 생각에 열중한 듯 보였다"라고 말했다.

우리는 그 순간조차도 링컨이 열 문장밖에 되지 않지만 영원히 빛나게 될 그 짧은 연설을 '한번 더 훑어보면서' 검토하고 있었다고 추측할 뿐이다.

링컨이 크게 관심을 보이지 않았던 몇몇 연설은 여지없이 실패했다. 하지만 그가 노예제도와 연방 정부에 대해 연설을 할 때는 놀랄 만한 능력을 발휘했다. 왜 그랬을까? 이 문제를 끊임없이 생각하고 마음 깊이 느꼈기 때문이다. 일리노이 주의 한 여관에서 링컨과 하룻밤 같은 방을 썼던 어떤 이는 다음 날 새벽에 깨어보니 링컨이 침대에 앉아 벽을 빤히 쳐다보며 이런 말을 하고 있었다고 한다. "절반은 노예, 절반은 자유인인 채로 이 정부가 영원히 지속될 수는 없어."

예수는 연설을 어떻게 준비했을까? 그는 군중으로부터 떨어져 나왔다. 그는 생각했다. 곱씹어보았다. 곰곰이 생각했다. 예수는 홀로 황무지로 나가 40일에 걸쳐 밤낮으로 금식하고 명상했다. 〈마태복음〉에는 이렇게 나온다. "이때부터 예수께서 비로소 말씀을 전파하기 시작했다." 이후 얼마 안 있어 예수는 세상에서 가장 유명한 연설인 산상수훈(山上垂訓)을 설파했다.

당신은 이렇게 주장할 수도 있다. "아주 흥미롭기는 하지만, 나는 불멸의 연설가가 되고 싶은 생각은 없습니다. 그냥 가끔씩 간단하게 발표만 할 수 있으면 됩니다."

맞는 말이다. 우리도 그런 당신의 욕구를 충분히 알고 있다. 이 책에는 당신, 그리고 당신과 비슷한 사람들이 그렇게 할 수 있도록 돕고자 하는 구체적인 목적이 있다. 하지만 당신의 연설에서 허세 부리지 않는 마음이 드러난다 해도, 당신은 유명한 연설가들이 쓰던 방법을 알면 도움을 받을 수 있고, 어느 정도는 실제로 활용해볼 수도 있을 것이다.

당신이 연설을 준비하는 방법

연설 연습을 할 때는 어떤 주제로 해야 할까? 당신이 관심 있어 하는 주제라면 어떤 것이라도 괜찮다. 다만 거의 모든 사람들이 그렇듯 짧은 발표문에서 너무 많은 이야기를 다루려는 실수는 저지르지 마라. 주제에 관한 한두 가지 관점을 정해서 충분히 제시하도록 노력하라. 짧은 발표에서는 그렇게만 할 수 있어도 다행스런 일이다.

틈틈이 생각할 시간을 가질 수 있도록 주제를 미리 정하라. 주제에 관해 7일 낮 동안 생각하고, 7일 밤 동안 꿈꿔라. 잠자리에 들기 전, 자기 전까지 생각하라. 아침에 일어나 면도하고, 샤워하면서, 차를 타고 시내에 나갈 때, 점심을 먹으러 가거나, 약속 장소에 가기 위해 엘리베이터를 기다리면서, 다리미질을 하고 저녁 밥상을 차리면서도 생각하라. 그에 대해 친구들과 토론하라. 그 주제를 대화의 소재로 삼아라.

주제에 대해 가능한 모든 질문을 자문해보라. 예를 들어 이혼에 대해 발표한다면, 왜 이혼하게 되는지, 이혼의 경제적, 사회적 효과는 어떤 것이 있는지 자신에게 물어보라. 이 폐해를 구제할 방법은? 이혼법을 획일적으로 만들어야 할까? 왜? 아니면 이혼법을 다 없애야 할까? 아예 이혼하지 못하게 만들어야 할까? 더 어렵게? 더 쉽게?

당신이 연설에 대해 공부하는 이유를 발표한다고 생각해보라. 당신은 자신에게 다음과 같은 질문을 해봐야 한다. 나는 무엇이 어려운가? 공부를 통해 얻고자 하는 것은 무엇인가? 대중 연설을 해본 적이 있는가? 해봤다면 언제였는가? 어디였는가? 어떻게 되었는가? 이 훈련이 비즈니스맨에게 도움이 된다고 생각하는 이유는 무엇인가? 자신감과 강한 존재감, 설득력 있는 말솜씨 덕분에 성공한 기업인이나 정치인을 알고 있는가? 이런 긍정적인 능력이 부족해서 만족할 만한 성공을 거두지 못한 사람도 알고 있는가? 구체적으로 생각하라. 이름은 언급하지 말고 그들에 대한 이야기만 말하라.

당신이 똑바로 서서 명확하게 생각하고 2~3분 정도 계속 이야기할 수 있다면, 그 정도가 처음 몇 번의 발표를 통해 당신에게 기대할 수 있는 전부다. '당신이 연설을 공부하는 이유'와 같은 주제는 아주 분명하기 때문에 상당히 쉽다. 당신이 그 주제와 관련된 내용을 수집하고 정리하는 데 조금만 더 시간을 낸다면, 그 내용을 잊어버리는 일은 거의 없을 것이다. 자신만의 의견, 자신만의 바람, 자신만의 경험을 이야기할 것이기 때문이다.

이번에는 당신의 사업이나 직업에 대해 발표한다고 생각해보자. 이런 이야기는 어떤 식으로 준비를 시작해야 할까? 당신에게는 이미 그에 관한 소재가 충분하다. 그렇다면 수집하고 정리하는 방법이 문제가 될 것이다. 3분 이내에 주제에 대한 이야기를 모두 쏟아내려고 하지 마라. 그렇게 해서는 발표를 완성하지 못한다. 그런 노력은 발표 내용을 너무 개략적이고 단편적으로 만들 것이다. 말하려는 주제의 한 면, 딱 한 면만 골라서 확대하고 자세하게 설명하라. 예를 들면 당신이 특별히 그 사업을 하게 된 이유, 그 직업을 갖게 된 이유를 말해보면 어떨까? 그 이유가 우연의 결과였는가, 선택의 결과였는가? 당신이 초기에 겪었던 어려움, 실패, 희망, 업적을 말해보라. 듣는 이가 흥미를 보일 만한 이야기를 구성하고, 직접 겪었던 일을 기초로 한 실제 인생의 그림을 보여주어라. 불편할 만큼 자기자랑만 하지 않고 겸손하게 할 수만 있다면, 한 사람이 살아온 진실한 이야기는 그 어떤 이야기보다 재미있다. 이런 이야기는 거의 언제나 성공하는 연설의 소재다.

아니면 당신이 하는 일을 다른 각도로 바라보자. 그 일의 문제점은 무엇인가? 그 분야의 일을 막 시작하려는 젊은이에게 어떤 조언을 해줄 수 있을까?

아니면 당신이 만나는 사람들 중 정직한 사람들과 정직하지 않은 사람들에 대한 이야기를 해보라. 당신의 문제점을 이야기해보라. 당신은 자신의 일을 통해서 세상에서 가장 재미있는 주제인 인간의 본성은 어떠하다고 배웠는가? 만약 당신이 가진 직업의 기술적인 측면에 대해 발표한다면 사람들은 당신의 연설을 재미없어 하기 쉽다. 하지만 사람들이나 그들의 성격 같은 주제는 거의 실패하지 않는 소재다.

다른 무엇보다도 추상적인 설교가 되지 않도록 하라. 설교는 지루하다. 구체적인 사례와 일반적인 이야기가 규칙적이고 계속되도록 만들어라. 당신이 관찰한 구체적인 사례에 대해 생각하고, 그 사례가 보여주는 근본적인 진실에 대해 생각하라. 이런 구체적인 예시가 추상적인 관념보다 훨씬 기억하기 쉽고,

이야기하기도 쉽다는 것을 알게 될 것이다. 그럼으로써 연설은 더 쉬워지고, 더 활기차게 될 것이다.

여기 아주 흥미로운 연설 방식이 한 가지 있다. 다음은 B. A. 포브스가 쓴 글로, 경영진이 동료들에게 책임을 위임해야 하는 필요성에 대해 쓴 기사에서 발췌한 내용이다. 사람들에 대한 사례들에 주목하기 바란다.

"오늘날 대규모 기업의 상당수가 한때는 1인 의사 결정 체제였다. 하지만 대부분이 이 구조에서 벗어나게 되었다. 그 이유는 모든 위대한 조직이 '한 사람의 거대한 그림자'라고 할지라도, 지금의 기업과 산업이 운영되는 규모는 너무 어마어마해서 아무리 능력이 뛰어난 거인이라도 주변에 그 강력한 지휘권을 발휘할 수 있게 도와줄 현명한 동료들을 반드시 끌어모아야 하기 때문이다.

울워스는 언젠가 내게 자신의 회사를 오랫동안 1인 의사 결정 체제로 운영해왔다고 말했다. 그러다 건강이 나빠져 병원에서 몇 주를 보내는 동안, 자신이 원하는 만큼 사업을 확장하려면 경영 책임을 나누어야 한다는 사실을 깨달았다.

베들레헴 철강 회사 또한 오랫동안 1인 의사 결정 체제였다. 중요한 일은 찰스 슈왑이 거의 다 했다. 이후 차츰 유진 G. 그레이스가 성장하기 시작했고, 슈왑이 거듭 말한 바에 따르면 이내 슈왑보다 능력 있는 철강맨이 되었다.

이스트먼 코닥도 초기 단계에는 조지 이스트먼 위주로 돌아갔지만, 현명한 그는 이미 오래전에 조직을 효율적으로 구성했다. 시카고의 대형 통조림 공장들은 모두 설립자가 재직하던 시기에 비슷한 일을 겪었다. 스탠더드 오일도 일반적인 생각과는 달리 몸집이 커진 후에는 1인 체제로 운영된 적이 없다.

J. P. 모건은 위대한 인물이었음에도 유능한 동료를 골라내서 책임을 나눠야 한다고 굳게 믿는 사람이었다.

아직도 1인 의사 결정 체제로 사업을 운영하고자 하는 야심찬 경영인들이 있지만, 그들이 원하건 원치 않건 간에 현대 기업 운영의 엄청난 규모로 인해 자신들의 책임을 타인에게 위임할 수밖에 없다."

어떤 사람들은 자신의 사업에 관한 이야기를 할 때, 자신이 관심 있는 내용만 말하는 실수를 범한다. 이야기하는 사람이라면 자기 자신이 아니라 듣는 이를 즐겁게 하는 이야기를 찾아내려고 해야 하지 않을까? 듣는 이의 관심사에 호소하려고 해야 하지 않을까? 예를 들어 화재보험을 파는 사람은 화재를 예방하고 재산을 지키는 방법에 관해서 이야기해야 하지 않을까? 은행원은 재무 상담이나 투자 상담을 해주어야 하지 않을까?

준비하는 동안 청중을 연구하라. 청중의 요구와 희망에 대해 생각하라. 때로는 이런 준비가 전투의 절반이다.

어떤 주제를 준비할 때 같은 주제에 대해 다른 사람은 어떻게 생각하는지, 어떻게 얘기했는지 알아보기 위해 독서를 강력히 권한다. 다만 스스로 생각을 철저히 정리한 다음 책을 읽어라. 이 점이 대단히 중요하다. 그런 다음에 도서관에 가서 사서에게 당신이 찾는 책에 관해 말하라. 당신이 이러저러한 주제에 관해 연설을 준비하고 있음을 말하라. 그리고 솔직하게 도움을 청하라.

당신이 자료 조사에 익숙하지 않다면 도서관 사서가 제공해주는 편의에 깜짝 놀랄 것이다. 사서가 전해주는 자료들은 정확히 당신이 고른 주제에 관한 한 권의 책일 수도 있고, 현안이 되고 있는 공적인 문제에 관한 토론에서 찬반 양측의 핵심 주장에 관한 개요나 보고서일 수도 있으며, 금세기 초 이래 다양한 주제에 관해 잡지에 실렸던 글을 모아놓은 '독자들을 위한 정기출판물 안내서'일 수도 있고, '정보 요청' 연감이나 '세계 연감', 백과사전 혹은 기타 수십 종의 참고 서적일 수도 있다. 이 자료들은 당신이 준비 작업을 하는 데 사용할 도구들이다. 이 자료들을 활용하라.

힘을 비축하는 비법

루서 버뱅크는 죽기 직전에 이런 말을 했다. "나는 종종 수백만 종의 식물 표본을 만들어 최고의 종을 한두 개만 선택한 다음, 나머지 열등한 표본들은 모두 폐기하곤 했다." 연설도 이처럼 넉넉하면서도 까다로운 마음가짐을 갖고 준비해야 한다. 100가지 생각을 모으고 90가지는 버려라.

사용할 가능성이 별로 없어 보이는 정보나 소재까지 모두 수집하라. 그다음 꼼꼼하게 손질함으로써 당신은 자신감을 더 얻을 수 있고, 당신의 생각과 감정, 연설하는 태도까지 바뀔 것이다. 이는 준비 과정에서 중요하고 기본적인 요소인데도, 대중 앞에서 연설하든 사적으로 대화하든 말하는 사람들이 매번 간과하는 사실이다.

아서 던은 이렇게 말한다.

"나는 영업 사원, 외판원, 선전원까지 수백 명을 훈련시켰습니다. 그러면서 그들 대부분이 자신이 파는 물건에 대해 모든 것을 아는 것, 그리고 판매를 시작하기 전에 그런 지식을 숙지하는 일이 얼마나 중요한지를 모른다는 큰 약점을 발견했습니다. 많은 영업 사원들이 제 사무실로 와서 상품 설명서와 판매하는 데 쓸 만한 말을 몇 마디 듣고 나면, 그 즉시 나가서 물건을 팔려고 욕심을 냅니다. 그중 많은 사람들이 일주일도 버티지 못하며, 48시간을 버티지 못하는 사람도 적지 않습니다. 식품 판매를 전문으로 하는 영업 사원이나 외판원을 교육하고 훈련시킬 때, 저는 그들이 식품 전문가가 될 수 있도록 노력합니다. 저는 그들에게 농무부에서 발행하는, 음식 내 수분과 단백질, 탄수화물, 지방, 회분 등의 함유량이 적혀 있는 식품 차트를 공부하게 했습니다. 그들이 팔고자 하는 제품을 구성하는 성분을 연구하게 했습니다. 그들을 며칠 동안 학교에 다니게 한 다음 시험에 통과하게 했습니다. 다른 영업 사원에게 물건을 팔아보라고 했습니다. 판매 권유를 가장 잘한 사람에게 상금도 걸었습니다.

저는 자신의 상품을 연구하는 데 필요한 준비 기간을 참지 못하는 영업 사원들을 종종 봤습니다. 그들은 이렇게 말했습니다. '가게 주인한테 이걸 다 말할 시간이 없을 겁니다. 그 사람들은 너무 바쁩니다. 제가 단백질이니 탄수화물이니 얘기해도 듣지 않을 테고, 듣는다 해도 제가 무슨 얘기를 하는지도 모를 겁니다.' 저는 이렇게 답했습니다. '고객을 위해서가 아니라 당신 자신을 위해 이 모든 내용을 배우는 겁니다. 당신이 이 상품을 하나부터 열까지 다 알게 된다면, 그 상품에 대해 당신은 무어라 설명하기 힘든 힘을 갖게 됩니다. 긍정적인 기운을 얻고, 정신적으로 튼튼해지고 강해져서 당신은 다른 사람이 저항할 수도, 물리칠 수도 없는 사람이 될 겁니다.'"

스탠더드 오일의 역사를 다룬 책을 펴낸 것으로 유명한 언론인 아이다 M. 타벨이 수년 전 나에게 말한 바로는, 그녀가 파리에 있을 때 〈매클루어즈 매거진〉의 설립자인 S. S. 매클루어가 애틀랜틱 케이블에 대해 짧은 기사를 써달라고 연락했다고 한다. 아이다는 런던으로 가서 애틀랜틱 케이블의 유럽 책임자를 인터뷰해서 기사를 쓰기 위한 자료를 충분히 수집했다. 하지만 그녀는 거기서 멈추지 않았다. 아이다는 정보를 비축하고 싶어서 대영박물관에 전시된 모든 종류의 케이블에 대해 연구하고, 케이블의 역사에 관한 책을 읽고, 심지어 런던 근교의 제조 공장에 찾아가서 케이블 제조 과정을 살펴보기도 했다.

왜 아이다는 쓸 수 있는 양보다 10배나 많은 정보를 수집했을까? 그녀가 그랬던 이유는, 그렇게 함으로써 자신이 정보를 비축한 힘을 얻게 될 거라고 생각했기 때문이었다. 그녀는 알고 있지만 표현하지 않은 내용이 그녀가 표현한 얼마 안 되는 내용들을 강력하고 생생하게 뒷받침해준다는 사실을 알고 있었다.

에드윈 제임스 커텔은 대략 3000만 명의 사람들에게 연설을 했다. 그럼에도 최근 그가 나에게 털어놓은 바로는, 연설하고 집으로 돌아가는 길에 그 연설에서 좋은 말을 빼먹었던 일이 떠올라 자책하게 되지 않으면 그 연설을 망쳤다고 여긴다고 한다. 왜 그럴까? 그는 연설가가 주어진 시간 동안 말할 수 있는 분량보다 훨씬 더 많이, 지나치다 싶을 정도로 풍족하게 예비 자료가 있어야만 연설을 잘할 수 있다는 것을 오랜 경험으로 알고 있었기 때문이다.

"뭐라고!" 당신은 이렇게 반박할지 모른다. "이 책 저자는 그 일을 모두 해낼 시간이 내게 있다고 생각하나 보지? 내게는 봐야 할 업무도 있고, 아내와 아이들도 둘이나 있으며, 키워야 할 에어데일테리어 두 마리도 있다는 사실을 알아주면 좋겠군…. 나는 박물관으로 달려가서 자료를 살펴보거나 책을 뒤적거리거나 대낮에 침대에 앉아서 연설문을 중얼거리고 있을 여유가 없거든."

하지만 나는 당신의 그런 사정을 잘 알고 있고, 또 그에 대해 충분히 배려도 하고 있다. 앞으로 주어질 주제는 당신이 이미 상당히 생각한 문제들이 될 것이다. 때로는 연설에 대해 아무런 준비도 하지 말고 오라고 할 때도 있을 것이다. 그런 다음, 당신을 청중 앞에 세우고는 쉬운 주제를 제시하며 즉석연설을 하게 만들 것이다. 이 방법은 당신에게 가장 필요한 훈련, 즉 남들 앞에 서서 떨지 않고 제대로 생각할 수 있는 훈련이다. 업무상 만남에서 당신이 해야만 하는 종류의 일이 바로 이런 것이기 때문이다.

이 훈련 과정에 참여하는 사람 가운데는 연설을 미리 준비하는 법을 배우는 데 관심이 없는 사람도 있을 것이다. 그들은 사업상의 여러 만남에서 당황하지 않고 대화에 잘 참여하는 정도를 바랄 뿐이다. 이런 수강생들은 종종 수업에 와서 다른 사람들이 발표하는 것을 듣고 몇 가지 배울 점을 얻기를 선호하기도 한다. 제한적으로 사용한다면 이런 방법도 추천할 만하다.

하지만 지나치게는 하지 마라. 이 장에서 제시하는 방법을 따르라. 이 방법은 여러분이 찾고 있는 편안함과 자유로움, 그리고 연설을 효과적으로 준비하는 능력을 알려줄 것이다.

만약 당신이 발표를 준비하고 계획할 만한 여유가 생길 때까지 미루기만 한다면, 당신은 결코 그런 여유를 찾지 못할 것이다. 하지만 습관적으로 익숙한 일을 하는 것은 그리 어려운 일이 아니지 않은가? 그러니 일주일에 어느 특정한 하루를 정해서 8시부터 10시까지는 오로지 이 과제에만 전념하도록 습관화하면 어떨까? 그게 확실한 방법이며 체계적인 방법이다. 왜 당장 시도하지 않는가?

자신감은
준비에서 나온다

1. 연설자가 머릿속에, 가슴속에 분명한 메시지와 말하고자 하는 내적 동기가 있으면, 거의 틀림없이 그 연설자에 대한 평판은 높아지게 된다. 준비가 잘되어 있는 연설은 이미 10분의 9는 전달한 셈이나 마찬가지다.

2. 준비란 무엇인가? 기계적인 문장 몇 개를 종이에 적어두는 것인가? 멋진 구절을 외우는 것인가? 전혀 그렇지 않다. 진정한 준비는 당신의 마음속에서 무언가를 퍼 올리는 것, 생각을 모으고 정리하는 것, 그리고 자신의 확신을 소중히 여기며 발전시키는 것이다.

   (사례를 들자면, 뉴욕에 사는 잭슨이 〈포브스〉에 실린 글에서 다른 사람의 생각을 단순히 반복하려고 했을 때, 그는 실패했다. 하지만 그 글을 자신의 연설을 위한 출발점으로만 이용하고, 자신의 생각을 발전시키며 자신의 사례를 제시했을 때 비로소 그는 성공했다.)

3. 자리에 앉아서 30분 안에 연설을 만들어내려고 노력하지 마라. 연설은 스테이크처럼 주문하면 바로 요리할 수 있는 게 아니다. 연설문은 성장해야 한다. 미리 주초에 주제를 정하고, 그 주제에 관해 틈틈이 생각하고, 깊이 있게 곰곰이 생각하고, 그 주제를 생각하면서 잠들고, 꿈도 그 주제에 관한 것을 꾸어라. 그 주제로 친구들과 토론도 하라. 그 주제를 대화의 소재로 삼아라. 그 주제와 연관이 있을 만한 모든 질문을 자기 자신에게 물어보라. 당신에게 떠오르는 모든 생각과 사례를 종이에 기록하고, 더 많은 걸 찾기 위해 계속 노력하라. 그러면 목욕을 하거나, 차를 몰고 시내로 나가거나, 저녁 식사를 기다리는 등의 시간에 아이디

어와 제안과 사례들이 수시로 당신의 머릿속을 스쳐 지나
갈 것이다. 이것이 링컨이 사용한 방법이다. 또한 대부분
의 성공적인 연설가들이 사용한 방법이기도 하다.

4. 자기 자신만의 생각을 정리한 다음, 시간이 된다면 도서관
으로 가서 당신이 선택한 주제에 관한 책을 읽어라. 사서
에게 도움을 청하라. 많은 도움을 받을 수 있다.

5. 당신이 사용하려고 생각하는 분량보다 훨씬 더 많은 자료
를 수집하라. 루서 버뱅크의 방식을 본받아라. 그는 단지
한두 개의 매우 뛰어난 종을 얻기 위해 수백만 종의 식물
표본을 만들어내곤 했다. 100가지의 생각을 모으고 90가
지는 버려라.

6. 비축하는 힘을 늘리기 위해서는 당신이 쓸 수 있는 분량보
다 훨씬 더 많은 양을 숙지하고, 정보 저장고를 가득 채우
면 된다. 연설을 준비할 때는 아서 던이 영업 사원들을 교
육시킨 방법이나 아이다 타벨이 애틀랜틱 케이블에 대한
기사를 준비할 때 사용했던 방법을 활용하라.

3

유명한 연설가는
어떻게 연설을 준비했을까

"엄청난 양의 잡다한 사실들이 머릿속에 출렁이며 떠다니는 것과 잘 정리되고 분류, 저장되어 간단히 처리하고 즉시 전달할 수 있는 것 사이에는 큰 차이가 있다."
— 로리머, 《자수성가한 상인이 대학에 다니는 아들에게 보낸 편지》 중에서

"교육받은 사람과 그렇지 않은 사람과의 커다란 차이는 문제의 핵심을 파악하는 능력에 있다. 지성의 훈련이야말로 대학교육으로부터 얻을 수 있는 가장 큰 이득이다."
— 존 그리어 히번, 프린스턴 대학 총장

"교육받은 사람들 가운데서도 우수한 정신의 소유자를 우리가 한눈에 알아볼 수 있는 이유는 무엇일까? 우리가 그런 인상을 받게 되는 진짜 이유는 그 사람의 사고가 체계적이기 때문이다."
— S. T. 콜리지

유명한 연설가는
어떻게 연설을 준비했을까

언젠가 뉴욕 로터리 클럽의 어느 오찬에 참석한 적이 있었다. 그날은 유명한 정부 관계자가 연설하기로 되어 있었다. 그가 높은 지위에 있었기 때문에 우리는 그를 주목했고, 또 그의 연설을 기대했다. 그는 자기 부처의 활동에 대해 이야기하기로 되어 있었는데, 이는 뉴욕의 거의 모든 사업가들이 관심을 갖는 내용이었다.

그는 주제와 관련된 지식을 많이 알고 있었고, 사용할 수 있는 양보다 훨씬 많은 정보를 가지고 있었다. 하지만 그는 연설을 미리 준비하지 않았다. 자료를 추려내지도, 질서 정연하게 배열하지도 않았다. 그럼에도 불구하고 무지하면 용감한 것인지 경솔하고 맹목적으로 연설을 시작했다. 그는 자기가 어디로 가고 있는지 모르고 있었다.

간단히 말해 그의 머리는 뒤죽박죽이었고, 우리에게 베푼 그의 '지적 연회'도 그랬다. 그는 먼저 아이스크림을 가져온 다음에 우리 앞에 스프를 놓았다. 다음으로 생선과 견과류가 나왔다. 그리고 거기에 더해 스프와 아이스크림, 먹음직스러운 붉은 청어를 섞은 것처럼 보이는 것도 있었다. 나는 어느 때 어느 곳에서도 그처럼 혼란스러운 연설자는 본 적이 없다.

그는 즉흥적으로 말하려 했지만, 도저히 안 되겠다 싶었는지 주머니에서 한 뭉치의 메모를 꺼내면서 비서가 찾아주었다며 고백했다. 누구도 그 말의 진실성을 의심하지 않았다. 메모지들 또한 고철을 가득 실은 무개화차만큼이나 전혀 정리가 되어 있지 않았다. 그는 이쪽부터 저쪽까지 훑어보면서 어떻게든 정리해 혼란에서 빠져나오려 애쓰면서 초조하게 메모를 뒤적였고, 그러면서 말을 하려 했다. 그는 사과하고, 물을 달라고 해서 떨리는 손으로 한잔 마시고, 몇 문장을 드문드문 내뱉고, 반복하고, 다시 메모를 들여다보았다.

시간이 갈수록 그는 더 곤혹스럽고, 갈피를 못 잡으며 난처해졌다. 초조해서 이마에서 땀이 솟아났고, 땀을 닦아낼 때는 손수건이 부들부들 떨렸다. 청중석에 있던 우리는 동정심과 난처한 심정으로 그가 크게 실패하는 모습을 지켜보며 앉아 있었다. 마치 우리 일인 것만 같아 직간접적으로 난처하고 괴로웠다. 하지만 신중한 곳은 찾아볼 수 없던 고집스러운 연설자는 허둥대고, 메모를 살피고, 사과하고, 물을 마시는 일을 계속했다. 연설자를 제외한 모든 사람들은 이 애처로운 광경이 완전한 실패로 치닫고 있음을 깨달았다. 그래서 연설자가 자리에 앉으며 필사적인 노력을 끝냈을 때 모두 안도하지 않을 수 없었다. 그 연설은 내가 지금까지 들었던 것 중 가장 불편한 연설이었고, 그는 내가 지금까지 만난 사람 중 가장 부끄럽고 굴욕적인 연설자였다. 만약 루소가 연애편지 쓰는 법에 대해 연설했다면 그러했을 것이다. 무슨 말을 해야 할지 모르는 상태로 시작했고, 그래서 자신이 무슨 말을 내뱉는지 모르는 채 연설을 끝냈다.

이 이야기의 교훈은 바로 이것이다. 허버트 스펜서의 말을 기억하자. "생각이 정리되어 있지 않은 사람은 생각을 많이 할수록 생각이 점점 더 혼란스러워진다."

정신이 온전한 사람이라면 아무 계획도 없이 집짓기를 시작하지는 않을 것이다. 그런데도 왜 그는 막연한 개요나 진행 순서도 없이 연설을 시작했을까? 연설은 목적이 있는 항해이고, 그래서 계획해야 한다. 자신도 모르는 곳에서 시작하는 사람은 대개 자기도 모르는 곳에 도착하게 된다.

나는 대중 연설에 관심 있는 사람들이 모이는 전 세계 모든 건물의 출입문 위에 30센티미터 정도 크기의 타오르는 빨간색 글씨로 나폴레옹의 이 말을 쓰고 싶다. "전쟁의 기술은 과학이다. 철저히 계산하고 계획하지 않으면 성공할 수 없다."

이는 전투뿐만 아니라 연설에서도 진실이다. 하지만 연설자들이 이 사실을 알고 있을까? 또는 만약 알고 있다면 그 말에 따라 행동할까? 그렇지 않다. 절대 그렇게 하지 않는다. 그저 생선 스튜 한 그릇보다 약간 더 많은 계획과 준비만 하는 연설이 허다하다.

어떤 특정한 아이디어에 가장 효과적인 준비는 무엇일까? 스스로 연구하기 전까지는 누구도 말할 수 없다. 이는 항상 새로운 문제이자 모든 연설자들이 끊임없이 묻고 대답해야 하는 영원한 질문이다. 항상 효과 있는 약은 없다. 하지만 적어도 여기서 구체적인 사례들을 통해 순서대로 정리한다는 것이 무슨 뜻인지 간단히 설명할 수는 있다.

상을 받은 연설은 어떻게 구성되어 있을까

아래에 소개된 연설은 내 교육과정을 수강한 어느 학생이 몇 년 전 '전미 부동산협회'에서 했던 연설이다. 이 연설은 여러 도시에서 제출한 27개의 다른 연설들과 경쟁한 결과 1등을 차지했다. 이 연설은 명확하고 생생하고 재미있게 제시된 사실들이 가득해서 잘 구성되어 있다. 이 연설에는 혼이 있다. 이 연설은 질서 정연하다. 읽고 공부할 가치가 있다.

"의장님, 그리고 회원 여러분.

144년 전에 이 위대한 나라 미국은 우리 필라델피아에서 탄생했습니다. 따라서 그런 역사적 기록이 있는 이 도시는 강력한 미국 정신이 있으며, 그 정신이 이 도시를 전국에서 가장 거대한 산업 중심지로 만들었을 뿐만 아니라 전 세계에서 가장 크고 아름다운 도시 중 하나로 만들었습니다.

필라델피아는 인구가 200만에 가깝고, 밀워키와 보스턴, 파리, 베를린을 합친 것과 같은 면적이며, 약 337제곱킬로미터의 땅 가운데 거의 32제곱미터가 넘는 최고의 토지를 아름다운 공원과 광장, 가로수 큰길로 만들었고, 그래서 지역 주민들에게는 휴양과 오락을 위한 공간을 제공하고 있으며, 보통 미국 시민이라면 누구나 누려야 할 제대로 된 환경을 갖추고 있습니다.

여러분, 필라델피아는 크고 깨끗하고 아름다운 도시일 뿐만 아니라 어디에서나 세계의 거대한 공장으로 알려져 있습니다. 이곳이 세계의 공장이라 불리는 이유는 조업일 기준으로 10분마다 10만 달러 가치의 상품을 만들어내는 9200개의 산업 시설에 고용된 4만 명이 넘는 어마어마한 산업 일꾼들이 있고, 유명 통계 전문가에 따르면 이 나라의 모직 제품, 가죽 제품, 편직물 상품, 직물, 펠트 모자, 철물, 공구, 축전지, 강철로 만든 배, 기타 수많은 상품을 생산하는 데 필라델피아에 필적할 만한 도시가 없기 때문입니다. 우리는 밤낮으로 두 시간마다 철도 차량을 한 대씩 만들고 있으며, 이 거대한 나라의 사람들 절반 이상이 필라델피아에서 만든 시내 전차를 타고 있습니다. 우리는 분당 1000개의 시가를 제조하고, 지난해에는 115개의 양말 공장에서 이 나라의 모든 남성, 여성, 어린이당 두 켤레의 스타킹을 생산해냈습니다. 우리는 영국과 아일랜드를 합친 것보다 더 많은 양의 카펫과 러그를 만들고, 사실 우리의 전체 상공업계는 워낙 커서 지난해 어음 교환액 370억 달러는 전국의 모든 자유 국채를 살 수 있을 정도의 규모입니다.

하지만 여러분, 우리는 놀라운 산업적 진보가 매우 자랑스럽고, 필라델피아가 이 나라에서 가장 큰 의료, 예술, 교육의 중심 중 하나라는 사실이 자랑스럽지만, 세계의 어느 도시보다도 많은 개인 주택이 필라델피아에 있다는 사실에 훨씬 더 큰 자부심을 느낍니다. 필라델피아에는 39만 7000호의 주택이 있는데 7.6미터 넓이로 이 주택들을 나란히 한 줄로 놓는다면, 그 줄은 필라델피아부터 캔자스에 있는 컨벤션 센터를 통과해 덴버에 이르기까지 총 3027여 킬로미터가 될 것입니다.

하지만 여러분이 주목해주셨으면 하는 것은, 이 수만의 주택을 우리 도시의 노동자들이 소유하고 있거나 그곳에 거주하고 있다는 사실입니다. 한 사람에게 디디고 설 땅과 거처할 곳이 있을 때, 사회주의와 볼셰비즘으로 알려진 외래 질병에 감염되지 않는다는 사실이 중요합니다.

우리의 집과 교육 기관과 거대한 산업이 우리 도시에서 태어난 진정한 미국 정신에 의해 만들어졌기 때문에, 필라델피아는 유럽식 무정부주의가 자라날 비옥한 토양이 아니라 우리 선조들의 유산입니다. 필라델피아는 이 위대한 나라의 어머니 도시이고, 미국의 자유의 근원지입니다. 첫 번째 미국 국기가 만들어진 도시이고, 미국의 첫 번째 의회가 열린 도시이며, 독립선언문이 서명된 도시이고, 미국인이 가장 사랑하는 자유의 종이 수만의 남녀와 어린이들에게 영감을 주고 있는 도시입니다. 그러므로 우리에게는 황금 송아지를 숭배하는 것이 아니라 미국 정신을 널리 퍼뜨리고 자유의 불이 계속 타오르게 할 성스러운 사명이 있다고 믿습니다. 하나님의 허락 아래 워싱턴 정부, 링컨과 시어도어 루스벨트는 모든 인류의 영감이 될 것입니다."

이 연설을 분석해보자. 이 연설이 어떻게 구성되어 있고, 어떻게 효과를 발휘하는지 알아보자. 먼저 이 연설에는 시작과 끝이 있다. 이는 정말 보기 드문 장점이다. 당신이 생각하는 것보다 훨씬 드문 장점이다. 이 연설은 어딘가에서 시작해 날아가는 야생 기러기처럼 곧장 앞으로 나아간다. 꾸물대거나 시간을 낭비하지 않는다.

이 연설은 신선하고 개성이 있다. 이 연설자는 다른 연설자들이 그들의 도시에 대해서 말하지 못할 사실을 말하는 것으로 시작한다. 필라델피아가 나라 전체의 탄생지임을 알려준다.

그는 필라델피아가 세계에서 가장 크고 아름다운 도시 중 하나라고 말한다. 하지만 그 주장 자체는 평범하고, 진부하고, 외따로 있어서 사람들에게 그리 큰 감명을 주지는 못할 것이다. 이 연설자는 그런 사실을 이미 알고 있는지 "밀워키와 보스턴, 파리, 베를린을 합친 것과 같은 면적이다"라고 말함으로써 청중들이 필라델피아의 규모를 상상해볼 수 있게 한다. 이는 분명하고 구체적이다. 흥미롭다. 놀랍다. 주목을 끈다. 통계를 한 페이지 가득 제시하는 것보다 연설자의 생각을 더 잘 전달한다.

다음에 그는 필라델피아가 "어디에서나 세계의 거대한 공장으로 알려져 있다"라고 단언한다. 과장되게 느껴지지 않는가? 마치 선전 문구 같다. 만약 그가 바로 다음 포인트로 넘어갔다면 아무도 납득하지 못했을 것이다. 하지만 그는 그러지 않았다. 이 연설자는 잠깐 멈춰 "모직 제품, 가죽 제품, 편직물 상품, 직물, 펠트 모자, 철물, 공구, 축전지, 강철로 만든 배" 등 필라델피아가 세계에서 선도하고 있는 품목들을 열거한다. 그러자 이제는 그다지 선전 문구처럼 들리지 않는다. 그렇지 않은가?

필라델피아는 "밤낮으로 두 시간마다 철도 차량을 한 대씩 만들고 있으며, 이 거대한 나라의 사람들 절반 이상이 필라델피아에서 만든 시내 전차를 타고 있습니다."

이 말을 듣고 우리는 '어, 그건 몰랐는데' 하며 생각에 잠긴다. '어제 나는 그 전차를 타고 시내에 간 거군. 내일 보면 우리 마을이 전차를 어디서 샀는지 알겠어.'

"분당 1000개의 시가를 (…) 이 나라의 모든 남성, 여성, 어린이당 두 켤레의 스타킹."

우리는 이 말에서 계속 감명을 받는다. '아마 내가 좋아하는 시가는 필라델피아에서 만들었을 거야. 그리고 내가 신은 이 양말도….'

연설자는 다음에 무엇을 하는가? 처음에 언급했던 필라델피아의 크기라는 주제로 돌아와서 자신이 그때 잊어버렸던 어떤 사실을 제시하려고 하는가? 아니, 전혀 그렇지 않다. 그는 그 내용을 다 마칠 때까지 한 가지 내용에 충실하기 때문에 다시 그 부분으로 돌아갈 필요가 없다. 그 점에 대해서는 이 연설자에게 당연히 감사하지 않을 수 없다. 해질녘 박쥐처럼 산만하게 여기저기로 돌진하고서 다시 돌아가는 연설자보다 더 혼란스럽고 정신없는 게 무엇이겠는가? 하지만 많은 연설자들이 실제 그렇게 한다. 자기 논점을 1, 2, 3, 4, 5 순서대로 다루는 대신, 축구팀 주장이 27, 34, 19, 2 식으로 신호를 부르는 것처럼 다룬다. 아니, 그보다 더하게 27, 34, 27, 19, 2, 34, 19 식으로 다룬다.

하지만 이 연설자는 헛돌지도, 갔던 길을 돌아오지도, 오른쪽 왼쪽으로 갑자기 방향을 틀지도 않고, 그가 말했던 기관차처럼 예정 시간대로 곧장 나아간다.

그렇지만 그는 이제 전체 연설에게 가장 약한 부분을 드러낸다. 그는 "필라델피아가 이 나라에서 가장 큰 의학, 예술, 교육의 중심 중 하나"라고 주장한다. 그는 그저 그렇게 말하고는 서둘러 다른 주제로 넘어간다. 그 사실에 생동감을 부여하고, 생생하게 만들고, 기억에 새기기 위해 단 12개의 단어만 썼을 뿐이다. 총 65단어로 되어 있는 문장 속에서 딱 12개의 단어는 길을 잃고 밑으로 가라앉았다. 이건 효과가 없다. 당연하다. 사람의 마음은 강철로 된 올무처럼 기계적으로 작동하지 않는다. 그는 이 부분에 아주 적은 시간을 들였고, 너무 대략적이고 모호하고 그 자신도 감명을 받지 못한 듯 보여서 청자에게 주는 효과도 거의 제로에 가까웠다. 어떻게 해야 했을까? 그는 이 부분을 필라델피아가 세계의 공장이라는 사실을 밝히기 위해 썼던 것과 똑같은 방식으로 입증할 수 있었음을 알고 있었다. 그는 분명 알고 있었다. 또한 그는 시합을 하는 동안 스톱워치로 자신의 시간이 측정되고 있으며, 자신에게 주어진 5분의 시간을 1초도 넘길 수 없다는 사실도 잘 알고 있었다. 그래서 다른 내용을 위해서 이 내용을 간략하게 처리해야만 했던 것이다.

"세계 어느 도시보다도 많은 개인 주택이 필라델피아에 있다." 그의 주제에서 이 사실을 인상적이고 설득력 있게 만들기 위해 그는 어떤 방법을 쓰고 있을까? 먼저 39만 7000이라는 숫자를 제시한다. 두 번째로 이 숫자를 구체적으로 그린다. "7.6미터 넓이로 이 주택들을 나란히 한 줄로 놓는다면, 그 줄은 필라델피아부터 캔자스에 있는 컨벤션 센터를 통과해 덴버에 이르기까지 총 3027여 킬로미터가 될 것입니다."

청중들은 대개 문장이 끝나기 전에 언급한 숫자를 잊는다. 하지만 그 그림을 잊을까? 그건 거의 불가능했을 것이다.

냉정한 사실 자료에 대한 이야기는 이쯤하기로 하자. 이 연설이 사람을 감동시키는 힘은 사실 관계에서 나오는 게 아니다. 이 연설자는 절정 부분에서 사람들의 감정을 움직이고 흥분시키고자 했다. 그래서 이제 마지막 부분에서 감정적인 자료를 다룬다. 그는 주택을 소유한다는 것이 어떤 의미인지를 설명한다. "사회주의와 볼셰비즘으로 알려진 외래 질병"을 비난하고, 필라델피아를 "미국의 자유의 근원지"로 칭송한다. 자유! 마법 같은 단어, 감정으로 가득한 말, 수백만 명의 사람들이 목숨을 바쳐 지킨 자유. 이 구절은 그 자체로도 좋지만, 청중이 귀하고 성스럽게 여기는 역사적인 사건과 문헌들을 구체적으로 참고해서 뒷받침함으로써 몇 배의 효과를 거둔다. "첫 번째 미국 국기가 만들어진 도시이고, 미국의 첫 번째 의회가 열린 도시이며, 독립선언문이 서명된 도시이고, 미국인이 가장 사랑하는 자유의 종이 수만의 남녀와 어린이들에게 영감을 주고 있는 도시입니다. (…) 자유의 불이 계속 타오르게 할 성스러운 사명이 있다고 믿습니다. 하느님의 허락 아래 워싱턴 정부, 링컨과 시어도어 루스벨트는 모든 인류의 영감이 될 것입니다." 이것이 진정한 절정이다!

이 이야기의 구성에 대해서는 이쯤 해두자. 구성의 관점에서는 지금 그대로 훌륭하다. 하지만 혼과 생명력 없이 차분한 방식으로 표현되었다면 이 연설은 슬픈 결과를 낳았을지도 모르며, 아마 틀림없이 실패로 끝났을 것이다. 하지만 연설자는 깊은 진정성에서 우러난 감정과 열정으로 자신이 정성 들여 쓴 대로 연설했다. 이 연설이 1등상을 타고, 시카고 컵을 받은 것은 놀랄 일이 아니다.

콘웰 박사가 연설을 준비한 방법

이미 이야기했듯이 최고의 준비에 대한 의문을 풀 절대적인 규칙은 없다. 모든 혹은 대부분의 연설에 맞는 계획이나 책략, 도표는 없지만, 몇몇 경우에 유용한 몇 가지 연설 계획 방법은 있다. 유명한 책《내 인생의 다이아몬드》의 저자인 고 러셀 H. 콘웰 박사는 언젠가 내게 다음과 같은 개요를 바탕으로 그의 수많은 연설을 썼다고 알려주었다.

1. 사실들을 언급하라.

2. 언급한 사실로부터 주장하라.
3. 행동을 호소하라.

이 교육과정에 참여했던 많은 수강생들이 이 계획이 유익하고 자극이 된다는 것을 깨달았다.

1. 뭔가 잘못된 것을 제시하라.
2. 어떻게 그 잘못을 해결할 수 있는지 제시하라.
3. 협력을 요청하라.

또는 다른 방식으로 말하기 위한 방법이 있다.

1. 고쳐야 할 상황이 있다.
2. 우리는 그 문제에 대해서 이러저런 것을 해야 한다.
3. 당신은 이러한 이유들 때문에 도와야 한다.

이 교육과정의 15장에는 '행동을 이끌어내는 방법'이라는 제목이 붙어 있고, 또 다른 연설 구성이 제시되어 있다.

1. 흥미로워할 관심을 확보하라.
2. 신뢰를 얻어라.
3. 사실을 언급하고 당신 제안의 장점을 사람들에게 알려주어라.
4. 사람들을 행동하게 할 동기에 호소하라.

관심이 있는 사람은 지금 15장을 펴서 이 구성을 상세히 살펴보기 바란다.

베버리지 상원 의원이 연설을 준비한 방법

상원 의원이었던 앨버트 J. 베버리지는 《대중 연설의 기술》이라는 매우 짧으면서도 실용적인 책을 썼다. 이 유명한 정치 운동가는 이렇게 말한다.

"연설자는 자신의 주제에서 대가가 되어야 한다. 모든 사실을—한 측면의 데이터뿐만 아니라 다른 측면, 모든 측면의 자료를 전부—수집하고, 정리하고, 공부하고, 소화해야 한다는 뜻이다. 그리고 그 내용들이 단순한 억측이나 증명되지 않은 주장이 아닌 사실인지를 확인하라. 어떤 것도 당연하게 생각하지 마라.

그러므로 모든 사항을 조사하고 확인하라. 이는 틀림없이 힘든 조사 과정이 될 것임에 틀림없다. 하지만 그래서 어떻단 말인가? 당신은 국민들에게 알리고, 가르치고, 조언하려고 나서지 않았는가? 당신은 당신 스스로가 권위자라고 주장하고 있지 않은가?

어떤 문제의 사실을 모으고 정리하면서 이 사실들에서 도출할 수 있는 해법에 대해 당신 스스로 생각해내라. 그러면 연설에 독창성과 개인적인 힘이 생길 것이다. 생생하고 설득력이 있을 것이다. 연설에 몰입하게 될 것이다. 그런 뒤에 할 수 있는 한 분명하고 논리적으로 자기 생각을 써라."

다시 말해서 양 측면의 사실을 보여주고, 그 사실들이 알기 쉽고 확실하게 말하는 결론을 제시하라.

우드로 윌슨이 연설을 구성한 방법

우드로 윌슨에게 연설 방법을 설명해달라고 하자, 그는 이렇게 말했다. "나는 다루고 싶은 화제를 나열하는 것으로 시작합니다. 화제들을 내 마음속에서 자연스러운 관계로 정리하면서 연설의 뼈대를 서로 맞추고 빠르게 써냅니다. 그러는 편이 시간을 많이 절약해준다는 것을 알게 되면서 나는 빨리 쓰는 습관을 들였습니다. 그러고 나서 나는 표현을 바꾸고, 문장을 고치고, 자료를 덧붙이면서 내 타자기로 베낍니다."

시어도어 루스벨트는 특유의 루스벨트 식 방법으로 연설을 준비했다. 모든 사실들을 찾아내 검토하고, 평가하고, 결과를 밝혀내고, 흔들리지 않는 확신을 갖고 결론에 다다랐다.

그런 다음 메모장을 놓고 말을 받아쓰게 했는데, 그럴 때는 연설을 매우 빨리 받아서 흥분과 자연스러움, 살아 있는 느낌이 들었다. 이제 그는 타이핑한 복사본을 검토하고, 수정하고, 삽입하고, 지우는 등 연필 자국으로 온통 채운 뒤에 전체를 다시 구술했다. 그는 이렇게 말했다. "수고를 들이고, 최고의 판단력을 발휘하며, 주의 깊게 계획하는 등 오랫동안 사전 작업을 하지 않고 뭔가를 얻은 적은 없습니다."

때로 그는 비평가들을 불러서 말하는 것을 받아쓸 때 듣게 하거나 자기 연설문을 읽어주기도 했다. 그는 자기 이야기의 정당성에 대해서 비평가들과 토론하려 하지 않았다. 내용에 대한 그의 생각은 확고해서 되돌릴 수 없었다. 그는 무엇에 대해서 말하는가가 아니라 어떻게 말하는가에 대해서 듣고 싶었다. 계속해서 그는 자르고, 고치고, 개선하면서 타이핑된 복사본들을 검토했다. 신문에 실린 연설문은 이런 과정을 거쳤다. 물론 그는 연설문을 외우지 않았다. 즉흥적으로 연설했다. 그래서 종종 그가 실제로 한 연설은 신문에 실리고 다듬어진 것과 약간 차이가 있었다. 하지만 받아쓰고 수정하는 일은 훌륭한 준비 과정이었다. 이를 통해 그는 자료에 익숙해지고, 논점을 순서대로 정리할 수 있었다. 이런 준비 과정을 통해 그는 유창함과 확신, 다른 식으로는 얻기 힘든 세련미를 갖출 수 있었다.

올리버 로지 경은 내게 연설문을 받아쓰는 것, 빠르면서도 핵심을 포함하도록 받아쓰고, 청중에게 실제로 말하고 있는 것처럼 받아쓰는 것이 준비하고 연습하는 데는 훌륭한 방법임을 알게 되었다고 말했다.

이 교육과정에 참여한 많은 수강생들은 녹음기에 연설을 녹음하는 것이 도움이 된다는 사실을 깨닫고 자신의 연설을 직접 녹음해서 들어보았다. 자기가 연설하는 모습이 어떤지 느껴질까? 그렇다. 때로 환상이 깨지고 잘못을 깨닫는 것이 두렵기도 하지만, 이는 가장 유익한 연습이다. 적극 추천한다.

당신이 말하려 하는 것을 실제로 써보는 연습은 당신을 생각하도록 만들 것이다. 이는 당신의 생각을 명확하게 해줄 것이다. 당신의 기억에 생각을 더해줄 것이다. 지적인 탈선을 최소한으로 줄여줄 것이다. 또한 발음을 개선시켜줄 것이다.

벤저민 프랭클린의 옛날이야기 활용법

벤저민 프랭클린은 자서전에서 자신이 발음을 어떻게 고쳤는지, 단어를 사용하는 능력을 어떻게 발전시켰는지, 생각을 정리하는 방법을 어떻게 익혔는지에 대해서 이야기한다. 그의 삶에 대한 이 이야기는 문학 고전이 되었는데, 대부분의 고전과는 달리 읽기 쉽고 아주 재미있다. 그 책은 단순하고 쉬운 영어의 모델이다. 장래에 연설가와 작가를 꿈꾼다면 재미있고 유익하게 읽을 수 있다. 내가 인용하는 부분이 마음에 들 거라고 기대하며 일부를 소개한다.

"이맘때 나는 정치 간행물 〈스펙테이터〉 한 권을 보게 되었다. 제3호였다. 이전에는 한번도 그 잡지를 발견한 적이 없었다. 나는 그 잡지를 사서 읽고 또 읽으며 즐거워했다. 매우 잘 쓴 글이라고 생각해서 가능하면 따라 하고 싶었다. 모방해보고자 하는 생각에 나는 각 문장의 개요를 짧게 메모하고 며칠 동안 그대로 두었다. 그리고 책을 보지 않고 그 문장을 다시 완성시켜보았다. 적절하다고 생각되는 단어를 사용해서 메모한 개요를 전에 쓰인 것만큼 충분하고 상세하게 표현해 다시 완성해보았다. 그리고 내가 쓴 〈스펙테이터〉를 원본과 비교하면서 내 실수를 발견하고 다시 고쳤다.

만일 내가 운문 짓는 법을 훈련한다면 더 많은 단어들을 알 수 있고, 또 자유롭게 사용할 수 있을 것이란 생각도 들었다. 강약을 맞추기 위해 같은 의미지만 길이가 다른 단어를 찾거나, 운을 맞추기 위해 소리가 다른 단어를 계속 찾는 등 여러 가지 다양한 표현 방식을 추구하기 때문이다. 그래서 나는 옛날이야기 가운데 일부를 골라 운문으로 만들고, 원래의 내용을 잊을 때쯤 그 운문을 다시 산문으로 만들어보았다. 때로는 적어놓은 메모를 섞어놓고는 몇 주 지난 후에 내 생각에 가장 좋은 순서가 되도록 정리해 완전한 문장을 만들면서 이야기를 완성해보기도 했다. 나 스스로 생각을 가다듬는 훈련을 하기 위해서였다. 후에 나의 작업을 원본과 비교해보면서 많은 결점을 찾아냈고, 교정했다. 때로는 비록 사소한 부분이지만 내가 쓴 글이 더 낫다고 느낄 때도 있었다. 그럴 때는 나도 글을 잘 쓰는 사람이 될 수 있지 않을까 하는 희망을 품었다."

메모로 카드놀이를 하라

앞에서 메모를 만들라고 조언했다. 다양한 생각과 사례를 종이에 요약하고, 그 종잇조각으로 혼자 카드놀이를 하라. 이 메모 더미들은 당신이 할 연설의 주요 내용들이다. 메모들을 각각 더 작은 분량으로 나눠라. 그리고 오직 최고의 밀알들만이 남을 때까지 왕겨들을 버려라. 때로는 밀알 중에도 제쳐놓고 쓰지 않을 것들이 있을 것이다. 제대로 작업한다고 해도 모은 자료를 전부 다 사용하지는 못한다.

연설이 완성될 때까지 수정 과정을 멈춰서는 안 된다. 심지어 연설할 내용이 만들어진 다음에도 요점과 개선 사항들이 생각날 것이다.

좋은 연설자는 보통 네 가지 종류의 연설이 있음을 깨닫는다. 그 네 가지 종류는 자신이 준비한 연설 하나, 실제로 연설했던 하나, 신문에서 연설했다고 보도하는 하나, 그리고 집에 돌아갈 때 이렇게 할 걸 하고 생각하는 것 하나다.

연설할 때 원고를 사용해도 될까

링컨은 뛰어난 즉흥 연설가였지만, 백악관에 들어간 후에는 미리 신중하게 모두 글로 적을 때까지 어떤 연설도(자기 고문단에게 하는 비공식적인 연설조차도) 하지 않았다. 물론 그는 취임 연설을 읽을 의무가 있었다. 그런 성격의 역사적인 공문서의 빈틈없는 문체는 즉흥적으로 하기에는 너무 중요하다. 하지만 일리노이 시절의 링컨은 연설할 때 메모조차 사용하지 않았다. "메모는 듣는 사람을 늘 싫증나고 혼란스럽게 합니다." 그가 말했다.

우리들 중 누가 그의 말을 반박할 수 있을까? 연설할 때 메모는 흥미를 약 50퍼센트 정도 떨어뜨리지 않는가? 연설자와 청중 사이에는 중요한 접촉과 친밀감이 있어야 하는데, 메모가 이런 느낌을 막고 있지 않는가? 아니면 적어도 어렵게 하지는 않는가? 메모가 부자연스러운 분위기를 만들지 않는가? 메모는 청중들로 하여금 연설자라면 반드시 갖고 있어야 할 자신감이나 여분의 능력이 있다고 느끼지 못하게 하지 않는가?

반복해서 말하지만, 준비하는 동안에는 공을 들여 많은 메모를 만들어라. 당신은 혼자 연설을 연습할 때 메모를 참고하고 싶을 것이다. 청중과 마주하고 있을 때 주머니에 메모가 있으면 기분이 더 편할 것이다. 하지만 특별 객차에 있는 망치와 톱, 도끼처럼 메모는 대형 충돌사고가 일어나거나, 완전히 난파되거나, 죽음이나 재앙의 위협이 있을 때 쓰기 위한 비상용 도구여야 한다.

꼭 메모를 써야 한다면 아주 짧게 만들고, 큰 글자로 종이의 넓은 면에 적어라. 그리고 연설할 장소에 일찍 가서 탁자 위 책들 속에 메모를 숨겨라. 꼭 필요할 때 메모를 슬쩍 보되 청중에게서 자신의 약점을 감추려 노력하라.

하지만 이 모든 이야기를 했음에도 불구하고 메모를 사용하는 것이 더 현명할 때가 있다. 예를 들면 처음 몇 마디를 하는 동안 어떤 사람들은 너무 긴장하고 청중을 의식한 나머지 준비한 연설이 전혀 기억나지 않는다. 결과는? 옆길로 샌다. 그렇게 신중하게 연습한 내용을 잊어버린다. 큰길을 벗어나서 늪에서 허둥댄다. 그런 사람들은 첫 연설을 하는 동안 손에 요약한 메모 몇 장을 드는 것이 낫지 않을까? 아이는 걸음마를 시작할 때 가구를 꽉 쥐고 있지만 오랫동안 잡고 있지는 않는다.

글자 그대로 외우지 마라

연설문을 읽지 말고 글자 그대로 외우려고도 하지 마라. 그런 일은 시간을 허비하고 큰 실패로 이어진다. 하지만 이렇게 경고했음에도 불구하고 이 글을 읽고 있는 어떤 사람들은 그렇게 할 것이다.

만일 외운다면 연설하려고 일어설 때 연설자들은 과연 무엇을 생각할까? 메시지? 아니다. 연설자들은 정확한 표현을 떠올리려 할 것이다. 인간의 정신이 대개 작동하는 것과는 반대로 앞으로의 일이 아니라 과거를 되짚어 생각할 것이다. 전체적으로 발표가 딱딱하고, 차갑고, 재미없고, 인간미가 느껴지지 않을 것이다. 부탁하건대 그런 쓸데없는 일에 시간과 에너지를 낭비하지 마라.

사업상 중요한 면담이 있을 때 자리에 앉아서 무엇을 말할지 글자 그대로 외우는가? 그렇게 하는가? 물론 아닐 것이다. 주요 아이디어를 마음속으로 확실히 이해할 때까지 깊이 생각할 것이다. 어쩌면 메모 몇 개를 적고 기록들을 참고할 것이다. 당신은 자기 자신에게 말한다. "이런저런 사항들을 이야기해야지. 이런 이유들로 어떤 것을 해야 한다고 말해야지…" 그러고는 스스로 이유를 정리하고 구체적인 예로 설명한다. 이렇게 하는 것이 사업상 면담을 준비하는 방법 아닌가? 연설을 준비할 때는 왜 이런 상식적인 방법을 사용하지 않는가?

아포맷톡스에서의 그랜트 장군

남북전쟁에서 패배한 리 장군이 항복 조건을 작성해달라고 했을 때, 연합군의 수장이었던 그랜트 장군은 파커 장군을 돌아보며 펜과 종이를 갖다 달라고 했다. 그랜트 장군은 《회고록》에 이렇게 썼다. "내가 펜을 잡고 조건을 작성하려 하는데,

처음에 어떤 단어를 써야 할지 떠오르지 않았습니다. 내가 아는 것은 오로지 내 생각뿐이었으므로, 나는 내 생각을 명확하고 오해의 여지가 없도록 표현하고자 했습니다."

그랜트 장군은 첫 단어를 알 필요가 없었다. 그에게는 자신의 생각이 있었던 것만으로도 충분했다. 그에게는 확신이 있었다. 말하고 싶은, 정말 분명히 말하고 싶은 무언가가 있었다. 그결과 의식적으로 노력하지 않아도 그가 자주 쓰는 구절들이 저절로 튀어나왔다. 다른 사람들도 마찬가지다. 의심스럽다면 아무나 한 사람을 때려눕혀 보라. 그가 일어나면서 무슨 말을 해야 할지 몰라 우물쭈물하는 일은 없을 것이다.

2000년 전에 호라티우스는 이렇게 썼다.

어떤 단어를 써야 하나 찾지 말고
오직 사실과 생각을 추구하라.
그러면 찾지 않아도 단어가 밀려올 것이다.

마음속에 자신의 생각을 확고히 한 다음, 연설을 처음부터 끝까지 미리 연습하라. 주전자의 물이 끓기를 기다릴 때, 길을 걸을 때, 엘리베이터를 기다릴 때, 조용히 마음속으로 연습하라. 방에서 홀로 나가서 큰 소리로 동작을 해가며 활기와 에너지를 갖고 말하면서 연설을 검토하라.

캔터베리의 캐논 녹스 목사는 성직자가 같은 설교를 여섯 번 해보기 전에는 설교의 진정한 메시지를 전달할 수 없다고 말하곤 했다.

그렇다면 당신은 적어도 그 정도의 연습을 하지 않고서 연설을 통해 자신의 진짜 메시지를 전할 수 있기를 바라도 되는 걸까? 연습할 때 진짜 청중이 앞에 있다고 상상해보라. 청중이 있을 때 실감나게 연설할 수 있을 정도로 상상하라.

이런 상상을 실감나게 하면, 실제로 당신 앞에 수많은 청중이 있을 때도 그 상황을 이미 겪어봤던 것처럼 여겨 자연스럽게 행동할 수 있다. 수많은 범죄자들이 교수대로 향하면서 허풍을 떨 수 있는 것도 같은 이치다. 그들은 이미 상상 속에서 수천 번이나 그런 상황을 그려봤기 때문에 두려움이 줄어들어서, 실제로 처형당하는 순간을 마치 예전에 몇 번이나 겪었던 일처럼 여긴다.

왜 농부들은 링컨을 '엄청 게으르다'라고 생각했을까

이런 방식으로 연설을 연습한다면 많은 유명 연설가들의 예를 충실히 따르고 있는 것이다. 영국의 수상인 로이드 조지는 웨일스에 있는 자기 고향의 토론회 멤버였을 때, 시골길을 산책하며 종종 나무와 울타리 기둥을 상대로 몸짓을 섞어가며 말하곤 했다.

젊은 시절 링컨은 브레켄리지 같은 유명한 연설가의 연설을 들으러 왕복 50~60킬로미터의 거리를 걸어 다녔다. 그런 곳을 다녀오고 나면 그는 흥분한 채 연설가가 되겠다고 결심하고, 밭에서 일꾼들을 모은 다음 나무 그루터기에 올라가 연설을 하고 이야기를 들려주었다. 링컨의 고용주는 이 엄청 게으른 놈이 농담과 웅변술로 다른 노동자들을 망치고 있다고 말하며 화를 냈다.

영국 총리였던 애스퀴스는 옥스퍼드에서 학생 토론 모임에 적극 참여하면서 자신의 능력 중 최고의 재주를 얻었다. 후에는 자신이 직접 토론 클럽을 만들기도 했다. 우드로 윌슨은 토론회에서 연설을 배웠다. 헨리 워드 비처도 그랬다. 위대한 에드먼드 버크도 마찬가지였다. 엘리후 루트는 예전에 뉴욕 23번가에 있는 YMCA의 문학회에서 연설 실력을 길렀다.

유명한 연설가들의 경력을 살펴보면 그들 모두에게서 하나의 공통된 사실을 발견할 수 있는데, 그들은 연습하고 또 연습했다. 그리고 이 과정에서 가장 빨리 발전한 이들은 가장 많이 연습한 사람들이었다.

그렇게 연습할 시간이 없는가? 그렇다면 조셉 초트가 사용했던 방식대로 해보라. 그는 출근할 때 조간신문을 한 부 산 다음 신문에 고개를 파묻었다. 그러면 아무도 그를 방해할 수 없었다. 그러고는 시답지 않은 그날의 스캔들과 가십을 읽는 대신 연설을 생각하고 계획했다.

천시 M. 드퓨는 철도 회사 사장, 그리고 상원 의원으로서 상당히 활발히 활동했다. 하지만 그 와중에 거의 매일 밤 연설을 했다. 그는 말한다. "나는 연설 때문에 내 업무가 지장받도록 놔두지 않습니다. 저는 늘 오후 늦게 사무실을 나와 집에 와서 연설을 준비했습니다."

누구나 하루에 세 시간 정도는 자신이 하고 싶은 것을 할 수 있다. 다윈이 건강이 나빠졌을 때 연구한 시간도 딱 그 정도였다. 24시간 중 세 시간, 그 시간을 현명하게 사용한 덕분에 다윈은 유명해졌다.

시어도어 루스벨트는 대통령 재임 시절에 짧은 인터뷰를 오전 내내 연이어 해야 하는 경우가 자주 있었다. 하지만 그는 약속 시간 틈틈이 생기는 잠깐의 여유 시간조차 활용하기 위해 책을 곁에 두었다.

만약 너무 바빠서 시간에 쫓긴다면, 아놀드 베넷의《시간 관리론》를 읽어보라. 100쪽 정도를 뜯어내서 바지 뒷주머니에 넣고 잠깐 시간이 날 때 읽어라. 이 방법으로 나는 이틀 동안 그 책을 다 읽었다. 그 책은 어떻게 시간을 절약할 수 있는지, 하루를 좀 더 효율적으로 활용하려면 어떻게 해야 하는지를 가르쳐준다.

당신은 업무에서 벗어나 휴식과 기분전환을 할 필요가 있다. 연설을 연습하는 것은 바로 그런 식이 되어야 한다. 가능하다면 이 과정을 함께 배우는 다른 사람들과 일주일에 한 번 정도 더 만나서 연설을 연습하라. 그것이 불가능하다면 당신의 가정에서 가족들과 함께 즉흥 연설 놀이를 하라.

더글러스 페어뱅크스와 찰리 채플린이 하던 놀이

더글러스 페어뱅크스와 찰리 채플린은 돈이 드는 여흥을 충분히 즐길 수 있을 정도로 수입이 많은 사람들이다. 하지만 그들은 그러한 부와 명성에도 불구하고 자신들이 즐겁게 저녁 시간을 보낼 수 있는 흥미로운 오락거리를 만들어냈다. 그 놀이는 다름 아닌 즉흥 연설을 하는 것이었다.

몇 해 전, 더글러스 페어뱅크스는 〈아메리칸 매거진〉에 이러한 사실을 다음과 같이 밝혔다.

"어느 날 저녁 식사 자리에서 찰리 채플린과 농담을 주고받던 나는 공식적으로 사람들에게 그를 소개하는 듯한 말을 했다. 분위기상 그는 자리에서 일어나서 소개에 걸맞은 인사를 해야 했다. 그 일을 계기로 일종의 게임이 만들어졌는데, 우리는 지금까지 2년 동안 거의 매일 저녁 그 게임을 하고 있다. 우리 세 사람(메리 픽포드, 나, 채플린)은 종이쪽지에 각각 한 가지 주제를 적고는 그 쪽지를 섞은 다음 각자 한 장씩 뽑는다. 자신이 어떤 주제를 뽑았든지 각자 1분 동안 그 주제로 연설을 해야 한다. 한 번 적었던 단어는 다시 적지 않는다. 그래서 우리의 연설은 항상 새롭다. 그리고 어떤 단어를 적든 제한은 없다.

한번은 '신앙'과 '전등갓'이라는 두 개의 단어가 제시된 적이 있었다. 그 가운데 '전등갓'이라는 단어가 내 몫이 되었기 때문에 나는 '전등갓'이라는 주제로 1분간 연설을 하느라 진땀을 흘렸던 기억이 난다. 쉬울 거라고 생각하는 사람은 직접 해보라. 시작은 다음처럼 용감하게 할 수 있다. '전등갓에는 두 가지 용도가 있습니다. 하나는 불빛을 부드럽게 바꾸는 것이고, 다른 하나는 장식의 효과를 내는 것입니다.' 그런데 만약 나보다 전등갓에 대해 훨씬 많이 알고 있지 않다면 여기서 끝이다. 어쨌든 나는 어렵사리 연설을 마쳤다.

하지만 내가 말하고 싶은 것은 이 게임을 하면서부터 우리 세 사람이 민감해졌다는 사실이다. 우리는 잡다한 주제에 관해 상당히 많이 알게 되었다. 그리고 그보다 훨씬 중요한 것은 우리가 어떤 주제에 대해서든 아주 짧은 시간 안에 자신이 알고 있는 지식과 생각을 결합해 간략하게 제시하는 법을 배우고 있다는 사실이다. 우리는 남들 앞에 서서 생각하는 법을 배우고 있다. '배우고 있다'라고 말하는 이유는 우리가 아직도 이 게임을 하고 있기 때문이다. 지난 2년간 우리는 이 게임에 싫증을 느낀 적이 없으며, 이는 우리가 지금도 성장하고 있음을 의미한다."

유명한 연설가는
어떻게 연설을 준비했을까

1. 나폴레옹은 이렇게 말했다. "전쟁의 기술은 과학이다. 철저히 계산하고 깊이 생각하지 않으면 어떤 것도 성공할 수 없다." 이는 전투뿐만 아니라 연설에서도 마찬가지다. 연설은 항해다. 어딘지 모르는 곳에서 출발한 연설자는 대개 어딘지 모르는 곳에 도착한다.

2. 아이디어를 정리하고 모든 이야기를 어떻게 구성해야 하는지에 대해 어떤 경우에나 들어맞는 완벽한 규칙은 없다. 각각의 연설은 나름대로의 문제들이 있다.

3. 연설자는 어떤 내용을 연설하고자 할 때는 철저하게 다뤄야 하고, 다시 언급해서는 안 된다. 한 예로 필라델피아를 주제로 상을 받은 연설을 보라. 여기저기로 돌진하고 나서 해질녘 박쥐처럼 목적 없이 다시 돌아가서는 안 된다.

4. 콘웰 박사는 다음과 같은 방법으로 연설을 만들었다.

    1) 사실들을 언급하라.

    2) 언급한 사실로부터 주장하라.

    3) 행동을 호소하라.

5. 이런 방법도 도움이 될 수 있다.

    1) 뭔가 잘못된 것을 보여주어라.

    2) 어떻게 해결할 수 있는지 보여주어라.

    3) 협력을 요청하라.

6. 다음은 하나의 훌륭한 연설 계획이다.

    1) 흥미로워할 관심을 확보하라.

2) 신뢰를 얻어라.

3) 사실을 언급하고 당신 제안의 장점을 사람들에게 알려주어라.

4) 사람들을 행동하게 할 동기에 호소하라.

7. 상원 의원인 앨버트 J. 베버리지는 이렇게 조언했다. "주제의 양 측면에 대한 모든 사실을 수집하고, 정리하고, 연구하고, 소화해야 한다. 증명하고 사실임을 확인한 후 그 사실의 해결책을 스스로 생각해내라."

8. 연설하기 전에 링컨은 수학적 엄밀함을 이용해 결론을 생각해냈다. 마흔이 되어 의회의 일원이 된 후, 그는 궤변을 간파하고 자신의 결론을 증명할 수 있도록 유클리드 기하학을 공부했다.

9. 시어도어 루스벨트는 연설을 준비할 때 모든 사실을 직접 확인하고 평가한 다음, 연설을 매우 빠르게 받아쓰고 타이핑으로 베껴 쓴 복사본을 고치고 최종적으로 다시 처음부터 받아썼다.

10. 가능하다면 녹음기로 연설을 녹음해서 들어보라.

11. 메모는 연설의 재미를 약 50퍼센트 망친다. 메모를 피하라. 무엇보다도 연설을 읽지 마라. 청중은 낭독 연설 듣는 것을 참지 못한다.

12. 연설을 생각하고 정리한 후에는 길을 걸을 때 조용히 연습하라. 혼자 어딘가에 가서 제스처를 써가면서 연설을 처음부터 끝까지 검토하라. 실제 청중들에게 연설하고 있다고 상상하라. 많이 연습할수록 연설할 순간이 되었을 때 더 편안해지는 기분이 든다.

4

기억력 향상시키기

"비즈니스에서 가장 성가시고 비싼 대가를 치르는 것 중 하나가 건망증이다… 어떤 인생을 살아가든 좋은 기억력에는 헤아릴 수 없는 가치가 있다."

— 〈새터데이 이브닝 포스트〉

"한번 습득한 것을 잊지 않는 사람은 언제나 성취하고 발전해가는 반면, 예전에 알고 있던 것을 잊어버리고 나서 다시 익히느라 시간을 보내는 사람은 그저 현상 유지에 그치고 만다."

— 윌리엄 제임스 교수

"내가 중요하다고 생각하는 것에 대해 말하고자 할 때는 청중에게 전달하려는 내용이 무엇인지 생각해본다. 나는 사실이나 주장을 적는 대신, 생각나는 논지와 사실들의 흐름을 두세 장 혹은 네 장 정도의 종이에 메모한다. 그리고 구체적인 단어들은 연설할 때 떠오르는 것을 사용하도록 놔둔다. 때로 짧은 구절들은 정확성을 기하기 위해 기록해두기도 하는데, 보통 마무리하는 말이나 끝맺는 문장들이다."

— 존 브라이트

기억력 향상시키기

"평균적인 사람은 실제 타고난 기억력의 10퍼센트도 사용하지 못한다. 우리는 기억의 자연법칙을 위반하고 나머지 90퍼센트를 낭비하고 있다." 저명한 심리학자인 칼 시쇼 교수가 말했다.

당신은 이런 평균적인 사람들 중 한 명인가? 만약 그렇다면 당신은 사회적으로나 금전적으로 불리한 여건 속에서 어려움을 겪고 있을 것이다. 따라서 당신은 이 장에 관심을 갖고 여러 번 읽으면 도움이 될 것이다. 이 장에서는 기억의 자연법칙에 대해 설명하고, 비즈니스와 사교적인 대화뿐만 아니라 연설을 할 때도 어떻게 이 법칙을 사용하는지 보여주려 한다.

'기억의 자연법칙'은 아주 간단하다. 딱 세 가지 법칙이 있을 뿐이다. 소위 '기억 체계'는 이 세 가지 법칙을 바탕으로 만들어졌다. 간단히 말하면 세 가지 법칙은 인상, 반복, 연상이다.

첫 번째 기억의 비법은 당신이 기억하고 싶어 하는 것에 대한 깊고 생생하며 지속적인 인상을 갖는 것이다. 그러기 위해서는 집중해야만 한다. 시어도어 루스벨트를 만난 사람들은 모두 그의 놀라운 기억력에 놀랐다. 그의 특별한 재능은 이런 기억력 때문이었다. 뭔가에 대한 인상을 머릿속에 물로 쓴 듯 쉽게 잊지 않고 강철에 새긴 듯했기 때문이다. 그는 최악의 조건에서도 집중할 수 있도록 꾸준한 연습을 통해 자신을 훈련시켜 왔다. 1912년 시카고에서 열린 혁신당 대회 중에 루스벨트의 본부는 콩그레스 호텔에 있었다. 군중들은 울면서 현수막을 흔들고 "우리는 테디를 원한다! 우리는 테디를 원한다!"라고 소리 지르면서 도로로 밀려들어 왔다. 군중들의 함성 소리, 밴드의 음악 소리, 정치인들의 출입, 급히 치러지는 회의들, 이런 상황에서 평범한 사람이라면 정신을 못 차렸을 것이다. 하지만 루스벨트는 이런 모든 상황에서도 아랑곳하지 않고, 그의 방에서 흔들의자에 앉아 그리스 역사가인 헤로도토스의 책을 읽고 있었다. 브라질 열대림을 여행하는 동안에도 마찬가지였다. 그는 저녁에 캠핑장에 도착하자마자 커다란 나무 밑 마른자리를 찾았다. 그런 다음 캠핑 의자를 꺼내 앉더니 기번의 《로마제국 쇠망사》를 읽기 시작했다. 그는 비가 내리는 것도, 캠프가 소란스럽고 분주한 것도, 열대림에서 들려오는 소리도 모두 잊고 책에 몰입했다. 이런 사람이 자신이 읽은 내용을 기억한다는 것은 그리 놀랄 일도 아니다.

5분간 생생하고 강렬하게 집중하면 멍하니 며칠을 보내는 것보다 더 큰 결과를 가져올 것이다. 헨리 워드 비처는 "집중하면서 보낸 한 시간은 몽롱하게 보낸 몇 년보다 더 많은 것을 해낸다"라고 썼다. 베들레헴 철강 회사의 회장으로서 1년에 100만 달러 이상을 번 유진 그레이스도 이렇게 말했다. "내가 배운 것 중에 다른 무엇보다 더 중요한 게 있다면, 그리고 어떤 상황에서도 매일 연습하는 게 있다면 지금 하고 있는 특정한 일에 집중하는 것이다."

이것이 기억력에 대한 비밀 중 하나다.

그들은 벚나무를 볼 수 없었다

토머스 에디슨은 그의 보조 연구원 27명이 6개월 동안 매일 그의 전구 공장에서 뉴저지 주 멘로 공원에 있는 주 작업장까지 가면서 어떤 특정한 길을 이용한다는 사실을 알게 되었다. 그 길가에는 벚나무가 한 그루 있었는데, 27명 중 어느 누구도 그 나무의 존재를 알지 못했다.

에디슨은 이렇게 열변을 토했다. "평균적인 인간의 뇌는 눈이 보는 것의 1000분의 1도 보지 않는다. 우리의 관찰력—진짜 관찰력—이 얼마나 형편없는지 믿을 수 없을 정도다."

어떤 사람을 당신의 친구 2~3명에게 소개시켜주면, 2분 뒤에 그는 당신 친구들의 이름을 하나도 기억할 수 없을 것이다. 왜일까? 그는 처음부터 당신 친구들에게 충분한 주의를 기울이지 않았고, 그들을 정확히 관찰하지 않았기 때문이다. 그는 아마도 자신이 형편없는 기억력을 가지고 있다고 말할 것이다. 하지만 형편없는 것은 기억력이 아니라 관찰력이다. 그는 안개

속에서 찍은 사진이 잘 나오지 않았다고 카메라를 탓하지 않을 것이다. 하지만 자신의 정신은 다소 흐릿하고 안개가 낀 것 같은 인상을 기억하기를 기대한다. 당연히 인상을 기억할 수는 없다.

〈뉴욕 월드〉를 발행했던 조셉 퓰리처는 자신의 편집 사무실에 근무하는 모든 직원들의 책상 위에 세 단어를 적어두도록 지시했다.

정확성

정확성

정확성

우리가 원하는 것이 바로 이 정확성이다. 상대의 이름을 정확하게 들어라. 이런 노력을 고집하라. 이름을 다시 말해달라고 부탁하라. 이름의 철자를 물어라. 그는 당신이 관심을 가져주었다며 우쭐해할 것이고, 당신은 그의 이름에 집중했기 때문에 이름을 기억할 수 있을 것이다. 당신은 분명하고 정확하다는 인상을 남길 수 있을 것이다.

왜 링컨은 소리 내서 읽었을까

어린 시절 링컨은 시골 학교에 다녔다. 바닥은 판자로 되어 있고, 창문에는 유리 대신 글씨 연습용 책에서 찢어낸 기름 먹은 종이를 바른 학교였다. 교과서가 단 한 권뿐이었기 때문에 선생님은 큰 소리로 책을 읽어주었다. 학생들은 선생님이 읽은 뒤에 다 같이 한꺼번에 내용을 따라 반복했다. 그 때문에 학교는 늘 소란스러워서 이웃들은 '시끄러운 학교'라고 불렀다.

'시끄러운 학교'에서 링컨은 평생 동안 유지한 습관이 하나 생겼다. 그는 평생 기억하고 싶은 것은 큰 소리로 읽었다. 매일 아침 스프링필드에 있는 자신의 변호사 사무실에 도착하면, 그는 긴 의자에 몸을 뻗고 길고 볼품없는 한쪽 다리를 옆 의자 위로 걸쳐놓고 신문을 크게 읽었다. 그의 파트너는 이렇게 말했다. "그 때문에 짜증났죠. 못 견딜 정도였습니다. 한번은 왜 그런 식으로 읽는지 물어봤어요. 그랬더니 그는 '소리 내서 읽으면 두 가지 감각으로 이해하게 되거든. 먼저 내가 읽는 것을 보게 돼. 그리고 두 번째로 그 소리를 듣는다네. 그래서 내용을 더 잘 기억할 수 있게 되지'라고 대답했습니다."

그의 기억력은 비상했다. "내 머리는 무언가를 새기기엔 매우 어려운 강철 조각 같다. 하지만 일단 새긴 후에는 지우는 게 거의 불가능하다."

두 가지 감각에 호소하는 것은 그가 무언가를 새기기 위해 사용한 방법이었다. 당신도 그렇게 해보라.

이상적인 방법은 기억하고 싶은 것을 보고 듣는 것뿐만 아니라 만지고, 냄새 맡고, 맛보는 것이다.

하지만 무엇보다도 봐야 한다. 우리는 시각적으로 기억한다. 눈으로 본 인상들은 오래 기억된다. 우리는 종종 어떤 사람의 이름은 기억할 수 없어도 얼굴은 기억할 수 있다. 눈에서 뇌로 연결되는 신경들은 귀에서 뇌로 연결된 신경들보다 25배 더 넓다. 중국에는 "한 번 보는 것이 천 번 듣는 것보다 낫다"라는 속담이 있다.

기억하고 싶은 이름, 전화번호, 연설의 개요를 적고 눈으로 보라. 그리고 눈을 감고 불 속에서 타오르는 듯한 글씨로 시각화하라.

마크 트웨인은 어떻게 메모 없이 말하기를 배웠는가

마크 트웨인은 시각을 활용한 기억 방법을 알게 된 후 수년 동안 그의 연설을 방해해왔던 메모를 버릴 수 있게 되었다. 여기 그가 〈하퍼스 매거진〉에 털어놓은 이야기가 있다.

"날짜는 숫자로 되어 있기 때문에 기억하기 어렵다. 숫자는 보기에 단조롭고 눈에 띄지 않아서 잘 인식되지 않는다. 숫자는 그림을 만들어내지 않으므로 눈에 잘 들어오지 않는다. 그림을 이용하면 날짜를 잊지 않을 수 있다. 특히 자신이 그림을 만들 수 있다면 거의 모든 것을 오래 기억할 수 있다. 자기 스스로 그림을 그린다는 것은 매우 중요한 포인트다. 나는 경험을 통해 이러한 사실을 깨달았다. 30년 전 나는 매일 밤 외워서 강연을 했고, 헷갈리지 않기 위해 밤마다 메모를 준비해야 했다. 메모는 문장 앞부분을 적어놓은 것으로, 이런 식이었다.

'그 지역의 날씨는…'

'당시의 관습은…'

'하지만 캘리포니아에서는 결코…'

이 구절들은 모두 11개였는데, 강연을 요약하는 도입부를 알려줌으로써 내가 내용을 건너뛰지 않도록 해주었다. 하지만 종이 위에 적힌 내용들은 거의 비슷해 보였다. 아무런 이미지도 만들지 못했다. 나는 이 구절들을 외우고 있었지만, 순서를 기억하는지 확신하지는 못했다. 그러므로 항상 순서를 적은 메모를 옆에 두고 순간순간 봐야 했다. 한번은 메모를 제자리에 두지 않아서 찾지 못했는데, 그날 저녁의 공포는 상상조차 할 수 없을 것이다. 나는 이제 다른 방법을 찾아야만 한다는 것을 깨달았다. 그래서 그다음 날 저녁, 적절한 순서에 따라 10개의 첫 글자를 외우고 열 손가락 손톱에 I, A, B 등 잉크로 쓴 후 강단에 올랐다. 하지만 그건 해결책이 아니었다. 나는 한동안 손가락을 따라가고 있었지만 곧 놓쳐버렸고, 그 후에는 내가 마지막으로 사용한 손가락이 어떤 것이었는지 확신할 수 없었다. 읽고 난 후에 글자를 없애면 어느 정도 성공할 수 있겠지만, 그러면 손가락의 글자를 지우는 내 행동이 사람들의 호기심을 불러일으킬 테니 그럴 수는 없었다. 그것 말고도 궁금해할 것은 충분히 많았다. 청중들에게 나는 강연 주제보다 손톱에 더 관심 있는 사람처럼 보였을 것이다. 그래서 강연이 끝난 후 한두 사람은 내 손에 무슨 문제가 있는지 묻기도 했다.

그림에 대한 생각이 떠오른 것은 그때였다! 그리고 내 문제들은 사라졌다. 2분 만에 펜으로 6장의 그림을 그렸고, 그림들은 11개의 핵심 문장이 했던 역할을 완벽하게 해냈다. 나는 그림이 완성되자 그 그림들을 모두 없애버렸다. 눈을 감으면 언제나 그 그림들을 볼 수 있다고 확신했기 때문이다. 그게 25년 전의 일이다. 그 강의에 대한 기억은 이미 20년 전에 잊어버렸다. 하지만 나는 언제든 다시 그 강의 내용을 쓸 수 있다. 아직도 내 머릿속에서 그 그림들이 잊히지 않기 때문이다."

최근 나는 기억에 관해 강연할 기회가 있었다. 나는 이 장에 있는 소재들을 매우 광범위하게 사용하고 싶었다. 나는 핵심을 기억하기 위해 그림을 이용했다. 창문 밖에서 군중들이 소리치고 밴드가 연주하는 동안 역사서를 읽는 루스벨트의 모습을 머릿속에 그렸다. 토머스 에디슨이 벚나무를 바라보는 장면을 떠올렸다. 링컨이 큰 소리로 신문을 읽는 모습을 그렸다. 마크 트웨인이 청중 앞에서 손가락의 잉크를 지우는 장면을 상상했다.

나는 어떻게 그림의 순서를 기억했을까? 1, 2, 3, 4 이런 식으로? 아니다. 그런 식은 너무 어려웠을 것이다. 나는 숫자를 그림으로 바꾸었고, 그 주제에 해당하는 그림과 결합시켰다. 예를 들어 숫자 1(One)은 달리기(Run)와 발음이 비슷하기 때문에 1에 대한 상징으로 경주마를 만들었다. 나는 루스벨트가 그의 방에서 경주마에 올라탄 채 책을 읽고 있는 모습을 그렸다. 2(Two)는 동물원(Zoo)을 선택했다. 나는 토머스 에디슨이 쳐다보는 벚나무가 동물원의 곰 우리 안에 있도록 했다. 3(Three)은 발음이 비슷한 나무(Tree)를 대상으로 그림을 그렸다. 나는 링컨이 나무 꼭대기에서 팔다리를 아무렇게나 뻗고 앉은 채 동료에게 큰 소리로 신문을 읽어주고 있는 모습을 떠올렸다. 4(Four)는 문(Door)을 상상했다. 마크 트웨인이 문의 문설주에 기대서서 청중들에게 연설하면서 손가락에 묻은 잉크를 침으로 지우고 있도록 만들었다.

이 글을 읽는 많은 이들이 이런 방법을 우습게 여길지도 모른다는 사실을 잘 알고 있다. 사실 이 방법은 우습다. 바로 그 점이 이 방법이 효과가 있는 이유 중 하나다. 기이하고 우스운 것을 기억하기는 상대적으로 쉽다. 만약 내가 말하고자 하는 핵심의 순서를 숫자로만 기억하려고 했다면 쉽게 잊어버렸을 것이다. 하지만 내가 방금 전에 설명했던 방법대로 하면 잊어버리는 것은 거의 불가능하다. 세 번째 핵심 내용을 기억하고 싶으면 나는 나무 꼭대기에 무엇이 있었는지 생각해보기만 하면 된다. 그러면 바로 링컨의 모습이 떠오른다.

나는 내 편의대로 1에서 20까지의 숫자들을 그 숫자와 발음이 비슷한 그림들로 골라서 바꾸어놓았다. 여기에 그 그림들을 적어두었다. 30분 정도만 시간을 들여 이 그림 숫자들을 기억해두면, 기억에 심어놓은 20개 정도의 항목은 정확한 순서대로 반복할 수도 있고, 어떤 항목이 여덟 번째고 열네 번째인지, 세 번째는 무엇이었는지 등을 말하면서 무작위로 건너뛸 수도 있을 것이다.

여기 그림 숫자들이 있다. 한번 시도해보기 바란다. 분명 재미있다고 생각할 것이다.

1(One). 달리기(Run)—경주마를 시각화한다.
2(Two). 동물원(Zoo)—동물원의 곰 우리를 본다.

3(Three). 나무(Tree)―세 번째 대상이 나무 꼭대기에 누워 있는 것처럼 그린다.

4(Four). 문(Door)―또는 수퇘지(Wild boar). 어떤 물건이나 동물이든 4(Four)처럼 발음되는 것을 선택한다.

5(Five). 벌집(Bee hive)

6(Six). 아프다(Sick)―적십자 간호사를 그린다.

7(Seven). 천국(Heaven)―금으로 덮인 길과 하프를 연주하는 천사들을 떠올린다.

8(Eight). 출입구(Gate)―대문을 그린다.

9(Nine). 포도주(Wine)―탁자 위의 병이 쓰러져 있고, 포도주가 쏟아져서 아래에 있는 물건 위로 떨어진다. 그림에 동작을 집어넣으면 기억하는 데 도움이 된다.

10(Ten). 굴(Den)―깊은 숲 속의 바위 동굴 안에 있는 야생동물의 굴.

11(Eleven). 미식축구 선수 11(Eleven)명―그들이 운동장을 미친 듯이 가로지르는 모습. 내가 열한 번째로 기억하고 싶은 대상을 그들이 하늘 높이 치켜들고 달리는 모습을 그린다.

12(Twelve). 선반에 놓기(Shelve)―누군가 선반에 무엇인가를 올려놓는 모습을 그린다.

13(Thirteen). 다치기(Hurting)―상처에서 피가 뿜어져 나오고 열세 번째 대상을 붉게 물들이는 것을 그린다.

14(Fourteen). 구애(Courting)―한 커플이 어딘가에 앉아 사랑을 나누고 있다.

15(Fifteen). 들어올리기(Lifting)―세계 헤비급 챔피언이었던 존

L. 설리번 같은 강한 남자가 그의 머리 위로 무엇인가를 높이 들어 올리고 있다.

16(Sixteen). 참패(Licking)—주먹싸움.

17(Seventeen). 발효시키기(Leavening)—주부가 밀가루를 반죽하면서 열일곱 번째 대상을 반죽 속에 넣고 있다.

18(Eighteen). 기다리기(Waiting)—한 여자가 깊은 숲 속 갈림길에서 누군가를 기다리면서 서 있다.

19(Nineteen). 비통(Pining)—한 여자가 울고 있다. 그녀의 눈물이 열아홉 번째 대상 위로 떨어지는 모습을 그린다.

20(Twenty). 풍요의 뿔(Horn of Plenty)—꽃과 과일, 곡식으로 넘치는 염소의 뿔.

만약 당신이 시험해보고 싶다면 몇 분 동안 이 그림 숫자들을 외우기 바란다. 원한다면 당신만의 그림을 만들어도 좋다. 10(Ten)이라면 굴뚝새(Wren)나 만년필(Fountain pen), 암탉(Hen), 구취 제거제인 센센(Sen-Sen)처럼 어떤 것이든 10(Ten)처럼 발음 나는 것을 사용하면 된다.

열 번째로 기억해야 할 대상이 풍차라고 가정해보자. 암탉이 풍차에 앉아 있는 모습을 그리거나 풍차가 만년필에 채울 잉크를 길어 올리는 모습을 그리면 된다. 그리고 열 번째 대상이 무엇이었는지 질문을 받으면, 열 번째가 무엇인지에 대해서는 전혀 고민하지 않아도 된다. 암탉이 어디에 앉아 있는지만 떠올려라. 이런 방법이 효과가 있을까 의심하는 사람도 있겠지만,

한번 시험해보라. 아마 남다른 기억력으로 사람들을 깜짝 놀라게 할 것이다. 적어도 당신은 재미있다고 느낄 것이다.

《신약성경》처럼 긴 책을 외우는 방법

카이로에 있는 알 아즈하르 대학은 세계에서 제일 큰 대학 중 하나다. 이슬람계 교육 기관으로 재학생이 2만 1000명이다. 입학시험에서 모든 지원자들은 이슬람교의 경전《코란》을 암송해야 한다.《코란》은 대략《신약성경》만큼 길고, 전부 암송하는 데 3일이 걸린다!

중국 학생들, 또는 이른바 '학동(學童)'들도 중국의 종교 관련 책과 고전을 암기해야만 한다.

아랍이나 중국 학생들 가운데 많은 학생들은 평범한 능력을 갖고 있을 뿐인데, 어떻게 이처럼 놀라운 기억력이 필요한 일을 해내는 것일까?

두 번째 기억의 자연법칙인 '반복'을 통해서다. 만일 충분히 자주 반복한다면 당신은 거의 무한히 긴 내용을 암기할 수 있다. 당신이 기억하고 싶은 지식을 반복해서 암기하라. 그 지식을 활용하라. 적용하라. 대화를 할 때 새로운 단어를 이용하라. 낯선 사람의 이름을 기억하고 싶다면 그 사람의 이름을 자주 불러라. 당신이 대중 연설에서 주장하고 싶은 내용의 핵심을 평소 대화할 때 말해보라. 사용된 지식은 오래 기억되는 경향이 있다.

가치 있는 반복은 무엇인가

하지만 맹목적이고 기계적으로 반복하는 암기는 충분하지 않다. 현명한 반복, 즉 확고하게 정립되어 있는 몇몇 정신적 특성에 따른 반복이 우리가 해야 할 일이다. 예를 들어 에빙하우스 교수는 학생들에게 'deyux' 'qoli' 등과 같은 무의미한 철자 목록을 외우라고 했다. 교수는 학생들이 무의미한 철자들을 3일에 걸쳐 38번 반복하면, 한 번에 68번 반복 암기했을 때와 같은 수만큼의 단어를 기억한다는 사실을 알아냈다. 다른 심리학 실험들도 비슷한 결과를 보여주었다.

이러한 사실은 우리의 기억이 어떻게 작용하는지에 관한 상당히 중요한 발견이다. 이는 사람이 어떤 것을 외울 때까지 한자리에 앉아서 계속 반복하면, 같은 결과를 달성하기 위해 일정한 간격을 두고 반복할 때보다 두 배의 시간과 에너지가 든다는 것을 알고 있음을 의미한다.

이러한 정신적 특색―우리가 그렇게 부를 수 있다면―은 다음의 두 가지 요소로 설명할 수 있다.

첫째, 반복하는 사이에 우리의 잠재의식은 연관성을 더 견고하게 만들기 위해 바쁘다. 제임스 교수가 현명하게 말했듯이 "우리는 겨울 동안 수영을 배우고, 여름 동안 스케이트 타기를 배운다."

둘째, 정신이 간격을 두고 작업함으로써 지속적인 활동에 의한 압박으로 피로해지지 않는다. 《아라비안나이트》를 번역한 리처드 버튼 경은 27개 언어를 모국어처럼 구사했다. 하지만 그는 어떤 언어도 한번에 15분 이상 공부하거나 연습한 적이 없다고 고백했다. "15분이 지나면 뇌는 신선함을 잃어버리거든요."

이제 이런 사실들을 확인한 상식이 있는 사람이라면 누구도 연설 하루 전날 밤까지 준비를 미루지는 않을 것이다. 만약 미룬다면 그의 기억력은 당연히 잠재되어 있는 효율성의 절반밖에 활용되지 않을 것이다.

여기 우리가 어떻게 망각하는지에 관한 아주 유용한 발견이 있다. 심리학 실험들은 우리가 배운 새로운 내용들은 처음 8시간 동안 잊어버리는 것이 나중에 30일 동안 잊어버리는 것보다 더 많다는 것을 반복적으로 보여준다. 얼마나 놀라운 비율인가! 그러니 사업상 회의나 학부모회 모임, 클럽 모임에 가기 직전, 연설을 하기 바로 전에 자료들을 훑어보고 사실들을 확인해서 당신의 기억을 새롭게 만들어라.

링컨은 이런 연습이 어떤 가치가 있는지 알고 있었고, 실제로 그 방법을 활용했다. 게티즈버그에서 링컨은 대학자인 에드워드 에버렛 다음에 연설을 할 예정이었다. 에버렛의 길고 정중한 연설이 막바지에 다다르자, 링컨은 자기 앞사람이 연설할 때면 늘 그러듯이 눈에 띌 정도로 긴장했다. 그는 황급히 안경을 고쳐 쓰더니 주머니에서 원고를 꺼내 조용히 읽으며 기억을 새롭게 했다.

윌리엄 제임스 교수가 말하는 기억력 향상의 비결

기억에 관한 두 가지의 법칙은 이 정도로 하겠다. 하지만 세 번째 법칙인 '연상'은 기억에 필수적인 요소다. 사실 연상은 기억 자체에 관한 설명이다. 다음은 제임스 교수의 현명한 발언이다.

"우리의 정신은 기본적으로 연상하는 기계다. (…) 가령 내가 잠시 동안 가만히 있다가 명령하는 목소리로 '기억하라! 기억해내라!'라고 말했다고 하자. 그러면 당신의 기억력은 내 명령에 따라 과거에서 어떤 확실한 이미지를 재생시킬 수 있을까? 물론 아니다. 당신의 정신은 텅 빈 공간을 응시하며 '당신은 내가 무엇을 기억하기를 바라는 겁니까?'라고 물을 것이다. 한마디로 정신은 신호가 필요하다.

하지만 만약 내가 생일을 기억하라거나 아침에 무엇을 먹었는지 기억하라거나 음계에서 음의 연속을 기억하라고 말한다면, 당신의 기억력은 즉시 요청한 결과를 불러낼 것이다. 신호는 수많은 가능성들 속에서 특정한 사실을 결정한다. 이런 일이 어떻게 일어나는지 살펴보면, 신호란 기억해낸 사물과 밀접하게 관련된 어떤 것임을 곧 깨닫게 될 것이다. '내 생일'이란 말은 특정한 년, 월, 일과 아주 밀접한 관계가 있다. '오늘 아침 식사'라는 말은 커피, 베이컨, 달걀로 이어지는 가능성들을 제외한 모든 다른 가능성들을 잘라낸다. '음계'라는 말은 도, 레, 미, 파, 솔, 라, 시, 도와 오래된 이웃이다.

사실 연상의 법칙은 외부에서 침입해 들어오는 감각이 방해하지 않으면 거의 모든 사고의 흐름을 지배한다. 마음속에 떠오르는 것은 무엇이든 꺼내야 하며, 꺼낼 때 그 대상은 어떤 것과의 연상으로서 이미 마음속에 있다. 이것은 당신이 생각해내는 것은 물론 당신이 기억해내는 모든 것에도 적용된다. (…)

　훈련된 기억력은 연상에 관한 조직화된 체계를 바탕으로 한다. 그리고 그 장점은 두 가지 특성에 달려 있다. 첫 번째는 연상의 지속성이고, 두 번째는 다양성이다. 그러므로 '좋은 기억력의 비결'이란 우리가 기억하고자 하는 모든 사실들에 관해 다양하고 복합적인 연상을 만드는 것이다. 하지만 사실과의 연상을 형성하는 것이 그 사실에 대해 가능한 한 많이 생각하는 것이 아니고 무엇이겠는가? 요약하자면 비슷해 보이는 외적 경험들을 한두 사람 가운데 자신의 경험에 대해 더 많이 생각하고, 그 경험들을 다른 것들과 체계적으로 관계를 만들어내는 사람이 최고의 기억력을 가진 사람이 될 것이다."

어떻게 사실들을 서로 연결시킬 것인가

　좋다! 그러면 우리는 사실들을 어떻게 서로 체계적인 관계로 만들어낼 것인가? 사실들의 의미를 찾고, 사실들을 계속 생각하는 것이 답이다. 예를 들어 당신이 어떤 새로운 사실에 대해 아래와 같이 묻고 질문에 답한다면, 그 과정은 새로운 사실이 다른 사실들과 체계적인 관계를 맺는 데 도움이 될 것이다.

　1. 왜 이렇게 되었는가?
　2. 어떻게 이렇게 되었는가?
　3. 언제 이렇게 되었는가?
　4. 어디에서 이렇게 되었는가?

5. 누가 이렇게 말했는가?

예를 들어 새로운 사실이 낯선 사람의 이름이라면, 그리고 흔한 이름이라면 우리는 같은 이름을 가진 친구에 그 이름을 연결시킬 수 있을 것이다. 반면 특이한 이름이라면 흔한 이름이 아니라고 말할 수 있는 기회를 얻을 수 있다. 그러면 낯선 사람은 자신의 이름에 대해 말하게 된다. 예를 들어 이 장을 쓰는 동안 나는 소터 부인을 소개받았다. 나는 그녀에게 이름의 철자를 물어보고 이름이 독특하다고 말했다. 그러자 그녀는 이렇게 대답했다. "네, 매우 흔치 않은 이름이죠. 그리스어로 '구원자'라는 뜻이에요." 그리고 그녀는 내게 아테네에서 온 남편의 지인들과 그곳에서 그들이 고위 관료를 지냈다는 이야기를 해주었다. 나는 사람들이 자기 이름에 대해 말하게 하는 것이 매우 쉽고, 그럼으로써 내가 그들의 이름을 더 잘 기억할 수 있다는 사실을 깨달았다.

새로 만나는 사람의 얼굴을 세심하게 관찰하라. 눈동자나 머리카락 색깔을 확인하고, 그의 특징을 눈여겨보라. 그가 어떻게 옷을 입었는지 확인하라. 그가 말하는 방식을 들어보라. 그의 외모와 성격에 관한 깨끗하고 날카로우며 선명한 인상을 기억하며 그의 이름과 연결시켜라. 다음번에 이런 선명한 인상을 떠올리면, 그들의 이름을 기억해내는 데 도움이 될 것이다.

어떤 사람을 두세 번 만났을 때, 그의 사업이나 직업은 기억나는데 그의 이름은 기억나지 않는 경험이 있는가? 그 이유는 그 사람의 직업이 분명하고 구체적인 어떤 것이기 때문이다. 직업은 의미를 갖는다. 그의 의미 없는 이름이 가파른 지붕에서 우박이 떨어지듯 굴러가 버리는 동안 직업은 반창고처럼 기억에 딱 붙을 것이다. 따라서 그의 이름을 확실히 기억하기 위해 이름을 그의 직업에 연결할 문구를 만들어야 한다. 이 방법의 효과에 대해서는 의심할 여지가 없다. 예를 들어보겠다.

최근 필라델피아 주의 펜 애슬레틱 클럽에서 이 교육과정에 참석하기 위해 20명의 서로 모르는 사람들이 만났다. 사람들은 각자 일어서서 이름과 직업을 말해야 했다. 그리고 소개한 후에는 두 가지를 연결하기 위해 문구를 만들었다. 그러자 거기 모인 사람들은 몇 분 안에 방 안에 있는 다른 사람들의 이름을 전부 기억할 수 있었다. 심지어는 교육과정이 끝난 뒤에도 그들의 이름이나 직업을 잊지 않았다. 그들의 이름과 직업이 서로 결합되어 있었기 때문이다. 그들의 이름과 직업은 그들의 기억 속에 딱 달라붙어 있었다.

다음은 그때 모인 사람 중 10명의 이름을 알파벳 순서대로 적은 것이다. 그리고 그 옆에 있는 것은 이름과 직업을 연결하기 위해 사용했던 다듬지 않은 어구들이다.

G. P. Albrecht (모래 채취업) — "Sand makes all bright(모래는 모든 것을 밝게 만든다)."

George A. Ansley (부동산 중개업) — "To sell real estate, advertise in Ansley's Magazine(부동산을 팔려면 〈앤슬리스

매거진〉에 광고하라)."

G. W. Bayless (아스팔트업) — "Use asphalt and pay less(아스팔트를 사용하고 돈을 적게 내세요)."

H. M. Biddle (모직업) — "Mr. Biddle piddles about the wool business(비들 씨는 모직업에서 빈둥빈둥)."

Gideon Bocricke (광산업) — "Boericke bores quickly for mines(보크리크는 광산을 빠르게 뚫는다)."

Thomas Devery (인쇄업) — "Every man needs Devery's printing(모두 데버리 씨의 인쇄가 필요하다)."

O. W. Doolittle (자동차 매매업) — "Do little and you won't succeed in selling cars(노력하지 않으면 자동차를 팔 수 없다)."

Thomas Fischer (석탄업) — "He fishes for coal orders(그는 석탄을 주문받으려고 낚시질을 한다)."

Frank H. Goldey (목재업) — "There is gold in the lumber business(목재업에 금이 있네)."

J. H. Hancock (〈새터데이 이브닝 포스트〉) — "Sign your John Hancock to a subscription blank for the Saturday Evening Post(〈새터데이 이브닝 포스트〉 구독 신청서에 존 핸콕의 이름을 써 넣자)."

날짜를 외우는 방법

날짜는 당신이 이미 확실히 알고 있는 중요한 날짜와 연결시키면 가장 잘 기억할 수 있다. 가령 미국인에게는 수에즈 운하가 1869년에 개통되었다고 기억하는 것이 남북전쟁 종전 4년 후에 개통되었다고 기억하는 것보다 훨씬 더 어렵지 않겠는가? 만약 호주에 유럽인이 처음 정착한 때가 1788년이라는 것을 미국인이 외우려고 한다면, 그 연도는 마치 자동차에서 느슨한 볼트가 빠지는 것처럼 쉽게 잊힐 것이다. 1776년 7월 4일과 연관 지어 생각한다면, 그리고 독립선언 후 12년 뒤에 정착이 시작되었다고 기억한다면 훨씬 잘 기억할 것이다. 이는 느슨한 볼트를 꽉 조이는 것과 같다. 그러면 기억이 오래 유지된다.

전화번호를 선택할 때도 이 원칙을 기억하는 것이 좋다. 가령 세계대전 기간 중에 나의 전화번호는 1776번이었다. 이 번호를 외우기 어려워하는 사람은 없었다. 만약 전화 회사에서 1492, 1861, 1865, 1914, 1918 같은 번호를 얻어낼 수 있다면, 당신 친구들은 전화번호부를 뒤질 필요가 없을 것이다. 당신이 무미건조하게 전화번호를 알려준다면, 친구들은 당신의 전화번호가 1492번이었다는 사실을 잊을지도 모른다. 하지만 당신이 "내 전화번호를 쉽게 기억할 수 있어. 콜럼버스가 미국을 발견한 게 1492년이야"라고 말한다면, 그들은 전화번호를 잊지 못할 것이다.

이 글을 읽는 호주인, 뉴질랜드인, 캐나다인은 물론 1776, 1861, 1865 대신에 자국의 역사에서 중요한 날짜를 선택하면 된다.

다음의 연도를 가장 잘 기억할 수 있는 방법은 무엇일까?

a. 1564년 — 셰익스피어 탄생

b. 1607년 — 영국인들이 미국에 처음 이주해 제임스타운을 설립

c. 1819년 — 빅토리아 여왕 탄생

d. 1807년 — 로버트 E. 리 탄생

e. 1789년 — 바스티유 감옥 함락

　순전히 기계적인 반복에 의해 북부 연방에 가입한 13개 주를 순서대로 외우려고 하면 당신은 틀림없이 힘들다고 생각할 것이다. 하지만 그 사실들을 이야기에 연결시키면 시간과 노력을 훨씬 덜 들이고도 쉽게 기억할 수 있다. 아래 문단을 딱 한 번만 읽어보라. 집중해서. 다 읽었을 때 정확한 순서대로 13개 주의 이름을 외울 수 있는지 확인해보라.

　"어느 토요일 오후, 델라웨어(Delaware)에서 온 젊은 여성이 짧은 여행을 위해 펜실베이니아(Pennsylvania)를 지나는 열차표를 한 장 샀다. 그는 여행 가방에 뉴저지(New Jersey)에서 만든 스웨터를 챙겨 넣고 친구 조지아(Georgia)를 만나러 코네티컷(Connecticut)을 방문했다. 다음 날 아침, 그녀와 친구는 메리(Maryland)네 땅에 있는 성당의 미사(Massachusetts)에 참가했다. 그리고 집으로 가는 남행 열차(South Carolina)를 타고 뉴욕(New York)에서 온 흑인 요리사 버지니아(Virginia)가 구운 새로운 햄(New Hampshire)으로 식사를 했다. 저녁 식사 후에 그들은 다시 북부행(North Carolina) 열차를 타고 아일랜드(Rhode Island)로 달려갔다."

어떻게 연설의 핵심을 기억할 것인가

우리가 무언가를 생각해내는 데는 단 두 가지 방법이 있다. 하나는 외부 자극을 통해서이고, 다른 하나는 이미 기억하고 있는 무엇을 연상해서다. 이를 연설에 적용하면 다음과 같은 의미가 있다. 첫째, 당신은 메모와 같은 외부 자극의 도움을 받아 핵심을 기억할 수 있다. 하지만 누가 메모를 보는 연설자를 보고 싶어 할까? 둘째, 이미 기억하고 있는 다른 것을 연상해서 핵심을 기억할 수 있다. 어떤 방의 문이 다음 방으로 연결되듯 자연스럽게 첫 번째 연상이 필연적으로 두 번째로 연결되고, 두 번째 연상이 세 번째로 연결되도록 논리적인 순서대로 배열해야 한다.

이 말은 간단하게 들리지만, 두려움 때문에 사고력이 마비되곤 하는 초보자들에게는 결코 쉬운 일이 아니다. 하지만 핵심을 한데 묶기 위해서 쉽고, 빠르고, 거의 누구나 이용할 수 있는 방법이 있다. 나는 터무니없는 문장을 이용한다. 설명을 위해서 당신이 '소, 담배, 나폴레옹, 집, 종교'처럼 아무런 연관도 없고, 따라서 기억하기도 어려운 완전히 뒤죽박죽된 개념들에 대해서 토론하고 싶어 한다고 가정해보자. 이 우스꽝스러운 문장을 이용해서 사슬의 고리처럼 이 단어들을 조합할 수 있는지 확인해보라. "소가 담배를 피우면서 나폴레옹을 낚았고, 집은 종교 때문에 불타버렸다."

이제 앞의 문장을 손으로 가리고 다음의 질문에 답해보라. 앞에서 세 번째로 말한 대상은 무엇인가? 다섯 번째는? 네 번째는? 두 번째는? 첫 번째는?

이 방법이 효과가 있는가? 물론 효과가 있을 것이다! 기억력을 향상시키고 싶은 사람은 이 방법을 사용하길 권한다.

어떤 대상이건 이런 방법을 사용해 서로 연결시킬 수 있다. 그리고 연결하는 데 사용되는 문장이 우스꽝스러울수록 기억하기도 더 쉬워진다.

완전히 잊어버린 경우 어떻게 해야 하는가

연설자가 충분히 준비하고 주의를 기울였음에도 불구하고 교회 사람들 앞에서 연설을 하던 도중 갑자기 머릿속이 텅 비고, 아무 말도 못한 채 청중들을 바라보는 끔찍한 상황을 가정해보자. 혼란과 패배감에 주저앉기에는 연설자의 자존심이 허락하지 않는다. 은혜로운 10~15초만 있다면 다음 말을, 적어도 어떤 말을 생각해낼 수 있을 것 같다. 하지만 청중을 앞에 둔 상태에서 제정신이 아닌 침묵의 15초는 재앙에 가깝다. 이럴 때는 어떻게 해야 할까? 최근에 한 유명한 미국 상원 의원이 이런 상황에 빠졌다. 그는 청중들에게 자신의 목소리가 잘 들리는지, 뒤쪽에서도 제대로 들리는지 물었다. 그는 자신의 목소리가 충분히 크다는 것을 알고 있었다. 그는 답변이 필요한 게 아니었다. 다만 시간이 필요할 뿐이었다. 그리고 그 짧은 시간 동안 그는 생각을 정리했고, 연설을 계속해나갔다.

하지만 이런 정신적인 혼란이 닥쳤을 때 최고의 구원책은 새로운 문장을 시작하기 위해 마지막 문장에 있던 단어나 문구, 생각을 이용하는 것이다. 이 방법은 테니슨이 시에서 읊는 냇물처럼 별 의도 없이도 끝없는 사슬을 만들어낸다. 그러면 실제로 이 방법이 어떻게 사용되는지 살펴보자. 사업에서의 성공에 관한 이야기를 하고 있는 한 연설자가 있다. 그는 다음과 같이 말한 후에 정신적으로 막다른 골목에 부딪혔다고 상상해보자.

"보통의 직원들이 성공하지 못하는 이유는 자신의 일에 대해 진정한 관심을 갖지 않고 주도적으로 일하지 않기 때문입니다."

'주도적.' '주도적'이라는 단어로 문장을 시작하라. 무슨 말을 하게 될지, 문장이 어떻게 끝날지 모르겠지만 그럼에도 불구하고 일단 시작하라. 어설픈 연설이 완전한 패배보다 낫다.

"주도적이라는 것은 독창성이고, 누군가 말하기를 무작정 기다리지 않고 스스로 하는 것입니다."

이 말은 그다지 재기 넘치는 것은 아니다. 연설의 역사에 남을 만한 명연설도 아니다. 하지만 고통스러운 침묵보다 낫지 않은가? 우리의 마지막 문구는 무엇이었나? '누군가 말하기를 기다리는 것'이었다. 좋다. 이 말로 새로운 문장을 시작해보자.

"독창적으로 생각하지 않는 직원에게 계속 이야기하고, 그를 안내

해주고 이끌어주는 일만큼 사람을 힘들게 하는 게 무엇인지 상상이
나 할 수 있을까요?"

자, 우리는 하나의 주제를 끝냈다. 이제 다음 주제로 넘어가
자. 이번에는 상상력에 관해 이야기해야 한다.

"상상력은 필요합니다. 비전을 가져야 합니다. 솔로몬은 '비전이 없
는 곳에서 사람은 죽는다'라고 말했습니다."

이제 아귀가 들어맞는 두 단락을 만들었다. 자신감을 갖고
계속하자.

"매년 비즈니스 전선에서 패배하는 직원들의 숫자는 진정 한탄스
럽습니다. 저는 한탄스럽다고 말했습니다. 조금만 더 충성심과 야
망, 열정을 가졌더라면 패배한 사람들이 성공과 실패를 가르는 경
계선 안쪽에 있었을 것이기 때문입니다. 하지만 비즈니스에서의 실
패는 결코 그런 것을 눈감아주는 법이 없습니다."

이런 식으로 계속한다. 연설자가 이렇게 진부한 이야기를 하
는 동안 동시에 계획한 연설의 다음 주제에 대해, 그가 원래 이
야기하고자 했던 것을 열심히 생각해야만 한다.
이런 끝없이 이어지는 생각의 사슬 방법을 계속하면 연설자
는 어느 순간 건포도를 넣은 푸딩이나 카나리아 새의 가격에

대한 엉뚱한 이야기로 빠질 것이다. 하지만 건망증 탓에 일시적으로 모든 것을 잊어버린 상처받은 정신에는 훌륭한 응급 처치가 된다. 그리고 이 방법은 헐떡이며 죽어가는 수많은 연설을 소생시키는 방법이 되어왔다.

모든 분야의 기억력을 향상시킬 수는 없다

나는 이 장에서 생생한 인상을 얻고, 반복하고, 사실들을 연상하는 방법을 어떻게 하면 더 개선할 수 있는지에 대해 설명했다. 하지만 제임스 교수가 지적했듯이 기억력이란 기본적으로 연상의 문제라서 "전반적이고 기본적인 기억력의 향상은 있을 수 없다. 관련된 것들로 이루어진 특수한 체계로 결합된 것들에 대한 기억만 향상이 가능하다."

예를 들어 매일 셰익스피어의 작품 한 구절을 외운다면 우리는 문학적인 어구에 대한 기억력을 놀라울 정도로 향상시킬 수 있다. 새로 외우는 구절들은 기억 속에서 관련된 수많은 친구를 찾아 연결될 것이다. 하지만《햄릿》부터《로미오와 줄리엣》에 이르기까지 모든 구절을 외운다고 해서 면직물 시장에 대한 내용이나 선철에서 실리콘을 제거하기 위한 제강법을 외우는 데는 도움이 되지 않는다.

다시 한 번 말하겠다. 이 장에서 논의한 원칙들을 적용하고 사용하면 기억하는 방법이나 효율성을 개선할 수는 있다. 하지만 이러한 원칙들을 따르지 않는다면, 야구에 관한 1000만 가지 사실을 외운다고 해도 주식시장에 관한 사실을 기억하는 데는 조금도 도움이 되지 않을 것이다. 그렇게 연관 없는 정보들을 한데 연결시키는 것은 불가능하다. "우리의 정신은 기본적으로 연상하는 기계다."

기억력
향상시키기

1. 저명한 심리학자인 칼 시쇼 교수는 이렇게 말한다. "평균 적인 사람은 실제로 타고난 기억력의 10퍼센트도 사용하지 못한다. 우리는 기억의 자연법칙을 위반하고 나머지 90퍼센트를 낭비하고 있다."

2. '기억의 자연법칙'은 인상, 반복, 연상의 세 가지다.

3. 당신이 기억하고 싶은 것에 대해 깊고 생생한 인상을 획득하라. 그러기 위해서는 다음을 따르라.

   1) 집중하라. 시어도어 루스벨트의 뛰어난 기억력의 비결이다.

   2) 자세히 관찰하라. 정확한 인상을 얻어라. 안개 속에서 카메라는 정확한 사진을 찍을 수 없다. 당신의 정신도 흐릿한 인상을 계속 간직하지 못할 것이다.

   3) 가능한 많은 감각을 통해 인상을 얻어라. 링컨은 기억하고 싶은 것은 무엇이든 큰 소리로 읽었고, 시각적, 청각적 인상을 모두 얻었다.

   4) 무엇보다 시각적 인상을 확실히 얻어라. 시각적 인상은 강력하다. 눈에서 뇌로 연결되는 신경은 귀에서 뇌로 가는 신경보다 25배 더 넓다. 마크 트웨인은 메모를 이용할 때 연설의 개요를 기억하지 못했다. 하지만 메모를 던져버리고 그의 다양한 핵심 내용들을 기억하기 위해 그림을 이용하자, 모든 문제가 해결되었다.

4. 기억의 두 번째 법칙은 반복이다. 수천 명의 이슬람 학생들은 《신약성경》만큼 긴 코란을 반복의 힘으로 암기한다. 우리가 충분히 자주 반복한다면 온당한 범위 내에서 어떤 것이든 기억할 수 있다. 하지만 반복에 관해 다음의 사실들을 명심하자.

   1) 앉아서 외워질 때까지 계속해서 반복하지 마라. 한두 번 반복하고 나서 손에서 내려놓아라. 나중에 되돌아와서 다시 반복하라. 그런 식으로 간격을 두고 반복하면 한자리에 앉아서 외우는 데 드는 시간의 절반이면 외울 수 있다.

   2) 우리는 외우고 난 후 나중에 30일 동안 잊는 것만큼이나 8시간 동안에도 많이 잊는다. 그러므로 연설을 하러 올라가기 몇 분 전에 메모를 다시 확인하라.

5. 기억의 세 번째 법칙은 연상이다. 어떤 것을 기억하는 유일한 방법은 그 내용을 다른 사실과 연결시키는 것이다. 제임스 교수는 이렇게 말한다. "마음속에 떠오르는 것은 무엇이든 꺼내야 합니다. 그리고 꺼낼 때 그 대상은 어떤 것과의 연상으로서 이미 마음속에 있습니다…. 자기 경험에 대해 더 많이 생각하고, 그 경험들을 다른 것들과 체계적으로 관계를 만들어내는 사람이 최고의 기억력을 가진 사람이 될 것입니다."

6. 어떤 사실을 이미 기억하고 있는 다른 것들과 연결하고 싶을 때는 새로운 사실을 모든 각도에서 생각해보라. 다음의 질문들을 해보라. "왜 이렇게 되었는가? 어떻게 이렇게 되었는가? 언제 이렇게 되었는가? 어디서 이렇게 되었는가? 누가 이렇게 말했는가?"

7. 새로 만나는 사람의 이름을 기억하려면 이름을 어떻게 쓰는지 등의 질문을 하라. 그의 외모를 자세히 살펴보라. 그의 얼굴과 이름을 연결해보라. 그의 직업을 알아내서 펜애슬레틱 클럽에서 했던 것처럼 그의 이름과 직업을 연결할 말도 안 되는 문구를 만들어보라.

8. 날짜를 기억하려면 이미 기억하고 있는 유명한 날짜와 연결하라. 예를 들어 셰익스피어 탄생 300주년은 남북전쟁 중에 일어났다.

9. 연설의 핵심을 기억하기 위해서는 처음 핵심이 자연스럽게 다음으로 연결되도록 논리적인 순서대로 정렬해야 한다. 게다가 주요 핵심을 뽑아 터무니없는 문장을 만들 수도 있다. 예를 들면 이런 식이다. "소가 담배를 피우며 나폴레옹을 낚았고, 집이 종교 때문에 불타버렸다."

10. 만약 모든 주의를 기울였음에도 불구하고 무엇을 말하고자 했는지 갑자기 잊어버렸다면, 새로운 문장의 첫 번째 단어로 마지막 문장의 마지막 단어를 이용하면 완전히 실패하지 않을 수도 있다. 이 방법은 다음 주제가 생각날 때까지 계속할 수 있다.

5

청중을 깨어 있게
만드는 비법

"천재성은 집중력에서 나온다. 가치 있는 것을 성취한 사람은 고양이를 쫓아가는 불도그처럼 온몸의 신경을 곤두세운 채 집요하고 끈질기게 목표물을 쫓아간 사람이다."

— W. C. 홀먼, 내셔널 캐시 레지스터 사의 전 판매 담당 임원

"남성이든 여성이든 열정적인 사람은 만나는 사람들을 언제나 자석처럼 끌어당긴다."

— M. 애딩턴 브루스

"진심을 다하라. 열정이 열정을 부른다."

— 러셀 H. 콘웰 박사

"나는 열정으로 끓어오르는 사람을 좋아한다. 진흙 웅덩이가 되기보다는 간헐천이 되는 것이 낫다."

— 존 G. 셰드, 마셜필드 사의 전 CEO

"그는 최선을 다하였으므로 하는 일마다 잘되었다."

— 《구약성경》, 〈역대기〉 하편

청중을 깨어 있게
만드는 비법

나는 세인트루이스 주에서 열린 상공회의소 모임에서 셔먼 로저스와 연설을 한 적이 있다. 만약 내 연설 순서가 더 빨랐고 적당한 핑계거리가 있었다면, 나는 연설을 한 후에 즉시 자리를 떠났을 것이다. 왜냐하면 그에게는 '벌목공 웅변가'라는 별명이 있었기 때문이다. 나는 소위 '웅변가'라는 부류를 밀랍으로 만든 꽃과 비슷하다고 여겼기 때문에, 솔직히 따분한 연설을 듣게 될 것으로 예상했다. 하지만 그날 내 예상은 빗나갔다. 로저스의 연설은 내가 들었던 최고의 연설 가운데 하나였다.

그러면 셔먼 로저스는 누구인가? 그는 서부 지역의 깊은 숲에서 생의 대부분을 보낸 진짜 벌목공이다. 그는 대중 연설의 원칙들에 대해 달변을 늘어놓고 있는 책은 알지도 못했고, 그 내용에 신경 쓰지도 않았다. 그의 연설은 세련되지는 않았지만 예리했다. 그는 문법적인 실수를 저지르기도 했고, 연설의 이론적인 교본을 따르지 않은 경우도 있었다. 하지만 이런 실수는 연설을 망치는 단점들이 아니다. 연설을 망치는 것은 진정성의 부재다.

그의 연설은 벌목꾼과 벌목꾼 책임자로 살아왔던 경험을 토대로 생생하게 살아 움직이는 날것이었다. 그의 연설에서는 책 냄새를 맡을 수 없었다. 그의 연설은 살아 있는 생명체였다. 웅크리고 있다 뛰어올라 청중을 덮쳤다. 그의 입에서 나오는 말 한마디 한마디는 그의 가슴에서 불꽃처럼 뜨겁게 피어올랐다. 청중들은 전율을 느꼈다.

그의 성공 비결은 무엇이었을까? 경이로운 성공의 비결에 대해 에머슨은 다음과 같이 말했다. "역사에 기록된 위대한 성취는 모두 열정의 승리다."

마법의 단어인 '열정(enthusiasm)'은 '안에'를 뜻하는 그리스어 'en'과 '신'을 뜻하는 그리스어 'theos'의 두 단어에서 유래되었다. 어원을 따져볼 때, 열정이란 '우리 안에 있는 신'이라는 의미를 갖고 있다. 결국 열정적인 사람은 '신들린' 듯한 사람이다.

열정은 물건을 광고하거나 팔 때, 혹은 어떤 일을 되게 만들 때 가장 효과적이고 중요한 자질이다. 단일 품목으로는 지구상에서 가장 대규모로 광고를 하는 어떤 사람이 30년 전에 50달러도 채 안 되는 돈만 들고 시카고에 도착했다. 그는 매년 3000만 달러의 풍선껌을 파는 사람, 뤼글리다. 그의 사무실 벽에는 에머슨의 다음과 같은 말이 액자에 적혀 걸려 있다. "열정 없이 이룬 위대한 업적은 없다."

나도 대중 연설의 기법을 중요하게 생각하던 때가 있었다. 하지만 시간이 흐를수록 연설에 담긴 영혼을 더 신뢰하게 되었다.

브라이언은 이렇게 말했다. "자신이 하는 말의 의미를 잘 알고 진심으로 그렇다고 믿는 사람의 말은 설득력이 있다. 그 말에는 진정성이 있다. 진정성이 없는 연설자에게 지식은 별 도움이 되지 않는다. 설득력 있는 연설이란 오직 마음에서 마음으로 전달되기 때문이다. 연설자가 청중에게 자신의 감정을 속이기란 어렵다. 거의 2000년 전, 로마 제국의 시인은 이에 대해 이렇게 말했다. '만약 다른 이의 눈에서 눈물이 흐르게 하려면, 자신의 슬픔이 먼저 드러나야 한다.'"

마틴 루터는 이렇게 말했다. "만약 내가 멋진 곡을 쓰거나, 좋은 글을 쓰거나, 기도를 잘하거나, 설교를 잘하고 싶다면 감정이 격앙되어야 한다. 그래야 내 핏줄 안의 모든 피가 소용돌이치고 이해력이 날카로워진다."

당신과 내가 그야말로 감정이 반드시 격앙되어야만 하는 것은 아닐지 모르겠지만, 깨어 있어야 하고 진지함과 진실함으로 충만해야 한다는 것은 분명하다.

심지어 말도 격려의 말을 해주면 영향을 받는다. 동물 조련사로 유명한 레이니는 말의 분당 심장 박동 수를 10 이상 올리는 욕설을 알고 있다고 한다. 청중도 말처럼 예민하다.

이러한 사실이 기억해야 할 중요한 핵심이다. 연설을 할 때 청중의 태도를 결정하는 것은 언제나 연설자다. 연설자의 손 안에 청중이 있다. 만약 연설자에게 열의가 없다면 청중도 그럴 것이다. 만약 연설자가 우물쭈물한 태도를 보이면 청중도 그럴 것이다. 만약 연설자가 연설에 마음을 조금만 둔다면 청중도 그럴 것이다. 하지만 연설자가 자신이 말하려는 것에 대해 진지한 태도를 보이고 마음에서 우러나 남에게 전해질 정도의 확신을 갖고 있다면, 청중들도 연설자의 태도에 영향을 받을 것이다.

뉴욕 출신의 유명한 만찬 연설가인 마틴 W. 리틀턴은 이렇게 말한다. "사람이 이성에 의해 움직인다고 믿고 싶지만, 사실 세상사는 감정에 의해 움직입니다. 심각하거나 재치 있는 태도로 청중을 움직이려는 연설자는 실패하기 쉽지만, 진정한 확신을 가지고 호소하는 연설자는 절대 실패하지 않습니다. 주제가 백색레그혼 종 닭을 사육하는 문제든, 아르메니아에서 기독교인들이 겪는 고난이든, 국제연맹에 관한 것이든 상관없이 진정으로 사람들에게 하고 싶은 말이 있다는 확신이 있으면, 그 사람의 연설은 불꽃처럼 타오를 것입니다. 그가 자신의 확신을 보여주기 위해 어떤 표현을 사용하는지는 그리 중요하지 않습니다. 단지 어떤 진지함과 감정적인 힘을 가지고 청중에게 전달하는지가 중요합니다.

열의와 진정성과 열정만 있다면 연설자의 영향력은 넓게 퍼질 것입니다. 500개의 단점이 있다 해도 그는 좀처럼 실패하지 않습니다. 위대한 루빈스타인조차 틀린 건반을 누른 적이 많았지만, 아무도 신경 쓰지 않았습니다. 왜냐하면 전에는 석양을 보더라도 창고 너머 지평선으로 지고 있는 크고 붉은 둥근 물체 말고는 아무것도 보지 못하던 사람들의 영혼에 쇼팽의 시를 들려주었기 때문입니다."

역사적 기록에 따르면, 아테네의 강력한 지도자 페리클레스는 연설을 시작하기 전 신들에게 자신의 입에서 가치 없는 말은 한마디도 나오지 않게 해달라는 기도를 했다고 한다. 그가 하는 말에는 영혼이 담겨 있어 아테네 시민들의 가슴속을 파고들었다.

미국에서 가장 유명한 여류 소설가 가운데 한 명인 윌라 캐서는 이렇게 말했다. "모든 예술가들의 비밀은 열정이다. 그리고 모든 대중 연설가는 예술가가 되어야 한다. 이것은 누구나 아는 비밀이지만 아무도 훔쳐갈 수 없다. 영웅 심리 같은 값싼 재료로는 흉내 내지 못한다."

정열… 느낌… 영혼… 진정성이 담긴 감정. 당신의 연설에 이런 요소들을 담아라. 그러면 청중은 당신의 사소한 단점을 용서해줄 것이다. 아니, 전혀 인식하지 못할 것이다. 역사는 이런 사실을 보여준다. 링컨은 불쾌할 정도로 높은 음으로 연설했다. 고대 그리스 웅변가 데모스테네스는 말을 더듬었다. 후커는 목소리가 너무 작았다. 커런은 말을 더듬는 것으로 유명했다. 셰일은 거의 쇳소리를 냈다. 최연소 영국 수상이던 젊은 피트의 목소리는 탁하고 듣기에도 불편했다. 하지만 이들 모두에게는 자신의 단점들을 이겨낼 수 있는 진정성, 열정, 그리고 절실함이 있었다. 그것이 다른 모든 단점을 별것 아닌 것으로 만들었다.

간절히 말하고 싶은 것이 있어야 한다

언젠가 〈뉴욕타임스〉에 브랜더 매튜스 교수의 다음과 같은 흥미로운 글이 실린 적이 있다.

"좋은 연설의 기본은 연설자에게 진정으로 말하고 싶은 것이 있어야 한다. 나는 몇 년 전 컬럼비아 대학의 커디스 메달 수상자 선정위원회 3인 가운데 한 명이었을 때 이를 깨달았다. 후보는 대여섯 명의 대학생들이었다. 그들 모두 뛰어난 기교를 가지고 있었고, 좋은 결과를 얻기 위해 노심초사했다. 하지만 단 한 사람을 제외하고 나머지 학생들이 추구하는 것은 메달 그 자체였다. 그들은 누군가를 설득하고자 하는 욕구가 거의 없거나 전혀 없었다. 그들은 웅변 기교를 드러내기에 적합한 주제를 선택했다. 자신들의 주제에 대해서 깊은 개인적인 관심은 없었다. 따라서 그들이 하는 연설은 웅변 기교를 자랑하는 것에 불과했다.

하지만 줄루 족의 왕자는 예외였다. 그의 연설 주제는 '근대 문명에 기여한 아프리카'였다. 그는 자신이 내뱉는 모든 말에 깊은 느낌을 담았다. 그의 연설은 단순한 훈련용이 아니었다. 강한 확신과 열정에서 나오는 살아 있는 연설이었다. 그는 자신의 대륙과 사람들을 대표해서 말했다. 그에게는 간절히 말하고 싶은 것이 있었다. 그는 누구나 공감할 수 있을 만큼 진정성을 담아 말했다. 기교면에서는 비록 다른 몇몇 경쟁자보다 부족했지만, 메달은 그에게 돌아갔다. 그의 연설에는 웅변이 가져야 할 진정한 열정이 담겨 있었기 때문이다. 그의 열정적인 호소와 비교하면 다른 연설들은 껍데기만 그럴듯했다."

많은 연설가들이 같은 이유로 실패한다. 그들의 표현은 확신에서 나온 것이 아니며, 어떤 욕구나 힘도 담겨 있지 않다. 마치 화약 없는 총을 쏘는 것과 같다.

아마 당신은 이렇게 말할 것이다. "네, 좋습니다. 하지만 당신이 그토록 높이 평가하는 진정성, 영혼, 열정은 어떻게 가질 수 있나요?" 이것 하나는 분명하다. 겉으로만 맴도는 연설을 통해서는 절대 얻을 수 없다. 분별력을 가진 사람이라면 누구나 당신의 말이 피상적인 것인지, 아니면 마음속 깊은 곳에서 우러나오는 것인지 구별할 수 있다. 마음을 다하라. 캐내라. 당신 안에 숨어 있는 자원을 찾아내라. 사실을 확인하고, 사실 뒤에 숨은 원인을 밝혀라. 집중하라. 사실에 빠져 고민하고 성찰해 그 의미를 찾아라. 결국 철저하고 올바르게 준비하는 데 모든 것이 달려 있다고 할 수 있다. 가슴으로 준비하는 것은 머리로 준비하는 것만큼이나 필요하다. 예를 들어보자.

나는 언젠가 미국 은행협회 뉴욕 지부 사람들을 대상으로 절약 캠페인 기간에 연설을 할 수 있도록 교육한 적이 있다. 그들 중 특히 열정이 부족한 사람이 있었다. 그가 연설한 것은 단지 연설을 하고자 했기 때문이지 절약에 강한 열정이 있었기 때문은 아니었다. 그 사람을 교육시키기 위한 첫 번째 단계는 그의 정신과 마음을 뜨겁게 하는 것이었다. 나는 그에게 혼자만의 시간을 갖고 열정이 느껴질 때까지 그 주제를 계속 생각해보라고 말했다.

뉴욕 시 유언 공증 기록을 보면, 사망 시에 아무런 재산도 남기지 않는 사람이 85퍼센트, 1만 달러 이상의 유산을 남기는 사람은 3.3퍼센트에 불과하다. 나는 그 사실을 그에게 상기시켰다.

그는 자신이 사람들에게 부탁을 하는 것이 아니며, 할 수 없는 일을 시키는 것도 아님을 계속 되새겨야 했다. 그는 이런 식으로 생각해야 했다. '지금 나는 사람들이 노년의 의식주를 해결할 수 있도록, 그리고 사후에는 부인과 아이들의 생활을 보호할 수 있도록 준비시키고 있는 것이다.' 또한 자신이 커다란 사회봉사를 하는 것이라고 생각해야 했다. 그는 예수 그리스도의 복음을 실제적이고 현실적으로 설파하고 있다는 십자군 전사와 같은 믿음으로 충만해야 했다.

그는 이런 사실들을 곰곰이 생각하고 가슴 깊이 새겼다. 그리고 그 중요성을 깨달았다. 그는 스스로 관심을 갖게 되었고, 열정을 불러일으켰으며, 자신이 맡은 사명을 신성하다고 여기게 되었다. 그런 다음 연설을 하자, 그의 말에는 확신이 담겨 있었다. 사실 절약에 관한 그의 연설은 상당한 관심을 받아 미국 최대 은행에서 그를 영입해갈 정도였고, 후에 그는 남미 지역의 지점장으로 승진하게 되었다.

승리의 비결

한 젊은이가 볼테르에게 소리쳤다. "나는 살아야 합니다." 그러자 볼테르가 이렇게 대답했다. "나는 그 필요성을 인식하지 못하겠네."

당신의 말에 대한 세상의 태도는 대부분 이럴 것이다. 세상은 당신이 하는 말의 필요성을 잘 인식하지 못한다. 성공하고 싶다면, 당신 스스로 그 필요성을 느껴야 하고 확신해야 한다. 지금 당장 그 사실을 세상에서 가장 중요하게 여겨야 한다.

드와이트 L. 무디는 은총이라는 주제로 설교를 준비하다가 진리를 구하고자 하는 강렬한 마음에 사로잡혀 모자를 집어 들고 서재를 벗어나 거리로 나갔다. 그리고 처음 만난 사람에게 갑작스레 이렇게 질문했다. "은총이 무엇인지 아십니까?" 이처럼 진실한 감정과 열정으로 불타오르는 사람이라면, 청중들에게 마법과 같은 영향력을 행사하더라도 전혀 놀랍지 않다.

얼마 전, 내가 파리에서 교육을 진행했을 때의 일이다. 어떤 사람이 감흥 없는 연설을 며칠씩 계속했다. 그는 학생으로는 무난했으며, 여러 가지 사실들도 정확하게 알고 있었다. 다만 그 자신에게 뜨거운 관심이 없었던지라 그 사실들을 하나로 결합시키지 못했다. 그에게는 열정이 없었던 것이다. 그는 중요한 얘기를 하고 있다는 느낌을 청중들에게 주지 못했고, 자연스럽게 청중은 그의 연설에 주의를 기울이지 않았다. 청중은 그가 중요성을 부여하는 만큼만 그의 연설을 받아들였다.

나는 몇 번씩 그의 연설을 중단시키며, 그에게 진지하게 관심을 쏟고 깨어 있으라고 강조했다. 하지만 이미 차가워진 라디에이터에서 뜨거운 김을 뽑아내려 애쓴다는 느낌이 들었다. 마침내 나는 준비하는 방법이 잘못되었음을 그가 깨닫게 하는 데 성공했다.

나는 머리와 가슴 사이에 아주 긴밀한 의사소통이 이뤄져야 함을 그에게 이해시켰다. 사람들에게 단순히 사실을 제시하는 데 그치지 말고, 그 사실에 대한 자신의 생각을 드러내야 함을 인식시켰다.

그다음 주가 되자, 그는 표현할 만한 가치가 있다고 생각하는 어떤 이야기를 말했다. 마침내 무엇인가에 열정적인 관심을 갖게 된 것이다. 그는 마치 새커리가 베키 샤프(W. M. 새커리의 소설《허영의 시장》의 여주인공―옮긴이)를 사랑하듯 그 메시지를 사랑하고 있었다. 그 주제에 대해서라면 어떤 수고도 마다하지 않을 준비가 되어 있었다.

그의 연설은 강렬한 박수를 받았다. 극적인 승리였다. 그는 조금이나마 마음으로 느낄 수 있는 진실함을 만들었다. 이것이 준비의 기본 요건이다. 2장에서 이미 보았듯이 연설, 그것도 진정한 연설의 준비는 몇 가지 기계적인 어구를 종이에 적거나 구절을 암기하는 것이 아니다. 책이나 신문에 있는 남의 생각 서너 가지를 가져오는 것은 더더욱 아니다. 절대 그런 것이 아니다. 준비는 당신의 정신, 마음, 인생의 깊은 곳으로 파고들어 가 본질적으로 당신 자신의 것이라 할 만한 확신과 열정을 끄집어내는 작업이다. 당신의 것! 그것을 파내라. 파내고 또 파내라. 분명 당신에게 있다. 절대 의심하지 마라. 당신이 꿈도 꾸지 못한 엄청난 것들이, 금광이 그곳에 있다. 당신은 당신의 잠재 능력에 대해 알고 있는가? 그렇지 않을 것이다. 제임스 교수가 말하기를, 보통 사람은 자신이 가진 정신적 잠재력의 10분의 1도 계발하지 못한다고 한다. 8기통짜리 엔진에서 실린더 하나에만 불꽃이 튀고 있는 것보다 더 안타까운 상황이 아니겠는가.

그렇다. 연설에서 중요한 것은 차가운 수사가 아니라 그 뒤에 있는 인간, 영혼, 확신이다. 버크와 피트, 윌버포스와 폭스 같은 유명한 연설가들은 하원에서 셰리든이 워렌 헤이스팅스를 공격하는 연설을 듣고, 그 연설이야말로 영국에서 나온 가장 설득력 있는 웅변이었다고 했다. 하지만 셰리든은 그 연설의 큰 장점이 차가운 문자 안에 있기엔 너무 정신적이고 빛을 잃기 쉽다고 생각했다. 그래서 그는 5000달러짜리 출판 계약을 거절했다. 오늘날 그 연설은 남아 있지 않다. 하지만 우리가 그 연설문을 본다고 해도 틀림없이 실망할 것이다. 그 연설을 위대하게 만든 특성이 사라졌기 때문이다. 몸 안에 솜을 넣고 날개를 펼친 채 박제사의 가게에 걸린 독수리처럼 빈 껍데기만 남아 있을 것이기 때문이다.

당신의 연설에서 가장 중요한 요소는 당신 자신임을 항상 명심하라. 깊은 지혜가 담긴 에머슨의 통찰에 귀를 기울여라. "당신이 하는 말이 곧 당신 자신이다." 이 말은 자기표현에 관한 기술 중 가장 중요한 말이다. 한 번 더 반복하겠다. "당신이 하는 말이 곧 당신 자신이다."

재판을 승리로 이끈 링컨의 연설

링컨은 그 사건의 승리가 자신의 연설 덕분이라는 말에 찬성하지 않을지도 모른다. 하지만 진심을 담은 연설의 힘을 그가 알고 있었음은 틀림없다. 어느 날 미국 독립전쟁에서 남편을 잃고 나이가 들어 허리가 굽은 미망인이 다리를 절뚝이며 그의 사무실에 찾아왔다. 그러고는 연금 업무 대행인이 그녀가 받아야 할 돈을 받아주면서 그 절반인 200달러를 수수료로 떼어갔다고 말했다. 링컨은 화가 나서 즉각 소송을 제기했다.

그는 이 사건을 어떤 식으로 준비했을까? 그는 워싱턴 일대기와 독립전쟁에 관한 기록들을 읽으며 열정적으로 준비했다. 변론에서 그는 애국자들을 반발하게 만들고, 자유를 위해 투쟁하게 만들었던 압제의 사례들을 하나하나 열거했다. 그는 애국자들이 말없이 겪었던 고난, 즉 포지 계곡의 얼음과 눈 위에서 제대로 먹지도 못하고 신지도 못한 채 피가 흐르는 발을 끌며 견뎌야 했던 고통을 묘사했다. 그리고 격앙된 태도로 그런 영웅의 미망인으로부터 연금의 절반을 강탈한 악당을 향해 돌아섰다. 피고에게 반론의 여지가 없을 정도의 통렬한 질타를 쏟아낸 링컨의 눈은 불타오르고 있었다. 그는 변론을 이렇게 마무리 지었다.

"세월은 지나갑니다. 독립전쟁의 영웅들은 죽고, 미국은 독립을 쟁취했습니다. 용사들은 안식을 취하고, 이제 다리를 절거나 앞을 보지 못하거나 상처 입은 미망인이 배심원 여러분에게, 그리고 저에게 와서 그 억울함을 풀어달라고 호소합니다. 그분은 예전부터 지금 같은 모습은 아니었습니다. 전에는 젊고 아름다운 여성이었으며, 걸음걸이에는 탄력이 있었고, 얼굴은 희었으며, 목소리는 예전 버지니아 산등성이에 울리던 그 어떤 소리보다 달콤했습니다. 하지만 지금의 그녀는 가난하고, 의지할 곳이 없습니다. 어릴 때 지내던 곳으로부터 수백 마일이나 떨어져 있는 일리노이 주의 넓은 벌판에서 그녀는 독립전쟁의 용사들이 쟁취한 특권을 누리고 있는 우리들에게 동정심을 갖고 도와달라고, 남자답게 보호해달라고 호소합니다. 제가 묻고 싶은 것은 우리가 그녀의 친구가 될 것인가 하는 것입니다."

변론이 끝나자 눈물을 흘리는 배심원들도 있었다. 그리고 그 노부인이 요구한 금액 전부를 배상하라는 판결이 내려졌다. 링컨은 그녀가 부담해야 할 비용에 대한 보증인이 되어주고, 호텔 숙박비와 돌아가는 여비도 부담했다. 게다가 소송비용 또한 한 푼도 받지 않았다.

며칠 뒤, 공동 사무실에서 링컨의 변론 메모가 적힌 작은 쪽지를 발견한 링컨의 동료 변호사가 쪽지에 적힌 글을 보며 미소 지었다.

계약 없음 – 전문 서비스 아님 – 비상식적인 수수료 – 피고가 유보한 돈을 원고에게 주지 않음 – 독립전쟁 – 포지 계곡의 비참함을 묘사할 것 – 원고의 남편 – 입대하는 군인 – 피고, 반론의 여지없음 – 끝.

당신의 뜨거운 마음과 열정을 일으키는 데 가장 먼저 필요한 것은 다른 사람에게 호소하고 싶은 진짜 메시지를 갖게 될 때까지 준비하는 것이다.

진실하게 행동하라

1장에서 우리는 제임스 교수의 다음과 같은 말에 주목한 바 있다. "행동과 감정은 동시에 발생한다. 그래서 우리는 인간의 의지로 직접 제어할 수 있는 행동을 통제함으로써 의지의 영향을 받지 않는 감정을 간접적으로나마 통제할 수 있다."

그러므로 진실하고 열정적인 사람이 되기 위해서는 진실하고 열정적으로 행동해야 한다. 탁자에 기대지 말고 서라. 몸을 똑바로 세우고 가만히 서 있으라. 몸을 앞뒤로 흔들지 마라. 위아래로 움직이지 마라. 지친 말처럼 체중을 이쪽 발에 실었다, 저쪽 발에 실었다 하지 마라. 당신이 초조하고 자신감이 없다는 표시가 될 만한 여러 가지 예민한 움직임을 취하지 마라. 당신 자신의 육체를 통제하라. 그러면 안정감과 힘이 있다는 느낌을 주게 된다. '경주를 즐기는 강한 사람처럼' 똑바로 서라. 다시 말하겠다. 당신의 허파에 산소를 최대한 채워라. 청중을 똑바로 바라보라. 마치 뭔가 급하게 말할 것이 있고, 또 그 내용이 급하다는 점을 잘 알고 있다는 듯이 청중을 바라보라. 선생이 학생을 바라보듯 자신감과 용기를 갖고 청중을 바라보라. 지금 당신은 선생이고, 청중은 당신의 가르침을 받고 있으며 당신이 하는 얘기를 듣기 위해 모인 학생들이다. 그러므로 자신 있고 힘차게 말하라. 선지자 이사야는 이렇게 말했다. "목소리를 높여라. 두려워하지 마라."

그리고 힘 있는 제스처를 사용하라. 제스처가 아름다운지 우아한지에 신경 쓰지 말고, 오로지 힘차고 자연스러워 보이는지만 생각하라. 제스처를 취하는 순간에는 그 동작이 남에게 의미를 전달하기 위해서가 아니라 당신 자신에게 의미를 전달하기 위한 것으로 여겨라. 그러면 기적이 일어날 것이다. 라디오를 통해 연설을 할 때도 끊임없이 제스처를 사용하라. 물론 라디오로 듣는 청중들은 당신의 제스처를 볼 수 없지만, 그 효과는 전달된다. 제스처는 당신의 어조와 전반적인 태도에 생동감과 에너지를 불어넣을 것이다.

나는 활기 없는 연설자의 연설을 중간에 멈추게 한 뒤, 강한 제스처를 하도록 요구했던 경우가 많았다. 그런데 억지로 시킨 신체적 움직임이 마침내 그 연설자를 일깨우고 자극해 결국 자발적으로 제스처를 하게 되곤 했다. 심지어 얼굴도 밝아지면서 전반적인 태도와 자세가 더 진실해지고 활기가 돌았다.

진실한 행동은 진실한 느낌을 갖게 한다. "어떤 미덕이 부족하면 그 미덕이 있는 것처럼 행동하라"라고 셰익스피어는 충고했다. 무엇보다 입을 크게 벌리고 큰 소리로 말하라. 위커샴 법무 장관은 언젠가 이렇게 말했다. "흔히 10미터만 떨어져도 대중 연설을 하는 사람의 목소리가 들리지 않습니다."

너무 과장된 얘기 같은가? 나는 최근에 어느 유명 대학의 총장이 하는 연설을 들었다. 그러나 네 번째 열에 앉아 있는데도 그가 하는 말을 절반도 알아들을 수 없었다. 또 유럽 주요국 가운데 한 나라의 대사가 최근 유니언칼리지 졸업식에서 축사를 했는데, 너무 우물거려서 겨우 6미터 정도 떨어진 곳에서도 그의 연설이 들리지 않았다.

경험 많은 연설자들도 이런 잘못을 저지르는데 초보자들은 오죽하겠는가? 초심자들은 청중 전체에게 들릴 정도로 목소리를 높이는 데 익숙하지 않다. 그래서 모든 청중이 알아듣기 충분할 정도로 목소리를 높이면, 자신이 악을 쓰고 있어 사람들이 웃음을 터뜨릴 거라고 생각한다.

대화하듯이 말하라. 하지만 크게 말하라. 그리고 강하게 말하라. 작은 글씨는 가까이서 보면 읽을 수 있다. 하지만 강당 맞은편에서 볼 수 있으려면 큰 글씨가 필요하다.

청중이 졸 때 가장 먼저 해야 할 일

시골의 어느 목사가 헨리 워드 비처에게 물었다. 무더운 일요일 오후에 신자들이 조는 것을 막기 위해서는 어떻게 해야 하느냐고. 비처는 날카로운 막대기로 졸지 못하게 찌르면 된다고 대답했다.

나는 이 얘기를 좋아한다. 상식에 기초한 훌륭한 이야기다. 연설 방법에 대해 쓰인 묵직한 학술서보다 초보자들에게 더 도움이 될 것이다.

연설을 배우는 사람이 자신을 잊고 연설에 몰입할 수 있는 가장 확실한 방법은 자신을 때려눕히는 것부터 시작하는 것이다. 그러면 연설에 열정과 영혼과 활기가 감돌 것이다. 배우들은 무대에 오르기 전에 자신을 흔들어 깨우는 것의 가치를 알고 있다. 후디니는 무대 뒤편에서 뛰어오르고, 허공에 주먹을 휘두르며, 보이지 않는 적과 싸움을 했다. 맨스필드는 때때로

스태프의 숨소리가 신경 쓰인다고 트집을 잡아서라도 일부러 화를 내곤 했다. 그 이유는 아마도 자신이 원하는 에너지를 얻고 고양시키기 위해서일 것이다. 나는 자신의 신호를 기다리며 가슴을 세게 치는 배우들을 보기도 했다. 나는 연설을 시작하기 전에 학생들에게 옆방에 가서 맥박이 뛰고 얼굴과 눈가에 생기가 돌 때까지 자신의 몸을 때리게 시켰다. 또 수업 시간에 하게 될 연설의 준비 작업으로 제스처를 크게 하면서 ABC를 격렬하고 화가 난 목소리로 반복하도록 했다. 청중들 앞으로 달려 나가는 경주마처럼 해야 더 바람직하기 때문이다.

가능하다면 연설을 하기 전에 충분한 휴식을 취하라. 편하게 옷을 입고 몇 시간 정도 자는 것도 좋다. 그리고 가능하다면 차가운 물로 씻고 온몸을 강하게 문질러라. 더 좋은, 훨씬 더 좋은 방법은 수영을 하는 것이다.

찰스 프로먼은 배우를 고용할 때 얼마나 활발한 사람인지를 체크한다. 연기와 연설은 많은 신경을 써야 하며, 상당한 체력을 소모하는 작업이다. 프로먼은 이를 알고 있었다. 나는 히코리 나무를 베어 장작을 패보았다. 그러고 나서 한번에 두 시간씩 연설을 했다. 이 두 가지 일은 사람을 지치게 한다. 제1차 세계대전 때 더들리필드 말론은 뉴욕 센추리 극장에서 굉장히 열정적인 연설을 했다. 연설을 시작하고 한 시간 반이 지나 절정에 이르렀을 때, 그는 탈진해 의식을 잃고 무대에서 실려 나왔다.

시드니 스미스는 다니엘 웹스터를 '바지 입은 증기기관'이라고 불렀다.

비처는 이렇게 단언했다. "연설을 잘하는 사람들은 굉장한 생명력과 회복력을 가진 이들이다. 그들은 무엇보다도 자기 자신이 하고 싶은 말을 표현하는 폭발적인 힘이 있다. 그들은 캐터펄트(무거운 돌을 날려 보내던 고대 그리스·로마 시대의 투석기―옮긴이)와 같아 그들 앞에 있는 사람들은 쓰러지게 된다."

'족제비 어구'와 양파

하고자 하는 말에 힘을 넣어 명확하게 말하라. 하지만 너무 단정적이면 안 된다. 무식한 사람들만이 무엇이든 단정적으로 말한다. 한편 나약한 사람들은 '…같다' '아마…' '제 생각에는…'이란 말로 시작한다.

연설을 처음 시작하는 사람들의 보편적인 문제점은 단호하지 못하고 너무 약한 표현을 사용해 연설의 가치를 떨어뜨린다는 것이다. 나는 뉴욕의 어느 사업가가 자동차를 타고 코네티컷을 둘러봤던 경험에 대해 말한 것을 기억한다. 그는 이렇게 말했다. "길 왼편에는 양파 같은 것을 심은 밭이 있었습니다." 양파 같은 것은 없다. 양파면 양파고 아니면 아니다. 그리고 양파를 보면서 그게 양파임을 알아차리는 데 비범한 능력이 필요한 것도 아니다. 이처럼 연설자들은 때때로 터무니없는 말을 자주 한다.

루스벨트는 이런 표현을 '족제비 어구'라 칭했다. 왜냐하면 족제비는 달걀의 내용물만 빨아 먹고 빈 껍질만 남기기 때문이다. 위의 표현들이 바로 그런 역할을 한다.

움츠리고 변명하는 어조나 빈 껍질 같은 어구는 자신감과 확신을 만들지 못한다. 사무실 벽에 다음과 같은 광고 문구가 붙어 있다고 상상해보라. "결국 당신이 사는 기계는 언더우드일 것 같습니다." "우리의 생각으로는 프루덴셜이 지브롤터의 힘을 가지고 있다고 여겨집니다." "우리는 당신이 결국 우리 밀가루를 사용하시리라 생각합니다. 그러니 지금 사용하시는 게 어떻겠습니까?"

1896년에 브라이언이 대통령 후보로 나섰을 때, 어린아이였던 나는 그가 왜 그렇게 자주 자신이 당선될 것이고 맥킨리는 떨어질 것이라고 강조하며 말하는지 궁금했다. 그 이유는 간단하다. 브라이언은 대중들이 강조와 증명을 구분하지 못한다는 것을 알고 있었다. 만약 그가 제법 자주, 충분히 강하게 얘기한다면, 대부분의 청중들은 브라이언이 말한 대로 믿게 될 것이란 사실을 알고 있었다.

세계적으로 위대한 지도자들은 마치 자신의 주장이 뒤집힐 가능성은 없다는 듯이 강하게 말했다. 부처는 죽을 때 이치를 따지거나 애원하거나 논쟁하지 않았다. 오직 권위를 가진 사람으로서 말했다. "내가 가르친 대로 길을 가라."

수백만 명의 인생을 좌우하는 《코란》은 기도문 첫머리 다음에 바로 다음과 같은 말이 이어진다. "이 책에 대해 아무 의심도 하지 마라. 이것은 명령이다."

빌립보 감옥의 교도소장이 바울에게 "내가 구원받으려면 어떻게 해야 하나?"라고 물었을 때, 그는 논쟁하지도 않았고, 얼버무리지도 않았으며, '그런 것 같다'라거나 '나는 이렇게 생각한다'라고 답하지 않았다. 그는 윗사람으로서의 명령으로 답했다. "주 예수 그리스도를 믿어라. 그러면 구원받을 것이다."

하지만 앞서 말했듯이 모든 경우에 너무 단정적이면 안 된다. 시간, 장소, 주제, 청중에 따라 지나친 단정은 도움이 되기보다 방해가 될 수 있다. 일반적으로 청중들의 지적 수준이 높을수록 단정적인 주장은 덜 성공적이다. 그런 사람들은 안내받기를 원하지 이끌리는 것은 원하지 않는다. 그들은 사실을 듣고 스스로 결론 내리기를 좋아한다. 그들은 질문받는 것을 좋아하고, 직접적인 진술을 계속해서 퍼붓는 것은 좋아하지 않는다.

청중을 사랑하라

몇 년 전, 나는 영국에서 대중 강연자 몇 명을 고용해 교육을 시켰다. 많은 비용과 수고를 들여 시행착오를 거듭한 끝에 그들 중 세 명을 해고하고, 한 명은 5000킬로미터나 떨어진 미국으로 되돌려보냈다. 그들의 주된 문제는 청중들에게 진심을 다하지 않는 것이었다. 그들은 타인이 아니라 주로 자신과 자신의 급여에만 관심을 가졌다. 누구나 그들의 마음을 느낄 수 있었다. 그들은 청중에게 차가웠기에 청중들도 그들에게 차가웠다. 결과적으로 그 연설자들은 소리를 내는 나팔이나 팔랑거리는 심벌즈와 마찬가지였다.

인간이라는 동물은 연설자가 하는 말이 눈썹 위에서 나오는지 가슴뼈에서 나오는지 금방 알아챈다. 심지어 개도 이를 감지할 수 있다.

나는 대중 연설가로서의 링컨에 대해 특별한 연구를 했다. 그는 의심의 여지없이 미국이 배출한 가장 사랑받는 사람이었고, 미국 최고의 연설가였다. 비록 그에게 천재적인 소질이 있긴 했지만, 그가 청중을 압도하는 능력의 많은 부분은 그의 동정심, 정직성, 그리고 선량함에서 나온 것이라 생각된다. 그는 사람들을 좋아했다. 그의 아내는 "그의 가슴은 그의 팔이 긴 것만큼 넓었습니다"라고 말했다. 그는 예수를 닮았다. 2000년 전, 연설 기술에 관한 첫 번째 책에서 연설을 잘하는 이는 능숙하게 말하는 기술을 가진 좋은 사람으로 묘사되고 있다.

유명한 프리마 돈나 슈만하잉크는 이렇게 말했다. "내 성공의 비밀은 청중에 대한 절대적인 헌신입니다. 그들은 모두 나의 친구입니다. 그들 앞에 서는 순간 나는 유대감을 느낍니다." 이런 마음이 그녀가 세계적으로 성공을 거둔 비밀이다. 우리도 이런 마음을 가져야 한다.

연설에서 가장 중요한 것은 육체적인 것도 아니고, 정신적인 것도 아니다. 바로 영혼이다. 죽어가는 다니엘 웹스터의 머리맡에 있던 책은 모든 연설가가 살아서 책상에 둬야 할 책이다. 바로 《성경》이다.

사람들을 진정으로 사랑한 예수는 그와 함께 길을 가는 사람들의 마음을 뜨겁게 했다. 만약 대중 연설에 관한 뛰어난 책을 읽고 싶다면 《신약성경》를 읽어보는 것이 좋지 않을까?

청중을 깨어 있게
만드는 비법

1. 연설을 할 때 청중의 태도를 결정하는 것은 항상 당신 자신이다. 당신이 열의가 없으면 청중도 열의가 없다. 연설자가 미지근한 태도를 취하면 청중도 미지근한 태도를 취한다. 만일 당신이 열정적이라면 청중은 당신의 열정에 감염되지 않을 수 없다. 열정이란 연설에서 가장 중요한 요건은 아닐지라도 중요한 요건 가운데 하나다.

2. 마틴 W. 리틀턴은 이렇게 말했다. "진지함이나 재치로 승부하려는 사람들은 쉽게 실패하지만, 진정한 확신을 가지고 호소하는 사람은 결코 실패하지 않는다. 사람들에게 하고 싶은 말이 있다고 스스로 확신하고 있다면, 그의 연설은 불꽃처럼 타오를 것이다."

3. 확신이나 열정이 이토록 감염이 잘되는 중요한 특질을 갖고 있는데도 대부분의 사람들에게는 확신도 열정도 없다.

4. 브랜더 매튜스 교수는 이렇게 말했다. "연설자에게 진정으로 말하고 싶은 게 있다는 사실이야말로 좋은 연설의 핵심이다."

5. 사실에 대해 깊이 생각하고 그 진정한 의미를 마음에 새겨라. 다른 사람을 설득하기 전에 먼저 당신에게 열정이 있는지 확인하라.

6. 머리와 가슴 사이에 원활한 의사소통이 이루어지게 하라. 사람들은 사실 그 자체는 물론, 그 사실에 대한 당신의 태도를 보고 싶어 한다.

7. "어떤 언어를 사용하든 당신 자신이 아닌 말을 할 수는 없다." 연설에서 중요한 것은 말 그 자체가 아니라 그 말의 뒤에 있는 그 사람의 영혼이다.

8. 진정성과 열정을 갖기 위해서는 열정적으로 행동해야 한다. 바로 서서 청중을 똑바로 바라보라. 확실한 제스처를 취하라.

9. 입을 크게 벌리고 청중이 알아들을 수 있도록 크게 말하라. 10미터만 떨어져도 목소리가 들리지 않는 연설자가 많다.

10. 어느 시골 목사가 헨리 워드 비처에게 무더운 일요일 오후에 신도들이 졸지 않게 하려면 어떻게 해야 하느냐고 물어보았다. 비처는 "뾰족한 막대기를 든 사람을 옆에 두고서 졸지 못하게 찌르면 된다"라고 대답했다. 이는 대중 연설에 대한 가장 뛰어난 조언 가운데 하나다.

11. '…인 것 같다' 혹은 '제 생각으로는…'과 같은 '족제비 어구'로 연설을 약화시키지 마라.

12. 청중을 사랑하라.

6

성공적인 연설을 위한
필수 요소

"나는 어떤 상황에서도 좌절하지 않는다. (···) 가치 있는 것을 이루기 위해 필수적인 세 가지 중요한 요소는 첫째로 근면, 둘째로 끈기, 셋째로 상식이다."

— 토머스 A. 에디슨

"잘하고서도 약간 모자라서 실패하는 경우가 많다."

— E. H. 해리먼

"절대 절망하지 마라. 절망스럽더라도 그 속에서 계속 나아가라."

— 에드먼드 버크

"모든 문제의 가장 좋은 해결책은 인내다."

— 플라우투스, B.C. 225년

"인내하라. 인내가 일을 끝낼 수 있도록."

— 러셀 H. 콘웰 박사의 좌우명

"이길 수 있다고 믿는 사람은 이길 수 있다. (···) 매일 솟아오르는 두려움을 극복하지 못하는 사람은 인생의 첫 번째 교훈을 배우지 못한 사람이다."

— 에머슨

"승리는 의지다."

— 나폴레옹

성공적인 연설을 위한
필수 요소

내가 이 글을 쓰고 있는 1월 5일은 어니스트 새클턴 경이 사망한 날이다. 새클턴은 남극 탐험을 위해 '퀘스트 호'를 타고 남쪽으로 향하던 어느 날 사망했다. 그 배에 오를 때 가장 먼저 눈에 띄는 것은 동판에 새겨진 〈탐험〉이라는 시였다.

네가 꿈꾸더라도 꿈이 너의 주인이 되지 않게 한다면,

네가 생각하더라도 생각 자체가 목적이 되지 않는다면,

네가 승리와 재난을 만날 때

그것들이 사실은 이름은 다르지만 같은 의미임을 받아들인다면,

마음과 신경과 근육이 오래전에 쇠약해졌더라도

그 모든 것을 다시 쏟아 노력한다면,

그래서 '이겨내자'고 하는 의지 외에는

아무것도 남지 않았음에도 결국 견뎌낸다면,

네가 견디기 힘든 1분을

6초씩 뛰는 달리기로 채울 수 있다면,

세상 모든 것들은 너의 것이다.

그리고 진정으로 남자가 된단다, 아들아.

샌클턴은 이 시를 '퀘스트 호의 정신'이라고 불렀다. 이 시는 남극으로 출발하거나 대중 앞에서 연설할 때, 혹은 자신감을 얻고 싶을 때 사람이 갖춰야 할 정신이다.

하지만 애석하게도 처음 대중 연설을 배우기 시작한 사람들이 모두 이런 정신을 갖고 있는 것은 아니라는 점을 지적해야 겠다. 수년 전 교육 사업을 막 시작했을 때, 나는 온갖 종류의 야간학교에 등록한 학생들 대다수가 목표를 성취하기도 전에 싫증을 내고 중도에 포기하는 모습을 보고 무척 놀랐다. 그런 학생 수가 너무 많아서 통탄하며 놀랄 정도다. 이는 인간의 본성을 보여주는 서글픈 흔적이다.

이번 장은 우리가 진행하는 여섯 번째 교육과정이다. 그런데도 독자들 중 상당수는 아직도 대중 공포증을 극복하지 못했고, 자신감을 얻지 못해서 이미 상심하고 있으리란 것을 나는 경험을 통해 알고 있다.

인내심이 없다는 것은 얼마나 안타까운 일인가? 서서히 낫지 않는 상처가 어디 있단 말인가?

꾸준한 노력이 필요하다

골프, 프랑스어, 혹은 대중 연설 등 뭔가 새로운 것을 배우기 시작할 때 실력은 일정한 속도로 성장하지 않는다. 실력은 차근차근 늘지 않는다. 어느 날 갑자기 눈에 띄게 좋아진다. 그러고는 한동안은 정지된 상태에 머물러 있거나, 실수하거나, 전에는 잘했던 것도 실패한다. 이러한 정체기나 퇴보 현상은 모든 심리학자들에게 잘 알려져 있으며, 심리학 용어로 '학습곡선의 평원(Plateaus in the curve of learning)'이라고 불린다. 대중 연설을 공부하는 학생은 이 평원에서 몇 주씩 머무르게 된다. 아무리 열심히 해도 벗어날 수 없다. 약한 자는 절망하며 포기하고, 오기 있는 사람만이 버텨낸다. 그렇게 버틴 사람들은 마침내 어떻게, 왜 일어났는지도 모르는 사이에 어느 날 갑자기 능력이 크게 향상했음을 깨닫게 된다. 그런 사람들은 평원에서 갑자기 비행기를 타게 된다. 순식간에 요령을 파악하게 되면서 연설할 때 자연스러움과 힘, 자신감을 얻게 된다.

당신은 앞에서 살펴본 것처럼 처음 몇 분간은 청중을 마주했을 때 두려움, 불안한 감정 등을 경험할 것이다. 영국의 유명한 연설가인 존 브라이트는 일생 동안 그런 느낌을 받았다. 글래드스톤도 그랬고, 윌버포스 주교도 그러했으며, 그 밖의 많은 명연설가들도 그랬다. 심지어 셀 수 없이 대중 앞에 섰던 위대한 음악가들도 그랬다. 파데레프스키는 피아노에 앉기 직전이면 늘 불안해서 소매 끝을 만지작거렸다. 소프라노 여가수 노르디카의 심장은 경주하듯 뛰었고, 폴란드 출신 여가수 젬브리히도, 〈로미오와 줄리엣〉의 여주인공으로 이름을 날린 엠마 임스도 그랬다. 하지만 이런 대중 공포는 모두 8월의 햇살 아래 안개가 사라지듯 순식간에 사라졌다.

이제 당신도 그들과 같은 경험을 하게 될 것이다. 끝까지 잘 견뎌낸다면, 당신은 연설 초입에 느끼는 두려움 빼고는 다른 모든 감정들을 없앨 수 있다. 그리고 그 두려움 역시 처음에만 그렇지 더 이상은 두렵지 않을 것이다. 몇 마디 말을 한 후 당신은 스스로를 조절하게 되고, 적극적이고 즐겁게 말할 수 있을 것이다.

끈질기게 매달려라

한번은 법학을 공부하고 싶어 하는 청년이 링컨에게 조언을 구하는 편지를 보냈다. 그 편지에 링컨은 다음과 같이 답했다. "자네가 변호사가 되기로 굳게 결심했다면, 그 꿈은 이미 반 이상 이루어진 거나 다름없네. 항상 성공하겠다는 결심은 그 무엇보다 중요하다네."

링컨 자신은 항상 그렇게 해왔다. 그는 평생 동안 정규교육이라곤 1년밖에 받지 못했다. 그렇다면 책은 읽기나 했을까? 링컨은 언젠가 책을 빌리기 위해 50마일씩이나 걸어서 다녔다고 말한 적이 있다. 통나무집에서는 장작불의 빛으로 책을 읽었다. 링컨은 장작더미의 틈 사이에 책을 끼워놓고 잠을 잔 후, 아침이 되어 책을 읽을 정도로 환해지면 건초더미로 만든 침대를 박차고 일어나 책을 꺼내 열독했다. 그는 연설자가 하는 연설을 들으려고 20~30마일이나 걸었다. 들판, 숲 속, 젠트리빌의 존스 잡화상에 모인 사람들 앞에서도 연설 연습을 했다. 그는 뉴세일럼과 스프링필드에 있는 문학과 토론 동아리에도 가입해 이 교육과정을 듣고 있는 당신처럼 열심히 그날의 화젯거리에 관해 말하는 연습을 했다.

그는 항상 열등감으로 괴로워했다. 여성 앞에만 서면 수줍어하며 말이 없었다. 메리 토드에게 구애할 당시 그는 부끄러워서 아무 말도 못한 채 그녀의 말을 듣기만 하며 조용히 응접실에 서 있었다. 하지만 그는 연습과 독학으로 이미 성공한 웅변가인 더글러스 상원 의원과 논쟁할 정도로 뛰어난 연설가가 되었다. 그리고 게티즈버그 연설과 재선 취임 연설에서 인류 역사상 그 누구도 하지 못했던 높은 수준의 명연설을 했다.

자신의 큰 단점을 극복하기 위해 눈물겨운 노력을 한 링컨이 다음과 같이 답장한 것은 당연했다. "자네가 변호사가 되기로 굳게 결심했다면, 그 꿈은 이미 반 이상 이루어진 거나 다름없네."

대통령 집무실에는 아주 멋진 링컨의 초상화가 걸려 있다. 루스벨트 대통령은 이렇게 말했다. "이따금 뭔가 결정을 해야 하는데 이것저것 연관된 것이 많아 처리하기 어렵고, 이익과 정의가 대립하는 경우 나는 링컨의 초상화를 올려다봅니다. 그리고 그가 이 상황에 처했다면 어떻게 했을까 상상해봅니다. 이상하게 들리겠지만 그렇게 하면 문제를 해결하는 게 쉬워집니다."

당신도 루스벨트의 방법을 시도해보면 어떨까? 용기가 꺾여 연설가가 되겠다는 결심을 포기하고 싶을 때, 주머니에서 링컨이 그려진 5달러짜리 지폐를 꺼내 그러면 어떻게 할까 자문해 보라. 당신은 링컨이 어떻게 할지 이미 알고 있다. 그가 어떤 선택을 해왔는지 알고 있기 때문이다. 링컨은 상원 의원 선거에서 스티븐 A. 더글러스에게 패했을 때 추종자들에게 이렇게 격려의 말을 했다. "한번은 커녕 100번을 져도 포기하지 말자!"

보상을 받을 수 있다는 확신을 가져라

만약 당신이 일주일 동안 매일 아침 식탁에 이 페이지를 펼쳐놓고 저명한 하버드대 교수이자 심리학자인 윌리엄 제임스의 다음 말을 외운다면 나는 더할 나위 없이 기쁠 것이다.

"어떤 분야의 교육을 받든 젊은이는 자신이 받는 교육의 결과에 대해 걱정할 필요가 없다. 만약 그가 매 시간을 성실하게 공부하면서 바쁘게 보낸다면 최종 결과에 대해서는 신경 쓰지 않아도 된다. 어느 화창한 날 아침에 일어나 보면, 자신이 그간 무엇을 공부해왔건 간에 동료들보다 훨씬 뛰어난 실력을 갖추고 있음을 발견하게 될 것이기 때문이다."

나는 지금 저명한 제임스 교수의 말을 빌어 이렇게 말하고자 한다. 만일 당신이 이 교육과정을 믿음과 열정을 갖고 잘 따라오고 또 올바른 방식으로 연습한다면, 어느 맑은 날 아침 당신이 살고 있는 도시나 지역사회에서 가장 경쟁력 있는 연설자가 되어 있음을 알게 될 것이다. 물론 예외는 있다. 정신력과 인성이 모자라고, 대화거리가 없는 사람은 다니엘 웹스터 같은 명연설가가 되지 못할 것이다. 하지만 상식적인 수준이라면 앞에서 한 말은 확신해도 좋다.

구체적인 예를 들어 설명해보겠다. 트렌턴에서 대중 연설 강좌를 수료하는 기념 파티가 열렸는데, 그 자리에 뉴저지 주지사였던 스토크가 참석했다. 그는 학생들이 저녁에 한 연설은 백악관이나 워싱턴 상원에서 들은 것 못지않게 훌륭하다고 평했다. 트렌턴에서 연설을 한 사람들은 불과 몇 달 전까지만 해도 청중 앞에만 서면 긴장감에 얼어붙곤 하던 비즈니스맨들이었다. 그들은 미국의 어느 도시에서나 볼 수 있는 전형적인 비즈니스맨들이었다. 하지만 어느 맑은 날 아침, 자고 일어났더니 그들은 자신이 사는 지역에서 가장 유능한 연설가 중 한 사람이 되어 있었다.

연설자로서 성공할 수 있는가에 대한 모든 문제는 타고난 능력과 갈망의 정도라는 단 두 가지 요인에 달려 있다. 제임스 교수는 다음과 같이 말했다.

"세상 모든 일에 있어서 목적을 향한 열정이 당신을 구원할 것이다. 당신이 무언가를 성취하고자 하는 마음이 확고하다면 반드시 해낼 수 있다. 부자가 되고 싶어 하면 부자가 될 것이고, 배우고 싶다면 배우게 될 것이다. 좋은 사람이 되고자 한다면 그렇게 될 것이다. 당신이 꼭 해야 할 유일한 것은 그렇게 되기를 진심으로 바라고, 그렇게 되기만을 바라면서 같은 시간에 양립할 수 없는 다른 것들은 바라지 않는 것이다."

그리고 제임스 교수가 다음의 말을 덧붙였다 하더라도, 그의 말에 담긴 진실성에는 차이가 없었을 것이다. "당신이 자신에

찬 연설가가 되고 싶다면 그렇게 될 것이다. 하지만 진정으로 연설가가 되고 싶어 해야 한다."

나는 문자 그대로 수천 명의 사람들이 자신감을 얻고 대중 앞에서 말하는 능력을 갖고자 하는 것을 알았고, 주의 깊게 지켜봐 왔다. 성공한 사람들 중 특출나게 명민한 사람들은 드물었다. 대부분 주변에서 흔히 볼 수 있는 평범한 사람들이었다. 하지만 그들은 계속 도전했다. 더 영리한 사람들은 때때로 좌절하거나 돈벌이에 너무 급급한 나머지 멀리 갈 수 없었다. 하지만 평범한 사람들 가운데 끈기 있게 목적의식이 뚜렷한 사람들은 결국에는 정상에 올라섰다.

이는 인간적이면서도 자연스러운 일이다. 사회생활에서도 이러한 일들이 빈번하게 일어나는 것을 본 적이 있을 것이다. 록펠러는 사업에서 성공하기 위한 가장 중요한 핵심 요건은 인내심이라고 했다. 지금의 교육과정에서 성공하기 위한 첫 번째 핵심 요건 또한 '인내심'이다.

마셜 포슈 장군은 자신에게는 절대 포기하지 않는다는 단한 가지 장점밖에 없다고 공언하며, 최강의 군대를 상대로 승리를 이끌어냈다. 1914년 프랑스 군이 마른 지방으로 퇴각하자, 당시 총사령관이었던 조프리 장군은 200만의 군대를 지휘하고 있던 휘하 장군들에게 퇴각을 멈추고 공격하라고 지시했다. 세계사에서 가장 결정적인 전투 중 하나였던 이 전투는 이틀 동안 치열했는데, 당시 중앙 부대를 지휘했던 포슈 장군은 조프리 총사령관에게 전쟁 기록 중 가장 감동적인 메시지를 보냈다. "나의 중앙 부대는 무너지고, 내 오른편 부대는 퇴각하고 있습니다. 상황은 아주 좋습니다. 공격하겠습니다."

그 공격이 파리를 구했다.

그러므로 싸움이 힘겹고 불가능해 보여도, 중앙 부대가 항복하고 오른편 부대가 물러서도 상황은 아주 좋다고 여겨라. 공격, 공격, 공격하라. 그러면 당신이 가진 가장 소중한 용기와 믿음을 지켜낼 것이다.

성공할 수 있다고 믿어라

몇 해 전 여름, 나는 '와일드 카이저(Wilder Kaiser)'라는 오스트리아에 있는 알프스의 한 봉우리를 등정하려고 여행을 떠났다. 여행 안내서인《베데커》에는 등반하기 어려우니 아마추어 등반가는 가이드를 필요로 한다고 쓰여 있었다. 나와 친구는 아마추어인데다 가이드도 없었다. 그러자 또 다른 친구는 우리에게 등반을 해낼 수 있다고 생각하느냐고 물었다. "물론이지." 우리는 대답했다.

"왜 그렇게 생각하는데?"라고 그가 물어보았다. "가이드 없이 해낸 사람도 있는데다 나는 실패한다는 생각은 결코 하지 않는 사람이니까."

알프스를 등반하는 사람으로서 나는 매우 서툰 신참이다. 하지만 대중 연설 훈련을 받는 것부터 에베레스트 산을 오르는 것에 이르기까지 실패를 생각하지 않는 이런 자세야말로 가장 필요하다.

성공을 생각하라. 자신을 완벽히 조절하며 연설하는 모습을 상상해보라. 당신의 힘으로 이렇게 하는 것은 어려운 일이 아니다. 당신은 성공한다고 믿어라. 확고히 믿으면 성공하기 위해 꼭 필요한 일을 하게 된다.

듀퐁 해군 제독은 전투함을 찰스턴 항으로 끌고 가지 못한 이유를 대여섯 가지 댔다. 패러것 제독은 그의 말을 열심히 듣더니 이렇게 대꾸했다. "아직 얘기 안 한 이유가 한 가지 더 있군요." 듀퐁 제독이 물었다. "그게 무엇입니까?" 그러자 그는 이렇게 답했다. "당신은 할 수 있다고 믿지 않았던 겁니다."

대중 연설을 통해 수강생들이 얻는 가장 가치 있는 수확은 스스로에 대한 자신감이 높아진다는 것이다. 또 해낼 수 있다는 자신의 능력에 대한 믿음이다. 어떤 경우든 성공하는 데 그보다 무엇이 더 중요하겠는가?

승리하겠다는 의지

도저히 언급하지 않고 지나칠 수 없는 엘버트 허바드의 현명한 조언이 있다. 평범한 사람들이 이 명언 속에 담긴 지혜를 실천한다면 더 행복해지고 더 부유하게 될 것이다.

"문을 나설 때는 언제나 턱을 당기고, 왕관을 쓴 것처럼 고개를 반듯이 높이 들고, 가슴 가득히 공기를 들이마셔라. 찬란한 태양을 만끽하라. 미소로 친구를 맞이하고, 악수할 때마다 영혼을 담아라. 오해받을까 두려워하지 말고, 적에 대해 곱씹느라 1분도 낭비하지 마라. 하고자 하는 것을 마음속에 단단히 새겨라. 그러면 가고자 하는 방향에서 벗어나지 않고 목표를 향해 곧장 나아갈 수 있다. 당신의 마음을 당신이 바라는 멋지고 찬란한 것들로 채우면, 어느새 당신의 꿈을 이루기 위한 기회를 움켜쥐게 될 것이다. 마치 산호가 필요한 영양분을 파도로부터 흡수하듯 하라. 마음속으로 당신이 되고 싶은, 능력 있고 성실하고 쓸모 있는 사람의 모습을 그리면 시시각각 그 생각대로 당신이 바라는 모습으로 변화할 것이다. 생각하는 힘은 대단히 강하다. 용기, 진솔함, 밝은 마음이라는 올바른 정신 태도를 견지하라. 바르게 생각하는 것에는 창조의 힘이 있다. 모든 것은 갈망에서 나오고, 신실하게 기도하면 응답을 얻는다. 우리는 마음 먹는 대로 된다. 언제나 턱을 당기고 왕관을 쓴 것처럼 고개를 꼿꼿이 들어라. 우리는 고치 안에 들어 있는 신이다. 아직 허물을 벗지 않은."

나폴레옹, 웰링턴, 리, 그랜트, 포슈 같은 위대한 지휘관들은 승리를 결정하는 요인으로 다른 무엇보다 승리를 향한 군대의 의지와 이길 수 있다는 자신감이 가장 중요하다는 사실을 잘 알고 있었다. 포슈 장군은 다음과 같이 말했다.

"싸움에 패배한 9만 명의 병사가 싸움에 승리한 9만 명의 병사보다 먼저 후퇴하는 것은 단 한 가지 이유 때문이다. 그들은 대적할 병력이 충분한데도 싸움에 지쳐서 이제는 더 이상 승리할 수 있다고 확신하지 않아 퇴각하는 것이다."

다시 말하면 9만 명의 패자들은 병력의 열세 때문에 격퇴당한 것이 아니라 용기와 자신감을 잃었기 때문에 정신력에 밀려 패배한 것이다. 그런 군대나 사람에게는 아무런 가망도 없다. 미 해군의 저명한 군목인 프레이저 목사는 제1차 세계대전 때 군종 장교직에 응시한 지원자들을 인터뷰한 적이 있다. 그에게 해군 군목직을 수행할 때 어떤 덕목이 필요하냐고 물었더니 그는 이렇게 답했다. "하나님의 은총(Grace), 상황대처 능력(Gumption), 투지(Grit), 인내(Guts), 4G입니다."

4G는 연설하는 데도 필수적이다. 4G를 좌우명으로 삼아라. 로버트 서비스가 지은 다음의 시를 당신의 투쟁가로 삼아보자.

> 당신이 황야에서 길 잃은 아이처럼 두렵고
> 죽음이 당신 눈앞에 가까이 다가와 위협할 때,
> 종기가 난 것처럼 괴로워 견딜 수 없을 때,
> 쉬운 일은 방아쇠를 당기는 것 (…) 죽는 것.
> 하지만 용기 있는 자는 이렇게 말한다. '최선을 다해 싸워라.'
> 그리고 자기 파멸을 막는다.
> 배고픔과 고통 속에서 총으로 끝장내는 것은 쉽다.
> 지옥이 선사하는 아침 식사, 그것이 힘들다.
>
> 너는 사는 일에 지치고 말았구나. '부끄러워라.'
> 너는 젊고 용감하며 현명하다.
> '넌 푸대접을 받아왔지.' 안다. 그렇지만 소리 지르지는 마라.
> 기운 내어 전력을 다해 싸워라.
> 이기려면 끝까지 버티면 된다.

그러니 움츠러들지 말라, 나의 오랜 동료여.
용기를 내라! 그만두는 것은 쉬운 일.
어려운 것은 당당하게 버티는 것.

얻어맞을 때 비명을 지르고 죽어버리는 것은 쉽다.
꽁무니를 빼는 것도, 납작 엎드리는 것도 쉽다.
하지만 희망이 보이지 않더라도 싸우고 또 싸워라.
진짜로 산다는 건 바로 이런 것이 아니겠는가.
피 튀기는 승부에서 내려올 때마다
잔뜩 다치고 얻어맞아 겁이 나도
한 번만 더 해보라. 죽는 건 엄청 쉬운 일.
그럼에도 계속 살아내는 것, 그게 어렵다.

성공적인 연설을 위한
필수 요소

1. 골프든 프랑스어든 대중 연설이든 뭔가를 배울 때는 점진적으로 향상되는 게 아니다. 어느 순간 갑자기 좋아진다. 그러고는 몇 주 동안 정체기를 겪거나 이미 잘하고 있는 것도 잘 못하게 된다. 심리학자들은 이 정체기를 '학습곡선의 평원'이라고 부른다. 우리는 이 평원을 떨치고 위로 올라가려고 오랜 시간 노력해도 벗어날 수 없다. 일부 사람들은 나아지고 있는 과정이라는 것을 깨닫지 못하고 평원에서 좌절한 채 더 이상 노력하는 것조차 포기한다. 너무나도 안타까운 일이다. 버티고 계속 연습하면 갑자기 비행기처럼 확 날아 하룻밤 만에 엄청난 발전을 할 수 있다.

2. 연설을 시작할 때는 긴장되지 않을 수 없다. 하지만 버텨내면 처음의 공포를 제외하고는 모든 두려움을 떨쳐낼 것이다. 몇 초만 말하면 처음의 공포 또한 사라질 것이다.

3. 제임스 교수는 이렇게 강조했다. "원하는 만큼 교육을 받은 사람이 성실하게 바삐 일한다면, 그 어떤 것을 추구하건 어느 날 갑자기 다른 동료들보다 분명 경쟁력 있는 인재가 되어 있을 것이다." 하버드대의 유명한 현자가 강조한 이 심리학적 진실을 대중 연설을 배우는 당신과 당신의 노력에도 적용시켜라. 의심의 여지없이 명연설가들은 뛰어난 사람들이 아니었다. 대신 그들에게는 인내와 집요한 목적의식이 있었다. 그들은 계속 전진해서 마침내 자신의 꿈을 이룬 것이다.

4. 연설할 때는 성공만 생각하라. 그러면 성공을 위해 필요한 것들을 하게 된다.

5. 좌절할 때마다 루스벨트가 했던 것처럼, 링컨의 초상을 보며 링컨이라면 이와 비슷한 상황에서 어떻게 했을지 자문해보라.

6. 제1차 세계대전 중 뛰어난 해군 군목 한 사람은 종군 목사의 필수 덕목으로 G로 시작하는 네 개의 단어를 강조했다. 그것은 무엇이었는가?

7

좋은 연설을
하기 위한 비결

"사실을 파악하고 끌어안아라. 가장 중요한 것은 열정이며, 열정은 진실함에서 나온다."

— 랠프 월도 에머슨

"어떤 주제에 대한 지식 이상의 것이 필요하다. 발표를 할 때는 진심을 담아야 한다. 사람들이 꼭 들어야 할 뭔가를 말하고 있다는 느낌으로 해야 한다."

— 브라이언

"자기 마음에서 우러나오는 충고에 귀를 기울여라. 자신만큼 자기를 신뢰하는 사람이 없기 때문이다. 그러는 편이 때로 높은 탑에 올라가 있는 일곱 명의 야경꾼보다 당신에게 더 많은 것을 알려준다."

— 러디어드 키플링

"한 번에 하나의 일을 하라. 그리고 그 일에 마치 당신의 인생이 달린 것처럼 하라."

— 베들레헴 철강 회사 회장, 유진 그레이스의 좌우명

좋은 연설을 하기 위한 비결

제1차 세계대전이 끝난 후, 나는 런던에서 로스 스미스 경과 키스 스미스 경 형제를 만났다. 그들은 사상 최초로 영국에서 호주로 가는 비행에 성공해 호주 정부로부터 5만 달러의 상금을 받았을 뿐 아니라, 영국 전체에 큰 반향을 일으켰으며, 영국 왕실로부터 기사 작위까지 받았다.

유명한 풍경 사진작가인 캡틴 헐러는 그 형제들과 같이 비행기를 타고 여행하면서 영화를 찍었다. 그리고 나는 스미스 형제가 그 여행에 대한 생생한 강연을 준비하고 연습하는 걸 도와주었다. 런던의 필하모닉 홀에서 한 명은 오후, 한 명은 밤에 하는 식으로 하루에 두 차례씩 4개월 동안 강연을 했다.

그들은 전 세계의 반을 여행하는 동안 나란히 앉아 똑같은 경험을 했다. 그리고 강연에서 쓴 단어도 거의 같았다. 하지만 어쩐지 전혀 다른 강연 같았다. 강연을 할 때 사용했던 단어 말고도 다른 무언가가 있었다. 강연의 묘미였다. "중요한 것은 무엇을 말하느냐가 아니라 어떻게 말하느냐다."

언젠가 나는 어느 음악회에 갔는데, 옆자리에 어떤 여성이 악보를 보며 파데레프스키의 연주를 감상하고 있었다. 그녀는 혼란스러운 듯 보였고, 도무지 이해할 수 없다는 표정이었다.

그녀의 손가락은 파데레프스키가 연주하는 음계를 똑같이 따라가고 있었다. 하지만 그녀의 연주는 평범했고, 그의 연주는 영감이 넘치고 아름다움 그 자체였다. 관객의 마음을 온전히 사로잡은 공연이었다. 중요한 건 멜로디가 아니었다. 그가 연주한 방식이었다. 느낌, 예술성, 개성을 모두 연주에 불어넣은 것이 평범함과 비범함의 차이를 만들었다.

러시아의 위대한 화가인 브룰로프가 언젠가 제자의 작품을 수정해준 적이 있다. 제자는 수정된 그림을 보며 놀라서 외쳤다. "이럴 수가! 선생님께서 조금 손댔을 뿐인데 완전 다른 그림이 됐어요." 브룰로프는 이렇게 대답했다. "예술은 아주 작은 데서 시작한단다." 연설도 브룰로프가 수정한 그림이나 파데레프스키의 연주와 같다.

연설을 할 때도 똑같은 원리가 적용된다. 영국 의회에는 "모든 것은 문제 자체가 아니라 그 문제를 논하는 방식에 달려 있다"라는 격언이 전해져 내려온다. 이 격언은 오래전에 영국이 로마의 식민지였을 때 쿠인틸리아누스가 한 말이다.

옛 격언이 흔히 그렇듯이 이 말도 적당히 가감을 해서 들을 필요가 있다. 하지만 좋은 연설은 별 내용이 없더라도 그럴듯하게 들린다. 나는 대학교 경연대회에서 우수한 내용을 이야기한 사람보다 최고의 내용처럼 들리게 말하는 사람이 우승하는 걸 종종 목격했다.

언젠가 몰리 경은 쾌활하면서도 냉소적인 태도로 이렇게 말했다. "연설에서는 세 가지가 중요하다. 말하는 사람, 말하는 방식, 말하는 내용. 그중에서도 마지막이 가장 덜 중요하다." 과장 같은가? 그럴지도 모른다. 하지만 표면을 살짝 긁어내 보면 그 아래에 반짝이는 진실을 발견하게 될 것이다.

에드먼드 버크가 쓴 연설문은 논리와 논법, 구성에 이르기까지 너무 뛰어나서 오늘날 전국 대학의 절반이 정식 연설의 본보기로 가르치고 있다. 하지만 에드먼드 버크는 연설자로서는 악명 높은 실패자였다.

그는 주옥같은 연설문을 흥미롭고 강력하게 제대로 전달할 줄 몰랐다. 그래서 그는 하원에서 '식사를 알리는 종'이라고 불렸다. 그가 이야기를 하려고 일어서면 다른 하원 의원들은 기침을 하거나 딴청을 부리거나 무리를 지어 나가버렸다.

당신이 누군가를 향해 온 힘을 다해 강철로 만든 총알을 쏴도 흠집 하나 낼 수 없다. 하지만 한낱 양초라 할지라도 그 안에 화약가루를 바르고 쏘면 소나무 판자를 뚫을 수 있다. 이렇게 말해서 유감이지만, 화약가루를 바른 하찮은 양초와 같은 연설은 강철로 되어 있어도 아무런 힘을 발휘하지 못하는 연설보다 훨씬 강한 인상을 준다.

그러므로 이야기를 어떻게 전달할지에 주의를 기울여야 한다.

전달이란 무엇인가

 백화점에서 당신이 산 물건을 '전달'해준다고 할 때 그 의미는 무엇일까? 운전수가 당신의 뒷마당에 물건을 던져놓고 가버린다는 뜻일까? 그저 다른 사람의 손에서 물건을 받았다는 말이 전달받았다는 말과 같은 것일까? 전보를 배달하는 소년은 전보를 받아야 할 사람에게 직접 전달한다. 하지만 연설자들도 그렇게 하고 있을까?

 많은 사람들이 이야기하는 전형적인 예를 들어 설명해주겠다. 내가 스위스의 알프스 산맥에 있는 여름 휴양지인 뮈렌에 머물렀을 때의 일이다. 나는 런던에 있는 한 회사가 운영하는 호텔에 묵고 있었는데, 그 회사는 영국에서 그곳으로 매주 두 명씩 연설자를 보내 손님들에게 강연을 하게 했다. 그중에는 영국의 유명한 소설가도 있었는데, 그녀의 주제는 '소설의 미래'였다.

 그녀는 자신이 주제를 고르지 않았다고 시인했다. 그러다 보니 간단히 말해서 그녀가 그 주제에 대해 해줄 이야기가 딱히 없었다. 그녀는 마구잡이로 이것저것 언급했다. 그리고 청중을 무시하는 양 그들에게 눈길 한번 제대로 주지 않았다. 가끔은 그들의 머리 너머나 자신이 적어온 메모 아니면 바닥을 쳐다보았다. 그녀는 먼 곳을 주시했고, 목소리에는 진정성 있는 울림이 없었다. 그녀는 허공에 대고 읽다시피 했다.

 그런 종류의 강연은 이야기를 전혀 전달하지 못한다. 독백일 뿐이다. 의사소통의 느낌이 없다. 의사소통을 하는 느낌이야말로 좋은 연설의 첫 번째 필수 요소다. 청중은 분명 연설자의 정신과 마음에서 자신들의 정신과 마음으로 곧장 전달되는 메시지가 있다고 느껴야 한다. 앞서 말한 소설가의 강연은 물도 없고 모래만 있는 고비 사막에서 했다 해도 다르지 않았을 것이다. 사실 그 연설은 살아 있는 사람에게 하는 게 아니라 사막에서 하는 것처럼 들렸다.

이야기를 전달하는 일은 매우 단순하면서 동시에 복잡한 과정이다. 또한 제대로 이해되지 않고 정당한 대우를 못 받는 경우도 많다.

잘 전달하는 비결

전달에 대해 쓴 책에는 온갖 말도 안 되는 이야기들이 많다. 수많은 규칙과 관행이 결부되어 불가사의하기까지 하다. 구닥다리 '웅변술'은 하나님과 인간의 눈에는 우스꽝스러울 정도다.

도서관이나 서점에 가면 웅변에 관한 책이 많이 있지만, 비즈니스맨들에게는 거의 쓸모가 없다. 미국은 여러 방면에서 발전을 거듭하고 있지만, 아직도 많은 학생들은 웹스터와 잉거솔의 지극히 수사적인 '웅변술'을 배우라고 강요받고 있다. 그 웅변술은 웹스터 부인과 잉거솔 부인이 무덤에서 부활할 때 그들의 머리 위에 얹혀 있음직한 모자만큼이나 구닥다리여서 요즘 시대에는 전혀 어울리지 않는다.

남북전쟁 이후 새로운 연설의 흐름이 생기고 있다. 요즘 시대에 맞게 〈새터데이 이브닝 포스트〉만큼 현대적이고, 전보만큼 직접적이며, 자동차에 붙이고 다니는 광고만큼이나 효율적이다. 예전에 유행하던 언어의 불꽃놀이는 현대를 살아가는 청중에게는 더 이상 받아들여지지 않는다.

현대의 청중은 업무상 회의석상에 둘러앉은 15명을 상대하든, 대형 천막 아래에 모여든 1000여 명의 사람을 상대하든 상관없이 연설자가 마치 수다를 떠는 것처럼 직접적으로 말하고, 그들과 일대일로 대화하는 방식으로 말해주기를 바란다.

태도는 일대일로 대화하듯 하되 목소리의 크기는 그렇게 하면 안 된다. 만약 그렇게 한다면 아무도 그에게 귀를 기울이지 않을 것이다. 자연스럽게 보이려면 한 명에게 말할 때보다 40명에게 말할 때 훨씬 더 많은 에너지를 써야 한다. 빌딩 꼭대기에 있는 동상이 땅에 있는 관찰자에게 실제 비율로 보이기 위해서는 실물보다 훨씬 커야 하는 것과 같은 이치다.

마크 트웨인이 네바다 주의 어느 탄광 캠프에서 강연을 끝마칠 무렵이었다. 한 나이 든 탄광 일꾼이 다가와 물었다. "평소에도 그런 톤으로 말씀하십니까?" 청중이 원하는 것이 바로 이것이다. '당신의 자연스러운 목소리 톤으로 조금 크게 말하는 것.'

청중에게 말할 때도 존, 헨리, 스미스에게 하는 것처럼 말하라. 청중도 존, 헨리, 스미스가 잔뜩 모인 것이 아니겠는가? 일대일로 말할 때 성공적이라면, 여러 사람 앞에서 말할 때도 그 방법으로 하면 성공하지 않겠는가?

나는 앞에서 어느 소설가의 연설을 예로 들었다. 그녀가 강연을 했던 강당에서 나는 며칠 후 올리버 로지 경의 강의를 듣는 기쁨을 누렸다. 그의 주제는 '원자와 세계'였다. 그는 반세기 이상을 그 주제에 관해 사색하고 연구하고 실험하며 조사해 온 사람이었다. 그가 말하는 것은 그의 가슴과 마음, 인생의 일부이자 말하지 않고는 견딜 수 없는 그 무엇이었다.

그는 자신이 연설하고 있다는 사실을 잊었고, 나도 역시 그 사실을 잊었다. 강연 자체가 그의 걱정거리가 될 수 없었다. 그는 오직 원자를 청중에게 얘기하는 일에만 몰두해 있었다. 정확하고, 명쾌하고, 실감나게 원자에 대해 얘기했다. 그는 자신이 본 걸 우리도 보고, 자신이 느낀 걸 우리도 느끼길 진심으로 원했다.

결과가 어땠냐고? 보기 드문 뛰어난 강연이었다. 매력과 힘이 있었던 그 강연은 깊은 인상을 남겼다. 그는 비범한 능력을 갖춘 연설자였다. 하지만 그 자신은 스스로 그렇게 생각하지 않을 거라고 나는 확신한다. 그의 강연을 들은 사람 중 그를 전문적인 대중 연설가라고 생각할 사람은 거의 없으리라고 나는 믿는다.

만약 당신이 이 책을 읽고 대중 연설을 했는데, 사람들이 당신이 대중 연설을 훈련받았음을 조금이라도 눈치챘다면 그것은 결코 자랑거리가 되지 못한다. 당신을 가르친 사람은 당신이 물 흐르듯 자연스럽게 연설을 해서, 당신이 연설 훈련을 받았다는 사실을 사람들이 전혀 눈치채지 못하기를 바라고 있다.

좋은 유리는 자기에게 이목이 쏠리지 않게 만든다. 단지 빛이 들어오게 한다. 좋은 연설자도 그와 같다. 연설자가 너무 자연스러워 듣는 이들이 절대 그의 강연 방식에 신경 쓰지 않는다. 사람들은 오로지 그가 말하는 내용에 집중한다.

헨리 포드의 충고

헨리 포드는 이렇게 말했다.

"모든 포드 자동차는 한결같이 똑같습니다. 하지만 사람은 어느 누구와도 똑같을 수 없습니다. 새로운 생명은 태양 아래 그 무엇과도 달리 새로운 것입니다. 똑같은 것은 예전에도 없었고, 이후에도 절대로 없을 것입니다. 젊은이들은 자기 자신에 대해 그렇게 생각해야 합니다. 자신을 타인과 다르게 만드는 한 줄기 개성의 불꽃을 찾아내어 자신의 가치를 높이기 위한 노력을 해야 합니다. 사회와 학교는 당신을 획일화시킬지도 모릅니다. 모든 사람을 똑같은 틀에 넣으려는 경향이 있기 때문입니다. 하지만 개성의 불꽃이 꺼지지 않도록 해야 합니다. 당신이 중요한 진정한 이유는 바로 그 불꽃이 있기 때문입니다."

이 말은 대중 연설에 있어서는 더더욱 들어맞는 진리다. 당신 같은 사람은 세상 어디에도 없다. 수억 명의 사람들이 당신처럼 눈 둘, 입 하나, 코 하나를 가지고 있지만, 당신과 정말 똑같이 생긴 사람은 아무도 없다. 생김새, 행동 방식, 마음 자세가 당신과 똑같은 사람은 아무도 없다. 또한 그들은 당신이 자연스레 연설할 때와 똑같은 방식으로 연설하거나 사람들에게 말하지 않는다. 다시 말해 당신은 개성을 가지고 있다. 개성은 연설자에게 매우 소중한 재산이다. 그 개성을 소중히 여기고 펼쳐나가라. 개성이야말로 당신의 연설에 힘과 진실성을 불어넣어 줄 불꽃이다. "당신이 중요한 진짜 이유는 바로 개성이 있기 때문이다."

올리버 로지 경은 다른 사람들과는 다르게 말했다. 그 자신이 남달랐기 때문이다. 그의 말하기 방식은 그의 턱수염이나 대머리처럼 그가 가진 개성의 일부였다. 만약 그가 로이드 조지를 따라 하려고 노력했다면 잘못되고 실패했을 것이다.

1858년 일리노이 주의 초원 마을에서 스테판 A. 더글러스 상원 의원과 에이브러햄 링컨 사이에 미국 역사상 가장 유명한 토론이 벌어졌다. 링컨은 키가 크고 어딘가 어색했고, 더글러스는 키가 작고 우아했다. 두 사람은 외모만큼이나 성격과 사고방식, 성품, 성향이 달랐다.

더글러스는 세상이 알아주는 교양 있는 남자였다. 링컨은 신발도 신지 않고 손님을 맞으러 문간으로 달려가는 '장작 패던 촌놈'이었다. 더글러스의 몸짓은 유려했지만, 링컨은 꼴사나웠다. 더글러스는 유머 감각이라곤 없었던 반면, 링컨은 인류 역사상 가장 뛰어난 이야기꾼 중 하나였다. 더글러스는 비유를 거의 사용하지 않았지만, 링컨은 계속 비유와 사례를 들어 논쟁했다. 더글러스는 오만하고 거만했지만, 링컨은 겸손하고 관대했다. 더글러스는 재빠르게 생각했지만, 링컨의 두뇌 회전은 훨씬 느렸다. 더글러스는 회오리바람처럼 돌진하듯 말했지만, 링컨의 말은 더 조용하고 더 깊고 더 상세했다.

이렇게 달랐지만, 두 사람은 자신을 드러낼 수 있는 용기와 뛰어난 감각을 가진 훌륭한 연설자들이었다. 둘 중 하나가 상대방을 따라 하려고 했다면 비참하게 실패했을 것이다. 하지만 각자 가진 특별한 재능을 최대한 활용해 개성 있고 강력한 주장을 폈다. 당신도 있는 그대로 그렇게 하라.

이렇게 방향을 지시하기란 쉬운 일이다. 하지만 쉽게 그 말에 따라 할 수 있을까? 결코 그렇지 않다. 마셜 포슈 장군은 전쟁의 미학에 대해 이렇게 말했다. "개념으로는 간단하지만 불행히도 실행에 옮기기에는 복잡하다."

청중 앞에서 자연스러워지려면 연습이 필요하다. 배우들은 이를 알고 있다. 네 살 정도의 어린아이였을 때, 당신은 아마도 단상에 올라 청중 앞에서 자연스럽게 뭔가를 낭송할 수 있었고 또 그렇게 했을 것이다.

하지만 스물넷 또는 마흔넷이 된 당신이 단상에 올라가 이야기를 시작한다면 어떨까? 네 살 때의 무의식적인 자연스러움을 그대로 유지할 수 있을까? 십중팔구는 뻣뻣해지고, 딱딱해지며, 기계적으로 변한다. 그리고 거북이처럼 껍질 속으로 들어가 버린다.

연설을 가르치거나 훈련시킬 때 중점을 두는 것은 전에 없던 재주를 덧붙이는 것이 아니라 보통은 장애물을 치워 자유롭게 만드는 것이다. 누군가 손으로 때리려고 할 때 나오는 당연한 반사작용처럼 자연스럽게 말하도록 만드는 것이다.

나는 학생들에게 연설을 훈련시킬 때 중간에 끼어들어 "제발 자연스럽게 말을 하세요"라고 해야 했던 적이 부지기수다. 그들이 자연스럽게 말하도록 만드느라 완전히 지친 상태로 집으로 돌아가야 했던 날이 대부분이다. 그만큼 자연스럽게 말하기란 쉽지 않다. 분명히 말하지만, 자연스럽게 말하기란 생각처럼 간단한 문제가 아니다.

자연스런 태도로 연설하는 기술을 익힐 수 있는 유일한 방법은 딱 한 가지, 연습밖에 없다. 연습을 하다가 문득 자신이 어색하다고 느껴지면 바로 멈추고 스스로에게 냉정하게 말을 걸어라. "이런, 뭐가 문제지? 정신 차려. 자연스러워지자." 그러고 나서 청중 가운데서 뒤쪽에 앉아 있는 제일 둔해 보이는 사람을 골라 말을 걸어보라.

다른 사람들이 있다는 걸 잊어라. 그 사람과 대화하라. 그 사람이 당신에게 질문하고 당신이 대답한다고 상상해보라. 그가 일어서서 당신에게 말하고 당신이 그에게 답변을 하는 것이라면, 당신의 이야기는 좀 더 자연스럽고 더 직접적인 대화체로 변할 것이다. 그런 일이 실제로 벌어지고 있다고 상상하라.

당신이 실제로 질문하고, 그 질문에 대답하는 형식으로 이야기를 풀어나갈 수도 있다. 예를 들어 강연 도중에 당신은 이렇게 말한다. "이 주장을 뒷받침할 만한 근거가 있냐고 묻고 싶으신 거죠? 물론 충분한 근거가 있습니다. 그건 바로…" 그러고 나서 상상의 질문에 계속 대답하라. 이런 방식은 강연을 자연스럽게 하고, 강연의 단조로움을 깨줄 것이다. 직접적이고, 즐겁고, 주고받는 느낌을 만들어줄 것이다.

솔직하고, 의욕적이고, 진지한 태도도 도움이 된다. 사람은 감정의 영향을 받으면 진정한 자아가 밖으로 나온다. 빗장이 열리는 것이다. 감정의 열기가 모든 장애물을 태워버리는 것이다. 말과 행동이 자연스러워지고 거침이 없어진다. 결국 전달의 문제는 이 글에서 반복적으로 강조된 것과 똑같은 결론에 이른다. 다시 말해서 당신의 이야기에 진심을 담으라는 것이다.

예일 신학대학원의 딘 브라운 학장은 설교술 강연에서 이렇게 말했다. "제 친구가 런던의 한 예배에 참석했던 경험에 대해 해준 말은 절대로 잊지 못할 겁니다. 설교자는 조지 맥도널드였는데, 그날 아침 그가 성경 봉독 시간에 읽은 부분은 〈히브리서〉 11장이었습니다. 설교 시간이 되자 그는 이렇게 말했습니다. '믿음을 가진 사람들의 이야기는 여러분들 모두 들어봤을 겁니다. 저는 믿음이 무엇인가를 말하지는 않겠습니다. 그에 대해서는 저보다 더 잘하는 신학 교수들이 있습니다. 저는 여러분들이 믿음을 가질 수 있도록 도와주러 왔습니다.' 그러고 나서는 보이지 않지만 영원한 실존에 대한 자신의 신앙고백을 가슴에 와 닿으면서도 장엄하게 하더랍니다. 그의 말에는 진심이 담겨 있었고, 그때의 설교는 그의 내면의 아름다움이 담겨 있었기에 더없이 효과적이었습니다."

"그의 말에는 진심이 담겨 있었다." 이것이 비결이다. 하지만 나는 이러한 조언이 인기 없다는 걸 잘 알고 있다. 모호하고 막연하다고 불평할 것이다. 보통의 학생들은 확실한 규칙을 원한다. 무언가 명확하고, 손으로 만질 수 있는, 자동차 사용 설명서처럼 명확한 규칙을 원한다.

나도 그런 규칙들을 들려주고 싶다. 그런 규칙들을 들려주면 나도 편하다. 실제로 그런 규칙이 있지만 한 가지 문제가 있다. 효과가 없다는 것이다. 공식에 대입하듯 하는 연설은 자연스러움과 생명력, 생동감이 사라진다. 나는 젊은 시절에 그런 규칙들을 연습하느라 많은 시간을 낭비한 경험이 있기 때문에 잘 알고 있다. 유머 작가였던 조시 빌링스는 이렇게 말했다. "많이 안다고 해도 실천하지 않으면 아무 소용없다." 때문에 그러한 규칙들은 이 책에 소개하지 않겠다.

연설할 때 해야 할 일들

좀 더 분명하고 생생한 연설을 하기 위해 자연스럽게 말하는 방법을 몇 가지 알아보려고 한다. 이렇게 말하면 누군가는 분명 "아, 알겠어요. 이제 억지로라도 이대로만 하면 되겠네요"라고 말할까 봐 이 부분을 소개해야 할지 망설였다. 부디 그러지 말기 바란다.

억지로 하면 나무처럼 딱딱해지고 기계처럼 말하게 된다. 당신이 어제 저녁 식사를 자연스럽게 소화시켰듯이, 아래에 소개할 대부분의 원칙은 어젯밤에 나눈 대화에서 이미 활용했을 것이다. 원칙이란 그렇게 사용하면 된다. 그 방법이 유일하다. 대중 앞에서 연설하는 데 관해서는 이미 말했다. 오직 연습뿐이다. 그 연습 방법에 대해 좀 더 구체적으로 말해보겠다.

첫째, 중요한 단어에 강세를 주고 그렇지 않은 단어는 약하게 말하라

대화를 할 때 우리는 단어의 한 음절만 강하게 발음하고, 다른 음절은 자동차가 노숙자 무리를 지나치듯 흘려버린다. 예를 들면 매사'추'세츠(MassaCHUsetts), 어'플릭'션(afFLICtion), 어'트랙'티브니스(atTRACtiveness), 인'바이'런먼트(enVIRonment)처럼 말한다. 문장 전체를 놓고 봐도 거의 비슷하다. 한두 개의 중요한 단어만 뉴욕에서 가장 오래된 최고층 건물인 울워스 빌딩이 브로드웨이에서 삐죽 튀어나온 것처럼 치솟게 발음한다.

나는 지금 이상하거나 유별난 것을 말하는 게 아니다. 들어보라. 당신의 주변에서 늘 일어나는 현상이다. 당신도 어제 100번, 아니 1000번쯤은 이렇게 했다. 내일도 의심의 여지없이 100번은 할 것이다.

예를 들어보자. 다음의 인용구를 읽을 때, 밑줄 친 부분은 완전 세게, 다른 글자는 빨리 읽어보라. 효과가 어떤가?

> 내가 한 일은 <u>전부 성공</u>했다. 왜냐하면 나는 <u>의지</u>가 있었기 때문이다. 나는 <u>절대 주저</u>하지 않았고, 그 덕분에 다른 사람보다 <u>뛰어날</u> 수 있었다.
>
> — 나폴레옹

이 문장을 반드시 그렇게 읽어야 하는 건 아니다. 다른 사람이라면 다른 부분을 강조할 수도 있을 것이다. 강조를 하기 위한 불변의 법칙은 없다. 상황에 따라 다르다.

다음의 문장들을 핵심 내용이 분명하고 설득력 있게 들리도록 크고 진지하게 읽어보라. 의미 있고 중요한 단어는 강조하고, 그렇지 않은 단어는 빠르게 읽게 되지 않는가?

> 졌다고 생각하면 진 것이다.

감히 할 수 없다고 생각하면 하지 못한다.

이기고 싶지만 이길 수 없다고 생각하면 당연히 이기지 못한다.

인생이라는 전투에서는

항상 가장 힘세고 가장 빠른 사람이 이기는 게 아니다.

늦든 빠르든 이길 수 있다고 생각하는 사람이 결국 이긴다.

— 작자 미상

성격의 구성 요소 가운데 확고한 결의보다 더 중요한 것은 없다. 위인이 되고자 하는 소년은 1000개의 장애물을 뛰어넘겠다는 다짐을 해야 할 뿐만 아니라, 수많은 실패와 어려움에도 불구하고 이기려는 마음가짐을 가져야 한다.

— 시어도어 루스벨트

둘째, 목소리의 높낮이를 바꿔라

대화할 때 목소리의 높낮이는 올라갔다 내려갔다 하며, 잠시도 멈추지 않고 바다의 수면처럼 항상 바뀐다. 왜 그럴까? 그 이유는 아무도 모르고, 또 신경 쓰지도 않는다. 아무튼 그 결과로 유쾌하고 자연스러워지는 효과가 생긴다. 누구도 의식적으로 배워서 익힌 게 아니다. 어렸을 때 알게 모르게 배우지만, 청중 앞에 서서 그들을 바라보기만 하면 네바다 주의 알칼리 사막처럼 따분하고, 밋밋하고, 단조로워지곤 한다.

자신이 그렇게 단조로운 높낮이 — 주로 고음일 것이다 — 로 말하고 있다는 게 느껴지면, 잠깐 멈춘 다음 스스로에게 이렇게 말하라. "내가 나무 인형처럼 말하고 있구나. 사람들한테 말을 하자. 사람이 이야기하듯 자연스럽게."

그런 혼잣말이 도움이 될까? 아마 조금은 도움이 될 것이다. 잠깐 멈추는 것으로도 도움이 된다. 연습을 통해 자신만의 해결 방법을 고안해내야 한다. 갑자기 목소리 톤을 높이거나 낮추면, 당신이 선택한 어느 구절이나 단어를 앞뜰에 있는 월계수처럼 돋보이게 할 수 있다. 브루클린의 유명한 조합 교회 목사인 파크스 캐드먼 박사는 이런 방법을 자주 사용했다. 올리버 로지 경도 그랬고, 루스벨트도 마찬가지다. 거의 모든 연설자들도 그렇게 한다.

다음의 인용구에서 밑줄 친 단어들만 낮은 목소리 톤으로 읽어보자. 어떤 효과가 있는가?

나에게 있는 장점은 오직 하나, <u>절대 좌절하지 않는 것</u>이다.

— 마셜 포슈

교육의 위대한 목표는 지식이 아니라 <u>행동</u>이다.

— 허버트 스펜서

나는 66년을 살아오면서 수백 명의 사람들이 성공을 향해 오르는 걸 지켜보았습니다. 그런데 성공하기 위한 요소 가운데서도 <u>가장 중요한 것은 믿음</u>이었습니다.

— 기번스 추기경

셋째, 말하는 속도를 바꿔라

어린아이들이 말할 때나 일반적인 대화를 할 때, 우리는 말하는 속도를 계속해서 바꾼다. 그러면 유쾌하고 자연스러워진다. 무의식적으로 이루어지는 것이지만, 이는 사실 어떤 대목을 강조하는 가장 좋은 방법이다.

월터 B. 스티븐슨은 미주리 역사회가 발행한 《기자가 본 링컨》이라는 책에서 링컨은 연설에서 결론으로 가는 대목에서 이 방법을 자주 사용했다고 소개한다.

"그는 매우 빠른 속도로 말을 하다가, 강조하고 싶은 단어나 구절이 생기면 그 부분을 길게 늘이고, 목소리에 힘을 주어 말한 다음 번개처럼 문장을 끝냈다. 그는 강조하고 싶은 단어 한두 개에는 많은 시간을 쓰고, 나머지 덜 중요한 말에는 그 반도 쓰지 않았다."

그런 방법은 반드시 주목을 끈다. 자세히 말하면, 나는 연설을 할 때 기번스 추기경의 말을 종종 인용한다. 그런데 이번에는 용기라는 개념을 강조하고 싶어서 아래 밑줄 친 부분을 내가 마치 그 말에 깊은 감명을 받은 양―실제로도 그랬다―말을 했다. 같은 방식으로 다음의 글을 큰 소리로 읽어보고 결과를 기록해보자.

"기번스 추기경은 죽기 전에 이렇게 말했습니다. '나는 <u>66년</u>을 살아오면서 수백 명의 사람들이 <u>성공</u>을 향해 오르는 걸 지켜보았습니다. 그런데 성공하기 위한 요소 가운데서도 <u>가장 중요한 것은 용기</u>

였습니다. <u>용기를 내지 못한 사람은 누구라도 업적을 남길 수 없습니다.'"</u>

이렇게 해보자. '3000만 달러'를 마치 적은 돈인 양 빠르게 읽어라. 자, 이제 '3만 달러'를 감정을 넣어서 느리게, 마치 엄청나게 큰돈이라 놀란 것처럼 읽어라. '3만 달러'가 '3000만 달러'보다 더 큰돈인 것처럼 들리지 않는가?

넷째, 중요한 이야기를 할 때는 전후에 잠깐 멈춰라

링컨은 종종 말하는 도중 잠시 멈추곤 했다. 청중의 마음에 깊은 인상을 남기고 싶은 말이 있으면, 그는 몸을 앞으로 숙이고 청중의 눈을 잠시 들여다보고 아무 말도 하지 않았다. 이렇게 갑자기 말을 멈추면, 큰 소리가 나는 것과 같이 주목을 끄는 효과를 얻을 수 있다. 모든 사람이 방심하지 않고, 다음에 나올 내용에 주의를 집중하고 깨어 있게 만든다.

예를 들어 앞서 더글러스와 벌였던 그 유명한 논쟁이 끝나갈 무렵, 모든 정황이 링컨에게 불리했다. 그는 낙담했고, 오래된 습관인 우울함이 때때로 그를 엄습했으며, 그의 말은 연민을 자극했다. 마지막 발언을 할 때 그는 갑자기 말을 멈추고 깊이 들어간 지친 눈에 눈물을 글썽이며, 반쯤은 무관심하고 반쯤은 친절한 표정의 관중을 바라보며 조용히 서 있었다. 도무지 방법이 없는 싸움에 너무 지친 듯 손을 접고 특유의 단조로운 목소리로 그는 이렇게 말했다.

"여러분, 미국 상원 의원으로 더글러스 판사가 되든 제가 되든 별 차이가 없을 겁니다. 하지만 오늘 저희가 여러분께 제시한 이 문제들은 개인의 이익이나 정치적 운명을 뛰어넘는 것입니다. 그리고 여러분."

여기서 링컨은 잠깐 말을 멈췄다. 청중은 그의 한마디 한마디에 귀를 기울였다. "더글러스 판사와 저의 못나고 나약하고 더듬거리는 혀가 무덤에 들어가 조용해지더라도 이 쟁점들은 계속 살아서 숨 쉬고 타오를 것입니다."

링컨의 전기 작가 중 한 사람은 계속해서 이렇게 적었다. "이 간단한 말과 태도는 그곳에 있던 사람들의 마음을 뒤흔들었다." 링컨은 또한 강조하고 싶은 구절을 말한 뒤에도 잠시 멈췄다. 그는 구절의 의미가 제대로 전달되는 동안 침묵으로 힘을 더했다.

올리버 로지 경은 연설을 할 때 주요 개념 전후에 자주 멈췄다. 한 문장을 말하는 데 서너 번 멈췄지만, 자연스럽고 무의식적이었다. 굳이 분석하지 않는다면 알아채지 못할 정도였다.

키플링은 "침묵으로 이야기하라"라고 말했다. 침묵은 강력하고 무시할 수 없는 도구지만, 초보자들은 이를 자주 경시한다.

아래는 홀먼의 《톡 쏘는 이야기》에서 발췌한 글인데, 연설자가 말을 멈추는 지점을 표시해두었다. 꼭 내가 표시한 곳에서 멈출 필요는 없다. 방법을 보여주려는 것뿐이다. 어디서 멈춰야 하는지는 엄격하게 정해두지 않았다. 글의 성격과 감정에 따라 하면 된다. 오늘은 여기서 멈추고 싶다가도, 다른 날엔 다른 곳에서 멈추고 싶을 수도 있다. 다음의 글을 멈추지 않고 큰 소리로 읽고, 내가 표시한 곳에서 멈춰가며 읽어라. 어떤 효과가 있는가?

"영업은 전쟁이다." (전쟁의 느낌에 젖을 수 있게 잠시 멈춰라) "그리고 오직 전사만이 승리할 수 있다." (요점을 이해할 수 있도록 잠시 멈춰라) "우리도 이런 상황이 반갑지는 않지만, 우리가 그렇게 만든 게 아니기에 고칠 수도 없다." (잠시 멈춘다)

"판매 게임에 돌입할 때는 용기를 내라." (잠시 멈춘다) "만약 그렇게 하지 않으면" (잠시 멈추고 긴장감을 늘여라) "타석으로 갈 때마다 스트라이크 아웃을 당하고 줄줄이 0점 행진을 하게 된다." (잠시 멈춘다)

"투수가 두려운 사람은 3루로 갈 수 없다." (요점을 이해하도록 잠시 멈춘다) "그 점을 기억하라." (좀 더 이해할 수 있도록 잠시 멈춘다)

"장타를 치거나 공을 담장 밖으로 넘기는 홈런을 치는 사람은 언제나 이런 태도로 타석에 선다." (잠시 멈추고, 이제 당신이 이 뛰어난 선수에 대해 하는 말에 대한 긴장감을 높인다) "꼭 치고 말겠다는 의지를 품고…."

다음 인용문의 의미를 되새기며 힘차게 큰 소리로 읽어라. 자연스럽게 멈추는 곳이 어디인지 살펴보라.

미국의 거대한 사막은 아이다호나 뉴멕시코, 애리조나에 있지 않다. 평범한 사람의 모자 아래에 있다. 미국의 거대한 사막은 진짜 사막이라기보다는 정신적 사막이다.

— 제임스 녹스

인간에게 만병통치약은 없다.
가장 가까운 것은 관심이다.

— 폭스웰 교수

내가 만족시켜야 하는 사람이 둘 있다.
하나님과 가필드.
이승에서는 가필드, 저승에서는 하나님과 같이 살아야 한다.

— 제임스 A. 가필드

이 장에서 제시한 원칙들을 잘 지키며 연설을 한다고 해도 여전히 결함이 많을 수 있다. 대화를 하듯 대중 앞에서 말하더라도 불편한 목소리를 내거나, 문법적으로 틀리거나, 어색하고 불쾌한 여러 가지 일을 저지를 수 있다. 자연스럽고 일상적인 대화에서도 개선할 사항이 많을 수 있다. 우선 일상에서 쓰는 자연스러운 대화 방식을 가다듬어 완벽하게 만든 다음, 그 방식 그대로 단상에서 해보라.

좋은 연설을
하기 위한 비결

1. 말할 때 사용되는 단어에는 그 자체의 의미를 넘어서는 중요한 뭔가가 있다. 이야기가 전달될 때의 '풍미'다. "무엇을 말하느냐보다는 어떻게 말하는지가 더 중요하다."

2. 많은 연설자들은 청자를 무시하고 바닥이나 허공을 쳐다본다. 의사소통을 하는 느낌이 없고, 연설자와 청중의 교류도 없다. 그런 종류의 태도는 대화를 망치고, 마찬가지로 연설도 망친다.

3. 좋은 강연을 하려면 대화를 하는 말투와 직설적인 태도가 중요하다. 존, 스미스에게 말하듯 청중에게도 말하라. 청중도 결국 존, 스미스가 모여 있는 게 아닌가?

4. 누구나 강연을 할 수 있는 능력이 있다. 이 말에 의구심이 든다면 직접 해보라. 아무나 한 사람을 때려눕히면 그 사람은 몸을 일으키면서 자연스레 말을 쏟아낼 것이다. 그렇게 자연스레 나오는 말은 어색함이 없다. 그처럼 자연스럽게 대중 앞에서도 말하길 바란다. 그 능력을 발전시키려면 연습해야 한다. 타인을 흉내 내지 마라. 자연스럽게 말하면 이 세상 그 누구와도 다르게 말할 것이다. 개성과 자신만의 방식을 담아 강연하라.

5 청중에게 말을 하되, 그들이 일어서서 당신의 말을 되받아치길 기대한다는 듯이 하라. 그들이 일어서서 당신에게 질문을 한다면 당신의 연설은 분명 발전할 것이다. 누군가가

당신에게 질문하고, 당신이 그 질문을 따라 말한다고 상상해보라. "여러분은 제가 이걸 어떻게 아는지 궁금하시죠? 말해드릴게요." 그런 종류의 대화는 매우 자연스럽고, 당신의 딱딱한 말투를 부드럽게 만들어줄 것이다. 말하는 방식이 따뜻해지고 인간적으로 될 것이다.

6. 진심을 담아라. 진실한 감정은 그 어떤 것보다 도움이 된다.

7. 여기 우리가 진지하게 대화할 때 무의식적으로 하는 네 가지가 있다. 대중 앞에서도 이렇게 하는가? 대부분은 그렇지 않다.

   1) 중요한 단어를 강조하고 덜 중요한 건 강조를 안 하는가? '그, 그리고, 하지만'에도 똑같이 강조를 하는가, 아니면 매사 '추' 세츠라고 말하듯 얘기를 하는가?

   2) 어린아이가 말할 때처럼 목소리의 높낮이가 올라갔다 내려갔다 하는가?

   3) 중요하지 않은 건 달려가듯이, 강조하고 싶은 말에는 시간을 더 들이면서 말하는 속도에 변화를 주는가?

   4) 중요한 단어 앞과 뒤에서 잠시 멈추는가?

8

연단에 설 때의
준비 사항

"행동은 웅변이다. 무식하다는 사실은 귀보다 눈으로 더 잘 전달된다."

— 셰익스피어

"제스처는 너무 많아도, 너무 적어도 자연스럽지 않다. 아이들이 제스처를 적절하게 사용할 줄 알고 사람들도 길에서 이웃과 마주칠 때 제스처를 적절히 사용할 줄 아는데도 불구하고, 연설할 때는 대부분 적절하게 사용하지 못하는 걸 보면 참 이상하다."

— 매슈스,《연설과 연설가》

"연설할 때 몸짓은 완전히 잊어라. 자신이 무엇을 말하려는지, 왜 말하려고 하는지에만 집중하라. 자신의 생각을 표현하는 데 열과 성을 다하라. 열정적이고 진지하게 하라. 진지하고 또 진지하라. 그러면 자연스러운 몸짓이 나온다. 내적으로 생각이 충만하면, 몸짓을 억누르던 제약은 사라질 것이다. 몸은 이런 표현하고픈 동작에 반응한다. 연설을 하는 동안 자신이 말하고 싶은 것만 생각하라. 미리 제스처를 계획하지 마라. 자연스런 충동이 제스처를 결정하게 하라."

— 조지 롤런드 콜린스,《연단에서의 연설》

연단에 설 때의 준비 사항

언젠가 카네기 기술재단이 유명 사업가 100명을 대상으로 지능검사를 실시한 적이 있었다. 이 시험은 전쟁 중에 군대에서 치르던 것과 비슷했는데, 그 결과 사업의 성패는 지능보다는 인성이 더 중요하다는 사실이 드러났다. 이 결과는 사업가뿐만 아니라 교육자, 전문인, 연설자들에게도 매우 의미 있는 사실이다.

준비 과정을 제외하면 인성은 연설에서 가장 중요한 요소다. 엘버트 허바드는 "좋은 연설은 말이 아니라 태도에서 결정된다"라고 선언했다. 사실 좋은 태도뿐 아니라 생각도 훌륭해야 한다. 하지만 인성이란 제비꽃 향수처럼 애매모호하고, 정의를 내리거나 분석하기 어려운 것이다. 인성은 신체, 영성, 정신, 이목구비, 선호도, 경향성, 기질, 됨됨이, 기력, 경험, 교육 등 개인의 모든 특성이 어우러진 결과다. 인성은 아인슈타인의 상대성 이론만큼 복잡해서 좀처럼 이해하기 어렵다.

인성은 유전과 환경에 따라 결정되며, 바꾸거나 개선시키기가 매우 어렵다. 그렇더라도 우리는 생각으로 어느 정도 인성을 개선시키고, 더 강하고, 더 매력적으로 만들 수 있다. 어쨌든 우리는 자연이 우리에게 준 이런 놀라운 것을 최대한 활용하려고 노력할 수 있다. 이 문제는 우리 모두에게 엄청나게 중요하다. 개선될 가능성이 제한적이긴 하지만 언급하고 살펴볼 만한 가치가 있다.

만약 당신의 개성을 최대한 활용하고 싶다면, 편안한 마음으로 청중 앞에 서라. 피곤한 연설자는 흡인력도 없고, 매력적이지도 않다. 마지막 순간까지 준비와 계획을 미루다가, 놓친 시간을 만회하려고 서둘러 준비하는 진부한 오류를 저지르지 마라. 그렇게 하면 몸에 독소가 쌓이고 두뇌가 피로하게 되어 기력이 떨어지고 두뇌와 신경이 모두 약해질 것이다.

만약 당신이 4시에 위원회 회의에서 중요한 말을 해야 한다면, 최대한 점심을 가볍게 먹고 짧게 낮잠을 자두는 게 좋다. 신체, 정신 및 신경에 휴식을 주는 행동이야말로 당신에게 꼭 필요하다.

유명한 오페라 가수인 제랄딘 패러는 사귄 지 얼마 안 된 친구들마저 남편에게 맡겨두고 일찍 잠자리에 들어 사람들을 놀라게 하곤 했다. 그녀는 자신의 예술을 위해 무엇이 필요한지 제대로 알고 있었던 것이다.

세계적인 디바인 마담 노르디카는 프리마 돈나가 된다는 것은 사교, 친분, 맛있는 음식 등 자신이 좋아하는 모든 것을 포기해야 함을 뜻한다고 말했다.

중요한 연설을 해야 할 때는 약간의 허기가 필요하다는 사실을 기억하자. 고행하는 수도자처럼 되도록 적게 먹어라. 헨리 워드 비처는 매주 일요일 오후 5시에 비스킷과 우유를 먹은 이후에는 아무것도 먹지 않았다.

마담 멜바는 이렇게 말했다. "저녁에 노래해야 할 때는 저녁 식사를 배불리 먹지 않고, 5시쯤에 익힌 사과에 물 한잔과 함께 생선이나 닭고기 혹은 육류 중 한 가지를 가볍게 먹습니다. 저녁을 가볍게 먹었기 때문에 오페라나 음악회가 끝나고 집에 돌아가면 늘 배가 고팠습니다."

나는 내 자신이 전문 연설자가 되어 매일 저녁 배부르게 먹고 나서 두 시간씩 연설을 해본 후에야 멜바와 비처가 얼마나 현명했는지를 깨달았다. 비프스테이크와 감자튀김, 샐러드, 야채, 그리고 후식을 실컷 먹은 후에는 머리가 맑지 않다는 것을 직접 경험한 후에야 알게 되었다. 내 머리에 있어야 할 피가 배로 내려가 스테이크와 감자와 씨름했다. 파데레프스키가 옳았다. 그는 음악회 전에 먹고 싶은 것을 먹으면, 자신의 내면에 있는 동물적 근성이 튀어나와 심지어 손가락까지 지배해 연주를 망친다고 말했다.

왜 어떤 연설자는 다른 연설자보다 더 주목받을까

당신의 에너지를 무디게 하는 행동을 하지 마라. 흡인력, 활기, 열정, 이런 것들은 내가 연설자들과 연설 지도자들을 고용할 때 가장 중요하게 생각해온 자질들이다. 야생 거위들이 가을 밀밭 주변으로 모이는 것처럼 사람들은 인간 에너지 발전기, 즉 에너지가 넘치는 연설자 주변으로 모인다.

나는 런던 하이드파크의 야외 연설자들이 이런 광경을 연출하는 것을 자주 보았다. 19세기의 대리석 아치의 입구 근처는 다양한 이념과 색채를 가진 연설자들이 만나는 곳이다. 일요일 오후가 되면, 교황은 절대 오류가 없다는 원리를 설명하는 가톨릭 신자나 칼 마르크스의 경제 이론을 제의하는 사회주의자, 이슬람교도들이 아내를 두 명씩 두는 일이 왜 정당하고 합법적인지를 설명하는 인도 사람 등 다양한 연설자들을 선택해 강연을 들을 수 있다. 어떤 연설자 주변에는 사람들이 별로 없는 반면, 어떤 연설자 주변에는 수백 명이 모이기도 한다. 왜 그럴까? 각 연설자들의 주제가 달라서일까? 아니다. 그 해답은 연설자에게서 찾을 수 있다. 자신의 연설 주제에 많은 관심을 갖는 연설자는 결국 사람들로부터 더 관심을 끌기 마련이다. 그는 생기와 기백이 넘치게 이야기한다. 생기와 생동감을 발산하고, 듣는 사람들은 항상 주의를 기울인다.

옷은 어떤 영향을 줄까

심리학자인 대학 총장이 많은 사람들에게 그들의 옷이 자기 스스로에게 어떤 인상을 주는지에 관해 묻는 설문조사를 했다. 익명으로 진행된 이 조사에서 재미있는 결과가 나왔다. 거의 만장일치로 이유를 설명하기는 어렵지만, 머리를 잘 빗고 흠 잡을 데 없이 옷을 입었을 때 인상이 좋았다고 답했다. 멋진 복장을 하고 있을 때 더 자신감이 생기고, 자기 자신에 대한 신뢰감과 자존감이 높아졌다. 그들은 성공한 사람처럼 옷을 입으면 성공을 꿈꾸기가 더 쉬워졌고, 성공을 이루기도 더 쉬워진다고 대답했다. 이것이 바로 옷이 주는 영향이다.

그럼 옷이 청중들에게는 어떤 영향을 줄까? 나는 헐렁한 바지와 단정치 못한 외투나 신발을 신고, 가슴주머니 밖으로 펜이 삐져나오고, 신문, 담뱃대, 담뱃갑 등이 옷깃 사이로 보이는 남자나 보기 흉하게 불룩 튀어나온 가방에 속옷이 비치는 여자가 연설자로 나서는 경우 청중들이 연설자를 그리 존중하지 않는 모습을 여러 번 목격했다. 청중들은 헝클어진 머리나 지저분한 구두, 불룩한 가방만큼 그들의 마음가짐도 형편없다고 생각하지 않을까?

북군 사령관 그랜트가 후회한 한 가지

남북전쟁에서 남군 사령관인 리 장군은 항복한 후 자신의 군대를 넘겨주기 위해 아포맷톡스 코트하우스로 갔다. 그때 그는 새 제복을 말끔하게 입고 있었고, 옆에는 값나가는 비싼 칼을 차고 있었다. 반면 북군 사령관인 그랜트는 외투도 입지 않았고, 칼도 차지 않았으며, 사병의 셔츠와 바지를 입고 있었다. 그는 자신의 회고록에 이렇게 썼다. "나는 키가 183센티미터에 흠잡을 데 없이 훌륭하게 옷을 차려입은 사람과 이상하리만큼 대조적이었을 게 틀림없었다." 그가 역사적인 이 사건을 맞이하면서 적합한 복장을 입지 않았다는 사실은 그랜트가 살면서 진정 후회한 일 중 하나가 되었다.

워싱턴의 농무부 실험 농장에는 수백 개의 벌집이 있다. 각 벌집에는 큰 확대경이 설치되어 있고, 내부에는 버튼을 눌러서 전기 불을 켤 수 있어서 밤이든 낮이든 어떤 순간에도 벌들을 정밀 탐사할 수 있다. 연설자도 이와 마찬가지다. 연설자는 확대경 아래에 스포트라이트를 받으며 모든 사람들의 시선을 한 몸에 받는다. 그의 외모에 아무리 작은 부조화가 있더라도 평야에 솟은 거대한 산처럼 눈에 잘 띈다.

우리는 말하기도 전에 비난을 받거나 인정을 받을 수도 있다

몇 년 전에 나는 〈아메리칸 매거진〉에 투고하려고 어느 뉴욕 은행가의 삶에 대한 이야기를 쓰고 있었다. 나는 그의 친구 중 한 명에게 그가 성공한 이유를 설명해달라고 물었다. 그의 친구가 말하길, 그가 성공한 가장 큰 이유는 마음을 사로잡는 그의 미소 덕이라고 했다. 얼핏 생각하기에 과장이라고 여길 수도 있지만, 나는 그게 사실이라고 생각한다. 그 은행가보다 더 많은 경험을 통해 훌륭한 재정적 판단을 해주는 사람들이 많겠지만, 그는 남들이 갖지 않은 부가적 자산, 즉 누구나 공감할 수 있는 인성을 가졌다. 그리고 따뜻하게 사람을 반기는 미소는 결정적 장점 가운데 하나였다. 그의 미소는 사람들에게 신뢰를 주었고, 호의를 얻을 수 있게 해주었던 것이다. 우리는 그런 사람이 성공하기를 바란다. 그리고 그런 사람을 도와주는 것은 정말 즐거운 일이다.

중국 속담에 이런 말이 있다. "미소를 짓지 못하는 사람은 장사를 하지 말아야 한다." 계산대에서뿐 아니라 청중 앞에서도 미소는 사람들에게 호감을 주지 않을까? 나는 지금 브루클린 상공회의소에서 실시한 대중 연설 과정을 듣던 한 수강생을 떠올리고 있다. 그는 항상 무대에 서고 싶다는 인상을 풍겼고, 자기 앞에 놓인 일을 진심으로 즐기는 듯했다. 그는 늘 미소를 지었고, 우리를 만나게 되어 즐겁다는 듯이 행동했다. 그렇다 보니 청중들은 순식간에, 그리고 당연히 따뜻한 마음으로 그를 맞았다.

하지만 나는 그와 정반대의 사람들도 보았다. 그런 이들은 정말 하기 싫어하는 일을 맡은 양 퉁명스럽게, 마지못한 듯한 태도로 나와서는 얼른 끝났으면 좋겠다는 태도를 보였다. 그러면 청중들도 같은 기분을 느낀다. 그런 태도는 순식간에 번진다.

오버스트리트 교수는 《인간 행동에 영향을 미치는 법》에서 이렇게 말하고 있다. "호감은 호감을 낳는다. 만약 우리가 청중에게 관심이 있다면, 청중도 우리게 관심이 있을 가능성이 높다. 만약 우리가 청중에게 얼굴을 찌푸리면, 그들도 알게 모르게 우리에게 얼굴을 찌푸릴 것이다. 만약 우리가 소심해 어리둥절해하면, 청중도 마찬가지로 우리에 대한 신뢰감을 덜 가질 것이다. 만약 우리가 무례하고 건방지다면, 그들도 방어적인 태도로 반응할 것이다. 우리는 말하기도 전에 비난받을 수도 인정받을 수도 있다. 그러므로 우리가 따뜻한 반응을 이끌어낼 수 있는 태도를 취해야 하는 이유는 충분하다."

청중을 가까이 모아라

대중 강연자로서 나는 오후에는 큰 강당에 흩어져 있는 소수의 청중에게 말하고, 밤에는 같은 강당에서 빽빽이 모인 수많은 청중 앞에서 강연하는 경우가 자주 있다. 똑같은 이야기에 대해 오후의 청중들은 조금밖에 웃지 않았던 데 비해 저녁때의 청중들은 마음껏 웃었다. 오후 강연에서는 반응이 시큰둥했는데, 같은 자리에서 저녁 청중은 큰 박수로 호응해주었다. 왜 그럴까?

우선 오후에는 주로 나이 든 여성들과 어린이들이 강연을 들으러 오는 경우가 많지만, 저녁에는 주로 기운이 넘치고 분별력 있는 사람들이 오는 만큼 호응도가 많이 차이 난다. 하지만 이는 반응이 차이 나는 이유의 일부분에 지나지 않는다. 진짜 이유는 흩어져 있는 청중들은 쉽게 감동을 받지 않기 때문이다. 청중들 사이의 넓고 휑한 공간과 빈 의자들만큼 열의를 떨어뜨리는 것은 없다.

헨리 워드 비처는 예일대에서 설교에 관해 강의하면서 이렇게 말했다.

"사람들은 흔히 '얼마 안 되는 청중보다 많은 청중에게 말하는 편이 훨씬 더 고무적이라고 생각하지 않느냐?'라고 묻곤 한다. 나는 아니라고 말한다. 만약 12명이 서로 느낄 수 있도록 내 주변에 모여 있고 서로 붙어 있다면, 나는 1000명에게 말하는 것만큼 12명에게도 마찬가지로 잘 이야기할 수 있다. 하지만 1000명에게 이야기하더라도 서로 1미터 이상 떨어져 있다면, 아무도 없는 곳에서 이야기하는 것과 마찬가지일 것이다.

청중들을 모아라. 그러면 절반의 노력으로도 청중을 움직일 수 있을 것이다."

한 사람이 수많은 청중 가운데 있으면 자신의 개성을 잃어버리게 되는 경향이 있다. 그가 군중 가운데 한 사람이 되면, 한 명의 개인일 때보다 훨씬 더 쉽게 흔들린다. 그가 여섯 명의 청중 가운데 한 명이라면, 그다지 감동적이지 않은 일에도 웃으며 갈채를 보낼 것이다.

사람들을 개인적으로 행동하게 하는 것보다 집단으로 행동하게 하는 게 훨씬 쉽다. 예를 들면 전투에 나가는 사람들은 혼자가 아니라 남들과 함께한다면, 세상에서 가장 위험하고 무모한 일이라도 기꺼이 하려 한다. 제1차 세계대전에서 독일 병사들이 종종 서로 팔짱을 낀 채 전투에 나섰다는 사실은 잘 알려져 있다.

군중! 군중! 군중! 군중이란 호기심이 생기는 현상이다. 사람들이 많이 모였던 모든 위대한 운동과 개혁은 군중심리에 따라 이루어졌다. 이 주제에 관한 흥미로운 책이 에버렛 딘 마틴의 《군중행동》이다.

만약 소수의 청중에게 이야기한다면 우리는 작은 방을 찾아야 한다. 사람들을 고독하게 하고, 분위기를 흩뜨리는 넓은 강당보다는 복도까지 사람들로 빽빽한 좁은 공간이 훨씬 낫다.

만약 청중들이 흩어져 있으면 그들에게 당신 근처로 오라고 요청하라. 이야기를 시작하기 전에 요청하고 그렇게 만들어라.

청중이 상당히 많거나 연설자가 연단에 서야 할 확실한 이유

가 있거나 꼭 그래야 하는 경우가 아니라면 굳이 연단에 올라
서지 마라. 청중과 같은 수준으로 내려오라. 청중 가까이에 서
라. 모든 형식을 내려놓아라. 친밀하게 접촉하면서 청중과 대
화하라.

폰드 소령, 창문을 깨다

공기를 신선하게 유지하라. 대중 연설을 할 때 산소는 후두,
인두, 후두개만큼 필수적이다. 방이 나쁜 공기로 오염되어 있
다면, 키케로만큼 뛰어난 연설을 하거나 브로드웨이의 화려한
쇼인 〈지그펠드 폴리즈〉의 아름다움으로도 청중들이 깨어 있
게 하기 어렵다. 그래서 나는 여러 연설자들 중 한 명으로 연단
에 설 때는 시작하기 전에 항상 청중들에게 일어서서 창문을
열어두고 2분 동안 쉬라고 한다.

제임스 B. 폰드 소령은 브루클린의 유명한 설교자인 헨리 워
드 비처가 인기 강연가로 한창 활동하던 시절, 14년 동안 그의
매니저로서 미국과 캐나다 전역을 여행했다. 청중이 모이기 전
에 폰드는 항상 비처가 연설할 강연장이나 교회 혹은 극장을
방문해 조명과 좌석, 분위기, 통풍을 면밀하게 검사했다. 호통
치고 고함을 지르는 노련한 육군 장교였던 폰드는 만약 연설
공간이 너무 따뜻하거나 공기가 탁한데도 창문을 열 수 없으면
책을 집어던져 유리창을 깨기도 했다. 그는 스퍼지(등대풀—옮
긴이)와 마찬가지로 '설교자에게 하나님의 은혜 다음으로 가장
좋은 것은 산소'라고 믿었다.

조명이 당신 얼굴을 비추게 하라

많은 사람들 앞에서 영성을 발휘하는 경우가 아니라면 가능한 한 방에 빛이 가득하게 하라. 보온병 안처럼 어두침침한 방에서 열정을 불러일으키느니 메추라기를 길들이는 편이 더 쉬울 것이다. 데이비드 벨라스코가 쓴 무대 연출에 관한 글을 읽어보면, 보통의 연설자들은 적합한 조명이 얼마나 중요한지 전혀 모른다는 것을 알 수 있다.

조명이 당신의 얼굴을 비추게 하라. 사람들은 당신을 보고 싶어 한다. 당신의 얼굴에 나타나는 미묘한 변화들은 자기표현 과정의 일부이자 매우 실제적인 일부다. 가끔 그런 변화들은 당신의 말보다 더 많은 것을 의미한다. 만약 당신이 조명 바로 아래에 선다면, 당신의 얼굴은 그림자에 가려 어두워질 수 있다. 조명 바로 앞에 서는 것이 가장 바람직한 위치다. 그렇게 할 수 없다면, 말하려고 일어서기 전에 당신을 가장 잘 비춰줄 지점을 선정하라.

연단 위의 잡동사니를 치워라

그리고 탁자 뒤에 숨지 마라. 사람들은 연설자의 모습을 전부 보고 싶어 한다. 청중은 연설자의 모습을 전체적으로 보기 위해 통로로 몸을 기울이기도 한다.

어떤 사람은 좋은 의도로 당신에게 탁자와 물 주전자, 컵을 주기도 한다. 하지만 목이 마른 경우에는 약간의 소금이나 레몬 맛을 보면, 나이아가라 폭포에서 흐르는 물보다 더 많은 침이 흐르기 시작할 것이다.

연설자에게는 물도, 물 주전자도 필요하지 않다. 연단을 어지럽게 하는 쓸모없고 거추장스러운 장애물들도 없는 게 낫다.

뉴욕 브로드웨이에 있는 여러 자동차 제조사의 매장들은 아름답고, 정렬되었으며, 눈을 즐겁게 한다. 향수와 보석을 만드는 파리의 대형 사무실들은 예술적이고 화려하게 꾸며져 있다. 왜일까? 이런 업종은 이익이 많이 남는 사업이기 때문이다. 사람들은 그렇게 꾸며진 사업체를 더 존중하고, 더 신뢰하고, 더 동경한다.

같은 이유로 연설자는 주위 환경이 보기 좋아야 한다. 내가 보기에 이상적인 배경은 가구가 전혀 없는 것이다. 연설자의 뒤나 옆에는 어두운 파란색의 우단으로 된 커튼 외에는 주의를 끌 만한 것이 아무것도 없어야 한다.

그런데 연설자들은 자기 뒤에 주로 무엇을 두는가? 지도와 기호, 표, 그리고 겹쳐 쌓인 먼지투성이 의자 등이 놓여 있다. 그러면 어떤 결과가 벌어질까? 싸고, 너저분하고, 정리가 안 된 분위기가 된다. 그러니 쓸모없는 것은 모두 치워버려라.

헨리 워드 비처는 "대중 연설에서 가장 중요한 것은 사람이다"라고 말했다.

그러니 스위스의 파란 하늘 위로 솟아 있는 눈 덮인 융프라우 꼭대기처럼 연설자가 가장 두드러져 보이게 하라.

연단에는 내빈을 들이지 마라

언젠가 나는 캐나다 총리가 연설할 때 온타리오 주에 있는 런던에 있었다. 연설 중에 긴 막대를 차고 있는 수위가 이 창문에서 저 창문으로 움직이면서 방을 통풍시키기 시작했다. 무슨 일이 일어났을까? 거의 모든 청중이 마치 수위가 어떤 기적이라도 행하고 있는 듯 연설자는 제쳐두고 수위를 유심히 바라보았다.

청중은 움직이는 물체를 보려는 유혹을 피할 수 없거나 피하려고 하지 않는다. 만약 연설자가 그런 사실을 기억한다면 불필요한 번거로움을 피할 수 있다.

첫째, 연설자는 엄지손가락을 움직이거나 자신의 옷을 만지작거리거나 꼼지락거리는 등 자기 자신에게서 주의를 돌릴 만한 행동을 하지 말아야 한다. 나는 꽤 유명한 연설자가 강단 덮개를 만지작거리면서 말하는 동안, 뉴욕의 한 청중이 30분 동안이나 그 연설자의 손을 바라보던 것을 기억한다.

둘째, 연설자는 가능한 한 청중들이 늦게 들어오는 사람들을 보느라 집중하지 못하는 상황이 되지 않도록 자리를 조정해야 한다.

셋째, 연설자는 연단에 내빈을 들이지 말아야 한다. 한두 해 전에 레이먼드 로빈스가 브루클린에서 며칠 동안 연설을 했다. 나는 다른 몇 명의 사람들과 함께 연단에 앉아달라는 요청을 받았다. 연설자에게 이롭지 않다는 이유를 들며 나는 사양했다. 첫째 날, 나는 얼마나 많은 내빈들이 움직이고 다리를 꼬았다 푸는지, 그리고 그들 중 한 명이 움직일 때마다 청중들이 연설자 대신 내빈을 주목하는지를 지켜보았다. 그다음 날 나는 로빈스에게 이 문제에 대해 환기시켜주었고, 다음 날부터 그는 매우 현명하게 연단을 독차지했다.

데이비드 벨라스코는 빨간 꽃은 너무 많은 주의를 끌기 때문에 무대에서 빨간 꽃을 사용하는 것을 허용하지 않았다. 하물며 연설자가 자신이 말하는 동안 주의를 흩뜨리는 사람이 청중들과 마주 보는 걸 허용해야 할까? 당연히 안 된다. 그리고 현명한 연설자라면 결코 이런 어리석은 짓은 하지 않을 것이다.

어떻게 앉을까

연설을 시작하기 전에 연설자가 청중을 마주 보고 앉는 것은 피하는 게 좋을까? 예전 배치보다는 새로운 배치로 시작하는 편이 더 좋지 않을까?

만약 우리가 앉아 있어야 한다면, 어떻게 앉을지에 대해 주의를 기울여야 한다. 당신은 밤에 누울 자리를 찾는 폭스하운드같이 사람들이 의자를 찾으려고 두리번거리는 것을 보았다. 사람들은 돌다가 어떤 의자를 찾으면 모래주머니를 내려놓듯 그 의자에 털썩 앉았다.

제대로 앉을 줄 아는 사람은 다리 뒤쪽을 의자에 갖다 붙이고는 머리에서 엉덩이까지 몸을 곧게 세운 다음 흐트러지지 않는 자세로 천천히 의자에 앉는다.

평정심을 유지하라

옷이나 보석장식을 만지작거리면 청중들의 주의를 끌기 때문에 그러지 말아야 한다는 것을 앞에서 살펴보았다. 그렇게 하지 말아야 하는 데는 또 다른 이유도 있다. 그런 행동은 약하다거나 자제력이 없다는 인상을 준다. 당신의 존재감에 도움을 주지 않는 모든 움직임은 주의를 앗아간다. 중립적인 움직임은 없다. 전혀 없다. 따라서 가만히 서서 당신 자신의 움직임을 통제하라. 그것만으로도 당신이 정신적 통제력과 평정심을 갖고 있다는 인상을 준다.

당신이 청중 앞에서 연설하기 위해 일어섰다면 서둘러서 시작하지 마라. 그런 행동은 아마추어라는 걸 직접적으로 보여준다. 숨을 길게 들이마시고 청중들을 잠시 바라보라. 만약 소음이나 소란이 있으면 가라앉을 때까지 기다려라.

가슴을 활짝 펴라. 하지만 청중들 앞에 서야만 가슴을 펼 이유는 없다. 평소에도 그렇게 하는 게 좋지 않겠는가? 그러면 대중들 앞에서도 무의식적으로 가슴을 펼 수 있을 것이다.

루터 H. 굴릭은 그의 책 《효율적인 삶》에서 이렇게 말했다. "자신의 가장 멋진 모습으로 행동하는 사람은 열에 한 명도 되지 않는다. 목을 세워 옷깃에 바짝 붙여라." 그러면서 그는 매일 이렇게 운동하도록 권한다. "숨을 천천히, 그리고 되도록 깊이 들이마셔라. 동시에 목을 세워 옷깃에 바짝 붙여라. 그 자세를 유지하라. 이런 자세는 아무리 해도 나쁘지 않다. 이렇게 하면 양 어깨 사이 부분을 쭉 펼 수 있다. 그러면 가슴이 넓어진다."

그러면 손으로는 무엇을 할까? 손은 잊어버려라. 손은 자연스럽게 옆으로 떨어지는 게 가장 이상적이다. 만약 두 손이 바나나 송이같이 느껴진다 하더라도 다른 누군가가 조금이라도 주의를 기울이거나 관심을 가지고 있다고 생각하지 마라.

손은 옆에 늘어뜨려져 있을 때 가장 좋아 보인다. 그럴 때 사람들이 가장 신경 쓰지 않는다. 제아무리 비판적인 사람도 그 자세를 비판할 수는 없다. 또한 손은 느낌에 따라 방해받지 않고 자유롭게 자세를 잡도록 자연스럽게 흘러갈 것이다.

그런데 너무 신경이 쓰여 손을 등 뒤에 두거나 호주머니에 넣는 게 당신의 자의식을 내려놓는 데 도움이 된다고 생각해보자. 당신은 손을 어디에 둘 것인가? 상식을 따르라. 나는 이 세대의 많은 유명한 연설자들이 말하는 것을 들었다. 대부분은 아니더라도 많은 연설자들이 말하는 동안 가끔씩 손을 호주머니에 넣는다. 브라이언도 그랬고, 천시 M. 데퓨도 그랬으며, 시어도어 루스벨트도 그렇게 했다. 심지어 매우 까다로운 디즈레일리 총리조차도 그 유혹에 넘어가곤 했다. 그렇더라도 하늘이 무너지지는 않았고, 내가 똑바로 기억한다면 기상예보에서 다음 날 아침에도 해는 정시에 떠올랐다고 말했다. 만약 어떤 사람이 뭔가 할 말이 있다면, 그리고 그 말을 통해 누군가를 납득시킬 확신이 있다면 손과 발로 무슨 짓을 하든 별로 문제가 되지 않을 것이다. 머릿속에는 말할 내용이 가득하고 가슴이 움직이면, 이런 부차적인 사항들은 자연스럽게 해결될 것이다. 결국 어떤 이야기를 하는 데 가장 중요한 것은 손과 발의 위치가 아니라 심리적인 측면이다.

제스처를 가르치는 구닥다리 교육

이렇게 되면 우리는 자연스럽게 제스처에 대해 의문을 갖게 된다. 대중 연설에 관해 내가 처음 들었던 강의는 중서부의 어느 대학 총장이 했던 강의다. 내가 기억하기에 그 강의는 주로 제스처에 관한 것이었다. 그 강의는 쓸모없었을 뿐 아니라 오해를 불러일으켰으며, 오히려 해를 끼치는 것이었다. 나는 팔을 옆에 느슨하게 두고, 손바닥은 뒤로 향하게 하며, 손가락들은 반쯤 구부리고, 엄지손가락은 다리에 닿도록 해야 한다고 배웠다. 팔은 우아한 곡선 모양으로 위로 들어 올리고, 손목은 단아하게 움직이며, 집게손가락, 가운뎃손가락, 약손가락, 새끼손가락 순으로 펴라고 배웠다. 이런 미학적, 장식적인 제스처를 전부 해본 다음 우아하지만 부자연스러운, 같은 곡선을 따라 다시 팔을 움직여 다리 옆에 내려놓았다. 전체적으로 동작은 부자연스러웠고, 꾸민 듯했다. 이 동작에는 감각적이거나 솔직한 느낌이 전혀 들지 않았다. 나는 어느 곳, 어느 누구도 말한 적 없는 연기를 하도록 훈련받았다.

그 움직임에는 내 나름의 개성을 불어넣는 아무런 시도도, 제스처가 나타낸 것과 같은 느낌을 가질 만한 자극도, 이 과정에서 생동감을 불어넣어 자연스럽고 무의식적이며 꼭 필요한 것으로 만들려는 어떤 노력도, 나 스스로를 내려놓고 자연스럽게 하며 계산된 껍데기를 깨고 진정한 나로서 말하고 행동하게 하는 어떤 독려도 없었다. 이 모든 동작들은 타자기만큼 기계적이었고, 새들이 떠나버린 둥지만큼이나 생기가 없었으며, 꼭두각시 인형극 〈펀치 앤드 쥬디〉 쇼만큼 우스꽝스러웠다.

그게 1902년의 일이었다. 20세기에 그런 어처구니없고 우스꽝스러운 교육을 한다는 게 믿기지 않을 것이다. 하지만 아직도 그런 교육이 이루어지고 있다. 이런 문장에서는 어떤 제스처를 취하고, 저런 문장에서는 또 어떤 제스처를 취하고, 어떤 문장에서는 한 손으로, 양손으로, 손을 높이 들고, 중간 높이로 들고, 혹은 낮게 하고, 또 이 손가락은 이렇게 쥐고 저 손가락은 저렇게 쥐라고 말하면서 사람을 로봇으로 만들려는 제스처에 관한 책이 겨우 한두 해 전에 출판되었다는 사실이 믿어지지 않는다. 나는 어떤 수업에서 20명의 사람들이 그런 책에서 뽑은 화려한 문체의 연설문을 함께 읽으며 똑같은 우스꽝스러운 제스처를 취하는 광경을 본 적이 있다. 이런 행동은 인위적이고 시간 낭비다. 기계적이다 못해 오히려 해롭기 때문에 대중 연설이라는 과목 전체가 많은 사람들에게 나쁜 평가를 받았다. 매사추세츠 주의 한 대학교 총장은 자기 대학에는 대중 연설 과정이 없다고 말했다. 그 이유는 최근에 분별 있게 연설하는 방법을 가르치는 대중 연설 과정을 본 적이 없기 때문이라고 했다. 나는 그 학장의 말에 전적으로 동감했다.

제스처에 관해 쓴 글들 가운데 열에 아홉은 쓰레기였고, 좋은 종이와 잉크를 낭비할 뿐이었다. 책에서 찾은 제스처는 어떤 것이라도 그렇게 보일 가능성이 매우 높다. 제스처는 당신 자신, 당신의 가슴, 당신의 마음, 이 주제에 관한 당신 나름의 관심, 다른 사람도 당신이 보는 그대로 보게 하고 싶은 당신 스스로의 바람, 당신만의 자극에서 나와야 한다. 가치 있는 제스처는 순간적인 영감에서 나오는 몸짓들이다. 1그램의 자발성이 1톤의 규칙보다 낫다.

제스처는 저녁 식사에 입고 갈 외투처럼 생각해서는 안 된다. 제스처는 키스, 배앓이, 웃음, 뱃멀미와 같이 단지 내부 상황을 바깥으로 표현하는 데 지나지 않는다.

어떤 사람의 제스처는 칫솔과 같이 매우 개인적인 것이다. 모든 사람이 다르기 때문에 그들의 제스처도 자연스럽게 취하게 된다면 개인적이다. 어떤 두 사람도 완전히 똑같이 몸짓을 취하도록 훈련받을 수 없다. 말이 길고, 어색하며, 생각이 느린 링컨이 말이 빠르고, 충동적이며, 세련된 더글러스처럼 행동하는 모습을 상상해보라. 우스꽝스럽다.

링컨의 전기 작가이자 동료 변호사였던 헌던은 이렇게 말했다. "링컨은 손을 머리만큼 많이 쓰지 않았습니다. 그는 머리를 이쪽저쪽으로 활기차게 움직였습니다. 이런 움직임은 그가 자신의 진술을 강조하려 할 때는 매우 중요한 동작이었습니다. 어떤 때는 가연성 물질에 전기불꽃이 튀듯 몸을 갑작스레 움직이기도 했습니다. 그는 다른 연설가들이 하는 것처럼 허공을 보거나 휘저은 적이 없습니다. 무대 효과를 위해 연기한 적도 없습니다. 그는 연설을 해나가면서 움직임이 더 자유로워지고 더 편안해져서 품위 있어 보였습니다. 더할 나위 없이 자연스럽고, 개성이 강해서 위엄이 있었습니다. 그는 화려함과 허식, 형식, 가식을 경멸했습니다. 그가 청중들의 마음에 메시지를 심어줄 때면, 길고 앙상한 그의 손가락에 의미와 강조가 흘러넘쳤습니다. 가끔 그는 기쁨과 즐거움을 표현하기 위해 사랑하는 이의 영혼을 감싸 안고 싶어 하듯 손바닥을 위로 한 다음, 양손을 50도 정도의 각으로 들어 올리곤 했습니다. 노예제도처럼 혐오하고 비난하는 정서를 표현할 때는 두 주먹을 꽉 쥔 채두 팔을 위로 쭉 뻗어 공기를 가르는 듯한 제스처를 취했는데, 참으로 숭고하다고 할 정도의 비난을 표현했습니다. 이는 그의 가장 효과적인 제스처 중 하나였고, 그가 혐오하는 것을 끌어내려서 먼지 구덩이에서 짓밟으려는 확고한 의지를 가장 생생하게 나타냈습니다. 그는 늘 발끝과 발끝을 나란히 한 채 똑바로 섰습니다. 절대 한 발을 다른 발 앞에 두지 않았습니다. 그는 어떤 것에도 닿거나 기댄 적이 없었습니다. 그는 서 있는 자리와 자세를 약간씩 바꾸기만 했습니다. 절대 연단에서 고함치거나 앞뒤로 걷지 않았습니다. 팔을 편하게 두기 위해 왼손으로는 엄지손가락을 곧추세운 채 외투 깃을 부여잡고 있는 경우가 많았지만, 오른손은 항상 제스처를 할 수 있는 자유로운 상태로 놓아두었습니다."

세계적인 조각가인 세인트 고든스는 시카고의 링컨 공원에 바로 이런 자세로 서 있는 링컨 상을 세웠다.

이게 링컨의 방식이었다. 시어도어 루스벨트는 더 활력 있고 거세고 활동적이어서 얼굴 전체에 감정이 흘러넘쳤고, 주먹을 꽉 쥐고 있었으며, 온몸으로 표현했다. 브라이언은 종종 손바닥을 보이며 손을 쭉 폈다. 글래드스톤은 자주 주먹으로 탁자 혹은 반대편 손바닥을 치거나 발을 바닥에 구르면서 반향을 일으켰다. 로즈베리 경은 오른팔을 올렸다가 엄청난 힘을 담아 당당하게 휘저으면서 내리곤 했다. 그는 무엇보다 자신의 생각에 대한 확신이 있었고, 여기에서 바로 그의 강하고 자연스러운 몸짓이 나왔다.

자발성…. 생기…. 이것이야말로 몸짓에 가장 중요한 요소다. 버크의 제스처는 몹시도 딱딱하고 어색했다. 피트는 '광대의 몸짓처럼' 허공을 휘저었다. 헨리 어빙 경은 발을 저는 장애 때문에 움직임이 많이 어색했다. 매컬리 경이 연단 위에서 하는 행동도 볼품없었다. 그라탄도 마찬가지였고, 파넬의 행동도 마찬가지였다. 케임브리지 대학의 커즌 경은 의회 연설에서 이렇게 말했다. "위대한 대중 연설가들은 자기 나름의 제스처를 한다. 위대한 강연자가 되는 데 멋진 외모와 우아한 행동이 도움이 되지만, 외모가 추하고 어색하다 해도 그렇게 중요하지는 않다."

여러 해 전에 나는 유명한 집시 스미스가 설교하는 것을 들었다. 나는 수천 명을 예수에게 인도한 이 사람의 웅변에 매료되었다. 그는 제스처를 많이 사용했지만, 그가 숨을 쉬는 공기보다 제스처를 더 많이 의식하지는 않았다. 이런 것이 이상적인 방식이다.

당신도 앞서 열거한 원칙들을 적용하고 연습하기만 하면, 누구 못지않게 제스처를 훌륭히 할 수 있다. 나는 제스처에 대해 꼭 지켜야 할 규칙을 제시할 수는 없다. 왜냐하면 연설자의 기질과 준비된 정도, 연설자의 열정과 인품, 연설의 주제와 관객, 그리고 그때그때의 상황에 달려 있기 때문이다.

도움이 될 만한 제안들

하지만 도움될 만한 제안들이 약간 있다. 어떤 제스처가 지겨워질 때까지 반복하지 마라. 팔꿈치 근처에서 급작스럽게 움직이지 마라. 어깨에서 움직이면 연단에서 더 보기 좋다. 제스처를 너무 급작스럽게 끝내지 마라. 당신의 생각을 설득시키기 위해 집게손가락을 사용했다면, 그 문장을 다 말할 때까지 계속 그 제스처를 유지하는 편이 더 좋다. 그러지 않고 중간에 제스처를 그만두면 가장 흔하면서도 심각한 실수를 하게 된다. 즉 강조점을 왜곡시켜 비교적 중요하지 않은 부분을 부각시키고, 정말 중요한 내용은 시시해 보이게끔 하는 것이다.

실제 청중 앞에서 연설할 때는 자연스러운 제스처만 하라. 하지만 연습하는 경우라면 필요에 따라 일부러 제스처를 해보라. 일부러 해보라는 것은 그래야만 스스로 깨어나고, 자극을 받아 그 제스처들이 자연스러워지기 때문이다.

책을 덮어라. 인쇄물에서는 제스처를 배울 수 없다. 당신은 연설을 하고 있기 때문에 어떤 강사가 당신에게 이야기해줄 수 있는 그 어떤 것보다 당신 나름의 충동이 더 믿음직스럽고, 더 값지다.

만약 우리가 제스처와 연설에 대해 말한 다른 모든 것을 잊어버린다 해도 이것만은 기억하라. 자신이 해야 할 말에 너무 열중하고 있거나, 자신의 메시지를 전달하는 데만 집중하느라 할 말을 잊어버려 즉흥적으로 말하고 행동하게 된다면, 미리 생각하지 않았더라도 그런 즉흥적인 제스처와 말은 비난받지 않을 것이다. 만약 이 말이 의심스러우면 낯선 사람을 때려눕혀 보라. 그가 일어나서 당신에게 하는 말이야말로 웅변의 진미로서 조금도 결점을 발견할 수 없음을 알게 될 것이다.

내가 연설에 관해 읽은 내용 중에 가장 좋은 구절은 이렇다.

술통을 채워라.
마개를 따라.
자연스럽게 흘러가도록 내버려 두라.

연단에 설 때의
준비 사항

1. 카네기 기술재단에서 실시한 실험에 따르면, 뛰어난 지식
   보다 인성이 사업의 성공에 더 중요하다. 이런 결과는 사
   업뿐만 아니라 연설에도 해당된다. 하지만 인성은 형체가
   없고, 정의하기가 어려우며, 이해하기도 어려워서 발달시
   키는 방법을 거의 제시할 수 없다. 하지만 이 장에 제시된
   제안들은 연설자가 자신의 가장 좋은 모습을 보일 수 있
   게끔 도와줄 것이다.

2. 피곤할 때는 연설을 하지 마라. 쉬면서 체력을 회복한 후
   에너지를 모아라.

3. 연설하기 전에는 음식을 조금만 먹어라.

4. 에너지를 흐리게 하는 것은 어떤 일도 하지 마라. 흡인력
   이 중요하다. 거위들이 가을 밀밭 주변으로 모이듯 사람들
   은 에너지가 넘치는 연설자 주변으로 모인다.

5. 깔끔하고 매력적인 차림새를 하라. 옷을 잘 입었다는 인상
   을 주면 그 사람의 자존감과 자신감이 높아진다. 만약 어
   떤 연설자가 축 늘어진 바지를 입고, 너저분한 신발을 신
   고, 머리를 빗지 않은데다 만년필과 연필이 외투 호주머니
   바깥으로 삐져나와 있고, 불룩 튀어나와 보기 흉한 가방을
   들고 있다고 해보자. 그러면 연설자 스스로 자신감이 없는
   것처럼 보이기 때문에 청중들은 연설자를 존중하지 않게
   되기 쉽다.

6. 웃어라. 당신이 그 자리에 있어서 기쁘다고 말하는 것처럼 보이도록 청중 앞에 설 때는 웃어라. 오버스트리트 교수는 이렇게 말한다. "호감은 호감을 낳습니다. 만약 우리가 청중에게 관심이 있다면, 청중들도 우리에게 관심을 가질 것입니다. 우리는 말하기도 전에 비난받을 수도 있고, 인정받을 수도 있습니다. 우리가 따뜻한 반응을 이끌어낼 수 있는 태도를 취해야 하는 이유는 충분합니다."

7. 청중을 한 곳으로 모아라. 흩어져 있는 사람들에게는 쉽게 영향을 줄 수 없다. 큰 방에 띄엄띄엄 흩어져 있거나 혼자였다면 의구심을 품거나 반대했을 내용도 사람들이 서로 가까이 모인 자리에서 들으면 쉽게 웃고 갈채를 보내고 찬성할 것이다.

8. 만약 적은 수의 사람들 앞에서 연설해야 한다면 청중을 작은 공간에 모아라. 그런 경우 연단 위에 서지 말고, 청중과 같은 수준으로 내려오라. 친밀하고 격의 없이 대화하듯 이야기하라.

9. 공기를 신선하게 유지하라.

10. 충분한 조명을 준비하라. 얼굴 표정이 잘 보이도록 조명이 잘 비치는 위치에 서라.

11. 가구 뒤에 서지 마라. 탁자들과 의자들을 한쪽으로 밀어라. 연단 위를 어수선하게 만드는 보기 싫은 흔적이나 잡동사니는 모조리 치워라.

12. 만약 연단에 내빈이 있으면 가끔씩 움직이게 마련이고, 그들이 움직일 때마다 청중들의 시선을 빼앗길 것이다. 청중들은 움직이는 것이나 동물 혹은 사람을 보려는 유혹을 물리치기가 쉽지 않다. 그럼에도 왜 일부러 문제를 만들고, 당신의 관심을 빼앗아 갈 경쟁자를 두려고 하는가?

13. 의자에 털썩 앉지 마라. 허리를 세우고, 다리는 의자에 딱 붙이고 천천히 앉아라.

14. 가만히 서 있어라. 불안하게 움직이지 마라. 그런 움직임은 나약한 인상을 준다. 당신에게 도움이 되지 않는 움직임은 당신의 위상을 깎아내린다.

15. 양팔을 옆으로 편하게 떨어뜨려라. 그게 이상적인 자세다. 하지만 뒷짐을 지거나, 심지어 호주머니에 손을 넣는 편이 더 편하다면 큰 문제는 되지 않는다. 당신의 머리와 가슴이 말하고자 하는 것들로 가득하다면, 이런 부차적인 것들은 대부분 자연스럽게 해결될 것이다.

16. 책에 있는 대로 제스처를 익히려고 하지 마라. 자연스러운 몸짓이 즉흥적으로 나오게 하라. 마음 가는 대로 하라. 자발성, 생동감, 자유로움은 제스처의 필수 요소다. 일부러 우아한 동작을 연구하거나 규칙을 따라야 하는 건 아니다.

17. 지겹도록 한 가지 제스처만 사용하지 말고, 팔꿈치에서부터 짧고 급격한 움직임도 좋지 않다. 제스처의 절정과 생각의 절정이 서로 맞아떨어질 때까지 포즈를 유지하라.

9

어떻게 말을
시작할 것인가

"만약 대중 연설가들의 경험에서 우러나온 조언을 듣게 된다면, 연설의 적절한 구성에 관해 흔히 이런 말을 듣게 될 것이다. '첫 시작과 끝맺음이 좋아야 한다. 나머지는 좋을 대로 하라.'"

— 빅터 머독

"대중 연설을 할 때는 첫 시작이 매우 중요하다. 연설의 모든 과정이 다 어렵지만, 그중에서도 청중과의 첫 만남을 편하고 능숙하게 하는 것이 가장 중요하다. 이는 첫인상과 첫 마디에 달려 있다고 해도 과언이 아니다. 청중을 휘어잡느냐, 그렇지 못하느냐는 처음 몇 문장으로 결정된다."

— 룩우드 소프,《오늘날의 대중 연설》

"우리가 가진 능력과 비교해볼 때 우리는 겨우 절반 정도만 깨어 있다. 우리는 가지고 있는 육체적, 정신적 자원의 작은 부분만 사용하고 있다. 대부분의 사람들이 자기 한계에 미치지 못한 삶을 살고 있는 셈이다. 우리는 여러 가지 능력을 가지고 있지만, 이를 자각하지도 못한 채 사용하지 못한다."

— 윌리엄 제임스 교수

어떻게 말을 시작할 것인가

　나는 전에 노스웨스턴 대학 총장을 지낸 린 해럴드 호우 박사에게 연설자로서의 오랜 경험을 통해 배운 것 중에서 무엇이 가장 중요하다고 생각하느냐고 물어보았다. 그는 잠시 생각하더니 이렇게 대답했다. "시작이 중요하죠. 재빨리 사람들의 관심을 끄는 것이 가장 중요합니다." 그는 연설을 어떻게 시작하고, 어떻게 끝맺을 것인지를 미리 계획해두었다. 존 브라이트가 그랬고, 글래드스톤이 그랬으며, 웹스터와 링컨도 그랬다. 상식과 경험이 있는 연설가라면 누구나 그렇게 했다.
　반면 초보자는 어떤가? 초보자들은 대부분 그런 계획을 세우지 않는다. 계획은 시간과 생각과 의지를 필요로 한다. 사고(思考)에는 고통이 따른다. 토머스 에디슨은 레이놀즈 경의 다음 말을 자신의 공장 벽에 붙여놓았다.
　"생각이라는 진짜 노동을 피할 수 있는 방법은 없다."
　흔히 풋내기는 한순간 번뜩이는 영감을 기대하지만, 그럴 경우 '함정과 덫으로 가득한 길을 헤매게 될 뿐'이다. 초라한 주급을 받는 사원에서 영국의 가장 부유하고 영향력 있는 신문사 사주로 성장한 로드 노스클리프 경은 자신이 읽었던 다른 어떤 글보다 파스칼의 짧은 경구가 성공의 밑거름이 되었다고 말했다.

"예측하는 것은 지배하는 것이다."

이 말은 연설을 계획할 때 책상 위에 붙여두고 참고할 만한 아주 훌륭한 좌우명이다. 정신이 맑을 때 연설의 시작을 어떻게 할지, 그리고 마지막에는 어떤 인상을 남길 것인지 예측해보라.

아리스토텔레스 시대 이후로 이 주제를 다룬 책들은 연설을 세 부분, 즉 서론, 본론, 결론으로 나눴다. 비교적 최근까지만 해도 서론 부분은 마차를 타고 유람하듯 여유로웠고, 그렇게 해도 큰 흠이 되지 않았다. 당시 연설가는 뉴스 전달자이자 연예인이었다. 100년 전에 연설가는 오늘날 신문, 라디오, 전화, 극장의 역할을 했다.

하지만 상황은 놀랍도록 많이 바뀌었다. 지금은 과거와 완전히 다른 세상이 되었다. 지난 100년간 우리들의 삶은 온갖 발명으로 인해 바빌론의 벨사자르 왕과 네부카드네자르 왕 이후의 그 어떤 시대와도 비교되지 않을 정도로 빠르게 변해왔다. 자동차, 비행기, 라디오 등을 통해 우리가 움직이는 속도는 더욱 빨라졌다. 연설가도 이러한 시대의 속도에 맞춰야 한다. 만약 서론을 늘어놓고자 한다면, 반드시 광고판의 광고 문구처럼 짧아야 한다. 이는 요즘 관객들의 대체적인 성향과 연관이 있다. 사람들은 이렇게 생각한다. "할 말이 있다고? 좋아, 군말 말고 빨리 해보쇼. 장황하게 늘어놓지 말고 그냥 요점만 말하고 내려와요."

우드로 윌슨은 잠수함 전투에 관한 최후통첩 같은 중대한 문제에 대해 의회에서 연설할 때도 다음처럼 단 23단어로 간략하게 시작함으로써 청중들의 주의를 집중시켰다.

"외교 관계에 어떤 문제가 불거졌는데, 이에 관해 솔직하게 말씀드리는 것이 저의 의무라고 생각합니다."

찰스 슈왑은 뉴욕 펜실베이니아 소사이어티에서 연설할 때 두 번째 문장부터 곧바로 연설의 핵심으로 들어갔다.

"지금 미국 시민들이 가장 중요하게 생각하는 것은 '현재 직면하고 있는 경기 침체의 의미와 앞으로의 미래'입니다. 개인적으로 저는 낙관주의자입니다."

다음은 내셔널 캐시 레지스터 사의 영업 부장이 사원들에게 했던 연설의 처음 부분이다. 단 세 문장으로 이루어져 있으며, 알아듣기 쉽고, 힘과 박력이 넘친다.

"우리 공장 굴뚝에서 계속 연기가 피어오를 수 있는 것은 다 주문을 받아오는 여러분 덕분입니다. 그런데 지난여름 두 달간은 굴뚝의 연기가 들판을 검게 만들기엔 부족했습니다. 이제 침체기가 끝나고 회복기에 접어든 만큼, 더 많은 연기를 보여달라고 여러분께 요청드리는 바입니다."

하지만 경험 없는 연설가들도 이처럼 신속하고 간결하게 서두를 시작하고 있는가? 대개 그렇지 못하다. 서툴고 훈련받지 못한 연설가들은 보통 두 가지 방법 중 하나로 시작하는데, 둘 다 좋지 않다. 이 문제에 관해 생각해보자.

유머로 시작할 때는 조심하라

어떤 이유에서인지 초보자는 유감스럽게도 재미있는 연설가가 되어야 한다고 생각한다. 그는 천성적으로 백과사전처럼 근엄하고, 전혀 가볍지 않은 성격일 수도 있다. 그런데도 연설을 하기 위해 몸을 일으키기만 하면, 자신에게 마크 트웨인이 강림했다는 상상을 하고 또 그래야만 한다고 여긴다. 그래서 서두—특히 만찬이 끝난 뒤의 자리—를 웃기는 이야기로 시작하고 싶어 한다. 그 결과는 어떠할까? 갑자기 재담꾼으로 변신한 천근만큼 진지한 사나이의 이야기는 사전만큼 무겁고, 사람들의 웃음을 이끌어내지 못하는 경우가 다반사다.《햄릿》의 불멸의 언어를 빌려 표현하자면 "지루하고, 따분하며, 아무 소용없는 헛소리"에 불과하다.

만약 연예인이 돈을 내고 쇼를 보러 온 관객 앞에서 이런 실수를 저지른다면 당장 꺼지라는 야유를 받게 될 것이다. 이에 비해 연설을 듣는 청중은 이해심이 넓어서 조금이라도 웃어주기 위해 노력한다. 그러면서 한편으로는 재미있는 연설가가 되고 싶어 하는 그의 실패를 안쓰러워한다. 청중들도 편치 않은 건 마찬가지다. 아마 당신도 이런 웃지 못할 상황을 여러 번 겪어보지 않았는가? 나는 많이 겪어보았다.

연설은 모든 부분이 다 어렵지만, 그중에서 청중을 웃게 만드는 능력보다 더 어렵고 귀한 능력이 어디 있겠는가? 유머는 예민한 감각이며, 타고난 성격이나 개성과 관련이 있다. 유머 감각은 타고났거나, 그렇지 않거나 둘 중 하나다. 갈색 눈을 갖고 태어났는가, 그렇지 않은가와 비슷하다. 두 경우 모두 우리가 어찌할 도리가 없다.

이야기 자체가 재미있는 경우는 흔치 않다는 사실에 주목하라. 유머가 얼마나 효과를 발휘하느냐는 전달되는 방식에 달려 있다. 마크 트웨인을 유명하게 만든 똑같은 이야기를 100명의 사람이 한다고 해도 99명은 참담하게 실패할 것이다. 일리노이 주 제8재판구의 술집에서 링컨이 한 이야기들을 읽어보라. 사람들이 듣기 위해 먼 거리를 마다하지 않고 와서 들었다는 그 이야기들, 사람들이 밤새는 줄 모르고 들었다는 그 이야기들, 주민들이 "배꼽을 쥐고 데굴데굴 굴렀다"라고 하는 그 이야기들을 모두 읽어보라. 그리고 가족들에게 이야기해주면서 가족들의 얼굴에 웃음이 피어나는지 살펴보라. 링컨이 사용해서 크게 성공한 이야기를 하나 소개해보겠다. 한번 시도해보기 바란다. 하지만 사적인 자리에서 하고, 제발 청중 앞에서는 참아주길 바란다.

"어떤 여행자가 늦은 밤 일리노이 초원 지대의 진흙길을 걸어 집으로 오다가 폭풍우를 만났다. 칠흑같이 어두운 밤이었다. 비는 하늘에 있는 댐이 무너진 듯 퍼부었고, 천둥 번개는 다이너마이트가 터지듯 구름을 찢어놓았다. 번개는 여기저기 쓰러진 나무들을 비추었고, 천둥소리는 귀를 멀게 할 정도였다. 그 소리가 어찌나 무섭고 소름이 끼치는지 그는 털썩 무릎을 꿇었다. 평소에는 기도 한번 하는 법이 없었던 그였지만, 그날은 겁에 질려 가쁜 숨을 몰아쉬며 다급하게 기도했다. '아이고, 하나님, 이러나저러나 별 상관없으시다면, 저에게는 차라리 빛을 더 주시고 대신 저 소리는 좀 줄여주세요.'"

당신은 유머의 재능을 타고난 드문 사람일 수도 있다. 만약 그렇다면 어떻게 해서라도 그 재능을 발전시켜나가라. 당신이 연설을 하겠다고 하면 어디서든 사람들이 환영할 것이다. 하지만 당신이 다른 데 재능이 있다면, 괜히 천시 M. 데퓨의 흉내를 내려는 짓은 하지 말기 바란다. 그건 어리석은 행동일 뿐 아니라 남에게 고통을 주는 행위다.

데퓨, 링컨, 잡 헤지스 등의 연설문을 잘 살펴보면, 그들이 서두에서는 별다른 이야기를 하지 않았다는 사실에 놀라게 될 것이다. 에드윈 제임스 커텔은 언젠가 내게 자신이 단지 유머를 위해 재미있는 이야기를 한 적은 없었다고 고백했다. 재미난 이야기는 주제와 관련이 있고, 핵심적인 내용과 관련된 예시의 기능을 해야 한다. 유머는 그저 케이크에 덧씌우는 설탕 옷, 혹은 케이크의 각 층 사이에 바르는 초콜릿 정도에 그쳐야지 케이크 자체가 되어서는 안 된다.

미국 최고의 유머 강연자인 스트릭랜드 질리랜은 강연 시작 후 3분간은 우스운 이야기를 하지 않는 것을 규칙으로 삼고 있다고 한다. 유머의 달인인 질리랜도 그렇게 하는 게 좋다는데,

당신이나 내가 굳이 그렇게 하지 않을 필요는 없지 않겠는가?

그렇다면 서두는 진지하고 코끼리처럼 무거워야 할까? 전혀 그렇지 않다. 가능하다면 해당 지역, 혹은 행사와 관련된 뭔가를 언급하거나 다른 이의 말을 가져오는 방식으로 사람들의 유머 감각을 슬쩍 건드려보라. 그렇게 하는 편이 팻과 마이크(당시 코미디 영화의 주인공—옮긴이), 장모, 염소를 소재로 한 진부한 우스갯소리보다 더 성공적일 것이다.

즐거운 반응을 이끌어내는 가장 손쉬운 방법은 아마도 자신을 소재로 삼는 농담일 것이다. 자신이 우스꽝스럽고 당황스러운 상황에 처해 있는 모습을 묘사해보라. 이런 방법은 유머의 핵심에 가깝다. 에스키모인들은 다리가 부러진 사람을 보고 웃고, 중국인들은 2층 창문에서 떨어져 죽은 개를 보고 웃는다. 우리는 그들보다 동정적이지만, 바람에 날려가는 모자를 황급히 뒤쫓아가는 사람이나 바나나 껍질에 미끄러진 사람을 보면 웃지 않는가?

또 서로 어울리지 않는 생각이나 특성들을 조합해서 청중을 웃게 만드는 것은 거의 누구나 활용할 수 있는 방법이다. 예를 들어 어떤 신문기자는 이렇게 써서 사람들을 웃게 했다. "내가 싫어하는 건 아이들, 동물 창자, 그리고 민주당원이에요."

러디어드 키플링이 영국에서 했던 어느 정치 연설의 서두에서 청중들의 웃음을 어떤 식으로 이끌어냈는지 살펴보라. 그는 지어낸 일화가 아니라 자신이 경험했던 부조화를 유쾌하게 강조하고 있다.

"신사숙녀 여러분, 제가 젊은 시절 신문사에서 일할 때 인도에서 형사 사건을 취재하던 때가 있었습니다. 일은 재미있었습니다. 위조범, 횡령범, 살인자, 그리고 그쪽 방면으로 진취적인 인사들을 만나곤 했으니까요. (웃음)

그들의 재판을 취재하고 나면, 가끔 징역형을 살고 있는 친구들을 면회하러 가곤 했습니다. (웃음) 살인으로 무기징역을 살고 있던 친구가 기억납니다. 그는 똑똑하고 말을 유창하게 하는 친구였는데, 자신의 인생 이야기를 내게 해주었습니다. 그는 이러더군요. '나를 보면 알겠지만, 사람이 일단 잘못된 길로 들어서면 계속 그런 길로 가게 된다네. 그러다가 다시 제대로 된 길로 가볼라치면, 꼭 다른 사람을 해쳐야 될 상황에 처하게 되지.' (웃음) 그 친구의 말이 지금 내각의 상황을 정확히 묘사해주고 있습니다. (웃음과 환호)"

윌리엄 하워드 태프트도 메트로폴리탄 생명보험 회사 간부들의 연례 연회장에서 이런 식으로 유머를 곁들였다. 그는 우스갯소리를 하면서 동시에 청중에게 우아하게 경의를 표했는데, 이것이 바로 유머의 아름다운 일면이다.

"사장님, 그리고 메트로폴리탄 생명보험사 임직원 여러분, 저는 9개월 전 저의 옛집에서 어떤 신사의 식후 연설을 들었습니다. 그분은 연설을 하면서 조금 떠시더군요. 그는 식후 연설 경험이 많은 자기 친구에게 상의를 했다고 고백했습니다. 그 친구는 식후 연설가에게 가장 좋은 청중은 지적이고 학식이 높으면서 적당히 술에 취한 청중이라고 조언했다고 합니다. (웃음과 박수) 지금 제 앞에 있는 여러분은 제가 지금까지 만나본 청중 가운데 최고의 청중이라고 할 수 있습니다. 모두들 정신이 말짱한 게 유감이긴 하지만, 그 부족한 것을 보충할 것이 이곳에는 존재합니다. (박수) 그리고 저는 그것이 메트로폴리탄 생명보험사의 정신이라고 생각합니다. (오랜 박수)"

사과로 시작하지 마라

초보자가 연설 첫머리에 흔히 저지르는 두 번째 실수는 사과를 하는 것이다. 예를 들어 "저는 말솜씨가 없습니다. (…) 준비를 별로 하지 못했습니다. (…) 무슨 말을 해야 할지 모르겠네요…"라는 식이다.

절대 이렇게 시작해서는 안 된다. 키플링의 시 가운데 이렇게 시작되는 시가 있다. "더 가봐야 아무 소용이 없다." 연설자가 그런 식으로 말을 시작할 때 청중이 느끼는 감정이 바로 이런 느낌이다.

만약 당신이 준비가 덜 되어 있더라도 굳이 그 사실을 밝히지 않으면, 눈치 빠른 사람을 제외하고는 전혀 눈치채지 못하는 사람들도 있다. 그런데 무엇하러 준비가 되지 않았다는 사실을 구태여 알려주는가? 왜 연설을 준비할 만한 가치가 없었다거나 그들에게 아무렇게나 이야기해도 된다고 생각했다는 암시를 줌으로써 청중을 모욕하는가? 절대 그렇게 해서는 안 된다. 사람들은 당신의 사과를 원하지 않는다. 청중은 정보와 재미를 위해 그 자리에 있는 것이다. 그 사실을 절대 잊어서는 안 된다.

청중 앞에 서게 되면 당신은 자연스럽게, 또 불가피하게 그
들의 시선을 받게 된다. 처음 5초 동안 그들의 주의를 끄는 것
은 쉽지만, 그다음 5분간 그들의 주의를 계속 붙잡아 두는 것
은 쉬운 일이 아니다. 일단 한번 그들의 주의를 잃고 나면 이를
되찾기란 두 배로 힘들다. 그러므로 연설의 첫 문장은 흥미로
운 내용으로 시작하라. 두 번째 문장도, 세 번째 문장도 아니다.
바로 첫 문장! 바로 첫 문장이 흥미로워야 한다!

그럼 당신은 어떻게 해야 하느냐고 물을 것이다. 솔직히 쉽
게 대답할 수 없다. 그 질문에 대한 답을 구하기 위해 우리는
구불구불하고 확실치 않은 길을 가야 한다. 왜냐하면 그 길에
는 당신 자신, 청중, 주제, 자료, 시기 등 고려해야 할 요소가 아
주 많기 때문이다. 하지만 앞으로 논의되고 제시될 몇 가지 제
안들이 유용하고 가치 있는 지침이 될 수 있기를 바란다.

호기심을 자극하라

다음은 호웰 힐리가 필라델피아의 펜 애슬레틱 클럽에서 했
던 강연의 첫 부분이다. 마음에 드는가? 곧바로 흥미를 일으키
는가?

"82년 전, 1년 중 대략 이때쯤 런던에서 불후의 명작이 될 운
명을 타고난 작은 책이 한 권 출간되었습니다. 많은 사람들이
그 책을 '세상에서 가장 위대한 작은 책'이라고 했습니다. 그
책이 처음 나왔을 때, 친구들은 만나면 서로에게 그 책을 읽었

는지 물었고, 그 대답은 한결같이 '응, 작가에게 하나님의 축복이 내리길'이었습니다.

출판 당일 그 책은 1000부가 팔렸고, 2주일 안에 1만 5000부가 팔렸습니다. 이후 그 책은 재쇄를 거듭 찍었고, 하늘 아래 존재하는 모든 언어로 번역되었습니다. 몇 년 전에는 J. P. 모건이 엄청난 돈을 주고 최초의 원고를 구입했습니다. 그 원고는 지금 모건이 자신의 도서관이라고 부르는 뉴욕 시의 장엄한 화랑에서 다른 귀한 보물들과 함께 있습니다. 이토록 유명한 그 책은 과연 무엇일까요? 바로 디킨스의 《크리스마스 캐럴》입니다…"

괜찮은 서두라고 생각되는가? 당신의 주의를 끌고 점점 흥미를 고조시켰는가? 그렇다면 그 이유는 무엇일까? 호기심을 일으키고 긴장을 고취시켰기 때문이 아닐까?

호기심! 그것을 이겨낼 사람이 어디 있겠는가?

나는 숲 속의 새들이 단순히 호기심 때문에 나를 보면서 한 시간 정도를 내 주변에서 날아다닌 것을 본 적이 있다. 알프스 고원 지대의 어느 사냥꾼은 침대 시트를 몸에 두르고 이곳저곳 기어 다니면서 영양의 호기심을 자극해 유인한다. 개도 고양이도 호기심이 있고, 다른 동물들도 다 마찬가지다. 그렇다면 인간은 더 말해 무엇하겠는가? 따라서 첫 문장으로 청중의 호기심을 불러일으켜라. 그러면 그들의 관심을 사로잡을 수 있다. 나는 토머스 로렌스 대령의 아라비아 모험에 관한 강연을 할 때면 이렇게 시작하곤 했다.

"로이드 조지는 로렌스 대령을 현대의 가장 낭만적이고 아름다운 사람으로 생각한다고 말했습니다."

이렇게 시작하면 두 가지 장점이 있다. 첫째, 저명인사의 말을 인용하면 항상 상당한 흥미를 불러일으킨다. 둘째, 호기심을 유발시켰다. 가령 "왜 낭만적일까? 왜 아름다울까?"라는 의문이 생겨나며, "그 사람 얘긴 처음 듣는데…. 그가 뭘 했길래?"라는 궁금증이 꼬리를 물고 이어진다.

로웰 토머스는 로렌스 대령에 대한 강연을 할 때 이렇게 시작했다.

"저는 어느 날 예루살렘의 크리스천 스트리트를 걷다가 동양의 군주나 입을 듯한 화려한 옷을 입은 남자를 만났습니다. 그의 허리에 선지자 모하메드의 후손들만 찰 수 있는 구부러진 황금 칼이 매달려 있었습니다. 그런데 그의 외모는 전혀 아랍 사람 같지 않았습니다. 아랍인의 눈은 검정색이나 갈색인데, 그의 눈은 파랬습니다."

호기심을 자극하지 않는가? 청중들은 더 듣고 싶어진다. 그는 누구일까? 왜 아랍인 흉내를 내고 있던 걸까? 무슨 일을 하는 사람일까? 그는 후에 어떤 인물이 되었을까?

어떤 학생은 이런 질문으로 말을 시작했다.

"여러분은 오늘날에도 세계 17개국에 노예제도가 있다는 사실을 알고 계십니까?"

이런 질문은 청중의 호기심을 불러일으킬 뿐만 아니라 충격까지 준다. "노예제도? 아직도? 17개 나라나 된다고? 믿기 힘드네. 어떤 나라지? 어떤 사람들이야?"

또 다른 방법은 결과부터 먼저 던져놓고 원인에 대한 궁금증을 불러일으키는 것이다. 예를 들어 어떤 학생은 다음처럼 깜짝 놀랄 사실을 알려주며 말을 시작했다.

"최근 주 의회 의원 한 분이 입법을 논의하는 자리에서 모든 학교의 반경 2마일 범위 내에 있는 올챙이들이 개구리로 성장하는 것을 금지하는 법을 제안했습니다."

웃음이 나올 것이다. 저 사람 농담하나? 무슨 그런 황당한 소리인가? 정말 그런 일이 있었나? (…) 그렇다. 연설자는 그에 대한 설명을 이어갔다.

〈새터데이 이브닝 포스트〉의 '조직폭력배와 함께'라는 제목의 기사는 이렇게 시작한다.

"폭력배들은 정말 조직을 만들까? 대체로 그렇다. 그럼 어떻게?"

이 몇 마디 말을 통해 기자는 자신의 주제를 밝혔고, 독자에게 정보를 제공했으며, 폭력배들이 어떻게 조직화되는지에 대한 독자들의 호기심을 불러일으켰다. 아주 훌륭하다. 연설을 하는 사람이라면 잡지 기자들이 독자들의 관심을 끌기 위해 사용하는 기법을 알아둘 필요가 있다. 인쇄된 연설문 수십 개를 공부하는 것보다 잡지 기자들의 노하우를 습득하면 연설을 어떻게 시작할지에 대해 더 많이 배울 수 있다.

이야기로 시작하라

해럴드 벨 라이트는 한 인터뷰에서 자신이 소설을 써서 연

10만 달러 넘게 번다고 밝혔다. 부스 타킹턴과 로버트 W. 챔버스도 비슷한 수입을 올린다. 더블데이 페이지 앤드 컴퍼니는 대형 인쇄기 한 대로 진 스트래턴 포터의 소설만 17년간 인쇄했다. 이렇게 해서 팔린 소설이 1700만 부가 넘었고, 그녀의 인세 수입은 300만 달러가 넘었다. 어떤가? 사람들이 이야기를 좋아하는 것 같지 않은가? 위의 수치들을 보면, 사람들이 정말 이야기를 즐긴다는 것을 알 수 있다.

우리는 특히 다른 사람들의 경험이 담긴 이야기를 좋아한다. 러셀 H. 콘웰은 '내 인생의 다이아몬드'란 강연을 6000회 이상 해 수백만 달러를 벌었다. 이 폭발적인 인기를 누린 강연의 서두는 어떠했을까? 직접 읽어보기 바란다. 그 첫머리는 이렇게 시작한다.

"1870년에 우리는 티그리스 강으로 갔습니다. 바그다드에서 우리가 고용한 안내원은 페르세폴리스, 니네베, 그리고 바빌론으로 우리를 인도했습니다."

그리고 그는 이야기로 강연을 시작한다. 이것이 관심을 끄는 방법이다. 이렇게 시작하면 실패할 확률이 거의 없다. 이야기가 움직이고, 행진하는 대로 우리는 쫓아간다. 무슨 일이 전개될지 잔뜩 궁금해하면서 말이다. 이 책의 3장에도 이야기로 시작하는 방법이 사용되었다. 다음은 〈새터데이 이브닝 포스트〉에 실린 두 개의 이야기에 나오는 첫머리다.

1. "권총이 날카로운 소리를 내며 정적을 깼다."

2. "7월 첫째 주, 그 자체로는 사소하지만 그 파장은 결코 사소하지 않은 한 사건이 덴버의 몬트뷰 호텔에서 발생했다. 그 사건에 호기심을 느낀 매니저 괴벨은 몬트뷰를 비롯한 여섯 개 패러데이 호텔의 소유주인 스티브 패러데이가 며칠 뒤에 한여름 시찰차 호텔을 정기 방문했을 때 이를 보고했다."

위의 두 서두는 각각 행동을 표현하고 있음에 주목하라. 뭔가 시작되었음을 알리면서 독자들의 호기심을 자극한다. 당신은 무슨 일인지 알기 위해 계속 읽고 싶어진다. 미숙한 초보자도 이야기로 시작하는 방법을 이용해 청중의 호기심을 자극하면 일단 시작은 성공적이라고 할 수 있다.

구체적인 예로 시작하라

보통의 청중이 추상적인 말을 오래 따라가기란 어렵고 고된 일이다. 한편 구체적인 사례를 들면 이해하기 훨씬 쉽다. 그렇다면 그렇게 시작하면 되지 않겠는가? 나는 가끔 사례를 소개하지만, 사람들은 흔히 그런 방법을 쓰지 못한다. 먼저 몇 개의 일반적인 진술을 먼저 해야 한다고 생각하기 때문이다. 하지만 그렇지 않다. 먼저 사례를 들어 관심을 불러일으킨 다음 일반적인 진술로 뒷받침하라. 이 방법의 예를 원한다면, 이 책의 5장 앞머리나 7장을 읽어보기 바란다.

지금 당신이 읽고 있는 이 장은 시작할 때 어떤 방법이 이용되었는가?

볼거리를 이용하라

사람들의 관심을 끄는 가장 쉬운 방법은 아마도 사람들이 볼 수 있도록 뭔가를 들어 올리는 일일 것이다. 미개인이나 모자란 사람도, 요람에 있는 아기나 상점 진열장 속의 원숭이도, 심지어 길에 있는 개들도 이런 자극에는 눈길을 돌린다. 이는 기품 있는 청중에게도 먹히는 효과적인 방법이다.

필라델피아의 S. S. 엘리스는 강연을 시작할 때 엄지와 집게 손가락으로 동전을 집어 어깨 위로 높이 올렸다. 당연히 사람들의 눈길이 쏠렸다. "여기 계신 분 중에서 혹시 이런 동전 주우신 분 있나요? 그런 행운을 만난 분에게는 어느 부동산 개발 회사에서 땅 한 필지를 공짜로 준답니다. 그냥 가서 동전만 제시하시면 됩니다…." 이어서 엘리스는 민감하고 껄끄러운 부동산 업체 문제에 관한 이야기를 꺼냈고, 그와 관련된 비정상적이고 비윤리적인 관행들을 비난했다.

질문을 던져라

엘리스가 시작한 방법은 또 한 가지 주목할 만한 특징을 갖고 있다. 그는 질문으로 시작함으로써 청중이 연설자와 함께 생각하고, 그에 호응하게 만들었던 것이다. 앞서 말했던 조직 폭력배에 관한 〈새터데이 이브닝 포스트〉의 기사는 서두의 세 문장 중 두 문장이 질문이었음에 주목하라. "폭력배들은 정말 조직을 만들까? 그럼 어떻게?" 이처럼 질문을 던지고 해답을 제시하는 방법은 청중으로 하여금 마음의 문을 열게 하고, 그

안으로 들어갈 수 있는 가장 간단하고 확실한 방법 중 하나다. 다른 방법이 통하지 않을 때는 늘 이 방법에 의지해보라.

유명 인사의 말을 인용하라

유명 인사의 말은 사람들의 주목을 끄는 힘이 있다. 따라서 적절한 인용은 연설을 시작할 때 사용할 수 있는 유용한 방법 중 하나다. 기업의 성공을 주제로 아래와 같이 시작한 연설이 있다. 마음에 드는가?

"'세상이 돈과 명예라는 큰 상을 수여하는 대상은 오직 하나뿐이다.' 엘버트 허바드가 말했습니다. 그리고 그 한 가지는 바로 주도력입니다. 그럼 주도력이란 무엇일까요? 그것은 누가 시키지 않아도 스스로 해야 할 일을 하는 것입니다."

이 말에는 연설의 도입부로서 칭찬할 만한 몇 가지 특징이 있다. 우선 첫 문장이 호기심을 일으킨다. 청중을 끌어당기며 다음 말을 기대하게 만든다. '엘버트 허바드가 말했습니다'라고 한 후에 연설자가 기술적으로 약간 뜸을 들인다면 긴장감은 더욱 고조될 것이다. '세상이 큰 상을 수여하는 대상이 무엇일까?' 사람들은 궁금해진다. 빨리 대답해달라. 내가 당신 말에 동의할지는 모르지만, 어쨌든 당신 생각이나 들어보자… 두 번째 문장은 청중을 바로 주제로 이끈다. 이어지는 질문 형태의 세 번째 문장은 청중을 토론에 끌어들여 스스로 뭔가를 생각하게 만든다. 청중은 이런 방식을 좋아한다. 네 번째 문장은 주도력을 정의한다. 이렇게 매력적으로 연설을 시작한 후에 연설자는 이 자질을 설명할 수 있는 인물의 흥미로운 이야기를 이어갔다. 만약 이 연설의 구성을 무디(신용평가기관 무디스의 설립자—옮긴이)가 평가한다면 아마도 Aaa를 주었을 것이다.

주제와 청중의 주된 관심사를 연계시켜라

청중의 이기적인 관심사와 직접 연관 있는 내용으로 시작하라. 이는 가능한 방법 중 가장 효과적인 연설 시작 방법 가운데 하나일 것이다. 틀림없이 청중의 주의를 끌 수 있다. 자신에게 중요한 이해관계가 달린 문제에 대해서는 누구든 눈이 번쩍 뜨이기 마련이다. 당연한 이치 아니겠는가? 그런데도 이 방법은 좀처럼 사용되지 않는다. 예를 들어 최근에 나는 정기 건강검진의 필요성을 주장하는 어느 강연을 들을 기회가 있었다. 그런데 강연자는 생명연장협회의 역사와 그 기관의 조직 및 서비스를 설명하는 것으로 시작했다. 어처구니없는 일이다! 그 회사가 어디에서 어떻게 설립되었는지 따위에 우리는 아무 관심이 없다. 우리의 영원히 변치 않는 관심사는 우리 자신일 뿐이다.

왜 이런 기본적인 사실을 깨닫지 못하는 것일까? 그 회사가 어째서 청중들에게 중요한 의미가 있는지 알려줘야 하는 것 아닌가? 왜 이렇게 시작하지 않을까? "생명보험 계산식에 따른 여러분의 기대수명이 얼마나 되는지 알고 계십니까? 보험 통계학자에 따르면, 여러분의 잔여 기대수명은 80에서 현재 나이를 뺀 수의 3분의 2라고 합니다. 예를 들어 여러분이 35세라면 80에서 35를 빼면 45가 되지요. 그러면 45의 3분의 2인

30년을 더 사실 수 있다는 얘기입니다. 만족하시나요? 아니죠. 절대 아닐 겁니다. 우리는 그보다 더 오래 살고 싶어 합니다. 그런데 그 계산표는 수백만 명의 기록을 토대로 산출한 것입니다. 그럼 여러분과 제가 그 예상치를 넘어설 수 있을까요? 가능합니다. 적절하게 주의를 기울이면 됩니다. 우리가 가장 먼저 해야 할 일은 철저한 건강검진을 받는 것입니다…."

그러고 나서 왜 정기적인 건강검진이 필요한지 자세히 설명하면, 청중은 그런 서비스를 제공하기 위해 설립된 회사에 관해서도 관심을 보이게 될 것이다. 하지만 처음부터 그런 회사에 관해 일반적인 사실을 늘어놓는다면 강연은 실패할 것이다. 그것도 처참하게!

다른 예를 들어보자. 나는 언젠가 숲을 보존하는 것이 매우 시급하다는 내용의 강연을 들은 적이 있다. 그 강연은 이렇게 시작되었다. "우리 미국인들은 자국의 천연자원에 대해 자부심을 가져야 합니다." 이렇게 시작된 강연은 뒤이어 우리가 얼마나 무분별하게 목재를 낭비하고 있는지 지적했다. 하지만 그렇게 시작하는 것은 바람직하지 않다. 너무 일반적이고 막연하기 때문이다. 연설자는 그 주제의 심각성을 청중에게 제대로 인식시키지 못했다. 청중 가운데는 인쇄업자가 있었다. 숲의 파괴는 그 사람의 사업에 매우 실질적인 영향을 끼칠 것이다. 청중 가운데는 은행가도 있었다. 숲의 파괴는 우리 모두의 번영에 영향을 끼치기 때문에 그곳에 있던 은행가도 그 영향에서 자유롭지 못할 것이다. 그럼 이렇게 시작하면 어떨까?

"제가 말하고자 하는 주제는 여기 계신 애플비 씨, 소울 씨를 비롯해 여러분 모두의 사업에 영향을 끼칩니다. 사실 이 주제는 우리가 먹는 음식의 가격과 우리가 지불하는 임대료에도 영향을 미칠 것입니다. 우리 모두의 복지와 번영에 관련되어 있습니다."

숲을 보호하는 일의 필요성을 너무 과장한 것 같은가? 아니, 나는 그렇게 생각하지 않는다. "그림을 크게 그리고, 사람들의 주의를 끌 수 있게 배치하라"라는 엘버트 허바드의 조언을 따랐을 뿐이다.

충격적 사실의 흡인력

"잡지 기사는 충격적인 사실들이 나열된 기사가 좋다." 자신의 이름을 딴 잡지를 창간한 S. S. 매클러의 말이다.

충격적인 사실은 우리를 공상에서 깨어나게 하며, 사로잡고, 시선을 빼앗는다. 몇 가지 예를 들어보자. 볼티모어 출신의 N. D. 발렌타인이 한 '라디오의 경이로움'이라는 연설은 이렇게 시작된다.

"뉴욕에서 파리가 유리창을 기어가는 소리가 라디오를 통해 중앙아프리카에서는 나이아가라 폭포 소리처럼 들릴 수 있다는 사실을 알고 계십니까?"

뉴욕 시의 해리 G. 존스 사의 해리 G. 존스 사장은 '범죄 상황'이란 연설을 이렇게 시작한다.

"미국 대법원장 윌리엄 하워드 태프트 판사는 '우리의 형법

운용은 문명에 대한 수치'라고 말했습니다."

이 발언은 연설의 첫머리로서 충격적인 내용일 뿐만 아니라 해당 분야의 권위자가 한 말이라는 점에서 이중의 장점이 있다. 필라델피아의 낙천주의자 클럽 회장이었던 폴 기번스는 '범죄'에 관한 연설을 다음과 같은 인상적인 발언으로 시작했다.

"미국인은 세계 최악의 범죄자들입니다. 충격적으로 들리시겠지만, 사실입니다. 오하이오 주 클리블랜드의 살인 건수는 런던의 여섯 배입니다. 인구 비례로 보면 강도 건수는 런던의 170배나 됩니다. 매년 클리블랜드에서 강도를 당하거나 강도의 공격을 받는 사람들의 수는 잉글랜드, 스코틀랜드, 웨일스를 통틀어 강도를 당한 사람들을 합한 것보다 많습니다. 뉴욕 한 도시에서 일어난 살인 사건이 프랑스나 독일, 이탈리아, 영국의 국가 전체에서 일어난 살인 사건보다 많습니다. 그런데 더욱 개탄스러운 사실은 이 범죄자들이 처벌받지 않는다는 것입니다. 만약 여러분이 사람을 죽인다 해도 그 때문에 처형될 가능성은 100분의 1도 안 됩니다. 사람을 총으로 살해해 교수형을 당할 확률보다 암으로 죽을 확률이 10배나 더 높습니다."

이 시작은 성공적이었다. 필요한 힘과 진지함이 담긴 어휘 때문이다. 살아서 숨 쉬는 말이었다. 하지만 비슷한 예를 들어 범죄 상황에 대해 연설한 다른 학생들의 시작은 그다지 훌륭하지 못했다. 왜 그럴까? 그 이유는 사용한 어휘에 있었다. 연설의 구조적인 짜임새는 나쁘지 않았지만 어휘에서 힘이 느껴지지 않았다. 그들이 사용한 어투에는 김이 빠져 있었기 때문이다.

평이한 시작의 가치

아래와 같은 서두가 마음에 든다면 왜 그럴까? 메리 E. 리치먼드는 아동 결혼을 금지하는 법률이 만들어지기 전에 뉴욕 여성유권자연맹 연례 모임에서 이렇게 연설했다.

"저는 어제 이곳에서 멀지 않은 도시를 기차로 지나가면서, 몇 년 전 그곳에서 있었던 어느 결혼을 떠올렸습니다. 이 주에서 맺어지는 다른 많은 결혼들도 그 결혼처럼 급하게 추진되다 파경을 맞곤 하기 때문에 그 사건을 우선 자세히 소개해볼까 합니다.

그 도시의 열다섯 살짜리 어느 여고생이 이제 막 성년이 된 인근 대학교의 남학생을 만났습니다. 그때가 12월 12일이었습니다. 그리고 불과 3일 뒤인 12월 15일에 그들은 소녀의 나이를 열여덟 살로 거짓 선서해 결혼 승인을 받았습니다. 열여덟 살이면 부모의 동의를 받을 필요가 없습니다. 결혼 허가서를 받고 시청 서기 사무실을 나온 그들은 곧장 사제를 찾아갔습니다(그녀는 가톨릭 신자였습니다). 하지만 적절하게도 사제는 그들의 결혼을 허락하지 않았습니다. 아마도 그 사제를 통해 소녀의 어머니가 그들의 결혼 시도에 관해 들었던 것 같습니다. 하지만 어머니가 딸을 찾아내기도 전에 치안판사는 그들을 부부로 맺어버렸습니다. 신랑은 신부를 호텔로 데려갔고, 그들은 그곳에서 이틀 밤낮을 보냈습니다. 하지만 그 뒤에 남편은 아내를 버렸고, 다시는 그녀와 살지 않았습니다."

개인적으로 나는 이 서두가 매우 마음에 든다. 흥미로운 회상을 암시하는 첫 문장이 특히 좋다. 더 자세한 이야기를 듣고 싶어진다. 청중은 흥미로운 인간 드라마를 기대하게 된다. 공들여 연구한 느낌도 들지 않고, 딱딱하지도 않으며, 자연스레 흘러간다. "저는 어제 이곳에서 멀지 않은 도시를 기차로 지나가면서, 몇 년 전 그곳에서 있었던 어느 결혼을 떠올렸습니다." 아주 자연스럽고 인간적으로 들린다. 누군가 다른 사람에게 재미있는 이야기를 들려주는 듯하다. 청중은 이런 것을 좋아한다. 청중은 너무 공들여 꾸민 것 같은 이야기, 미리 의도된 냄새가 짙은 이야기에는 거부감을 느끼곤 한다. 기교가 필요하지만, 드러나지 않는 기교가 필요하다.

어떻게 말을
시작할 것인가

1. 연설의 시작은 어렵다. 또한 매우 중요하기도 하다. 시작할 때는 청중의 마음이 열려 있어서 비교적 쉽게 받아들일 준비가 되어 있기 때문이다. 운에만 맡겨두기에는 너무 중요하므로 미리 세심하게 준비해야 한다.

2. 도입부는 한두 문장 정도로 짧아야 한다. 아니면 없어도 상관없다. 가능한 최소한의 단어만으로 곧장 주제의 핵심으로 들어가라. 누구든 이에 이의를 제기하지 않는다.

3. 초보자들은 연설의 첫머리를 우스갯소리나 사과로 시작하려는 경향이 있다. 둘 다 좋지 않은 결과를 가져오는 경우가 대부분이다. 우스운 이야기를 잘 이용하는 사람은 극히 적다. 유머로 강연을 시작하려는 시도는 흔히 청중을 당황스럽게 만든다. 이야기는 상황에 맞아야 하며, 그저 이야기 자체를 위해 억지로 끌어다 맞추어서는 안 된다. 유머는 케이크에 입힌 설탕 옷일 뿐이지 케이크 그 자체는 아니다. 그리고 사과로 시작해서도 안 된다. 그것은 청중에 대한 모독이고, 청중을 따분하게 만든다. 말하고자 하는 바를 빨리 말하고 자리로 돌아가라.

4. 연설자가 청중의 주의를 빨리 끌 수 있는 방법은 다음과 같다.

   1) 호기심 자극하기.
      예: 디킨스의《크리스마스 캐럴》이야기

   2) 누군가의 흥미로운 이야기 들려주기.
      예: '내 인생의 다이아몬드' 강연

   3) 구체적인 사례로 시작하기(이 책의 5장, 7장 시작 부분을 보라).

   4) 볼거리 이용하기.
      예: 발견하면 공짜 땅을 주는 동전

   5) 질문하기.
      예: 혹시 이런 동전 주우신 분 있나요?

   6) 인상적인 인용으로 시작하기.
      예: 주도력에 대한 엘버트 허바드의 말 인용

   7) 주제와 청중의 지대한 관심사와의 관련성 알려주기.
      예: "여러분의 잔여 기대수명은 80에서 현재 나이를 뺀 수의
      3분의 2입니다. 그런데 정기 건강검진을 통해 이를 늘릴 수 있
      습니다." 등

   8) 충격적인 사실 제시하기.
      예: "미국인은 세계 최악의 범죄자들입니다."

5. 너무 형식적인 시작은 하지 마라. 지나치게 인위적인 느낌
   을 주지 마라. 자연스럽고 필연적인 전개처럼 보이게 하라.
   바로 얼마 전에 일어났던 일이나 앞서 이야기했던 것을 말
   하면 그렇게 할 수 있다.
   예: "저는 어제 이곳에서 멀지 않은 도시를 기차로 지나가면서…"

10

청중을
단숨에 사로잡기

"청중을 만족시켜야 한다. 그들의 두려움을 진정시키고 의심을 풀어주어 그들이 무기를 내려놓고 '좋소, 우리 함께 얘기해봅시다'라고 말하게 만들어야 한다. 이는 서로가 공감할 수 있는 것과 상호 관심사를 찾았을 때 가능하다. 우리를 갈라놓는 힘보다 더 강한 힘으로 우리를 서로 이어주는 것들이 있을 것이다. 그게 무엇인가? 그것을 찾아낼 수 있느냐 없느냐에 연설의 성패가 달려 있다. 만약 청중을 진정으로 만족시킬 수 없다면, 놀라운 용기를 보여 그들의 찬탄과 존경을 끌어내야 한다. 그 첫 번째 예로, 만약 내가 벨파스트의 오렌지당원 집회에서 연설을 하게 된다면, 나는 양심에 충실한 그들의 태도에 찬사를 표할 것이다. 또 우리 모두가 존경하는 위대한 조상들, 즉 우리가 공유하고 있는 것들에 관해 언급할 것이다. 만약 회사 직원들 앞에서 연설한다면 따가운 질책으로 시작하지 않고 보다 행복했던 시절, 과거의 돈독했던 협력 관계, 업계와 관련된 모든 사람들을 괴롭히는 걱정과 문제들에 관해 얘기할 것이다. 진정 내가 아무런 사심 없이 문제의 해결책을 모색하고 있음을 보여줄 것이다. 어떤 경우라도 청중의 가장 선한 본능에 호소하라. 사람들은 이런 호소에 놀라운 반응을 보일 것이다."

— 시드니 F. 윅스, 《기업인을 위한 대중 연설》

청중을 단숨에 사로잡기

몇 년 전, 콜로라도 연료 철강 회사는 노사문제로 어려움을 겪었다. 총격으로 인한 유혈 사태까지 발생할 정도였다. 회사 곳곳에 증오심이 가득 차 분위기가 매우 심각했다. 록펠러라는 이름은 저주의 대상이었다. 그럼에도 존 D. 록펠러 2세는 종업원들과 대화하기를 원했다. 그들에게 자신의 생각을 설명하고, 자신의 신념을 받아들이도록 설득하고자 했다. 그는 연설의 첫머리에서 좋지 않은 감정과 적대감을 누그러뜨리지 않으면 안 된다고 생각했다. 연설의 시작 부분부터 그는 진심을 다해 아름다운 연설을 해냈다. 대부분의 연설가들은 그의 방법을 통해 무엇인가 배울 수 있을 것이다.

"오늘은 제 생애에 기억될 만한 날입니다. 이 위대한 회사의 직원 대표, 관리자, 임원들을 처음으로 모두 한자리에서 만나는 행운의 날이기 때문입니다. 이 자리에 서게 되어 매우 영광이며, 제 평생 이 모임을 잊지 못할 것입니다.

모임이 2주 전에 열렸더라면 저는 몇 사람만을 알아볼 수 있을 뿐, 여러분 대부분에게는 이방인으로 이 자리에 서 있어야만 했을 것입니다. 지난주에 저는 서쪽 탄광 지대의 모든 작업장을 방문해 부재중인 분을 제외한 모든 근로자 대표들과 개인적으로 이야기를 나누었습니다. 또 여러분들의 가정을 방문해 아내분들과 아이들을 만나보았습니다. 이제 우리는 이방인이 아니라 친구로서 여기 모였습니다. 이런 상호 우호의 분위기 속에서 저는 여러분과 우리의 공통 관심사에 대해 토론할 기회를 갖게 되어 매우 기쁩니다.

이 모임은 회사 임원들과 근로자 대표들 간의 모임입니다. 그런데 임원도 근로자도 아닌 제가 감히 여기 있을 수 있는 것은 여러분의 호의 덕분입니다. 저는 여러분들과 긴밀히 연관되어 있다고 느끼는데, 어떤 의미에서 저는 주주와 임원 양쪽을 모두 대표하기 때문입니다."

재치 있는 연설이었다. 증오심이 가득했던 상황이었음에도 불구하고 연설은 성공적이었다. 임금 인상을 위해 파업하며 투쟁하던 사람들은 록펠러가 그와 관련된 사실을 설명한 후에는 그 문제에 대해 아무 말도 하지 못했다.

꿀 한 방울과 쌍권총의 남자들

"오래된 속담 중에 '꿀 한 방울이 쓸개즙 한 통보다 더 많은 파리를 잡는다'라는 말이 있다. 사람도 마찬가지다. 만일 누가 내 뜻을 따르게 하고 싶다면, 당신이 먼저 그의 진실한 친구임을 확신시켜야 한다. 바로 거기에 그의 마음을 사로잡는 꿀 한 방울이 있다. 마음을 얻는 것은 그의 이성을 얻는 확실한 방법이기에 마음을 얻으면 당신이 그에게 어떤 정당성을 이해시키는 데 어려움이 없을 것이다. 하지만 정말 정당한 이유가 있어야 한다."

링컨의 계획이 바로 그러했다. 1858년 미국 상원 의원 선거운동 중에 그는 당시 '이집트'라고 불리던 남부 일리노이의 반(反)야만적인 지역에서 연설을 했다. 그 지역의 사람들은 공적 행사에도 흉측한 칼을 소지하거나 벨트에 권총을 차고 있을 정도로 거칠었다. 그들은 싸움과 옥수수 위스키를 사랑하는 것만큼 노예제도 폐지론자들을 증오했다. 켄터키와 미주리 주의 노예 소유주 등 남부인들도 그 행사에 참여해 소동을 일으키려고 미시시피 강과 오하이오 강을 건너왔다. 그들 가운데 보다 거친 사람들은 만약 링컨이 입만 열면 그 노예 폐지론자의 몸에 총알구멍을 내서 쫓아내겠다고 호언장담했다.

이런 위협을 전해들은 링컨은 그곳에 얼마나 긴장감이 흐르는지, 또 그곳이 얼마나 위험한지 잘 알고 있었다. 링컨은 말했다. "하지만 만약 그들이 나에게 몇 마디 할 수 있는 기회를 준다면 그들의 화를 진정시킬 수 있다." 그래서 그는 연설을 시작하기 전에 주동자들에게 먼저 자신을 소개하고, 정중하게 그들의 손을 잡았다. 그는 재치 있게 연설을 시작했다.

"친애하는 남부 일리노이 주민 여러분, 켄터키 주민 여러분, 미주리 주민 여러분. 오늘 이 자리에 오신 분들 중에 저를 불쾌하게 여기시는 분들이 있다고 들었습니다. 저는 그분들이 왜 그러셔야 하는지 알지 못합니다. 저는 여러분처럼 평범한 사람입니다. 그런데 왜 제가 여러분처럼 생각을 표현할 권리가 없습니까?

시민 여러분, 저는 여러분과 같은 사람입니다. 저는 이곳의 침입자가 아닙니다. 여러분 대다수가 그렇듯 저는 켄터키에서 태어나고, 일리노이에서 자랐으며, 열심히 노력해 제 길을 개척했습니다. 저는 켄터키 주민들을 알고 있습니다. 남부 일리노이 주민들도 잘 압니다. 그리고 미주리 주민들도 잘 안다고 생각합니다. 저는 그들 중의 한 사람이기 때문에 그들을 아는 게 당연하고, 그들도 저를 알 것입니다. 그들이 저를 잘 안다면, 제가 그들에게 피해를 줄 사람이 아니란 것도 잘 알 것입니다. 그런데 왜 그들이, 또는 그들 중의 어떤 분이 저에게 해를 가해야 합니까?

동료 시민 여러분, 그런 어리석은 짓은 하지 맙시다. 우리 모두 친구가 되어 서로 사이좋게 지냅시다. 저는 가장 미천한 사람 가운데 한 명이고, 가장 평화적인 사람이며, 다른 이를 부당하게 대하거나 권리를 침해할 사람이 아닙니다. 저는 그저 여러분이 제 말에 귀 기울여주시길 바랄 뿐입니다. 용감하고 용맹한 일리노이, 켄터키, 미주리 주민들은 틀림없이 그렇게 해주시리라 믿습니다. 이제 정직한 친구처럼 서로의 생각을 말해봅시다."

이렇게 말하는 링컨의 얼굴에는 훌륭한 성품이 드러났고, 목소리는 진심을 담아 울리고 있었다. 그는 재치 있는 서두를 통해 몰려오던 폭풍우를 멈췄고, 적들을 조용하게 만들었다. 사실 그 연설 덕분에 많은 이들이 링컨의 친구로 바뀌었다. 그들은 링컨의 연설에 환호했고, 거칠고 무례했던 '이집트인'들은 후에 링컨이 대통령이 될 때 가장 열성적인 지지자가 되었다.

당신은 이렇게 생각할지도 모른다. '흥미롭군. 하지만 이게 나랑 무슨 상관이람? 난 록펠러가 아니야. 나를 목 졸라 죽이려는 굶주린 파업자들 앞에서 내가 연설할 일은 없단 말이지. 또 링컨도 아니야. 옥수수 위스키를 마시며 증오심으로 똘똘 뭉친 쌍권총의 사나이들과 말을 섞을 일은 없을 거라고.'

물론 그렇다. 하지만 당신은 살아가면서 거의 매일 어떤 문제에 대해 생각이 다른 사람들과 말을 해야 한다. 집이나 직장, 혹은 시장에서 당신의 생각을 다른 이들에게 설득시키는 일을 끊임없이 해야 한다. 그때 설득 방법을 개선시킬 여지는 없는가? 당신은 어떻게 시작하는가? 링컨과 같은 재치를 보여주면서? 아니면 록펠러 같은 기지를 보여주면서? 만약 그렇다면 당신은 귀한 재주와 비상한 능력을 가진 사람일 것이다. 대부분의 사람들은 상대방의 견해와 욕망을 고려하지 않고, 서로의 생각이 일치하는 부분을 찾으려는 노력도 하지 않은 채 자신의 생각만 늘어놓는 식으로 말을 시작한다.

예를 들어 나는 뜨거운 논란의 주제였던 금주법에 대해 많은 사람들의 연설을 들었다. 거의 모든 연설가는 도자기 가게에 뛰어들어 온 황소처럼 연설을 시작했다. 그는 자신의 신념과 생각의 방향을 거침없이 드러냈다. 자신의 신념은 단단한 바위와 같아 흔들릴 가능성이 없다고 주장했다. 그러면서 다른 사람들이 자신들의 소중한 신념을 버리고 그의 생각을 받아들이기를 기대했다. 결과는 어땠을까? 모든 논쟁의 결과는 거의 같았다. 그들에게 동의하는 사람은 거의 없었다. 무뚝뚝하고 공격적인 서두는 그와 다른 의견을 가진 사람들의 공감을 얻지 못했고, 청중들은 그가 하는 모든 말을 무시하고 그의 의견을 경멸했다. 그런 서두는 사람들이 각자의 신념이라는 방패 뒤에서 더욱 몸을 웅크리게 만들었다.

그런 연설자들은 처음부터 청중들을 압박함으로써 그들이 몸을 뒤로 빼며 "아니야! 아니야!"를 소리치게 만드는 치명적인 실수를 저질렀다.

나와 달리 생각하는 사람들이 내 뜻을 따르게 만들기란 간단한 일이 아니다. 뉴욕의 새 사회연구학교에서 열린 오버스트리트 교수의 강연을 인용한 다음 글은 이 문제를 적절하게 지적한다.

"'아니다'란 반응은 가장 극복하기 어려운 장애물이다. 일단 '아니요'라고 말하고 나면, 그는 자존심 때문에 애초의 입장을 쉽게 바꾸지 않는다. 나중에 자신의 부정적인 생각이 잘못됐다고 느낄 수도 있지만, 자존심 때문에 한번 말한 사실을 계속 고집하게 된다. 따라서 처음에 사람이 긍정적인 방향으로 갈 수 있도록 이끄는 것이 매우 중요하다. 뛰어난 연설가는 처음부터 '예'라는 반응을 이끌어냄으로써 청중들의 심리를 긍정적인 방향으로 움직이게 만든다. 이는 당구공의 움직임과 비슷하다. 일단 공을 한쪽 방향으로 구르게 하고 나면 다른 방향으로 바꾸는 데 힘이 들고, 다시 반대 방향으로 움직이게 만들기 위해서는 더 큰 힘이 필요하다.

여기에서 나타나는 심리적 패턴은 아주 명확하다. 어떤 사람이 '아니요'라고 말하고 또 진짜로 그렇게 생각한다면, 그는 단순히 세 글자를 말하는 것 이상의 작용을 시작하게 된다. 그의 각종 기관, 신경, 근육 등이 다 함께 거부 모드로 바뀌게 된다. 보통은 미세하지만, 때로는 눈에 보일 정도로 커다란 신체적 위축 혹은 위축의 조짐이 드러나기도 한다. 즉 전체 신경근육 체계에서 수용을 거부하는 경계 경보가 발령되는 것이다. 반대로 '예'라고 답할 경우에는 그런 긴장 상태로 바뀌지 않는다. 몸 전체 조직이 앞으로 움직이면서 수용적이고 개방적인 태도로 바뀌게 된다. 따라서 처음에 긍정적인 반응을 많이 이끌어낼수록 당신의 궁극적인 제안이 청중의 관심을 얻을 수 있는 확률은 높아진다.

긍정적인 반응을 유도하는 것은 아주 단순한 방법이지만, 많은 사람들이 너무 사소한 것으로 치부하는 경향이 있다. 흔히 사람들은 처음에 적대적으로 행동하면 다른 사람에게 대단한 존재로 보일 거라고 착각한다. 급진주의자는 보수적인 동료들과 함께 있으면 상대방을 화나게 한다. 그렇게 해서 그가 얻는 것은 무엇일까? 만일 그런 행동을 통해 단순히 즐거움을 얻고자 한다면 별 문제가 안 될 수도 있다. 하지만 만일 무언가 얻길 바란다면 심리적으로 어리석은 행동이다.

처음에 학생이나 고객, 어린이, 남편, 아내 등 상대방으로부터 '아니요'라는 말을 듣고 나면, 그 부정적인 대답을 다시 '예'로 되돌리기 위해서는 천사의 지혜와 인내가 필요하다."

처음에 '예'란 반응을 얻으려면 어떻게 해야 할까? 아주 간단하다. 링컨은 그 비법에 대해 이렇게 말했다. "내가 논쟁을 시작해서 이기는 방법은 먼저 서로 공통되는 합의점을 찾는 것이다." 심지어 그는 노예제도라는 굉장히 민감한 주제에 관해 논쟁할 때도 이런 공통의 합의점을 찾아냈다. 링컨의 연설을 보도한 중립 신문 〈미러〉는 그의 연설에 대해 다음과 같이 평했다. "그의 적들은 그가 하는 모든 말에 동의하곤 했다. 그때부터 그는 가축을 몰 듯 조금씩 그들을 특정한 방향으로 이끌었고, 마침내 자신의 우리 속으로 끌어들였다."

롯지 상원 의원의 방법

제1차 세계대전이 끝나고 롯지 상원 의원과 하버드대의 로웰 총장은 보스턴 청중 앞에서 국제연맹 창설에 대해 토론했다. 롯지 상원 의원은 많은 청중들이 자신의 생각을 불편해한다는 사실을 알고 있음에도 그들을 설득해 자신의 주장에 동의하게 만들고자 했다. 그는 어떻게 했을까? 그들의 생각을 바로 정면으로 맞받아치는 방법을 사용했을까? 절대 아니었다. 그는 사람의 심리를 정확히 알고 있기 때문에 그런 어리석은 방법으로 일을 망칠 사람이 아니었다. 그는 서두부터 훌륭한 재치와 기지를 보여주었다. 다음 단락에 그의 연설 첫머리를 소개해두었다. 특히 연설 첫 부분의 10여 개 문장은 그에게 적대적이던 사람들조차 동의할 수밖에 없게 만든다는 사실에 주목하라. 또 '저의 동료 미국인 여러분'이라는 인사로 어떻게 그들의 애국심에 호소하는지도 눈여겨보라. 그리고 그가 어떻게 견해차를 줄이는지, 또 어떻게 공통점을 찾아 솜씨 좋게 이를 강조하는지 보라. 그가 상대방을 어떻게 대하는지, 그들이 사소한 방법의 문제에서만 차이가 있을 뿐 미국의 복지와 세계 평화라는 대의에서는 전혀 다를 게 없다는 사실을 어떻게 강조하는지 주목하라. 더나아가 그는 자신이 지지하는 국제연맹의 종류까지 밝혔다. 그래서 반대자들은 그가 만들고자 하는 연맹이 좀 더 이상적이고 효과적이라는 차이가 있을 뿐이라고 생각하게 되었다.

"존경하는 내빈, 신사숙녀 여러분, 저의 동료 미국인 여러분. 로웰 총장님의 배려로 저는 오늘 고명하신 청중 여러분 앞에 설 수 있게 되었습니다. 그분과 저는 오랜 친구이고, 같은 공화당원입니다. 그는 미국에서 가장 중요하고 영향력 있는 곳의 하나인 이 훌륭한 대학교의 총장입니다. 또한 그는 정치학 및 행정학 분야의 뛰어난 학자이자 역사가입니다. 그분과 저는 오늘날 우리 앞에 놓인 문제의 구체적인 방법에 대해서는 서로 의견이 다르지만, 세계 평화 유지와 미국의 복지라는 목적에 있어서는 서로 같은 뜻을 가지고 있다고 확신합니다.

허락해주신다면 제 생각을 말해보겠습니다. 사실 저는 제 견해를 거듭 밝혀왔습니다. 그간 저는 쉽고 간결한 언어로 전달했다고 생각했습니다만, 제 말을 오해해 이를 편리하게 논쟁의 무기로 이용하는 사람들이 있고, 매우 현명하게 판단하시는 분들 중에도 제 말을 듣지 못했거나 아니면 잘못 이해하는 분들도 계신 것 같습니다. 그래서 제가 국제연맹에 반대하는 것처럼 전해지고 있지만, 사실은 전혀 다릅니다. 저는 오히려 세계의 자유 국가들이 하나의 연맹, 또는 프랑스인들이 협회라고 부르는 체제에서 연합하여 미래의 세계 평화를 보장하고 전체적으로 군축을 실현하기 위해 할 수 있는 모든 일을 하게 되기를 간절히 바라고 있습니다."

그와 다른 의견을 가졌던 사람들도 이러한 연설을 들으면 닫혔던 마음이 열리고 누그러질 것이다. 또한 좀 더 들어보겠다는 마음도 가질 것이다. 사람들은 이 연설자를 공정한 정신의 소유자라고 생각하지 않겠는가?

만일 롯지 상원 의원이 국제연맹을 지지하는 사람들에게 직설적으로 그들이 잘못되었으며, 환상에 빠져 있다고 말했다면 연설은 아무 소용이 없을 것이다. 제임스 하비 로빈슨 교수의 《정신의 형성》에 나오는 다음 글귀는 그런 공격이 헛되다는 것을 심리학적 관점에서 보여준다.

"때로 우리는 어떤 반발심이나 감정의 동요 없이 생각을 바꿀 때가 있다. 하지만 누군가로부터 우리가 틀렸다는 말을 들으면 그 말에 분개해 마음을 굳게 닫아버린다. 우리가 어떤 믿음을 형성하는 과정은 놀랄 정도로 허술하지만, 막상 누군가 그 믿음의 세계를 깨려 하면 그 믿음에 대해 불합리할 정도로 집착하게 된다. 이때 우리에게 소중한 것은 생각 그 자체가 아니라 외부의 위협에 노출된 우리의 자존심이다…. 인간사에서 가장 중요한 것은 '나의(My)'라는 작은 단어이며, 지혜는 이에 대한 고려에서 출발한다. 나의 저녁 식사, 나의 개, 나의 집, 나의 신념, 나의 조국, 나의 신 등 그게 무엇이든 '나의'라는 말과 관련된 것은 모두 같은 힘을 가지고 있다. 우리는 내 시계가 틀렸거나 내 차가 형편없다는 것뿐만 아니라 화성의 운하, '에픽테투스'의 발음, 살리신 해열 진통제의 의학적 가치, 사라곤 1세의 연대 등에 대한 내 생각이 수정되어야 한다는 지적에 대해 불쾌해한다…. 우리는 자신이 진리로 여기는 것을 계속 믿고 싶어 하고, 이런 신념 체계에 누군가 의혹의 눈길을 던지면 반발심으로 더욱 집착하게 된다. 그 결과 소위 논증이라는 것의 대부분은 자신이 믿고 있는 것을 계속 믿기 위한 논거를 찾아내는 작업이다."

설명이 최상의 논쟁

청중과 논쟁하는 연설자는 그들을 더 완고하고 방어적으로 만들어 오히려 생각을 바꾸기가 거의 불가능하게 만들 뿐이다. 그렇게 생각하지 않는가? '지금부터 저는 이것을 증명하겠습니다'라는 식으로 말하는 것이 현명할까? 청중들은 그런 태도를 일종의 도전으로 받아들여 속으로 '그래, 얼마나 잘하나 보자'라고 생각하면서 당신을 지켜볼 것이다.

서두에서는 당신과 청중이 서로 공감하는 것을 먼저 강조한다음, 모두가 해결을 원하는 적합한 질문을 하는 것이 훨씬 효과적이지 않겠는가? 그런 다음 해답을 찾는 진지한 과정에 청중을 동참시킨다. 답을 찾는 동안 관련 사실들을 명백하게 제시해 당신의 결론을 자신들이 내린 결론으로 생각하며 받아들이도록 유도한다. 청중들은 자신이 스스로 찾았다고 생각하는 사실을 더 강하게 믿을 것이다. "최고의 논쟁은 단지 설명처럼 보이게 하는 것이다."

아무리 의견차가 심한 논쟁이라 하더라도 모든 논쟁은 연설자가 원하는 결론에 도달하는 과정에 사람들을 참여시킬 수 있는, 상호 교감을 이룰 수 있는 공통점이 항상 존재한다. 예를 들어 공산당 당수가 미국 은행가협회의 집회에서 연설한다고 해도 공통적인 어떤 믿음 혹은 청중과 공감대를 형성할 수 있는 공통적인 소망을 찾아낼 수 있을 것이다. 그게 어떻게 가능한지 보자.

"가난은 항상 인간 사회를 괴롭히는 잔인한 문제 가운데 하나입니다. 우리 미국인들은 항상 때와 장소를 가리지 않고 능력이 허락하는 한, 가난한 사람들의 고통을 덜어주는 것을 의무로 생각해왔습니다. 우리는 마음씨 좋은 국민입니다. 그 어느 민족도 역사상 불행한 사람들을 돕기 위해 자신의 부를 아낌없이, 이기심 없이 내놓은 적이 없었습니다. 과거 우리가 자선을 베풀었던 관대하고 이타적인 정신으로 산업화 시대의 우리 삶을 돌아보며, 가난을 줄이고 또 예방할 수 있는 공정하고 합리적이고 모두가 받아들일 수 있는 어떤 방법을 찾을 수 있는지 생각해봐야겠습니다."

누가 이 말에 반대할 수 있을까? 코글린 신부가 할 수 있을까,

노먼 토머스가 할 수 있을까, 타운센드 박사가 할 수 있을까? 아니면 피어폰트 모건이 할 수 있을까? 그럴 수 없을 것이다.

이 주장이 5장에서 강조한 힘, 에너지, 열정과 모순되는 것처럼 보이는가? 전혀 아니다. 모든 것에는 다 때가 있다. 연설의 서두에서는 힘을 보일 때가 아니다. 연설 서두에서 필요한 것은 바로 재치다.

패트릭 헨리는 격렬한 연설을 어떻게 시작했을까

미국 학생들은 누구나 패트릭 헨리가 1775년 버지니아 집회 때 했던 유명한 연설을 기억할 것이다. "나에게 자유가 아니면 죽음을 달라." 하지만 그 격렬하고 감동적이고 역사적인 연설의 시작은 비교적 차분하고 재치 있었다는 사실은 거의 알려져 있지 않다. 미국 식민지들이 영국과 결별하고 전쟁을 할 것인가의 문제는 그 당시 중요한 논쟁거리였다. 사람들의 감정은 격앙되어 있었다. 하지만 패트릭 헨리는 연설의 첫머리에서 우선 자신에게 반대하는 사람들의 능력과 애국심을 찬양했다. 아래 연설문의 두 번째 단락에서 그가 어떻게 질문을 던져 청중의 생각을 자신의 생각으로 유도하는지, 또 그들이 자신과 같은 결론을 내리도록 이끄는지 살펴보자.

"친애하는 의장님, 저는 누구 못지않게 여기서 연설하신 존경하는 신사분들의 능력과 애국심에 대해 경외심을 갖고 있습니다. 하지만 사람들은 모두 다르기 때문에 같은 문제에 대해서도 다르게 생각할 때가 많습니다. 따라서 제가 그분들과 다른 의견을 자유롭게 표현한다고 해서 그게 그분들에게 무례하게 비춰지지 않기를 바랍니다. 지금은 격식이 중요하지 않습니다. 우리가 논하는 문제는 이 나라에서 가장 중요한 문제입니다. 그런데 이 주제와 똑같이 중요한 것은 토론의 자유입니다. 우리는 자유로운 토론을 통해 진리에 도달할 수 있고, 하나님과 조국에 대한 큰 책임을 완수할 수 있습니다. 만약 제가 공격받을 것을 걱정해 제 생각을 말하지 않는다면, 그것은 조국을 반역하는 것이고, 모든 것들 위에 존재하시는 높으신 하나님께 죄를 짓는 행동입니다.

존경하는 의장님, 희망의 환상에 빠지는 것은 인간에게는 자연스러운 일입니다. 우리는 고통스러운 진실에 대해 눈을 감고 사이렌(아름다운 노래로 선원들을 유혹해 위험에 빠뜨린 그리스 신화 속 괴물─옮긴이)의 노래에 취하고 싶어 합니다. 그녀가 우리를 동물로 만들어버리는 것도 모르고서 말입니다. 하지만 이것이 자유를 위한 위대하고 힘겨운 투쟁을 하는 지혜로운 자들이 할 일일까요? 우리가 현세의 구원과 밀접한 관련이 있는 것들을 보지 못하고 듣지 못하는 그런 무리에 있기를 바랍니까? 저는 어떤 정신적 고통이 있더라도 모든 진실을 알고 싶고, 최악의 진실도 피하지 않고 맞설 것입니다."

셰익스피어가 쓴 최고의 연설

셰익스피어가 자신이 만든 인물을 통해 했던 유명한 연설(마르쿠스 안토니우스가 율리우스 카이사르 앞에서 행한 추도사)은 뛰어난 기지를 보여주는 연설의 고전 가운데 하나다.

상황은 이렇다. 카이사르는 독재자가 되었다. 으레 그렇듯 그의 정적들은 자연스럽게 그를 질투했고, 그를 파멸시키려 했으며, 그의 권력을 자신들의 것으로 만들려고 했다. 23인의 정적들은 브루투스와 캐시어스의 주도로 작당해 카이사르를 칼로 찔렀다. 마르쿠스 안토니우스는 카이사르의 국무 장관이었다. 그는 잘생겼고, 글솜씨도 뛰어났으며, 훌륭한 연설가였다. 그는 나랏일을 하며 정부를 훌륭하게 대변했다. 카이사르가 그를 자신의 오른팔로 인정한 것도 당연했다. 카이사르를 암살한 음모자들은 안토니우스를 어떻게 해야 했을까? 제거해야 할까? 이미 피는 충분히 흘렀고, 정당성도 충분했다. 안토니우스를 자신들의 편으로 끌어들이는 것이 좋지 않을까? 그의 영향력을 이용하는 것은 어떨까? 그의 뛰어난 말솜씨를 그들의 방패막이로 활용해 목적을 달성하는 데 유용하게 써먹을 수 있지 않을까? 그럴듯한 생각이었기에 그들은 시도했다. 그들은 안토니우스에게 천하를 지배했던 영웅의 시체 앞에서 '몇 마디 하게' 했다.

안토니우스는 로마 광장의 연단에 올랐다. 그의 앞에는 살해당한 카이사르가 누워 있었다. 군중들은 요란하고 위협적으로 안토니우스를 에워쌌다. 그들은 브루투스와 캐시어스, 그리고 다른 암살자들에게 호의적인 폭도들이었다.

안토니우스 연설의 목적은 대중의 열광을 격한 증오심으로 바꾸는 것, 평민들을 선동해 폭동을 일으켜 카이사르를 쓰러뜨린 자들을 살해하게 하는 것이었다. 그는 손을 들어 소란을 가라앉힌 다음 말을 시작했다. 그가 얼마나 노련하고 교묘하게 브루투스 일파를 치켜세우면서 말을 시작하는지 주목하라.

"브루투스는 영예로운 분입니다.
그들 모두 마찬가지입니다. 모두 영예로운 분들입니다."

여기서 그는 논쟁을 하지 않는다. 그러고 나서 점차 드러나지 않게 카이사르에 대한 사실을 하나씩 언급하기 시작한다. 카이사르가 포로들의 몸값으로 어떻게 국고를 채웠는지, 그가 어떻게 가난한 자들과 함께 슬퍼했는지, 어떻게 왕관을 거절했고 어떻게 유언을 통해 자기 재산을 사회에 환원시켰는지 등을 언급했다.

그는 사실을 나열하면서 군중에게 질문을 해서 그들 스스로 결론을 내리게 했다. 증거는 새로운 것이 아닌, 그들이 잠깐 잊고 있던 사실들이었다.

"저는 여러분이 스스로 알고 있는 것을 말할 뿐입니다."

그는 마법과 같은 말솜씨로 군중들의 마음을 건드리고, 그들의 화를 자극했으며, 그들의 동정심을 일깨우고, 그들의 분노에 불을 지폈다. 잠시 후 기지와 달변의 전형이라 할 수 있는 안토니우스의 연설 전문을 소개하고자 한다. 문학과 연설에 관한 자료를 아무리 찾아보더라도 이만큼 뛰어난 연설을 찾긴 어려울 것이다. 사람들의 마음을 움직이는 훌륭한 기술을 얻길 원한다면 누구나 진지하게 공부해볼 만한 가치가 있는 연설문이다. 하지만 비즈니스맨들이 셰익스피어를 읽고 또 읽어야 하는 이유는 우리가 생각하는 것과 조금 다르다. 그는 다른 작가보다 훨씬 뛰어난 어휘력을 갖고 있었다. 그는 어휘를 누구보다 더 아름답고 매력적으로 사용했다.《맥베스》,《햄릿》,《율리우스 카이사르》를 읽는 사람은 누구나 자신도 모르는 사이에 자신의 언어를 한층 세련되게 연마해 그 폭을 넓히게 된다.

안토니우스: 친구들, 로마인들, 동포 여러분, 그대들의 귀를 빌려주십시오.
나는 카이사르를 매장하기 위해 온 것이지 찬양하러 온 것이 아닙니다.
사람이 저지른 악행은 죽은 뒤에도 남지만,
선행은 흔히 뼈와 함께 땅에 묻힙니다.
카이사르도 예외일 수는 없습니다. 고귀한 브루투스께서는
카이사르가 야심이 많았다고 했습니다.
만약 그게 사실이라면 큰 잘못이고,
카이사르는 처참하게도 그 대가를 치렀습니다.
저는 브루투스와 나머지 분들의 허락을 받아
—브루투스는 고귀한 분이고 다른 분들도 모두 그렇기 때문에—
카이사르의 장례식에 추도사를 하러 왔습니다.
그는 저의 친구였고, 저에게 신실하고 공정했습니다.
하지만 브루투스는 그에게 야심이 있었다고 말합니다.

그리고 브루투스는 영예로운 분입니다.

카이사르는 많은 포로들을 로마에 끌고 왔으며,

그들의 몸값을 받아 국고를 채웠습니다.

이것이 카이사르의 야심입니까?

가난한 자들이 울 때 카이사르는 함께 울었습니다.

야심은 보다 냉혹한 마음에서 생기게 마련입니다.

하지만 브루투스는 그가 야심이 있었다고 말합니다.

그리고 브루투스는 영예로운 분입니다.

루퍼컬 축제에서 여러분도 보셨을 겁니다.

제가 카이사르에게 세 번이나 왕관을 바치는 것을,

그리고 그가 세 번이나 거절하는 것을 말입니다. 이것이 야심입니까?

분명히 브루투스는 영예로운 분입니다.

저는 브루투스가 한 말을 반박하려고 온 것이 아니라,

제가 아는 사실을 말하려고 이 자리에 나온 것입니다.

여러분은 한때 그를 사랑했고, 거기엔 이유가 있었습니다.

그렇다면 그를 애도하는 일을 왜 주저합니까?

오 판단력이여, 그대는 잔인한 짐승들에게로 도망가고,

인간은 이성을 잃어버렸구나! 아, 저를 이해해주십시오.

제 심장은 카이사르와 함께 관에 누워 있어서

다시 돌아올 때까지 쉬어야겠습니다.

시민 1: 그의 말에 일리가 있어.

시민 2: 공정하게 판단하자면, 카이사르는 부당하게 화를 입은 거지.

시민 3: 그랬을까?

난 카이사르 대신 더 사악한 자가 올까 걱정되네.

시민 4: 저 사람 말을 들었어? 그가 왕관을 거절했다잖아.

그걸 보면 그는 야심이 없었던 게 분명해.

시민 1: 만약 그게 사실이라면 누군가는 대가를 치르겠지.

시민 2: 불쌍한 사람. 울어서 눈이 빨개졌구만.

시민 3: 로마에 안토니우스보다 고귀한 사람은 없을 거야.

시민 4: 더 들어보자고. 안토니우스가 다시 말을 하는군.

안토니우스: 어제만 해도 카이사르의 말은 천하를 다스렸지만,

그는 지금 저곳에 누워 있습니다.

그리고 아무리 비천한 이도 그에게 경의를 표하지 않습니다.

오, 여러분, 만약 제가 여러분의 심장과 마음을 충동질해 반란과

폭동을 일으키게 만든다면,

저는 브루투스와 캐시어스를 욕되게 하는 것입니다.

여러분도 알다시피 그들은 모두 영예로운 분들입니다.

저는 그분들을 욕되게 하지 않을 것입니다.

그렇게 고귀한 분들을 욕되게 하느니

저는 죽은 사람과 제 자신과 여러분을

욕되게 할 것입니다.

그런데 여기 카이사르의 봉인이 적힌 서류가 있습니다.

이것은 그의 벽장에서 발견한 유서입니다.

시민 여러분만 이 유서의 내용을 들어보십시오.

(죄송하지만, 제가 낭독하겠다는 뜻은 아닙니다.)

내용을 들은 이들은 죽은 카이사르의 상처에 입을 맞추고,

그분의 신성한 피에 그들의 손수건을 적시고,

그분의 머리카락 한 올을 기념으로 삼기 위해 달라고 애원하고,

자신이 죽을 때는 그에 관한 기록을 유언장에 남겨

후손에게 귀중한 유산으로 물려줄 것입니다.

시민 4: 유서의 내용을 듣고 싶소. 읽어주시오, 마르쿠스 안토니우스.

시민들: 어서 유언장을 읽어주시오. 우리는 카이사르의 유언을 듣고

싶소.

안토니우스: 참으십시오, 점잖은 친구들이여. 전 그렇게 할 수 없습니다.

카이사르가 그대들을 얼마나 사랑했는지 모르는 것이 더 낫습니다.

여러분은 목석이 아니라 인간입니다.

따라서 여러분이 이 내용을 듣게 되면,

가슴이 분노로 불타올라 미쳐버릴 것입니다.

여러분이 그의 상속인이라는 사실을 모르는 것이 좋습니다.

만약 사실을 안다면 무슨 일이 벌어질지

생각만 해도 두렵기 때문입니다!

시민 4: 얼른 읽으시오. 듣고 싶소, 안토니우스.

꼭 읽어주시오, 카이사르의 유언을!

안토니우스: 참아주십시오. 좀 진정해주시겠습니까?

유언장 이야기를 꺼내다니 제가 경솔했습니다.

제가 저 고귀하신 분들에게 못할 짓을 하는 것 같아 두렵습니다.

카이사르를 칼로 찌른 분들에게 말입니다. 저는 두렵습니다.

시민 4: 그들은 반역자요! 고귀하신 분들이 아니오!

시민들: 유서를 읽으시오! 읽으시오!

시민 2: 그들은 극악무도한 살인자들이오. 어서 유서를 읽으시오.

안토니우스: 꼭 유서의 내용을 들어야겠습니까?

　그렇다면 카이사르의 유해 주위로 모여주십시오.

　여러분에게 유언장을 쓴 분의 모습을 보여드리겠습니다.

　제가 내려가도 될까요? 제가 그리 가도 될까요?

시민들: 그러시오. (그가 내려온다.)

시민 2: 내려오시오.

시민 3: 이쪽으로 오시오.

시민 4: 원을 만듭시다. 빙 둘러서시오.

시민 1: 관에서 물러서시오. 유해에서 떨어져요.

시민 2: 고귀한 안토니우스가 설 자리를 만들어줍시다.

안토니우스: 밀지 말고 멀리 떨어져주십시오.

시민들: 물러나시오. 공간을 만들어줘요.

안토니우스: 여러분에게 눈물이 있다면, 이제 흘릴 준비를 하십시오.

　여러분은 이 망토를 잘 아실 것입니다.

　저는 카이사르가 이 망토를 처음 입었을 때를 기억합니다.

　어느 여름날 저녁 그의 천막 안에서였죠.

　그날 그는 너비 족을 정복했습니다.

　보십시오. 이곳이 캐시어스의 검이 뚫고 지나간 자리입니다.

　질투에 사로잡힌 카스카가 남긴 이 상처를 보십시오.

　이곳은 그분이 그토록 총애하던 브루투스가 찌른 자리입니다.

　브루투스가 자신의 저주받은 칼을 꺼냈을 때,

　카이사르의 피가 어떻게 그 칼을 뒤쫓아 나왔는지 보십시오.

마치 문밖으로 달려 나가 브루투스가 정말 그렇게 찔렀는지
확인이라도 하려는 듯합니다.

아시는 바와 같이 브루투스는 카이사르의 두터운 총애를 받았습니다.
오, 신들이여! 판단해주소서. 카이사르가 그를 얼마나 사랑했는지!
이것은 모든 상처 중에서 가장 잔인한 상처입니다.

고귀한 카이사르께서는 브루투스마저 자신을 찌르는 것을 보고, 반
역자들의 흉기보다 더 강한 그의 배신에 질려
그 위대한 가슴이 터져버렸던 것입니다.

그래서 망토로 얼굴을 가리고,

폼페이우스의 조각상 밑에서

붉은 피를 흘리며 그렇게 위대한 카이사르는 쓰러졌습니다.

아, 동포 여러분, 이것이 무엇이란 말입니까?

그때 저와 여러분, 우리 모두가 쓰러진 것입니다.

그사이 반역은 피비린내를 풍기며 우리 위에 군림했습니다.

여러분도 눈물을 흘리시는군요. 저는 알 수 있습니다.

여러분이 측은함을 느끼고 있음을. 그것은 거룩한 눈물입니다.

선하신 분들이여, 카이사르 옷에 나 있는 상처를 보는 것인데도
그렇게 눈물을 흘리십니까? 여기를 보십시오.

여기 그가 있습니다. 반역자들의 칼에 찔린 모습 그대로.

시민 1: 오, 비참하구나.

시민 2: 고귀한 카이사르여!

시민 3: 오, 비통한 날이여!

시민 4: 오, 반역자들, 악당들.

시민 1: 오, 정말 잔인하구나!

시민 2: 우리가 복수할 것이다.

시민들: 복수, 일어서자, 찾아라, 태워라, 불 질러라, 죽여라, 베어라, 반역자를 살려두지 마라!

안토니우스: 진정들 하시오.

시민 1: 조용히 해보시오! 고귀한 안토니우스의 말을 들읍시다.

시민 2: 우리는 그의 말을 들을 것이오. 그를 따르겠소. 우리는 그와 함께 죽을 것이오.

안토니우스: 좋은 친구들, 믿음직한 친구들이여, 나는 여러분을 선동할 생각이 없습니다.

갑작스레 폭동을 일으켜서는 안 됩니다.

그런 짓을 한 분들은 고귀하신 분들입니다.

그들이 무슨 고민 때문에 이렇게 했는지 나는 모르겠습니다.

그들은 현명하고 고귀한 분들입니다.

그러니 틀림없이 여러분에게 그 이유를 설명해주실 것입니다.

동포들이여! 저는 이곳에 여러분의 마음을 훔치기 위해 온 것이 아닙니다.

저는 브루투스 같은 웅변가가 아니며,

여러분도 알다시피 저는 그저 친구를 사랑하는,

평범하고 어수룩한 사람입니다. 그들도 이를 잘 알기 때문에

카이사르에 대해 내가 이야기하도록 허락한 것입니다.

왜냐하면 저에게는 재주도, 말솜씨도, 위풍도, 행동도, 웅변술도,

사람의 피를 끓게 할 능력도 없기 때문입니다.

저는 오로지 솔직하게 말할 뿐입니다.

저는 여러분도 잘 알고 있는 사실을 말씀드리고,

존경하는 카이사르의 상처를 보여드려

그 불쌍하고 가련한 상처들이 무언의 입이 되어

제 대신 말하게 한 것뿐입니다.

하지만 만일 제가 브루투스이고, 브루투스가 안토니우스라면,

안토니우스는 여러분의 정신을 흔들고,

카이사르의 상처들에 혓바닥을 달아주어

로마의 돌들이 분기해 일어나게 할 것입니다.

시민들: 우리가 들고 일어나겠소.

시민 1: 우리가 브루투스 집에 불을 지르겠소.

시민 3: 이제 갑시다! 자, 반역자들을 찾아봅시다.

안토니우스: 제 이야기를 더 들어주십시오. 아직 할 말이 있습니다.

시민들: 조용히! 쉿! 우리 고결한 안토니우스의 말을 들어봅시다.

안토니우스: 아니, 동포들이여! 여러분이 어떤 일을 하려는지 알고 가

야 하지 않겠습니까?

무엇 때문에 카이사르는 이렇게 여러분의 사랑을 받아야 할까요?

아! 모르고 계시는군요. 그럼 제가 말씀드리겠습니다.

여러분은 유언장의 내용을 모르고 있습니다.

시민들: 그건 그렇군. 가만히 유언장의 내용을 들어봅시다.

안토니우스: 이것은 카이사르의 봉인이 찍힌 유언장입니다.

그는 로마 시민 모두에게 유산을 남겼습니다.

사람들마다 각각 75드라크마씩 말입니다.

시민 2: 오, 고귀한 카이사르! 우리가 그를 대신해 복수하겠소.

시민 3: 오, 영예로운 카이사르!

안토니우스: 제 말을 끝까지 들어주십시오.

시민들: 모두 조용히, 쉿!

안토니우스: 그뿐만 아니라 그는 테베레 강 이쪽에 있는

자신의 모든 산책로, 개인 정원, 새로 나무를 심은 과수원을

여러분에게, 그리고 여러분의 후손에게 영원히 남겨주었습니다.

여러분이 밖으로 나가 산책하며 휴식하거나

재충전할 수 있도록 말입니다.

카이사르는 바로 그런 사람이었습니다. 그런 사람이 또 나올 수

있을까요?

시민 1: 절대, 절대 없을 겁니다. 자, 갑시다!

그분의 시신을 거룩한 곳에서 화장한 뒤,

타다 남은 장작으로 반역자들의 집을 불사르겠소.

자, 시신을 옮깁시다.

시민 2: 불을 가져오시오.

시민 3: 의자들을 헐어버립시다.

시민 4: 창틀이든 창이든 모조리 뜯어냅시다.

(시민들이 시신과 함께 퇴장)

안토니우스: 이제 어떻게 되나 보자. 이간질이여, 이제 네가 진행되는

구나. 어서 일어나 네 길을 가라.

청중을 단숨에 사로잡기

1. 청중과 의견이 같은 부분에서 시작하라. 처음에는 모두가 당신의 말에 동의하도록 하라.

2. 처음부터 사람들이 "아니요"라는 반응을 보이지 않도록 조심하라. 사람은 일단 "아니요"라고 말하고 나면 자존심 때문이라도 그 말을 취소하기 어렵다. "시작 단계에서 '예'라는 반응을 많이 이끌어낼수록 우리의 궁극적인 목적으로 청중의 관심을 끌어들일 가능성은 더 높아진다."

3. 이것저것을 증명해 보이겠다는 말로 시작하지 마라. 상대의 반감을 불러일으키기 쉬운 방법이다. 그러면 청중들은 '그래, 얼마나 잘하나 두고 보자'라는 식으로 반응하기 마련이다. 적절한 질문을 제시한 뒤, 청중들이 당신과 함께 해답을 찾는 과정에 참여하게 만들어라. "최고의 논쟁은 단지 설명처럼 보이게 하는 것이다."

4. 셰익스피어가 쓴 가장 유명한 연설문은 카이사르를 애도하는 마르쿠스 안토니우스의 추도사다. 그의 기지가 번득이는, 연설의 고전 가운데 하나다. 애초에 로마 시민들은 음모자들에게 우호적이었다. 하지만 안토니우스가 얼마나 교묘하게 그 호의를 격렬한 증오의 감정으로 바꾸는지 주목하라. 그가 이 과정에서 논쟁을 하지 않았다는 사실역시 눈여겨보라. 그는 객관적인 사실들을 제시하고, 군중이 스스로 결론을 내리도록 했다.

11

어떻게
마무리할 것인가

"결론도 공들여 해야 한다. 결론은 연설을 마무리하는 부분이기에 그 순간 청중 전체가 연설에 더욱 집중하도록 해야 한다. 결론 부분은 생각의 실타래를 뽑아내어 연설이라는 천을 완성시켜야 한다. '이제 말을 다 한 것 같습니다'라는 식으로 웅얼거리면서 어색하고 급작스럽게 끝내서는 절대 안 된다. 제대로 끝을 맺어서 청중이 이제 연설이 완성되었다는 것을 알게 하라."

— 조지 롤런드 콜린스, 《연단에서의 연설》

"설교의 길이 자체가 중요한 것은 아니다. 전혀 상관없다! 짧더라도 길게 느껴지는 설교가 긴 설교고, 길더라도 사람들이 더 듣고 싶어 하며 아쉬워하면 짧은 설교다. 단 20분짜리 설교든 한 시간 반짜리 설교든 상관없다. 더 듣고 싶은 설교라면 청중은 시간이 얼마나 흘렀는지 모르고, 또 신경 쓰지도 않는다. 따라서 시간의 길이만 갖고 긴 설교와 짧은 설교를 구분할 수 없다."

— 찰스 R. 브라운, 예일대 신학대학 학장, 《설교의 기술》

어떻게 마무리할 것인가

연설자의 노련함 혹은 미숙함, 재능 혹은 서투름이 가장 잘 드러나는 부분은 어디일까? 바로 시작 부분과 끝 부분이다. 연극계에서는 배우와 관련된 이런 오래된 격언이 있다.

"등장하고 퇴장하는 모습으로 그 배우를 알 수 있다."

시작과 끝! 어떤 일이든 가장 힘들고 까다로운 부분이 바로 시작과 끝이다. 예를 들어 사교 행사에서도 우아한 등장과 퇴장이 가장 어렵지 않던가? 업무상 면담에서 인상적인 첫 대면과 성공적인 마무리만큼 어려운 일이 있을까?

연설에서 마무리는 전략적으로 가장 중요한 순간이다. 마지막에 하는 말은 연설이 다 끝난 뒤에도 청중의 귀에 가장 오래 남는다. 하지만 초보자들은 이러한 마무리의 중요성을 깨닫지 못하기 때문에 아쉬운 경우가 많다. 가장 흔히 저지르는 실수는 무엇일까? 몇 가지 예를 살펴보고 해결책을 찾아보자.

첫째, '이제 말을 다 한 것 같습니다' '이제 끝낼 때가 된 것 같네요'라는 식으로 마무리하는 사람이 있다. 이렇게 끝내서는 안 된다. 아마추어 티를 내는 용서받을 수 없는 실수다. 정말 할 말을 다 했으면 바로 끝내고 자리에 앉으면 될 터인데, 이제 다 말한 것 같다는 얘기는 왜 하는 걸까? 정말 할 말을 다 했는지는 청중의 판단에 맡기는 게 안전하고 지각 있는 행동이다.

또 할 말을 다 해놓고도 좀처럼 끝내지 않는 사람이 있다. 조쉬 빌링스는 황소를 잡을 때는 뿔을 잡지 말고 꼬리를 잡으라고 했다. 그래야 놓기가 더 쉽기 때문이다. 그런데 이런 연설자는 황소를 정면에서 상대하고 있으니 떨어지고 싶어도 안전한 울타리나 나무로 피할 수가 없다. 결국 그는 원 안에서 빙빙 돌며 계속 되풀이함으로써 보는 사람들을 괴롭게 한다.

그럼 어떻게 해야 할까? 유종의 미를 거두려면 계획이 필요하지 않겠는가? 청중과 마주한 직후나 연설 중간, 혹은 긴장하며 온 정신을 집중해야 할 때 결론을 생각하는 것이 현명한 일일까? 상식적으로 조용하고 차분한 때에 미리 계획을 세워야 하지 않겠는가?

탁월한 영어 구사 능력을 갖추었던 웹스터, 브라이트, 글래드스톤 같은 노련한 연설자들도 마지막에 할 말은 미리 한 단어 한 단어 정확하게 적어놓고 외워야 한다고 느꼈다.

초보자들이 이들의 방법을 따르면 후회할 일은 없을 것이다. 마무리하는 말에 어떤 생각을 표현할 것인지를 명확하게 정해야 한다. 몇 차례 리허설을 해야 하는데, 그때마다 똑같은 표현을 쓸 필요는 없지만 전하고자 하는 생각의 내용은 명확하게 표현해야 한다.

즉흥 연설은 연설 도중에 내용이 크게 변할 수도 있고, 상황이 예상치 않게 전개되어 분량이 줄어들거나 청중의 반응에 맞춰 조정될 수도 있기 때문에 마무리 발언을 두세 가지 정도 마련해두는 것이 현명하다. 하나가 맞지 않으면 다른 것을 쓰면 된다.

어떤 연설자들은 좀처럼 마무리를 짓지 못한다. 그들은 연설 중간에 마치 연료가 다 떨어져가는 자동차 엔진이 털털거리듯 더듬거린다. 그러고는 몇 번의 필사적인 돌진을 시도한 뒤에 고장 나 멈춰버린다. 그런 사람들은 탱크에 연료를 채우듯 더 치밀한 준비와 연습이 필요하다.

많은 초보자들이 연설을 갑작스레 끝낸다. 매끄럽고 세련된 끝손질이 부족하다. 엄밀히 말하자면, 마무리 과정 없이 그저 어느 순간에 뜬금없이 돌연 멈출 뿐이다. 그래서 끝이 편치 않고, 아마추어 냄새를 풍기게 된다. 마치 대화를 나누던 친구가 퉁명스럽게 말을 끊더니 제대로 된 작별 인사도 없이 방을 뛰쳐나가는 것과 같다.

연설 잘하기로 유명한 링컨도 첫 취임식 연설 초고에서 이런 실수를 저질렀다. 그 연설이 있던 때는 긴장이 팽배하던 시기였다. 증오와 불화의 기운이 가득한 먹구름이 사람들의 머리 위를 뒤덮고 있었다. 몇 주 뒤에는 유혈과 파괴의 회오리가 전국을 휩쓸었다. 링컨은 남부 사람들을 향해 이렇게 말하면서 연설을 마무리할 생각이었다.

"불만에 찬 동포 여러분, 내전이라는 중대한 문제는 제 손이 아니라 여러분의 손에 달려 있습니다. 정부는 여러분을 공격하지 않을 것입니다. 여러분 스스로 공격에 나서지 않는 한, 분쟁에 휩쓸리지 않을 것입니다. 여러분은 정부를 파괴하겠다고 하늘에 맹세하지는 않았지만, 저는 정부를 지키고 보호하겠다고 엄숙하게 맹세했습니다. 여러분은 정부를 공격하는 일을 그만둘 수 있지만, 저는 정부를 지키는 일을 그만둘 수 없습니다. 평화냐 전쟁이냐의 중대한 선택은 제가 아니라 바로 여러분에게 달려 있습니다."

링컨은 이 원고를 수어드 장군에게 보여주었다. 수어드는 끝부분이 너무 퉁명스럽고, 급작스러우며, 도전적이라고 정확히 지적해주었다. 그러고는 자신이 직접 결론 부분을 손질해 마무리 부분을 두 가지 만들었다. 그중 링컨이 하나를 선택해 약간 수정한 후 자신의 원래 마지막 세 문장 대신 사용했다. 그 결과 링컨의 취임 연설문은 처음의 도전적이고 퉁명스러운 모습을 걷어내고 부드럽고, 순수하고, 시적 유려함으로 가득한 명연설문이 되었다.

"끝을 맺기 아쉽습니다. 우리는 적이 아니라 친구입니다. 우리는 적이 되어서는 안 됩니다. 비록 격한 감정으로 팽팽하게 맞서더라도 그로 인해 호의로 뭉쳤던 우리의 결속이 깨져서는 안 됩니다. 모든 전쟁터와 애국지사의 무덤에서부터 살아 있는 모든 이의 마음과 이 땅의 모든 가정에 이르기까지 신비로운 기억의 심금이 우리 심성에 자리한 천사에 의해 다시 한 번 연방의 합창을 울릴 것입니다. 반드시 그럴 것입니다."

그럼 초보자가 연설의 마지막을 적절히 마무리할 수 있는 감각을 어떻게 기를 수 있을까? 기계적인 규칙에 의해서? 아니다. 그런 감각은 문화처럼 대단히 섬세하다. 감각적이고 직관적인 문제다. 만약 자신의 연설이 조화롭고 잘되었다고 느끼지 못하는 연설자라면, 어떻게 그가 그런 연설을 할 수 있으리라 기대할 수 있겠는가?

하지만 그런 느낌도 계발할 수 있다. 다시 말해 이러한 숙련된 감각 역시 명연설가들이 했던 방식을 연구함으로써 어느 정도 발달시킬 수 있다. 예를 들어 영국 황태자가 토론토의 엠파이어 클럽에서 했던 연설의 끝 부분을 소개하면 다음과 같다.

"신사 여러분, 지금까지 제 이야기를 너무 많이 한 것 같아 송구스럽군요. 하지만 캐나다에서 만난 가장 많은 대중 앞에서 제 위치와 책임에 관한 생각을 말씀드리고 싶었습니다. 저는 이런 큰 책임에 부응하고, 앞으로 여러분의 기대에 어긋나지 않기 위해서 항상 노력하겠습니다."

이런 말을 들으면 앞을 보지 못하는 장님이라도 연설이 끝났음을 알 수 있을 것이다. 풀려진 줄처럼 아무렇게나 내팽개쳐지지 않았으며, 매끈하게 손질되고 마무리된 모습이다.

저명한 해리 에머슨 포스딕 박사는 제6차 국제연맹 회의가 개막된 뒤 일요일에 제네바의 성 피에르 성당에서 연설한 적이 있었다. 강연 주제는 '칼로 흥한 자 칼로 망한다'였다. 그가 연설의 마지막 부분을 이끌어간 방식이 얼마나 아름답고, 우아하며, 힘이 넘치는지 주목하기 바란다.

"우리는 절대 예수 그리스도와 전쟁을 함께 받아들일 수 없습니다. 이것이 문제의 핵심입니다. 또한 오늘날 기독교인들의 양심이 마주한 문제이기도 합니다. 전쟁은 인류를 좀먹는 가장 크고 파괴적인 사회악입니다. 전쟁은 비기독교적이며, 전체적인 방법과 결과를 놓고 볼 때 예수님의 뜻과 반대됩니다. 전쟁은 하나님과 인간에 대한 기독교의 모든 교리를 세상의 모든 무신론자들이 생각할 수 있는 그 어떤 방법보다 더 노골적으로 부정합니다. 기독교 교회가 오늘날 이러한 크나큰 도덕적 문제를 자신의 문제로 보고, 우리 선조 때 그러했듯이 현 시대의 우상숭배를 거부하고, 호전적인 국가들의 요구에 양심을 팔아버리는 행위를 거부하며, 민족주의를 넘어서 하나님의 왕국을 받들면서 평화를 외쳐야 하지 않겠습니까? 이것은 애국심의 부정이 아니라 애국심의 승화입니다.

저는 오늘 이 높고 사랑이 가득한 지붕 아래서 미국인으로서 미국 정부를 대신해 말하고 있지 않습니다. 하지만 저는 미국인이자 또 기독교인으로서 수백만 동료 시민들을 대신해 우리가 믿고 기도하며, 우리가 참여하지 못함을 진심으로 애석해하는 여러분의 위대한 사역이 그에 합당한 빛나는 성공을 거두기를 기원합니다. 우리는 평화로운 세계라는 공동의 목표를 위해 다양한 방법으로 협력하고 있습니다. 이보다 더 가치 있는 목표는 없습니다. 평화 이외의 다른 목표는 인류의 가장 끔찍한 재앙이 될 것입니다. 물리적 영역에서의 중력의 법칙처럼, 도덕적 영역에서의 하나님의 법칙은 어느 인간이나 어느 국가에게도 예외가 없습니다. '칼로 흥한 자는 칼로 망한다'라는 법칙에서 자유로울 수 있는 인간이나 국가는 결코 없습니다."

하지만 그 어떤 연설의 마지막도 링컨의 재선 취임 연설의 마무리 부분처럼 웅장한 어조와 오르간 음색에서 느껴지는 듯한 장엄함을 찾기는 어려울 것이다. 옥스퍼드 대학 총장을 지낸 커즌 백작은 이렇게 칭송했다. "인간의 연설 중에서 가장 신성한 황금과 같은, 아니 거의 신성의 경지에 이른 연설이었다."

"우리는 전쟁이라는 이 엄청난 재앙이 빨리 지나가기를 진심으로 소망하며 간곡히 기도합니다. 하지만 노예들이 250년 동안 아무런 보상도 없이 노역을 해서 쌓아올린 이 모든 부가 사라질 때까지, 그리고 3000년 전에 말씀하셨듯이 채찍질로 흘린 모든 핏방울이 칼로 흘린 다른 피를 전부 되갚을 때까지 전쟁이 지속되는 것이 하나님의 뜻이라고 해도, 그래도 여전히 '여호와의 법도 진실하여 다 의로우니'(시편 19편 9절)라고 말해야만 합니다. 누구에게도 원한을 품지 말고, 누구에게나 관용을 베풀며, 하나님께서 우리에게 보여주신 정의와 마찬가지로 그 정의에 대한 확신을 가지고 우리에게 주어진 일을 완수하기 위해 노력합시다. 국가의 상처를 치유하기 위해 전투를 치러야 했던 이들과 남겨진 아내들과 고아들을 보살피고, 우리들 사이, 그리고 모든 국가들 사이에 정의롭고 영구적인 평화를 이루고 소중히 지켜나가기 위해 매진합시다."

인간의 입에서 나올 수 있는 가장 아름다운 연설의 마무리였다고 나는 생각한다. 그렇지 않은가? 연설 문학을 통틀어서 이처럼 인류애와 사랑과 동정심이 넘쳐나는 글이 있단 말인가?

윌리엄 E. 바턴 박사는 자신의 책《에이브러햄 링컨의 생애》에서 이렇게 말했다. "게티즈버그의 연설도 숭고하지만, 이 연설은 한층 더 고귀한 품격을 갖고 있다. (…) 이는 에이브러햄 링컨의 연설 가운데 가장 위대하며, 그의 수준 높은 지적, 영적 능력을 보여준다."

칼 슈르츠는 다음과 같이 말했다. "이 연설은 마치 신성한 시와 같다. 미국의 어떤 대통령도 국민들에게 이렇게 말한 적이 없었다. 이렇게 마음 깊은 곳에서 우러나는 말을 한 대통령을 지금껏 만나본 적이 없다."

하지만 당신은 대통령으로서 워싱턴에서 혹은 수상으로서 오타와나 멜버른에서 만인에게 영원히 기억에 남을 만한 연설을 해야 할 필요는 없을 것이다. 대부분은 기업인 모임에서 하게 될 간단한 연설을 어떻게 마무리하는 게 좋을지 궁금할 터이니, 지금부터는 실용적인 방법들을 하나씩 알아보기로 하자.

핵심을 요약하는 마무리

연설자들은 3분에서 5분 정도의 짧은 연설을 하면서도 흔히 너무 많은 것을 다루려는 경향이 있기 때문에 사람들은 그가 무슨 말을 했는지 헷갈리는 경우가 많다. 하지만 이런 현실을 잘 파악하고 있는 연설자는 많지 않다. 그들은 자신이 하는 여러 가지 내용을 자신은 잘 알고 있기 때문에 청중에게도 명확히 전달되었을 거라고 착각한다. 하지만 전혀 그렇지 않다. 연설자는 자신의 논점에 대해 많은 생각을 해보았지만, 청중은 처음 듣는 이야기일 수 있다. 마치 한 줌의 모래처럼 청중에게 휙 뿌려지는 것과 같아서, 일부는 이해되겠지만 대부분은 이해되지 않는 경우가 많다. 청중은 셰익스피어 작품의 이아고처럼 '많은 것이 기억나지만 뚜렷이 기억나는 것도 없는' 상황에 처하게 된다.

어떤 아일랜드 정치인은 연설에 관해 이런 조언을 남겼다고 한다. "우선 청중에게 어떤 말을 할 것이라고 말하라. 그리고 말하라. 그리고 무슨 말을 했는지 말하라." 나쁘지 않다. 사실 '청중에게 이런저런 말을 했다'라고 상기시켜주는 것이 바람직할 때가 많다. 단, 간단히 요점만 빨리 일러줘야 한다.

여기 좋은 사례가 있다. 연설자는 시카고 센트럴 YMCA에서 미스터 빌스 대중 연설 강좌를 들은 학생으로, 시카고의 한 철도 회사 운수 책임자였다.

"신사 여러분, 제가 뒷마당에서 이 차단 장치로 실험해본 경험, 동부와 서부와 북부에서 사용해본 경험, 아울러 무난한 작동 원리, 실제 검증 결과 파손되지 않아 연간 절약되는 돈의 양 등을 고려해볼 때, 저는 우리 남부 지점에서도 이 장치를 즉시 설치해야 한다고 건의하겠습니다."

그가 앞에서 어떤 연설을 했는지 알겠는가? 앞부분의 연설을 듣지 않고도 이해할 수 있다. 그는 전체 연설에서 밝힌 사실상 모든 내용을 단 몇 문장으로 요약했다. 이런 식의 요약이 효과적으로 생각되지 않는가? 그렇다면 이 방법을 당신의 것으로 만들어라.

행동을 촉구하는 마무리

앞서 인용한 연설의 마무리는 청중에게 행동을 촉구하며 마무리한 아주 훌륭한 예다. 연설자는 어떤 행동, 즉 어떤 차단 장치를 자기 회사의 남부 지점에 설치하자고 촉구했다. 그는 그러한 제안의 근거로 비용 절감, 파손 사고 방지 등을 언급했다. 연설자는 행동을 원했고, 그 뜻을 이루었다. 위의 연설은 단순한 연습용 연설이 아니었다. 한 철도 회사 이사진 앞에서 행한 연설이었고, 그는 차단 장치를 설치하자고 설득하는 데 성공했다.

간결하고 진정한 칭찬의 마무리

찰스 슈왑은 뉴욕 펜실베이니아 소사이어티에서 했던 어느 연설을 아래와 같이 마무리했다.

"위대한 펜실베이니아 주는 새 시대를 열어가는 데 앞장서야 합니다. 펜실베이니아는 철강의 주 생산지이자 세계 최대의 철도 회사가 태어난 곳이며, 농업 생산 규모도 미국에서 세 번째를 자랑하는 우리 산업의 핵심입니다. 지금은 과거 어느 때보다 전망이 밝으며, 리더십을 발휘하기에도 더없이 좋은 때입니다."

그는 청중들을 기쁘고, 행복하고, 들뜨게 만들었다. 이런 마무리도 훌륭하다. 하지만 진정 효과를 발휘하려면 진정성이 담겨 있어야 한다. 세련되지 못한 아첨이나 과장을 하면 절대 안된다. 진정성을 담지 않은 채 이런 식으로 마무리한다면, 사람들은 지독한 가식으로 생각할 것이다. 그리고 마치 위조지폐처럼 아무도 거들떠보지 않을 것이다.

유머를 이용한 마무리

조지 코핸은 이렇게 말했다. "작별 인사를 할 때는 웃음을 남겨라." 만약 그럴 수 있는 능력과 적절한 소재만 있다면 참 좋은 일이다. 하지만 어떻게 웃겨야 할까? "그것이 문제로다(That is the question)"라고 했던 햄릿의 대사 그대로다. 결국 저마다 자기 방식대로 하는 수밖에 없다.

로이드 조지가 감리교 신자들의 모임에서 존 웨슬리의 무덤과 관련된 엄숙한 주제를 이야기하면서 신도들을 웃기리라고는 아무도 상상하지 못했다. 하지만 그가 얼마나 재치 있게 신도들을 웃기는지, 그러면서 연설을 얼마나 부드럽고 아름답게 마무리하는지 잘 보기 바란다.

"저는 여러분이 그분의 무덤을 보수하신다는 소식을 듣고 기뻤습니다. 그분의 무덤은 합당하게 보존되어야 합니다. 그분은 생전에 불결하고 지저분한 것을 참지 못하셨습니다. 또 '감리교 신자는 남의 눈에 초라하게 보여서는 안 된다'라고 말씀하기도 했죠. 우리 신도 가운데 그런 사람을 볼 수 없는 것도 다 그분 덕분입니다. (웃음) 그분의 무덤을 누추하게 내버려 두는 것은 커다란 실례입니다. 생전에 그분이 지나가는 모습을 보고 더비셔의 한 소녀가 문으로 달려와 '하나님의 축복이 함께하기를, 웨슬리 선생님'이라고 인사했던 적이 있습니다. 그때 그분은 이렇게 대답하셨습니다. '젊은 아가씨, 아가씨의 얼굴과 앞치마가 좀 더 깨끗했다면 그 축복이 더욱 값어치 있었을 거요.' (웃음) 이 정도로 그분은 깨끗하지 못한 것을 싫어하셨습니다. 그분의 무덤을 깔끔하지 못한 상태로 두지 마십시오. 만약 그분이 지나가시다가 깔끔하지 못한 모습을 보게 된다면 매우 서운해하실 겁니다. 부디 잘 관리해주십시오. 그곳은 기념할 만한 성소입니다. 여러분의 믿음이기도 하지요. (환호)"

시구를 인용한 마무리

잘만 한다면 유머나 시를 활용하는 마무리는 그 어떤 마무리보다 효과적일 수 있다. 실제로 연설의 마지막을 적절한 시 구절로 장식할 수 있다면 아주 이상적이다. 연설을 더 매력적이고, 품위 있고, 개성 넘치며, 아름답게 만들어줄 것이다. 로터리 클럽 회원인 해리 로더 경은 에든버러 집회에 참가한 미국 로터리 클럽 대표단에게 행한 연설에서 이렇게 마무리했다.

"여러분 가운데 일부는 집에 돌아가신 다음 제게 엽서를 보내주실 겁니다. 만약 여러분이 안 보내시면 제가 보내드리죠. 제가 보내드린 엽서는 쉽게 알아챌 수 있을 겁니다. 거기에는 우표가 붙어 있지 않을 테니까요. (웃음) 하지만 그 엽서에 글을 적어드릴 텐데, 바로 이것입니다.

'계절은 오고 또 가네.

모든 것은 때가 되면 시든다네.

하지만 아침이슬처럼 신선하게 피어나는 것 있으니,

그것은 그대를 향한 나의 사랑과 애정이라네.'"

이 짧은 시는 해리 로더 경의 성격과 잘 맞았고, 연설의 의도와도 분명 조화를 이루었다. 그러므로 그가 이 시구를 선택한 것은 탁월했다. 만약 딱딱하고 근엄한 다른 로터리 클럽 회원이 엄숙한 연설을 하면서 이 시를 이용해 마무리를 했다면, 그 지독한 부조화에 사람들은 어쩌면 웃음을 터뜨렸을지도 모른다. 나는 그동안 대중 연설을 오래 가르쳐오면서 모든 경우에 두루 적용될 수 있는 만병통치약 같은 규칙은 만들 수 없다고 확신한다. 연설의 주제, 시간, 장소, 대상 청중에 따라 많은 것이 바뀔 수 있다. 사도 바울의 말처럼 '구원은 스스로 책임질' 수밖에 없다.

브루클린의 L. A. D. 모터스 사의 부사장인 J. A. 애보트는 회사 직원들에게 애사심과 협동심을 주제로 연설했다. 그는 키플링의 《정글북 2》에 나오는 인상적인 시구를 인용해 이렇게 마무리했다.

"이것은 하늘만큼 오래되고 진리인 정글의 법칙.

이를 따르는 늑대는 번성하고, 범하는 늑대는 패하여 죽으리라.

나무줄기를 휘감는 덩굴식물처럼, 이 법칙도 정글을 휘감지 아니한가?

무리의 힘이 곧 늑대이며, 늑대의 힘이 곧 무리다."

지역의 공공 도서관에 가서 당신이 이러저러한 주제로 연설을 준비 중이며, 이러저러한 생각을 표현해줄 시구를 찾는다고 조언을 구해보라. 그는 바틀릿의 인용문 모음집 같은 책을 참고하면서 적당한 시구를 찾아줄지도 모른다.

성경 구절을 인용한 마무리

운 좋게도 《성경》 속 구절을 인용해 연설을 보강할 수만 있다면 그렇게 하라. 《성경》 속 구절을 인용하면 흔히 굉장한 효과를 보게 된다. 유명한 재정 전문가인 프랭크 밴더립은 연합국의 대미 채무를 주제로 한 연설에서 끝 부분에 《성경》을 인용했다.

"만일 우리가 청구권을 글자 그대로 행사하고자 한다면, 모두 받아내지 못할 것입니다. 우리가 이기적으로 청구권을 주장한다면, 우리는 돈 대신 증오심을 돌려받게 될 것입니다. 만일 우리가 관대하다면, 지혜롭게 관대하다면, 청구 금액을 다 받아낼 수 있을 것이며, 우리가 그들에게 베푸는 선은 아마 우리가 받을 수 있는 다른 어떤 것보다 물질적으로 우리에게 더 이득이 될 것입니다. '누구든지 목숨을 구하려는 자는 목숨을 잃을 것이요, 나와 복음을 위해 자기 목숨을 잃는 자는 목숨을 얻으리라.'"

클라이맥스를 이용한 마무리

클라이맥스는 연설을 마무리하는 데 자주 사용되는 방법이다. 하지만 제대로 사용하기 어려운 경우가 많으며, 연설자나 주제와 상관없이 어떤 경우에나 다 어울리는 것도 아니다. 하지만 잘만 사용한다면 효과는 상당히 좋다. 이 방법은 문장 뒤로 가면서 더 힘을 받아 절정을 향해 상승하는 식이다. 3장에서 최고상을 받은 연설로 소개한 필라델피아에 관한 연설의 마지막 부분이 클라이맥스를 이용한 마무리 방법을 잘 보여준다.

링컨은 나이아가라 폭포에 관한 강연을 준비하면서 이 방법을 활용했다. 각 문장이 비교하는 대상이 앞의 것과 비교해 어떻게 더 강해지는지, 그리고 링컨이 나이아가라 폭포의 연대를 콜럼버스, 예수, 모세, 아담의 시기와 비교함으로써 클라이맥스 효과를 얻어내고 있는 것에 주목하기 바란다.

"이것을 보면 머나먼 과거를 떠올리게 됩니다. 콜럼버스가 처음으로 이 대륙을 발견했을 때, 예수가 십자가에서 고통당했을 때, 모세가 이스라엘 백성을 이끌고 홍해를 건넜을 때, 아니 그보다 훨씬 이전에 아담이 창조주의 손에서 생겨났던 태초에도 나이아가라 폭포는 지금처럼 이곳에서 굉음을 내고 있었습니다. 이제는 멸종되어 이 땅에 자신의 뼈를 묻은 거인족들도 지금 우리가 그러하듯 나이아가라를 응시했습니다.

태초의 인류와 함께했고, 그들보다 먼저 존재한 나이아가라는 1만 년 전과 마찬가지로 오늘도 힘차고 생생합니다. 오래전에 멸종되어 이제는 거대한 뼛조각들로만 자신의 존재를 입증하는 매머드와 마스토돈도 나이아가라를 바라보았습니다. 그기나긴 시간 동안 나이아가라는 결코 한시도 멈추지 않았으며, 말라붙거나, 얼어붙거나, 잠을 자거나, 휴식을 취한 적도 결코 없었습니다."

웬델 필립스도 뚜쌍 루베르뛰르(Toussaint l'Ouverture, 아이티의 군사, 정치 지도자—옮긴이)에 관한 연설에서 이 방법을 이용했다. 아래에 연설의 마무리 부분을 소개해두었다.

이 글은 대중 연설 관련 서적에서 자주 인용되는 박력 있고 생동감 넘치는 연설이다. 실용을 추구하는 현대의 기준으로 보면 문체가 지나치게 화려한 점은 있지만, 그럼에도 흥미롭다. 이 연설문은 반세기도 더 전에 작성되었다. 웬델 필립스가 존 브라운과 뚜쌍 루베르뛰르의 역사적 중요성에 대하여 "지금부터 50년 후 진실이 제 목소리를 내게 될 때"라고 운을 떼며 했던 예측이 얼마나 빗나갔는지 확인하는 재미가 있다. 역사를 상대로 추측놀음을 하는 것은 내년도 주식시장이나 돼지기름 가격을 예측하는 것만큼이나 헛된 일이 되기 쉽다.

"저는 그를 나폴레옹이라 부르고자 하지만, 나폴레옹은 맹세를 깨고 피바다를 만들며 제국을 세웠습니다. 그런데 이 사람은 자신의 말을 어기지 않았습니다. 그는 '보복하지 않는다'라는 말을 자신의 중요한 좌우명이자 삶의 규범으로 삼았습니다. 그는 프랑스에서 자신의 아들에게 마지막으로 이렇게 말했습니다. '아들아, 너는 언젠가 산토도밍고로 돌아갈 테지만, 그때 프랑스가 네 아버지를 죽였다는 사실은 잊어버려라.' 저는 그를 크롬웰이라 부르겠지만, 크롬웰은 한낱 군인이었을 뿐이며, 그가 세운 나라는 그와 함께 무덤으로 들어갔습니다. 저는 그를 워싱턴이라 부르겠지만, 그 위대한 버지니아 인은 노예를 소유하고 있었습니다. 하지만 이 사람은 자신이 지배하는 곳에서 노예무역을 허락하느니 차라리 자신의 제국을 위태롭게 하는 선택을 했습니다.

오늘 밤 여러분은 저를 광적인 인물로 생각할지 모르겠습니다만, 그것은 여러분이 역사를 눈으로 읽지 않고 편견으로 읽기 때문입니다. 하지만 지금부터 50년 후 진실이 제 목소리를 내게 될 때, 역사의 여신은 포시온을 위대한 그리스인으로, 브루투스를 위대한 로마인으로, 햄든과 라파예트를 각기 영국과 프랑스를 대표하는 인물로, 워싱턴을 초기 미국 문명의 찬란한 꽃으로, 존 브라운을 한낮의 잘 익은 과일로 평가할 것입니다. 그리고 마지막으로 여신은 자신의 펜을 태양빛에 찍은 후, 맑고 푸른 하늘에 이 모든 인물들의 이름 위로 군인이며 정치가이자 순교자인 뚜쌍 루베르뛰르의 이름을 적어넣을 것입니다."

발이 땅에 닿기 전까지

시작과 끝을 훌륭하게 해줄 말을 찾을 때까지 사냥과 탐색과 실험을 멈추지 마라. 그리고 그 두 가지를 연결시켜라.

요즘처럼 빠르고 급하게 움직여야 하는 시대적 분위기에 맞춰 자신의 말을 적당히 자르고 다듬지 못하는 연설자는 어디서든 환영받지 못하며, 때로는 노골적인 혐오의 대상이 될 것이다.

타르수스의 사울 같은 성인도 이 같은 실수를 저질렀다. 그는 청중 가운데 유티쿠스라는 젊은이가 창가에서 떨어져 목이 거의 부러지는 상황에 이를 때까지 설교를 계속했다. 그 이후에도 그는 설교를 계속했을지도 모른다. 누가 알겠는가?

언젠가 브루클린의 유니버시티 클럽에서 연설하던 어느 의사가 기억난다. 당시 연회는 이미 길게 이어진 상황이었고, 많은 연설자들이 발언을 마친 끝 무렵이었다. 그의 차례가 왔을 때는 새벽 2시였다. 만약 그가 상식적이고 분별력 있는 사람이었다면, 대여섯 문장으로 연설을 빨리 마치고 청중들을 집에 보내주었을 것이다. 하지만 그는 그렇게 하지 않았다. 그는 생체 해부를 반대하는 연설을 45분간 했다. 그가 연설을 절반도 하기 전부터 청중은 그가 유티쿠스처럼 창문에서 떨어지기라도 해서 제발 입을 닥쳐주었으면 하고 바라게 되었다.

〈새터데이 이브닝 포스트〉의 편집자인 로리머는 잡지에 연재되는 기사가 인기 절정의 순간에 다다를 때 항상 연재를 중단시킨다고 한다. 그러면 독자들은 계속 연재해달라고 요구한다. 그럼 왜 중단시키는 걸까? 로리머는 이렇게 대답했다. "인기 절정의 순간이 지나면 바로 포만감이 찾아오기 때문이죠."

연설 역시 똑같은 원리를 적용하고 또 적용해야 한다. 청중이 당신의 말을 더 듣고 싶어 할 때 끝내라. 예수의 가장 위대한 설교인 산상수훈도 5분 정도다. 링컨의 게티즈버그 연설은 단 10개의 문장으로 되어 있다. 〈창세기〉의 천지창조 설화를 다 읽는 데 걸리는 시간은 조간신문에 실린 살인 사건 기사를 읽는 시간보다도 짧다. 간결하게 하라! 간결하게!

니아사(동아프리카 니아사 호 지역—옮긴이)의 부교주인 존슨 박사는 49년간 원시부족과 함께 살면서 그들을 관찰한 다음 책을 썼다. 그의 책에 따르면, 마을 회합인 광와라에서 연설자가 말을 길게 하면 사람들은 "이메토샤! 이메토샤!(충분하다! 충분하다!)"를 외치며 말을 끊어버린다고 한다.

또 어떤 부족은 연설자가 한 발로 서 있을 수 있는 시간만큼만 말을 하도록 허락한다고 한다. 그래서 들고 있던 발의 발가락이 땅에 닿는 즉시 그는 말을 끝내야 한다. 이들보다 좀 더 정중하고 참을성 있는 보통의 백인 청중도 아프리카 흑인들처럼 긴 연설을 싫어하기는 마찬가지다.

> 분명 한 귀로 흘려들을 테지만,
> 부디 그들의 운명을 거울삼아,
> 그들로부터 말하는 법을 배워라.

어떻게
마무리할 것인가

1. 연설의 마지막 부분은 전략적으로 가장 중요하다. 청중은 마지막에 들은 말을 오래 기억한다.

2. '이제 말을 다 한 것 같습니다, 이제 끝낼 때가 된 것 같네요'라는 식으로 끝내지 마라. 할 말을 다 했으면 그냥 끝내고, 질질 끌지 마라.

3. 웹스터, 브라이트, 글래드스톤이 했듯이 마무리 부분을 미리 세심하게 계획하고 연습하라. 마지막으로 하는 말은 단어를 하나하나 정확하게 알고 있어야 한다. 매끄럽게 마무리하라. 다듬어지지 않은 돌처럼 거칠고 깨진 티가 나면 안 된다.

4. 마무리 방법의 일곱 가지 제안

   1) 전체 내용을 요약해서 요점을 다시 일러준다.

   2) 행동을 촉구한다.

   3) 청중에게 진정한 찬사를 보낸다.

   4) 웃음을 선사한다.

   5) 적절한 시구를 인용한다.

   6) 성경 구절을 인용한다.

   7) 클라이맥스를 이용한다.

5. 시작과 끝을 훌륭하게 해줄 말을 찾고 이를 서로 연결시켜라. 언제나 청중이 끝내길 바라기 전에 끝내라. "인기 절정의 순간이 지나면 바로 포만감이 찾아온다."

12

의미를
명확히 하는 법

"독자 열 명 중 아홉은 명료한 진술을 진실로 받아들인다."

— 브리태니커 백과사전

"해야 하는 말에 관해 신중히 조사한 뒤, 글로 쓰거나 가상의 인물에게 소리 내어 말해보라. 핵심 요점을 순서대로 나열하라. 그 순서에 따르라. 중요도에 따라 각 요점 간에 시간을 적절히 배분하라. 다 끝나면 바로 끝내라."

— 에드워드 에버렛 헤일 박사

"만약 기업인들을 상대로 솔로몬에 관해 강연한다면, 그를 당대의 J. P. 모건에 비유하라. 만약 야구팬들 앞에서 삼손에 관해 강연한다면, 그를 당대의 베이브 루스에 비유하라. 프랭크 시몬스는 힌덴부르크 방어선을 무너뜨린 포슈의 전략을 이야기할 때, 문의 경첩 두 개를 때려 부수는 비유를 사용했다. 이와 비슷하게 위고는 워털루 전장을 묘사할 때 글자 A를 이용했고, 엘슨은 말발굽을 이용해 게티즈버그 전투를 설명했다. 사람들은 전쟁터를 본 적은 없어도 알파벳과 말발굽을 모를 리는 없다."

— 글렌 클라, 《즉흥 연설에서의 자기계발》

의미를 명확히 하는 법

    제1차 세계대전 당시 유명한 주교가 업튼 캠프에 배치된, 몇몇 글을 모르는 병사들에게 연설을 했다. 그들은 전선으로 가는 길이었지만, 그곳으로 끌려가는 이유를 아는 병사는 거의 없었다. 그 당시 병사들에게 물어 알게 된 사실이다. 주교는 그런 그들에게 '국제 친선'과 '세르비아의 권리' 등을 이야기했다. 병사 중 반은 세르비아가 지역 이름인지 질병 이름인지도 몰랐다. 결과를 놓고 보면 차라리 성운설(태양계의 기원설—옮긴이)을 듣기 좋게 낭독하는 게 나을 뻔했다. 그래도 주교가 연설하는 동안 단 한 명의 병사도 자리를 이탈하지 않았다. 권총을 찬 헌병대가 이탈을 막기 위해 모든 출구를 봉쇄하고 있었기 때문이다.

    주교를 비하하려는 것이 아니다. 교육을 받은 사람들에게는 주교의 영향력이 대단했겠지만 병사들에게는 아니었다. 그는 청중에 대해 알지 못했고, 연설을 하는 정확한 목적이나 전달

방법도 몰랐다. 완전히 실패한 것이다.

연설의 목적에 따라 우리가 의도하는 것은 무엇인가? 화자가 알든 모르든, 모든 연설은 네 가지 중 하나의 목적을 갖는다. 주요한 목적이란 무엇인가?

1. 뭔가를 명확히 이해시킨다.
2. 감동을 주고 설득시킨다.
3. 행동을 유도한다.
4. 재미를 준다.

구체적인 예를 들어보자. 항상 기계에 관심을 갖고 있던 링컨은 좌초된 배를 모래사장이나 다른 방해물로부터 들어 올리는 장치를 발명해 특허를 따냈다. 그는 자신의 법률 사무소 근처에 있는 기계 정비소에서 발명한 장비 모형을 만들었다. 비록 장비의 가치는 인정받지 못했지만, 장비가 가진 가능성에 대한 그의 열정은 대단했다. 친구들이 장비를 구경하러 사무실에 오면, 그는 장비에 대해 설명하느라 무던히도 애를 썼다. 이때 설명의 주요 목적은 명확히 이해시키는 것이었다.

게티즈버그에서 한 불멸의 연설이나 두 번의 취임 연설, 그리고 헨리 클레이가 죽었을 때 낭독한 추모사에서 연설의 주요 목적은 감동과 설득이었다. 물론 설득하기에 앞서 연설의 목적이 명확해야만 했다. 하지만 이런 연설에서 명확히 이해시키는 것은 그의 주된 목적이 아니었다.

배심원 앞에서 변호할 때 그는 우호적인 판결을 얻으려고 노력했다. 정치적 회담에서는 표를 얻으려고 애썼다. 이 경우 그의 목적은 행동의 유도였다.

대통령으로 당선되기 2년 전, 링컨은 발명에 관한 강의를 준비하고 있었다. 그의 목적은 재미였다. 적어도 재미가 그의 목표였어야 했지만, 재미를 부여하는 데 확실하게 실패했다. 사실 일반 대중 앞에서 그의 연설 능력은 완전히 실망스러웠다. 심지어 청중이 단 한 명도 참석하지 않은 곳도 있었다.

하지만 결과적으로 그는 성공했고, 내가 인용한 그의 다른 연설을 통해 명성을 얻었다. 왜일까? 그는 목적과 그 목적을 달성하는 방법을 알았기 때문이다. 그는 자신이 가고 싶은 곳과 그곳으로 가는 방법을 알았다. 많은 연설자들이 그걸 몰라서 종종 당황하고 실패하는 것이다.

예를 들어 언젠가 뉴욕의 어느 오래된 극장에서 미국 상원의원이 조롱과 야유를 받으며 무대에서 쫓겨나는 것을 본 적이 있다. 어리석게도 그는 무심결에 아무런 의심 없이 뭔가를 이해시키는 것을 목적으로 선택했기 때문이다. 당시는 전쟁 중이었다. 그는 청중에게 미국이 어떻게 전쟁에 대비하고 있는지를 이야기했다. 사람들은 교육을 받으려고 그 자리에 온 게 아니었다. 그들은 그저 즐겁고 싶었다. 사람들은 인내심을 갖고 예의상 10분을 참았으나, 15분이 지날 때쯤에는 어서 빨리 끝나길 바랐다. 하지만 이 지루한 연설은 좀처럼 쉽게 끝나지 않았다. 의원이 계속 장황하게 말을 이어가자, 인내심이 바닥난 청중은 더 이상 참지 않았다. 문득 누군가 야유를 하기 시작했다. 다른 사람들도 따라 하기 시작했다. 어느 순간 1000명이 동시에 휘파람을 불고 소리를 질러대고 있었다.

좌중의 분위기를 감지하는 데 둔하고 소질이 없던 연설자는 계속 연설을 이어나갔다. 그런 태도가 청중을 들쑤셨다. 전쟁이었다. 그들의 짜증은 서서히 분노로 돌아섰다. 그들은 연설자의 입을 다물게 하기로 결심한 듯했다. 그들의 항의는 폭풍처럼 점점 더 거세졌다. 마침내 좌중의 웅성거림과 분노하는 소리가 연설자의 말소리를 압도했다. 그는 6미터 밖에서 나는 소리도 듣지 못할 지경이었다. 결국 그는 연설을 포기해야 했다. 패배를 인정하고 굴욕스럽게 물러나야 했다.

의원의 사례를 본보기로 삼아보자. 목적을 알아야 한다. 연설을 준비하기 전에 현명하게 선택하도록 하라. 목적에 도달하는 방법도 알아야 한다. 그런 후에 능숙하고 기술적으로 준비하라.

명확성을 높이려면 비유를 이용하라

명확성의 중요함이나 어려움을 과소평가하지 마라. 어느 아일랜드 시인이 자신의 시로 시 낭송의 밤을 여는 것을 들어본 적이 있다. 중반이 지나도록 그가 무슨 이야기를 하는지 아는 청중은 10퍼센트도 안 됐다. 많은 연설자들이 공적이건 사적인 자리에서 꽤 자주 그런 상황에 빠진다.

언젠가 나는 올리버 로지 경과 공개 연설의 필수 요건을 논의한 적이 있었다. 40년 동안 대학과 공개 장소에서 강연을 해온 그는 가장 중요한 요소로 첫째는 지식과 준비이며, 두 번째는 '명확히 설명하는 데 힘을 쏟는 것'이라고 강조했다.

프로이센과 프랑스의 전쟁이 발발하던 시점에 폰 몰트케 장군은 장교들에게 말했다. "제군들, 오해할 수 있는 명령은 오해하기 마련이라는 것을 명심하라."

나폴레옹도 같은 위험 요소를 인지했다. 그가 비서에게 가장 단호하고 자주 반복한 지시는 "확실하게! 확실하게!"였다.

예수가 사람들을 가르칠 때 비유를 드는 이유에 대해 제자들이 묻자, 예수는 이렇게 대답했다. "그들은 보아도 보지 못하며, 들어도 듣지 못하며 깨닫지 못함이니라."

사정이 이러한데 청중에게 낯선 주제를 이야기할 때, 그 옛날 군중들이 예수의 말을 이해했던 것보다 현대의 청중이 당신의 말을 더 잘 이해하기를 기대할 수 있을까? 결코 그렇지 않다. 그렇다면 우리는 어떻게 해야 할까? 이 같은 상황에서 예수는 어떻게 했던가? 상상할 수 있는 가장 쉽고 자연스러운 방법을 택했다. 사람들이 알지 못하는 것을 그들이 알 만한 것으로 비유해 설명했다. 천국을 무엇으로 설명할 수 있을까? 배우지 못한 팔레스타인 농민들이 무슨 수로 이해할 것인가? 그래서 예수는 추상적인 것을 그들에게 이미 익숙한 물건이나 행위로 설명했다.

"하늘의 왕국은 마치 여자가 굵은 가루 서 말 속에 넣어 전부를 부풀게 한 누룩과 같으니라."

"하늘의 왕국은 마치 질 좋은 진주를 찾는 상인과도 같도다."

"하늘의 왕국은 마치 바다에 던져놓은 그물과도 같으니라."

농민들이 이해할 만큼 명료한 비유다. 청중 속 부녀자들은 매주마다 누룩을 사용했고, 어부들은 매일 바다에 그물을 던졌으며, 상인들은 진주를 거래했다.

그렇다면 다윗은 어떻게 여호와의 보호와 자애심을 명확히 전달했을까?

"여호와는 나의 목자시니 내게 부족함이 없으리로다. 그가 나를 푸른 풀밭에 누이시며 쉴 만한 물가로 인도하시는도다…"

국토의 대부분이 척박한 나라에서 푸른 초원이며, 양이 마실 물이라니…. 유목민들은 그가 하는 말의 의미를 이해했을 것이다.

이러한 원리를 좀 더 참신하면서 약간은 우습게 사용한 또 다른 예가 있다. 몇몇 선교사들이 적도 부근의 아프리카에 사는 한 부족의 방언으로 《성경》을 번역한 것이다. "너희의 죄가 주홍 같을지라도 눈(雪)과 같이 희어질 것이다"라는 구절에 봉착했다. 선교사들은 어떻게 옮겼을까? 아프리카 원주민들은 겨울 아침에 길에서 눈을 치워본 경험이 없었다. 부족의 방언에는 눈이라는 단어가 아예 없었다. 눈과 석탄의 차이점을 설명할 수 없는 상황에서 그들이 끼니를 때우기 위해 코코넛 나무에 수없이 올라가 열매를 따는 모습을 보았다. 선교사들은 그들이 알지 못하는 것을 아는 것에 빗대어 그 구절을 다음과 같이 바꿨다.

"너희의 죄가 주홍 같을지라도 코코넛의 속살같이 희어질 것이다."

이렇듯 이야기의 주제를 명확히 하기란 쉬운 일이 아니다. 한번은 미주리 주 워렌버그 지역에 있는 주립교육대학에서 어떤 강사가 알래스카에 관해 강연하는 것을 들은 적이 있다. 그는 아프리카에 간 선교사들과 달리 청중의 배경지식을 무시해서 이야기의 주제를 명확히 하거나 흥미를 끄는 데 자주 실패했다. 이를테면 그는 알래스카의 총 면적은 59만 804제곱마일이고, 6만 4356명의 인구가 있다고 말하는 식이었다.

일반인들에게 50만 제곱마일이 무슨 의미가 있겠는가? 알아듣는다 해도 극소수에 불과할 것이다. 그는 제곱마일이란 단어에 대해 고민하지 않았다. 사람들은 그 크기를 쉽게 떠올리지 못한다. 그는 50만 제곱마일이 대략 메인 주나 텍사스 주의 면적과 맞먹는다는 사실을 모른다. 가령 그가 알래스카와 그 섬의 해안선이 지구 둘레보다 길고, 면적이 버몬트, 뉴햄프셔, 메인, 매사추세츠, 로드아일랜드, 코네티컷, 뉴욕, 뉴저지, 펜실베이니아, 델라웨어, 메릴랜드, 웨스트버지니아, 노스캐롤라이나, 사우스캐롤라이나, 조지아, 플로리다, 미시시피, 테네시를 모두 합친 면적보다 크다고 말했다고 치자. 그랬다면 모든 사람들이 알래스카의 면적을 확실하게 이해하지 않았을까?

그는 인구가 6만 4356명이라고 말했다. 10명 중 한 명도 인구 조사의 수치를 5분은커녕 1분도 기억하지 못할 것이다. 왜? 말하는 속도로는 '육만사천삼백오십육'을 확실하게 기억에 남기기 어렵기 때문이다. 마치 해변에 있는 모래사장에 쓴 글자처럼 흐리고 뚜렷하지 않은 인상을 남길 뿐이다. 파도에 휩쓸리듯 다음 이야기에 완전히 잊히고 만다. 인구 수치를 청중에게 친숙한 것으로 바꿔 말했다면 훨씬 낫지 않았을까? 청중이 살고 있는 미주리에서 멀지 않은 곳에 세인트조지프가 있다. 그들 중 많은 사람이 세인트조지프에 가봤다. 그리고 당시 알래스카의 인구는 세인트조지프보다 1만 명 정도 적었다. 그렇다면 지금 연설을 하고 있는 지역과 비교해 알래스카를 설명하면 더 좋지 않았을까? "알래스카의 면적은 미주리 주보다 여덟 배나 크지만, 인구는 고작 이곳 워렌스버그보다 13배 더 많다"라고 말했다면 훨씬 더 명확하게 전달되지 않았을까?

다음 사례에서 1과 2 중 어떤 문장이 더 알아듣기 쉬운가?

1. 지구에서 가장 가까운 행성은 약 6광년 떨어져 있다.

2. 기차가 분당 1마일의 속도로 달리면 지구에서 가장 가까운 행성에 4800만 년 후에 도착한다. 그곳에서 부른 노래가 지구까지 도달하려면 380만 년이 걸린다. 거미가 그 행성까지 거미줄을 친다면 그 무게가 500톤에 이른다.

1. 세계에서 가장 큰 교회인 성 베드로 성당은 길이가 212미터에 넓이는 110미터에 이른다.

2. 성 베드로 성당은 워싱턴의 국회의사당만 한 건물 두 채를 쌓아 올린 크기다.

올리버 로지 경은 대중에게 원자의 크기와 성질을 설명할 때

이 방법을 즐겨 사용했다. 유럽인 청중에게 물 한 방울에 들어 있는 원자의 수는 지중해 바닷물에 있는 물방울 개수만큼 많다고 설명하는 것을 보았다. 청중의 대부분은 지브롤터에서 수에즈 운하까지 일주일 넘는 거리를 항해해본 사람들이었다. 그는 청중이 좀 더 쉽게 이해하도록 물 한 방울에 들어 있는 원자 수는 지구상의 풀잎만큼 많다고도 이야기했다.

리처드 하딩 데이비스는 소피아 성당을 뉴욕 시민에게 "5번가 극장의 상영관만큼 크다"라고 설명했다. 또 이탈리아의 항구 도시인 브린디시를 "뒤쪽에서 들어가면 롱아일랜드 시티와 비슷하다"라고 했다.

이제부터 당신의 이야기에 이 원리를 적용해보라. 만약 피라미드를 설명한다면, 청중에게 먼저 그 크기가 136미터라고 말한 다음 그들이 매일 봐서 익숙한 건물과 높이를 비교해서 말해보자. 또 그 면적이 얼마나 많은 도시 구역을 덮을 수 있는지도 말해보자. 하지만 당신이 설명하는 공간에 방이 몇 개이며, 그 공간을 채울 수 있는 물의 양을 설명하지 않은 채 단순히 수천 갤런 또는 수만 배럴의 물을 언급하지 말자. 높이 20피트라고 말하는 대신 천장의 1.5배 높다고 하면 어떨까? 로드 또는 마일로 거리를 나타내는 대신에 여기서 유니언 스테이션까지, 또는 다른 스트리트까지 떨어진 거리라고 말하면 좀 더 친숙한 설명이 되지 않을까?

전문용어를 피하라

만약 당신이 변호사, 의사, 엔지니어와 같은 특정 분야의 전문가이거나 또는 고도로 전문화된 사업에 종사하는 사람으로서 비전문가에게 이야기할 때는, 두 배로 신중하게 알아듣기 쉬운 말을 사용하고 필요한 세부 정보를 제공해야 한다.

두 배로 신중하라는 이유는 전문 분야의 종사자들이 하는 수백만 건의 연설이 바로 이 점에서 한심할 정도로 실패했기 때문이다. 연설자들은 그들의 특정 분야에 대해 일반인들이 전혀 모른다는 사실을 전혀 깨닫지 못한 듯 보였다. 그러니 결과가 어떠했겠는가? 지금이나 앞으로도 그들에게 의미 있고, 그들의 전문 분야에 어울리는 말을 사용하며, 자신의 생각을 입 밖으로 장황하게 늘어놓을 뿐이었다. 하지만 특정 지식이 없는 사람들에게 그들의 이야기는 6월경의 아이오와와 캔자스의 새로 경작된 옥수수 밭에 비가 내린 후의 미시시피 강물만큼이나 탁하게 느껴질 뿐이었다.

전문직 종사자는 어떤 식으로 이야기해야 할까? 인디애나 주 상원 의원이었던 베버리지의 솜씨 좋은 글을 읽고 그 충고에 주의를 기울이기 바란다.

"청중 가운데 가장 지식이 없어 보이는 사람을 골라서 그 사람이 당신의 주제에 관심을 갖도록 노력하는 연습이 좋다. 단, 사실의 명료한 진술과 타당한 근거가 있어야 한다. 부모님과 동행한 아이를 이야기의 대상으로 하는 방법은 훨씬 더 좋다.

토론 주제에 대해 아이가 이해하고, 기억하고, 토론이 끝난 후에도 자신이 어떤 이야기를 했는지 아이가 말할 수 있을 만큼 쉽게 설명하겠다고 스스로 다짐하거나, 원한다면 청중에게 말해도 좋다."

어느 의사가 강연에서 "횡격막 호흡은 장의 연동 운동에 뚜렷한 효과를 주며, 건강을 지키는 데도 요긴합니다"라고 했던 기억이 난다. 그는 그 한 문장으로 이야기의 단계를 무시한 채 다음 이야기로 급히 넘어가는 듯했다. 나는 그의 말을 멈추고 횡격막 호흡과 다른 방식의 호흡이 어떻게 다른지, 왜 횡격막 호흡이 건강에 이로운지, 그리고 연동 운동이란 무엇인지를 확실히 이해한 사람은 손을 들어보라고 했다. 의사는 즉석 투표 결과에 놀랐다. 결국 그는 다시 돌아가서 다음과 같이 더 상세하게 설명했다.

"횡격막이란 가슴 밑 부분에 형성되어 있는 얇은 근육으로 폐와 복강 상부 사이에 자리 잡고 있습니다. 비활동 상태이거나 흉부로 호흡할 때 세면기를 엎어놓은 것처럼 휘어져 있습니다.

복식 호흡을 할 때 숨을 들이쉬면 이 근육은 거의 평평해질 때까지 아래로 휘게 되는데, 그러면 복부가 팽창해서 벨트를 밀어내는 것처럼 느껴집니다. 이렇게 횡격막이 아래로 압력을 받으면 위, 간, 췌장, 비장, 명치와 같이 복강 윗부분에 있는 장기를 마사지하고 운동을 촉진시킵니다.

다시 호흡을 내뱉으면 위와 장이 횡격막 쪽으로 올라오게 되며, 이는 또 다른 마사지 효과를 줍니다. 이러한 마사지 작용은 배설작용을 촉진합니다.

장기에서 비롯된 건강상의 문제는 상당히 많습니다. 깊은 횡격막 호흡을 통해 위와 장이 제대로 움직인다면 소화불량, 변비, 자가중독증은 대부분 고쳐질 것입니다."

명쾌한 링컨의 연설 비법

링컨은 항상 명제를 두고 말하기를 좋아해서 듣는 사람들은 모두 바로 명쾌하게 이해했다. 그는 의회에 처음으로 보낸 메시지에 '사탕발림(Sugar-Coated)'이라는 말을 썼다. 당시 인쇄국장이었던 디프리는 링컨의 개인적인 친구로서, 그 문구가 일리노이 주의 가두연설에는 제격일지 몰라도 역사적인 기록에 남기기에는 품위가 떨어진다고 조언했다. 링컨은 이렇게 대답했다. "디프리, 언젠가 사람들이 '사탕발림'이란 단어의 뜻을 모르는 시대가 오게 된다면 바꾸겠네. 그렇지 않은 이상 그냥 그대로 가겠네."

그는 녹스 대학 학장인 걸리버 박사에게 자신이 어떻게 알아듣기 쉬운 말에 대한 '열정'을 키우게 되었는지를 다음과 같이 설명했다.

"기억하는 가장 어린 시절을 되짚어보면, 단지 어린아이에 불과했을 때도 저는 누구든지 제가 이해하지 못하게 이야기를 하면 굉장히 화가 났습니다. 살면서 그 외의 일에는 전혀 화나는 일은 없었습니다. 하지만 그런 상황만이 언제나 제 신경을 거슬리게 했죠.

어느 날 저녁, 아버지와 이웃 사람들이 하는 이야기를 듣고 침실로 들어갔는데 좀처럼 잠들지 못하고 한참이나 서성였습니다. 아버지와 이웃들이 나눈 이야기가 도대체 무슨 의미인지 알아내기 위해 애를 썼죠. 잠에 들려고 계속 노력했지만 잠이 오지 않았어요. 한 가지 생각에 사로잡히면 그게 해결될 때까지, 그리고 일단 해결했다고 생각하면 제가 아는 아이들이 이해할 만큼 쉬운 말로 풀어서 몇 번이고 되풀이하고 나서야 만족했죠. 이러한 열정이 그때부터 제게 뿌리내린 것이죠."

이게 열정 아니었을까? 뉴 살렘의 교사인 멘토 그레이엄의 진술에 따르면, 그런 태도는 바로 열정이라고 표현할 만하다. "저는 링컨이 한 가지 생각을 표현하는 최고의 방법을 세 가지 찾아내기 위해 몇 시간이나 고민하는 모습을 봐왔습니다."

듣는 사람이 이해하기 쉽도록 설명하는 데 실패하는 이유는 매우 일반적으로 말하는 사람조차 전달하려는 내용을 확실하게 알지 못하기 때문이다. 두루뭉술한 표현이나 분명하지 않고 추상적인 생각들이 만연한데 결과가 어떠하겠는가? 정신이 흐린 생각은 안개 속에서 사진 찍는 것과 같다. 링컨이 그랬듯이 그들도 애매모호함 때문에 잠을 뒤척여봐야 한다. 그들은 링컨이 한 방식을 따라야 할 것이다.

시각적인 효과를 노려라

4장에서 다루었듯이 눈에서 뇌로 연결된 신경들은 귀에서 연결된 신경들보다 더 많다. 그리고 과학적으로도 우리가 귀로 들을 때보다 눈으로 볼 때 25배 더 집중한다는 사실이 입증

되었다. 중국 속담에도 "한 번 보는 것이 백 번 듣는 것보다 낫다"라는 말이 있다.

그러니 명확하게 전달하고 싶다면, 요점 사항을 그림으로 그려서 당신의 생각을 시각화하라. 이는 유명한 내셔널 캐시 레지스터 사의 사장이었던 존 H. 패터슨이 사용했던 방법이다. 다음은 현장 직원들과 영업 직원들과 간담할 때 사용한 방법을 강조하며 〈시스템 매거진〉이라는 잡지에 그가 쓴 기사다.

"듣는 이의 이해를 돕거나 주의를 끌려면 연설문에만 의지하면 안 된다고 생각한다. 확실한 보충 설명이 있어야 한다. 가능하면 맞고 틀린 것을 보여주는 그림으로 보충하는 것이 좋다. 단지 말로 하는 것보다 도표가 설득력이 있지만, 그림은 도표보다 더 설득력 있기 때문이다. 이상적인 설명회는 모든 세부 내용을 이미지화하고, 그와 관련된 단어만 사용한 것이다. 나는 일찍이 사람을 대할 때는 내가 어떤 말을 하는 것보다 그림 한 장을 보여주는 것이 더 효과적이라는 사실을 깨달았다.

약간 기괴한 그림은 놀랍게도 효과적이다. (…) 나는 그림으로 암호를 만들거나 '도표'를 이용했다. 동그라미 한 개와 달러 마크를 그리면 지폐 한 장을 뜻하고, 가방 한 개와 달러 마크를 그리면 많은 액수를 의미했다. 보름달 얼굴을 그리면 효과적으로 전달할 수 있다. 원을 하나 그리고 작대기 몇 개로 눈, 코, 입, 귀를 만든다. 선을 변형하면 여러 가지 표현을 만들 수 있다. 시대에 뒤떨어진 사람은 입 꼬리가 아래로 처져서 울상을 짓고, 명랑하고 시대감각을 아는 사람은 다시 입 꼬리가 올라가서 밝은 표정이 된다. 그림은 이해하기 쉽게 만들지만, 가장 예쁜 그림이 가장 효과적인 그림은 아니다. 중요한 것은 생각과 의미의 차이점이 표현되고 구별되어야 한다.

큰 돈 가방과 작은 돈 가방을 나란히 그리면 각각이 나타내는 의미를 비교해 차이점을 알려준다. 두 가방 중 하나는 많은 돈을, 나머지 하나는 적은 돈을 의미하는 것이다. 당신이 재빨리 그림을 그리면서 말을 한다면, 무슨 말을 하는지 사람들이 이해하지 못해서 궁금해하는 일이 없다. 그들은 자연스럽게 당신이 그리는 것을 보며 당신이 전달하고자 하는 요점 사항으로 순순히 끌려가게 된다. 또한 우스꽝스러운 그림은 사람들의 기분을 좋게 한다.

나는 아티스트를 고용해서 나와 같이 공장을 순회하며 무언가 잘못된 것이 있으면 스케치하도록 시켰다. 그 스케치들이 그림으로 완성되면 나는 직원들을 불러서 그림을 보며 그들이 무엇을 잘못했는지 정확히 보여주었다. 실물 영사기에 대해 듣자마자 한 대를 구입해서 스크린에 그림을 비춰주었을 때는 당연히 종이로 보여주는 것보다 훨씬 더 효과가 있었다. 그다음에는 활동사진으로 발전했다. 내가 구입한 영사기는 아마도 최초로 만들어진 기계일 것이다. 그리고 지금은 많은 영상 필름과 6만 장 이상의 컬러 영상 슬라이드를 관리하는 부서가 있을 정도다."

물론 모든 주제와 상황을 그려서 보여줄 수는 없지만 가능한 이용해보자. 이미지는 관심을 끌고, 흥미를 유도하며, 종종 우리의 요점을 두 배로 명확하게 해준다.

록펠러, 동전을 쓸어내다

록펠러 역시 콜로라도 연료 철강 회사의 재정 상황을 명확히 전달하기 위해 시각적인 효과를 이용했다는 칼럼을 〈시스템 매거진〉에 게재했다.

"콜로라도 연료 철강 회사 직원들은 록펠러 가문의 사람들이 보유한 회사의 지분으로 막대한 이익을 챙겨왔다고 생각했다. 나는 그들에게 정확한 상황을 설명했다. 나는 그들에게 콜로라도 연료 철강 회사와 관계해온 14년 동안 보통주에 대한 배당금은 단 한 푼도 받지 않았다는 것을 보여주었다.

한 모임에서 나는 회사의 재정 상황을 시각적으로 볼 수 있도록 했다. 나는 동전 한 무더기를 탁자에 올렸다. 그리고 회사에 대한 그들의 첫 번째 불만 사항인 현장 직원의 임금에 해당하는 비율만큼 동전 일부를 쓸어냈다. 그다음으로 사무직원 급여에 해당하는 일부를 쓸어냈더니 탁자에는 임원진 급여에 해당하는 동전만 남았다. 주주들의 수익에 해당하는 동전은 남아 있지 않았다. 그리고 그들에게 물었다. '여러분, 크든 작든 우리 3자 모두가 이 회사의 파트너로서 모든 수익을 나눠 갖고, 제4자에게는 아무 이익도 없다면 공평하다고 생각합니까?'

설명이 끝난 후, 한 사람이 일어나 임금 인상을 주장하는 발언을 했다. 나는 그에게 물었다. '동업자 한 사람은 한 푼도 못

받는데, 당신만 더 높은 임금을 받겠다는 게 과연 공정한가요?'
그는 공정하지 않다는 사실을 인정했다. 그 뒤로 나는 더 이상
임금 인상을 주장하는 소리를 듣지 못했다."

시각적 호소는 분명하고 구체적으로 하라. 햇빛에 윤곽이 뚜
렷이 드러난 수사슴의 뿔 그림자처럼 명확한 그림이 머릿속에
떠오르도록 하라. 예를 들면 '개'라는 단어를 말하면 보통 코카
스패니얼, 스코치테리어, 세인트버나드, 포메라니안 같은 확실
한 동물의 이미지를 연상시킨다. 만약 그보다 덜 포괄적인 '불
도그'라는 단어를 말하면 얼마나 더 뚜렷한 이미지가 떠오르
는지 주목해보자. 대표적인 '브린들 불도그'가 확연하게 떠오
르지 않는가? '말'이라고 하는 것보다 '셔틀랜드 종의 검정 조
랑말'이라고 말하면 더 뚜렷하게 그려지지 않는가? '다리가 부
러진 흰 밴텀 수탉'은 '가금'이라는 단순한 단어보다 훨씬 더
정확하고 뚜렷한 그림이 그려지지 않는가?

당신의 요점을 여러 가지 단어로 표현하라

나폴레옹은 웅변술에서 중요한 원칙은 오직 반복이라고 말
했다. 자신에게 명확한 생각이 언제나 다른 사람에게도 즉각적
으로 받아들여지지 않는다는 걸 알았기 때문이다. 그는 새로운
생각을 이해하는 데 시간이 걸리고, 계속 그 생각에 집중해야
한다고 느꼈다. 다시 말해 그는 반복해야 한다는 걸 깨달았다.
그저 같은 단어를 반복하는 것이 아니다. 사람들은 당연히 같
은 말을 반복하는 데 거부감을 느낄 것이다. 하지만 만약 새로

운 표현이나 다양한 표현으로 반복한다면 청중은 절대 반복으로 여기지 않을 것이다.

구체적인 예를 살펴보자. 다음은 브라이언이 한 말이다.

"당신 스스로 이야기의 주제를 이해하지 못하면 사람들을 이해시킬 수 없다. 당신이 주제를 명확히 알면 알수록 다른 사람에게도 더 확실하게 전달할 수 있다."

이 글의 마지막 문장은 단순히 첫 번째 문장의 내용을 반복한 것이지만, 이 문장을 말하면 듣는 사람들은 반복이라고 생각하지 않는다. 단지 주제가 더 명확하게 전달되었다고 느낄 뿐이다.

나는 이 반복의 원리를 이용했다면 더 명확하고 인상적이었을 강연을 제법 많이 들었다. 주로 초보자들이 이 원칙을 완전히 무시한다. 얼마나 안타까운지!

보편적인 표현과 구체적인 예를 이용하라

자신의 요점을 가장 확실하고 쉽게 표현하는 방법 중 하나는 보편적인 표현과 구체적인 예를 이용하는 것이다. 이 둘의 차이점은 무엇일까? 말 그대로 하나는 보편적인 것이고, 다른 하나는 구체적인 것이다.

각각의 구체적인 예를 들어 둘의 차이점을 설명하겠다. "놀라울 정도로 많은 수입을 벌어들이는 전문직 남자들과 여자들이 있다"라는 문장이 있다.

의미가 명확하게 전달되는 문장인가? 당신은 화자의 의도를 확실히 이해했는가? 아닐 것이다. 화자 또한 다른 사람들이 이 발언을 어떻게 받아들일지 확신할 수 없다. 오자크 산지의 시골 의사는 작은 마을에서 5000달러를 버는 주치의를 떠올리고, 성공한 광산 기술자는 같은 분야에서 연간 10만 달러를 버는 사람을 떠올릴 것이다. 이 문장 그대로는 너무 모호하고 방대하다. 좀 더 범위를 좁혀야 한다. 화자가 말하고자 하는 전문직종은 무엇이며, '놀라울 정도로 많은'이 정확하게 어느 정도를 의미하는지 나타내줄 구체적인 표현이 더 있어야 한다.

"미국의 대통령보다 많이 버는 변호사, 권투 선수, 작곡가, 소설가, 극작가, 화가, 배우, 가수들이 있다."

이 문장은 화자가 전하려 하는 의미가 훨씬 더 명확하게 전달되지 않는가? 하지만 이 역시 구체적이지 않다. 화자는 일반적인 표현만 나열했을 뿐 구체적인 예를 들지 않았다. 로자 폰셀, 키르스틴 플라스타 릴리 폰스라고 하는 대신 '가수들'이라고 말했다.

그렇기 때문에 이 문장 역시 매우 모호하다. 문장을 설명해줄 구체적인 예가 바로 떠오르지 않는다. 그렇게 하는 게 화자가 듣는 사람을 위해 해야 할 일 아닌가? 다음과 같이 화자가 구체적인 예를 들었다면 더 명확하게 의미를 전달하지 않았을까?

"유명한 재판 변호사인 사무엘 운테메이어와 맥스 스튜어는 1년에 거의 100만 달러를 번다. 잭 뎀프시의 연간 수익은 50만 달러로 알려져 있다. 교육도 제대로 받지 못한 흑인 권투 선수인 조 루이스는 불과 이십 대에 50만 달러 이상을 벌었다.

어빙 베를린은 래그타임 음악으로 연간 50만 달러를 벌어들였다고 한다. 시드니 킹슬리는 저작권 사용료로 일주일에 1만 달러를 번다. H. G. 웰스는 자서전에서 그의 책으로 300만 달러를 벌었다고 고백했다. 디에고 리베라는 그림으로 1년에 50만 달러 이상 번다. 캐서린 코넬은 일주일에 5000달러의 출연료도 거듭 거절하고 있다. 로렌스 티베트과 그레이스 무어는 연수입이 25만 달러까지 올라간 것으로 밝혀졌다."

자, 이제 화자가 정확히 의도하는 바가 매우 쉽고도 뚜렷하게 전달되지 않는가?

구체적인 예를 들어라. 명확하게 표현하라. 확실하게 표현하라. 이러한 명확화의 특징은 전달하는 내용이 분명해질 뿐만 아니라 깊은 인상과 확신을 주고 흥미를 끌게 해준다.

신앙을 흉내 내지 마라

교사를 대상으로 하는 강의에서 윌리엄 제임스 교수는 잠시 멈추고 강의 하나에는 오직 하나의 요점만 있어야 하며, 강의 시간은 한 시간 분량이면 좋다고 말했다. 그런데 내가 최근에 보았던 어느 강연자는 강연을 시작하며 제한 시간 3분 안에 우리에게 11가지 요점을 이야기하겠다고 했다. 각 요점마다 주어진 시간은 16.5초였다! 소위 지식인이라는 사람이 그런 어이없는 시도를 한다는 게 참으로 놀라울 따름이다. 내가 너무 극단적인 예를 든 것은 맞지만, 이 정도까지는 아니어도 거의 모든 초심자가 그런 실수를 범하는 경향이 있다. 예를 든 강연자는 마치 요리사에게 파리의 모든 음식을 단 하루 동안에 소개하려는 가이드와 같다. 혼자서 미국 자연사박물관을 30분 안에 돌아보는 것은 가능하다. 하지만 뚜렷이 기억나는 것도, 즐거움도 남지 않는다.

많은 경우 정해진 시간 안에 화자가 너무 많은 이야기를 하려 하기 때문에 명확하게 전달하는 데 실패한다. 산양이 재빠르게 획획 움직이듯이 한 화제에서 다른 화제로 뛰어넘어 간다.

연설은 짧아야 하므로 제한 시간 내에 하려는 말을 압축해야 한다. 예를 들어 만약 당신이 노동조합에 대해 강연을 한다면 3분 또는 6분 사이에 노동조합은 왜 생겨났는지, 단체가 생겨난 목적은 무엇인지, 그들이 성공적으로 수행한 일은 무엇인지, 그들이 저지른 악행은 무엇인지, 노동 분쟁을 해결하는 방법은 무엇인지 등을 말하지 마라. 당신이 그런 말을 내뱉는 순간, 그 자리의 어느 누구도 그 강연의 요점을 명확하게 짚어내지 못할 것이다. 그런 말은 혼란을 주고, 요점이 흐릿하며, 개괄적인데다 단순한 겉핥기에 지나지 않는다.

노동조합에 관한 내용만 단계별로 접근해서 적절히 다루고 설명하는 게 현명하지 않겠는가? 그럴 것이다. 그런 식의 화법은 단 하나의 인상을 남긴다. 명료하고, 이해하기 쉽고, 기억하기 쉽다.

하지만 만약 당신의 강연 주제를 여러 단계를 거쳐 설명해야 한다면, 마지막에 간결하게 요약하는 것이 효과적이다. 이 방법이 어떻게 작용하는지 알아보자. 다음은 이번 장을 요약한 내용이다. 이 요약을 읽는 것만으로도 지금까지 우리가 전달한 메시지가 좀 더 명확하고 쉽게 이해되는가?

의미를 명확히
하는법

1. 명확하게 전달하는 것은 굉장히 중요하지만 때로는 너무 어렵다. 예수는 비유를 들어 가르치고자 했다. "왜냐하면 그들(청중)은 보아도 보지 못하며, 들어도 듣지 못하며 깨닫지 못함이니라."

2. 예수는 낯선 용어를 친숙한 용어로 바꾸어 명확하게 했다. 그는 천국을 누룩, 바다에 던져진 그물, 진주를 구하는 상인에 비유했다. 알래스카 땅 면적의 크기를 명확하게 전달하고 싶다면 단순히 수치로 말하지 말고, 그 면적 안에 들어갈 만한 주의 이름을 대거나 당신의 강연을 듣는 청중이 사는 지역과 비교한 인구수를 나열하라.

3. 비전문가를 대상으로 할 때 전문용어를 사용하지 마라. 링컨처럼 당신의 생각을 어린아이들도 이해할 수 있을 만큼 쉬운 말로 바꿔라.

4. 당신이 말하고자 하는 내용을 당신이 제일 먼저 확실하게 이해하고 있어야 한다는 걸 명심하라.

5. 가능한 한 사물, 사진, 삽화 등을 이용해 시각적으로 보여주어라. 구체적으로 말하라. '오른쪽 눈가에 반점이 있는 폭스테리어'를 그냥 '개'라고 하지 마라.

6. 당신의 생각을 되풀이해 말하되 같은 말을 두 번 반복하지는 마라. 문장에 변화를 주되 청중이 반복되는 것을 알아채지 못하도록 하라.

7. 추상적인 말은 일반적인 표현으로 명확하게 만들고, 특정 예시나 구체적인 사례를 이용하면 더 효과적이다.

8. 너무 많은 이야기를 하려고 하지 마라. 짧은 연설에서 큰 주제 하나를 여러 갈래로 나누면 적절히 다룰 수 없다.

9. 당신의 요점들을 간략하게 요약하고 끝내라.

13

깊은 인상과
확신을 주는 방법

"인생의 성공 열쇠는 사람의 마음을 움직이는 법을 아는 데 있다. 변호사, 상점 주인, 정치인, 혹은 설교자로 성공하느냐 못하느냐는 바로 이 능력이 결정한다."

— 프랭크 크레인 박사

"말로 사람을 움직일 수 있는 능력이 지금보다 더 중요했던 적은 없었고, 그 능력이 성취해야 할 자질로서 더 유용하고 더 높이 평가된 적도 없었다."

— 케들스턴의 커즌 백작, 옥스퍼드 대학 총장

"영원히 무지하려면 자신의 의견과 지식에 만족하면 된다."

— 엘버트 허바드

"같은 주제와 내용이라도 남들이 단조롭고 맥 빠진 말투로 전달하는 것을 대중 연설가는 힘차고 매혹적으로 표현해낼 수 있어야 한다."

— 키케로

깊은 인상과 확신을 주는 방법

　다음은 매우 중요한 심리학적 발견이다. "마음에 들어오는 모든 생각, 개념, 또는 결론은 그와 대립되는 생각의 제지를 받지 않는 한, 진실한 것으로 여겨진다. (…) 누군가에게 어떤 생각을 주입시키면 그의 마음에 그와 배치되는 생각들이 떠오르지 않는 한, 주입시킨 생각의 진실성을 확신시킬 필요는 없다. 만일 내가 당신에게 '미국제 타이어는 좋다'라는 문장을 읽게 하면, 당신 마음에 이와 반대되는 생각이 떠오르지 않는 한, 당신은 별 증거 없이도 미국제 타이어는 좋다고 그냥 믿을 것이다." 노스웨스턴 대학의 총장 월터 딜 스코트의 말이다.

　그가 여기서 말하는 것은 바로 암시다. 암시는 공적 혹은 사적인 자리에서 남에게 말하는 사람이 사용할 수 있는 가장 강한 도구 중 하나다.

　동방박사들이 베들레헴의 별을 따라 나선 첫 번째 크리스마스보다 300년 앞선 때, 아리스토텔레스는 인간이 논리의 명령대로 행동하는 이성적인 동물이라고 말했다. 하지만 이는 인간에 대한 과대평가다. 순전히 이성에 기초한 행동은 아침 식사 앞에서 낭만적인 생각을 하는 것만큼 어렵다. 우리 행동의 대부분은 암시의 결과다.

암시는 증거를 제시하지 않더라도 마음이 어떤 생각을 받아들이게 만든다. 내가 당신에게 "로열 베이킹파우더는 정말 순하다"라고 말하면서 그에 대한 증거를 제시하지 않는다면, 나는 암시의 방법을 이용하는 것이다. 만일 내가 그 제품을 분석하고 그와 관련된 유명 요리사들의 증언을 제시한다면, 나는 내 주장을 증명하려는 것이다.

다른 사람의 마음을 움직이는 사람들은 논쟁보다 암시에 더 많이 의존한다. 판매 기법이나 현대의 광고는 주로 암시를 기초로 한다.

무엇을 믿긴 쉬워도 의심하기는 어렵다. 우리가 어떤 것을 의심하고, 지적으로 의문을 제기하려면 경험과 지식과 사고가 필요하다. 어린아이에게 산타클로스가 굴뚝을 타고 들어온다고 말하고, 미개인에게 천둥은 신이 진노한 것이라고 말하면, 그들은 이러한 사실에 의문을 품을 정도의 지식이 쌓이기 전까지 그런 주장을 진짜로 받아들인다. 인도의 수백만 국민들은 갠지스강물은 신성하고, 뱀은 신이 변신한 것이며, 소를 죽이는 것은 사람을 죽이는 것만큼 나쁜 짓이라고 믿고 있다. 그들에게 소고기 구이를 먹는 것은 식인 행위와 같다. 그들이 이런 터무니없는 믿음을 갖는 것은 그런 이야기들이 증명되어서가 아니라 암시에 의해 그들의 뇌리에 깊이 새겨졌기 때문이고, 이런 믿음에 의문을 제기하는 데 필요한 지성, 지식, 경험이 없기 때문이다.

우리는 그들을 비웃는다. 이런 순진한 사람들 같으니! 하지만 자세히 들여다보면 우리가 가진 의견, 믿음, 신조, 삶의 기반이 되는 행동 원칙들 대부분이 사실은 이성적 사고보다 암시의 결과라는 사실을 발견하게 된다.

상거래 측면에서 예를 찾아보자. 우리는 에로우 칼라, 로열 베이킹파우더, 하인즈 피클, 골드 메달 밀가루, 아이보리 비누 등의 상품을 최고까지는 아니더라도 각 분야의 대표적인 상품으로 여긴다. 왜 그럴까? 그렇게 판단하는 합당한 이유가 있을까? 사실 그렇게 생각하는 데는 대부분 근거가 없다. 이들 브랜드의 제품과 경쟁사의 제품을 비교해본 적이 있는가? 그렇지 않다. 별다른 증거가 제시되지 않은 이야기를 그냥 믿게 된 것이다. 논리가 아니라 편견이나 선입관에 물든 반복된 주장들이 우리의 믿음을 형성한 것이다.

인간은 암시의 존재다. 이는 부정할 수 없는 사실이다. 만약 당신과 내가 생후 6개월 만에 미국에 있는 요람으로부터 위대한 브라마푸트라 강둑에 사는 어느 힌두인 가정으로 옮겨져 양육되었다면, 유아 시절부터 소는 신성한 동물이라는 가르침을 받고 성장했을 것이다. 우리도 비프스테이크를 먹는 '기독교의 개들'을 공포의 눈길로 바라볼 것이고, 원숭이 신과 코끼리 신, 나무 신과 돌의 신들에게 경배할 것이다. 결국 믿음은 이성과 상관없다. 믿음을 형성한 것은 거의 전적으로 암시와 지리적 환경이다.

우리가 일상생활에서 암시에 영향을 받고 있는 사례를 살펴보자. 지금까지 당신은 커피가 몸에 해롭다는 글을 여러 차례 읽어봤기에 커피를 끊기로 했다고 가정해보자. 어느 날 당신이 자주 가는 식당에 저녁을 먹으러 갔다. 그곳 종업원은 판매 수완이 부족해 손님의 심리를 제대로 파악하지 못하고 이렇게 물었다. "커피 드시겠어요?" 그러면 당신은 마시느냐 마느냐를 놓고 갈등하게 되고, 아마도 당신의 자제력이 승리할 것이다. 당장 미각을 충족시키기보다는 소화가 잘되게 하는 쪽을 선택하는 것이다.

한편 종업원이 부정적인 표현으로 "커피 안 드실 거죠?"라고 물으면, 당신은 "네, 안 마셔요"라고 답할 확률이 높아진다. 종업원이 당신 마음에 심어준 부정적인 생각이 행동으로 쉽게 연결되기 때문이다(감각이 부족하고 제대로 교육받지 못한 세일즈맨은 잠재 고객에게 부정적으로 제안한다는 얘기를 들어봤는가). 하지만 종업원이 "지금 커피 드실래요? 나중에 드실래요?"라고 질문한다고 가정해보자. 어떻게 될까? 종업원은 당신이 커피를 원하는 데 이의를 제기하지 않는다고 단정했다. 그 결과 커피를 언제 마실 것인지에 당신의 모든 관심이 집중된다. 당신에게는 언제 커피를 마시느냐 외의 다른 생각들이 떠오르기 어려워지며, 커피를 주문하는 생각을 행동으로 옮기게 된다. 결국 당신은 커피를 원치 않음에도 "지금 주세요"라고 말하게 된다.

나도 이런 경험이 있고, 이 글을 읽는 독자 대부분도 경험해보았을 것이다. 이런 일과 비슷한 일들이 매일 수없이 일어난다. 백화점에서는 매장 직원더러 "이거 가져가시겠어요?"라고 손님에게 묻게 한다. 그 이유는 "물건은 배달시켜드릴까요?"라고 물으면, 즉시 백화점 배달 비용이 증가한다는 사실을 알게 되었기 때문이다.

마음에 들어오는 모든 생각은 진실로 간주될 뿐만 아니라 곧잘 행동으로 옮겨지기도 한다는 사실은 잘 알려져 있다. 예를 들어 우리가 어떤 알파벳 글자를 떠올리면, 무의식적으로 그 글자를 발음하는 데 사용되는 근육들이 미세하게 움직이게 된다. 뭔가를 삼킨다는 상상을 할 때도 그때 사용되는 근육이 미세하게 움직이게 된다. 우리는 흔히 이러한 움직임을 미처 의식하지 못하지만, 이런 미세한 근육의 반응을 잡아내는 섬세한 기계는 이를 포착할 수 있다. 당신이 마음에 들어오는 모든 생각을 행동으로 옮기지 않는 유일한 이유는, 또 다른 생각(그 일의 무익함, 비용, 수고, 불합리함, 위험 등)이 반작용을 일으켜 그 충동을 억제하기 때문이다.

우리의 주된 문제

우리의 생각을 다른 사람들이 받아들이게 하거나 우리의 암시에 따라 행동하게 하는 방법은, 그들 마음에 어떤 생각을 심고 그와 모순되거나 배치되는 생각이 움트지 못하게 하는 것이다. 이를 솜씨 있게 하는 사람이 말도 잘하고, 사업에서도 성공한다.

심리학에서 얻는 도움

이와 관련해 심리학으로부터 도움을 받을 수 있을까? 그렇다. 어떤 생각에 전염성이 강한 열정과 진심 어린 감정이 담겨 있다면, 그와 반대되는 다른 생각이 떠오를 가능성이 크게 줄어든다. 나는 '전염성이 강한'이란 표현을 사용했는데, 이는 열정의 속성이기 때문이다. 열정은 사람들의 비판적인 능력을 잠재우고, 모든 부정적이고 적대적인 생각을 없애버린다.

상대에게 강한 인상을 남기고자 한다면, 사람들의 생각을 일깨우기보다 그들의 감정을 자극하는 것이 더 효과적이란 사실을 기억하라. 차가운 관념보다 뜨거운 감정이 더 위력적이다. 청중의 감정을 흔들기 위해서는 매우 진실해야 한다. 불성실하면 전달의 힘이 크게 약화된다. 아무리 미사여구를 사용하고, 많은 예를 들고, 목소리가 좋고, 제스처가 세련되어도 공허한 외침에 불과하다. 만일 청중을 감동시키고 싶다면, 먼저 당신이 감동을 받아야 한다. 당신의 눈을 통해 드러나고, 목소리를 통해 발산되며, 태도를 통해 드러나는 당신의 영혼은 청중과 자연스럽게 소통할 것이다.

당신이 전하려는 바를 그들이 믿고 있는 것에 연결시켜라

어느 무신론자가 영국 목사인 윌리엄 페일리에게 하나님이 없다는 자신의 주장을 반증해보라고 했다. 페일리는 차분하게 시계를 꺼내더니, 덮개를 열고 그 무신론자에게 시계 내부를 보여주며 말했다. "만일 내가 여기 있는 톱니바퀴와 스프링 등의 부품이 저절로 생겨나 저절로 조립되고 움직였다고 말하면, 선생은 내 지적 능력을 의심하지 않을까요? 물론 그러실 겁니다. 그런데 하늘의 별을 보십시오. 수많은 별들이 완벽하게 정해진 궤도를 따라 움직입니다. 지구와 태양 둘레의 행성들, 그리고 모든 별들의 무리가 하루에 100만 마일 이상의 속도로 운항하고 있습니다. 각각의 항성들은 자체의 세계를 거느린 또 다른 태양으로서 우리 태양계처럼 우주 공간을 질주하고 있습니다. 그럼에도 서로 충돌하지 않고 방해도, 혼란도 없습니다. 그 모든 별들이 조용히, 효율적으로, 통제된 상태로 움직입니다. 이 모든 형상이 그저 우연에 불과하다고 믿는 게 쉬울까요, 아니면 누군가 그렇게 만들었다고 믿는 게 쉬울까요?"

인상적이지 않은가? 이 목사는 어떤 방법을 사용했는가? 10장에서 언급했듯이 그는 상대가 공감할 수 있는 사실로부터 시작했다. 우선 상대방이 그의 의견에 동의해 '예'라고 말하게 만들었다. 그리고 하나님에 대한 믿음은 시계공의 존재를 믿는 것만큼이나 단순하고 필연적이라는 논리를 폈다.

처음부터 그가 상대의 말에 반박했다고 가정해보자. "하나님이 없다고요? 정말 어리석군요. 당신은 지금 자신이 무슨 말을 하는지도 모르고 있습니다." 이렇게 말했다면 무슨 일이 일어났을까? 틀림없이 소란스럽고, 의미 없고, 격렬한 설전이 오갔을 것이다. 그 무신론자는 자신의 신념을 고수하겠다는 강한 열정에 휩싸여 불손한 생각을 더욱 확고히 했을 것이다. 왜 그럴까? 로빈슨 교수가 지적했듯이 그게 자신의 생각이었기 때문이다. 그 소중하고 무엇과도 바꿀 수 없는 자신의 자존감과 자부심이 위협받는데 어떻게 가만히 있을 수 있겠는가?

자부심의 위력은 대단하기 때문에 이를 거스르지 않고 현명하게 이용하는 것이 유리하다. 그럼 어떻게 해야 할까? 페일리 목사처럼 당신의 제안이 상대가 이미 믿고 있는 것과 유사하다는 것을 보여주면 된다. 그렇게 하면 상대방이 당신의 제안을 받아들이기 쉬워진다. 그리고 상대의 마음속에서 당신이 말한 것과 반대되는 생각이 나타나 당신의 말을 방해하지 않도록 할 수 있다.

페일리는 인간의 심리 작용을 잘 이해했다. 하지만 이처럼 다른 사람의 믿음의 성채에 들어갈 수 있는 능력을 가진 사람은 많지 않다. 대부분의 사람들은 다른 사람의 믿음의 성채를 빼앗기 위해 정면으로 공격해야 한다고 생각한다. 그럼 어떻게 될까? 공격이 시작되면 도개교(큰 배가 지나갈 수 있도록 하기 위해 위로 열리는 구조로 만든 다리—옮긴이)가 올라가고, 무거운 성문은 굳게 닫힌다. 성문에는 빗장이 채워질 것이며, 갑옷을 입은 궁수들은 긴 화살을 뽑을 것이다. 그리고 치열한 전투가 시작된다. 하지만 이런 싸움은 대부분 무승부로 끝난다. 어떤 문제에서든 어느 쪽도 상대를 설득하지 못한다.

성 바울의 기지

우리가 지지하는 이 방법은 새로운 것이 아니다. 오래전부터 성 바울이 사용하던 방법이다.

그는 마스 언덕에서 아테네 사람들을 상대로 했던 연설에서 이 방법을 능숙하고 솜씨 있게 사용해 1900년이 지난 지금 우리에게도 깊은 감동을 준다. 그는 교육받은 사람이었고, 기독교로 개종한 후에 뛰어난 웅변술로 기독교의 대표적인 지지자가 되었다. 어느 날 그는 아테네에 도착했다. 당시 페리클레스 이후의 아테네는 전성기를 지나 쇠퇴의 길로 접어들고 있었다. 《성경》은 이 시기의 아테네를 다음과 같이 묘사했다.

"그곳에 살던 모든 아테네인과 이방인들은 그저 새로운 이야기를 하거나 듣는 것으로 하루를 보냈다."

라디오도, 전보도, AP통신의 긴급 타전도 없던 당시에 아테네 사람들은 매일 오후마다 새로운 소식을 얻기가 쉽지 않았을 것이다. 이때 바울이 등장했다. 뭔가 새로운 것이 있었다. 그들은 즐거운 호기심으로 바울 주위에 모여들었다. 사람들은 그를 아레오파고스 언덕에 데려가서 이렇게 말했다.

"당신이 말하는 새로운 가르침을 알려주시오. 당신의 말은 우리에게 생소한 것이라 그 의미를 알고 싶소."

그들은 연설을 부탁했고, 바울은 이에 응했다. 사실 이는 그가 그곳에 온 목적이기도 했다. 연설을 시작하기 전에 그는 나무 등걸이나 돌 위에 서서 모든 훌륭한 연설자들도 처음엔 그렇듯 약간 불안해하며 손바닥을 비비고 헛기침을 했을지도 모른다.

그런데 바울은 그들이 자신에게 연설을 청하며 했던 말이 신경 쓰였다. '새로운 가르침' 혹은 '생소한 것'이라는 말은 독약과 같아 우선 그런 생각을 없애야만 했다. 왜냐하면 그런 생각은 적대적이고 반대되는 의견들이 자랄 수 있는 토양이기 때문이다. 그는 자신의 믿음을 생소하고 이질적인 것으로 제시하지 않고, 사람들이 이미 믿고 있는 것과 연결하며 유사성을 부각시키려고 했다. 그렇게 하면 부정적인 생각이 싹트는 것도 막을 수 있을 것이다. 그는 어떻게 해야 할지 생각하다가 아이디어가 떠올랐다. 그는 이렇게 연설을 시작했다.

"아테네 시민 여러분, 저는 여러분이 매사에 미신적이라 생각합니다."

어떤 번역본에는 '여러분은 대단히 종교적입니다'로 표현되어 있기도 하지만, 나는 이것이 더 맞는 표현이라 생각한다. 그들은 많은 신을 숭배했고, 종교적이었으며, 그러한 사실을 자랑스러워했다. 바울은 그들에게 찬사를 보냈고, 그들을 기쁘게 했다. 그들도 그를 향해 문을 열었다. 대중 연설의 주된 기법 중 하나는 어떤 사례를 들어 진술을 보강하는 것이다. 바울이 바로 그렇게 했다.

"왜냐하면 제가 여러분이 예배드리는 곳을 지나다가 그곳에서 '미지의 신에게'라고 쓰인 제단을 발견했기 때문입니다."

이는 아테네인들이 매우 미신적이라는 사실을 입증한다. 그들은 많은 신들 가운데 행여나 어떤 신에게 불경을 저지를까 두려워서 알 수 없는 신을 위한 제단까지 세웠던 것이다. 이는 무의식적이고, 의도하지 않은 불경과 무례에 대한 보험과도 같은 것이었다. 바울은 이 특별한 제단을 예로 들면서 자신이 꽨

한 말을 하는 것이 아님을 알렸다. 그는 자신의 발언이 실제 관찰에 근거한 진정한 이해에서 나온 것임을 보여주었다. 이제 매우 적절한 서두가 이어진다.

"저는 여러분이 알지도 못하고 섬겨온 그 신을 알려드리겠습니다."

여기에 '새로운 가르침'이나 '생소한 것'이 있을까? 바울은 그들이 의식하지 못하면서 숭배한 어떤 신에 대해 몇 가지 진실을 알려주고자 했던 것이다. 그들이 믿지 않는 것을 그들이 이미 받아들이고 있는 것과 연계시키는 이 방법은 아주 훌륭했다.

바울은 구원과 부활의 가르침을 전한 뒤, 어느 그리스 시인의 시구를 사용해 끝을 맺었다. 연설 시간은 2분도 걸리지 않았다. 그를 조롱한 사람도 있었지만, 어떤 이들은 이렇게 말했다.

"우리는 이 주제에 대해 당신 이야기를 또 듣고 싶소."

덧붙여 이야기하자면, 2분짜리 연설의 장점 중 하나는 바울이 그랬듯 한 번 더 말해달라는 요청을 받을 수 있다는 것이다. 전에 필라델피아의 한 정치인은 연설할 때 유념해야 될 주요 원칙은 '짧게 하고 빨리 끝내는 것'이라고 내게 말했다. 당시 성 바울은 이 두 가지를 모두 성공적으로 해냈다.

오늘날 현명한 기업인들도 성 바울이 아테네에서 사용한 이 방법을 판매 상담과 광고에 이용한다. 예를 들어 최근에 내 책상에 배달된 어느 구매 권유 편지의 일부를 소개하면 다음과 같다.

"올드 햄프셔 본드의 종이를 사용하면 가장 저렴한 종이를 사용할 때보다 장당 0.5센트도 더 들지 않습니다. 만일 귀하가 고객이나 잠재 고객에게 1년에 10통의 편지를 쓴다면, 올드 햄프셔 종이를 사용할 때 발생되는 추가 비용은 한 차례의 교통 요금도 안 되며, 5년치를 모두 합하더라도 고객에게 괜찮은 시가 하나 주는 비용도 안 됩니다.”

1년에 한 번 고객의 차비를 부담하거나 10년에 하바나 시가 두 개 정도의 돈이 드는 일을 누가 거절하겠는가? 그럴 사람은 없다. 올드 햄프셔 본드 종이를 사용했을 때 추가 비용이 그 정도에 불과한데, 그렇게 되면 고객의 마음속에서 가격이 너무 비싸다는 생각을 할 여지를 막기에 충분하지 않을까?

작은 것은 커 보이게, 큰 것은 작아 보이게 만들어라

비슷한 방식으로, 큰 금액도 오랜 시간에 걸쳐 나눔으로써 하찮아 보이는 일상적인 비용과 대조해 작아 보이게 할 수도 있다. 예를 들어 어느 생명보험사 사장은 회사의 영업 사원들에게 연설하면서 다음과 같은 방식으로 보험료가 비싸지 않다는 인상을 주고자 한다.

“30세 미만의 남자는 직접 구두를 닦아 매일 5센트씩 절약한 돈으로 보험에 들면, 죽을 때 가족에게 1000달러를 남길 수 있습니다. 매일 25센트의 시가를 피우는 34세의 남자는 그 돈으로 보험에 들면, 가족 곁에 더 오래 머물 수 있을 뿐 아니라 3000달러의 유산도 남겨줄 수 있습니다.”

반면 적은 금액은 한데 모아 계산하는 방법으로 상당히 크게 보이게 할 수도 있다. 어떤 전화 회사의 임원은 자투리 시간들을 합하는 방법으로 뉴욕 시민들이 전화를 받지 않아 낭비되는 시간이 얼마나 많은지 강하게 전달했다.

"연결된 전화 통화 100건당 7건은 수신자가 전화를 받기까지 1분의 시간이 걸립니다. 이런 식으로 매일 28만 분이 낭비됩니다. 뉴욕에서 6개월 동안 이렇게 낭비되는 시간을 합하면, 콜럼버스가 아메리카를 발견한 이후 현재까지 흐른 근무 일수를 모두 합한 것과 비슷합니다."

숫자를 인상적으로 보이게 하는 법

단순한 숫자나 양은 그 자체로만으로는 깊은 인상을 주지 못한다. 가능하면 우리의 경험, 특히 최근의 경험이나 감정적 체험과 연결된 사례와 함께 제시되어야 한다. 예를 들어 올더맨 람베스는 런던 자치 의회에서 근로 조건에 관한 주제로 연설할 때 이 방법을 사용했다. 그는 연설 도중에 갑자기 멈추더니, 시계를 꺼내어 아무 말도 안 하고 1분 12초 동안 멍하니 청중을 쳐다보기만 했다. 청중은 불안한 몸짓과 의아한 표정을 하며 연설자를 쳐다보았다. 어떻게 된 걸까? 연설자가 갑자기 정신이 나갔나? 올더맨은 다시 말을 시작하며 이렇게 말했다. "여러분이 방금 자리에서 불안해하며 시간을 보낸, 영원처럼 느낀 72초의 시간은 보통의 노동자가 벽돌 한 장을 쌓는 데 걸리는 시간입니다."

이 방법은 효과적이었을까? 너무 효과적이어서 그 내용이 전 세계로 퍼져 해외 신문에 실리기도 했다. 또한 건설업 통합

노조는 "우리의 존엄성 모독에 대한 항의"로 즉시 파업에 나설 정도였다.

다음 두 가지의 진술 중에서 어느 것이 더 전달력이 강한가?

1. 바티칸에는 1만 5000개의 방이 있다.

2. 바티칸에는 40년 동안 매일 방을 바꿔가며 자도 다 자지 못할 정도로 방이 많다.

다음 중 어느 표현이 세계대전 중 영국이 쓴 엄청난 돈을 더 인상적으로 전달하는가?

1. 영국은 전쟁 기간에 약 70억 파운드, 미화로 340억 달러의 돈을 사용했다.

2. 4년 반 동안의 세계대전 동안에 영국이 사용한 돈은 필그림 파더스가 플리머스의 바위에 상륙한 때부터 지금까지 매분마다 34달러씩 모은 금액이라면 놀라겠는가? 하지만 이는 거짓말이다. 실제로 그보다 훨씬 많다. 세계대전 중 영국이 사용한 돈은 콜럼버스가 미국을 발견한 이후 지금까지 밤낮을 가리지 않고 매분마다 34달러씩 모은 것과 같다. 놀랍지 않은가? 하지만 실제로는 그보다 훨씬 많다. 세계대전 중 영국이 사용한 돈은 1066년 노르망디 공작 윌리엄이 잉글랜드를 쳐들어와 정복한 이후부터 지금까지 매분마다 34달러씩 모은 금액과 비슷하다면 놀라겠는가? 하지만 아직 놀라기에 이르다. 실제로는 그보다 훨씬 많다.

세계대전 동안 영국이 사용한 돈은 예수가 탄생한 이후부터 지금까지 매분마다 34달러씩 모은 금액에 해당한다. 다시 말해 세계대전 중에 영국은 340억 달러를 사용했으며, 이는 예수 탄생 이후 약 10억 분의 시간이 흘렀다는 말이다.

재진술의 영향력

재진술은 청중들의 마음속에 우리 주장과 모순되거나 반대되는 생각이 떠오르는 것을 막기 위해 우리가 사용할 수 있는 또 하나의 수단이다. 유명한 아일랜드 웅변가 다니엘 오코넬은 이렇게 말했다. "대중은 정치적 진실을 한두 번, 심지어 10번을 말해도 받아들이지 않는다." 그는 청중과 대중을 많이 상대한 인물이므로, 그의 말은 귀 기울여 들어볼 가치가 있다. 그는 또 이렇게 말했다. "상대방에게 정치적 진실을 받아들이게 하기 위해서는 끊임없는 반복이 필요하다. 사람은 같은 것을 계속해서 들으면 자신도 모르게 그것을 진리와 연관시킨다. 그러다 결국 그 반복된 내용을 마음 한구석에 간직하고, 마치 신앙으로 자리 잡은 종교적 믿음처럼 의심하지 않는다."

하렘 존슨은 오코넬의 이 말을 정확히 이해했다. 그가 7개월 동안 캘리포니아를 오가면서 했던 모든 연설을 다음과 같은 똑같은 예측으로 마무리한 것도 같은 이유에서였다.

"잊지 마십시오, 나의 친구 여러분. 저는 캘리포니아 주지사가 될 것입니다. 그리고 그때, 저는 이 정부에서 윌리엄 F. 헤린과 남태평양 철도를 몰아내고 말 것입니다. 감사합니다."

존 웨슬리의 어머니도 오코넬이 한 말을 제대로 이해했다. 그래서 왜 아이들에게 같은 말을 여러 번 반복하느냐고 남편이 묻자 이렇게 대답했다. "왜냐하면 아이들은 내가 19번을 일러 줄 때까지도 그 가르침을 모르기 때문이죠."

우드로 윌슨도 오코넬이 한 말의 의미를 알고 있어서 연설을 할 때 이 방법을 이용했다. 다음에 소개하는 세 문장 가운데 뒤의 두 문장은 첫 문장에서 말한 내용을 바꾸어서 반복했을 뿐이라는 사실에 주목하라.

"지난 몇십 년 동안 대학생들은 제대로 교육받지 못했습니다. 모든 가르침에도 불구하고 아무도 교육시키지 못한 것입니다. 열심히 뭔가를 가르치긴 했는데 정작 제대로 배운 사람은 아무도 없습니다."

하지만 재진술의 방법이 효과가 좋더라도 미숙한 연설자에게는 위험한 도구가 될 수 있다. 표현력이 좋지 않아 바꿔 말하지 못하면 단조롭고 너무 뻔할 것이다. 이것은 치명적이다. 청중은 당신의 그 어설픈 화법을 알아채는 순간, 곧 자리에서 몸을 비틀고 시계로 눈을 돌릴 것이다.

일반적인 예시와 구체적인 사례

일반적인 예시와 구체적인 사례를 제시하면 큰 위험 없이 청중을 즐겁게 만들 수 있다. 연설에서 깊은 인상과 확신을 주고 싶을 때, 이는 쉽게 흥미와 관심을 끌 수 있는 아주 쓸모 있는 방법이다. 이는 반대되는 생각이 나지 못하도록 하는 데 도움을 준다.

예를 들어 뉴웰 드와이트 힐리스 박사는 한 강연에서 "불복종은 노예이고, 복종은 자유입니다"라고 말했다. 이 말은 구체적인 사례로 뒷받침되지 않으면 명확하지도, 인상적이지도 않다. 그 역시 이를 깨닫고 말을 이었다. "불이나 물이나 산(酸)의 법칙에 불복하면 곧 죽음입니다. 화가는 색채의 법칙에 복종할 때 기술을 얻고, 웅변가는 수사학의 법칙에 복종할 때 힘을 얻으며, 발명가는 철의 법칙에 복종할 때 도구를 얻습니다."

사례는 깊은 인상을 주는 데 도움이 된다. 구체적인 사례를 덧붙이면 생생함과 힘이 배가되지 않던가? 이렇게 하면 어떨까? "레오나르도 다 빈치는 색채의 법칙에 복종해 〈최후의 만찬〉을 그렸습니다. 헨리 워드 비처가 리버풀 연설을 그토록 감동적으로 할 수 있었던 것은 웅변술의 법칙에 복종했기 때문입니다. 맥코믹은 철의 법칙에 복종해 수확기를 발명했습니다."

훨씬 낫지 않은가? 사람들은 연설자가 구체적인 이름과 날짜를 제시하는 것을 좋아한다. 그러면 원할 경우 그들이 직접 확인해볼 수도 있다. 구체적인 이름과 날짜의 제시는 연설자가 진실하고 정직하다는 느낌과 신뢰감을 주어 깊은 인상을 남긴다.

예를 들어 내가 "많은 부자들이 매우 소박하게 산다"라고 말했다고 하자. 이 말은 그리 인상적이지 않다. 너무 모호하다. 뚜렷하게 머릿속에 들어오지도 않고 이내 사라져버린다. 분명하지도 않고, 흥미롭지도 않고, 확실성도 없다. 아마도 부자들의 생활에 관해 이와 상반되는 신문 기사를 읽은 기억이 떠오르면서 내 주장에 대한 의구심이 생길 것이다.

만일 내가 많은 부자들이 소박하게 산다고 믿는다면, 나는 어떻게 그런 생각을 하게 되었을까? 아마도 구체적인 사례를 목격했기 때문일 것이다. 따라서 청중들도 나처럼 믿게 만들 수 있는 가장 좋은 방법은 구체적인 사례를 제시하는 것이다. 내가 본 것을 청중에게 보여줄 수 있으면, 그들은 나와 같은 결론을 내릴 것이다. 내가 제시하는 구체적인 사례와 증거를 통해 청중들이 스스로 결론에 이르게 된다면, 그 위력은 뻔하고 진부한 결론보다 두 배, 세 배, 혹은 다섯 배나 더 강할 것이다. 예를 들어보자.

— 존 D. 록펠러는 브로드웨이 26번가에 있는 사무실에 가죽 소파를 두고, 거기서 매일 낮잠을 잤다.

— J. 오그덴 아무어는 보통 9시에 자고 6시에 일어났다.

— 누구보다 많은 기업을 운영했던 조지 F. 베이커는 칵테일을 좋아하지 않았다. 담배는 죽기 불과 몇 년 전에 피기 시작했다.

— 내셔널 캐시 레지스터 사의 사장인 존 H. 패터슨은 술과 담배를 전혀 하지 않았다.

— 미국 최대 은행의 은행장을 지낸 프랭크 밴더립은 하루에 두 끼만 먹었다.

— 해리만의 점심은 대개 우유와 옛날식 생강 와퍼였다.

— 제이콥 H. 쉬프는 점심으로 우유 한잔을 하곤 했다.

— 앤드류 카네기가 즐겨 먹은 음식은 오트밀과 크림이었다.
— 〈새터데이 이브닝 포스트〉와 〈레이디스 홈 저널〉의 주인
  인 사이러스 H. 포티스는 구운 베이컨과 삶은 콩을 곁들
  인 요리를 좋아한다.

이 구체적인 사례들은 당신의 마음에 어떤 효과를 주는가? 부
자들이 소박하게 산다는 진술을 극적으로 표현해주는가? 진정
성을 느끼게 해주는가? 이런 사례들을 제시하면 마음속에서 이
에 반대되는 생각이 고개를 쳐들 가능성이 낮아지지 않겠는가?

축적의 원리
한두 가지 사례를 대충 나열하기만 한다고 원하는 효과를 얻
을 수 있다고 기대하지 마라.

필립스 교수는 《효과적인 연설》에서 이렇게 말한다. "처음 강
조한 인상이 계속 이어져야 한다. 처음 사로잡힌 생각에 계속해
서 관심이 집중되도록 해야 한다. 쌓이고 쌓인 여러 경험의 무
게가 그 생각을 뇌의 깊숙한 곳으로 밀어 넣을 때까지 과정이
계속 반복되어야 한다. 이 과정이 완성될 때 그 생각은 그의 일
부가 되고, 세월도, 사건도 그것을 지울 수 없게 된다. 이 작업을
가능하게 하는 효과적인 원리가 바로 축적이다."

앞에서 부자들은 흔히 소박하게 산다는 진술을 뒷받침하기
위해 구체적인 사례를 나열했던 부분을 다시 살펴보라. 이때 축
적의 원리가 어떻게 사용되었는지 주목하라. 또한 3장에서 필

라델피아가 '세계에서 가장 거대한 산업도시'라는 것을 증명하면서 이 원칙이 어떻게 이용되었는지 보라. 다음 글에서 서스톤 상원 의원이 이 원리를 어떻게 활용했는지 주목하라. 그는 인간은 오직 힘에 의해서만 부정과 압제의 해악을 바로잡을 수 있었다는 사실을 입증하기 위해 축적의 원리를 사용했다. 만약 다음 글에 나오는 구체적인 사례의 3분의 2가 생략되었다면 글의 효과가 어떠했을까?

"인간의 존엄성이나 자유를 지키기 위한 싸움에서 힘 외의 다른 수단으로 이겨본 적이 있던가? 부정, 불의, 압제의 장벽을 힘이 아닌 다른 것으로 제거해본 적이 있던가?

내켜 하지 않는 왕에게 마그나카르타에 서명하도록 만든 것은 힘이었다. 독립선언서와 노예해방령이 효력을 낼 수 있게 한 것도 힘이었고, 맨손으로 바스티유의 철문을 부수고 수백 년 동안 저질러진 왕실의 악행에 죄값을 물은 것도 힘이었다. 힘은 벙커 힐에 혁명의 깃발을 세웠고, 포지 계곡의 눈 위에 피 묻은 발자국을 남겼다. 힘은 실로의 무너진 전선을 지켜냈고, 차나투가의 불길에 휩싸인 언덕을 기어올랐으며, 룩아웃 하이츠 고원의 구름을 뚫고 기습을 가능하게 했다. 셔먼 장군이 바다로 진군한 것도, 셰넌도어 계곡에서 셰리든 장군과 함께 말을 달린 것도, 아포맷톡스에서 그랜트 장군에게 승리를 안겨준 것도 힘이었다. 그리고 힘은 연방을 지켜주었고, 성조기의 별들이 제자리를 지키게 했으며, '검둥이들'이 인간으로 대접받게 만들었다."

시각적인 비교

수년 전 브루클린 센트럴 YMCA에서 강좌를 듣던 수강생이 연설 중에 그 전해에 발생한 화재로 타버린 집들이 얼마나 많은지 말한 적이 있었다. 그 수치를 말했을 뿐 아니라 불탄 집들을 나란히 세울 경우 그 길이가 뉴욕에서 시카고까지일 것이고, 그 사건으로 희생된 사람들을 반 마일 간격으로 세우면 시카고에서 브루클린까지 갈 거라고 덧붙였다.

그 수강생이 말했던 숫자는 금방 잊혔지만, 10년이 지난 지금까지 나는 어렵지 않게 맨해튼 섬에서 일리노이 주의 쿡 카운티까지 불에 탄 집들이 줄지어 있는 모습을 머릿속에 그릴 수 있다. 이유는 무엇일까? 청각적인 인상은 오래 지속되지 않는다. 그것은 너도밤나무의 미끄러운 껍질에 내려앉는 진눈깨비처럼 흔적도 없이 사라진다. 하지만 시각적 인상은 어떨까? 언젠가 나는 다뉴브 강둑에 있는 오래된 집에 대포알이 박혀 있는 것을 본 적이 있다. 나폴레옹의 포병대가 울름 전투에서 발사한 포탄이었다. 시각적인 인상들은 이와 같다. 우리에게 강한 인상을 주고, 머릿속에 깊이 박혀 사라지지 않는다. 시각적인 인상들은 나폴레옹이 오스트리아 군을 몰아낸 것처럼 반대되는 모든 암시들을 없앤다.

무신론자의 질문에 대한 윌리엄 페일리 목사의 답이 인상적이었던 이유는 시각적이었기 때문이다. 버크는 미국 식민지에 대한 영국의 과세를 비난하는 연설을 할 때 이 방법을 사용했다. 그는 예언적인 시각으로 이렇게 선언했다. "우리는 지금 양이 아닌 늑대의 털을 깎고 있습니다."

유명인의 권위를 등에 업어라

중서부에 살던 나는 어린 시절에 양들이 지나가는 문에 막대기를 걸쳐놓고 쳐다보곤 했다. 몇 마리의 양이 막대기를 뛰어넘어 가면 그때 나는 막대기를 치웠다. 그러면 뒤따라오던 양들은 상상의 장애물 위를 뛰어넘어 문을 지나갔다. 그 이유는 앞서 간 양들의 행동을 무작정 따라 하기 때문이다. 양만 그런 게 아니다. 우리는 대부분 남들이 하는 대로 하려고 하고, 남들이 믿는 것을 믿으며, 유명 인사의 말이라면 의심하지 않고 받아들인다.

미국 은행협회 뉴욕 지부에 있었던 한 교육 수강생이 절약에 대한 연설을 하며 유명인의 말을 빌려왔는데, 매우 적절했다.

"제임스 J. 힐은 이렇게 말했습니다. '당신이 성공할 수 있는지 알아볼 수 있는 쉬운 방법이 있다. 당신은 돈을 저축할 수 있는가? 할 수 없다면 성공을 기대하지 마라. 분명히 실패할 것이다. 당신은 그렇게 생각하지 않겠지만, 당신의 실패는 당신이 지금 살아 있는 것만큼이나 확실하다.'"

이렇게 제임스 J. 힐의 말을 인용한 것은 그를 직접 데려와 말을 듣는 것 다음으로 효과적이었다. 그 학생의 말은 인상적이고, 반대되는 생각들이 떠오르는 것을 막아버렸다.

그런데 권위자의 말을 인용할 때는 다음의 네 가지 사항을 유의해야 한다.

1. 정확해야 한다.

다음 중 어느 것이 더 인상적이고 설득력 있는가?

a. "통계에 따르면 시애틀이 세계에서 가장 건강한 도시다."
b. "연방정부의 공식 사망률 통계에 따르면, 지난 15년간 시애틀의 연 사망률은 1000명당 9.78명이었다. 반면 시카고는 14.65명, 뉴욕은 15.83명, 뉴올리언스는 21.02명이다."

막연히 '통계에 따르면'이라고 시작하지 않도록 하라. 무슨 통계인가? 누가 왜 그런 자료를 수집했는가? "숫자는 거짓말을 하지 않지만, 거짓말쟁이는 제멋대로 숫자를 주무른다."

또 흔히 사용되는 표현이 무엇이던가? '대다수의 권위자들이 말하듯'이란 표현도 마찬가지다. 어떤 권위자인가? 한두 사람의 이름을 직접 거명하라. 만약 그들이 누구인지 모른다면, 어떻게 그들이 한 말을 믿을 수 있겠는가?

정확해야 한다. 그래야 청중들의 신뢰를 얻고, 정확히 알고 있다고 청중들에게 알릴 수 있다. 시어도어 루스벨트 역시 애매한 것은 용납하지 못했다. 그는 우드로 윌슨 정부 시절에 켄터키 주 루이빌에서 했던 연설에서 인용구의 출처를 다음과 같이 밝혔다.

"윌슨은 선거 전에 했던 연설이나 정당 발표에서 한 약속을 거의 지키지 않았기 때문에 그의 친구들조차 약속을 지키지 않는 그의 버릇을 웃음거리로 삼았습니다. 의회 내 윌슨의 유력한 민주당 지지자 중 한 사람은 윌슨의 선거 전 공약과 그를 대신해 발표했던 공약이 지켜지지 않는다는 비난에 이렇게 대답했습니다. '우리의 공약은 대선 승리용이었고, 결국 우리는 이겼다.' 이는 제62대 국회 제3차 의사록 4618쪽에 기록되어 있습니다."

2. 유명인의 말을 인용하라.

좋아하고 싫어하는 것은 우리의 생각 이상으로 각자의 신념과 관련이 있다. 나는 사무엘 언터마이어가 뉴욕의 카네기홀에서 사회주의 논쟁을 벌일 때 청중에게 야유를 받는 모습을 본 적이 있다. 그는 아주 정중했고, 내가 보기에 논조도 부드러웠다. 하지만 대다수의 청중은 사회주의자들이었다. 청중은 그를 증오했다. 그가 구구단을 인용했더라도 청중은 그 진실성에 의문을 제기했을 것이다. 반면 앞에 나온 제임스 J. 힐의 말을 인용한 것은 특히 미국 은행협회의 지부에서 사용하기에 적합했다. 왜냐하면 구레나룻을 기른 철도 건설업자는 금융 단체 사이에서 평판이 좋았기 때문이다.

3. 해당 지역 권위자의 말을 인용하라.

만약 디트로이트에서 연설하게 된다면 디트로이트 사람의 말을 인용하라. 청중들은 그에 관해 찾아보고 조사해볼 수도 있다. 그들은 먼 곳의 잘 알지도 못하는 사람의 말보다는 자기 고장 사람의 말에 더 강한 인상을 받을 것이다.

4. 자격 있는 사람의 말을 인용하라.

스스로에게 이렇게 질문해보라. 이 사람이 일반적으로 해당 분야의 권위자로 인정되고 있는가? 왜 그런가? 편견이 작용한 것은 아닌가? 그에게 이기적인 목표가 있지는 않은가? 한 수강생은 브루클린 상공회의소에서 전문화에 대해 연설하면서 앤드류 카네기의 말을 인용했는데, 이는 적절한 선택이었다. 왜 그랬을까? 청중으로 참석한 기업인들은 위대한 강철 왕에 대한 변치 않은 존경심이 있었기 때문이다. 게다가 사업 성공과 관련된 그의 말이 인용되었는데, 카네기의 삶을 볼 때 그에게는 충분한 자격이 있다고 볼 수 있다.

"어떤 분야에서든 성공하기 위해서는 그 분야의 전문가가 되어야 한다고 생각한다. 자신의 능력을 여러 곳에 분산시키는 사람은 믿음이 가지 않는다. 내 경험으로 볼 때, 여러 분야에 발을 내딛는 사람치고 돈을 제대로 버는 사람을 보지 못했다. 특히 제조업 분야에서는 한 사람도 보지 못했다. 성공한 사람들은 한 분야를 선택해 거기에 모든 것을 쏟아부었던 사람들이다."

깊은 인상과
확신을 주는 방법

"마음에 들어오는 모든 생각, 개념, 또는 결론은 그와 대립되는 생각의 제지를 받지 않는 한 진실로 여겨진다."

사람들에게 감동과 확신을 주고 싶다면 두 가지 전략을 고려하라. 첫째, 자신의 생각을 표현하고, 둘째, 그 생각이 해롭지 않고 공허한 것이 되지 않도록 청중의 마음에 대립되는 생각이 떠오르지 않게 만들어라. 그 목적을 이루기 위해 필요한 여덟 가지 제안을 소개하면 다음과 같다.

1. 남을 설득하기 전에 자신을 먼저 설득하라. 당신의 말 속에 청중에게 전해질 정도로 강한 열정이 느껴지게 하라.

2. 당신이 전하려는 것과 청중이 이미 믿고 있는 것이 유사하다는 것을 보여주라.

   예: 페일리 목사의 무신론자와의 논쟁, 아테네의 성 바울, 올드 햄프셔 본드 종이

3. 당신의 생각을 재진술하라.

   예: 하렘 존슨, "저는 캘리포니아 주지사가 될 것입니다…." 우드로 윌슨, "우리는 아무도 교육시키지 못하고 있습니다…."

   수치를 전달할 때는 사례를 들어 보강하라. 예를 들어 세계대전 동안 영국은 340억 달러를 사용했는데, 이는 예수가 탄생한 이후 지금까지 매분마다 34달러를 사용한 금액과 같다.

4. 일반적인 예를 들어라.

   예: 힐리스 박사, "화가는 색채의 법칙에 복종할 때 기술을 얻는다."

5. 명확하고 구체적인 사례를 들어라.

   예: "많은 부자들은 소박하게 산다… 프랭크 밴더립은 하루에 두 끼만 먹었다." 등

6. 축적의 원리를 이용하라. "당신이 제시한 생각을 뒷받침하는 구체적인 경험들을 연이어 제시함으로써 축적된 경험의 무게가 그 생각을 듣는 이의 뇌 깊은 곳으로 밀어 넣게 하라."

   예: "내켜 하지 않는 왕에게 마그나카르타에 서명하도록 만든 것은 힘이었다." 등

7. 시각적인 비교를 활용하라. 청각적 인상은 쉽게 잊히지만, 시각적 인상은 깊이 박혀 있는 대포알처럼 생명이 길다.

   예: 뉴욕에서 시카고까지 한 줄로 늘어서 불에 탄 집들

8. 편견 없는 유명인의 권위로 당신의 진술을 보강하라. 루스벨트가 했던 것처럼 정확하게 인용하라. 유명 인사나 해당 지역 인사의 말을 인용하고, 특정 주제에 대해 말할 만한 자격이 있는 사람의 말을 인용하라.

14

청중의 관심을
끄는 법

"글이든 말이든 모든 의사소통에는 흥미의 한계선이 있다. 만일 이 선을 넘을 수 있다면 최소한 잠시나마 사람들의 관심을 받을 수 있다. 하지만 그 선을 넘을 수 없다면 그만두는 게 낫다. 누구도 관심을 갖지 않을 것이기 때문이다."

— H. A. 오버스트리트, 《인간 행동에 영향을 미치는 법》

"말하고자 하는 뭔가가 늘 있어야 한다. 할 말이 있는 사람과 할 말이 없으면 입을 열지 않는다고 알려진 사람의 말에는 사람들이 늘 귀를 기울인다. 말을 하기 전에 반드시 자기가 무슨 말을 할 것인지 알고 있어야 한다. 만일 당신의 생각이 뿌옇다면 청중의 생각은 더 혼란스러울 것이다. 생각을 일정한 순서에 맞춰 정리하라. 그 생각들이 아무리 단순해도 시작, 중간, 끝이 있으면 더 좋을 것이다. 무슨 수를 써서라도 당신의 생각이 청중에게 명확히 전달되게 하라. 논쟁에 참여할 때는 상대방이 어떻게 대응할지 예측하라. 상대의 익살에 진지하게 답하고, 상대의 진지함에는 익살로 답하라. 그리고 상대하는 청중의 성격을 잘 알아두어라. (…) 절대로 청중을 무료하게 만들지 마라."

— 브라이스 경

청중의 관심을 끄는 법

만약 중국 어느 지역의 부잣집에 식사 초대를 받는다면, 식사가 끝난 뒤 어깨 너머로 그 집 마룻바닥에 닭고기 뼈와 올리브 씨앗을 던지는 것이 적절한 행동이다. 그것이 주인에게 찬사를 표하는 행동이다. 그가 부자라는 사실, 그리고 그렇게 어질러놓아도 식사 후에 말끔히 치워놓을 하인들이 많다는 사실을 당신이 알고 있다는 표시이기 때문이다. 주인 역시 그런 행동을 마음에 들어 한다.

부잣집에서는 호화로운 식사 후에 음식이 한껏 남아도 별 신경을 쓰지 않겠지만, 중국 일부 지역의 가난한 사람들은 목욕물도 아껴 써야 한다. 물을 데우는 데 돈이 너무 많이 들기 때문에 따뜻한 물을 파는 가게에서 더운 물을 사다 써야 한다. 목욕을 한 후에는 그 물을 다시 가져다가 애초에 구입했던 가게에 중고품으로 다시 되팔 수도 있다. 그런데 두 번째 고객이 씻고 나서 더러워진 물도 계속 거래된다고 한다. 물론 좀 더 할인

된 가격이기는 하지만 말이다.

중국인의 삶에 대한 이런 이야기가 재미있는가? 만약 그렇다면 그 이유는 무엇일까? 그들의 일상생활이 우리와 매우 다르기 때문이다. 식사나 목욕 같은 매우 흔한 일상에서 중국인들은 특이한 모습을 보여준다. 익숙하고 일상적인 것의 새로운 면, 바로 이것이 우리의 흥미를 자극한다.

다른 예를 들어보자. 당신이 지금 읽고 있는 이 페이지, 이 종이는 매우 평범하다. 그렇지 않은가? 이런 종이를 수천 장도 더 봤을 것이다. 지금은 따분하고 지루하지만, 내가 이와 관련된 재미있는 사실을 얘기하면 당신은 분명히 흥미를 느끼게 될 것이다. 어디 한번 보자! 지금 당신이 보는 것처럼 이 종이는 고체로 보인다. 하지만 실제로는 고체보다 거미줄에 가깝다. 물리학자는 종이가 원자로 구성되어 있다는 것을 알고 있다. 그러면 원자는 얼마나 작을까? 12장에서 지중해에 존재하는 물방울의 수, 세상에 존재하는 풀잎의 수만큼 물 한 방울에 수많은 원자가 존재한다고 배웠다. 그러면 이 종이를 이루고 있는 원자는 무엇으로 이루어져 있을까? 전자와 양성자라고 하는 더 작은 물질이다. 상대적인 거리로 보면, 지구에서 달까지 거리만큼 떨어진 상태에서 모든 전자가 원자의 중심에 있는 양성자 주변을 회전하고 있다. 이러한 소우주에서 전자들은 초속 약 1만 6000킬로미터라는 상상도 할 수 없는 속도로 자신들만의 궤도를 따라 돈다. 그러므로 이 문장을 읽기 시작한 이후로 당신이 들고 있는 종이의 전자들은 뉴욕에서 도쿄까지의 거리를 계속 움직이고 있다.

그리고 2분 전까지만 해도 당신은 종이 한 장이 정지해 있고, 감각이 없으며, 죽어 있다고 생각했을 것이다. 하지만 사실 이것은 하나님의 신비이며 진정한 에너지의 폭풍이다.

이제 흥미가 생겼다면 그 이유는 종이에 대해 새롭고 신기한 사실을 알았기 때문이다. 여기에 사람들의 관심을 끄는 비법이 있다. 이는 중요한 진실이며, 당신은 매일 소통할 때 도움을 받아야 한다. 완전히 새로워도 흥미롭지 않고, 또 아주 오래되어도 매력적이지 않다. 우리는 오래된 것의 새로운 이야기를 듣고 싶어 한다.

예를 들어 당신이 부르주의 대성당이나 모나리자를 일리노이 주 농부에게 설명한들 관심을 끌 수 없다. 농부에게는 너무 낯설다. 농부의 기존 관심사와 전혀 연관성이 없다. 하지만 네덜란드 농부가 해수면보다 아래에 있는 땅을 경작하고, 울타리 역할을 하도록 도랑을 파며, 대문처럼 열리는 다리를 짓는다는 사실에 대해 이야기한다면 관심을 끌 수 있다. 네덜란드 농부들이 겨울에 가족과 한 지붕 아래에서 소를 키우고, 소들이 가끔씩 레이스 커튼 사이로 휘날리는 눈을 바라본다고 말하면, 일리노이 지방의 농부들은 입을 떡 벌린 채 들을 것이다. 일리노이의 농부도 소와 울타리에 대해 알고 있지만, 익숙한 일에 대한 새로운 사실이었던 것이다. 농부는 이렇게 소리칠 것이다. "소가 레이스 커튼 사이로 창밖을 보다니! 말도 안 돼!" 그러고는 친구들에게 이 이야기를 전할 것이다.

또 다른 이야기가 있다. 당신이 읽으면서 흥미를 느끼는지 보라. 만약 흥미를 느꼈다면 그 이유가 무엇이라고 생각하는가?

황산이 당신에게 미치는 영향

액체는 대체로 파인트, 쿼트, 갤런, 배럴로 측정한다. 일반적으로 와인은 쿼트로, 우유는 갤런으로, 당밀은 배럴로 말한다. 유정이 새로 발견되면 일일 산출량을 배럴로 표현한다. 하지만 생산 및 소비되는 양이 엄청나기 때문에 측정 단위로 톤을 쓰는 액체가 하나 있다. 바로 황산이다.

황산은 수많은 경로로 당신의 일상에 영향을 미친다. 석유와 휘발유를 정제하는 과정에 광범위하게 사용되기 때문에, 만약 황산이 없다면 차가 움직일 수 없고 당신은 늙은 말이 끄는 마차를 타야 한다. 황산이 없다면 전등이 당신의 사무실을 밝힐 수도, 저녁 식탁을 비출 수도, 밤에 침대로 가는 길을 보여줄 수도 없을 것이다.

아침에 일어나 욕조에 물을 받을 때 우리는 니켈로 도금한 수도꼭지를 사용한다. 이 꼭지를 만들 때 역시 황산이 필요하다. 에나멜 욕조를 마무리하는 과정에서도 황산이 필요하다. 당신이 사용하는 비누도 아마 황산으로 처리된 윤활유나 기름으로 만들어졌을 것이다. 당신이 수건을 만나기 전에 수건은 황산을 만났다. 솔빗의 뻣뻣한 털을 만들 때도 황산이 필요하고, 황산이 없었다면 플라스틱 빗을 만들 수도 없었을 것이다. 면도칼을 담금질한 후에도 역시나 황산 용액으로 세척한다.

당신은 속옷을 입고 겉옷의 단추를 채운다. 표백업자, 염료 생산업자와 염색업자 역시 황산을 사용했다. 아마 단추 제조업자도 단추를 완성하는 데 황산이 필요하다는 사실을 알았을 것이다. 제혁업자도 신발 가죽을 만들 때 황산을 사용했고, 신발을 닦을 때 역시 사용한다.

당신은 아침을 먹으러 내려온다. 색이 입혀진 컵과 접시는 황산 없이 만들어질 수 없다. 금박이나 다른 장식품 착색에도 황산을 사용한다. 당신이 사용하는 숟가락, 칼, 포크가 은 도금 제품이라면 생산할 때 황산으로 목욕해야 한다.

비료 제조업자는 황산으로 만들어진 인산염 비료를 사용해서 식빵이나 롤빵의 밀을 키웠을 것이다. 만약 메밀 케이크와 시럽을 먹는다면 시럽을 만들 때도 황산이 필요하다.

이런 식으로 하루 종일 매순간마다 황산은 당신에게 영향을 미친다. 당신이 어디를 가든 그 영향력에서 벗어날 수 없다. 우리는 황산 없이 전쟁에 나갈 수도 없고 평화롭게 살 수도 없다. 그렇기 때문에 인류에게 꼭 필요한 황산이 일반 사람에게 완전히 생소할 수는 없어 보인다. 하지만 그게 현실이다.

세상에서 가장 흥미로운 세 가지

세상에서 가장 흥미로운 세 가지 소재가 무엇이라고 생각하는가? 섹스, 재산, 그리고 종교다. 섹스로 생명을 만들어내고, 재산으로 삶을 유지하며, 종교로 다음 생에도 이어지기를 바란다.

하지만 우리가 관심 있는 것은 나의 섹스, 나의 재산, 나의 종교다. 우리의 모든 관심은 자신의 자아로 가득하다.

우리는 '페루에서 유언장을 쓰는 방법'에 대한 이야기에는 별 관심이 없지만, '나의 유언장을 쓰는 방법'이라는 제목의 이야기에는 관심을 가질 것이다. 단순히 궁금한 경우를 제외하고 힌두교에 관심이 없지만, 다음 생의 영원한 행복을 약속하는 종교에는 지대한 관심이 있다.

사람들의 관심을 끄는 것이 무엇인지 물었을 때, 노스클리프 경은 한마디로 대답했다. 그것은 '자기 자신'이었다. 노스클리프 경은 영국의 가장 큰 신문사의 사장이었기 때문에 알고 있었을 것이다.

당신이 어떤 사람인지 알고 싶은가? 오, 우리는 지금 흥미로운 주제를 다루고 있다. 바로 당신에 대해 이야기하고 있다. 있는 그대로의 모습을 거울에 비추고 당신이 진짜 누구인지 바라볼 수 있는 방법이다. 당신의 환상을 보라.

환상이 무엇을 의미하는가? 제임스 하비 로빈슨 교수가 답해줄 것이다. 다음은 《정신의 형성》에서 인용한 글이다.

"우리는 모두 깨어 있는 동안 계속 생각을 한다. 깨어 있을 때보다 더 황당하지만, 대부분은 자는 동안에도 계속 생각한다고 알려져 있다. 현실적인 문제들로 방해받지 않는 한, 우리는 환상이라는 것에 사로잡힌다. 환상은 마음에서 우러나오며, 우리가 가장 좋아하는 생각의 한 종류다. 우리는 생각이 흐르는 대로 놔두며, 그 흐름의 방향은 우리의 희망과 두려움, 무의식적인 소망, 그런 소망의 충족과 좌절, 좋아하는 것과 싫어하는 것,

사랑과 증오와 분노에 따라 좌우된다. 우리에게 우리 자신만큼 흥미로운 것은 없다. 노력으로 조절이나 통제가 어려운 모든 생각은 필연적으로 자아를 중심으로 돌아간다. 우리 자신이나 다른 사람들의 이러한 경향을 관찰하는 것은 즐거우면서도 안타깝다. 우리는 점잔을 빼며 앉아서는 이러한 진실을 못 본 척하지만, 일단 마음먹고 이 문제를 생각해보면 그것은 한낮의 태양처럼 우리 앞에서 빛날 것이다.

환상을 통해 근본 성격의 주요한 특징들이 형성된다. 우리의 성격을 반영하는 이러한 특징들은 흔히 숨어버리거나 잊혀진 경험에 의해 변형된 형태다. 환상은 끊임없이 자신을 과대평가하고 정당화하려는 경향이 있어 의심할 여지없이 우리의 사고에 영향을 미치며, 이는 환상이 만드는 주된 편견이다."

그러므로 당신이 이야기해야 하는 사람들은 집안일이나 인간관계, 업무 문제에 신경 쓰지 않을 때, 자기 자신을 생각하고 정당화하며 미화하는 데 대부분의 시간을 쓴다는 점을 명심하라. 또한 보통 사람은 미국에 부채를 갚는 이탈리아보다 일을 그만두는 요리사를 더 걱정하고, 남아메리카의 혁명보다 무딘 면도날에 더 흥분할 것이다. 어떤 여자는 50만 명의 삶을 파괴한 아시아의 지진보다 치통에 더 스트레스를 받으며, 당신이 말하는 역사 속 위인 10명에 대한 토론보다 자신에 대한 달콤한 말에 더 귀를 기울일 것이다.

달변가가 되는 법

많은 사람들이 대화에 약한 이유는 자신이 관심을 갖는 소재에 대해서만 이야기하기 때문이다. 상대방은 지루해 죽을 지경일 것이다. 방법을 바꿔보라. 상대방이 자신의 관심사, 자신의 직장, 자신의 골프 스코어, 자신의 성공, 엄마라면 자신의 아이들에 대해 이야기하도록 유도하라. 그다음에 귀 기울여 들으면 그에게 즐거움을 주게 된다. 그 결과 당신은 거의 이야기를 하지 않았지만 뛰어난 달변가로 인정받을 것이다.

필라델피아에 사는 해롤드 드와이트는 화술 강좌의 마지막 학기를 기념하는 연회에서 보기 드물게 훌륭한 연설을 했다. 테이블에 앉은 모든 사람들을 각각 차례대로 언급하며 강좌 초기에 말하기 실력이 어땠는지, 얼마나 발전했는지 이야기했고, 여러 사람들이 했던 대화와 토론했던 주제를 회고했으며, 그중 몇 명을 따라 하거나 특이한 버릇을 과장해서 말하며 사람들을 웃기고 즐겁게 해주었다. 이러한 소재로는 어떻게 해도 실패할 수 없다. 완벽하게 이상적이다. 이러한 주제만큼 같은 반 학생들의 흥미를 자극하는 것은 없을 것이다. 드와이트는 인간의 본성을 다루는 방법을 알고 있었다.

200만 독자를 얻은 아이디어

몇 년 전, 〈아메리칸 매거진〉은 엄청난 성장을 이뤄냈다. 이 잡지의 급증한 판매 부수는 출판업계에서 센세이션이 되었다. 비법이 무엇일까? 그 비법은 존 M. 시달과 그의 아이디어 덕분이었다. 처음 만났을 때, 시달은 잡지에서 사람들의 관심을 끄는 기획기사 란을 담당하고 있었다. 시달은 말했다.

"사람들은 이기적입니다. 특히 자기 자신에게 관심이 많습니다. 정부가 철도를 국유화하든 말든 별로 궁금해하지 않지만, 출세하는 법, 연봉을 올리는 법, 건강을 유지하는 법은 알고 싶어 합니다. 제가 편집장이었다면 치아를 관리하는 법, 목욕하는 법, 여름을 시원하게 보내는 법, 취직하는 법, 직원을 다루는 법, 집을 사는 법, 기억을 잘하는 법, 맞춤법을 틀리지 않는 법 등을 다룰 것입니다. 사람들은 언제나 사람 사는 이야기에 흥미를 느끼기 때문에 부자들에게 어떻게 부동산으로 100만 달러를 벌었는지 묻고, 유명한 은행가나 여러 기업의 회장들에게 바닥에서부터 노력해 부와 명예를 얻은 방법을 알아낼 것입니다."

그 후 얼마 지나지 않아 시달은 편집장이 되었다. 그 당시 잡지의 판매 부수는 저조했고, 파산 직전이었다. 시달은 자기가 하겠다고 말했던 것들을 그대로 실천했다. 결과가 궁금한가? 엄청났다. 판매부수가 20만, 30만, 40만, 50만까지 증가했다. 그게 대중들이 원하던 바였다. 이내 매달 100만 명의 사람들이 잡지를 샀고, 150만 명이 되더니 결국 200만 명에 이르렀다. 거기서 멈추지 않고 수년간 계속해서 증가했다. 시달은 독자의 자기중심적인 호기심에 어필했다.

콘웰 박사가 100만 청중을 사로잡은 법

'내 인생의 다이아몬드'가 세계에서 가장 인기 있는 강연이 될 수 있었던 비결은 무엇일까? 그것은 바로 지금껏 우리가 얘기해왔던 것이다. 존 M. 시달은 앞서 언급했던 대화에서 이 강연에 대해서도 얘기했다. 그리고 나는 그 강연의 엄청난 성공이 그의 잡지가 나아갈 방향을 결정하는 데 어느 정도 영향을 미쳤다고 생각한다.

그 강연은 고정 불변의 강연이 아니었다. 콘웰 박사는 강연의 내용을 자신이 연설하게 될 각 고장의 사정에 맞게 변화시키고 다듬었다. 이는 매우 중요한 과정이었다. 해당 지역의 관련 사실들을 언급하는 방법은 강연을 새롭고 신선해 보이게 했고, 그 지역 및 청중을 중요한 존재로 보이게 만들었다. 다음은 그가 이 작업을 어떻게 했는지를 직접 들려주었던 얘기다.

"나는 어떤 마을이나 도시에서 강연을 하게 되면, 그곳에 일찍 가서 우체국장, 이발사, 호텔 관리인, 학교 교장 선생님, 교회 목사님 등을 미리 만나본다. 또한 몇몇 공장 및 가게에도 들러 사람들과 이야기를 나누면서 그 지역의 현지 사정을 이해하고, 그들의 역사와 그들이 경험했던 행운과 실패(어느 곳이나 실패는 있게 마련이다)에 대해 알아본다. 그런 다음 강연에 들어가 그 지역 상황에 맞는 주제에 관해 이야기한다. 그럼에도 '내 인생의 다이아몬드'의 기본 정신은 전혀 달라진 적이 없다. 그 기본 정신이란, 그 나라의 모든 사람들은 자신이 처한 환경에서 자신의 기술과 자신의 힘과 자신의 친구들만으로도 지금보다 더 발전할 가능성이 있다는 것이다."

언제나 청중을 사로잡을 수 있는 연설 내용

어떤 사물이나 관념에 대해 얘기하면 사람들은 다소 지루해하겠지만, 사람 사는 이야기를 할 때는 관심을 끌 수밖에 없다. 내일도 티타임이나 저녁 식사 자리에서부터 미국의 뒤뜰 담장을 넘어 무수한 대화들이 흘러나올 것이다. 그렇다면 대화의 주된 내용은 무엇이겠는가? 사람들에 관한 이야기다. 그 남자가 이렇게 말했다더라, 아무개 양이 그랬다더라, 그 여자가 이것저것 하는 것을 내가 봤다, 그 사람이 떼돈을 벌었다 등등.

나는 미국과 캐나다의 초등학생들 앞에서 연설할 기회가 많았다. 그리고 그 경험을 통해 아이들을 집중시키기 위해서는 사람에 관한 이야기를 해야 한다는 사실을 깨달았다. 내가 일반적이고 추상적인 개념에 대해 이야기하자마자, 조니는 자리에서 엉덩이를 들썩거리면서 가만히 있지 못했고, 토미는 누군가에게 얼굴을 찌푸렸으며, 빌리는 통로 너머로 물건을 던졌다.

사실 당시의 청중은 아이들이었기 때문에 그럴 수도 있었다. 하지만 전쟁 중 군대에서 실시했던 어느 지능검사에 따르면, 놀랍게도 미국인의 49퍼센트가 열세 살 어린이 정도의 정신 연령을 갖고 있다고 한다. 그렇기 때문에 사람에 관한 이야기를 한다면 연설이 잘못될 가능성은 거의 없을 것이다. 수백만의 독자가 있는 〈아메리칸〉, 〈코스모폴리탄〉, 〈새터데이 이브닝 포스트〉 같은 잡지들 역시 사람에 관한 이야기로 채워져 있다.

한번은 파리에서 미국의 기업가들에게 '성공하는 법'에 대해 얘기해달라고 부탁한 적이 있었다. 대부분은 검소의 미덕을 찬양하거나 설교하고 잔소리하는 탓에 듣는 사람을 지루하게 만들었다(우연히 최근에 미국의 유명한 사업가 중 한 명이 동일한 주제로 전화 토론 프로그램에서 똑같은 실수를 했다고 들었다. 사교계 여성들이나 전문 강사도 마찬가지다).

결국 나는 이 강연을 중지시켰고, 다음과 같이 이야기했다.

"우리는 설교를 해달라는 게 아닙니다. 그 누구도 설교를 좋아하지 않습니다. 우리를 즐겁게 해주지 않으면, 당신이 뭐라고 이야기하든 우리는 귀를 기울이지 않는다는 사실을 명심하십시오. 또한 세상에서 가장 흥미로운 이야기는 순화되거나 미화된 남의 이야기라는 것도 잊지 마십시오. 그러니 당신이 아는 두 사람에 대한 이야기를 해주길 바랍니다. 한 사람은 왜 성공을 했고, 다른 한 사람은 왜 실패했는지 설명해주십시오. 우리는 기꺼이 경청하고, 잊지 않고 기억해 도움을 받을 수 있을지 모릅니다. 당신에게도 장황하고 추상적인 설교보다 전달하기 훨씬 쉬울 것입니다."

여느 때처럼 그날 강의에서도 한 기업가는 자신이든 청중이든 흥미를 갖도록 한다는 게 쉽지 않다는 사실을 깨달았다. 하지만 그날 저녁, 그는 사람들의 이야기를 하라는 조언을 받아들였고, 대학 동기 두 명에 대한 이야기를 했다. 한 명은 매우 검소했기 때문에 시내의 각각 다른 매장에서 셔츠를 사서 어떤 셔츠가 가장 세탁이 잘되는지, 오래 입을 수 있는지, 가격 대비 서비스를 많이 받을 수 있는지를 알아보기 쉽도록 도표로 만들었다. 그는 항상 푼돈에 집착했다. 공과대학 졸업 당시 자신의 능력을 과신해 다른 졸업생들처럼 바닥부터 시작해서 노력하며 나아가려고 하지 않았다. 심지어 세 번째 동창회가 열릴 때까지도 그는 소위 셔츠 평가 도표를 만들며 어떤 엄청난 기회가 찾아오기만을 기다리고 있었다. 하지만 기회는 결코 쉽게 오지 않았다. 25년이 지난 후, 좌절한 이 친구는 삶에 대한 의욕도 잃었으며 여전히 말단직으로 일하고 있다.

그리고 연설을 하던 기업가는 이 실패 사례와 모두의 기대를 넘어선 대학 동기의 이야기를 비교해주었다. 유별난 그 친구는 사교성이 뛰어났다. 모두가 그를 좋아했다. 나중에 큰 사업을 하고 싶은 욕심이 있었지만 초급 설계사부터 일을 시작했다. 그러면서 그는 언제나 기회를 살피면서 버펄로에서 열리는 전미 박람회를 위해 계획을 세웠다. 그곳에서 공학 기술이 필요하다는 것을 알았기 때문에 필라델피아의 직장을 그만두고 버펄로로 옮겼다. 상냥한 성격 덕분에 엄청난 정치적 영향력을 가진 버펄로의 한 인사와도 쉽게 친구가 되었다. 그 둘은 동업자가 되어 바로 사업 계약을 했다. 그들은 통신 회사를 위해 많은 일을 했고, 결국 그 친구는 높은 연봉을 받으며 그 회사에 스카우트되었다. 지금 그는 백만장자이자 웨스턴 유니언의 대주주 중 한 명이 되었다.

기업가가 했던 이야기 중 대략적인 내용만 다루었다. 흥미진진한 사람들의 이야기 덕분에 그의 강연 내용은 재미있고, 이해하기 쉬웠다. 원래 3분짜리 연설을 할 소재도 찾지 못했던 사람이 계속해서 이야기했고, 강연이 끝나자 오늘 자신이 30분 동안 떠들었다는 사실을 깨닫고 깜짝 놀랐다. 너무 재미있었기 때문에 사람들 모두 강연이 짧게 느껴졌다. 이 수강생의 진정한 첫 성공이었다.

이 사례를 통해 거의 모든 사람이 교훈을 얻을 수 있다. 평범한 연설이 흥미로운 사람들의 이야기로 가득하다면 더 큰 호소력을 발휘할 것이다. 말하는 사람은 몇 가지 요점을 정하고, 구체적인 사례를 들어가며 설명해야 한다. 이러한 구성 방법은 청중의 관심을 사로잡고 놓치지 않을 것이다.

가능하다면 사례는 노력하거나 경쟁하고 승리하는 이야기여야 한다. 우리 모두 투쟁하고 경쟁하는 이야기에 엄청난 흥미를 느낀다. 세상은 사랑하는 사람을 사랑한다고 한다. 하지만 그렇지 않다. 이 세상이 사랑하는 것은 싸움이다. 한 여자를 두고 싸우는 두 남자를 보고 싶어 한다. 이 사실을 확인하려면 아무 소설이나 잡지를 읽거나 영화를 보러 가라. 모든 장애물이 사라지고 영웅적인 인물이 여주인공을 차지하게 되면, 관객들은 모자와 코트를 챙기기 시작한다. 5분이 지나면 여자들은 빗자루로 바닥을 쓸며 잡담하고 있다.

모든 잡지나 소설은 거의 모두 이러한 공식을 따르고 있다. 독자가 남자 주인공 또는 여자 주인공으로 느끼도록 하고, 무언가를 애타게 갈망하도록 한다. 그 무언가는 얻기 불가능해 보여야 한다. 그리고 남자 주인공이나 여자 주인공이 맞서 싸워서 그 무언가를 얻는 모습을 보여준다.

업무나 직업상 방해하는 문제에 맞서 싸워 이기는 이야기는 언제나 용기를 주며 재미있다. 한 잡지의 편집장은 어떤 사람이든 인생의 진짜 속사정은 흥미진진하다며 말한 적이 있다. 고군분투하고 맞서 싸운 경험이 있는 사람—없는 사람이 어디 있겠는가!—이 제대로만 말한다면 그의 이야기는 매력적일 것이다. 의심의 여지가 없다.

구체적으로 예를 들어라

한 화술 강좌에 철학 박사 한 사람과 30년 전 영국 해군에서 자신의 청춘 시절을 보낸 다소 거친 학생이 한 명 있었다. 품위 있는 그 학자는 대학교수였고, 7대양을 누볐던 그의 동급생은 뒷골목 이삿짐센터의 사장이었다.

이상하게 들리겠지만, 수업하는 동안 이삿짐센터 사장의 이야기가 대학교수의 이야기보다 더 많은 인기를 끌었다. 이유가 무엇일까? 대학교수는 유창한 영어를 써가며 교양 있고 세련된 태도로 논리적이고 명료하게 말했지만, 그의 이야기에는 꼭 필요한 한 가지, 구체적인 사례가 없었다. 그의 이야기는 너무 애매모호했고, 너무 일반적이었다. 반면에 이삿짐센터 사장은 바로 사업에 대해 술술 말하기 시작했다. 말하려는 바가 분명했고, 구체적이었다. 이삿짐센터 사장의 에너지에 신선한 어법이 더해져서 이야기가 매우 재미있었다.

내가 이 예를 든 이유는 대학교수나 이삿짐센터 주인의 전형적인 모습을 보여주기 때문이 아니다. 정규교육과 상관없이 말할 때 명확하고 구체적으로 말하는 미덕을 가진 사람이 어떻게 청중을 사로잡는지를 보여주기 때문이다.

이 원칙은 매우 중요하기 때문에 당신의 마음에 확실하게 심어놓기 위해서 몇 가지 예시를 살펴볼 것이다. 절대 잊어버리지도, 무시하지도 않기를 바란다.

예를 들어 마틴 루터가 소년 시절 다루기 힘든 고집불통이었다는 말이 더 흥미로울까? 아니면 오전에만 15대를 맞을 정도로 선생님에게 자주 매를 맞았다고 고백했다는 말이 더 나을까? '다루기 힘든 고집불통' 같은 말은 거의 관심을 끌지 못한다. 하지만 매 맞은 횟수로 이야기한다면 귀 기울여 듣기 쉽지 않은가?

예전에는 어떤 인물에 대한 전기를 쓸 때 보편적인 것들을 다뤘고, 아리스토텔레스는 이를 제대로 '연약한 영혼의 안식처'라고 말했다. 전기를 쓰는 새로운 방법은 스스로 말하게 하고 구체적인 사실을 다루는 것이다. 옛날 전기 작가가 쓴다면, 존 도우는 '가난하지만 정직한 부모'의 아들로 태어났다고 썼을 것이다. 새로운 방법으로 말하면 다음과 같이 말할 것이다. "존 도우의 아버지는 덧신을 사줄 능력이 없어 눈이 오는 날이면 발을 마르고 따뜻하게 하려고 마대로 감싸야 했다. 하지만 가난할지라도 우유에 물을 타거나 천식이 있는 말을 건강한 말로 속여 팔지는 않았다." 존 도우의 부모는 '가난하지만 정직했다'라는 사실을 잘 보여주지 않는가? 또한 '가난하지만 정직했다'라는 표현보다 더욱더 재미있는 표현이지 않은가?

현대의 전기 작가에게 이 방법이 효과적이라면 현대의 연설가에게도 효과적일 것이다. 하나 더 예를 들어보자. 나이아가라에서 매일 낭비되고 있는 에너지 때문에 충격을 받았다는 말을 하고 싶다고 가정하자. 그렇게 말한 다음, 에너지가 활용되어 그 결과 얻은 수익으로 생활용품을 사게 된다면 사람들을 먹이고 입힐 수 있을 거라고 덧붙인다. 이야기를 더 흥미롭고 재미있게 하는 방법일까? 전혀 그렇지 않다. 이 방법이 더 낫지 않을까? 〈데일리 사이언스 뉴스 불리틴〉에 실린 에드윈 E. 슬로슨의 말을 인용하려고 한다.

"이 나라에 가난하고 영양 결핍인 수백만 명의 사람들이 있다고 들었지만, 나이아가라에서는 시간당 빵 덩어리 25만 개가 버려지고 있다. 마음의 눈으로 보면 양질의 신선한 계란이 한 시간마다 60만 개나 벼랑에서 떨어져 소용돌이 속에서 거대한 오믈렛이 만들어지고 있는 것이다. 나이아가라 같은 1200미터 너비의 옷감이 베틀에서 계속해서 쏟아지고 있다는 표현 역시 낭비되는 에너지를 잘 보여준다. 카네기 도서관이 물기둥 아래 지어졌다면 한두 시간 내에 좋은 책들로 가득 채워질 것이다. 또는 이리 호에서 매일 거대한 백화점이 떠내려와 50미터 아래의 바위에 많은 물품들을 때려 부수고 있다고 상상할 수도 있다. 그것은 정말 상당히 재미있고 짜릿한 장면이 될 것이고, 지금만큼이나 사람들에게 아주 흥미로운 구경거리가 될 뿐 아니라 유지 비용도 들지 않을 것이다. 그러나 떨어지는 물의 힘을 이용하는 데 반대하는 일부 사람들은 백화점의 물건을 폭포 아래로 쏟아버리자는 생각에는 낭비라는 이유를 들어 반대할지도 모르겠다."

이미지를 그리는 단어

홍미를 유발하는 과정에서 가장 중요한 보조 수단이자 기법이 있지만 거의 간과되고 있다. 일반적인 연설자들은 이러한 기술이 있는지조차 알지 못하는 것 같다. 아마도 의식해 고민해본 적은 한 번도 없을 것이다. 나는 지금 마음속에 어떤 장면을 연상시키는 단어에 대해 말하고 있다. 듣기 쉽게 말하는 연설자는 당신의 눈앞에 이미지를 그려준다. 반면 애매하고, 상투적이며, 재미없는 단어를 쓰는 연설자는 청중을 꾸벅꾸벅 졸게 만든다.

여기도 이미지, 저기도 이미지, 숨 쉬는 공기만큼 이미지가 넘쳐난다. 당신의 이야기, 당신의 대화 속에 이미지를 간간이 섞어라. 그러면 좀 더 유쾌하면서 영향력을 갖는 연설가가 될 수 있을 것이다.

설명하기 위해 조금 전 나이아가라에 대한 기사를 인용했다. 그 글에 사용된 이미지와 관련된 단어들을 보라. 호주의 토끼만큼 많은 단어들이 모든 문장에서 뛰어오르고 순식간에 사라졌다가 다시 사방을 휘젓는다. "빵 덩어리 25만 개, 벼랑에서 떨어지는 계란 60만 개, 소용돌이 속에서의 거대한 오믈렛, 1200미터 너비로 베틀에서 흐르는 옷감, 물줄기 밑에 지어진 카네기 도서관, 책, 떠다니는 거대한 백화점, 때려 부수기, 아래에 있는 바위, 떨어지는 물."

영화관의 스크린에서 상영되고 있는 영화 장면에 눈길을 주지 않는 게 어렵듯이 이러한 이야기나 기사를 무시하기란 어려울 것이다. 허버트 스펜서는 오래전에 《문체의 원리》라는 유명한 에세이에서 눈앞에 선명한 이미지를 그리는 단어의 중요성을 다음과 같이 강조했다.

"우리는 일반적인 상황이 아니라 특수한 상황을 생각한다. '한 국가의 예의범절과 풍습, 그리고 유흥 문화가 저속하고 야만적일수록 그에 비례해 형법 규정의 엄격함 정도가 결정될 것이다'와 같은 문장은 피해야 한다. 그 대신 '사람들이 전쟁, 투우, 검투사의 싸움에 열광할수록 교수형, 화형, 고문에 처해질 것이다'라고 써야 한다."

《성경》이나 셰익스피어 작품에는 이미지를 그려주는 문장들이 사과 주스 공장 주변에 있는 꿀벌만큼이나 많다. 예를 들어 평범한 작가는 어떤 일이 불필요하다는 것을 '완벽함을 더 완벽해지도록 한다'라고 표현할 것이다. 같은 생각을 셰익스피어는 어떻게 표현했을까? '제련된 금을 빛내려고 하는 일, 백합에 색을 입히려고 하는 일, 제비꽃에 향수를 뿌리려고 하는 일'이라고 이미지를 그려주는 문장으로 표현함으로써 그의 문장은 영원히 기억되고 있다.

오래전부터 전해 내려오는 속담이 거의 대부분 시각적인 문구들이라는 사실을 생각해본 적 있는가?

"숲 속의 두 마리 새보다 손 안에 있는 한 마리가 낫다."

"비가 내렸다 하면 억수같이 퍼붓는다."

"말을 물가로 데려갈 수는 있어도 물을 마시게 할 수는 없다."

수세기 동안 너무 많이 쓰여 진부해진 비유적 표현의 대부분에는 이미지 요소가 포함되어 있음을 알 수 있다. '여우처럼 교활한''문에 박힌 못처럼 꼼짝하지 않는''팬케이크처럼 납작한''돌처럼 딱딱한' 등이 그렇다.

링컨은 언제나 시각적인 언어로 이야기했다. 백악관 내 링컨의 책상 위로 올라오는 길고 복잡한 형식적인 문서들에 질렸을 때도 그는 재미없는 어법이 아니라 잊을 수 없는 이미지로 그려지는 문장으로 이의를 제기했다.

"내가 누군가에게 말을 사오라고 시킬 때는 말 꼬리에 털이 몇 개나 붙어 있는지 궁금해서가 아닙니다. 내가 알고 싶은 건 말의 중요한 특징입니다."

관심을 끄는 대조법의 힘

매콜리가 찰스 1세를 비난하는 다음의 내용을 들어보자. 매콜리는 이미지를 사용하지 않았지만 대칭적인 문장을 사용했다는 점을 주의해서 보자. 강한 대조 표현은 언제나 우리의 눈길을 사로잡는다. 강한 대조 표현은 문장의 뼈대 역할을 한다.

"우리는 찰스 1세가 대관를 어겼다고 고발하지만, 찰스 1세는 혼인 서약을 지켰다고 말한다. 우리는 그가 충동적인 성직자들의 무자비한 횡포에 백성들을 내버렸다고 고발하지만, 그는 어린 아들을 무릎 위에 올려놓고 키스했다고 변명한다! 우리는 그가 훌륭하고 가치 있는 일이기 때문에 지키기로 약속해놓고 권리청원 조항을 위반했다고 비난하지만, 우리가 듣는 얘기는 아침 6시마다 그가 예배를 본다는 것이다. 반다이크가 그린 초상화에 그려진 드레스와 잘생긴 얼굴, 뾰족한 턱수염과 함께 이러한 사건들 때문에 찰스 1세는 현세대 사람들에게 인기를 얻은 게 틀림없다고 우리는 확신한다."

관심은 전염된다

우리는 지금까지 청중의 관심을 끄는 방법에 대해 살펴보았다. 하지만 누군가 여기서 제안한 방법을 기계적으로 따르고, 정확하게 말한다 해도 연설은 여전히 흥미롭지 않고 따분할 수 있다. 사람들의 관심을 끌고 붙드는 것은 느낌과 생각에 관련된 미묘한 문제다. 증기기관차를 작동하는 것과 다르다. 일정한 규칙이 없다.

관심은 전염된다는 사실을 기억하라. 당신이 스스로 그 분야에 대해 병적일 정도로 관심이 있다면 청중도 대부분 관심을 가질 것이다. 얼마 전에 볼티모어에서 열린 강좌 수업 중에 한 신사가 일어나더니, 체서피크 만에서 지금과 같은 방식대로 락피쉬 낚시를 계속한다면 이 어종은 멸종하게 될 거라고 경고했다. 그것도 몇 년 안에! 그는 이 문제가 얼마나 심각한지를 깨달았다. 바로 이런 자세가 중요하다. 그 신사는 진지했다. 그가 말하는 내용과 그의 태도에서 그게 잘 드러났다. 신사가 말하려고 일어날 때까지 나는 체서피크 만에 락피쉬라는 물고기가 있는지도 몰랐다. 청중들 대부분이 나처럼 지식과 관심이 부족했을 거라고 생각한다. 하지만 그의 이야기가 끝난 뒤, 우리는 모두 그가 무엇을 말하려 했는지를 이해했다. 우리는 모두 법으로 락피쉬를 보호해야 한다고 입법부에 보내는 청원서에 기꺼이 서명을 했을지도 모른다.

언젠가 나는 당시 이탈리아 주재 미국 대사였던 리처드 워시번 차일드에게 인기 작가로 성공한 비결을 물은 적이 있다. 그는 이렇게 대답했다.

"나는 산다는 게 매우 즐겁기 때문에 가만히 있을 수 없습니다. 내 삶에 대해서 사람들에게 이야기해야만 합니다."

이런 연설자나 작가에게 매료되지 않을 사람이 누가 있겠는가? 런던에서 한 연설자의 강연을 들었다. 연설이 끝난 후, 우리 일행이었던 유명한 영국 소설가 E. F. 벤슨이 첫 부분보다 마지막 부분이 더 재미있었다고 말했다. 내가 이유를 묻자, 그는 이렇게 답했다.

"연설자가 마지막 부분을 더 재미있어하는 것처럼 보였거든요. 저는 열정과 재미를 주는 연설자에게 영향을 받습니다."

누구나 그렇다. 이 점을 명심하라.

청중의 관심을 끄는 법

1. 우리는 평범한 것들 속에 깃들어 있는 특이한 사실에 관심을 갖는다.

2. 우리의 주 관심사는 자기 자신이다.

3. 다른 사람들이 자기 자신이나 자신의 관심사에 대해 이야기하게 하고, 그 이야기를 귀 기울여 듣는 사람은 거의 말을 하지 않더라도 일반적으로 뛰어난 달변가로 평가받는다.

4. 미화된 소문이나 사람들의 이야기는 언제나 관심을 끌고 붙든다. 말하는 사람은 몇 가지 요점만 정하고, 흥미로운 사람들의 이야기로 부가 설명을 해야 한다.

5. 구체적이고 명확해야 한다. '가난하지만 정직한' 따위의 연설자가 되지 마라. 단순히 마틴 루터가 소년 시절에 '다루기 힘든 고집불통'이었다고 말하지 마라. 사실을 말하라. 그리고 난 뒤 오전에만 15대를 맞을 정도로 선생님에게 자주 매를 맞았다는 말을 덧붙여라. 이렇게 하면 일반적인 주장이 명확하고, 인상적이며, 재미있어진다.

6. 당신의 눈앞에 이미지가 떠다니게 하는 단어, 그 장면을 연상시키는 문구를 이야기 중간중간에 섞어라.

7. 가능하다면 대칭되는 문장과 대조되는 개념을 써라.

8. 관심은 전염된다. 말하는 사람이 진심으로 그 주제에 관심이 있다면 청중도 반드시 관심을 가질 것이다. 하지만 이는 규칙 따위에 기계적으로 순응만 해서 될 일은 아니다.

15

행동을
이끌어내는 방법

"진정 유능한 연설자들은 맹목적 충동을 자신의 신으로 섬기지 않는다. 그들은 행동과 신념을 지배하는 법칙을 세심하게 연구한 후, 그로부터 형성된 판단력으로 충동을 조절하고 지배한다."

—아더 에드워드 필립스, 《효과적인 연설》

"난로를 파는 일이든, 공장의 정책을 표결에 부치는 일이든, 모든 비즈니스 대화에는 분명한 목적이 있다. 그 목적은 상품을 파는 것일 수도 있고, 어떤 아이디어를 파는 것일 수도 있다. 따라서 비즈니스 대화는 업무상 주고받는 편지나 길거리 광고판의 광고 문구처럼 사람들의 관심사에 호소해야 한다. 세밀하게 준비되고 계획된 대화는 철저하게 준비되고 검증된 광고가 그렇듯이 계획 없는 대화보다 훨씬 효과적이다."

—《성공적인 비즈니스 대화법》

"인생의 위대한 목적은 지식이 아니라 행동에 있다."

—헉슬리

"행동이야말로 다른 것과 뚜렷이 구별되는 위대함의 특징이다."

—E. 세인트 엘모 루이스

행동을 이끌어내는 방법

현재 당신이 가진 어떤 능력을 이내 두세 배로 향상시킬 수 있다면, 당신은 어떤 능력을 선택하겠는가? 다른 사람에게 영향을 미쳐 원하는 방향으로 행동을 유도할 수 있는 능력은 어떨까? 그런 능력을 향상시킨다면 당신의 힘, 이익, 기쁨은 더욱 커질 것이다.

성공적인 삶에 필수적인 이런 재능을 계속 운에만 맡겨두어야 할까? 본능이나 주먹구구식 임기응변에만 의존해 어리석은 실수를 연발해서는 안 된다. 이런 재능을 얻기 위한 합리적인 방법은 없을까?

물론 있으며, 지금부터 그에 관해 이야기하고자 한다. 나는 상식과 인간의 본성에 근거한 이 방법을 자주 사용했으며, 다른 사람들을 훈련시킬 때 그 효과를 입증해보였다.

이 방법의 첫 단계는 사람들의 관심과 주목을 끄는 것이다. 이에 실패하면 사람들은 당신의 말을 듣지 않을 것이다. 이와 관련해 9장과 14장에서 언급했던 내용을 다시 되짚어보기 바란다.

두 번째는 청중의 신뢰를 얻는 것이다. 신뢰가 없으면 그들은 당신의 말을 믿지 않을 것이다. 많은 연설자들은 이 부분에서 한계를 느낀다. 그리고 이 단계에서 많은 광고, 영업 서신, 그리고 많은 직원과 기업이 실패한다. 또한 많은 사람들이 각자의 환경에서 자신의 능력을 발휘하지 못하는 것도 이 때문이다.

신뢰받을 자격을 갖춰라

신뢰를 얻는 최선의 방법은 자격을 갖추는 것이다. J. 피어몬트 모건은 신뢰를 얻는 데 가장 중요한 요소는 인격이라고 말했다. 이는 청중의 신임을 얻기 위한 필수 요소이기도 하다. 나는 유창하고 재치 있는 연설자들이 그들보다 똑똑하진 않아도 진실한 연설자만큼 설득력을 발휘하지 못하는 경우를 많이 봤다.

최근에 내가 주최한 강좌에 외모가 뛰어난 수강생이 있었다. 연설할 때 드러나는 그의 거침없는 사고와 말재주는 사람들의 감탄을 자아냈다. 하지만 그가 말을 마치자, 사람들은 '똑똑한 친구네' 정도의 반응을 보이는 데 그쳤다. 그가 사람들에게 준 인상은 표면적 수준에 머물렀고, 그들의 마음을 움직이지 못했다. 한편 그와 같은 그룹에 속한 어느 보험사 직원은 체구가 작고, 말을 더듬는데다 표현도 세련되지 못했다. 하지만 그의 진정성은 눈을 통해 드러났고, 목소리는 깊은 울림을 일으켰다. 청중들은 자신도 모르는 사이에 그에게 깊은 신뢰감을 느꼈다. 칼라일은 《영웅과 영웅 숭배》에서 이렇게 말했다.

"미라보, 나폴레옹, 번즈, 크롬웰 등 뭔가를 이뤄낸 인물들은 무엇보다 진지하다. 나는 이런 이들을 성실한 인간이라고 부르겠다. 깊고 진실한 성실성이야말로 성공의 첫 번째 요소라고 생각한다. 스스로 성실한 척하는 가식적인 모습은 해당하지 않는다. 그런 태도는 정말 불쌍하고, 천박한 허영이자, 꾸며낸 성실성이고, 자만이라 할 것이다. 위대한 사람의 성실성은 자신도 말할 수 없고, 의식할 수 없는 것이다."

몇 년 전, 당대에 가장 재치 있고 뛰어난 연설가 중 한 명이 세상을 떠났다. 젊은 시절 그는 큰 꿈을 가진 장래가 촉망되는 젊은이였지만, 무엇 하나 제대로 이룬 것 없이 세월을 보냈다. 그는 가슴보다 머리가 발달한 사람이었다. 그는 무엇이든 자신에게 돈이 되거나 이익이 되는 것을 위해 입을 놀리면서 자신의 아까운 재능을 낭비했다.

그는 불성실하다는 오명을 얻으며 삶이 붕괴되었다. 웹스터가 말했듯이, 마음으로 느끼지 못한 거짓 동정심이나 성실한 이미지를 꾸며대도 소용없다. 그것은 통하지 않는다. 진실이 없는 말은 울림을 주지 못하는 공허한 메아리에 불과하다. 인디애나 주의 연설가 앨버트 J. 베버리지는 이렇게 말했다.

"사람들의 가장 심오한 감정, 그들의 성격에서 가장 큰 영향력을 갖는 것은 종교적 요소다. 이는 자기 보호의 심리만큼 본능적이고 본질적인 힘으로, 사람의 지성과 성격을 형성한다. 설익은 사고로 남에게 큰 영향을 주고자 하는 사람은 우선 청중들과 이 위대하고 분석하기 어려운 공감의 유대부터 형성해야 한다."

링컨은 사람들과 공감했다. 그에게 화려한 언변은 없었다. 그를 '웅변가'라고 부르는 사람은 없었다. 더글러스 판사와의 논쟁에서도 상대방의 노련함, 유연함, 웅변술과 비교되었다. 사람들은 더글러스를 '작은 거인'이라고 부르고, 링컨은 '정직한 에이브'라고 불렀다.

더글러스는 매력적이었고, 활기와 열정이 있었다. 하지만 그는 양립할 수 없는 가치들 사이에서 위험한 줄타기를 했고, 원칙보다 책략을, 정의보다 편익을 우선시했다. 이로 인해 그는 몰락을 자초했다.

링컨은 어땠을까? 그가 말할 때는 어떤 진솔한 향기가 느껴졌으며, 이는 그의 말에 힘을 더해주었다. 사람들은 그의 정직성, 성실함, 그리고 그리스도 같은 성품을 느낄 수 있었다. 법률 지식 면에서 그를 능가하는 사람은 많았지만, 링컨만큼 배심원들에게 영향력을 발휘하는 사람은 드물었다. 그는 자신에게 유리한 방향으로 일을 끌고 가기보다는, 정의와 불변의 진리를 수호하는 일에 수천 배 더 관심을 가졌다. 그리고 사람들은 그의 말에서 그러한 진심을 충분히 느낄 수 있었다.

경험을 전하라

청중들의 신뢰를 얻는 두 번째 방법은 자신의 직접적인 경험을 전하는 것이다. 이 방법은 매우 효과적이다. 만약 당신이 의견을 말하면 사람들은 의문을 제기할 수도 있다. 어디서 들은 이야기나 책에서 읽은 내용을 말한다면 중고품 같다는 느낌을 받을 것이다. 하지만 자신의 체험, 깊은 울림과 진실성이 담긴 이야기는 사람들의 흥미를 끌고 신뢰를 얻는다. 청중들은 그 특정 주제에 관해서는 당신을 권위자로 인정할 것이다.

제대로 소개받아라

많은 연설자들이 제대로 소개받지 못해 청중의 관심을 빨리 끌지 못하는 경우가 많다.

'소개'를 의미하는 인트로덕션(Introduction)은 인트로(Intro, 안으로)와 듀서(Ducere, 이끌다)라는 두 개의 라틴어에서 온 말이다. 따라서 소개는 청중을 주제의 핵심 안으로 이끌고 가서 이야기를 듣고 싶다는 충동을 일으켜야 한다. 소개는 연설자와 관련된 중요 사실들, 즉 그가 해당 주제를 논하기에 적합한 인물임을 증명하는 사실 속으로 청중을 인도해야 한다. 다시 말하자면, 소개는 청중에게 주제를 '팔고' 연설자를 '팔아야' 한다. 그것도 가능한 짧은 시간 내에 해야 한다.

연설자로서는 그렇게 소개받아야 마땅하지만, 현실이 과연 그럴까? 열에 아홉은 그렇지 못하다. 대부분 소개는 빈약하고, 참을 수 없을 만큼 허술한 경우가 많다. 언젠가 나는 이름값을 해야 마땅한 어느 유명 연설자가 아일랜드 시인 W. B. 예이츠를 소개하는 것을 들은 적이 있다. 예이츠는 자신의 시를 낭송하기로 되어 있었다. 예이츠는 그보다 3년 전에 문학인에게 최대의 영예인 노벨 문학상을 받았지만, 그 자리에 있던 청중들 가운데 그 상과 그 상의 의미를 알고 있는 사람은 분명 10퍼센트도 안 되어 보였다. 따라서 그를 소개할 때 다른 무엇보다 그 두 가지는 언급해야 했다. 하지만 그 의장이란 사람은 이를 무시한 채 신화와 그리스 시에 대해서만 이야기를 늘어놓았다. 그는 부지불식간에 자기 자신의 지식과 자부심을 청중에게 드러내고 싶어 했던 것이다. 그 의장은 국제적으로 유명했고 남에 의해 소개받은 경험은 많았지만, 자신이 남을 소개하는 데는 영 형편없었다. 그 정도의 경력을 가진 사람이 실수를 한다면 다른 사회자는 어떻겠는가?

그럼 이 문제를 어떻게 극복해야 할까? 겸손한 자세로 사회자에게 자신을 소개하는 데 참고가 될 만한 몇 가지 사실을 알려줘도 괜찮은지 물어보라. 그는 감사하게 당신의 제안을 받아들일 것이다. 그러면 당신이 소개받을 때 언급되었으면 하는 것들, 당신이 해당 주제에 대해 이야기할 만한 위치에 있음을 드러내는 내용들, 그리고 청중이 알아야 할 간단한 사실과 당신의 발언을 의미 있게 해줄 정보들을 전해주어라. 물론 한 번 듣고 그친다면, 그 사회자는 반은 잊어버리고 나머지 절반도 뒤죽박죽 기억할 것이다. 따라서 그가 당신을 소개할 때 참고할 수 있도록 한두 문장으로 정리한 내용을 전해주는 게 좋다. 과연 그가 당신의 바람대로 그 내용을 참고할까? 물론 그러지 않을 수도 있지만, 더 이상은 어쩔 수 없다.

푸른 풀과 히코리 나무의 재

어느 가을에 나는 뉴욕 YMCA 여러 곳에서 대중 연설 강좌를 하고 있었다. 뉴욕에서 유명한 판매 조직 한 곳의 스타급 영업 사원이 이 강좌에 참석했는데, 어느 날 저녁 그는 자신이 씨앗이나 뿌리 없이 푸른 풀을 자라게 했다는 터무니없는 이야기를 했다. 그의 말에 따르면, 새로 쟁기질한 땅 위에 히코리 나무의 재를 뿌렸더니 놀랍게도 푸른 풀이 자랐다는 것이다! 그 풀이 돋아나게 한 것은 바로 히코리 나무의 재라고 그는 굳게 믿고 있었다.

나는 그의 연설에 대해 평하면서 그런 주장이 정말 사실이라면 그는 백만장자가 될 거라고 웃으며 말해주었다. 씨앗 비용을 엄청나게 절감할 수 있을 테니 말이다. 또한 그럴 경우 그는 역사상 가장 뛰어난 과학자로 기록되어 절대 잊히지 않을 것이라고 말했다. 지금까지 그 누구도 생명이 없는 것에서 생명을 만들어내는 기적을 일으킨 적은 없다고 지적하기도 했다.

그의 주장은 너무나 터무니없고 명백한 오류였기 때문에 나는 모든 이야기를 조용히 전했다. 내가 말을 마치자 그 강좌를 듣던 다른 수강생들도 그의 주장이 터무니없다고 생각했지만, 그는 결코 자신의 생각을 굽히지 않았다. 그는 자신이 살아 있다는 사실만큼이나 자신의 생각을 철석같이 믿었다. 그는 자리에서 일어나 자신이 틀리지 않았다고 거듭 주장했다. 자신은 어떤 이론을 강의하는 게 아니라 자신의 경험을 전하는 것이라고 말했다. 그는 자신의 말에 확신이 있었다. 그는 최초의 발언에 살을 붙여가면서 추가적인 정보와 증거를 제시했고, 그의 목소리에서는 진실과 정직성이 묻어나왔다.

나는 그의 주장이 옳고 진실일 수 있는 가능성은 극히 낮다고 거듭 말했다. 그러자 그는 화를 내며 5달러 내기를 제안했고, 미국 농무성에 물어 판결을 받아보자고 했다.

그 결과 수강생 몇 명은 그의 주장에 동조하게 되었다. 나는 놀라며 그들에게 어떻게 그의 주장을 믿게 되었는지 물었다. 그들은 그에게서 엿본 진지함과 자기 생각에 대한 믿음 때문이라고 답했다. 이게 그들이 그의 말을 믿은 이유였다.

진지함, 이는 특히 일반 대중에게는 믿을 수 없을 정도로 큰 힘을 발휘한다. 독립적인 사고 능력을 가진 사람은 드물다. 마치 에티오피아의 황옥처럼 귀하다. 반면 우리 모두는 감정과 정서가 있으며, 연설가의 감정에 영향을 받는다. 만일 연설가가 진심을 담아 말한다면, 허허벌판에 뿌려진 재에서 푸른 풀이 돋아났다고 말해도 믿을 사람들이 있을 것이다. 심지어 뉴욕의 세련되고 성공한 기업인들 중에서도 추종자를 찾을 수 있을 것이다.

청중의 관심과 신뢰를 얻고 나면 진짜 작업이 시작된다. 이제 세 번째 단계는 사실을 진술하고, 당신의 주장이 지닌 장점을 청중에게 이해시키는 것이다.

당신 주장의 장점을 이해시켜라

이것이 연설의 핵심이자 본질이다. 여기에 대부분의 시간을 사용해야 한다. 이제 당신은 명확성에 대해 12장에서 배운 모든 내용, 감동과 확신을 주는 법에 대해 13장에서 배운 내용을 적용해야 한다.

철저한 준비가 빛을 발하는 것도 여기에서다. 빈약한 준비는 여기서 뱅쿼의 유령(셰익스피어의 《맥베스》에 등장하는 유령―옮긴이)처럼 튀어나와 당신을 비웃을 것이다. 전쟁터에 비유하면 이곳이 최전선이라고 할 수 있다. 포슈 원수는 이렇게 말했다. "전쟁터에서는 연구할 시간이 없다. 이미 알고 있는 것을 적용해야 할뿐이다. 그러므로 분명히 알고, 그 아는 바를 신속하게 활용해야 한다."

이 부분에서는 주제에 대해 실제로 언급할 수 있는 것보다훨씬 더 많이 알고 있어야 한다. 《거울 나라의 앨리스》에 등장하는 백기사는 여행을 떠나기 전에 발생할 수 있는 모든 일에 대비한다. 그는 쥐들이 괴롭힐 것을 걱정해 쥐덫을 준비했고, 길을 잃은 벌떼를 만날 것을 대비해 벌통도 마련했다. 만약 백기사가 대중 연설도 그렇게 준비했다면 커다란 성공을 거뒀을 것이다. 엄청난 양의 정보로 그를 방해하는 반대를 모두 압도할 수 있었을 것이다. 그는 자신이 말할 주제를 잘 파악하고 철저하게 계획해 실패의 가능성을 차단했을 것이다.

패터슨 식 반대 의견 대처법

만약 기업인 그룹을 상대로 영향력 있는 제안을 하고자 한다면, 당신만 그들을 이해시키려 해서는 안 되고 그들도 어떤 생각을 하고 있는지 당신에게 설명하도록 만들어야 한다. 그들이 어떤 생각을 하고 있는지 알아야만 엉뚱한 과녁을 겨냥하는 꼴을 면할 수 있다. 그들이 자신의 생각을 표현하게 하고, 당신은 그들의 반대 의견에 성실히 답하라. 그러면 상대는 좀 더 마음이 너그러워져서 당신의 말을 받아들일 것이다. 〈시스템 매거진〉에 실린 그의 기사를 통해 내셔널 캐시 레지스터 사의 초대 사장인 존 H. 패터슨이 이런 상황에 대처한 방식을 소개하면 다음과 같다.

"우리 회사는 금전등록기의 가격을 올려야 했다. 하지만 대리점과 영업 담당자들은 반대하며, 가격을 그대로 두지 않을 경우 영업에 큰 지장이 있다고 주장했다. 나는 그들 모두를 데이턴으로 불러들여 회합을 가지며 직접 회의를 주도했다. 내 뒤쪽 단상 위에는 커다란 종이 한 장이 붙어 있었고, 기록할 사람을 옆에 세워두었다.

나는 사람들에게 가격 인상에 반대하는 이유를 물었다. 그러자 의견이 기관총처럼 쏟아져 나왔다. 나는 기록자에게 사람들의 의견을 큰 종이에 적도록 했다. 첫날은 회의 내내 반대 의견을 모으는 데만 시간을 보냈다. 나는 그들에게 의견을 제시하라고만 할 뿐 아무것도 하지 않았다. 모임이 끝나고 의견을 종합해보니 반대 이유가 100여 개에 달했다. 나올 수 있는 모든 이유가 그들 앞에 있었고, 그들의 마음에는 어떤 변화도 허용하지 않겠다는 결론이 나 있는 듯 보였다. 1차 회의는 그렇게 마무리되었다. 다음 날 아침, 나는 그 반대 의견들 하나하나를 지적하면서 왜 그 의견들이 부적절한지 도표와 말로 설명했다. 사람들은 모두 수긍했다. 왜 그랬을까? 반대 의견이 모두 분명히 제시

되었고, 토론은 그에 집중되었다. 해결되지 않고 남은 것은 하나도 없었다. 우리는 그 자리에서 모든 것을 해결한 것이다.

하지만 나는 논쟁을 통해 문제를 해결하는 것만으로는 충분하지 않을 거라고 판단했다. 대리점 사원들의 모임은 참석자 모두가 새로운 의욕으로 충만한 채 끝나야 하는데, 논쟁을 하다 보면 등록기 자체와 관련된 문제들이 토론 과정에서 희석될 수 있다. 이런 일은 절대 일어나선 안 되었다. 일종의 극적인 마무리가 필요했다. 나는 회의 종료 직전에 100명의 사람들이 한 사람씩 무대를 행진하게 했다. 각자 깃발을 한 개씩 들었고, 그 깃발에는 최신 기종의 금전등록기 부품이 하나씩 그려져 있었다. 마지막 사람이 무대를 가로지를 때, 전원이 다시 모여 완벽한 기계를 구성하며 마무리했다. 모임은 대리점 사람들의 환호 속에 끝났다."

욕망과 욕망이 싸우게 하라

이 방법의 네 번째 단계는 사람을 행동하게 하는 동기에 호소하는 것이다. 이 세상의 모든 것들은 우연에 의해서가 아니라 불변의 인과 법칙에 의해 움직인다.

"세상은 질서 있게 만들어졌고, 원자는 조화를 이루며 행진한다."

지금까지 일어났고, 앞으로 일어날 모든 일들은 그전에 일어난 어떤 일의 논리적이며 불가피한 결과이며, 앞으로도 그럴 것이다. 또한 이와 동시에 그 뒤에 일어날 어떤 일의 논리적이고 불가피한 원인이기도 하며, 앞으로도 그럴 것이다. 이 원칙은 메디아 인들이나 페르시아 인들의 법처럼 변하지 않는다. 지진과 요셉의 화려한 코트, 기러기 울음소리와 질투심, 찐 콩과 베이컨 요리의 가격, 코이누르 다이아몬드, 그리고 시드니의 아름다운 항구가 진실이듯 이 법칙도 어김없는 진리다. 동전 투입구에 동전을 넣으면 한 통의 껌이 나오는 것처럼 엄연한 사실이다. 이를 알고 있으면, 왜 미신이 어리석은지 확실히 이해할 수 있다. 테이블에 열세 명이 둘러앉아 주문을 외운다거나, 거울이 깨진다고 해서 불변의 자연법칙이 조금이라도 멈춰지거나 바뀌거나 영향을 받겠는가?

우리가 행하는 의식적이고 의도적인 모든 행동을 일으키는 원인은 무엇인가? 욕망이다. 이에 해당하지 않는 사람들은 정신병원에 갇힌 사람들뿐이다. 우리를 움직이게 하는 것은 많지 않다. 우리는 매시간, 매일 밤낮 몇몇 아주 적은 수의 욕망에 의해 지배된다.

이 모든 것이 의미하는 것은, 우리가 이 동기들이 무엇인지 알고, 그에 호소할 수 있는 능력이 있다면 엄청난 힘을 갖게 된다는 사실이다. 현명한 연설자는 바로 이것을 하려고 한다. 하지만 이를 모르는 미숙한 연설자는 맹인처럼 어디로 가는지도 모른 채 길을 더듬는다.

예를 들어 어떤 아버지가 어린 아들이 몰래 담배를 피워온 사실을 알게 되었다고 가정하자. 아버지는 당장 담배를 끊으라고 아들을 꾸짖으면서 담배가 건강에 해롭다고 경고한다. 하지만 아들은 건강에는 관심이 없고, 담배의 맛과 담배를 피우는 데서 느끼는 스릴을 즐긴다고 해보자. 그러면 어떻게 될까? 아버지의 경고는 아무런 소용이 없을 것이다. 왜 그럴까? 아버지에게는 아들의 주요 행동 동기를 이해하고 이용하는 지혜가 없었기 때문이다. 아버지는 자신의 동기에 따라 움직였을 뿐, 아들의 심리는 전혀 이해하지 못했던 것이다.

그런데 그 아들이 학교 육상부에 들어가서 100미터 달리기 대회에 출전하려 하며, 운동에서 실력을 쌓고 싶어 한다고 하자. 그러면 아버지는 자신의 생각만 늘어놓을 게 아니라, 흡연이 아들의 꿈을 이루는 데 큰 장애가 될 거라고 차근차근 말하는 게 나을 것이다. 그러면 아버지는 언성을 높이지 않고, 더 약한 욕망을 더 강한 욕망과 충돌시키는 현명한 방법으로 아들에게 원하는 행동을 이끌어낼 수 있을 것이다. 세계 최대 스포츠 행사의 하나인 옥스퍼드-캠브리지 대학 조정 경기에서도 비슷한 상황이 벌어진다. 경기에 참가하는 선수들은 훈련 기간에 스스로 흡연을 중단한다. 경기에서 이기는 것에 비교할 때 다른 욕망은 부차적인 것이기 때문이다.

오늘날 인류가 직면한 가장 심각한 문제 중의 하나는 해충과의 전쟁이다. 몇 년 전, 정부는 일본 정부의 제안으로 워싱턴 호숫가의 조경을 위해 벚나무를 수입해 심었는데, 이때 오리엔탈 과일 나방이 함께 들어오게 되었다. 이 나방은 점점 수가 늘어나더니 동부 여러 주의 과일 작황을 위협했다. 살충제 살포도 별 효과가 없자, 정부는 일본에서 또 다른 곤충을 들여와 그 나방을 잡아먹게 하는 방법을 택했다. 농업 전문가들은 한 해충이 다른 해충과 충돌하게 만드는 전략을 쓴 것이다.

다른 사람의 행동을 유도하는 데 능숙한 사람도 비슷한 방법을 이용해 하나의 동기가 다른 동기와 대립하게 한다. 이런 방법은 상식적이고 분명한 방법처럼 보여 보편적으로 사용된다고 생각하기 쉽지만, 실상은 전혀 그렇지 않다. 이 방법이 제대로 활용되지 못하고 있다고 생각되는 경우가 많다.

예를 들어보자. 내가 어느 도시의 정오 만찬에 참석했을 때의 일이다. 인근 도시의 골프장에서 경기에 참가할 사람을 모집했는데, 신청자가 많지 않았다. 골프장 사장은 낙담했다. 자신이 후원하는 행사가 물거품이 되어버리고 체면이 상할 판이었다. 그래서 많은 사람이 참석해주길 호소했지만, 그의 태도와 말은 적절하지 않았다. 그는 많은 사람들이 참석하길 바란다는 자신의 소망을 전달할 뿐이었다. 그런 식으로는 사람들에게 어필할 수 없었다. 그는 사람의 마음을 기술적으로 다루지 못하고, 그저 자신의 감정만 풀어놓았을 뿐이었다. 담배 피우는 아들에게 화난 아버지처럼 그는 상대방의 욕망을 전혀 고려하지 못했다.

그럼 어떻게 해야 했을까? 그는 남에게 얘기하기 전에 자신에게 상식적으로 이렇게 물었어야 했다. '왜 좀 더 많은 사람들이 골프 행사에 참석하지 않는 걸까? 아마 시간을 낼 수 없는 사람도 있겠고, 기차 요금이나 기타 비용에 부담을 느껴 참석하지 않으려는 것일지도 모른다. 이 문제를 어떻게 해결해야 할까?' 이런 식으로 설득하는 것이 좋겠다. 레크리에이션은 시간 낭비

가 아니다. 피로를 풀지 못하고 6일을 일하는 것보다 좋은 컨디
션으로 5일 일하는 것이 훨씬 능률적이다. 물론 다들 아는 사실
이지만 다시 일깨워 주는 게 좋겠다. 이 행사에 참여하는 많지
않은 비용을 아끼는 것보다 더 중요한 것이 있다는 사실도 지적
해야겠다. 그리고 이 행사에 참여하는 것은 건강과 즐거움에 투
자하는 것이라고 일러줘야겠다. 또 그들의 상상력을 자극해 골
프장을 걸어다니는 모습, 얼굴에 불어오는 시원한 바람, 발밑의
푸른 잔디를 떠올리게 하고, 무더운 도시에서 돈 몇 푼 벌기 위
해 허덕이는 사람들을 측은하게 느끼도록 해야겠다.'

이렇게 하는 것이 단순히 '여러분이 참석해주시면 감사하겠
습니다'라고 말하는 것보다 훨씬 효과적이지 않겠는가?

우리의 행동을 결정하는 욕망

그렇다면 우리의 행동을 지배하고, 사람다운 행동을 하게 만
드는 기본적인 욕망은 무엇일까? 이 기본적인 욕망을 제대로
이해하고 이용하는 것이 성공에 중요하다면 상세히 들여다보
고 분석해보자. 지금부터는 그 욕망에 대해 살펴볼 것이다. 당
신의 머릿속 깊숙한 곳에 그 의미가 분명히 각인될 것이다.

사람을 움직이게 하는 가장 강한 동기 가운데 하나는 이익을
추구하는 욕망이다. 오늘 아침에도 수백만의 사람들이 애써 잠
을 몰아내고 아침 일찍 일어나게 된 동기는 바로 이것이다. 이
욕망은 새벽의 단잠과 침대의 폭신함보다 더 강하다. 누구나 다
알고 있는 이 욕구의 강한 힘에 대해 더 말할 필요가 있겠는가?

그런데 돈에 대한 욕구보다 더 강한 것이 있으니 바로 자기 보호 욕구다. 건강과 관련된 온갖 주장들은 이에 기초하고 있다. 예를 들어 도시 광고에서 건강에 좋은 기후를 선전하고, 식품 회사가 자기 제품의 순도와 기력 충전 효과를 강조하고, 약장수가 자신의 만능약이 치료해줄 수많은 질병을 나열하며, 낙농업자 조합이 우유는 비타민이 풍부하고 꼭 필요한 식품이라 주장하고, 금연협회의 연설자가 담배의 3퍼센트는 니코틴이고, 니코틴 한 방울이면 개 한 마리를 죽일 수 있으며, 여덟 방울이면 말 한 마리를 죽일 수 있다고 위협하는 주장들은 우리의 근원적인 욕망에 호소하고 있는 것이다.

이 욕망에 대한 호소력을 조금 더 강하게 하려면 개인적 차원의 문제로 끌어내려라. 예를 들어 암이 증가 추세에 있다는 사실을 단순히 통계 자료로 이야기하는 데 그치지 말고 청중들과 직접 연계시켜라. 이런 식으로 말이다. "이 방에는 30명의 사람들이 있습니다. 의학적 통계에 따르면, 여러분 모두가 마흔다섯 살까지 산다고 할 경우 여러분 중 세 분은 암으로 사망할 것입니다. 누가 그분이 될지 궁금하네요. 앞에 앉은 이분일지, 그 뒤에 계신 분일지, 아니면 저쪽에 앉아 계실 분일지 말입니다."

돈을 추구하는 욕망만큼 강한 것은 남에게 인정받고자 하는 욕구다. 많은 사람들에게 이 욕망은 돈을 추구하는 욕망보다 강하다. 달리 말하자면 이는 자부심이며, 나를 지탱해주는 힘이자, 어떻게 보면 나 자신이다.

자부심! 그 이름으로 얼마나 많은 범죄가 저질러졌던가? 오랜 세월 중국에서는 많은 소녀들이 참을 수 없는 고통의 비명을 지르면서도 자발적으로 전족(纏足)의 풍습을 따랐다. 그들이 발을 묶어 자라지 못하게 한 이유는 그들의 자부심 때문이었다. 이 순간에도 중앙아프리카의 일부 지역에서는 수천 명의 원주민 여성들이 입술에 나무 원반을 끼고 있다. 믿기 힘들겠지만, 이 원반은 음식을 담는 접시 크기만 하다. 이런 풍습을 가진 부족의 소녀들은 여덟 살이 되면 입술의 바깥쪽을 찢고 그 안에 원반을 끼워 넣는다. 어느 정도 시간이 지나면 먼저 끼워 넣은 원반을 더 큰 것으로 교체한다. 마지막에는 이 무지막지한 장식품이 들어갈 공간을 만들기 위해 치아를 제거하기도 한다. 이로 인해 그녀들은 정확한 발음을 할 수 없게 되고, 사람들은 그들의 말을 알아듣지 못한다. 그들이 이런 참혹한 고통을 견뎌내는 이유는 더 아름답게 보이기 위해서고, 남에게 칭찬받고 스스로를 높이 평가하며 자신의 자부심을 만족시키기 위해서다.

이곳 멜버른, 몬트리올 혹은 클리블랜드에 사는 우리는 그 정도는 아니다. 하지만 자존심을 자기 내면의 최고 신으로 떠받드는 것은 본질적으로 그들과 다르지 않다. 따라서 사람들의 자부심에 호소하는 것은 잘만 하면 T.N.T.에 맞먹는 위력을 발휘한다.

당신이 왜 이 강좌를 듣는지 자문해보라. 어느 정도는 남에게 더 잘 보이고 싶어서인가? 감동적인 연설에서 오는 내적 만족을 위해서인가? 대중 연설가의 자연스러운 덕목인 힘과 리더십과 명성에 대한 자부심을 느끼고 싶어서인가?

어느 통신 판매 잡지의 편집인은 최근 한 강연에서 영업 서신에 담을 수 있는 온갖 호소 중에서도 가장 효과적인 것이 자부심과 이익에 대한 호소라고 말했다.

링컨은 이 자부심을 추구하는 동기에 호소해 소송에서 이긴 적이 있다. 1847년 테이즈웰 카운티 법정에서의 일이었다. 케이스라는 사람이 스노우라는 이름의 형제에게 멍에 맨 소와 쟁기를 각각 두 개씩 판매했다. 스노우 형제가 미성년자였음에도 케이스는 그들이 제시한 200달러짜리 공동 어음을 받았다. 하지만 어음 만기일이 되자, 그에게 돌아온 것은 현금이 아닌 조롱뿐이었다. 그래서 그는 링컨을 고용해 사건을 법정으로 가져갔다. 스노우 형제는 자신들이 미성년자이며, 케이스도 그 사실을 알면서 어음을 받았다고 주장했다. 링컨은 그들의 주장과 미성년자 보호법의 유효성을 모두 인정했다. "맞습니다. 저도 그렇게 생각합니다." 상대의 주장을 순순히 인정하는 것으로 보아 그는 마치 소송을 완전히 포기한 듯 보였다. 하지만 변론 차례가 오자 링컨은 12명의 배심원에게 이렇게 말했다.

"배심원 여러분, 여러분은 이 소년들이 그들의 인격에 이런 수치와 불명예의 오물을 뒤집어쓴 채 인생을 시작하게 하실 생각인가요? 인격에 대한 최고 심판자는 이런 글을 남겼습니다.

'오, 하나님, 무릇 인간의 선한 이름은 그 영혼의 귀한 보석입니다.

내 지갑을 훔치는 자는 쓰레기를 훔친 것일 뿐입니다. 그것은 사실 아무것도 아닙니다. 한때 내 것이었지만 그의 것이 되었고, 또 다른 수천 명의 노예였을 뿐입니다.

하지만 나에게서 선한 이름을 훔치는 자는 자신을 풍요롭게 하지는 못하면서 나를 진정으로 가난하게 만드는 도둑입니다.'"

그러고 나서 링컨은 만약 상대 변호사가 지각 없이 부추기는 행동만 하지 않았어도 그 소년들이 그런 죄를 짓지 않았을 거라고 주장했다. 그는 법을 다루는 고상한 직업이 정의를 장려하기보다 파괴하는 데 사용될 수 있다며 상대 변호사를 비난했다. 그는 계속해서 말을 이어나갔다. "자, 배심원 여러분, 이제 저 소년들을 세상에 제대로 내보내는 것은 여러분에게 달려 있습니다." 이런 말을 듣고도 배심원들이 명백한 잘못을 보호하기 위해 자신의 이름과 영향력을 빌려줄까? 그들이 자신의 이상에 충실한 사람들이라면 그렇게 할 수 없으리란 것을 링컨은 알고 있었다. 링컨은 그들의 자부심에 호소했고, 배심원단은 따로 자리를 마련해 논의할 필요도 없이 그 자리에서 빚을 갚아야 한다는 평결을 내렸다.

링컨은 정의를 사랑하는 배심원들의 감정에도 호소했던 것이다. 사람들은 거의 모두 정의감을 갖고 태어났다. 우리는 거리에서 작은 아이가 큰 아이로부터 괴롭힘을 당하는 것을 보면, 작은 아이 편에 서게 된다.

인간은 감정의 존재이며, 편안함과 즐거움을 갈망한다. 우리는 커피를 마시고, 비단 양말을 신고 극장에 가며, 바닥이 아닌 침대에서 잠을 잔다. 그것들이 좋다고 논리적으로 사고했기 때문이 아니라 그저 편하기 때문에 한 선택이다. 그러므로 당신의 목적이 사람들의 편안함과 즐거움을 높여준다는 것을 알려주어라. 이로써 그들을 행동하게 하는 동기를 강하게 자극할 수 있다.

시애틀이 미국의 도시들 가운데 사망률이 가장 낮으므로, 그곳에서 태어난 아이는 오래 살 가능성이 높다고 광고한다면 어떤 동기에 호소하는 것일까? 이는 '애정'이라는 동기다. 이 동기는 아주 강한 힘을 갖고 있어서 인간 행동의 상당 부분이 이 동기에서 추진력을 얻는다. 애국심 역시 애정과 감정의 동기에 기반하고 있다.

다른 동기에 대한 호소가 실패했을 때는 때때로 감정에 대한 호소가 행동을 이끌어내기도 한다. 뉴욕 시의 유명한 부동산 경매인 조세프 P. 데이도 이를 경험했다. 그는 감정에 호소해 일생에서 가장 큰 거래를 성사시켰다. 그의 이야기는 다음과 같다.

"전문 지식이 판매의 전부는 아닙니다. 제 생애 최대의 거래를 성사시킬 때, 저는 전문 지식은 전혀 사용하지 않았습니다. 저는 브로드웨이 71번지에 있는 미국 철강 회사 건물을 매각하기 위해 게리 판사와 협상 중이었습니다. 저는 거래가 다 끝났다고 생각해서 그 건물에 사무실을 둔 게리 판사를 찾아갔는데, 그는 차분하고 단호하게 이렇게 말했습니다.

'데이 씨, 이 근처에 좀 더 현대적인 건물 하나가 있는데, 그곳이 우리 목적에 더 잘 맞는 것 같아요. 마무리가 참 잘된 건물이죠. 이 건물은 당신도 알다시피 너무 낡았어요. 동료들 몇몇도 여러 면에서 그 건물이 저희에게 더 적합하다고 하더 군요.'

500만 달러짜리 계약이 날아갈 참이었습니다. 저는 잠시 말 없이 있었고, 게리 판사도 더 이상 말을 잇지 않았습니다. 그는 이미 결정을 내린 것 같았습니다. 만일 그때 핀이라도 바닥에 떨어졌다면 폭탄 터지는 소리처럼 들렸을 겁니다. 저는 그에게 대답 대신 이렇게 물었습니다.

'판사님이 뉴욕에 처음 오셨을 때, 어느 사무실에 처음 계셨 나요?'

'바로 여기요. 아니면 건너편 방이던가.'

'이 철강 회사가 창업된 곳은 어디였죠?'

'물론 여기 있는 사무실들이죠.' 그는 생각에 잠긴 것 같았어 요. 그러더니 곧 스스로 말을 이었습니다. '우리 젊은 간부들 몇 몇이 여기보다 좋은 사무실에서 일했던 적이 있었습니다. 그들 은 여기 있는 낡은 가구들이 마음에 들지 않았던 모양입니다. 하지만 지금 그들은 이곳에 없습니다.'

이렇게 해서 매매가 성사됐습니다. 그다음 주에 정식으로 계 약을 했죠. 물론 저는 그들이 고려했던 건물이 어떤지 알고 있 었고, 두 건물의 구조적인 장점도 비교할 수 있었습니다. 하지 만 그렇게 했다면 게리 판사는 건축의 본질적인 문제를 놓고 저와 논쟁을 했겠죠. 저는 대신 감정에 호소했던 것입니다.”

종교적인 동기

우리에게 큰 영향을 미치는 또 다른 동기가 있다. 이를 종교적 동기라고 칭하면 어떨까? 종교적이라고 이름 붙인 이유는 정통적인 숭배나 어느 특정 종파의 교의와 관련되어 있기 때문이 아니다. 그보다는 그리스도가 가르쳤던 아름답고 영원한 진리들(정의, 용서, 자비, 그리고 남을 섬기고 이웃을 자기 몸같이 사랑하기)과 관련된 것이기 때문이다.

사람은 누구나 남에게 혹은 자신에게조차 내가 친절하지 않고, 아량이 넓지 않으며, 마음씨가 나쁘다고 여겨지길 원치 않는다. 따라서 누군가 이런 심리를 건드려 호소하면 우리는 쉽게 마음이 움직인다. 그런 호소에 반응하는 마음씨는 고귀한 영혼을 나타내며, 우리는 그런 품성을 가진 데 대해 자부심을 느낀다.

C. S. 워드는 오랫동안 국제 YMCA위원회 사무관으로 일하면서 협회 건물 건립을 위한 기금 모금 활동에 자신의 모든 시간을 바쳤다. 내가 지역 YMCA를 위해 1000달러 수표를 발행한다고 해도 그게 나의 보호 수단이 되거나 나의 재산이나 권력이 향상되는 것도 아니다. 그럼에도 많은 이들이 그런 일에 동참하는 이유는 고상하고 정의롭고자 하는 욕망, 또 남에게 도움이 되고 싶은 욕망 때문이다.

북서부 지역의 어느 도시에서 모금 운동을 하면서 워드는 교회나 사회운동과는 담을 쌓고 살아온 어느 유명 기업인에게 연락했다. 과연 그 기업인이 일주일 동안 자신의 사업을 제쳐두고 YMCA 건물 기금 모금 활동에 참여할까? 전혀 가능성이 없어 보였다. 그런데 신기하게도 그는 모금 운동 개회식에 참석하기로 했다. 그리고 워드가 그의 고귀한 정신과 이타주의에 호소한 데 마음이 움직여 일주일 동안 열정적으로 모금 활동에 나섰다. 그동안 불경스런 언행으로 악명 높았던 이 사업가는 불과 일주일도 되기 전에 모금 운동의 성공을 기원하는 사람으로 바뀐 것이다.

한번은 사람들이 제임스 J. 힐을 찾아가 북서부 지역 철도 노선을 따라 YMCA를 설립하자고 한 적이 있었다. 이를 위해서는 상당한 자금이 필요했다. 힐을 이익만 추구하는 사업가라고 생각한 그들은 어리석게도 돈에 대한 욕망을 자극하는 방향으로만 그를 설득하려고 했다. 그들은 YMCA 협회가 근로자들의 행복하고 만족스러운 삶에 도움이 될 뿐 아니라 그의 재산 증식에도 기여할 것이라고 말했다.

그러자 힐은 이렇게 대답했다. "여러분은 제가 YMCA를 설립하는 데 협조하고 싶은 진정한 동기를 아직 언급하지 않으시는군요. 올바른 일을 하는 데 힘이 되고 싶은 욕망과 기독교인다운 인격을 기르고 싶은 욕망 말입니다."

국경 지역의 영토를 둘러싼 해묵은 분쟁으로 인해 1900년에 아르헨티나와 칠레는 전쟁 직전까지 갔다. 이 문제를 피로 해결하기 위해 두 나라는 전함을 건조하고, 무기를 비축하고, 세금을 늘렸을 뿐 아니라, 그 밖의 여러 분야에서 어마어마한 비용을 들였다. 그러던 차에 1900년 부활절에 아르헨티나의 한 주교가 그리스도의 이름으로 간절히 평화를 호소했고, 이어서 안데스 산맥 너머 칠레 주교가 이 메시지에 답했다. 그들은 마을을 돌아다니며 평화와 형제애를 호소했다. 처음에 그들을 따르던 무리는 여성뿐이었지만, 나중에는 전 국민이 이 호소에 마음이 움직였다. 평화를 위한 국민들의 여론과 탄원으로 인해 결국 두 나라 정부는 타협하고 서로의 군대를 감축시켰다. 국경 지역 요새를 철거하고, 총기를 녹여 청동 그리스도 상을 만들었다. 오늘도 고고한 안데스 산정 높은 곳에는 십자가를 든 이 평화의 예수 상이 분쟁의 근원지였던 국경 지역을 굽어보며 우뚝 서 있다. 이 조각상의 받침대에는 이런 글이 있다.

"이 산들이 무너져 먼지가 된다 해도 칠레와 아르헨티나 공화국 국민들은 그리스도의 발아래에서 맺은 엄숙한 서약을 잊지 않으리라."

종교적 감정과 신념에 대한 호소는 이처럼 커다란 효과를 발휘한다.

행동을
이끌어내는 방법

1. 관심을 유도하라.

2. 신뢰를 얻어라. 이를 위해서는 성실하고, 제대로 소개받고, 특정 주제에 관해 말할 자격을 갖추고, 직접 경험을 통해 습득한 내용을 전해야 한다.

3. 전하고자 하는 사실을 진술하고, 당신이 내놓은 제안의 장점을 청중에게 납득시키며, 그들의 이의 제기에 답하라.

4. 인간을 움직이게 만드는 동기들, 즉 이득을 추구하는 욕망, 자기 보호, 자부심, 즐거움, 정서, 애정, 그리고 정의, 자비, 용서, 사랑 같은 종교적인 이상의 동기에 호소하라.

이런 방법들을 현명하게 사용하면 업무적으로나 개인적으로 큰 도움이 될 것이며, 영업 서신이나 광고 문안을 작성하고 사람들과 협의해 일을 처리하는 데도 큰 보탬이 될 것이다.

이 책을 쓴 나는 지금껏 설명해온 방법을 성공적으로 적용했는가?

1. 나는 인간성을 효과적으로 다루는 일의 중요성을 강조하고, 그것을 할 수 있는 과학적인 방법이 있으며, 그에 관해 살펴보겠다고 말함으로써 당신의 관심을 끌었는가?